足利一門守護発展史の研究

新装版

小川 信著

吉川弘文館 刊行

序

今回、小川信博士の快著『足利一門守護発展史の研究』が世に出た。かねて待ち侘びてゐた事とて、私は先づ校正刷を見て大変に嬉しかつた。手に取り持つて、ずつしりと、その内容の重味を感じた。同君が多年に及ぶ研究の一端であり、新春の学界に洵に佳き贈物であり、特に慶賀に堪へない。

元来、小川君は、先師渡辺世祐先生に中世史を受け、戦後は専ら先師岩橋小彌太先生の指導を受けて研鑽を積んだ。従つて私とは同門の間柄であり、学生時代から親しく、不敏ながら私が年嵩なので、兄貴分と謂ふ事になる。この快著が出て、第一に喜ばれるのは岩橋先生であり、若し御存命ならば、麗筆を揮つて序文を書かれ、小川君は巻頭を飾る事が出来たであらう。併し先生は旧臘遽に棄館せられ、その事は相叶はず、空しい願となつた。遺憾の至である。私が代つて序を記すと言ふ事は、真に謙虚を欠くのであるが、今にあつては是非なき仕儀なのである。小川君よ、世の諸君子よ、その不遜を咎め給ふな。

小川君の研究は、初期室町幕府に在つて、管領としてその機構の中枢に在つて幕府権力を立てた足利氏一門の守護、特に細川・斯波・畠山の三氏の出自の究明、活躍の実態、消長の跡を詳密に解明し、以て室町政治の本質を実証的に追究したものである。

一体、我々の中世史では、当代を一般に武家政治の世と称してゐる。あれ程に征夷大将軍を欲した源頼朝も、結局、後白河法皇の御在世中には遂に叶はず。右大将は前官となつても、猶ほ長く覇府の権威を執つた。蓋し将軍は臨時の職であつて、朝家の光を背負ふて、その権威を閫外に振ふ事は出来ても、所詮、鎌倉や江戸の地に限られた。右大将は、常置の官であり、その営府が幕府なのである。鎌倉幕府は、異姓の北条氏が外戚の威を以て、累代執権としてこれを支へたが、幕府の実務運営には大江氏・三善氏など、京都の官人を聘しなければならなかつた。貞永式目にも三善康連や僧円全の力を藉りて、先例典故の上に編まねばならなかつた。かくて摂家将軍・親王将軍を迎へた後、後醍醐天皇の公家一統の御理想の中に鎌倉政治も組み込まれたのである。

足利尊氏は、中先代の乱で将軍とはなつたが、幾許もなく京都に釘づけにせられ、その子孫に及ぶ。最早や閫外の権も威もない。京都の記録には、鎌倉大納言、或は室町大納言と記され、将軍と録したものは少ない。事実、尊氏は朝家の『公卿補任』に登録せられてゐる。既に第三代義満の公家化の如きは問題ではなからう。併し幕府を支へた管領には、同姓一門の守護を任命したが、多くは地方の分国に権力の基盤を持つてゐた。下剋上の風潮や地方分権の傾向は、自らその間に醸成せられたのではないか。わが中世武家政治には、様相にも実体にも、猶ほ解決されるべき問題が多い。結局、私は鎌倉期から南北朝期を経て歴史が室町期に流れた時、果して南北朝期が如何様に作用して室町期を産んだのかに興味を持つてゐる。この意味から同君の研究は、幾多の示唆を私に与へて呉れて難有い。

小川君の学問は、持ち前の周密慎重なる性格の通り、非常に緻密であり、頗る手堅い。先づ零細なる史料も、精力的に博捜し、蒐集し、屢々実地を踏み、これ等に精査を加へて断じ、先人の業績も巧みに履まへて明快なる史論を立てた。就中、古文書の駆使に秀れた力量を示してゐる。これは我々が奉ずる実証史学の本道である。その点は、渡辺・岩橋両先生の学風を最も忠実に承けてゐると謂ふべきである。

終に一つ記して置きたい。小川君も昭和の青年である。曾つては国家の宿命を背負つた。学窓から直に軍務に従ひ、満洲の地に渡つた。敗戦の後は猶ほ数年間、その奥の極寒の地に苦役を課せられた。屈辱と苦痛とは、殆ど言語に絶した。殊に苦役に従ふの間、望郷の念と学問への思慕の情とにさいなまれた事であつた。

曾つて私は東洋史の松井等先生から承つた事がある。先生は日露の役に予備役の歩兵少尉として第一軍に属し、出征せられた。先生は男爵大蔵平三中将の長男であつたが、中尉となつても戦後の庫倫に猶ほ守備隊長として一年余を駐屯した。戦雲が消えた満洲の野で、学問の空白を思ひ、屡々東天を仰いで歎息せられた。復員して友人などと学問の懸隔があるを知り、如何にして追ひつくかと焦慮し、懊悩せられた。先生は文化史に進路を求められた。今日では文化史と言つても、珍らしくはないが、当時では未だ一般には多く考へられてゐなかつた。私共は、奥義書の哲学から説き起した印度文明を聴講した。今日この頃になつても、時々この先生の話を思ひ出すのである。

勿論、同じく満洲の歎息とは言つても、戦勝国の隊長と戦敗国の一学究の徒とは、同日には語れない。小川君には尠くとも前後六、七年の学問の空白がある。同君は、その事に就ては一言も私にも語らないが、その当時の苦悩と焦慮感とは、我が身にも犇々と伝はつて来る。従つて復員の後は、大学院に入つて再び学生に返り、猛然と勉強を始めた。その迫力は余人を圧した。終始、私はその姿を見凝めて来たのである。その業が漸く成り、今日、その一部を世に問ふ事になつた。多年、交友を重ねて来た身には、こんな嬉しい事はない。敢て不敏を顧みず、祝意の一文を草せざるを得ないのである。

昭和五十四年十二月下澣

藤井貞文

目次

藤井貞文

表目次

序　論

一

幕府・守護体制と呼ばれる室町幕府の権力機構の中でも、近来は将軍権力の独自性が注目されて幕府の諸機関や奉行人・奉公衆・御料所等の研究が頓に進展したが、幕府機構における守護大名の重要性も依然として軽視しうるものではなく、守護は特に幕府の全国支配における中心的機能を担うと評価されている。(1)

但し、等しく守護大名といっても、足利氏の庶流より起用された一門守護と、前代以来の伝統的勢力を有する外様守護との間には、将軍権力への依存度にも国人層との関係にもかなりの差異が存在したであろうし、また数ヵ国の分国を併有する多国衆と一国または半国守護に過ぎない一国衆とでは、固有の軍事力・経済力にも、ひいては室町幕府内での比重にも相当の懸隔があったに違いない。(2)さらに直接幕府の管轄下に在って在京を原則とするに至った畿内近国等の諸国守護と、鎌倉府および九州探題管轄下の遠国の諸国守護とでは、幕府政治への関り方に径庭のあったことが当然考えられ、さらに前者の中にも三職（三管領）・四職、または御相伴衆・御供衆等の新たな家格が成立するようになる。しかもそれらの守護大名の分国の多寡や家格の高下は、前代以来の勢力や出自のみによるものでなく、南北朝初期以来応永初年にかけての激しい相剋・浮沈を通じて形成されたものであって、この間に分国を喪失し没落し去った守護家も少なくないのである。

したがって分国支配の在り方についても、また幕府の全国支配に関する機能についても、個々の守護家の動向をそのまま守護大名の一般的性格の中に捨象すべきではなく、先ず個々の守護が分国支配をどのように展開し、将軍権力といかなる関係を結んだかを逐一検討する必要があると思われる。即ち幕府・守護体制における守護の支配体制の個別研究には、いわば幕藩体制における藩政史の研究にも比すべき意義が存するというべきであろう。

二

そもそも足利尊氏が幕府開創に当り諸国に守護を配置した際の重要な目標は、如何にして国人層を支配下に収めて南軍勢力を圧服するかに置かれていたに違いない。「建武式目」には周知の如く「一、諸国守護人殊可レ被レ択二政務器用一事」として「募二軍忠一被レ補二守護職一」ることを誡めているとはいえ、内乱当初において軍事力は統治能力と不可分の関係にあり、守護たるに相応しい条件としての「政務器用」は「軍忠」と密接な相関関係にあったのである。

したがって、諸国守護に相応しい軍事力・統治力を発揮しうる力量を備えたものが、数代に亙ってすでに守護として根強い支配権を在地に培ってきた伝統的豪族中に多く見出されることは当然であった。尊氏が最初の挙兵以来このような伝統的豪族を起用するための工作を怠らなかったことは、例えば六波羅探題討滅直後の元弘三年（一三三三）六月、大友貞宗・島津貞久の注進に答えて鎮西探題討滅の功を賞し、且つ貞宗には現地における捕虜・降参人の処置を一任している事実からも明らかである（「大友文書」二、「島津文書」色川本二）。そこで尊氏は足利方にいちはやく呼応ないし帰順した伝統的豪族には概ね前代以来の守護職を安堵する方針を以てした。千葉氏の下総・伊賀、武田氏の甲斐、佐々木氏の近江・出雲・隠岐、少弐氏の筑前・対馬、大友氏の豊後、島津氏の薩摩のごときがそれである。また彼等には前代に一旦北条氏によって改替された守護職に還補した場合もある。三浦氏の相模、武田氏の安芸、少弐氏の豊前・肥後、島津氏の大隅はその例である。

前代の守護でないとしても尊氏の軍事行動を積極的に支持して活動した在地豪族には、やはり本国の守護に補任されたものが少なくない。常陸の佐竹、信濃の小笠原、美濃の土岐、尾張の中条、越中の井上、能登の吉見、加賀の富樫、播磨の赤松、備前の松田、備後の朝山、周防の大内、長門の厚東などがそれである。

このようにして前代の守護ないし在地豪族の中から多数の外様守護が採用されたが、それは全国の広汎な地域に足利方の支配力を急速に及ぼし、南軍勢力を圧迫する点で大きな効果を発揮した反面、これらの諸国に対する幕府権力の浸透を外様守護を介する間接的なものとし、国人層の直接掌握を困難にするという弱点をもたらしたと思われる。それゆえ尊氏は、あたかも北条氏が努めて北条一門を諸国守護に補したように、前代以来足利本宗の統属下にあった足利一門ならびに有力な根本被官の諸氏を機会あるごとになるべく多く守護として諸国に分遣し、彼等を外様守護の間に介在させて将軍家の藩屛とすることに力を注いだのである。そして、この種の一門・譜第守護配置の一つの契機は、前代以来の足利氏守護国三河・上総ならびに建武政権下に尊氏および足利一門の分国となった遠江・駿河・伊豆・越前に対する足利一門・譜第諸将の配置であった。これらの諸国の内三河は高五郎兵衛尉、上総は高師直、武蔵は高重茂というように根本被官の随一たる高一族が守護に任用されるが、彼等はさきに尊氏の守護代であったのが幕府開創とともに守護に昇格したものと推測される。これに対して足利一門の今川範国は建武元年（一三三四）既に遠江守護としての明証があり、引続き尊氏により遠江守護職を安堵されたものに違いない。同じく建武元年一門の斯波高経には越前、石塔義房には駿河・伊豆両国における遵行の事例があって、幕府開創後はそれぞれ当該国の守護になっている。高経はその家格が今川範国よりも優り、一門中でも吉良氏とともに最も高い位置にあるので(第二編第一章参照)、おそらく建武政権下の越前守護職を安堵されたのであろう。これに対して、義房の場合は、石塔氏が足利一門中かなり低い家格に属することや、建武元年の事例が何れも尊氏の寄進・遵行命令等を承けた遵行であることから、守護代よりの昇格と判断される。(3)

一門守護配置のいま一つの重要な契機は、尊氏の建武政権への離反から京都再占拠に至る戦略の一環としての一門諸将諸国分遣にあった。即ち(1)建武二年（一三三五）十一月の離反直後上杉憲房を上野に派して新田氏の本拠を圧迫し、また斯波高経の長子家長を陸奥に挙兵させて北畠顕家の奥州支配に対抗させたこと、(2)翌月の尊氏軍西上に伴い、家長を鎌倉に帰還させ、幼少の嫡子義詮を輔けて東国の政務を代行させたこと、(3)翌建武三年二月九州に退去する途中で四国に細川和氏・顕氏等、備前に石橋和義、備後に今川顕氏・貞国兄弟、安芸に桃井義盛、周防に大島義政、長門に斯波高経を配置したこと、(4)翌三月博多占拠とともに仁木義長を筑前・筑後に、一色頼行を豊後に、畠山直顕を日向に派して所在の敵軍を撃たせたこと、(5)翌四月東上に際し一色範氏を博多に留めて九州の政務・軍務を行わせ、上野頼兼を石見に派して同国の敵に当らせたこと等がそれである。以上の諸将中、上杉氏は足利氏の姻戚たる有力譜第被官であり、大島氏は新田一門であるが、他の諸氏はすべて純然たる足利一門であった。これらの諸将の諸国分遣は激動する軍事情勢のさなかにおける措置であって、当初より守護として派したものとはいえないが、少なくともこれらの内、上野の上杉、四国の細川、日向の畠山、石見の上野等はやがて当該国の守護に補せられて分国を管轄し、また一色範氏は鎮西管領兼肥前守護となるのである。

さらに同年六月の京都再占領とともに本格的な守護発遣が開始される。その際越前・若狭に斯波高経・時家（のちの家兼）兄弟を守護として送って新田義貞の北国退去に備え、河内に細川顕氏、和泉・紀伊に畠山国清、伊勢に畠山高国、伊賀に仁木義覚を守護として配置して南朝の本拠の圧迫を計り、且つ丹波・丹後・但馬・因幡・伯耆にそれぞれ仁木頼章・上杉朝定・桃井（カ）盛義・吉良貞家・石橋和義を守護として派して山陰方面の南党に当らせるというように、主に一門諸氏を畿内近国の守護に補任して、これらの諸国を足利氏の直接掌握下に置く方針を採用したのである。なお時として同様の方針はより外周の諸国の一部にも及ぼされ、暦応元年（一三三八）備後守護朝山景連を仁木義長、翌年石橋和義に改替し、暦応二年尾張守護を中条秀長から高師泰に改替し、康永三年（一三四四）越中守護を井上俊清から桃井直常に改替したごとく、一旦補任した外様守護を罷免して一門または譜第守護に代える場合も見られるが、この事例は畿内周辺の場合よりも遙かに少ないのである。

三

以上のようにして、尊氏によって諸国守護に起用され、積極的に本宗足利氏を支援して活動した足利一門には、斯波・石橋・吉良・今川・一色・畠山・岩松・桃井・渋川・石塔・上野・仁木・細川・荒川の諸氏がある。なお足利一門に準ずるような処遇を受けて守護に起用された諸氏には新田一族の山名・大島両氏ならびに足利氏の姻戚上杉氏を数えることができ、守護に登用された有力譜第被官には高・大高・南（高南）の高一族が挙げられる。けれども、周知のように幕府執事高師直が観応擾乱中に横死を遂げた結果、譜第守護高一族は大半没落したが、それのみでなく足利一門守護の中にもこの擾乱ないし爾後の南北朝期の幕府諸将相剋の過程で没落ないし衰退するに至ったものが頗る多いことを、決して見過すことができない。このような一門諸氏の没落・衰退の要因としてはやはり観応擾乱の影響が大きく[(4)]、その結果衰退した足利一門としては吉良・石塔・桃井・上野の諸氏があった。それらの諸氏の没落に至る経緯を概観するとほぼ次の如くである。

(1)吉良氏（満義・満貞父子）。吉良氏は足利義氏の長子長氏を始祖とする一門中の名族であるが、鎌倉末期には二流に分れ、嫡流は長氏の嫡孫貞義であった。貞義は元亨三年（一三二三）北条貞時十三年忌供養に際し足利氏当主貞氏、斯波（足利）高経とともに北条高時に進物を贈り（『鎌倉市史』史料編第二所収〈以下同〉「円覚寺文書」六九号）、また今川了俊は「難太平記」に、尊氏は元弘三年の上洛時、貞義に真先に謀叛を相談して積極的な賛同を得たと伝えている。

貞義の嫡子満義は、建武政権下に元弘四年関東廂番六番頭人となり（「建武年間記」）、やがて尊氏より康永三年一番引付頭人に補せられたが（「結城文書」一）、守護には補せられなかった模様で、そのためか直義党の有力者となり、貞和五年（一三四九）六月には直義の命により仙洞御所警固の任に当っている（『園太暦』）。満義の嫡子満貞は観応擾乱勃発とともに直義勢として活動し、観応二年（一三五一）正月桃井直常に呼応し斯波高経・石塔頼房等とともに入京して直義党勝利の一因をなすが、同年七月末直義とともに北国に奔った（『園太暦』「観応二年日次記」）。翌正平七年（文和元年）二月の直義横死の後、満義・満貞父子は石塔頼房等とともに南党に属して西上し（「鷲見家譜」『太平記』）、摂津に転戦した後、足利直冬党山名時氏と呼応して文和二年（一三五三）六月一旦入京して義詮を逐うが、翌月幕府軍の反撃を受けて京都を撤退している（『園太暦』「神護寺交衆任日次第」等）。

まもなくこの父子は幕府方に帰順した如くであるが、満義は延文元年（一三五六）卒去したと伝えられる（『尊卑分脈』『系図纂要』）。満貞は貞治二年（一三六三）の引付方復置に伴い頭人に列するが（第二編第二章第一節参照）、依然守護在職の所見を欠き、本領の三河国吉良庄の外にも遠江国浜松庄（「鴨江寺文書」「今川文書」）・石見国都野郷（「前田家所蔵文書」東福寺文書）等の地頭職を兼ねたことが知られる程度になる。満貞の弟尊義（『尊卑分脈』には義尊とする）は吉良庄東条を押領して分立したといわれ（「今川記」）、この兄弟の子孫はそれぞれ西条吉良氏・東条吉良氏と称せられ、何れも三河国内の小勢力に過ぎなくなる。要するに満義・満貞は存立の軍事的基礎が薄弱であった上、彼等の直義党・南党としての行動が爾後の同氏の衰運を招く要因となったと見られる。

(2)吉良氏（貞家とその子弟）。吉良長氏の嫡子満氏の猶子となった経氏（長氏の兄弟足利義継の実子）に始まると伝えられる一流も吉良氏を称した（『尊卑分脈』。なお『系図纂要』は経氏の子経家を満氏の猶子とする）。経氏の孫（経家の嫡子）貞家は元弘四年関東廂番の五番頭人となり（「建武年間記」）、室町幕府では暦応三年（一三四〇）以来引付頭人に在任し、幕府の内訌が深まるや直義に党し、貞和元年（一三四五）、尊氏党の畠山国氏とともに奥州管領に補せられて陸奥国府に下向した。それ以後の貞家およびその子弟の動向は本書第二編第四・五章に詳述するが、ほぼ次の如くである。貞家は観応擾乱中先ず畠山国氏を仆し、次いで尊氏方に帰順するという巧妙な保身策により奥州管領職を維持したが、文和二年（一三五三）末頃貞家が卒去すると、奥州吉良氏は幕府から一方管領に補任されて下向した斯波氏に圧せられて国人層の支持を失い、貞家の次子治家は貞家の弟貞経等と分立した末、貞治六年（一三六七）幕府の治罰を蒙り、ついに奥州支配を拋棄して関東に逃れ、その子孫は僅かに武蔵国世田谷郷を領有する小領主として戦国末まで命脈を保った。(5) この吉良氏の奥州支配挫折は、観応擾乱とその直後の情勢に大きく影響されているといえよう。

(3)石塔氏。鎌倉中期の足利泰氏の子頼茂を石塔氏の初代とするが、『尊卑分脉』に、或いは泰氏の孫で子に擬すとも伝え、年代的にはこの方がより合理的である。頼茂の嫡子義房は前述のように建武政権下に尊氏の駿河・伊豆両国守護代となり、幕府開創とともに両国守護に昇任したと推定される。しかし義房は建武四年（一三三七）初頭早くも常陸を経て陸奥に発遣されて、陸奥国大将に遷任し、子息義元（のち義基）とともに軍勢催促・感褒・軍忠注進・使節遵行・所領預置・所領安堵等の多面的な活動を行って奥州の南軍追討と国人層掌握に努めたが、貞和元年（一三四五）吉良貞家・畠山国氏の両奥州管領下向に伴い国大将を罷免された。(6) ここに義房は直義に党し、その次子頼房は貞和五年伊勢守護となり（『八坂神社記録』「久我家文書」）、観応擾乱当初畿内に転戦し、観応二年（一三五一）正月吉良満貞等とともに入京して直義党の勝利に功があり（(1)吉良氏の項参照）、直義の下で義房は伊豆守護に還補し、頼房は引付頭人に新任された。直義の北国下向後頼房は伊勢に挙兵し、直義敗死後義房は南党に属し新田義興とともに一時鎌倉を占拠した。続いて父子は南軍とともに畿内周辺を転戦し、文和二年・同四年の二回に亙り直冬党山名時氏等とともに京都に迫り、頼房は一時京都を占拠した（『園太暦』「神護寺交衆任日次第」等）。さらに頼房は康安元年（一三六一）末にも楠木正儀・細川清氏とともに入洛し、京都の検断を司ったが（「神護寺交衆任日次第」「三宝院文書」明治四十三年採訪七）、やがてその動静は管見に触れなくなる。他方、義基は比較的早く幕府方に帰順したと覚しく、義憲と改名し、奥州管領吉良貞家の卒去に乗じ文和三年（一三五四）再び陸奥に赴いて再挙を計り、一時は多賀国府を陥れる。しかし義憲（義基）は間もなく貞家の嫡子吉良満家に駆逐され、北奥和賀郡の国人多田氏に対する官途挙状を最後に消息を絶ってしまう（第二編第五章第一節参照）。こうして石塔氏は観応擾乱に直義党として活動した結果、やがて没落したのである。

(4)桃井氏。足利義兼の子（実は孫で祖父義兼の子となるという）桃井義胤を祖とする足利氏末流であるが、義胤の玄孫直常は南北朝内乱初期より活動し、若狭守護・伊賀守護を経て康永三年（一三四四）以来越中守護に在任した。観応擾乱に際し直常とその弟直信は一貫して直義党の有力武将として行動し、観応二年正月には北国勢を率い義詮を駆逐して真先に入京したが（『園太暦』「観応二年日次記」等）、同年八月直義とともに北走した（同上）。直義横死後兄弟は南党に属して越中・能登に幕府軍吉見氏等と連戦し、文和四年正月には斯波高経の子氏頼とともに直冬党山名時氏と呼応して入京し尊氏を一旦駆逐する（『園太暦』「建武三年以来記」等）。その後直常兄弟は斯波氏の幕府帰参・越中制圧によりしばらく逼塞するが、貞治五年（一三六六）政変による斯波氏の失脚とともに、幕府に帰順して直信は越中守護に補任された（「越中古文抄」『師守記』等）。しかしそれも束の間で、斯波義将の幕府再復帰に伴い、応安元年（一三六八）二月直常はまたも京都を逃れて越中・能登の間に幕府軍と戦うが（「花営三代記」「得田文書」「得江文書」）、応安三年直常の嫡子直和は越中国長沢で斯波義将・富樫昌家等に敗れて討死し、さらに翌四年直常兄弟は斯波・吉見勢に大敗したのを最後に動静を絶ち（「花営三代記」）、没落し去った。

なお桃井氏には直常の再従兄弟尚義の子義通・義盛（盛義ヵ）兄弟等があり（『尊卑分脈』）、桃井兵部大輔（盛義ヵ）は尊氏党に属し、貞和五年（一三四九）から観応二年にかけて能登守護に在任するが（「得田文書」「得江文書」）、翌年吉見氏頼が同国守護に復するに及び（「得田文書」）、この系統の桃井氏も守護大名としての発展を閉ざされる。但し、降って「永享以来御番帳」に御供衆兼二番番頭として見える桃井常欽、「文安年中御番帳」に二番番頭として見える桃井民部大輔のような、将軍直属御家人の有力者として存続した桃井氏はその末裔であろう。

(5)上野氏。足利泰氏の子義辨を祖とする上野氏は、義辨の孫頼兼が建武三年五月以来石見国に分遣されて活動を開始し、貞和五年まで同国の南党と連戦したが、南党の抵抗は根強く、一国の制圧は困難であった（「武久文書」『吉川家文書』『萩藩閥閲録』一二二ノ一・四）。その上同国は足利直冬党の根拠地となり、翌観応元年（一三五〇）高師泰が直冬追討のため同国に発向するに及び（「祇園執行日記」「東寺王代記」）、頼兼は守護を罷免されて直義党に属し、観応二年四月直義主導下の幕府においては丹後守護に在任した（「三宝院文書」二、「桂文書」）。しかし彼は同年八月の直義北走に随従し、山名時氏とともに若狭に入って幕府の追討対象となり（「本郷文書」）、続いて丹後に赴いて挙兵したが、九月三日追討軍と戦って討死を遂げた（『園太暦』）。ここに早くも上野氏の発展は挫折し、その後裔の上野氏は将軍家直属の番衆ないし番頭などとして存続するに止まった（「永享以来御番帳」「文安年中御番帳」）。

このように吉良氏両流・石塔・桃井・上野の諸氏は、何れも観応擾乱における直義党としての行動の結果、幕府権力から排除され、勢力挽回のための必死の努力にも拘らず没落・衰退を余儀なくされたのである。分国の内部に前代以来の本領のような確実な支配基盤や、譜第被官の如き確乎とした支持勢力を殆ど有することのなかった一門守護においては、守護職の罷免、分国の喪失が直ちに衰亡の危機を招きがちであったと見られる。観応擾乱における直義党諸将にはその危機が最も深刻に訪れたのであった。

四

次に、観応擾乱時の危機を一応克服し、或いは擾乱に乗じてむしろ勢力を増大しながら、その後に展開した幕府諸将相剋の過程で衰退するに至った一門守護も存在する。このような諸氏としては、次の石橋・岩松・仁木・荒川の諸氏が挙げられる。

(1)石橋氏。足利泰氏の長子家氏より起り、名門斯波氏と同族なのが石橋氏である。家氏の曽孫石橋和義（斯波高経の再従兄弟）は、建武四年（一三三七）一時伯耆守護に在職（「三宝院文書」第二回採訪一）、翌暦応元年（一三三八）から同二年にかけて備後守護に在職したが（『山内首藤家文書』）、いずれも短期間であった。そこで分国皆無になった和義は直義の与党となって暦応四年以来引付頭人に起用され、貞和元年（一三四五）の引付方改編により一旦罷免、同四年の再編により頭人に還補された。(7) さらに『太平記』（以下、特記する場合以外は『日本古典文学大系』本に拠る）に貞和五年八月高師直が直義を排除しようと図った際、直義第に参集して直義を護った武将の中に和義を数えていることや、事実尊氏党で固めた観応元年（一三五〇）の引付頭人中には和義が見えず、翌年直義主導下に引付方が再編されると和義が三たび頭人に還補したことは、[8]彼が有力な直義党であることを示している。

しかし和義の直義党としての軍事行動には見るべきものがなかった上、観応擾乱末期頃には尊氏党に帰順した模様で、彼は文和元年（一三五二）の引付方再開とともに、またも引付頭人に復して延文二年（一三五七）の引付方中断時まで在職し、[9]この間文和元年十月備前に下向して翌二年初まで直冬党山名師義と戦い（「鼓文書」）、同年七月山名・吉良・石塔勢の入京阻止のため上洛してその駆逐に功があった（『園太暦』）。この軍功のゆえか、文和三年（一三五四）五月には評定衆在任の明証があり（「御評定着座次第」）、幕府の宿老として遇せられるに至ったことが判る。

かくて和義は観応擾乱後の幕府体制の中で却って発展の機会を捉え、康安元年（一三六一）追放された執事細川清氏に代ってその後任の若狭守護に補せられた（「若狭国守護職次第」）。けれどもこの若狭守護在任は永続せず、翌貞治元年（一三六二）斯波高経が子息義将を執事として幕府政治の中枢に参画するや、和義は高経と対立した結果貞治二年八月若狭守護を罷免され、同時に評定衆の地位も喪ったと推測される（第二編第二章第二節参照）。貞治五年政変で斯波高経父子が追放されると、翌貞治六年和義の嫡子棟義（宗義）は常陸の叛乱鎮定に起用され、続いて吉良治家追討の幕命を受けて奥州に入り、爾来軍勢催促・施行のみならず所領預置・安堵等をも実施して奥州国人層の掌握に努め、和義もやがて奥州に下向し、応安三年（一三七〇）以来奥州国人に所領安堵等を行って棟義を扶けた。しかし和義の発給文書は僅少であるのみならず永徳元年（一三八一）を下限とし、棟義のそれも至徳三年（一三八六）を下限として所見を絶ってしまう。結局この父子は奥州管領斯波氏に圧せられて奥州国人層の支持を獲得しえずに衰退したと見えて、その子孫は同国塩松（四本松）を所領とする小勢力として余命を保つに過ぎなくなる（第二編第五章第二節参照）。

(2)岩松氏。足利義兼の長子義純と新田義兼の女との間に生れた時兼が、母方新田氏の所領上野国新田庄岩松郷以下十三郷を譲与されて岩松氏を称したのに始まるが、『尊卑分脈』が同氏を畠山氏の支族に系けていることからも、同氏は室町時代には足利一門と見做されていたことが察せられる。時兼の孫岩松経家は新田義貞の鎌倉攻めに参加して建武政権下に飛騨守護・関東廂番頭人等となったが、中先代の乱に際し北条時行軍を武蔵に防いで討死を遂げた。この経家の兄弟に頼宥があり、頼宥は幕府方に属して建武五年（一三三八）伊予に発遣されて南党を討ち、一時伊予守護に在任し（「集古文書」「六波羅密寺文書」）、やがて観応擾乱に際し尊氏に党して観応二年（一三五一）足利直冬党追討のため備後に発向し、同国守護として活動した（「福山志料」三一『萩藩閥閲録』八ノ二、「鼓文書」『山内首藤家文書』「浄土寺文書」）。しかし頼宥は直冬勢の畿内侵攻を防ぎ切れず、文和四年二月備後の幕府方を率いて洛外・洛中に直冬勢および南軍と戦い、同年六月山内松若（通忠）に感状を与えている（『山内首藤家文書』）。しかも頼宥の動静はこの感状を下限として管見に触れなくなり、やがて死去したと覚しく、これとともに岩松氏の一門守護としての所見も跡を絶ってしまう。

なお頼宥の兄弟に直国があり、観応二年七月直義から本知行地を安堵されているので直義党に属していたと認められる（「正木文書」）。擾乱後直国はしばらく逼塞していたらしいが、貞治元年（一三六二）に至り鎌倉御所足利基氏から前関東執事畠山国清追討を命ぜられて伊豆に出陣し、軍功により基氏から翌年にかけて本知行分還補、伊豆・武蔵両国内の所領預置・宛行を受け、貞治四年には将軍義詮から本領安堵の御教書を賜った（「正木文書」）。このようにして直国は観応擾乱時の痛手を恢復したとはいえ、その頃上野・武蔵・伊豆の各守護職は鎌倉府に復帰して関東管領となった上杉憲顕とその嫡子で関東執事となった同能憲が補任され、直国はついに守護に補されることがなかった。降って応永二十三年（一四一六）の上杉禅秀の乱に際し、岩松経家の曾孫である当主満純は禅秀に与して叛き、翌年刑死するが、この満純の行動も岩松氏累葉の不遇を遠因とするといえよう。

(3)仁木氏。足利義兼の庶兄義清の孫実国・義季をそれぞれ祖とするのが仁木氏・細川氏であり、この両氏は足利一門中、末流の方に属する。[10] 元弘・建武の動乱とともに尊氏・直義に随ってめざましく活動し一門守護として擡頭したのは、実国の五代の孫に当る仁木頼章・義長兄弟であった。[11] 頼章は建武三年（一三三六）初頭以来主に丹波で軍事行動を展開し、同国守護となったが、康永二年（一三四三）守護代荻野朝忠が謀叛の嫌疑を受けたのに伴い、守護職を改替されて分国を喪失した。他方弟義長は建武三年以来北九州・畿内周辺・遠江に転戦したのち暦応元年遠江守護となり、ついで伊勢・志摩守護に転じ、伊賀守護を兼任するが、貞和三年（一三四七）から同五年にかけて伊賀守護、伊勢・志摩守護を罷免され、兄と同様分国皆無となった。頼章の後任の丹波、義長の後任の伊勢・志摩の守護はそれぞれ山名時氏、石塔頼房で、何れも直義党であり、頼章兄弟はこれに対して尊氏に依存して分国回復を計るに至ったと思われる。事実、兄弟は観応擾乱に終始尊氏党として積極的に行動し、頼章は観応二年十月幕府執事に起用されて尊氏の東下に同行して直義追討に協力し、これと前後して丹波守護に復したのを始め、丹後・武蔵・下野守護を兼ね、義長は伊賀・伊勢・志摩・遠江守護に還補された上、三河守護をも兼ね、ここに畿内周辺から東海・関東に跨る九ヵ国が兄弟の支配下に帰し、仁木氏は極盛期を現出したのである。

しかし頼章の地歩は主として尊氏の個人的信任に系っていたと見えて、延文三年（一三五八）尊氏の逝去に伴い頼章が執事を辞し、次いで翌年卒去すると、頼章の守護職は丹波のみがその猶子で細川清氏の実弟である仁木頼夏に継承された（「東文書」）。その上、義長は将軍義詮により幕府執事に挙げられた細川清氏と激しく対立した末、延文五年清氏の策謀により幕府を追われて伊勢に逃れ、南朝に帰順して抗戦し、頼夏も丹波に逃れて義詮の追討を蒙り（第一編第二章第二節参照）、仁木氏は一旦完全に没落した。

翌康安元年細川清氏の失脚とともに頼章の実子義尹は丹波守護に補され（「松尾神社文書」）、義長の弟頼勝は但馬守護となって（『太平記』）、仁木氏は二ヵ国守護に復したが、続いて貞治元年直冬党山名氏冬は但馬を制圧し、その部将小林民部丞以下の山名勢は丹波を侵し、幕府は若狭・遠江・三河三ヵ国の各守護に各分国の勢を率いて義尹救援に向わせたように、[12] 仁木氏の軍事力は到底山陰一帯を実力支配した山名氏の敵でなかった。さらに翌貞治二年の山名一族幕府復帰に伴い、丹波は伯耆とともに山名時氏の分国となり、山名氏は丹後・因幡・美作の支配も幕府から認められて五ヵ国守護となり、仁木氏の分国は頼勝の但馬一国のみとなった（『春日神社文書』第三）。貞治五年斯波氏の失脚を機会に義長は幕府に帰参し、斯波与党の土岐頼康に代って伊勢守護に復し、(13)頼夏は侍所頭人となり、仁木氏再興の気運が訪れたかに見えた。しかしまもなく応安四年（一三七一）までに伊勢守護は管領細川頼之に改替し、翌応安五年十二月には但馬守護職を山名師義が拝領し（「祇園執行日記」）、ここに仁木氏はついに再び分国皆無となって一門守護の地位から脱落した。その後、明徳元年（一三九〇）から翌二年までと応永初年に仁木満長（義長の嫡子）が伊勢守護に在職、応永三年（一三九六）七月その庶兄仁木義員がこれを継承し、応永の乱後義員は和泉守護に転じて応永十年まで在職徴証を残すというように、(14)分国を領有した時期は見られるものの、容易に継続的な世襲分国を形成せず、幕府・守護体制の動揺も深刻化した応仁の乱中にいたりようやく名目的な伊賀守護に落付く。即ち南北朝内乱終熄以後も、ついに仁木氏は往時の勢力を回復することがなかったのである。

(4)荒川氏。仁木実国・細川義季の弟戸賀崎義宗の子荒川満氏に始まるのが荒川氏で、足利一門中最も末流に属する（『尊卑分脉』『系図纂要』）。満氏の孫頼直・曾孫詮頼父子の南北朝内乱初頭の活動は、元弘三年の尊氏以下の上洛を『太平記』に「足利殿御兄弟、吉良・上杉・仁木・細川・今河・荒河以下ノ御一族三十二人」云々と伝えるのを始めとして散見するが、守護在職は管見に触れない。貞和五年（一三四九）八月高師直の挙兵に対抗して直義第に参集した人々の中に『太平記』が荒川詮頼を数えていることや、正平六年（観応二年、一三五一）十二月頼直が尊氏軍を防ぐため直義から箱根路警固を命ぜられている事実によって、父子が観応擾乱に際し直義党として行動したことが知られる。

しかし詮頼は直義の敗死に伴い幕府に帰順したと見えて、翌文和元年（一三五二）十一月石見国の直冬党追討に発遣され（『萩藩閥閲録』一二一ノ一）、幕命の遵行のほか（同書四三、「前田家所蔵文書」東福寺文書）、安芸武田氏の一族や石見国人井尻氏・君谷氏に対する兵粮料所預置・所領安堵等を行い（「庵原文書」『萩藩閥閲録』一二一ノ四、同書四三）、石見の経営に努め、その在職徴証は貞治三年（一三六四）十一月に及ぶ。けれどもこの間に足利直冬は同国の有力国人周布兼氏・益田兼見等を所領安堵・同預置・守護使不入等によって誘引しており（『萩藩閥閲録』一三一ノ一・四、「益田家什書」五）、詮頼の石見制圧は充分奏功しなかった模様である。貞治二年大内・山名両氏が相次いで幕府に帰参したため直冬は没落するが、この両氏はそれぞれ石見を支配下に収めようと計り、貞治三年九月益田兼見は大内弘世の招きに応じて石見に挙兵し、翌月周防に赴いたし（「益田家什書」六）、同年末から翌四年二月にかけて山名時義は井尻八郎・周布兼氏等を所領安堵を以て誘引した（『萩藩閥閲録』一二一ノ一）。わけても大内弘世の工作は成功し、同五年以降弘世の石見守護兼任の徴証が出現する（「益田家什書」六、「前田家所蔵文書」東福寺文書、「益田文書」一）。ここに守護を罷免されて帰京した詮頼は、やがて管領細川頼之に還補を愁訴したと覚しく、永和二年（一三七六）に至り石見守護はようやく弘世から再び詮頼に改替し、同年閏七月詮頼は下国し（「後愚昧記」「花営三代記」）、国人君谷氏に対する恩賞挙申・当知行地安堵（『萩藩閥閲録』四三）、井尻氏に対する所領渡付（同書一二一ノ四）等を行って、分国掌握を再開した。けれども間もなく康暦元年（一三七九）の管領細川頼之失脚に伴い、詮頼は忽ち守護を罷免され、石見は大内義弘の分国に編入された（同書一二一ノ一等）。このようにして荒川氏は詮頼の懸命の努力も空しく、結局強大な大内氏の実力に圧倒されて分国を喪失し、その子孫は僅かに幕府の番衆に名を列ねる程度になるのである（「永享以来御番帳」）。

右の石橋・岩松・仁木・荒川四氏の衰退は、その直接の事情は区々であったとはいえ、ほぼ共通の条件として、分国支配の基礎が強固でなく幕府権力への依存性が強いため、一たび幕府諸将の激烈な相剋に敗れて守護職を喪うと容易に再起し難く、急速な衰退過程を辿るに至ったことを挙げうるであろう。またこれは直義・直冬を始めとする一門諸将の反逆に苦しめられた幕府が、一門諸将の守護起用を必ずしも重視しなくなったことが一因であり、この意味では間接的ながらも観応擾乱の影響といえよう。

したがって、守護級諸将の相剋を克服して南北朝内乱終熄後まで守護職を維持し、世襲分国を形成するに至った一門守護家は、いわゆる三職（三管領）の地位に上って幕政の中枢に参与した細川・斯波・畠山の三氏以外では僅かに一色・今川・渋川の三氏に過ぎなくなり、准一門守護というべき山名・上杉の両氏を加えても計八氏のみとなる。他方、外様守護は内乱中期・後期に越中の井上、能登の吉見、備前の松田、長門の厚東の諸氏の没落したように、多少の淘汰を経たとはいえ、なお佐々木六角・佐々木京極・赤松・土岐・富樫・小笠原・武田・三浦・千葉・佐竹・河野・大内・大友・島津等の十数氏がほぼ世襲分国を維持して根強い支配力を保った。これによって一門守護の淘汰がいかに激しかったかが知られよう。この淘汰を克服した一門・准一門守護の動向の内、一門の一色・今川・渋川の三氏については川添昭二氏[15]の、准一門の山名氏については水野恭一郎・岸田裕之両氏[16]の、上杉氏については勝守すみ・羽下徳彦両氏[17]のそれぞれ優れた研究がある。そこで、次には川添氏の論考等を参照しつつ一門守護一色・今川・渋川三氏の動向を概観しよう。なおこの三氏は何れも周知の如く鎮西管領ないし九州探題として幕府の九州支配の重責を担った時期が存在し、且つ一色氏はいわゆる四職に列なったとはいえ、この三氏の幕府権力機構における比重は、三職（三管領）の三氏に比肩しうるものではなかったと思われる。

(1) 一色氏。足利泰氏の子公深が三河国吉良庄一色を領したのに始まり、斯波・石橋・渋川・石塔・上野等の諸氏と同族であった。公深の子範氏・孫直氏は鎮西管領として幕初より永年九州制圧に努めたが、父子は結局直冬党・南党と鼎立した末、南党との戦に敗れて文和・延文年間に九州を退去し、一色氏の発展は中断した。しかし父子が一貫して尊氏党であったことはその後の一色氏の再興に有利に作用したであろう。直氏の弟範光は貞治五年（一三六六）斯波氏の失脚に伴い若狭守護になり、康暦元年（一三七九）管領細川頼之の失脚とともに三河守護を兼ねた。次いで範光の嫡子詮範は永徳元年（一三八一）同氏としては初めて侍所頭人となり、[18] さらに詮範の嫡子満範は明徳の乱の勲功により丹後守護を兼ね、ここに一色氏は分国三ヵ国を擁する有力守護として最盛期を現出し、四職の一として幕政に参与するに至った。しかしこの最盛期は永続せず、満範の嫡子義貫が永享十二年（一四四〇）将軍義教に誅せられるに及び、同氏は一旦断絶した。やがて義貫の甥教親は丹後・伊勢両国守護に復するが、同氏の地歩は往時の比でなく、漸次衰退してようやく戦国末まで丹後宮津城主として命脈を保つこととなる。

(2)今川氏。吉良長氏の子で吉良庄今川を本領とした国氏を初代とする。国氏の孫範国は先に触れたように建武政権下以来の遠江守護であり、次いで暦応元年（一三三八）以来駿河守護を兼ねるとともに同国の国務を兼帯し、兵粮料所預置・所領安堵等によって両国国人の被官化に努め、観応擾乱には終始尊氏党として軍功あり、のち貞治三年（一三六四）頃より一時引付頭人に列し、その後も幕府の宿老として重きをなした。その嫡子範氏は文和三年（一三五四）駿河守護・国務を譲補され、国人に対する所領安堵・宛行等の外、浅間宮造営に関連して同社領に徳政令を実施するなど、[19] 分国経営に力を注いだ。今川氏が駿河を世襲分国として維持する基礎は範国・範氏父子によって築かれたといえる。駿河守護は貞治四年範氏の卒去とともにその子氏家に、次いで氏家の夭折によりその弟泰範に継承され、遠江守護は至徳元年（一三八四）範国の卒去後その子了俊（貞世）が継承し、次いで了俊の弟で養子の仲秋に譲補された。

了俊は応安三年（一三七〇）鎮西管領（のち九州探題）となり、翌年九州に下向して以来、多年にわたる軍事行動と国人層に対する工作により、ほぼ九州一円に幕府の威令を及ぼすことに成功したが、応永二年（一三九五）将軍義満に罷免された上、応永の乱に際し嫌疑を受け、仲秋も遠江守護を解任されて泰範がこれを兼ねた。しかも応永十二年斯波義教が管領になると遠江守護は義教が兼ね、今川氏の分国は駿河一国のみとなった。泰範の嫡子範政の時上杉禅秀の乱に、範政の嫡子範忠の時永享の乱および足利成氏追討に、それぞれ幕府軍の先鋒として関東に出撃する等、幕府の鎌倉府に対する前衛としての役割を果した。やがて同氏は周知の如く氏親（範忠の孫）・義元父子に至り戦国大名に転化し、実力により分国を遠江・三河に拡大するが、それ以前室町中期における幕府体制内での地歩は一ヵ国守護に過ぎず、三管領・四職等の諸氏には遙かに及ばなかったのである。

(3)渋川氏。足利泰氏の次子兼氏（のち義顕）を祖とし、兼氏は兄家氏（斯波氏の祖）とともに関東御家人として鎌倉将軍家に仕えたので（第二編第一章第一節参照）、渋川氏は足利一門中かなり上位の家格を有したと思われる。兼氏の曾孫義季は、建武政権下に関東廂番の一番頭人となったが（「建武年間記」）、これは渋川氏の家格および義季の軍功のみでなく、彼の姉妹が直義の室であったことにも因るのであろう（『尊卑分脈』）。但し義季は中先代の乱に際し岩松経家とともに叛徒を武蔵に防いで討死し（『梅松論』等）、その遺子直頼以下は幼少であったので、渋川氏の活動はしばらく停頓した。しかし、やがて義季の女幸子が義詮の正室となったため同氏は擡頭の機会に恵まれ、幸子の甥（直頼の嫡子）義行は貞治四年（一三六五）鎮西管領に選ばれ、備中・備後両国守護を兼ねて中国まで下向した（「西高辻文書」「征西大将軍宮譜」『入来文書』『八坂神社文書』下、「東寺百合文書」オ、同せ武家御教書幷達、等）。けれども義行はついに九州に到るをえず、応安三年鎮西管領は今川了俊に改替され（前述今川氏の項）、備中一国守護の地位に止まった（「東寺百合文書」マ等）。

永和元年（一三七五）義行の卒去とともにその嫡子満頼は備中守護職を継承し、応永元年（一三九四）安芸守護に遷り、次いで翌年今川了俊解任の後を承けて九州探題に起用された。満頼は少弐貞頼の抵抗を押えて一応筑前・肥前両国を支配下に置き、対朝鮮貿易をも実施したが、菊池氏・島津氏等の反発により、九州中・南部に支配力を及ぼすことはできなかった。しかも満頼の子義俊の代になると少弐氏の反撃態勢も整い、義俊は応永三十年・同三十二年と相ついで少弐満貞に大敗を喫し、これを機に九州探題渋川氏は急速に衰退し、有名無実化の一途を辿るのである。要するに渋川氏を以てする幕府の九州全土の広域支配は不成功に終ったが、それは守護大名としての経歴が浅く軍事力も不充分な渋川氏を以てしては、根強い自立性と複雑な相互対立とを孕む九州諸氏を到底統御しえなかったことが最大の要因であったと思われる。

以上の概観によっても、本書が『足利一門守護発展史の研究』と題しながら、細川・斯波・畠山三氏の発展過程の個別研究を旨とし、他の一門諸氏については、この三氏との関連において必要と認める限りの論及に止めることにした理由は、ほぼ明らかであろう。蓋し数ある足利一門のうち、この三氏のみがそれぞれ数ヵ国の世襲分国を形成し、且つ三氏の各宗家のみが管領家となって幕府・守護体制の中に卓越した地歩を築く原因は、政治的・軍事的諸条件等を逐一綿密に考察することによって始めて解明されると考えられるのである。

そこで、本書の主眼点ないし研究視角に少し触れておきたい。

かつての時代史の分野においても、田中義成氏の『南北朝時代史』『足利時代史』、渡辺世祐氏の『関東中心足利時代之研究』の如く、室町幕府・鎌倉府の政策や経略に関連して、守護大名の動向に着目した古典的な業績が存在する。けれども分国支配の実態等に視点を据えた本格的な守護大名の研究が行われるようになったのは比較的近年のことであり、而してそれらの近年の守護大名研究は、主要な考察方法ないし研究視角に基づいてほぼ次の三分野に区分することができるであろう。その第一は、国人領主層や荘園収取機構との関係を中心として守護の権力機構を追究したもの、第二は特定の守護家を対象として分国支配の展開や幕府権力との関係等を追究したもの、第三は国別に守護職の沿革を実証的に追究したものである。第一の分野においては永原慶二氏の先駆的な業績、これを批判的に継承した黒川直則氏の業績を始め、多くの論考が見られる(20)。また第三の分野では佐藤進一氏による南北朝期の畿内以東諸国、山口隼正氏による南北朝期の九州諸国守護のような、国別の守護の沿革考証が行われている。

本書に採用する研究視角は主として右の第二の分野である。この分野においても上記の川添・勝守・水野・岸田等の諸氏による重要な個別研究が蓄積されつつあるが、細川・斯波・畠山の三氏については、筆者の本書所収論文発表までは二、三の部分的な論考が見られるに止まり、この三氏が如何にして三職として幕府内に有力な地歩を占めるに至ったかは殆ど解明されていなかった。有力守護大名による将軍権力補強・幕政参画の最も主要な形態である管領制について、その成立時期・職権内容等が不明確なままであったのは、右の三氏の具体的な発展過程が究明されなかったことが主要な原因と考えられる。したがって本書は右の三氏の発展過程をそれぞれ主題とする三編より構成し、この三編に共通する主眼点を、初期室町幕府の守護としての三氏の政治的・軍事的動向、およびその動向と密接な相関関係を有する分国支配の成否を、南北朝内乱の経過に即して有機的に捉えることに置き、併せて三氏がそれぞれ管領として幕政に参画するに至った事情を解明するとともに、初期室町幕府における管領の職権内容を分析するものとする。

なお本書の依拠史料の名称は本文および註の文中に記載する。但し『大日本史料』『大日本古文書』『新訂増補国史大系』『群書類従』『続群書類従』『史料大成』『続史料大成』『史料纂集』等の史料集・叢書名は、特に必要と認める場合以外はおおむね省略する。引用史料には便宜読点・返点を施し、推定した文字や人名比定等は（　）内に傍書する。また引用史料の文字はなるべく常用の漢字および通用の仮名に改め、異体字・変体仮名等は原則として用いない。巻末に成稿一覧ならびに索引を付記する。索引には主要な件名・人名・史料名を掲出して検索の便を計ることとしたい。

註

（1）田沼睦氏「室町幕府・守護・国人」（『岩波講座日本歴史』中世3）参照。

（2）杉山博氏「守護領国制の展開」（『(前) 岩波講座日本歴史』中世3）参照。

（3）これらの事例については佐藤進一氏『室町幕府守護制度の研究』(上)（以下、佐藤氏前掲書と略称）当該国の項参照。以下の畿内以東の南北朝期諸国守護についても同様。

（4）杉山博氏前掲論文八六頁。

（5）世田谷吉良氏の戦国期の動向は荻野三七彦氏編著『吉良氏の研究』（関東武士研究叢書四）に詳しい。

（6）遠藤巌氏「奥州管領おぼえ書き――とくに成立をめぐる問題整理――」（『歴史』三八輯）。

(7) 佐藤進一氏「室町幕府開創期の官制体系」(『中世の法と国家』) 四六八―四七〇頁。
(8) 同上四七〇頁。
(9) 小要博氏「発給文書よりみたる足利義詮の地位と権限」(『法政史学』二八号)。
(10) 仁木・細川両氏の出自は、第一編第一章第一節参照。
(11) 頼章・義長兄弟の動向は、森茂暁氏「室町幕府執事制度に就いて――仁木氏を素材として――」(『史淵』一一四輯) 参照。また頼章の幕府執事としての権限は本書第一編第四章第二節に触れる。
(12) 水野恭一郎氏「南北朝内乱期における山名氏の動向」(『岡山大学法文学部学術論叢』一三)。
(13) 佐藤氏前掲書伊勢の項。
(14) 今谷明氏「和泉半国守護考」(『大阪府の歴史』九号)。
(15) 川添昭二氏「鎮西管領考」(『日本歴史』二〇五・二〇六号)、「遠江・駿河守護今川範国事蹟稿」(『荘園制と武家社会』) 以下「九州探題の衰滅過程」(『九州文化研究所紀要』一三号) に至る一連の論考 (同上論文〔付記〕参照)。
(16) 水野恭一郎氏前掲論文、岸田裕之氏「守護山名氏の備後国支配の展開と知行制」(『日本中世史論集』)。
(17) 勝守すみ氏「室町時代における上野国守護の研究」(『群馬大学紀要』人文科学編一巻五号)、羽下徳彦氏「越後に於る守護領国の展開」(『史学雑誌』六八巻八号)。
(18) 羽下徳彦氏「室町幕府侍所頭人付山城守護補任沿革考証稿」(『東洋大学紀要』文学部編一六)。
(19) 拙稿「南北朝内乱」(『岩波講座日本歴史』中世2)。
(20) 拙稿『論集日本歴史』5「室町政権」解説参照。

〔付〕細川・斯波・畠山各氏略系図（主として『新訂増補国史大系』本「尊卑分脈」に拠り適宜取捨）

(一) 細川氏

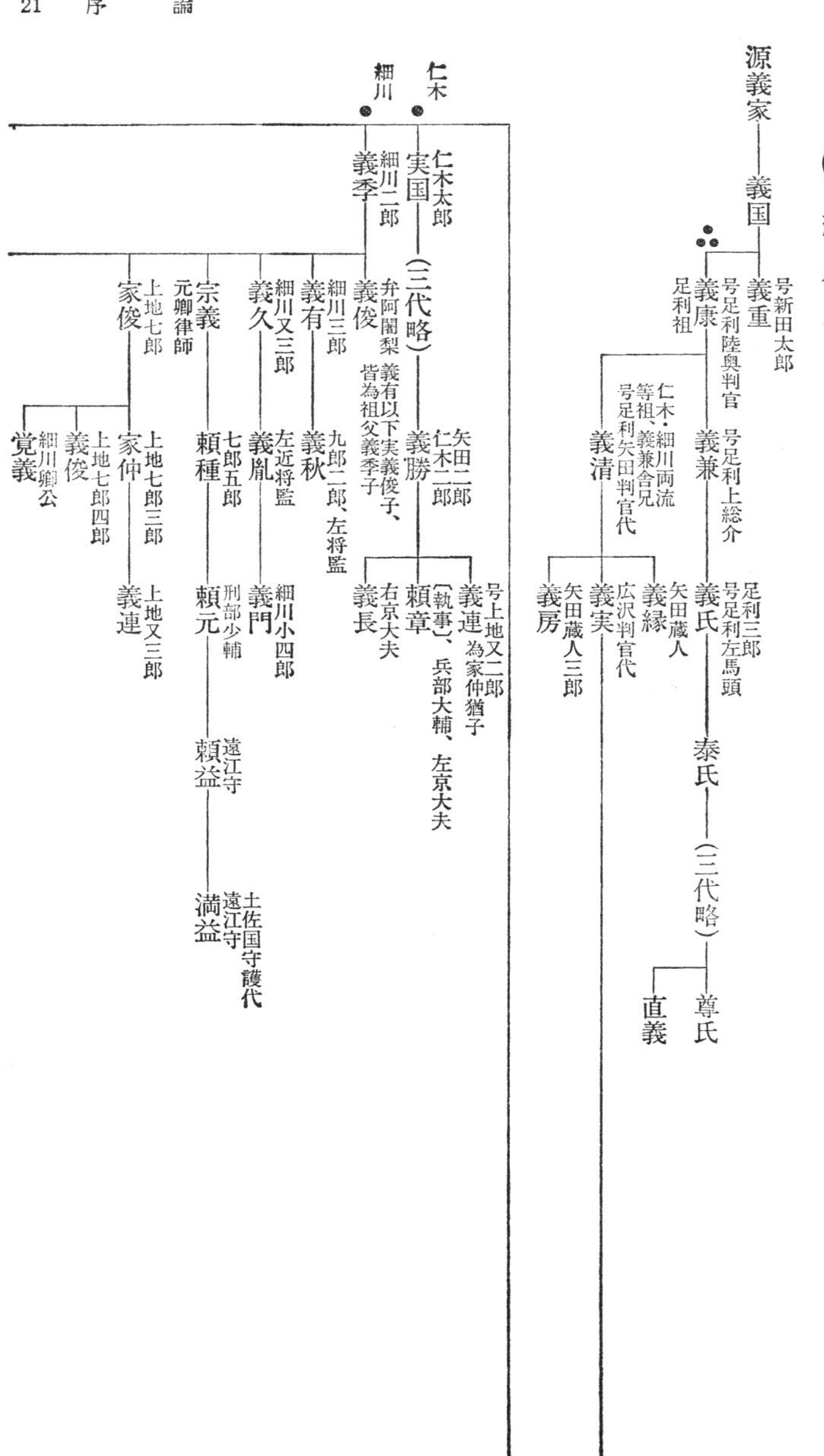

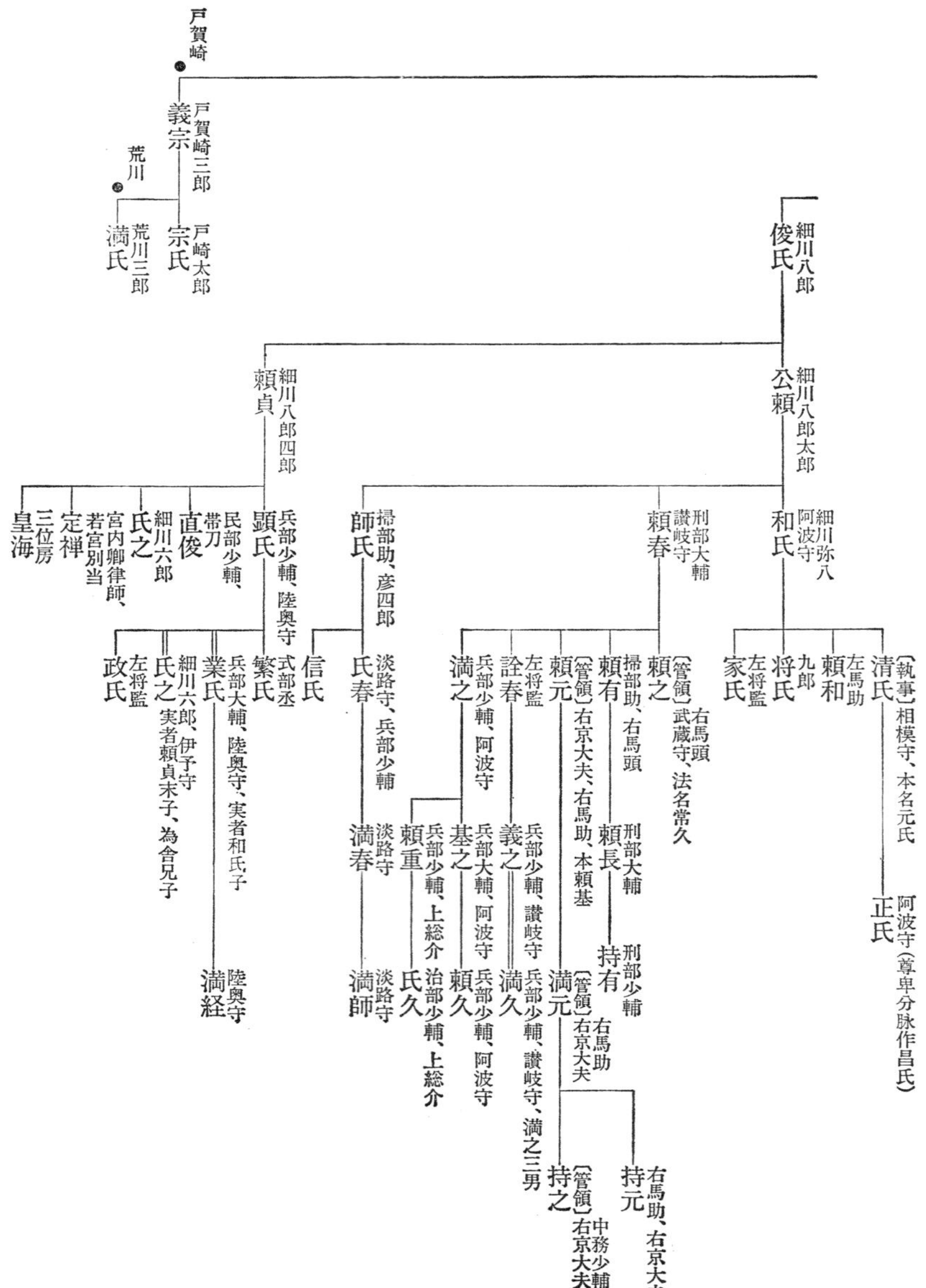

戸賀崎
義宗 戸賀崎三郎
宗氏 戸崎太郎
荒川
満氏 荒川三郎
俊氏 細川八郎
公頼 細川八郎太郎
頼貞 細川八郎四郎
和氏 細川弥八 阿波守
頼春 刑部大輔 讃岐守
師氏 掃部助、彦四郎
顕氏 兵部少輔、陸奥守
直俊 民部少輔、帯刀
氏之 細川六郎
定禅 宮内卿律師、若宮別当
皇海 三位房
清氏 〔執事〕相模守、本名元氏
正氏 阿波守（尊卑分脉作昌氏）
頼和 左馬助
将氏 九郎
家氏 左将監
頼之 〔管領〕右馬頭 武蔵守、法名常久
頼有 掃部助、右馬頭
頼長 刑部大輔
持有 刑部少輔
頼元 〔管領〕右京大夫、右馬助、本頼基
満元 〔管領〕右馬助 右京大夫
持元 右馬助、右京大夫
持之 〔管領〕中務少輔 右京大夫
詮春 左将監
義之 兵部少輔、讃岐守
満久 兵部少輔、讃岐守、満之三男
満之 兵部少輔、阿波守
基之 兵部大輔、阿波守
頼久 兵部少輔、阿波守
頼重 兵部少輔、上総介
氏久 治部少輔、上総介
氏春 淡路守、兵部少輔
満春 淡路守
満師 淡路守
信氏
繁氏 式部丞
業氏 兵部大輔、陸奥守、実者和氏子
満経 陸奥守
氏之 細川六郎、伊予守 実者頼貞末子、為舎兄子
政氏 左将監

（二）斯波氏

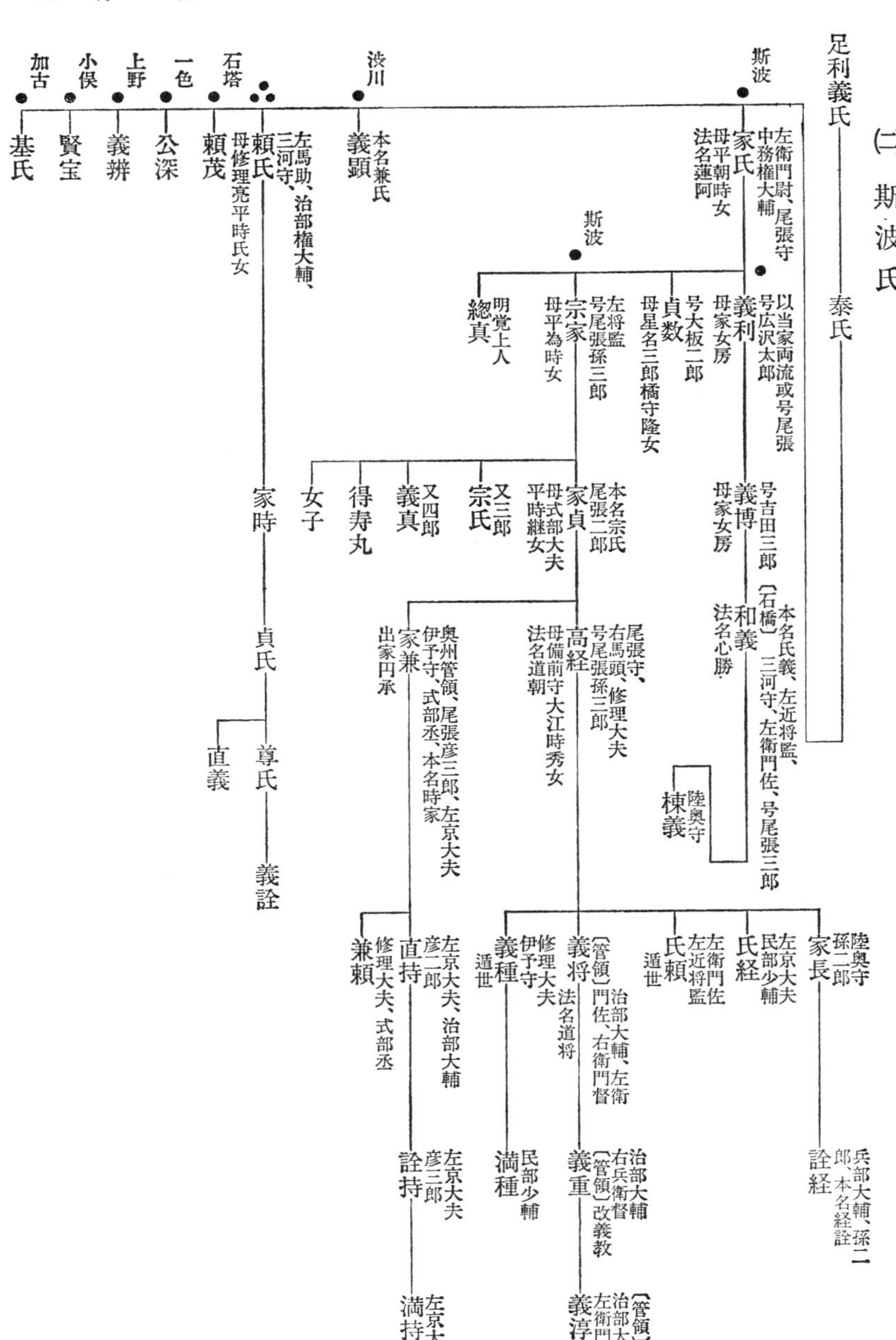
足利義氏
泰氏
斯波
家氏 左衛門尉、尾張守 中務権大輔 母平朝時女 法名蓮阿
義利 以当家両流或号尾張 号広沢太郎 母家女房
義博 号吉田三郎 母家女房
和義 本名氏義、左近将監、〔石橋〕三河守、左衛門佐、号尾張三郎 法名心勝
棟義 陸奥守
斯波
宗家 左将監 号尾張孫三郎 母平為時女
貞数 号大板二郎 母星名三郎橘守隆女
総真 明覚上人
家貞 本名宗氏 尾張二郎 母式部大夫 平時継女
宗氏 又三郎
義真 又四郎
得寿丸
女子
高経 尾張守、右馬頭、修理大夫 号尾張孫三郎 母備前守大江時秀女 法名道朝
家兼 奥州管領、尾張彦三郎、左京大夫 伊予守、式部丞、本名時家 出家円承
家長 陸奥守 孫二郎
詮経 兵部大輔、孫二郎、本名経詮
氏経 左京大夫 民部少輔
氏頼 左衛門佐 左近将監 遁世
義将 治部大輔、左衛門佐、右衛門督 〔管領〕 法名道将
義重 治部大輔 右兵衛督 〔管領〕改義教
義淳 〔管領〕 治部大輔 左衛門佐
義種 修理大夫 伊予守 遁世
満種 民部少輔
直持 左京大夫、治部大輔 彦二郎
詮持 左京大夫 彦三郎
満持 左京大夫
兼頼 修理大夫、式部丞
渋川
義顕 本名兼氏
頼氏 左馬助、治部権大輔、三河守、 母修理亮平時氏女
家時
貞氏
尊氏
義詮
直義
石塔
頼茂
一色
公深
上野
義辨
小俣
賢宝
加古
基氏

(三)　畠山氏

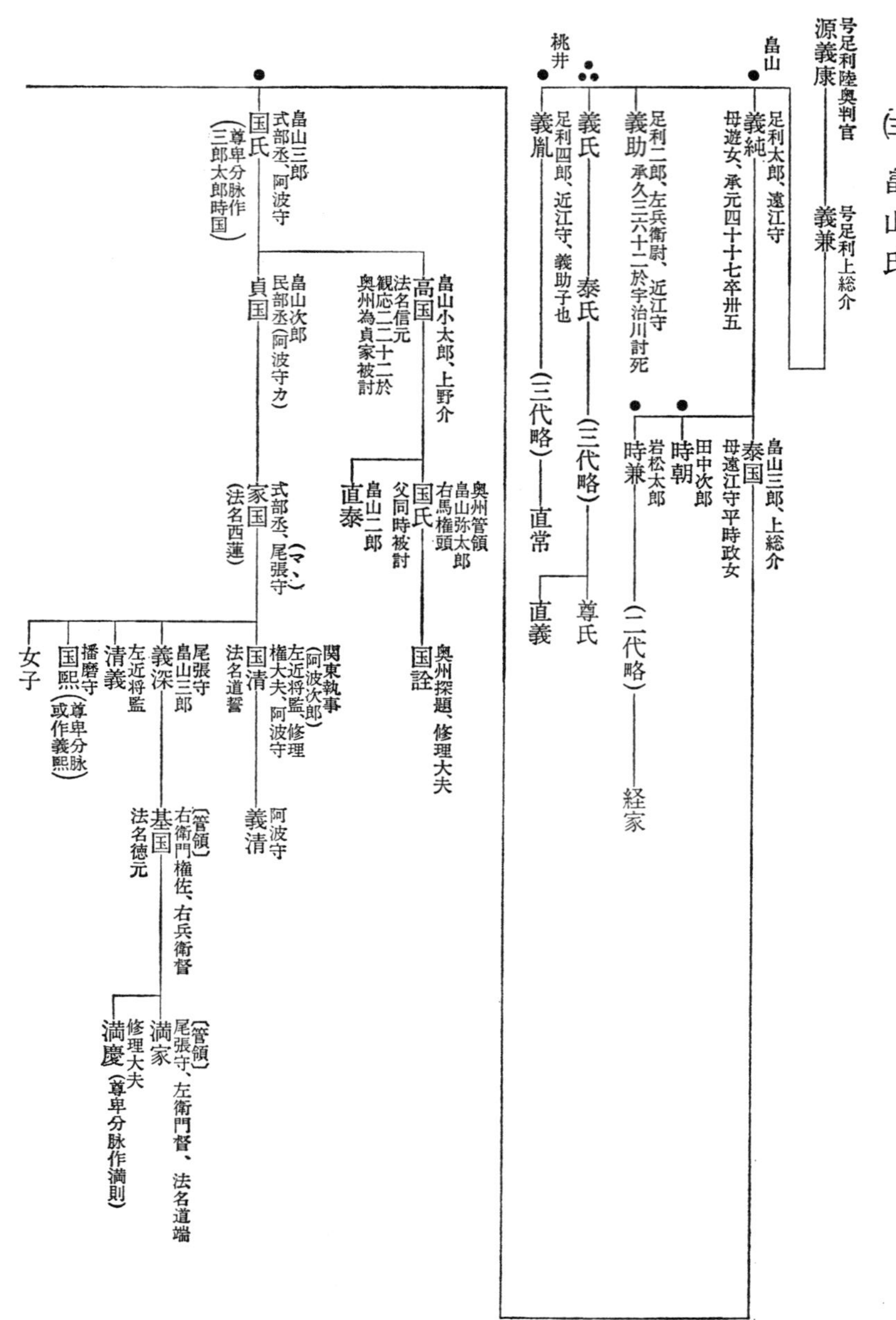
源義康 号足利陸奥判官
義兼 号足利上総介
畠山
義純 足利太郎、遠江守 母遊女、承元四十十七卒卅五
義助 足利二郎、左兵衛尉、近江守 承久三六十二於宇治川討死
義氏
(三代略)
尊氏
桃井
義胤 足利四郎、近江守、義助子也
(三代略)
直常
直義
泰国 畠山三郎、上総介 母遠江守平時政女
時朝 田中次郎
時兼 岩松太郎
(二代略)
経家
国氏 畠山三郎 式部丞、阿波守 (尊卑分脈作三郎太郎時国)
高国 畠山小太郎、上野介 法名信元 観応二二十二於奥州為貞家被討
国氏 奥州管領 畠山弥太郎 右馬権頭 父同時被討
直泰 畠山二郎
国詮 奥州探題、修理大夫
貞国 畠山次郎 民部丞(阿波守カ)
家国 式部丞(マヽ)、尾張守 (法名西蓮)
国清 関東執事 (阿波次郎) 左近将監、修理権大夫、阿波守 法名道誓
義清 阿波守
義深 尾張守 畠山三郎
基国 (管領) 右衛門権佐、右兵衛督 法名徳元
満家 (管領) 尾張守、左衛門督、法名道端
満慶 修理大夫 (尊卑分脈作満則)
清義 左近将監
国熙 播磨守 (尊卑分脈或作義熙)
女子

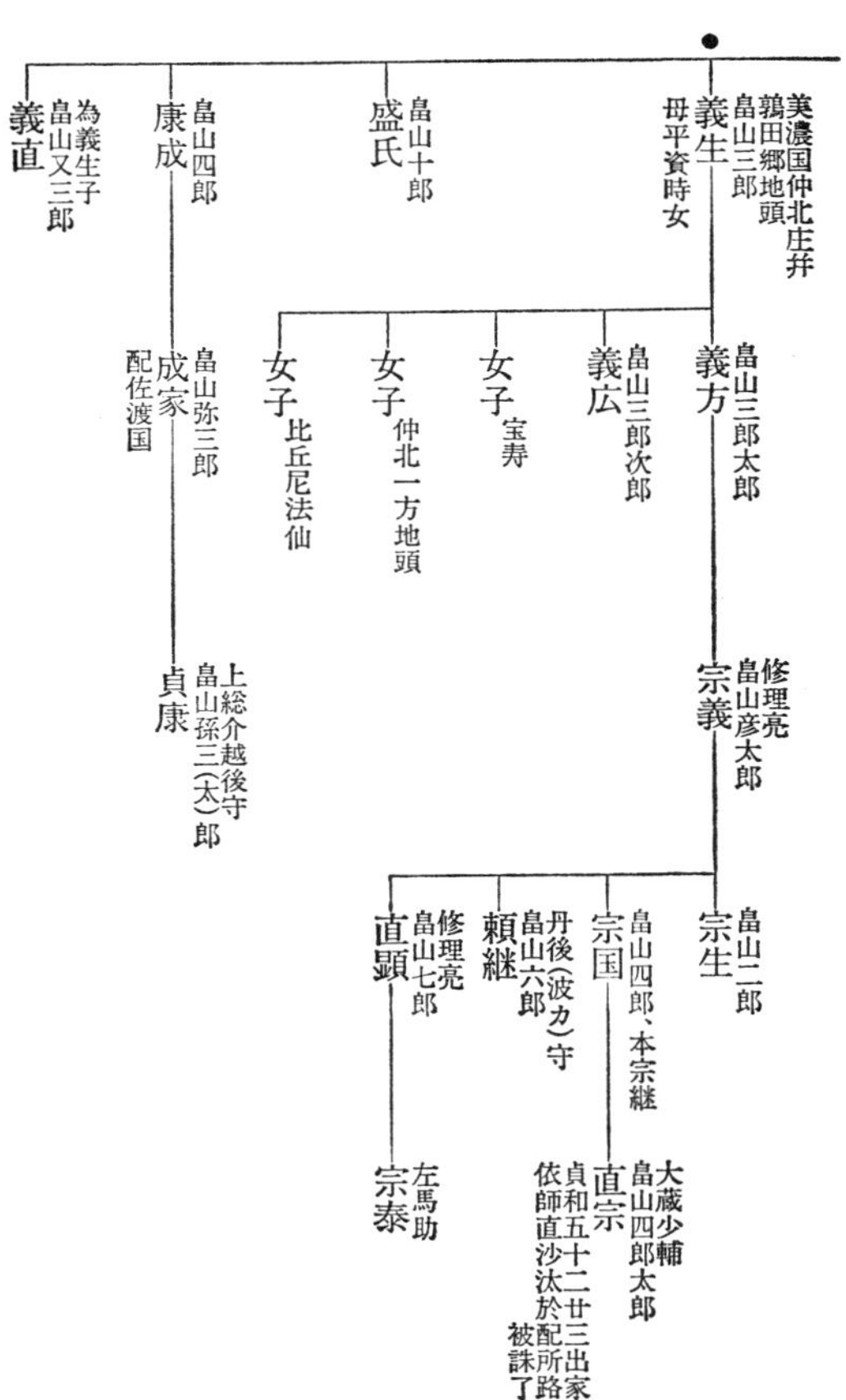

美濃国仲北庄弁
鶉田郷地頭
畠山三郎
義生
母平資時女
畠山十郎
盛氏
畠山四郎
康成
為義生子
畠山又三郎
義直
畠山三郎太郎
義方
畠山三郎次郎
義広
女子
宝寿
女子
仲北一方地頭
女子
比丘尼法仙
畠山弥三郎
成家
配佐渡国
修理亮
畠山彦太郎
宗義
上総介越後守
畠山孫三(太)郎
貞康
畠山二郎
宗生
畠山四郎、本宗継
宗国
丹後(波カ)守
畠山六郎
頼継
修理亮
畠山七郎
直顕
大蔵少輔
畠山四郎太郎
直宗
貞和五十二廿三出家
依師直沙汰於配所路
被誅了
左馬助
宗泰

第一編　足利一門守護細川氏の成立・発展

第一章　細川氏の興起と分国の形成

第一節　細川一族の擡頭

一　細川氏の発祥

室町幕府の守護大名の中でも、細川一族は十五世紀前半、応永・永享年間の頃までに四国の大半と畿内・山陽・東海の一部にわたる八、九ヵ国の分国を併有し、足利一門守護中最大の領域支配を実現するとともに、一族の宗家である京兆家は三職（三管領）の一として幕府政治の最も重要な一翼を担うに至った。のみならず、三職の内でも斯波氏は早くも将軍義教の下で凋落の兆を現し、次いで斯波・畠山の二氏が何れも将軍義政の初世以来内訌を起したのに対し、細川氏はそれらの内訌を助長しつつ政所執事伊勢貞親と対立、ついで四職の雄山名持豊と対立して幕府の覇権を争い、さらに細川政元に至っては名実ともに管領職を独占するとともに将軍を廃立して、「細川体制」とも呼ばれる一時期を現出するのである。

それゆえ守護大名細川氏の成立・発展の過程を追究することは、守護大名の個別研究の中でも格別重要であるのみでなく、室町幕府の権力機構を解明するためにも忽せにしえない一方法であると思われる。細川氏の分国支配の展開については既に永原慶二・藤井駿・佐藤進一等の諸氏により種々の角度から触れられているが(1)、それらは細川氏の発展過程を全面的に追ったものではない。それゆえ本章では先ず細川氏の発祥に溯って鎌倉時代における細川一族の性格を推測することから説き起し、次に元弘・建武の動乱以後の一族の政治的・軍事的活動を辿りつつ、彼等が如何なる契機によって何れの国々の守護職を獲得したか、さらに観応擾乱をめぐる一族の動向が分国の消長と如何なる相関関係にあるか等を、具体的に検討することとしたい。

細川氏は足利氏の支族中、三河に本拠を置いて元弘・建武年間に至ったものの一つである。但し『尊卑分脈』（『新訂増補国史大系』所収、以下同）、『系図纂要』（名著出版復刻本、以下同）所収「源朝臣姓細川系図」、『続群書類従』所収「清和源氏系図」、同上所収「細川系図」（国立国会図書館に写本を所蔵。東京大学史料編纂所本・鈴木真年原蔵「細川之系図」もこれと同内容）などの諸系図は、何れも足利義康の子義清または義清の子義実を仁木・細川両氏の祖としながらも、義清・義実二代には仁木または細川の名字を記していない（上掲略系図参照）。それでは義清・義実父子は、何れの地に本拠を置いて、どのような活動を行ったのであろうか。

義清は上西門院・八条院等の判官代となり、矢田判官代と号し、寿永二年（一一八三）備中国水島で平家と戦って討死したと伝えられており、(2)さらに『尊卑分脈』はその二男義縁・四男義房をそれぞれ矢田蔵人・矢田蔵人三郎と記し、義縁の子頼実を矢田蔵人二郎、義房の子頼長・頼実をそれぞれ矢田太郎・矢田二郎としている。それゆえ義清ないしその子孫は矢田という地を本領としたものと見える。なお『吾妻鏡』承久三年六月十八日条に記す矢田八郎も、或いは義清の子孫であろうか。矢田という地名は『和名類聚抄』所載の郷名のみでも、大和に矢田郷、尾張・三河・駿河・上野・加賀・能登・越中・丹波・備中・周防に八田郷があり、義清の名字の地の所在はにわかに断定しえない。しかし「久志本常辰反故集記」永暦二年五月一日官宣旨案（『平安遺文』四七八四号）に引く平治元年（一一五九）十一月十一日源義清陳状により、義清が下野国足利庄に接する大神宮領同国簗田御厨（現在足利市内旧御厨町に字簗田がある）を祖母である源義国後家の計らいにより相伝した事実が知られ、(3)本領の矢田もこの簗田御厨より甚だしく遠隔の地とは考え難い。他方足利氏の支族中隣国上野に本拠を移したと見做されるものに桃井・渋川・加古の諸氏がある。[4] したがって義清の本領も上野国内に求めるべきであろう。但し『和名類聚抄』(池辺彌氏『和名類聚抄郷名考証』に拠る。以下同)には上野国内に邑楽郡八田郷(訓「也太」)と多胡郡八田郷との二ヵ所が見える。前者は渡良瀬川を隔てて下野国足利・簗田両郡に近い位置にあり、この点からは義清の本貫に相応しいといえようが、後世は僅かに矢田川という細流に名を残すに過ぎない。これに対して後者は下野からはかなり隔たっているが、既に『続日本紀』和銅四年三月辛亥(六日)条の多胡郡建置の記事に「矢田」の郷名が見え、降って江戸時代元禄十一年(一六九八)に松平越前守信清が封ぜられ(知行高七千石、後一万石)子孫相承けて明治維新に至った地で、現在の多野郡吉井町字矢田に当る。また『和名類聚抄』等には見えないが、「上野国志」(安永三年、林義卿著)には山田郡に矢田堀村という村名を記している。よって義清の名字の地が上野国内の何れの矢田かは分明でないが、義清の子義縁・義房等が上野国内に繁延したことは先ず間違いあるまい。

次に『尊卑分脈』等は義清の三男義実を「広沢判官代」としている。『和名類聚抄』の郷名としては武蔵国幡羅郡広沢郷があるのみであるが、『神鳳抄』所載の大神宮領に上野国広沢御厨が見え、同国山田郡に広沢村(現在桐生市広沢町)の名を存している。義清の場合から推して、義実の名字の地はこの上野国広沢御厨を当てるべきであろう。「倉持文書」所収の十三世紀末—十四世紀初頃の作成と推定される「足利氏所領奉行番文」に見える足利本宗の所領の一つ「広沢郷」もこの地と思われる。[5] なお『吾妻鏡』にも広沢という名字の御家人がしばしば見えるが、[6]「建武年間記」所収延元元年四月武者所結番交名に「広沢安芸弾正左衛門尉　藤原高実」とある如く、藤原姓広沢氏の存在が確かめられるので、『吾妻鏡』所載の広沢氏を直ちに義実の系統と結び付けることはできない。

以上の如く義清・義実の二代は何れも下野の足利・簗田から隣国の上野国内に勢力を扶植したに止まると見做され、三河には今日知られる限り何等の関係をも及ぼした形跡がない。しかるに次の世代になると、実国・義季・義宗の三兄弟は、ともに三河に名字の地を置いたことが看取される。即ち『尊卑分脈』は右の三人にそれぞれ仁木太郎・細川二郎・戸賀崎三郎と記し、仁木・細川・戸賀崎（戸崎）は後述の如く何れも三河国額田郡内の地名に求められる。したがって右の三兄弟は相前後して三河に本拠を移したものの如く、然りとすれば彼等の三河遷移には共通の動機が存在したに違いない。蓋しその動機としては、あたかも関東における諸豪族の所領開発が飽和点に達しつつある時期に[7]、次の如く三河が本宗足利氏の管国となったことを挙げるべきであろう。

足利氏の三河守護としての初見は、暦仁元年（一二三八）将軍頼経の上洛・下向に際し、足利義氏が三河国矢作宿の設営に当り、且つ頼経が往復とも矢作宿の辺りにあった義氏の邸に宿泊した事実であり、さらに建長四年（一二五二）宗尊親王の下向にも義氏が矢作と宮路中山の設営を行ったことから、義氏が守護所を矢作（現岡崎市矢作町）に置いていたことが知られる（『吾妻鏡』暦仁元年二月九日条、「宗尊親王御下向記」）[8]。これより先正治元年（一一九九）の三河守護は安達盛長であり、一方義氏は承久の乱に際し「東海道大将軍」の一人として西上しているから（『吾妻鏡』承久三年五月二十五日条）、義氏が三河守護となったのは、おそらく承久の戦功に基づくものであろう。

ところで、足利氏の支族の一つ吉良氏は義氏の長子長氏を祖とし、同氏は「吉良庄惣領」と称せられ（「難太平記」）、この家は長氏が父義氏から吉良庄を譲られてここに退隠したことに始まると伝えられている（「今川記」一名「富麓記」）。因みに『吾妻鏡』安貞二年（一二二七）七月二十三日条以下に「足利五郎長氏」の名が散見する。また今川氏は長氏の子国氏より起り、その本領今川庄は「左馬入道（足利義氏）の御時より、長氏の少年の御時装束料に給ひし」ものであったという（「難太平記」）。吉良・今川両庄（現在の尾西市および吉良町付近）、および一色氏の本領に比定される一色（現一色町）は三河国幡豆郡にあり、守護所矢作の南西十二ないし二十キロメートルに当る。したがって吉良・今川両氏の本領は――さらにおそらく一色氏のそれも――、何れも本宗足利氏の管国三河における所領の分譲に起因するものと推察される。

仁木・細川・戸賀崎三氏の場合は吉良・今川両氏における如き所伝を欠くし、本宗足利義氏との血縁関係も後者よりは大分隔たっている。しかし少なくとも上記諸系図によれば実国・義季等兄弟は義氏の子息長氏・泰氏等と再従兄弟に当り、ほぼ時代を同じくすることは間違いない。それゆえ、彼等も義氏の何等かの庇護下に、その管国三河に本拠を移したと推測して差支えあるまい。仁木は『和名類聚抄』の額田郡新城郷に比定され、『続群書類従』本「細川系図」には「参州岡崎県矢矧川東有二仁木細川之郷一」とし、現在も岡崎市内の北部旧額田郡岩津町に、相隣接して仁木・細川の字名を残している。さらに戸賀崎は岡崎市戸崎町すなわち旧額田郡戸崎村に比定しうる。これらの地は何れも矢作川左岸の河岸段丘上に発達した集落であり、それは三氏の本領が集落単位の小規模な所領であることを示す。且つ守護所のあった矢作町から仁木・細川までは、矢作川を隔てて約六キロメートルという近距離であり、戸崎までは同じく矢作川を隔てて約三キロメートルに過ぎない。一方、上記の「足利氏所領奉行番文」には三河国の所領として「参河国　額田郡設楽郡　富永保」があり（「倉持文書」）、且つ入間田宣夫氏の指摘されたように足利氏本宗は「額田郡公文所」を通じて郡内の支配に当っていた（「前田家所蔵文書」武家手鑑一、弘安四年十一月五日足利家時袖判沙弥重円奉書）。[9]しかも足利氏本宗の被官倉持家行が正応五年（一二九二）父浄円から譲与されて永仁四年（一二九六）足利貞氏の安堵を受けた所領の内に「額田郡内萱園郷・仁木郷内屋敷田畠」があることから（「倉持文書」）、仁木郷が仁木氏の一円所領ではなく、本宗被官の所領が混在していることが判る。これらの事実は三氏の本領が守護所から指呼の間にあること、それらの所領の小規模なことと相俟って、三河守護なる本宗足利氏に対する三氏の依存性の強さを窺わしめるに足りる。

当時の細川氏の動静は殆ど詳かでないが、『吾妻鏡』建長二年三月一日条に掲げる閑院内裏造営役の注文に列挙されている二百数十名の御家人の一人として、「細川宮内丞」の名が見える。宮内丞の官途を有する者は前掲諸系図中に見当らないが、管見の範囲では他に別系統の細川と称する御家人は見出されないので、年代から推して、或いは義季に比定しうるかも知れない。もしそうとすれば当時の細川氏が本宗足利氏とは別箇に御家人役を負担し、一応独立の御家人としての身分を認められていたこととなるが、断定はできない。[10]なお右の造営役の負担は、一般に造営役がそうであるように、概ね所領の規模に応じて割り宛てられたものであるらしく、例えば北条時頼は紫宸殿、足利義氏は小御所の雑掌となっている。これに対して細川宮内丞の所役は、二条より北、西洞院より東の築地二十本中の一本という最小規模の負担に属し、それはこの細川氏の所領の狭小なことを裏書するものに外ならない。

ともあれ、当時の細川氏の所領の狭小であったことは、『尊卑分脈』所載の庶流諸氏が、義季の子家俊を祖とする上地氏を除く外は、すべて宗家と同じ細川氏を称していることからも察せられ、庶家の分出が主として細川郷内の地の細分によって行われ、本領外に一族を扶植する余地に乏しかったことを推測せしめる。右の上地は細川郷外ではあるが、同じく額田郡内にあり、戸崎の南約三キロメートルに当る岡崎市上地（旧福岡町内）に当る。この外細川氏の庶流としては、「予章記」に「六郎通堯（中略）同廿七日（貞治四年正月）湯月山ヲ囲ミ攻ル程ニ、細川天竺禅門以下大略自殺セラル」とあるように、天竺氏を称するものが南北朝時代以降散見する。天竺の地は旧幡豆郡内、現在の西尾市天竹に比定され、『日本後紀』延暦十八年七月是月条に「有二一人一乗二小船一漂二着参河国一（中略）自謂二天竺人一（中略）関二其資物一有下如二草実一者上、謂二之綿種一」とある天竺人漂着の地と伝える。この地を本領とする庶家天竺氏の発祥はおそらく鎌倉時代まで溯りうるであろうから、細川氏の所領の一部は僅少ながら細川郷以外の額田郡内および隣郡の幡豆郡内にも点在していたと見做される。

また次のように細川氏の庶流には莞草（マヽ）（鹿草）姓を称するものもあった。『太平記』二〇に新田義貞と戦った越前守護足利（斯波）高経の属将に細川出羽守、同書三八に康安二年（一三六二）頃の高経の代官（守護代であろう）として鹿草出羽守を伝え、同書二〇・二一に、暦応元年から暦応四年頃にかけての高経の有力部将として鹿草兵庫助を伝えている。そして事実貞治二年（一三六三）より同五年に至る若狭守護斯波義種（高経の子）の守護代は細川上総介または莞草上総介であって（「若狭国守護職次第」『教王護国寺文書』一、四七一号東寺事書案）、細川庶流の一部には、莞草姓をも称し、足利一門中の名族斯波氏の被官となることに活路を求めたものの存在が認められる。なお『教言卿記』応永十四年四月二十九日条に「一、信濃守護許へ住吉幷五ヶ保事音信也、細川完草（シシクサ）カ完人（シシント）不審之処、如レ此云々」とあり、「文安年中御番帳」（『群書類従』雑部）に「細川完草」と複姓で記されていることも莞草（鹿草）氏が細川庶流であることの確証となる。

要するに鎌倉中期に入り本宗足利氏の庇護下にその管国三河に遷移した庶流の一つに始まると見られる細川氏は、所領の狭小に基づく分割相続の限界という小領主層に共通の問題点に忽ち逢着せざるをえず、[11] かかる細川一族の弱点は同氏の本宗足利氏に対する依存度の強化を招いたと推察される。観応三年（一三五二）七月二十九日足利義詮は故細川和氏の女である尼恵鑒の申請に任せて「三河国額田郡沙汰人余三太郎跡給田畠」を臨川寺三会院に寄せており（「臨川寺重書案文」坤）、この沙汰人跡給田畠はおそらく鎌倉時代以来の細川氏の所領の一部であろう。額田郡沙汰人なるものの職掌は詳かでないが、守護足利氏の管掌下にある国衙在庁機構の末端をなすものであろうことは、例えば鎌倉中期の安芸国衙領に在庁兼安南郡公文・佐西郡公文職等の存在する事実（「田所文書」）からも類推に難くない。なお入間田宣夫氏は註（9）所掲論文の中でこの郡沙汰人に関する卑見を引用されて「より厳密には、郡地頭職との関連で考えるべきではないか」と付言された。足利氏の額田・設楽両郡に対する権限を郡地頭職とする入間田氏の推測は妥当であろう。しかし上記の額田郡公文所宛の足利家時袖判沙弥重円奉書に「秦梨子郷者、為二不輸之地一当給主所二充賜一也」とあることや、嘉元三年（一三〇五）足利貞氏が被官粟生四郎入道に「額田郡内秦梨子郷司職」を安堵した事実は（「前田家所蔵文書」武家手鑑一）、その郡内支配が単に郡地頭職固有の権限のみによるものでなく、入間田氏自身述べておられる「国衙機構の一環としての郡機構」に依存する性格のものであったことを窺わせるに足りる。[12] このような国衙・郡機構としての額田郡公文所の構成員と覚しい額田郡沙汰人の給田畠が細川氏の進止下に置かれていたとすれば、それは当時の細川氏があくまでも本宗足利氏の権威を藉りて額田郡内の国衙領支配に関与していたことを示す証左であると考えられる。

二　元弘・建武の動乱と細川一族

元弘の動乱の勃発は、それまで主として三河国額田郡の一隅に跼蹐し、所領の細分が限界点に達していたと見做される細川一族に、局面打開のためのまたとない機会を提供することとなった。もとより独り細川氏に限らず、吉良・今川等々の足利一門諸氏は何れも同様の局面打開の要請に迫られていたに違いない。この動乱における足利尊氏（高氏）の周知の如き六波羅探題覆滅の軍事行動は、右の要請に起因する一門諸氏の積極的支持を除外しては完全に理解しえない。(13)

但し元弘の動乱における細川一族の動向に関しては、確証とするに足りる史料を見出すことが出来ない。先ず元弘元年（一三三一）八月後醍醐天皇笠置潜幸の報を得た幕府から命ぜられて鎌倉を進発した諸将の一人に「足利宮内（治部カ）大輔（高氏）三河国」があるので（「光明寺残篇」）、細川一族を含む三河の足利一門諸氏は多く尊氏に従って西上したことであろうが、この時の一門諸氏の動向は伝わらない。

元弘三年（一三三三）尊氏の再度の西上から、六波羅攻、鎌倉幕府滅亡の前後に至る細川一族の行動は群書類従本等々の流布本『梅松論』にかなり委しく叙述され、彼等が重任を受けて尊氏に補佐の功を尽した有様が記されている。しかし流布本よりも原型に近いと判断される京大本（京都大学文学部所蔵）および流布本と別個の改作を施してある天理本（天理図書館所蔵）の各古写本「梅松論」には、これらの記事を全く欠いており、且つ他に何等の傍証も得られないので、流布本『梅松論』のこの記事は多分に作為ないし誇張を含む危険性があり、にわかに信用することが出来ない。(14) 但し『太平記』九にも、尊氏の西上の際と丹波国篠村八幡宮での旗揚の際に従った足利一門諸氏を列挙した中に何れも「細川」氏を記し、「難太平記」には、右の旗揚に関する叙述に加えて、「今川に細川そひて出ぬれば堀口きれて新田流るる、など云落書も有けり、（中略）細川は卿公事云々」とあるから、尊氏の西上、六波羅攻に細川勢の従軍していたことは肯定しうる。なお、『尊卑分脈』『系図纂要』は細川庶流上地氏の覚義（細川公頼・頼貞の従兄弟）に「細川卿公」と傍書するが、覚義の事績は明らかでない。これに対して『梅松論』（諸本）は後述のような細川定禅（頼貞の子）の活躍を数ヵ所に述べ、何れも「卿公定禅」と記している。それゆえ右の「難太平記」の「卿公」も定禅を指すと考えられる。

建武新政下においては、細川一族の行動がやや明らかとなる。当時の細川一族の主流は、『尊卑分脈』等の系図によると、公頼・頼貞兄弟と、公頼の子和氏・頼春・師氏兄弟、頼貞の子顕氏・直俊・氏之・定禅・皇海兄弟であるが、公頼については全く所伝を欠き、既に卒去していたものと思われる。和氏については、建武二年（一三三五）八月尊氏が中先代の乱を鎮定するため東下した際、駿河国府の合戦において分取の高名を現した人々の交名の内に「細川阿波守(和氏)」が見えており（「康永四年山門申状裏書」所収足利尊氏関東下向合戦次第）、この東下までは尊氏に属して在京していたと推測される。[15] 頼春は、「御的日記」（『続群書類従』武家部）に、建武元年春宮中の馬場で催された御的の射手の一人として「源蔵人頼春」を掲げ、殊に「細川侍中」即ち頼春は三五度の高名により御衣を賜った旨を特記しているのみでなく、康永四年（一三四五）十一月の開田出羽守領吉田村年貢濫妨事書（次節三参照）に、頼春が先帝（後醍醐天皇）の御代、馬場殿で「御所的十を令₂致給候勲功」として尊氏から日向国真幸院東郷内永田蕨方百町を給わったことを明記しており、建武元年の春には在京して朝廷の射礼に参加し、能射の名を得たことが知られる。師氏は「御的日記」に建武二年正月七日鎌倉の小御所で行われた弓場始の射手の一人として「細川掃部助師氏」と記してあり、鎌倉に下って足利直義の麾下にあった事実が確認される。

頼貞父子については、建武元年九月二十七日賀茂社行幸に供奉した尊氏の随兵中に「細川帯刀直俊」があり（『朽木家古文書』下、六四二号、『小早川家文書』之二、二九四号）少なくとも直俊の在京が知られる。次に建武二年七月北条時行の鎌倉侵攻に際し、顕氏以下は直義とともに敗走し、病臥中の頼貞は自尽した旨が天正本「太平記」・流布本『梅松論』・『尊卑分脈』等に見え、[16] 中先代の乱以前における頼貞・顕氏父子の在鎌倉、ならびに乱中の頼貞の自尽と顕氏の敗走がほぼ明らかである。なお『尊卑分脈』には、上地義俊を「建武二・八、於₂手越河原₁討死」としており、庶流一族の中にも顕氏と行動を共にしたものの存在が窺われる。

以上により、細川一族の主要な人々は、建武新政下においては在京の尊氏と在鎌倉の直義とに分属して勤功を励み、中先代の乱に際しては頼貞自尽等の犠牲を払いながら、それぞれ軍功に努めたことが推察される。そこで、尊氏勢が三河で直義勢と合体した際、両勢に在った細川一族も合流し、尊氏・直義と共に乱を鎮定して鎌倉に入ったものと思われる。『太平記』一四には、建武二年十月尊氏が細川和氏を使者として新田義貞誅罰の奏状を朝廷に上った旨、ならびに翌月義貞の率いる官軍の東下に及び「上杉兵庫入道道欽(憲房)、細川阿波守和氏、佐々木佐渡判官入道道誉(高氏)」の三人が直義に出陣して迎撃するよう勧めた旨を伝え、且つ直義に属して鎌倉を進発した諸将の内に「細川陸奥守顕氏、同刑部大輔頼春、同式部大輔繁氏」を数えている。これらの記事は『太平記』にのみ見える所伝であるが、「難太平記」には、駿河手越河原において直義の敗れた折、細川卿房即ち定禅は直義に討死を勧めたが今川範国は退却を進言した旨を述べ、『梅松論』(諸本)にも直義の軍が官軍と手越河原に戦って敗れ、箱根山に退いた時「仁木、細川、師直(高)、師泰(同上)以下、相残一人当千ノ輩、陣ヲ結」び、また当時尊氏は朝廷に対する謀叛を本懐にあらずとして「此故ニ政務ヲ下御所(直義)ニ譲与アテ細川源蔵人(頼春)幷近習両三輩ハカリ召具テ、ヒソカニ浄光明寺ニ御座アリシ」ことを伝えている(引用は京大本によるが、他の諸本も同様)。何れにしても和氏・頼春兄弟、顕氏・定禅兄弟以下細川一族の主な人々は、他の主要足利一門の人々と並んで、数次の軍功・勲功により急速に尊氏・直義の側近ならびに部将としての地歩を高めつつあったのである。

三　一族の四国進出

さりながら尊氏が中先代の乱後、建武新政権に対して離反・対立する行動を起すまでの段階においては、足利一門諸氏の活動も主に尊氏または直義の直属下ないし足利氏守護国内等に限られており、特定の遠隔地方に派遣されて軍事行動を起すまでに至らなかった。殊に細川氏は和氏が建武政権下に既に阿波守の官途を称しており、また足利氏の所領であった阿波国秋月庄を尊氏から与えられていた蓋然性はあるにしても、尊氏の離反以前に細川一族が後年主な分国の形成される四国方面に独自の軍事行動を行った形跡は認められない[17]。したがって、建武二年(一三三五)末尊氏・直義の西上に呼応し、四国・中国勢を糾合して畿内に進攻した細川定禅の軍事行動を以て、一族の該方面進出の初見と認めざるをえない。『太平記』一四によれば、定禅は同年十一月二十六日讃岐国鷺田庄(現在の高松市坂田に比定する説があるが不分明）または同国財田庄（現在の三豊郡財田町に当る）で挙兵し、詫間・香西両氏の参加を得て建武政権の同国守護高松（船木）頼重を破り、藤橘両家ならびに坂東・坂西の者共を麾下に加え、さらに定禅に呼応して蜂起した備前の佐々木信胤・田井信高、備中の小坂・河村・庄・真壁等の諸氏を傘下に入れて東進し、翌建武三年正月七日播磨の大蔵谷で赤松範資の軍勢と合体し、翌日摂津の芥川に布陣して、関東から西上した尊氏軍の主力と連携し、十日に山崎の官軍を撃破して入京したことが伝えられている。藤橘両家とは讃岐の国人多数の汎称であるらしく、[18]坂東・坂西（板東・板西か）とは『平家物語』一一「勝浦合戦の事」にも「当国（阿波）の住人坂西の近藤六親家」と見え、阿波の板野東西両郡の国人の謂らしい。定禅の四国・中国における軍事行動については『太平記』の所伝の傍証は乏しいが、康永三年九月十七日足利直義裁許状（『大徳寺文書』之四、一六二八号）の中に、建武三年初頭の尊氏九州下向以前における備前国人林幸菊丸の軍忠に就き同年（建武三）七月一日細川顕氏が一見状を与えた旨が記されている点から見て、備前国人の一部に早くから細川氏の麾下に入ったものの存在が知られる。また京大本・天理本および流布本『梅松論』にも、定禅を大将とした赤松円心（則村）と四国・中国勢が摂津・河内辺に進出し、宇治の尊氏軍と連絡して正月十日山崎の京方を打破って入京した旨を記しており、定禅が瀬戸内海周辺就中讃岐・阿波・備前・備中の国人を相当多数糾合して京都に進入したことは事実と認めてよかろう。

定禅が四国・中国勢を結集しえた理由は分明でない。しかし足利直義が新田義貞誅伐と号して発した軍勢催促状、およびこれに応じた武士の着到状は、現在知られるもののみでも関東はもとより畿内・中国・四国・九州等殆ど全国に亙っており、[19]『太平記』も北陸・山陰・山陽等各地の武士が尊氏の挙兵に呼応して蜂起した有様を伝えていて、建武政権に対する国人層の不満が煽られて忽ち全国的な叛乱に転化した様相を窺わしめる。周知の如く元弘三年六波羅探題討滅後、直ちに奉行所を開いて諸国武士の着到状・訴状を受理した程の尊氏であるから、右の挙兵に至るまでに西国の武士にも何等かの工作が施され、或いは少なくとも尊氏・直義の名声が広く及んでいたであろうことは否定し難い。本節註

（17）に触れた散位某の軍勢催促状はその有力な一証左となる。なお建武二年前半には伊予に北条氏残党の叛乱が起って六月まで合戦が継続し（「三島文書」乾、「忽那一族軍忠次第」）、同年二月讃岐でも叛乱のあったことが伝えられている（「紫雲山極楽寺宝蔵院古暦記」一本）。鎌倉末の讃岐守護は北条一門、備中と土佐の守護は得宗家であり、[20]北条氏の支配力のかなり浸透していたこれらの地域においては、建武政権下における秩序維持がとりわけ困難であったと推測される。従って「四国中国ノ間ニ、兼日御教書ヲ給ル輩」（京大本「梅松論」）を糾合して、これを足利方の叛乱に誘引するためには、もはや足利一門の一人である部将細川定禅の派遣を以て充分であったことと判断される。次いで『梅松論』（諸本）は洛中の合戦に、四国・中国勢を率いた「細川ノ人々」、就中定禅の勇戦振りを伝えている。

但し、定禅の四国・中国勢誘引は、当然在地国人層に対する勢力扶植というには程遠い概略の軍勢糾合に過ぎなかった筈である。細川氏が四国に支配基盤を据えるための第二の、而してより重要な契機は、間もなく京都を駆逐されて西走した尊氏による、細川一族の四国再派遣であった。寛正本「梅松論」（彰考館文庫所蔵、寛正七年の書写奥書のある古写本、但し下巻のみの端本）によれば尊氏は播磨の室津で「国々ニ大将ヲ留ラ」れることとし、「四国ヘ細川ノ人々、従父兄弟（イトコ）七人、阿州和氏（トモウヂ）・源侍中頼春・洒掃（師氏）兄弟三人、兵部顕氏・卿公（ノキミ）定禅、三位公皇海、帯刀先生（直俊）、是モ兄弟四人」（流布本はこれに政氏・繁氏を加えて計九人とする）を派し、「御判帋数百枚給、是ハ勲功ノ軽重ニ依テ宛行（アテ）ナハルヘキ御下文ノ為也」としたとある。また他の古写本や流布本は、この後段の部分を、和氏・顕氏両人の成敗として勲功の軽重によって恩賞を行うよう命じたと表現している。この『梅松論』の所伝には、それをほぼ裏書するに足りる同年二月・四月および五月の各一通の細川和氏・同顕氏連署奉書と奉書写（ともに下知状）が存在する。

阿波国勝浦荘公文職大栗彦太郎跡肆分壱事、為二勲功之賞一所レ被二宛行一也、守二先例一可レ致二沙汰一者依二将軍家仰一下知如レ件、

建武三年二月十五日　　兵部少輔（細川顕氏）（花押）

（細川和氏）
阿波守（花押）

漆原三郎五郎殿

〔「染谷文書」〕

伊予国檀生郷西方地頭職内僕□□事、為二御祈禱並勲功之賞一所レ被二宛行一也、守二先例一可レ致二沙汰一者依二将軍家仰一下知如レ件、

建武三年四月十五日

兵部少輔
阿波守

菅生寺衆徒御中

〔『後鑑』所収「予州松山旧記」〕

阿波国坂野新荘中方地頭職（織原弥三郎入道跡）事、為二同国加納郷仙波大夫房跡（勲功賞之替）一所二宛行一也、守二先例一可レ令二知行一之状、依二将軍家仰一下知如レ件、

建武三年五月十五日

兵部少輔
阿波守　御判

村岡武藤三郎入道殿跡

〔「菅生文書」〕

この三通により、和氏・顕氏の両名が尊氏から阿波および伊予について、連署奉書形式による恩賞宛行権の代行を委任されたことは明白であり、当然この恩賞宛行権の委任は右の両国のみでなく四国全域に及ぶものであったに違いない。(21)(補註1)

また同年四月定禅が伊予の三島社に下した次の書下がある。

当家御祈禱、可レ被レ致二精誠一之候、仍当社御寄附事、其子細可レ令二申沙汰一之状如レ件、

〔「大山祇神社文書」〕

僧（細川）定禅（花押）

建武参年卯月三日

三島社大祝（安顕）殿

この書下に徴して、和氏・顕氏のみならず定禅も再び四国に渡ったことが判り、おそらく『梅松論』の述べる如く和氏兄弟・顕氏兄弟等は、尊氏の命によりほぼ一族を挙げて四国に赴いたものと推測される。(22) 以上により、この第二回の四国略定は、定禅による最初の進出よりも大規模且つ組織的に実施されたことが看取される。就中和氏および顕氏は、尊氏から委ねられた恩賞宛行の権限を利用して、細川一族の麾下に従属した四国の在地領主層に対し相当強固な被官関係を設定しうることとなったに相違ない。それは、尊氏の幕府開創以後における守護の国人に対する恩賞関係の権限が恩賞推挙・兵粮料所預置等を出ないこと（次節の諸例参照）と比較して見れば、充分首肯されることであろう。よってここに右の和氏・顕氏以下の四国経略により細川一族のこの地方に対する勢力扶植の素地が設定され、やがて同氏の最も主要な分国の形成される基が開かれたものと認められる。

かくて尊氏が九州を制圧して再度畿内に進攻した際、細川一族は再び四国勢を率いて一層重要な攻撃力を発揮したものの如く、『太平記』一六、『梅松論』（諸本）には何れも同年五月の湊川の戦から翌月の洛中洛外の合戦にいたる細川勢の活躍、就中定禅の勇戦振りを詳述している。五月末から六月初めにかけて足利方が京都を占領し、次いで洛外の宮方の掃蕩戦に移行するに及び、顕氏以下は四国勢の外摂津・和泉両国国人の一部をも麾下に加えて、八月以来山城の木幡山・竹田・鳥羽等に戦い、次いで西坂本に進出して後醍醐天皇の行在の置かれた叡山の攻囲に加わり、さらに同年十月には摂津の天王寺に発向して河内・和泉方面の宮方の圧迫に当る等、活潑な戦闘行為を展開した。この事実は、建武三年九月日付伊丹野頼員軍忠状写（「北河原森本文書」）・同月日付田代市若丸軍忠状（「田代文書」）・翌建武四年十一月四日付田代了賢（基綱）軍忠状（同上）等に顕氏の証判が加えてある事実によって知られ、顕氏が建武三年八月十八日、山城の正伝寺と正受寺に禁制を与えて軍勢等の乱入狼藉を禁じていることも（「正伝寺文書」）、その軍事行動の証左となる。かかる細川氏の畿内における軍事活動は、後述の如き同氏の畿内における分国形成の端緒をなすものであった。

但し伊予については、有力在地豪族河野氏が重要な役割を尊氏から認められていた。建武三年二月十八日尊氏は自ら河野通盛に宛てて袖判御教書を以て「河野四郎通信跡所領等」を安堵しており（「稲葉文書」）、同年三月十一日河野通朝は伊予国御家人祝安親の同国内に関する軍忠状に証判を与え（「三島文書」乾）、且つ同年六月十三日通盛は同月五日以来の叡山攻囲戦に参加した伊予の軍勢の分捕・生捕・手負等の勲功を実検して直義の証判に具え（「改姓築山河野家之譜」）、即日直義よりその軍忠を賞せられるとともに、東坂本攻撃を命ぜられ（「河野家代々綸旨御教書等之写」）、翌十四日にも通盛は尊氏または直義から新田義貞以下誅伐のための発向に「相ニ催一族幷伊与(予)国地頭御家人等一、不レ廻ニ時刻一、経ニ鞍馬口一、可レ致ニ軍忠一」き旨の軍勢催促の御教書を受けている（「予章記」）。以上から見れば、四国の軍勢のすべてが細川氏の麾下に在ったわけではなく、伊予の伝統的豪族河野氏は、所領安堵・恩賞授与についても一国の軍勢統率においても、独自の権限を認められたのである。尊氏が四国の中でもやがて伊予のみは細川氏の分国から除いて河野氏を守護とするようになる端緒は、既に建武三年前半における尊氏、直義の右の如き伝統的豪族の自立性容認・利用の方針にも現れているといえよう。これを裏返して言えば、伊予を除く四国の大半には河野氏に匹敵するような有力豪族の存在しなかったことが、細川一族の分国形成を比較的順調に発足せしめる要因となったものと考えられるのである。

註

（1）永原慶二氏『日本封建制成立過程の研究』三四一・三五七―三六五頁、藤井駿氏「備中守護の細川氏について」（『岡山大学法文学部学術紀要』一〇号）、佐藤進一氏前掲書河内・和泉・摂津等の項。

（2）『尊卑分脉』は義清を「仁木、細川両流等祖、足利陸奥判官義康一男、義兼舎兄也、号ニ足利矢田判官代一、民部丞、上西門院幷八条院等判官代、足利太郎、母、寿永二・十二・一於ニ備中国水嶋一平家合戦之時被レ討了」とする。また『続群書類従』本「細川系図」には「号ニ矢田判官代一、民部丞、聴ニ昇殿一、寿永二年癸酉閏十月一日水島之役、為ニ大将軍一死ニ軍中一」云々とある。これらの記事がどこまで正確かは必ずしも分明でない点があるが、義清の父義康が鳥羽院に登庸されて活躍した事実（『兵範記』等）や、その本領足利庄が鳥羽上皇御願の安楽寿院領であり、鳥羽院から八条院に伝領されていること（「八条院御領目録」）等から見ても、義清が上西門院・八条院等の判官代となったことは不自然でない。また『平家物語』巻八「水島合戦の事」には、寿永二年木曾義仲が「陸奥の新判官義康が子矢田の判官代義清」以下を平家追討のため山陽道に発向せしめ、閏十月一日備中国水島の渡に於ける合戦で義清の敗死した有様を叙述している。『玉葉』（国書刊行会本）寿永二年閏十月十四日条に「申刻許人告云、平氏兵強、前陣〔之〕官軍、多以被敗了、仍自播磨更義仲赴備中之由風聞（中略）云々」とあり、『百錬抄』（『新訂増補国史大系』第一一巻）同年閏十月一日条にも「平氏与源氏合戦、源氏敗北」とある。よって義清の敗死もほぼ事実と認めうる。但し『尊卑分脈』の「寿永二・十二・一」は、『百錬抄』『平家物語』『続群書類従』本「細川系図」等に従って「寿永二・閏十・一」と改むべきであろう。なお『新訂増補国史大系』本所引前田家所蔵脇坂氏本・前田家所蔵一本・内閣文庫本『尊卑分脈』の義清の項には「昇殿保元々・七・十二」とある。保元の乱の軍功により義康が昇殿を許されたのが保元元年七月十一日であって（『兵範記』）、『尊卑分脈』の義康の項にも「昇殿保元元・七・十二、昨日合戦賞」とあり、おそらく上記諸本『尊卑分脈』の義清昇殿の記載は義康に関する記事が混入したものであろう。

（3）この官宣旨案に引く神宮祠官荒木田範明解によると、簗田御厨は初め源義国と藤原秀郷流足利氏の足利家綱とが多年領知を争っていたが、義国が改めて口入神主を立てて内外両宮に寄進し、次いで院奏を経た結果勝訴し、義国の死後子息義康が相伝したものである。「神宮雑書」所収建久三年八月二所大神宮神主注進状によると、同御厨が内宮領から内外二宮領に改められたのは康治二年（一一四三）とあるから、義国の勝訴も康治二年を余り降らない年代と推定される。さらに上述の官宣旨案所引荒木田範明解により、範明と同じく神宮祠官宗元との上分口入料取得権の相論に関連して、平治元年十一月義清は「抑件御厨、任祖母（義国後家尼連妙）之処分、所領知也」云々という陳状を朝廷に提出したことが知られ、同御厨の相伝関係が確実に判明する。且つ以上の内容から、源義国・同義康・同義清が祖父・子・孫の関係である事実が確証される。

（4）「上野国志」等は足利一門の内、桃井氏の本拠を上野国群馬郡桃井に当て、吉田東伍氏『大日本地名辞書』、太田亮氏『姓氏家系大辞典』は同じく渋川氏の本拠を同郡渋川庄に、また太田氏同書は同じく加古氏を同国加子邑の出自に擬定している。

（5）桑山浩然氏「室町幕府の草創期における所領について」（『中世の窓』一二号）。

（6）広沢氏は例えば『吾妻鏡』建久元年十一月七日条、同六年三月十日条に広沢余三が見え、仁治二年二月二十六日条に「広沢三郎兵衛尉実能与二同弥次郎一、依二郎従叓一及二訴論一」云々とあり、嘉禎二年八月四日条、寛元元年七月十七日条、同二年六月九日条の将軍（頼経・頼嗣）出行の際の供奉人中に広沢三郎左衛門尉が見え、建長二年三月一日条の閑院内裏造営役注文には、油小路面の築地三十一本中の「五本在二垣形一本一」が「広沢左衛門入道跡」の所役となっている。よってこの広沢氏は御家人の中でもかなりの名族であったことが窺われる。

(7) 河合正治氏「鎌倉武士団の構造」（『(旧)岩波講座日本歴史』中世1）、二三〇・二三七頁参照。

(8) 佐藤進一氏『増訂鎌倉幕府守護制度の研究』四〇—四四・四八頁参照。

(9) 入間田宣夫氏「郡地頭職研究序説」（『日本古代中世史の地方的展開』）一五九頁参照。

(10) 『吾妻鏡』に見える御家人中、足利氏の支族としては、足利(吉良)五郎(ママ)長氏、足利(斯波)太郎家氏、足利(渋川)三郎兼氏、畠山上野前司泰国、畠山上野三郎国氏等が知られる。他方足利氏の支族と同姓のものとしては吉良次郎、同三郎、吉良大舎人助政衡、渋河五郎兼保、同次郎、同左衛門、同弥次郎、足利向田太郎某等があるが吉良・渋河のごときは、それぞれ鎌倉初頭以来見え、足利支族ではないと思われる。また上記の造営役注文には、細川宮内丞の外は、足利一門では押小路面土平門西の築地中の二本が、畠山上野前司(泰国)の所役になっているのを見るのみであるから、細川宮内丞(ママ)を足利一門細川氏と見做すことはやや躊躇される。なお仁木氏は同書嘉禎三年四月十九日条に日記(ママ)五郎、建長六年正月二日条に日記三郎があって、何れも足利義氏の将軍に対する饗応に際して、前者は畠山三郎(泰国カ)、後者は畠山国氏の献進した御馬の引手を勤めているのがそれであろうが、右の造営役注文には記載されていない。

(11) 三河国内における足利支族の分布を『尊卑分脈』に記す名字から探って見ると、仁木・細川・戸賀崎・上地が本文既述の如く額田郡にある外、吉良・一色・今川・関口・木田・荒川の各氏の名字の地は何れも幡豆郡内に、上野氏の名字の地は碧海郡に見出される。しかもこれらの地名は殆ど西三河平野の矢作川流域一帯に限られている。この分布状態から推測すれば、足利支族諸氏の三河における所領拡張はおそらく矢作川沿岸地帯の未墾地開発に伴うものであり、この点からも彼等の勢力扶植の限界が認められよう。

(12) なお最近福田豊彦氏も「鎌倉時代における足利氏の家政管理機構」（『日本歴史』三四七号）において、足利氏の本領に置かれた足利庄公文所について「国衙領の郷を単位として年貢所当などを徴集するという、東国に一般的な国衙機構の縮小版を想定」され、額田郡公文所についても、本文所掲の沙弥重円奉書を引いて、同様の「年貢催徴の機関」であることを指摘されている。

(13) 「難太平記」に、尊氏が元弘三年の上洛の時、三河国八橋で夢想の如き不思議があったとし、「それよりしてひしと御むほんの事おぼしめし定て、為二上杉兵庫入道（憲房、法名道欽）御使一、先吉良上総禅門（貞義、法名省観カ）に被二仰合一しに、御返事に云、今までおそくこそ存づれ、尤可二目出一云々、其後人人にも其御談合有けり、此事関東御立の時より、内々上杉兵庫入道は中勧けるにや、家時、貞氏、此両御所の御造意を、大方殿（尊氏母上杉清子）の上杉計に仰きかせられるとかや、是によりて殊更其人骨を折て、河原合戦にうち死しけるとかや、今の上杉中務入道（朝宗、法名禅助）の祖父なり」と伝えている。この所伝が史実をそのまま伝えるものとは思われないが、少なくとも吉良・上杉等の一門・親族の間に尊氏の挙兵を積極的に支持する気運のあったことを示すものであろう。

(14)　流布本『梅松論』にのみ見える記述は、尊氏が西上の途次より細川和氏と上杉重能を密かに伯耆の行在に遣し、二人は近江の鏡の駅で後醍醐天皇の綸旨を尊氏に披露したこと、六波羅攻に当り和氏が寄手の一方を空けて敵を駆逐すべき旨を尊氏に進言して効を奏したこと、六波羅討滅直後尊氏は和氏・頼春・師氏兄弟に鎌倉幕府追討を命じ、彼等は東下の途で幕府滅亡を聞き、鎌倉に到って幼少の足利義詮を輔け、新田義貞より野心なき旨の起請文を受取って上洛したこと、顕氏が建武元年十一月護良親王の配流に際して鎌倉まで護送したこと等である。蓋しこれらの記述は、細川氏の関係者が一族の功績を喧伝しようとする意図を以て加筆したものであろう（拙稿「梅松論諸本の研究」〈『日本史籍論集』下巻所収〉一三〇―一三六頁参照）。

(15)　金勝院本「太平記」は尊氏に従って京都を進発した武将を列挙し、その中に「細川阿波守和氏、同右京大夫義氏、同玄蕃助尹隆、同八郎隆友」の名を掲げている。但し義氏以下の三名は他に全く管見に触れるものがなく、実在の人名ではなさそうである。

(16)　天正本「太平記」は病床に臥していた頼貞が敵陣に馳向って切腹したとするが、流布本『梅松論』には、頼貞は相模の川村山で湯治中に顕氏の使者より敗報を聞き、後顧の憂を絶つため使の前で自害したとし、脇坂本・前田家一本・内閣文庫本「尊卑分脉」にも「中先代之時於二相州河村山一自害」、『系図纂要』にも「建武二年七ノ廿於二相州河村山一討死」とある。所伝に多少の相違があるが、頼貞が中先代の乱に際し討死または自尽したという点は共通である。なお『続群書類従』本「清和源氏系図」に「於二河内一自害」とあるのは、相模河村山の誤記であろう。

(17)　定禅の挙兵以前に細川氏の拠点が四国に存在したことを推測する説があるが（永原慶二氏前掲論文）、管見の限りでは必ずしも確証は見出せない。また流布本『梅松論』に、細川顕氏が元弘以前に義兵を挙げるため阿波に赴こうとしたとあるが、これは他に傍証がなく、義兵云々という内容も唐突でにわかに信じ難い。但し「細川三将略伝」（天保十四年明山桑渓田なるものの著）に和氏が軍功により建武の朝廷より五位に叙せられて阿波国を賜り、秋月（阿波国阿波郡）に館を築いて在国したとある。当時和氏が在国したという確証は存在しないが、この記述は秋月庄が少なくも鎌倉後期には足利本宗の所領であり（前掲「足利氏所領奉行番文」）、やがて南北朝期に入りこの地に細川氏の阿波守護所が置かれている事実や暦応二年和氏が秋月に補陀寺を建立した事実（後述）から見れば、ありえないことではない。なお『続群書類従』本「細川系図」には頼春が元弘の役の軍功により尊氏から阿波国を賜封されたとあるが、これは根拠を見出しえない。また「忽那文書」には、建武二年正月「凶徒等追罰事、自二関東一所レ被レ仰下一也、早率二一族一、可レ被レ抽二軍忠一」云々という散位某の伊予の忽那重義と同重明宛の軍勢催促状（奉書）が各一通あり、それぞれ「散位（花押）」の傍に「細川散位」「細川入道皇海乎」という押紙が貼付してある。しかしこの散位某の花押を建武四年五月の日根野道悟軍忠状（「日根文書」乾）に施されている皇海の証判と比べると全く異なっており、右の散位某を皇海に比定することは困難である。但しこの軍勢催促状に言う「関東」が在鎌倉の直義を意味するものとすれば、足利氏の働きかけが瀬戸内海の忽那氏にまで及んでいたことになるが、在京の尊氏を差措いて直義が軍勢催促を行うのは不可解である。なお鎌倉時代にも足利氏の所領は阿波の秋月に限らず西国に少なからず分布しているし（「足利氏所領奉行番文」）、一方新田氏の支族岩松氏の所領には「あはのくにいくいなのさう（生夷庄）」（「正木文書」宝治二年八月八日岩松時兼譲状）「さぬきのくによしのゝかう」（同上建武元年十二月廿一日尼妙蓮譲状）がある。それゆえ細川一族の所領も夙に四国に存在した可能性はありうるが、前述のような鎌倉時代における細川氏の規模に鑑みて、その可能性は乏しいと思われる。

(18) 「讃岐国大日記」に暦応三年（一三四〇、実は康永元年〈一三四二〉か）伊予の千町原（千丈原）の戦における細川頼春の軍勢を「第一頼春、第二坂西・坂東・三木、第三香西・詫間・橘家・小笠原也」とし、「香西記」に「或人曰、讃州ハ昔より他氏少く綾・讃岐及藤氏繁栄して国郡に充」云々とあるのは何れも後世の所伝であるが、讃岐に藤原氏・橘氏を称するものの多かったことを窺わせる。なお『仁尾町誌』に引く弘安二年三月賀茂社領の寄進状写（同町賀茂神社所蔵）の連署に、

公文散位藤原朝臣（資治）　案主橘朝臣
総追捕使橘朝臣　田所橘朝臣
地頭橘頼村　領家大法師

とあるのも藤原姓・橘姓の多い証左となろう。

(19) 田中義成氏『南北朝時代史』一〇五頁参照。

(20) 佐藤氏前掲『増訂鎌倉幕府守護制度の研究』当該国の項。

(21) 『太平記』一五ならびに『梅松論』は何れも建武三年正月の洛中洛外の攻防戦における細川一族、なかでも定禅の奮戦振りを

詳叙し、その内古写本「梅松論」には「サシモ御方ノ大勢洛中ヲ引退ニ、細川人々相残テ敵ヲ逐払シカハ、御感再三也キ、其比ハ卿公定禅ヲハ鬼神ノ様ニソ申ケル」とある（京大本による）。なお流布本には「其比」の前に「されば忝も御自筆の御書を以錦の御直垂を兵部少輔顕氏に送給也、弓矢の面目何事か是にしかんとて、見聞の輩弥忠を尽し命を軽くしけるとかや」（『群書類従』本による）という文を挿入してあるが、これは例の細川氏の業績顕彰の意図による加筆であろう。とはいえ尊氏が細川和氏・顕氏に四国の軍勢に対する恩賞授与権を委ねたことは、細川一族の軍功を高く評価した結果と考えられる。

（22）但し『尊卑分脉』（脇坂本・前田家本・内閣本）に、細川頼種（宗義の子、義久の養子、公頼・頼貞の従兄弟）の建武三年六月二十日三河国吉良合戦における討死を伝えている。同年四月以来官軍新田義氏の三河進攻に対して、吉良宮内少輔四郎（貞経カ）、仁木義高・義良父子等はこれを迎撃し、四月二十日吉良庄に、六月八・九両日八幡に、同二十八日本野原に戦っているので（『古文書集』三）、頼種はこの合戦に加わって戦死したものに違いない。したがって細川氏庶流の一部は、吉良氏・仁木氏等の一部とともに本国三河に留まって守備に当っていたことが窺われる。

第二節　分国の成立

一　一族の結合と細川和氏の動静

元弘・建武の動乱に際会して急速に活動を開始した細川一族が、その頃如何なる族的結合を保っていたかは、当時の譲状・置文・契状等の類を欠くので詳かでないが、前節に考察したところからも多少の徴証を得ることが出来る。公頼・頼貞兄弟が鎌倉末期における細川一族の嫡流であったことは、爾後の細川氏の主な人々が何れもこの兄弟の子孫である事実から推定に難くない。しかし、公頼・頼貞の父俊氏は系図によれば細川義季の末子で嫡子となっており、したがって公頼・頼貞も何れが嫡子であったかを直接には必ずしも判定しえない。但し内乱勃発後、公頼の子和氏・頼春・師氏兄弟と顕氏・直俊・定禅・皇海兄弟が一族の中心をなし、尊氏・直義の部将として活動したことは前述の如くである。それゆえもし彼等の内に一族全体を統轄し且つ代表する惣領の存在を認めうるとすれば、それは和氏・頴氏の何れかでなければならない。何故ならば、尊氏が建武三年二月右の従兄弟七人を四国に派した際、和氏・頴氏の二人に、四国における恩賞授与権を委ねたという前述の『梅松論』の記事と、これを裏付けるに足りる前掲の両名連署奉書三通は、右の二人がそれぞれ公頼と頼貞との嫡子であり、それぞれの子弟を統率し且つ代表する立場にあったことを示すからである。そして、これらの奉書は三通とも日下に頴氏、その左側に和氏の署判があり、和氏が頴氏よりも上位に在ることを示している。したがって当時の細川一族の惣領はおそらく公頼から和氏へと継承されたと推定して誤りないものと考えられる。とはいえ、右の所伝と連署奉書は、この二人が少なくともこの場合尊氏からほぼ同格と認められており、両者の権限には殆ど優劣の差を付けえないことを示している。したがって当時の細川一族の嫡流は、よしんば公頼・和氏父子が嫡家、頼貞・頴氏父子が庶家であったとしても、実際には従兄弟たる和氏と頴氏とをそれぞれ代表者とする二家の連合体とも言うべき形体をなしており、一族全体を統率し代表する惣領は既に存在しなかったに等しいと判定される。動乱の進展と共に飛躍的に勢力を拡張した細川一族にとって、従来の三河国額田郡内の狭小な所領の保持を目的とした惣領権の如きは、もはや問題とするに足りなかったに相違ない。

尊氏が京都に政権を樹立するに及び、細川一族の政治上・軍事上の活動は一層多岐にわたるようになり、就中和氏と頴氏とが最も顕著な役割を担ったことは当然であった。ただし頴氏が後述の如く当初主として軍事面に活躍したのに対し、和氏は在京して幕府政治に参与した。すなわち和氏は建武四年（一三三七）七月十一日、円覚寺領越前国山本庄泉・船津両郷および紀伊国歓喜寺領同国和佐庄内に関する濫妨停止・下地渡付を命ずる奉書を、それぞれ当該国の守護に下し（「円覚寺文書」一〇八号、「歓喜寺文書」）、同年十月十七日には伊予国分寺ならびに同寺領に関し、同年十二月五日には武蔵国称名寺領越後国奥山庄内金山郷に関し、同じく濫妨停止・下地渡付を命ずる奉書をそれぞれの国の守護に下している（「伊予国分寺文書」乾、『金沢文庫古文書』第七輯五四七六号）。よって和氏は直義の下にあって幕府の引付頭人の一人として活動したことが確認される。その後和氏は引付頭人としての所見を欠くが、やがて侍所頭人となっている。その在職時期は、暦応元年・同二年在職の高南宗継に続き、同三年五月に徴証を残している（『勝尾寺文書』暦応四年二月中状案）[1]。

しかしながら右の暦応三年五月の侍所在任を最後として、和氏の公務に携わった証跡は見られなくなり[2]、且つこの侍所在任と同じ頃には寺院建立や寺領寄進の事績が現れる。即ち暦応二年（一三三九）阿波秋月庄に補陀寺を建立して夢窓疎石を招じて開山としたこと（「夢窓国師語録」下年譜、「夢窓国師塔銘」、「夢窓国師語録拾遺」所収阿波州安国補陀寺仏殿梁牌）、翌三年四月河内国橘島庄光国名を臨川寺三会院に寄進したこと（「臨川寺重書案文」坤）がそれである。なお「細川三将略伝」には「初和氏参二政幕府一、依レ事罷レ職退居、其子皆幼而不レ可レ立也、故譲二阿州於頼春一、譲二淡州於師氏一」とある。この記事はいかなる典拠に基づいて記したものか不明であるが、上述の事績に照して、暦応三年以後まもなく致仕退隠したことは事実と見做される。和氏の守護在職の確証は管見に触れないが、少なくも阿波については、上記暦応二年の補陀寺建立、および頼春の守護在職が翌々暦応四年（一三四一）を初見とすることから推して、和氏の初代守護在任と頼春・師氏への守護職譲与も、ほぼ事実と見て差支えないであろう。次いで和氏は康永元年（一三四二）九月二十三日享年四十七歳を以て卒去したと伝えられる（『尊卑分脉』『続群書類従』本「細川系図」等）[3]。

それでは、和氏以外の主要一族の動向はどうか。顕氏・皇海兄弟および頼春・師氏兄弟に関しては、軍勢大将として国々に発遣された事績が数多く見出されるのみならず守護として分国の統治に当った事績も少なからず寓目しうる。次にそれらを国毎に検討して、観応擾乱の頃までにおける一族の分国を明らかにしたい[4]。

二　顕氏・皇海の分国

(イ)　河　内

顕氏が建武三年（一三三六）八月山城・近江に転戦し、さらに同年十月摂津の天王寺に発向して宮方と戦ったことは前述したが、爾来顕氏は天王寺を根拠地として南軍と交戦し（「保坂潤治氏所蔵文書」筒井三郎宛細川顕氏感状）、翌建武四年三月には弟直俊とともに河内国古市郡に進出して南軍と野中寺・葛井寺等に戦い、直俊は戦死するに至った（「和田文書」二 延元二年三月日岸和田治氏軍忠状）。周知のように河内には南軍の重要拠点が存在するので、顕氏の軍事行動は常に反撃を蒙り容易に奏効しなかった。なお同年八月以降も顕氏は河内八尾城の北軍救援（「土屋家文書」――水野恭一郎氏『鷹陵史学』二号史料紹介――八号建武四年十月十日付土屋孫次郎（宗直）宛細川顕氏感状、及び次掲「田代文書」以下の軍忠状）、和泉横山・壺井河原、河内教興寺・東条・西林寺等に転戦、続いて赤坂城攻撃の軍勢を発遣し、河内・和泉両国内の随所に南軍と激戦を交え、やがて暦応元年（一三三八）三月には陸奥から関東を経て長駆畿内に進攻した北畠顕家の軍勢と天王寺に戦って敗れ、翌々五月幕府の派した高師直・同師泰・細川頼春等の援軍と共に再び顕家と戦って、これを和泉の石津に敗死せしめた（「田代文書」三 田代顕綱軍忠状・田代了賢（基綱）軍忠状、「和田文書」二 高木遠盛軍忠状、「淡輪文書」乾 淡輪重氏軍忠状、「岡本文書」岡本良円軍忠状、「蠹簡集拾遺」目賀田玄向軍忠状写等）。尊氏の母上杉清子は同月二十七日関東の某人（上杉憲顕カ）に送った自筆消息に「これには五月廿二日、てん（天）王寺といつみ（和泉）のさかひにて、をく（奥）のこくし（国司）あきいゑ（顕家）うたれ候て、くひ（首）なとまいりて候（中略）、ほそかはのひやうふのせう（細川兵部少輔、顕氏）、むさしのかみ（武蔵守、師直）かう（高）名とこそ申候へ、れいのくんせ（軍勢）ひにけ（逃）候けるか、この二人してかやうに候とこそ申候へ」と述べており（『上杉家文書』之一、一九号）、この顕氏・師直二人の高名という評価は、そのまま尊氏の評価を反映しているに違いない。

顕氏は、以上のような河内・和泉方面の北軍の軍事指揮者としての活動の傍ら、暦応二年八月十六日、土屋孫次郎（宗直）に「河内国伊香賀郷内土屋十郎并田宮孫与一跡」を兵粮料所として宛行っており（「土屋家文書」一二号）、河内国人の被官化に努めたことが窺われる。また次の如き多数の河内国内に関する遵行の事例が見られる。その初見は建武三年十二月十九日東寺領河内国新開庄の狼藉人を退けて下地を寺家の雑掌に渡付すべきことを顕氏に命じた尊氏の御教書

（執事高師直奉書）であり（「東寺文書」射一—一二）、次いで翌四年六月十一日には顕氏自身が書下を秋山四郎次郎なる者に下して、右の新開庄に対する兵粮米の譴責停止を命じている（「東寺百合文書」レ一—一二）。なお建武四年十一月四日田代了賢軍忠状には、「当国（河内）之守護御代官」である「秋山四郎次郎」に了賢が生捕った僧宗禅を召渡した旨が述べてあり、細川顕氏書下に見える秋山四郎次郎が同国守護代であることが判明する。さらに暦応元年（一三三八）十月興福寺造営料所河内国禁野関所の一乗院門跡雑掌に対する渡付（『春日神社文書』第壱、二五〇号）、暦応三年六月河内国丹下郡西島地頭職の島津道鑒（貞久）代への渡付（『島津家文書』之一、一五八号暦応四年九月十一日足利直義下知状）、同年八月光厳上皇の院宣に基づく河内国楠葉関升米の春日社家関務に対する渡付（「春日若宮社記録」所収暦応年中当社御造替記）、貞和二年（一三四六）四月足利直義寄進状に基づく河内国岸和田庄の高野山金剛三昧院雑掌に対する渡付（高野山史編纂所編『高野山文書』第五巻「金剛三昧院文書」一六〇号）、同年十一月河内国西比野庄新田下村ならびに同国中村西郷地頭職の渡付（「前田家所蔵文書」編年雑纂）が何れも幕府から顕氏（官途兵部少輔、のち陸奥守）に命ぜられており、一方「中院一品記」康永元年（一三四二）五月七日の条には「八幡交野五座神人与二河内国守護細河兵部少輔（顕氏）一有二相論事一、閉二籠社頭一及二神輿動座一云々」と明記され、「嘉元記」貞和二年九月十日条にも「河内守護細河殿ニ訴申処」云々とある。かくて顕氏が少なくとも建武三年十二月以来貞和二年十一月に至るまで引続き河内守護であることは、これ以上説明を要しない(5)。即ち顕氏は尊氏の補任した初代の河内守護であり、爾来少なくも十年間にわたり同国を分国としていたのである。

(ロ)　和　泉

和泉については、建武三年後半の軍勢大将としては畠山国清の活動が見られる。即ち建武三年七月十日和泉糺井城より発向して十六日から十九日まで南軍と交戦したのを始め（「日根文書」乾同年七月日付日根野道悟軍忠状）、同年九月再び発向して同国国人淡輪重氏等を麾下に加え、翌十月にかけて南軍と戦ったのも、同年十二月同国国人日根野道悟（盛治）に兵粮料所を宛行ったのも国清であって、初代の和泉守護は畠山国清と推定される（「淡輪文書」乾同年十月十三日淡輪重氏

軍忠状、「日根野文書」同年十二月十日畠山国清預ヶ状)。

しかし翌建武四年正月十四日の同国日根庄内における紀伊の南党名手教治等との合戦の軍功を述べた同年二月三日付の道悟の軍忠状に証判を与えた者は、この軍忠状の附箋によると「いつみの守護代つつきの二郎左衛門殿」であった(「日根文書」乾)。次いで同年四月十日細川顕氏は右の日根野道悟に軍勢催促状を下して、細川皇海の手に属して紀伊の南軍を攻めるべきことを命じ、翌五月道悟ならびにその一族日根野盛貞は「紀州御大将」の皇海に軍忠状を提出して証判を受け、且つ道悟は顕氏から紀州における軍忠を賞する感状を与えられている(「日根文書」乾「日根野文書」。なお皇海の活動は後述)。かくて細川顕氏が同年正月以来和泉における軍勢統率権を行使したことが判る。一方同年四月一日、尊氏の寄進状に任せて和泉国信達庄を紀伊国伝法院雑掌に渡付すべき旨の執事高師直施行状が畠山国清に宛てて下されているので(「報恩院文書」三。なお『醍醐寺文書』之二、四五八号はその案文)、四月初にはなお国清の守護在職が確かめられる。しかし同年六月十一日には同じく執事高師直が、春日社供菜備進市座神人の訴を容れて、さきに吉野に通じた疑によって停止させた堺浦魚貝売買の輩の春日社供菜売買を解除すべき旨の幕府御教書を細川顕氏宛に下しており(『春日神社文書』第三、本社文書補遺二二号)、守護職も同年四月—六月の間に国清から顕氏に移ったことが知られる。

さらに同年八月二十一日幕府は引付頭人奉書を顕氏に下して和泉国大番領南北郡領家職に対する高松弥四郎なる者の濫妨の停止を命じ、顕氏は翌九月三日都筑次郎左衛門入道にその実施を命ずる施行状を下している(「田代文書」一)。また同年八月二十八日顕氏は高野山丹生社領和泉国近木庄の高野山雑掌に対する渡付を守護代都筑入道に命じた旨を、同日付の同人の施行状案を副えて六条某宛に返報しており、今残るこの二通の文書の案文には「正守護細河殿返事案」「守護代都筑入道施行案」という端書が附記してある(『高野山文書』之七、一四八八号)。この二つの事例から、都筑次郎左衛門入道は守護顕氏の守護代なることが判明する。したがって上記同年二月の日根野道悟軍忠状の附箋は、顕氏が和泉守護、都筑が守護代になってのちに施されたものに違いない。

以上を要するに、顕氏は建武三年十二月から翌四年二月までの間に畠山国清に代って和泉の北軍を統率し、さらに建武四年四月から六月までの間に同じく国清に代って和泉守護となり軍勢の催促や下地の遵行等に当ることとなったと推定しうる。

その後、暦応元年（一三三八）五月顕氏は前述の如く高師直等と共に北畠顕家を同国石津に討滅したが、爾後も引続き和泉における下地に関する幕命の遵行、国人に対する感状伝達・恩賞推挙、寺領の安堵などを行っており[6]、「嘉元記」貞和二年九月条に「依レ歎二申当国（和泉）守護細河殿一」とあること、および註（6）B(2)の事例によって、あたかも河内におけると同様、少なくも貞和二年（一三四六）末まで和泉を分国として保持している事が確認される。なお、暦応四年十月の田代了賢軍忠状に都筑次郎左衛門入道を「和泉国守護御代官」と記しているし、遵行の事例の内でも、暦応四年十一月の同国守護代は量空、康永三年六月および同年十一月の同国守護代は都筑左衛門入道であるから、これらは建武四年の守護代と同一人であり、都筑入道の法号が量空であることが判明すると共に、顕氏は右の都筑次郎左衛門入道量空を康永三年まで引続き和泉守護代としていたことが知られる。但し、『園太暦』康永四年正月二十九日条に「和泉守護代ツ、キ次郎、与二凶徒一合戦及二両度一之由有二風聞一、父入道今日下向之由云々」とあって、この頃量空は子息次郎某に守護代を譲ったか、または次郎某を又代として在国させたものと見られる。

次に注目されるのは河内・和泉の隣国紀伊である。紀伊には前述の如く建武四年（一三三七）四月に細川皇海が兄顕氏から派遣されて翌月にかけて南軍と交戦し、仁儀庄の南軍を駆逐しているから（日根野盛貞軍忠状）一見、顕氏が紀伊守護を兼ねていたかの如くである。さらに幕府は翌建武五年（暦応元年）閏七月十日皇海に幕府執事高師直の施行状を下して、紀伊国保田庄地頭職下地を貴志浄宗に打渡すべき旨を命じ（「御前文書」）、また同年十月十五日足利直義は海三郎四郎なる者に対し、「細川三位律師」即ち皇海の注申に基づき紀州の所々における軍功を賞する旨の感状を与えており（「鑁阿寺文書」）、皇海が暦応元年十月頃まで紀伊に在陣して幕命の遵行や麾下国人の恩賞推挙を行っていることが認められる。

ところで右の皇海宛建武五年閏七月十日付施行状は、皇海が紀伊守護であることを示す徴証の如くであるが、あたかもそれより僅か四日後の同年閏七月十四日には、畠山国清が高野山領に対する兵粮米賦課を旧規に任せて停止することを約した請文を高野山衆徒中に提出しているし（『高野山文書』之二、五〇八号）、その前後にも紀伊が国清の分国であることを示す証左が多く見られるので（第三編第二章参照）、顕氏ないし皇海が紀伊全域の守護になったとは認められない。したがって、おそらく建武四年に顕氏、ついで翌暦応元年にかけて皇海が、仁儀庄の在る海部郡や保田庄の在る在田郡等の分郡守護になったものであろう。なお皇海は翌暦応二年十一月には土佐に在陣して大高坂攻略を行っており（本項(ニ)土佐参照）、その頃までに紀伊分郡守護を離任したと思われる。

(ハ)　讃　岐

建武四年六月二十日顕氏は讃岐国人香西彦三郎に対し、桑原左衛門五郎常重に従って同国財田城を攻むべき旨の軍勢催促状を下し、翌七月二十九日顕氏は常重に感状を与えて同城攻略の際の軍功を賞している（「阿府志」二八）。また同年八月十一日顕氏は佐竹侍従房行慶・庄十良（郎、下同）四良資方・豊島三良五良重将等の訴に基づき、右の桑原常重に書下を下して、造田新大夫長守なる者の抑留した同国造田庄の領家年貢（領家は二位家法華堂）を究済せしむべきことを命じた（同上）(7)。以上により、顕氏が当時讃岐守護を兼ねており、桑原常重なる者を守護代として分国に派して軍務・政務を代行させていたことが判る（補註2）。讃岐は前述の如く細川一族が最も早く進出した地域であるから、尊氏が顕氏を守護に補任したのは蓋し当然と言うべきである。且つこの国では南党の抵抗も微弱であったと見えて、右の財田城攻略以後、同国における合戦は観応擾乱に至るまで見られなくなる。

次に同年十一月十九日幕府は前月十三日の光厳上皇の院宣を奉じて、宣政門院（後醍醐天皇皇女懽子）領讃岐国河津郷（『和名類聚抄』の同国鵜足郡川津郷〈訓「加波津」〉に相当）の雑掌を当郷に沙汰し居えるべきこと等を顕氏に命じ、顕氏はこれを承けて翌十二月二日柴島十郎左衛門長範に施行状を下し、柴島は同日井戸二郎兵衛入道某に右の打渡の実施を命じた（「文永四年外記日記裏書」）。現存する一連の文書は何れも案文であって、それぞれ「院宣案」「御奉書案」「□(守)護施行案」「守護代施行案」等の端書が附記してあり、讃岐守護代が上述の桑原常重から柴島長範なる者に改替していることが知られる。但し顕氏は当時河内・和泉において南軍と激戦中であり（本項（イ）河内参照）しかも讃岐守護代柴島長範の右の施行状は守護顕氏のそれと同日付であるから、おそらく柴島は讃岐勢を率いて畿内に進出し、顕氏の下で南軍と交戦中であり、讃岐には井戸二郎兵衛入道なる者を又守護代として在国せしめていたものと判断される。

爾後も引続き、下地に関する幕命の遵行はもとより、国人に対する感状授与・半済料所預置・本領安堵、分国内寺院の住持職安堵等、顕氏の讃岐守護としての活動は正平七年（観応三年）六月二十一日までしばしば見出され、[8]分国讃岐における顕氏の勢力扶植が順調に進展したことが看取される。顕氏の卒去は同年七月五日であるから（『園太暦』同日条）、顕氏は卒去時まで讃岐を終始分国としていたことが確実である。但し守護代は、興福寺の「東金堂細々要記」に貞和元年（一三四五）八月粟島八郎、同年十一月月成太郎兵衛尉がそれぞれ讃岐守護代として明記されており、さらに「根岸文書」所収貞和四年五月二十七日細川顕氏書下は、秋月太郎兵衛尉某に宛てられている（本節註（8）参照）。右の月成太郎兵衛尉（本節註（6）A(3)に述べた顕氏の請文により名は盛国なることが知られる）と秋月太郎兵衛尉はおそらく同一人であろうが、それにしても顕氏が讃岐守護代を桑原常重から柴島長範、粟島八郎某、月成（または秋月）太郎兵衛尉盛国というように数回にわたって改補していることは間違いない。同じ顕氏が終始都筑量空を和泉守護代としているのに対し、讃岐守護代をかくも頻繁に改補した理由は定かでないが、或いは顕氏自身下国することの稀な讃岐については、守護代の勢力増大を防止しようとする意図が強かったためかも知れない。

(二)　土　佐

土佐国人堅田小三郎経貞の建武三年正月より同年十月に至る十通の軍忠状（「土佐国蠧簡集拾遺」三九—四八号）[9]より同国

における戦況が窺われる。即ち津野家時・三宮頼国以下の国人は同年正月足利方に与して建武政権の土佐守護代河間光綱以下と戦い、三月には高岡館（高岡郡）に味方を集結して深淵城（香美郡）・大高坂城（土佐郡）等に攻め寄せた。四月に至り彼等は「大将軍佐藤六郎殿」の麾下に入って八幡山（長岡郡）・岩村城（香美郡）等を攻め、六月から七月にかけて再び大高坂城を攻撃したが、光綱等の反撃を受けて奏効せず、八月には光綱等が安楽寺城に攻め寄せたのを防戦、十月にようやく宮方の丸山城を陥れた。

同年二月以来四国の軍勢統率・恩賞授与が原則として細川和氏・顕氏の管掌に委ねられたことは前節に推定した如くであり、土佐も当然その範囲に含まれたと見做される。したがって右の堅田経貞軍忠状に見える大将軍佐藤六郎某は、和氏・顕氏から派遣された部将と考えられる。但し右の堅田経貞軍忠状は、大高坂城を本拠とする土佐の宮方が果敢な抗戦を行い、部将佐藤六郎を以てする細川氏の土佐経略は大して進展を見るに至らなかったことを示している。なお顕氏が証判を施した建武五年七月十九日付田代了賢（基綱）軍忠状に前月八幡（男山）における合戦を述べて「昼夜之御合戦仁致二忠勤一段、足立卿公・佐藤六郎・石河太郎等所レ令二存知一也」とあるように（「田代文書」三）、佐藤六郎はこの後顕氏の部将として畿内に活動している。

建武四年正月に至り、顕氏は土佐国香美郡の若一王子社に禁制を下して軍勢甲乙人の乱入狼藉を戒めており（「香宗我部家伝証文」）、この頃までに顕氏が土佐守護を兼ねるに至ったものと見える。但し顕氏は当時摂津・河内の辺に在り（上述）、勿論自身土佐に赴いたものではない。次に同年七月二十二日足利直義が伊予の河野通盛に御教書を下して、「今月十七日注進状披見畢」云々とし「且、所レ差二遣安芸・土佐両守護幷軍勢等一也」とて、相共に凶徒（南軍）を誅伐すべき旨を命じている（和学講談所本「諸家文書纂」七）。顕氏は前述の如くあたかも河内・和泉で南軍と激戦を交えつつあり、直義がこれに伊予発向を命じたとは考えられない。しかも顕氏は既に河内・和泉・讃岐守護を兼ねていることがこれまでの考察によって明らかであり、これを直義の御教書に土佐守護とのみ記すのも肯けない。したがって、同年正月には顕氏が土佐守護であったとしても、同年七月下旬には既に別人に改補されていたと見做すべきである。

この顕氏の後任の土佐守護が誰であるかは分明でないが、やがて、翌々暦応二年（一三三九）十一月には、次のように「権律師」なるものが土佐国人堅田国貞に軍勢催促状を下していることが注目される。

近日所レ令レ発二向大高坂城一也、津野・三宮・佐竹人々相共、率二一族等一、可レ被レ防二後攻凶徒等一之状如レ件、

暦応二年十一月廿四日　　権律師

方田又三郎殿（堅田国貞）

（「土佐国蠹簡集拾遺」五〇号）

さらにこの権律師は、翌暦応三年正月二十八日付の堅田経貞軍忠状に証判を施し（「下元家文書」「土佐国蠹簡集拾遺」五三号）、同年二月四日、土佐国大高坂郷内惣領松王丸并遠江房跡三段を堅田国貞に軍忠の賞として宛行い（「西岡家文書」「土佐国蠹簡集拾遺」五五号）、同年六月二日・十二月十九日にはそれぞれ同国国衙領時久名・吾河山預所職を兵粮料所として同じく国貞に預置き、同じく十二月十九日、同国久佐賀別苻彦九郎入道跡を宛行っている（「土佐国蠹簡集拾遺」五六号・五八号・五九号）。この権律師は、「土左国古文叢」の編者武藤平道がその按において「細川卿律師定禅ナルベシ」としたのを始め『大日本史料』第六編之五・六も定禅として綱文を立てている等、従来一般に定禅に比定されてきた。筆者も前稿（『国学院雑誌』六七巻八号所収「守護大名細川氏の興起」その二等）においては、この比定に倣って論述したが、この度花押の比較検討によって、この権律師は定禅でないことを確認できたので、以下次の如く訂正する。

すなわち、右の「下元家文書」「西岡家文書」に施されている権律師の花押（『高知県史古代中世史料編』一四〇六頁に細川定禅として花押影を掲載）は、「大山祇神社文書」建武三年卯月三日付書下（第一節三所掲）に「僧定禅（花押）」として見られるそれとは全く形状を異にしており、一方建武四年五月日付日根野道悟軍忠状の証判（「日根文書」乾）等に見られる細川皇海の花押と一致するのである。この日根野道悟軍忠状の証判が皇海のそれであることは、顕氏がその前月十日、道悟を

皇海に属せしめて共に紀伊に発向させている事実（本項(ロ)参照）からも推定されるが、他に「集古文書」古文書之部三九には、日下に「皇海」として署判した建武三年十月八日付の祝彦三郎宛軍勢催促状写があり、その花押影が右の日根野道悟軍忠状の証判ならびに上記の権律師の花押と一致する特徴を具えている点からも、これらの花押はすべて皇海のものであることが判明する。それゆえ、土佐に発向した権律師は定禅ではなく、その弟皇海であることが明白になった。

皇海は前述の如く建武四年四月から少なくも翌暦応元年十月頃までは、紀伊に在陣して同国の南軍との交戦や幕命の遵行等に当っていたので、建武四年七月直義が伊予に発向を命じた土佐守護は皇海ではありえない。また定禅も建武四年八月二十五日石見左衛門二郎（幕府奉行人カ）宛に高野山領和泉国近木庄雑掌の申状を挙進して取計いを依頼しており（『高野山文書』之七、一四八八号）、和泉在陣かまたは在京と覚しい。しかし暦応二年十一月、皇海は既に建武三年初頭以来足利方に応じていた土佐国高岡郡の国人津野・三宮・佐竹(10)および堅田等の諸氏を麾下に収め、自ら土佐の北軍を率いて土佐南軍の最大拠点である大高坂城の攻撃を開始したのであって、ここに細川氏による土佐経略が漸く本格化した状況を看取できる。かくて皇海麾下の軍勢は翌十二月大高坂城に迫り（「土佐国蠹簡集拾遺」五一号）、翌暦応三年正月同城の後攻に来襲した南軍花園宮・新田綿打入道以下金沢・近藤・和食・有井・河間・佐河・度賀野等諸氏と交戦し（上記「下元家文書」等）、これを駆逐して同城を占領したものの如く、上述のように皇海は同年二月堅田国貞に大高坂郷内の地を恩賞として宛行い、同年六月および十二月にも同人に兵粮料所預置および所領宛行を実施して被官関係の扶植に努めたのである。これらの宛行および預置の事例は、貞和二年（一三四六）同国介良庄仲潮田郷以下に関する走湯山密厳院と曾我鶴寿丸との相論を裁決した足利直義裁許状（「田中教忠氏所蔵文書」四）に「於二仲潮田郷一者、元弘動乱以後、当国守護大将為二兵粮料所一預二置軍士一訖」とあるのに徴しても、皇海が土佐の軍事指揮者であるのみでなく、同国守護であることを窺わしめるに足りる。且つ右の「蠹簡集拾遺」五一号の堅田経貞軍忠状に「此等次第、守護代高橋七郎兵衛入道被二見知一之上者」云々とあり、守護代高橋七郎兵衛入道がこの合戦に参加していることが判る。

以上により、皇海は単なる軍勢大将でなく、土佐守護であることが推定される。さらにこの推定を裏付けるのは、次の如き堺相論の裁定である。即ち同年六月三日左近将監実綱なる者が、土佐国香賀美郡（香美郡）内香宗我部郷と大忍庄・吉原庄等との東西堺について、「御下文」に任せて下地を渡付すべき旨の施行状を佐々木按察（使脱カ）房・乙面弥六の両人に下しており（「香宗我部家伝証文」三）、この「御下文」なるものは降って応安元年（一三六八）十一月七日右の香宗我部郷と大忍庄との堺相論につき香宗我部秀能に宛てた佐竹義信の避状（同上）に「自二本主極楽寺一去状幷任二細川三位律師（皇海）御房御下知之旨一、閣上者」云々とあるところから見て、皇海の書下に相違ない。したがって皇海は土佐守護として、前述した分国内の国人に対する所領宛行・兵粮料所預置の外、下地の相論に関する裁定をも実施していたのである。

以上により、皇海は暦応元年十月から翌二年十一月までの間に土佐守護となり、同国に発遣されて活動していたことが分明となった。

前述の暦応三年十二月十九日の所領宛行・兵粮料所預置以後は皇海の動静は管見に入らないが、康永元年（一三四二）九月の堅田国貞軍忠状によれば、花薗宮麾下の金沢・新田綿打・越智・佐河・度賀野以下の土佐南軍は熊野山（紀伊）の衆徒の援を得て同月津野新庄（高岡郡）の岡本城に攻め寄せたので、津野一族を始め堅田国貞等の北党は防戦に努め、国貞の嫡子弥三郎は討死を遂げた（「土佐国蠹簡集拾遺」六四号堅田国貞軍忠状写）。そこで足利方の将である僧某は、翌康永二年九月、南党佐河四郎左衛門入道[11]の城を攻めるため、国貞に対して津野・三宮・佐竹の諸氏と同心合力し、一族を率いて戦功を抽んずべき旨を命じている（同六七号僧某軍勢催促状写）。この僧某は花押に拠る限り皇海とは別人と見られるし[12]、またこの康永二年の合戦の結果は明らかでないが、ともあれ皇海の努力にも拘らず、土佐の南軍は海上紀州熊野の南党と連絡して烈しく抗戦し、細川氏による土佐全域の制圧は容易に達成しえなかった状況が看取される。

三　頼春・師氏の分国

(イ) 日　向

康永四年（一三四五）十一月二十二日付の開田出羽守領吉田村年貢濫妨事書（『相良家文書』之一、一一九号）に、

一、日向国大将畠山修理亮（直顕）殿、今年始天当国守護職御拝領之処ニ、真幸院東郷内永田蕨方百町ハ、細河刑部大輔（頼春）殿、先帝（後醍醐天皇）御代、於㆓馬場殿㆒御所的十を令㆑致給候勲功ニ、将軍家より御給アリ、其後守護職を又御給あり、雖㆑然無㆓守護領㆒之間、御上表了、為㆓無主国㆒之処、為㆓薩州凶徒対治発向料足㆒、畠山殿御拝領之刻、混㆓守護職㆒、永田蕨方を畠山殿可㆑有㆓御知行㆒之由仰にて、被㆑入㆓御使㆒畢、

とあり、頼春が先に日向国真幸院内に尊氏から所領を宛行われて後、一旦日向守護に補任されたが、守護領がないため辞職したことを記している。真幸院内の宛行は前述の建武元年正月二十九日の射礼における頼春の高名に対する恩賞であるから、建武元年春のことであろう。日向守護に補任された時期はこの事書からは分明でないが、山口隼正氏は頼春の在職期間を、建武政権下の同国守護島津貞久と、建武三年十月在職とみられる大友氏泰の間で、建武二年後半から同三年三月までと推測されている。(13)

ところで日向では建武二年十二月官軍方の伊東祐広・肝付兼重等が挙兵し、祐広は島津庄日向方穆佐院を攻め、兼重は翌三年正月数百騎の軍勢を率いて国富庄に入り南加納政所を焼払い、続いて穆佐城等を攻めて、足利方の土持宣栄等に撃退されている（「薩藩旧記」前集一三、建武三年二月七日付土持宣栄軍忠状案写）。周知のように国富庄と島津庄日向方は、北条氏旧領の大庄で、尊氏が建武政権から賜った恩賞地であり（「比志島文書」四）、足利氏は島津庄日向方には島津庄惣政所を設置して惣政所代若林秀信を配置し、庄内各地域に政所を置いて支配したので（註(13)所掲山口氏論文参照）、国富庄南加納政所も同庄における同様の政所体制の一環に違いない。「日向記」は、肝付兼重以下が「細川殿政所国富荘南

加納」を焼払ったと伝えており、この細川殿政所という呼称が建武二年末ないし翌三年初頭頃行われていたとすると、上記の頼春の日向守護在職期に符合するとともに、彼が足利氏の所領支配体制を利用し、国富庄内の政所に代官を派して日向支配を開始していたことを想定させる。(14) 前述のように頼春は尊氏の側近部将として畿内に進攻し、さらに三年二月には和氏・顕氏等とともに四国に分遣され、同年五月尊氏軍の東上に合流して畿内に進攻している。彼の日向守護職辞任は、上掲の事書に伝える守護領の闕如という理由のみでなく、官軍方在地勢力の抗戦によって維持の困難であった日向支配の責任を辞して、四国経略や畿内での軍事行動に専念するためであったかも知れない。何れにせよ頼春の日向守護在職が短期間で終ったことは間違いない。

(ロ) 阿　波

阿波は讃岐とともに建武二年末・同三年初頭以来細川一族が一応略定した地域であるから、尊氏が細川一族の一人を守護に任じたことは当然であろう。初代の守護については、前述のように、和氏が子息皆幼少のため「譲二阿州於頼春一」ったという「細川三将略伝」の所伝以外に徴すべきものがないが、和氏は暦応二年（一三三九）阿波の秋月庄に補陀寺を建立し、夢窓疎石を請じて開山としているので、彼がこの国の守護であったことはおそらく事実であろう。

暦応四年十一月十三日に至り、確実な阿波守護の在職徴証が現れる。即ち尊氏の執事高師直が細川刑部大輔に幕府御教書を下し、天龍寺領阿波国那賀山庄地頭職の河手を停止し、山手を徴収することを許可したのがそれであり（「天龍寺重書目録」）、細川刑部大輔が当時の守護であることは疑を容れない。『大日本史料』第六編之六の同日条の綱文は、この刑部大輔を顕氏に比定しているが、同月二十九日細川顕氏請文案（「田代文書」二）に「兵部少輔顕氏(請文在判)」とある如く、当時の顕氏の官途は兵部少輔である。他方同年十月二十三日の足利直義裁許状（「浄土寺文書」二）に「守護人(備後守護)細河刑部大輔頼春」とあって刑部大輔は明らかに頼春の官途である。したがって暦応四年十一月における阿波守護は顕氏ではなく頼春でなければならない。

爾来頼春の阿波守護としての事例は観応二年（一三五一）九月まで散見し、頼春が分国阿波における所領の拡張を強行して荘園の本家職を侵害したことや、安宅氏に対し所領宛行の施行や所領の預置を行って被官関係の強化に努めたことが知られる。(15) 彼は観応三年（正平七年）閏二月二十日京都で南軍との戦に討死を遂げるので（後述）、おそらく卒去時まで阿波を分国としていたに違いない。

(ハ)　備　後

備後の守護は初め細川一族ではなかった。暦応元年（一三三八）十一月、幕府は引付頭人上杉朝定の奉書を下して広沢小法師丸なる者の押領した山内首藤時通の所領備後国地毗庄内下原村地頭職以下を時通の代官に渡付すべき旨を命じ、次いで翌暦応二年八月再度上杉朝定の奉書を以て右の渡付の実施を命じているが、その宛所は前者が仁木右馬権助すなわち仁木義長宛であり、後者が左衛門佐すなわち石橋和義宛である（『山内首藤家文書』四一号・四二号）。よって、暦応元年十一月には仁木義長が、また同二年八月には石橋和義が備後守護であったことが知られる。

しかし暦応四年十月、同国浄土寺雑掌祐尊と同国在庁常経康との同寺領同国金丸名に関する相論を裁決した足利直義の裁許下知状には、「而如下被レ副二下去年（暦応三年）三月廿二日院宣一之在庁常五郎左衛門尉経康申状上者、金丸名者、帯二院宣并関東下知状一、当知行無二相違一、可レ被レ止二御寄進一云々、仍為二本所領一否相二尋守護人細川刑部大輔頼春、椙原左近将監光房一之処、如二頼春所レ執之代官長隆同十一月廿一日請文一者、金丸名為二竹内弥二郎兼幸跡一之間、為二闕所一御二寄進浄土寺一、但彼名内応輸田者、国衙相綺云々」とあり（『浄土寺文書』二）、この文面から、頼春が遅くも暦応三年十一月までに備後守護になっていることが明らかである。これより先、前年八月に同国守護であったと認められる石橋和義（上述上杉朝定奉書参照）は、暦応四年三月十七日足利直義裁許状の継目に裏判を施しており、引付頭人の一人となっているので（「朽木文書」乾）、或いは尊氏は和義を引付頭人とした代りに、備後守護職は和義から頼春に更迭したのかも知れない。尊氏が同国を頼春の分国とした理由は定かでないが、本項(ニ)に述べる如く康永元年（一三四二）には頼春の伊予発向が確かめられること等から判断すれば、尊氏は活発な活動を示すに至った瀬戸内海地域の南軍を討伐する目的で、頼春に備後守護を兼任させたのではあるまいかと推測される。

暦応四年と推定される年の二月十五日、高師冬が頼春に挙状を送って、山内首藤三郎（時通）は当時忠を致すにより同人の所領につき御意を懸けられたい旨推挙していることも（『山内首藤家文書』四八号）[16]、頼春の備後守護在職の明証である。しかし貞和二年（一三四六）十二月二十一日には高師泰が佐々布次郎左衛門尉なるものをして、備後国吉備津宮供菜人等が漁船のことにより尾道浦の浄土寺に神輿を動座して強訴を行ったのを制止させており（「浄土寺文書」二、高師泰書下）、高師泰の同国守護在任が判る。佐々布は師泰の備後守護代であろう。次項に述べるように頼春は伊予守護として康永元年同国南軍を追討しているので、備後守護の方は師泰に改替されて、伊予に主力を投入したのであろう。けれどもその後貞和五年（一三四九）三月十四日には高野山大塔領備後国大田庄桑原方地頭大田顕連の違乱停止を命ずる幕府引付奉書が頼春に宛てられており（『高野山文書』之八、一九六四号）、頼春の備後守護還補が確認される。或いは伊予の戦局の一段落した結果でもあろうか。

㈡　伊　予

建武三年十月八日細川皇海が同国三島社祠官祝彦三郎（安親）に対し「伊与（予）国凶徒蜂起之由依レ有二其聞一、将軍家（尊氏）御教書如レ此、為二退治一所二発向一也」云々という軍勢催促状を下し（「集古文書」三九）、同年十一月二日（または同月六日）直義は河野通盛に対して「伊与（予）国凶徒誅伐之事、兼日下二細川三位皇海一訖、不日令二下国一、相二催一族并当国地頭御家人等一、令レ談二合皇海一、可レ令二退治一之状如レ件」という御教書を下しているので（「河野家代々綸旨御教書等之写」「予陽河野家譜」二）、皇海は伊予の国大将として南軍討伐に発向したことが明白である。河野通盛は同年五月以来尊氏・直義に属して洛中洛外等を転戦してのち（第一節三参照）、同年八月には伊予国地頭御家人等を催して宇治に発向すべき旨、十月には同じく地頭御家人等を催して河内国に発向すべき旨、さらに十二月末には一族ならびに伊予国地頭御家人を率いて河内東条の後醍醐天皇行在を攻撃すべき旨を、それぞれ直義の御教書を以て命ぜられている（「河野家代々綸旨御教書等之写」「改姓築山河野家之譜」）。それゆえ通盛が本国伊予に下向する余地はなかったに違いない。しかし皇海は翌建武四年三月六日に同国和気浜で南軍と戦っており（「忽那一族軍忠次第」「河野土居系図」）、少なくとも数ヵ月間伊予で南軍と交戦したことが知られる。

但し建武三年六月十四日の尊氏または直義の御教書（第一節三参照）、ならびに右の数通の直義の御教書によって、通盛が同国地頭御家人の統率権を委ねられていることは疑問の余地がない。さらに建武四年またはそれをあまり隔たらない某年七月十三日には宗真法師以下の伊予国河原庄内公文名濫妨を止めるべき旨の幕府引付奉書が通盛宛に下っており（「六波羅蜜寺文書」建武四年二月二十四日付崇明門院令旨、某年七月十三日付右京大夫（吉良満義カ）奉書）、暦応元年（一三三八）十一月十九日にも通盛は前年（建武四年）十月十七日付の引付奉書に基づき伊予国分寺住持智承に同寺ならびに寺領等を極楽寺の管下とすべきことを通達していて（「伊予国分寺文書」）、通盛の伊予守護在任が推定される。したがって皇海はおそらく守護でなく国大将として伊予に発遣されたものと思われる。しかも皇海は建武四年四月には前述の如く紀伊の南軍追討に発向しているので（本節第二項(ロ)参照）、和気浜での合戦後まもなく伊予を去って紀伊に転進したことが知られる。

次に建武四年十二月尊氏または直義（おそらく後者）は備後の朝山景連に伊予国凶徒誅伐のため細川九郎三郎を差下す旨を告げて、備後国地頭御家人を催して発向するよう命じており（「朝山文書」）、細川一族の一人が伊予に発遣されたことが知られる。九郎三郎という通称のものは当時の細川氏嫡流の中には所見がないが、『系図纂要』に庶流の細川義秋（細川俊氏の甥）を九郎三郎としており（『尊卑分脈』は九郎二郎とする）、同人に擬定しうるであろう。但し上記の河野通盛守護在任の事実から推して、細川九郎三郎が守護でなかったことは明白である。

その次には、建武五年二月、某姓頼有が伊予の三島社大祝安顕に「予州凶徒為二誅伐一所レ令二下向一也」と告げて祈禱を命じ（「集古文書」一五、頼有書下写）、頼有は同年（暦応元年）十一月同国の観念寺に、また暦応三年（一三四〇）三月同国の繁多寺に、それぞれ軍勢甲乙人の乱入狼藉を戒める禁制を与えている（「観念寺文書」「関戸守彦氏所蔵文書」）。そして暦応三年九月十八日には、岩松禅師すなわち岩松頼宥に宛てて、重ねて前記の同国河原庄内公文名に対する宗真法師以下の濫妨の停止を命ずる幕府引付奉書が下っており（「六波羅蜜寺文書」）、頼宥の伊予守護在任が確認される。おそらく上記の頼有は岩松頼宥に比定すべきであろう。然りとすれば頼宥は初め国大将として伊予に下向し、暦応元年十一月から同三年九月までの間に河野通盛に代って同国守護に補せられたこととなる。

このように伊予には一時細川皇海が、次には同九郎三郎（義秋カ）が軍事指揮者として発向した後、岩松頼宥が発遣されて河野通盛に代って守護となったが、さらに康永元年（一三四二）には、細川頼春が発向している。『太平記』二三はその事情を次の如く記す。すなわち脇屋義助が南朝勢力の挽回を企て暦応三年（南朝興国元年）四月伊予に到ったが、翌五月病死した。そこで、四国の大将軍として尊氏から発遣されていた細川頼春は、この機会に乗じて伊予に攻め入り、河江城を囲み、次いで千町原に南党と戦って大勝し、九月に至り世田城（周桑郡）を攻略して南朝の伊予守護大館氏明を討ち取ったというのである。なお「大館持房行状」（文亀三年景徐周麟撰、『国史学』九三号所収翻刻本による）は『太平記』のこの所伝をほぼそのまま翻案して掲げており、『尊卑分脈』（前田家所蔵脇坂本・前田家所蔵一本・内閣文庫本）も義助を「暦応三・五・五卒」とし、大館氏明を「暦応三・九・三於二伊与（予）国世田城一為二細川刑卩（部）大甫（輔）頼春一自害」とし、「新田足利両系図」（「鑁阿寺文書」所収）もまた義助の卒去を暦応三年五月とする。しかしながら天野遠政代石河頼景軍忠状（「天野文書」）、得江頼員軍忠状（「得江文書」）等によれば義助は暦応三年九月には未だ越前で斯波高経以下の北軍と交戦しており、『太平記』以下の所伝が年次を誤っていることは明白である。但し義助の卒去および氏明の戦死の正確な年月を推考するに足りる史料は残っていないので、頼春が義助病死の機を捉えて伊予に進攻し大館氏明を討ち取ったという所伝が仮に事実としても、その年月を判定することは困難である。もっとも「忽那一族軍忠次第」および「河野土居系図」に興国二年（北朝暦応四年）十二月の道後（温泉郡）合戦、同三年（北朝康永元年）三月の湯築城（湯月山城、同郡）攻撃等が見え、暦応四年末から翌康永元年春にかけて、温泉郡において南北両軍が激戦を交えている状況が看取されるが、これらの合戦は頼春麾下の軍勢が行ったものか否かは詳かでない。

但し、次の如く康永元年八月に至り頼春が伊予国分寺（現越智郡桜井町所在）に下した禁制の案文が見られる。これは管見の限り、伊予に関する頼春の発給文書の初見である。

細川讃岐守殿

禁制　国分寺狼藉事、

右於㆓当寺㆒、軍勢幷甲乙人等不㆑可㆑致㆓乱入狼藉㆒、若有㆓違犯之輩㆒者、可㆑処㆓罪科㆒之状如㆑件、

康永元年八月五日　　刑部大輔頼春（細川頼春）　在判

〔「伊予国分寺文書」〕

頼春はこれより先、前述の如く阿波・備後両国守護を兼ねており、おそらく頼春麾下の軍勢は阿波・讃岐方面と備後方面から伊予に進攻し、同国の中央部周桑・越智・温泉三郡方面で『太平記』に伝えるような攻防戦を南軍との間に展開したものと考えられる。そのような頼春の軍事行動の一端は、次の小早川氏平の動向からも裏付けられる。頼春から「為㆓伊予国凶徒誅伐㆒可㆓発向㆒」き旨の軍勢催促を受けた安芸国人小早川氏平は、同年十月四日まず安芸生口島の南軍を駆逐し、続いて九日、頼春の勢田（世田）城攻撃に加わり、同月二十日軍忠状を頼春に提出して証判を受け（『小早川家文書』之二、拾遺九号小早川氏平軍忠状写）、翌十一月右の軍忠に対する恩賞の推挙に預りたい旨を頼春に申請し、頼春は直ちにこれに裏花押を施し、同月一日付で幕府執事高師直に推挙している（同上拾遺一九号小早川氏平言上状写、同一八号細川頼春挙状写）。安芸守護としては、これよりさき暦応四年三月武田信武の在職が確認されるが（「浄土寺文書」二暦応四年三月二十八日幕府引付奉書」）、康永元年十二月、同二年三月および四月には幕府が同国三入庄内の遵行を両使に

命じている（『熊谷家文書』七三・七四・七五号の各幕府引付奉書）。何れにせよ頼春は安芸守護とは認められない。それゆえ安芸の小早川氏に関する右の頼春の推挙は伊予の軍事指揮者ないし守護としての資格で行ったものに相違ない。

但し以上の事例は何れも頼春が伊予に国大将として発向した事実を示すが、彼が同国守護であることの徴証とはならない。けれども、康永二年四月二十八日、幕府は頼春宛に重ねて東寺領伊予国弓削島領家方に対する小早河備前前司・同庶子ならびに同所住人等の濫妨を退けるべき旨の引付奉書を下しており（「東寺百合文書」ヨ一－一二）、ここに頼春の伊予守護としての明証が得られる。且つ「東寺百合文書」と　には年月日未詳の「小早河一族御中　刑部大輔頼春」という封紙と、右の伊予国弓削島領家方を「今年四月廿八日御奉書幷八月四日御施行」の旨に任せて東寺雑掌に渡付した旨の康永二年八月十二日付の藤原光定打渡状案があり、前者には「弓削嶋守護打渡状正文 同御教書幷代官状案」という端書、後者には「守護代光定渡状案」という端裏書が付記してある。『東寺文書』之三の編者は右の封紙を打渡状の文面に見える「八月四日御施行」の封紙と推定して、伊予守護細川頼春遵行状封紙としており（『東寺文書』之三「東寺百合文書」と一三〇号・一三一号）、この推定は妥当であろう。そこで頼春は岩松頼宥に代って暦応四年九月－康永元年八月の間に伊予守護となり、同国における前記の軍事行動や恩賞推挙も伊予守護としてのそれであったと推定される。

その後の伊予に関する頼春の動静は管見に触れず、彼が何時まで伊予守護職を保ったかは必ずしも分明でない。けれども、尊氏・義詮と直義・直冬との対立が伊予守護職に影響を及ぼしたことは確かである。すなわち、観応擾乱が勃発すると、直義は観応元年十一月・十二月に再三河野通盛に高師直・師泰誅伐の軍勢催促状を送り、ことに十二月二十四日には伊予守護職ならびに本領安堵を予約して通盛を勧誘した（「改姓築山河野家之譜」等）。他方尊氏は同じく十一月から十二月にかけて直冬党誅伐のための発向を通盛に告げて参戦を促し（「予陽河野家譜」「河野文書」「改姓築山河野家之譜」）、傍ら観応元年十一月三日、義詮に御内書を遣して、河野通盛の望む伊予守護職を「為二御分国計一之上者、宜レ有二計沙汰一候哉」とその処置を委ね、義詮はこれを承けて翌観応二年二月十一日、「伊与国守護職幷通信跡事、被レ遣二御下文一候畢、既所ニ上洛一也、早相ニ催国中地頭御家人等一、急々可ニ馳参一之状如レ件」という御教書を通盛に下している(「予章記」所掲将軍家尊氏御内書写、足利義詮御教書写)。よって伊予は貞和五年十月の義詮上洛以後観応擾乱勃発の頃までに義詮の分国となり、さらに直義党の河野通盛誘引工作に対抗するため尊氏が通盛の要望を容れた結果、観応二年二月に通盛が守護に還補されたことが判る。細川頼春は次節に述べるように忠実な尊氏党であったが、右のような事情により頼春は伊予守護職の兼任を解かれたのである。

(ホ)　淡　路

建武三年(一三三六)初頭の細川一族による四国略定に際し淡路に細川氏の勢力が及んだか否かは分明でないが、同年十一月からは細川師氏の淡路守護在職の徴証が現れる。即ち同年十一月二十日、幕府は東福寺雑掌真勝の訴により、淡路国都志郷住人泰信・宗信等の濫妨を停止すべき旨の御教書(長井丹後入道奉書)を細川彦四郎即ち師氏に下した(『九条家文書』〈『図書寮叢刊』以下同〉六、一七四八号(8))。また建武五年二月十二日と同年閏七月二十二日には、同じく都志郷雑掌の訴により論人小笠原彦太郎ならびに公文泰信の召喚を細川掃部助即ち師氏に命じたのに対して、師氏は同年閏七月二十八日、小笠原彦太郎は既に討死したが、先公文泰信は召進らすという旨の請文を幕府に提出しており(同一七四八号(9)・(10)・(11))、これらによって淡路は室町幕府開創当初より師氏の分国となったことが確認される。なおこの間建武四年八月十四日足利直義は安芸の小早川経平に宛てて「為ニ淡路国凶徒誅伐一、所レ差ニ遣細川刑部大輔(頼春)一也、不日令ニ発向一、可レ抽ニ軍忠一之状如レ件」という御教書(軍勢催促状)(『小早川家文書』之二、五一六号)を下しており、この頼春の淡路発向により、細川氏の同国制圧は一段と進展したものと推測される。畿内と四国就中阿波との間の海上交通路を扼する同国の軍事的重要性に鑑みて、この国が早くより弟師氏の分国となった事実は、頼春の分国阿波支配にも大いに有利であったと考えられる。

降って、師氏は貞和三年(一三四七)三月九日、都志郷に殺生禁断の禁制を下し、同年十一月六日、東福寺の心都寺に宛てて都志郷に関する東福寺長老の仰せを取次ぐべき旨を約する書状を送っており(『九条家文書』六、一七五八号・一七五九号)、また貞和四年二月二日、直義は師氏に御判御教書を下して師氏が禅林寺新熊野社領淡路国由良庄領家地頭職を兵粮と称し預人を付して押領したことを戒め、これを停止すべき旨を命じている(「若王子神社文書」二)。師氏は貞和四年五月二十三日卒去(『系図纂要』)または同年三月二十三日行年四十四歳で卒去と伝えられるので(柏木宗太郎蔵本「細川系図」)(17)、淡路が師氏の卒去時までその分国として保たれたことはほぼ確実である(18)。

四　分国外の活動と所領

以上により南北朝初期における細川一族の分国は、顕氏・皇海が短期間兼任した紀伊分郡と頼春が短期間在任した伊予を除くと、河内・和泉・讃岐・土佐・阿波・淡路・備後の七ヵ国となることが判明する。なおこの外に細川一族の軍事活動の認められる国に、大和と越前がある。

大和については、幕府は建武四年十二月、高師貞以下を発向させて南党の大和国人開住西阿以下の誅伐を行ったが(19)(『吉川家文書』之二、一〇二六号)、暦応三年(一三四〇)興福寺は西阿が同寺領を押妨した旨を幕府に訴えたので、尊氏は追討のため仁木頼章を進発させ(「麻生文書」)、ついで顕氏を大和に発向させた。しかし顕氏は八幡に逗留して大和に軍を進めないため、興福寺衆徒は十二月に春日神木を奉じて入京し、光厳上皇の御所六条殿に神木を据えた(「中院一品記」「古今最要抄」)。そこで直義は翌四年正月佐々木近江入道(時信ヵ)を西阿討伐に派遣し(『朽木文書』第一、一二号)、顕氏も漸く二月に大和に進んで同国安部山に陣して西阿と戦い、次いで同国河合城を攻め、七月まで各地に戦って、西阿の栖籠る同国開地井城を陥れるという戦果を収めた(「田代文書」三細川顕氏証判暦応四年九月六日田代顕綱軍忠状、同人証判同年十月十一日田代了賢軍忠状、「轟簡集残編」二同人証判渡辺実軍忠状等)。しかしこれ以外に顕氏の大和に直接介入した事例は見られず、第一に大和は鎌倉初期以来守護が置かれず、興福寺にその実権が委ねられていたのであるから(『歴史地理』六八巻四号永島福太郎氏「大和守護職考」、同氏『奈良文化の伝流』三三―四〇頁等)、当然顕氏の大和発向は、隣国の守護として幕命を受けて征討に当ったものに過ぎない。興福寺が神木入洛によって強請するまで顕氏が大和国内への進出を躊躇していたのも、顕氏がこの国を自己の分国とすることが不可能であるため追討に熱意を欠いたためではあるまいか。

他方、『太平記』一七に建武三年十月越前金崎城攻撃に発向した足利方の部将として、同国守護斯波高経を始め仁木頼章・今川頼貞・高師泰等とともに、四国勢を率いる細川頼春を数え、同書一九には暦応元年二月奥州南軍の畿内進攻を阻むため近江・美濃境に出撃した部将として、高師泰・佐々木氏頼・同導誉(高氏)等とともに同じく頼春を挙げている。頼春のこれらの発向は幕命による分国外での軍事行動であることはいうまでもない。

ところで佐藤進一氏は貞和・観応年間について頼春の越前守護在職を主張されたが、これは若干問題があるように思われる。すなわち佐藤氏は、祇園社の「社家記録」(『八坂神社記録』上)観応元年十月十三日・二十一日条にみえる越前守護の在京守護代細川兵庫助、同年七月二十五日条にみえる在国守護代八木高勝に注目され、貞和五年八月政変により越前に配流された直義重臣上杉重能・畠山直宗を高師直の指令を受けて殺害した越前守護代を、流布本『太平記』二七に「当国守護代細河刑部大輔(頼春)・八木光勝」とするのを(西源院本等には単に「守護代八木光勝」とする)、守護の名の攙入と見て、頼春を貞和五年・観応元年の越前守護と推測された。さらに佐藤氏は、細川兵庫助が貞和二年閏九月二十一日に越前国得光保半分年貢の北野社家への皆済を幕府から命ぜられた同地の知行人であるという事実によって(筑波大学所蔵「北野神社文書」)、頼春の越前守護在職は貞和二年まで溯る蓋然性があると説かれた[20]。

けれども第一節一に述べたように越前の細川氏は莞草(鹿草)氏をも称した細川庶流であって、南北朝初頭以来越前守護斯波氏の有力部将として活動した人々が『太平記』に散見しており、したがって佐藤氏の指摘される細川兵庫助も『太平記』二〇・二一に見える斯波高経の部将鹿草兵庫助とおそらく同一人物と見られる。さらに、降って康安二年頃の高経の代官(越前守護代か)が鹿草出羽守と伝えられ、貞治二年から同五年にかけての若狭守護斯波義種の守護代がその同族の細川上総介または莞草上総介という人物である事実なども、この庶流細川氏すなわち莞草氏が後年においても斯波氏の有力被官であることの明証となる。それゆえ細川兵庫助が越前に所領を有し、また在京の越前守護代であるという佐藤氏の指摘された事実は、むしろ貞治年間にも斯波氏が越前守護である蓋然性を示しこそすれ、決して細川氏嫡流の越前守護在職の証左とはなりえないのである。したがって、細川頼春を越前守護に擬定すべき根拠は上記の流布本『太平記』の攙入以外には全く存在しないことになるので、軽々にその当否を判定することはできないと考えられる。以上の理由から細川頼春の越前守護在職という佐藤氏の推測には必ずしも従い難いので、越前を頼春の分国に加えることは差控えておきたい。

頼春の分国以外での活動の内で注目すべきものに、顕氏の分国讃岐への頼春の進出がある。このことを窺わせるのは「善通寺文書」(『善通寺市史』第一巻資料六〇号)の細川頼春書状である。先ず全文を掲げる。

讃州善通寺塔婆［　　　　　　］一基御願内［　　　　　　］名田畠、為二彼料所一、可レ為二御知行一候、先年当国凶徒退治之時、彼職雖レ為二闕所行漏之地一、其子細令二注進一候了、適依レ為二当国管領御免時分闕所一、如レ此令レ申候、為二天下泰平四海安全御祈禱一、急速可レ被レ申二御寄進状一候、恐々謹言、

二月廿七日　　頼春（花押）

善通寺僧都御房

冒頭部分に欠損があって文意がやや不分明であり、また年欠文書のため年次も詳かでないが、頼春が闕所として数年来支配してきた讃岐国内の某所職・名田畠を善通寺塔婆修造料所として同寺住持某僧都が知行し、将軍家の寄進状を申請することを了承した書状と解される。そして注目すべきものは「先年当国凶徒退治之時、彼職雖レ為二闕所行漏之地一」とあり、且つ「適依レ為二当国管領御免時分闕所一」云々とある文言であり、これは頼春がさきに讃岐南軍追討の幕命を受けて同国に進出して軍事行動を行い、同時に闕所処分権をも委ねられてこれを行使したが、やがて同国の管領（国大

将の職権であろう）を解除されたという事実を示している。この讃岐発向の時期は確定し難いが、建武五年の淡路発向と暦応末年―康永年間の伊予進出との間、または細川顕氏の勢力が一頓挫した貞和三年末（後述）以後が考えられよう。ともあれ、次に述べるように観応二年十一月頼春は讃岐国造駄郷を三宝院門跡賢俊に避渡しており、この造駄郷も彼の讃岐発向に伴って一旦支配下に編入した地と見做すことができる。また同年十二月義詮が讃岐国人香西彦九郎に頼春の注進により四国における忠節を賞する感状を与えているように（後述）、観応擾乱中頼春が讃岐国人の一部を掌握しえたことも、その讃岐進出中に培われた被官関係を前提とするのではあるまいか。

ところで、南北朝初期における細川一族の守護職以外の所職・所領については徴証に乏しいが、次の諸例からその一斑が窺われる。すなわち、(1)和氏が暦応三年四月河内国橘島庄光国名を臨川寺三会院に寄進したこと（「臨川寺重書案文」坤）、(2)足利義詮が観応二年七月和氏の女尼恵鑒の申請により三河国額田郡沙汰人余三太郎跡給田畠を同じく三会院に寄附したこと（同上、前述）、(3)義詮が同年九月細川元氏（和氏の嫡子、のち清氏と改める）の所領なる駿河国田尻郷南村河原一色に対する大草弥三郎等の濫妨を停止させたこと（「天龍寺文書」一）、(4)顕氏が暦応元年十月和泉国土生郷地頭職三分一の年貢百七十石を高野山高祖院に長日光明真言護摩料足として寄進したこと（高野山史編纂所編『高野山文書』第二巻、一三八号）、(5)顕氏が康永元年六月山城国桂南庄南方地頭職を同国勝薗寺に寄進したこと（「徴古雑抄」山城六）、(6)義詮が観応元年十二月、前月離反した顕氏の所領河内国標葉牧を没収してこれを石清水八幡宮に寄進したこと（『石清水文書』之六、一四七号）、(7)東寺が貞和二年四月および同六年二月の両度に亘り、宝荘厳院領阿波国大野庄本家職を同国守護細川頼春に押領された旨を朝廷（北朝）に訴えたこと（本節註(11)参照）、(8)義詮が観応二年十一月醍醐寺三宝院門跡賢俊に鎌倉右大臣家（実朝）・二位家（政子）両法華堂別当職を安堵すると（『醍醐寺文書』之一、三八号）、同月頼春が同法華堂領讃岐国造駄郷を「於レ身者無二子細一之間」として賢俊への渡進を約していること（「三宝院文書」二）等である。これらの数例より見れば、一族の所領は東海・畿内・四国等に分散して存在し、且つ荘園単位の所領の外、名田・給田畠等の比較的零細な所領も少なくなかったと考えられる。しかし、それにしても鎌倉時代には殆ど三河の一角に限られていた細川一族の所領が、元弘・建武以来、一族の急速な発展に伴い畿内・四国等の各地に拡大したことが推察され、特に右の八例中河内に二例、和泉・阿波・讃岐に各一例のある事実は、一族の分国内にいちはやく彼等の所領の形成されたことを示している。それらの新たな所領は、当然軍功の賞として尊氏から賜ったものが多数を占めたであろうが、右の例(7)・(8)の如きは細川一族が本家・領家の権益侵害を敢てしながら分国内における所領拡大を推進しつつあった経過を示すものと見做される。

註

(1) 和氏の引付頭人在職は佐藤進一氏「室町幕府開創期の官制体系」(『中世の法と国家』所収)四六六頁、侍所頭人在職は羽下徳彦氏「室町幕府侍所頭人付、山城守護補任沿革考証稿」(『東洋大学紀要』文学部篇一六)参照。

(2) なお『太平記』は、和氏が上杉憲顕・高重茂等と共に、在鎌倉の足利義詮の命により、奥州より攻め上った北畠顕家の軍勢を利根川に迎撃したが、奥州勢に破られて敗退したことを伝えている。顕家麾下の国魂行泰の延元三年(北朝暦応元年)三月の軍忠状(「大国魂神社文書」)により、この戦は延元二年(北朝建武四年)十二月十三日に行われたことが確証される。ところが本文に掲げた『金沢文庫古文書』所収の細川和氏奉書によれば、和氏は同月五日になお幕府の引付方頭人として在京していたと認められる。それゆえ『太平記』が右の利根川の戦の記述中に和氏の名を掲げているのは誤りと言わなければならない。

(3) 康永二年三月二十一日の足利直義安堵状に「前阿波守和氏今者死去」、同月二十三日細川元氏(清氏)寄進状に「亡父前阿波守和氏」とあることから見て(「臨川寺重書案文」坤)和氏の歿年を康永元年とする所伝はほぼ信用し得る。なお康永三年(一三四四)十月直義が奥書を記して高野山金剛三昧院に奉納した「仏名和歌」(前田家所蔵)に、和氏の和歌が五首収載されているが、直義自筆奥書中に「抑先年因三或人感二霊夢一」云々とあって、この「仏名和歌」作成の動機は、康永三年より数年遡ることが知られるから、和氏の卒去が右の奥書の記された年より前であったことには何等矛盾がない。

(4) なお当時の細川氏分国中、河内・和泉については、本章の旧稿発表後刊行された佐藤進一氏前掲書にも論及されているので、同書を参照して在職徴証を若干補足した。

（5）　尊氏の下した守護職補任状の現存するものは、上杉朝貞（朝定）宛建武四年四月二十一日付丹後守護職補任下文（『上杉家文書』之三、一一八一号）を初見とするが、周知の如く建武三年十一月制定の「建武式目」に、「諸国守護人、殊可レ被レ択二政務器用一事」とあり、また「若狭国守護職次第」によると足利尾張式部大夫家憲（家兼の誤り）が建武三年七月若狭守護として入部、次いで佐々木導誉（高氏）が同年十二月二日に同国守護に補任されている。したがって尊氏の諸国守護職補任の開始は、国により遅速があったものと思われ、本文に述べた同年十二月十九日の足利尊氏御教書に徴して、顕氏の河内守護職に補任されたのは、少なくとも佐々木道誉の若狭守護職補任と相前後する時期に属するといえる。さらに臆測すれば、或いは同年十月の顕氏の摂津天王寺方面発向は、既に河内守護としての任を帯びての発遣ではあるまいかと思われる。

（6）　顕氏の和泉守護在職の証左は次の如くである。

A　所務沙汰の遵行・論人召還

(1)建武四年八・九月和泉国大番領南北郡領家職濫妨停止の遵行（本文既述）。(2)同年八月和泉国近木庄の渡付（本文既述）。(3)建武四年八月二十四日、幕府は引付頭人奉書を顕氏に下し和泉国大鳥庄上条地頭田代了賢の訴に基づき、同庄住人丹生道丸・上杉基宗入道信海等の濫妨停止を命ずる。(4)建武五年閏七月二十四日再び引付頭人奉書を顕氏に下し、重ねて右の遵行を命ずる（「田代文書」三）。同年八月三十日安達卿房釈恵・月成盛国は同所の下地渡付実施の旨の請文を提出。顕氏は同年十一月二十日釈恵・盛国をして右の下地打渡を実施せしめた旨の請文を幕府に提出（「田代文書」三）。(5)暦応三年七月十八日幕府は和泉国長滝庄惣公文・同庄下司日根野道悟等の訴により、引付頭人奉書を顕氏に下して論人性海等を召喚（「日根文書」乾）。(6)暦応四年十一月二十九日顕氏は幕府から和泉国大番領大鳥庄上条内における田代了賢の濫妨停止を命ぜられたのに対して、打渡に及ばざる旨の守護代量空（マヽ）の請文を幕府に提出（「田代文書」一）。(7)康永元年六月二十三日直義は大伝法院（なるべし）に御教書を下して、高野山伝法院領和泉国信達庄に対する非分の課役と守護使入部を停止すべき旨を顕氏に命じた旨を告げる（『醍醐寺文書』之二、四五八号）。(8)康永三年六月二十六日、顕氏は守護代都筑左衛門入道（量空）に遵行状を下し、幕命に基づき和泉国久米田寺領同国山直郷内寺田已下に対する大平出羽守義尚の濫妨停止、寺家への下地渡付を命ずる（「久米田寺文書」二）。

B　感状伝達・恩賞推挙

(1)建武五年卯月三日、尊氏（なるべし）は、和泉の軍勢の軍忠を褒し、注進状により恩賞を行うべき旨の御感御教書を顕氏に下し、同月七日、顕氏はその案文を日根野道悟に伝達（「日根文書」乾）。(2)貞和二年閏九月二十八日および同年十二月十七日、顕氏は挙状を幕府に提出して、和泉国大鳥庄地頭田代基綱入道了賢とその子顕綱に対する恩賞を申請（「田代文書」四）。

C　寺領安堵

康永三年十一月七日顕氏は和泉守護代都筑左衛門入道（量空）に書下を下して同国久米多寺に対する加守郷内荒野の安堵を存知すべき旨を命ずる（「久米田寺文書」二）。

（7）『大日本史料』第六編之四の当該条は、「阿府志」に倣って財田を阿波国那賀郡宝田村に比定し、造田庄も同じく阿波国としている。しかし財田は「西讃府志」附録、古文書図絵に引く阿波国祖谷村三所権現の鰐口銘に「如意福寺、讃州財田庄中村、元応二年庚申六月日」とあり、吉田東伍氏『大日本地名辞書』・清水正健氏『荘園史料』もこの銘文を典拠として、財田を讃岐国三野郡東西財田（ざいだ）村（現香川県三豊郡財田町）の地に比定しており、これにしたがうべきである。また造田庄は既に『和名類聚抄』に讃岐国寒川郡造田郷（訓「爽敢」、現香川県仲多度郡琴南町造田）があり、また康永三年八月の足利直義裁許下知状（「善通寺文書」坤、註（6）参照）に「二位家（北条政子）法花堂領讃岐国造田庄」、文安六年の三宝院門跡管領諸職諸領目録（『醍醐寺文書』之一、一一三号）に「（上略）讃岐国長尾庄、同国造田庄（中略）以上鎌倉法華堂領」とある如く、讃岐所在の荘園であることは疑問の余地がない。

（8）顕氏の讃岐守護在職の証左は次の如くである。

A　所務沙汰の遵行

(1)康永三年八月七日足利直義は裁許状を下して同年七月二十日の細川顕氏請文に基づき二位家法花堂領讃岐国造田庄に対する大井高綱・寒河七郎等の押妨を停止させる（「善通寺文書」坤）。(2)康永四年七月十七日直義は裁許状を下し、同年五月二十一日の顕氏の執進したその家人宇佐美春香丸の請文等に基づき、讃岐国南条山西方地頭職を訴人伊東証観に安堵せしめ、春香丸には替地を付与すべきことを下知する（「伊東文書」）。(3)同年八月顕氏は讃岐守護代粟島八郎の興福寺領同国柞原野庄押領につき興福寺に自身の書状と粟島の避状を与え、同年十一月十日守護代月成太郎兵衛尉（盛国）に施行状を下して同庄に対する春日部入道義淵の乱妨を停止せしめ、その旨を興福寺に通達（「東金堂細々要記」乾、抄録文中に「正守護細川陸奥守（顕氏）」云々とある）。さらに観応元年八月二十六日、同二年卯月十七日の両度にわたり興福寺の懐雅法印は右の柞原野庄に対する秋野霊舜の濫妨の停止を顕氏に要請（「御挙状等執筆引付」所引法印懐雅書状〈二通〉）。この柞原野庄を『大日本史料』第六編之九貞和元年十一月十日条の綱文は「大和柞原野荘」とするが、右の二通の法印懐雅書状は何れも「讃岐国柞原野庄」と明記しており、讃岐所在の興福寺領なることは縷言を要しない。後世も那珂郡柞原村・柞原下村（現丸亀市柞原）がある。(4)正平七年（観応三年）六月二十一日興福寺別当孝覚は

同寺領讃岐国藤原庄地頭代須田資広の濫妨停止を顕氏に要請（「御挙状等執筆引付」）。

B　感状授与・料所預置・本領安堵

(1)貞和四年四月顕氏は讃岐国人由佐弥次郎（秀助）に感状を与えて同国安原城合戦の忠節を賞する（「由佐文書」）。(2)貞和五年十二月顕氏は由佐又六に同国井原庄内御寺方半分を預置く（同上）。(3)観応二年七月七日および同年十月二日顕氏は右の由佐弥次郎に感状を与えて同国安原城警固の功および安原山鳥屋城の戦功を賞する（同上）。(4)観応二年八月十七日、顕氏の部将と推測される「いくいな（生夷）の七郎左衛門秀武」は、同人の安原城中における軍忠を賞して同国井原庄内鮎滝領家職を御沙汰落居の間預置く（同上）。この預ケ状は「讃州府志」六には日付を脱し、秀武を秀氏とする誤りがあるが、現地採訪により訂正。なお「いくいな」氏は阿波国勝浦郡生夷（生比奈）出身の細川被官であろう。(5)観応二年十一月二日足利義詮は讃岐国人寒河次郎太郎に御判御教書を下し、陸奥守（細川顕氏）に属して上洛せる功を賞して本知行地を安堵（「東寺百合文書」フ一七—四〇）。

C　住持職安堵

暦応四年七月二十日顕氏は尊日僧都に書下を与えて、讃岐国善通寺別院弘法大師誕生院住持職を安堵（『善通寺市史』第一巻資料所収「善通寺文書」三八号）。

D　禁制

観応元年十二月十七日顕氏は鴨御祖社領讃岐国内海津多島供祭所に禁制を下して軍勢・甲乙人の濫妨狼藉を戒めた（香川県仁尾町「賀茂神社文書」）。

(9)　以下、引用の「土佐国蠧簡集拾遺」所収文書の文書番号は『高知県史　古代中世史料編』による。なおこれらは「土左国古文叢」にも収められているが、煩を避けて省略する。

(10)　三宮氏は土佐国高岡郡日下村、津野氏は同郡姫之野村、佐竹氏は同郡久礼村の古城がそれぞれ居城址と伝えられる（『南路志』闔国第九之二・四・五）。

(11)　佐河四郎左衛門入道は、前掲暦応三年正月の堅田国貞軍忠状にも南党の一人として見えており、高岡郡佐川村（現佐川町）を本貫とする豪族と思われる。したがって、康永二年に至ってもなお高岡郡内に南軍の拠点が残存したことが窺われる。

(12)　これまでの皇海の署判が「権律師」とするのに対して、この軍勢催促状写のそれは単に「僧」とするのみならず、花押も従前の皇海の花押とまったく異なっていて、皇海が花押を変えたと仮定しない限りその発給文書とは認めがたい。但し、その文言は次のように本文所掲の暦応二年十一月の皇海軍勢催促状とも類似しているので、この僧某は少なくとも足利氏の有力部将と考えられる。

明日三日可レ相二攻佐河四郎左衛門入道城一也、津野・三宮・佐竹人々与致二同心合力一、且率二一族一、且可レ被レ抽二戦功一之状如レ件、

康永二年九月二日　僧（花押）

（堅田国貞）方田又三郎殿

(13)　山口隼正氏「前期室町幕府による日向国「料国」化」（『日本歴史』三二九号）。

(14)　なお「日向国古迹記」は、細川政所の細川氏を、当時の豪族にして今の綾氏の曩祖とし、細川小四郎義門が国富庄数箇所を拝領して細川政所と号したという「綾氏家譜」の所伝を引いている。『尊卑分脈』『系図纂要』によれば細川小四郎義門は細川義季の庶子義久の孫で、頼春の再従兄弟に当る庶流一族である。おそらく頼春はこの庶流一族の義門を日向守護代として派し、義門は国富庄南加納政所に在住し、頼春の守護職辞任後も土着して足利氏所領の同庄の経営に当り、諸県郡綾村の綾氏の祖となったのであろう。

(15)　爾後の頼春の阿波守護在職の事例は次の如くである。

A　本家職侵害

貞和二年（一三四六）四月東寺雑掌光信は宝荘厳院領阿波国大野庄本家職を「守護人細河刑部大輔（頼春）」に押領された旨を朝廷（北朝）に訴え、同年六月右の押領の件につき審理すべき旨の光厳上皇の院宣が幕府に下った（「東寺百合文書」ト一一一五）。しかしこの相論は容易に解決を見ず、右の雑掌光信は貞和六年（一三五〇）二月重ねて頼春および守護代某の押領に関する訴状を提出（「東寺百合文書」ト六一―七五）。

B　所領宛行の通達と所領預置

(1)観応二年（一三五一）正月頼春は安宅須佐美一族に奉書を下して、幕府より同一族に対する阿波国竹原庄内本郷地頭職を安堵（「安宅文書」）。(2)同年九月頼春は安宅備後守頼藤に預ケ状を下して、同国牛牧庄地頭職（闕所分）を立江中庄地頭職の替として幕府よりの沙汰落居までの間預置く（同上）。

(16)　高師冬は周知のように北畠親房の率いる常陸の南軍を攻撃した関東執事であり、この挙状は、暦応二年十二月山内首藤時通の常陸・下総における忠節を賞した高師冬の奉書（『山内首藤家文書』四三号）、および、翌三年三月の時通の着到状に施してある師冬

の証判（同四四号）から見て、ほぼ暦応年間を下らないものと判定すべく、殊に時通の訴訟につき師冬が松田十郎右衛門入道に宛てた年欠二月六日付挙状（同四五号）に「暦応四年」という押紙の付してあるところから、右の頼春宛挙状も同じく暦応四年二月と推定する。

(17) この柏木宗太郎蔵本「細川系図」は師氏から持親までの歴代淡路守護家の系図で、巻末には「右為レ令ニ百世之后莫レ遺(ママ)ニ遠祖一譴作レ巻詳誌焉」云々の識語に次いで、

六世城主　　　　　　隠岐守源成春(朱印)

文明二庚寅年正月望　　　　　(花押)

とあるが、文体や用語からも成春に仮託した後世の作であることは容易に知られる。但し歴代当主の歿年などは『系図纂要』ともほぼ合致していて、ある程度信憑性のある系図・過去帳などに拠ったものの如くである。

(18) 正平七年（一三五二）二月二十五日顕氏が義詮の旨を承けて広田出羽亮五郎時直と海部但馬守の両人に奉書を下して東寺八幡宮領山城国久世庄の濫妨人退去、下地打渡を実施させているが（「東寺百合文書」ホ三六―五五）、この時直は後に貞治四年（一三六五）六月淡路守護細川氏春に随行して上洛した「淡路広田惣領地頭出羽亮五郎」であり（『師守記』貞治四年六月九日条）、これによって淡路の有力な国人が細川一族の被官となり、時折上洛して活動したことが知られる。

(19) 開住西阿は大和国城上郡戒重村（桜井市戒重）を本拠とする南党と考えられる。また開地井城の所在地は、同国城下郡海知村（磯城郡田原本町海知）に擬定しうる。

(20) 佐藤氏前掲書二二五・二二六頁。

第三節　観応擾乱と細川顕氏・頼春

一　顕氏の勢力とその動揺

前節二・三に考察したように、南北朝初期における細川一族の継続的な分国は河内・和泉・讃岐・土佐・阿波・淡路・備後の七ヵ国であった。しかもこの内河内・和泉・讃岐の三ヵ国は既に建武三・四年以来顕氏の分国となっていることが確認され、土佐もおそらく同様と思われる。また阿波・淡路は頼春・師氏が和氏の譲補を受けたといわれ、少なくとも当初から細川氏の分国となっていたことは先ず間違いがなく、頼春の分国中備後・伊予二ヵ国のみがやや後れて、暦応・康永年間以後の編入であった。後年の応永年間以降の細川一族の世襲分国は摂津・和泉・丹波・讃岐・土佐・阿波・淡路・備中の八ヵ国で、永享末年に三河を加えて一時は分国九ヵ国を数える(第五章第二節参照)。そこで細川氏の初期の分国と後の世襲分国とを対比してみると、その一部には変動があるにしても、四国を中心として畿内・山陽の一部に跨るという後世の分国配置の原型は早くも建武・暦応年間の頃に成立したことが知られるのである。

南北朝初期暦応・康永年間までに三ヵ国以上の守護を継続的に兼ねた諸氏としては、他に僅かに佐々木氏が六角氏頼の近江、京極導誉の出雲・隠岐、富田秀貞の美作で計四ヵ国、上杉氏が憲顕の上野・伊豆・越後で計三ヵ国、高氏が師兼の三河、重茂ついで師冬の武蔵、師直の上総で計三ヵ国、少弐氏が頼尚の筑前・肥前・豊前で計三ヵ国をそれぞれ分国とした程度であり(1)、これらに比して細川氏はいかに多くの分国を速かに併有したかが了解されよう。かかる多くの分国の兼併は南北朝初頭の動乱における細川一族の活動が尊氏から頗る高く評価された結果に外ならないと思われる。一門諸氏による諸国略定という尊氏の方針にいちはやく応じて、短時日の間に四国の大半を傘下に収め、四国の国人多数を率いて京・畿内に軍功を表した細川一族の力量は、四国には河野氏以外には有力豪族が乏しいという地域的条件が幸した点が多分にあったにせよ、尊氏から四国および畿内の重要地域等の守護に彼等を起用するに相応しいと判定される要因をなしたに相違ない。

但し一族中の各人に対する尊氏の評価は、必ずしも戦場における軍忠の大小のみによるものではなく、同時に第二節冒頭に述べたような一族の嫡庶の別が守護職補任の際の基準の一つとされたと考えられる。顕氏の和泉・河内・讃岐の三ヵ国に対してその弟皇海が土佐一国、頼春の阿波・備後・伊予三ヵ国に対してその弟師氏が淡路一国という分国の配分は、それぞれの兄弟間にかかる嫡庶の区別の設けられたことを示している。顕氏兄弟と頼春兄弟との分国の配分が同一であることは、この両家にほぼ均衡を保たせようとする尊氏の計らいではあろうが、楠木一族の本拠地を含む河内・和泉の守護に顕氏が起用された事実は、顕氏に対する尊氏の大きな期待を物語るものであって、少なくとも和氏の退隠後は、一方の惣領である顕氏が細川一族中最も重きをなし、頼春は顕氏に一籌を輸せざるをえなかったと推測される。

しかも前述のように顕氏が分国河内・和泉に連戦して南軍を圧迫し、さらに暦応元年（一三三八）五月には、幕府執事高師直の援軍を得てではあれ、ともかく北畠顕家を和泉に敗死せしめたことは、顕氏の評価を一層高める所以であった。河内・和泉の戦局が一段落すると、彼は侍所頭人に任ぜられて在京し、検断・洛中警備等の重要任務を帯びることになったが、これも彼の殊功に対する尊氏の恩顧と見ることができよう。その侍所頭人就任は、羽下徳彦氏の考証（前節註（1）参照）によって、暦応三年五月から同年十月までの間であり、引続き康永三年（一三四四）三月まで在任し、翌々貞和二年八月にも再び在任しており、従来の侍所頭人よりも在任期間が遙かに長期にわたることが知られる。この間顕氏は、例えば暦応三・四両年、被官長尾大進房に命じて京都九条の東寺領住人左近二郎安弘なる者の濫妨を停止させ（「東寺百合文書」さ四〇―五〇上、康永五年五月九条御領百姓等申状）、康永元年十二月天龍寺造営の綱引・禄引の儀に勅使ならびに尊氏・直義に供奉して後陣を勤めるなど（「天龍寺造営記録」同月五日条）、侍所の職掌に基づく活動を行った。

なお羽下氏の挙げられた典拠の外、顕氏が康永二年六月六日土岐頼康に宛てて、佐竹義基の国所役を在京人たる上は免除すべき旨を命じた奉書（「秋田藩採集文書」）も、その侍所頭人在職の徴証に加えることができる。しかし、顕氏は侍所在任中も必ずしも常時在京していたわけではなく、前述のように暦応三年には大和の南党開住西阿追討に発遣され、翌四年七月開地井城攻略の戦果を収めたのである。

かくてますます尊氏の信任を得た顕氏は、官途も康永元年十二月から同三年三月までの間に兵部少輔から陸奥守に昇進し、[2]且つ同三年三月改編された五番制引付方の一番に、頭人吉良満義の次に名をつらね、引付衆をも兼ねた（「結城文書」一）。貞和二年三月二十二日尊氏・直義が山城安国寺に詣でるとともに顕氏の邸宅に親臨したことからも（「賢俊僧正日記」同日条）、顕氏がいかに尊氏の厚遇を受けて幕府諸将の間に屈指の地歩を占めるに至ったかが明瞭に看取されよう。但し親臨したのが尊氏・直義の両人であった事実は、顕氏がひとり尊氏のみでなく直義の信任をも得たことを示すものと思われる。近時の初期室町政権研究の成果は、直義が安堵方・引付方・内談方等の管轄を尊氏から委任されて統治権的支配権を掌握したのみでなく、軍事指揮権を代行し侍所をも管轄下に置いたことを明らかにしている。[3]したがって、長期にわたり侍所頭人に在任した顕氏が直義との間に親密の度を加えたことを推測しても、決して不当ではあるまい。

ところで、貞和三年八月楠木正行の率いる南軍が南河内から紀伊・和泉を席捲して摂津に出撃するに及び、尊氏は顕氏を紀伊守護畠山国清・丹波守護山名時氏等と共に急遽発遣して南軍の駆逐に当らせた（「田代文書」三、『朽木文書』第一、一四号、「河野通治氏所蔵文書」各所収貞和三年八月九日足利直義軍勢催促状）。しかるに、天王寺を経て堺に発向した顕氏は、翌月河内教興寺の戦に大敗を喫し、さらに堺・住吉・天王寺に連敗し、遂に十一月末、分国河内・和泉の守備を抛棄して京都へ逃げ戻った（『園太暦』同年八月十九日・九月十九日・十一月二十七日条、『師守記』同年十一月二十七日条）。そこで尊氏は翌十二月に、まず高師泰を河内に急派し、続いて師直に大軍を授けて発向させ、直義をも男山まで出陣させた。師直の率いる幕軍は翌貞和四年正月河内四条畷に正行を仆し、勢に乗じて吉野に侵入し、後村上天皇の行宮を焼くに至ったが、帰途大和宇智郡で南軍の反撃を蒙り、それ以上の戦果を挙げえないで帰京した。(4) 以上のように、南軍駆逐作戦は徹底した効果を見るに至らないまま一段落したが、それにしても顕氏の不面目は掩い難く、戦功は全く師直・師泰等に奪われる形となり、従来上昇の一途を辿っていた顕氏の勢力は、ここに一頓挫を免れないこととなった。

河内・和泉には高師泰が引続き駐屯して南軍と連戦し、少なくとも翌貞和五年八月まで在陣一年半余りに及んだ（「園太暦目録」同月九日条）。同月の淡輪助重軍忠状（「淡輪文書」乾）によると、助重は貞和四年正月幕軍の河内東条発向に馳せ参じ、爾来「守護御代官土田九郎」の手に属して和泉の各地で合戦の忠節を竭した旨を述べて、師泰の証判を受けている。これによっても、師泰が貞和三年十二月の河内発向に当り、顕氏に代って河内・和泉両国守護に補任されたとほぼ推定しうるが、師泰が貞和四年二月掃部寮領河内国大庭庄を兵粮料所として軍勢に宛行った事実や（『園太暦』同月五日条）、同年十月淡輪重継・日根野時盛にそれぞれ和泉国内の地を兵粮料所として預置いた事実（「淡輪文書」乾「日根野文書」）によって、この推定は一層確実となる。したがって顕氏は河内・和泉よりの敗退の結果両国守護職を解任され、僅かに讃岐一国を分国として保つのみになったことが確証されるのである（讃岐をなお分国としていることは前節二(ハ)讃岐の項参照）。なお翌貞和五年三月、師泰の河内石川の陣を摂津国人森本為時が警固したのはもとより、翌月、為時・淡輪助重等が河内の諸所で南軍と戦ったこと等も師泰の麾下としての軍事行動であったが（『後鑑』一一所載「集古文書」森本為時軍忠状、前掲淡輪助重軍忠状）、同年八月に至り紀伊守護として在国した畠山国清が河内石川城に移って河内・和泉両国の守備に当り、師泰に代って河内・和泉の守護を兼ねたと推定される（第三編第二章参照）。

侍所頭人については上述の貞和二年の顕氏在任の後、暫く事績が明らかでないが、観応擾乱が破局に達し、顕氏が讃岐に逃走する事件（後述）の数日前に当る観応元年十一月六日には仁木頼章が侍所頭人に在任している（『園太暦』同日条）。南軍に大敗したため分国二ヵ国を召上げられた顕氏が、その後も侍所頭人に留り得たとは考え難いから、おそらくその解任の時期は両国守護解任と相前後する貞和三年末頃であったと推測して間違いないであろう。

なお弟皇海の分国であった土佐については、前節に述べたように暦応三年末以後は皇海の動静が管見に触れなくなり、同国守護についての明証を辿れなくなる。しかし観応二年（一三五一）正月の今正兵庫亮通治なる者の軍忠状に、前年十一月土州凶徒退治の軍勢に属して先守護高弁房（定信）の代官佐脇太郎の城に発向した旨が述べてあり（「雑録」新続一、詳細は後述）、観応元年十一月には高師直の一族弁房定信が土佐守護に在職していることが知られる。定信の補任の時期は詳かでないが、上の河内・和泉両国の例から推して、矢張り顕氏の河内・和泉敗退の影響である蓋然性が少なくないと思われる。

二　擾乱の勃発と顕氏・頼春

三ヵ国の分国中河内・和泉両国が高師直の兄弟師泰の手に帰し、皇海の分国であった土佐も高定信に帰し、且つ侍所頭人も解任されて、僅かに讃岐一国の守護に過ぎなくなった顕氏が、高師直と足利直義の対立激化を主軸として勃発した観応擾乱に際し、師直・師泰等に対する敵意から直義に与するに至ったことは当然である。顕氏が侍所在任中から直義に接近していたであろうことは前項に推測した如くであるが、さらに次のように両者の間には貞和五年（一三四九）十月までに緊密な連携が成立している。すなわち同年八月尊氏は師直・師泰等の強請により直義を政務から退け、続いて一旦直義・師直両党の和解が成立するが、尊氏が義詮を鎌倉から呼寄せるに至り、直義は十月二日三条坊門第を出て錦小路堀川の顕氏の邸に退居し（「建武三年以来記」某月—十月ヵ—二日条、『師守記』十月二十五日条）、それ以来直義はこの邸に在って錦小路殿と呼ばれることになった。この事実は、尊氏・直義の対立があからさまになるまでに既に顕氏が直義と極めて親密な関係を結んでいたことを示している。

さて翌十一月、尊氏の庶子にして直義の養子である足利直冬が備後で尊氏に離反し、次いで肥前に逃れ、やがてその与党が漸次九州・中国をはじめ各地に拡大するに及び、尊氏は翌観応元年（一三五〇）十月二十八日、直冬追討のため高師直・師泰以下多数の諸将を従えて京都を進発した。この京都進発の軍中には、顕氏も頼春・元氏（のち清氏。和氏の長子。以下は便宜清氏と記す）等の同族とともに加わっていたのであるが、一方直義がその前々日の二十六日ひそかに京都を逐電し、河内の畠山国清に頼って十一月三日師直・師泰誅伐の軍勢催促状を諸国に発するに及び、顕氏は播磨のあたりで尊氏の軍勢から離脱し、手勢を率いて分国讃岐に逃れた（『園太暦』観応元年十月二十七日・二十八日・十一月十六日各条、「改姓築山河野家之譜」、「薩藩旧記」前集一六各所収同年十一月三日足利直義軍勢催促状写等）。前年来自邸を宿所に提供している程の直義党の有力者である顕氏が、直義の逐電を事前に知らなかったとは考え難いから、顕氏が一旦尊氏・師直等と共に京都を進発し、播磨附近に到ってから離脱したのは、直義の企図を秘匿する目的と、自身の讃岐に拠る目的とを兼ねた策略と思われる。

ところで『園太暦』同年十一月十六日条には、佐々木導誉が尊氏の使として朝廷（北朝）に直義追討の院宣等の三箇条を奏請したついでに、町口経量に対し「顕氏被二相背一之間懸二追手一、細川刑部少輔某（頼春）、阿波将監（元氏）之由」を語ったとある。細川一族の中でも頼春とその甥清氏は顕氏に同調せず、尊氏党であったために、顕氏の追手として差向けられたことが看取される。頼春はさきには三ヵ国守護と侍所頭人を兼ねた従兄弟顕氏に一歩を譲らざるをえなかったが、顕氏の勢力の頓挫してのちも頼春は依然三ヵ国守護を保ち、相対的に顕氏より優勢となった。それ故、彼は直義に党した顕氏には同調せず、終始尊氏党に属していたものと察せられる。また清氏は、和氏の嫡子でありながら未だ一国の守護にもならず不遇であったが、父の従兄弟にして別の一家の中心である顕氏よりも、同じ一家の中心である叔父頼春に依存する立場を選んだのであろう。ともあれこの足利方諸将を二分した内訌に際して、頼春・清氏等が尊氏党に止まった事実は、当時の細川氏の同族結合にも脆弱性の露呈したことを示しており、(5)かかる脆弱性は、顕氏の行動にとって重大な制約条件となったに相違ない。

ところで十一月二十九日京都に達した風聞によると、直義は現在河内の都智城に居り、顕氏と議して進退を決しようとしているが、顕氏が河内に来るか直義が讃岐に赴くかは未定であるといわれ（『園太暦』観応元年十一月二十九日条）、顕氏が直義から最も頼みとされた状況が窺われる。なお「彼入道（直義、法号恵源）更無二別心一、只師直・師泰奇怪之憤許也」という直義の心境が伝えられている（『園太暦』同日条）。おそらく顕氏も同じく師直・師泰に対する敵意から直義に与同し、その挙兵に呼応したのであって、尊氏に対しては元来叛意を懐いていなかったことであろう。

当時の顕氏の讃岐における動静としては、次の諸事実が知られる。即ち、顕氏は観応元年十二月十七日鴨御祖社領讃岐国内海津多島供祭所に軍勢甲乙人の濫妨狼藉を戒める禁制を与えたこと、翌観応二年正月二十二日、直義党の散位頼弘（石塔頼房カ）が顕氏に上洛を促すと共に、顕氏の被官の管領（押領であろう）している讃州櫛無保の島津貞久への返付を要請していること、さらに同年七月顕氏が讃岐国人由佐弥次郎に感状を与えて同国安原城警固の功を賞し、同年十月重ねて感状を与えて安原山鳥屋城における軍忠を賞したこと、同年十一月義詮が讃岐国人寒河次郎太郎に対して、顕氏に属して上洛した功により本知行地安堵の御教書を与えていること等である（典拠は第二節註（8）参照）。これらによって、顕氏は讃岐の守備を厳重にすると共に、国人を結集して軍勢を整え、観応元年十二月以来南朝に帰順した直義と遙かに相応じて、畿内進攻を準備しつつあったことが確かめられる。

さらに当時の四国の情勢の一部は、本節一にも触れた今正通治の次の軍忠状から窺われる。

今正兵庫亮通治申軍忠事

右、土州凶徒為二退治一、自二讃州一被レ差二遣内嶋弥六一之間、去年十一月□七日令二発向一、先守護高弁（定信）房代官佐脇大郎（太カ）入道之城高岡庄内松風三ヶ所抽二合戦忠一、自身被レ疵訖、次自二讃州一大将軍御共仕、今年正月十三日・十四日・十五日於二彼松風城一致二合戦一、責二落佐脇大郎（太カ）入道以下凶徒等一訖、此等次第□見知之上者、為レ賜二御証判一、言上如レ件、

観応二年正月　日

承了（花押）

〔「雑録」新続一〕

この軍忠状を収めた『大日本史料』第六編之一四、観応元年十一月是月の条の綱文は、「幕府、内島弥六ヲシテ、讃岐ヨリ土佐ニ入リ前守護高定信ノ代官佐脇太郎ヲ高岡荘松風城ニ攻メシム」とするが、これは誤りを含んでいる。先ず『太平記』には高師直が弁房定信を観応元年八月越前に遣し、先に尊氏に強請して同国に配流した直義党の上杉重能と畠山直宗を、同国守護代をして殺害せしめたと伝えており、また「観応二年日次記」は、観応二年七月尊氏党と直義党の対立の再燃した際に京都を出奔した尊氏党の一人として、高弁房の名を記している。以上より見れば右の軍忠状の守護高弁房およびその代官（守護代であろう）佐脇太郎入道某は当然尊氏党でなければならない。したがって、彼等が観応元年十一月現在における土佐守護および土佐守護代であったことは間違いない。一方讃岐に顕氏自身下向して軍勢の結集に努めつつあったことは上述の通りである。

よって右の軍忠状に言う内嶋弥六某は顕氏が讃岐から土佐に派遣した部将なるべく、また讃州よりの「大将軍」は、この軍忠状の文言に照して、これに証判を施した人物と見られる。この証判は顕氏の花押とは全く異なりまた少なくも観応二年二月顕氏が播磨の戦闘に加わっているところからも、前月土佐に自ら軍を進めたとは考え難い。とはいえこの「大将軍」はやはり顕氏の派した有力部将に相違ない。そこで、文中の「先守護高弁房」が「前守護高定信」の意であるとしても、それは直義党より見ての前守護であるに過ぎず、尊氏党よりすれば定信は現任の守護であったに相違ない。以上の理由により、上掲の『大日本史料』の綱文は「細川顕氏、内嶋弥六ヲシテ、讃岐ヨリ土佐ニ入リ、守護高定信ノ代官佐脇太郎入道ヲ高岡荘松風城ニ攻メシム」と改めるべきものと考えられる。同書観応二年正月十五日条の綱文に「足利氏ノ将某、高定信ノ代官佐脇太郎入道等ヲ土佐松風城ニ攻メ、是日、之ヲ陥シイル」とあるのも、如上の理由から「細川顕氏ノ将某、土佐守護高定信ノ代官佐脇太郎入道等ヲ同国松風城ニ攻メ」云々とすべきであろう。(6)

要するに顕氏は観応元年十一月、讃岐到着後間もなく部将内島を土佐に派して高師直の一族定信の手に帰していた弟皇海の旧分国の奪還を計り、次いで有力部将某を増派して翌二年正月敵の重要拠点高岡庄松風城を攻略させ、定信の代官佐脇以下の尊氏党を駆逐し、一応の目的を達したのである。高岡庄の在る高岡郡には、前述の如くつとに皇海に従属した有力国人津野・三宮・佐竹等の本拠地が在った。したがって、嘗て皇海が土佐を分国としてその軍事的制圧と被官関係設定に努めた実績を、顕氏側の軍勢が短時日の内に師直の与党をこの地域より駆逐しえた前提条件として挙げることができよう。

他方、尊氏党の頼春は観応二年正月七日、安宅須佐美一族に阿波国竹原庄内本郷地頭職安堵の奉書を下し（「安宅文書」、前節註（15）参照）、紀伊水軍安宅氏の被官化を通じて畿内と分国阿波との連絡確保を計っている。また頼春自身は高師直等とともに一旦洛中まで進攻して直義党諸将と京都争奪戦を行ったことが「観応二年日次記」正月十四日条に「夜十四日、京都将軍方悉没落云々、以上所々、執事(高師直)宿所、越後守(高師泰)、細川刑部少輔(頼春)、同舎弟(マヽ)右馬助(仁木義長カ)、佐士判官入道(佐々木導誉)等宿所云々、各自焼云々」とあることからも窺われる。なおこの記事に「舎弟右馬助」とあるが、頼春の弟掃部助師氏は貞和四年五月卒去と伝えられており（『系図纂要』）、事実この頃には消息が不明である。この記事は仁木頼章の弟右馬助義長の誤認であろう。

また頼春の分国阿波の情勢は、観応三年五月二十日阿波国麻殖庄西方惣領地頭である飯尾隼人佐吉連の代官光吉勝右衛門入道心蔵の軍忠状（「蠹糧雑識」）がその一斑を示している（吉連については第五章第三節三参照）。これによると、心蔵は観応元年十二月二十七日以来「当御手」に属して八万城（阿波国八万郡所在）に楯籠り、翌二年正月四日敵軍の向城を攻略し、さらに同年七月から十二月まで敵将小笠原宮内大輔等と数次の合戦を交えた旨を述べ、頼春の嫡子細川頼之がこれに証判を施している。文中にある小笠原宮内大輔は南朝の阿波守護と推定される小笠原頼清である。[7] したがって同国では足利方の内訌を機に小笠原頼清以下の南軍が勢力挽回を計ったのに対して、尊氏党である細川頼之が麾下国人を掌握して応戦し、父頼春の分国である同国の維持に努めた状況が看取される。

三　顕氏の尊氏党復帰と頼春・顕氏の卒去

以上の如く、顕氏は讃岐下向後鋭意分国讃岐の軍勢の結集と皇海の旧分国土佐の制圧に努めたが、尊氏党に属した頼春の分国阿波にはその嫡子頼之が在陣し、顕氏は勢力を及ぼしえなかった模様である。顕氏はやがて、麾下の軍勢を率いて讃岐を発し、畿内の直義党の要請に応えて尊氏党を攻撃すべく上洛の途に就いたが、右の状況より見れば、畿内に進攻した顕氏麾下の四国勢は讃岐および土佐の国人を主力としたものと推測される。この顕氏勢の讃岐解纜および畿内上陸の日次は分明でないが、観応二年正月二十二日、直義党の散位頼弘（石塔頼房カ）が顕氏に宛てて、去る十六日入洛して師直以下を丹波路に駆逐した旨を報じて「早々御上落（洛）候者、殊可ㇾ為二目出一候」と顕氏の上京を促している点より見ると（「薩藩旧記」前集一六）この時には顕氏勢は少なくともまだ主戦場には加わっていないことが知られる。(8) そして「観応二年日次記」二月十五日条によると、尊氏・師直等が京都再占領を企図して播磨・摂津に進出した後、二月中旬に入り顕氏は始めて石塔頼房等と直接連携して主戦場における直義方の戦列に参加し、尊氏の陣する播磨書写山を攻撃した。これを以てすれば、顕氏は讃岐下向以来畿内の直義党から速かな上洛を期待されていたにも拘らず、四国における地盤回復・軍勢結集等に数旬を費して後、ようやく畿内に軍を進めたものの如くである。おそらく上述のような細川一族両分の結果惹起された兵力の不充分と阿波方面よりの脅威が、顕氏をして軍事行動の緩慢を余儀なくさせたのであろう。しかしともかく顕氏の四国勢が播磨の戦線に投入されたことは、畿内の直義党を力付け、尊氏党を劣勢にする上に相当の効果を発揮したに相違ない。右の「観応二年日次記」同日条は、尊氏が同国滝野城の囲みを撤して懸河に退いたのは顕氏が書写山に攻め寄せたためであるという風聞を伝えている。

こうして直義党の優勢裡に間もなく両党の和議が成立し、続いて高師直・師泰等が武庫川附近で上杉能憲に要撃されて横死するという事件を経て、同月末尊氏・直義はそれぞれ入京し、三月二日直義は尊氏と会見して再び共に政務を視ることとなった（『園太暦』「観応二年日次記」等）。顕氏は翌三日入洛し、直ちに尊氏の館に赴いたが、尊氏は「為二降人之身一見参称レ有レ恐」して、謁見を許さず、顕氏は恐怖したと噂された（『園太暦』同日条）。顕氏は宿敵師直・師泰が除かれ且つ尊氏・直義の和解が成就した機会に、いちはやく尊氏の信任回復を期待して謁見を求めたのであろうが、尊氏は嘗て永年にわたって顕氏を重用しただけに、その離反・敵対に対する憤りもまた深く、早急に赦免する心境になりえなかったのは当然であろう。そこで顕氏は同月六日直義の旨を体して、丹波に滞在中の義詮を迎え入れるため京都を発し、義詮と共に同月十日帰京した（同書当該日条）。彼はこの役目を通じて、義詮を介して尊氏に誠意を披瀝する機会を得ようと努めたものと思われる。翌四月十六日、直義が錦小路第から山名時氏の邸に移住したのは（「観応二年日次記」同日条）、或いは顕氏のこのような動きに不安を感じたためかも知れない。但し顕氏は同年六月八日備後国地毗庄内につき遵行を命ずる奉書を同国守護上杉顕能に下しており（『山内首藤家文書』五〇五号）、引付頭人在任が知られる。当時の直義主導下の引付頭人は彼のほか石橋和義・畠山国清・桃井直常・石塔頼房で、何れも直義党の有力者であるから、顕氏がなお直義から彼等とともに宿将として遇せられていることが知られる。

他方、直義主導下における尊氏党の頼春・清氏の立場は当然具合の悪いものとなった。清氏は同年四月二日、佐々木導誉・仁木頼章・土岐頼康等とともにようやく罪名を宥し所領を安堵するという処置にあずかり（「観応二年日次記」同日条）、また六月八日備後国地毗庄河北門田地頭職に関する引付頭人細川顕氏の奉書が上杉顕能宛に発給されていて（『山内首藤家文書』五〇五号）、頼春は備後守護職を罷免されて、直義党の上杉顕能がその後任となったことが判る。

しかし、直義の幕府主導は前後四ヵ月余しか持続せず、直義が義詮との反目から七月十九日に政務を退くと、細川頼春・同清氏は同じく尊氏党の仁木頼章・同義長・赤松貞範・高定信等と歩調を合せ、それぞれ分国に下って戦備を整えるべく翌日以後相次いで離京し、情勢は再び険悪となった。清氏には自身の分国がないので、頼春とともにその分国阿波に下向したのであろう。二十八日に至り、東西の敵を追討すると称して尊氏が近江に、義詮が東寺にそれぞれ軍勢を率いて移陣するに及んで、身の危険を感じた直義は翌々三十日夜、斯波高経・桃井直常・上杉朝定・同朝憲・山名時氏・畠山国清・同義深以下数千騎の自党を率いて京都を逃れ、越前に向った（『園太暦』「観応二年日次記」）。

このあわただしい情勢の中で、顕氏は鮮かな豹変を行った。即ち彼は直義の北走に従わず、義詮に属して京都に留まり、しかも義詮から直ちに京都守護を命ぜられたのである（『園太暦』同年八月二日条）。これによって見れば、顕氏は義詮帰京の際の役目を機として竊かに義詮に近付き、表面は直義党を粧いながら実は首鼠両端を持し、直義不利と見るや、直ちに保身のために直義を見捨てたと判断されても止むをえない。洞院公賢が「件顕氏者禅門（直義）専一之仁歟之由、日来有二其聞一、今又属二相公（義詮）一、彼是非二言詞所一レ及、末代為二之如何一々々」（『園太暦』同日条）と顕氏の無節操ぶりを慨歎しているのももっともである。

さて、直義の出奔を知った尊氏は先ずその帰洛・政務復帰を勧告することとし、顕氏を使者として八月六日越前に赴かせた（『園太暦』六日条、「観応二年日次記」同日条、「予章記」等所収同日将軍家―尊氏―御教書）。これは最近まで「禅門専一之仁」であった顕氏の利用価値を尊氏が認めたために相違ない。しかし直義は尊氏の真意を疑って勧告に応ぜず、顕氏の任務は不成功に終ったものの如く、まもなく尊氏は直義追討を決意し、同月十八日義詮以下を伴って近江に出陣し、次いで南朝に和議を申入れた。翌九月尊氏軍の先鋒は、反撃に転じた石塔頼房・桃井直常等の直義党と近江の各地に対戦してこれを破った。しかもなお尊氏は一方で和平工作を棄てず、十月二日に至り直義と同国の興福寺で会見したが、この会談はやはり不調に終った（以上、『園太暦』「観応二年日次記」等）。『園太暦』同月十一日条に「今日聞、兄弟（尊氏、直義）和睦不レ成、禅門引二退北国一了、大樹（尊氏）近日可二上洛一云々、細川奥州顕氏、畠山修理大夫（国清）等、和睦事随分媒不二成就一、称レ無二面目一、去夕上洛、可二出家一之旨支度、而大樹頻制レ之云々」とあるところから見ると、顕氏自身としては、飽くまでも直義を裏切ったのではなく尊氏・直義の和睦を計る目的で尊氏側に属したのであると信じ、自己の行動を変節とは認めていなかった模様であるし、和平のために極力奔走したことも事実に違いない。しかし次に述べる如く爾後も顕氏は遂に直義党に復帰しなかったのであり、その行動にはこれ以上弁護の余地がない。ともあれ、顕氏の尊氏党への帰参により、細川氏が同族相搏つ危険性を回避できたことは、この一族にとって幸であった。なお先に直義と共に越前に奔ったと伝えられる畠山国清も、この『園太暦』の記事からも窺われるように、右の和平工作不首尾以後は完全に尊氏党に属している。

さて直義はまもなく自党を率いて越前を発し、関東に赴いたが、尊氏も一旦帰京後、義詮に幕府の政務を委ね、仁木頼章を自身の執事に任じ、南朝に帰順して後村上天皇より直義追討の綸旨を受け、次いで執事仁木頼章・畠山国清以下を率いて十一月四日京都を進発し、関東に向った（『園太暦』十月二十三日条、十一月四日条等）。顕氏は義詮と共に京都に残留し、翌正平七年（観応三年、九月に文和と改元、一三五二）正月五日南朝から従四位下に叙せられた（『園太暦』同日条追記）。彼は前年六月北朝から正五位下に叙せられた許りであるので（同書観応二年六月二十六日条）、この越階は異例の昇進であり、旧直義党諸将中最も早く直義を見捨てて幕府に帰参し直義党衰頽の誘因をなした彼が、義詮からいかに重んぜられたかを示すものである。次いで同年二月二十五日顕氏は東寺八幡宮領山城国久世庄の濫妨人を退けるべき旨の奉書を広田出羽亮五郎（時直）・海部但馬守某の両使に下していて（「東寺百合文書」ホ三六―五五）、引付頭人に再任して義詮の政務を輔佐した事実が知られる。(10)(9)

他方、終始尊氏党として軍功に励んだ頼春も、同じく京都に残留して、顕氏と同時に従四位下に叙せられ、官途は讃岐守となり、且つこの頃侍所頭人に任ぜられるとともに引付頭人をも兼ね、顕氏と相拮抗する地歩を得た。侍所頭人在任は、『太平記』三〇のみならず「常楽記」、「京兆家歴代影像記」等々に記し、事実を伝えるものと思われる。また彼の引付頭人就任は、「永源師檀紀年録」『系図纂要』にそれぞれ「引付頭人　侍所」、「侍所　引付頭人」とするのみでなく、同年二月二十八日、頼春が畔蒜中将家代官の円城寺敷地ならびに山林に対する違乱停止を命ずる奉書を両使中島幸家・安東高泰に下している事実によって確認される（「東寺百合文書」ア一三―二〇）。また正平六年（観応二年）十二月十五日、義詮は讃岐国人香西彦九郎に「今度於二四国一致二忠節一之由、讃岐守（細川頼春）所二注申一也、尤神妙」云々という御感御教書を与えており（『細川家文書』中世篇一一三号）、建武以来の顕氏の分国讃岐の国人層中に、擾乱中頼春に属して尊氏党として戦ったものの存在することが知られるのも注目に価する。ところが正平七年閏二月二十日、南軍が突如和議を破って洛中において幕府軍を急襲するに及び、頼春は侍所頭人の職責に相応しく陣頭指揮をして防戦に努めたが、ついに七条大宮において討死を遂げた[11]（『園太暦』同日条、「神護寺交衆任日次第」同日条、「異本長者補任」「常楽記」『尊卑分脈』等）。折角顕氏に匹敵する地歩を獲得したのも束の間で、一門守護細川頼春の発展は、不慮の死によって断絶するに至ったのである。

顕氏は他の諸将とともに義詮に従って一旦近江に逃れたが、翌三月中旬顕氏は導誉等と共に義詮を擁して京都を奪回し、さらに四月二十五日以来幕府軍の主将として後村上天皇の八幡の行宮を攻撃し、五月十一日南軍を駆逐した（『園太暦』三月十五日条、四月二十五日条、五月十一日条）。但しこの男山攻略戦に際して顕氏の子で十九歳の細川政氏が戦死したと伝えられる[12]（脇坂本・前田家一本・内閣本『尊卑分脈』、『参考太平記』所引毛利家本・天正本「太平記」）。かように顕氏は子息政氏の討死という犠牲を払いながらも義詮の下で南軍駆逐の戦功を収め、着々と勢力を挽回しつつあった。傍ら彼は和泉に対する支配権を回復した如くであり、同年三月八日義詮が顕氏の注申により和泉の田代顕綱の忠勤を賞し、本知行地を安堵せしめた事実から（「田代文書」五　同日足利義詮御教書）同国守護に再任したことが窺われ、且つ同国国人に対する被官関係強化に努めつつあったことが認められる。

分国讃岐についても、本節二に挙げた同国国人に対する感状授与等の事例により、同じく国人掌握に熱心であったことが推知される。且つ同国に関しては前節二(ハ)に述べた如く、顕氏卒去の僅か半月前に当る同年六月二十一日まで顕氏の守護としての確証が見られる。また土佐については再任の直接の証左は見当らないが、彼の死後その嫡子繁氏が讃岐・土佐両国守護職を継承している事実から（第三章第一節参照）、和泉と同じく守護に復したと推定される。

以上のように、顕氏は観応二年七月末以来直義から離れて尊氏・義詮に属し、義詮輔佐の功、就中南軍駆逐の軍功により再び幕府における勢力を盛返しつつあり、分国に対する支配権をも強化しつつあった。直義と行動を共にした石塔頼房・桃井直常等が南朝に帰順し、結局没落の運命を辿ったのに比して、顕氏の行動は少なくとも保身ないし勢力挽回という点から見る限り賢明であったと言える。しかしながら顕氏は八幡の南軍駆逐から二ヵ月に満たずして、正平七年（観応三年）七月五日に卒去し（『園太暦』同日条、「常楽記」）、ここに実現途上にあるかに見えた権勢回復の夢は永遠に断ち切られた。顕氏の享年は管見の限り不明である。なお洞院公賢は顕氏卒去の日に「伝聞、陸奥守顕氏昨日出家、今日未剋卒云々、今度八幡合戦惣大将也、於二山下一悉焼二払極楽寺・祇殿以下寺社数ヶ所一為二灰燼一、冥罰可レ恐之由、世称レ之歟」と記して、その死を八幡攻めの際の山下寺社焼亡の報いと見ており（『園太暦』同日条）、顕氏に対する公家衆の評判は香しいものでなかった。

註

（1）佐藤氏前掲書当該国の項、『新日本史年表』所収「守護表」、『角川日本史辞典』付録「室町幕府諸職表」等参照。

（2）顕氏の陸奥守に任ぜられた年月は詳かでないが、康永元年十二月の「天龍寺造営記録」にはなお「細川兵部少輔侍所」とあるのに対し、同三年三月二十一日の引付番文（「結城文書」一）には「侍所　細河陸奥守顕氏」とあり、その間にあることが知られる。なお当時の顕氏の位階は不明であるが、令制においては七省の少輔は従五位下相当、陸奥もその一つである大国の守は従五位上相当であるから、官途昇進ということが出来よう。

（3）佐藤氏前掲「室町幕府開創期の官制体系」四八二・四八六頁、羽下徳彦氏「足利直義の立場――その一　軍勢催促状と感状を通じて――」（『古文書研究』六号）。

（4）田中義成氏前掲書一六七頁参照。

（5）観応擾乱に際して、一族が尊氏党と直義党に分裂したのは、もとより細川氏のみでなく、第一に足利氏自身がそうであったし、守護級豪族の中でも畠山・桃井・今川・仁木・石塔・佐々木・赤松等の諸氏が数えられる（高柳光寿氏『足利尊氏』三一三―三一四頁参照）。かかる一族の分裂・対立は、いわゆる惣領制的秩序が解体し、一族内部における主導権争いの激化した様相を最も端的に示すことはいうまでもない。

(6) なお、この軍忠状には、南朝が直義の帰順を許した翌月なるにも拘らず北朝年号が用いられているが、これは何等異とするに足らない。直義自身も南朝年号を採用せず、観応の北朝年号を依然として使用していることは例を挙げるまでもなく、この態度は南朝から非難されている（『吉野御事書案』）。なお直義と共に在った畠山国清の麾下である和泉の田代了賢・同顕綱の同年三月・四月の軍忠状等も、依然として観応の北朝年号を用いている（「田代文書」四）。この第一次擾乱期には年号の別によって尊氏党と直義党を識別することはできないのである。

(7) 小笠原宮内大輔頼清は、鎌倉中・後期を通じて阿波守護であった小笠原氏（佐藤進一氏『増訂鎌倉幕府守護制度の研究』阿波の項参照）の子孫と覚しく、これ以後も十数年にわたって主に阿波山間部の土豪を率いて根強い抵抗を続けている。その官途・実名は正平七年（一三五二）七月十一日付小野寺八郎一族宛の感状、同十二年正月十一日付菅生次郎兵衛尉宛の兵粮料所預ケ状（「小野寺文書」「菅生文書」）等の差出人「宮内大輔」と、同九年十二月十七日付小川右衛門尉・落合左衛門尉・西山民部宛の各軍勢催促状（「小野寺文書」『阿波国徴古雑抄』）の差出人「頼清」の花押の一致からも確認され、且つすべて南朝年号を記している右の感状・預ケ状・軍勢催促状等により、この小笠原頼清は南朝の阿波守護と推測される。

(8) これより先、『園太暦』観応元年十二月二十一日の条に「今日聞、東国勢回二南方一入二八幡一、又陸奥守顕氏打二従四国一、已解纜向二京都一云々」とあり、同書翌年正月十一日の条には「今日聞、将軍昨日到二着山崎一、細川奥州顕氏相二逐将軍一、其辺次第相近云々」という伝聞を記している。しかし右の伝聞を本文に一部引いた散位頼弘書状写と対照して見ると、もし顕氏勢が十二月中旬に四国を発して正月十日に山城の山崎に迫っていたとすれば、同月十六日の直義党の京都での戦勝を在京の同党から二十二日に至って始めて顕氏に通報して入京を促した事実は、十日以後に顕氏勢が再び遠方へ撤退したとでも仮定しない限り、不合理である。よって、右の『園太暦』の伝聞記事は、顕氏勢に関する限り虚報であったと見て差支えあるまい。

(9) 広田時直は、第二節註(13)に述べたように、後には細川氏春の被官として見える淡路の有力国人である。海部但馬守については他に管見に触れないが、降って明徳三年（一三九二）相国寺供養の際の管領細川頼元の随兵中に海部三郎経清があり（「相国寺供養記」）、『満済准后日記』応永二十六年八月三日の条に「細川讃州（義之）若党カイフ（海部）と云者」と、阿波守護細川義之の近臣に同姓が見えており、海部氏は阿波国海部郡を本拠とする細川被官と推測される（第五章第二節二参照）。したがって顕氏は、頼春・師氏の分国なる阿波・淡路出身の武士の一部をも自己の統率下に置いているものの如く、然りとすればそれは多年顕氏が一族中最も有力であった結果であろう。

（10）　この顕氏の奉書は遵行対象地が山城国内に在るが、幕初以来文和元年まで山城守護が不設置で、当国内に関する幕府の遵行命令がすべて両使宛に発せられていることは、前節註（1）所引羽下徳彦氏論文に実証されており、この顕氏奉書もその一例である。引付方は直義再度失脚、出奔をみた前年七月の政変以来機能を停止し、義詮御判御教書がこれに代ったが、ここにその機能が再開されたことは、本文に掲げる正平七年二月二十八日付（顕氏奉書の三日後）細川頼春発給の幕府奉書によっても証明できる。

（11）　頼春の享年を「繋雲集」（「細川系譜校異」所引）、「地蔵院伝記」、「細川管領家御系」、『続群書類従』本「細川系図」（二篇）等は四十九歳とし、「京兆家歴代影像記」（「細川系譜校異」所引）、「龍安寺安置上屋形歴代総牌」、「永源師檀紀年録」、「御祧譜」、『系図纂要』清和源氏一四、等は五十四歳としている。両説は史料の性質上甲乙を付け難いけれども、後者によると三十一歳で初めて長男頼之を儲け、その後四人の男子が出生したことになるので（諸書にみえる頼之の享年よりの逆算）、この時代としては長男出生がやや遅すぎるようであり、四十九歳説の方が妥当であるまいかと思われる。

（12）　『尊卑分脈』は政氏を顕氏の子息中の末尾に記すが、脇坂本・前田家一本、内閣本同書は「或祖父子」と註記し、一方『続群書類従』所収「清和源氏系図」は政氏を顕氏の弟に系けている。もとより史料の性質上、これらは何れとも断定できないが、或いは顕氏の弟でその養子となったのであろうか。

（補註1）　最近刊行された『新編香川叢書』史料篇㈠所収「秋山家文書」に次の細川和氏・同顕氏連署下知状案があり、尊氏の両人に対する恩賞宛行権委任は讃岐についてもこれを確認することができた。

讃岐国高瀬郷領家職事、為二勲功之賞一所レ被二宛行一也、守二先例一可レ致二沙汰一者依二将軍家仰一下知如レ件、

建武三年二月十五日　兵部少輔在御判
　　　　　　　　　　阿　波　守在御判

秋山孫次郎殿

（編者註）
○本書、下端裏ニ裏判右半アリ、本書モト訴状具書ナルベシ、

（補註2）　同右所収「秋山家文書」の細川顕氏書下（正文は過半欠損、慶安二年の写あり）によると、建武四年三月二十六日顕氏は秋山孫二(次)郎に対し月城(成)周頼・助房に属して讃岐にいたり財田の凶徒を誅戮するよう命じており、すでにこの時点で顕氏は讃岐守護を兼ねていたと見倣しうる。

第二章　細川清氏の浮沈

第一節　清氏の擡頭

一　観応擾乱時の軍功

細川氏の嫡流両家を代表する頼春と顕氏が観応三年相次いで世を去ったことにより、一族の活動は和氏の嫡子清氏、頼春の嫡子頼之、顕氏の嫡子繁氏、顕氏の養子で和氏の実子と伝えられる業氏という次の世代の従兄弟・再従兄弟のそれに移ることとなるが、中でも最も顕著な活動を示すのが清氏である。前述のように清氏は初め元氏と称し、顕氏の従兄弟和氏の長子であった。彼は康永二年（一三四三）三月、さきに暦応三年父和氏が臨川寺三会院に寄進した河内国橘島庄光国名について、足利直義に天龍寺住持夢窓疎石宛の安堵状を申請してその交付を受け、且つ自身「亡父前阿波守和氏令二寄進一之処、依レ有二当庄中施（絶）事一、重所レ奉二寄進一」として同庄を三会院に再寄進している（『臨川寺重書案文』坤）。清氏の出生年月は不明であるが、この直義の安堵状案に「任二前阿波守和氏今者死生（去）長男左近大夫将監元氏申状旨一」云々とあり、自身の寄進状の案文にも「左近将監源朝臣元氏」という署判のあるところから見て、父和氏卒去の翌年に当る康永二年には、既に首服して元氏と名乗り、従五位左近将監に叙任されていたことが確認される。翌康永三年五月直義の新熊野社参詣の供奉人中にも「細河左近大夫将監」と彼の名が記録されている（『師守記』同月十七日条）。

しかしその後観応元年までの六年間は清氏の動静が殆ど明らかでなく、僅かに貞和四年（一三四八）正月四条畷の合戦に際して五百余騎を率いて戦ったという『太平記』二六の所伝を残すに過ぎない。その父和氏は細川一族の嫡統であり、且つ元弘・建武の動乱に際し四国略定等に功績を挙げ、幕府開創後引付頭人・侍所頭人となったが、やがて退隠し、次いで卒去するに至ったため、遺子清氏は顕氏の権勢に到底比肩しえず、頭角を現す機会に恵まれなかったものと思われる。当時の清氏には全く守護に在職した形跡は見当らず、また幕府において何等かの役職に就いた事実も看取されない。

ところが観応擾乱が勃発するに及んで、清氏の行動はにわかに活発となり、尊氏党の有力部将の一人に数えられるようになる。擾乱時の動静は次のごとくである。

(1)まず観応元年十一月、直義に呼応した顕氏が、直冬党討伐のため兵庫附近を西進しつつあった尊氏の陣営から離脱したとき、尊氏の命を承けて顕氏の追撃に当ったのは前述のように「細川刑部少輔(頼春)某、阿波将監(清氏)某」の両名であった（『園太暦』同月十六日条）。(2)次に、『太平記』二九には翌観応二年正月両党の京都争奪戦に際して、高師直を主将として戦った尊氏党の大手の軍勢として「仁木兵部大輔頼章、舎弟右馬権助義長、細河阿波将監清氏、今河駿河守(頼貞)」を数えている。[1] (3)一旦両党の和議が成った翌々月の同年四月、「佐土判官入道(佐々木導誉)、仁木兄弟(頼章・義長)、美濃守護土岐(頼康)、阿波将監(細川清氏)[2]已下七人」は何れも「罪名」を宥され所領等を安堵された（「観応二年日次記」）。「罪名」の内容は明らかでないが、導誉・頼章・義長等は何れも尊氏党の有力者であるから、当然これは高師直与同の罪であろう。『太平記』三〇は「サレバ石塔・上杉・桃井ハ、様々ノ讒ヲ構テ、将軍ニ付順ヒ奉ル人々ヲ失ハヾヤト思ヒ、仁木・細川・土岐・佐々木ハ、種々ノ謀ヲ廻シテ、錦小路殿ニ又人モナゲニ振舞フ者共ヲ滅サバヤトゾ巧ケル」と講和後の幕府における両党の暗闘を伝えている。(4)両党の融和が破綻すると、同年七月二十一日頃尊氏党の土岐頼康・仁木義長・赤松貞範・高定信等がそれぞれ京都を脱出したのに引続き（『園太暦』「観応二年日次記」）、二十五日には「仁木兵部少(大)輔(頼章)、細川刑部少輔(頼春)、同阿波将監(清氏)等、又不レ見之由」とあり、清氏は頼春とともに密かに挙兵を計ったらしい（『園太暦』同日条）。[3] (5)同年九月尊氏が自ら近江に出陣して直義党と交戦した際、清氏も従軍したが、同月十七日の合戦で負傷して同二十五日帰洛したため、京都では清氏の帰京は両党和睦の結果であろうと噂された（同書九月二十五日条）。

以上によって、清氏が擾乱に際して叔父頼春とともに尊氏党に属して積極的に行動したことが知られ、この機会に尊氏・義詮父子の眷顧を得て直義党の顕氏に対抗しようとする意図が看取される。事実第二次擾乱勃発の前月、同年六月二十六日の小除目で、直義党細川顕氏・繁氏・政氏父子、桃井直常、石橋和義等の叙任と同時に、清氏も安国寺造営の功により伊予守に任ぜられている[4]（『園太暦』同日条）。また清氏の弟頼和も尊氏党として軍功を励んだと覚しく、既に第一次擾乱時の末の同年二月十三日に尊氏の袖判下文を以て、佐々木近江入道（六角時信ヵ）跡の越後国白河庄上下条と安芸前司（二階堂成藤）跡の遠江国相良庄を勲功の賞として充行われ、且つこの頃上杉宮内大輔跡の上総国長屋郷をも賜り、第二次擾乱中の同年十一月右の相良庄と長屋郷の渡付を命ずる幕府執事仁木頼章施行状がそれぞれ遠江守護仁木義長と上総守護佐々木秀綱宛に下っている（「野田文書」）。清氏に対しても同様に尊氏・義詮からは敵方没収地が恩給されたことであろう。それを確認できる史料は見当らないが、しかし同年九月八日義詮は御判御教書を駿河守護今川範国に下して、「細河伊与守」(予、下同)清氏の所領である同国田尻郷南村河原一色地頭職に対する大草弥三郎以下の悪党の濫妨を停止させており[5]（「天龍寺文書」）、この地頭職が旧領か新恩かは不明であるにせよ、清氏が尊氏・義詮父子から恩顧を蒙っていることは推察に難くない。

さて同年十一月尊氏は直義追討のため関東に進発し、義詮が幕政を委ねられて京都に留まった（第一章第三節参照）。この頃の清氏の動静は詳かでないが、「正閏史料」二之三には、翌観応三年二月下総親胤の忠節を賞した次の感状が収録されている。

豊前国門司関海上合戦時致二忠節一候(之)条、尤神妙也、弥可レ抽二軍功一之状如レ件、

観応三年二月廿七日　　判細川清氏

下総（親胤）修理亮殿

この感状の写には単に「判」とするのみなので、花押が清氏のそれか否かは判定できない。同書に収める観応三年二月日下総親胤軍忠状写に、親胤が前年八月十一日門司関に到着し、十月に子息親長以下が笠取原で合戦し、親胤は十二月二十三日から今月一日まで数次にわたり、門司・赤間両関等で「御敵」の厚東武直等と海戦を交えて敵を退けた旨を記しており、上掲感状の「海上合戦」がこの海戦を指すことは明白である。且つこの軍忠状写には、観応三年三月六日付で「此目安条々、無二相違一之上、今日早々可二注進一之、仍状如レ件」という文言を付した某人の証判が施してあり、上掲感状の日付がこの軍忠の挙進を約した証判の日付より前に属し――この年は閏二月があるので約四十日の隔りとなる――、軍忠状提出の月の内に早くも感状が記されていることから見て、感状の記載者は親胤の所属している現地の軍事指揮者と考えられる。したがってこの感状を清氏のものとするならば、清氏自身西国に在陣して直冬党の追討に当っていたことになるが、清氏の豊前発向を示す積極的な史料は管見に触れない。のみならず尊氏・義詮以下幕府方がなお南朝年号の正平を用いている当時にあって、この感状が観応の年号を用いていることも清氏のそれに相応しくなく、頗る疑問といわざるをえない。（補註）

同年四月下旬、清氏は細川顕氏を主将とする山城八幡の後村上天皇行宮の攻略戦に参加したが、またも戦傷を負ったため、退却したと伝えられている（『園太暦』四月二十六日条）。仮に長門・豊前方面に発向していたとしても、それは長期にわたる在陣でなく、召返されて再び畿内の戦列に加わったことになる。(6)

さきに顕氏・頼春の両党分属によって、南北朝初頭にみられた細川嫡流両家の連合は崩れ去ったが、清氏は叔父頼春に協力し、ともに尊氏党として活動していた。けれどもたとえ頼春の庇護があっても、分国を持たず被官の少ない清氏は、所詮一身の軍功によって名を揚げることが必要であった。まして頼春亡き後は独力で奮戦し、身を挺して自らの進路を開拓する以外に道がなかったと思われる。清氏の再度にわたる戦傷は、そのような彼の奮戦振りをあらわすものに外ならないであろう。彼には実弟頼和および同じく実弟と伝えられる業氏の外に、従兄弟頼之・頼有、再従兄弟繁氏等があるが、これらの従兄弟・再従兄弟相互間には殆ど協力関係が認められない。彼等新世代の細川一族は、兄弟の間を除いてはもはや一族の名に価するほどの連携を示さず、別個に行動してそれぞれ軍功・勤功を積むこととなるのである。

二　文和年間における軍功・勤功

観応擾乱以後における清氏の活動として見るべきものは、まず観応三年八月に所見のある伊賀守護在職、ならびに同年（九月文和と改元）十月の伊勢発向である。『園太暦』同年十月五日の条に「世上種々説縦横也、勢州元氏下向已落居、土岐（頼康）已引二帰本国一之処、元氏退二治残党多勢一也、仍元氏已入二打手一云々、珍事歟」とあり、翌日の条に「勢州又以外、元氏安否未レ聞云々」とあるように、土岐勢の伊勢退去に代り、清氏は義詮に命ぜられて伊勢の直義党の残党掃蕩戦に当ったのである。

伊勢には南軍の鞏固な拠点が存在した上、同国守護であった石塔頼房が直義党に属して前年九月近江に攻め入ったのを機として、南軍の活動がますます活発化し、畿内の幕軍に対する側面の脅威となっていた。(7) それゆえ義詮は男山合戦勝利の余勢をかりて先ず土岐頼康を伊勢に派して南軍追討に当らせ、(8) 次いで清氏を派してこれに代らせたものと思われ、清氏の軍事的任務が重要性を帯びていたことを推測しうる。観応三年八月伊賀国内の東大寺領に関する同寺衆徒僉議事書土代に「当守護細川伊予守」とあって（「東大寺文書」第二回採訪一三）、当時の清氏には伊賀守護在職の明証があるから、或いは伊勢守護を兼補して発遣されたのであるかも知れない。但し翌文和二年（一三五三）六月上旬直冬党の山名時氏・石塔頼房、南党の楠木正儀らが相呼応して京都を侵した際、清氏が防戦中に討死したという誤報が伝えられ（『園太暦』六月九日条）、一方『太平記』三二および『源威集』にはこの時清氏が後光厳天皇を奉じて近江・美濃に退いた義詮一行の中に在って活躍したことを叙しており、清氏は伊勢制圧の成果を充分挙げる遑がないまま、直冬党・南党の京都侵攻を防ぐため急ぎ帰京したのであろう。伊勢守護は同年十月以降仁木義長が在職し、伊賀守護も同年十二月までに同じく義長が還補されており、(9) 何れにしても清氏の伊勢進出は短期間に過ぎなかったのである。

義詮は直冬党・南党の京都攻撃に遭って同年六月一旦近江に奔ったが、七月下旬には京都を奪還し、次いで九月には将軍尊氏が関東から帰洛した。『源威集』には、義詮の帰洛に際し「細川相州(清氏)・土岐・佐々木供奉」と叙しており、清氏は義詮に扈従して帰京し、その後は暫く在京して幕府に出仕した模様である。翌文和三年二月六日には、嘗て亡父和氏が臨川寺三会院に寄進し清氏自身が康永二年に再寄進した河内国橘島庄光国名が近年再び不知行となったため、清氏は「任二和氏素意一」せて近江国石田郷上方半分を替地として三会院に寄進し、且つ尊氏に請うて同所の地頭職を三会院に寄せる旨の寄進状を得ている（「臨川寺重書案文」坤）。この尊氏・清氏の各寄進状案と、尊氏のそれを承けた幕府執事仁木頼章の近江守護佐々木千手（のち義信）宛施行状案の三通が何れも同日付であるところからも清氏の在京が推知される。また清氏の寄進状案に「前伊与守朝臣清氏(源脱カ)」の署判があり、尊氏の寄進状案の文中にも「右任二細川伊与守清氏申請一」とあって、この頃までに実名の元氏を清氏と改めたことが確認される。

ところで、同年五月二十日の幕府評定始に清氏は佐々木導誉・石橋和義の二人の宿老とともに評定衆として列し、同日続いて三方引付内談が執行われたことから（「御評定着座次第」）、彼が文和三年の前半の内に幕府の評定衆に登庸され、且つ三方制引付の引付頭人の一人を兼ねたことが知られる。果して同年八月以来次のように清氏の発給した引付奉書が管見に入る。(1)文和三年八月四日付、石清水八幡宮領播磨国松原庄公文後藤筑後入道の押領停止を命じた同国守護赤松則祐宛奉書（「離宮八幡宮文書」一）。(2)延文元年（一三五六）五月二十八日付、南滝院前大僧正増仁の所領播磨国鞍位牧に対する河江新右衛門入道某の濫妨の停止を命じた赤松則祐宛奉書（「前田家所蔵文書」実相院文書）。(3)同年七月四日付、東寺領播磨国矢野庄重藤十六名并公文職に対する飽間斎藤九郎左衛門尉（光泰）の遵行地立還濫妨の停止を命じた同じく赤松則祐宛奉書（「東寺文書」射一―一二）。(4)同年九月四日付、東寺領備中国新見庄領家職に対する新見太郎左衛門尉の濫妨の停止を命じた備中守護細川頼之宛奉書（「東寺百合文書」セ 武家御教書并達二九—六四）。(5)同日付、東寺領伊予国弓削島領家職に対する小早河小泉五郎左衛門尉（氏平）の濫妨の停止を命じた伊予守護細川頼之宛奉書案がそれである。なおこの伊予国弓削島に関する奉書案の日付を『大日本古文書』（『東寺文書』之二 東寺百合文書ほ五一号）には「延文五年九月四日」としているが、東京大学史料編纂所所蔵影写本（「東寺百合文書」ほ五三—六四）によって検すると明らかに「延文元年九月四日」とある。

さらに『師守記』延文元年三月二十日条の頭書には「今日於二武家一□□（三方カ）引付□□□□□□相摸守□□行之云々」とある。欠損のためこれ以上は判読し難いが、翌二十一日条の頭書に「今日武家沙汰始、三方引付也」とあるところから見ても、二十日条は、相模守清氏が引付頭人として沙汰始を行ったことを意味すると判断しうる。

なお上掲の松原庄に関する引付奉書の文中には「所レ被レ下二綸旨一也」とあるが、この綸旨の副状と思われる「八幡宮領播磨国松原庄後藤筑後入道押領事、兼綱朝臣（勘解由小路）奉書副二具書一如レ此、子細見レ状候歟、仍執達如レ件」という六月十五日付権大納言実俊副状があり、その宛所が「鎌倉宰相中将殿」即ち義詮であるから（「離宮八幡宮文書」四）、上掲清氏奉書は、綸旨を奉戴した義詮の旨を承けて発給されたことが確かめられる。また上述の弓削島領家職については、延文二年八月二十一日小早河小泉氏平の濫妨を退けて雑掌に沙汰し居うべき旨の義詮御判御教書が、守護細川頼之に宛てて下っている（「東寺百合文書」せ 足利将軍家下文一—一三）。これらによっても清氏が当時将軍尊氏の政務を代行していた義詮と密接な関係を保っていたことは推測に難くない。ともあれ清氏が佐々木導誉・石橋和義の二人の長老に伍して評定衆になり、且つ引付頭人に就任したことは幕府諸将間における彼の地歩の瞠目すべき急上昇であったに違いない。

当時の清氏の官途も、右のような地歩向上を反映しているのではなかろうか。前述文和三年二月六日付寄進状に「前伊与守」と署判していた清氏は、同年八月四日付の奉書から後は「相摸守」と署判しているから、この間に相模守を拝任したことは確実である。周知のように相模守・武蔵守・陸奥守・遠江守等には嘗て北条一門の有力者が任ぜられ、わけても相模守は、義時・時頼・時宗・貞時・高時が何れも拝任しており、ほぼ歴代の得宗の官途であった。したがって南北朝時代においてもそれは嘗ての執権北条氏の権勢を想起しうる栄誉ある官名と見做されていたことであろう。清氏自身がこの官途を希望したか否かは明らかでないとしても、当然尊氏または義詮の推挙を経たものに相違ないから、(10) これも将軍家父子の彼に対する眷顧の表れと評価して差支えあるまい。

それでは清氏がこのように尊氏・義詮父子の寵遇を受けて頭角を現すに至った契機は何であろうか。まず第一に考えられるのは、細川嫡流の故和氏の嫡子としての門地である。足利一門の諸将を極力起用するという室町幕府開創以来の方針が貫かれている限り、顕氏・頼春歿後の当時の細川一族中、清氏は少なくとも顕氏の嫡子繁氏および頼春の嫡子頼之とともに、最も登庸の機会に恵まれていた筈である。第二に、観応擾乱に際して終始尊氏党として行動した清氏の節操は、尊氏・義詮の信任に価するものであったと思われる。この点、擾乱中父顕氏の庇護下に在ってまだ独自の活動を示すに至らず、しかも直義党であった筈の繁氏はもとより、父頼春の分国阿波に在陣して活動を開始したばかりであった頼之も、到底清氏に比肩しえない立場にあったと思われる。第三には戦場における清氏の勇武な働きを挙げることができる。洞院公賢は前述のごとく、観応二年七月の近江における直義党との対戦および翌年四月の南軍との男山合戦の記事に、何れも彼が戦傷を負ったことを述べており、さらに文和二年六月の南軍・直冬党との洛中での合戦には、清氏の討死という誤聞さえも伝えられたところから見て、屢次の戦闘における勇戦振りが察せられる。また『太平記』三二には、この洛中の合戦に際して清氏が味方の退却後も踏留まって殿戦に努めた有様を叙し、さらに後光厳天皇を奉じて逃れた義詮以下の幕軍が近江の塩津付近で土民に襲われた際、清氏は徒立になり鎧の上に主上を背負って山越えしたと述べており、『源威集』にも、一行が京都から近江坂本に落ちのびたとき清氏が天皇の「御馬ニ付テ有二大功一」としており、彼の豪勇と殊功が喧伝されたことを窺わせる。清氏のかかる義詮の身辺における勇将振りが義詮の彼に対する信任の原因となり、義詮が将軍の権限を代行した幕府の中で、清氏の地歩を急速に高めるのに役立ったであろうことは想像に難くない。

この後も、清氏は次のように軍功を発揮している。文和三年（一三五四）十二月足利直冬・山名時氏・桃井直常等の京都侵入を避けて一旦近江に奔った尊氏が、翌文和四年正月京都奪還の軍を起したとき、清氏は尊氏直属の部将として活躍し、同年三月の直冬党駆逐に至るまで力戦した。『源威集』には彼が正月二十一日弟頼和とともに、瀬多（勢）の浮橋で渡河戦の魁をなしたこと、二月七日今比叡阿弥陀峯に陣して翌日洛中に攻め入ったこと、三月八日尊氏が今比叡の清氏の陣に移ったこと、ならびに清氏の洛中での奮戦を伝えており、『太平記』三三は、清氏が三月八日四条大宮に攻め入り、桃井直常なる旨を名乗った二宮兵庫という武士と組討してこれを討取り、さらに同月十三日東寺の直冬の本陣に肉薄して数ヵ所に軽傷を負ったという豪勇振りを詳述している。事実、同年三月和泉の御家人日根野時盛ならびに田代顕綱の軍忠状（「日根文書」乾、「田代文書」五）は、何れも彼等が前年十二月二十四日清氏の麾下として近江に退去し、ついで正月二十日同じく清氏に属して近江武射寺を発し、東坂本・西坂本・今日吉の陣等に警固の忠節を致し、二月八日・十五日の合戦ならびに三月八日より十二日御敵駆逐までの合戦に戦功を抽んでた旨を記し、清氏がこれに証判を施している。また同年七月常陸の鹿島烟田時幹は清氏の注進に基づき、「今度馳二参京都一、致二合戦忠節一」した旨の御感御教書（尊氏の御教書か）を与えられた（「烟田文書」）。これらの記載によって知られる戦況は軍記の記述ともほぼ符合し、清氏が右の一連の京都争奪戦に際して、優れた戦闘指揮能力を発揮したことを窺わせる。さらに、今川了俊が「難太平記」に「我等事ハ東寺合戦の時、清氏手に可二同道一由あなかち申しかハ、一所にて両度合戦せしかハ」云々と述べている事実、および直冬党駆逐直後の三月十五日、清氏が尊氏の命をうけて東寺宝蔵の仏舎利五粒を奉請している事実も（『園太暦』同年三月二十四日条、「柳原家記録」六六所収「異本長者補任」下、「仏舎利勘計記」）、直冬党の本陣の置かれた東寺の攻略に主要な軍功を現した部将が清氏であることを裏付けている。

三　執事就任とその在職活動

清氏の分国経営は第三章二節に考察するが、彼は文和三年評定衆・引付頭人就任後まもなく若狭守護に補任され、その九月一旦分国若狭に下向してまもなく帰洛しており、これ以後は康安元年（一三六一）の没落に至るまで自ら分国に赴いた形跡は見られず、主に在国の守護代頓宮左衛門尉を通じて分国若狭を支配したと思われる。なお文和四年四月彼が仁木義長と私闘しようとしたとき、尊氏が慰諭するため清氏の邸に臨んだ事実（『園太暦』同月二十三日条）、同年六月清氏が頼之らとともに醍醐寺の賢俊前大僧正を訪れた事実（「賢俊僧正日記」同月四日条）、延文元年（一三五六）四月中国発向を命ぜられた頼之が分国阿波に逃れようとしたとき、清氏が派遣されて引留めた事実（『園太暦』同月三十日条）なども在京を示す証左である。

ところが延文二年には清氏の出奔が伝えられている。『園太暦』同年六月十五日条に、清氏は越前守護を所望して尊氏に容れられなかったのを不満として、今朝京都を脱出して阿波の本領に向ったとあり、さらに閏七月二十五日条に、清氏が南朝に帰順して綸旨を申賜ったという伝聞を記しているのがそれである。当時の越前守護斯波高経は、文和三年末以来直冬党となり、文和五年正月幕府に帰参している（第二編第一章第三節参照）。それゆえおそらく清氏は、直冬に一旦与同した高経が越前守護を安堵されたのに引換え、直冬党駆逐に大功のあった彼自身が若狭一国の守護にすぎないのを不当として越前守護職を競望し、尊氏は斯波氏に対する政治的配慮からこれを拒否したのであろう。このの(11)ち翌延文三年十月まで一年余り清氏の動静は管見に触れないが、これは彼が阿波に逃れて幕府における活動を中断した結果と思われる。

以上のように清氏は一旦逐電したが、しかしそれは彼の政界復帰に何等重大な影響を残さなかった。復帰の時期およびその事情は詳かでないが、少なくとも延文三年四月の尊氏薨去は、清氏の地歩回復に有利に作用したと考えられる。

しかも清氏は引付方頭人に復したのではなく、義詮の将軍家継嗣に伴って、同年十月一躍して幕府の執事に補任されたのである（『愚管記』同月十日条、「室町家御内書案」上所収「執事補任」、「武家補任」）。この清氏の執事就任を記した『愚管記』同月十日条には「武家管領号二執事一歟事、可レ為二相模守源清氏一云々、昨日以二佐渡判官入道導誉（佐々木高氏）一仰レ之云々」とあり、臼井信義氏は、この記事に拠って、幕府の執事が当時すでに管領とも呼ばれていたことを指摘し、斯波義将以来執事を管領と改称したという俗説の誤謬を正しておられる（『日本歴史』六〇号所収「公方と管領」）。なお補足すれば『愚管記』同年十二月三日条にも清氏を「管領」と記しており、「御評定着座次第」の同日条にも「管領　清氏朝臣」とあって、清氏が管領と呼称されたことには疑念を挟む余地がない。但し、「武家管領」と記した下に「執事と号するか」という註記を施した右の『愚管記』十月十日条の書き振りからは、なお執事という称呼が一般に用いられていたことが窺われる。

いうまでもなく管領という称呼は管領するという動詞的用法から起ったもので、例えば嘉元二年（一三〇四）七月八日付後深草院御処分状に「長講堂領以下管領所々、不レ漏二一所一可レ有二御管領一之由、先度申候了」とあり（『伏見宮御記録』）、元弘三年（一三三三）七月十九日付岩松経家宛後醍醐天皇綸旨に「飛騨守護職可レ令二管領一者　天気如レ此、仍執達如レ件」とあるように（「横瀬文書」）、管掌ないし領知の意味に広く用いられていた。しかしそれがしだいに特定の職権を有する管掌者の意に用いられるようになったことは、「沙汰未練書」（『中世法制史料集』第二巻解題によれば、少なくとも現在の形の沙汰未練書は元応元年—元亨二年の間に成ったものとされる）に「一　検断沙汰トハ（中略）、関東ニハ於二侍所一有二其沙汰一、京都ニハ検断頭人管領有二其沙汰一」「一　鎮西九国成敗事、管領、頭人、奉行、如二六波羅一在レ之」とあることや、「保暦間記」に「其比貞時（北条）が内官領（ママ）平左衛門尉頼綱不レ知二先祖人一、法名果因、円イ、ト申有リ」と叙していることによっても明らかである。さらに『太平記』一四に掲げる新田義貞奏状なるものに「前亡余党纔存揚二蟷螂忿一之日、尊氏申二賜東八箇国管領一不レ叙二用以往勅裁一」云々とあり、同じく『太平記』一四の叙述中に「一宮中務親王ヲ東国ノ御管領ニ成シ奉リ、新田左兵衛督義貞ヲ大将軍ニ定テ国々ノ大名共ヲゾ被レ添ケル」とあることなども同様の例である。

そこでこの称呼が鎮西管領とか東八箇国管領というように広範囲の行政区域の管掌者を指して用いられるに至った以上、幕政の管掌者としての将軍家執事に対して武家管領の称呼が用いられたことは自然の推移であったといえよう。しかしながらこのことは同時に管領という職名が一種の俗称より起り、したがって将軍家執事に代る幕府の職名として固定するまでにはなおかなりの歳月を要したことを推測せしめる。事実「花営三代記」には、細川頼之在任中の応安三年（一三七〇）四月九日条までは執事の称呼を、同じく応安七年正月十日条までは執権の称呼を混用しており、これ以降ようやく管領の称呼のみが使用されている。また公家衆の記録では「後愚昧記」康暦元年（一三七九）五月三日条のごとく、斯波義将の管領就任後もなおこれを執事と称している例が見られる。要するに管領という職称は、例えば執権・探題・奉行・守護などのような多くの武家の職称と同様に、特定時点において制定された職名ではなく、慣習的な称呼が漸次職名として固定したものと見るべきであり、したがって管領の称呼が一般化して執事の称呼が殆ど用いられなくなるのは細川頼之の在任時から斯波義将の再任時にかけてであったといえるであろう(12)。

ところで、清氏に優るとも劣らない門地と権勢を有した守護級大名の少なくない中(13)で、彼が幕府執事ないし幕府管領に登庸されたのが、いかなる事情によるかを確かめうる史料は見当らない。前任者の仁木頼章と同様に一門の大名から選ぶ方針が打出されたためでもあろう。しかし、一門の中でも特に清氏がその任に選ばれたのは、従来主として義詮に仕えて軍功を積み、引付頭人在職中も多く義詮の旨を承けて活動した彼の手腕が、少壮二十九歳の新将軍義詮から高く評価されたためではあるまいか。

ともあれ執事に就任した清氏は同年十二月三日、義詮親臨の下に最初の評定始を行い、評定衆佐々木導誉・土岐頼康入道善忠らがこれに列した（『愚管記』「御評定着座次第」）。『愚管記』同日条には「是日武家評定始云々、相摸守清氏管領以後初度也、如(形脱カ)一献致二用意一、以外大営云々」とあり、相当大掛りな祝宴が催されたらしい。次いで翌延文四年（一三五九）二月十七日には将軍代始の射場始がやはり清氏の主催で営まれた（「御的日記」）。なお、ここにも清氏を管領と称している。

さて清氏の執事としての在職活動としては、同年から翌延文五年にわたり、清氏奉の幕府御教書および清氏の施行状が次のごとく十余通見出される。

(1) 延文四年九月二日付肥後守護大友氏時宛施行状。詫磨助二郎跡肥後国八王子庄内田地を去る四月二十日御下文に任せて詫磨宗顕跡に渡付（「詫磨文書」四）。

(2) 同日付肥後守護大友氏時宛施行状写。肥後国詫磨近見左近将監跡田地を去る四月二十日御下文に任せて詫磨宗秀に渡付（「大友文書録」）。

(3) 同日付太宰少弐跡宛施行状。肥前国高木郡上津佐村田地を去る四月二十日御寄進状に任せて同国四面社雑掌に渡付（『島原半島史』上所収「松尾貞明氏所蔵文書」、『日本歴史』三五六号小要博氏「仁木義長排斥事件覚書」註（14）に指摘）。

(4) 延文五年三月十二日付摂津守護赤松光範宛施行状案。摂津国富島庄下司職を同日御寄進状に任せて同国大洲大覚寺に渡付（「大覚寺文書」乾）。

(5) 同年八月二十二日付播磨守護赤松則祐宛幕府御教書。赤松貞範入道世貞の大光明院領播磨国多可庄地頭職押領を停止（「前田家所蔵文書」武家手鑑）。

(6) 同年八月二十八日付侍所頭人兼山城守護佐々木高秀宛幕府御教書。桑原上野入道等の山城国嵯峨遍照寺領内田地濫妨を停止（「森川文書」）。

(7) 同年九月一日付播磨守護赤松則祐宛幕府御教書案。東寺領飽間九郎左衛門尉入道（光泰）の播磨国矢野庄例名公文職立還り濫妨を停止（「東寺百合文書」み三二―四八）。

(8) 同年九月十七日付尾張守護土岐頼康宛幕府御教書。土岐刑部少輔入道（頼世）の円覚寺領尾張国富田庄内北馬嶋郷立還り濫妨を停止（『鎌倉市史』史料編第二「円覚寺文書」一五八号）。

(9)　同年九月二十日付美作守護赤松貞範宛幕府御教書。広戸左近将監某ならびに高山彦次郎某の東福寺領美作国勝賀茂郷上下押妨を停止（「前田家所蔵文書」東福寺文書）。
(10)　同年十月二十二日付東寺長者前大僧正覚雄宛幕府御教書。幕府政所の柳営本役と号して東寺領山城国久世庄年貢燈油を譴責するを停止し、武家の所役を免除（「東寺百合文書」ホ三六―五五）。
(11)　同年十月二十五日付摂津守護佐々木導誉宛幕府御教書。吹田河内守、芥河五郎四郎入道等の東寺領摂津国垂水庄領家職濫妨を停止（「東寺百合文書」せ武家御教書并達二九―六四）。
(12)　同日付越中守護細川右馬助（左馬助頼和なるべし）宛幕府御教書案。土肥中務入道の祇園社領越中国堀江庄惣領方濫妨を停止（『八坂神社文書』下一六五六号）。
(13)　同日付淡路守護細川氏春宛幕府御教書。馬七郎入道・同子息次郎六郎等の東福寺領淡路国都志郷国吉名濫妨を停止（『九条家文書』六、一七六七号）。
(14)　同年十一月一日付豊後守護大友氏時宛幕府御教書写。施行状に任せて阿蘇筑後守（惟澄）の島津道鑑（貞久）所領豊後国井田郷地頭職濫妨を停止（「薩藩旧記」前集一九）。
(15)　同年十一月二日侍所頭人兼山城守護佐々木高秀宛施行状案。同日付御教書に任せて山城国山科小野西庄の下地を冷泉侍従（為秀カ）家雑掌に渡付（「勧修寺文書」二二）。
(16)　同年十二月二日播磨守護赤松則祐宛幕府御教書。飽間九郎左衛門入道（光泰）の播磨国矢野庄例名公文職濫妨を重ねて停止（「東寺文書」射一―一二）。

以上の十六例中、[14] (1)・(2)・(3)・(4)・(15)の五例は将軍家の下文・御教書に基づいて発給した施行状であるが、他の十一例は何れも幕府御教書であり、その内一例を除き引付奉書と共通する守護宛の所務の遵行命令である。しかし引付奉書は将軍尊氏時代の末期延文二年（一三五七）七月を最後としてしばらく管見に入らなくなり、引付方は機能を停止したと判定され、爾来専ら義詮御判御教書を以て所務沙汰の遵行命令が発せられて清氏の在任中に及ぶので（第四章第二節二および第二編第三章第一節二参照）、以上の十例は、清氏が将軍家御判御教書による遵行命令に代行する奉書形式の将軍家御教書すなわち幕府御教書を発給するに至ったことを示している。同様の例は執事高師直にも見られるが、それは引付頭人ないし内談頭人兼任と見られ、また仁木頼章が発給した事例が見られるが、その際は義詮の御判御教書と引付奉書とが併行して発給されているのであって（第二編第三章参照）、所務の遵行命令として引付奉書が全く発給されず、執事奉書形式の幕府御教書のみが発給されたことは、清氏の右の例を以て嚆矢とする。これは単に発給形式の変化として把えることはできず、明らかに執事の所務沙汰についての行政的権限が増大し、職権内容も一応管領と呼称するに相応しいものとなったことを意味するというべきであろう。これは重要な意味を有していると思われるので、次節で再び検討を加えることとする。

　ところで清氏は以上のような執事としての職掌活動の傍ら、延文四年十二月二十三日関東執事畠山国清らとともに将軍義詮を擁して京都を進発し、義詮は尼崎に留まり清氏以下は河内に進んで南軍追討の軍事行動を開始した（『園太暦』同年十二月二十日・二十四日・二十七日条、『愚管記』同月二十三日条、「東寺長者補任」同日条）。『太平記』三四には清氏が河内龍泉寺城を赤松範実らとともに攻略し、翌五年五月八日には赤坂城から逆襲した南軍を纔かに五百余騎で防いだという勇戦振りを伝えている。河内龍泉・赤坂・東条の敵城攻略などの際の軍功を述べた瓦林嶋田基忠の同年六月日付軍忠状（「末吉文書」）に清氏が証判を加えている事実からも、清氏が自ら南河内に進攻して直接戦闘指揮に当り、南軍の主力を撃破する戦果を挙げたことは確実である。『愚管記』同年五月一日条に「河州凶徒城三ヶ所責落云々、天下大慶也、於レ今者楠木赤坂城之外不二相残一云々」同月四日条に「今日遣二専使於大樹（義詮）陣一、賀二河州静謐事一、其次相摸守（清氏）、畠山（国清）、土岐（頼康）同賀仰遣也、各以二書状一仰レ之」同月十日条に「楠木赤坂城没落云々」とあるように、この南軍討伐は成功裡に一段落し、同月下旬清氏・国清以下諸将は尼崎に在陣していた義詮とともに帰洛した（『愚管記』「東寺長者補任」『太平記』）。このように清氏は執事就任後も幕府に座して政務を執ることのみに専念せず、彼の本領ともいうべき軍事行動においても積極的な活動を示したのである。

註

(1) この京都争奪戦の状況を記した「観応二年日次記」同月十四日条に前述のように、「細川刑部少輔(頼春)、同舎弟右馬助」が記されているが、十五日条にも「将軍々勢、執事ヲ始トメ其勢一千余騎、相二随宰相羽林(義詮)一京中軍兵、高駿河守ヲ始トシテ、源家一族ニハ渋川、仁木刑部大輔(兵カ)(頼章)・右馬助(義長)兄弟、細川、佐々木佐渡判官入道(導誉)、諸大名等其勢五百余騎、両方軍勢取合テ、一千五六百騎ヲ引率シテ馳二入洛中一、於二三条河原辺一合戦」とあり、少なくとも頼春が、仁木頼章、同義長、佐々木導誉等とともに尊氏党として活動していることは明らかである。清氏もおそらく『太平記』の伝えるようにこの合戦に加わっていたのであろう。

(2) 清氏の父和氏は官途阿波守であったので、清氏は阿波将監と呼ばれた。なお畠山国清も当時は同じく左近大夫将監であり、亡父が阿波守であったため、「阿波将監」と称せられているが、例えば『園太暦』観応元年十一月二十三日条に「兵衛督入道(直義法号恵源)降二参吉野一、日者居二住和州一、而越二河州一、畠山阿波将監合体云々」とあり、同二十五日条に「兵衛督入道去廿日越二河州石川城一、畠山阿波将監同心、叛逆勿論云々」とあるように、国清は直義党の中心人物の一人であるから、本文に掲げた「観応二年日次記」に記す阿波将監が清氏であって国清でないことは勿論である。

(3) 田中義成氏『南北朝時代史』一七六頁に「直義方なる細川・仁木・赤松・佐々木の諸将は、続々として京都を引上げ」とするが、これは尊氏方の誤りである。なお細川頼春の京都退去は既に『園太暦』同月二十二日条に「細川刑部大輔(ママ)」として伝えており、同書二十五日条の「細川刑部少輔」は『尊卑分脉』に見える庶流の刑部少輔細川頼元(頼之の弟頼元とは同名異人)に擬定しえないでもないが、後者は全く事績不明で記録に価する人物ではないと思われる。それゆえ、おそらく洞院公賢が頼春の逐電を再度伝聞して記したものであろう。

(4) 清氏の造営した安国寺が何国のそれかは『園太暦』のこの記事には記されていない。しかし細川和氏が暦応二年阿波国秋月に補陀寺を創建して夢窓疎石を開山に招じ、やがて貞和元年尊氏・直義の奏請によって諸国安国寺・利生塔の制が定められると、補陀寺は阿波の安国寺に充てられた(「夢窓国師語録拾遺」所収阿波州安国補陀寺仏殿梁牌、「阿波志」等)。清氏の造営というのは、おそらく亡父和氏の遺業を継いで阿波の安国補陀寺の伽藍を整備したことを意味するものであろう。

（5）同年十一月の伊達景宗軍忠状（「駿河伊達文書」京都大学所蔵）によると、あたかも同年九月伊豆の直義党が駿河を侵して尊氏党の景宗らと交戦しており、擾乱の余波が駿河に及んでいることが知られる。したがって義詮御教書に記された「大草弥三郎以下悪党人等」なるものは、おそらくこの戦乱に乗じて勢力拡張を試みた在地の国人・名主等であろう。

（6）なお、同年閏二月二十日の京都合戦以来「属二御手一」して忠節を尽した旨を述べた同年六月三日付田代顕綱軍忠状（「田代文書」五）に施してある軍事指揮者の証判には、「さかミとの」（清氏）という後人の附箋が付けてある。しかし本編第三章第一節に述べるように、この証判の花押は明らかに細川繁氏のそれであるから、この軍忠状は清氏の活動の証左とはなしえない。

（7）伊勢においては、これより先観応擾乱勃発に乗じて北畠顕能の率いる南軍が勢力を拡大したので、観応二年三月一旦幕府両党の和議が成ると幕府は直義党の伊勢守護石塔頼房を派して南軍追討に当らせた（『園太暦』同年三月三日条）。しかるに両党の和議が破れると、同年九月頼房は直義勢の越前から近江への進出に呼応して伊勢から近江に侵入した（同書同年九月十一日条）。翌正平七年（観応三年）閏二月南軍千種顕経・楠木正儀等の京都攻略には北畠顕能勢が加わっている（「祇園執行日記」同月二十日条）。結局南軍は退却を余儀なくされたものの、顕能は同年四月十九日には佐藤行清・同弾正忠某等に軍勢催促状を下して、兵力増強に努めていた（「佐藤文書」）。

（8）同年十月二十三日鷲見加々丸の差出した一志郡阿坂城・中村口等における軍功を述べた軍忠状に頼康が証判を施しているところからも（「鷲見家譜」）、頼康の伊勢における連戦が確かめられる。

（9）佐藤氏前掲書五三―六〇頁・七一頁参照。

（10）御家人の任官に将軍家よりの挙進を必要とすることは、周知のように源頼朝以来の原則であったが（『吾妻鏡』文治元年四月十五日条参照）、当時の室町幕府においては、例えば文和三年八月二十日義詮が伊予の河野通朝に御判御教書を下して「名国司所望事、所レ挙二進公家一也」と通達しているように、将軍の推挙権を義詮が代行している場合が見られる（「予陽河野家譜」）。

（11）阿波は当時頼春の嫡子頼之（清氏の従兄弟）の分国であるが（第三章第二節一参照）、元来清氏の父和氏が弟頼春に譲った分国であったと推測され（第一章第二節三参照）、したがって和氏の嫡子である清氏の本領が阿波国内に存在したことは事実に違いない。この本領が国内の何処にあったかは明らかでないが、後に失脚した清氏が、康安二年（一三六二）京都占拠に失敗すると結局阿波に逃れ下ったのは（第四章第一節二参照）、やはりこの本領に拠って再挙を計ろうとしたものであろう。

（12）もとより幕府執事から幕府管領への変遷を明らかにするためにこのような呼称の推移のみでなく、むしろその職権内容の変化に留意しなければならないのは当然である。かかる職権内容の問題は、第四章において検討したい。

(13) 当時の有力諸将を概観すると、足利一門では観応擾乱に際して直義に党した石塔頼房・桃井直常・吉良満貞等が引続き直冬党として幕府に敵対し続け、山名時氏も文和二年（一三五二）以来直冬党となって山陰方面を制圧していたが、一旦直冬党に属した斯波高経は既に幕府に復帰していたし、その子氏経は終始幕府方に在った。このほか一門には観応二年以来七年間にわたって尊氏の執事であった仁木頼章とその弟義長をはじめ、関東執事畠山国清とその弟義深、今川範国とその子範氏・貞世兄弟等があり、外様の有力守護には佐々木（京極）導誉・佐々木（六角）氏頼・赤松則祐・土岐頼康等があった。それゆえ清氏に比肩する勢力を有する大名は決して少数とは言えなかったのである。

(14) なお、『東大寺文書』之一〇、東大寺図書館架蔵文書之五、一五〇号に、東大寺鎮守八幡宮に伊賀国瀧保氏・高山保光等跡を寄せた延文四年五月二十五日付将軍家義詮寄進状案とともに、次の案文が掲げてある。

　　　　　　　　　　　　　　　　　　　　　　　　　　　御判

　伊賀国瀧孫四郎保氏・高山十郎保光等跡事、任二去五月廿五日奉寄状一、可レ被レ沙二汰付下地於東大寺八幡宮雑掌一之状如レ件、

　　　延文四年十二月廿九日

　　仁木右京大夫殿（義長）

『大日本古文書』のこの巻の編者は、日下の「御判」に「（細川清氏）」と傍註し、「室町幕府執事施行状案」という標註を付している。案文とはいえ、「御判」と明記されている許りでなく、当該国守護宛の直状であること、日下に花押のみを施してあることから判断すれば、これはおそらく将軍家御判御教書であって、幕府執事（管領）の施行状案とは見做し難い。義詮が将軍就任以後も、自ら御判御教書を以て守護に遵行を命じた事例は、第四章第二節に掲げる如く多数に上っており、この延文四年十二月二十九日の事例もその一つに外ならないのである。

(補註) 本書刊行後、森茂暁氏より有川宜博氏編「門司文書目録」所収観応三年二月廿七日付足利直冬感状の存在を御教示に与り、東京大学史料編纂所所蔵写真版「門司文書」（昭和五十五年撮影）によって、本文に掲げた「判細川清氏」なる感状写の正文が右の足利直冬感状であることを確認できた。森氏に謝意を表する。

第二節　清氏の没落

一　仁木義長の追放

清氏は観応擾乱以来しだいに幕府に地歩を築いて延文三年（一三五八）新将軍義詮の下で執事となり、傍ら次章にみるように分国若狭の経営を推進したが、清氏の執事在職中に表面化した政争に、仁木義長排斥事件がある。

先ず事件の経過を辿ると、延文五年五月河内南軍追討を終えて義詮・清氏以下幕軍が帰洛してから僅か一ヵ月余にして、同年七月六日清氏以下の諸将は再び河内南軍追討と称して大軍を率いて京都を進発した（『愚管記』同日条）。彼等は天王寺付近に布陣したが、諸将の中に不穏な動きのあるのを察知した将軍義詮は、同月十三日佐々木導誉を陣中に派して彼らの真意を糺した（同書十三日条）。ここにおいて義詮は初めて諸将の今回の軍事行動が当時在京中の仁木義長を討つことを目的としているのを知ったらしい。続いて諸将は山崎付近を経て京都に迫ったので、仁木義長は義詮に無実を愁訴するとともに、義詮を擁して防戦することを決意して幕府を手勢で固めた。しかし義詮は同月十八日密かに幕府から脱出したので、義長はついに同日の夜自邸に火を懸けて一族とともに分国伊勢を目指して落ち延びた。こうして一戦をも交えずに義長追放の目的を果した清氏らの諸将は、翌日義詮を擁して帰洛し、事件は比較的簡単に結末を告げた（『愚管記』同月十七日・十八日条、『太平記』三五）。

しかし頼章の猶子仁木頼夏は、義長の没落とともに分国丹波に立籠って幕府よりの再三の召喚に応じなかったので、同年十月四日清氏の弟頼和が追討のため丹波に発向した。この派兵を伝える『愚管記』同日条には頼夏を「仁木中務少輔〈故左京大夫入道（頼章）猶子、実清氏朝臣舎弟〉」と明記し、また『尊卑分脈』にも頼夏を頼章の猶子で実父は細川和氏としており、清氏・頼和等と兄弟であることは間違いない。頼和派兵以後の頼夏追討の経過は詳かでないが、翌康安元年九月清氏・頼和らの没落の際、「丹州守護仁木三郎」すなわち頼夏も百騎許りを率いて再び京都を逐電しており（「後愚昧記」康安元年九月二十六日条）、頼夏が丹波守護を保持し且つ在京していたことが知られるから、延文五年十月の頼和発向の結果は骨肉相搏つ悲劇をもたらさず、頼夏の帰降を見たものと判断される。

ところで『太平記』三五「新将軍帰洛事付擬レ討二仁木義長一事」の件りには、義長排斥の首謀者を畠山国清入道道誓とし、国清が細川清氏・土岐頼康・佐々木氏頼らの諸将に向い、義長は「非二其器用一四箇国ノ守護職ヲ給リ、差タル忠無シテ数百箇所ノ大庄ヲ領知」しながら将軍の命令を軽んずる「不忠不思議ノ者」であるから討ち亡ぼすべきであると説き、清氏・頼康・氏頼らの諸将は何れも義長に宿怨を懐いていたので国清に同調したのが、騒動の発端であるとしている。確かに義長は当時伊賀・伊勢・志摩・三河の守護を兼任[1]する勢力を有していたが、この義長の勢力はもともと尊氏の信任と兄頼章の幕府執事在任を後楯としており[2]、延文三年四月に尊氏が薨去し、次いで翌四年十月に頼章が卒去するに及んで（『園太暦』『愚管記』「延文四年記」）、義長の政界における地歩は急速に弱まり、孤立状態に追い込まれたものとみえる。しかしながら義長排斥運動の首謀者を畠山国清とする『太平記』の叙述は必ずしも真相を伝えているとは思われない[3]。何となれば国清は文和二年（一三五三）七月に関東執事に補せられて鎌倉に下向し（第二節二参照）、六年有余にわたり基氏を輔佐したのち、延文四年十一月南軍追討に加わるため東国勢を率いて上洛したに過ぎず（『愚管記』『園太暦』「延文四年記」）、義長との間に深刻な相剋が存在したとは見做せないばかりでなく、義長の没落後まもなく延文五年八月四日に京都を発って鎌倉に帰任したという所伝によっても（「大乗院日記目録」『太平記』三五）、国清が京都政界における謀議の首謀者であるとは考え難い。

第一『太平記』三五も国清についてはその上洛の真意が義長の「過分ノ挙動ヲ鎮メ」るためであったと説くに過ぎないのに対して、清氏・頼康・氏頼についてはいずれも具体的に家人や所領をめぐる義長との対立を述べている。事実土岐頼康は延文三年七月義長と私的な会合の席上で口論し、両者とも兵を集めて私闘に及ぼうとしたことがある（『愚管記』同月二十二日条）。また佐々木氏頼は近江国甲賀郡内の柏木庄・檜物庄・蔵田庄・宇治河原等について義長と相論したが、延文四年十月義詮は故将軍尊氏の「御書」を帯する氏頼の主張を却けてこれらの所領を義長に安堵せしめており（「吉田文書」三同月五日将軍家義詮御判御教書）、氏頼には義長に怨を懐く充分な根拠が確認される。

清氏については、『太平記』三五は今度の南方合戦に際して三河守護の義長に属さず清氏に属して戦った同国の星野・行明らの所領を義長が没収したので清氏が憤ったと叙しているに過ぎないが、実際には清氏と義長との対立はこれより大分前から認められる。文和四年（一三五五）四月、義長が清氏の所領である三条西洞院の敷地に造作を行おうとしたことから「義長仁木与二清氏細川一有レ間、企二合戦一」て、尊氏が清氏の邸に、義詮が義長の邸に赴いて、それぞれ論したが、両人は「内心猶不和歟」といわれているのがそれである（『園太暦』同月二十三日条）。しかも既に述べたように、さらに溯って観応三年（一三五二）前後にかけて、伊賀守護職が義長から一旦清氏に遷り、続いて再び義長に改替した事実があり、これらは両者の抗争が決して一朝一夕に萌したものでないことを推測せしめるに足りる。このような抗争の根深さから判断すれば義長排斥の真の首謀者は清氏であって、畠山国清は謀議の中心人物に祭り上げられたに過ぎないと考えられる。

二　没落とその原因

清氏は宿敵仁木義長を却けて権勢の地位を確保したかに見えたが、その後纔かに一年有余にして康安元年（一三六一）九月二十三日清氏自身に没落の運命が訪れる。まずその事態を見ると、清氏は二、三日前から仏事を営むため西郊に滞在していたところ、(4)この日早朝将軍義詮はにわかに新熊野社に引移り、ついで後光厳天皇の遷幸を仰ぐとともに清氏征討の軍勢を招集した。巳刻頃清氏は弟頼和・家氏を伴って一旦私邸に立帰ったが、申の終刻には早くも京都を脱出して分国若狭に向い、清氏の邸にはまもなく火が放たれた。翌二十四日義詮は幕府に帰還し、後光厳天皇も御所に還幸された（『愚管記』同年九月二十三日条、「後愚昧記」九月二十三・二十四日条）。なお頼和は一旦千本の辺りから引返して義詮に帰順したが、二十五日再び没落した。二十六日には清氏の実弟仁木頼夏が分国丹波に逃れ、丹波国人らも若狭への合流を準備中であると風聞された（「後愚昧記」二十四・二十五・二十六日条）。

「管領」の座に在って仁木義長以上の権勢を振った筈の清氏が、ひとたび将軍の追討命令を蒙ると義長以上に脆く、かくも一朝にして没落しなければならなかったのは何故であろうか。『太平記』三六清氏叛逆事付相模守子息元服事には佐々木導誉を清氏追放の首謀者であるとし、もともと導誉と清氏とは互いに私怨を懐いて対立していたところ、[5]あたかも清氏が二子を石清水八幡宮の社頭で元服させて八幡六郎・八幡八郎と命名したのが義詮の不快を買ったので、導誉はこれに乗じて清氏が吒祇尼天に納めた願文を義詮に呈して清氏の野望を上申したので、義詮は清氏が八幡宮に籠めた願文をも取出してその叛意を信じたのであると叙している。清氏が全く無抵抗裡に離京・没落せざるをえなかったことを示す上述の事実経過からも、清氏が叛意を懐いていたことは全く認められない。また『太平記』に掲げる吒祇尼天に納めた願文なるものも、清氏の四海管領、義詮の病死、ならびに基氏の降服を祈願した文言で、いかに願文とはいえ清氏が心中の野望をこのように露わに書き連ねることは到底考えられず、いかにも虚構の感を免れない。但し次に掲げる今川了俊の「難太平記」（『群書類従』合戦部）の叙述から見れば、『太平記』の記事もなにがしかの史実を反映していることは否定できない。

了俊は、清氏が義詮の嫌疑を受けたとき今川範国は子息貞世（了俊）を遠江から呼寄せて清氏と差違えさせて大事に到るのを防ごうとしたと述べたのち、

一、細川清氏事、実には野心なかりけるにや、余りに過分の思有て、上意にそむきし処に、或人の仕落しけるや、一には子どもを八幡にまいらせて、於二社頭一烏帽子著て八幡八郎と号ける事、一には神殿に願文を納めけるに、

可レ執二天下一文言有けるを、従二社家一公方へ進ける故と云り、此願文は清氏が非レ筆か、判形も不審也けりとこそ故殿(範国)は語給しか、（下略）

と記している。これによって既に了俊も清氏の八幡宮に納めた願文なるものを偽作と判断し、清氏には野望を認め難く、或人（導誉であろう）の讒構に陥ったものと推測していることが知られる。しかし構陥の誘因となった清氏の「余りに過分の思有て、上意にそむ」いた行為は了俊も肯定しており、続いて了俊は、かの文和四年（一三五五）三月の東寺合戦の時了俊が清氏の要請を容れて「一所にて両度合戦」したのに、清氏は了俊の要望に反して遠江国笠原庄・浜松庄等の闕所地を自己の所領に申給わったので、了俊は「依二無念一遠州に在国」していたのであると、身を以て清氏の擅恣を体験したことを述べている。

そもそも清氏の性格は豪勇であると同時に倨傲であって、先例無視の行為が尠くなかった。かの東寺合戦の直後に、清氏は東寺宝蔵の仏舎利を所望したが、戦乱に乗じた悪党の乱入のために宝蔵の印鑰が紛失したので、清氏は宝蔵の扉を破壊して舎利五粒を取出した（『園太暦』文和四年三月二十四日条、「異本長者補任」同月十三日条、「仏舎利勘計記」同月十四日条）。この仏舎利奉請そのものは清氏の自専でなく尊氏の所望によるものであり、かつ奉請に要する正当な手続を踏み、勅使頭弁坊城俊冬の立会の下に開扉されたのであるし（「東寺百合文書」ニ 一一四―一五五、「仏舎利勘計記」）、また清氏は後に修理料を寺家に支給して扉を修覆させているのである（「異本長者補任」「仏舎利勘計記」）。それゆえ清氏にしてみれば扉の破却は使命遂行のための止むを得ぬ手段に過ぎなかったのであるが、当時の公家衆や僧侶の眼には清氏の所行が未曾有の悪行と映じたと見えて、『園太暦』「異本長者補任」「仏舎利勘計記」はそれぞれ「不便々々、可レ驚事歟」「寄代(稀)珍事也」「前代未聞之珍事也」と表現している。同じく先例に捉われない清氏の性格を表すものに、延文四年（一三五九）四月の新千載集撰進の際の処置がある。即ち、勅撰集を納める蒔絵の手筥を、朝廷（北朝）では恒例に従って住吉社の神主に調進させようとしたところ、管領清氏がこれを聞いて、住吉は現在敵陣であるから住吉社に沙汰せしむべきでないといって阻止し、幕府の沙汰として清氏自身が調進したことがそれである（『園太暦』延文四年四月六日条、『愚管記』同月二十八日条）。『園太暦』にはこの清氏の処置を「可下為二武家之者一張中行之上云々」と記していることからも、朝廷の行事に強引に介入する清氏の態度が公家衆に好感を持たれなかったことが窺われる。

公家衆の感情はともかくとして、上述の今川了俊の述懐から推測する限りでも、清氏の強引な性行が幕府諸将の間に清氏に対する反感を募らせたことは充分推察される。且つ「難太平記」には、清氏は義詮の嫌疑を蒙ったとき今川直貞（初名氏兼、貞世の弟）を招いて無実の申開きを依頼しようとしたが、直貞は掛り合を怖れて招きに応じなかったとあり、また、

　細川にかかまりをりし海老名社今川出て腰はのしたれ

という落首を掲げて、「是は相模守（清氏）に海老名備中守にくまれて無出仕也しかば、如レ斯よみけるとかや」と説いており、清氏に好感を懐いていなかったのが了俊のみでないことを匂わせている。前節に見たように清氏が越前守護を競望して阿波に逃れた事件もその背後に斯波高経との暗闘が潜んでいたらしいし、仁木義長との多年にわたる対立も、決して一方的に義長の自専のみから生じたものではなかった筈である。

延文四年清氏の弟細川左馬助頼和、二階堂行種入道道超、今川伊予守直氏の三者間で争われた遠江国相良庄地頭職の相論も注目に価する（「野田文書」延文四年八月十五日将軍家義詮御判御教書）。この地頭職はもと道超の父二階堂成藤の所領で、観応擾乱に際し成藤が直義に与同したため一旦闕所地となり、細川頼和に勲功の賞として与えられたが、そののち成藤の帰順により同人に還付された。成藤は子息義藤（道超の弟）にこれを譲与したが、義藤の自由出家の罪科によって再び闕所地となり、遠江守護今川範国の一族直氏に預置かれたものである。そこで頼和は先度拝領の事実を論拠として再給付を要求し、二階堂道超は惣領たるの故を以て一族義藤跡の管領を主張し、今川直氏は当時預置かれている事実に基づいて不知行地の替として宛行われるよう要請し、ここに三つ巴の相論が惹起されたのである。(6) これに対して義詮

は「所詮本理非糺明之程、任二観応御下文一、被レ預二置頼和一之条、不レ背二理致一歟、然則於二彼地頭職一者、沙二汰付頼和代一、可レ執二進請取一、至二方々相論一者、追可レ有二沙汰一之状如レ件」として、裁決を後日に残しながらも暫定的に預り人を直氏から頼和に変更するという当面頼和に最も有利な措置を決定し、その実施を遠江守護今川範国に命じている。この義詮御教書の下ったのは頼和の兄清氏の管領在職時であるから、裁決に先立って頼和に預置した幕府の措置には当然清氏の意思が介入していたものと想定できる。その後の経過は不明であるにせよ、少なくともこの措置が係争相手の今川氏ならびに二階堂氏の清氏・頼和兄弟に対する反感を助長したであろうことは想像に難くない。

この清氏の専権が最も具体的に現れているのは、第一節三に列挙した幕府御教書によって知られる彼の所務沙汰管掌であるが、この点については前後の歴代執事ないし管領の権限と対比して考察する必要がある。それゆえこの問題の検討は第四章第二節に譲り、ここでは清氏が仁木義長追放の後まもなく延文五年八月に至り、にわかに所務の遵行命令を発給して、従来将軍義詮の親裁下にあった所務沙汰の裁決に深く関与したことを指摘するに止めたい。

このような執事清氏の専権に対する佐々木導誉等の反撥は幕府の内紛を助長し、この機を捉えた畿内南軍の一斉蜂起を招いた。そして清氏の実弟といわれる和泉守護細川業氏はたちまち分国を捨てて逃れ、河内・和泉から摂津の一部まで南軍の制圧下に帰し、後村上天皇が住吉社に幸して京都回復を目指すまでになった（第三章第一節二参照）。この事態に対して幕府は何等の対策をも講ずることができず、その揚句に清氏の失脚が起るのである。したがって清氏の失脚はまさに彼の専権の必然の結果と見ることができよう。

清氏を構陥したといわれる佐々木導誉はむしろ清氏以上に傍若無人な所行で知られており[(7)]、清氏と導誉との対立が尖鋭化したのは清氏の専権のみでなく、導誉の側にも原因があったことは当然と思われる。けれども導誉の讒訴が成功して清氏が義詮から異志を疑われることとなったのは、おそらく今川了俊の説くように清氏の専権が義詮から疎まれたためであり、また幕府諸将中に実弟頼和・家氏・仁木頼夏以外一人として清氏に同調するものがなかったのは、やはり管領の任にあって専権の振舞のあった彼に諸将の嫉視ないし反感が集中した結果に外ならないであろう。しかも清氏に呼応して丹波に落ち延びたと伝えられる実弟仁木頼夏が、のち貞治五年（一三六六）十月侍所頭人に任ぜられており（『師守記』）、また実弟と伝えられる業氏が管領頼之の下で応安元年（一三六八）将軍義満元服の理髪を勤め、応安三年内談衆に在職、永和元年（一三七五）引付頭人に列した事実によって（「花営三代記」）頼和・家氏以外の実弟さえも結局清氏と袂を別ち、没落の運命を共にしなかったことが知られる。

さて清氏が若狭に落ち延びさらに南朝に帰順したことは『太平記』三六にも伝えるところであるが、清氏の若狭下着は、京都出奔より二旬後の康安元年十月十五日に彼が若狭の大嶋八幡宮に巻数返事を与えている事実からも看取され（「長楽寺文書」）、また南朝帰参は、「後愚昧記」同月十七日条に記す「世上事、相州（清氏）参二南方一之間、南方得レ力可レ責二入京都一之由、有二其聞一云々」という風聞からも事実と思われる。清氏が分国若狭に奔ったのは、寺社本所領を悉く人給に宛行うといわれたほどに強引な半済の実施等の結果、多大の給恩に与って在地に勢力を張っていた守護代頓宮をはじめとする在国被官の支持を期待したためであろうし、一つにはかかる被官を通じて行われた収奪の結果戦備がかなり充実していたためであったに相違ない。『太平記』三六に「若狭国ハ、相模守近年管領ノ国ニテ、兵粮数万石積置タリ、相模守此ニ落付テ、城ノ構ヘ勢ノ程ヲ見ニ、懸合ノ合戦ヲスル共、又城ニ籠テ戦共、一年二年ノ内ニハ輙ク落サレジ物ヲトゾ思ハレケル」と叙しているのもそのような事情を物語るものであろう。

しかしながら守護代頓宮が強力な在地支配を行いえたのも幕府の管領である清氏の勢威を背景にすればこそであった。『太平記』三六によれば、斯波氏頼（事実は石橋和義か）を討手の大将とし(8)仁木義尹を搦手の大将とする幕軍が迫ると、頓宮は忽ち変心して幕軍に内応し、寄手を城中に導き入れたとある。没落した清氏にこれ以上従うことはもはや自滅を招くのみと判断したためであろう。

かくて早くも十月二十五日若狭の合戦に敗れた清氏は、極く少数の手勢を率いて近江の東坂本を通り宇治路を経て南朝の本拠地吉野に向った。この清氏の行動を記した三条公忠は「相州軍窮極也、可レ哀、其勢五十騎許云々」（「後愚昧記」康安元年十月二十八日条）、と敗将清氏にひそかな同情を寄せている。

清氏は楠木正儀・石塔頼房らと共に同年十二月京都に突入して一旦義詮を近江に逐ったが、在京二十日に満たずして駆逐され、翌康安二年正月捲土重来を期して、建武以来の細川一族の基盤である四国に下った[9]（『愚管記』康安二年七月二十九日条、「神護寺交衆任日次第」「建武三年以来記」「興福寺略年代記」『太平記』三七等）。しかしながら、第四章第一節に述べるように四国においては彼の従兄弟頼之の経営が着実に伸展しつつあり、清氏は壮図空しく、同年七月讃岐白峯山麓において戦場の露と消えたのである。この清氏敗死の事情は、頼之の中国・四国経営とともに、第四章第一節に考察することとする。

註

（1）仁木義長の守護職については佐藤進一氏前掲書五九―六一・七一・九一頁に考証されている。但し佐藤氏は丹波をも義長の守護国に数えておられるが、延文五年三月十二日丹波国雀部庄に関する遵行命令の宛所が仁木頼夏であること（「東文書」）、および本文に述べるように義長の失脚とともに頼夏が丹波に立籠ったことから見て、当時の丹波守護は義長ではなく、頼夏であったと思われる。

（2）頼章・義長兄弟は観応擾乱に際し終始尊氏党として行動し（前節参照）、頼章は観応二年十月尊氏の東下に際し執事に起用された（第四章第二節参照）。それゆえ義長の伊賀守護再任が同年六月以降、伊勢・志摩守護再任が同年八月、三河守護補任が同年十一月以前であって（註（1）所引佐藤氏前掲書上掲頁）、何れも頼章の執事就任時期と相前後しているのは偶然ではあるまい。

（3）『太平記』のこの件りには、佐々木導誉も義長にさして宿意は懐いていなかったが義長の傍若無人を憎んでいたので国清に与同したとある。しかし本文に触れたように『愚管記』によると導誉は義詮から南方発向の諸将の許に事情聴取に派遣されており、『太平記』のこの叙述は事実に反すると思われる。本節二に述べるように導誉は清氏と対立していた模様であり、この点からも清氏・国清らの陰謀に加わっていたとは考え難い。

（4）『太平記』三六には清氏は普請のためとて三百余騎を率いて天龍寺に赴いていたとある。『愚管記』二十三日条に「彼清氏此両三日為レ修二仏事一在二西郊一云々」とあり、続いて「巳刻許清氏朝臣兄弟三人帰二私宅一云々」とあるから、弟頼和・家氏以下を伴って西郊の某寺で仏事を営んでいたことは確かであり、それは『太平記』の伝えるように天龍寺かも知れない。

(5)『太平記』のこの件りには、(a)導誉は加賀守護職を女婿斯波氏頼に申し与えようとしたが、清氏がこれを富樫介(氏春)の遺子(昌家)に安堵せしめたこと、(b)導誉は摂津守護職を嫡孫秀詮に申し受けたところ、清氏が赤松光範を還補するようにと義詮に進言したこと、以上の二件を導誉の欝憤の例として挙げ、(c)清氏は被官頓宮四郎左衛門尉に備前国福岡庄還付の御教書を申し与えたのに、導誉の女婿赤松則祐は一旦同庄を恩給されたため下地を押えて頓宮の還住を妨げたこと、(d)清氏は同年(康安元年)の七夕の夜の歌合に義詮を招待したのに、導誉が義詮を闘茶に招いたため義詮は清氏の許に赴かなかったこと、以上の二件を清氏の欝憤の例として叙している。これらの叙述に関連する史実を探ってみると、(d)については明らかでないが、(a)の加賀守護職に関しては、康安元年八月十五日「故介氏春」の遺領が「当富樫兄弟ようち(幼稚)」のため一族富樫用家入道源通の判形によって配分されており(「美吉文書」一)、さらに貞治三年(一三六四)十月には富樫竹童(昌家の幼名)が臨川寺領加賀国大野庄に関する将軍義詮御教書の受命者になっているから(「臨川寺重書案文」乾)、富樫氏春の分国加賀が遺子昌家に安堵されたことは事実である。(b)の摂津守護職については、延文五年三月までは赤松光範の在職が確認されるが(「大覚寺文書」一　管領細川清氏施行状案、赤松光範遵行状案)、同年十月には同国垂水庄に関する遵行を命じた幕府奉書が佐々木導誉に宛てて下っており(「東寺百合文書」せ武家御教書并達二九―六四)、赤松から佐々木への守護職交替が確認される。(c)に関しては、第三章第二節に述べるように暦応三年備前国吉井村地頭職三分一の佐々木永清に対する預置を取消して頓宮義嗣に還付したことを『太平記』の所伝に類似する事実として挙げることができる。もちろんこれらの事実から清氏と導誉との相剋を直接立証することはできないけれども、少なくとも『太平記』の(a)―(c)の叙述が単なる虚構ではなく幾分の史実に基づいていることは否定しえまい。なお、長谷川端氏は「太平記における細川清氏」(『軍記と語り物』五号)において『太平記』諸本を比較してこの問題を論じておられる。

(6)この相論については笠松宏至氏が「中世闕所地給与に関する一考察」(『中世の法と国家』所収)四三九―四四三頁に、闕所地に対する本主・一族・守護の権限という観点から検討した結果、「最終的判決は持越されたまま現在知ることの出来ないのは残念であるが当知行の利を得た頼和の優位は否定されないであろう」と推論しておられ、この推論は首肯しうるものと思われる。但し「分国闕所」云々の文言によって今川直氏を闕所出来ないしは相論勃発時の守護と見做す笠松氏の推測は、正平七年(観応三年)二月今川範氏が遠江守護に補任され、翌月範氏は同国闕所の自由処分権を与えられ、次いで同年八月から貞治四年二月まで引続き今川範国（範氏の父）の同国守護在職の徴証が頻出するという事実（佐藤氏前掲書九五—九七頁参照）によって、訂正を要するのではなかろうか。

（7）　導誉の擅恣や奢侈の所行は『太平記』二一の佐渡判官入道流刑事、三三の公家武家栄枯易レ地事、三九の諸大名讒道朝事付道誉大原野花会事などの叙述によって著名であるが、『園太暦』延文二年八月二日条に、菟玖波集を勅撰に准ずる綸旨は「導誉法師令二申沙汰一めたものであってこれは「未曾有事」であると評されている事実からも、導誉の性行の一端が窺われる。

（8）　日本古典文学大系本『太平記』三、三六四頁頭註四にも指摘されているように、同年十月若狭守護は尾張左衛門佐入道即ち石橋和義（法号心勝）に改補されているから（「若狭国守護職次第」「若狭国税所今富名領主代々次第」）、討手の大将を『太平記』に尾張左衛門佐氏頼と記すのは尾張左衛門佐入道心勝（和義）の誤りと思われる。なお石橋和義は早くも同年十一月十四日若狭国耳西郷半分地頭職に関し、同月十七日同国太良庄に関し、それぞれ将軍家御教書で遵行を命ぜられており（「天龍寺文書」二、「東寺百合文書」マ一—二〇）、若狭守護就職が確認される。

（9）　なお同年四月二十五日、関東執事高師有が上総守護千葉氏胤に施行状を下して、細河相模守（清氏）跡の同国二宮庄内庄吉郷を、同月二十三日の基氏の下文に任せて御愛局代に渡付させていることは（「帰源院文書」〈『鎌倉市史』史料編第二、四五七号〉）、清氏の所領がすべて没収されたことを推測させる。

第三章　観応擾乱後における細川一族の分国

第一節　細川繁氏・業氏の分国

一　繁氏とその分国

細川清氏が屢次の軍功を以て名をあらわし、尊氏・義詮の信任を得るに至った文和年間には、顕氏の遺子繁氏・業氏の活動も漸く跡付けられるようになる。そもそも顕氏の弟としては定禅・皇海・直俊が知られ、子息には繁氏・政氏・氏之、および和氏の実子で顕氏の養子といわれる業氏があったが、弟のうち直俊は建武四年（一三三七）三月河内で討死した（第一章第二節二参照）。また定禅は『太平記』と『梅松論』に伝える湊川の戦での活動以後は動静が管見に入らず、皇海は第一章第二節に述べた暦応二年から翌三年にかけての土佐守護としての活動以後は消息が絶える。何れもおそらく死去したものと考えられよう。[1]

顕氏の子息中、政氏は観応二年（一三五一）六月の小除目において従五位下、左近少監に叙任され（『園太暦』同年六月二十六日条）、活動期に入った。彼は翌三年三月義詮が伊予の河野通盛に下した御判御教書（「予章記」）を通盛に取次いで、政氏自身不日京都に攻上るべきことを告げるとともに通盛の上洛を促しており（「改姓築山河野家之譜」所収細川政氏書状写）、当時父顕氏の名代としてその分国讃岐に下向しており、間もなく分国の軍勢を率いて上洛したと推測される。[2]しかし政氏は四月二十五日父顕氏を主将とする男山合戦に際して十九歳を一期として討死を遂げたと伝えられ（第一章第三節三）、事実これ以後政氏の動静は文書・記録等にも現れなくなる。

次に氏之は『尊卑分脉』によると顕氏の父頼貞の末子で兄顕氏の子となったものというが、この氏之の名は『尊卑分脉』のほかは『続群書類従』本「清和源氏系図」等に掲げられているのみで、文書・記録はもとより、『太平記』の所伝などにも氏之の動静は全く見出されない。のみならず『尊卑分脉』に掲げる氏之の経歴は「従五位下、細川六郎、伊与（予）守、延文四・八・八死」とあって、官途は次に述べる繁氏の官途と同一であり、卒去年月日も繁氏の所伝に酷似している。したがって氏之とは或いは繁氏の別名に過ぎず、系図に別人として誤記されたものではあるまいかと考えられる。何れにせよ顕氏の子弟はその生前に大半死去し、顕氏の死後には僅かに実子繁氏・養子業氏らを残すだけとなっていたのである。

繁氏は観応二年六月の小除目で従五位下式部少丞に叙任された（上述『園太暦』同年六月二十六日条）。繁氏の年齢は不明であり、同時に叙位任官した政氏と何れが兄であるかも分明でないが、政氏が翌年十九歳で討死したという所伝に照して、繁氏もこの頃漸く成人の域に達したものと推測される。再従兄弟清氏が既に康永二年（一三四三）には左近将監の官途を帯しており、右の小除目で伊予守を拝しているので、これより推すと繁氏は清氏よりもかなり年少と思われる。

繁氏の活動は、観応三年閏二月の洛中での南軍との合戦の際を初見とする。同年六月三日に田代顕綱は軍忠状を提出して去る閏二月二十日の京都の合戦以降、近江四十九院宿よりの再入洛時までの軍功を上申し、この軍忠状に顕綱の所属した軍事指揮者が証判を施している（「田代文書」五）。顕綱は和泉国大島庄上条村地頭を称しており（「田代文書」四　田代顕綱申状）、また第一章第三節三にも触れたように同年三月八日細川顕氏の推挙に基づき、去月二十日の合戦ならびに江州供奉の軍功を賞する旨の御感御教書を与えられ、同時に本知行地を安堵されている（「田代文書」五）。顕綱の軍功を挙進した顕氏は当時和泉守護に還補されていたのではあるまいかと推測されるが、軍忠状と御感御教書との内容の一致から見て、軍忠状に証判を施した軍勢大将も顕氏と密接な関係があるものの如くである。この証判には後人の記した「さかミとの」という附箋が付いており、『大日本史料』第六編之一六にもこの証判に「(細川清氏カ)」と註記している。しかし多数の文書に施されている清氏の花押は、何れもその勇猛な性格のままに勢いのある筆致の堂々とした花押であるが、この証判の花押はそれらとは異なり、明らかに文和四年七月一日細川繁氏遵行状（京都大学所蔵「祇園社文書」）、延文元年九月十八日細川繁氏禁制（東京国立博物館所蔵「香宗我部家伝証文」二）の花押と完全に一致する。それゆえこの証判を施したのは繁氏であり、繁氏が上述観応三年閏二月・三月の一連の合戦に義詮の直属部将として父顕氏の分国和泉の軍勢を率いて加わっていたことが確認される。

当時の繁氏には、まだ守護に補任された形跡がないが、間もなく顕氏が卒去すると、繁氏の動静は分国に関する事績を主とするようになるので、以下便宜上、国別に考察することとする。

(イ) 摂　津

繁氏は、顕氏卒去後半年有余の文和二年（一三五三）二月二十七日、幕府から摂津国長町庄内吉丸西倉売買村々に対する竹内孫三郎某以下の濫妨停止の遵行を命ぜられており（京都大学所蔵「地蔵院文書」上）、この事実は当然繁氏の摂津守護在職を示している。

但し、繁氏の摂津守護としての事績は右の一例以外には見当らず、前後の徴証はすべて赤松氏の在職を示している。即ち、佐藤進一氏の検出されたところによれば観応二年四月赤松範資の死後、その子光範が摂津守護職を継いだと覚しく、観応三年八月から文和元年十二月までの間と、文和三年九月から延文五年（一三六〇）三月までの間の光範在職が確認され、且つ繁氏の在職徴証の前月に当る文和二年正月二十八日には、赤松則祐が摂津国山本庄内賀茂村成安名に関する遵行を幕府から命ぜられている。また「武家天下治世事」（「成簣堂古文書」）の文和四年条に「摂津赤松信乃次郎左衛(光範)門尉、赤松律師(則祐)」とあって、文和四年の摂津守護は光範と則祐の二人制と見られる。そこで佐藤氏は、摂津守護が則祐と繁氏に分割され、繁氏の跡を承けて光範が半国守護として再任されたと推測され、但し則祐管轄下の山本庄は河辺郡内にあるが、繁氏管轄下の長町庄の所在が明らかでないとして、断定を避けておられる。(3)しかし長町庄については文和元年十二月二十四日「摂津国長町庄内野間」に対する塩川源次郎入道以下の濫妨停止を命じた義詮御判御教書の写(「古簡雑纂」)により、庄内に野間という地名の存在したことが知られる。野間という字名の一つは河辺郡内(現伊丹市内)にも存在するが、もし長町庄をここに擬定すると、則祐の在職があまりにも短期間となる。他方、摂津国木代庄(能勢郡内)の建長二年(一二五〇)六月十七日の畠目録取帳写(『石清水文書』之六、四四〇号)に「恒弘番四段小内野間中小(下略)」とあり、現在も豊能郡(旧能勢郡)東能勢村に野間口、同郡東郷村に野間中、野間出野・野間稲地などの字名があり、両村の村界付近の峠は野間峠と呼ばれているから、木代庄のみでなく長町庄の所在も能勢郡内に比定してよいであろう。

なお佐藤氏は赤松光範の第一回在職徴証を文和元年十二月まで例示されたが、摂津国小松庄内田地一町を鳴尾寺に安堵した文和二年二月十六日付左衛門尉書下があり(『大徳寺文書』之三、三二四号)、「守護代間島安芸入道導(遵)行」の押紙が付してある。左衛門尉は光範の官途であり、間島安芸入道は文和四年正月十日安芸守遵行状案(「東寺百合文書」京)等に見える守護代間島安芸守範清の近親(父か)に相違なく、これも光範の在職徴証に加えうる。

そこで先ず赤松光範の第一回在職時の遵行地域を『荘園志料』『大日本地名辞書』等を参照して検討すると、観応三年八月二十七日、および同年(文和元年)十二月十四日の遵行命令の対象である仏名院領野鞍庄は有馬郡内、同年九月六日の遵行命令の対象である高野山領崑陽寺庄は河辺郡内にあり、他方同年八月二十四日の遵行命令の対象である実相院領新御位田は所在未詳であるがその地に対する濫妨人三宅出羽左衛門尉と芥川信貞の本拠地と思われる三宅・芥川は何れも島上郡内にあり、以上から光範の管轄範囲はおそらく摂津全域に及んでいたであろうと考えられる。また則祐の在職徴証の初見の翌月、細川繁氏の在職徴証の直前に見られる光範の遵行地域小松庄は武庫郡内にある。それゆえ文和

第1表　摂津守護変遷一覧（自観応三年八月至延文五年三月）

	年月	摂津守護	検出郡名	推定範囲
①	観応三年八月—文和元年十二月	赤松光範	島上カ・河辺・有馬	全域カ
②	文和二年二月十六日↓同月二十七日	赤松光範	武庫	東半国
		細川繁氏	能勢ナルベシ	
	文和二年正月—	赤松則祐	河辺	西半国
③	文和三年九月—文和四年—（延文元年九月）	赤松光範	島下・豊島・能勢	東半国
	文和四年—	赤松則祐	—	西半国
④	延文二年三月—延文五年三月	赤松光範	豊島・河辺・八部・有馬	全域

元年十二月—二年正月の間に先ず河辺郡を含む西半国が則祐に分割されて、光範は東半国守護となり、続いて翌二月十六日—同月二十七日の間に武庫郡・能勢郡を含む東半国守護が光範から繁氏に改替されたと推定しうる。

次に文和三年九月以降の赤松光範再任時の遵行対象も、延文元年（一三五六）九月までは東寺領垂水庄（豊島郡内）・勝尾寺領高山庄（清渓村字高山に比定しうる。島下郡内）・石清水八幡宮領木代庄小松名（能勢郡内）・春日社領垂水牧榎坂郷（豊島郡内）のように、すべて豊島郡・能勢郡以東の地を対象としている。ところが延文二年三月以後は右の垂水庄および東大寺八幡宮領椋橋庄のように豊島郡内を対象とする事例と並んで、兵庫島関務（八部郡内）・上述野鞍庄（有馬郡内）・摂津大覚寺領冨島庄（河辺郡内）のように河辺郡以西の諸郡に関する事例が見られるに至り、光範の遵行範囲は再び摂津全域に拡大したことが看取される。

以上を要約して表示すると第1表のようになる。

要するに①文和元年十二月までは赤松光範がおそらく摂津全域を分国とする単一の守護であり、②その後翌文和二年正月までに摂津守護は二分されて則祐が西半国守護となり、光範は東半国のみを管理。③次いで、同年二月十六日より二十七日までの間に光範は罷免されて細川繁氏が東半国守護になる。④その後文和三年九月までの間に繁氏は罷免されて赤松光範がその後任の東半国守護として還補され、⑤文和四年以降延文二年三月までの間に西半国守護の則祐も罷免されて、再び摂津全域が光範の分国となったと推定される。但し則祐は、観応擾乱中一時南軍に属したが、観応三年三月義詮に応じて上洛し（「後藤文書」）、同年四月二十一日則祐宛尊氏御判御教書（「東寺文書」五常）を初見として播磨守護として継続的に多くの徴証を残す。即ち彼の摂津西半国守護在職は播磨守護の兼任である。要するに繁氏が摂津東半国守護に補せられたのは文和二年二月十六日―二十七日の間にあるが、その在職は、せいぜい文和三年九月までという短期間であったことが明らかとなる。

なおこの後延文元年十月酒匂資光申状写（「薩藩旧記」前集一九）に、「資光先度（本マヽ）御下文拝領以後之忠節者、自去文和三年属細（細川繁氏）与州（于時式部大夫）手、参播州、随而去年二月六日、摂州桜井山合戦之時、為先陣捨身命致軍忠之条、一見状分明也」と、繁氏の麾下としての播磨出陣と摂津における合戦を述べている。これは文和三年十月義詮の播磨発向から翌四年二月摂津における直冬党ならびに南軍との対戦を経て三月の京都奪還に至る一連の軍事行動に、繁氏が義詮の一部将として参加していることを窺わせるものであり、(4)『太平記』三三神南合戦事の件りにも「南ノ尾崎ヲバ、細川右馬頭頼之、同式部大輔（繁氏）、西国中国（四カ）ノ勢相共ニ、二千余騎堅メタリ」云々と、繁氏の布陣・戦闘参加を伝えている。

但しこの当時の摂津守護は既述のように赤松光範・同則祐の二人であるから、繁氏の右の播磨から摂津にかけての一連の軍事行動は既に摂津守護としての活動ではないと見られる。

(ロ) 土　佐

顕氏卒去の翌々月に当る観応三年九月二日、繁氏（散位として署判）は義詮の下したと思われる御教書を承けて、熊野新宮造営料所土佐国大里（大忍）庄領家職に対する山田次郎左衛門尉なるものの濫妨を停止し、所務を全うせしむべき旨の遵行状を下している（『熊野速玉大社古文書古記録』古文書篇一〇号）。文中の御教書は現存せず、またこの文書に宛所を欠いているが、花押は既に述べた文和四年七月一日繁氏遵行状、延文元年九月十八日繁氏禁制および観応三年六月三日田代顕綱軍忠状の繁氏証判と一致する。したがってこの文書の差出人を「細川清氏」とする『大日本史料』第六編之一七同日条の擬定が誤りであることはいうまでもない。この遵行状は繁氏の土佐守護の在職の初見史料である。

これより先観応元年十一月直義党の顕氏の部将内嶋弥六等は土佐に侵入し、翌二年正月守護高定信の代官を高岡庄内の松風城から駆逐したことは前述の如くであり（第一章第三節）、戦況は多年自身または弟皇海が分国として勢力を培っていた顕氏方に有利に展開したものの如くである。次いで顕氏の尊氏党復帰の結果、顕氏は土佐守護に再任された蓋然性が大きい。顕氏卒去後二ヵ月にして繁氏が土佐守護に在職している事実は、この想定を補強するものに外ならず、繁氏は後述の讃岐守護職とともに土佐守護職をも、父顕氏の遺跡として継承したとみられる。

その後、文和四年十月七日にも、右の大里（大忍）庄領家職に対する香曽我部（香宗我部）蔵人太郎の非分乱妨の停止を繁氏に命じた幕府御教書（幕府執事仁木頼章奉書）があり、繁氏の土佐守護継続在職を示している（『熊野速玉大社古文書古記録』古文書篇一五号）。

次に、摂津の項に引いた延文元年十月酒匂資光申状写には、その後段に、「自二去年九月一（文和四年）属二同大将手一（細川与州）令レ発二向土佐州一、朝夕致二合戦一、同十月十二日（文和四年）合戦、親類酒匂九郎資継、若党塩田彦八以下被レ疵了、次今年三月三日合戦及二太刀打一、身（自カ）身数箇所被レ疵、親類酒匂孫七以下被レ疵、至二于今一令二在陣一、励二戦功一者也」云々と、資光の繁氏麾下としての土佐発向・連戦・在陣が記されている。のみならず、繁氏自身、延文元年九月十八日土佐国天行寺に「伊予守源朝臣」と署判した禁制を下して、軍勢甲乙人の乱入狼藉を禁じていて（「香宗我部家伝証文」二）、繁氏の土佐在陣が裏付けられる。以上のように繁氏は単に土佐守護に在職しただけでなく、文和四年（一三五五）九月以来自ら分国土佐に発向して連戦し、少なくも翌延文元年九月ないし十月まではこの分国に在陣していたのである。

(ハ) 讃岐

繁氏には、右の土佐守護在職と並んで、讃岐守護としての明証が見られる。すなわち文和二年（一三五三）十月十九日幕府は祇園社領讃岐国西大野郷ならびに萱原神田に対する新宮三位房なるものの濫妨の停止を繁氏に命じ、さらに同年十二月、翌三年八月、閏十月の三回にわたり、繰返し繁氏に右の濫妨停止の遵行を命じており（『八坂神社記録』「祇園社記」続録一〇所収引付奉書案、将軍家尊氏御内書案、執事仁木頼章施行状案、「八坂神社文書」二 将軍家尊氏御判御教書等)、繁氏は文和四年七月一日秋月兵衛入道に遵行状を下してその実施を命じている(京都大学所蔵「祇園社文書」)。讃岐は顕氏が建武四年から卒去直前の観応三年六月二十一日まで多年守護に在職していた確証があるから(第一章第二節参照)、繁氏は亡父顕氏の分国讃岐を引続き継承したに相違ない。なお繁氏から遵行を命ぜられた秋月兵衛入道は、さきに貞和四年(一三四八)五月顕氏から日吉社領讃岐国柞田庄に関する遵行を命ぜられた秋月太郎兵衛尉(「根岸文書」)と同一人に相違なく、これより先貞和元年十一月の讃岐守護代月成太郎兵衛尉盛国とも或いは同一人ではあるまいかと思われる(同上第二節二参照)。ともあれ繁氏が顕氏の補した讃岐守護代を引続き守護代に任用していたことは確かである。

これより後の繁氏の動静は明証を欠くが『太平記』三三崇徳院御事の件りには次の所伝がある。それは、将軍尊氏薨去後、九州における南党優勢の情勢に対処するため、幕府が「式部大夫繁氏ヲ伊予守ニナシテ、九国ノ大将」として発遣し、繁氏はまず讃岐に下って軍勢を集めたが、延文四年(一三五九)六月二日急病に罹り、自ら「崇徳院ノ御領(白峯寺領の謂か―引用者註―)ヲ落シテ軍勢ノ兵粮料所ニ充行シニ依テ重病ヲ受タリ」と口走り、七日後に「変化ノ兵」に命を奪われたというのである。この『太平記』の叙述は、変化云々の妄誕を記しているばかりでなく、繁氏の伊予守拝任ならびに四国発向を延文三年四月の尊氏薨去以後のこととしており、それは本項(ロ)に述べた延文元年九月の酒匂資光軍忠状、同年十月の繁氏禁制等よりみて、年次を誤っていることはいうまでもない。したがって『太平記』に記す繁氏卒去の所伝がどれほどの真実性を含んでいるかは疑問である。

ところで「延文四年記」六月六日条に「細川兵部大輔他界也、沈二病席一十日、其間有二種々奇瑞一、不レ遑二注記一了(ママ)」とあり、『大日本史料』第六編之二一、同日条にはこの「兵部大輔」に「(式カ)」と傍註して繁氏卒去の綱文を立ててある。だが繁氏は前述のように延文元年には既に式部大輔から伊予守に転じているから「延文四年記」の兵部大輔が仮に式部大輔の誤記としても、これを直ちに繁氏に比定することには些か躊躇せざるを得ない。確実性は乏しいとしても讃岐国の宝蔵院の寺伝は同年九月における繁氏の事績を伝えている(5)。

とはいえ繁氏の動静はこれ以後全く管見に触れなくなるので、繁氏が延文四年頃に卒去したという事実は一応認めうるものと思われる。なお前にも触れたように伊予守氏之を延文四年八月八日死去とする『尊卑分脈』の記載は『太平記』に記す繁氏の卒去年月日と酷似していて、繁氏の伝の竄入、否むしろ氏之という実名そのものが繁氏の別名である蓋然性が想定される。

二　業氏とその分国

業氏は前述のごとく『尊卑分脈』に和氏の実子、顕氏の養子と伝えられている。その事績は文和二年（一三五三）三月十八日義詮の御感御教書案（『大日本史料』第六編之一七所引「田代文書」）に「細川陸奥八郎四郎業氏」とあるのを初見とする。この御教書に業氏の官途を記さず通称を冠しているばかりでなく、文和五年三月二十一日業氏感状二通（「田代文書」五、「日根文書」乾）にもなお「源(花押)」という署判を施してあって官名が記されておらず、延文五年（一三六〇）六月二十三日業氏安堵状（後述）に初めて兵部大輔の官途が記されているので、業氏は実兄清氏はもとより繁氏に比してもかなり年少であった模様である。

さて右の文和二年三月の義詮御感御教書案は和泉国人である田代顕綱を宛所とし、顕綱が「楯㆓籠和泉国井山城㆒致㆓忠節㆒」した旨を業氏の注申に基づいて賞したものである。また文和五年三月の業氏感状二通は、この田代顕綱ならびに同じく和泉国人の日根野時盛に与えたもので「去文和二年泉州井山城中以来」の軍功を賞して「可㆑注㆓申公方㆒」きことを約したものである。それゆえ業氏が文和二年に軍事指揮者として和泉に発向していることは確実である。のみならず業氏のこの発向は次の経過からみて同国守護としての活動であったらしい。即ち和泉守護には、さきに顕氏が建武四年から貞和まで十二年余にわたって在職し、その後高師泰を経て貞和五年八月以来畠山国清が在職したが、顕氏は観応三年三月田代顕綱の軍功を義詮に注申しており、尊氏党復帰の結果和泉守護に復したらしい（第一章第三節一、本節一参照）。したがって顕氏の卒去とともにその分国中讃岐・土佐の両国を繁氏が継承したのと並んで、和泉は業氏が継承したと推測されるのである。

但し文和二年八月十六日には畠山国清が尊氏に属して上洛した日根野時盛の和泉国槌丸城主としての軍功等を幕府に上申して、時盛の訴訟に関し「被レ経ニ別儀御沙汰ニ」れるようにと推挙し、且つ翌日国清は時盛に尾張国柏井庄下条内一所を宛行っている（「日根文書」乾）。そこで佐藤進一氏は、幕府が畿内南軍の攻撃に対処するため若年にして軍事的経験の乏しい業氏から多くの軍功を積んだ有能な軍事指揮者である畠山国清に和泉守護を交代させたのであろうと推測された。次に佐藤氏は、文和四年三月業氏の実兄と伝えられる細川清氏が和泉の御家人田代顕綱と日根野時盛の軍忠状にそれぞれ証判を施している事実（「田代文書」五、「日根文書」乾）に拠って、清氏の在職を推測しておられる。[6] しかしこれらの推測は多少問題を残している。

先ず国清は、第三編第二章第二節に述べるように、観応二年（一三五一）末尊氏の東下に随行して以来関東に在住したものの如く、伊豆・武蔵の守護となり、あたかも文和二年七月には関東執事となり、基氏を擁して武蔵入間川に出陣している。したがって当時の国清が畿内における軍事的理由で和泉守護に補任されたとは想定し難く、且つ当時は和泉守護としての遵行その他の確証を全く残していない。したがって国清は嘗ての和泉守護在任時（第三編上掲章節参照）における日根野時盛の軍功を挙げて推挙したまでに外ならないと思われる。

次に清氏については、右の二通の軍忠状は、前年十二月末から同年三月に至る直冬党との京都争奪戦に際して田代顕綱および日根野時盛が清氏の麾下で活動した事実を立証するのは勿論であるが、それは清氏の和泉における事績ではなく、したがって清氏の和泉守護在職の徴証としては根拠薄弱である。同じく京都争奪戦における清氏の下での軍功によって、御感御教書（「烟田文書」）を与えられた烟田時幹のごときは、常陸の鹿島大宮司家の庶流で、同国鹿島郡徳宿郷烟田村を本拠とし、清氏の分国の出身でないことが明らかである。[7] それゆえ田代氏・日根野氏等も軍勢大将清氏に所属したままで、清氏の分国の軍勢ではない蓋然性が存在する。なお翌文和五年三月二十一日、業氏は右の田代顕綱と日根野時盛に対して「去文和二年泉州井山城中以来至二去年二月八日・同十五日京都合戦一」るまでの軍忠を賞し、これを公方に注申すべき旨を約した感状を与えている（「田代文書」五、「日根文書」乾）。且つ次に述べる延文五年（一三六〇）の事例により業氏が和泉守護に在職していることは確実である。それゆえ業氏を清氏の実弟とする所伝が事実とすれば、この在職の蔭に清氏の助力があったことは充分想像しうる。とはいえ、それは決して業氏の守護職が清氏から受継がれたという証拠にはならない。もしも文和四年の和泉守護が清氏であったとすれば、右の業氏感状は、田代氏・日根野氏が前の守護のもとで行った軍功を現守護の業氏が追認したことになるが、右の感状に見られる「文和二年泉州井山城中」の軍功は業氏の同国守護在職中の事実である（前述文和二年三月義詮御感御教書案参照）から、「去年二月八日・同十五日京都合戦」もやはり業氏の在職期間に含まれる蓋然性の方が大きいと考えられる。

ところで、業氏の在職活動の徴証となる文書は延文五年にいたってにわかに頻出し、[8] 軍勢催促状の下付や軍忠状の証判とともに、所領の預置・宛行、寺領安堵の事例が見出される。これらの事例は、佐藤氏前掲書二〇—二一頁に五例表示されているが、ほかに管見に触れた二例を加えて、次に列挙しておく。

A　軍勢催促

(1)　延文五年四月二十八日和田左近蔵人（助朝カ）に軍勢催促状を下す（「和田文書」三）。

(2)　同年五月七日再び和田左近蔵人に軍勢催促状を下す（同上）。

B　軍忠状の証判

(1)　和泉における軍功を述べた同年六月日の和田助氏軍忠状に証判を施す（『埼玉の中世文書』一六九号平沼伊兵衛氏所蔵文書、『大日本史料』第六編之二三にはこれを「和田文書」○常陸として掲げる）。

(2)　河内・和泉両国における軍功を述べた同年六月日の田代顕綱軍忠状に証判を施す（「田代文書」五）。

C　所領預置・宛行

(1)　同年七月十四日和田左近蔵人に和泉国和田上条領家職半分を預置く（「和田文書」三）。

(2)　同日同人に和泉国散在十生三分の一を宛行う（事実上は安堵、同文書）。

D　寺領安堵

同年六月二十三日久米多寺に和泉国山直郷内包近名ならびに中村東方領家職を安堵（「久米田寺文書」二）。

業氏の在職活動が、このように殆ど延文五年四月から同年七月にいたる間に集中して見られるのは、次のような畿内の政治・軍事情勢の変化に対応して業氏の活動が活発化したためと考えられる。即ち、延文四年十二月将軍義詮は南軍追討のため管領（執事）細川清氏・関東執事畠山国清以下の大軍を率いて、自ら摂津尼崎に出陣し（『園太暦』同年十二月二十日条、『愚管記』同月二十三日条、「東寺長者補任」同日条）、清氏・国清等は続いて河内に進み（『園太暦』同月二十七日条）、翌延文五年五月にかけて河内・紀伊等で南軍としばしば交戦している（「北河原森本文書」等）。業氏もこの南軍追討の一翼として分国和泉に在陣して国人掌握と敵軍圧迫に努めたのであって、これが右のような在職徴証に反映しているものに外ならない。この南軍制圧策はかなりの効果を収め、南党和田助氏・助朝等の来属をみるまでになった（上記B(1)、C(1)(2)参照）。しかし義詮・清氏以下幕軍の主力が同年五月末帰洛し（『愚管記』五月二十八日条）、ついで七月に至り諸将の仁木義長排斥運動が表面化するに及び、南軍は随所に蜂起したと覚しく、『太平記』三五によれば、「和泉ノ守護ニテ置レシ細河兵部太輔（ママ）」即ち業氏は南軍の反撃を恐れ、和泉の守備を抛棄して退却したといわれる。ここに細川氏の和泉支配は完全に頓挫し、和泉はもとより摂津の一部までたちまち南朝の支配下に入り、後村上天皇の行宮は摂津の住吉社に進出するに至った(9)。これに対して幕府執事の清氏は何の対策をも立てられないまま、翌康安元年九月の政変で幕府を逐われるので、遅くもこの政変とともに業氏は守護を罷免された筈であり、それより数年間、和泉守護に関する徴証が全く見られなくなる。なお和泉が再び細川氏の分国となるのは、遙かに下って応永十七年（一四一〇）のことである。

註

（1）流布本『梅松論』は建武三年（一三三六）二月尊氏が細川一族を四国に派したことを述べた記事に、顕氏の弟として定禅・皇海・直俊の外「大夫将監政氏・伊予守繁氏」の名をも挙げているが、本文に述べるように政氏・繁氏の初度の叙任は観応二年（一三五一）六月、繁氏の伊予守拝任は文和四年（一三五五）前後であるから、官名から見る限りこの流布本『梅松論』の記載は信じ難い。観応三年に討死した政氏の享年十九歳という『尊卑分脈』の所伝から逆算すると、建武三年には政氏は僅か七歳に過ぎないことになる。しかも『梅松論』の中でも室町時代の奥書を有する古写本の京大本および天理本には右の四国分遣の記事に顕氏の兄弟として定禅・皇海・直俊を記すのみで、政氏と繁氏の二人は記載していない。それゆえ流布本に政氏・繁氏を記すのはおそらく後人の作為と考えられる（前掲拙稿「『梅松論』諸本の研究」参照）。

（2）義詮は同年三月十日にこの御判御教書を下しており、その文中に「所詮昨日九日立二江州四十九院宿一、已所レ発二向京都一也」とあり、一方政氏の書状は三月十六日付であって、文中に「今月十日鎌倉殿（義詮）御教書、只今十六日子時、到来候之間、則ニ（令カ）被レ進候」とある。したがって政氏は義詮の滞在する近江から六日で御教書の到達する地点に在り、しかもこの御教書を伊予の河野通盛に中継すべき位置に在ったことがわかる。しかも政氏は右の文中でさらに「既御二発向京都一事被二仰下一候之間、不日可二攻上一候」と述べているので、その地域の軍勢を率いて上洛を企てつつあることが知られる。これらの条件を満たしうる政氏の滞在地としては、父顕氏の分国讃岐を想定せざるをえないであろう。

（3）佐藤氏前掲書三三―三七頁。なお佐藤氏は赤松則祐の分割守護職解任を延文五年三月から同年十月の間における赤松光範から佐々木導誉への守護職交代と同時期であろうとして、「摂津は佐々木氏によって一人制守護の常態に戻った」とされる。しかし本文に述べたように延文二年三月以後光範の遵行対象地が河辺・八部・有馬の各郡内にも及んでいる事実は、則祐の西半国守護在職を全く否定する証左となり、したがって延文元年九月から同二年三月までの間に則祐は守護職を失って赤松光範による一人制守護が復活したと見做さなければなるまい。

（4）この申状には繁氏の播磨出陣を文和三年と記すのみであるが、同年十月に義詮が直冬党追討のため佐々木導誉・赤松則祐以下を従えて播磨に発向し（「建武三年以来記」、「佐々木文書」二、『朽木家古文書』上、四三二号、「安積文書」）、繁氏の出陣もこの時と思われる。まもなく、四年正月直冬党の京都突入を見るに及んで、義詮勢は一旦近江に退いた尊氏勢に呼応し、京都奪還のため播磨から摂津に転進し、あたかもこの申状に「摂州桜井山合戦」と記す二月六日には、芥川・神南等で山名時氏・楠木正儀等と戦い、これを破って山城山崎に進出しており（「安積文書」「草野文書」『山内首藤家文書』五〇号・五一号「建武三年以来記」「神護寺交衆任日次第」等）、繁氏勢もその一翼をなしていたことが分かる。

（5）讃岐国寒川郡長尾（現在大川郡長尾町）の宝蔵院に伝える「紫雲山極楽寺宝蔵院古暦記」（『香川叢書』第一所収）に「正平十四年秋九月、細川伊予守、寄二黄金于極楽寺一」とあるのがそれである。事実とすれば繁氏が同年（延文四年）六月以後もなお存命していたこととなるが、史料の性質上もとより確実性に乏しい。

（6）佐藤氏前掲書二〇—二四頁。

（7）鹿島烟田時幹は、これよりさき観応三年五月、その所領常陸国鹿島郡徳宿郷内烟田・鳥栖・富田・大和田村等を安堵され（「諸家文書」六）、翌文和二年九月、基氏の武蔵発向に際し平一揆の一員として前月八日国府（武蔵府中か）に馳せ参じ、入間川の陣まで供奉した旨の着到状を提出しており（「烟田文書」）、常陸に所領を有し、主に関東で活動していたことが明らかである。同年七月末尊氏は鎌倉を発して上洛の途につき（「鶴岡社務記録」）、この上洛には鹿島幹儀・真壁高幹・同広幹等の常陸国人も供奉したので（「古証文」三、「真壁長岡文書」「真壁文書」）、時幹も続いて上洛し、やがて清氏に属して畿内の戦列に加わったのであろう。なお本文に述べた京都の合戦ののち、時幹は一旦帰国し、延文四年十月には所領鳥栖村内の田二丁在家一宇を同村無量寿寺に寄進しているが（「諸家所蔵文書」六）、同月関東執事畠山国清に属して再び上洛し、翌年三月まで国清の麾下として河内で南軍と戦い、その軍忠を上申するとともに、「依レ被レ差二定鹿島大神宮来四月頭役一」り下国したい旨の目安状を捧げて証判を受けている（「楓軒文書纂」四四所収「烟田文書」）。それゆえ時幹の畠山国清との関係も軍事的統率下にあるというに過ぎなかったことが窺われる。

（8）『大日本史料』第六編之二三にはこれらの文書の花押を悉く清氏と誤認し、同年四月二十八日、六月二十三日、七月十四日の各条に、清氏の事績として綱文を立てている。けれども花押は清氏の署判（例えば「前田家所蔵文書」武家手鑑同年八月二十二日施行状、「森川文書」同年八月二十八日奉書）と明らかに異なり、後年の業氏の花押（「円満寺文書」応安二年三月寄進状ほか数通現存）と共通の特徴を有している。しかも当時の清氏の官名は前節に述べたように相模守で、現に右の施行状・奉書にも相模守の署名があるが、C2の宛行状およびDの安堵状には兵部大輔と署判してあり、この点からも後者が業氏であることは全く疑を容れない。但しこの二人の花押がかなり類似していることは事実であり、これは業氏を清氏の実弟とする『尊卑分脈』の傍証ともなしうるものであろう。

（9）　後村上天皇の住吉社遷幸は「新葉和歌集」二〇入道前関白左大臣の歌の詞書「正平十五年九月、かさねて住吉社に行幸ありて」、同九後村上院御製の詞書「正平十五年十月、住吉社に行幸ありて」、宗良親王の「李花集」雑歌の詞書「正平十五年（中略）、ほとなふもとのことくに打したかへられて、あまさへ御入洛あるへきにて、住吉へうつろはせ行ほと」等により知られ、また南軍の摂津進出は同十六年四月楠木正儀が同国大覚寺に下した禁制（「大覚寺文書」）、和泉制圧は同年六月久米多寺末寺領の濫妨を止めた後村上天皇の綸旨（「久米田寺文書」二）、および同月南朝が久米多寺隆池院池堤の修固を楠木正儀に命じ、正儀がこれを遵行していること（「高野山文書」二八宝性院、「久米田寺文書」二）等により窺われる。

第二節　細川頼之・氏春・清氏等の分国

一　頼之・頼有兄弟と頼之の分国

頼春の遺子頼之・頼有兄弟、および師氏の遺子氏春も、繁氏・業氏兄弟と相前後して活動を開始している。

頼之の卒去が明徳三年（一三九二）であることは諸書の記載が一致し、且つ『尊卑分脈』、「諸家系図纂」、「京兆家歴代影像記」（「細川系譜校異」所収）、「龍安寺安置上屋形歴代総牌」（同上所収）等に何れも享年を六十四歳とするから、逆算して元徳元年（一三二九）の出生であったことはほぼ間違いない。ただ「常楽記」のみは享年を六十九歳とし、これに拠れば正中元年（一三二四）出生となるが、この享年はおそらく誤記であろう。[1]頼之が康暦元年（一三七九）管領を罷免されたとき賦したという有名な七言絶句の中の「人生五十愧無功」（「細川管領家御系」『続群書類従』所収松平重治本「細川系図」「南方紀伝」「笠山会要誌」など）は、元徳元年出生ならば時に五十一歳で適切であるのに対し、正中元年出生とすると五十六歳のこととなり、「人生五十」というのが慣用語に過ぎないとしてもやや不自然の感を免れない。したがって、やはり元徳元年出生説を採用するのが妥当と思われる。

観応擾乱の勃発とともに、頼之の事績は初めて定かになる。(2) 擾乱時における頼之の活動を示すものは第一章第三節二にも触れた飯尾吉連代光吉心蔵軍忠状写である。

去年(々脱カ)元(観応)十二月廿七日、属二当御手一籠二八万城一、去年正月四日、追二落□郎二郎向城一、焼二払要害一訖、同七月廿八日、東条合戦之時、追二返小笠原宮内大輔(頼清)一訖、同廿九日、於二新堂原一致□、同八月十五日、坂西上庄内神焼致二昼夜警固一訖、同十月三日、押二寄河村小四郎城山手一、迄二同十三日一抽二軍忠一、□日於二勝浦庄内中津峯一致二合戦一訖、同十二月□向二惣寺院一焼二払兇徒在所□(畢カ)、加レ之今□(年カ)三月□日御上洛之間、心蔵同子息右衛門□郎□日、於二□(洞)踏下御陣一致二昼夜警固、同(四月)廿五日経塔御合戦之時、為二責口人数一昼夜戦功、大将御検□(知カ)之□(上者カ)、不レ可レ及二御不審一者哉、然早為二後証一可レ給二御判一候、以二此旨一可レ有二御披露一候、恐惶謹言、

観応三年五月廿日　沙弥心蔵（花押）本書此判紙背ニ在リ、

進上　御奉行所

承了（細川頼之）（花押）

〔蠹糧雑識〕

飯尾吉連は阿波国麻殖庄西方惣領地頭であり、建武三年（一三三六）二月には尊氏の西走に従軍して高師泰に着到状を提出したが、康永三年（一三四四）には幕府の引付方奉行人に在職している（第五章第三節三A(f)参照）。それゆえ、擾乱の勃発をみると、本領麻殖庄に在住していた地頭代光吉心蔵が、在京の吉連に代って阿波の戦陣に参加したものと推測される。

そこで光吉心蔵は右のように観応元年（一三五〇）十二月末「当御手」の「大将」すなわち頼之の麾下に属し、翌二年

十二月にいたるまで八万城（名東郡）・東条（同）・坂西上庄（板野郡）・勝浦庄（勝浦郡）等で阿波の南党小笠原頼清らと交戦し、さらに観応三年三月大将頼之とともに上洛して翌月後村上天皇の行在の置かれていた男山の攻略戦（第一章第三節三参照）に加わり、洞峠の陣、経塚の合戦等に活動したのである。頼之にとって、この合戦は南軍の京都進攻を迎え撃って討死した父頼春の弔合戦であった。

以上によって、観応擾乱を機として細川頼春の分国阿波で南党が蜂起したのに対し、頼之は専ら父頼春に代って、光吉心蔵ら在国の守護勢を率いて鎮圧に当り、連戦一年余りの後、頼春の洛中における討死（同上参照）の翌月に当る観応三年三月、阿波の軍勢を率いて畿内の戦線に加わり、翌四月細川顕氏を主将とする男山合戦に臨んだことが判明する。

その後まもなく同年六月二十七日に義詮が頼之の弟頼有に下した御教書に「阿波国凶徒退治事、談二細川右馬助（頼之）一、可レ抽二忠節一之状如レ件」とあり（『細川家文書』中世篇一〇六号）、この年二十四歳の頼之は既に右馬助の官途を帯していることが確かめられるとともに、再び阿波に下国して南党追討等に従事したことが窺われる。なお前に述べた尊氏・直義両党の京都争奪戦を記した「観応二年日次記」同年正月十四日条に尊氏党諸将とともに「細川刑部大輔（頼春）、同舎弟右馬助」が自邸を焼いて京都を一旦没落したことが記されているが、これには「舎弟」とあるし、上掲の光吉心蔵軍忠状によって、頼之は観応二年正月当時阿波に在陣していることが明らかであるから、右の「観応二年日次記」の「右馬助」は、頼之ではありえない。これは前述のように、おそらく仁木義長を頼春の弟と誤認したものであろう。

さて、頼之に協力して阿波南軍を討伐すべき旨の幕命を受けた細川頼有は、頼之の同腹の弟と伝えられる（「常楽記」）。頼有の活動は、この受命より三ヵ月前、即ち頼春戦死の翌月から明瞭になる。[3] 同年三月二十四日義詮が「八幡凶徒退治事、早相二催四国并便宜之勢一、経二神崎一忩可二発向一之状如レ件」という軍勢催促の御教書を頼有に下したのがそれであり（『細川家文書』中世篇一〇四号）、さらに同年五月六日には「八幡城降参輩交名注文一見了、籌策之条、尤以神妙」なる旨の御感御教書を同じく頼有に与えている（同上一〇九号）。且つ同年四月二十日頼有麾下の雅楽左近将監（忠清）・羽床和泉・同十郎太郎・牟礼五郎次郎・大庭次郎太郎・有田隼人佐(佑)は、それぞれ頼有の注進に基づき、度々の軍忠を賞する旨の義詮御教書を賜り、六月二十日には箕田八郎某が同じく頼有の注進によって「男山凶徒退治」の際の軍功を賞する義詮御感御教書を与えられている(同上)。これらの武士のうち雅楽氏は讃岐国鵜足郡宇多津付近、牟礼氏は同国三木郡牟礼郷(『和名類聚抄』に武例郷があり無礼と訓ず。『石清水文書』之一、一二三号保元三年十二月三日官宣旨に讃岐国牟礼庄が見える)、羽床氏は同国阿野郡羽床郷(『和名類聚抄』に見え、波以可と訓ず)をそれぞれ名字の地とする武士であろう。さらに前掲のように頼有は同年六月二十七日頼之に協力して阿波の南軍を退治すべきことを義詮から命ぜられたのである。[4]

以上によって頼有は既に観応三年讃岐を始めとする四国の軍勢を率いて上洛し、男山合戦に顕著な軍功を顕わし、次いで兄頼之を助けて阿波の南軍追討に活動することになったことが知られる。頼有は正慶元年(一三三二)五月二日誕生、明徳二年九月九日六十歳で卒去と伝えられ(永青文庫所蔵「御祧譜」「御祧廟譜」)、逆算すると観応三年には二十一歳である。事実、上述の数通の義詮御判御教書はもとより、文和三年(一三五四)八月二十五日の義詮軍勢催促御教書(『細川家文書』中世篇一〇五号)にもなお頼有は「細川讃岐十郎」と記されていて、まだ官途を帯せず、少なくとも若年であったことは間違いない。かかる若年の頼有が父頼春の討死直後から活発な軍事活動を行うことが可能であったのは、頼春の多年統轄した阿波の国人層が頼有の麾下に属したためであろうが、同時にこれは頼有の資質が決して凡庸でなかったことが一因であり、且つ同腹の兄である頼之との間に緊密な協力関係が存在していたことを要因とするであろう。四国の中でも讃岐は建武以来多年顕氏が守護に在職し、さらにその嫡子繁氏がこの分国を継いで翌文和二年より守護在職の明証が現れるにも拘らず、その分国内の雅楽・牟礼・羽床等の諸氏が頼有の指揮下に属し、頼有が彼等の軍忠を幕府に挙進していることは注目に価する。註(4)にも掲げた如く、既に正平六年十二月義詮が頼春の注進によって讃岐の香西彦九郎に四国における忠節を賞しているから、父頼春の讃岐国人統率が頼有のこの国における活動の布石になっていたと推測しうる。ただし頼有には、文和四年までは、まだ守護在職の証拠が見出されないのに対して、頼之には次のような多数の在職活動が見られる。

(イ) 阿　波

阿波凶徒退治を頼有に命じた前掲観応三年六月二十七日義詮御教書の文言から判断すると、当時の阿波守護は頼之であると思われる。この国は頼春が少なくとも暦応年間以来引続き守護に在職して卒去時に及んだと認められるので（第一章第二節三参照）、頼之は父頼春の跡職を継承して阿波守護に補任されたものに相違ない。この推測は同年（文和元年）十月以降に見られる以下の在職活動によって確かめられる。

(1) 文和元年十月十三日幕府は頼之に施行状を下し、「去年十二月三日御下文」（義詮の下文か）の旨に任せて安宅頼藤に阿波国牛牧庄地頭職を渡付させた（「安宅文書」）。前年九月五日には、頼春が頼藤にこの牛牧庄地頭職を預置いており（同文書）、前年十二月三日の地頭職宛行も頼春の挙進に基づいて行われたものと推定される。

(2) 同年十二月二十二日幕府は安宅王杉丸（のち近俊）に対し、阿波国萱島地頭職（一色六郎次郎成光跡）を勲功の賞として同国桑野保の替として宛行う旨の下文（案文のみ伝わるが義詮の下文であろう）を与え、翌二十三日頼之に施行状を下して、右の地頭職を王杉丸に渡付させた（「安宅文書」）。なおこの(1)・(2)に見える安宅氏は周知のように紀州を本貫とする著名な熊野水軍の一党である。

(3) 文和三年正月十三日阿波国富吉庄を臨川寺に、同庄内東村等を同寺三会院に寄せた室町准后尊融寄進状（「臨川寺重書案文」乾・坤）の旨に従い、同年五月十八日頼之は同庄を渡進すべき旨を臨川寺に報じ（同書坤所収細川頼之書状案。宛所を脱しているが文面から推定）、文和五年（一三五六）二月七日に至り、頼之はこの富吉庄の領家職を臨川寺三会院に渡付すべきことを新開遠江守（真行カ）に命じた（同書坤所収細川頼之書下案）。新開遠江守は頼之の阿波守護代に相違ない。

(4) さらに『園太暦』延文元年四月三十日条に「抑今日彼是曰、細川右馬助（頭カ）（阿波守護）、此間在京」とあり、五月一日および同二日条にも頼之を指して「阿波守護」と記していることから、引続き頼之の阿波守護在職が裏付けられる。

(ロ) 伊　予

右の阿波の事例(3)に触れた文和三年五月十八日付頼之書状の冒頭には「三月廿日御札、四月八日到来」とあり、在京と思われる尊融の許からの書状が頼之の許に到達するのに十八日間を要しているところから見れば頼之は当時四国に滞在していたと推測されるが、さらに頼之が同年十月十六日伊予国分寺に与えた次の書下によって、十月には伊予在陣が跡付けられる。

伊予国国分寺雑掌申、於当寺領、軍勢甲乙人等、可令停止濫妨狼藉、然者早可被致御祈禱忠勤之状如件、

文和三年十月十六日　右馬助（花押）（細川頼之）

〔「伊予国分寺文書」坤〕

しかもこの書下は頼之の軍事活動が伊予国分寺の存在する同国越智郡に及んでいることを確認させる。なお「為中国凶徒退治、来廿七日所発向也、早馳参可抽忠節之状如件」という同年八月二十五日付義詮軍勢催促御教書が頼有宛に下っており（『細川家文書』中世篇一〇五号）、さきに頼之とともに四国に在陣していた頼有は、四国軍勢の一部を率い、義詮に直属して直冬党追討に参加することとなったのである。

当時直冬党はほぼ中国一帯に勢を張り、直冬の家人石堂（石塔）本左衛門蔵人・新開左衛門尉等は、南党の一部とともに伊予に進出して喜多郡に城郭を構えるという状況であったので（「古簡雑纂」一二　文和三年二月二日付河野通朝宛足利義詮御判御教書写）、尊氏は義詮を主将とする中国征討の軍を起すとともに（「薩藩旧記」前集一八　同年七月二十八日付一色範氏宛足利義詮御判御教書案写）、阿波守護として在国中の頼之に伊予進出を命じたものと判断される。頼之の伊予進出が守護としての権限に基づくか否かは頼之の上記書下のみでは確言できないが、翌々延文元年から同二年にかけて次に述べるような頼之の守護在職の確証が存在するから、文和三年十月には既に同国守護であった蓋然性が濃い。

伊予守護は嚮に康永年間には細川頼春が在職していたが、観応二年（一三五一）二月河野通盛が義詮から補任され（第

一章第二節三参照）、爾後通盛在職の所見は右の文和三年二月二日付足利義詮御判御教書に及んでいる。それゆえ頼之は直冬党の伊予侵攻の排除をめざした幕府によって亡父頼春の旧職である伊予守護に補任されて同国に進出したと覚しく、然りとすればその補任は文和三年二月から十月の間となる。

頼之の確実な在職徴証の初見は、第二章第一節二に触れたごとく、幕府が延文元年九月四日引付頭人細川清氏の奉書を頼之に下して小早河小泉氏平の東寺領伊予国弓削島領家職濫妨を停止せしめたことであり、さらに翌延文二年八月二十一日義詮は御判御教書を頼之に下して再び氏平の濫妨を退けさせ東寺雑掌に下地を渡付させている（「東寺百合文書」ほ五三―六四、同せ足利将軍家下文一―一三）。また延文元年九月十四日、頼之は伊予国分寺に対し、中国発向について同国桜井郷内木本久枝名六段半を祈禱料所として寄進するとともに、家門繁昌のために祈禱すべきことを要請している（「伊予国分寺文書」乾）。この寄進は目代十河遠久の奉書をもって行われており、(5) これは頼之が伊予の国務を兼帯したことを推定せしめる。目代十河氏の名字の地は讃岐国山田郡十河郷（『和名類聚抄』蘇甲郷、曾加波と訓ず）であるが、鎌倉後期永仁元年（一二九三）八月の阿波国高越庄八幡宮御供頭役の置文にも「源朝臣小笠原五郎常春御代官十河甚内元清」の署判があり（「阿波国社寺文書」）、阿波守護小笠原氏の被官としての十河氏が見出される。したがって十河遠久は讃岐または阿波の国人で、頼之の被官となり、分国伊予の在国支配に起用されたものと思われる。

以上のように頼之は頼春の戦歿後阿波守護を継ぎ、弟頼有とともに在国して南軍追討に当り、文和三年にはおそらく伊予守護を兼ねて同国に進出したのである。しかし同年末直冬党・南党の京都侵入に際し、頼之は急遽上洛の途に就き、播磨より摂津に進撃した義詮勢に加わったらしく、『太平記』三二には文和四年（一三五五）二月の摂津神南の合戦に頼之が細川繁氏とともに四国・中国勢二千余騎を以て義詮軍の一翼として激戦した旨を伝えている。

頼之はこれ以後暫く在京し、「賢俊僧正日記」同年六月四日条に「細川相州（清氏）、同右馬助（頼之）、同刑部（式カ）大輔（繁氏カ）等来臨、入二風呂一、終日之会也」とあるように、尊氏の尊信を得て醍醐寺座主・東大寺長者を歴任し政界に隠然たる勢力を有した前大僧正賢俊の許を、清氏等とともに訪れている。細川一族は軍事行動や分国支配等における緊密な同族結合を既に失っていたとはいうものの、なお従兄弟・再従兄弟に当る三家の当主が時としてこのような共同行動を採り、同族意識を保っていたことは看過しえない。さらに同書同年八月十日条裏書に「今日細川右馬助今日(ママ)右馬頭拝任、一級事宣下了、六月廿四日々付也」とあるように、頼之の官途は右馬頭に進み位階も昇進した（従五位上か）。この昇進の蔭には賢俊の口添えもあったことであろう。翌延文元年（一三五六）四月にも前掲『園太暦』の記事の如く彼は在京していた。しかし彼は尊氏から直冬党討伐のため中国地方に発向を命ぜられ、備前・備中・備後・安芸等にかけて活動することとなる。且つこの中国発向に伴って頼之の分国にも著しい変動が現れるので、これ以後の彼の活動は第四章に述べることにする。

二　氏春とその分国

淡路守護であった師氏が貞和四年（一三四八）三月卒去すると（前掲柏木宗太郎蔵本「細川系図」）、その分国淡路は若年の子息氏春が継承した。氏春の在職徴証は次の如く、その翌年から現れる。

(1)　貞和五年閏六月二十七日付足利直義裁許状、禅林寺新熊野社領淡路国由良庄地頭職に関する同社雑掌と船越弥次郎秀定との相論を裁決（「若王子神社文書」一）。文中に「如下細河法師丸所ニ執進一代官酉元去五月二日注進状上者、由良庄地頭職事、秀定如ニ返答一者（中略）不レ給ニ替之地一、称ニ御寄進一新熊野方知行之条、且不審且歎存之間、不レ可ニ退散一之由申之云々（定請之詞略レ之、）」とあり、細川法師丸が代官酉元をして論人秀定の陳弁を聴取させてこれを幕府に報告しており、細川法師丸には所務に関する注進という職掌が知られる。且つ酉元は、これよりさき貞和四年七月八日右の由良庄の地頭職・公文惣追捕使両職・筑佐安久土居等を社家雑掌に沙汰し付けた旨の打渡状を記している事実からも（同上）、淡路守護代と推測される。したがって守護代酉元に対する正守護は当然細川法師丸であって、それは家督を嗣ぎながらも、まだ幼名を名乗っていた氏春に相違ない。かくて氏春の淡路守護継承が確認される。

(2) ①文和二年（一三五三）二月二十二日付沙弥某施行状案、細川彦四郎（氏春）宛、去年十二月二十七日御下文に任せて淡路国都志郷公文職を仙波実隆に渡付（『九条家文書』六、一七六二号(2)）、②同年十月八日付守護代某姓遠秀請文案、御奉行所宛、御下文幷びに重施行に任せて①の渡付完了（同一七六二号(3)）。

(3) 文和二年十月日付船越六郎次郎定春軍忠状写、同月十五日御敵（南党）法性寺中将・高倉左衛門佐・新田江一族・土岐原一族・阿波小笠原一族等の当国淡州賀集庄内布陣に対し、定春は「守護御勢相共、馳ニ向彼在所ニ」って同月十七日上田保円鏡寺原合戦に一族船越委文左衛門尉秀定と共に先懸して数輩の敵を切臥せ戦傷を負う戦功を言上（記録御用所本「古文書」）。

(4) ①文和三年三月六日付守護代某姓遠秀打渡状、宛所なし、船越次郎の東福寺領淡路国都志郷内国友名濫妨の停止・下地渡付完了（端裏に「守護代遠秀注進状」、『九条家文書』六、一七六三号）、②同年四月八日付細川氏春請文案（日下に「源氏春」）、御奉行所宛、都志郷内国友名遵行完了の代官遠秀注進状（①）進覧（同一七六四号）。

(5) 延文元年（一三五六）六月二十四日付幕府引付頭人佐々木導誉奉書、細川兵部少輔（氏春）宛、船越次郎の東福寺領淡路国都志郷内国友名押妨の停止（同一七六五号）。

(6) 延文二年九月七日付足利義詮（なるべし）御判御教書案、細川兵部少輔宛、馬七郎・同子息次郎六郎等の東福寺領淡路国都志郷匡吉名濫妨の停止（同一七六六号（付2））。

(7) 延文二年九月二十二日付足利義詮御判御教書、細川兵部少輔宛、広田大和弥九郎の禅林寺新熊野社領淡路国由良庄筑佐方領家・地頭・惣追捕使職濫妨に対する使節難渋を戒めて濫妨停止を督促（「若王子神社文書」一）。

(8) 延文五年十月二十五日付幕府御教書、細川兵部少輔宛、馬七郎入道・同子息次郎六郎等の東福寺領淡路国都志郷匡吉名濫妨の停止（同一七六七号）。

(9) （延文六年）二月二十七日付細川氏春書下（日下に「氏春（花押）」）、近藤左衛門大夫入道宛、東福寺領都志郷百姓等目

安状により国方給主等の非法を戒め、逃散の百姓等を還住（同一七六八号）。

⑽　延文六年三月二日付細川氏春書下（日下に「氏春（花押）」）、近藤左衛門大夫入道宛、東福寺領淡路国都志郷新給主等の同郷吉富名百姓の家内に乱入し非法の所役を宛課すを停止（同一七七〇号）。

⑾　貞治三年（一三六四）九月十五日付幕府引付頭人沙弥某奉書案、細川兵部少輔宛、淡路国都志郷内匡吉名右馬七郎入道等押妨停止の督促（同一七七五号〔付1〕）。

⑿　『師守記』貞治四年六月九日条に「今夜亥剋許、淡路広田惣領地頭出羽亮五郎参入、此間守護（細川氏春）上洛之間、相伴上洛云々」

以上の内⑵①の細川彦四郎は『尊卑分脈』『系図纂要』に師氏の通称を彦四郎とするので、氏春は父の通称を踏襲したものかと思われる。ともかく、これによって氏春が⑴の貞和五年閏六月から⑵①の文和二年二月までの間に加冠したことが知られ、さらに⑸により、延文元年六月までに叙任して官途兵部少輔を称したことが判る。また⑴によれば貞和五年当時の淡路守護代は某姓酉元であったが、⑵②と⑷①・②によれば文和二、三年の守護代は某姓遠秀であり、⑼・⑽によると延文六年当時の守護代は近藤左衛門大夫入道である。但しこの遠秀と近藤が同一人かどうかは明らかでない。

ところで⑶によると守護氏春は少なくとも文和二年十月頃には在国しており、国人船越秀定・同定春等を率いて国内に侵攻した南軍と交戦している。この軍忠状に見える船越秀定は⑴の直義裁許状における論人船越弥次郎秀定と同一人であり、この裁決では秀定の陳弁は却けられ敗訴しているが、裁許状に引用する守護代酉元の注進状に秀定の主張が代弁されているところからも、秀定は既に氏春の被官化していたと見られる。現に秀定・定春等の船越一族が守護氏春に属して戦功を励んでいることは、氏春の淡路国人統率の成果と認められよう。⑷①・②および⑸の船越次郎もその同族であり、⑸のような再度の遵行命令は、氏春がその被官化した国人による本所領侵害を容易に阻止しえなかった事実を示している。⑺の義詮御判御教書に見られる使節難渋も、濫妨停止の対象となった広田大和弥九郎が氏春の被官であるため、氏春ないしその守護代が幕命を容易に遵行しなかったことを想定させる。広田大和弥九郎と同族と思われる広田出羽亮五郎は、これよりさき正平七年（文和元年）二月に東寺八幡宮領山城国久世庄の濫妨人退去を細川顕氏から命ぜられた両使の一人であり（「東寺百合文書」ホ三六―五五）、顕氏の被官であったに違いないが、⑿に見るように淡路の有力国人であって、貞治年間には明らかに氏春と緊密な被官関係を結んでその上洛に随従している。

このような氏春による淡路国人被官化の進展には、⑼・⑽によって知られるような国人層への所領預置・給人化が大きく寄与したと考えられる。またこの氏春の国人給人化政策は、本所領農民と国人等との紛争を氏春が書下を以て裁決しているように、守護の所務裁判権の強化を招いたことは確かであるが、反面農民の訴訟・逃散を以てする抵抗に直面した氏春は、⑼の書下において「面々給主等相触、百姓等郷内可二沙汰居一也、若給主等中有二違儀一於レ輩者、所二預置一可二召放一也、此旨心得、可レ被二沙汰一也」と守護代近藤に命じており、守護権力維持のために農民層に対する或程度の譲歩を余儀なくされているのである。⑹・⑻・⑾における馬七郎等の濫妨停止が幕府よりの再三の遵行命令、ついには義詮の御判御教書を受けながら、一向その実効が上がらなかった理由は分明でなく、或いはこの馬七郎を被官化し庇護したような国人層の存在が想定されるかも知れない。有力農民の擡頭による寺社本所の支配力の動揺に対して、幕府・守護権力が充分な対応能力を持たなかったことは間違いないであろう。実に至徳元年（一三八四）五月東福寺領都志郷雑掌真賀が当郷住人七郎五郎の祖父右馬七郎入道以来の押妨を幕府に訴えていることによっても（『九条家文書』六、一七七五号）、守護氏春が決して寺社本所勢力の完全な擁護者ではなかったことが明らかである。応安年間以後の氏春の動静は第五章に譲るが、ともあれ、在地における種々の矛盾を醸しながらも、守護氏春は国人の被官化を推進して分国淡路の経営を一応順調に進展させていったといえよう。

なお「御的日記」文和五年二月十三日条に「小侍所兵部少輔顕氏」とあるが、夙に卒した顕氏でないことはいうまでもなく、官途の兵部少輔によって、氏春が文和五年当時小侍所頭人に在職していたと判定される。

三　清氏・頼和の分国

(イ)　伊　賀

上述のように繁氏・業氏の兄弟と頼之ならびに氏春には、それぞれ顕氏・頼春ならびに師氏の分国を継承した守護在職の証左が存在する。南北朝時代には諸国守護職の改替が頻繁に行われたことは事実であるが、その半面、嫡子に対して父の主要な遺跡の相続を認める原則が守護職に適用される場合もあり、細川氏の主な分国にはこれが適用されたのである。それは南北朝初頭以来の細川一族の着実な分国経営の成果であったといえよう。しかしながら、独り細川和氏の遺領の中にはもともと嫡子清氏の継承すべき分国が存在せず、この点清氏は再従兄弟繁氏・業氏や従兄弟頼之・氏春に比して不利な条件の下に置かれていたのである。

しかし観応三年（一三五二）八月、伊賀国名張郡内の東大寺領諸庄に対する土民の濫妨を訴えた東大寺衆徒僉議事書土代（『東大寺文書』之一〇、一四七号）には、「然者早被レ成ニ遣厳密御教書於当守護細川伊予守（元氏）一、被レ対ニ治凶徒一」云々とあって、清氏（当時は元氏）の伊賀守護在職が明らかとなる。清氏の伊賀守護在職の徴証はこの外には見られないが、観応二年六月まで千葉氏胤、次いで仁木義長が守護となっており、また文和二年（一三五三）十二月以降は義長の復職が確認されるので、(6) 清氏の在職期間はかなり限定される。

観応二年九月の直義党との対戦および観応三年四月の男山合戦に、清氏は何れも戦傷を負っているほどであるから（第二章第一節一参照）、伊賀守護職の補任はおそらく彼の顕著な軍功に対する恩賞の一つであり、したがって補任の時期は幕軍が男山合戦に勝利を収めた同年五月から在職徴証のある同年八月までの間に求められよう。そうとすれば罷免の時期までは最大限に見積っても一年半ほどに過ぎない。なお前章に述べたように清氏は同年（文和元年）十月土岐頼康に代って伊勢に進攻しており、確証はないが伊勢守護にも兼補された蓋然性が存在する。

次に清氏の伊賀守護罷免の事情を推測すると、仁木義長には伊賀守護在職の知られる文和二年十二月より二ヵ月前の同年十月に伊勢守護在職が認められるので、(7) 清氏の罷免の陰に義長の復職運動を想定することができる。あたかも伊勢に蜂起した直冬党石塔頼房の軍勢は文和二年六月山名時氏・楠木正儀らと呼応して京都に迫っており、それゆえ仁木義長は清氏による伊賀・伊勢制圧の不成功による南軍進攻という事態を捉えて、清氏を罷免させ、自身の両国守護還補を実現したのであろう。したがって、第二章第二節にも触れた如く、文和四年以降の清氏・義長両者の激しい相剋は、早くもここにその兆が認められるといえよう。

(ロ)　若　狭

清氏は伊賀守護を罷免されたが、まもなく文和三年（一三五四）八月の引付頭人在職の初見に続いて翌九月に若狭守護としての徴証が現れる。「若狭国守護職次第」および「若狭国税所今富名領主代々次第」（ともに『群書類従』所収、以下それぞれ「守護次第」「領主次第」と略称）の、清氏が文和三年九月若狭に下向して小浜の神宮寺に暫く滞在したという記事がその在職徴証の上限をなしている。同月若狭守護領の税所今富名内の八ヵ所に給人を配当しており（「紀氏系図裏書」文和三年九月税所今富名内被レ付二給人一所々注文）、これは守護所小浜に滞在した清氏が直接被官に配分したものに違いない。なお下向の日を「守護次第」は九月九日、「領主次第」は九月二十七日としており、何れが正しいかは判定し難いが、同月二十九日清氏が小浜の明通寺衆徒に祈禱巻数の返事を与えている事実によっても（「明通寺文書」上）、同月末まで滞在期間に含まれることが察知される。

清氏の前任守護については、斯波家兼の観応三年（一三五二）三月から同年八月に至る在職事実以後は分明でないが（第二編第五章第一節参照）、「守護次第」「領主次第」に文和二年七月山名時氏が南朝から守護に補任されたとあり、さらに「領主次第」には時氏の代官が入部を計ったが間もなく国人に駆逐されたことを記している。それゆえもし斯波家兼の在職が継続していたとすれば、山名の代官入部事件に現れたような分国掌握不徹底の責を負って家兼が辞任し、代って清氏の補任を見たとも考えられなくはない。けれども家兼は、清氏の若狭守護所入部の翌々月に当る文和三年十一月までに奥州一方管領として陸奥国府に入部したことが確認される。それゆえ家兼から清氏への若狭守護職更迭は、むしろ以下のような幕府宿将斯波氏の動向が関係していると思われる。すなわち家兼の兄である越前守護足利（斯波）高経は観応擾乱中直義党として行動し、やがて一旦幕府に復帰したが、あたかも家兼の陸奥転出後まもなくの同年十二月には足利直冬に党して再び幕府に背反し、その嫡子氏頼は桃井直常等とともに京都に攻め入っている。家兼は擾乱中高経と袖を分って尊氏党に属していたが、高経の幕府復帰に伴い和解したらしく、彼の若狭守護在職はまさに高経の幕府復帰期間内にあった。そこで若狭守護職改替は、家兼を奥州に転出させて信任厚い細川氏をその後任の若狭守護とすることによって、斯波氏による越前・若狭一括支配の一角を崩し、高経の勢力増強を抑止するという尊氏・義詮の政策の表れであり、さらにその裏面には清氏と高経との暗闘がひそんでいたと見ることができよう。この改替後まもなく再び高経が離反したのもその結果に外ならないであろう（第二編第五章第一節参照）。高経が再度幕府に復帰したのちの延文二年六月清氏が越前守護の兼任を望んで尊氏に許容されなかったという前章第一節に挙げた当時の風聞も、清氏・高経の間にわだかまる頗る深刻な対立を如実に示している。

ところで、文和三年自ら守護所小浜に下向した清氏は、頓宮左衛門尉なる者を守護代とし、海辺（海部か）左衛門尉忠泰なる者を税所代に補した（「守護次第」「領主次第」）。守護代頓宮は『太平記』三六には頓宮四郎左衛門尉と記されている。また「守護次第」「領主次第」には、頓宮左衛門尉は後に大和守と号したとあり、延文四年（一三五九）八月二十五日若狭明通寺に下した遵行状（「明通寺文書」上）に「大和権守」として署判を施しているのがこの人物に相違あるまい。頓宮氏の名字の地は近江国甲賀郡頓宮であり、現にこの当時近江にも頓宮氏の存在が認められるが、[8]『太平記』三六には清氏の守護代頓宮四郎左衛門尉を備前国福岡庄を所領とする武士と伝えており、近江との関係については触れていない。なお『太平記』一六にも建武三年（一三三六）足利方に応じて蜂起した備前の武士の中に頓宮一族を挙げ、一方備前の頓宮六郎忠氏なるものは宮方として活動したと述べている。のみならず事実暦応三年（一三四〇）八月、幕府はさきに頓宮三郎二郎跡と誤認して佐々木豊前入道永清に預置いた備前国吉井村地頭職三分一を頓宮肥後三郎左衛門尉義嗣に返付しており（「東寺百合文書」サ一―一七）、且つ年闕吉井村頓宮氏庶子旧領年貢等注進状案にも弥三郎義末跡・孫太郎義氏跡が見えていて（『教王護国寺文書』一、三九〇号）、備前に本拠を移した頓宮一族の活動が窺われる。(9)『太平記』（流布本）三六には「備前ノ福岡ノ庄ハ頓宮四郎左衛門尉ガ所領也、而ルヲ頓宮ガ軍忠中絶ノ刻、赤松律師(則祐)是ヲ申給ル、後、頓宮、細河(清氏)ガ手ニ属シテ忠有シカバ、細河是ヲ贔屓シテ、安堵ノ御教書ヲ申与フ、然共則祐ハ導誉ガ聟也ケレバ、国ヲ押ヘラレ上裁ヲ支ラレテ、頓宮所領ニ還住セズ」云々とあり、この所伝は頓宮義嗣に対する所領還付の事実と類似している。もとより両者は人名・地名も異なり年代にも開きがあるので、同一事件とは見做し難いが、しかし清氏の若狭守護代頓宮左衛門尉が、備前の頓宮氏の一族で、右の義嗣の近親であることは間違いなく、且つ『太平記』の伝えるように、清氏に属して軍忠を認められたものであろう。

なお延文五年三月東寺領若狭国太良庄領家方年貢散用状の延文元年除分の内に「五斗三升三合　守護那良殿雑掌三分一定」とあって（『東寺文書』之二「東寺百合文書」は一三八号）、那良某の存在が知られる。こののち摂津守護細川頼元が永和四年（一三七八）十二月二十六日奈良入道某に東寺領摂津国垂水庄下司職押領の停止を命じ（「東寺文書」楽）、永徳元年（或いは至徳元年の誤写か）十二月十五日と至徳二年（一三八五）二月二十三日の両度、奈良又四郎・庄十郎三郎の両名に対し高野山領摂津国浘（昆）陽寺庄西方内の乱妨人排除の将軍家御教書の遵行を命じているのをはじめ（浅草文庫本「古文書」）、奈良氏の細川氏被官としての活動が認められるようになる。延文元年の那良某はこの奈良氏の一族で清氏の被官として在国していたものであろう。佐藤進一氏はこの那良某を「清氏の守護代であろう」とされるが、(10)上述「守護次第」「領主次第」の記事と延文四年八月二十五日大和権守遵行状、ならびに清氏没落の際兼ねて在国した頓宮四郎左衛門尉が寄手に内応したという『太平記』三六の記述などから、頓宮左衛門尉（のち大和権守）某が引続き守護代として在国していたことが窺われる。那良某は或いは守護又代であろうか。

次に、税所代に補せられた海辺左衛門尉忠泰は、守護代頓宮と異なり在地の若狭国人であるらしい。元来税所とは正税の収納・出挙等を管掌する国衙在庁の一機関であるが、若狭の税所職には遠敷・大飯・三方の三郡に分布する五十九町七段余の別名今富名が付随し（「若狭国惣田数帳」）、且つ鎌倉時代に守護北条氏が税所職を兼帯したのに伴って、税所今富名は守護領の一部になっていた。[11] したがって税所代は守護領代官の役割を担い、分国支配上かなり重要な任務を帯びていたと思われる。「領主次第」によれば正応四年（一二九一）頃から海部左衛門尉忠氏が税所代となり、その歿後は嫡子五郎左衛門尉秀氏がこれを相続し、建武政権の成立とともに秀氏は一旦税所代を罷免されたが、まもなく還補されている。室町幕府の若狭守護の下でも海部氏は引続き税所代となったらしいが、「領主次第」に「観応元年に海部左衛門尉税所代、かはりて池田藤左衛門子息に給レ之」とあり観応元年（一三五〇）守護山名時氏によって罷免され、池田某が税所代となった。[12] 清氏から税所代に補せられた忠泰は「領主次第」にその名字を海辺と記してあるが、おそらく海部忠氏・秀氏の近親であり、山名時氏によって一旦改替された相伝の所職に還補されたものと推定される。

そもそも若狭国では元弘・建武以来守護職の更迭が頻繁に行われ（「守護次第」「領主次第」等）、したがって守護の支配権は容易に在地に貫徹せず、殊に観応擾乱による幕府権力の分裂を契機として、守護勢力に対する国人の激しい抵抗運動が惹起された。観応二年十月大高重成が守護となり、その守護代大崎八郎左衛門入道が入部すると、その翌月「当国地頭御家人、錦小路殿（直義）の御方にて此代官を追出」すに至り（「守護次第」）、また上にも触れたように文和二年（一三五三）七月南朝守護となった山名時氏が幡津次郎左衛門尉・三宅中村六郎左衛門尉の二人を入部させた時も、幡津・三宅は国人の襲撃を予測して「稲岡ノ城郭をかまへて楯籠」ったが「国人等押寄、合戦たびたびありて、同廿七日に二人ながら城中を落」ちたというように、国人圧服策は忽ち失敗に終っている（「領主次第」）。正平七年（一三五二）二月、東寺領若狭国太良庄の有力名主実円・禅勝以下の百姓等が寺家に提出した申状に「所詮当庄いつしつ（静）まりかたく候、当国のいつ（一揆）

きの衆御憑候ハてハ不レ可レ有ニ正躰一候歟」と申立てて、国人小槻（瓜生）国治を同庄地頭方所務職に補任するように要請している事実（「東寺百合文書」ハ三―二〇）からも、在地有力名主との結託を基礎にした国人一揆の根強さが窺われる。

このような在地情勢の中で若狭守護となった清氏が、自身守護所小浜に下向し、有力被官頓宮左衛門尉を守護代に補して強力な支配を企画すると同時に、さきに山名時氏によって罷免された海辺（海部）忠泰を重代の税所代職に復して国人統率への足がかりとしたことは、在地情勢に対応する巧妙な分国掌握策であったと考えられる。現に清氏下向の翌々月に当る正平九年（文和三年）十月八日、直冬党の武将某は小浜の近くにある明通寺に禁制を下して「於ニ当寺一致ニ御祈禱忠勤一之間、所レ令レ停ニ止甲乙人等乱妨狼藉一也」と称しており（「明通寺文書」上）、直冬党と結んで守護勢力に抵抗しようとする動きが在地に底流していた模様である。それゆえ二、三年前のような国人の一斉蜂起を防止するためには余程慎重な配慮と徹底した施策を必要としたに違いない。清氏が下向後直ちに税所今富名内の国分寺・安行四郎丸・加尾浦田・三方今富・三方浦田・能登浦田・丹生浦田・志積浦田の八ヵ所に給人を割り宛てて、守護領の給付を媒介とする被官関係の扶植を計ったのは（前述税所今富名内被レ付ニ給人一所々注文）、これが分国掌握のために先ず必要な緊急措置と判断されたためであろう。もっともこの給付を記した注文には、八ヵ所の地名が列挙されているだけで給人の氏名が記載されていないので、給恩の性格は不明確であるが、国人の帰趨をとりわけ重視せざるをえない若狭の在地情勢や、海辺忠泰の税所代還補の政策から推測すれば、相当多数の国人に給恩が施されたことと思われる。

清氏は守護代頓宮・税所代海辺等に分国の管理を委ねて帰洛し、前章第一節に述べた如く同年末から翌文和四年（一三五五）三月にかけて義詮の下で直冬党との京都攻防戦に殊功を挙げたが、彼は直冬党駆逐後間もなく分国若狭に半済の実施を命じ、四月七日東寺領太良庄に対しても、地頭領家両職を半済とし兵粮料所として宛て給するゆえ百姓に相触れて地下の文書を調進せよという下知状が同庄公文宛に発せられた（「東寺百合文書」ハ三六―四九）。この半済が分国内の寺社本所領全体を対象とするものであったことは、康安元年（一三六一）三月太良庄の半済停止を幕府に訴えた東寺の目安状に「去文和年中、相州為二当国守護一、国中寺社本所領悉以雖レ宛二行于人給一」云々と述べていることからも窺われる（同文書し一二乙—一三）。一般に、半済の実施が本所領家の犠牲において守護の被官に対する恩給を保証し、守護の支配権力強化の重要な契機となったことはいうまでもないが、殊に世襲的な分国をもたず、伊賀守護も短期間で解職された清氏としては、麾下軍勢との被官関係を確実にして軍事力・政治力の基礎を強化するため、新たに獲得した分国若狭において兵粮料所の設定を急いだのは当然であった筈である。

清氏の麾下に属した国人の出自を瞥見すると、田代顕綱は和泉国大鳥庄上条地頭、日根野時盛は同国長滝庄公文并に弥富方下司であり、田代一族・日根野一族は細川顕氏・高師泰・畠山国清等、主としてその時々の和泉守護に属して軍事活動を行い、顕綱・時盛は何れも文和三年はじめて清氏の麾下に属して京都内外で戦ったに過ぎなかった。他方烟田時幹は常陸に本拠があり、たまたま上洛時に清氏の麾下に加わったものであった（第一節二参照）。また若狭守護代頓宮左衛門尉さえも上述のように備前出身で「細河ガ手に属シテ忠有シ」もので、譜代の被官ではなかったのである。さらに『太平記』三五には、延文四・五年（一三五九—六〇）の河内南軍追討に際して三河の星野氏・行明氏等が三河守護仁木義長に属さず清氏の麾下に入って戦ったとあり、且つ今川了俊が「難太平記」に「我等事ハ東寺合戦の時、清氏手に可二同道一由あなかち申しかハ、一所にて両度合戦せしかハ」云々と述べていることからも、清氏の軍勢の混成部隊的性格が推察される。清氏が軍勢大将でありながら陣頭に立って勇戦し、再三戦傷を負ったほどであるのは、彼の豪勇な資質もさることながら、一つには率先指揮を以てしなければ充分な戦果を期待し難い混成部隊的な麾下軍勢の性格にも因るのではなかろうか。そうとすれば、清氏が或いは守護領に給人を付し或いは寺社本所領に半済を実施して、分国若狭における給付関係の扶植に努めたのは、このような軍事力の欠陥を補うに足りるより強固な被官関係の育成という意図から発した施策であったと見ても、決して不当な臆測ではあるまい。

文和四年半済が実施されると、その七月東寺は雑掌光信の申状を清氏に送り、河崎日向守の家人世木余一宗家・彦五郎らが、世上の動乱に事寄せて太良庄内を濫妨し、雑掌を地下に寄せ付けないと訴えて、濫妨の排除を要請した（『教王護国寺文書』巻一、四一一号）。世木宗家らの濫妨とはおそらく半済を機会に行われた荘園下地の侵害であろう。東寺雑掌光信がこの申状の中で「寺家一円進止之地」と主張しているように、東寺側は太良庄の半済を容認しなかった。しかし清氏は同庄の半済分を大高五郎なる者に兵粮料所として預置き、守護方は容赦なく下地を押収して大高の代官を入部させた。この大高五郎は暦応元年から観応二、三年頃まで数回若狭守護となった大高伊予守重成（「守護次第」「領主次第」）の一族であろう。

かくて大高五郎は代官入部とともに忽ち半済分以外をも一円に押妨したとして寺家から訴えられたので、清氏は同年八月二十五日代官の一円所務の非法を停止するよう大高に命じた（『東寺文書』之一「東寺百合文書」は一三七号）。また九月二日（年欠なるも同年か）尊氏は特に御内書を清氏に下して河崎日向守の太良庄領家職濫妨を「所詮為二一円寺領一之上」とて、厳密に停止するよう命じた（「東寺百合文書」ナ一—一四）。けれども、守護方の押妨は尊氏の厳命を以てしても止まらず、延文四年には守護方は寺家側の指出した同庄の太田文を承認せず、五、六十人の使を乱入させたと訴えられている（「東寺百合文書」ッ三五—三八同年十月九日禅勝書状）。そこでようやく半済分は大高に代って渡辺弁法眼直秀なる者に与えられたが、押妨は止まず、東寺はまたもその不当を幕府に訴えた。けれども康安元年三月に至り直秀は却って「称レ預二半済給主職一、今月十四日忽令レ入二部在家一、押二妨所務一」する始末となった（「東寺百合文書」し一二乙—一三東寺目安状案）。

かかる強引な半済の実施は決して太良庄にのみ行われたのではなく、延文五年十一月十九日北朝が後光厳天皇の綸旨を幕府に下して、守護即ち清氏が賀茂社領若狭国宮河庄十講引米の半済分を責取ったとしてその糺返を命じている事実からも（「賀茂別雷神社文書」一）、半済に藉口して分国内の寺社本所領全般に守護方の強圧が加えられたことが察知される。

守護代頓宮以下を通じ、清氏はこのように強圧手段を用いて分国若狭の掌握を進めていったが、傍ら文和四年九月二十一日清氏が同国大島八幡宮に税所今富名内の地を寄進して「天下泰平・仏法興隆・王法再興・武運長久・家門繁昌」を祈念していることや（「長楽寺文書」）、延文四年八月二十五日大和権守即ち守護代頓宮が同国明通寺に奉書を下して「天下泰平・御家門繁昌」の祈禱を行わせていることも（「明通寺文書」上）、これを分国内の対寺社政策として見る限り、やはり分国経営に対する清氏の熱意の表明であるといえよう。

(ハ) 越　中

越中国堀江庄惣領方への土肥中務入道心覚の濫妨停止を命じた延文五年十月二十五日付細川清氏奉書案は、宛所が「細川右馬助殿」となっているが（『八坂神社文書』下一六五六号）、佐藤進一氏が指摘されたように貞治二年（一三六三）七月日付同庄惣領方雑掌成定申状に「去延文五年十月廿五日、仰二于前守護方一于レ時細河左馬助殿、雖レ被レ□(成)二奉書一」云々とあり（同文書下一六七二号）、奉書案の右馬助は左馬助の誤写で、延文五年十月当時の越中守護は清氏の弟左馬助頼和に相違ない。これより先延文元年十二月から同四年七月までの間に越中守護井上左京権大夫入道暁悟（俊清）が罷免されたので、頼和はその後任の守護と推定される。(13)

清氏は延文二年尊氏に越前守護の競望を拒まれて阿波に逐電したという前述の風評や、執事就任後佐々木導誉の女婿斯波氏頼の加賀守護職競望を抑えて富樫介高家の遺子氏春に安堵させたという前述『太平記』の所伝（第二章第二節参照）によって、分国若狭の経営を槓杆として北陸一帯に勢力を拡張しようとする企図を有していたことが窺われる。また頼和は前述の如く延文四年八月遠江国相良庄地頭職をめぐり二階堂道超・今川直氏と三者鼎立の相論を行い、義詮はこの地頭職を取敢えず頼和に預置くという裁決を下しており、この裁決の背後に執事清氏の介在が察知される（同上参照）。それゆえ越中守護職についても清氏がその地位と権勢とを利用して井上から弟頼和への改替を申行い、分国拡張の計画を実行し始めたものに相違ない。したがって、清氏とともに頼和が康安元年の政変で没落すると、その分国越中も当然没収されて清氏の政敵斯波氏に与えられ、高経の子息義将が守護に補任されるのである（第二編第二章第一節参照）。

註

（1）松平山城守重治（徳川家綱時代の上総佐貫藩主）の跋文のある「細川系図」（『続群書類従』所収）には、「嘉暦元年生二于参河国一」との頼之の嘉暦元年（一三二六）出生説を記している。しかるに同系図は一方で「（明徳）三年壬申三月二日（中略）卒、行年六十四」と、『尊卑分脈』その他と同じ享年を記しており、逆算ではやはり元徳二年出生となる。この系図の記事はかように前後撞着しているので、嘉暦元年説は採用し難い。

（2）年闕八月二十八日付「細川刑部大輔」（頼春）宛の高師直書状（「猪熊信男氏所蔵文書」二）の冒頭には「御子息上洛事悦入候」と記してある。この書状は年号を闕くが、文中に上杉伊豆守（重能）と畠山大蔵少輔（直宗）を配流した旨を述べてあるから、彼らが師直排斥に失敗して越前に流された貞和五年（一三四九）に当ることは疑う余地がない。そこで猪熊信男氏は文中の「御子息」を頼之に比定し、「頼之、二十一歳、父に代って花々しく阿波より打って出たと見ゆる」と記された（『郷土文化』二一号「細川清氏と細川頼之」一四頁）。第一章に述べたように、観応擾乱中の行動からも頼春が尊氏党であることは明らかであり、したがって幕府執事の師直が重能・直宗の越前配流を頼春に報知したとしても別に異とするに足りない。けれども東京大学史料編纂所影写本には、右の書状に「細川刑部大輔の六字ハ元ノ宛名ヲ擦消シテ記入セラレタルモノナリ」と註記してあり、したがって宛名を頼春とすることには躊躇せざるをえず、文中の「御子息」を頼之に比定することも避けなければならない。

（3）「永源師檀紀年録」乾に、観応二年擾乱に際して頼有が無涯仁浩の庵室である洛東の永源庵からしばしば首途して軍功あり、この間に時々問法して師資の縁を結んだとして、

取法名　通勝　受衣具戒　　無涯翁仁浩判付此

観応三年三月五日

という附法状の写を掲げている。それゆえ頼有は既にこの頃頼春とともに京都および畿内付近を転戦したと覚しい。

（4）なお「永源師檀紀年録」乾に、上述の阿波南軍退治を命じた義詮御教書写に続いて、「此ニ於テ屋形（頼有—筆者註）之一族、被官人ヲ率キテ此ヲ征伐シテ勝利アリ」云々として次の御感御教書写(A)を掲げている。

(A)今度於二四国一致二忠節一之由、讃岐十郎（頼有）所二注申一也、尤以神妙、弥可レ抽二戦功一之状如レ件、

観応三年十二月十五日　　在判

香西彦九郎殿

ところが香西彦九郎が前年の正平六年（観応二年）十二月、頼春の注申によって受けた次の義詮御感御教書(B)（『細川家文書』中世篇一一三号）が永青文庫に現存する（第一章第三節三参照）。

(B)今度於二西国一致二忠節一之由、讃岐守（頼春）所二注申一也、尤以神妙、弥可レ抽二戦功一之状如レ件、

正平六年十二月十五日　（義詮）（花押）

香西彦九郎殿

しかし(A)には次のような問題点がある。(1)観応三年は九月二十七日に文和と改元されているのに、(A)にはなお改元前の観応三年が用いられている。(2)(A)は前年の正平六年（観応二年十一月一旦南朝に帰順した尊氏・義詮が観応の年号を廃して正平を用いたことは周知の通り）十二月十五日付の(B)と、「讃岐守」と「讃岐十郎」の違いおよび年号の異なるほかは、文言および月日にいたるまで同一である。(3)「永源師檀紀年録」に写を掲げる他の義詮御判御教書はすべて永青文庫に原文書が現存するのに、この(A)一通に限って原文書が見当らず、逆に永青文庫に原文書のある(B)は「永源師檀紀年録」に写が掲げられていない（筆者の現地採訪により確認）。以上の三点により、上掲の御感御教書写は全く信じえないものであることが判明する。察するところ、この写は、おそらく後世頼有の菩提所である建仁寺永源庵の関係者が頼有の事績を顕彰しようとする意図から(B)の正平六年十二月の御感御教書を元にして改作したものと考えられる。

(5) 伊予の目代については、貞和三年（一三四七）十月税所藤原某・目代某の連署した伊予国分寺得分免田徴符案に「目代知行所」が列挙してあって（「伊予国分寺文書」乾）、国衙領支配に関する目代の活動の一端が判る。

(6) 佐藤氏前掲書五九―六〇頁参照。

(7) 同上七一頁参照。

(8) 「近江国頓宮肥後弥三郎知綱」は建武三年（一三三六）正月二日京都に攻め上る足利勢に近江国野路宿で参加して着到状を捧げており（「頓宮文書」）、降って延文元年（一三五六）十一月二十一日知綱は将軍尊氏の御判御教書によって本領を安堵されている（「開善寺文書」）。この御判御教書を掲げた『大日本史料』第六編之二〇の同日条の綱文には「信濃頓宮弥三郎」とするが、「近江頓宮知綱」とすべきものである。

(9) 『太平記』一六「西国蜂起官軍進発事」に建武三年三月「備前ニハ田井・飽浦・内藤・頓宮・松田・福林寺ノ者共」が石橋和義

に属して蜂起したとしており、同じく『太平記』一六「新田左中将被レ責二赤松一事」には、西国に発向した新田勢が「伊東大和守・頓宮六郎ヲ案内者トシテ、二万余騎舟坂山ヘゾ向ラレケル」とし（舟坂山は播磨・備前境の峠）、同じく「聖主又臨二幸山門一事」には、同年五月後醍醐天皇の叡山行幸に供奉した官軍を列挙した末尾に「頓宮六郎忠氏」を掲げている。この所伝によれば頓宮一族の一部は宮方に、他は足利方に属して活動したものと思われる。本文に述べた一族三郎二郎跡・義末跡・義氏跡も宮方に属したものの闕所であろう。

(10) 佐藤氏前掲書二一八頁。

(11) 国衙機構としての税所については竹内理三氏「在庁官人の武士化」（『日本封建制成立の研究』所収）六頁以下に、また税所今富名以下の若狭国衙領に関しては石井氏「鎌倉時代「守護領」研究序説」（『日本社会経済史研究』古代・中世編三二三―三三三頁、同氏『日本中世国家史の研究』四二一―四三一頁に再録）等に詳しい。なお正安四年（一三〇二）の若狭国太良保実検取帳に「一所今富名内守護也」とあり、貞和五年（一三四九）三月の東寺越訴状案に「□□（今富）名当守護人領、」とあるのも、税所今富名が守護領であることを明示している（『教王護国寺文書』巻一、三八五号）。

(12) 「領主次第」によると、寛喜三年（一二三一）から弘安七年（一二八四）までの五十数年間、池田尚頼・忠氏という父子二代が守護又代として見える。池田藤左衛門子息某はこの尚頼・忠氏の子孫であろう。

(13) 佐藤氏前掲書二五五―二五六頁。なお氏は堀江庄惣領方雑掌成定申状を申状案とされるが、裏花押の施してある点からおそらく原文書であろう。

第四章　細川頼之の活動と室町幕府管領制の成立

第一節　中国・四国経営

一　中国管領就任と芸備の略定

文和初年以来阿波・伊予両国守護として、引続き四国に在って活動した頼之は、文和四年（一三五五）春畿内に進出し、足利義詮勢に合流して足利直冬党を駆逐し、爾後しばらく在京していたが（第三章第二節一参照）、翌文和五年（延文元年）二月足利直冬が安芸に拠点を置いて策動すると、[1]幕府は頼之に直冬追討を命じた。時に弱冠二十八歳の頼之が数ある宿老を措いてその任に選ばれたのは、従来の畿内ならびに分国阿波・伊予における彼の軍事上の実績が、将軍尊氏以下の幕府首脳部によって高く評価された結果に外ならないであろう。且つ、この頼之の中国発遣に当って、その弟頼有は次のように義詮の御判御教書を以て備後守護に補せられた（『細川家文書』中世篇一〇七号）。

備後国守護職事、所二補任一也、者早守二先例一、可レ致二沙汰一之状如レ件、

文和五年三月十日　（義詮）（花押）

細河宮内少輔（頼有）殿

これについては、後に明徳元年（一三九〇）と推定される年闕三月十六日、頼之は頼有に宛てて認めた自筆書状（同上

中世篇一号)に、将軍義満に対して頼有を備後守護にするよう希望したのに頼之が補せられたのを無念と述べた後に、「先年中国へ下向之時も、此事ニ御事も身も不レ可レ然義どもにて候し。しをん寺殿とかく御方便候て、御教(書脱カ)もなしなをされて候し事にて候ほとに」云々と説いており、尊氏・義詮は頼之に中国発向を命ずるとともに彼を備後守護に補したが、頼之の申出によって備後守護は頼有に変更されたことが判る。

ところで、頼之の中国発向の受命を伝える洞院公賢の『園太暦』延文元年四月三十日条に「抑今日彼是曰、細川右馬(頼之)助(頭カ)阿波守護、此間在京、中国討手事問二答之一、而不レ及レ請レ暇、一両日之間逃下、仍為二召返一、相模守清氏去夜馳向、仍洛中聊物忩云々」とあり、五月二日条に「今日聞、阿波守護、自二山崎一被二召帰一云々」とあるように、頼之は中国進発を拒否して分国阿波に逃れようとし、幕府は従兄清氏を遣して頼之を召還した。頼之のこの挙動について、公賢は「所詮就二中国発向一、国之(々カ)闕所、自専可レ宛二行軍旅之士一之由所望、許容遅々、仍及二下国之企一云々、或説、遣二使者一種々相誘、随而帰参云々」という伝聞を記し、「近来武士所存皆如レ此、以二資(恣カ)欲一替二其耻一歟」と評言している。頼之の下国を計った理由が伝聞の通りであるとしても、闕所処分権の付与を彼が望んだのは、おそらく中国地方鎮定の効果を収めるために配下軍勢に対する速かな恩賞賦与が不可欠の要件であることを意識していたからであろう。室町幕府は、当初鎌倉幕府の方針を踏襲して、守護の闕所地押領を厳禁したが、やがて少弐・大友・島津のごとき強大守護に対しては闕所処分権を認めざるをえず、他方上杉氏のような一門守護に対しても、その権威を確立させて政権強化に資する目的からむしろ積極的に闕所処分権を付与するに至った[2]。したがって頼之がこの権限を望んだとしても、それはあながち自専の行為であったとはいえない。幕命に背いて下国しようとした行動には非難の余地もあろうが、公賢のように一概に「資欲」と断定するのは、社会の実情にも政治・軍事の実務にも疎い公家衆の酷評といわなければならない。

中国発向の月日は分明ではないが、同年七月十日に尊氏が島津貞久に下した御判御教書に「既於二中国一ハ、細川右馬頭頼之発向訖」とあり(「薩藩旧記」前集一九)、上述の事件の一ヵ月後には頼之が既に中国に赴いていることが分る。次いで頼之が直冬の根拠地を置いた安芸国内に進攻して直冬勢と連戦した事実は、次に記す頼之感状・推挙状および義詮御感御教書によって明瞭に看取される。

(1) 延文元年（一三五六）十月十日頼之は平賀左近大夫に感状を与えて、同人の小早川一族とともに安芸国戸野城を攻略した戦功を賞した（『平賀家文書』二九号、なお、この感状には「右馬助」として署判するが、この官途は右馬頭の誤記と思われる）。

(2) 延文二年五月八日頼之は幕府執事仁木頼章に宛てて、配下の土屋信宗（河内国人）の軍忠を証言してその恩賞訴訟を推挙した（「土屋家文書」――『鷹陵史学』二号水野恭一郎氏史料紹介――二五号）。

(3) 延文三年八月九日頼之は小早川出雲四郎左衛門尉（重景）に感状を与えて、同人の安芸国入野における戦功と一族若党数輩の討死・手負を賞した（『小早川家文書』之二小早川家証文三〇五号）。

(4) 延文三年十二月二十三日義詮は熊谷彦四郎入道に御感御教書を与えて、同人の芸州凶徒退治の際の戦功を賞し、且つ頼之に急遽救援を命じた旨を下達した[3]（『熊谷家文書』一一八号）。

以上のように頼之は直冬党追討作戦を直接指揮し感状発給等を行うとともに、次の如く押妨停止・下地渡付の遵行や所領の預置、寺領の寄進・安堵等を実施しており、中国発向に際して賦与された頼之の権限が、一般の軍勢大将の軍事指揮権よりも遥かに広汎なものであったことが知られる。

A　所務の遵行

(1) 延文元年九月四日幕府は引付頭人細川清氏奉書を頼之に下し、東寺領備中新見庄領家職に対する新見太郎左衛門尉の濫妨を停止させた（「東寺百合文書」せ武家御教書并達二九―六四）。

(2) 同日幕府は引付頭人細川清氏奉書を頼之に下し、東寺領伊予国弓削島領家職に対する小早河小泉五郎左衛門尉（氏平）の濫妨の停止を命じ（同文書ほ五三―六四）[4]、翌延文二年八月二十一日義詮は御判御教書を頼之に下して同じく氏平の濫妨を排除させた(同文書せ足利将軍家下文一―一三)。

(3) 延文元年十一月八日幕府は引付頭人石橋和義奉書を頼之に下し、山城国嵯峨二尊院領備前国金岡東庄内別納二尊院田に対する河村掃部助入道の濫妨の停止を命じ、半済外の下地を二尊院雑掌に渡付させた(「二尊院文書」一)。

(4) 延文元年十二月七日頼之は遵行状を仁木駿川(河)守に下し、備後国利生塔領同国櫃田村地頭職に対する三吉弥七の濫妨を排除させた(「浄土寺文書」一)。

(5) 延文二年七月五日幕府は引付頭人佐々木高氏(導誉)奉書を頼之に下し、東福寺領備中国上原郷に対する美作彦四郎の押領を停止させた(『九条家文書』六、一六五一号)。

(6) 延文二年七月二十二日頼之は遵行状を椙原民部丞(為平)・小早河左近将監(春平)の両名に下し、山内兵庫允通氏の所領備後国津田郷内和田村に対する広沢四郎五郎(通資)の押領を排除せしめ、同年閏七月六日ならびに同年八月二十二日頼之は同じく遵行状を右の両名に下し、重ねて同村地頭職に対する同人の濫妨を排除して下地を通氏に渡付させた(『山内首藤家文書』五一一―五一五号)。

(7) 延文二年閏七月十二日頼之は大和(太多和カ)太郎左衛門尉・三吉修理亮(覚辨)の両名に遵行状を下し、万田又四郎家資の所領備後国地毗庄河北内門田地頭職に対する山内彦五郎・同彦八の押領を排除させた(同文書五〇六号)。

(8) 延文二年八月九日頼之は広沢筑前守に奉書を下し、大多和太郎左衛門尉とともに「御下文」に任せて安芸国久芳保地頭職半分の下地を小早河美作五郎左衛門尉胤平に渡付させた(『小早川家文書』之二、小早川家証文五三四号)。

(9) 延文二年九月七日義詮は御判御教書を頼之に下し、感神院(祇園社)領備後国小童保領家職に対する二加四郎左衛門尉・光清左衛門尉等の押領を停止させ、半済外の下地を感神院雑掌に渡付するよう命じた。貞治二年(一三六三)八月二十四日、引付頭人斯波義高の奉書を頼之に下し、重ねて二加四郎左衛門尉・広沢中務丞の小童保押領をしりぞけさせた(『八坂神社文書』下、一九六五号・一九六六号)。

B　所領の預置

(1)　延文二年（一三五七）七月二十二日頼之は山内刑部三郎（通継）に書下を下し、備後国小国郷領家職半分を日和佐新左衛門尉に預置いたことを告げ、三吉兵庫助とともに該下地の渡付を実施させた（『山内首藤家文書』一七号）。

(2)　延文五年閏四月一日頼之は小早川甲斐守実義に預ヶ状を下し、安芸国三津村地頭職を幕府の沙汰落居までの間同人に預置いた（『小早川家文書』之一、竹原家証文六六号）。

C　寺領の寄進・安堵

(1)　延文元年九月十四日頼之の被官である伊予の目代十河左衛門尉遠久は伊予国分寺に奉書を与え、同国桜井郷内木本久枝名六段半を頼之より祈禱料所として同寺に寄進せられた旨を報じ、頼之の家門繁昌を祈禱させた（「伊予国分寺文書」乾）。

(2)　康安元年（一三六一）十月五日頼之は備後国浄土寺に安堵状を与え、同国得良郷地頭職を「御寄進状」（義詮の寄進状か）に任せて同寺に安堵した（「浄土寺文書」二）。

以上のうちCの寺領の寄進および安堵の事例を一応別としても、当時の頼之の権限は感状授与・恩賞推挙という純然たる軍事指揮者としてのそれの外に、A押妨停止、下地渡付の幕命の遵行、B武士に対する所領の預置のごとき一般に守護の権限に属する事項を含んでおり、且つAの使節遵行の事例が備前・備中・備後・安芸・伊予の各国に見出され、またBの所領預置が備後・安芸に見出されることは注目に価する。当時頼之は「中国発向」の「御大将」（上掲十河遠久奉書）、「中国大将」（後述康安二年六月島津道鑒申状案、『太平記』三六）、「中国管領」（『愚管記』康安二年七月二十九日条）とよばれているが、その権限行使範囲は管見の限り、上述のように備前・備中・備後・安芸・伊予の五ヵ国以外には及んでいない。但しこの五ヵ国における頼之の権限は単に軍勢大将としての感状授与等に止まらず、一般的には守護の職権に属する使節遵行ないし、下地渡付等を含んでいる。それゆえ頼之は従来の分国、阿波・伊予両国のほかに、新たに備前から安芸に至る四ヵ国について、軍事指揮権・使節遵行権・所領預置権を与えられて直冬党追討に発向したものと判定しうるのである。彼が「中国管領」と称せられたのが、たとい公的な称呼でないとしても、権限の内容は正にこの称呼に相応しいものであった。

なお頼之の遵行状ならびに奉書の受命者として、備後についてはA(4)の仁木駿河守、A(6)の小早川春平・椙原為平、A(7)の大多和太郎左衛門尉・三吉覚辨、B(1)の山内通継・三吉兵庫助が、安芸についてはA(8)の広沢筑前守・大多和太郎左衛門尉が検出される。このうち仁木駿河守は単独の受命者で守護代であろうが、他は何れも受命者が二名宛であるからおそらく守護代ではなく、下地の打渡に派せられる守護使に直接頼之が下命したと判定される。なお、これらの守護使の内、小早川氏が安芸、山内（首藤）氏が備後の有力地頭級国人であることはいうまでもなく、また『太平記』七「船上合戦事」に「備後国ニ江田・広沢・宮・三吉」とあるように、広沢・三吉の両氏も備後の有力国人であったから、頼之が備後・安芸における遵行の使節を主として麾下に属した両国の有力国人の中から選んだことが知られる。

ところで、備後においては、上掲のように頼有が文和五年三月守護に補任され、さらに康安元年卯月三日頼有は仁木駿河四郎に書下を下して、備後国利生塔雑掌覚也の申状により、三吉掃部助の同国横田村地頭職押妨を止めて、下地を雑掌に渡付するよう命じていて（「浄土寺文書」二）、守護在職が確認され、頼之は守護でないことが判明する。なお仁木駿河四郎はその氏名よりみて仁木駿河守の子弟で駿河守の後を承けて守護代になった仁木氏庶流一族と思われる。

安芸についても、先に触れた延文三年十二月二十三日付熊谷彦四郎入道宛義詮御感御教書が「芸州凶徒対治事、致二戦功一之由、守護人所二注申一也、急速可レ加レ救之由、被レ仰二頼之一了」云々という文言であるところから見て、延文三年十二月の時点における安芸守護は頼之とは別人と見做さざるをえない。そもそもこの国は鎌倉時代に武田氏が長期にわたって守護であった上に、建武三年（一三三六）以来貞和元年（一三四五）までは主として武田信武が、爾後はその嫡子氏信が守護であり[5]、且つ文和五年（延文元年）三月十六日氏信が熊谷八郎左衛門尉に安芸国可部庄東方内辰原三位房跡を兵粮料所として預置いているように（『熊谷家文書』二三七号）、頼之の中国発向の数ヵ月前まで氏信の在職徴証が存在する。さらに延文四年二月以来熊谷彦四郎入道ならびに内藤備後入道が守護人に属して南軍と戦い、同年四月二十日義詮からその戦功を賞せられており（『萩藩閥閲録』二七ノ二将軍家義詮御感御教書写、同五八同御感御教書写）、氏信の守護在任が推測される。したがって上述延文三年十二月の「守護人」も氏信に相違ない。

備前・備中については右の備後・安芸のように別に守護の在職する徴証は見出し難い。しかし備前の場合、さきに観応三年（文和元年）九月頃までの守護は松田盛朝であったが（「田中教忠氏所蔵文書」同年八月二十四日足利義詮御判御教書の宛所松田備前守、および『大日本史料』第六編之一六所収「八坂神社文書」、同年九月十日沙弥道阿打渡状の端裏書「自守護松田石原備前守許出之（下略）」）、文和二年三月二十三日に赤松則祐が同国三石庄光明寺に殺生禁断等の禁制を与え（「前田家所蔵文書」武家手鑑）、康安二年五月二十日には同じく則祐が同国福岡庄内を同国吉祥寺に寄進しているので（「黄薇古簡集」八）、或いは則祐が一旦備前守護を兼ねたのではあるまいかとも思われ、さらに『太平記』三八には貞治元年六月頃の備前守護を松田、備中守護を高師秀とする。事実とすれば、やはりこの両国についても、上記Aに見られる幕府の頼之に対する遵行命令は守護に対するそれではなくして「中国管領」に対するものであることとなる。

さらに看過しえないのは、A(4)・(6)・(7)の備後の諸例に見られる頼之自身の奉書による遵行の事例であって、これは、

備後国利生塔雑掌寂明申当国櫃田村地頭職事、申状具書如此、三吉弥七乱妨云々、早止彼妨、沙汰付下地於雑掌、可被執進請取之状、依仰執達如件、

延文元年十二月七日　右馬頭（花押）

仁木駿川(河)守殿

（「浄土寺文書」）

のごとく、何れも奉書形式を採ってはいるけれども、幕府から御判御教書、執事奉書ないし引付奉書を受けての遵行で

はなく、頼之自身が直接訴人の申状に基づいて発給したものである。もっとも、観応擾乱以後は、例えば岩松頼宥の次の書下状に見る如く守護自身の裁定による遵行命令が少なからず現出する。

山内兵庫允通氏申備後国津田郷内和田村事、莅二彼所一、止二広沢四郎五郎（通実）押妨一、可レ沙二汰付下地於通氏一之状如レ件、

文和三年七月二日　（岩松頼宥）（花押）

坂田孫太郎入道殿

〔『山内首藤家文書』五一〇号〕

かかる守護の所務沙汰裁決権行使は、貞和二年十二月十三日の幕府法「諸国狼藉条々」第二条（『中世法制史料集』第二巻）に規定された守護の使節遵行権の発動と見ることが可能であり、必ずしも守護の越権行為と見做すことは出来ない。上掲の頼之の諸例は書下でなく奉書を以てするものであったにせよ、当時備後守護に在職している弟頼有を差置いて頼之が同様の裁決権を事実上行使したと判断しうるものである。この中国管領頼之の裁決・遵行権行使は、右の岩松頼宥の書下の後を承けて、再三にわたり両使をして遵行せしめた津田郷内和田村の事例において一層明瞭である。

山内兵庫允通氏申備後国津田郷内和田村事、申状副二具書一如レ此、広沢四郎五郎押領云々、甚不レ可レ然、早小早河左近将監相共莅二彼所一、沙二汰付下地於通氏代一、可レ執二進請取状一、至二押領之咎一者、為レ有二其沙汰一、載二起請之詞一可二注申一之状、依レ仰執達如レ件、

延文二年七月廿二日　右馬頭（頼之）（花押）

椙原民部丞（為平）殿

〔同上五一一号〕

山内兵庫允通氏申備後国津田郷内和田村地頭職事、就二請文一所レ有二其沙汰一也、広沢四郎五郎立二還遵行之地一、重致二

押領二云々、甚不レ可レ然、早小早河左近将監（春平）相共莅二彼所一、厳密沙二汰付下地通氏一、可レ被レ執二進請取状一、至二押領人一者、為レ処二罪科一、可レ被レ注二申所領有無一、使節緩怠者、可レ有二其咎一之状、依レ仰執達如レ件、

延文二年潤七月六日　　右馬頭（花押）

相原民部丞殿

〔同上五一二号。同五一三号―小早川春平宛―省略〕

山内兵庫允通氏申備後国津田郷内和田村地頭職事、就二請文一其沙汰畢、広沢四郎五郎各別闕所之由雖二支申一、無二指支証一之間、所レ不レ能二許容一也、所詮、小早川左近将監相共重莅二彼所一、厳密沙二汰付下地於通氏一、可レ被レ取二進請取状一、若不二承引一者、為レ有二殊沙汰一、載二起請之詞一可二注申一、使節緩怠者、可レ有二其咎一之状、依レ仰執達如レ件、

延文二年八月廿二日　　右馬頭（花押）

相原民部丞殿

〔同上五一四号。同五一五号―小早川春平宛―省略〕

これらの遵行命令は、幕府から両使に遵行を命ずる引付奉書と全く同一の様式を具えているが、事は単に様式の問題ではない。幕府引付奉書の発給は、同年七月五日付佐々木高氏奉書（上記A(5)）を最後として、貞治二年（一三六三）復活するまで暫く管見に触れなくなるので（第二編第三章第一節二参照）、あたかもこの頃に一旦機能を停止した引付方に代って、頼之が所管国内に限り、所務沙汰の審理および両使発遣による施行の権限を委任されていることを明確に示しているのである。なお現存するのは以上の備後の事例のみであるが、備前・備中・安芸の三ヵ国についても同じく所務沙汰の審理・施行の権限を有していたものと推察される。

以上を要するに、当時の頼之の権限は、分国阿波・伊予における守護としての権限以外に、備前・備中・備後・安芸

の四ヵ国における軍事指揮権・所務沙汰審理権・使節遵行権・所領預置権・寺社領安堵権を含むものであって、これは、鎌倉府は別としても、ほぼ当時の鎮西管領・奥州管領と並ぶ広域統轄権であったといえる。もっとも鎮西管領には闕所地処分権や諸国守護への幕命伝達権、奥州管領には検断権、さらに侍所・奉行人等の管領府所属機関等の存在が指摘されている。(6) 頼之についてはこれらの鎮西管領ないし奥州管領に匹敵する特殊の権限や所属機関の存在は確認できないけれども、少なくとも数ヵ国にわたり、且つ一般の諸国守護の権限よりも優越する権限を当時の頼之が委ねられていたことは疑いなく、これは単に中国大将というよりはまさに中国管領という呼称に相応しい権限であったというべきであろう。

幕府のかかる中国地方統轄機関の設置には、既に貞和五年（一三四九）四月における足利直冬の発遣という先例があり、直冬は鎌倉幕府の職名に倣って「長門国探題」と称せられ（「建武三年以来記」貞和五年四月十一日条）、備中・備後・安芸・周防・長門・因幡・伯耆・出雲の八ヵ国を成敗する権限を賦与され、評定衆・奉行人を伴って備後に下向した（『師守記』同日条）。この長門探題設置は拙稿「南北朝内乱」にも指摘したように、養子直冬をして師直党の備中守護高南宗継・備後守護高師夏・出雲守護佐々木導誉等の分国を押えさせようとする直義の意図によったと考えられ、且つ現に翌観応元年直冬の離反によって幕府の中国地方統轄は逆効果を来したのである。しかし文和三年の義詮を主将とする中国直冬党征討（第三章第二節一参照）が、直冬党の反撃、京都突入によって中断した後も、尊氏が再び中国地方に対する鎮西管領や奥州管領と同様の広域統轄機関の設置によって直冬党制圧の実を挙げようと構想し、この構想の第一段階が頼之の中国発遣であったと見做して差支えないであろう。但し、現実には山陰諸国および美作のごときは直冬党山名氏の制圧下にあり、周防・長門は九州南軍とも提携している大内氏の支配下にあるため、事実上中国管領頼之が支配力を及ぼしえたのは、上記の備前から安芸にいたる四ヵ国に過ぎなかったものと見られる。しかし、ともかくも頼之の備前より安芸に至る広域支配と前述のような安芸における軍事活動とは、相俟ってかなりの効果を発揮したものの如く、直冬は正平十三年（延文三年）十二月二十九日南党の伊予水軍忽那則平に対して芸州における忠節を賞する旨の感状を下したのを最後に（「忽那文書」坤）、しばらく逼塞するに至り、(7)頼之の直冬党制圧は一段落することとなった。(8)

二　細川清氏の討滅

『太平記』三六によれば、康安元年（一三六一）「中国ノ大将」たる頼之が「讃岐国ノ守護ヲ相論シテ、四国ニヲハスル」ところに、山名時氏・師義以下の攻撃を受けた播磨守護赤松則祐から救援を求められ、「右馬頭大ニ驚テ、九月十日備前ヘ押渡テ後陣ノ勢ヲ待ケルニ、相順フ四箇国ノ兵共、己ガ国々ノ私戦ヲ捨カネテ、大将ニ不レ属、備前・備中・備後三箇国ノ勢ハ、皆野心ヲ含メル者共ナレバ、非レ可レ憑トテ、大将唐河ニ陣ヲ取リ、徒ニ月日ヲゾ被レ送」れ、そのため赤松方の美作倉懸城は十一月四日ついに落城したとあり、事実とすれば頼之は康安元年九月以前に、一時任地を離れて讃岐に滞在していたこととなる。この頼之の行動については明証を得がたいが、讃岐については翌康安二年六月島津貞久入道道鑒が幕府に申状を送り、分国薩摩・大隅両国内の闕所地処分権賦与を求めるとともに、「次讃岐国櫛無保地頭職者、曾祖父左衛門少尉藤原忠義、(忠時)去貞応三年九月七日、為ニ勲功之賞一、令ニ拝領一、知行無ニ相違一之処、近年中国大将細河既典(頼之)(典厩)押領之条、歎勘次第也」(難レ堪カ)云々と申立ててその押領停止を要請している事実がある（『島津家文書』之一、三二二号）。櫛無保はこれよりさき延文元年八月六日義詮が貞久に下した安堵御教書中にも「讃岐国櫛無保上村下村、同公文名、光成名」とあって（「薩藩旧記」前集一九）、貞久の所領であることは間違いない。貞久申状に「近年」というのが何年前からを指すかは明らかでないけれども、讃岐守護であった繁氏の卒去が延文四年（一三五九）頃であることに徴してみても（第三章第一節一参照）、その頃から頼之の讃岐に対する工作が開始されたと見ても差しつかえあるまい。そうとすれば、頼之が康安元年九月讃岐守護職を相論して四国に在ったという『太平記』三六の所伝にもかなりの蓋然性が認められよう。ともあれ、頼之が島津貞久の所領櫛無保の押領等をあえてして讃岐に根拠地を築きつつあったことは疑う余地がない。

なお従来の分国阿波においては、先に細川頼春より同国牛牧庄地頭職を預置かれ、次いで幕府よりこれを宛行われた水軍の将安宅頼藤が（第三章第二節参照）、頼之の中国進出の隙に乗じて離反し、正平十四年（延文四年）七月南朝から備後守に任ぜられ、同年八月阿波国小豆坂以南の攻略を命ぜられるに至った（「安宅文書」）。これに対して、頼之は新開真行をして牛岐（牛牧）庄を領知させたと伝えられ（『富岡町誌』所収「市原系図」、但しこれは真行を直行と誤記する）、守護代新開真行に命じて阿波南部沿岸地帯における南軍の活動の排除に努めたものの如くである（第五章第三節参照）。

「中国管領」として直冬党鎮定の責任を担い、且つ四国に阿波・伊予の守護職を兼ねる頼之が、その上讃岐守護職を競望したと伝えられ、少なくとも讃岐における根拠地獲得を強行しつつあったのは、いかなる理由によるのであろうか。一つには感状授与や所領預置などを通じて在地武士の被官化に努めつつも、一方では幕命を遵奉して彼らの相剋や寺社本所領押領を抑制しなければならなかった頼之としては、自己の分国となってからなお日の浅い備前・備中・備後等については、在地武士の掌握を充分期待しえなかったためであろう。頼之の中国管領としての統制力が管下の国人層に必ずしも充分に貫徹しなかったことは、上掲の備後国津田郷内に関する再三の遵行命令からも窺われるので、『太平記』の説くような事情が現実に存在し、これらの諸国の国人に頼之が軍事的支柱としての期待を懸けえなかったことは事実に相違ないと思われる。

これに対して讃岐は第一章・第二章にしばしば言及したように、建武年間以来、一貫して同族の細川顕氏・繁氏父子の分国であったばかりでなく、既に観応二年父頼春が国人香西彦九郎の軍功を義詮に推挙し、同三年弟頼有が讃岐の軍勢を率いて畿内および四国を転戦し、雅楽・羽床・牟礼等の諸氏の軍忠を義詮に挙進しており、頼之に対する忠節を期待しうる在地武士の一群が養成されていたものと見える。それゆえ頼之が父頼春の跡職として拝領した阿波とともに一族繁氏の遺跡である讃岐を分国として確保しようと計ったのは、あながち無理からぬことであったといえる。

ともあれ頼之はこのように根拠地設定の工作を施しつつあった讃岐において、従兄弟清氏を迎え撃つこととなったのである。清氏が四国に下った翌々月の康安二年三月十二日、将軍義詮は河野通盛に対し「清氏打ニ越阿波国一由事、注進状披見畢、先立度々被レ仰候、早相ニ談于頼之一、可レ致ニ其沙汰一之状如レ件」という御判御教書を下しているので（「古簡雑纂」一二）、義詮が頼之に清氏追討を命じたこと、およびこの追討に伊予の大族河野氏を協力させようと計ったことが明らかである。次いで四月二日、頼之は久枝掃部助入道を使者として通盛に次の書状を送った。

久枝入道（元阿（宥歟））方へ被レ仰之旨、委細承候、然者伊予国守護職幷御旧領事者、不レ有ニ相違一、是等条々定久枝方可レ令レ申（候脱カ）、諸事期ニ後信一、恐々謹言、

康安二年卯月二日　頼之判

謹上　河野対馬入道殿（通盛）

〔「改姓築山河野家之譜」〕

文面から察するに通盛は清氏追討に対する協力の代償として頼之の支配する伊予守護職ならびに通盛の旧領の返還を要求したので頼之はそれらの還付を承諾したものに相違ない。しかし同年七月一日頼之は再び久枝入道を通盛に遣して次のように申入れている。

伊予国守護職幷御旧領御下文等調進之由、雖下期ニ御越一候上、御立之時分可レ然候之間、若就ニ文章事一、掛ニ御心一歟、重テ可ニ申沙汰一候、定不レ可レ有レ煩候歟、其子細久枝掃部助入道令レ申候、恐々謹言、

康安二年七月一日　右馬頭頼之

謹上　河野対馬入道殿

〔同上〕

頼之の申出によって幕府は伊予守護職の改補と旧領の安堵を予約したけれども、即時返還を希望する通盛は頼之に加

勢しなかったので、合戦の時期が切迫した頼之は、通盛に対し幕府への仲介に一層尽力する旨を約して速かな出陣を要請したものの如くである。なお、久枝掃部助入道については、他に所見がないが、後に応安四年三月六日、頼之は河野久枝新蔵人に伊予国弓削島を料所として預置き（「東寺百合文書」ヨ四一―五三）、同年七月、東寺はこの河野久枝新蔵人の弓削島領家職競望の停止を幕府に訴えている（同書と、二三）。久枝掃部助入道はその同族であり、河野氏の支族で頼之の被官となったものであろう。

さて、頼之はこれほどの交渉と譲歩を行ったにも拘らずついに河野勢の援軍を得られず、独力で清氏と決戦を交えることとなった。『太平記』三八「細川相模守討死事付西長尾軍事」の件りには、両者の対戦の模様を委しく叙述している。しかしこの『太平記』の記事には多くの矛盾を含んでおり、信憑性に闕ける点が尠くない。もっとも清氏方には淡路の細川氏春・信氏兄弟、阿波の小笠原宮内大輔（頼清）らが参加して五千余騎に上ったとするが、村手重雄氏所蔵後村上天皇宸翰に、清氏の節は無念だが子息や淡路守護氏春が無為という注進を受けたとあり、氏春の清氏方参戦は事実であった。(9) しかし、『太平記』は頼之方は僅かに備中・備前両国の勢千余騎を主とし兵粮も乏しく脱落者も多かったとする。けれども、数年間にわたる「中国大将」としての活動と讃岐における勢力扶植の上に幕命を受けて清氏追討に当った頼之は、たとい河野氏の加担を得られなかったにせよ、軍勢や兵粮の不足をさして苦慮する必要はなかったものと思われる。一方清氏には、延文二年六月阿波の本領に脱れたという事件などからも父和氏以来の所領が四国に在ったことは窺われるにせよ、敗残の身をかこつ清氏が、頼之の多年にわたる分国経営の進展しつつあった四国で勢力を伸ばす余地は乏しかったに違いない。さらに、頼之は母の禅尼を清氏の陣中に送り、伴って和睦を申入れて清氏を油断させたとあるが、これもいかにも不自然な感じを免れない。

以上のように、この合戦に関する『太平記』の叙述にはあまり信用の置けない点が尠くないので、宇多津に陣した頼之が、戦闘開始に当って、被官新開遠江守真行に西長尾城攻撃の陽動作戦を行わせた結果、清氏は白峯山麓の城中から単騎敵中深く突入して討死を遂げたという戦闘経過の所伝も、どこまで真相を伝えているかは疑問である。(10) 但し新開遠江守はこれより先文和五年（一三五六）二月七日臨川寺三会院領阿波国富吉庄の下地渡付を、頼之から命ぜられていて、頼之の阿波守護代と推定されるから（「臨川寺重書案文」坤）、頼之方に守護代新開の率いる阿波の軍勢が加わっていた蓋然性は濃く、それはむしろ頼之勢の優勢を推測せしめる手掛りとなるであろう。ともあれ清氏の敗死については『愚管記』康安二年七月二十九日条裏書の「伝聞、去廿四日、相模守清氏朝臣、於二讃岐国一被二誅伐一云々、（中略）為二同一族源頼之一〈中国管領右馬頭也〉、被二誅伐一了」という簡単な伝聞記事のみが唯一の当時の記録である。しかしながら、既に中国管領の勢威を有する頼之が、多年培った四国の地盤において敗軍の将清氏を迎え討った以上、勝敗の帰趨は交戦前から殆ど決定的であったというべきであって、清氏敗死の原因は、単に敵陣突入などによる偶然の作用のみではなかったと見做さなければならない。

三　中国管領罷免と四国の守護兼帯

頼之が讃岐に在陣して清氏討滅に当った隙に、直冬党山名時氏は伯耆を発して美作を侵し、子息師義の率いる軍勢を備前・備中に派して両国を席捲し、傍ら部将富田直貞を出雲から備後に派したと伝えられ（『太平記』三八）、次いで直冬自身も再び行動を開始し、貞治元年十一月安芸の吉川経政等を従えて備後府中に進出した（註(7)参照）。そこで将軍義詮は同月若狭守護石橋和義に命じて三河・遠江両国軍勢と呼応して丹波に発向させ（「東寺百合文書」ゑ一六―一二、同月十八日将軍家御教書案）、他方備後国人三吉河立式部大夫には翌貞治二年（一三六三）閏正月十二日「中国凶徒対治事、此間忠節之由所二聞召一也、尤神妙、弥可レ積二戦功一、頼之渡海之後、就二注進一、重可レ有二其沙汰一之状如レ件」という御感御教書を与えており（「根津嘉一郎氏所蔵文書」）、ここに頼之は直冬党追討のため中国に再進出を命ぜられたことが判る。

今回は頼之が中国にどの程度兵を動かしたか分明でないけれども、まもなく同年春の頃大内弘世が幕府方に復帰し

（「旧典類聚」一一上「山田聖栄自記」所収貞治二年五月二日付島津師久申状、『太平記』三九）、山名時氏も同年九月までに義詮に帰順したため、直冬は孤立状態に陥って備後を没落し（註(7)参照）、ここに観応元年以来の直冬党の反乱は完全に鎮定された。大内氏の帰参については頼之の勧誘によるという説（「歴代鎮西誌」九）、山名氏の帰服は義詮が諸将の意見を用いて一色詮光をして勧めしめたためという説（「但馬村岡山名家譜」）、或いは頼之が義詮に進言し家臣を時氏の許に派して勧説した結果という説がある（「山名家譜略纂補」）。これらは何れも後世の所伝で確実性に乏しいけれども、これまでの頼之の中国管領としての地歩からしても、彼が両者の勧降に関与した可能性は否定できない。

ともあれ、幕府はここに直冬党追討という中国地方に対する最大の戦略目標をほぼ達成したが、しかしこれと同時に誘降した大内・山名両氏の強大な実勢力を容認せざるをえず、大内弘世には周防・長門両国を、山名時氏父子には丹波・丹後・因幡・伯耆・美作の五ヵ国をそれぞれ分国として与えることとなった(11)。そこでこの機会に足利一門の中国管領を以てする広域支配の方針は放棄されたと覚しく、頼之の中国地方における活動は、貞治二年八月二十四日付幕府引付奉書によって備後国小童保の押領人排除の遵行を命ぜられたのを最後に（前項A(8)参照）、中国地方における活動が見出せなくなり、代って備前は守護赤松則祐が（「東寺文書」射九―一〇、貞治二年十二月二十四日付幕府引付奉書等の宛所「赤松律師御房」）、備中は守護宮兼信が（「東寺百合文書」え二七―三二、貞治三年九月十四日付幕府引付奉書案、「前田家所蔵文書」石清水八幡宮文書、同年十月十四日付幕府引付奉書等の宛所「宮下野入道殿」）、それぞれ遵行命令を受けることとなった。さらに貞治四年二月五日の義詮御判御教書による春日社造替料諸国棟別銭配符（註(11)所引『春日神社文書』）の備前・備中の分もそれぞれ赤松則祐・宮兼信宛となっており、同じく備後国の分も同国守護細川頼有宛に発給されている。それゆえ、ここに頼之は中国管領を解任されたと推定される。その時期は右の山名氏帰参、直冬没落の時期や備前守護宛引付奉書の上限等を勘案すると、貞治二年九月より同年十二月までの間と推定される。

さらに貞治四年秋渋川義行が鎮西管領に任ぜられたのに伴い備中・備後両国は義行の分国となり、貞治五年正月十九日義行が備後国小童保の押領人排除、下地渡付を被官（守護代か）尾崎加賀守に命じたのを初見として（『大日本史料』第六編之二七、同日条所引「八坂神社文書」二、渋川義行書下）、義行の在職徴証が現れ、かくて頼有も在職約十年にして分国備後を喪失するに至った。あたかも、嘗て観応擾乱以前から有力な直義党として忠実な尊氏党の細川頼春等と対立していた足利（斯波）高経が、康安二年（貞治元）七月以来、若年の子息義将を幕府執事に据えて自ら幕府の枢要に参画し、管領と称せられているので（第二編第三章参照）、今回の頼之兄弟の中国管領・備後守護喪失の蔭に、頼之の勢力拡大を悦ばない高経の策動が働いたと推察しても、あながち無理ではなかろう。また山名時氏が斯波高経の有力な与党となったことや、貞治六年頼之の幕府執事就任に独り時氏が反対したという風説等によって見れば、時氏が復帰に当り頼之の管轄下に入るのを嫌い、高経に働きかけて頼之の解任を要求した結果という想定も可能となる。

しかしながら、中国における活動が消滅する代りに、四国においては以下の如く頼之の守護としての在職活動が、従来の分国阿波・伊予両国のみでなく、讃岐・土佐両国にまで拡大する。讃岐については、上述の清氏討滅の前月に当る康安二年六月の島津貞久申状を受けた義詮が、同年十月十七日貞久に下した御判御教書に「次櫛無保事、急速可ㇾ仰二付讃岐国守護一也」と述べ（『島津家文書』之一、三二三号）、続いて頼之に次の書状を下して櫛無保返還を命じている（同文書之一、六一号、押紙の年号は誤り）。

島津上総入道々鑒申讃岐国櫛無保地頭職事、道鑒於二鎮西一近日殊抽二軍忠一之処、譜代旧領違乱出来之由所二歎申一也、不便事候歟、無二相違一之様可ㇾ令二計沙汰一哉、謹言、

（押紙）「文和四」（貞治元年）十一月二日　（義詮）（花押）

細川右馬頭殿（頼之）

これにより頼之の貞治元年十月現在の讃岐守護在職を推定しうる。補任の時期としては、(a)同国守護細川繁氏卒去後まもなくの後任人事、(b)頼之に対する清氏追討命令に伴う措置、(c)清氏討滅の恩賞、という三者が想定できるけれども、

康安元年に頼之が「讃岐守護ヲ相論」して四国に在ったという前掲『太平記』の記事、および前掲島津貞久申状が頼之を指して「中国大将」と称し、讃岐守護とは呼んでいないことを考え合せると、(a)および(b)の可能性は乏しく、(c)が最も蓋然性に富むと思われる。

それより、貞治五年、幕府管領に起用されるまでの、頼之の讃岐における活動の事例は次のように多岐にわたっており、頼之が新たな分国讃岐の経営に力を注いだ状況が看取される。(12)

A　所務の遵行

(1)　貞治二年八月二十四日、幕府は引付頭人（斯波義高）奉書を頼之に下し、祇園社領讃岐国西大野郷に対する近藤国頼の押妨を停止し下地を社家雑掌に渡付させた（『八坂神社文書』下、二〇三三号）。

(2)　貞治四年十二月十三日、義詮は御判御教書を頼之に下し、讃岐国葛原庄・堀江津両所公文職に対する地下弁に諸方の違乱を退けて下地を竹夜叉丸に渡付させた（『細川家文書』中世篇一〇八号）。

B　棟別銭賦課

貞治四年二月五日、義詮は御判御教書を以てする棟別銭徴符を頼之に下し、阿波・讃岐・伊予・土佐四ヵ国分の春日社造替棟別銭を沙汰させた（『春日神社文書』第三、本社文書補遺一号）。

C　感褒

貞治四年四月二十三日、頼之は讃岐国人由佐秀助に感状を与え、同国安原城における合戦の忠節を賞した（「由佐文書」）。

D　所領預置

貞治五年十二月三十日、頼之は讃岐国人由佐又六に預ヶ状を下し、同国井原庄内御寺方半分を預置いた（「由佐文書」）。

E　禁制

貞治二年四月六日、頼之は讃岐国宇多津西光寺に禁制を与え、軍勢甲乙人の濫妨、竹木伐採、寺領への陣所設置等の非分を戒めた（「諦観山西光寺略記」所収細川頼之制札写）。

F　寺領安堵

貞治二年九月二十八日、頼之は讃岐国宇夫階歓喜寺に安堵状を下し、寺領同国土器保田所職又次郎入道跡を安堵した（「京都大学所蔵文書」）。

なお「紫雲山極楽寺宝蔵院古暦記」には、頼之が貞治三年三月、大内・寒川・三木・山田・香川五郡の人夫を徴発して長尾（現大川郡長尾町）の八幡池を築き、寺社領の用水に充てたという伝承が記されている。周知のように降水量の少ない讃岐では池堤の築造が灌漑に不可欠の要件であるから、この伝承も頼之がこの分国に実施した開発事業を反映しているのではあるまいか。

次に土佐については、右のBに挙げた貞治四年二月の春日社造替棟別銭徴符によって、頼之が阿波・讃岐・伊予とともに土佐の守護を兼帯していることが確認される。この国も先には讃岐と同様細川繁氏が守護であったので（第三章第一節一(ロ)参照）、頼之の分国となったのは繁氏の死後であるに相違ない。右の徴符以前における頼之の在職所見を欠くので、補任の年次をより明確にし難いが、右に述べた讃岐の事例より類推すれば、やはり清氏討滅の勲功として補任された公算が大であろう。但し中国管領の代償という想定も可能である。

ともあれ頼之は中国管領解任と相前後して四国における分国が二ヵ国から四ヵ国に増加し、四国全域を分国とすることとなった。元来、中国発遣はむしろ頼之の意向に反して尊氏が厳命したものであり、一方中国統治の傍ら頼之が讃岐に進出してその守護職を競望したと認められることは前述の如くである。四国は建武三年以来ほぼ一貫して顕氏・頼春等の細川一族が培ってきた支配基盤であったから、頼之としては、むしろ国人の向背が定まらず且つ主として他氏の各国守護の存在する山陽諸国の広域支配を抛棄してもなお余りある価値を、四国全域支配に認めることが出来たことであろう。この頼之の全四国一括支配は「四国管領」（「後愚昧記」応安四年四月一日条）ないし「四州総轄」（「普明国師語録」永徳三年九月春屋妙葩拈香仏事法話）と呼ばれている。この四国管領という称呼は、それまでの「中国管領」に倣った一種の俗称であって、決して四ヵ国守護職兼帯以外に何等かの特別な権限を賦与されたとは認められないけれども、彼が中国統治の責務から解放されて、かねて念願の四国経営に専心するに至ったことは、中国管領から四国管領への遷任という印象を世人に与える結果となったものと思われる。なお淡路は先に細川師氏からその嫡子氏春に相伝された分国であって（第三章第二節二参照）、上記の春日社造替棟別銭徴符の淡路国の分も氏春宛に下されているので、貞治四年二月現在も引続き氏春が守護に在任していることが明らかであり、この淡路を加えると当時の細川一族は地域的に連続する五ヵ国を分国として確保したこととなる。

従前の分国阿波については、右の棟別銭徴符の外には当時の頼之の在職活動の証左は乏しいが、亡父頼春の追善のため阿波秋月に光勝院を創建し、貞治二年二月二十日春屋妙葩を請じて頼春の十三回忌法要を営んだ事実からも（「普明国師陞座法語」「智覚普明国師語録」）、守護所秋月を中心として阿波の経営を順調に進めていたことが窺われ、同国の南党小笠原頼清は細川（頼之）の計策によって将軍方に帰順したと伝えられる（「予陽河野家譜」三）。[13]

今一つの分国伊予には、頼之は河野氏攻撃の軍事行動を展開している。前述のように河野通盛は、頼之の伊予守護職ならびに旧領返還の予約と幕府への仲介にも拘らず、清氏追討への協力要請に応じなかったし、その後も頼之の伊予支配に抗して自立の形勢を保ったものと思われる。そこで頼之は河野氏の打倒を決意し、貞治三年（一三六四）九月下旬大軍を以て讃岐から伊予に進攻して通盛の嫡子通朝を桑村郡世田山城（現周桑郡内）に包囲し、十一月六日これを陥れ、通朝を自刃させた。あたかも通盛は同月二十六日病歿したが、通朝の遺子通堯（のち通直と改名）は果敢に反撃し、翌貞治四年正月温泉郡湯築城に頼之の部将細川天竺禅門を仆した。しかし頼之は同年四月道後に進攻して河野氏の本城高縄山城を囲み、河野一族多数を降した。通堯は能美島に逃れて南党得能氏に頼り、南朝に帰順して大宰府に赴き征西将軍懐良親王に謁し、次いで本領・惣領職等安堵の後村上天皇綸旨を賜り、九州南軍の庇護下に本国伊予の奪還を志すに過ぎなくなった（「予陽河野家譜」「改姓築山河野家之譜」「予章記」）。貞治五年十二月八日、頼之は伊予の府中八幡社・伊賀那志社・能寂寺およびその寺領における殺生・竹木伐取を戒める禁制を与えており（「能寂寺文書」）、伊予の経営も進展するに至ったものの如くである。

かくて河野氏覆滅の結果、頼之の四国全域一括統治は名実ともに達成された。ここに彼は貞治六年九月上洛し、次いで将軍義詮の遺嘱により幕府管領に就任し、幼少の将軍義満を後見して幕政を運営することとなるが、叙上の直冬党制圧・細川清氏覆滅ならびに四国全域統治の実績がこの異例の抜擢の要件となったことは論を俟たないであろう。

註

（1）文和五年二月十七日義詮は安芸の小早川貞平に対し「直冬没落芸州之由注進状披見了」云々という御判御教書を下し、一族を催して誅伐すべきことを命じており（『小早川家文書』之一、小早川家証文二七号）、他方直冬は同年（正平十一年）三月九日伊予の忽那神浦義範に対し「所下著芸州也、急速馳参、致忠節者、本領不可有相違之状如件」という軍勢催促状を下しており（「忽那文書」坤）、直冬の安芸下着によりこの方面に戦機を孕んだ状況が窺われる。

（2）笠松宏至氏前掲論文四三六—四三七頁参照。

（3）なおこのほか『萩藩閥閲録』一二一—一二四に延文四年十二月五日石見の井尻又次郎の来属を賞した源某感状写があり、「源判」の署判には「細川相模守清氏」という註記が加えられているが、『大日本史料』第六編之二二同日条はこの署判に「頼之カ」と傍註して、頼之の事績とする綱文を立てている。しかし当時頼之の活動が石見に及んだ例は他に見られず、また石見には文和元年以来足利一門の荒川詮頼が発遣され、井尻八郎太郎に対する地頭職安堵などを行っている（『萩藩閥閲録』同上巻）。それゆえ井尻又次郎宛の感状も詮頼の発給のものである蓋然性が大きいので、本稿では頼之の事績に加えない。

（4）『東寺文書』之二にはこの奉書案の年を延文五年としているが、影写本を検するに「延文元年」とある。なお『大日本史料』は第六編之二〇に延文元年として正確に掲げている。

（5）鎌倉時代における武田氏の安芸守護在職については佐藤進一氏『増訂鎌倉幕府守護制度の研究』一七一—一七四頁参照。次に、武田信武の安芸守護在職は多くの証左があるが、貞和元年（一三四五）十二月十七日直義が東寺領安芸国三田郷年貢に関する東寺雑掌光信と同庄地頭市川助行との相論に対して下した裁許状において、武田伊豆前司即ち信武の執進めた行頼の同年九月六日請文を証拠として、助行に建武四年以来の抑留年貢究済を命じたことが（「東寺百合文書」マ一―二〇）、管見に触れた信武の在職徴証の下限である。なお、そののちも貞和四年二月日吉川実経の和州平田参陣を報じた着到状に信武が証判を施しているように（『吉川家文書』之二、一〇五一号）畿内に上った安芸の軍勢は信武が指揮しているが、康永元年（一三四二）六月二十三日吉川辰熊丸（実経）代須藤景成の石見における合戦に関する軍忠状、観応元年（一三五〇）七月二十七日同じく実経の安芸における戦功を述べた軍忠状には何れも武田氏信が証判を施しており（同文書之二、一〇五〇号・一〇五二号）、守護職相続の前後にかけて在国していたのは氏信である。

（6）川添昭二氏「鎮西管領考」（『日本歴史』二〇五・二〇六号）、遠藤巌氏「奥州管領おぼえ書き」（『歴史』三八輯）参照。

（7）田中義成博士『南北朝時代史』九二頁には、その後の直冬の動静を「其後形迹杳として詳かならず」、と説き、応永七年（一四〇〇）石見で卒去したという所伝のみを記している。しかし正平十七年（貞治元年、一三六二）頼之が讃岐に渡って清氏と対戦した虚に乗じて直冬は再び活動を開始し、次のように頽勢挽回に努めている。即ち某人は同年十一月二十七日吉川経政の備後府中まで供奉した旨の着到状に証判を施し（『吉川家文書』之二、一〇九六号）、直冬は翌正平十八年八月三日吉川経秋に御教書を下し「当方既所ニ打立ニ也」と述べて従軍を促し（同文書之一、二二四号）、次いで十月十四日、吉川山城守に備中草壁郷地頭職を勲功の賞として宛行った（同文書之二、一〇九七号）。他方同年（貞治二年）九月十日義詮が小早川美作守（春平）に「直冬没ニ落備後国ニ子細、注進状披見訖」云々という御教書を下している（『小早川家文書』之一、小早川家証文二八号）これらの事実により、『太平記』三八の南党蜂起に乗じて直冬が石見から備後に進攻し、幕軍宮氏信らと戦って敗退したという叙述が裏付けられる。さらに直冬は同年十月二十九日吉川経秋を土佐守護に補任し正平十九年二月一日経秋に長門・出雲の所領を勲功の賞として宛行い（同文書之一、二二〇号）、同年四月十六日吉川経兼の安芸・石見の所領を安堵し（同文書之二、一〇一一号・一〇一二号）、同年五月十八日吉川虎熊に安芸の所領を、正平二十年三月六日吉川光経に周防の所領を、正平二十一年十二月八日吉川讃岐守に備後・備中・石見の所領をそれぞれ勲功の賞として宛行っている（同文書之二、一〇五五号・一〇八〇号・一〇九八号）。但し、もはやこれらの守護職補任や所領宛行は殆ど実効性を伴わないものであった。

（8）なお「宝篋院殿将軍宣下記」によると、延文三年十二月二十二日義詮が将軍宣下御礼に参内した折の先駆三十騎の先頭として「（左之先）細川右馬頭頼之　（右之先）畠山治部丞持国」とあるが、右の先を畠山持国と記すのが誤りであるのを始め、記載する人名には事実と齟齬するものが多い。のみならず、義詮の将軍宣下（同月八日）以後初度の参内は、翌延文四年二月十七日以後の事実であり（『園太暦』同年二月五日・十七日条)、この将軍宣下記が全く信ずるに足りない偽書であることが判明する。

(9) 村田正志著作集第一巻『増補南北朝史論』第四章参照。なお氏春は延文六年(一三六一)までと貞治三年(一三六四)以降に淡路守護在職の徴証を残している(第三章第二節二、第五章第一節二参照)。さらに応安元年(一三六八)四月の将軍義満の元服に打乱箱・陪膳の役を勤め(「花営三代記」『鹿苑院殿御元服記』)、同六年には南軍追討の大将に起用されている(「花営三代記」)。

(10) 「武家年代記」に清氏を「康安二・七・廿四、於讃州白山(ママ)討死」とし、故実叢書本『尊卑分脉』に「貞和(治)元年七月廿四日於讃岐白峯討死」とする等は、『太平記』の影響を受けた記述かも知れないが、鎌倉時代以来讃岐守護所が宇多津付近にあり、頼之が康応元年(一三八九)将軍義満の厳島参詣に際し、往復とも宇多津に義満を招じている事実など(註(12)参照)から判断しても、頼之と清氏の決戦がこの付近で行われたという所伝は信用してよかろう。なお白峯西麓の坂出市林田町の水田の一角には、清氏とともに討死した被官三十六人を埋葬したという「三十六」と称する伝承地がある(拙著『細川頼之』八〇頁参照)。

(11) 大内弘世の周防守護在職は、貞治三年七月四日付引付奉書(「東寺百合文書」ノ一—八)の宛所を始め同年九月十七日付義詮御判御教書(「前田家所蔵文書」東福寺文書)、同年十二月十四日付引付奉書案(「東寺百合文書」ゐ一—一五)、貞治四年二月五日付春日社造替料諸国棟別銭徴符(『春日神社文書』第三、本社文書補遺一号、将軍家義詮御判御教書案)の各宛所等により、同じく弘世の長門守護在職は右の棟別銭徴符により確認される。また山名一族については、貞治三年七月七日付山名氏冬遵行状(「雨森善四郎所蔵文書」)によって氏冬の丹波守護在職、貞治三年十一月十五日付引付奉書(『東福寺文書』之二、四八八号)の宛所によって時氏の因幡守護在職が知られるが、まもなく時氏・氏冬父子の間で丹波と因幡の守護職が交換され、上記の棟別銭徴符によれば時氏が丹波・伯耆両国守護、師義が丹後守護、氏冬が因幡守護、時義が美作守護であり、父子兄弟で互いに相接する五ヵ国を分国としたことが確認される。

(12) なお讃岐守護所は、鎌倉時代仁治四年(一二四三)当時は、同国国府より約二里の海浜、東に孤山、西に遠島を望見する地に在った事実から(「南海流浪記」)、宇多津付近と推定しうる。宇多津には、細川顕氏建立の長興寺の廃址という伝承地があるのみならず(「讃岐国名勝図会」)、『太平記』三八に、清氏と対戦した際の頼之の陣を宇多津とし、その居館址伝承地もある(「讃岐国名勝図会」)。さらに頼之は管領退任後、至徳二年(一三八五)秋、宇多津の旦過庵主明了なる僧を派して絶海中津を摂津から讃岐に招聘したと伝えられ(『勝定国師年譜』)、事実、康応元年義満の厳島参詣に当り、頼之は宇多津に義満を迎えて歓待し、伴船に乗って厳島に同行し、帰路も義満は宇多津に寄港した(「鹿苑院殿厳島詣記」)。これらの例証によって頼之が宇多津に守護所を置いていたことを推定しうる（拙著『細川頼之』九五―九六頁参照）。

（13）阿波の秋月は既に『和名類聚抄』所載の郷名にあり、十三世紀末ないし十四世紀初頭の「足利氏所領奉行番文」（「倉持文書」）に「秋月庄」の記載があって、鎌倉後期には足利本宗所領の荘園であったことが知られ、やがてこの地出身と思われる秋月太郎兵衛尉は細川顕氏の讃岐守護代となった（第一章第二節二参照）。また、秋月には細川和氏が建武年間居城を築いたといわれ（「細川三将略伝」）居館伝承地が現存する（『土成村史』）。のみならず和氏が暦応二年（一三三九）建立し、次いで阿波安国寺に定められた補陀寺（「夢窓国師語録」「夢窓国師語録拾遺」「阿波志」、第一章第二節一参照）は秋月にあり、頼之は本文に述べた光勝院の外、管領退隠後宝冠寺を同じく秋月庄に建立し絶海中津を開山に請じた（「仏智広照浄印翊聖国師年譜」）。且つ嘉慶元年（一三八七）頼有の嫡子松法師宛譲状の第一筆に「一ぁハあきつきの三ふん一、ほんりやう」とし（『細川家文書』中世篇、六号）、頼有の阿波における本領が秋月庄三分一であったことが判り、おそらく頼之の本領が三分の二を占めたと推測される。これらの諸点から、秋月に阿波守護所が置かれて、同国経営の中心をなしていたことが推定される（拙著『細川頼之』九二―九三頁参照）。

第二節　室町幕府管領制成立の前提

細川頼之の管領就任とその幕政運営を考察するに先立ってまず検討すべきものは、頼之以前の歴代の幕府執事ないし管領の権限・機能の変化であろう。室町幕府の権力機構に関する研究は近年著しい進展を見たとはいえ、幕府機構の中で頗る重要な機能を発揮したと思われる管領については、その成立過程も機能自体もなお必ずしも分明でないように思われる。室町幕府制度の中に管領制という制度史的視点を設定された佐藤進一氏は、この管領制における管領の地位を、いわば「主従制的支配権の側面での将軍の代官」である執事と「将軍の統治権的支配権に属する裁判その他諸機関を総轄」する「政務の長官」とを併せた地位と規定され、この地位の成立した理由を幕府開創期の二元的官制体系がその後次第に一元的に統轄されたことに求め、管領制成立の時期を「義詮の晩年一三六二（貞治元）年」すなわち斯波義将の第一回就任時にあるとされた[1]。この所論は室町政権の研究に新たな研究視角を開いた周知の二元的官制体系論[2]に基づく優れた洞察であるが、執事と管領との権限の差異を具体的に論証された上での立論ではない。そのためか、管領制成立の時期については、他にこれを延文三年（一三五八）の細川清氏就任時とする村尾元忠氏、康暦元年（一三七九）の斯波義将再任時とする桑山浩然氏等の説が出されているが、(3)いずれも論拠は必ずしも明確に示されていない。

そこで管領制の成立過程を明らかにするためには、先ず南北朝時代における歴代の執事ないし管領の地位の変化を将軍の支配権との相関関係において究明することが必要となろう。(4)その場合、彼等の将軍に対する日常的な意見具申の重要度や幕府評定における政策決定への影響力等を確かめることは史料的に大きな制約があるので、主として残存する発給文書・受理文書等を手掛りとして権限の変化を推測するという方法を採らざるをえないが、これも地位・権限の変化を探るための有効な一手段となりうると考えられる。

南北朝時代の執事・管領の権限については拙稿においても既に多少関説したが、(5)最近高師直の権限については森茂暁氏が、(6)また仁木頼章のそれについては小要博氏ならびに森氏が論及されたので、(7)本節では両氏の所論を参考にしつつ、改めて高師直から頼之の前の足利（斯波）高経・義将父子までの歴代執事・管領の権限変化を辿り、管領制成立の時期を確定するための一つの前提としたい。なお本節の付表は、目下の管見の限りでの執事・管領等の発給文書の数量を内容別・年次別に示した一応の目安に過ぎないが、趨勢を窺うための参考資料として付載するものである。

一　高師直の職権活動とその権限

管見に触れた初代の執事高師直の発給文書百九十四通から書状・書下・証判を除くと奉書形式の文書百五十三通を得るが、そのうちに施行状が八十四通あって、奉書の過半数に及んでいる（第2表参照）。(8)これらの施行状のなかには院宣の施行（「春日若宮社記録」）、事書の施行（『上杉家文書』之一、一七号）、および直義の寄進状に基づく施行（『金剛三昧院文書』〈高野山史編纂所編『高野山文書』五〉一六〇号）各一通を検出しうるが、大多数は尊氏の宛行・預置・寄進等に基づくものと推定される。これは当時の執事の最も主要な職権活動が、尊氏の掌握する行賞権ないし所領分与権の具現・貫徹を計るための守護・使節等に対する実施命令の機能にあったことを示すと思われる。他方師直に宛てて管下・配下武士の恩賞申請等を挙申した関東執事・奥州管領・鎮西管領・守護・国大将の吹挙状の所見が十六通あるほか、[9] 師直自身暦応三年（一三四〇）五月二十日今川頼貞に宛てて院林了法の軍忠状に証判を与えたことの実否を問う奉書を発給している（『醍醐寺文書』之一一五号）。それゆえ師直は執事として行賞の実施命令を下すに止まらず、恩賞方頭人を兼帯して、[10] 行賞申請の受理・審査の責任者となり、尊氏の行賞権に深く関与していたと見られる。

以上の宛行・預置・寄進等の施行と恩賞挙状の受理・恩賞審査のほか、師直の奉書を通じて窺われるその職権活動は、諸国武士に対する警固命令・料所預置、寺社に対する社領安堵・造営用途賦与・殺生禁断等の通達、諸国守護・使節等に対する所務の遵行命令、および公事課役・運送年貢・関務等に関する種々の遵行命令など頗る多岐にわたっている（第2表参照）。師直がこのように広汎・多岐な政務に関係している事実は、確かに森氏の指摘のごとく、彼の足利家家宰としての本源的性格に由来すると見ることができよう。[11] とはいえこれらの奉書中、国人・寺社等に宛てたものは僅か数通ずつを見るに過ぎず、大多数は施行状と同様に守護・使節等を宛所とする遵行命令である。このことは当時の執事師直の権限が単に足利家の家宰としての私的性格に止まるものでなく、将軍家の意思の公的な伝達・実施命令の機能を主とするものであったことを意味すると思われる。且つ建武四年八月丹波守護仁木頼章が、祇園社前執行顕詮が朝敵として被官人を戦わせながら院宣を掠め賜って二番引付において丹波国内の所領を安堵されたことを不当として訴え（「古文書録」）、貞和二年四月越中守護桃井直常が、越中国太海・院林両郷地頭職を三宝院が支え申すため院林了法に打渡しえない旨を注進し（「三宝院文書」二）、貞和四年十一月奥州管領吉良貞家（カ）が、陸奥国好島庄帖絹を預所伊賀盛光連戦中のため弁済が困難である旨を注進したのは（「飯野文書」）、いずれも師直宛である。また、前右大臣菊亭兼季（沙弥宣証）は、建武四年九月、十二月、五年閏七月、暦応二年十一月、三年七月、四年九月にそれぞれ院宣の副状を師直に送って、最勝光院領、高山寺領、三宝院領、金剛三昧院領、春日社領、法観寺末円福寺領についての濫妨停止・年貢関料究済等を依頼している（「東寺百合文書」ゐ一―一五、「高山寺文書」、「三宝院文書」第三回採訪、『金剛三昧院文書』一四三号、「春日若宮社記録」、「法観寺文書」）。これらによっても、執事師直が所務沙汰に関する守護の注進や朝廷の幕府宛通達などの受理とそれらの尊氏への取次を職掌の一つとしていたことが明瞭である。

したがって、師直のこれらの職権活動を通じてわれわれは当時の尊氏・直義と師直との権限関係について次の二つの推測を下すことが可能となるであろう。その第一は、尊氏・直義の自判の文書に拠る限りでは、尊氏は恩賞給付の最終的認定権以外を殆ど直義の裁量に委ねたかの如くであるとしても[12]、執事師直の職権活動を通じて、尊氏は幕命執行機関としての性格を有する守護・使節等に対する将軍自身の命令権を保持していたと見られることである。その第二は、師直の職権は尊氏の直接掌握する行賞権等にのみ関るものでなく、直義の管轄下に属する所務の遵行命令を含んでおり、それゆえ師直は直義の所務沙汰裁決権に関与する機能をも有していたと判断されることである。

但し右の第二点に関連して留意すべきことは、師直の発給した遵行命令のうち、引付奉書と同内容・同形式の濫妨停止・下地渡付命令[13]は、施行状のように建武二年以降の活動期間を通じてほぼ均等に見られるものでなく、幕府開創当初の建武三・四年（一三三六—三七）と貞和元年（一三四五）より観応元年（一三五〇）にいたる六年間とに殆ど集中して現れるという事実である[14]。なおこの間に師直の発給した濫妨停止・下地渡付の一連の遵行命令が暦応元年（一三三八）十二月二十七日付と同四年（一三四一）閏四月二日付の二通存在するが（『島津家文書』之一―二九九号ノ内）、この二通は当時までは仁政沙汰の所管事項に属した恩賞地の知行権回復の訴訟に関するものであって、引付奉書とは別系統の特殊裁判による遵行命令と判断される[15]。そこでこの二通を除外すると、師直の発給した引付奉書と同一内容の遵行命令は、管見の限り建武四年七月二十三日付二通（「前田家所蔵文書」古券書、「三宝院文書」第二回採訪一）から康永四年（貞和元年）七月十八日付（「中条文書」）まで九年間が空白状態となる。したがって師直は当初引付頭人を兼ねたが、一旦その兼任を解かれ、やがて再び頭人を兼帯したもので、彼のこれらの奉書は引付奉書と見做されるという推測が可能となる。さらにこの推測を裏付けるものは、佐藤進一氏の分析された「結城文書」一所収の康永三年（一三四四）の引付方編成替えであり[16]、同年三月二十一日付の五番制引付方の編成表には師直の名が見えず、これと併記された新設の三方制内談方の編成表に彼が一方の頭人として記されている事実である。しかも同年九月十七日付の直義の裁許状には紙継目裏に師直の裏判があって（『大徳寺文書』之四、一六二八号）[17]、師直の所務沙汰に関する活動の再開が立証され、貞和二年閏九月二十七日の幕府追加法に「一方内談武州方」（『中世法制史料集』第二巻、追加法二〇条）、貞和三年三月十七日の下知状奥書に「三方内談時一方武蔵守師直」とあって（「中条文書」）、内談頭人としての活動が跡付けられる。なお貞和五年八月政変に伴い内談方が廃止され、五番制引付方が再び編成されて職務活動を再開したが[18]、師直発給の所務の遵行命令は翌観応元年（一三五〇）四月にも見出されるので[19]、彼はこの再編成とともに引付頭人に転じて引続き所務沙汰に関与したと判定される。

以上のように師直は概ね建武四年後半までと康永三年前半以降とに限って引付ないし内談の一方の頭人を兼帯し、その兼任中に限り引付（内談）奉書を発給したと推定しうる。森氏は「執事は引付頭人の機能をあわせもつ職制」[20]と説かれるが、右の理由からこの見解には従い難く、執事と引付頭人の地位・権限はあくまで別個の職制に属するものであったと見做さざるをえない。

ところで、上島有氏は尊氏・直義の権限区分に関連して、開幕当初は「所務沙汰に関する権限は尊氏が握っており、その執事という資格で師直が遵行命令を発し」たが、建武四年前半に所務沙汰の権限が直義に委譲され、次いで「同年七月頃に引付方が設置され、それにともなって引付頭人奉書が発給されるようになった」として、建武三年より同四年にいたる師直の引付頭人兼帯を否定された。その論拠は、(1)建武四年七月以前における所務の遵行命令の所見は、同三年十二月二十二日付の沙弥某奉書案一通を除き、すべて師直の発給したものである。(2)それらの師直の遵行命令中、建武五年七月の水本僧正坊雑掌行秀申状の具書案として伝わる二通は、院宣と尊氏の御内書を承けたもので、案文に

「執事御施行」という端書があり、行秀申状の本文にもその旨が記されている。(3)引付の史料上の初見は建武四年八月を遡らない、というにある。(21)

しかし上島氏の所説を肯定するためには、少なくとも次の二つの問題点が解決されなければならないと思われる。その第一は建武四年七月頃まで引付方が設置されなかったとされる理由である。周知のように鎌倉幕府の引付方は頗る発達した機構と複雑な手続を備えるに至った所務沙汰機関であったし、(22)建武政権も発足後二ヵ月にして早くも引付方の機構・職員を多分に継承した雑訴決断所を開設して、紛糾する所務相論の審理・裁決に当ろうとした。しかるに室町幕府の引付方設置が尊氏の京都周辺制圧の後一年余、建武式目の制定からでも八ヵ月後であって、その間の所務沙汰の処理が専掌の機関によらず執事の手に委ねられていたとすれば、そこには何等かの重要な理由がなければならなかった筈である。「柳営」を復置し「逐二武家全盛之跡一」うことを『建武式目』の冒頭に掲げ、評定衆・守護職の職名も同式目中に見え、また政所・問注所・恩賞方・安堵方等の設置も建武三年中にあったと推定されている。(23)このような主要諸機関の迅速な設置に対して、独り引付方の設置のみがかくも遅れたとする理由は見出しえないのである。

第二の問題点はより具体的なものであって、師直と併行して幕府開創後まもなく現れる所務の遵行命令の発給者の地位を如何に解するかである。この師直と並ぶ発給者の一人は、上島氏が「唯一の例外」とされる建武三年十二月二十二日付奉書案の発給者沙弥某である（「三宝院文書」一）。この奉書案は様式も引付奉書と全く同一であり、内容は越中国院林・大（太）海郷の濫妨停止・下地渡付を同国守護吉見頼隆に命じたものであり、守護使二名連署の打渡状と頼隆の請文との正文が現存し（同上）、遵行実施の事実も確認される。様式・内容・効力ともにこの奉書が引付奉書と何等異ならないことは明らかである。しかもいま一人の同様な発給者が管見に触れる。それは建武四年二月十三日付奉書の発給者中務少輔某であり（『金剛三昧院文書』二六号）、この奉書は、請文の提出を求める文言や使節緩怠を戒める文言を欠いているものの、播磨国在田上庄の濫妨停止・下地渡付を同国守護赤松円心に命じたものであって、内容的には一般の引付奉書と選ぶところがない。且つ守護円心・赤松義房（守護代か）・僧賢中（又守護代か）の各遵行状が存在し（同上二四・二五・二七号）、奉書の実効性が確認される。この二名の発給者中、沙弥某の方は奉書の正文が見えず、中務少輔はその花押が他に所見を得ないので、ともに誰に比定すべきかは分明でないが、少なくとも後者はその官途名から推察するに、おそらく奉行人層ではなく有力な大名の家系に属するものであろうと思われる。ともあれ、建武三年末から同四年初めにかけて所務の遵行命令の発給者が師直以外に少なくとも二名存在したことは事実であって、この二名の地位を単に例外的な、または何等かの臨時の職掌と解するよりは、師直と並ぶ引付頭人と見る方がより合理的と考えられる。この推測に立つ限り、上島氏の論拠(2)は、たといその二通の師直奉書が特に院宣に基づく尊氏御内書を承けた施行としての性質を帯びる遵行命令であることを示すとしても、他の所務の遵行命令が引付奉書であることを打消す材料にはなりえない。蓋し引付方の設置が尊氏から直義への所務沙汰に関する権限の委譲に伴って初めて実現したとしなければならない必然性は何等存在しないのである。

師直の発給文書のうち軍事指揮関係では、軍忠状・着到状の証判と禁制とがあるが、軍勢催促状と感状は正規の様式を具えたものが管見に触れない。但し軍勢催促に類するものとして、兵船の点定を命じ（「新編禰寝氏世録正統系図」二）、直義の疾病および直義第炎上につきそれぞれ薩・隅両国御家人の上洛することを制止し（『島津家文書』之一―五二号・五三号）、備後利生塔と伊賀・肥後の安国寺領にそれぞれ警固人を定め（「浄土寺文書」二、「看聴雑帖」「肥後国寿勝寺誌」）、勢多橋警固を命じた（「前田家所蔵文書」編年雑纂）各奉書があるので、戦備・警固・上洛制止等の伝達は師直の職権事項に属したと認められる。正規の幕命としての軍勢催促の権限は初め尊氏・直義両人が直接行使し、次いで直義が専ら行使したので、(24)執事はいわば副次的な職権行使に止まったためであろう。なお尊氏・直義の両党対立が激化し足利直冬の挙兵を見るに及び、師直は尊氏の師直宛消息を承けて島津貞久・阿蘇大宮司惟時・三宅一族等に直冬の九州侵攻に対処するよう書状を以て命じている（『島津家文書』之一、五五号、『阿蘇文書』之一、阿蘇家文書一二八号、「碩田叢史」八）。これは、非常の措置であり本来の職権外の特例であることを示すため、奉書（幕府御教書）でなく書状を以てしたものと考えられる。一方、感状は、配下軍勢に与えた直状以外では仁木義長（カ）・大友貞時・阿蘇大宮司惟時にそれぞれ感褒の意味を示す書状を送っている例を見るに過ぎず（「前田家所蔵文書」編年雑纂、「大友文書」二、『阿蘇文書』之二）、軍勢催促におけると同様、尊氏・直義の直接行使する御感御教書発給の権限に抵触しないように、幕府御教書による感褒を避けたと見られる。要するに執事師直は、将軍またはその代理者の直接行使する正規の軍事統率権については、これを代行する権限を与えられていなかったと判断されるのである。

軍忠状・着到状の証判については、森氏が「尊氏の証判は建武三年に至って消滅し、代って高師直・師泰・師冬の証判が散見する」ことを理由に「軍功認定権は尊氏から師直らに委任された」としておられるが、この種の軍功認定権は一国・一軍団の軍事指揮者たる大将にそれぞれ賦与された権限であって、師直・師泰等の独占したものでないことは、諸将の証判を施した軍忠状が枚挙に遑なく存在する事実から直ちに知られるところである。且つ『大日本史料』等に徴する限り、師直が証判を施した軍忠状・着到状は建武三年の足利方畿内制圧戦、暦応元年の北畠顕家討滅、貞和四年の楠木正行討滅の如き、師直自身が大将として合戦を指揮した場合にのみ現れ、しかもそれらには多く「執事御手」「当手」に属し、または師直の「御共」をした旨を明記している。よって師直の軍功認定権は当然自己の軍団に所属した武士に対するものであって、決して他の軍事指揮者の権限に優越する全般的な軍功認定権ではなかったことが明らかである。

以上、本節の考察によってほぼ明らかにしえたのは、第一に、師直は広汎な職権活動を展開しているとはいえ、執事固有の権限は将軍の行賞権等に基づく施行、公事課役催免・関務等の遵行、警固命令その他将軍の意思を体した通達・実施命令にほぼ限られていることであり、第二に、しかしながら彼は⑴恩賞方頭人兼帯によって恩賞挙状受理・行賞審査に関与し、⑵初期と後期には引付頭人ないし内談頭人を兼帯して所務沙汰に関与し、⑶時として一軍団の指揮者を兼ねてその軍団所属武士の軍功認定権を行使したことである。

二　仁木頼章の職権活動とその権限

執事仁木頼章の職権活動は、本節の冒頭に触れたように小要博・森茂暁両氏によって分析されているため、[25]以下両氏の考察を引用しつつ卑見を提示することとする。

観応擾乱末期から尊氏薨逝直後まで約六年半の執事在任中における頼章の発給文書は、軍忠状・着到状の証判二通、直状（寄進状）一通、奉書二十九通、計三十二通を見るに過ぎず（第3表A(イ)参照）、[26]在任期間が高師直の半ばに及ばないことを考慮しても、なお職権活動が後者に比して著しく制限・縮小されていることが看取される。このような執事の職権活動縮小の一因は、頼章の執事就任が尊氏の東下、直義追討に随伴するための起用であり、[27]観応二年（一三五一）十一月の東下から文和二年（一三五三）九月の帰京に至る間の頼章は遠江以東の政務を直轄する尊氏の執事であって、義詮に委ねられた西国の政務に関与する権限のなかったことにあると思われる。[28]

しかも単に職権活動が東国に限られたのみでなく、その活動の種類が極めて限定されていたことは、この時期の彼の発給文書が、後述する軍忠状・着到状の証判を除くと、僅かに尊氏の下文を承けた遠江・上総・武蔵・陸奥の各国内に関する施行状五通を見るのみという現象からも推察される。[29]且つ関東在任中の尊氏の旨を承けた施行状には、このほかに南宗継発給三通、今川範国発給一通を拾えるのみならず、尊氏自ら東国（出羽・常陸・上総・安房・相模・武蔵）における寄進・宛行を御判御教書と御内書を以て施行したもの六通を得る。[30]このうち南宗継の施行状は観応三年閏二月の武蔵野合戦直前に集中し、今川範国のそれはこの合戦の翌月に当るので、執事頼章出陣のため等の特別措置とも考えられるが、尊氏の自判の施行は同年五月から十月にかけて見られるので、そのような特殊事情を考慮し難い。ともあれ東国における施行さえも執事頼章の専掌事項ではなかったことが判明する。

他方彼の受理した文書には、奥州管領吉良貞家が管下の奥州武士の恩賞申請・所領安堵申請を挙申した吹挙状六通があり、[31]小要氏の指摘の如く頼章は行賞審査に参与する権限を有していたと見られる。また義詮が権大僧都経深の密厳院別当職に関する申状を頼章に吹挙して、相違なく御沙汰を給わるよう披露を要請しているので、[32]東国関係の政務についての義詮の要請を尊氏に取次ぐことも頼章の任務であったと思われる。但し、奥州管領よりの所領安堵申請の挙状には南宗継に宛てたものも存在し（「板橋文書」）、施行と同様挙状受理も頼章の専掌事項ではなかった。宗継が一時頼章とともに尊氏の執事であった可能性も考えられるであろう。

軍事関係では、正平七年（観応三年）、正月付の武蔵の別符幸実軍忠状・同国高麗経澄着到状の証判（「別符文書」「町田文書」）、および経澄の同年三月の軍忠状に「為二執事御手一」云々とあること（某人証判「町田文書」）が知られ、『太平記』にも頼章が武蔵野合戦に出陣したことを伝えるのみで、師直のような警固命令の御教書発給等すら見出せない。しかも右の別符幸実・高麗経澄は頼章の分国武蔵の国人であって頼章の配下に属した人々であった。[33]小要氏は当時の執事の権限に軍事指揮権を数えておられるが、[34]かかる守護として、ないし一軍団の指揮者としての指揮権を、執事としての権限と混同しえないことは前項に述べた如くである。なおこの時期の東国における尊氏方武士の軍忠状・着到状に加えた証判には、尊氏の袖判を始めとして今川範国・同範氏・武田信武・同信成・畠山国清等の証判があり、[35]頼章の軍事指揮権・軍功認定権は今川範国以下の諸将と同列の権限に過ぎなかったことが明らかである。

さらに当時の頼章の発給文書には、師直におけるような所務の遵行命令を始めとする各種の遵行命令や武士・寺社宛の通達が一切見られないことも注目される。それに引きかえ当時の東国における所務の遵行命令は管見の限りすべて尊氏の御判御教書および御内書を以て発給されており、東国の所務沙汰が完全に尊氏の親裁下にあったことが推定される。また義詮の管轄下に委ねた西国についても、尊氏は義詮宛に御判御教書または時として消息を下して遵行を指令するとともに、当該国の守護にも御内書または御判御教書を下して遵行を命じている（第3表B参照）。[36]これを以て見れば、おそらく頼章の権限が師直に比して著しく縮小された理由の一つは、尊氏が将軍の親裁権・遵行命令権強化によって、擾乱の結果低下し動揺した将軍権力を再建することを意図したことにあり、いま一つには高師直が広汎な職権活動に乗じて自己の権力強化を計ったことが諸将の反感を招き、擾乱の要因を醸成した事実に鑑みて、頼章の起用に際し執事の権限を削減したためではあるまいか。

文和二年九月の尊氏帰京後は、主に尊氏が守護職補任・所領宛行、義詮が所務裁決等を親裁し、その他の諸権限は両者が行使する一種の二頭政治が行われ、(37)これに伴い執事頼章の権限にも変化が現れる。

その変化の一つとして小要氏は頼章宛の恩賞挙状の消滅を挙げられたが、(38)当時の恩賞挙状の宛所には「御奉行所」宛のものが見えるほか、(39)森氏の指摘されたように延文二年（一三五七）五月八日付中国管領細川頼之恩賞挙状案は頼章に宛てられており、(40)頼章はなお行賞に関与する権限を一部保持していたと推定される。

次に宛行・寄進・安堵等の施行については、帰京後は尊氏自判の施行も南宗継・今川範国等の部将の施行状も見えなくなり、薨後尊氏薨逝まで約三年半の間は、義詮の御判御教書と推定される所領預置の施行二通（案文、両使宛、『小早川家文書』之二、小早川家証文四八九号）、造営料国設定の綸旨を承けた義詮御判御教書による施行二通（『熊野速玉大社古文書古記録』一三・一四号）以外は、頼章の施行状九通を見るのみとなる。且つ施行状の対象地域も畿内・東海・山陰・山陽・九州にあり、分割統治の解消とともに頼章の施行の範囲も東国から西国へと移行している。(41)即ち施行はほぼ執事の専掌に近くなり、対象地域も西国に拡大し、執事の権限強化が窺われる。

頼章の職権活動に現れたより顕著な変化は、所務沙汰参与による職権の拡大であり、それは引付奉書と同じ形式・内容を具えた頼章発給の濫妨停止等の遵行命令が文和二年（一三五三）十月十九日付を初見として十一通現れる事実によって確証される。(42)但しこれらの頼章の所務の遵行命令を、小要氏は引付奉書とし、森氏は将軍家御教書としておられるが、(43)その何れが妥当かを決定することは困難である。引付奉書に徴する限り、小要氏の分析されたように尊氏帰京後の文和二年末から同三年八月までの間に引付方の編成替が行われたと認められ、石橋和義の頭人留任以外は、それまでの宇都宮蓮智・大高重成・沙弥某等に代って、細川清氏・佐々木導誉（高氏）が出現する（第3表D参照）[44]。あたかも頼章の遵行命令の初見も帰京直後の文和二年十月にあるので、彼は引付方の編成替に伴って引付頭人を兼任した蓋然性が少なくない。しかし文和三年五月二十日に評定始と三方内談始が開催され、評定始には義詮親臨の下で執事頼章、評定衆石橋和義・佐々木導誉・土岐頼康および政所・問注所の両執事が列座しているので、おそらく和義・導誉・頼康の三名が内談頭人と推測される（「御評定着座次第」所引「宝篋院殿御自筆御記」[45]）。当時の引付奉書の残存数が比較的少なく、内談方の史料もこれ以外に知見を得ないので臆測は控えるべきであるが、頼康の奉書が見られない点から、細川清氏が土岐頼康の短期間在任の後を承けて内談頭人となり、和義・導誉・清氏の三名が内談頭人奉書を発給したと仮定することも可能であり、そうすれば頼章の遵行命令は執事の所務沙汰関与強化に伴う将軍家御教書と見做しうることになる。いずれにせよ頼章が義詮親裁下の所務沙汰審理に参加するに至ったことは間違いない。前掲拙稿では頼章の遵行命令を単に将軍家御教書と解して執事の権限増大を指摘したが[46]、この権限増大を引付頭人兼帯の結果とも解しうることを、ここに補足しておきたい。

なお小要氏は「頼章の所務沙汰への参加は、執事の本来的職権である主従制的支配権の削減にともなう尊氏の政治的対応策の現われ」であるとして、これを権限増大とする卑見を批判された[47]。しかし氏が頼章帰京後消失した「執事最大の職権」とされる軍事指揮権は、実は前述のように他の尊氏直属諸将と同列の一国・一軍団の武士の指揮権に過ぎず、執事の本来的職権とは認めえないものであった。また氏の説く「軍事恩賞への権限の弱体化」も、奥州管領の頼章宛恩賞挙状を見なくなる代りに中国管領細川頼之のそれを見るので、一概に弱体化といえないことは、やはり前述したところである。且つ行賞等に伴う施行状発給のごときはほぼ頼章の専掌事項となり、行賞に関する権限はむしろ強まったと見ることさえ可能である。それゆえ所務の遵行命令発給は、執事固有の権限行使としてならばもちろんのこと、たとい引付頭人兼帯による権限行使としてであったとしても、彼の権限の増大であることは否定し難いと思われる。

但し、他方義詮は引続き自判による所務の遵行命令を発給している（第3表C参照）。ほぼ引付方編成替の推測される文和三年から引付方の活動の停止する後述延文二年（一三五七）まで四年間における管見に入った所務の遵行命令は、頼章の奉書十一通（前掲）、他の引付頭人の奉書十七通に対して、[48]義詮自判の遵行命令も御判御教書二十通・御内書一通、計二十一通に上っており、[49]執事ならびに引付頭人の所務沙汰関与は義詮の親裁権を充分制約するには至らなかったのである。また尊氏が帰京以後に下した遵行命令は、帰京直後の文和二年十一月付御判御教書二通以外の所見はすべて御内書であり、しかもその所見は減少し、文和四年十月十四日付が下限となっている。[50]これは正規の所務沙汰を義詮の親裁に委譲した結果に外ならないと判断される。

さて文和四年（一三五五）から翌延文元年（一三五六）頃にかけて、尊氏は守護職補任、所領宛行・安堵の権限をも義詮に委譲し、義詮の幕政主導権を強化したので、[51]これに対応して執事頼章の職権活動にも変化が現れたことが考えられる。尊氏の旨を承けた頼章の施行状は文和三年九月二日付（「東寺百合文書」京）を下限とするのに対して、義詮の旨を承けたものには、寺領返付の御教書を承けた同年三月二十二日付施行状案（「東寺百合文書」ミ）と寄進状を承けた延文三年正月二十日付施行状案（「天龍寺重書目録」甲）の二通がある。しかし義詮の旨を受けた施行状は、このように例証が乏しいので、小要氏のごとく[52]義詮・頼章両者の関係を「親密化」といえるか否かは問題であろう。

いま一つ頼章の権限変化で注目すべきものは、所務沙汰以外の遵行命令の出現である。それは寺領の段米譴責を停止させた幕府御教書の案文（延文元年八月二十八日付「臨川寺重書案文」乾）と、近習の給分の配分知行を命じた幕府御教書の案文（延文二年閏七月二十五日付「東寺百合文書」ヱ）の二通であり、執事の職権拡大を想わせる。中でも後者は端裏に「近習方執（施カ）行案延文二閏七廿五日吉田事」とあって、頼章の近習方頭人兼帯を推測せしめる。

しかしながら頼章の所務の遵行命令はこれよりさき延文元年六月十八日付奉書（註(42)⑪）を下限として管見に入らなくなり、引付方の活動も延文二年七月五日付引付奉書（註(48)③）を最後に、後述貞治二年まで停止ないし中絶状態となる。ここに所務沙汰は完全に義詮の親裁に帰したが、同時に頼章の職権活動は頗る低調となり、右の近習方の御教書以後は僅かに前述の義詮寄進状の施行を見るのみとなって、延文三年五月の出家、執事辞任に至る。義詮の親裁強化が決して執事の活動の活発化を伴わず、却ってその停頓を招いたことは注目すべきであろう。

三　将軍義詮時代の執事と「管領」

1　細川清氏の職権活動と権限

将軍義詮の下で延文三年（一三五八）十月から三年未満の間執事に在職した細川清氏の政治的・軍事的動向は第二章で考察したので、ここには彼の発給文書を通じて権限の変化を検討するに止める。

執事在任中の清氏の発給文書は、第二章第一節に掲げたように管見に触れたもの十七通に過ぎず、その種類は(1)軍忠状の証判一通、(2)施行状五通、(3)幕府御教書（執事奉書）十一通であり、さらに幕府御教書の内訳は濫妨停止を命じた所務の遵行命令十通と幕府政所所役の譴責停止・免除を認めた本所宛通達一通である（第3表A(ロ)参照）。発給文書の種類・数量ともに高師直には遙かに及ばず、概ね仁木頼章に類似しているといえよう。

(1)の証判は「当御手」に属して河内南軍追討戦に連戦し、帰京まで「供奉」した軍功を述べた延文五年六月日付の瓦林嶋田基忠軍忠状に施したものであるが（「末吉文書」）、同じ追討戦に関する軍勢催促状に関東執事畠山国清と和泉守護細川業氏のものがあり、軍忠状の証判も同じく国清・業氏の施したものがある。[53]それゆえ、清氏は河内南軍追討戦の主将であったとはいえ、自己の直属軍団の軍功認定権のみを有するに過ぎなかったと判定される。

(2)の施行状はいずれも将軍義詮の宛行・寄進・所領返付を承けたものであるが、このほかに義詮が自ら寺領寄進を施行した御判御教書の案文が一通見られる（『東大寺文書』之一〇、一五〇号）。但しこれは清氏が河内に進発中の延文四年十二月末のものであって、執事不在時の特例というべく、したがって頼章の時代と異なり、原則的には施行の権限は執事のみに帰したといえる。なお、清氏の恩賞挙状受理等の事例は見えず、行賞審査権への関与は強大でなかったと思われる。

(3)の幕府御教書、就中所務の遵行命令については、延文五年八月を境として、頗る注目に価する権限の変化、すなわち将軍義詮と執事清氏との間の所務沙汰に関する権限の変動が窺われる。そもそも前述のように尊氏の晩年以来将軍の権限を事実上委譲された義詮は、清氏を執事に任じて後も専ら自判の文書を発給して軍勢催促・感褒・所領宛行・安堵等を始めとする広汎な権限を自ら行使したのみならず、延文二年に引付方の活動を停止したまま所務の遵行命令を専ら自判の文書を以て発給し、完全に所務沙汰を親裁していた。清氏を執事にして後も義詮自判を以てした所務の遵行命令は、延文三年十一月から延文五年八月までの二年未満の間に、御判御教書十五通、御内書二通、計十七通の所見がある(54)(第3表C参照)。したがって執事の職権活動は頗る限定されており、この二年未満の清氏の発給文書は、僅かに上記の証判一通と施行状のうち三通とを見るに過ぎず、所務の遵行命令の事例は見出せない。

ところが、延文五年八月二十二日付奉書(「前田家所蔵文書」武家手鑑)を嚆矢としてにわかに清氏発給の所務の遵行命令が相次いで現れ、同年十二月二日付奉書(「東寺文書」射一―一二)まで、僅々三ヵ月余の間に十通を検出するようになり、しかもその一方では義詮自判による所務の遵行命令が同年八月二十八日付御判御教書(「入江文書」一)を最後としてしばらく一通も見られなくなるという、頗る対照的な現象が起るのである。もっとも義詮の御判御教書発給が全て途絶したのではなく、軍勢催促(「南狩遺文」四)、寺領寄進(「極楽寺文書」)、地頭職分領(「臨川寺重書案文」坤)、綸旨による料所停止・所領返付(「勧修寺文書」二三)等のような当事者宛の御判御教書は依然として発給されているが、所務沙汰に関する限り将軍親裁の弱化は掩うべくもない。しかもこの清氏の所務沙汰管掌は師直の場合の如く引付(内談)頭人の兼帯を通じて所務沙汰の一部に関与したのではなく、また頼章のような御判御教書および引付奉書と併行する所務の遵行命令発給でもなく、執事のみが単独に所務の遵行命令発給の権限を行使することによって、将軍の所務沙汰親裁権を全面的に制約し、執事自身が事実上所務沙汰の審理・裁決の総轄者を兼ねたものに外ならないと考えられる。

この清氏の所務沙汰専管が彼を首謀者とする仁木義長追放事件[55]の翌月に当ることは、おそらく偶然であるまい。義長追放の余勢を駆った清氏が、将軍権力の抑制と執事の権限の増大とを通じて自己の権力強化を策したところに、この所務沙汰専管の原因を求めても不当でないと思われる。この専管が一方で幕府に所務の遵行を求める寺社本所等に対する執事の影響力を強め、他方で遵行命令を通じて諸国守護以下に対する執事の統制力を発揮するとすれば、それは幕府機構全体の中で執事の地位の質的変化をもたらし、管領制成立の端緒になりえた筈である。

しかしながら、この清氏の権力強化の試みは僅か三ヵ月余りしか持続せず、同年末以降所務の遵行命令はおろか、彼の発給文書が全く管見に入らなくなる。他方義詮はその後も守護職補任状をはじめ（『阿蘇文書』之一、阿蘇家文書上、一六〇号）、種々の事項に関する御判御教書を発して翌康安元年八月の清氏追放時に至るが、この間所務の遵行を命じた御判御教書は依然として見られず、僅かに論人の参決を命じた修理権大夫某の奉書案一通を見るのみで（「東寺百合文書」ゐ）、所務沙汰の裁決は全く空白状態となるのである。これは清氏の強引な権力強化策に対して義詮を擁する宿老佐々木（京極）導誉等の反発が強まり[56]、幕府の所務沙汰審理機能が停頓したためではあるまいか。然りとすれば、この空白状態は清氏の権限強化策が彼の失脚を俟たずして破綻したことを表明するものといえよう。

2　足利（斯波）高経・義将父子の職権活動と権限

貞治元年（一三六二）七月から同五年八月の政変まで満四年間の足利（斯波）高経の幕政運営は、これを主題とした第二編第二章に述べるように、(1)若年の執事義将の後見と幕府評定の主導とを通じる幕政中枢の掌握、(2)引付方の復置および若年の嫡孫義高を頭人とする一部局の引付への訴訟集中による所務沙汰審理権・遵行命令権の獲得、および(3)末子義種の侍所頭人就任による洛中検断権・山城国支配権の掌握を主な方法とするものであった。これらのうち(2)は貞治二年八月に、また(3)は貞治四年に入って実現したものであるから、高経の幕政運営は漸次的強化の過程として捉えるべきであるが、(1)および(2)を通じて重要政務の掌握はかなり早く行われたとみられる。『太平記』に高経の地位を「管領」

「管領職」と表現して執事義将の職権と区別していることからも察せられるように、この地位は将軍の意思の伝達機能を中心とした従来の執事の地位とは性格を異にする、いわば将軍の統治権の分担者ともいうべきものであり、したがって貞治元年を管領制成立の時期とする佐藤進一氏の説は、この点に関しては一応妥当性を有するといえよう。

しかしながら高経の幕政掌握については、その限界の面を見逃すことができない。まず上記の(1)に関連して、執事義将の職権事項を見ると、当時の義将の発給文書の所見は僅々十二通であり、その種類も施行状と幕府御教書との二種に過ぎない(第3表A(ハ)参照)。施行状は守護宛と両使宛とが各二通、東寺衆徒宛が一通、計五通を見るが(第二編第二章第一節参照)、義将の執事在任期間に義詮自身が御判御教書を守護に宛てて下した施行が三通見えているので[57]、将軍の意思の伝達自体が執事の専管事項であったとはいえないことが知られる。

次に義将の発給した幕府御教書は、濫妨停止・下地渡付を命じた守護宛の遵行命令一通、役夫工米の譴責停止を命じた守護宛の遵行命令五通、押領停止のための両使発遣を天龍寺長老に告げた通達一通、計七通を得る(第二編第二章第一節参照)。しかし、濫妨停止命令は貞治二年七月十八日付であるから、おそらく高経は当初所務沙汰審理および遵行命令発給を執事の職権として義詮から認められたが、貞治二年八月の引付方復置とともにこれを引付方に移管したのであろう。そこで義将の職権活動は、施行以外は殆ど役夫工米の譴責停止に限られることとなった。役夫工米譴責停止は延文二年(一三五七)に義詮の御判御教書を以てしたものが二例知られるので(『石清水文書』之六、一五〇号、『金剛三昧院文書』三〇号)、義詮の親裁から執事の所管に移されたことを推定しうるが、さらに溯って貞和元年(一三四五)には執事高師直発給の幕府御教書の二例があり(『石清水文書』之一、一四七号、「神護寺文書」三)、これが執事の所管事項となったのは義将が最初ではなかった。

以上のように、執事義将の職権は頗る限定されたものであって、到底高師直の職権には比し得べくもなく、仁木頼章の初期ならびに細川清氏の前半期のそれと大同小異であったと判断される。このように執事の権限が制限されている以上、執事の後見者という立場での高経の地位も決して強固であったとは考えられない。義詮の親裁する評定における高経の主導力の程度は明らかにし難いが、第二編第二章第二節に述べるように、彼は貞治二年七、八月の頃、評定衆中の宿老佐々木導誉・石橋和義の排除に成功し、これとともに、高経の評定運営が円滑化したであろうことは推測できる。とはいえ、今日まで残る幕府追加法中には、細川清氏の時期から高経の時期にかけてのものが全く残存せず、少なくとも高経の運営した幕府評定において、引付方復置以外に何等かの重要な政策決定の行われた形跡を見ない。これは畢竟高経の幕政主導力が決して強大ではなかったことを反映しているのではあるまいか。

(2)の引付方復置については、高経が嫡孫義高とともに足利一門中の支族吉良満貞・今川範国、および外様の名族佐々木（六角）氏頼を引付頭人に起用することによって、彼等の支持を得つつ将軍義詮の所務沙汰親裁をある程度制約しえたことは確かである。また引付方復置から貞治五年政変までの間の引付奉書の所見三十七通のうちに斯波義高発給のもの二十通を得るので（第二編第二章第一節第8・第9表参照）、義高の後見を通じて引付沙汰の審理の過半を掌握しえたであろうことは推測できる。とはいえ制度上は五番（五部局）制引付中の一部局の掌握に外ならず、仮に評定沙汰において高経が主導権を発揮したとしても、それは引付方全体を総轄する地位とは見做し難いものといえよう。

さらに義詮の所務関係の発給文書にも注目する必要がある。義詮の御判御教書を以てした所務相論の裁決が引付方再開時の貞治二年後半に二通見出される。また爾後、同五年の政変までの間に同じく義詮の御判御教書を以て発給された遵行命令は、寄進・預置・安堵の施行が各一通、濫妨停止が九通、競望停止、預置停止、替地交付につき下地渡付、国人の確執停止、造営役の譴責停止が各一通、津関の違乱停止が二通、春日社造営棟別の賦課が二十九通、その賦課督励が一通という、かなり多くの所見があって、[58]将軍の所務親裁ならびに種々の遵行命令発給の余地が大幅に残されていることが確認される。それゆえ高経の所務沙汰管轄は、引付方の掌握不充分と将軍親裁の大幅な存続という二重の意味において不完全であり、到底「裁判その他諸機関を管轄」する「政務の長官」としての地位には至らなかったと判断される。殊に高経の地位は、何等将軍からの補任というような正規の手続を経た幕府職制上の地位でなかった点に留意する必要があろう。

註

(1) 佐藤進一氏「室町幕府論」(『岩波講座日本歴史』中世3―一九六三年―二六頁)。なお氏は「南北朝の内乱」(中央公論社『日本の歴史』9三四四頁)において、「管領の出現」の理由として、「義詮が領域的支配機構の中心である引付を縮小して、かれ自身の親裁権を強化」したことが「将軍の親裁にもっとも強い影響力を与えうる立場にある」執事の地位・権限をも強化するにいたったとしておられる。

(2) 同氏前掲「室町幕府開創期の官制体系」(『中世の法と国家』所収。以下「官制体系」と略称)。

(3) 村尾元忠氏「室町幕府管領制度について」(『学習院史学』七号)。桑山浩然氏「室町幕府の権力構造―「奉行人制」をめぐる問題―」(『室町時代―その社会と文化』所収)三三頁。

(4) 管領という職名が動詞的用法に由来する一種の俗称にはじまり、したがって細川清氏の就任時から斯波義将の再任時頃まで執事・管領の称呼が混在し、職名の点のみからは両者を判別しがたいことは、第二章第一節に触れた如くである。なお、高師直・師泰の強圧による直義の近臣上杉重能の配流を伝えた『師守記』貞和五年八月十五日の条に「今朝上椙伊豆守重能配二流越前国一云々、去比武蔵守(師直)召二放執事一籠居、此事一向上椙豆州□讒中之間、武州・越州(師泰)等如レ此致二沙汰一云々、可レ管二領天下一歟」とあり、動詞的用法としては師直等の権勢についてもすでに用いられている。これは管領という職名の端緒を見るためにも一つの示唆となろう。

(5) 拙稿「足利(斯波)高経の幕政運営」(『国学院大学紀要』一一巻、以下「幕政運営」と略称。改稿して本書第二編第二章に収める)、「南北朝の内乱」(『岩波講座日本歴史』中世2―一九七五年―所収)。

(6) 森茂暁氏「高一族と室町幕府」(『史淵』一一三輯、以下「高一族」と略称)。

(7) 小要博氏「発給文書よりみたる足利義詮の地位と権限」(『法政史学』二八号、『法政史論』創刊号所収「将軍就任以前足利義詮の政治的権限」の増補、以下「地位と権限」と略称)、森茂暁氏「室町幕府執事制度に就いて―仁木氏を素材として―」(『史淵』一一四輯、以下「執事制度」と略称)。

（8）　出典名省略。なお森茂暁氏前掲「高一族」四―五頁には建武二年まで五通、同三年以降百八十六通の師直発給文書を数えるが、後者のうち施行状は七十四通とされる。そして森氏は師直の奉書形式の発給文書が建武三年正月二十三日付の禁制（「前田家蔵書閲覧筆記」所収宝積寺文書）を初見とし、以後頻出することを理由に、「師直の将軍家執事就任は一応建武三年正月とみてよかろう」と説くが（同論文三―四頁）、奉書形式のものにはこれより先建武二年十一月五日付の高師直施行状写（遠江国西郷庄を御下文―同文書所収同年九月二十七日付足利尊氏下文写がこれに相当――に任せて富樫介高家に渡付せしむ。守護所―遠江守護今川範国―宛。『史林』五三巻三号杉橋隆夫氏資料紹介所載、四天王寺所蔵「如意宝珠御修法日記」紙背文書二三号、五味文彦氏教示）があって、尊氏の意を受けた師直の奉書発給の活動は、少なくも尊氏の建武政権離反直後から見られる。なおこれは師直が何等かの時点で「将軍家執事」に就任した結果ではなく、高一族歴代の足利家執事としての職掌を継承していた師直が、尊氏の地位の変化に伴ってその職掌内容を拡大したことを示すものに外ならないであろう。

（9）「相馬岡田文書」（『相馬文書』所収―下同）、「志賀文書」、「佐竹文書」、『小早川家文書』之二、『青方文書』第二、「佐藤文書」、「田代文書」、「結城文書」、「示現寺文書」、「留守文書」、「新興寺文書」、「土持文書」。

（10）　佐藤氏「官制体系」四七五頁。

（11）　森氏「高一族」。

（12）　羽下徳彦氏「足利直義の立場―その一　軍勢催促状と感状を通じて―」（『古文書研究』六号）。

（13）　したがって、領家の所勘に背く百姓の張本人拘禁等を命じたもの（「清水寺文書」）、守護・大将の軍勢への預置の停止・返付を定めた事書の適用（「西大寺文書」三）等は除く。

（14）　佐藤氏「官制体系」―表(4)、および上島有氏「室町幕府草創期の権力のあり方について」（『古文書研究』一一号）表一所掲の高師直奉書に、次の四通を補う。①建武四年七月五日付奉書（「三宝院文書」『富山県史』史料編Ⅱ所収）、②貞和四年八月二十一日付奉書（「法観寺文書」）、③貞和五年二月二十九日付奉書（「武家雲箋」）、④観応元年四月三日付奉書（「久我家文書」九五号）。

（15）　暦応元年の遵行命令は、島津道鑑（貞久）に預置かれた豊後国井田郷に対する戸次頼時の押領狼藉を停めて道鑑に渡付すべき旨を同国守護大友氏泰に命じた奉書であり、暦応四年のそれは、右の井田郷を頼時が鎮西合戦の恩賞地と称して支申すにより打渡に及ばずという氏泰の復命を退け、重ねて道鑑への渡付を命じた奉書である。この二通の師直奉書は、「雖レ給二御下文一不レ知二行下地一輩」の訴訟は前々の内談で仁政沙汰より除外したので、今後は引付方にこれを移管するという、暦応四年三月十日または同年十月三日（伝本により日付を異にする）の仁政内談で定められた事書（『中世法制史料集』第二巻、追加法七条）によって逆推すると、道鑑の右の訴訟はこの事書制定以前に属する恩給地（但しこの場合は預地）の知行権回復の訴訟であるから、仁政方の所管事項であったに違いない。したがってこれは師直が仁政沙汰に関与していた事実をも証するものと思われる。

(16) 佐藤氏「官制体系」四五五—四五八頁・四六九頁。

(17) 同右四六九頁。

(18) 同右四五九頁。

(19) 註(14)④参照。

(20) 森氏「高一族」。

(21) 上島有氏「室町幕府草創期の権力のあり方について」（『古文書研究』一一号）。

(22) 石井良助氏『中世武家不動産訴訟法の研究』七五頁以下、佐藤進一氏『鎌倉幕府訴訟制度の研究』六二頁以下。

(23) 佐藤氏「官制体系」四五一—四五二頁。また侍所にいたっては建武二年十月を初見とすることを羽下徳彦氏が指摘されている（同氏「室町幕府侍所考—その二　初期の機能」『中世の窓』一三号、『論集日本歴史』5室町政権所載、三九頁）。

(24) 註(12)所掲羽下氏論文。

(25) 小要氏前掲「地位と権限」、森氏前掲「執事制度」。

(26) 森氏「執事制度」表Ⅰに、延文二年閏七月二十五日付将軍家御教書案（「東寺百合文書」ヱ）を加え、延文二年四月八日付将軍家御教書（沙弥署判「京都大学所蔵文書」）を除く。

(27) 『園太暦』同年十月二十三日条に、直義が関東に近付き、近く鎌倉に入るべしという風聞に続いて、「又武家沙汰自二一昨日一始レ之、宰相中将以二判形一沙汰之也、仁木（頼章）兵部少（大）輔為二執事一云々」と記し、頼章就任の事情を窺わしめる。なお義詮の所務沙汰親裁はこの時に始まるものでなく、その初見は同年六月十三日の寺社本所領押領停止の事書（『中世法制史料集』二、追加法五五条）に基づく同月十七日付三通（『高野山文書』之八、一九六八号、『八坂神社文書』下、一六六二号、「古簡雑纂」）、同月十九日付一通（「西輿寺文書」）、同月二十八日付一通（「松雲公採集遺編類纂」）の各御判御教書（案文を含む）である。次いで翌月の引付奉書停止、直義の政務辞任・出奔等を経て、同年八月中旬より小要氏の指摘（「地位と権限」三九頁）の如く、所務の遵行命令は義詮発給のもののみとなる。

(28) 尊氏・義詮間の権限区分の変遷は拙稿前掲「南北朝内乱」にも触れたが、小要氏「地位と権限」および同氏「足利尊氏と御内書」(『日本史研究』一七三号)に詳しい。なお氏は尊氏関東在住期の両者の袖判下文によって、遠江以東・以西という両者の分割支配を立証されたが(「地位と権限」四二—四四頁)、薩摩のみは両方に挙げておられる。しかし薩摩に関する尊氏の下文とされる二通は「足利高氏御判」、「高氏御判」と記した写であり、後世にいたり袖判の比定を誤った蓋然性があり(「薩藩旧記」前集一七・一八)、確実なものは義詮下文一通となるので(『島津家文書』之一、六〇号)、同国は義詮のみの管轄地域と見てよいであろう。

(29) ①観応二年十一月七日付(遠江国相良庄「野田文書」)、②同日付(上総国長屋郷「野田文書」)、③観応三年七月二日付(武蔵国池守郷「久下文書」)、④文和元年十二月二十日付(武蔵国別苻郷東方闕所「別苻文書」)、⑤文和二年四月十三日付(陸奥国信夫庄余部郷「長沼文書」)の各仁木頼章施行状。

(30) (1)南宗継の施行状は①「伊達文書」(京都大学所蔵)、②「蠹簡集残編」三、③「小田部庄右衛門氏所蔵文書」(『栃木県史』史料編二)、(2)今川範国の施行状は「古簡雑纂」五之六、(3)尊氏の御判御教書による施行は①「宝戒寺文書」、②「楓軒文書纂」三二、③「相州文書」鎌倉郡、④「遠山文書」、同じく御内書による施行は①「松浦文書」七、②「永井直哉文書」所収。

(31) 森氏「執事制度」表Ⅱ参照。観応三年十月二日付吉良貞家挙状写(宛所仁木兵部大輔「鬼柳文書」)を加える。

(32) 「三宝院文書」(『静岡県史料』一所収)。年闕八月十三日付の案文であるが、内容が東国に関することと、宛所が「仁木兵部大輔殿」で頼章の左京大夫に転ずる以前であることから、文和元年または同二年と推定できる(頼章の官途については森氏「執事制度」三頁参照)。

(33) 武蔵が当時頼章の分国なることは佐藤進一氏『室町幕府守護制度の研究』上、一三五—一三六頁参照。

(34) 小要氏「地位と権限」。

(35) (1)尊氏袖判は「岡本文書」「板橋文書」「赤堀文書」「町田文書」、(2)今川範国証判は「蠹簡集残編」二、(3)今川範氏証判は「伊達文書」(京都大学所蔵)、(4)武田信武証判は「蠹簡集残編」二、(5)武田信成証判は「黄微古簡集」一、(6)畠山国清証判は「古証文」二に所見がある。

(36) 尊氏(在鎌倉時の東国に関する)御判御教書による遵行命令は①信濃国の闕所地配分(「勝山小笠原文書」)、②相模国毛利庄内の濫妨停止(「正宗寺文書」)、③右の毛利庄内遵行の督促(「円覚寺文書」一五二号)、④出羽国寒河江庄内の押領停止(「瑞泉寺文書」)、⑤下野国足利庄内の年貢究済(「相州文書」鶴岡坤)、⑥相模国丸島郷内の遵行督促(「鶴岡等覚相承両院蔵文書」)、また当時の西国に関する尊氏の義詮宛御判御教書は①少弐妙恵跡の安堵（「筑紫古文書追加」）、②播磨国這田庄の沙汰（「久我家文書」七七号）、③丹波国黒岡・光久の沙汰（『醍醐寺文書』之一、二九号）、④播磨国這田庄并（洛中）千種町の沙汰（「久我家文書」七九号）、義詮宛消息は近江国赤井村并三宅十二里の遵行督励（「臨川寺重書案文」坤）、当時の西国守護宛尊氏御判御教書は、丹波国黒岡・光久の遵行督励（『醍醐寺文書』之一、二七号、義詮宛③はこれに関するもの）、同じく御内書は①播磨国矢野庄内重藤名の濫妨停止（「東寺文書」五常）、②美濃国鷲見郷・河西郷の違乱停止（「本多氏古文書」）の諸例を見る（各日付・宛所省略）。なお尊氏の御内書発給の意義については小要博氏「足利尊氏と御内書」（『日本史研究』一七三号）参照。

（37）拙稿「南北朝内乱」、小要氏「地位と権限」。

（38）小要氏「地位と権限」。

（39）文和三年二月十六日付一色範氏吹挙状（「薩藩旧記」前集一八）、文和四年二月五日付赤松則祐吹挙状（「安積文書」）。なお小要氏は「尊氏・義詮の両人宛だけ」といわれるが、尊氏・義詮を宛所とした恩賞挙状は管見に触れない。

（40）森氏「執事制度」八頁に指摘、「土屋家文書」。

（41）①筑前国上座郡等（「宗像文書」）、②近江国石田郷上方半分地頭職（「臨川寺重書案文」坤）、③筑前・豊前・肥前の少弐頼尚跡、豊後国高田庄等（「大友文書」三）、④播磨国下揖保内（「前田家所蔵文書」南禅寺慈聖院文書）、⑤山城国東西九条（「東寺百合文書」ミ）、⑥丹後国志楽庄内（「西大寺文書」四）、⑦尾張国狩津庄内（「長母寺文書」）、⑧摂津国垂水庄下司職（「東寺百合文書」京）、⑨尾張国海東庄庶子等跡（「天龍寺重書目録」甲）の各仁木頼章施行状。

（42）①越中国堀江庄地頭職の濫妨停止（『早稲田大学所蔵荻野研究室収集文書』上、一三九号、「祇園社文書」）、②備中国上原郷の濫妨停止（『九条家文書』六、一五六〇号）、③遠江国原田庄内年貢押妨停止（「東寺百合文書」せ）、④備後国小童保押妨停止（「八坂神社文書二」）、⑤讃岐国西大野郷等押妨停止（『八坂神社記録』祇園社記続録一〇）、⑥・⑦摂津国垂水庄濫妨停止（両使宛各一通、「東寺百合文書」せ）、⑧播磨国田中庄押領につき半済停止（『大徳寺文書』之一、三六一号）、⑨土佐国大里庄乱妨停止（『熊野速玉大社古文書古記録』一五号）、⑩播磨国矢野庄内濫妨停止（「東寺文書」射）、⑪美濃国木田郷濫妨停止（「前田家所蔵文書」編年雑纂）の各仁木頼章奉書。

（43）小要氏「地位と権限」、森氏「執事制度」。

（44）小要氏「地位と権限」。

（45）なお同月八日興福寺大乗院門跡孝覚は寺領越前国河口庄・坪江上下庄の打渡を要請する書状を義詮に送るとともに、導誉・頼章・頼康および奉行人両名にそれぞれ訴訟挙状を送っている（「御挙状等執筆引付」）。石橋和義の省かれている理由は分明でないが、ともあれこの挙状は頼章が評定衆ないし内談頭人とともに義詮親裁下の所務沙汰の評議に参加したことの証左となる。

(46) 拙稿「幕政運営」。

(47) 小要氏「地位と権限」。

(48) 小要氏「地位と権限」四六頁の引付奉書表の文和三年以降に、次の三通を加える。①延文元年六月二十四日佐々木導誉奉書（『九条家文書』六、一六五〇号）。②延文元年九月四日石橋和義奉書（「久我家文書」七二号）、③延文二年七月五日佐々木導誉奉書（『九条家文書』六、一六五一号）。

(49) この時期の義詮自判の遵行命令には「三宝院文書」二（二通）、「古簡雑纂」一二、「東寺百合文書」ゐ、同ヒ、「東寺文書」甲号外、「川瀬文書」、「佐々木文書」二、「長福寺文書」、「円覚寺文書」一五六号、「古今消息集」、『菅浦文書』上、一四四号、「武州文書」二、「久我家文書」三〇四ノ四号、「東寺百合文書」せ、「東寺文書」射、「祇園社記」四、『九条家文書』六、一七六六号付2、「若王子神社文書」一、「水無瀬宮文書」二、「広峯神社文書」二、『早稲田大学所蔵荻野研究室収集文書』上、三七六号、各所収御判御教書、および「越前島津家文書」（『古文書研究』一四号湯山賢一氏史料紹介、下同）所収御内書の所見がある。

(50) 帰京後の尊氏のA御判御教書による遵行命令は①覚園寺門前敷地居住の輩の排除（『鎌倉市史』史料編第一「覚園寺文書」）、②上総国小蓋・八板の濫妨停止（同上）、B御内書によるそれは①小山氏政の東国所領に対する結城駿河守の異議を却下し安堵（「松平基則氏所蔵文書」）、②③讃岐国西大野郷等の濫妨停止（「祇園社記続録」一〇、「八坂神社文書」二）、④⑤⑥播磨国在田上庄の庄主扶持・濫妨停止（『大日本史料』第六編之一八所引「高野山文書」金剛三昧院二、『金剛三昧院文書』一〇号・一四号）、⑦⑧筑前国鞍手庄の濫妨停止（『醍醐寺文書』之一、二五号・二六号）、⑨⑩伊賀国平柿庄の濫妨停止（「東寺百合文書」ゐ、「東寺文書」射）、⑪⑫⑬相模国山内岩瀬郷等の狼藉停止（「越前島津家文書」）、⑭播磨国矢野例名の兵粮催徴免除（「東寺百合文書」し）。

(51) 義詮の守護職補任の初見は文和四年五月八日付義詮補任状案（「佐々木文書」二）、所領宛行・安堵の初見は小要氏「地位と権限」五〇頁参照。

(52) 小要氏「地位と権限」。

(53) ①畠山国清軍勢催促状（「和田文書」常陸）、②細川業氏軍勢催促状（「和田文書」三）、③畠山国清証判の軍忠状（「楓軒文書纂」）、④細川業氏証判の軍忠状（「田代文書」五）、⑤同人証判の軍忠状（「和田文書」常陸）。なお小要博氏は、執事清氏が一般御

第2表　高師直発給文書一覧

無印＝奉書・下知状　○＝証判　〔　〕＝書下　（　）＝書状

事項／年次	軍事指揮関係							所職等ノ認定				寺社宛ノ通達								
	兵船徴発・橋梁警固	足利直冬鎮圧	地頭御家人ノ参洛禁止	安国寺・利生塔領警固	軍忠・着到ノ証判	軍忠等ノ感褒	軍勢等乱入ノ禁制	櫓別銭徴収ノ認定	公文職安堵	料所預置	津関ノ違乱停止（下知状）	巻数返事	大宮司職挙申要請	造営等ノ助成	社領安堵ノ施行	殺生等ノ禁断	宛行・寄進・預置等ノ施行	軍勢ニ宛行停止、下地返付	濫妨停止・下地渡付
元弘三												(1)							
建武元									〔1〕										
二						〔1〕	〔1〕										1		
三	1				⑥		1〔1〕						1				8		3
四														1			11	2	7
暦応元					⑨	〔1〕								1			12		1
二														1			4		
三						(1)		1								1	7		
四											1					(1)	5		1
康永元			1														1		
二																	1		
三			1														5		
貞和元						(1)											7		2
二				4							1						8		1
三	1																2		
四					⑤					1							5		3
五		(3)															2		1
観応元						(1)	1								1		5		1
二																			
年未詳						(1)													(2)
計	2	(3)	2	4	⑳	〔2〕(4)	2〔2〕	1	〔1〕	1	2	(1)	1	3	1	1(1)	84	2	20(2)

総計	計		侍所宛ノ請文	直義ノ裁許状ノ裏判	鎮西管領・守護・守護代等宛ノ遵行命令・諮問																
					利生塔領ニ関スル諮問	神事ニ関スル諮問	恩賞ニ関スル諮問	神馬ノ牽進	社殿造営ノ督励	寺領地頭職ノ山手安堵	商買停止ノ解除	関務ノ違乱停止・渡付	運送年貢検納・違乱停止	大嘗会米等ノ検納	闕所地ノ年貢等点定	鎮西管領ノ在所設定	分国内宛行地ノ下地渡付	役夫工米譴責停止	濫妨人等ノ召喚・糺明	未進年貢ノ究済	替地交付ニツキ下地返付
1		(1)																			
1		〔1〕																			
4	2	〔2〕										1									
23	15	⑥〔2〕													1				〔1〕		
24	24										1								1		1
25	15	⑨〔1〕												1							
6	6											1									
12	11	(1)					1						1								
11	10	(1)				1				1			1								
4	4							2													
1	1																				
9	8	①		①					2											2	
14	13	(1)																2		1	
17	16	①		①												1					
5	5				1								1								
15	10	⑤												1							
8	5	(3)							1												1
10	8	〔1〕(1)															〔1〕				
4		(4)	(1)																		
194	153(12)	㉒〔7〕	(1)	②	1	1	1	2	3	1	1	2	3	2	1	1	〔1〕	2	1〔1〕	3	2

第3表A　仁木頼章・細川清氏・斯波義将、各執事在職時発給文書一覧　無印＝奉書　○＝証判　〔〕＝書下

執事	事項／年次	軍事	寺社宛				守護・使節等宛							計		総計
		軍忠・着到ノ証判	寺領寄進	寺領預置ノ施行	濫妨停止ノ施行	課役譴責ノ停止	宛行・寄進等ノ施行	濫妨停止・下地渡付	半済停止・下地返付	年貢押妨ノ停止	段米譴責ノ停止	役夫工米譴責ノ停止	近習給分ノ配分			
(イ)仁木頼章	観応二						2								2	2
	文和元	②					2							②	2	4
	二						2	2							4	4
	三		〔1〕				7	5		1				〔1〕	13	14
	四							3	1						4	4
	延文元							1			1				2	2
	二												1		1	1
	三						1								1	1
	計	②	〔1〕				14	11	1	1	1		1	②〔1〕	29	32
(ロ)細川清氏	延文三															
	四						3								3	3
	五	①				1	2	10						①	13	14
	康安元															
	計	①				1	5	10						①	16	17
(ハ)斯波義将	貞治元			1			1								2	2
	二						3	1							4	4
	三				1							2			3	3
	四											2			2	2
	五											1			1	1
	計			1	1		4	1				5			12	12

第3表B　観応元年以降足利尊氏発給遵行命令一覧　無印＝御判御教書　（　）＝御内書・消息

事項＼年次	義詮宛		基氏宛		守護・使節等宛						計		総計
	少弐氏ノ所領安堵	公家領・社領ノ渡付	異議ヲ斥ケ所領安堵	寺院敷地居住者ノ排除	宛行・寄進等ノ施行	闕所地ノ配合(処分権付与)	濫妨停止・下地渡付	遵行督励・下地渡付	足利庄ノ年貢究済	寺領ノ兵粮催徴免除			
観応二							1				1		1
文和元	1	3 (1)			4 (2)	1	2 (1)	2	1		14	(4)	18
二			(1)	1			1 (1)	1			3	(2)	5
三							(11)					(11)	11
四										(1)		(1)	1
延文元													
二													
三													
年未詳					(1)*		(1)					(2)	2
計	1	3 (1)	(1)	1	4 (3)	1	4 (14)	3	1	(1)	18	(20)	38

* 文和元年または同二年

第3表C　足利義詮発給裁決・遵行命令一覧　その他の発給文書は省略、無印＝御判御教書・下知状　（　）＝御内書

時期	年次	裁決						守護・両使等宛ノ遵行命令										
		競望停止・社領安堵(下知状)	未進年貢ノ究済(下知状)	濫妨停止・料料仰付(下知状)	津関ノ違乱停止(袖判下知状)	神社ノ所務混乱ノ匡正	社領・寺領ノ競望棄捐	綸旨ニヨル造営料国ノ施行	寄進・宛行・安堵・預置等ノ施行	押領停止ノ事書ノ適用	濫妨停止・下地渡付	競望停止・所務保全	料所停止・下地返付	知行・預置等停止、下地返付	半済停止・下地返付	替地交付ニツキ下地返付	裁決マデノ暫定的下地渡付	年貢ノ対捍停止・究済
幕府参加・将軍代理	観応元		1						(1)									
	二		1							4	14							
	文和元	1			1				2	1	36							
	二										4			1				
	三								2		7(1)		1					
	四							2			3							
	延文元			1							1				1			
	二										9			1	1	1		
	三										2							
将軍在職	三										1							1
	四								1		8(1)						2	
	五										3(1)							
	康安元										1							
	貞治元										(1)							
	二					1	1				5					1		
	三								2		1	1						
	四								1		4			1				
	五						1		4		3							
	六								2		7	1		3	1			
年未詳									(3)		(4)			(1)	(1)			
計		1	2	1	1	1	2	2	14(4)	5	109(8)	2	1	6(1)	3(1)	2	2	1

総計	計		鎌倉御所・鎮西管領・									
			御家人ノ神事頭役督励	造営棟別銭徴納ノ督促	造営棟別銭徴納ノ施行	津関ノ年貢勘過・違乱停止	段銭等譴責停止	役夫工米譴責ノ停止	兵粮米譴責ノ停止	軍勢ノ狼藉、国人ノ所務確執等ノ制止	鎮西管領退座妨害ノ制止	闕所処分権認定ノ通告
2	1	(1)										
19	19											
43	43					2						
8	8								2		1	
11	10	(1)										
6	6					1						
3	3											
15	15					1		2				
4	2											
	2											
12	11	(1)										
4	3	(1)										
2	2								1			
3	2	(1)								1		1
9	9					1						
5	5						1					
36	36				29	1						
10	10			1						1		
18	18		1			1	1			1		
9		(9)										
219	205	(14)	1	1	29	7	2	2	3	3	1	1

第3表D　引付頭人奉書一覧（自文和元年至延文二年）（仁木頼章は除く）

頭人＼年次	*文和元	二	**三	四	延文元	二	計
細川顕氏	1						1
細川頼春	1						1
石橋和義	3		2		4	2	11
大高重成	1	9					10
宇都宮蓮智	2	1					3
沙弥	1	1					2
沙弥	2	1					3
細川清氏			1		4		5
佐々木導誉					2	1	3
沙弥					1		1
計	11	12	3		11	3	40

* 文和元・十一・十五事書「五方之引付」（追加法六三条）
** 文和三・五・二十「三方内談始」（御評定着座次第）

家人の軍事統制権を有したとされるが（同氏「仁木義長排斥事件覚書」〈『日本歴史』三五六号〉）、管見の限りではその徴証を見ない。

（54）「東寺文書」（『大日本史料』第六編之二三所収）、「美吉文書」二、「広峯文書」（二通）、「高山寺文書」四、「離宮八幡宮文書」一、『醍醐寺文書』之一、四三号、「野田文書」、「東寺百合文書」ォ、『九条家文書』一、七三号、「前田家所蔵文書」編年雑纂、『醍醐寺文書』之一、四四号、「徳禅寺文書」三、「東文書」二、「入江文書」一、各所収の義詮御判御教書。『醍醐寺文書』之一、五八号、「茂木文書」二所収の義詮御内書。

（55）拙稿「細川清氏の没落」（『国学院雑誌』七〇巻八号。本編第二章第二節所収）、小要博氏前掲「仁木義長排斥事件覚書」。

(56) 同右拙稿、同右小要氏論考一二〇頁。なお、氏はこの拙稿を引いて「清氏就任時をもって管領制が成立」とされるが、拙稿の意図と異なるので誤解を避けるため付記しておく。

(57) ①寄進の施行（「相州文書」一四）、②預置の施行（『細川家文書』中世篇一一八号）、③社領安堵の施行（「宗像文書」）の各義詮御判御教書。

(58) ⑴所務相論裁決（『石清水文書』之六、一〇六号・一〇七号）。⑵寄進・預置・安堵の施行（「前田家所蔵文書」東福寺文書、「相州文書」一四、『細川家文書』中世篇一一八号、「宗像神社文書」一）。⑶濫妨停止の遵行命令（『上杉家文書』之一、三五号、『石清水文書』之六、一五一号、『大徳寺文書』之一、一八六号、『萩藩閥閲録』第二巻四三ノ四一、『大徳寺文書』之一、一八九号・一九〇号、『石清水文書』之六、一二三号、『山内首藤家文書』二八号、『細川家文書』中世篇一〇八号）。⑷その他の所務の遵行命令。寺院に替地交付につき朝要地渡付（「三宝院文書」三）、造営料所競望停止（「前田家所蔵文書」東福寺文書）、預置停止・下地返付（「東寺百合文書」ホ）。⑸関津・造営役・確執制止等の遵行命令。新関撤去・荏胡麻勘過（「離宮八幡宮文書」一）、造営役譴責停止（「臨川寺重書案文」乾）、関所の材木抑留停止（「天龍寺重書目録」乙）、春日社造営料棟別銭賦課（二十九通、『春日神社文書』三、一号）、同上督促（『春日神社文書』五）、国人の確執制止（「大友文書」四）の各義詮御判御教書。

第三節　頼之の管領就任と職権活動

一　貞治五年政変後の幕府と頼之の管領就任

貞治五年（一三六六）八月の高経・義将以下斯波一族の追放（第二編第二章第二節参照）とともに、幕府政治は再び将軍義詮の親裁に移った。しかし今回は引付方の活動が存続しており、したがって所務沙汰に関する限り義詮の親裁に幾分の限界のあったことは否めない。即ち、貞治五年八月政変の後旬日にして、同月十九日に幕府では評定始が催され、同時に引付・庭中等も行われた。このことを伝えた「後愚昧記」同日条に「大夫入道（足利高経）没落以後、始有二此事一、執事雖二未補ニ沙汰始了、閭巷説不レ可レ置ニ執事ニ云々」とあり、暫く執事を補任しないで、義詮の直属下に引付等を実施する方針であったことが窺われる。

これより翌貞治六年十二月の義詮逝去までの一年四ヵ月間に、引付頭人奉書による当該国守護宛の下地渡付、または年貢究済等の所務沙汰遵行命令は、山名時氏九通（推定一通を含む）、吉良満貞五通、今川範国二通、今川貞世二通、氏名未詳一通の計十九通が管見に入り（典拠は第二編第二章第一節参照）、且つ当時の記録からも貞治六年六月九日の評定始に際し、「今川入道(範国)下向跡、引付頭人被レ仰ニ今川伊与守(貞世)ニ云々」（『師守記』同日条）、同月二十四日に「今日武家引付、吉良左兵衛佐(満貞)行レ之云々」（同書同日条）という記事が見出され、引付方の活動が明らかである。但し引付頭人は、高経とともに没落した斯波義高のほか、佐々木（六角）氏頼も管見に触れなくなり、代って山名時氏が補せられたが、吉良満貞・今川範国の両名は引続き在職したことが確かめられ、貞治二年引付方再開以来の五方制引付から三方制引付に縮小したものの如くである。なお、右の『師守記』貞治六年六月九日条のごとく、今川範国からその嫡子貞世に頭人の譲補があり、事実、それ以後は範国に代って貞世の引付奉書が出現する。

これらの引付奉書の対象となった国名を見ると、管領高経の時代には引付各部局間に管轄地域の区分を認めえなかったが（第二編第二章第一節参照）、政変後は山名時氏が但馬・出雲・播磨・備前・備中・備後、吉良満貞が摂津・越前・加賀・越後、今川範国が播磨・若狭、今川貞世が若狭、沙弥某が伊勢の各守護にそれぞれ下した引付奉書または引付奉書案が現存する。残存例が少ないので断定はできないが、概ね時氏は山陰・山陽、満貞は畿内・北陸、今川範国、次いで同貞世は畿内周辺の近国という如く各部局間の管轄地域が分れた模様であり、各部局間の地域分担が復活したらしい。そうとすれば管領高経の時期にその後見する斯波義高を頭人とする引付の一部局に訴訟が集中した弊を改めようとしたためであろう。但し播磨については今川範国と山名時氏の奉書があり地域分担が明らかでないが、範国の播磨国矢野庄内に関する同国守護赤松則祐宛奉書は貞治五年十月付、山名時氏の同庄に関する同人宛奉書は貞治六年八月付であるから、おそらく貞世が頭人を継ぐに当って範国の管轄区域の一部が時氏の管轄下に移行したのであろう。

以上のように引付方の活動が継続している傍ら、将軍義詮が次のような多岐にわたる多数の発給文書を残していることも看過しえない。

義詮の貞治五年政変以後、管見に入った彼の署判文書は、その最後をなす貞治六年十一月十八日付御判御教書（「本郷文書」五）までの間に、御判御教書六十三通・袖判下文五通・内書三通・外題安堵一通、計七十二通を数えうる。その内容は、軍勢催促、感褒、所領諸職の安堵・宛行・補任、寺社および寺社領等の保護・助成、対外交渉の指令、所務の遵行命令等にわたっているが、中でも執事施行状に代るべき所領寄進・返付に基づく当該国守護宛の下地渡付の遵行命令を内容とする御判御教書が七通、引付頭人奉書と共通する内容の濫妨・譴責・抑留等の停止を命じた御判御教書が二十一通に及んでいることは、引付の存置にも拘らず将軍の所務沙汰親裁権が存続したことを明示している。(1) のみならず高経の管領在任時五ヵ年余における管見に入った将軍義詮の発給文書（御判御教書、袖判下文、御内書）が百九通、その内所務沙汰関係の御判御教書が十七通であったのに対して（第二編第二章第一節二参照）、貞治五年政変以後義詮逝去時までの僅か一年三ヵ月余における義詮発給文書の比率は遙かに高く、特に所務沙汰関係のそれは先の五ヵ年余の総数を凌駕し、数倍の頻度に上っているのである。因みに貞治二年八月引付復置以後貞治五年政変まで満四年間の引付奉書は三十八通（同上参照）見られるのに対し、それ以後義詮逝去時までの引付奉書は上記のように十九通の所見に接するので、現存引付奉書の頻度による限り、引付方の活動は決して政変前よりも低下したとは言えない。けれども義詮の御判御教書による所務の遵行命令が飛躍的に増大した事実は、将軍義詮の政変前よりも遙かに積極的な親裁権行使を示しているというべきであろう。

義詮はこのように貞治五年政変後しばらく執事ないし「管領」を置かずに幕政を親裁し、所務沙汰についても親裁権を積極的に行使したにも拘らず、政変より一年有余にして貞治六年九月細川頼之を四国より招致してこれを執事に補任しようとするに至るのである(後述「後愚昧記」貞治六年九月七日条・同月九日条)。義詮がここにまたも執事を置こうとした理由としては、『太平記』「喜連川判鑑」「細川頼之記」等の記事によって、一般に義詮が病篤きに至ったためと見做されて来たが、これが事実に反することは次に述べる如くである。蓋しこの問題には次のように足利(斯波)高経歿後の斯波一族の復権が深く関係していたと思われる。

高経が貞治六年七月十三日、籠城中の越前杣山城で卒去すると(『師守記』同日条裏頭書後記)、直ちに斯波一族赦免の運動が起ったことは、八月二日に「今日自越前(国カ)□、(宇脱カ)由新左衛門尉上洛、付清水坂堂、是七条入道(高経)入滅之上者、子息等可有免許之料云々」(同書同日条)と伝えられていることより判り、果して斯波義将は同月三十日入京して九月四日義詮に面謁している(同書八月三十日条・九月一日条・同月四日条)。これほど速かな赦免の背後には当然幕府内部の親斯波勢力が動いたことであろう。

他方頼之が多数の軍勢を従えて讃岐から上洛し嵯峨に着いたのは、義将が義詮に謁してより三日後の九月七日であったが(『師守記』同日条)、同月九日前内大臣三条公忠は「伝聞、此両三日細川右馬頭(頼之)京着云々、如世間謳歌者、此男可為武家執事之間上洛云々、就之山名又(時氏)欝憤、天下之乱可出来之由有巷説等」と記していて(「後愚昧記」同日条)、早くも頼之の上洛が執事就任のためと喧伝されており、しかも山名時氏がこの人事に強い不満を懐いているという風説が流れていたことが知られる。時氏は嘗て観応擾乱に際して高経とともに有力な直義党の一人として行動し、やがて直冬党として山陰を制圧、文和四年(一三五五)高経と呼応して京都を襲った前歴があり(第二編第一章第三節参照)、さらに前節に触れたように中国管領頼之に多年抗戦して後、高経の管領就任後まもなく幕府に帰順し、貞治政変後は引付頭人に補せられて活動していたのである。したがって時氏は今回斯波義将復帰に尽力した一人とも考えられ、殊に年来抗争した頼之の政界登場によって不利な立場に置かれることを危惧する充分な理由があったに違いない。山名時氏とともに有力な斯波与党(2)として土岐頼康があり、頼康は貞治五年政変後伊勢守護の兼任を解かれている(3)。頼之の執事就任に対する頼康の態度は伝えられないが、同じく斯波復帰に与した大名の一人に違いない。

そこで山名時氏の反撥という右の風評から逆推すると、頼之の京都招致・執事就任を推挙した武将としては、反斯波派の宿老を想定せざるをえない。そのような反斯波派の急先鋒としては、貞治五年の高経追放に主要な役割を演じた佐々木導誉を挙げるべきは当然であるが、導誉は貞治六年五月二十八日に京都を出立して鎌倉に下向し、この下向は「関東事為二成敗一云々」といわれていた（「後愚昧記」同日条）。これは前月二十六日足利基氏が逝去して幼少の氏満が後を継いだ機会に、関東への支配力を強めようとした幕府の政策によるものであったに違いない。義詮が同年九月五日導誉に鎌倉材木座を宛行い、同月十日相模守護三浦介高通にその遵行を直接命じていることからも（「佐々木文書」二）、義詮と導誉の緊密な関係が窺われ、十月十二日導誉が伊豆守護高坂兵部入道に法泉寺領同国熊坂郷等の遵行を命ずる奉書を下していることで（「塙文書」）、その関東執事としての活動が確認される。高経の卒去から頼之の上洛まで二ヵ月に満たないという時間的制約はあるが、既に八月初めに義将の代官が上洛して赦免の交渉が進展していることを見れば、在鎌倉の導誉がいちはやくこれに対抗する運動を起した蓋然性も考えてよいのではあるまいか。

しかし、在鎌倉の導誉を別としても、なお在京の反斯波派諸将には、『太平記』に導誉の女婿であり同じく高経と反目したと伝えられている赤松則祐と導誉に与同して高経と対立した事実のある石橋和義とを挙げられるが、他に反斯波派とまではいえないとしても、高経父子の没落にかわってそれぞれ越前・若狭・越中の各守護に補任された畠山義深・一色範光・桃井直信等があって（第二編第二章第二節参照）、彼等がいずれも斯波氏の再興にあたって、最近獲得した分国の維持に不安を感じたのは当然であろう。それゆえ、彼等が斯波派以外の執事の補任を義詮に要請して義将の執事還補を未然に封じようとしたという蓋然性も少なくないと思われる。やや推測を重ねたが、すくなくとも頼之が斯波氏の帰参という局面のなかで斯波派に与同しない諸将の支持によって幕政に登場することになったことは間違いないであろう。

頼之の管領就任の事情を、『太平記』四〇の末尾には先ず将軍義詮が同年九月下旬頃より病に侵されて十二月七日に薨逝した旨を叙した後に、「爰ニ細河右馬頭頼之、其比西国ノ成敗ヲ司テ、敵ヲ亡シ人ヲナツケ、諸事ノ沙汰ノ途轍、少シ先代貞永・貞応ノ旧規ニ相似タリト聞ヘケル間、則天下ノ管領職ニ令レ居、御幼稚ノ若君ヲ可レ奉ニ輔佐一ト、群議同赴(マヽ)ニ定リシカバ、右馬頭頼之ヲ武蔵守ニ補任シテ、執事職ヲ司ル」と、あたかも頼之の管領就任が義詮薨逝後の幼君義満輔佐の必要性から幕府諸大名の群議によって決定されたかの如く述べている。これはもとより事実に反するが、「喜連川判鑑」が「貞治六(丁未)、九月、将軍違例ニ就テ、細川右馬頭頼之ヲ召シ、補ニ執事職一、任ニ武蔵守一」と、義詮の病臥が頼之招致の原因であるかのように記すのも正確でない。義詮は九月十一日土岐頼康の招きにより夫人・子息以下を伴って賀茂に出遊しており(『師守記』同日条)、頼之の入京前後には違例の節は全く見られず、義詮が頼之を招致したときには、まだ義詮の政務執行の支障や継嗣義満の補任という条件は考慮されていなかったのである。

『愚管記』同年十一月十二日条に「武家違例云々、自ニ去月八日一風気云々、雖レ及ニ累日一未レ無ニ減気一、食政全分不レ叶云々」とあることにより、十月八日頃に発病し、十一月中旬にかけて病勢が進んだことが判る。そして青蓮院門跡入道尊道親王は十一月十八日より三ヶ夜同院本坊において義詮の所労平癒祈願の冥道供を修し、結願の日の二十日に義満が施主義詮の名代として細川頼之・山名時氏・今川貞世以下数十人を従えて聴聞に赴き、尊道親王は義満に対面して後、「細川参上、近日執権事大略治定歟、対面会尺(釈)可ニ沙汰一由」を聞いて頼之に対面しており(『門葉記』三七冥道供)、義詮の重態が頼之の執事就任内定を促進したことを窺わしめる。

『愚管記』同月二十六日条に「別当来(柳原忠光)、相語云、為レ相ニ尋武家違例一、去夕罷向之時分、政務事与ニ奪子息義満一、召ニ細川右馬頭頼之一、相ニ伝此趣一、其後大樹召ニ義満一有ニ三献祝着之儀一、剣一腰予(与)レ之云々、以ニ頼之一相ニ定管領仁一云々、諸大名羣集賀レ之、近日此趣可レ令ニ奏聞一云々」とあって、同月二十五日義詮より嫡子義満への政務委譲と頼之の執事補任とが同時に行われ、頼之には幼君義満を輔けて幕政を執るという重任が課せられることになった。かくて同年十二月七日義詮の薨逝とともに（同書十二月八日条、「後愚昧記」同日条）、管領頼之の幕政運営が開始される。要するに、将軍義詮の政務を輔佐する執事に予定されて帰洛した頼之は、義詮の義満への政務委譲・逝去という思わぬ事態のために、室町幕府としては最初の将軍の権限を全面的に代行して政務を執る管領の任に就いたのである。

ここで当時の管領という称呼について瞥見すると、先ずこの呼称が既に細川清氏の幕府執事就任直前より見えることは第二章第一節に述べた如くであるが、次の斯波義将は専ら執事と称せられた如くであって、むしろ義将を後見して政務を事実上管掌したその父高経が管領と指称された（第二編第二章第一節参照）。頼之については、本文所掲の如く、「後愚昧記」貞治六年九月九日条に「此男（頼之）可レ為二武家執事一之間上洛云々」、「門葉記」同年十一月十八日条に「近日執権事大略治定歟」、『愚管記』同年十一月二十六日条に「以二頼之一相二定管領仁一云々」とある外、頼之就任直後の某日の後光厳天皇宸翰（「里見忠三郎氏所蔵文書」）に「頼之執事ハ昨日賀遣候き」、『空華日用工夫略集』同年十二月十六日条に「早送二広慶上京一、修レ書寄附、管領細川典厩二通、天龍春屋（妙葩）此外僧俗十余封」とあって、幕府外では執事・執権・管領の称呼が混用されている。

しかし幕府の記録としては、頼之の就任当初は「花営三代記」貞治六年十二月二十九日条に「於二執事六角万里小路亭一云々同十八日改二元応安一執事細川典厩頼之」とあり、「御的日記」に「同（貞治）七年二月十六日、御座南土禅（土岐頼康）北典厩管領（中略）今禅（下略）」とあるが、他方「花営三代記」応安元（貞治七）年正月二十八日条に「御評定始、（左武衛禅、吉良満貞カ）（今川貞世）」、同書同年二月十九日条に「禅律内談始三行於二御所一、管領、佐々木大夫判官入道（氏頼）」、同書同年四月十五日条義満元服の記事に「加冠　細川右馬頭頼之、于レ時管領、今日任二武蔵守一（中略）当日御雑掌管領」、同月十七日条に「管領・役人以下装束白直垂」とあり、「鹿苑院殿御元服記」に「次進二御剣一、役右馬助（細川頼基）、此外御鎧・弓・征矢、鞍馬内々被レ進レ之、管領沙汰也」とあるのを始め管領の称呼が多く用いられ、これが職名として定着したことを窺わせる。幕府の外部においても「祇園社記」第一〇（『八坂神社記録』下）所収応安元年閏六月二十九日叡山三塔衆徒僉議の冒頭に「為二寺家沙汰一、且経二奏聞一、且可レ被レ相二触武家管領一之」とあるのを始めとして、例えば「東寺百合文書」た　宝荘厳院評定引付応安三年十二月二十五日条に「増長院法印直付二進管領一武蔵守頼之」とあるなど管領という職名の使用が一般的になった。「吉田家日次記」応安四年十一月三日条に「故将軍二代(尊氏・義詮)幷当管領」とあり、同年十二月二日条に「余乍レ驚即謁二管領一」、同月八日条に「次謁二管領相州亭一、則対面」等とあることや、祇園執行顕詮の「社家記録」（『八坂神社記録』上）応安五年十月二十六日条に「一、向二管領許一、西園寺(公永)御使政所、参会、造営御状幷自二公家一仰詞万里小路大納言家奉行、当方申状、彼御使対面、管領付レ之」、同月三十日条に「一、向二管領之許一之処他行」とあるように、幕府と密接な接触のある吉田兼凞や宝寿院顕詮も管領の職名を使用するようになっている。

他方、「後愚昧記」には、応安五年九月二十四日条に「後聞、今夜下辺武士馳集鼓騒云々、執事身上事之由風聞云々」、同年十月九日条に「故将軍義詮卿月忌於二等持寺一行レ之、大樹左馬頭義満向二其所一、執事武蔵守頼之参会云々」等と記すのみならず、康暦元年政変の前後においてもなお、康暦元年（永和七年）二月二十日条に「今夜世上騒動（中略）巷説云、執事頼之朝臣也、諸大名可レ退二治彼朝臣一之結構等有レ之、依レ之如レ此云々」とし、同年五月三日条に「彼是称云、武家執事左衛門佐(斯波義将)号玉堂、故修理大夫高経法師子、領状、此間治定了云々」というように、一貫して執事の職名を用いているが、これはおそらく三条公忠が、天下を管領するというような語感を含む管領の称呼を避けて、意識的に旧称を用いたものと思われる。降って永享五年（一四三三）成立の伏見宮貞成親王の『椿葉記』にも、「その比将軍は幼少にて、執事細川武蔵守頼之朝臣天下の事は執沙汰申程に」云々と記されているが、これにも同様の意識が窺われるであろう。

ともあれ、頼之の就任とともに、管領という職名は執事という職名に代ってほぼ普遍化したことが認められるのであり、このような管領という職名の普遍化は、従来の幕府執事ないし管領の職掌内容には殆ど見られなかった将軍の権限の代行者、幕政の主宰者としての職掌が強く意識されたために違いないであろう。そこで本章においても、以下頼之についてはすべて管領の職名を用いることとする。

二　管領頼之の発給文書と職権活動

『太平記』は、上掲の頼之執事（管領）就任の叙述に続いて「外相内徳ゲニモ人ノ云ニ不レ違シカバ、氏族モ是ヲ重ンジ、外様モ彼命ヲ不レ背シテ、中夏無為ノ代ニ成テ、目出カリシ事共也」という寿祝の語で全篇を結んでいる。けれども現実の幕府内外の情勢は未だ決して安穏ではなく、幕府内には上記のような斯波派、反斯波派の如き諸将対立が底流していたし、軍事情勢では畿内周辺の南軍もなお一応の勢力を保ち、殊に九州では周知の如く征西将軍府の威令が殆ど全域に及び、鎮西管領渋川義行は九州に歩を印すことすらできない状況であった。(4)

このような情勢の中で幼将軍を擁して一躍幕政の担当者となった新任の管領頼之の責務は極めて重大であった。そこで頼之は幕府権力の確立と全国統一の完成という幕府開創以来の目標に向って多面的な施策を精力的に展開した。康暦元年（一三七九）閏四月の政変で失脚するまで十一年半におよぶ頼之管領在任中の主要な政策は、(1)寺社本所領に対する安堵権の確立、有力寺社に対する行政・裁判権の掌握、五山禅院の統制強化、朝廷の所管した洛中検断権・段銭催免権の接収等のごとき幕府権限の強化を推進したこと。(2)新たな半済法を制定し、半済制を確立・恒久化することを通じて、武士の所領獲得要求と公家寺社の諸職維持要求との調整という前代以来の懸案に対して幕府権力の統制下における一定基準の解決法を打出したこと。(3)管領奉書の様式による幕府御教書の発給や侍所の諸国守護統轄権の管領自身への吸収等による管領の職権強化の傍ら、将軍義満の官位昇進を促進するとともに幕府儀礼の規模を大がかりにして、将軍家の権威昂揚を計ったこと。(4)楠木正儀の誘降と河内・伊勢への追討軍派遣による畿内南軍の圧迫ならびに鎮西管領今川了俊の発遣と中国・九州の主要豪族・国人の督励による九州奪回作戦の展開など全面的な南軍覆滅戦を開始したことが挙げられる。これらの施策の概要は既に拙著『細川頼之』に述べ、応安半済令の意義等は拙稿「南北朝内乱」（『岩波講座日本歴史』中世2）にも説いたので本節では以下主として頼之・義満をはじめとする幕府当局者の発給文書の分析を通じて頼之の職権および当時の管領制の性格を考慮することとしたい。

貞治六年十二月七日から康暦元年閏四月十四日の政変まで十一年半の管領在任中に、頼之自身が署判を施した発給文書（案文・写を含む）は、現在までに検出しえたものが二百三十六通を数え、在任期間の長さは高師直の執事在任期間のほぼ三分の二強であるのに、発給文書は少なくとも数量的に師直のそれを凌駕する（第4表A参照）。尊氏・義詮親裁時代の歴代執事の職権活動低調の後を承けて、頼之に至り職権活動が再び活発化したことは多言を要さない。それらの発給文書を直状と奉書とに大別すると、直状は書状十七通・書下五通、計二十二通であり、奉書は幕府下知状十二通・施行状十四通・幕府御教書百八十八通、計二百十四通となり（第4表A参照）[5]、奉書が大多数を占めており、これは基本的には従来の執事と同様、将軍の意思の伝達機能が職権活動の中心をなすことを示している。しかし師直の場合は施行状が奉書の過半数に上るのに対して、頼之の発給文書は幕府御教書が大多数を占め、両者の職権内容が決して同一でないことを想わせる。

書状の内容は、(1)神祇伯顕邦王・太政阿闍梨道快・三宝院門跡光済・曼殊院竹内僧正・智照上人等宛の所領安堵祝賀、所職譲補の披露状、院宣・綸旨の披露状、一見状（『細川家文書』中世篇四号、「前田家所蔵文書」宝菩提院文書、「三宝院文書」三、「三宝院文書」第二回採訪九、「曼殊院文書」）、(2)鎌倉府政所執事（カ）二階堂行春宛の遵行督促（『鎌倉市史』史料編三所収「黄梅院文書」一三号）、(3)阿蘇大宮司惟村宛・益田兼見宛の緊急の軍事的要請（『阿蘇文書』之二、阿蘇家文書写七、『萩藩閥閲録』一七ノ四、一九五号）、(4)鎮西管領今川了俊の分国備後の守護代長瀬入道、豊後大友氏の支族田原氏能よりの各注進状に対する返書（前者は遵行督励、後者は感褒。『高野山文書』之一、宝簡集五、五八号、「三浦文書」「泉達二氏所蔵文書」）、(5)頼之の代官として分国讃岐・土佐に在る弟頼有・満之宛の遵行命令[6]（『壬生家文書』二、三八三号、『八坂神社記録』下所収「祇園社記」御神領部一五、「東寺百合文書」せ）、(6)分国土佐の国人香曾我部氏に対する軍勢催促（「香宗我部家伝証文」三）、(7)弟頼有の軍陣作法問合せに対する返書（『弘文荘善本目録』、『早稲田大学所蔵荻野研究室収集文書』下）の諸事項にわたっている。

(1)・(2)は伯家・高僧・鎌倉御所等の身分尊重、(3)・(4)は私的要請・私的答書の意味を含む通達、(5)・(6)は守護としての権限の行使、(7)は純然たる私信であって、(5)—(7)はもとより、(1)—(4)も正規の幕府御教書を以てするのは不都合な事情により書状を用いたものと見られる。

次に書下は、(1)分国土佐の国人香曾我部一族に対する公事対捍制止（「香宗我部家伝証文」三）、(2)分国伊予の国人河野久枝新蔵人、分国阿波の国人小屋平新左衛門尉に対する所領預置（「東寺百合文書」ヨ、「松家龍市氏所蔵文書」）、(3)武田修理亮宛の石州における忠節の感褒（「内田文書」）、(4)和泉久米多寺および分国讃岐の金蔵寺の各塔婆に対する奉加（「久米田寺文書」一、『金剛三昧院文書』二一七号）の諸例が見られる。これらの書下の大部分は分国内に関するものであり、頼之自身の守護としての権限に基づくことが明らかである。石見と和泉は分国でないが、或いは武田修理亮は頼之の被官かとも思われ、久米多寺に対する場合は自身の私的な奉加のため書下形式を採ったのであろう。

奉書形式の発給文書の内、幕府下知状は主に(1)武士に対する所領諸職宛行、(2)寺社に対する所領寄進、ならびに(3)所務沙汰の裁決に用いられる。(7) これらはそれまでの執事の発給文書には例を見ないものであり、それぞれ(1)は尊氏・義詮の袖判下文、(2)は尊氏・直義・義詮の奥署判寄進状、(3)は直義・義詮の裁許下知状に対応するものである。したがって、将軍の最も基本的な権限に属する行賞権とこれに準ずべき所領寄進の権限、ならびに所務沙汰裁決権を、頼之は幼将軍義満の権限の代行者として行使したことが知られ、これらが執事本来の職権に基づく将軍の意思の伝達でなく、将軍の権限の代行であることを下知状の形式を採ることによって示したものと考えられる。

施行状と幕府御教書、就中後者は頗る多数見られるので、特に後述するもの以外出典は註(5)に譲り逐一掲記しないが、第4表Aに見る如く、(1)諸大名以下武士に対する軍事統率（軍勢催促・警固等）、栄誉付与（感褒・受領名挙申）、守護職補任、所領認定（安堵・預置）、(2)寺社（僧侶・神官）に対する仏事、寺格付与、寺社領・諸職認定、造営料足助成、課役免除、検断通告、確執制止、(3)諸国守護・使節等に宛てた施行、所務の遵行命令、課役催免等の遵行命令、等の種々の職権行使を示している。これらのうち、(1)・(2)の一部および(3)の多くは高師直の場合も執事の職権事項に属していたが、義詮の幕政親裁とともに大部分がその親裁下に帰した事項であったことは、前節の第2表・第3表A・第3表Cの三者を対比するだけでも了解されるであろう。しかも、(1)・(2)については警固命令・料所預置・造営助成等の極く限られた権限のみが高師直の行使した事項であり、それも仁木頼章以降の執事の職権からは除かれて義詮の親裁に帰していたのであり、他方軍勢催促・感褒・守護職補任・所領安堵・寺社領安堵等、(1)・(2)の大部分は尊氏・直義、ついで義詮が御判御教書を以て行使した事項であった。

したがって、頼之の行使した権限は単なる執事師直の権限の復活でなく、将軍義詮の親裁下に帰していた一切の権限が幼将軍義満の権限を代行する頼之に移譲されたことを意味する。即ちここに室町幕府開創以来例のなかった将軍親裁権の代行者としての管領が出現したのであって、これがそれまでの執事とは質的に異なる政務の総轄者としての管領の成立する直接の契機となったと推定して誤りないであろう。

さらに、これらの幕府御教書、幕府下知状等に表れた限りでも、管領頼之の政治には従来の幕府政治よりも積極的な幕府政権強化の方向が窺われることを看過することはできない。例えば、幕府の軍事統率権の直接の発動である軍勢催促においては(8)、九州における主導権奪回を中心とする南軍追討の戦略に重点が置かれており、且つ幕府下知状を以て発給された所領の宛行が(幕府御教書を以てした替不足分の宛行状一通『上杉家文書』之一、四三号を除く)、現存七通中四通(「詫磨文書」四、「小代文書」乾)は九州の国人に対する勲功の賞としての肥後の地の宛行であることも、九州国人層に対する幕府の積極的な掌握意図の一端を示すものであろう。

寺社に対する政策としては、祈禱・勤行等の要請が義詮の遺髪・遺骨分納に伴うものに限られ(9)、また寺社への所領寄進は僅かに二例、寺社領安堵も七例が知られるに過ぎないのに反して、祈願所・塔頭の指定は四例を数え、且つ寺社本所領に対する濫妨停止・半済停止・造営料所設定・造営段銭賦課・造営料木勘過などはかなり積極的に行われている。

また神人の要求を容れた犯科人処罰を行う傍ら、神人の閉籠や僧徒間の確執を戒める幕府御教書をも下している。(10) これらは、頼之の対寺社政策が、個別的な祈禱や寄進よりもむしろ幕府法に基づく全般的な保護と統制を基本方針としたことを察知させる。

同様に半済令とこれに伴う諸国守護宛の施行は、半済制に一定の規準を設けて国人層の所領要求と権門寺社の所職維持要求との調整を計りつつ幕府の係争処理機能を強化するという目的によると考えられ、(11) 寺社本所の訴訟による半済停止の遵行命令もこの目的に添ったものと考えられよう。僅か二例ではあるが、所務の相論に対して、管領奉書の形での裁許状（内一通は和与の認定、他の一通は訴人勝訴の裁決）が存在することも、相論の処理に関する頼之の積極的な姿勢を窺わせる。さらに段銭・間別銭・関銭等の賦課および催徴督励の諸例や、役夫工米・大嘗会米以下の諸役・段銭等の免除・譴責停止の諸例が多く現出するに至ったことは、応安五年七月の日吉社神輿造替段銭催徴の規程（『中世法制史料集』第二巻、室町幕府法一一二条）とともに幕府の課役催徴権の確立を裏付けるものに外ならない。また永和元年某月六日の「摂津掃部頭能直申駿河国益頭庄内□（焼津郷）役夫工米事、当参之間可㆓京済㆒之由申㆑之、者可㆑被㆑止㆓催促㆒之状、依㆑仰執達如㆑件」という駿河守護今川泰範宛幕府御教書は（「美吉文書」一）、右の日吉社神輿造替段銭における当参人の段銭京済の規定とともに、爾後の将軍直属御家人の課役京済・守護使不入特典の先蹤をなすものとして注目される。

頼之の管領在任時における幕府の軍事統率・寺社本所対策・半済制・徴税機構・直属御家人対策等における以上のような新展開は、要するに彼の主導下に幕府の権力機構が格段の充実を示したことを反映するものというべきである。

三　将軍義満と管領頼之との権限区分

頼之管領在任時の発給文書は、これを年次別に整理すると、将軍親裁権代行者としての職権事項を示す奉書が在任期間を通じて均等に見られるものでないことも看過できない。特に所領諸職宛行・寺社領寄進等の下知状ならびに所領安堵・寺社領安堵等の重要な幕府御教書は、ほぼ在任期間の半ばに相当する応安六、七年（一三七三—七四）頃を境として消滅するのである。他方、施行状・所務の遵行命令等は在任の全期間を通じて殆ど増減なく見られるので、右の消滅は史料残存の偶然性によるものとは考え難い。あたかも応安五年十一月の将軍義満判始の際の寄進状を嚆矢として義満署判文書が出現するので、管領頼之の発給文書の一部消滅は、義満の政務親裁開始に伴う将軍・管領間の権限区分成立の結果であることが予測される。そこでこの予測を確かめるため、康暦政変時までの義満自判文書を頼之の署判文書と対比して両者の関係を探ることが必要となる。

管見に入った康暦政変以前の義満の発給文書は四十八通を数えるが、応安元年三月十六日付の諷誦文写二通を別にして、自判文書は四十六通であり、様式上は袖判下文十二通、寄進状九通、奉加状二通、裁許下知状一通、御判御教書十五通、御内書七通となる（第4表B参照）。袖判下文は武士に対する宛行および安堵に、御判御教書は軍勢催促、感褒、受領名挙申通達、寺領の安堵・返付、造営料所付与、課役免除、その他護持勤修要請等に用いられている。そこでこれらの義満自判文書の発給年次を、内容をほぼ共通にする頼之の奉書の年次と対比すると、次の如くになる。

(1)所領諸職の宛行は、頼之署判の幕府下知状の下限が応安五年六月二十三日付（「加能越古文叢」一八）、同じく幕府御教書の下限が応安六年四月五日付（替不足分宛行、『上杉家文書』之一、四三号）であるのに対して、義満の袖判下文の初見は永和元年九月二日付三通であり（「大友文書」「大友文書録」）、(2)所領安堵は頼之奉書（幕府御教書）の下限が応安六年九月二十七日付（写、「蠹簡集残編」二）、義満袖判下文の初見が同年四月二日付（「蒲生文書」二）、(3)寄進状は頼之奉書の下限が応安四年閏三月十二日付（「臨川寺文書」）、義満署判の寄進状の初見が判始当日の応安五年十一月二十二日付（註(12)参照）、(4)寺社領安堵は頼之奉書の下限が応安五年九月六日付（「臨川寺重書案文」坤）、義満御判御教書の初見が応安七年十月二十二日付である（「鹿王院文書」一）。したがって、寺社領の寄進・安堵は義満の判始を境として、また武士に対する所領の宛行・安堵は——安堵の場合多少の重複期間があるが——遅くも永和元年後半までに、完全に頼之から義満に権限が移譲されたと推定しうる。そのほか、守護職補任・寺領返付・所務相論裁決等については現存文書が僅少のため権限移譲の年次は確認できないが、頼之の奉書はいずれも応安年間に、義満の自判文書は永和年間ないし康暦元年に見られるので(16)、これらについても応安末・永和初年に権限移譲を想定して誤りないと思われる。

特殊裁判機構の一つである仁政沙汰については、頼之から義満への権限移譲を明確にしうる史料が存在する。先ず「吉田家日次記」応安四年十月六日条には、「後聞、今日武家仁政沙汰也、当社領矢橋庄事、令㆓落居㆒云々、三ヶ年之訴訟一時之入眼、令㆓自愛㆒者也」とあり、同年十一月三日条に、

（矢橋庄領家職事、）
当社神服料所近江国矢橋庄領家職事、地頭・領家為㆓各別之地㆒之上者、可㆑被㆑全㆓雑掌所務㆒之状、依㆑仰執達如㆑件、

応安四年十月六日　　武蔵守（細川頼之）判

吉田社神主（兼凞）殿

という幕府御教書を掲げ、さらに同年十二月八日条に「早旦余向㆓町野遠江入道真勝許㆒、則対面、只今出仕之由申之間、矢橋庄事、重可㆑伺之由申了、次謁㆓管領相州亭㆒、則対面、（中略）次町野遠江禅門出仕、矢橋庄事、伺申了、別而厳密可㆑仰㆓奉行㆒、又内々可㆑加㆓下知㆒云々、委細之旨令㆓悦喜㆒了」とある。これによってみれば、仁政沙汰の機関である仁政方は少なくとも応安四年には管領の管掌下に属していたに違いない。「吉田家日次記」には上記の幕府御教書に伴う施行状を掲げていないが、当然管領奉書が発せられたものと思われる。

しかし、将軍義満の重要政務親裁への移行後は、たとえば「後愚昧記」永和二年閏七月十七日条に「大樹此両三日病悩、瘧病歟云々、（中略）依㆓大樹労㆒、今日仁政沙汰不㆑行云々、又明日引付沙汰同停止云々」とあるように、将軍の疾病は仁政沙汰はもとより引付沙汰の開催にも影響したのであって、義満の成人、政務親裁に伴い、その意向がこれらの訴訟裁決にも反映することになったのは当然である。なかんずく佐々木（朽木）氏秀と称弥陀院雑掌との近江国高嶋本庄内案主名に関する相論を裁決した永和三年十二月二十一日付の義満袖判裁許状には、文中に「□（寺）家捧㆓陳状㆒之間、有㆓

其沙汰一之処、既先□（度）被二裁許一畢、尤可レ為二越訴一歟、雖レ然未レ被二定□（置）一之間、於二仁政方一糺二決之一」云々とあって（『朽木文書』第一、五号）、仁政沙汰の裁決が遅くとも永和三年末までには完全に義満の親裁下に移ったことが確証されるのである。

軍勢催促状は頼之の奉書が永和二年四月二十六日付を下限とし（『阿蘇文書』之二、阿蘇文書写第七）、義満の御判御教書が永和二年八月四日付を初見とする（「禰寝文書」二）。感状は頼之の奉書が永和二年閏七月二十九日まで見え（『萩藩閥録』一、七ノ四、一九三号。同三、一二ノ四、二八八号）、永和三年二月二十三日と同年十一月十四日に頼之書状の例が存在するのに対して（「三浦文書」豊後、「泉達二氏所蔵文書」）、義満の御感御教書には永和二年九月二十九日付のものがある（「大友文書録」）。また、受領名挙申の通達は永和元年十二月三日付まで頼之の奉書があり（『小早川家文書』之二、小早川家証文五三号）、義満御判御教書は永和二年七月二十日付を初見とする（「田原達三郎文書」『大分県史料』⑽所収）。それゆえ軍事統率権と栄誉権の移譲は、所領宛行・安堵等よりはやや遅れて永和二年の半ば過ぎ頃に行われたと判断される。かくて、応安末年から永和初年にかけて将軍固有の権限の主要なものは義満の親裁下に移され、管領の行使するものは料所預置（康暦元年四月二十八日付幕府御教書「前田家所蔵文書」編年雑纂）、神人の閉籠制止（永和四年六月八日付幕府御教書案『石清水文書』之一、三三一号）等の副次的なものを主とすることとなったのである。但し頼之の書状形式の感状が上述のように永和三年末まで見えているし、また康暦政変後まもなく将軍義満の御判御教書と管領斯波義将奉書との両種の軍勢催促状が現れるので（第二編第三章第一節参照）、おそらく頼之も軍事統率権をある程度保持したとみてよいであろう。

けれども、他方守護・使節等に対する施行と所務沙汰以下の各種遵行命令は、依然として管領奉書（管領施行状・幕府御教書）を以て発給されていることは前に触れた如くであるが、所務の遵行命令は頼之の奉書によるものが応安六年末までは四十一通、応安七年以降康暦政変までは三十九通、計八十通を数えるのに対し、この間の義満署判文書の中には、所務の遵行命令の所見が皆無である。康暦政変以前の義満自判の遵行命令は所務以外の事項について四通の所見があるが、それらはいずれも御判御教書でなく御内書である。(17)そのうち三通は鎌倉御所氏満宛であるから、鎌倉御所にはその地位を尊重して将軍の直書を以てしたのであろうが、一通は周防守護大内義弘宛であるから、諸国守護宛の遵行命令は管領の発給する権限であるという原則が考慮されているに相違ない。

以上を要約すると、頼之は義満の成人に伴う判始を起点として、爾後二、三年間に寺社領の寄進・安堵、所領の宛行・安堵、所務相論の裁決、仁政沙汰のごとき将軍の基本的な権限を逐次義満に返還してその親裁下に移し、将軍の権限の代行者としての自己の責務を解くと同時に、それらの将軍の権限を直接承けた施行、所務以下の種々の遵行命令、幕府料所の預置等については、その実施を管領の権限として確保したのである。これは管領の専権を非難する諸大名の反撥(18)への対応策でもあったと推定される。

なお管領の職権として指摘すべきものに、恩賞挙状・訴訟挙状受理がある。管見に入るのは今川了俊の挙状七通であり、何れも「武蔵守殿」すなわち頼之を宛所としている。すなわち⑴年闕（応安八年＝永和元年か）正月二十五日島津明見（樺山資久）への地頭職渡付の実施（「樺山文書」）、⑵応安八年四月五日渋谷重信の訴訟、⑶応安八年四月二十日島津道壱（伊作親忠）の訴訟、⑷永和元年七月十八日島津山田忠経の訴訟、⑸同日島津氏久の挙状（以上「薩藩旧記」）、⑹永和元年七月十八日島津山田忠経の訴訟（『鹿児島県史料集』五「薩摩国山田文書」）、⑺永和二年六月九日毛利元春の本領安堵（『毛利家文書』之一、一〇号）、それぞれ当人の忠節を証言して推挙したものである。この内⑴―⑷の四通は鎮西管領としての資格であるが、⑷は大隅守護よりの推挙の申達を意味し、⑸は了俊が安芸守護としての資格で推挙したものに相違ない。それゆえ、了俊以外の守護よりの挙状の実例は見当らないけれども、管領頼之が鎮西管領はもとより一般に諸国守護の挙状を受理する権限を有したと判断される。応安五年三月佐々木（京極）高秀が恩賞方頭人に補せられているが（「花営三代記」）、現存する了俊の頼之宛挙状が永和元年および同二年のものであることは、応安六年以降も頼之が管領独自の職権として行賞の受理・審査等に携わっている事実を示しているといえよう。嘗て挙状受理が執事の職権に属したことは現存する多くの高師直宛および仁木頼章宛挙状の存在によって証せられるところであり、かかる前例が踏襲されたと見ることも可能であるが、寧ろ、上述の如く諸国守護に対する遵行命令が管領の権限に属し、将軍―管領―守護という管領の諸国守護指揮権が確立した事実に見合う上申経路として挙状受理の権限が頼之の手中に留保されたと判定すべきであろう。

註

（1）貞治五年政変以降の管見に触れた義詮の署判文書を類別すると次の如くになる。

A　軍事統率・栄誉付与

(1) 誘致・軍勢催促、七通（「大友文書」四、『阿蘇文書』之一、一七八号・一七九号、『毛利家文書』之一、五号・六号）。

(2) 戦功の感褒、二通（「結城小峯文書」「皆川文書」）。

B　守護・国人等の所領・諸職付与・認定

(1) 守護職還補・公文職補任、二通（「佐々木文書」「本郷文書」四）。

(2) 所領宛行、四通（「大友文書」四、「慶応大学図書館所蔵文書」、「本郷文書」四、「前田家所蔵文書」古券書）。

(3) 所領返付、二通（「佐々木文書」二）。

(4) 所領安堵、一通（「白川文書」）。

C　寺社の諸権益付与・規制

(1) 祈禱要請等、四通（「石清水八幡宮記録」三九、宮寺旧記、『醍醐寺文書』之二、四四八号、『大日本史料』第六編之二八所載「鶴岡八幡宮寺文書」）。

(2) 寺社領寄進、四通（『醍醐寺文書』之一、四八号・五三号、『石清水文書』之六、一〇八号・一二六号）。

(3) 寺社諸職の補任・安堵、五通（「三島神社文書」乾、『醍醐寺文書』之一、五二号、「龍宝山志」一、「前田家所蔵文書」宝菩提院文書二、『阿蘇文書』之一、一八〇号）。

(4) 寺社領安堵、八通（「宏徳寺旧記」、「多田神社文書」二、「安国寺文書」、「浄土寺文書」一、『醍醐寺文書』之一、五五号、『石清水文書』之六、一二四号・一五三号）。

(5) 祭礼頭役再興、二通（「千家文書」二）。
(6) 寺塔修造助成、一通（『鎌倉市史』史料編第三「黄梅院文書」一三号）。
(7) 神人の社領濫妨停止、一通（『石清水文書』之六、一二五号）。

D　対外交渉関係

高麗への返牒に関する指示、一通（「鹿王院文書」）。

E　守護・使節等宛の遵行命令

(1) 所領寄進・返付に基づく下地渡付の施行命令、七通（「本郷文書」五、「佐々木文書」二、『醍醐寺文書』之一、四九号・五二号、「安国寺文書」乾、「東寺文書」甲号ト二、「願泉寺文書」）。
(2) 濫妨停止・下地渡付の遵行命令、十六通（「佐々木文書」二、『鎌倉市史』史料編第二「円覚寺文書」一八五号、筑波大学所蔵「北野神社文書」、「水無瀬宮文書」二、「秋野房文書」、「聞名寺文書」、『醍醐寺文書』之一、五〇号、『大徳寺文書』之一、三八九号・三九一号・三九二号、『山内首藤家文書』三〇号、「東寺百合文書」み一―一五、「富岡文書」、「東寺百合文書」ア七一―七九、『師守記』貞治六年九月十日条所載案文、「本郷文書」五）。
(3) 守護使入部停止、二通（「東大寺本坊文書」、『大徳寺文書』之一、一五五号）。
(4) 棟別銭譴責停止、一通（『石清水文書』之六、一五二号）。
(5) 関所の造営料木・年貢抑留停止、二通（『春日神社文書』三「大東家文書」一〇一号、「臨川寺重書案文」乾）。

（2）　斯波氏に好意的であったのは山名時氏のみでなかった筈であり、例えば関東管領上杉憲顕は同年七月八日上洛しているが（『師守記』）、彼も嘗て関東における直義党の中心人物であり、観応擾乱後永らく越後を中心に幕府方に抗戦したのち高経の管領就任後まもなく足利基氏の招きによって関東管領になった経歴に照して（第三編第二章第二節参照）、今回の斯波氏復帰に力を貸した一人であったかも知れない。とはいえ憲顕は京都の政界に対してはいわば局外者であったし、関東を基盤とした彼と西国に活動した頼之との間には何等直接の接触がなかった。したがって憲顕が特に頼之の執事就任に反対する立場にあったとは考え難い。

（3）　佐藤氏前掲書七三頁。

（4）　幕府はさきに貞治二年周防に敗退した鎮西管領斯波氏経に代って同四年渋川義行を発遣したが（第二編第二章第二節参照）、貞治六年二月に至ってもなお将軍義詮は阿蘇惟村の注進状に答えて「大将渋川武蔵守義行事、急速打ニ越長門国一、可レ廻ニ渡海籌策一之旨、以二両使一被レ仰畢」云々と述べ、堪忍してその発向を待つよう同心の輩に相触れしめている有様で（『阿蘇文書』之一、一七八号）、幕府の九州支配恢復策は実現の緒にさえ着いていなかった。

(5) 管領頼之の発給文書は多数に上るので、第4表Aの事項別に依拠史料名を略記するに止める。

A　軍事統率・栄誉付与

(1)鎮西大将発遣の通告、『阿蘇文書』之二、「土持文書」。(2)軍勢催促、「二宮文書」、「佐田文書」、「富来文書」、「大友文書」、「香宗我部家伝証文」、『朽木文書』第一、『萩藩閥閲録』第一巻七ノ四。(3)社頭警固、「保坂潤治氏所蔵文書」一、「服部敏良氏所蔵文書」。(4)注進状の返書、『阿蘇文書』之二、『萩藩閥閲録』第三巻一二一ノ一。(5)軍陣作法の教示、『弘文荘善本目録』。(6)感褒、「高田文書」（『西国東郡誌』所収）、「前田家所蔵文書」得江文書、「都甲文書」、「今村孝次文書」、「一宮文書」、『萩藩閥閲録』第三巻一二一ノ一、同一二一ノ四、「三浦文書」（紀伊）、『毛利家文書』之一、「田原達三郎文書」、「麻生文書」、「内田文書」、『萩藩閥閲録』第一巻七ノ四、「南山巡狩録追加」、「三浦文書」（豊後）、「泉達二氏所蔵文書」（なお『愛媛県編年史』第三所収「大野系図」の細川頼之感状写は存疑、不採用）。(7)受領名挙申の通告、「荒巻文書」、「前田家所蔵文書」東福寺文書、『小早川家文書』之二。

B　所領諸職付与等

(1)守護職補任、『上杉家文書』之一。(2)所領諸職宛行、「詫磨文書」、「小代文書」、『小早川家文書』之一、「和簡礼経」、「加能越古文叢」一八、『上杉家文書』之一。(3)所領安堵、「臼田文書」、『吉川家文書』之一、同之二、『萩藩閥閲録』第二巻五八、「蒲生文書」、「蠹簡集残編」二（なお『新編会津風土記』所収梁瀬源次郎所蔵幕府御教書写は存疑、不採用）。(4)所領預置・料所預置、「守矢文書」、「前田家所蔵文書」編年雑纂。(5)分国内所領の預置、「東寺百合文書」ヨ、「松家龍市氏所蔵文書」。

C　公事対捍の戒飭

「香宗我部家伝証文」三。

D　公家衆の所領安堵・同副状

「祇園社文書」（『早稲田大学所蔵荻野研究室収集文書』上）、『細川家文書』中世篇。

E　祈禱・奉加等

(1)義詮の遺骨等分納、「園城寺文書」、「多田神社文書」、「黄梅院文書」（『鎌倉市史』史料編第三、以下同）、『蔭凉軒日録』、長享三年五月十二日条。(2)馬匹奉加、「久米田寺文書」、『金剛三昧院文書』（高野山編『高野山文書』第五巻、以下同）。

F　寺社諸権益の付与・認定等

(1)祈願所・塔頭の指定、「廬山寺文書」、「三鈷寺文書」、「黄梅院文書」、「永源師檀紀年録」。(2)寺社領寄進、「鹿島神宮文書」、「臨川寺文書」。(3)寺社領返付、「東寺百合文書」せ。(4)寺社領安堵、「天龍寺重書目録」、「美濃国安国寺文書」(「松雲公採集遺編類纂」所収)、『醍醐寺文書』之九、「北条寺文書」、「吉田家日次記」応安四年十一月三日条、「鹿王院文書」、「臨川寺重書案文」。(5)寺社領返付・安堵の綸旨・院宣の一見状、「三宝院文書」第二回採訪九、「曼殊院文書」。(6)住持職の公帖、「豊府紀聞」(『後鑑』巻七六所収)。(7)寺社諸職の安堵「三島神社文書」、「前田家所蔵文書」宝菩提院文書、「八坂神社文書」二一。(8)寺領の諸役免除、「東寺百合文書」ミ、「地蔵院文書」(京都大学所蔵)。(9)造営段米・棟別等の認可、「北島文書」、「三宝院文書」三。(10)寺領年貢勘過の通告、「臨川寺文書」。(11)犯科人処罰の通告、「離宮八幡宮文書」一。

G　社家・僧徒・神人の戒飭

(1)私戦停止・退去命令、『小早川家文書』之二。(2)確執・違乱等の停止、「円覚寺文書」(『鎌倉市史』史料編第二、以下同)、「建武以来追加」(『中世法制史料集』第二巻所収、以下同)、『石清水文書』之一。

H　所務相論の裁決

(1)和与の認定、「前田家所蔵文書」青蓮院文書。(2)訴人の知行安堵、『小早川家文書』之二。

I　関東管領・鎮西管領・諸国守護宛の施行

(1)所領宛行・寄進・返付・安堵等の施行、『壬生家文書』二、三八三号、「前田家所蔵文書」東福寺文書、「鹿島神宮文書」、「臨川寺文書」、「西村信次氏所蔵文書」(幕府御教書、実質上安堵の施行)、「鶴岡八幡宮文書」(『鎌倉市史』史料編第一)、「如意宝珠御修法日記紙背文書」(四天王寺所蔵。幕府御教書、実質上安堵の施行と推定)、「越前島津家文書」(三通、丸山晴久氏教示)、「徴古雑抄」(『富山県史』史料編二所収)、「安国寺文書」(丹波)、『朽木文書』第一、『萩藩閥閲録』第二巻三七ノ二、『毛利家文書』之一、「東寺百合文書」せ、「麻生文書」、「美吉文書」、「祇園社記」(『八坂神社記録』下、以下同)御神領部四。(2)寺社本所領の事書(半済令)の施行、「建武以来追加」。

J　所務の違乱停止等の遵行命令

(1)濫妨停止・下地渡付、「秋元興朝氏所蔵文書」、「東寺百合文書」せ、「祇園社記」御神領部一五、同一二、『小早川家文書』之一、「東寺百合文書」セ、同ゐ、「安国寺文書」(丹波)、『八坂神社文書』下、「東寺文書」数、「東寺百合文書」ヒ、同せ、「水木直箭氏所蔵文書」、「古文書集」八、「前田家所蔵文書」武家手鑑、「南禅寺文書」、「三宝院文書」第二回採訪、「東寺百合文書」テ、「前田家所蔵文書」宝菩提院文書、「東寺百合文書」ト、『大徳寺文書』之二、「吉田家日次記」応安四年十一月三日条、「臨川寺文書」、「関戸守彦氏所蔵文書」、『醍醐寺文書』之一、「相模文書」、「山科家古文書」、『大徳寺文書』之一、「円覚寺文書」、『高野山文書』之一、『春日神社文書』第一、「東寺百合文書」ホ、『後鑑』巻七七所載「東寺文書」、「西大寺文書」、『金沢文庫古文書』第一輯、「久我家文書」、「多賀幕本古文書」、『石清水文書』之二、「仁和寺文書」、「前田家所蔵文書」南禅寺慈聖院文書、「口宣綸旨院宣御教書案」、「随心院文書」、『金剛三昧院文書』、「八坂神社文書」、「美吉文書」、『毛利家文書』之一、『上杉家文書』之三、『高野山文書』之八。(2)半済停止・下地渡付、「東寺百合文書」せ、『九条家文書』二、「安国寺文書」(丹波)、「勧修寺文書」、『九条家文書』六、(なお『石清水文書』之二、四八五号は存疑、不採用)。(3)所領乱入・私戦の停止、『山内首藤家文書』。(4)寺社諸職の違乱・競望等の停止、「前田家所蔵文書」宝菩提院文書、「建武以来追加」、「三島神社文書」、『細川家文書』中世篇。

K　課役譴責停止・免除の遵行命令

(1)役夫工米等の譴責停止、「大徳寺文書」三六、「古簡雑纂」(彰考館文庫所蔵)、『教王護国寺文書』巻二、「円覚寺文書」、「東寺百合文書」ア、『高野山文書』之一。(2)当参人の役夫工米京済、「美吉文書」。(3)官符宣により諸役免除、「円覚寺文書」。(4)段銭・軍役等の催促停止、『萩藩閥閲録』第四巻一四三、『石清水文書』之六。

L　造営役・関務等の遵行命令

(1)造営日時勘文の下付、「宗像文書」。(2)造営段銭・間別銭の徴納、「黄梅院文書」、「千家文書」。(3)造営段銭・造営役の督励、「松尾神社文書」、『香取文書』。(4)関務・目銭納付の督励、『香取文書』、「菅孝次郎氏所蔵文書」。(5)年貢・造営料木等の津関勘過、「南禅寺文書」、「臨川寺文書」、「前田家所蔵文書」東福寺文書、「臨川寺重書案文」。

M　新儀の交易停止の遵行命令

「離宮八幡宮文書」。

(6)　なお、書状による遵行は応安三年五月二十五日付幕府御教書により祇園社領越中国堀江庄内村々の濫妨停止・下地渡付の遵行を命ぜられた同国守護斯波義将が某年卯月八日付・七月十七日付の二通の書状を弟義種に送って遵行を督促しているように(『八坂神社文書』下、一六七四・一六七六・一六七七号)、頼之の場合と同様、子弟を守護代としている守護に用いられている例が見られる。

（7）⑴所領諸職宛行、「詫磨文書」四、「小代文書」乾、『小早川家文書』之一、三〇号、「和簡礼経」上、「加能越古文叢」一八。⑵所領寄進、「鹿島神宮文書」、「臨川寺文書」。⑶所務相論裁決、『小早川家文書』之二、小早川家証文四九七号、「前田家所蔵文書」青蓮院文書、の各幕府下知状。なお本領安堵は幕府御教書を用いているが、師匠よりの譲与地の安堵に幕府下知状を以てした例がある（「蒲生文書」二）。

（8）軍勢催促の御教書としては、⑴阿蘇大宮司惟村に宛てた応安元年十月二十四日付・同二年十一月二十七日付の二通は、先に述べた同人宛書状とともに、堪忍して鎮西大将の下着を待つべしとする趣旨、⑵日向の土持三河守に宛てた応安三年十月十四日付御教書は、鎮西大将軍（今川了俊）の下向を告げて一族ならびに同心の輩を促して忠節を抽んでしめたもの、⑶宇都宮経景と富来正寿に宛てた応安三年十二月二十六日付御教書（一通）と田原氏能に宛てた翌四年正月二十日付御教書は、九州難儀により参洛せることを賞し、鎮西大将の進発につき下向して軍忠を励むべしとして、了俊に配属したもの、⑷阿蘇惟村宛の応安七年十二月晦日付と永和二年四月二十六日付の御教書は、前者は菊池以下の高良山没落を報じた注進状を義満に披露した旨を述べて、連々注申すべしとし、後者は去る二月二十二日の注進状を披見した旨を述べて了俊に属して忠節を致すことを命じたものであり、これらは九州南軍鎮圧の戦略の進展状況を反映している。他方、⑸二宮円阿に斯波義将に属して桃井直常退治に発向せよと命じた応安二年八月十日付御教書と、⑹佐々木出羽四郎に四条隆俊以下退治に発向せよと命じた応安四年十月一日付御教書は、北陸と畿内の追討戦のための軍事動員を示す。なお⑺小枝右馬允に宛てた応安四年四月十一日付の、但馬国役を以て八幡宮を警固するにつき、守護人参洛の間社頭を守護せよと命じた御教書は、同月五日の石清水八幡宮神人の山城国美豆牧住人等の神殿乱入・死傷という椿事に対する処置の一環である（典拠は註（5）参照、以下の註（9）―（11）の典拠も同じ）。

（9）管領就任後間もなく貞治七年（応安元年）正月二十二日、義詮の遺髪を納めた地蔵菩薩像を園城寺唐院に奉納し、同年二月二十九日義詮の分骨を摂津多田院・高野山安養院・円覚寺黄梅院等に奉納して菩提を弔わせた外には、祈禱・勤行等の依頼の例は見られない。

（10）応安二年九月二十二日、八幡宮大山崎神人の訴を容れて円明寺住人大隅左衛門尉等を遠江に流刑にしたことを八幡宮の検校法印に通達した御教書がそれであり、同じく大山崎神人の訴により、摂州久岐庄内道祖小路散在土民が油木を立てて新儀の交易をなすことを禁じた永和四年十一月十二日の御教書とともに、座商人なかんずく大山崎神人の保護政策といえる。但し右の円明寺住人等の処罰は神人等が社頭に閉籠して強要したものであるため、右の流罪決定に先立って応安二年九月十二日頼之は、その要求を認めることを約して神人等の社頭退散を命ずる御教書を同じく検校法印に下している。

(11) この応安半済令は、一般的には「其外諸国本所領、暫相二分半分一、沙二汰付下地於雑掌一、可レ令レ全二向後知行一」という諸国寺社本所領の下地折半の原則によって半済の恒久化を計りつつも、同時に「禁裏　仙洞御料所、寺社一円仏神領、殿下渡領等」、「自二先公御時一、本所一円知行地」、「月卿雲客知行地頭職」の半済対象よりの除外規定、および「此上若半分之預人、或違二乱雑掌方一、或致二過分掠領一者、一円被レ付二本所一、至二濫妨人一者、可レ処二罪科一也」という半済給人の違反の場合の罰則・半済停止の規定を設けている。これらの規定に基づく寺社本所よりの訴訟に対し、頼之は、応安三年八月六日東寺領若狭国太良庄に対する半済給人の押妨停止、応安六年五月十九日重ねて同庄の半済停止、応安六年四月二十七日徳禅寺領播磨国田中・平井・寺田等の、翌七年九月二十二日重ねて平井庄の、応安六年十二月十九日丹波安国寺領同国夜久郷内今西村の、永和元年十月二十二日冷泉家領山城国山科小野西庄の半済停止・一円渡付をそれぞれ当該国の守護に命ずる幕府御教書を発し、永和三年十二月二十一日には筑前の筥崎宮神領の半済停止を遵行させている。これらの遵行命令は、その実効性はともかく、少なくとも頼之の政策が国人層の所領要求を上記の諸規定による一定の規準内でのみ容認し、寺社本所側から違反を糾弾された半済給人には半済停止、寺社本所側への下地全面返還という規定をそのまま適用する方針であったことを明示している。したがって応安半済令は、拙稿「南北朝内乱」(『岩波講座日本歴史』中世3)にも述べたように単なる国人層掌握策でも公家寺社擁護策でもなく、国人層の所領獲得要求と公家寺社の諸職維持要求との利害対立による紛争に対処しうる明確な規準の設定に主眼があったと見るべきであろう。

(12) 臼井信義氏『足利義満』(「人物叢書」三八)二五頁、前掲拙著一〇八頁。この判始の吉書として作成された寄進状中の一通は石清水八幡宮に正本が現存する(『石清水文書』之六、一二九号)。

(13) 義詮の百箇日法要の諷誦文であり、当然判始以前に属し、義満の署判文書ではない(「柳原家記録」一一五、諷誦文故実抄)。

(14) 第4表Bに示した義満の発給文書の典拠を、註(5)と同様の方法で以下に列挙する。

A　軍事統率・栄誉付与

(1)軍勢催促・同通告、「禰寝文書」。(2)感褒、「大友文書録」。(3)受領名挙申の通告、「田原達三郎文書」。

B　所領諸職の付与・認定

(1)関東管領仰付、『上杉家文書』之一。(2)守護職補任、「禰寝文書」、「佐々木文書」(なお「予陽河野家譜」応安七年十月十八日付御判御教書写は存疑、不採用)。(3)所領諸職宛行、「大友文書」、「大友家文書録」、『萩藩閥閲録』、「美吉文書」。(4)所領諸職安堵、

「蒲生文書」、「前田家所蔵文書」編年雑纂、「狩野文書」、『朽木家古文書』上、同文書下、『毛利家文書』之一、「美吉文書」（なお『萩藩閥閲録』第二巻五六、応安七年十二月二日付御判御教書写は存疑、不採用）。(5)所領の課役免除、「水月古簡抄」。

C　祈禱・奉加等

(1)諷誦、「諷誦文故実抄」。(2)祈禱要請・祈禱本尊等造進、「理性院文書」、「雨森善四郎氏所蔵文書」。(3)奉加、『石清水文書』之六、「田村大宮司家文書」。

D　寺社諸権益等の付与・認定

(1)寺社領寄進、『石清水文書』之六、「安国寺文書」（丹波）、「前田家所蔵文書」南禅寺慈聖院文書、「東寺文書」書、筑波大学所蔵「北野神社文書」、「祇園社記」（『八坂神社記録』下）御神領部四。(2)寺領返付、「東寺文書」五常。(3)寺社領安堵、「鹿王院文書」、「浄光明寺文書」（『鎌倉市史』史料編第一）、『金沢文庫古文書』第一輯、「理性院文書」。(4)造営料所設定、「天龍寺文書」。(5)座商人（神人）の課役免除、内閣文庫所蔵「古文書集」。

E　所務相論の裁決

『朽木文書』第一。

F　遵行命令

(1)関東管領補任の指示、『上杉家文書』之一。(2)寺院諸職の渡付、「醍醐寺理性院記」。(3)当参人の課役免除、「古今消息集」。(4)役夫工米等の譴責停止、「秋元武夫氏所蔵文書」。

なお「安国寺文書」（出雲）には、大野頼成の出雲国安国寺領同国大野庄立還り押領を停止せしめた応安六年十月十七日付・同七年五月四日付、および禰宇三郎次郎の同寺領同国禰宇村田地抑留を停止せしめた同六年十二月二十一日付の各直状の遵行命令があり、『新修島根県史』は日下の花押を義満とするが、影写本を検するに義満の花押とは全く異なる。宛所が守護宛でなく単に「五郎殿」とあること、および先に貞治四年十月十日付大野頼成の押領停止・下地渡付を命じた同国守護佐々木導誉の豊島左衛門尉宛書下写が存在することからも、出雲守護（当時は佐々木高秀）の書下に相違ない。

(15)　他に永和元年十月十七日付幕府御教書写が一通あるが（「新編会津風土記」三）、様式・文言ともに異状であり、偽文書と判断されるので除外する。

(16)　守護職補任状は、応安二年十月三日付幕府御教書（頼之奉、『上杉家文書』之一、四二号）に対して、永和二年八月十二日付義

第4表A　細川頼之管領在職時発給文書一覧　無印＝奉書（下知状・御教書）〔　〕＝書下　（　）＝書状　（*御教書　**下知状）

事項 / 年次	武士宛ノ発給文書													公家衆宛	宛ノ発給文書										
	軍事・栄誉							所領諸職付与等					戒飭		祈禱		権益ノ付与・認定等								
	鎮西大将発遣ノ通告	軍勢催促	社頭警固	注進状ノ返書	軍陣作法ノ教示	感褒	受領名挙申ノ通告	守護職補任	所領諸職宛行（下知状）	所領安堵	所領預置・料所預置	分国内所領ノ預置	公事対捍ノ戒飭	所領安堵・同副状	義詮ノ遺骨等分納	馬四奉加	祈願所・塔頭ノ指定	寺社領寄進（下知状）	同返付	同安堵	同返付安堵綸旨等ノ一見状	住持職ノ公帖	寺社諸職ノ安堵	寺領ノ諸役免除	造営段米・棟別等認可
貞治六	(1)																								
応安元	1									4					4			1	1	1			(1)		1
二	1	1						1					〔1〕				2							1	
三	1	2							4							〔1〕				2					1 (1)
四		2 (1)	2			4	2		2			〔1〕		1				1		2	(1)				
五						3			1	**1	1	〔1〕					2			2					
六						1			*1	1												1	2		
七				1		2										〔1〕							1		
永和元		(1)				2	1														(1)				
二				1		6 〔1〕																		1	
三						(2)																			
四																									
康暦元											1														
年未詳				(1)	(1)									(1)											
計	3 (1)	5 (2)	2	2 (1)	(1)	18 〔1〕 (2)	3	1	8	6	2	〔2〕	〔1〕	1 (1)	4	〔2〕	4	2	1	7	(2)	1	3 (1)	2	2 (1)

総計	計	守護使節等宛ノ遵行命令																所務相論ノ裁決		寺社			
		交易	造営役等ノ遵行					課役免除ノ遵行				所務ノ遵行				施行				戒飭		諸	
		新儀ノ交易ノ停止	年貢・造営料木ノ勘過	関務・目銭納付ノ督励	造営段銭・造営役ノ督励	造営段銭・間別銭徴納	造営日時勘文ノ下付	段銭・軍役等ノ催促停止	官符宣ニヨリ諸役免除	当参人ノ役夫工米京済	役夫工米等ノ譴責停止	寺社諸職ノ違乱等停止	所領乱入・私戦ノ停止	半済停止・下地渡付	濫妨停止・下地渡付	事書(半済令)ノ施行	宛行・寄進・安堵等ノ施行	訴人ノ知行安堵(下知状)	和与ノ認定(下知状)	確執・違乱等ノ停止	私戦停止・退去命令	犯科人処罰ノ通告	寺領年貢勘過ノ通告
1	(1)																						
28	23 (5)					2 (1)					2				5 (2)	1	(1)						
16	15 〔1〕		1												2		2			1	1	2	
25	23 〔1〕(1)				1									1	9				1	1			
32	29 〔1〕(2)											1		1	9		2						
23	22 〔1〕		1	1	1							1			6					2			
17	17										2			3	2		2	1					1
16	14 〔1〕(1)		1								1		1		7 (1)								
24	22 (2)		2				1	2		1		1		1	6		5						
18	17 〔1〕		1	1							1				4		2						
14	12 (2)				1				1			1			6		3						
13	13	1									1			1	7		1			2			
6	6		1												2		2						
3	(3)																						
236	213 〔6〕(17)	1	7	2	3	2 (1)	1	2	1	1	7	4	1	7	65 (3)	1	19 (1)	1	1	6	1	2	1

第4表B　足利義満発給文書一覧（康暦元年政変以前）　（　）＝御内書（参考　○＝頼之の同事項の発給文書、但し分国内等を除く）

事項 / 年次	軍事・栄誉			所領諸職ノ付与・認定					祈禱等			寺社諸権益等付与認定					裁許	遵行命令				計	総計
	軍勢催促・同通告	感褒	受領名挙申通告	関東管領仰付	守護職補任	所領諸職宛行（袖判下文）	同安堵（袖判下文）	所領ノ課役免除	諷誦	祈禱要請・本尊等造進	奉加	寺社領寄進	同返付	同安堵	造営料所設定	座商人ノ課役免除	所務相論ノ裁決	関東管領補任指示	寺社諸職ノ渡付	当参人ノ課役免除	役夫工米等ノ譴責停止		
貞治六																							
応安元							④		2			①	①	①							①	2	2
二	①				①																		
三	②					④								②			①						
四	③	④	①			②						①		②					①				
五		③				①	①					1		②					①			1	1
六		①				①	1 ①				1					(1)	①				②	2 (1)	3
七		②											(1)	2							①	2 (1)	3
永和元	①	②	①			3	2					1							①	①		6	6
二	2	1 ⑥	1		1	1	1				1			1							(1) ①	9 (1)	10
三		②					1					2					1		①			4	4
四							1	1					1							(1)	①	3 (1)	4
康暦元				(1)	1	1	1			2		5		1	1			(1)	(1)			12 (3)	15
年未詳																							
計	2	1	1	(1)	2	5	7	1	2	2	2	9	1 (1)	4	1	(1)	1	(1)	(1)	(1)	(1)	41 (7)	48

満御判（日下判）御教書案（「禰寝文書」二）および康暦元年四月十三日付義満袖判御教書案（「佐々木文書」二）があり、寺領返付は応安元年五月二日付幕府御教書（頼之奉、「東寺百合文書」せ武家御教書幷達六五―九七）に対して、「応安七」年五月二日付義満御内書（「東寺文書」五常）・永和四年十二月二十三日付義満御判御教書（同五常）があり、裁許状は応安三年十二月二十七日付幕府下知状（頼之奉、「前田家所蔵文書」青蓮院文書）・応安六年七月十九日付幕府下知状写（頼之奉、『小早川家文書』之二、四九七号）に対して、永和三年十二月二十一日付義満袖判下知状（『朽木文書』第一、五号）の例がある。

（17）　遵行命令に相当する御内書は、(1)永和二年十一月六日、鎌倉御所足利氏満に宛てて甲斐国恵林寺領ならびに黄梅院浄祐寺領等は勅免につき役夫工米・段銭以下の譴責を止めよと命じたもの、(2)永和四年十月十五日、周防守護大内義弘宛に、曽我美濃入道（満助）は当参奉公人たるにつき、その所領同国与田保に国において軍役以下の課役を懸けることを止めることを指示したもの、(3)康暦元年卯月十五日、足利氏満宛に関東管領を上杉道合（憲方）に仰付けよと指示したもの、(4)および同年閏四月十一日、同じく氏満宛に関東の明王院ならびに清浄金剛院別当職の理性院僧正（宗助）への渡付を命じたものの計四通である（典拠は註(14)F参照）。この内三通までが氏満宛であることは、鎌倉御所の地位を考慮して管領奉書でなく義満の御内書で、内命という形式を採ったためと見られるが、他に大内義弘宛のものが一通あることは、この理由のみからは解しえず、遵行命令が管領の権限に属するため、義満は直接守護に内命を下す場合御内書を用いたと解すべきであろう。

なおこの外に当時の義満の御内書は三通見られるが、一通は応安六年五月十三日興福寺別当僧正（盛深）に宛てて、院宣により春日社住京神人等の酒麴売以下の課役を免除したもの（「古文書集」一）、次は東寺長者僧正宛に宝荘厳院執務・同敷地・寺領等を執奏につき同寺に返付したもので（「東寺文書」五常）、この二通は院・朝廷の意向を承けた措置であるため、内意を伝える形を採ったものと見做される。三通目は康暦元年卯月十五日、即ち上記の足利氏満宛と同時に、上杉道合に宛てて帰参して関東の事を行うべしと命じたものであり（『上杉家文書』之一、四七号）、これは、正式に補任する権限は氏満にあるため、御内書を以て命じたものに外ならない。以上のように義満の内意を伝える形式を採る理由のある場合に限って御内書が用いられたと推定される。

（18）　前掲拙著『細川頼之』一六四―一七一頁。

第四節　管領頼之在任時の評定衆・引付頭人・奉行人

一　幕府追加法と評定衆

頼之の管領在職期間内における幕府の発給文書には、上述の将軍ならびに管領の署判文書以外に、追加法の形で制定・公布される幕府法、および幕府引付頭人奉書（引付奉書）、幕府奉行人奉書が存在し、これらの法令および奉書は、管領頼之の職権との関係を考察するためにも、ひいて当時の幕府機構の在り方を探るためにも軽視しえないので、以下それらについて検討を加えることとする。

先ず幕府法（追加法）を見ると、これより先将軍義詮時代の幕府法としては、僅かに延文二年（一三五七）九月十日の寺社本所領条々と貞治六年（一三六七）六月二十七日の寺社本所領事との二法令が伝存するのみであるが、頼之の管領在任時代には十九の法令が現存し[1]（『中世法制史料集』第二巻室町幕府法）、法令の制定・発布が重要視されたことが窺われる。これらの法令の題目・年月日等を発令順に列挙すると次の如くである。

①禁制条々　貞治六　十二　廿九（引出物・服飾等の規制）
②諸山入院禁制条々　貞治七　二　十三沙汰
③寺社本所領事　応安元　六　十七　布施弾正大夫入道昌椿奉行之（半済令）
④五山十刹已下住院年紀事　応安元　十　十三　御沙汰
⑤禁制　応安二　二　廿七（服飾・博奕・商売等の規制）
⑥寺社領已下事　応安二　十　二

⑦仰詞　応安三　十二　十六（山門公人悪行の規制）
⑧五山十刹以下住持職事　応安四　正　廿二御沙汰　奉行安威左衛門入道性威（資脩）
⑨諸山入院証明召請事　応安五　二　九　布弾入奉行（布施資連）
⑩禅院法則条々　応安五　四　十五　布施入奉行
⑪大覚禅師門徒事（蘭渓道隆）　布施弾正大夫入道奉行
⑫日吉社神輿造替要脚内、其国段銭事　応安五　七　十一
⑬東福寺事　応安五　八　十七　布弾入奉行
⑭東福寺事（応安五年八月）　同廿八日御沙汰　同奉行
⑮東福寺条々　応安五　十　十九御沙汰　執筆　布施弾正大夫入道
⑯諸社神人等訴申喧嘩事　応安五　十一　十八　松田八郎左衛門尉貞秀奉行
⑰東福寺付門前検断事　応安五　十一　廿一　雅楽左近入道道喜奉行
⑱関東五山事　応安六　十　九布弾入奉行
⑲新制　永和二　三　廿七（服飾の規制）

これらの幕府法を上来の方法に従って事項別、年次別に示すと第5表Aのようになる。

これらの追加法中、③の寺社本所領半済の規程は、寺社本所側からも「大法」と呼ばれたもので（「東寺百合文書」や、応安二年七月日付東寺雑掌頼憲申状）、先に触れたように幕府の土地問題に関する積極的な対策を示す法令である。

日吉社神輿造替段銭賦課を命じた⑫は、院宣に基づいて発令したものであるとはいえ、侍所頭人佐々木高秀を総奉行とし、且つ寺社本所領・地頭御家人領とを問わず一律に公田段銭三十文を徴収すること、難渋の在所には幕府の使と守護使を入部して譴責すること、当参人の所領の段銭は京済とすること等を規定している。これは幕府の段銭催徴の体制

第5表A　室町幕府追加法一覧（自貞治六年十二月至永和二年三月）

年次＼事項	寺社本所領半済・返付	造営段銭ノ賦課	禅院ノ規制	神人・山門公人ノ規制	倹約令・服飾ノ規制	計
貞治六					1	1
応安元	1		2			3
二	1				1	2
三				1		1
四			1			1
五		1	7	1		9
六			1			1
七						
永和元						
二					1	1
三						
四						
康暦元						
計	2	1	11	2	3	19

的確立を意味し、前述の幕府御教書による段銭・間別銭等の催徴督促の諸例とともに、頼之の管領在任時が幕府の段銭催徴権掌握の時期となったことを示すものに外ならない。

山門公人の負物譴責と号する洛中での悪行に幕府が検断権を行使することを定めた⑦と、諸社神人等が所務・負物等につき奸謀の結果闘殺された場合等には訴訟を許容せず罪科に処することを骨子とした⑯とは、同じく先に触れた神人閉籠戒飭の幕府御教書等と揆を一にする寺社規制強化の基本方針によると見られる。五山十刹以下の禅院に対する規制の強化もこの時期の特色である。この規制強化の法令がこの時期の現存法令十九の内十一という過半数を占め、内容も住持の任期の厳守、入院の礼物や僧侶の人数の制限等にわたって具体的に規定していることは、頼之主導下の幕府の禅宗寺院統制に対する異常なまでの熱意を表わしている。また倹約令は嘗て直義主導下の貞和年間頃にも一回発令されているが（『中世法制史料集』第二巻、追加法四四—五〇条）、頼之の管領在任中には倹約令ないし服飾規制が①・⑤・⑲と三回発令され、且つ禅院に対する諸規程の中でも再三、礼物の制限や暖寮の停止を定めていて、幕府の奢侈禁止強化の方針が知られる。なおこの中⑤は侍所頭人土岐義行の署判を以て洛中に発令されたもので、幕府の京中住民を対象とした法令の初見であり、上記⑦の山門公人の洛中悪行の禁令とともに、幕府の京中支配権強化の発現といえる。

この時期の法令に見られる以上のような諸特色は、概して前述した管領頼之の幕府御教書に見られる規制強化の方針に添っているものが多く、これらの追加法の制定には頼之の政策が強く表われているといえる。しかし第5表Aに見るように、これらの追加法は貞治六年（一三六七）末から応安六年（一三七三）まで連年制定され、特に応安五年には、東福寺の五山編入とも関連して、最も多くの法令が集中している。ところがこれに対して、応安七年以後は僅かに永和二年（一三七六）に⑲の服飾規制が見られるに過ぎず、それ以前と対照的な停頓状態を呈している。そしてこの応安六年を境とする変化は、あたかも前節三に指摘した将軍義満の署判文書出現による管領発給文書の減少と時期を等しくする。そこで、これらの法令に頼之の意図がどのように反映したか、また法令のにわかな減少は何を意味するかを探るため、法令の審議決定機関である評定の人員構成を見ることとする。

先ず、上記の法令中、⑤は「若違犯ノ事アラハ、可レ処二罪科一之状、依レ仰下知如レ件」という書止文言と、「左馬助源（土岐義行）朝臣判」という署判によって侍所の発令した下知状であることが明らかである。また⑦は洛中において悪行をなす山門公人の逮捕・処罰の朝廷から幕府への授権を内容とする「仰詞」で、これ自体は幕府法とはいえない。しかしその他は大部分が、少なくとも幕府の評定において審議・決定された法令である。[2]そこで応安元年から康暦元年（一三七九）までの毎年正月の評定始と応安五年十一月の将軍義満の判始直後の評定始に列座した評定衆を「花営三代記」ならびに「御評定着座次第」によって見ると、最初の応安元年正月には土岐頼康（土禅）・吉良満貞（カ）（典厩とあり管領頼之と重複。左武衛禅の誤りか）・今川了俊（今禅）・中条光威（中禅）・小田時綱（常禅）・摂津能直（酒掃）・町野信方（遠禅）・二階堂行元（中書禅）・安威資脩（安禅）の九名であり、守護級の有力大名は外様守護の土岐と一門の吉良（カ）・今川との三名で他は問注所執事町野信方・政所執事二階堂行元以下の奉行人層ないし幕府吏僚層中の長老で構成されている。ところが翌応安二年正月の評定始に列した評定衆は守護大名は土岐頼康のみとなり、吏僚層も摂津能直・町野信方・二階堂行元の三名になり、以上四名が将軍・管領とともに列座するのみとなった。応安三年正月には、右の四名の外に雲州某が加わって五名となるが、応安四年正月には再び四名となり、土岐頼康が遂に見られなくなり、町野・二階堂・中条光威の外新たに波多野通郷（波肥）が加わって吏僚層のみとなり、応安五年正月に至っては、問注所町野信方と政所執事二階堂行元の二名しか列座しない状態になっている。尊氏・義詮時代の評定衆列座の記録は乏しいが、「御評定着座次第」によると、貞和五年（一三四九）正月の評定始と文和三年（一三五四）五月・延文三年（一三五八）十二月の評定とには何れも守護級の大名が二、三名加わっていた。(3) 例年正月などの評定始は、勿論儀式に過ぎず、且つこれに列座した評定衆が必ずしも評定衆の全員ではないとしても、管領頼之時代の前半における評定衆の減員、就中守護級大名の排除は掩い難い事実と認められる。

今川了俊・吉良満貞(カ)・土岐頼康の三名中、了俊の辞任は鎮西探題への転出の結果である。吉良満貞はなお引付頭人に在任しているので(後述)、評定始に列する評定衆の内に見られなくなる事情は明らかでないが、土岐頼康については、年来の斯波与党であったと見られる上、応安三年冬にいたり頼之と激しく対立して両者対戦に及ぼうとした程で、評定衆より除かれた理由は明らかである。(4) 他方、応安五年正月斎藤基能（入道玄観）を、同年三月布施資連（入道昌椿）を評定衆に加え、同月佐々木（京極）高秀・町野越前入道を式評定衆にし、続いて高秀を恩賞方頭人とし、また翌応安六年十二月依田元信（時朝）を評定衆としているが（「花営三代記」）、佐々木導誉の子息高秀以外の斎藤・布施・町野・依田の諸氏は何れも幕府吏僚層ないし奉行人層であった。それゆえ、将軍の権限を代行して幕府の人事をも握っていた頼之は、今川了俊の転出と吉良満貞・土岐頼康の解任によって従来評定衆であった宿将級有力大名を評定の座から外し、且つ吏僚層出身の評定衆も一部解任し、一方、新任の評定衆は細川与党の佐々木高秀以外はすべて吏僚層の中から選定したものと思われる。これらの措置は管領と評定衆との身分的懸隔を大にし、評定の実質的な機能を形骸化させるとともに、管領の実質的な幕府指導力・決定権を強大にする効果を発揮したに相違ない。

以上の考察の素材とした評定の記録は、応安元年より同五年までは主として正月の評定始列座の人員に拠ったが、これらの評定始が単なる儀礼的な会合であったとしても、註(2)に述べたように応安四年正月二十二日の評定始に引続いて上記の幕府法⑧が制定されている事実により評定始列座の人員からも当時の評定衆の構成が概ね窺われると考えられる。この日の評定始には将軍義満・管領頼之とともに上述のように中条光威・町野信方・二階堂行元・波多野通郷の四名が列座した。而も問注所執事町野信方と政所執事の二階堂行元は原則として常に評定に列席した模様であるから、頼之は評定の座を事実上主宰することによって政所・問注所の審議事項に大きな影響力を及ぼすことができた筈である。

しかしながら幕府政策や法令の審議からの有力大名排除に見られるような頼之の専権強化に対しては、独り土岐頼康のみでなく、かなり多くの幕府諸将が反撥することとなった。頼之と頼康との対立を伝えた「後愚昧記」の前掲応安三年十二月十五日条に見られる土岐方に大名等が多く与同しているため頼之はこれを誅伐しえないでいるという風聞は早くもその一端を表わしている。次いで翌応安四年五月、頼之が先に誘降して河内・和泉守護とした楠木正儀を援けて南軍を追討するため、養子頼基を主将として諸大名を河内に発向させると、諸大名の反感は一層表面化した。『愚管記』同月二十日条に「暁更人告来云、大樹幷管領相共俄赴二西芳寺一、人不レ知二其故一云々、驚聞之処、無レ程皆帰洛云々、天明之後相二尋子細一処、南方進発軍士等不レ随レ命、不レ渡二河一之間、憤怨之余、管領為二遁世一赴二西芳寺一之由風聞、仍大樹馳向制止、相伴帰洛云々」とあり、同日条の裏書に「凡渡河事、為レ沙二汰置楠木正儀於河内国一、軍士去比発向、然而正儀更非下可レ安二住河南一之勢上云々、仍渡川無要之由、軍士等皆存之云々、頼之一身骨張、仍及二如レ此之儀一云々、此事諸人傾奇云々」とあって、頼之の独断専行に対する諸将の憤懣が軍事行動の拒否にまで立ち到ったことを示している。

既にして頼之は将軍義満の成人期を迎えるに及び、専権の廃止を表明して諸大名以下に対する宥和策を講ぜざるをえなくなる。前節三において明らかにした将軍判始の挙行に伴う宛行・寄進・安堵等に関する管領奉書の廃止、将軍署判文書の発給への移行はその重要な現れであったというべきである。また応安四年十月、侍所頭人の佐々木高秀に評定奉行・山門奉行・寺社諸亭賦奉行を兼帯させ（「花営三代記」同月十九日条）、翌応安五年に入って前述の如くその三月に高秀を式評定衆に加え、同年七月日吉社神輿造替の総奉行にしている。これも、有力外様守護家の佐々木京極氏を与党として幕政に参画させ、その勢力を利用するとともに、管領の骨張・諸大名疎外という非難をそらすためであったに違いない。同年十一月二十二日、義満の判始当日の評定には、義満・頼之とともに評定衆として、佐々木高秀・中条光威・町野信方・二階堂行元・佐々木（黒田）高満・波多野通郷の六名が列座し、応安六年正月十二日および同七年正月十日の評定始には、右の内高秀・信方・行元・高満と摂津能直の五名が列座している（「花営三代記」当該日条）。京極氏の支族である黒田高満を加えたのも頗る露骨な京極氏優遇策の現れであった。その後の評定始の列席者は、永和元年（一三七五）は義満・頼之以外は摂津能直と二階堂行元の僅か二名であり、同二年は不明であるが、佐々木高秀は同三年には政所・問注所の両執事とともに、同四年には右の両名および摂津能直・依田時朝とともに列座していて、表面上は高秀の頼之に対する協力が保たれているように見える。

けれども幕府内外における反頼之の気運は、頼之がそれまで代行した将軍の権限の一部返還や、与党佐々木高秀の式評定衆起用等によっても収拾する筈がなかった。頼之と山名氏との対立激化や五山禅僧をはじめとする仏教界の頼之に対する反感の増大など、幕府内外の頼之への反撥・非協力の態度は日を追って高まる一方となり、(5)したがってもはや幕府法は幕府権力強化の機能を充分に果しえず、頼之自身も新たな幕府法制定の意欲を喪失したと思われる。第5表Aに見られる応安七年以降の追加法制定停頓は、頼之のかかる幕政主導権動揺の必然的結果に外ならないのであろう。

しかも永和三年には最大の与党佐々木京極氏と頼之との協力関係が破綻する。それは佐々木氏の嫡流六角氏と最大の庶流京極氏の内紛に端を発するものであった。即ち応安三年近江守護六角氏頼の死後その嫡子亀寿丸が幼少であったため、幕府は氏頼の猶子京極高詮（高秀の嫡子）に亀寿丸が十五歳になるまでの間の後見を命じ、守護の職権を代行させたが、六角家の一族・被官は京極家の支配に反撥して高詮の非法を幕府に訴え、ここに永和三年九月幕府は高詮の扶持を止むべき旨の御教書を亀寿丸に与え、高詮を罷免して亀寿丸に守護の権限行使を認めた（「花営三代記」同年九月二十一日—二十五日条、佐藤氏前掲書一七四—一七六頁参照）。この幕府の処置には当然管領頼之の意向が反映したであろうこと、そしてこの処置に高秀・高詮父子が強く反撥したであろうことは推測に難くない。

あたかも同年六月越中守護斯波義将の守護代が国人等と合戦し、頼之の所領同国太田庄に押寄せて国人等の余党を討殺し庄内を焼払う事件があり、八月にはこの越中の事件に端を発して頼之と義将の向背が天下の珍事に及ぶに相違ないという巷説が流布し、細川・斯波両氏の対立が尖鋭化した（「後愚昧記」同年七月十三日条・八月八日条）。ここに、京極高秀も従来の頼之与党から一転して密かに斯波氏以下の反頼之派に加わり、しかもやがてその急先鋒となるのである。これは康暦元年二月京極高秀が美濃に挙兵した土岐頼康と相呼応して近江に挙兵し、頼之打倒の口火を切るに至るという事実から容易に察せられる（「後愚昧記」同年二月二十七日条・二十九日条、「迎陽記」同月二十九日条等）。前述のように永和四年正月の評定始にはなお高秀が列なっているが、これはおそらく頼之が高秀の反対派に転じたことを未だ察知しなかったためではなく、高秀の罷免によって予想される破局を慮ったためであろう。しかしそれにしてももはや評定衆罷免という強硬手段を採りえなくなった頼之の主導力低下を物語るものに外ならない。けれども翌永和五年（康暦元年）正月の評定始には、義満・管領頼之、二階堂行元・町野信方の両執事、および依田時朝が列し、摂津能直が遅参したことが記録されているのみで（「花営三代記」）、既に高秀の姿は見られず、この事実には、頼之と佐々木京極氏との決定的な対立、したがって頼之の諸大名からの完全な孤立が如実に反映しているのである。

二　引付頭人の活動状況

さて、頼之の管領在職中も、応安元年から永和三年までは、なお引付奉書が発給され、「花営三代記」にも引付内談の記事が散見するので、以下、当時の引付方の活動状況を通観するため、それらの所見を第5表Bとし、第3表Dと同様に整理した結果を同Cとして掲げる。

第5表B　引付（内談）頭人所見（自応安元年至永和三年）

年	頭人	典拠
応安元	吉良満貞（左武衛禅門）	三月八日一方内談（「花営三代記」）
	今川貞世（与州禅門）	四月三日一方内談（「花営三代記」）
	山名時氏（左京大夫入道）	六月十五日内談（「花営三代記」）
	山名氏冬（中務少輔）	①六月十五日内談（「花営三代記」）、②閏六月十四日施行状、山城（マヽ）東西九条の遵行（以下「遵行」を省略）（「東寺百合文書」ヒ）、③九月十四日奉書、洛中塩小路朱雀等（「東寺百合文書」み）、④十一月二十四日奉書、越後奥山庄（「三浦和田文書」）
	沙弥	閏六月二十四日奉書写、安芸造果保（『小早川家文書』之一、証文四九一号）
応安二	吉良満貞（左武衛禅門省堅）	四月二十二日一方内談（「花営三代記」）
	今川貞世（沙弥）	九月二十四日奉書、近江福能部庄内（「亀田輝時氏所蔵文書」）
	佐々木氏頼（沙弥）	①十月五日奉書、丹波春日部庄内（「安国寺文書」）、②十月五日奉書、丹波夜久郷内（「安国寺文書」）
	沙弥	十一月十日奉書案、若狭岡安名（「常住宝蔵天龍寺重書目録」甲、年号を康安とするも、応安の誤写）
応安三	吉良満貞（左兵衛禅門沙弥）	①四月十一日内談（「花営三代記」）、②十二月十八日奉書案、近江嶋郷（「東寺百合文書」た）
	今川貞世（与州禅門）	四月十八日一方内談（「花営三代記」）
	山名義理（霜台）	四月十八日一方内談（「花営三代記」）
	細川業氏（兵部大輔）	①四月十七日一方内談（「花営三代記」）、②八月十八日奉書写、近江福能部庄内（「古証文」二）、③十一月十四日奉書写、安芸造果保（『小早川家文書』之二、証文四九六号）
	仁木義尹（兵部禅門・沙弥）	①四月二十日一方内談（「花営三代記」）、②九月三日奉書、摂津垂水庄（「東寺百合文書」せ）、③九月三日奉書、播磨矢野庄内（「東寺文書」射）、④十一月十四日奉書、備前福岡庄内（『東寺文書』之一、「東寺百合文書」い一二号）、⑤十一月十四日奉書、備中新見庄（「東寺百合文書」せ）、⑥十一月十四日奉書（二通）、安芸吏務職（「東寺文書」書、「東寺百合文書」せ）

	吉見氏頼（沙弥）	十一月二十日奉書、丹後河上本庄（「宍道文書」）
	沙弥	七月八日奉書案、参河村松庄（「華頂要略」九、門主伝一八）
応安四	仁木義尹（沙弥道持）	四月三（十三カ）日奉書案、近江三村庄（「東寺百合文書」た）、十二月十五日奉書案、摂津金心院田畠（『八坂神社記録』「祇園社記続録」九）
応安五	仁木義尹（沙弥）	①七月十八日施行状写、能登正院郷内（「加能越古文叢」一八）、②九月十四日摂津金心院田畠（「八坂神社文書」二）、③十一月十八日奉書、備中新見庄（「東寺百合文書」ヒ）、④十二月十七日奉書、尾張門真庄内（「若王子神社文書」一）、⑤十二月十七日奉書、淡路由良庄（「若王子神社文書」一）
	山名義理（弾正少弼）	九月二十四日奉書案、山城葛原庄の遵行（「東寺百合文書」ホ）
応安六	仁木義尹（沙弥）	①三月二十四日奉書、播磨矢野庄（「檜垣元吉氏所蔵文書」）、②閏十月九日奉書、摂津金心院（「八坂神社文書」二）、③閏十月二十四日奉書案、播磨矢野庄内（「東寺百合文書」ゐ）、④閏十月二十四日奉書、安芸吏務職（「大谷雅彦氏所蔵文書」）、⑤十二月二十四日奉書、摂津金心院田畠（「八坂神社文書」二）、⑥十二月二十四日奉書案、近江三村庄（「東寺百合文書」い一三号）
	沙弥（仁木義尹カ）	①六月八日奉書案、参河宇利庄（「祇園社記続録」一〇）、②十二月十四日奉書写、備中水内庄（『石清水文書』之一、二三二号）、③十二月十四日奉書案、備中上原郷（『九条家文書』六、一六五四号〔付〕）
応安七	吉良満貞（沙弥省堅）	①十一月二十八日奉書案、美濃吉田庄四ヶ郷（「実相院文書」一）、②十一月二十八日、奉書案、播磨那波・佐方両浦（「東寺百合文書」ウ）
	山名義理（修理権大夫）	十一月二十四日奉書、摂津金心院田畠（「八坂神社文書」二）
	吉見氏頼（沙弥道源）	十二月二十四日奉書（二通）、備中水内庄（「前田家所蔵文書」石清水八幡宮文書）
永和元	吉良満貞（沙弥）	九月八日奉書案、美濃吉田庄四ヶ郷（「実相院文書」一）
	山名義理（修理権大夫）	七月三日奉書、丹後則松保（「本郷文書」一）
	吉見氏頼（沙弥）	二月九日奉書、備中水内庄（『石清水文書』之一、二三五号）
	細川業秀〔参考〕	十一月二十六日、頭人に補せらる（「花営三代記」） 十一月二十六日、五方引付施行（「花営三代記」）

永和二	山名義理（修理権大夫）	十一月二十九日奉書、摂津四郎丸守依名（「広井文書」）
	細川業氏（陸奥守）	①十一月十四日奉書、美作井原郷（「前田家所蔵文書」神護寺文書）、②十一月二十四日奉書、尾張下門真庄（「美吉文書」一）
永和三	山名義理（修理権大夫）	①七月二十四日計沙汰（「花営三代記」）、②八月二十四日奉書、尾張門真庄内（「若王子神社文書」）、③十二月十五日奉書、摂津中条牧四郎丸守依名（「広井文書」）
	細川業氏（奥州）	八月十三日計沙汰（「花営三代記」）
永和四	沙弥	九月二十日奉書、備中上原郷（『九条家文書』六、一六五六号）

第5表C　引付頭人奉書一覧（自応安元年至康暦政変）（参考　○＝頭人在職ノ記録）

年次＼頭人	吉良満貞（沙弥）	佐々木氏頼（〃）	山名時氏（〃）	今川貞世（〃）	山名氏冬	山名義理	細川業氏	細川業秀	吉見氏頼（沙弥）	仁木義尹（〃）	沙弥（氏名未詳）	計
応安元	①		①	①	3①						1	4④
二	①	2		1							1	4①
三	1①			①		①	2①		1	5①	1	10⑤
四										2		2
五						1				5		6
六										6	3	9
七	2					1			1			4
永和元＊	1					1		①	1			3①
二						1	2					3
三						2①	①					2②
四											1	1
康暦元												
計	4③	2	①	1②	3①	6②	4②	①	3	18①	7	48⑬

＊永和元・十一・二十六「五方引付」（「花営三代記」）

以上の第5表B・Cにより一応頼之管領在任時代における引付頭人の人員とその活動状況の大凡が判る。年次を追って見てゆくと、当初の応安元年は貞治五年政変以後の引付頭人の陣容と殆ど変更がなく、山名氏冬が新たに見られるのみである。但し、山名時氏・氏冬父子については「花営三代記」応安元年六月十五日条に「内談、山名左京大夫入道幷子息中務少輔始三行之於二御所一」とあって、爾後時氏の頭人としての動静は一切現れなくなるのに対して同年には氏冬の引付奉書発給が三例存在するので、この「花営三代記」の記事は頭人が時氏から氏冬に交替し、その際に時氏が氏冬の引付内談を後見したことを意味すると判断される。同年閏六月二十四日奉書写の発給者沙弥某は、吉良満貞・今川了俊（貞世）の両人中の何れか一人である蓋然性があるが明らかでない。ともかく管見に触れる同年の引付頭人は吉良満貞・今川了俊・山名氏冬（父時氏と交替）の三名が確認される。

翌応安二年には満貞・了俊の両人が引続き見える傍ら、山名氏冬の所見がなくなって、代りに久方振りに佐々木（六角）氏頼の発給文書が二通現れる。佐々木氏頼は貞治三年と同四年に所見があって後、三年間空白であるが応安二年の所見が再任の結果とすれば山名氏冬は短期間で頭人を辞して佐々木氏頼に交替したこととなり、同じく三方引付制と仮定できる。そうとすれば同年十一月十日付沙弥某発給の引付奉書案一通は、満貞・貞世・氏頼が何れも法躰なので人名を特定できないが、この三名の内の一人ということになる。但し引付奉書の残存数は比較的少ないので、この二年間が三方制か否かは確言できない。

応安三年になると、引付頭人の陣容にかなり顕著な変化が現れる。即ち、この年四月に五名の引付頭人の主宰する内談がそれぞれ行われたが、ここに再び五方制引付の事実が確認されるとともに、従前の頭人中吉良満貞・今川了俊の両名が残留したのみで、佐々木氏頼は退任して、新たに細川業氏・山名義理・仁木義尹の三名が頭人として出現する。さらに、同年十一月には新たに吉見氏頼署判の引付奉書が出現するので、同年七月一日付今川了俊書状（「入江文書」）等によって知られる了俊の鎮西管領起用に伴って、了俊は引付頭人を辞し、吉見氏頼がその後任となったことが判る。なお同年には引付奉書の発給も十例見られるが、細川業氏が近江国福能部庄内の遵行につき、吉良満貞が同国嶋郷の遵行につき、それぞれ引付奉書を同国守護佐々木高詮に下しているし、また、業氏が安芸国造果保の遵行につき、仁木義尹が同国吏務職の遵行につきそれぞれ引付奉書を発給しているので、貞治政変直後に見られた各引付問の地域分担制はこれまでに廃止されたものと思われる。

以上のように、頼之は応安三年末までに評定衆から守護級の有力大名を排除したのとは寧ろ対照的に、守護級大名を頭人とする引付の活動を一応存続した。しかし、頭人の人員は逐次改替して、旧来の引付頭人は吉良満貞入道省堅一人とし、他はすべて新たに守護大名の中から任用して陣容の刷新を計った。吉良満貞は足利一門中の名族吉良氏の当主であり、且つ幕府創業以来の重臣であるが、分国を有せず軍事上および地方統治上の実質的な影響力はさして大きくないので、幕府の宿老として従前通り引付頭人の上座に置いたものと思われる。

新任の頭人では山名義理は時氏の子、氏冬の兄であり、頼之の管領就任に反対した程の時氏の反感を宥め、山陰に勢力を張る山名一族との緊張関係の激化を防ぐためにも、時氏の子弟の一人を頭人に選定したのであろう。細川業氏は細川和氏の実子、顕氏の養子と伝えられ（『尊卑分脉』）、頼之の従兄弟に当るので、一族起用の意図が明白である。仁木義尹は頼章の子頼夏の養子であり、頼夏は細川和氏の実子で頼章の猶子と伝えられ（同書）、細川氏と近親関係がある模様なので、頼之には義尹を与党に仕立てる心算があったのではなかろうか。以上の吉良・細川・仁木が足利一門、山名が新田の庶流でいわば准足利一門であるのに対して、吉見氏頼は外様ではあるが、源範頼の子孫と称する能登の名族であり（同書）、多年能登守護として越前を基盤とした斯波氏と拮抗していたので、同じく与党として今川了俊の後任に選定したものと思われる。要するに応安三年の引付頭人改替は、頭人五名中少なくも三名までを一族業氏を始め仁木義尹・吉見氏頼という与党の大名で固めることによって、彼等の協力を期待するとともに、引付方に対する自己の影響力を強めようとする頼之の意図に基づくと判断される。

しかるに翌応安四年には引付頭人の活動状況に変化が起り、新たな状況が応安六年まで継続する。応安四年から永和元年までは「花営三代記」に引付内談の記事がないので、引付奉書の所見のみによると、応安四年は僅か二例で、ともに仁木義尹の奉書である。同五年には五例の内一例が端裏書に「引付御奉書」とある山名義理の奉書で、他の四例を義尹が占める。同六年は七例中五例が同じく義尹で、他には沙弥某の発給した奉書が二通あるのみであり、この二例も義尹のそれである蓋然性がある。(6) 実は応安三年にも引付奉書の所見十件中五件を義尹が占めていて、義尹の活動が最も顕著に見られるのであるが、四年から六年にかけては仁木義尹の独擅場の感があり、他の頭人中では山名義理の活動が僅かに一例知られるだけである。これは、発給文書残存の偶然性を考慮に入れても決して尋常でなく、第二節に触れた嘗ての「管領」斯波高経在任中の引付頭人斯波義高の如く、仁木義尹を頭人とする一部局のみに特に訴訟が集中したと認めざるをえない。しかし「管領」高経の嫡孫である斯波義高の場合と異なって、訴訟が管領頼之の一族である細川業氏に集中せず、仁木義尹に集中した理由は分明でなく、義尹は何等かの特別な職掌を兼ねたものと想定せざるをえないであろう。

ここに上記の義尹の奉書中、応安五年七月十八日付の写一通は、濫妨停止・下地渡付の遵行を命じた通例の引付奉書と異なり、「能登国正院郷内伏見・小泊・毛寿・蟹浦等長近江入道母跡事、任二去月廿三日御下文一、可レ被レ沙二汰付五井左近将監頼持一之状、依レ仰執達如レ件」という、執事ないし管領の施行状と全く同じ様式の能登守護吉見氏頼宛施行状であり、且つ文中の「去月廿三日御下文」に相当する管領細川頼之の奉じた将軍家宛行状（下知状）写も現存する（「加能越古文叢」一八）。義尹には他に同様の施行状の例を見ないが、第5表Bに掲げたように、応安元年閏六月には引付頭人山名氏冬の発給した同様の施行状が一通存在し、且つこの年には氏冬の奉書の所見が四通中三通を占めている。敢て臆測すると、頼之は単に従前の執事と異なって将軍家の権限をすべて代行する職に就いたため、幕府には他に執事に準ずるような職掌を兼ねる引付頭人が一名置かれ、それが応安元年には山名氏冬であり、応安三年以降は仁木義尹であって、この頭人のみが特に所務関係の訴訟を多く取扱ったのではあるまいかと考えられる。

ところが、あたかも将軍義満が所領・寺社領等に関する袖判下文・御判御教書を全面的に発給するようになった応安七年以降になると、引付頭人の活動状況には次の三点の変化が起る。即ち、仁木義尹の奉書が応安六年十二月二十四日付のものを下限として、全く管見に触れなくなることが第一点、応安七・八両年に吉良満貞と吉見氏頼、応安七年から永和三年まで連年山名義理、永和二年・同三年に細川業氏の活動が、それぞれ引付奉書の発給と「花営三代記」の「計沙汰」の記事によって知られ、応安三年次の頭人中義尹以外の四人の在職が再び確認されることが第二点、「花営三代記」永和元年十一月二十六日条に「細川兵部大輔(業秀)可レ為二頭人一之由被二仰下一之」とあって、新たに細川業秀が引付頭人に加えられたことが第三点である。(7)

以上の三点によって推定されるのは、将軍義満の重要政務親裁開始に伴って、仁木義尹を罷免して権力集中の非難を外らすとともに他の四名の引付頭人の活動を再開して、義尹の後任の頭人として細川業秀を新任し、頭人五名中細川一族を二名にするに至ったことである。なお業秀新任の記事と同日条の「花営三代記」に「五方引付并侍所兼又施行」とあって、五方制引付の存続が確かめられる。

しかしながら、管領頼之在任時代の引付奉書の残存数をそれ以前と比較すると、貞和二年から貞和六年まで五年間の所見が五十四例（第二節第三表E参照）、即ち年平均十一例弱であったのに対して、応安元年から永和三年まで十年間の所見は四十八例（本節第5表C参照）、即ち年平均五例弱であって、引付方の活動が以前よりも低調になったことが察せられる。またこの応安・永和年間の四十八例という引付奉書の数値は、管領頼之署判の幕府御教書による所務の遵行命令の所見六十九例（前節第4表A参照）と比べても約三分の二に過ぎず、殊に応安七年以降は、毎年の引付奉書発給数の所見が四通・三通・三通・二通・一通と漸減して、引付方の形骸化が急速に進行している状態が看取される。これは同じ時期の管領頼之による所務の遵行命令がそのような減少傾向を示さず、頼之の失脚に近い頃までほぼ恒常的に見られるのと頗る対照的である。

次の管領斯波義将時代以降、引付奉書の所見は極めて寥々たるものとなって、所務の遵行命令はほぼ管領の専掌事項となり（第二編第四章第一節参照）、室町中期以降奉行人連署奉書による遵行命令の盛行を見るまで、その状態が続くのであるが、このような引付方の形骸化とその職権の管領への吸収という現象が頼之の管領在任時代の後半に端を発していることを指摘しうるのである。侍所の守護統制権・御家人統制権が「応安初年著しく縮小され」て「管領の手に帰した」ことは、羽下徳彦氏が侍所の機能・権限の研究を通じて推定されたところであるが、(8) まさにこれと符節を合するようにして、諸国守護に対する遵行命令権はほぼ完全に管領の掌中に帰したのである。ここに将軍義詮時代の所務沙汰親裁権に代って管領による所務沙汰総轄権ならびに諸国守護統轄権が成立し、従来の執事の地位に比して画期的に強固な管領の地位が幕府制度の中に出現したことを認めて誤りないものと考えられるのである。

三　奉行人層とその発給文書

多数の奉行人層ないし幕府吏僚層が各種の幕府政治の実務を担当したのはもとより鎌倉幕府以来のことであるが、頼之の管領在任時にいたり、前述の如く奉行人層が評定衆の大多数を占めるようになったことは奉行人層の幕府政治に占める役割の上で注目すべき変化といえよう。また「花営三代記」によっても、次のような奉行人層の活動が知られる。すなわち(1)応安二年十月、中条光威・飯尾貞行を恩賞方に加え、応安六年飯尾円輝を恩賞奉行に加えた。(2)応安四年十二月布施昌椿を、永和四年十二月飯尾貞行を何れも禅律長老奉行とした。(3)応安四年十二月門真周清を関東奉行に加えた。(4)同月依田元信を八幡（石清水八幡宮）奉行に還補した。(5)応安五年二月松田貞秀を奥州奉行とした。(6)同年三月雑賀縫殿入道を寺社奉行とした。(7)応安六年三月門真周清を侍所に還参せしめた。(8)応安七年十一月松田貞秀を斎藤玄観に代って政所執事代とした。(9)永和元年五月布施昌椿を円覚寺奉行とした。(10)同月松田貞秀を諸国守護奉行とした。

このように諸方面にわたる政務に奉行人が活動している。引付方・仁政方等の訴訟関係の実務をこれらの奉行人層が

第5表D　幕府奉行人発給文書一覧（自貞治六年十二月至康暦元年閏四月）
（括弧内は書状、他は幕府奉行人奉書）

事項	年次	貞治六	応安元	二	三	四	五	六	七	永和元	二	三	四	康暦元	計
軍事関係	大将治定等通達	(1)	(3)												(4)
寺社関係	巻数返事					1							1		2
	祈禱料所設定								1						1
訴訟所務関係	論人ノ陳弁督促				1			1		1	2	1			6
	和与状ノ裏封				1										1
遵行関係	大嘗会米・役夫工米等ノ譴責停止									1	5				6
	寺社修造用材勘過		1			2			1						4
計		(1)	1(3)		2	3		1	2	2	7	1	1		20(4)

担当したことはいうまでもなく、また本項の冒頭に掲げた追加法の事書に付記された奉行人の姓名等からも、彼等がこれらの法令の制定・発布の実務に当ったことが知られる。この種の奉行人層の活動は勿論管領頼之の時期に始まるものでないとしても、その活発化は充分認められよう。

さらにこの時期に、彼等の発給文書がかなり多く管見に入るようになる。第5表Dは、それらを事項・年次別に示したものである。

書状では、斎藤筑前入道素心（秀基ヵ）の書状二通、沙弥定阿（中沢信綱ヵ）の書状二通が見られる。斎藤素心の書状はともに阿蘇惟村宛であって、一通は貞治六年十二月二十五日に、公方への申事を連々承るべしと言い、鎮西大将は山名師義に治定するであろうと告げたもの、他の一通は翌応安元年十一月一日、鎮西の沙汰は延引しているが、堪忍して上裁を待つよう求めたものであり（『阿蘇文書』之二、阿蘇文書写第一七）、沙弥定阿の書状は、一通は応安元年閏六月十二日豊後の田原氏能に宛てて、注進状等を申沙汰したことと、鎮西大将の治定したことを告げたもの、他の一通は同年十一月二十八日付で宛所を闕くが、同じく田原氏能宛と思われる書状案で、父祖以来の忠功を上聞に達したことを告げるとともに大将が落居したので計策が肝要であると述べたものである（「入江文書」一）。このように幕府奉行人が幕府から地方豪族への通達事項や彼等から幕府への注申事項を仲介し、その書状が正規の命令・通達に対する補助的機能を果すこととなったのは、従来には殆ど例を見ない事実であった。

幕府奉行人奉書としては、奉行人一名が署判したものと二名連署のものが各十通、計二十通の所見がある。

A　寺社に対する通達

(1)巻数返事に、応安四年十二月九日付の播磨清水寺宛政所執事二階堂行元奉書（「清水寺文書」）、永和四年八月二十七日付の松尾社御師神主宛沙弥某奉書（「東文書」）の二通がある。同種のものは夙に文和三年（一三五四）九月にも幕府奉行人と思われる斎藤道永奉書の巻数返事があるが（「祇陀寺文書」）、前例は乏しく、応安・永和年間に至って政所執事ないし幕府奉行人の所管事項として定着したものといえよう。(2)祈禱料所の設定には、応安七年五月十四日付で東寺供僧中に播磨国矢野庄例名公文職を祈禱料所として沙汰すべき旨を伝えた沙弥某等連署奉書がある（「東寺文書」射一三―一八）。この例名公文職は嘗て東寺が鎌倉末期に世襲の公文であった寺田法念が寺家の所勘に従わず悪党化したのを幕府・守護等の力を藉りてようやく排除した後、阿波清胤等の武士を補し、さらに貞和二年（一三四六）より主として寺家代官による直務としたが、結局応安元年上総房祐尊を所務契約をもって地下の公文職に補せざるをえなかったものであるから(9)、右の祈禱料所認定は東寺の例名支配を補強するための安堵の意味を有するものであったことが知られる。幕府による祈禱料所の設定には、先に延文二年（一三五七）二月祇園社に対する春季神楽料所の附与が政所執事二階堂行元の奉書で行われた例があり（「八坂神社文書」二）、安堵の例では、同年二月加賀国額田・八田両庄の料所の儀を止めて領主に安堵する旨が佐々木導誉と沙弥某の連署奉書で行われ（「森文書」）、同年三月越前々司某に対する春日京極の敷地の安堵が宇都宮蓮智・三須禅休の連署奉書で行われているが（「革命勘類裏文書」）、寺社領安堵ないし祈禱料所設定を奉行人奉書を以てした例は応安年間以前には見当らず、右の矢野庄例名公文職の祈禱料所認定は奉行人の所管事項の拡大を示すものと考えられる。

B　所務関係

(1)青蓮院領備中国県主保雑掌と同保地頭斎藤康行・同基繁との和与状に担当の奉行が裏を封じた応安三年十二月二十七日付沙弥某等連署裏書案があり(「華頂要略」九、門主伝一八)、鎌倉時代以来の奉行人裏封の慣例が踏襲されて、所務に関する和与契約を保証する機能を果している。(2)論人に対する通告として、応安三年七月二十八日付の斎藤世茂・飯尾道勝連署奉書案(『東寺文書』之五、「東寺百合文書」る三号)、応安六年九月二十六日付・永和元年九月十八日付の二通の三須道喜・布施基連連署奉書案(「東寺百合文書」ロ一—二九)があり、ともに最勝光院領越前国志比庄本家役呉綿に関して論人波多野通貞に陳弁を命じたものである。さらに永和二年二通、永和三年一通の通貞に出対を命じた飯尾道勝・布施基連連署奉書案がある(同さ二一—二三)。これより先貞治三年(一三六四)八月十八日、論人通貞に対する通達は、引付頭人今川範国の奉書を以てしたが(「東寺百合文書」さ五〇—五七)、翌貞治四年閏九月十四日付で右の陳弁を命じたのは幕府奉行人門真周清・斎藤世茂の連署奉書であったから(「東寺百合文書」ゐ一六—三一)、論人に対するこの種の通達は貞治から応安・永和の間に奉行人の所管事項となったものといえる。

C　役夫工米等の課役の免除に関するもの

(1)永和元年十一月二十七日、両使宛に法勝寺領丹波国榎原・拝師庄等の大嘗会米を閣(擱)かしめた安威左衛門尉(詮有)奉書案(「東寺百合文書」京三八—目録外)。(2)永和二年五月七日と同年七月七日に、両使宛に東寺領播磨国矢野庄例名・若狭国太良庄の大嘗会段銭国催促を停止せしめた沙弥連阿奉書案・同人奉書(「東寺百合文書」み三二—四八、同ゥ五二—七〇)。(3)永和二年十一月二十二日、両使宛に東寺領丹波国大山庄に対する大嘗会米の催促の停止を命じた左衛門尉某奉書案(「東寺百合文書」ゥ七一—八七)。(4)同年十一月九日、甲斐守護代と推定される山県入道某に宛てて、同国恵林寺領ならびに黄梅院浄居寺領等に対する役夫工米譴責停止の関東宛御書(将軍義満御内書か)が出されたことを告げて、早急にその実施を命じた依田入道元信(時朝)の奉書案(「鎌倉文書」)。(5)同年十二月五日、上原式部丞宛に、東寺領播磨国矢野庄内の同人知行分に大奉幣米の譴責を停止すべき旨を通達した門真周清の奉書（「東寺百合文書」み三二―四八）。

このような平均課役についてはさきに、貞治五年十一月、賀茂社領常陸国中郡庄の役夫工米譴責につき大使宛に参上して陳弁すべきことを求めた沙弥某・散位某連署奉書があるが（「彰考館採集文書」常陸賀茂社文書）、これは関東の事例なので鎌倉府奉行人の奉書と推定され、その内容も論人宛の召文に外ならない。ともあれ役夫工米以下の課役免除・譴責停止の遵行命令は、貞和二年の執事高師直奉書二通、延文二年以降の義詮御判御教書五通を先蹤とし、貞治年間の執事斯波義将に至って幕府の権限としてほぼ確保されたと見られる。[10] そして応安以降は諸国守護宛等の場合は引続き執事ないし管領署判の幕府御教書、後には将軍義満の御判御教書を用いているが（前節第4表A・B参照）、守護代・両使ないし国人宛の譴責停止の通達は奉行人の所管事項とされたのである。

D　寺社修造用材等に対する関銭・津料免除の過所（過書）

⑴応安元年十二月十一日摂津河上関々をして南禅寺造営材木を勘過せしめた沙弥某等連署奉書（『南禅寺文書』上、六八号）。⑵応安四年二月五日摂津河上諸関をして東大寺八幡宮修理檜皮ならびに板を勘過せしめた沙弥某奉書（「手向山八幡神社文書」）。⑶同年八月二十五日海上ならびに河上の関津をして興福寺塔婆料木を勘過せしめた斎藤入道奉書案（『春日神社文書』第三、大東家文書一〇二号）。⑷応安七年七月二十三日摂津国の河内関入所々をして美作国より運上する南禅寺造営材木を勘過せしめた沙弥某等連署下知状（『南禅寺文書』上、七七号。なお同文書に、摂津守護細川頼基宛に同じ料木の勘過を命じた同日付の管領細川頼之奉幕府御教書がある）。

かかる過所の例としては、延文元年十月園城寺造営料木の勘過を命じた佐々木導誉・沙弥某・諏訪円忠連署奉書（「園城寺文書」）、延文二年二月興福寺造営料木の勘過を命じた沙弥某奉書案（『春日神社文書』第壱、五五三号）、貞治元年十月臨川寺領若狭耳西郷年貢の勘過を命じた導誉・円忠連署奉書案（「臨川寺重書案文」）等があるが、それらの三例中二例は導誉が連署していて奉行人層のみの奉書ではない。ともあれ関津の沙汰人宛の過所発給が奉行人の専管事項として確認

されるのは、やはり応安年間を以て嚆矢とする。(11)

以上によって、管領頼之在任時の応安・永和年間に至り、幕府奉行人の発給文書は軍事・祈禱・料所認定・訴訟当事者訊問・課役免除・過所等の諸事項にわたるようになったことが判明する。それらはなお全般的には将軍家御判御教書はもとより管領奉書ないし引付奉書に比して補助的・副次的ないし臨時的機能を担うものであった。とはいえ造営料所の認定や課役譴責の停止命令に見るように、ほぼ幕府御教書に代る機能を帯びるものも出現している。このように奉行人奉書が幕府の発給文書の重要な一部を占めるに至ったことは、管領頼之の幕政が奉行人層を多く起用して推進された結果、彼等の幕政における比重が増大した事実を反映するものに外ならないと思われる。

註

(1) この外、「建武以来追加」には本文に掲げた③・⑪をそれぞれ施行した管領施行状、および万寿寺両班座位の遵行を五山各寺の長老に督促した応安五年九月四日付の幕府御教書と、これを万寿寺長老に告げた管領施行状の各案文を収録するが、これらは他の事書等とは性格を異にするため、前項の管領頼之の発給文書に於て取扱ったので、重複を避けて本項の考察対象としない。また同書は本文の⑫の次に、これに関連した日吉社神輿造替諸国段銭賦課の院宣を載せるが、これはもとより幕府法ではないので除外する。

(2) 「花営三代記」応安四年正月の条には「廿二日、御評定始（中略）同日、政所・問注所内評定始」という記載の次に、本文の幕府法④を掲げている。この法令の内容は政所または問注所内の所管事項ではないので、評定始に続いて行われた評定の座において審議決定されたものに相違ない。この外には管領頼之時代に制定された追加法中、評定の決定事項であることを明示するものではないが、これ以前の室町幕府追加法の場合、事書の日付の次に「沙汰」または「御沙汰」と記す代りに「評」「評定」または「御評定」としたものが六例を数える――なお「仁政内談」としたものが一例ある――ことからも（『中世法制史料集』第二巻、室町幕府法）、追加法の大部分が幕府評定の審議を経て発令されたことが推定される。

(3) 貞和五年正月には、将軍尊氏・執事高師直とともに守護上杉朝定・佐々木導誉の二名、吏僚層は政所執事二階堂時綱・問注所執事美作守顕行ほか三名が評定衆として列座し、文和三年五月には将軍の名代の義詮と執事仁木頼章とともに当参の評定衆として守護級の大名では石橋和義・佐々木導誉・土岐頼康の三名、吏僚層では政所執事二階堂政元・問注所執事顕行の二名が見え、延文三年十二月には将軍義詮・管領（執事）細川清氏とともに、守護級大名の評定衆としては佐々木導誉・土岐頼康の二名、吏僚層の評定衆としては宇都宮道眼・摂津能直および政所二階堂行元・問注所町野信方の四名が列座した。その上、文和三年五月の場合は、「評定衆列二執権之上一例」とあって、石橋和義（入道心勝）が執事仁木頼章より上座を占めている。

（4）多年美濃・尾張両国守護であった土岐頼康は、先に延文五年（一三六〇）伊勢守護仁木義長の没落した後、伊勢守護をも兼任したが、貞治五年の政変で斯波一族が没落した後、義長が帰参を許されて伊勢守護に復し、頼康は同国守護の兼任を解かれ、さらに頼之の管領就任後応安四年（一三七一）閏三月までの間に頼之自身が同国守護を兼ねたと覚しく（『師守記』応安四年閏三月二十二日条、『八坂神社記録』上所収「社家記録」応安五年八月五日条、「口宣綸旨院宣御教書案」永和二年五月十七日付幕府御教書案、佐藤進一氏『室町幕府守護制度の研究』上、七二―七四頁参照）、頼康は伊勢守護再任の望みを断たれた。また侍所頭人は応安二年二月頼康の子息義行が補任されたが、翌三年正月までに早くも佐々木導誉の子息高秀に改替されている（羽下徳彦氏前掲「室町幕府侍所頭人付山城守護補任沿革考証稿」）。このようにして頼康と頼之との対立が露わになり、ことに応安三年十一月から十二月にかけて両者の関係は頗る険悪となって、「後愚昧記」同年十一月二十九日条に「今夜八幡神輿帰坐（座）也（中略）、世上説云、神輿帰座之刻、執事（細川頼之）与二土岐（頼康）一可レ決二雌雄一云々、然而無二殊事一（下略）」とあり、十二月十五日条に「今日土岐大膳大夫入道（頼康・善忠）下二向尾州一了、日来執事不レ可二誅伐一之間、於二京都一構可レ決二雌雄一、不二下向一、連々夜々騒動、而土岐方大名等多与同之間、執事不レ被レ誅二伐之一、頗令二退屈一之間、以二無為之篇一下向云々、其間説縦横、不レ遑レ委二記之一、土岐下向ハ、明年正月父入道存孝（頼貞）、相二当卅三廻一之間、為レ執二行彼仏事一云々」等とあるように、両者の対峙は一触即発の状況にまで立ち至ったが、頼康の分国下向で一先ず収まったのである。したがって、頼康が応安四年正月の評定始以来評定の座から姿を消すのは、頼之と激しく対立した結果評定衆を解任されたためと推定される。

（5）例えば応安六年（一三七三）十二月、義満が諸大名を扈従させて仁和寺の故義詮七回忌仏事に臨んだときも、「大樹仏事令二結願一者、世上可レ令二擾乱一之由閭巷説有レ之、随而諸国軍勢等悉馳二上京都一由風聞、是山名右衛佐入道（門脱）（師義）与二執事一之不和之故云々、（中略）然而無二殊事一両方和之間、後日軍兵等下国云々」（「後愚昧記」同月八日条）と、山名師義と頼之との不和から擾乱に及ぶべしというような風説が流れた。永和元年四月には細川頼基が侍所頭人より小侍所に転じて、小侍所頭人山名時義が侍所頭人となるという交代が行われたのは（「花営三代記」「鹿苑院殿御元服記」）、頼之の山名氏に対する宥和政策の現れであろうが、同年六月洛中で山名被官と佐々木高秀の従者が争って死傷者数輩に及ぶという騒動が起ったことも（『愚管記』同月五日条）、頼之派と反頼之派の反目が、もはや一旦の宥和政策によって収束しうるものではなくなっていたことを示している。五山禅僧内の頼之に対する反感も既に極点に達していた。さきに春屋妙葩の建議により勅許を得て幕府が助成した南禅寺楼門造営の事業が、応安二年叡山の衆徒の嗷訴を容れて中止され、幕府が楼門を撤却したことは、妙葩以下の五山僧侶に頼之に対する反感を醸成し、五山住持の一斉退去等に立ち至り、なかんずく妙葩は飽くまでも頼之との和解を拒否して応安四年丹後の雲門寺に逃れ、その門弟等も悉く逃散するまでになった（『愚管記』『空華日用工夫略集』等）。このように五山禅僧、わけても妙葩一派の頼之との反目は甚しく、且つこの一連の事件によって頼之は五山禅僧に対する不信を強め、応安五年までの間に禅院統制のための幕府法を頻発し、それがますます彼等の反感を助成するという結果を招いたのである。

一方南都北嶺の大衆も応安四年以来殆ど連年蜂起・嗷訴し、頼之をしてその対策に腐心せしめた。なかんずく応安四年末以来の興福寺衆徒の春日神木入洛による嗷訴は、寺内の問題に端を発したものであったが、衆徒の要求は翌年醍醐寺三宝院門跡光済と覚王院宋縁の配流強要へと拡大し、さらに応安六年摂津守護代赤松範顕とその同族赤松性準が春日社神人を打擲したと称してこの両人の配流をも強請し、後円融天皇の即位大礼を控えた朝廷は応安六年十一月、ついにこれらの要求を容れるに至った（『愚管記』「後愚昧記」『師守記』「吉田家日次記」「春日神木入洛見聞記」「花営三代記」等）。しかも頼之はこの機会に摂津（但し有馬・住吉両郡を除く）守護赤松光範を罷免して、頼之の弟で養嗣子の頼基を守護とし、摂津を細川氏の分国に編入したので（佐藤進一氏前掲書四二・四六頁）、それまで頼之に協力的であった赤松氏との関係（例えば応安三年赤松則祐が禅律方頭人、同四年赤松義則が石清水八幡宮造営総奉行となる）は、忽ち冷却してしまった（拙著『細川頼之』参照）。

（6）単に「沙弥判」とのみ記されている引付奉書案、または写が、応安四年には一通、応安六年には四通があるが、応安四年のそれは摂津国金心院田畠の遵行を命じた十二月十五日付奉書であり、翌五年と翌々六年と同じく金心院田畠の遵行を命じた仁木義尹奉書が各一通あるので、応安四年の沙弥某は義尹と推定できる。応安六年の沙弥某署判奉書案中、一通は播磨国矢野庄内についての閏十月二十四日付奉書案で、他に応安三年および応安六年に各一通の同庄に関する義尹の奉書があり、今一通は近江国三村庄に関する十二月二十四日付奉書案で、これも同庄に関する応安四年の義尹奉書案の存在から、同じく沙弥某を義尹と推定できる。そこで以上の義尹と推定しうる沙弥某奉書案三通は義尹の項に加えた（典拠は第5表B参照）。

（7）本文引用の「花営三代記」に見える細川兵部大輔を業秀に比定することには若干の説明を要する。兵部大輔は先には細川業氏の官途であったが、業氏は少なくも永和二年十一月までに陸奥守を拝任したことは、同年十一月十四日、同月二十四日の二通の引付奉書（第5表B参照）の発給者陸奥守の花押と従前の兵部大輔業氏の花押との一致によって確認され、したがって「花営三代記」永和三年八月十三日条に「細川奥州計沙汰被二始行一云々」とある奥州もまた業氏である。しかるに同書の翌永和四年十一月五日条に「夜、紀伊国大将細川兵部大輔使者到来、去二日凶徒打取之間合戦、大将引籠移云々」とあり、同年十二月十三日条に「夜、紀州大将細川兵部大輔業秀退二帰淡路国一之由有二其聞一、其後、被二留置一摂津・播磨・備前・近江勢等悉帰京」とあって、細川業秀が先に業氏の官途名であった兵部大輔を襲名していることが判る。細川業秀は管見の及んだ系図中にはその名を見出せないが、実名と官途の両方から察するに業氏の子弟の一人であろう。そこで本文の「花営三代記」永和元年十一月二十六日条の細川兵部大輔がもしもなお業氏であったとすれば、業氏はこの日から翌年十一月十四日までの間に陸奥守に転じて、その後に業秀が兵部大輔を拝任したこととなるが、右の「細川兵部大輔可レ為二頭人一之由被二仰下一之」という記事は、引付衆から頭人への昇進を推測させる述べ方であり、少なくとも還補とは解し難い。以上の理由から、永和元年十一月までに業氏の陸奥守転任と業秀の兵部大輔拝任があったと解して、本文の如く比定した。

(8) 羽下氏前掲「室町幕府侍所考―その二　初期の機能」。

(9) 宮川満氏「播磨国矢野庄」（『庄園村落の構造』所収）一一九―一二九頁。

(10) 但し役夫工米・大嘗会米等の勅役の催促停止が完全に幕府の手に委ねられるようになったのは、幕府権力が朝廷の課役催免権を吸収するに至った結果であって、貞治四年五月四日付、播磨守護赤松則祐宛に同国在田上庄役夫工米催促停止を命じた執事斯波義将署判の幕府御教書（『金剛三昧院文書』三一号）、同年九月二十二日付、美濃守護土岐頼康宛に同国篠木庄役夫工米譴責停止を命じた同じく義将署判の幕府御教書（『円覚寺文書』一八一号）等はその早い例である。

(11) 小林保夫氏「南北朝・室町期の過所発給について」（『名古屋大学日本史論集』上巻所収）。

第五章　世襲分国の確立と内衆の形成

第一節　分国の拡充と世襲化

一　四国経営の確立

管領在任十二年にして、頼之はついに康暦元年（一三七九）閏四月斯波義将以下諸大名の排斥を受けて失脚し、一族・被官を率いて四国に退去せざるをえなかった。しかも同年七月八日将軍義満が河野通直を伊予守護に補任し、次いで九月五日通直に頼之誅罰の御教書を与えたように（「長州河野文書」、「花営三代記」）、頼之は幕府による追討の対象となる。けれども頼之は嘗ての清氏の如き滅亡の悲運に陥らなかった許りでなく、同年十一月河野通直を急襲してこれを仆した（「迎陽記」「予章記」）。さらに頼之の弟で養嗣子の頼元は通直の遺子河野亀王丸への伊予守護職安堵受諾条件として義満の赦免を受け（後述）、永徳元年（一三八一）上洛して幕府に出仕し、斯波義将・山名時義以下の政敵と和解した（『愚管記』同年六月五日条）。

頼之はその後も暫く在国したが、康応元年（一三八九）三月義満の厳島参詣を名目とする西海巡歴に当り船舶百余艘を提供し、義満に随行して分国讃岐の守護所宇多津に義満を歓待し（「鹿苑院殿厳島詣記」）、翌明徳元年（一三九〇）山名時熈・氏之（氏幸）追討に際して備後守護に補せられて弟頼有・摂津能連等とともに鎮圧の任に当り（『細川家文書』中世篇一号、年欠三月十六日付頼之自筆書状、「美吉文書」二、明徳元年三月十八日付将軍家義満御判御教書）、次いで明徳二年四月義満に招かれて上洛し、管領に任ぜられた頼元を後見して再び幕政の中枢に参画した（「神護寺交衆任日次第」「東寺王代記」「武家年代記」等）。かくて同年末山名氏清・満幸等の反乱に際し頼之は義満を輔けて諸将を洛中・洛外に布陣してこれを迎え撃ち（『明徳記』「細川家譜」等）、この明徳の乱鎮定の功を最後に、翌明徳三年三月二日享年六十四歳を以て病歿するのである（永青文庫所蔵惟忠通恕筆細川頼之画像賛、『明徳記』等）。

頼之が一旦追討を蒙りながら、見事に幕府に復帰して管領細川家の基礎を固めることができた理由は何か。頼之の政界復帰には義満の庇護も与って力があるにせよ、それにもまして、細川氏の一族・被官が苦境の中でもよく頼之に協力して分国の軍事的・政治的支配を支えたことが重要であろう。そこでまず頼之の管領在任時以来の細川氏の分国の消長を通観することとしたい。その分国としては、南北朝初期以来の阿波・讃岐・土佐・伊予・淡路のほか、頼之管領在任中分国に加わった伊勢・紀伊・摂津、および明徳年間細川氏の分国に復した備後・備中両国と新たに加わった丹波がある。

(イ)　阿　波

応安五年十一月二十一日頼之は阿波国種野山大浦内地頭・国衙弐名を小屋平新左衛門尉に忠節の賞として預置いたが（「松家龍市氏所蔵文書」）、翌応安六年四月二十二日には弟頼有（官途右馬頭）が同地を同人に重ねて預置き、同年七月二十五日同じく頼有が同国種野山国衙方内三木名を三木太郎左衛門尉に預置いており（「阿波国古文書」三、「三木文書」）、おそらく頼之は応安五年十一月—同六年四月の間に阿波守護職を頼有に譲ったと推定され、且つ、頼之・頼有が阿波山間部の国人の一部を支配下に掌握しつつあったことが窺われる。なお頼有の官途は従来宮内少輔であったが、右の応安五年十一月の預ケ状を初見として右馬頭に転じている。頼之の嘗ての官途右馬頭が頼有に受け継がれたのは、頼之の代理としての分国経営上の効果が考慮されたためであろう。永和三年（一三七七）九月六日、頼之は幕府御教書を頼有に下して、阿波国萱嶋庄院主職に対する石清水八幡宮社家の妨を止めて、野元頼房の所務を全うするように命じており（『細川家文書』中世篇二号）、ここに頼有の阿波守護在職が確認されるとともに、康暦政変まで頼有が阿波守護職を保っていたと判定される。なお、管領頼之が石清水八幡宮の主張を斥けて野元頼房の主張を認めていることは、彼が細川分国内の係争について必ずしも寺社本所の権益を無条件に擁護せず、むしろ国人層掌握のために意を用いていることを推測させるものといえる。

但し頼之・頼有の阿波掌握は未だ完璧ではなく、南党に属して頼之に仆された細川清氏の遺子正氏(1)（初名政氏）は阿波を中心として頼之・頼有の支配に抵抗を続けていた。正平二十一年（貞治五年、一三六六）七月四日、阿波美馬郡祖谷山の祖山一族中に阿波国金丸庄・井波庄・稲用保等を、同年十一月二十二日同じく祖谷山の西山兵庫亮に阿波国重清地頭職八分一をそれぞれ兵粮料所として預置き（「喜多文書」「西山文書」）、建徳三年（応安五年、一三七二）六月十三日、右の祖山一族中に金丸庄ならびに井川庄等を同じく兵粮料所として預置き（「喜多文書」）、天授元年（永和元年、一三七五）十一月十三日、伊予の水軍忽那又三郎に讃岐国伊賀野領家職・郡家内公文職を兵粮料所として宛行うなど（「忽那文書」坤）、阿波山間の国人層や南党の伊予水軍に兵粮料所を与えて、彼等を傘下に入れることに努めていたのである。

やがて康暦政変を機として細川正氏は幕府方に帰順し、康暦二年（一三八〇）六月七日、紀伊牟婁郡の水軍小山八郎左衛門尉に阿波国立江庄内北方地頭職を、同年十一月二十二日上記祖谷山の西山兵庫助入道に阿波国金丸公文職を、それぞれ兵粮料所として宛行い（「小山文書」「西山文書」）、同年十二月二十五日同地の国藤治部亮に阿波国田井庄中西郷内の轆轤師得銭を最前御方に参られる賞として安堵し（「徳善文書」）、翌康暦三年（二月、永徳と改元）正月十四日同地の菅生大炊亮（助）に阿波国八田山弐分一参分一を兵粮料所として宛行うなど（「菅生文書」）、依然として阿波を中心に活動を続けた。永徳元年五月六日、正氏は「康暦元年九月十二日御下文并同十月十三日御教書之旨、所(任脱カ)レ令二還補一」の駿河国田尻郷南村河原一色地頭職を「且為二亡父相模守清氏追善一、且為二普賢菩薩結縁一」と称して臨川寺に寄進し、同年七月二日将軍義満が御判御教書を下して、この河原一色地頭職を「参河国細谷郷替、任二細河阿波守正氏今年永徳元年五月六日寄進状之旨一」せて寺家に安堵している事からも(「天龍寺文書」)、頼之方に対抗する正氏に対する義満の期待が窺われる。したがって正氏は幕府方に帰順するとともにおそらく義満から阿波守護職または国大将に補任されたのであろう。

これに対する頼之方の活動は例証が乏しいが、永徳元年四月十三日、頼之の甥義之(詮春の嫡子)が上記の菅生大炊助に金丸東庄および同庄下司公文職等を預置くべき旨を予約して忠節を促しており(「菅生文書」)、頼有に代って義之が阿波の支配を頼之から委ねられたと見られる。他方正氏の動静は右の同年五月の駿河の所領の寄進と七月の義満の安堵の御教書以後は管見に入らなくなるので、おそらく義之が阿波の軍事活動を担当して正氏の活動を封じ、まもなく頼元等の赦免とともに、正氏は幕府の庇護を失って没落したのであろう。但し、義之が当時阿波の正守護であったという徴証は管見に入らない。

むしろ永徳三年(一三八三)九月、頼之が洛西嵯峨の景徳寺に夢窓国師三十三回忌法要を営んだときの導師春屋妙葩の陞座法語に、頼之(入道常久)を指して「四州総轄常久居士」と称しており(「普明国師語録」)、この「四州」には当然阿波を含むから、頼之が阿波守護に復したと見てよいであろう。絶海中津の年譜に、至徳二年(一三八五)七月頼之が当時義満の忌諱に触れて退隠中の中津を讃州に迎え、次いで阿州に宝冠寺を創建して中津をその開山とした旨を記すのも(「仏智広照浄印翊聖国師年譜」『続群書類従』伝部所収)、頼之の阿波経営の一端を示している。また嘉慶元年(一三八七)十一月二十六日頼有が嫡子松法師(頼長)に与えた譲状には、冒頭の「一、あハあきつき(秋月)の三ふん一ほんりやう(本領)」を始め、阿波国内の所領が七ヵ所あり(『細川家文書』中世篇六号)、頼有も依然として阿波経営に関与していたと思われる。(2) 降って応永四年(一三九七)八月石清水八幡宮領阿波国櫛淵庄につき遵行状を下しているのは沙弥常長すなわち義之であるから(「前田家所蔵文書」石清水八幡宮文書)、頼之の歿後は義之が阿波守護職を継承したことが明らかである。

(ロ) 讃岐

前述のように讃岐守護細川繁氏の卒去後、貞治元年（一三六二）十一月までに頼之が同国守護となったが（第四章第一節参照）やがて貞治六年七月二十五日、細川頼元は「善通寺興行条々」という規式を制定して諸堂の勤行、鎮守の神事、軍勢甲乙人の寄宿禁止、寺僧の弓箭兵杖停止、寺領免田等の押領停止等を定めており（「善通寺文書」坤）、頼之は頼元を守護代として在国させ、讃岐支配の実務を委ねたものの如くである。しかし頼元はまもなく上洛して、管領に就任した頼之の政務を扶け、代って頼有が讃岐支配の実務に当ることとなった。即ち、応安元年（一三六八）閏六月十七日、頼之は宮内少輔即ち頼有宛に書状を以て祇園社領讃岐国西大野郷領家職の下地を社家に渡付するよう命じ（『八坂神社記録』下「祇園社記」御神領部一五）、頼有はこれを承けて同年八月六日、田村弥三郎入道・大庭六郎左衛門入道に書状を与えてこの下地渡付の実施を命じ（「八坂神社文書」二、「遠藤豊三郎氏所蔵文書」）、田村・大庭両人の代官と思われる藤原清村・某姓頭季が即日これを実施して打渡状を社家に交付した（『八坂神社記録』下「祇園社記」雑纂一）。しかしまもなくこの西大野郷領家職を近藤六郎五郎（国頼）の代官が違乱したので、頼有は某年（同年か）九月二十日、再び書状を田村・大庭の両人に与え、重ねて下地渡付を命じた（同上）。

以上の経過の内、頼之の頼有宛および頼有の両使宛遵行命令が、それぞれ幕府御教書および遵行状でなく、書状の形を採っていることは、おそらく讃岐守護を管領頼之が兼ねるため、頼之は守護宛の正規の幕府御教書を発給しえないので略式の手続を採って守護代頼有に書状を以て命じ、頼有もこれに倣って書状により遵行したものと認められる。なお頼有の初度の両使宛書状と、藤原清村・某姓頼季の打渡状には「自㆓京都㆒任㆘被㆓仰下㆒之旨㆖」云々とあり、且つこの頼有の書状と両人の打渡状が同日付であることは、頼有の讃岐在国を明示している。

ところで、この西大野郷は先に文和四年（一三五五）七月、近藤国頼が毎年の年貢・公事物等の半分を所務得分とする、但し当国寺社本所領を本主に返付する時は所務得分を三分の一に減額する、という条件で所務職を請負ったものであるが（『八坂神社文書』下二〇三二号）、やがて貞治二年（一三六三）八月祇園社は国頼の押領を幕府に訴えたため、幕府は引付奉書を以て当時の守護細川頼之に国頼の押妨を退けて下地を社家雑掌に返付すべき旨を命じており（同二〇三三号・二〇三四号）、応安元年の係争はその継続であった。そこで、管領頼之は国頼の陳弁にも理由があると判断して和解を計ったと覚しく、その結果応安二年十二月十三日、年貢・公事物の三分の一を所務得分とする等の条件で祇園社は改めて国頼と所務職の請所契約を結び、宛文と請文を取り交した（同二〇三五号・二〇三六号）。この宛文案の端書に「此事自二今年九月十二日一矢野左衛門大夫遠村口入管領御気色云々」とあることで、頼之が祇園社の主張を一方的に認めることをせず、近藤の所務職継続を計ったことが明らかであり、これは前述の阿波における野元頼房の所務職保護と同様の国人層の権益擁護の方針が讃岐においても採用されたことを示している。その後讃岐については、守護の在職活動の徴証は暫く管見に入らないが、頼之が応安四年（一三七一）同国石清尾八幡宮の社殿を造営したという伝承や（「讃岐国大日記」）、応安七年（一三七四）九月二十八日、同国金蔵寺塔婆に馬一疋を奉加した事実より推して（『金剛三昧院文書』二一七号）、依然管領頼之が守護職を兼ねていたものと見える。

康暦政変後も、追討の赦免とともに頼之が讃岐守護に復したことは、永徳三年（一三八三）三月十二日付同国仁尾浦供祭人中に宛てた頼之発給文書写の断簡（文言不明、仁尾町「賀茂神社文書」）からも窺われ、また彼が主として讃岐に在国して自ら経営に当ったことは至徳二年（一三八五）七月、絶海中津を讃岐に招聘した事実や、康応元年（一三八九）三月将軍義満の厳島参詣に同行し、往復とも宇多津において頼之自ら接待した事実（ともに前述）によって推測される。

降って、明徳四年（一三九三）二月二十一日、頼元は善通寺誕生院法印に善通寺奉行・弘田郷所務職・同院主職以下を本所随心院の補任に任せて安堵し（「善通寺文書」坤）、同年九月六日時の管領斯波義将が頼元宛に幕府御教書を下して、讃岐国西大野郷ならびに萱原神田に対する善通寺誕生院および麻近藤入道の押妨停止と祇園社雑掌への下地渡付を命じ、翌応永元年九月四日にも重ねて頼元に幕府御教書を下してこれを命じており（『八坂神社文書』下二〇三七号・二〇三九号）、頼之の卒去後は、頼元が讃岐守護に在職している。

(ハ)　土　佐

頼之は貞治四年までに土佐守護を兼ねたが(第四章第一節三参照)、香曾我部一族に公事対捍を戒め惣領秀能の支配に従って勤仕すべきことを命じた応安二年八月十一日付の頼之の書下(前掲「香宗我部家伝証文」三)、および右の香曾我部秀能に南方および伊勢への軍勢発向につき上洛を命じた応安四年と推定される三月二日付頼之書状(同上)によって、管領就任後も頼之の土佐守護兼任が判る。

康暦政変後の四国在住時代にも、頼之は至徳二年(一三八五)七月六日、被官吉良入道に自筆書状を下して地蔵院領土州田村庄の渡付を命じ(「地蔵院文書」)、また同年十一月二十四日、将軍義満は頼之の申請に任せて土佐国吾河山下村を同国吸江庵に寄進しており(「寺田文書」)、頼之の土佐守護在職が跡付けられる。但し四国在住中の某年十二月十八日、同国吸江庵方丈に宛てた自筆書状に「又兵部大輔(細川満之)も定委細申候歟」といい、某年五月二十四日付吸江庵方丈宛自筆書状に「兵部大輔候へば、細々可レ被二仰付一候、其も相残事候ハヽ、忩々是へ可レ承候」とあって(「吸江寺文書」)、末弟満之を守護代として土佐に在国させ経営に当らせていたことが知られる。

明徳頃と見られる某年正月二十六日には頼元が兵部大輔即ち満之に書状を送って、土佐国地蔵院末寺正禅庵に先代官の違乱を厳密に沙汰せしめており(案文、日下に「頼元御判」とある。「地蔵院文書」上、京都大学所蔵)、頼元が頼之の後を受けて守護となり、依然満之が守護代であったと見られる。さらに応永二年(一三九五)六月十八日、前将軍義満が頼元の申請によって吸江庵に土佐国介良庄内・片山庄内等の地を寄附しており(「吸江寺文書」)、頼元は応永四年の卒去時まで土佐守護に在職していたに違いない。

(ニ)　伊　予

頼之は夙に文和三年以来伊予守護に在職し、さらに貞治三年河野通朝を仆し、翌年その嫡子通直(初名通堯)を駆逐して同国を制圧したが(第三章第二節一、第四章第一節三参照)、管領就任後も頼之が守護を兼任し、頼有を守護代として讃岐とともに経営に当らせたことは、前述の讃岐西大野郷に関する頼有宛の遵行命令と同日の応安元年閏六月十七日、頼之が同じく頼有に伊予国弓削島領家職下地の東寺雑掌に対する渡付を命ずる書状を送ったことによって知られる（「東寺百合文書」せ、武家御教書幷達六五―九七）。したがって応安四年三月六日付で河野久枝新蔵人に伊予国弓削島を関立等の先契約を除き料所として預置いた書下案（「東寺百合文書」ヨ、四一―五三）は、日下に単に「御判」と記しているが、発給者は当然頼之であって、同じく伊予守護としての権限に基づく預置であることが察せられる。

けれども、頼之の上洛と管領就任は河野方に反撃の機会を与えた。「予章記」によると、さきに九州に逃れて征西将軍府に帰順していた河野通直は、応安元年（正平二十三年）六月伊予に立戻って南朝の権大納言西園寺某とともに反撃を開始し、幕府の同国に派した仁木義尹を破って伊予府中を占領し、翌応安二年には新居郡・宇摩郡に至る国内の大半を勢力下に置き、同年八月伊予に発向した「細川典厩」を迎え撃ち、九月より十一月まで連戦して勝利を収めたという。この河野方の国内制圧は、正平二十二年十二月通直が忽那重澄に下した軍勢催促状（「忽那文書」）、同二十三年八月から二十四年六月にかけて同国善応寺・国分寺・能寂寺等に下した寄進状・安堵状・禁制（「善応寺文書」「伊予国分寺文書」「能寂寺文書」）等によっても察知しうる。

他方、頼有（官途 宮内少輔）は応安二年八月二十二日、同国新居郡の保国寺に軍勢甲乙人の乱入狼藉を戒める禁制を下し（「保国寺文書」）、また某年六月十四日、安芸の小早川資平に宛てて「与州為㆓退治㆒令㆓発向㆒候、其子細自㆓京都㆒定可㆑被㆑申候歟、既合戦最中候、御合力候者、可㆑被㆓目出度㆒候、恐々謹言」という書状を送っており（『小早川家文書』之一、一一四号）、当時少なくとも讃岐とともに伊予の守護代を兼ねる頼有が河野氏との対戦の主将であったことが知られる。当時頼有の官途は宮内少輔であり、頼元が右馬助であったが、次に述べる応安五年十一月十三日付感状からは頼有が右馬頭に転じたことが知られ、他方頼元はやがて右京大夫に進むので、「予章記」にいう細川典厩とは頼有の謂であろう。しかし、頼有の陣頭指揮にも拘らず、応安五年（一三七二）十月頃には河野勢は讃岐に迫り、細川方の主力は讃岐西大野庄付近に陣して防戦に努める状態になった（『八坂神社記録』上「社家記録」応安五年十月二十九日条）。当時頼之は河内・伊勢等の南軍追討に軍勢を発遣しており、淡路の細川勢をも河内に向わせ、また中国勢の一部を今川了俊に属して九州に発向させていたので、伊予に援軍を差向ける余力に乏しかったに違いない。なお康暦元年（一三七九）十一月義満が河野通直に下した御判御教書の写に「伊予国守護職事、応安年中一旦細川右京大夫（頼元）雖㆑有㆓御免㆒」云々とあって（「予陽河野家譜」）、頼元が頼之に代って伊予守護に補せられた如くであるが、頼元が伊予に発向した形跡は見られない。しかし頼有（官途右馬頭）は応安五年十一月十三日大野詮直に予州における忠節を賞する感状を与え（『愛媛県編年史』所収「大野系図」）、応安八年三月十一日伊予大三島の三島社に天下安全・家門繁栄を祈る願文を納め（「大山祇神社文書」）、永和三年二月二十二日伊予府中の能寂寺に軍勢甲乙人等の狼藉を戒める禁制を下しており（「能寂寺文書」）、頼有の率いる細川勢は漸次攻勢に転じて、再び伊予府中付近まで制圧したことが判明する。なお「予陽河野家譜」には、河野通直は応安七年西国征伐に赴いた義満に赤間関に謁して通信の所領ならびに予州守護職を賜ったとして「伊与国守護職幷本知行地之事、任㆓通信之例㆒可㆑致㆓沙汰㆒之状如㆑件」という応安七年十月十八日付御判御教書（日下署判）の写を載せるが、義満親征が事実に反する許りでなく、この時期に管領頼之以下の細川方が対戦中の敵方河野氏の守護補任・旧領安堵を承諾する筈もないので、全く信じられない。

さて康暦元年の政変とともにいちはやく幕府方に帰順した河野通直を、義満は同年七月八日伊予守護に補し（『大徳寺文書』之十二、二九八七号）、次いで同年九月五日通直に頼之追討を命じ（「長州河野文書」）、その軍事力に期待して細川方を圧服しようと計った。しかし一族・被官を悉く四国に集結した頼之の前には、河野方の戦闘力は物の数でなく、同年十一月、頼之が世田山城を奇襲して通直を討取るに及び（「予章記」）、河野方は何等効果ある反撃を行えない状態となった。義満は翌康暦二年四月通直の遺子亀王丸に伊予守護職ならびに本知行を安堵せしめ（「予章記」）、さらに同年十二月二十九日亀王丸に「細川右京大夫（頼元）雖㆑有㆓御免㆒、伊与国守護職以下事、成㆓下安堵㆒上者、当国惣而不㆑可㆓相綺㆒由、堅所㆓

仰含一也」云々という御判御教書、同日頼元に「所レ有二御免一也、早一身可二参洛一之状如レ件」、「伊与国守護職以下事、成二下安堵於河野亀王丸一訖、惣而於二〔当〕国一者、不レ可レ有二其綺一」云々という二通の御判御教書を下し（『大徳寺文書』之十二、二九八八号㈠・㈡・㈢）、翌永徳元年三月八日再び同趣旨の御教書を頼元に与え（「予章記」）、ここに頼元は伊予守護職の放棄を代償として義満の赦免を得るに至った。但し頼之は、後に明徳元年（一三九〇）三月頼有に宛てた自筆書状の中で「身の事御めん候し時も、御教書をハ右京大夫か身にあてゝなされて候し、不思儀事と存て候しかとも、そうしらすして候し」と述べており（『細川家文書』中世篇一号）、頼之自身は未だ宥免を蒙っていないと解釈したものの如くである。

しかし頼元を表面に立てての幕府との交渉で赦免を獲ち得た頼之は、伊予を全面的に放棄したままにせず、その一部に支配権を保持する手段を廻らした。即ち頼之は河野方と交渉した結果、永徳元年（一三八一）十一月十五日同国和気郡福角の北寺で亀王丸の弟鬼王丸と対面して和議を調え、新居・宇摩両郡を河野方から細川方に割譲させることを契約した（「予章記」「予陽河野家譜」）。当時頼有も頼之を扶けて伊予に進出しており、翌永徳二年十月、再び府中の能寂寺に甲乙人の乱妨狼藉を戒める禁制を与えている（「能寂寺文書」）。当時細川方の撤収は未完了で頼有の軍勢がなお府中周辺の越智郡に在陣していたためであろう。

やがて細川満之（官途 兵部大輔、土佐の項参照）は嘉慶二年（一三八八）十月十一日、伊与国西条保国寺領を安堵し、翌康応元年（一三八九）十月十一日、石川入道に「保国寺領四至、次新田荒野、自二諸方一被二違乱一之由、被レ仰候、其にて看極、寺家無二相違一様可レ被二付沙汰一候、恐々謹言」という書状を送って、保国寺領の違乱停止を命じており、某年卯月七日にも同じく石川入道宛に、保国寺の預・沙汰人共の無沙汰を戒めるべき旨の書状を与えている(3)（「保国寺文書」）。これによって保国寺のある新居郡が細川氏の分郡となった事実が確認されるとともに、頼之の末弟満之が分郡守護となり、石川入道某を守護代として経営に当ったことが推定される。

㈭　淡　路

淡路守護細川氏春の貞治四年（一三六五）までの動静は第三章第二節に述べたが、その後応安五年（一三七二）十二月十七日、幕府は仁木義尹の奉書を細川左衛門佐即ち氏春に下して、淡路国由良庄領家・地頭・筑佐方公文・惣追捕使職等に安万三郎左衛門の妨を止め、禅林寺今熊野社雑掌に渡付させており（「若王子神社文書」一）、引続き氏春の守護在職が判る。氏春は翌応安六年三月二十八日、「南方退治大将」として淡路を出国し尼崎に着岸し、赤松範資の率いる摂津・播磨勢とともに河内に進み、楠木正儀の軍を加えて天野の行宮に迫った。八月二日長慶天皇は幕府軍を避けて吉野に遷幸し、次いで同月十日南軍は幕府軍の陣に夜討を懸けたが、四条隆俊以下討死という損害を受けて退却し、氏春を主将とする幕府の南河内平定作戦は奏効した（「花営三代記」『愚管記』「鳩嶺雑事記」）。

康暦元年閏四月、頼之以下が京都を退去した状況を「花営三代記」に「十四日、（中略）武州（細川頼之）則没落、右京大夫（頼元）幷讃岐九郎（義之か）・淡路守護左衛門佐（氏春）同前、同十六日、自二西宮一乗船、渡二淡州一之由有二其聞一」と記しており、氏春が淡路守護を維持して康暦政変時に到り、頼之以下の一族は京都より四国へ退去の際、先ず氏春の分国淡路に到ったことが判る。

したがって氏春は康暦の政変に際して淡路守護を一旦罷免され、翌年末の細川頼元赦免に伴って守護に還補されたと考えられる。東福寺領淡路国都志郷を当国一宮俗頭と号して乱責するのを停止させた永徳二年八月二十六日付幕府御教書（管領斯波義将署判、『九条家文書』六、一七七四号）は宛所を「守護」としているが、氏春が翌々至徳元年十月十日付で近藤勘解由左衛門尉に宛てて右の乱責停止を社家に通達すべき旨の遵行状を下していることから（同一七七六号）、氏春の守護在職が確認される。なおこれは日下に散位として署判し、氏春が官途を辞したことが知られる。次に都志郷内国友名の押妨停止を命じた至徳二年四月二十五日付幕府御教書（管領斯波義将署判、同一七七八号）も同じく「守護」宛であるが、これも氏春宛であることは容易に類推できる。この押妨とは、至徳元年十二月日付の都志郷雑掌真賀申状案（同一七七七号）によれば、国友名を違乱した同郷前公文泰信の逐電後、同名を守護が闕所にしたことを指している。このように相次いで氏春が幕府から乱責・押妨を制止されているのは、康暦の政変以前に比して細川一族の幕府における立場が著しく不利になった結果に外ならないであろう。なお上記の氏春の遵行状によって、当時の守護代が延文六年在職の守護代近藤左衛門大夫入道の同族近藤勘解由左衛門尉であることが知られる。

氏春は嘉慶元年十月十九日の卒去と伝えられ（『系図纂要』、柏木宗太郎蔵本「細川系図」）、その分国淡路は嫡子満春に譲補された。「鹿苑院殿厳島詣記」は康応元年三月の義満の厳島詣の随行者の中に「細川淡路守」を数えており、この時までに満春が淡路守の官途を受けていることが判る。明徳三年十二月二十三日満春が東福寺大勧進に宛て都志郷の諸天役ならびに人夫・船課役・検断等を停止する旨の書下を下しているのは（『九条家文書』六、一七八三号）、その淡路守護在職の明証である。

二　畿内周辺と山陽における分国の消長

さきに貞治二年頼之の中国管領解任とともに細川一族の分国が四国に限られたことは前章第一節に述べた如くであるが、その後頼之の管領就任は細川氏の分国拡大の契機となった筈であり、さらに康暦の政変による失脚、永徳元年の赦免、明徳元年の山名時熈追討への起用、翌年の頼元の管領就任、さらに頼之・頼元の明徳の乱における勲功等は細川氏の四国以外の分国にも大きな消長をもたらすこととなったに違いない。そこで、以下には第一項で述べた四国の場合を除く細川分国の変遷を国別に逐一検討することにする。

(イ)　伊　勢

貞治五年（一三六六）八月政変を機会に幕府に復帰した仁木義長は、伊勢守護に復職して貞治六年八月二十三日に在職徴証を残すが（「大宮司家古文書」）、応安四年（一三七一）から永和二年（一三七六）にかけて、佐藤進一氏の引用されたように伊勢に関する細川氏の事績が現出する。(4) 即ち(1)『師守記』応安四年閏三月二十二日条の「細川民部少輔（管領武蔵守頼之朝臣弟、）発ニ向伊勢国ニ」、(2)「祇園執行日記」（『八坂神社記録』社家記録五）応安五年八月五日条の「一、伊勢大将細川四郎、（頼之）（管領武州舎弟）

今日発ニ向勢州ニ、同月十日条の「海野状在之、大将四郎殿ハ、去五日先被レ向ニ石山ニ、翌九月十九日条追記の「一、(伊勢)岡本保事、(中略)将又当守護方大将渡状三通(応安五年十月、十一月)」(3)「口宣綸旨院宣御教書案」所収の、伊勢国智積御厨に綸旨に任せて軍勢等の妨を止めて理性院僧正雑掌に渡付すべきことを命じた永和二年五月十七日付幕府御教書(管領細川頼之奉書)案の宛所「細川四郎殿」がそれである。以上の内、(2)の「当守護方大将渡状」によって、応安五年八月—十一月当時の伊勢守護は頼之と推定され、したがって(1)の応安四年閏三月当時の守護もおそらく既に頼之であったと見られる。しかし(3)の遵行命令は頼之の書状または書下を以てせず、正規の幕府御教書を以てしているので(2)—(3)の間に守護職が頼之からその弟四郎に譲補されたと判定される。

ところで、『大日本史料』第六編之三四には(1)を民部少輔某とし、同三六には(2)を頼基に比定して綱文を立てるが、佐藤氏は(1)の細川民部少輔および(2)・(3)の細川四郎の実名を比定されていない。確かに当時の細川一族には民部少輔の官途を称したものも、細川四郎という通称のものも他に管見に触れない。けれどもこれらについては以下のような推定が可能と思われる。まず頼之の四人の弟の当時の動静と官途名を探ると、頼有は応安元年八月に讃岐守護代として在国し、同二年伊予に発向しており、その八月同国の保国寺に下した禁制まで官途宮内少輔であったが、応安五年十一月伊予の大野詮直に与えた感状の写の署名を嚆矢として右馬頭への転任が知られ、翌年からは阿波守護在職が認められる(本節一、阿波・讃岐・伊予の項参照)。次に頼基は当時の記録に右馬助として頻出し、且つ応安四年五月から同年十一月にかけて河内南軍追討の主将として同年十一月まで再三河内に発向している(5)。三番目の弟詮春は官途左近将監であったが、貞治六年四月卒去と伝えられ(『系図纂要』、『続群書類従』所収松平重治本「細川系図」。なお『系図纂要』は讃岐守の官途をも記すがその証左は見られない)、その動静は管見に入らないので、ここでは考察の対象から除いてよいであろう。末弟満之は、頼之の管領在任中における動静は他に徴すべきものを見ず、降って、嘉慶二年十月から官途兵部大輔が確認されるとともに、伊予の新居・宇摩両郡分郡守護在職、且つその前後の某年に土佐守護代在職が推測されることとなる(本節一、土佐・伊予の項参照)。

そこで改めて上記の⑴・⑵・⑶を検討すると、⑶は幕府御教書の宛所に「細川四郎殿」と記されているのであるから、この細川四郎は永和二年当時にもまだ官途を称していない若年の人物であり、したがって⑵・⑶は満之以外には比定しえないのであって、⑵を右馬助頼基に比定する『大日本史料』第六編之三六には従うことができない。さすれば⑴の「細川民部少輔」という『師守記』の記載は、既に官途で記されている点から満之とは見做し難く、頼有・頼基の何れかとなる。しかし仮にこの「民部少輔」を頼基とすると、彼はこの伊勢発向から僅か一ヵ月余り後に河内に発遣されることとなって、伊勢在国が余りにも短期間となる。これに対して頼有は応安二年夏までと応安五年秋からとに四国における動静が確認されるが、その間に満三年余りあって、一旦上洛して伊勢に発向する余裕は充分想定できる。また前述のように頼基の当時の官途は右馬助、頼有の官途は応安二年には宮内少輔、同五年には右馬頭であるから、『師守記』の「民部少輔」は宮内少輔の誤記とみるべき蓋然性が高い。

以上のようにやや推測を重ねた結果ではあるが、⑴は頼有と覚しく、⑵・⑶は満之と推定してほぼ間違いないと考えられる。即ち伊勢守護は頼之が管領就任以後これを兼ね、応安四年閏三月頼有が国大将として発向したが、彼は同五年再び伊予に発向するため伊勢より引上げ、代って同年八月満之が伊勢国大将として発向し、永和二年五月までの間に彼は伊勢守護職を頼之から譲補されたと見られるのである。

ところが、この後まもなく翌永和三年（一三七七）七月までに伊勢守護職は京極高秀の女婿山名五郎某に改替されたらしく、さらに康暦政変の直後からは土岐頼康の還補が確認される。(6) 管領頼之が自家の分国に帰した伊勢を手放した理由は分明でないが、永和三年頃は頼之排斥の動きが諸将の間に強まり、同年六月には頼之と前執事斯波義将との確執が表面化しており（「後愚昧記」同年七月十三日条）、伊勢守護を京極高秀の女婿に譲ったことも、年来の与党であった京極氏の反対派への参加を防ごうとする妥協・宥和策であったかも知れない。何れにせよ細川一族による伊勢の分国化には、康暦政変を俟たずして終止符が打たれたのである。

(ロ)　紀　伊

建武年間以来多年紀伊守護を兼ねていた畠山国清が康安元年（一三六一）関東で没落すると（第三編第二章第二節参照）、紀伊守護についての知見はしばらく得られなくなるが、応安六年以降細川一族の同国守護としての徴証が現れる。その初見は、高野山安養院少弐房宛の応安六年六月一日付軍勢催促状写に差出者名として「左衛門佐判（細川氏春）紀伊守護淡路殿」とあるのがそれである（「南狩遺文」五）。氏春は前述のように淡路守護であるが、同年三月以来「南方退治大将」として河内に発向して連戦中であった。河内・和泉守護には管領頼之の誘降した楠木正儀が在任しているので、頼之は従兄弟氏春には紀伊守護を兼ねさせて河内・紀伊方面の南軍追討に派したものと推測され、高野山安養院の僧に対する氏春の軍勢催促も同国守護としてのそれと認められる。

紀伊守護に関するその次の所見は「花営三代記」永和元年九月二十五日条の「紀州国ニ所ニ楯籠一之宮方没落之間、翌日守護人已下攻ニ入在田郡ニ湯浅等一之間、所々宮方城没落云々」という記事である。これは同書同年八月二十五日条の「所レ楯ニ籠泉州土丸城一之橋本宮内少輔正督以下凶徒、参ニ御方一、発ニ向紀州一云々」という記事に照して、紀伊守護が降将橋本正督等とともに在田郡まで進出して南党を破ったことを意味しているに違いない。この紀伊守護がなお氏春であるか否かは明らかでないが、永和四年（一三七八）十一月から十二月にかけて、次の如く細川業秀の同国守護在職の記事に接するので、永和元年九月の守護も細川一族に相違あるまい。

その在職記事とは、『愚管記』永和四年十一月六日条に「伝聞、紀州凶徒蜂起、守護打ニ負軍一之間、大名等可レ発ニ向彼国一云々」とあり、「花営三代記」同月五日条に「夜、紀伊国大将細川兵部（業秀）大輔使者到来、去二日凶徒打取（ママ）之間、合戦、大将引籠移云々」とあるのがそれであり、『愚管記』に「守護」とあるのは「花営三代記」にいう紀伊国大将細川兵部大輔であって、彼が南軍に敗れて籠城したことが判る。なお下記の『愚管記』同年十二月十五日には「守護（細川党）」とあり、

「花営三代記」十二月十三日条には「紀州大将細川兵部大輔業秀」とあって、実名の業秀が知られる。

同年十一月七日、幕府は細川頼元を主将とし、山名義理・同氏清・石塔三河守・赤松義則・同光範・同義祐等を紀伊に急派し、彼等は同月十七日南軍を駆逐し、軍勢を紀州に留めておいて、十二月初に帰洛した（「花営三代記」同月七日・二十一日条、十二月四日条）。しかし十二月中旬に至り、業秀は紀伊から敗退するという事態になった。すなわち『愚管記』十二月十五日条に、「自二去夕一世上頗物忩云々、相二尋子細一之処、去比紀州凶徒出現、守護（細川党）合戦打負之間、及二難儀一之由注進之間、頼之朝臣舎弟頼基率二三ヶ国之勢一（摂津・近江・播磨）不日下向之間、凶徒退散無為云々、頼基去二日帰洛、於レ勢者留二置之一云々、然而三ヶ国勢太略（ママ）逃上云々、仍紀州守護不レ及二是非一没二落淡路一之由、飛脚到来、依レ之大樹（義満）腹立、自身可二進発一之由及二沙汰一云々」とあり、「花営三代記」同月十三日条に、「夜、紀州大将細川兵部大輔退二帰淡路国一之由有二其聞一之、其後、被二留置一摂津・播磨・備前・近江勢等悉帰京」とあって業秀が南軍に敗れて淡路に逃れたことが明らかになる。

細川業秀の名は管見の及んだ系図等には見当らないが、実名が引付頭人細川業氏と類似すること、業氏の前官途兵部少輔を襲っていること、および永和元年十一月二十六日にやはり引付頭人に任ぜられていること（「花営三代記」同日条）より推して、業氏の子弟と思われる。業氏には従来分国がなく、他方業秀が淡路に退却した事実より推して、おそらく先に氏春の率いて来た淡路の軍勢の一部が紀州に残留して業秀の兵力の中核を構成していたのであろう。

業秀の敗退を聞いた将軍義満は業秀に代って山名義理を紀伊守護に、楠木正儀に代って山名氏清を和泉守護に補して進発させ（『愚管記』同年十二月二十一日条、「後愚昧記」同月二十三日条、「花営三代記」同月二十日条）、ここに先の伊勢に次いで細川氏の紀伊分国化もまた頓挫し、紀伊は山名氏の分国として明徳の乱に及ぶのである。

(ハ)　摂　津

伊勢・紀伊に続いて細川氏の分国となった国に摂津がある。摂津は多年主として赤松氏の分国であり、殊に貞治二年

（一三六三）以後は赤松光範がほぼ引続き守護に在職し、応安六年八月までその徴証を残すが、翌応安七年四月三日付幕府御教書案（『春日神社文書』壱、一三号、摂津国宮原保領家職に対する長良孫三郎の濫妨の停止）の宛所を初見として、細川頼元の在職徴証が現れる。この交代は、興福寺の訴訟を容れた朝廷（北朝）が応安六年十一月赤松光範の守護代赤松範顕およびその同族性準を配流した機会に（『愚管記』同月十三日条）、管領頼之が光範を罷免して摂津を細川氏の分国に編入するよう取計ったためと推測される。このようにして頼之が紀伊に続いて摂津の細川氏分国化を実現したのは、畿内の一角を抑えて重要拠点を築くとともに従来の分国である四国への水路を確保して広大な領域支配を形成する目的より出たものであろう。

但し、摂津は全域が細川分国であったのではなく、且つ爾後南北朝時代末に至る摂津守護の管轄範囲にはやや複雑な変遷が見られるが、これについては佐藤進一氏が前掲書に逐一史料を挙げて考証され、また今谷明氏が近業の中で補足しておられるので(7)、ここでは両氏の業績に拠りつつ要約するに止める。

まず応安七年から康暦元年（一三七九）の政変の前月まで細川頼元は連年在職徴証を残しているが、佐藤氏の明らかにされたように頼元の管轄地域の明証は西成・豊島・島上・島下・八部・河辺の諸郡に見られるのに対して、少なくとも西北端の有馬郡と東南端の住吉郡とは細川氏の管轄下に属さず、有馬郡は応安五年以来分郡守護の在職徴証のある赤松義則（応安四年十一月卒去したその父則祐の跡職を継承）が分国播磨とともに引続きこれを管轄し(8)、他方住吉郡の堺北庄には応安二年幕府に投降して和泉守護となった楠木正儀の遵行事例が永和二・三両年（一三七六―七七）に存在する。また今谷明氏の指摘された如く、河辺郡北部を占める多田院領多田庄は、貞治二年から応安三年（一三七〇）まで所見のあった佐々木（京極）導誉（応安六年八月卒去）の子息高秀が引続き管轄して永和元年にその代官箕浦定俊の遵行状を残し、同じく多田院領の枳根庄（能勢郡所在）の管轄も導誉から高秀に継承されてやはり永和元年に高秀の書下が見られる。以上の内住吉郡の楠木への割譲がその和泉守護補任と同時か否かは不明であるが、有馬郡と多田院領とはそれぞれ赤松義則と佐々木高秀の既得権がそのまま認められたものであることは明瞭である。

なお今谷氏は京極氏の多田院領管轄を、貞治元年導誉が摂津守護職を奪われた際彼に保持された河辺郡北部と能勢郡との分郡守護と見做されたが、この点は些か問題であろう。氏の掲げられた発給文書の諸例（註(7)所掲同氏論文第一表）によっても、貞治二年三月から同四年（一三六五）十月までの八例は導誉の下知状・書下と京極被官の遵行状・打渡状のみであり、貞治六年（一三六七）四月に至って始めて幕府御教書の施行を見る。そして、氏は触れておられないが、この間に貞治五年八月十日導誉は義詮の御判御教書を以て出雲守護職の還補を受けると同時に「摂津国多田院事、如レ元所ニ返付一也、守ニ先例一、可レ致ニ沙汰一之状如レ件」という御判御教書によって多田院の管轄を返付された事実がある（「佐々木文書」二、将軍家義詮御判御教書案。第二編第二章第二節参照）。多田院は周知の如く源満仲創建と伝える源氏の廟所であり、同院領多田庄は河辺郡北部から有馬郡・能勢郡の一部に跨がり、その地域の土着武士は多田院御家人と称して鎌倉幕府と結び、建武以来は多く足利方に属して活動し、また義詮は尊氏の遺骨を多田院に分納し、歴代将軍の遺骨分納の例を開いたのであった(9)。それゆえ、宇多源氏にして幕府の宿老である導誉が多田院ならびに多田院領の管轄を委ねられたのであって、幕府から直接遵行命令を受けるとしても分郡守護とはやや性格を異にすると考えられる。また導誉が義詮の政務を補佐して管領と称せられた斯波高経と対立した結果多田院の管轄を一旦罷められたことは、多田院返付の御判御教書案が高経の失脚・没落した翌日付であるという事実からも否定しえない。その罷免が貞治元年であってその後も導誉が事実上の管轄を継続したのか、或いは罷免の期間が貞治四年十月以後の短期間に過ぎないのかは断定し難いが、将軍義詮に讒訴して先には細川清氏の、後には斯波高経の排斥に成功した程の導誉の手腕・実力に鑑みて、前者と解する余地も充分存在するのではあるまいか。

ところで康暦の政変とともに細川頼元は摂津守護職を剝奪されて渋川満頼（康暦二年まで幼名長寿王）が守護となり、永徳二年（一三八二）十月まで西成・豊島・島下・河辺の諸郡に遵行の事例を残し、新管領斯波義将の与党渋川氏が細川管轄下の諸郡を引継いだことが判るが、翌三年十一月からは再び頼元の在職徴証が出現する。義満の頼元赦免は康暦二年（一三八〇）末であるから（本節一、伊予の項参照）、摂津守護還補がそれより二、三年遅れたのは、管領斯波義将およびその与党の間に細川氏の勢力回復を警戒する傾きが強く、和解に年月を要したためであろう。還補後の頼元の遵行の徴証は明徳三年（一三九二）十一月まで存在し、その遵行地域は豊島・島上・島下・八部・河辺の諸郡に検出され、従前の管轄諸郡の大部分を回復したと認められる。しかし西成郡には還補後の頼元の遵行事例を欠き、明徳二年七月に赤松義則、明徳四年八月に結城満藤の遵行事例が見え、佐藤氏の推定された如く頼元の還補とともに西成郡は赤松義則の管轄下に編入され、さらに明徳二—四年の間に結城満藤が分郡守護に新任されたと判定される。淀川の河口を扼する西成郡の細川分国からの分離はおそらく上述のような斯波派の細川氏警戒の所産に外ならないと思われる。

次に和泉国に接する住吉・東生両郡については、山名氏清が永徳二年東生郡に、嘉慶二年（一三八八）住吉郡に在職徴証を残しており、同じく佐藤氏の説かれたように永和四年十二月に和泉守護が楠木正儀から山名氏清に改替された際に山名の管轄に移ったと見られ、したがって明徳の乱による没落時まで氏清はこの両郡を和泉に併せて管轄したに相違ない。他方有馬郡は至徳三年（一三八六）に赤松義則、応永元年（一三九四）に赤松義祐の遵行事例があり、義則が少なくとも至徳三年までは播磨と併せて引続き管轄し、その後応永元年までの間にその弟義祐が有馬郡を譲補されて分郡守護になったと認められる。なお多田庄の管轄については、今谷氏の指摘の如く永徳四年から至徳四年にかけて赤松義則の在職徴証があり、康暦の政変当初、京極高秀が追討対象となった際に赤松氏への改替が行われたと推測され、さらに応永元年以降京極高詮の遵行事例が現れて京極氏への返付が跡付けられる。

以上のように摂津は応安六年細川頼元が赤松光範に代って守護となって以来、康暦の政変による罷免から永徳二—三年の還補の間三—四年を挟んで、少なくとも明徳三年まで頼元の分国として保たれた。但し住吉郡・東生郡および有馬郡はそれぞれ隣接する和泉守護および播磨守護の管轄下に属し、河辺郡北部・能勢郡等を占める多田院領も京極氏ついで赤松氏の管轄する特殊地域であり、また永徳二―三年からは西成郡も赤松氏さらに結城氏の管轄下にあり、細川氏の管轄範囲は豊島・島上・島下・河辺（南部）・八部等の諸郡に限られたと認められるのである。なお頼元の在職徴証の下限は前述のように明徳三年十一月であるが、明徳五年六月二十日義満が山名駿河守（氏重）跡の摂津国広田位倍を頼元に宛行ったことも（京都大学所蔵「地蔵院文書」下）守護在職と関連がある如くであり、また頼元が明徳の乱の結果補任された丹波守護の在職徴証は応永三年（一三九六）十月まで見られ（本項(ト)丹波参照）、また頼元の嫡子満元の摂津守護在職徴証は応永五年四月を初見とするので（次節一(ハ)摂津参照）、頼元は応永四年五月の卒去時まで摂津守護職を保持したと推定される。

(ニ)　備　後

頼之が晩年新たに守護職を得た国に備後、ついで備中の二ヵ国がある。備後守護職は康暦政変後、細川与党の今川仲秋から斯波与党の山名時義に改替され、時義が康応元年（一三八九）五月卒去すると、その甥義煕が守護になった。[10]しかし時義死後の山名一族に翌康応二年（明徳元年）惣領の地位をめぐって内訌が起ると、将軍義満は山名氏清（時義の兄）に時義の嫡子時煕の分国但馬を与え、同満幸（時義の甥、氏之・義煕の弟）に同氏之の分国伯耆・隠岐を与えて、時煕・氏之追討を命じ（『明徳記』「但馬村岡山名家譜」等）、時煕が備後に逃れるに及んでこの国に有力な軍勢を出動させて時煕等を討伐させることとした。このとき義満が備後出陣の主将に起用したのが頼之であり、この起用には頼之が嘗て中国管領、その弟頼有が備後守護として直冬党制圧等に活動したこと、多年山名氏と対立したこと、現に細川氏が四国・摂津等を分国として強大な軍事力を有すること等が勘案されたに違いない。夙に田中義成氏も推測された如く、頼之を起用して強大な大名を制圧せんとする義満の計画は前年三月厳島詣に託して讃岐に頼之を訪れた折の密議に胚胎すると思われる。[11]

義満が康応二年三月頼之に備後出陣を命ずるに当り山名義煕を罷免して頼之を備後守護に補任したことは、康応二年三月十八日評定衆摂津能直の一族摂津能連に下した御判御教書に「備後国守護事、所レ被レ付二武蔵入道常久一也、早令二発向一可レ致二忠節一之状如レ件」とあることで明らかである(12)(「美吉文書」二)。且つ頼之が弟頼有に宛てた三月十六日付書状の冒頭に「備後国事、御教書到来、先以目出候、但御身ニあて候て御教書事申上候処、先身ニあてゝなされ候て、大方国をハ取静候て後、申なし候ハんするか可レ然やうに仰候ける間、重不レ及レ申候て、先御教書給候て、くたして候由申候、御沙汰も朝夕ニかはる事にて候ほとに、何とか候ハんすらんとて、めん〳〵談合候てくたして候なる、無念候」とあり、頼之は頼有を備後守護に補任するように申請したところ、義満は頼之を補任し、鎮定後再び申請せよとの意向を伝え、頼之は不本意ながらこれを諒承したことが判る。且つその後段に「とてもとりしつめて可レ申由仰候間、始終ハ不レ可レ有二子細一候かと存候、国事ハ又一向御はからいにて候ハんするにて候、退治事ハ申談候ハんするに無二子細一事にて候」とあって、備後守護を早晩頼有に譲補するよう計うべきことを約束して、時凞等追討の軍事行動への協力を要請している(『細川家文書』中世篇一号)。

さて、それより応永初年までの同国守護に関する主な徴証は次の如くである。

(1)　明徳元年七月十二日付幕府御教書、武蔵入道(常久、細川頼之)宛、備後国重永本新庄につき椙原満平の申受けた御教書を召返し、摂津能連の知行を安堵(「美吉文書」三)。

(2)　明徳二年二月十九日付幕府御教書、武蔵入道宛、祇園社領備後国小童保に対する石田一族・広沢二加光清以下の押妨を停止(『八坂神社文書』下一九七五号)。

(3)　明徳四年九月六日付幕府御教書、細河九郎(頼長)宛、小童保の半済給人退去(同、一九八二号)。

(4)　①応永元年九月六日付幕府引付奉書(左兵衛佐―吉良俊氏―署判)、細河弥九郎(基之)宛、栂尾北坊領備後国地毗庄内河北村領家職に対する蓮華王院景衍の違乱を停止(「桂文書」一)、②同年十月八日付某姓永可(基之の奉行人か)遵行状、上野殿(氏時)御内宛(①の遵行、「京都大学所蔵文書」一八、「狩野亨吉氏蒐集文書」一九)。

以上の(1)・(2)によって、この国の守護には明徳二年二月まで頼之の在職が確認され、(3)によって明徳四年九月までに頼長（頼有の嫡子、頼之の甥）の、また(4)によって翌応永元年九月までに基之（満之の長子、頼之の猶子、『尊卑分脈』『系図纂要』、拙著『細川頼之』二七二頁参照）の在職が知られる。次節二に述べるようにこの後引続き頼長・基之両人の在職所見が頻出するので、明徳三年三月の頼之卒去とともに、おそらくその遺志によって、この両人が各半国守護に補任されたと認められる。[13]

(ホ)　備　中

備中守護は貞治五年（一三六六）以来渋川義行が在職し、永和元年その卒去とともに嫡子渋川満頼が継承したと見えて、康応元年（一三八九）まで引続き満頼の在職徴証のみが見られる。[14]ところが明徳元年八・九月から次のように満頼と並んで細川氏の所見が現れ、さらに明徳三年末からは細川氏の在職徴証のみとなる。以下、明徳四年末までの守護・守護代の徴証は次の如くである。

(1)　明徳元年八月二十八日付幕府御教書案、渋川左近大夫将監（満頼）宛、東寺領備中国新見庄領家職に対する多治部備中四郎次郎の押妨を停止（『東寺文書』之五、「東寺百合文書」る一三号、最勝光院方評定引付）。

(2)　「明徳元」八月二十八日付管領斯波義将奉書（内書）案、宛所欠、備中国新見庄領家職の事を守護人に施行せる旨を告げて、扶持を加えさせる（「被レ遣二武州禅門（細川頼之）一御内書案」の端書あり、同引付）。

(3)　明徳元年九月六日付渋川満頼遵行状案、吉見弾正少弼（氏康、守護代）宛、(1)の遵行（「守護施行案」の端書あり、同引付）。

(4)　明徳元年九月十二日付幕府御教書案、武蔵入道（細川頼之）宛、天龍寺領備中国成羽庄三村信濃守跡に対する本主と号するものの違乱を停止（「天龍寺重書目録」甲）。

(5)　明徳三年六月七日付幕府御教書案、渋川左近大夫将監（満頼）宛、天龍寺領備中国成羽庄に対する三村信濃守の押妨を停止（同上）。

(6)　明徳三年六月八日付管領細川頼元書下案、兵部大輔（細川満之）宛、東寺領備中国新見庄領家職を多治部次郎四郎（マヽ）の要害を構えて濫妨するを停止（「東寺百合文書」ア一三―二〇）。

(7)　①明徳三年六月二十日付渋川満頼遵行状案、吉見弾正少弼宛、(5)の遵行（「天龍寺重書目録」甲）、②同年同月二十九日付散位（吉見）氏康注進状案、三村信濃守異儀を申し退散せざる旨を注進（端書に「守護代吉見殿御注進状案文」、同上）。

(8)　明徳三年十二月二日付管領細川頼元書下案、兵部大輔宛、備中国新見庄領家職を「去々年永泰院（細川頼之）御沙汰」の旨に任せて、一円東寺雑掌に渡付せしめる（「御教書案新見庄一円事明徳三・十二・二」の端裏書あり、同上）。

(9)　明徳三年十二月二十三日付渋川満頼遵行状、吉見弾正少弼宛、備中国上原郷半済を去る二十一日寄附の旨に任せて東福寺雑掌に渡付せしめる（『九条家文書』六、一六七一号）。

(10)　①〔明徳四年〕二月十五日付渋川満頼書状、吉見弾正少弼宛、上原郷半済渡付(9)の督促（『九条家文書』六、一六七三号）、②〔明徳四年〕三月十六日付氏康（吉見弾正少弼）書状、壱岐七郎左衛門尉宛、①の遵行（同、一六七四号）。

(11)　明徳四年七月八日付幕府御教書、細河兵部大輔宛、備中国新見庄領家職を一円東寺雑掌に渡付せしめる（「東寺百合文書」せ武家御教書并達六五―九七）。

(12)　明徳四年十月七日付幕府御教書案、細川兵部大輔宛、備中国成羽庄に対する本主三村信濃入道余類の煩を停止（「天龍寺重書目録」甲）。

(13)　明徳四年十二月七日付幕府御教書、細川兵部大輔宛、備中国新見庄領家職の半分遵行および三職・三名の渡残しを戒め、惣庄一円東寺雑掌に渡付せしめる（「東寺百合文書」せ武家御教書并達六五―九七）。

まず(1)―(3)により、明徳元年八月下旬から九月上旬にかけて、なお備中が渋川満頼の分国であることが明らかである。但し(2)の如く細川頼之が満頼の遵行に対する援助を命ぜられているのは、同年三月以来備後に出陣した頼之が備中にも戦線を拡大し、同国国人多治部の押妨排除に頼之の軍事力を必要としたためと思われる。

ところが、(3)より僅か数日後の(4)では、幕府の遵行命令は頼之に下っており、あたかもこの間に頼之が備中守護を兼ねるに至ったかの如くである。けれども(5)・(7)・(9)・(10)の示す如く明徳三年から同四年にかけて再び渋川満頼の守護在職の証左が現れ、しかも(5)と殆ど同時に(6)の細川満之の徴証が現れてその後に継続する。それゆえ最も蓋然性に富むのは、細川頼之の分郡守護就任であり、(1)―(4)の明徳元年八―九月の時点においては、新見庄の所在する哲多郡が従来通り備中守護渋川の管轄下にあったのに対して、成羽庄の所在する下道郡（夙に『和名類聚抄』下道郡に成羽奈之波郷がある）は隣接する備後守護細川頼之の管轄に属したと見做される。頼有の直系子孫である熊本藩主細川家の編んだ「御祧譜」「御祧廟譜」に、頼有が頼之とともに備中の二万山（『和名類聚抄』に同じく下道郡に邇磨〈訓みは高山寺本「尓万国用二万」、刊本「爾萬」〉郷がある）に布陣して勝利を得たという所伝を載せていることもその参考となろう。

次に頼之歿後の明徳三年六月の(5)―(7)を検討すると、従前の渋川満頼とともに、頼之の末弟細川満之が守護として現れる。[15] 但しさきの(1)―(3)では渋川氏の管轄下に属した哲多郡の新見庄が(6)では細川氏の管轄下にあり（同年十二月の(8)も同じ）、(4)では細川管下にあった下道郡の成羽庄が(5)・(7)では渋川管下に入っており、明徳元年とは管轄区域の少なくも一部が逆転している。但し、(9)・(10)のように上原郷は依然として渋川氏の管轄下にある。詳細は不明であるが、この間に両氏の管轄地域には、下道郡を渋川氏に引渡すかわりに哲多郡を細川氏が受取るというような相博が実施されたにちがいない。且つこの相博と相前後して、さきに頼之が備後とともに一括支配していた備中の分郡は備後から切りはなされて、頼長・基之が備後の各半国守護になるかたわら、満之が備中の分郡守護ないし半国守護に補任されたと推定される。

このように頼之卒去後も渋川・細川両氏の備中分割支配は短期間続いたが、渋川満頼の在職徴証は(10)②の明徳四年三月を下限として消失し、(11)の同年七月以降の徴証はすべて細川満之の在職を示すに至り、ことに(12)の如く同年十月までに下道郡も再び細川管轄下に帰している。

以上を要するに、備中では明徳元年三月—九月の間に守護渋川満頼の分国の一部が頼之に割譲されて細川氏の分郡支配が開始され、次に同三年三月の頼之卒去とともにその末弟満之がこれを継承し、且つこの継承と相前後して渋川氏との間に管轄地域の一部交換が行われ、さらに明徳四年三月から遅くも同年十月までの間に渋川満頼は罷免されて備中全域が満之の分国となったのである。敢て臆測すれば、斯波与党である渋川の罷免が明徳四年六月初に再任した管領斯波義将の下で行われたとは考え難いので、これはおそらく細川頼元の管領在任中に実現したと推察され、もしもそうであるならば細川氏の備中全域支配成立の下限を同年六月初まで溯らせることができる。なおこれ以後の分国備中は第二節二(二)に述べることとする。

(へ)　安　芸

明徳年間から応永初年にかけて短期間ながら細川氏の分国となったのは安芸である。この国は応安四年今川了俊が鎮西探題となって進発するに当りその分国に加えられて以来、明徳元年二月まで引続き了俊の守護在職が管見に入る。その下限は康応二年（明徳元年）二月三十日付で安芸国豊田郡内造果保の遵行を命じた了俊宛の幕府御教書である（『小早川家文書』之二、五〇四号）。しかるに明徳三年と翌々応永元年には、次の如く細川頼元の在職徴証が現れる。

(1)　明徳三年十一月十三日付管領細川頼元書下、松田筑後太郎宛、安芸国衙職に対する諸郷保地頭等の押妨を止めて、東寺雑掌に渡付せしむ（「桂文書」一）。

(2)　明徳五年（応永元年）四月七日付幕府御教書案、右京大夫（細川頼元）宛、安芸国吉田庄内麻原郷地頭職に対する毛利広内跡并に大膳大夫入道道心等の濫妨を止めて毛利元衡の所務を全うせしむ（『毛利家文書』之四、一三六四号）。

右の(1)は幕府御教書でなくして頼元の直状であり、宛所も守護または両使ではなく、守護代と推測される松田筑後太郎なるものに遵行を命じたものであるから、頼元の安芸守護としての職権による遵行命令であることに疑問の余地がない。今川氏から細川氏への改替は明徳元年二月—同三年十一月の間であり、頼之の生前か歿後かも判明しない。けれども今川了俊は元来細川与党であり、嘗ての鎮西管領補任・安芸守護兼任は時の管領頼之の計らいであった。したがって今回の安芸の細川分国編入は、頼之の歿後に山陽における分国拡大を企図した管領頼元の希望によって実現したのではあるまいか。

ところで、頼元の在職徴証(2)の約半年後に当る応永元年十月七日には、同じ麻原郷地頭職の濫妨停止を命ずる再度の幕府御教書が渋川右兵衛佐即ち満頼宛に発給されており（『毛利家文書』之四、一三六五号）、応永元年四月—十月の間に安芸守護が渋川満頼に改補されたことが知られる。前年の明徳四年満頼が分国備中を完全に喪失して細川氏の備中分国化の完成した事実や、翌応永二年八月今川了俊が九州探題を罷免されて満頼がその後任に選ばれた事実を勘案すると、この細川から渋川への安芸守護職改替の背後には、与党渋川の勢力回復を援助するとともに政敵細川の山陽における分国拡大を阻止するという斯波義将の政略を看取することが充分可能であろう。ここには応永初年においてもなお細川・斯波両氏の隠然たる対立が続いていることを察知しうるとともに、頼元の管領在任中とその辞任後という幕府政局における細川氏の地位の変化が、その分国の増減になお直接の影響を与えていることが推定されるのである。

(ト)　丹　波

頼之の最晩年、明徳三年初頭に細川氏の分国に加わったのが丹波である。丹波守護職は貞治二年（一三六三）の山名時氏の幕府帰参後時氏に還補され、応安四年（一三七一）時氏の卒去とともに、その子氏清が守護職を継承して明徳二年に至った[16]。明徳の乱に氏清が敗死すると、明徳三年正月四日の論功行賞で、氏清・満幸等の闕国が戦功の大きい諸大名に配分された際、丹波は管領頼元が賜って（『明徳記』、「大乗院日記目録」一、後付）、従来の摂津とともに二ヵ国守護になった。山名氏の分国の中で摂津に接する丹波が細川分国となったのは頼之・頼元兄弟の希望によるものであろう。

頼元は以下のような在職徴証を残す。(1)明徳三年正月日付の禁制（丹波国大芋社に甲乙人等の乱入狼藉禁止、直状「土佐文書」)、(2)同年十一月七日付書下(守護代小笠原備後守(成明)宛、丹波国隼人保の渡付、「壬生家文書」隼人保関係文書)、(3)同年十二月五日付書下(同人宛、同上の渡付、同文書)、(4)同年十二月三十日付書下(同人宛、桑田寺等の宛行、「秋田藩採集文書」)、(5)明徳四年六月二十五日遵行状(同人宛、丹波国法音寺安堵の遵行、筑波大学所蔵「北野神社文書」)、(6)応永元年九月二十四日付遵行状(同人宛、同年八月二十五日付幕府御教書—篠村八幡宮領佐々岐・河口の押妨停止、『醍醐寺文書』之九、一九七六号——の遵行、同一九七七号)、(7)応永元年十一月二十六日付細川右京大夫(頼元)宛幕府御教書(丹波国由良庄本家職の渡付、『早稲田大学所蔵荻野研究室収集文書』上、三〇号)、(8)応永三年十月二十五日付細川右京大夫入道(頼元)宛幕府御教書(丹波国篠村庄、佐伯・河口両庄等の守護役催促停止、「三宝院文書」三)、(9)同年十月二十六日付細川頼元遵行状(小笠原備後入道宛、(8)の遵行、「壬生家文書」諸社勘例古文書)等により、頼元は応永四年(一三九七)五月の卒去(本節三参照)まで丹波守護に在職したと推定される。なお頼元守護在職時の丹波守護代小笠原備後守成明(入道元成か)は、明徳三年八月の相国寺供養に列した管領頼元の郎等二十三騎の先頭に見える有力部将であった(「相国寺供養記」、本章第三節三参照)。又守護代としては小笠原四郎次郎・小笠原(一宮)次郎九郎・小笠原修理亮が見え、複数制の又守護代が成立していること、および守護代成明の一族が多く又代に起用されていることが知られる(註(16)所掲今谷氏論文参照)。

ここで本節に考察した頼之の管領在任中から頼元の卒去時まで三十年間の細川分国の消長を簡単に纏めておく。頼之の管領在任中に細川分国となった伊勢・紀伊・摂津のうち伊勢・紀伊両国は康暦の政変までに細川氏の手を離れ、分国伊予も康暦政変後河野氏に譲って細川氏は分郡守護に止まり、また頼元の管領在任時頃分国に加わった丹波・安芸のうち安芸もまもなく喪失した。けれどもこの間に在来の細川分国阿波・讃岐・土佐・淡路に加えて、摂津・備後・備中・丹波が分国となり、再び四国を中心として畿内・山陽に跨がる一大領域支配が現出した。しかも観応擾乱までは頼春・師氏・顕氏等の兄弟・従兄弟の間に、擾乱後しばらくは清氏・頼之・氏春・繁氏等の従兄弟・再従兄弟の間に分散していた一族の分国は、頼之自身の阿波・讃岐・土佐・備後四ヵ国(但し阿波は一時弟頼長の分国)と備中分郡、弟で養子の頼元の摂津・丹波二ヵ国、従兄弟の子満春の淡路一ヵ国、弟満之の伊予分郡というように頼之とその子弟を中心とする見事な集中性を示すに至った。そして頼之の卒去とともに讃岐・土佐および伊予分郡は頼元が継承して四ヵ国・一分郡の守護となり、阿波は頼之の甥義之が継承し、備後は頼之の甥頼長・基之が各半国守護となり、備中分郡は満之が継承してまもなく全備中の守護となり、細川氏の世襲分国制の基礎がほぼ成立したのである。

註

（1）本文に掲げた発給文書中、正平二十一年七月四日付預ヶ状と同年十一月二十二日預ヶ状案の署判には政氏とあり、建徳三年六月十三日付預ヶ状から後の署判には正氏とあるのでこの間に実名の文字を政氏から正氏に改めたことが知られる。なお康暦二年六月七日付宛行状案に「阿波守正氏判」とあるのを初見として阿波守の官途が知られ、本文所引の永徳元年五月六日付の同人寄進状と同年七月六日付将軍家義満安堵状によって、細川阿波守正氏が清氏の遺子であることが確認される。なお『尊卑分脈』には「阿波守八郎太郎昌氏」、『系図纂要』には「昌氏八幡八郎・阿波守」として清氏の子に系けるが、昌氏という実名は文書には見られず、正氏（初名政氏）の誤りと認められる。

（2）麻殖郡川田村（現山川町）井上には小笠原氏が居住し、のち頼有が住した居館址と伝えられる泉屋形と称する地があり（『麻植郡川田邑名跡志』、後藤捷一氏『校註木綿麻日記』）、且つ同村の川田八幡宮の棟札中の一枚に「上棟、右志趣者奉ニ為金輪聖皇玉躰安穏一、（為脱カ）殊者大施主頼有家（門脱カ）繁栄子孫豊楽、志趣如レ件、嘉慶二年戊辰二月十日従五位下（ママ）行源頼有　大工兵衛尉包光」なるものがある（『阿波国徴古雑抄』巻四）。この川田村の地は本文に述べた頼有の譲状に見えるその所領麻殖庄または高越庄に属した蓋然性があるので、右の伝承もあながち無稽とはいえないが、この棟札の文言はやや整わず、果して当時のものか否か疑念なしとしないので、ここに参考のため付記するに止める。

（3）この三通の内、嘉慶二年十月十一日付安堵状は、差出者名を「兵部大輔御判」とする写であり、康応己巳（元年）十月十一日付書状も「満之御判」とする写であるが、卯月七日付書状に「満之（花押）」の署判があることにより、右の二通の発給者も満之であることは疑問の余地がない。

（4）佐藤氏前掲書七二―七四頁参照。

（5）頼元の河内発向の記事は左の如くである。「花営三代記」応安四年五月八日条に「細川右馬助、為ニ南方凶徒退治一発向云々」、同書同年六月二十二日条に「辰時、南方渡河事、一方上瀬　放手渡、典厩(細川頼元)霜臺(山名義理)戸部(山名氏清カ)楠木(正儀)(下略)」、同書同年八月二十八日条に「細川右典厩南方発向畢」、「祇園執行日記」同年十月四日条に「赤松律師(則祐)子息今夜上洛、細川右馬助為二楠木合力一発向之間、為二同道一云々」、「吉田家日次記」同年十一月三日条に「伝聞、南方発向軍勢今日渡河云々、大将管領舎弟細河右馬助頼基也」。なお摂津の項に述べるように、頼元は応安六年十一月から同七年四月までの間に摂津守護となり、永和二年十一月から同三年十二月までの間に官途は右京大夫に昇進している（「広井文書」永和二年十一月二十九日付幕府引付奉書の宛所「細河右馬助殿」、同文書永和三年十二月十五日付幕府引付奉書の宛所「右京大夫殿」）。

（6）佐藤氏前掲書七三頁参照。

（7）佐藤氏前掲書四一—四九頁。今谷明氏「摂津に於ける細川氏の守護領国」（『兵庫史学』六八号）。

（8）なお赤松義則の有馬郡管轄の徴証は佐藤氏の挙げられたものに次の三通を加える。(1)応安七年八月二十八日付義則遵行状案、大野新左衛門尉宛（前年②の遵行、『八坂神社文書』下、一五〇三号）、(2)永和元年六月二十六日付幕府引付奉書案、赤松蔵人左近将監（義則）宛（金心寺田畠の押領停止、同一五〇四号）、(3)永和二年七月二十三日付義則遵行状案、五郎（赤松氏康）宛（(2)の遵行、同一五〇五号）。

（9）吉井良尚氏「多田院と多田荘」（『国史学』四〇号・四一号）

（10）至徳四年六月十三日付管領斯波義将施行状（備後国因嶋地頭職を去月十二日の安堵に任せて東寺に渡付せしむ）は山名伊与守（時義）宛であったが（「東寺百合文書」ヤ）、康応元年九月六日付幕府御教書（因嶋地頭職に小早川春平の押領を止め東寺雑掌に渡付せしむ）は山名伊豆守（義凞）宛である。他方時義の卒去は康応元年五月と伝えられるから（「常楽記」は康応元年五月四日、『系図纂要』は同月五日の卒去とし、『尊卑分脈』は単に康応元年卒去とする）、備後が時義の卒去とともに義凞の分国になったことが推定出来る。

（11）田中義成氏『南北朝時代史』二六七頁。

（12）他方山名時凞は同年閏三月三日備後国人山内通忠に同国信敷庄東方を給分として宛行い、一族中に支配せしめているが（『山内首藤家文書』六五号）、本文に引いた義満の御判御教書によっても、時凞はもちろん守護ではなく、備後国人に給恩を施して抗戦を計ったものなることが知られる。

（13）なお本文の(2)と(3)の間に次の①—③がある。①「明徳二」の付年号のある十二月十七日付尾曾通守書状案（那波七郎次郎宛、備後国小童保領家職の一円祇園社代官への打渡を約す）の端裏に「小童保書下、細川武州（頼之）御代、守護典厩」とある（『八坂神社文書』下、一九七六号）。②「明徳三」の付年号ある九月十二日付安富盛家奉書案（三谷次郎左衛門尉宛、小童保の下地を一円祇園社に渡付せしめる）の端書に「守護書下、三谷方へ付之」とある（同一九七九号）。③「明徳三」の付年号ある九月十三日付安富盛家書状（宛所を欠くが文面から祇園社の当事者宛の返書、小童保を一円付せられしによりその奉書を進らす旨を報ず）の端裏に「管領御内安富安芸守明徳三」とある（同一九七八号、全文は本章第三節に掲げる）。これらの内①の端裏書は「武州御代」という文言によって、やや後年のものと判定される。守護典厩は右馬頭頼有を指す如くであるが、付年号が正しいとすれば同年九月の頼有卒去後であって、採り難い。もしも頼有生前のものとすれば、頼有は正守護でなく守護代であろう。②・③は管領の御内である安富安芸守盛家が祇園社の要請により、備後守護の旨を承けた小童保一円渡付の奉書②を申下し、これを書状③を以て祇園社に報じたことを示しており、したがって②の守護と③の管領が同一人という蓋然性、即ち明徳三年九月現在の備後守護は管領細川頼元の兼任という蓋然性が考えられ、頼之の卒去から頼長の補任までの間に短期間の頼元在任を想定できるが、必ずしもそうとは断定できない。すなわち頼長は本文の(3)の如く翌明徳四年九月にもなお通称九郎を称し官途に与っていないので、若年の頼長を管領頼元が後見し、管領御内の安富盛家が奉書を発給した可能性も充分考えうるであろう。

(14) 渋川満頼のみの単独の備中守護在職は、嘉慶三年二月七日付幕府御教書案、渋川左近将監（満頼）宛、東福寺領備中国上原郷の役夫工米以下催促停止（『九条家文書』六、一六六八号(2)）、および康応元年四月十七日渋川満頼遵行状案、吉見弾正少弼(氏康)宛、右の催促停止の遵行（同上(3)）まで遡れる。

(15) なお藤井駿氏は満之の備中守護補任の時期を、頼之の歿した明徳三年よりも溯るであろうとされたが（「備中守護の細川氏について」『岡山大学法文学部学術紀要』一〇号）、管見の限りではその証左は見出せない。備後について推測したのと同様、頼之の卒去に伴い、その遺志により満之が備中分郡を継承したのではあるまいか。

(16) 水野恭一郎氏「南北朝内乱期に於ける山名氏の動向」（『岡山大学法文学部学術紀要』一三号）、今谷明氏「室町・戦国期の丹波守護と土豪」（『丹波笑路城発掘調査報告』）。

第二節　世襲分国の確立

一　京兆家の世襲分国

明徳三年三月に頼之の卒去した後も頼元は管領に在任して、同年閏十月の南北朝合一の前後にかけて義満の幕政を輔佐したが、翌明徳四年六月、頼元は管領を宿老斯波義将に譲って辞任し、やがて応永四年（一三九七）五月七日享年五十五歳で卒去し、弱冠二十歳の嫡子満元が家督を嗣いだ（「永源師檀紀年録」「武家年代記」「諸寺過去帳」等）。満元は義満の在世中は管領に就任する機会を得なかったが、応永十九年（一四一二）畠山満家辞任の後を承けて管領となり、同二十八年（一四二一）まで約十年にわたり管領に在任して将軍義持を輔佐し、幕府の重鎮となる。この応永年間は、応永六年の応永の乱と同二十三年の上杉禅秀の乱以外にはさしたる大乱もなく、幕府政治は概ね安定を保った。

満元は応永三十三年（一四二六）十月十六日四十九歳で卒し（『満済准后日記』「薩戒記」等）、嫡子持元が細川宗家を嗣ぎ同年十二月以来幕府に出仕したが（『満済准后日記』）、持元は僅か三年後の正長二年（一四二九）七月に夭折し（同書、『建内記』）、その弟持之が当主となった。持之は永享四年（一四三二）に管領となって将軍義教を輔佐し、嘉吉二年（一四四二）管領を辞してまもなく卒し、嫡子勝元が当主となる。将軍義教治下の永享・嘉吉年間に至り、幕府政治は周知のように動揺の兆しを見せるが、管領細川氏の地歩は大きな変動を見ずに維持されたのである。

そこで本節では概ね細川満元の時代を中心に細川一族の分国を通観し、頼之・頼元の築いた分国支配がどのように継承されたかを跡付けることとしたい。

(イ)　讃　岐

頼之から頼元に継承された分国讃岐は、頼元の卒去に伴い満元が守護職を継承し、次に例示するような多くの徴証を残している。

(1) 応永四年八月二十二日付幕府御教書、細河右馬助（満元）宛、醍醐寺報恩院領讃岐国陶保の押領停止、下地渡付（「三宝院文書」七）。

(2) 応永五年閏四月十八日付足利義満御判御教書案、細川右京大夫（満元）宛、陶保内三職并猿王原等の押妨停止（「三宝院文書」七）。

(3) 応永六年四月十三日付幕府御教書、細河右京大夫宛、鎌倉両法華堂領讃岐国長尾・造太両庄の三宝院門跡雑掌への渡付（「三宝院文書」四一）。

(4) ①応永七年四月二十八日付義満御判御教書、細川右京大夫宛、戸嶋三郎左衛門入道の讃岐国本山庄公文職安堵状召返につき、石清水八幡宮雑掌に渡付（『石清水文書』六、一三二号）、②同年九月十五日付細川満元遵行状、香川帯刀左衛門尉宛（①の遵行、同六、二〇二号）。

(5) 応永七年七月二十三日付細川満元書下、善通寺誕生院兵部卿法印宛、誕生院内勧学院領に院主別当の綺を停め兵部卿法印に安堵（「善通寺文書」坤）。

(6) 応永七年八月二十四日付管領畠山基国施行状、細河右京大夫宛、讃岐国神部庄地頭職以下を、去る三月二十三日の安堵に任せて細川頼長代に渡付（『細川家文書』中世篇一八五号）。

(7) 応永十三年閏六月十七日付管領斯波義教施行状、細河右京大夫宛、祇園社領讃岐国西大野郷并に萱原神田を去年二月六日安堵并に当知行に任せて、宝寿院玉寿丸代に所務せしめる（「建内文書」三二）。

(8) ①応永十六年九月十七日付細川家奉行人某奉書、安富安芸入道（宝城）宛、三宝院門跡領讃岐国長尾庄の公田中分を停止（「三宝院文書」三五）、②同年九月十八日付安富宝城遵行状（①の遵行、同三五）。

(9)　応永十七年十二月二十一日付幕府御教書案、細河右京大夫入道（満元）宛、後鳥羽院御影堂雑掌の訴により氷上・中間両郷を渡付（「水無瀬宮文書」三）。

(10)　応永二十年八月九日（細川家奉行人カ）某姓承信奉書案、安富安芸入道宛、讃岐国山田郡本山郷内得永名を御沙汰落居の間九郎殿（細川持有）代官に渡付（「永源師檀紀年録」乾）。

讃岐守護代は以上の内、(4)②の宛所によって香川帯刀左衛門尉の応永七年在職、(8)①・②ならびに(10)によって安富宝城の応永十六年以降在職が知られる。これはあたかも守護代の交替を示すかの如くであるが、やや降って讃岐二宮大水上神社（三野郡神田村、現在の三豊郡二宮村内）の永享十一年（一四三九）の造営を記す「二宮記録」（『香川叢書』第二所収）には、「**両守護代**」として「香川上野之助（ママ）」と「安部（富カ）筑後守（智安カ）」が併記されており、香川・安富両氏が相並んで守護代に在職しているらしい。そして右の徴証(4)の本山庄は西讃の三野郡にあり、また徴証(8)の長尾庄（東長尾庄）は寒川郡にあり、徴証(10)の山田郡本山郷とともに東讃に位置する。それゆえ応永年間以来香川氏が西讃、安富氏が東讃を管轄した可能性を否定できない。

ところで、応永二十九年五月十四日に細川満元は随生院某に書下を下して善通寺領弘田郷領家職・一円保所務職・西山安養院・寺家別当奉行等を安堵しており（「善通寺文書」坤）、同三十三年の卒去時まで讃岐守護に在職したと見られる。その後、上記の「二宮記録」に「先年性智院殿（細川持元）御代、讃州一国以二人別銭一、雖レ有二御造営一、御社落慶少々延引、今般之御願主、以二当国中之用脚一御社令二造立一事如レ此」とあって、満元の次に京兆家（細川宗家）の当主となった持元が讃岐守護をも継承したことが窺われる。次に、持元の早世とともに讃岐は持之の分国となった。永享三年十一月二十八日、将軍義教は細川持之から満済准后を介しての申請を容れて、清水堂領讃岐国坂田郷直務の御教書を取消して持之の知行を認めた（『満済准后日記』同日条）。満済はその際の持之の直談を「讃岐国坂田郷事、為二水（清水）堂領一数年取沙汰了、此庄事、武州（頼之）入道以来他知行無レ之、而今度寺家直務御教書被二成下一、可二渡付一由被二仰出一間、計会至極、殊讃岐国事ハ、不レ可レ有二丹波・摂州様事一間、一段執心云々」と記しており、京兆家がその分国の中でもとりわけ讃岐を重要視したことを窺うに足りる。

以下逐一例証を示さないが、例えば長禄四年（一四六〇）十二月の「讃岐一宮田村大社壁書」（田村神社所蔵）の後文に「去嘉吉三年安富安芸入道（宝城）此次第雖二申沙汰一、猶以加二条数一者也」とあって、奉行安富筑後入道智安と社家奉行三名とが連署し、奥に「右京大夫源朝臣（花押）」として細川勝元が署判を加えており、讃岐国が細川宗家（京兆家）代々の当主の分国として継承されたことはもとより、両守護代の一方は安富宝城の多年在職ののちその同族（嫡子か）安富智安がこれを継承したことも知られる。(1) 安富・香川両氏、中でも安富氏は細川宗家の家政を担当した内衆の中でも最も重要な地位にあり（次節参照）、この安富氏に一方の守護代を兼ねさせていることも、細川宗家が讃岐の経営を頗る重要視した結果と考えられる。

(ロ)　土　佐

頼之から頼元に継承された分国土佐も、同じく満元が守護職を継いでいることは、応永六年（一三九九）九月二十四日満元が香曾我部太郎（通秀）に同国香曾我部郷内宇佐・井多・近見・津久手等の当知行地を安堵したことからも推測される（「香宗我部家伝証文」三）。

ところが「永源師檀紀年録」は、「同年（応永七年）、屋形（細川頼長）ヨリ土佐ヲ征伐シテ領ス、大樹（義満カ）釣帳ヲ授ク」として「土佐国守護職事、所レ補二任細川刑部大輔頼長一也、早守二先例一、可レ被二沙汰（致カ）一之状如レ件」という応永七年十月二日付の足利義満御判補任状の写を掲げている。この補任は後述する備後守護が頼長から山名時熈に改替されたのに伴う措置で応永の乱後の諸国守護職異動の一環と考えられる。しかし、「吉田家日次記」応永十年二月十三日条に、「参二北野一、向二管領（畠山基国）休所一、聊談話、亀甲事、自二紀州一召上之先規也、相構可レ被二下知一之旨令レ申之畢、（中略）次向二細川右京大夫（満元）休所一、令レ談二同事一、是土州守護之故也、同領状、旁忭悦々々、誓言談、有二盃酌一」とあって、満元の土佐守護在職を明記している。それゆえ、吉田兼敦の認識が正しいとすれば頼長の土佐守護在職は短期間に止まり、まもなく満元が守護に復したものと見える。降って永享十年（一四三八）十一月十三日、細川持之は書下を以て土佐国人香曾我部左京亮知行分の諸公事を免除しているように（「香宗我部家伝証文」所収「中山文書」）、持之が土佐守護となっている。さらに次に述べる細川勝元書状等によって、この分国が京兆家に代々継承されたことが判る。(2)

なお土佐守護代として永和四年頃細川氏庶流の細川遠江守頼益が入国して香美郡田村に在城したという所伝があるが（「土佐国編年紀事略」）、確証は見られず、(二)丹波の項に述べるように、細川遠江入道（頼益か）が応永八年頃から同十七年頃にかけて丹波守護代に在職している事実からも、右の所伝は必ずしもそのまま信じ難い。応永十七年二月七日沙弥某は館六郎左衛門なるものに施行状を下し、東得善を御奉書の旨に任せて地蔵院主（地蔵院は洛西にある細川頼之開基の菩提所）に渡付させ、某年二月十日沙弥某（前者と花押やや異なり別人か）は土佐国東得善保を十二月十三日御奉書の旨に任せて地蔵院雑掌に渡付させており（「地蔵院文書」下、京都大学所蔵本）、これらの沙弥某は土佐守護代、館氏は又守護代と見做しうるが、これらの守護代を誰に比定しうるかは明らかでない。細川頼益の家系の土佐守護代としての確実な知見は、嘉吉三年（一四四三）六月二十六日付書状を初見とし、寛正三年（一四六二）二月四日付書下まで四通の発給文書を残す細川遠江守持益である。(3) 右の持益の書状は、地蔵院領内の下地の相論について、地蔵院に年貢を沙汰し、済監寺王子別当を参洛させるべきこと等を守護所のある田村庄に在住する国人入交肥前に指示したものであり、「去年も申下候処、上田村之内之由被二申上一候」とか、「乍レ去別当早々以二参洛一可二申開一由可レ申候」等の文言によって、持益は在京していることが知られる。さらに寛正六年伊予において河野通春と戦って討死した新開遠江守之実を同年十月十日の細川勝元書状に「土州守護代新開遠江守以下数輩討死候」と明記しており（『毛利家文書』之一、一一八号）、新開氏も守護代として活動しているのである。或いは庶流細川氏は当初は在京守護代で、新開氏が在国守護代であったかも知れない。

(ハ) 摂津

細川頼元の卒去に伴い、嫡子満元が摂津守護職を継承した。その在職活動の初見は次の(1)であり、以下多くの知見が存在する。室町時代の細川氏分国摂津については今谷明氏の詳細な論考があるが、(4) 一応満元の摂津守護在職時の所見を次に列挙しておく。

(1)　①応永五年四月十三日付幕府御教書案、細川右京大夫（満元）宛、摂津国安満木工本庄神部三郎兵衛尉跡の押領停止、②同年閏四月三日付、細川満元遵行状案、長塩備前入道宛、①の遵行（「法輪寺文書」）。

(2)　応永五年六月十五日付足利義満御判御教書（カ）案、細河右京大夫宛、摂津国輪田庄の地頭請停止（『九条家文書』二、三四八号。直状で日下に「沙弥判」とあり、或いは幕府御教書案で奉書式の書止文言脱漏か）。

(3)　応永六年四月十三日付幕府御教書、細川右京大夫宛、摂津国長洲大覚寺領同国富島庄下司職に栈敷某の押妨停止（「大覚寺文書」）。

(4)　応永六年八月十日付細川満元遵行状写、長塩備前入道宛、摂津国鷺島下司職を渡付せしめる（「大覚寺文書」）。

(5)　応永八年十一月九日付幕府御教書、細河右京大夫宛、摂津国中島内宮原北庄の半済停止（「春日神社文書」六）。

(6)　①応永十五年十月十三日付細川満元安堵状（書下）案、勝尾寺衆徒中宛、摂津国高山庄地頭職を本知行に任せて一円安堵（日下に「守護殿沙弥御判」とある。「勝尾寺文書」四）、②同年十月十九日付長塩備前入道打渡状案、勝尾寺衆徒中宛（①による一円渡付実施、同四）。

(7)　同年十一月二十一日付幕府御教書案、細河右京大夫入道（満元）宛、浄土寺門跡雑掌の訴により、勝尾寺僧を参洛させて摂津国高山庄につき陳弁せしめる（「勝尾寺文書」四）。

(8)　応永二十年四月二十八日付長塩備前入道過所（直状）、兵庫両関所・河上諸関奉行中宛、春日丸壱艘の勘過（「大友文書」四）。

(9)　応永二十一年七月二十六日付長塩備前入道過所（直状）、兵庫両関所・河上諸関奉行中宛、大友氏の船春日丸積物の勘過（同四）。

⑽　①同年八月九日付細川満元施行状、長塩備前入道宛、摂津国河津畑を御内書に任せて御沙弥御所代官に渡付せしめる（「宝鏡寺文書」四）、②同日付長塩備前入道遵行状、宛所なし（①の遵行、同四）。

⑾　同年八月九日付細川満元書下、長塩備前入道宛、大山崎神人等の訴により摂津国道祖小路・天王寺・木村・住吉・遠里小野散在土民等の非分商売を停止（「離宮八幡宮文書」一、因みに備前・播磨両国内の荏胡麻商売違乱停止は同日付赤松義則宛幕府御教書、同文書一）。

⑿　応永二十二年八月十一日付細川満元書下、長塩弥次郎宛、摂津国道祖小路・木村土民等の抑留する大山崎神人等の荏胡麻の糺返（「離宮八幡宮文書」二）。

⒀　応永二十四年八月九日付幕府下知状（管領細川満元署判）、宛所なし、大山崎神人の荏胡麻等を兵庫両関ならびに河上諸関をして勘過させ、関料を返付せしめる（幕府管領としての発給であるが、押紙に「津守護殿」とある。「離宮八幡宮文書」二）。

⒁　応永二十六年二月十九日付某（差出者名脱、細川満元なるべし）書下写、奈良弾正左衛門尉宛、相国寺雲頂院領摂津国昆陽寺庄西方笠地地頭職ならびに沽却地平次郎名等の公事課役以下を去る応永三年七月十九日の御判に任せて免除（「足利将軍御内書幷奉書留」）。

⒂　応永二十六年六月二十九日付摂津小守護代佐藤師恒打渡状案、宛所なし、小松庄大光寺油田壱段を本寄進状の旨に任せ住持に渡付完了（端裏に「摂州小守護代左藤(ママ)殿折帋」、『大徳寺文書』之六、二一六五号）。

⒃　①応永二十七年五月二十日付摂津守護代奈良元俊遵行状案、佐藤新左衛門尉（師恒）宛、武庫郡小松庄内大光寺敷地・燈油田壱段を寺家雑掌に渡付せしめる（端裏に「摂州守護(代)殿奈良殿折紙」、『大徳寺文書』之六、二一六六号）、②同年八月九日付摂津小守護代佐藤師恒遵行状案、馬場左衛門太郎宛（①の遵行、端裏に「摂州小守護代左藤(ママ)殿折帋」、同二一六七号）。

⒄　①応永三十二年十一月二十二日付摂津守護代十河宗善遵行状、佐藤新左衛門尉宛、小松庄萬(満)松院の鳴尾内長芦寺領

内違乱を停止（端裏見返に「津州守護代十河殿折帋」、『大徳寺文書』之三、一三八〇号）、②（同年）十二月三日付摂津小守護代佐藤師恒遵行状、馬場左衛門大郎（ママ）宛（①の遵行、端裏見返に「津州小守護代左藤（ママ）殿折帋」、同一三八一号）。

以上の徴証により細川満元が応永三十三年の卒去時まで摂津守護に在職したことは推定に難くない。この満元在職時には、今谷氏の考証されたように、従前の細川氏管轄諸郡の外従来は所属不明であった菟原郡（徴証⑵）と武庫郡（徴証⒂—⒄）が新たに管轄地域として現れ、且つ康暦の政変以来細川氏の手を離れていた西成郡も再び細川氏管轄下に入り（徴証⑷・⑸）、従来は他氏の管轄下に転変していた東生・住吉両郡もようやく細川氏分国に編入された（徴証⑾・⑿）。このうち西成郡は応永二十七年までに再び細川氏分国から分離して一旦赤松氏の分郡となり、嘉吉の変の結果三たび細川氏の手に帰すが、それにしても応永年間以降他氏の管轄が継続するのは他に赤松氏の庶家有馬氏の領有する有馬郡と京極氏の管轄する多田庄を数えるのみとなり（5）、細川氏は摂津の大半に分国を拡大したのである。このようにして管轄範囲の拡大した摂津は爾後も代々京兆家に伝えられ、細川氏の最も重要な分国の一つとして維持される。

摂津守護代は、今谷氏の表示されたように先に頼元の下で長塩六郎次郎・奈良又四郎・庄十郎三郎・内藤弾正左衛門尉が比較的短期間ずつ在職していたが（但し奈良・庄は頼元の施行状の宛所として連記されるのみであり、この両名を両守護代と見做しうるか否かは多少問題が残ろう）、満元の下では長塩備前入道が十数年在職したのち（徴証⑴・⑷・⑹・⑻・⑼—⑾）、その同族（子息か）長塩弥次郎（徴証⑿）、さらに奈良元俊（徴証⒁・⒃）、十河宗善（徴証⒄）と再び短期間で交代している。この頻繁な交代の理由は分明ではないが、軍事的にも経済的にも頗る重要度の高い分国摂津を一人の守護代に長期間管理させることによって生じる弊害を避けるためではなかろうか。なお徴証⑽では満元の施行と同日付で守護代長塩備前入道の遵行が行われており、摂津守護代は在京性が強かったように思われる。小守護代を置いたのはそのためであろう。小守護代は守護代奈良元俊と十河宗善の在職時を通じて佐藤師恒であるが、奈良と佐藤の遵行の間は約二ヵ月半を要し、十河と佐藤の遵行の間も約十日間経ている。京都に近接する上例証が乏しいので確言はできないが、概ね在京守護代—

在国小守護代制であるらしい。

頼元の卒去に伴い満元が丹波守護職をも継承したことはその後半年に満たない次の徴証で判る。

(二) 丹　波

(1) ①応永四年十一月十四日付幕府御教書、細川右馬助（満元）宛、東寺領丹波国大山庄内田地五町に対する地頭中沢五郎左衛門入道跡の輩の押妨・人夫役賦課停止、②同年十二月二十七日付沙弥（小笠原成明）遵行状、小笠原蔵人入道（正元）宛（①を承けた満元の旨による遵行、「東寺百合文書」ォ一―二五）。

以下満元には頗る多数の丹波守護在職の徴証が存在するが、割愛し、満元卒去直前の頃の徴証のみ掲げておく。

(2) 応永三十三年七月二十日付細川満元遵行状、香西豊前守宛、丹波国何鹿郡内漢部郷并びに八田郷上村を今月十六日御施行の旨に任せて上杉憲実代に渡付（『上杉家文書』之一、九八号）。

(3) 同年十月十四日付細川満元宛行状（直状、道歓と署判）、民部少輔（細川持春）宛、丹波国天田郡内今安半済分を知行せしむ（「細川文書」長門）。

これによって満元が同月十六日の卒去時まで丹波守護に在職したことが判る。そして『満済准后日記』永享三年七月二十四日の「右京大夫（細川持之）来臨、丹波守護代可レ為二内藤備前入道一歟、可レ任二時宜一由申入也」云々という記事によっても、丹波守護職が満元の歿後、おそらく持元を経て、持之に継承されたことが知られる。以後もこの国は京兆家の分国として代々相伝される。

守護代以下については今谷氏が詳細に考証を加え、満元の守護襲職当初は頼元の丹波守護代であった小笠原成明がなお在職し（(1)②）、次いで応永八年六月までに細川遠江守（応永十年には遠江入道）がこれに代って少なくとも応永十九年末まで在職し、その後応永二十一年七月には香西豊前入道常建が現れ、同二十九年六月常建が歿して同族香西豊前守元資が守護代を継承したが、元資は永享三年七月失政の故を以て罷免され、内藤備前入道が補任されたこと、ならびに守護・守護代（在京）――又守護代（複数）――郡奉行という支配体制の成立したことを実証された(6)。なお満元の下で十余年守護代に在職した細川遠江守は、満元の遵行状（「佐々木文書」「保坂潤治氏所蔵文書」）の宛所によって、応永八年十二月から応永十年七月までの間に入道したことが知られる。『尊卑分脈』によると、細川義季の子宗義の曾孫頼益は「康永十五ㇵ出、常隆四十二才、彦三郎、遠江守、新続古作者、号桂昌院」と記されており、出家の康永十年はその祖父頼種の「建武三六廿於三河国吉良合戦討死」以下一族の他の年代と合わず、『新訂増補国史大系』本の「康、或当作応」という推測は概ね正しいであろう。そうとすれば丹波守護代細川遠江守は入道の年次も『尊卑分脈』の所伝と合致するので、頼益に比定することができる。この頼益の家系はその孫持益以降前述のように土佐守護代に在職している。

二　各庶家の世襲分国

(イ)　阿　波

応永年間に入って阿波守護在職の徴証を残すのは、前にも触れた細川讃岐守義之（入道常長）である。以下次のような徴証がある。

(1)　①応永四年八月十三日付細川義之（沙弥常長）遵行状、武田彦次郎入道・佐々木九郎入道宛、石清水八幡宮領阿波国櫛淵庄領家職幷びに公文・田所両職の渡付（「前田家所蔵文書」石清水八幡宮文書。なお『石清水文書』之一、二〇一号はその写）、②（同年か）十月三日付沙弥常長（細川義之）書状写、田中殿（常清か）宛、阿波国櫛淵庄の渡状は既に進上したが、下地はもとより請地につき請料を沙汰したい旨を要請（『石清水文書』之一、二〇〇号）。

(2)　応永七年八月二十四日付管領畠山基国施行状、細川讃岐入道（常長、義之）宛、阿波国高落（越）御庄（中略）等を去る三月二十三日の安堵に任せて細河刑部大輔（頼長）代に渡付（『細川家文書』中世篇一八四号）。

(3)　同年十一月三日付左衛門尉（飯尾）頼連遵行状写、佐々木壱岐入道・武田近江入道宛、阿波国櫛淵庄領家職内公文・

田所両職を石清水八幡宮雑掌に渡付（『石清水文書』之一、二〇二号）。

(4) 同年十二月二十六日付細川義之（常長）安堵状（直状）、菅生次郎太郎宛、田井庄における忠節を賞して当知行地を安堵（「菅生文書」）。

(5) 応永九年十二月十二日付幕府御教書案、細川讃岐入道宛、石清水八幡宮領阿波国生夷庄諸沙汰人跡名導行地に被官人の押妨を停止（「石清水八幡宮記録」一、当宮縁事抄）。

(6) 応永十八年九月二十一日付某（細川満久か）書下、佐々木壱岐（入脱）道・武田修理亮宛、大山崎神人等の申請により阿波国南北河上諸関の荏胡麻等の違乱ならびに荏胡麻盗買の輩を停止（「離宮八幡宮文書」一）。

以上のうち(5)までの徴証はいうまでもなく義之の在職を示すが、(6)の発給者は義之の養子満久であるらしく、そうとすれば『尊卑分脈』に満之の実子とし兵部少輔・右馬助・讃岐守とする義之は応永九年末―応永十八年九月の間に阿波守護を満久に譲補したと判定される。なお守護代については、(1)①の宛所武田彦次郎入道・佐々木九郎入道、(3)の宛所佐々木壱岐入道・武田近江入道、(6)の宛所佐々木壱岐入道・武田修理亮が検出され、これらの宛所は何れも二名連記されているので、守護代は二人制で阿波全域を管轄しており、且つ佐々木氏と武田氏がそれぞれ同族相継承して在職したことが推定される。

ところで、義之は応永二十九年二月一日に卒したが（『康富記』『看聞御記』「兼宣公記」等）、『康富記』同日条には「伝聞今日細川讃岐守入道、、卒、六十歳云々、阿波守護也云々」と、義之を現職の阿波守護の如くに記している。けれどもこれは伝聞記事であるし、義之の名を記さず「、、」としているところからも、義之の守護職が夙に満久に譲られていた事実を中原康富が聞知しなかったためと見做すべきであろう。なお『系図纂要』、松平重治本「細川系図」（『続群書類従』系図部）に義之を応永十七年（後者は十脱）六月十日卒とするのが誤りであることはいうまでもない。

満久も永享二年（一四三〇）九月二十八日に卒し（『満済准后日記』同日条、『系図纂要』）、その嫡子持常が家督を嗣いだ。

持常は、永享六年九月二日付の石清水八幡宮領阿波国萱島庄渡付を命じた管領細川持之施行状が細河讃岐守（持常）を宛所とする（『石清水文書』之六、一九〇号）等の阿波守護在職徴証があるが、永享十二年五月武田信栄等とともに将軍義教の命を受けて一色義貫を誅殺するとその分国のうち三河を宛行われ（『斎藤基恒日記』同月十六日条）、阿波・三河両国守護となった。持常は宝徳元年（一四四九）卒してその甥で猶子の成之が両国守護を継承したが（『康富記』宝徳元年十二月二十七日条）、やがて応仁の乱中までに三河は一色氏が還補され、成之の系統の細川氏は阿波・讃岐の両国を分国とすることとなる。以上のように阿波守護家は頼之の甥義之が初代で、子孫相承けてこの分国を維持したのである。

(ロ)　淡　路

淡路守護細川満春は応永六年十一月二十日に卒したと伝えられるが（柏木宗太郎蔵本「細川系図」、『系図纂要』）、これより先、応永五年九月に次の徴証(1)が見られるので、満春の卒去の前年には既にその嫡子と思われる彦四郎に守護職が譲補されていることが判る。以下嘉吉元年（一四四一）までの淡路守護関係の徴証は次の如くである。

(1)　応永五年九月十八日付幕府御教書案、細川彦四郎宛、東福寺領淡路国都志郷に当国一宮俗頭と号し神人等の諸役譴責に及ぶを停止（『九条家文書』六、一七八六号(1)）。

(2)　応永八年四月二十二日付管領畠山基国施行状、「当国守護」宛、淡路国都志郷を去年十二月二十六日御判の旨に任せて守護使不入地とす（同一七八七号）。

(3)　応永九年五月四日付幕府御教書、細河兵部少輔宛、淡路国都志郷に国衙方大坊仕段銭・棟別夫役以下を免除（同一七八八号）。

(4)　応永十年五月二日幕府御教書案、細河兵部少輔宛、淡路国都志郷内国友・匡吉名に都志又七（宗能）・公文等の違乱を停止（同一七八九号）。

(5)　応永十一年十一月十九日付幕府御教書、細川兵部少輔宛、淡路国都志郷内国友・匡吉両名遵行(4)の督励（同一七九

○号)。

(6) 応永十四年四月二十三日付幕府御教書、細河彦四郎宛、淡路国都志郷の段銭以下国役催促を停止(同一七九一号(1))。

(7) 同年九月二十四日付幕府御教書、細河彦四郎宛、重ねて淡路国都志郷の段銭以下諸役譴責を停止(同一七九一号(2))。

(8) 同年十二月六日付細川氏有書下、近藤中務丞宛、都志郷内東福寺領の段銭以下催促停止(同一七九二号)。

(9) 応永十五年九月十八日付幕府御教書、細河彦四郎宛、都志郷に神人等の諸役譴責を停止(同一七九三号)。

(10) 応永十九年十月十三日付細川満俊遵行状(「淡路守(花押)」と署判)、南条勘解由左衛門尉宛、八幡宮領淡路国牧石庄領家職の渡付(『石清水文書』之二、二二〇号)。

(11) 応永二十八年十二月二十六日付細川満俊書下(「満俊(花押)」と署判)、宛所なし、東福寺領淡路国都志郷の諸夫役ならびに人夫・船課役・検断等を停止(『九条家文書』六、一七九四号)。

(12) 永享元年九月十二日付浅見信玄奉書、御奉行中宛、東福寺領淡路国都志郷地頭職の段銭催促停止(同一七九五号。同奉書案の折裏端書に「都志郷官庁反銭免除折紙 淡路殿浅見入道出」とある、同一七九六号)。

(13) ①嘉吉元年三月十二日付管領細川持之施行状、細川淡路守(満俊)宛、淡路国都志郷段銭人夫以下臨時課役免除の今月四日御判の旨に任せて使者入部停止(同一七九七号(1))、②同年四月十九日付細川満俊遵行状(「満俊(花押)」と署判)、東掃部助宛(①の遵行、同一七九七号(2))。

(14) 同年十一月十三日付浅見信玄奉書、真壁四郎左衛門尉宛、東福寺領都志郷国衙職段銭諸役催促を停止(同一七九八号)。

(15) 年欠九月二十八日付浅見信玄奉書、近藤某宛、都志郷段銭以下諸役催促を重ねて停止(同一八一一号)。

以上のうち、(1)と(6)・(7)・(9)が細川彦四郎宛で、その中間の(2)は当国守護宛、(3)―(5)は細川兵部少輔宛である。そして(10)以下では細川淡路守満俊(『尊卑分脈』に「満師改―俊」)の守護在職が確認され、したがって(6)―(9)の彦四郎も満俊であり、満俊が応永十五年九月—同十九年十月の間に淡路守の官途を帯したことは容易に推測できる。しかし(3)—(5)の細川兵部少輔と(6)—(9)の彦四郎即ち満俊とは、一旦官途を帯したものへの幕府御教書等の宛所が通称に戻ることは殆どありえないので、応永九年五月—同十一年十一月在職の兵部少輔は満俊とは別人と判定される。なお彦四郎は師氏以来淡路守護家代々の当主の通称であるらしい。また兵部少輔は嘗て氏春の官途であったが、応永九年ないし十一年頃には比定すべき人物の確証を得ない。やがて応永十七年までに兵部少輔を称するのは備中守護細川頼重であるが、頼重は応永十二年十月にいまだ九郎の通称で呼ばれていて官途を帯していないので(本項(チ)備中参照)、(3)—(5)の兵部少輔が頼重でないことは明らかである。

そこで応永五年九月から同十四年四月までの淡路守護職改替には次の二つの想定が可能になる。その第一は、(1)の彦四郎が(3)—(5)の兵部少輔と同一人であって(6)—(9)の彦四郎即ち満俊とは別人である場合であり、この場合は(1)の彦四郎某が官途兵部少輔を帯して引続き在職したが、応永十一年十一月—十四年四月の間に改替されて、満俊が新たにその後任の守護になったこととなる。その第二は、(1)の彦四郎は(6)—(9)のそれと同一人即ち満俊であるとする想定であり、この場合には応永五年九月—同九年五月の間に満俊から一旦同族の兵部少輔某に改替され、さらに同十一年十一月—十四年四月の間に満俊が還補したこととなる。この二つの想定のどちらが正しいかは確証がないけれども、『尊卑分脈』『系図纂要』等が何れも満春の嫡子を満俊とし、他に(1)の彦四郎に比定すべき人物の存在は窺われないので、一応第二の想定の方がより合理的と思われる。なお当時の兵部少輔に比定しうる可能性のある人物には、のちに阿波守護となる満久(満之の子)があり、官途兵部少輔は『尊卑分脈』『系図纂要』に見えている。確証はないが一応淡路守護職が満春—満俊—満久—満俊(還補)と推移したという試案を掲げて後考を俟ちたい。

ところで満俊は応永二十二年十二月二日、所領・資財を嫡子持親に譲与したが(「古証文」)、徴証(13)のようにその後も守護に在職している。なお徴証(8)によって、応永十四年十二月現在の守護代は細川氏有、又守護代は近藤中務丞と推定される。この氏有は『尊卑分脈』および『系図纂要』に細川遠江守頼益（前述の如く丹波守護代に比定しうる）の子に宮内少輔・上総介氏有とあるのをこれに比定できよう。また徴証⑿―⒂によって永享元年―嘉吉元年頃には、

満俊―浅見信玄―奉行中
　　　　　　　―真壁四郎左衛門尉
　　　　　　　―近藤某
　　―東掃部助

という遵行の系統が知られる。これらの徴証は何れも段銭ないし段銭諸役の催促停止に関するものなので、下達に浅見と東との二系統のある理由は必ずしも分明ではないが、満俊の意を承けた奉書を発給している浅見信玄はおそらく満俊の奉行人であり、その宛所の「奉行中」および真壁・近藤は在国の奉行（段銭奉行か）と思われ、これに対して満俊から直接正規の遵行状を受けている東掃部助が守護代であろう。

さて、「永享以来御番帳」には御相伴衆の一人に「細川淡路守満俊」を記し、また御供衆の筆頭に「一番細川淡路入道全了」を、同じく御供衆の一人に「細川淡路中務少輔持親」を掲げ、且つ同書に引く永享三年正月十日将軍義教の伊勢貞親亭御成の記事に「（一番番頭）細川淡路入道全了」とあって、淡路守護家は番頭・番衆に列している。淡路入道全了は満俊の近親に相違ないが比定すべき実名を得ない。満俊の卒去は文安四年（『系図纂要』）または文安三年九月十日（柏木宗太郎蔵本「細川系図」）と伝える。次に「文安年中御番帳」には外様大名衆の中に「細川淡路守護」を載せ、また御番衆の一番の筆頭に「細川淡路治部少輔」を載せている。この淡路守護は持親なるべく、治部少輔は『尊卑分脈』『系図纂要』等に記す官途によりその嫡子成春に比定できる。かくて夙に頼春の弟師氏に始まる淡路守護は氏春・満春・満俊・持親・成春と代々継承されたことを推定しうる。

(ハ)　備　後

備後守護には前節に述べた如く明徳元年に頼之が補任され、同三年の頼之卒去後は頼長・基之の二人が相並んで在職した。頼長の在職徴証は応永五年八月まで、基之のそれは応永七年二月まで見られるが、頼長の遵行地域は世羅郡に所在する小童保を除くと、御調郡尾道に在る大田庄桑原方所属の倉敷と安那郡の河北庄とに所見があり、他方基之の遵行地域は恵蘇郡の地毗庄と世羅郡の大田庄・小童保・重永本新庄に所見があるので、今谷明氏の指摘されたように、頼長は御調郡・安那郡等を含む備後南部を、基之は世羅郡以北の備後中部・北部をそれぞれ管轄地域とする半国守護と推定される。[(7)] なお今谷氏は小童保の管轄についての考察を保留されたが、この保に関する遵行命令が明徳四年九月のそれは頼長宛であり、応永四年・同七年のそれは基之宛であるのみならず、応永二年四月以降の世羅郡所在荘園の遵行命令がすべて基之宛であり、それらに関する基之の遵行状ないし書下も見られることから推すと、世羅郡は初め南半国守護の頼長の所轄であったのが明徳四年九月—応永二年四月の間に北半国守護基之の所轄に変更されたと判定して誤りないものと思われる(以上註(7)参照)。この管轄区域の一部変更の理由は明白でないが、南半国は耕地に富み、且つ尾道・鞆等の良港を始め瀬戸内海沿岸を含むのに対して、北半国は主として山間部なので、おそらく幕府は北半国守護の管轄区域拡大によって両半国守護の収益不均衡の是正を計ったのであろう。なお頼長の遵行状を承けて桑原方尾道倉敷の下地打渡に当ったのは於曾入道通守、また基之の遵行状を承けて山河左衛門三郎入道に大田庄内の下地渡付を命じたのは上野氏時であり、頼長・基之がそれぞれ於曾氏・上野氏を守護代として各半国の管轄に当らせ且つ基之の下には又代または守護使の山河氏の在ったことが判る(同上)。

ところで細川氏の備後守護在職の徴証は、応永七年二月以後はまったく見られなくなり、代って翌応永八年(一四〇一)七月十六日付幕府御教書案(「備後国□□内上村地頭職」の押領を退け下地を三重政信に渡付せしむ、『華頂要略』所収「門主伝」一八)の宛所山名右衛門佐入道を初見として、山名時凞の守護在職徴証に移る。ここに応永七年二月—同八年七月の間に、頼長・基之はともに備後半国守護職を罷免されたと認められる。時凞は応永の乱における軍功によって義満の信任を回復し、明徳元年まで山名氏の分国であったこの国を申し受けることに成功したのであろう。これに対して細川氏は若年の満元が宗家を継いで間もなくであり、また頼長・基之もともに若年であって、山名氏の競望を阻止しえなかったものと思われる。

(二)　備中

細川満之（官途兵部大輔）は頼之の後を承けて明徳三年備中の分郡ないし半国守護となり、翌四年備中全域の守護となったと推定されることは前節二(ホ)に述べた如くである。ところで、その後応永八年十一月九日付の東寺領備中国新見庄の請所代官新見清直代排除を命じた幕府御教書（「東寺文書」数一〇―一三）、応永十一年八月六日付の南禅寺領備中国三成庄の段銭催促停止を命じた幕府御教書（「南禅寺文書」二）、応永十二年九月五日付の新熊野社領備中国万寿三ヵ庄の段銭以下催促停止を命じた幕府御教書（「若王子神社文書」一）は何れも細河阿波入道宛である。この阿波入道が満之であることは、脇坂本・前田家一本・内閣文庫本『尊卑分脉』、『系図纂要』、松平重治本「細川系図」が何れも満之の官途として阿波守を記すことからも察せられる。なお当時の備中守護代に関する徴証は乏しいが、東福寺領上原郷の今度の段銭は京済として納所したゆえ国の催促を止むべき旨の応永六年九月一日付上野某宛薬師寺某の奉書案があり翌七年にも同様趣旨の同人宛永可（薬師寺ヵ）奉書案があって（『九条家文書』六、一六八七・一六八九号）、守護満之――薬師寺某（永可ヵ在京）――上野某（在国）という下達系統が判る。おそらく上野氏は足利一門で、さきの備後における上野氏時と同一人か否かは明らかでないが、同様に守護代と覚しく、したがって薬師寺某は満之の奉行人であろう。

満之は応永十二年十二月卒去するが（『教言卿記』同月十五日条）、それより二ヵ月前の同年十月二十九日、義満は細川九郎頼重に袖判御教書を与えて父満之より譲られた備中・讃岐・伊予三ヵ国内の所領を安堵しており（「細川文書」長門）、おそらく備中守護職もこれらの所領と同時に満之から子息頼重に譲補されたと思われる。応永十七年十一月七日、幕府が細川兵部少輔即ち頼重に奉行人奉書を下して、南禅寺領備中国三成庄に外宮役夫工米の国催促を止めたこと（『南禅寺文書』上、一〇一号)、同月十三日、頼重に幕府御教書を下して同庄内休畊寺領等を被管人の違乱するのを止めたこと(同上一〇二号)、応永二十一年四月二十九日、管領細川満元が同じく頼重に宛てて施行状を下し、前月二十九日の南禅寺領諸公事・臨時課役停止の御判御教書に基づき、備中国三成庄に守護使の入部を停止したこと(同上一〇八号)等により、頼重の在職が確認される。但しこの満元の施行状の宛所は兵部大輔となっており、これまでに頼重の官途が昇進したと思われる。他方これより先応永十四年十二月九日、義満は袖判御教書を以て細川右馬頭入道常輔に備中国浅口郡・同闕所分・同国矢田郷、伊予国宇麻郡・同闕所分、摂津国小林上下庄等を宛行っている(「細川文書」長門)。それゆえ備中の内でも浅口郡は頼重の管轄から切離されて、伊予の細川分郡の一つ宇麻郡(後述)とともに細川常輔(満元の弟満国か)(8)の分郡になったことが判る。

ところで、備中守護の頼重はやがて上総介となりついで入道して常琳と号したが、永享元年(一四二九)冬発狂し、翌二年正月二十五日京都の私邸で自害を計ったため(『満済准后日記』)、翌日嫡子氏久が家督を嗣いで将軍義教より所領安堵を受け(「細川文書」長門)、永享四年十月二十一日の義教御教書を初見とする備中守護在職の徴証を残している。(9)以上のように備中守護は分郡が頼之から満之へと継承されたのを端緒とし、初代満之から頼重・氏久と代々相承けて、備中守護家を形成した。

(ホ)和　泉

応永の乱以後の和泉守護、就中応永十五年以後の庶流細川氏二家の和泉両守護としての支配については、最近今谷明氏が詳細に跡付けられたので、(10)ここでは氏の論考に拠りつつ若干の私見を加えるのみとしたい。

和泉は明徳の乱の功により大内義弘の分国に加えられたが、応永の乱の結果仁木義員が伊勢守護から転じて和泉守護となった。次いで応永十年(一四〇三)八月以降おそらく同十五年四月の義満薨去までの間に、義満の寵童御賀丸が守護になり、同十五年七月に在職徴証を残している。けれどもまもなく将軍義持は御賀丸を罷免し、同年八月二十九日、細川頼長を和泉半国守護職に補任した（『細川家文書』中世篇一四七号、室町将軍家義持御判補任状）。同年十月二日付で細川兵部大輔すなわち基之[11]に宛てて、「細川刑部大輔（頼長）相共」に和泉国日根郡鶴原庄地頭領家両職を佐竹常尚代に渡付すべき旨の管領斯波義淳施行状が発給されており（「秋田藩採集文書」五）、爾後頼長・基之両人の在職徴証が現れるので、一方の半国守護には基之（のち阿波守）が補任されたことが判明する。さらに今谷氏はこの施行状が両半国守護共同の遵行を命じていること、ならびに応永十七年以降は両守護に対して同一文言の幕府御教書または管領施行状が同時に発給され、且つ両守護のそれらを承けた遵行状も、双方の守護代（頼長の守護代は応永十五年に生石家光、同十七年に宇高光勝、基之の守護代は十五年から十七年にかけて斎藤玄霖が在職）の遵行状もそれぞれ日付を同じくしている事実から、和泉の支配形態が地域分割でも何等かの権限分割でもなくして、二名の守護による同一地・同一行政権の共同担当という特異な形態であることを指摘された。

両守護の共同支配という特殊な分国支配の採用された理由として、今谷氏は幕府が山名氏清・大内義弘がともに堺を叛乱の拠点としたのに鑑みて、守護所の堺を一名の守護に独占させる危険性を回避しようとしたためではないかと推測しておられる。その蓋然性は肯定しうるが、強大守護細川氏の庶流二名の共同支配が危険性回避にどれほど効果的であったかは定かでない。さらに臆測を加えるとすれば、さきの備後と同様の地域分割方式の半国守護とした場合その一方のみに堺を含む半国を管轄させることになるため、これによって生じる収益の不均衡を避ける必要性も考慮されたのではあるまいか。

頼長は応永十八年五月二十五日に卒して（「永源師檀紀年録」「御祧譜」「御祧廟譜」等）、嫡子持有が家を嗣ぎ、同年八月二十一日和泉半国守護に補せられるとともに（「古文書集」）、阿波・讃岐・伊予の当知行所領を安堵された（『細川家文書』中世篇一四八号）。持有はさらに応永二十一年十一月十日「和泉国々衙職半分事、於二毎年々貢百伍拾貫文一者可レ弁二済本所一、至二于下地一者所レ預二置細川九郎持有一也、者早可レ致二沙汰一之状如レ件」という義持の御判御教書を受け（同上一四九号）、和泉国衙領半分の実質支配を幕府から公認された。おそらく基之も同じ文言の御判御教書を受け、実際には両人の共同支配方式が適用されたのであろう。

この間応永十九年五月二十八日および同年八月四日には醍醐寺三宝院門跡管下の大伝法院（根来寺）領和泉国信達庄内の三方加納ならびに上男・下男加納入地を違乱する守護被官人等の排除と下地の一円渡付を命ずる幕府御教書が、前々年に引続き重ねて両守護宛に出されており、やはり両守護の共同責任による支配が確認される（「三宝院文書」第三回採訪一四）。但しこの共同支配の具体的な方法について注目されるものは、この問題について同年五月から九月にかけて直接守護方との折衝に当った某人の記した次の事書である（同上）。

大伝法院領和泉国信達庄沙汰次第事

一、応永十六年惣庄半済守護方押領、

一、同十七年同半済幷三方加納・上男・下男加納入地事、被レ成二下御判一之間、於二半済一者雖レ被レ渡レ之、彼入地等被二渡残一畢、

一、同十九年五月廿八日、入地事、御教書奉行飯尾加賀入道常円書二上之一、

一、六月十七日、雖レ付二御教書於両守護方一、不レ被レ渡之間、同七月十一日、当守護阿波殿（細川基之）へ、自二管領御方（細川満元）一以二御使飯尾善右衛門入道一、可レ被レ渡之由被二仰遣一之間、畏入候之由御返事、

（中略）

一、同八月四日、重御教書同奉行（飯尾常円）書二上之一、同十一日御教書両守護方へ付レ之、

一、同十二日、遵行事催促申之処、自二八幡一下向之時、必可レ被レ渡之由、自二阿波殿一奏者為二赤沢三郎一承畢、

一、同十九日、阿波殿対面申之時有二談合一、可二遵行一之由直承了、同廿一日対面申時同篇、

一、同廿二日、当守護細河九郎（持有）殿対面申之処、可レ任二阿波殿之御儀一之由、守護代宇高（通光）入道而承了、

一、同九月五日、阿波殿へ自管領御方為御使、中沢三郎左衛門尉遵行事被仰遣之処、被尋下国、随其左右可有遵行之由御返事、

（後略）

これによると、寺家側は両守護に幕府御教書を伝達してその遵行を要請しているけれども、主な交渉相手は基之であり、実質的な回答も基之が行っている。基之は渡残しの地の渡付を極力引延ばそうとしているが、持有の方は「可任阿波殿之御儀」と回答して、基之の処置に同調する態度を表明したに止まる。この両守護の態度の違いがいかなる理由に基づくかは分明でないが、おそらくこの「守護方押領」の一件が主として基之の被官によって惹起され、したがって主に基之が遵行の実施を本所側から迫られる立場にあったためではあるまいかと思われる。ともあれ、両守護共同管轄方式とはいえ、問題の性質によっては主として一方の守護が実際の処置を担当する場合の存在したことが窺われるのである。(12)

両守護のうち持有は永享十年九月二十一日に卒し（永青文庫所蔵「御祧譜」、「永源師檀紀年録」、『系図纂要』等）、その卒去直前の同月十七日付の将軍家義教袖判補任状ならびに同袖判安堵状を以て、持有の嫡子教春（九郎）が和泉半国守護に補任されるとともに阿波・讃岐・伊予三ヵ国の当知行所領を安堵された（『細川家文書』中世篇一五三号・一五四号）。この半国守護家は上守護と称するが、その守護職はその後教春の弟常有、常有の子政有、政有の子元有と継承して戦国期に入り、元有が明応九年（一五〇〇）畠山尚順と戦って和泉岸和田城に敗死した後は、その遺子元常が守護職を継いだ。やがて戦国争乱の中で分国の実質上の支配権は喪われるが、元常の甥でその養子となった藤孝（幽斎、元常の弟三淵晴員の子）が織豊期にかけて活動し、この家系の中興の祖となる。

他方、基之（兵部大輔、のち阿波守、阿波入道常秀、「永享以来御番帳」）は長期間守護に在職したのち文安五年十月十二日に卒し（「東寺過去帳」）、その嫡孫持久が守護職を継承した。下守護と称したこの守護家は持久の次に細川民部大輔が文明

十五年―長享元年の間に継承する。この民部大輔の実名は明確でないが、下の和泉守護家略系図（『細川家文書』中世篇五〇号）によれば、勝信の如くである。但し勝信の名は他の系図等には所見を得ない。

頼春―┬一男　頼之　讃岐守　細川氏領四国始于此
　　　│　　　　　　武蔵守　管領
　　　├二男　頼有　刑部少輔
　　　│　　　　　　右馬頭―是ヨリ藤孝マデ七代也
　　　│　　　　　　是後四代目常有　泉州上之守護方也
　　　├此間ニ僧尼男女八人ノ兄弟略之
　　　└十一男　満之―基之―頼久―持久―勝信
　　　　　　　播磨守　阿波守　同　同　同　同
　　　　　　　泉州下之守護方

民部大輔（のち阿波守勝信か）の次には明応九年から大永三年正月まで政久（弥九郎、民部大輔）が在職し、続いて細川九郎某が守護となるが、九郎は享禄四年細川高国とともに敗死して下守護家は断絶した模様である。(13)

(ヘ)　伊予分郡

応永七年八月二十四日、管領畠山基国が義満の同年三月二十三日の安堵に基づき細川頼長の伊予国内の所領即ち同国散在徳重・新大嶋の渡付を命じた施行状の宛所は、細川右京大夫即ち満元であって（『細川家文書』中世篇一八六号）、さきに頼之の卒去に伴い満之が知行した伊予分郡は、やがて京兆家の管轄下に編入されたことが判る。これはおそらく京兆家の分国讃岐・土佐に伊予分郡を併せて一括支配する便宜が考慮されたためであろう。

しかし、この分郡を構成する宇麻・新居の二郡に関する次の徴証は、この分郡が再び京兆家の管轄を離れたことを推定させる。即ち新居郡については、応永十二年十月二十九日義満は袖判御教書を以て伊予国新居郡ならびに西条庄嶋山郷を備中国の細川頼之の闕所分や讃岐国の子松庄等とともに満之の子息細川頼重に安堵し、さらに応永十五年十二月二十日将軍義持は右の義満の安堵に任せてこれらの所領を頼重に安堵している（「細川文書」長門）。義満の安堵は備中の項に触れたように満之の卒去の前々月であるから、新居郡は満之が明徳以来継続して分郡としていたか、または応永七年八月以降にこれを分郡として回復したかの何れかであろう。また宇麻郡については、やはり備中の項に引いたように応永十四年十二月九日義満が伊予国宇麻郡・同闕所分を備中国浅口郡・同闕所分等とともに細川右馬頭入道常輔（満元の弟満国）に宛行い（同上）、新たに細川常輔の分郡として割譲されたのである。

その後の伊予分郡についての知見は多くないが、新居郡は、備中・讃岐・伊予の他の所領とともに、永享二年（一四三〇）正月二十六日将軍義教が細川治部少輔氏久に父常琳（頼重）の譲与に任せて安堵し、さらに長禄四年（一四六〇）五月十八日将軍義政（案文に「浄徳院殿御判」（ママ）とあるのは誤り）が細川兵部大輔勝久に父上総介氏久の譲与に任せて安堵しており（「細川文書」長門）、備中守護家の分郡として代々継承されたことが判る。他方、永享三年九月には、細川下野守が伊予に分郡を有するという『満済准后日記』の次の記事に接する。

廿八日、雨、自二細川右京大夫（持之）方一、以二安富筑後守一申、細川下野守伊与国知行郡内国人両人不レ及二暇申一逃下了、仍為二退治一、御暇事以二赤松播磨守（満政）一申処、不レ可レ有二相違一由被二仰出一云々、仍自二愚身方一、以二舎弟右馬助（持賢）一申入様、伊与国事ハ不レ相二似近国一事候、雖下不レ可レ有二殊儀一候上、彼等何様ニか支度仕覧不レ存知一処、下野楚忽下向不レ可レ然存候、先讃岐辺者ヲモ申付指遣、可レ加二退治一条、可レ有二何子細一哉、万一其儀猶不レ可レ叶事者、其時ハ下野モ御暇申入、可二罷下一候歟由申入処、仰旨、不二罷下一者不レ可二事行一歟、両様可レ有二御尋一云々、則以二播磨守一、下野守ニ御尋処、不二罷下一者不二事行一由申入了、此上者可二罷下一由被二仰出一云々、所詮始終落居不レ及二思案一罷下用意歟、明旦有二御出京一、此旨具被二申入一可レ被レ下条可二畏入一云々、予返答、此御暇事尤以楚忽至無二申計一、乍レ去既御暇被レ下候上者、又上意難レ計間、明旦令二出京一可二申入一事旁斟酌也、先如二以前一以二右馬助一今一度此等子細可レ被二申入一歟由申遣了、

脇坂本・前田家一本・内閣本『尊卑分脈』ならびに『系図纂要』に、満国の嫡子持春とその嫡子教春の二代の官途を、ともに民部少輔・下野守とするが、この記事に見える細川下野守は、年代より推して持春と見られる。そこで、まず持春が伊予に分郡を領有していることが知られ、常輔の分郡宇麻郡が持春に継承されたと推定される。次に持春は分郡に

逃れ下った国人二名を討つため将軍義教の許可を受けて下国をはかり、これを軽挙と判断した細川宗家の当主持之の反対意見上申にもかかわらず、持春は重ねて義教の承認を得て下向の準備をすすめたのである。そこで、分郡下向・軍事指揮には、将軍の許可を必要とするものの、細川宗家の承認は必要としなかったことが知られるが、このことはかならずしも将軍義教期の特殊事情ではなく、分郡守護本来の権限によるものと思われる。満済が持之の要請を拒絶してその意見を義教に取りつぐ労を執らなかったのも一つはそのためであろう。なお持春の被官である国人二名の氏名やその背反の事由、その後の経過等は明らかでないが、伊予分郡における国人層掌握が決して容易でなかったことは充分窺われる。

(ト)　同族結合の維持

以上、応永年間以降細川氏の分国として永く継承された諸国を総括すると、頼之から頼元が継承した讃岐・土佐と頼元にはじまる摂津・丹波との四ヵ国は、細川宗家すなわち管領家の分国として頼元から満元へ、さらに持之へと相伝された。阿波は頼之から甥義之（詮春の嫡子、一説に養嗣子）が承けて守護となり、その養嗣子満久へ、さらに持常・成之と代々継承した。淡路は先に頼之の叔父師氏から氏春・満春と世襲したが、さらに応永年間からは満俊・持親・成春と子孫相承けた。備中は頼之の末弟満之が頼之の分郡（あるいは半国か）を継いだのに由来し、次いで満之は一国守護となり、頼重・氏久と代々相伝した。他方、頼之の甥頼長（頼有の嫡子）と満之の実子で頼之の養子となった基之とは頼之の分国であった備後の各半国守護となったのち、この二人は応永十五年以来ともに和泉の半国守護となり、それぞれ子孫相承けて戦国期にいたるのである。また伊予分郡はいったん満元の管轄に属したのち、新居郡が満之に返還されてその子頼重に相伝され、宇麻郡は備中浅口郡とともに細川常輔（満国か）に割譲され、持春に相伝されたと見られる。このほかの新たな分国としては、永享十二年阿波守護の持常が三河守護を兼ね、その子成之の代までこれを維持したことを挙げうるに過ぎない。要するに応永年間にいたり細川一族の世襲分国体制はほとんど確立したということができる。

これらの世襲分国の由来を見ると、それが頼之の活動に負う所の頗る大きいことが看取されるが、それらの主として頼之の手に集中してのち子弟近親に配分された分国は、あたかも南北朝内乱が終熄して室町幕府が極盛期を迎え、細川氏の地歩の安定したことと相伴って、嘗ての惣領制に代る家督相続制を基調とした新たな同族結合の創出される基となった。ここに頼之の家督は頼元以後右京大夫を官途とする嫡子に伝えられ、この宗家は京兆家と呼ばれて三職すなわちいわゆる三管領の家柄となり、分国は摂津・丹波・讃岐・土佐の四ヵ国を相伝した。一方、頼有・詮春・満之・基之、および頼之の叔父師氏に始まる庶流諸家も、それぞれ嫡子が家督を継承し、和泉半国・阿波・備中・和泉半国・淡路をおのおの分国として相伝することとなった。やがて持之の弟持賢によって典厩家（官途右馬頭）が創始されるが、後から分出したこの家には分国が与えられなかった。以上の庶家は将軍家の御相伴衆・御供衆・番衆等に列せられて宗家とともに幕府に出仕すると同時に、一家衆とよばれて宗家の政務・軍務等に協力したのであって、ここに細川一族は、四

第6表A　主要大名の列次（「永享以来御番帳」による）

	三職	御相伴衆	御供衆	一番衆	（二ヵ）一番衆	計
斯波	1		1	1		3
細川	1		4	3	2	10
畠山	1	1	7		1	10
山名		1	3	3	1	8
一色		1			1	2
佐々木*			6			6
赤松**		1		2	4	7

第6表B　同上（「長禄二年以来申次記」による）

	三職	御相伴衆	国持衆	准国持	外様衆	御供衆	御部屋衆	計
斯波	1		1					2
細川	1	1	2	1		8		13
畠山	1	1			1	3		6
山名		1	5			2		8
一色		1				2	1	4
佐々木*		1	2	1	1			5
赤松**					3	2		5

（*　京極・六角両家を含む　**　庶家有馬氏を含む）

ヵ国守護を世襲する宗家の京兆家を中心として、半国ないし一、二ヵ国を分国とし、または分国をもたない各庶家が連合する、同族連合体制ともいうべき族的結合を確立したのである。

こうして、四国なかんずく讃岐・阿波を中核として畿内と山陽に展開する一連の分国を基盤とし、同族連合の重みによって幕府に勢力を張った細川氏の勢力は、容易に他氏の追随を許さないものとなった。「永享以来御番帳」に記された将軍義教時代および「長禄二年以来申次記」に記された将軍義政の初世における諸大名の列次から、いわゆる三管・四職の諸氏のそれを抽出してみると、前者では第6表Aのように細川・畠山の両氏が相匹敵するが、後者では第6表Bの如く細川氏が群を抜いている。これは先に斯波氏、次に畠山氏が何れも同族結合に動揺を生じ内訌を起したのに対して、細川氏が強固な同族結合を維持したことを反映していると考えられ、幕府における守護大名の地歩が、同族組織の強弱といかに密接な相関関係にあったかが窺われるのである。

三　分国内における所領集積

守護大名の政治力・軍事力の基礎として重要なものには分国の多寡のみでなく、その大名の財政を直接維持し且つ領域的支配の中心となった筈の所領と、大名に直接奉仕して主従制的支配の中核となった筈の「御内」の人々即ち近臣団がある。したがって守護大名細川氏の発展を跡付けるためには、細川氏が所領を如何にして拡大し、近臣団をどのようにして養成したかを追究する必要がある。この両者のうち近臣団については検討すべき事項が少なくないので、節を改めて説くこととし、ここでは細川一族の所領集積に触れる。

南北朝時代における細川一族の所領の全貌を伝える史料は伝存しないが、頼有の所領は、嘉慶元年（一三八七）十一月二十六日に彼が嫡子松法師（のちの頼長）に「こと〳〵くとらせ」た譲状によってその全体が知られる（『細川家文書』中世篇六号）。原文は殆ど仮名書きであるが、便宜上漢字を当てて掲げると次の如くになる。

A　阿　波

(1)秋月三分一本領　(2)板西下庄地頭職岡野跡　(3)麻殖庄領家職内中分平民両所これは由緒あり　(4)高越御庄　(5)郡里一分地頭職横田彦六郎跡

(6)板西上庄内ふちをか　(7)種野山国衙職

B　讃　岐

(1)鴨部東方地頭職武田まん五郎跡、本領　(2)柞原一分地頭職秋山のなかの跡　(3)山本一分地頭職　(4)豊福庄内熊岡安富跡　(5)柞田地頭職ゆわた惣領分

(6)木徳跡半分　(7)姫ノ本庄領(家脱カ)職　(8)粟嶋地頭職半分　(9)山田郡内東本山刑部跡

C　伊　予

(1)風早郡闕所分中将軍御判　(2)散在徳重本領

以上十八ヵ所で、すべて細川氏分国の阿波・讃岐と分郡のある伊予に分布している。なお応永七年（一四〇〇）三月頼長が義満の安堵御教書を賜った所領は、これを同年八月二十四日阿波・讃岐・伊予分郡の各守護に通達した管領畠山基国の施行状によると、右の頼有譲状に見える所領とは若干の異動が生じている。即ち阿波では板西上庄の代りに穴吹山半分と別宮嶋院主職が記され、讃岐では姫本庄の代りに臼井地頭職、伊予では風早郡闕所分に代って新大嶋が記されていて、これらの所領がまだ完全に固定したものではないことを窺わせる。しかし他の十五ヵ所には変化なく、全体では一筆増えて十九ヵ所となっている（同文書一八四―一八六号）。(14)

永原慶二氏は長禄三年（一四五九）の高師長の曾祖父師英以来と称する所領を例証として、「守護の本来の所領はけっして一地域にまとまって存在するものではなく諸国に散在していた」と述べられた。(15)細川氏の場合も、例えば永和三年（一三七七）頼之の所領越中太田庄に斯波氏の同国守護代が乱入して、庄内に逃れた国人を討取り庄内を焼払ったという事件からも（「後愚昧記」同年七月十三日条）、分国外に所領が散在していたことは窺われる。けれども、同時にこの事件はそれらの散在する所領が当該国の守護や国人の押妨等によって不知行化する危険性を孕んでいたことをも意味して

いる。これに反して安全度が高いのは自己ないし近親の分国内における所領であり、しかもそれらは、被官の配置等によって組織的に運営し、分国経営の拠点となしうるものであったに違いない。右に掲げた細川頼有・頼長父子の所領は決して諸国に散在せず、細川氏分国の阿波・讃岐と細川氏分郡のある旧分国伊予の三ヵ国に限られ、殊に阿波では守護所秋月を中心とする吉野川の中下流流域に、讃岐では守護所宇多津の付近をはじめ主に瀬戸内海沿岸地帯に分布し、見事な集中性を示している。また備中守護細川満之（頼之の末弟）の嫡子頼重が応永十二年（一四〇五）義満の安堵御教書を賜った所領は「備中国武蔵入道常久（頼之）知行分闕所等、讃岐国子松庄、同金武名中首（那伽カ）領跡、同国高篠郷壱分地頭職、同公文職、伊予国新居郡西条庄嶋山郷」であって（「細川文書」長門）、やはり分国備中と讃岐・伊予にのみ分布しており、頼有の所領と同様に、高度の集中性を帯びている。

このような所領の集中性は、それらの所領が特定の計画にもとづいて集積され、且つ組織的に運営されたであろうことを推測せしめる。頼有の場合、各国に一ヵ所ずつの「本領」が存在し、しかも阿波の場合それが守護所の置かれている秋月庄の三分一である事実は、これらの「本領」がその国内の所領の獲得・運営の中心地として設定されたことを想定せしめる。

第7表　細川頼有所領類別

種類／国	阿波	讃岐	伊予	計
地頭職	2(2)	5(2)		7(4)
領家職	1	1		2
国衙職	1			1
無記載	3	3(3)	2(1)	8(4)
計	7(2)	9(5)	2(1)	18(8)

（ ）は同欄のうち某跡または闕所分とあるもの

頼有の所領の大部分は父祖より譲り受けたものでなく、彼が頼之に協力して分国を経営する傍ら獲得したものであったに違いない。ここにその所領十八ヵ所を所職の種類別に表示すると第7表のようになる。

所職の無記載のものが最も多いが、これはおそらく国衙領の一部や名などであろう。所職の明記してあるものでは地頭職が大部分であるが、領家職・国衙職も少数ながら存在する。また地頭職および無記載のものの中に誰某跡と記す所領の少なくないことも注目される。そこで、このような所領の種類から推して、主に次の三種類の所領獲得方法を指摘することができよう。その第一は国衙領の守護領化であり、頼有の所領のうち、阿波の種野山国衙職はもとより、おそらく讃岐の山田郡内東本山なども国衙領と認められる。守護大名上杉氏の場合、国衙を掌握し国衙領を支配したことが分国形成の決定的要因をなしたといわれるが、(16) 頼之・頼有らの場合も同様であったと思われる。第二には、頼有の所領には誰某跡という記載が七ヵ所、闕所分という記載が一ヵ所あり、頼重の備中の所領はすべて頼之の知行した闕所地であるところから、闕所処分権を認められた分国の場合、敵方没収地や犯科人跡等の重要な一部を守護自身の所領に編入したことが明らかである。第三の方法としては下地押領がある。貞和二年（一三四六）から同六年にかけて宝荘厳院領阿波国大野庄本家職を守護の頼春とその守護代が押領した例（「東寺百合文書」ト一―一五、ト六一―七五）、観応二年（一三五一）島津貞久の所領讃岐国櫛無保を顕氏の被官が押領し（「薩藩旧記」前集一六）、康安二年（一三六二）この櫛無保の地頭職を頼之が押領した例（『島津家文書』之一、三一二号）などは何れも被官の領有権拡充の運動に乗じて守護大名細川氏が所領の拡張を計った事実をあらわしている。頼有の所領においても、讃岐国柞原庄はさきに康永四年（一三四五）顕氏の守護代粟島八郎が興福寺の所職を押領し、観応元・二年には秋野霊舜なる武士がこれを濫妨し（「東金堂細々要記」「御挙状等執筆引付」）、同国柞田庄は貞和四年地頭岩田頼国らが日吉社の領家職を濫妨しているので（「根岸文書」）、頼有が在地の変動に乗じて地頭職を獲得した蓋然性が考えられる。

以上のような組織的な所領の集積は、頼之・頼有らが長年月の間分国に自ら在住して経営に専念することによって初めてもたらされたものであり、それはこの間に守護大名細川氏の権力の基礎が整えられたことを表明している。永享三年（一四三一）十一月細川持之が清水堂領讃岐国坂田郷の寺家直務取消を満済准后を通じて将軍義教に要請したとき、「此庄事、武州（細川頼之）入道以来、他知行無レ之」き旨を述べるとともに、「殊讃岐国事ハ、不レ可レ有二丹波・摂州様事一間、一段執心」の旨を申立てて容れられているように（本節一、讃岐の項所引『満済准后日記』同月二十八日条）、頼之の時代以来集積された四国の所領の維持発展が、その後の細川氏にとっても極めて重要な目標とされたのである。

もとより細川一族の所領集積の目標は四国にのみ在ったのではない。例えば応永十五年和泉の各半国守護に補せられた頼長・基之の場合、同十七年九月幕府から嘉祥寺領日根庄や大伝法院領信達庄の被官人押妨の停止を命ぜられたが、信達庄の場合、両守護は遵行地の一部を渡残し、基之と持有は応永十九年五月と八月に重ねて遵行を命ぜられてもなお言を左右にして容易に遵行を実施しなかったことは、前項に瞥見した如くである（前掲「大伝法院領和泉国信達庄沙汰次第事」）。また九条家領日根庄五ヵ村の場合も、応永二十年四月、九条家雑掌は「佐竹和泉入道幷日根三郎左衛門入道等構二奸訴一、令二違乱一之間、依二歎申入一、応永十七年被レ成二下　御教書一、開二祝眉(愁)一之処、守護方曾以不二遵行一、歎而有レ余者也（上下略）」と、守護被官・国人の押妨停止を守護細川氏が遵行しないことを幕府に訴え、永享四年十一月には同じく九条家雑掌は同庄を「近年守護押妨」につき訴訟の結果、応永二十六年五ヵ村中二ヵ村分のみにつき遵行を受けたが、守護はその二ヵ村についても再び職分と号して半分押妨し、預所の青侍が公文と号して軍忠を致すべき旨の御判を申賜ったと、守護の「猛悪之所行」を訴えている。さらに寛正五年（一四六四）六月の九条家雑掌の訴訟によると、永享四年返付された二ヵ村内半分の押領地を守護は再び翌年以来押領し、また嘗て細川故刑部少輔（持有）が故なく押領して建仁寺永源庵に寄進した入山田村半分は、永享元年一旦返付されたが、永源庵は「物忩之御下知」を申賜って再び押領したというのである（『九条家文書』一、七四号・八六号・一〇四号）。事実応永十七年九月早くも頼長は故頼有毎月追薦のためと称して日根郡内入山田加造田三郎次郎知行分半分の地を永源庵に寄進し、同二十四年十月持有は、入山田半分を讃岐の二ヵ所、阿波の一ヵ所とともに故頼長の寄進の旨に任せて重ねて永源庵に寄進している（『細川家文書』中世篇一三号・一四号）。これらによっても、和泉両守護家がこの国を分国として獲得した当初から国人の寺社本所領押妨を支援するとともに彼等の被官化に努め、それらの寺社本所領の守護領化を積極的に推進したことを如実に看取しうる。なお、和泉の場合、国衙領掌握の具体的な経過は不明であるけれども、前項に掲げたように応永二十一年十一月頼長が将軍義持の御判御教書を以て和泉国衙職半分の下地を預置かれている事実があり、国衙領の掌握にも成功したことは間違いない。

註

（1）拙稿「「讃岐一宮田村大社壁書」について」（『神道学』四四号）参照。

（2）山本大氏執筆『高知県史』古代中世編四七九―四八一頁参照。

（3）細川持益の発給文書は『高知県史』古代中世編四八一―四八二頁所掲「地蔵院文書」「西寺文書」「吸江寺文書」「香宗我部家伝証文」。

（4）今谷明氏前掲「摂津に於ける細川氏の守護領国」。

（5）同右。

（6）同氏前掲「室町・戦国期の丹波守護と土豪」。

（7）頼長・基之の各備後半国守護としての在職徴証は今谷明氏「和泉半国守護考」（『大阪府の歴史』九号）に掲げられているが、本文の理解に資するため次に年代順に列挙しておく。

(1)　明徳四年九月六日付幕府御教書、細河九郎（頼長）宛、備後国小童保の半済給人排除（本章第一節二㈡所引）。

(2)　①応永元年九月六日付幕府引付奉書、細河弥九郎（基之）宛、備後国地毗庄内の違乱停止（本章第一節二㈡所掲）②同年十月八日付某姓永可遵行状、上野殿（氏時）御内宛同上の遵行（同上）。

(3)　①応永二年四月五日付管領斯波義将施行状、細河弥九郎（基之）宛、備後国太（大、下同）田庄内桑原方六ヶ郷地頭職の高野山西塔雑掌への渡付（同三六八号）②同年四月十五日付細川基之遵行状、上野八郎（氏時）宛（①の遵行、同三六九号）③同年五月三日付上野氏時遵行状、山河左衛門三郎入道宛（②の遵行、『高野山文書』之一、三七一号）。

(4)　①応永二年四月五日付管領斯波義将施行状、細河九郎（頼長）宛、備後国桑原方六ヶ郷地頭職尾道倉敷の高野山西塔雑掌への渡付（『高野山文書』之一、三六七号）②同年四月十五日付細川頼長遵行状、於曾入道（通守）宛（①の遵行、同三七〇号）③同年五月十三日付於曾通守打渡状（②の打渡、同三七二号）。

(5)　①応永二年十一月十九日付幕府御教書、細河弥九郎（基之）宛、高野山領備後国太田庄に諸公事・守護役の催促を停止（『高野山文書』之一、四四号）②（同年）十二月七日付細川基之遵行状、上野与一（氏時か）宛（①の遵行、同四六号）。

(6)　①応永二年十一月十九日付幕府御教書、細川九郎（頼長）宛、高野山領備後国尾道倉敷に諸公事・守護役の催促を停止（『高野山文書』之一、四五号）②同年十二月八日付細川頼長遵行状、於曾入道（通守）宛（①の遵行、同四七号）。

(7)　応永四年十月二十七日付掃部頭（摂津能秀）・沙弥（幕府奉行人）・左衛門尉（同）連署奉書案、細河弥九郎（基之）宛、祇園社領備後国小童保に外宮役夫工米の催促を停止（『八坂神社文書』下、一九八三号）。

(8) 応永五年八月二十一日付足利義満御判御教書、細河九郎（頼長）宛、備後国河北庄の刑部卿（土御門）有世卿雑掌への渡付（「土御門文書」二）。

(9) 応永五年十二月九日付幕府御教書、細河弥九郎（基之）宛、摂津能淳の所領備後国重永本新庄地頭職の押領人排除（「美吉文書」一）。

(10)（応永七年）二月十三日付細川基之奉書、矢野左近大夫宛、祇園社領当国小童保に城墎を構えて違乱するを停止、端裏に「細河兵部大輔殿　備後守護　応永七」（『八坂神社文書』下、一九八五号）。

(11) 応永七年二月二十八日付幕府御教書、細河兵部大輔（基之）宛、祇園社領備後国小童保に矢野左近大夫・同一族等の乱入狼藉するを停止（『八坂神社文書』下、一九八六号）。

（8）『系図纂要』は満元の弟満国を「六郎　右馬頭　从五下　大寧寺彦徳常輔」とし、また脇坂本・前田家一本・内閣本「尊卑分脉」（『新訂増補国史大系』本所掲）も満国を「六郎　右馬頭　イ五下　――卒廿八才　号大寧寺」としており、本文に引いた「細川文書」（長門）所収義満袖判御教書を載録した『大日本史料』第七編之九、応永十四年十二月九日条に、「細河右馬頭入道常輔」を満国に比定して綱文を立てているのは、尤ものようである。ところが同じ「細川文書」（長門）には丹波国畑庄の下地を「細河右馬頭満国」に預置した応永十五年九月三十日付将軍家義持袖判御教書が存在し、従って前年十二月の入道常輔をそのまま満国に比定するには問題のあることが判る。但し常輔に比定しうる別人は管見に触れないので、仮に常輔を満国に擬して後考を俟つこととする。

（9）前節註（15）所掲藤井駿氏論文参照。

（10）註（7）所掲今谷氏論文参照。

（11）『大日本史料』第七編之二三はこの和泉半国守護細川兵部大輔を満久（『系図纂要』、『続群書類従』本「細川系図」によれば、満之の子で阿波守護義之の養子となり阿波守護家を嗣ぐ）に比定して綱文を立てている。しかし満久は応永三十年六月から同三十二年正月までの間に兵部少輔から讃岐守に転じているので（「花営三代記」）、応永十五年に兵部大輔であった筈はない。一方頼長と並んで先に備後半国守護であった細川基之は註（7）の(9)―(11)に見られるように、応永五年十二月から同七年二月までの間に兵部大輔の官途を称している。したがって頼長とともに和泉半国守護に補任された細川兵部大輔が満久ではなく基之であることは確実である。なお『大日本史料』第七編之一五は同じく和泉半国守護の細川阿波守をやはり満久に比定している。しかし満久は上述のように讃岐守になるが阿波守の所見はなく、これに反して基之は、本文に掲げる和泉守護家略系図にも阿波守とし、『尊卑分脈』（脇坂本・内閣文庫本）に「兵卩大甫（ママ）　阿波守」、『系図纂要』に「兵部少輔　阿波守」とする。それゆえ基之が阿波守に転じて引続き、和泉半国守護に在職したことは推測に難くない。

（12）　降って文亀元年（一五〇一）から永正元年（一五〇四）にいたる前関白九条政基の『政基公旅引付』（『図書寮叢刊』）によっても、遵行や段銭賦課についての両守護の共同管轄方式が十五世紀初頭にもなお継続していることが判る。しかし家領和泉国日根野庄に下向した政基は、その前後にかけて下守護細川政久の被官佐竹某等による同庄押妨の停止を幕府に求める傍ら、直接下守護政久に使者を派し書状を送って折衝しており（同書文亀元年四月五日条等）、一方の守護の被官の惹起した問題等は主としてその守護に解決の責任があったことが窺われる。

（13）　歴代両守護の在職徴証は註（4）所掲今谷氏論文に詳しい。なお氏は持久の次の下守護民部大輔を細川政春に擬定されるが、本文の如く勝信に擬定すべきであろう。

（14）　なおB讃岐(8)の粟嶋は、頼有の譲状（前掲）では「あをしま」とも読めるが、応永七年八月二十四日付の管領畠山基国施行状（前掲）には「粟嶋」とあるので、後者に従っておく。

（15）　永原慶二氏『日本封建制成立過程の研究』三五八頁。

（16）　羽下徳彦氏「越後に於る守護領国の形成」（『史学雑誌』六八編八号）。

第三節　細川氏における内衆の形成

一　守護代級部将の起用

守護大名の分国内の被官が「国衆」と称せられたのに対して、大名の側近に在って庶政を担当し、守護代等として分国に派せられた被官は「御内」「内者」等と称せられ、「御内衆」「内衆」とよばれる一種の近臣団を構成した。(1) 南北朝内乱の勃発を契機として急速に分国を獲得した斯波・細川・畠山等の足利一門守護には、権力拡大のためにこのような近臣団の創出が不可欠の要素であったといわれる。(2) しかしながら、これらの近臣団たる内衆が具体的にいかなる機能を発揮して守護大名の権力を支えたかは、今日までのところ充分に追究されておらず、第一、近臣団がいかなる被官からどのようにして形成されたかという道程さえも殆ど明らかにされていない。そこで本節では細川氏について近臣団の成立過程を考察するとともに、彼等の活動状況の一端に触れて、守護大名の権力機構を解明する一助としたい。

室町幕府の守護の中でも前代以来の伝統的豪族においては、根本被官などと呼ばれた累代の家人・郎等が分国の経営に重要な機能を担っていたと思われるが、元弘・建武の動乱まで三河国内の弱小御家人に過ぎなかった細川氏の場合には、そのような前代以来の被官の勢力は微々たるものであった筈である。

明らかに三河国内より起った細川被官としては、僅かに細川頼之の部将細川天竺禅門（「予章記」）、至徳三年五月紫野の地一所を大徳寺如意庵に寄進した天竺頼秋（『大徳寺文書』之二一、二七三一号）、細川勝元の部将天竺孫次郎賢実（「経覚私要抄」七〇）のごとく、三河国幡豆郡天竺（現在の西尾市天竹）を名字の地とする天竺氏が見出されるに過ぎない。しかも細川天竺という複姓は、同氏が鎌倉時代に細川氏から分出した庶流一族であったことを推定せしめる。また丹波守護代、のち土佐守護代となった細川氏があるが、これはもちろん庶流一族である。なお細川頼元の郎等物部九郎成基（「相国寺供養記」）、細川政元の部将物部豊前守（『蔭凉軒日録』延徳二年七月三日条）等のごとき物部（上原）氏は、建武三年十二月「三河国平子庄桑子左近五郎屋敷弁畠伍」(地カ)の寄進状を記した物部熙氏（「楓軒文書纂」所収「三河妙源寺文書」）の存在から見れば、或いは三河以来の被官かとも思われるが、細川被官の物部（上原）氏は丹波出身という伝承を残している（後述）。物部氏は全国に多く分布しているので定かでない。かように三河国内に出自を求めうる被官は極めて少ないので、南北朝初期に細川一族の分国に配置された守護代その他の部将は、新附の諸国国人中から選定されたと考えられる。

先ず細川顕氏の分国においては、河内では建武四年（一三三七）秋山四郎次郎、和泉では同年から康永三年（一三四四）にかけて都筑次郎左衛門入道量空、讃岐では建武四年に桑原左衛門五郎常重、次いで同年末柴嶋十郎左衛門がそれぞれ守護代として在職し、顕氏の弟皇海の分国土佐では、暦応二・三年（一三三九―四〇）頃の守護代は高橋七郎兵衛入道であった。また守護代以外の部将としては、建武三年四月土佐に発遣された佐藤六郎、観応元年（一三五〇）十一月直義党に属した顕氏が同じく土佐に発向させた内嶋弥六等があった（第一章第二節・第三節参照）。また佐藤六郎と同姓の佐藤治部左衛門尉は康永三年二位家法花堂領讃岐国造田庄に大井高綱・寒川七郎・造田新大夫等とともに乱入して遵行の対象となったが（「善通寺文書」坤）、翌年には同国の「正守護細川陸奥守（顕氏）奉行」として活動している（「東金堂細々要記」康永四年八月二十二日条）。しかしこれら初期の守護代級部将の出自は分明でない。都筑氏は武蔵国都筑郡より出た関東御家人の子孫であろうし、桑原氏・内嶋氏も或いはそれぞれ武蔵七党の横山党桑原氏・猪股党内嶋氏の末裔かも知れないが[3]、周知のように多数の関東御家人が鎌倉時代を通じて諸国に分出しているから、都筑量空・桑原常重・内嶋弥六等の出身地は速断できない。けれども管見の限り当時の細川氏の分国内にはこれらの守護代級部将と同じ名字の国人は見出せない。おそらく彼等は、元弘・建武の動乱の勃発とともに四国・中国から畿内にかけて軍事行動を展開した顕氏・定禅・皇海のもとに諸国から来附した国人層であったと思われる[4]。

やや降って文和三年（一三五四）若狭守護となった細川清氏の補した守護代頓宮四郎左衛門尉（のち大和権守）のごときは明らかに備前国福岡庄吉井村地頭の一族であった[5]。また新開遠江守は文和五年二月阿波守護細川頼之から臨川寺三会院領阿波国富吉庄の遵行を命ぜられ（「臨川寺重書案文」坤）、頼之の阿波守護代であることが判り、『太平記』にも康安二年（一三六二）新開遠江守真行は讃岐国で清氏討滅の合戦に頼之の有力部将として活動したと伝えるが、この新開真行については土肥実平の次子なる武蔵の新開実重の子孫で、細川氏に従って阿波に移り、牛牧庄を領したという所伝がある[6]。確かに、観応二年四月幕府は小笠原源蔵人・一宮彦次郎に命じて新開新兵衛尉の仁和寺真光院門跡領阿波国牛牧庄乱妨を退けさせており（「仁和寺文書」三、石橋和義奉書）、細川被官新開氏の初見が牛牧庄に勢力を及ぼしたことにあるのは間違いない。但し同年九月守護細川頼春は牛牧庄地頭職を安宅頼藤に預置き、翌文和元年十月幕府は守護細川頼之に命じて同庄地頭職を頼藤に渡付させているから（「安宅文書」）、真行の牛牧庄領知が承認されたのは、安宅頼藤が頼之に離反して南朝から小豆坂以南経略を命ぜられた延文四年（正平十四年、一三五九）以後であるらしい（同上）。ともあれ頓宮氏や新開氏は何れも分国外から細川氏に従属して入部し、守護代に起用されたものと推定される。

しかしながら細川氏が初めて分国を獲得してから数年後には、分国内の国人からも守護代を起用し始めた模様である。貞和元年（一三四五）の讃岐守護代は粟嶋八郎というものであったが、同人は同国柞原野庄を押領した廉で興福寺から訴えられ、その八月に守護顕氏は粟嶋の避状を寺家に交付して同庄の返付を約した（「東金堂細々要記」）。嘉慶元年（一三八七）細川頼有が嫡子頼長に譲り応永七年（一四〇〇）頼長が将軍義満より安堵された所領の中に讃岐国粟嶋があって、後年の細川氏の所領であるから（『細川家文書』中世篇六号・一八五号）、粟嶋八郎はおそらくこの地の国人で細川被官となったものであろう。

粟嶋は右の押領事件を機として罷免されたらしく、同年十一月顕氏が春日部義淵なるものの柞原野庄濫妨の停止を命じた守護代は月成太郎兵衛尉であった（「東金堂細々要記」）。この月成太郎兵衛尉は実名を盛国といい、さきには建武四年（一三三七）十一月和泉国上条の濫妨人排除を同国守護の顕氏より命ぜられて打渡を実施した両使の一人であったから（「田代文書」、第一章第二節参照）、夙に顕氏の被官となって和泉に進出していたことが知られる。ところで貞和四年五月顕氏は秋月太郎兵衛尉に日吉社領讃岐国柞田庄地頭等の濫妨停止を命令する書下を下し（「根岸文書」）、讃岐守護を継承した顕氏の嗣子繁氏も文和四年（一三五五）七月秋月兵衛入道に遵行状を下して新宮三位房の祇園社領同国西大野郷等に対する濫妨を排除させている（京都大学所蔵「祇園社文書」）。月成太郎兵衛尉盛国と秋月太郎兵衛尉ないし兵衛入道とは、通称および官途が同一であることと引続き讃岐守護代である点から推して、おそらく同一人であろう。秋月は『和名類聚抄』に記されている阿波国阿波郡の古い郷名で、鎌倉後期の足利氏所領奉行番文に「秋月庄」とあって、当時の足利氏本宗の所領の一つであり（「倉持文書」）、おそらく細川和氏または頼春が尊氏から勲功の賞として賜り当初から守護所を置いた地と推定される。(7)月成という地名については所見を得ないが、月成盛国ないし秋月太郎兵衛尉は顕氏に属して和泉で軍功勤功を励んだ阿波の国人であって、やがて讃岐守護代に抜擢されて四国で活動したのではなかろうか。ともあれ阿波の秋月を名字とする顕氏の被官が讃岐守護代になったことは間違いない。

なお秋月氏と同じく顕氏に属して讃岐に進出した部将に「いくいなの七郎左衛門秀武」があり、秀武は観応二年（一三五一）八月讃岐の土豪由佐弥次郎秀助に対し、讃岐国安原城中における軍忠の賞として同国井原庄内鮎滝領家職を御沙汰落居の間預置いている（「由佐文書」）。「いくいな」は即ち石清水八幡宮領阿波国生夷庄（勝浦郡生比奈村）であり、鎌倉中期には岩松氏の所領となっていた。(8)生夷秀武はこの地を本拠とした阿波国人であろう。

細川頼之の守護代級部将にも、さきの新開氏のごとく他から入部したものの外に、分国出身の部将が見られる。延文元年（一三五六）九月頼之の目代十河左衛門尉遠久は伊予国分寺に奉書を下して、同国桜井郷内木本久枝名六段半を頼之の祈禱料所として寄せ、その家門繁昌を祈禱させている（「伊予国分寺文書」乾）。十河氏の名字の地は『和名類聚抄』の讃岐国山田郡蘇甲郷即ち後世の木田郡十河村であり、十河遠久はこの地の出身と考えられる。しかし永仁元年（一二九三）阿波国高越庄八幡宮御供頭役置文に「源朝臣小笠原五郎常春御代官十河甚内元清」の署判があって（「阿波国社寺文書」）、既に鎌倉後期には阿波守護小笠原氏の被官として阿波に在住していた十河氏が認められる。そしてこの阿波高越庄はやがて頼之の弟頼有の所領となっているから（前述細川頼有譲状）、或いは遠久はこの阿波の十河氏の系統で、阿波守護細川頼春・頼之父子に属したものかも知れない。何れにしても伊予目代に起用された十河遠久が細川氏の分国讃岐または阿波の国人であったことは確実である。

以上のように分国の経営が進展するにつれて細川一族は漸く分国出身の被官からも守護代・目代等を任用するに至っ

たが、その場合注目すべきことの一つは、顕氏の守護代粟嶋氏が讃岐、秋月・生夷両氏が阿波、頼之の目代十河氏が讃岐または阿波の出身であるように、分国の中でも讃岐・阿波両国の国人が多く起用されていることであり、いま一つは、阿波の秋月氏が和泉や讃岐に、生夷氏が讃岐に派せられ、讃岐または阿波の十河氏が伊予目代に補せられたように、早く罷免された粟嶋氏以外は、何れも本国以外の分国に発遣されて活動していることである。これらは単なる偶然ではなく、細川氏が最も早く国人層掌握に成功した四国なかんずく讃岐・阿波両国から守護代級部将を採用したこと、および原則として在地性の脱却が守護代級部将に要求されたことを示すものと思われる。

二　内衆成立の端緒

こうして細川一族は当初はまず主に分国外から来属した諸国国人から守護代級部将を選定し、次いで漸次分国なかんずく阿波・讃岐の国人出身の被官から多くこれを採用した。しかしこれらの部将の大半、即ち顕氏に属した秋山・都筑・柴嶋・内嶋・粟嶋・秋月・生夷等の諸氏や清氏に属した頓宮氏のごときは、何れも後の管領細川氏の近臣や守護代等の有力被官の中には同姓が見当らず、都筑・秋月など二、三が阿波国衆などとして戦国末まで存続したに過ぎない。即ち初期の守護代級部将の後裔がそのまま近臣に転化したのでないことは注目に価する。主に在国して分国の経営に当っていた南北朝期の守護代・目代等と主に在京して守護に近侍する室町期の近臣とが必ずしも同一の性格でないことは当然であろうが、それにしても、初期の守護代級部将が後年の内衆の前身にならなかったことはもとより、守護代等としても殆ど存続しえなかったことは、細川氏の有力被官の構成に大きな変化の起ったことを推測させる。

そもそも守護の軍勢に対する恩賞授与権は南北朝初期には厳しく制約されていたし、(9)いわゆる使節遵行権も、守護代ないし被官の非違に対しても行使されるべきものである以上、守護大名の権力拡大にとって両刃の剣にならざるをえなかった。細川氏の場合も例えば貞和二年（一三四六）および同六年東寺が阿波守護細川頼春とその守護代某の宝荘厳院領阿波国大野庄本家職押領を幕府に訴えたこと（「東寺百合文書」ト一―一五、ト六一―七五）、貞和四年二月幕府が淡路守護細川師氏に対して、禅林寺新熊野社領淡路国由良庄領家地頭職を兵粮と称し預り人を付けて押領した行為を戒めて、その返付を命じたこと（「若王子神社文書」）、観応二年（一三五一）正月直義党石塔頼房（カ）が島津貞久の所領讃岐国櫛無保を与党細川顕氏の「御手人中令二管領一」ることを不当として、顕氏にその停止を要請していること（「薩藩旧記」前集一六）、延文二年（一三五七）九月義詮が淡路守護細川氏春に御判御教書を下して、上述由良庄の筑佐方領家地頭惣追捕使職に対する広田大和弥九郎[10]の押妨停止の幕命が使節難渋によって履行されないのを糾弾していること（「若王子神社文書」）等は、何れも守護代ないし被官に対する庇護の限界を示している。わけても前に述べた貞和元年の讃岐守護代粟嶋の柞原野庄押領事件においては、守護顕氏が興福寺の返還要求に応じて粟嶋に避状を提出させており、将軍家の藩屏としての一門守護細川氏にとっては、権門寺社保護の方針が守護代級部将の利害よりも優越した事実を明瞭に表している。粟嶋がまもなく守護代を罷免されているのも、このような顕氏の方針と決して無関係でなかったであろう。

この外南北朝時代には一般に守護家自体が不安定で守護職がしばしば改替されたことも、有力被官の育成にとって阻止的要素となったことは推察に難くない。殊に守護代等の任免が専ら主君である守護の意向に懸っている以上、主家の隆替が直ちに有力被官の浮沈をもたらしたことは当然であったと考えられる。康安元年（一三六一）管領細川清氏が将軍義詮の嫌疑を受けて分国若狭に没落すると、守護代頓宮は幕軍に内応して寄手を城中に導入したと伝えられ（『太平記』三六）、爾後細川被官のうちに頓宮氏が見出されなくなるのは、その一例である。また細川氏の分国阿波を本拠として同じく細川氏の分国である隣国讃岐で活動した秋月氏や生夷氏の後裔を内衆・守護代等に発見しえないのも、やはり主家である顕氏系細川氏の衰頽が要因であろう。第三章・第四章に縷述したように顕氏の卒去後讃岐・土佐両国守護を継承した嫡子繁氏が延文四年頃夭折し、代って頼之が讃岐に進出、従兄弟の前管領清氏を討滅するに及び、結局讃岐・土佐はともに頼之の分国に帰した。このような顕氏系細川氏の没落と頼之系細川氏の発展とは、有力被官の構成に大きな変動を惹起したに相違ないのである。

したがって頼之の守護代級部将の子孫には、引続き管領細川氏の奉行や守護代として活動したものが見られる。前述の伊予目代十河遠久の一族と思われる十河又四郎兼重は、本節三に掲げるように明徳三年（一三九二）の相国寺供養に管領細川頼元の随兵として列している。さらに「そかう（十河）」某は応永十六年（一四〇九）九月丹波守護代細川遠江守に段銭免除の奉書を出しており（『東寺文書』之二「東寺百合文書」に八八号）、満元側近の奉行であったし、応永三十二年には十河宗善が摂津守護代であった（本章第二節一(ハ)）。また頼之の阿波守護代新開真行の後裔には、細川勝元の土佐守護代で寛正六年（一四六五）伊予に発向して河野通春勢と戦い討死を遂げた新開遠江守之実があり（『毛利家文書』之一、一一八号細川勝元書状、「村菴小稿」新開之実画像賛）、新開氏が依然として細川氏の部将として活動していることが知られる。

但し顕氏や清氏の被官がすべて没落したのではなく、頼之系細川氏の被官に転じて活動を続け、内者・守護代の列に加わった国人も少なくない。その例として寒川・庄・香西・広田・海部・奈良の諸氏を挙げることができる。

(a)寒川氏　康永三年（一三四四）七月二位家法花堂領讃岐国造田庄乱入の違乱を幕府から停められながらも替の恩賞を与えられた顕氏被官の一人に寒河七郎があり（「善通寺文書」坤）、その同族寒河次郎太郎は観応二年（一三五一）十一月顕氏に従って上洛した功によって義詮から本知行を安堵されたが（「東寺百合文書」フ一七―四〇）、彼等の子孫と思われる讃岐国東長尾荘地頭寒河出羽入道常文（実名元光）は細川満元の近臣として在京し、応永初年以来細川氏の政治力を背景にして東寺領山城国久世庄の公文職を同庄真板（舞田）氏と相論している。[11] また応永二十九年六月東寺が寺領摂津国垂水庄の代官に庄内の住人岸辺某を補そうとしたところ、守護細川満元は「大方内藤久知行之、然者争被㆓改替㆒乎」と称して近臣の内藤八郎を代官に口入し、「仍請口等事、委細寒川入道（常文）可㆑加㆓扶持㆒之由、可㆑令㆓下知㆒」と称しており（『東寺文書』之三「東寺百合文書」ち五号、二十一ロ方評定引付同年六月三日条）、常文は満元の近臣として守護口入代官の請所契約等の実務を担当していたことが判明する。

(b)庄氏　『太平記』一四に建武二年十一月細川定禅の挙兵に呼応した備中の武士を列挙した中に庄氏を数えている。この庄氏は正平九年（一三五四）十二月二十一日後村上天皇綸旨案に「備中国草壁庄西方地頭職庄兵衛四郎并一族等跡」とあり（『金剛寺文書』一六六号）、備中国を本拠とする国人であろう。したがって上述康永三年の讃岐国造田庄乱入の人々の中に見える庄十郎四郎は、その一族で細川顕氏に従属して讃岐に進出したものであろう。しかし応安七年（一三七四）十二月幕府は弘石大和入道等の押妨した石清水八幡宮領備中国水内北庄の下地返付を庄四郎と松田左近将監の両人に命じ、翌八年重ねて同庄の打渡を庄四郎と小河兵庫助に命じているように（『石清水文書』之一、二三三―二三五号）、庄四郎某は備中に在国して時の守護渋川満頼等に従属して活動していた。しかし明徳元年（一三九〇）備中が細川頼之の分国になるとともに、一族は頼之の麾下に属したらしく、次に掲げる明徳三年の相国寺供養には庄駿河四郎頼資が管領細川頼元の随兵に加わっている。かくて庄氏は、右の石清水八幡宮領水内庄の年貢につき、長禄三年（一四五九）守護細川氏久から庄藤右衛門尉・石川源三の両守護代が遵行を命ぜられたように（『石清水文書』之一、二三六号）、備中守護細川氏の守護代として活動することとなる。

(c)香西氏　讃岐国香川郡香西を本拠とする同国在庁とみられる香西氏は、[12]細川定禅が建武二年（一三三五）十一月同国鷺田庄（財田庄か）で挙兵したときこれに与したと伝えられ（『太平記』一四）、次いで香西彦三郎は建武四年六月顕氏より同国財田城攻略に加わるべき旨の軍勢催促状を受けており（『阿府志』二八）、守護顕氏に属して行動したことが窺われる。しかしその一族香西彦九郎は「今度於二四国一致二忠節一之由、讃岐守（細川頼春）所二注申一也」云々という正平六年（観応二年、一三五一）十二月十五日付の義詮御感御教書を与えられており（『細川家文書』中世篇一二三号）、観応擾乱を機として頼之系細川氏に属したらしい。やがてその子孫と覚しい香西豊前入道常建は、応永二十一年（一四一四）七月二十九日幕府から東寺領丹波国大山庄の御即位段銭を京済とすべきにつき地下の催促を止むべしと命ぜられ、翌々二十三年八月二十三日同庄の仙洞段銭催促停止の書下を又守護代と思われる三上三郎左衛門尉に下しているように（『東寺文書』之二「東寺百合文書」に一〇〇・一〇七号)、丹波守護代として活動したが、応永二十九年六月八日に歿した。その後は一族の香西豊前守元資が守護代となったが、元資は永享三年（一四三一）七月に至り、「此間守護代香西政道以外無[二]正体[一]」との将軍義教の意向により罷免されている（前節一(ニ)丹波の項参照）。

(d)広田氏・海部氏　正平七年（一三五二）二月広田出羽亮五郎時直と海部但馬守の両名は東寺領山城国久世庄の濫妨人排除を命ずる細川顕氏奉書を受けており（「東寺百合文書」ホ三六―五五）、ともに顕氏に祗候して在京していたことが窺われる。しかし広田時直は『師守記』貞治四年（一三六五）六月九日条に「淡路国広田惣領地頭」である時直が細川氏春に随従して上洛したついでに中原師守の許を訪れたとあって、顕氏系細川氏の没落後は本国淡路の守護氏春の近臣となっていることが判る。また海部但馬守の一族と思われる海部三郎経清は次に掲げる相国寺供養に管領頼元の随兵として参列しており、降って『満済准后日記』応永二十七年（一四二〇）八月三日条に「細河讃州(義之)若党カイフ(海部)ト云者」とあって、一族の一人は阿波守護細川義之に若党として仕えている。(13) 海部氏は阿波国海部郡（『和名類聚抄』には那賀郡海部郷）を本拠とした土豪と思われ、したがって顕氏系細川氏の衰頽後一族はすべて頼之・頼元系細川氏に属し、さらにその子孫は本国阿波の守護家に近侍するに至ったものであろう。その子孫と覚しい海部友光は戦国末の海部城（鞆城）主であった（「阿波志」「南海治乱記」「阿波国城跡記」等）。

(e)奈良氏　延文五年（一三六〇）三月の東寺領若狭国太良庄領家方年貢散用状（延文元年除分）に「五斗五升二合　守護那(マヽ)良殿雑掌三分一定」とあり（『東寺文書』之一「東寺百合文書」は一三八号）、若狭守護細川清氏の被官に那良某があった。この奈良氏の出自は詳かでないが、「香西記」一〇の「細川氏に従ひ来住の氏ハ、香川・安富・奈良・葛西等、関東の姓氏なり」との所伝から見れば、武蔵国大里郡奈良を名字の地とする関東御家人の末裔で、(14) 細川分国外から来属したものらしい。清氏滅亡後、奈良氏は頼之・頼元に属したと見えて、永和四年（一三七八）十二月奈良入道某は摂津守護細川頼元から東寺領同国垂水庄下司職の押領人排除を命ぜられ（「東寺文書」楽）、永徳元年（至徳元年―一三八四―カ）十二月と至徳二年二月には奈良又四郎が庄十郎三郎とともに同じく頼元から高野山領同国泥(昆)陽寺庄西方内の乱妨人排除を命ぜられている（浅草文庫本「古文書」）。さらに『満済准后日記』応永三十一年（一四二四）正月二十四日条に「自二右京大夫(細川満元)方一以二楢(奈良)入道一申様」云々とあり、降って『蔭凉軒日録』文明十八年（一四八六）正月十一日条に「於二九郎(細川澄之)殿屋形一待二奏者一数刻、而後奈良備前守出」とあるように一族は引続き管領細川氏の近臣として活動している。

このように顕氏・清氏の被官から頼之系細川氏の近臣に転身しえた諸氏は、顕氏・清氏の下では未だ守護代級の重臣には上昇しなかった武士であり、そのような主家との結合の稀薄さの故に却って彼等は転身が容易であったと考えられる。且つ庄氏・奈良氏等を除き、多くは分国内に本拠を有しており、しかも大部分は既に顕氏や清氏に従って畿内その他に進出し、半ば在地性を脱却しつつあった武士である。頼之系細川氏は、分国経営の進展とともにかかる顕氏系ないし清氏系の被官中の進取的な分子を従前の部将新開氏・十河氏とともに有力被官の列に組み込むことによって、近臣団を創出したものと見做すことができるのである。

三　内衆の成立とその活動

明徳三年（一三九二）八月二十八日将軍義満をはじめ公卿・諸大名が参列して営まれた相国寺供養に、管領細川頼元の随兵として列なった「郎等二十三騎」は次の通りであった（「相国寺供養記」）。(15)

小笠原備後守成明栗毛、小笠原又太郎頼長月毛、海部三郎経清月毛、由木太郎之春鹿毛駿、柿原下野三郎兼信鹿毛、河村小次郎之秀栗毛、十河又四郎兼重月毛、安富安芸又三郎盛衡黒河原毛、物部九郎成基鹿毛、那伽三郎氏宗黒毛、内藤左衛門四郎季綱(秀イ)青黒、長塩兵衛五郎家次栗毛駿、長尾六郎高之雲雀毛、薦田新四郎頼尚栗毛駿、大西三郎貞広月毛、香河五郎頼景鹿毛、妻鳥但馬十郎清次栗毛駿、荘駿河四郎頼資黒栗毛、松田彦次郎重秀佐目、飯尾善六長尚黒毛、佐々木加地彦次郎朝包白河原毛、栗野三郎範幸鹿毛糟毛、三宅七郎氏村鹿毛

明徳の乱から半年後、南北朝合一の三ヵ月前に行われたこの相国寺供養は、将軍義満の権威と幕府権力の安定を誇示する盛儀であったが、同時にこれは細川頼之の卒去後五ヵ月に当っており、管領頼元の「郎等」の構成は頼之時代における細川氏の近臣育成の成果を示すものであったといえる。

そこで、次にこれらの随兵を出した諸氏のうち、出自を推測しうるものを出身国別に掲げて、その細川氏への帰属の経過を探ることにする。

A　阿　波

(a)　小笠原氏　承久乱後から鎌倉末元弘年間まで阿波守護を世襲し、[16] 一族に前述高越庄地頭小笠原常春などがあった。『太平記』二一に千町ヶ原の合戦に臨んだ細川頼春の軍勢に「小笠原ノ一族共」を数え、観応二年（一三五一）四月幕府から新開新兵衛尉の阿波国牛牧庄濫妨の排除を命ぜられた両使の一人に小笠原源蔵人某があり（「仁和寺文書」三）、小笠原氏の一部は夙に頼春の被官になっていた。上掲のように相国寺供養に頼元の郎等の先頭として参列し、且つそれより二ヵ月余り後の明徳三年十一月七日から、丹波守護代の在職徴証が現れ、応永四年十一月まで在職所見を残している小笠原成明は、おそらく細川頼春以来の被官小笠原氏の子孫であろう。しかし他方には観応三年五月飯尾隼人佐吉連代(ママ)光吉心蔵軍忠状に「同(観応二年)七月二十八日、(阿波)東条合戦之時、追二返小笠原宮内大輔(頼清)一訖」（「蠹糧雑識」）とある阿波南軍の将小笠原宮内大輔（のち左馬権頭）頼清があって、正平七年（一三五二）から同十七年にかけて同国の土豪小野寺・落合・小川・西山の諸氏に感状または軍勢催促状を下し（「小野寺文書」『阿波国徴古雑抄』）、同じく菅生氏に兵粮料所を預置き所領を宛行っており（「菅生文書」）、南朝の阿波守護として活動したらしく、『太平記』三八に細川清氏が南朝に帰順し讃岐に渡ると小笠原宮内大輔は阿波の勢三百余騎を率いて清氏に属したとある。この頼清の系統は前代の阿波守護小笠原氏の直系の後裔と思われる。『尊卑分脈』（脇坂本・前田家一本・内閣文庫本）にも小笠原宮内大輔頼清が記載されている。しかし「予陽河野家譜」三に正平二十二年（貞治六年、一三六七）「依二細河(頼之)之計策一小笠原等属二将軍方一」と伝え、爾後頼清の南軍としての活動が見られなくなり、細川方帰属が窺われる。相国寺供養に二番目に列なっている頼長はおそらく頼清の近親であろう。

(b)　海部氏　前述のように阿波海部郡の出身らしく、海部但馬守は顕氏に仕えて在京したと覚しい。

(c)　由木氏　武蔵七党の横山党・西党にこの名字があるが(「武蔵七党系図」)、阿波国海部郡に由岐浦があり、『太平記』三六に雪ノ湊とある。頼元郎等由木之春は「相国寺供養記」に海部経清の次に掲げてあるところからも、本来は由岐氏で、同じく阿波国海部郡の土豪ではなかろうか。なお戦国末の由岐城主由岐隠岐守有興の名が「阿波志」「阿州古城諸将記」などに見える。

(d)　柿原氏　阿波国阿波郡柿原村の土豪で、「阿波志」には藤原師光を祖とした阿波の在庁とする。果して「離宮八幡宮文書」に「八幡大山崎神人等申、阿波国柿原四郎入道笑(カ)三師房幷国衙雑掌以下輩、構㆓新関於吉野河㆒、押㆓取内殿燈油料荏胡麻㆒事、訴状二通幷注文如㆑此」としてその妨の停止を小笠原又大郎(マヽ)・田村十郎入道の両人に命じた元徳元年(一三二九)十一月二日付の六波羅御教書(『島本町史』史料篇所載、一八号)があって、在庁という所伝を裏付けている。柿原村は阿波国府(名東郡国府町)へは吉野川を隔てて約一〇キロメートル、細川氏の守護所秋月に隣接するから、柿原氏はいちはやく細川被官化した在庁の一つに違いない。「阿波国古城記」阿波郡分の「柿原殿」、「阿州古城諸将記」の「柿原源吾」などはその子孫であろう。

(e)　大西氏　阿波国三好郡大西村の土豪である。但し「大西系図」「大西家系」(太田亮氏『姓氏家系大辞典』所引)に何れも祖先を小笠原頼清とするが、年代その他に矛盾があるので附会であろう。戦国末の大西出雲守頼武、角養父子が「三好家成立之事」「阿波志」等に伝えられている。

(f)　飯尾氏　阿波国麻殖郡飯尾村(今の西尾村内)を名字の地とし、「堯孝法印日記」文安三年正月一日条に「三善常房(飯尾彦六左衛門)来て祝詞をのふ」とあるように、三善氏を称する。六波羅引付奉行人から雑訴決断所職員に転じ、さらに室町幕府引付奉行人となった飯尾彦六左衛門入道覚民（『阿波国徴古雑抄』、「東寺百合文書」め四一―五〇、雑訴決断所結番交名、「田代文書」二）をはじめ、一族に室町幕府の奉行人が多い。しかし康永三年（一三四四）の引付番文（「結城文書」一）に見える飯尾隼人佐（ママ）と同人と思われる阿波国麻殖庄西方惣領地頭飯尾隼人佑吉連は、これよりさき建武三年（一三三六）二月二十五日舎弟四郎為重等とともに「致二御供一候」旨の著到状を高師泰に提出して証判を受けていて（「碩田叢史」所収「古文章」）、尊氏の西走に従軍したことが知られ、また吉連の代官光吉心蔵は観応三年（一三五二）五月、去々年以来阿波国内で南軍と連戦した旨の軍忠状を捧げており（「蠹糧雑識」）、幕府奉行人となって在地性を脱却しながらも代官を細川氏に属させて軍忠を励ませたことが判る。飯尾氏の一部はこのような経過を通じて細川被官としての活動に入ったに違いない。

(g)　栗野氏　「阿波国古城記」美馬三好郡分に「栗野殿」とする以外管見に触れないが、上述大西氏等と同様の阿波国の土豪であろう。

B　讃　岐

(a)　十河氏　前述のように讃岐を本貫とし、阿波にも一族があり、十河遠久は頼之の伊予目代としての所見がある。なお「香西記」一〇に「讃岐支流ハ植田・三谷・神内・十河・高松・寒河等也」と古来の讃岐公の末裔に数えており、戦国期に三好長慶が弟一存をして十河氏の名跡を継がせたのも、讃岐の旧族十河氏の勢望を利用したものと思われる。

(b)　那伽氏　「香西記」一〇に「藤支流ハ羽床・新居・福家・香西・那珂等也」とし、香西氏等と同族で、讃岐国那珂郡を名字とする土豪と思われる。

(c)　長尾氏　讃岐には古来寒川郡と鵜足郡に長尾郷があり（『和名類聚抄』）、それぞれ東長尾・西長尾と呼ばれた。「南海流浪記」に「讃岐ノ守護所長雄二郎（ママ）左衛門」とあるのは三浦氏の讃岐守護代と見られる。守護所の置かれたと推定される宇多津に近いのは西長尾庄であるから、おそらくこの地の出身であろう。『全讃史』には細川頼之の被官海崎元高なるものが鵜足郡長尾に居城を築いたと伝えるのも西長尾である。東長尾は前述の寒川氏が地頭として見えるが、しかし観応三年四月長尾右衛門尉保守は二位家法花堂領讃岐国東長尾庄を領家方年貢三百貫文で請所としており（『三宝院文書』第二回採訪七）、東長尾にも長尾氏の存在が認められる。降って宝徳元年（一四四九）十月長尾次郎左衛門尉景高は讃岐国上金倉庄惣追捕使職を高野山に寄せており（『金剛三昧院文書』二二七号）、長尾氏が讃岐の各地に繁延したことを窺わせる。なお『見聞諸家紋』には「橘家讃州長尾南、橘家讃州長尾北」として類似の家紋を載せ、橘氏の裔としているが、「香西記」一〇には「佐伯氏ハ新目・本目・長尾等也」と佐伯氏の末流に数えている。

C 伊　予

(a) 妻鳥氏　伊予国宇摩郡妻鳥村より起ったものに相違ない。伊予には細川頼春が康永元年（一三四二）進攻し守護に在任し、頼之も前述のように伊予守護となり、その後一旦河野氏に守護職を譲ったが貞治三年（一三六四）再び伊予を侵して河野通朝を敗死せしめ、康暦二年（一三八〇）まで分国としていたことは、前述した如くである。殊に妻鳥は伊予の東端に近く、阿波と讃岐に至る道路の分岐点付近に位置するので、妻鳥氏が細川氏に属して被官化したことは不思議でない。

(b) 長塩氏　出自を明示する証左を見ないが、「阿州古城記」には『太平記』二三に伝える伊予の住人大森彦七盛長の子孫とし、「阿波国古城記」板東郡の項にも「長塩殿　大森」とあって、本来は伊予の国人らしい。細川氏の伊予進出に伴い被官化したのであろう。前節に挙げたように、細川宗家の摂津守護代として応永五年以降長塩備前入道が見える。

D 備　前

(a) 佐々木加地氏　越後国沼垂郡加地庄を所領とした佐々木盛綱の子孫であるが、「新編追加」に「熊野御領備前小島庄田畠越レ境、地頭加治（ママ）太郎左衛門尉押二領之一」云々とあって（『中世法制史料集』第一巻第三部八一）、備前に遷った一族があり、「光明寺残篇」に「佐々木源太左衛門尉備前国」、『太平記』七に「備前守護加治(ママ)源二(太カ)郎左衛門」、同書八に「加治(ママ)源太左衛門尉」とあるように元弘元年―同三年の備前守護は加地氏であった。なお別に武蔵国加治庄より起った丹党加治氏があるが、加地・加治は混用されており、備前の加地（加治）氏が佐々木氏庶流なることは疑いない。『梅松論』に建武三年五月尊氏が上洛に際し佐々木一族の所領備前国小嶋（児島）に着岸した時、加治(ママ)越前守が仮御所を作って奉仕したとあり、加地氏の足利方に属したことが窺われる。頼之の中国管領としての備前から安芸に亙る経営は前述したところであり、また『太平記』三八に康安二年（一三六二）「讃岐ヨリ細河右馬頭頼之、近日児嶋へ押渡ルト聞ユル」云々とあり、備前児島での軍事行動も窺われる。それゆえ加地氏の一部は、頼之の中国経略に際して被官化したのであろう。

(b)　松田氏　全国各地に分布する名字であるが、備前の松田氏は相模の御家人松田氏の庶流と伝え（『備前文明乱記』）、『太平記』一四には「備前守護松田十郎盛朝」とあり、同書三八に「其国ノ守護勢松田・河村・福林寺」云々と記す。もっとも室町幕府の奉行人にも松田氏の一族があり、殊に松田丹後守貞秀（『御評定着座次第』）をはじめ、「秀」を通字としているものが多いので、松田重秀がその一族である可能性も考えうる。何れにせよ頼之の活動を機会として被官化したのであろう。

E　備　中

(a)　河村氏　備中国浅口郡川村郷（『和名類聚抄』）より起ったらしく、『太平記』一四は建武二年の細川定禅の挙兵に呼応した備中の武士を「小坂・川村・庄・真壁」等々とするが、同書三八には、右の(b)に引いたように備前にも同姓の武士の存在を伝えている。何れにせよ頼之の中国管領としての活動が被官化の重要な契機であろう。さらに明徳元年（一三九〇）九月頼之は天龍寺領備中国成羽庄に関する遵行を幕府から命ぜられており（『天龍寺重書目録』）、備中分郡（または半国）守護を兼ねた。備中出身の細川被官にとってこれは有利に作用したに違いない。河村之秀が頼元郎等として相国寺供養に列したのはその翌々年に当る。

(b)　庄氏　前述の如く、備中の国人であり、讃岐に進出したものもあったが、備中守護渋川氏の被官から頼之の被官に転じたのが主流であろう。

F　その他

(a)　物部氏　三河に物部氏のあることは前述したが、また丹波国何鹿郡にも物部氏があり、源頼朝からこの郡を賜った信州上田の上原丞景なるものを祖とし、戦国時代の細川氏部将上原賢家はその子孫であるという（『物部古城記』）。事実とすれば、丹波の物部氏は明徳の乱直後丹波が細川頼元の分国になると、いちはやく頼元に帰属して同年の相国寺供養に郎等として列したことになるが、如何なものか。出身は不分明とせざるをえない。

(b)　内藤氏　諸国に同姓が多く、詳かでない。『太平記』一六などには備前の内藤氏が見えるが、同書一五に、尊氏が建武三年正月都落の際、丹波曽地の内藤道勝の館に着いたとあり、丹波有数の国人にも内藤氏が存在する。けれども細川被官内藤氏は内藤弾正左衛門尉が至徳二年六月に既に頼元の摂津守護代として見え（『諸国古文書抄』五）、明徳三年三月、同年十一月にも引続き在職していて（『離宮八幡宮文書』一）、丹波の内藤氏ではない模様である。相国寺供養に随従した内藤左衛門四郎季綱はその子弟と思われる。降って応永二十九年正月には、前述の如く細川満元が内藤八郎を摂津垂水庄の請所代官に口入し、永享三年七月には内藤備前入道が丹波守護代に補せられている（前節参照）。これらも弾正左衛門入道の同族であろう。

(c)　三宅氏　各地に同姓があり、細川被官の三宅氏の出自は明らかでないが、或いは摂津国島下郡三宅村より起ったものではあるまいか。戦国時代には同地の城主として三宅氏村・同国村等が知られる。

(d)　香川氏　所伝は区々であるが多くは鎌倉権五郎景政の末裔とする。例えば『全讃史』には、景政の末孫香河兵部少輔景房なるものが頼之に従って讃岐に来り、多度津に築城したとする。しかし同書は、阿野郡の香川氏は綾君の別族香川景玄の裔と説き、在地の旧族としている。建武元年九月二十七日後醍醐天皇の賀茂両社行幸に供奉した尊氏の随兵に見える香川四郎五郎の一族が、やがて細川被官となったのかも知れないが出自は明らかでない。なお延文五年（一三六〇）十一月香河太郎左衛門入道性悟が所領和泉国大鳥郡上条女子一分地頭職を田代千代若丸に避渡しており（「田代文書」五）、和泉にも香川氏があった。香川氏は鎌倉後期以来同国大鳥庄について所見がある（「田代文書」）。前節に掲げたように、やがて香川氏は讃岐守護代として活動するようになる。

(e)　安富氏　下総より起り、応安年間細川頼之に従って讃岐に入り寒川郡の内七郷を領したという所伝があり（「西讃府志」「南海通記」）、僅かに応安七年（一三七四）鎌倉府から下総香取社領の下地打渡に派せられた両使の一人に安富大蔵入道道徹がある（『千葉県史料』中世篇「香取文書」九五―一二〇号）。しかし、細川氏と下総との関係は跡付けられず、反面鎌倉時代以来幕府奉行人中に安富氏が見えるので、おそらく下総の安富氏が直接頼之の被官となったのではなく、一旦幕府奉行人となった一族から頼之系細川氏の近臣安富氏が起ったのであろう(17)。なお前述の細川頼有譲状に「一、さぬきとよふくのしやうの内くまをかのやすとみかあと」とあり、頼長に対する義満の所領安堵状に「熊岡安富名」とあるが、これは安富某跡の名田が安富名と呼ばれたので、安富氏の名字の地ではなかろう。

(f)　薦田氏　武蔵七党児玉党薦田氏の子孫であろうが、南北朝期の本拠地や、細川氏に来附した経過、活動状況等については知見を得ない。

以上のように、「相国寺供養記」に見える二十二氏二十三騎中、小笠原・海部・由木・柿原・大西・飯尾・栗野の七氏八騎は阿波に、十河・那伽・長尾の三氏は讃岐に、妻鳥・長塩の両氏は伊予に(18)、佐々木加地・松田の両氏は備前に、河村・荘の両氏は備中に、それぞれ本拠地をほぼ比定しうる。他はあまり明確でないが、おそらく物部氏は三河（または丹波）、三宅氏は摂津より起ったものの如くである。一方、香川・安富の両氏は関東の出身で細川頼之に従って讃岐に遷ったという所伝を残しているが、香川氏の中には讃岐の旧族と称する系統もあったらしい。

頼元の「郎等」のこのような出自を見ると、建武以来の頼春・頼之系の世襲分国であった阿波から全体の三分の一に上る七氏八騎が出ているのをはじめ讃岐・伊予を加えると十一氏十二騎に上り、頼之時代の分国に大部分の随兵の出自が求められることが明瞭に看取され、中でも四国は細川氏の主要な権力基盤となった地域であることを察知しうるのである。但し分国中淡路と土佐出身の随兵が見られないが、淡路は傍系の氏春がその父師氏から相伝した分国であり、土佐は頼之・頼元の分国であるが辺境のため国人の在地性が強く、何れも細川宗家の近臣団が育成され難かったのであろう。その反面伊予・備前のように一時頼之の支配が及び、その後細川氏の分国から離れた国にも、一部の郎等の本拠が認められ、細川氏近臣団の成立にとって頼之の分国経営がいかに大きな意義を有していたかが了解される。なお約半年前の明徳三年（一三九二）正月に明徳の乱の功によって管領頼元に加賜された丹波からも、早くも郎等が起用されているとすれば、頼元が頼之の方針を継承して新附の国人からもいち早く近臣を育成するように努めたことを窺わせることになるが、この点は確認できない。

しかしながら当時の近臣団もすべてが直接分国内から起用されたとは言えない。例えば飯尾氏や松田氏は前に触れたように同じ名字の幕府奉行人が多数存在するし、後述応永十五年の細川満元の内奉行清七郎入道のごときも、名字から判断すると明らかに清原氏の子孫で鎌倉幕府・室町幕府の奉行人として活動した清氏の家柄に相違ない。安富氏も註(17)に引いたように鎌倉幕府の奉行人として安富民部三郎入道・安富大蔵丞が見え、室町幕府の奉行人にも暦応元年（一三三八）から観応二年（一三五一）にかけて安富右近大夫行長・同孫三郎・同民部大夫等が見られるが、その後は幕府奉行人としての安富氏が見当らなくなり、代って上掲相国寺供養の頼元郎等に安富又三郎盛衡が現れる。しかもこの相国寺供養の翌日には、次のように安富安芸守（盛家カ）が管領頼元の「御内」として活動している。即ち同年九月十二日安富安芸守は三谷次郎左衛門尉なるものに「祇園雑掌申備後国小童保事、被レ付二一円社家一候、早可レ渡二沙汰下地於社家雑掌一之由候也、依レ仰執達如レ件」という奉書を書き送り、且つ翌十三日次の書状に右の奉書の案文等を副えて祇園社に差出した（『八坂神社文書』下一九七八・一九七九号）。

「（端裏書）管領御内安富安芸守明徳三」

（押紙）安富安芸状　彼状等副進之候、

昨日愚息又三郎ニ蒙レ仰候備後国小童保事、一円ニ被ニ付申一候、目出候、仍奉書令レ進候、定不レ可レ有ニ子細一候哉之由存候、雖下無ニ何事一候上、細々申入、又蒙レ仰候者、尤本望候、以ニ参拝一其子細猶可ニ申述一候、恐々謹言、

明徳三九月十三日　盛（家カ）□（花押）

御返事

この文言と端裏書によって、安富安芸守は管領頼元の近臣であり、相国寺供養に列した又三郎盛衡はその子息であることが判明し、且つ父子共に細川分国内の社領の問題で祇園社との折衝に当り、且つ安芸守は頼元の意を体して奉書の作成に当っていることが知られる。頼之・頼元の管領としての執政を機縁として、細川氏と幕府奉行人の一部との間に密接な関係が培われ、それらの奉行人の一族の中から、その行政事務的素養を活用して細川氏に奉仕する近臣を生み出したことを想定しうるであろう。

かくて、多くは分国内の被官から、また一部は幕府の奉行人の中から細川氏の近臣が育成されたことが知られる。ここに上記の頼元の郎等の構成を、同じく相国寺供養に参列した侍所畠山基国の郎等三十騎の構成と比較してみると、後者は斎藤氏五騎、遊佐氏四騎、神保氏三騎、三宅氏・槇島氏各二騎、その他十四氏各一騎で、十九氏より成っている（「相国寺供養記」）。即ち畠山氏の場合は、斎藤・遊佐・神保という有力な近臣の三氏が特に多数の随兵を出している。これに対して、小笠原氏が二騎である外はすべて各氏一騎宛より成るという頼元の随兵の構成は、当時の細川氏の近臣団が畠山氏のそれよりも多彩であり、且つ近臣団を構成する諸氏の勢力がほぼ均衡を保ち、特別に顕著な勢力のある近臣の存在するに至らないことを表明していると思われる。このことは細川氏の家政や分国経営の実務が特定少数の有力な近臣によって独占される危険性を防止し、細川氏の幕府における地歩を長期間安定させる要因となったのではあるまい

か。

前節に通観したように、応永・永享年間に細川氏は家督相続制と世襲分国制に基づく同族連合体制を完成し、頼之を祖とする宗家の京兆家は四ヵ国守護職を累代相伝して、三職（三管領）の家格を保ち、庶流の五家は一国または半国守護職を世襲し且つ将軍の御相伴衆・御供衆等に列なりながら京兆家の権勢を支えるに至り、細川一族の幕府における地歩は全く安定した。これに伴って、或いは在京の主家に出仕してその政務・財務を処理し、或いは分国に派遣されて支配の実務に当る近臣の機能もますます発達することとなったと考えられる。応永十四年（一四〇七）十二月東寺雑掌某の寺領備中新見庄の所務に関する申状案に「就中当庄一円所務事、自応永九年知行之条、守護内奉行薬師寺五郎左衛門入道状明白也」とあり（「東寺百合文書」さ五〇―五七）、東寺の「最勝光院方評定引付」の翌応永十五年六月十九日条に「一、新見代官識(職)事、左(右)京大夫(細川満元)入道内奉行清七郎入道望申之由、高井法眼(祐尊)執申之間」云々とある（『東寺文書』之五「東寺百合文書」る二三号）。このように薬師寺氏・清氏などは、備中守護家や京兆家の「内奉行」となるものを出した。前述の「管領御内」安富安芸守も寺社本所側との折衝や奉書発給等の職掌に携わっており、当然京兆家の内奉行に違いない(19)。

薬師寺氏は下野大掾小山氏の支族で（『尊卑分脉』）、観応元年（一三五〇）八月武蔵国大窪郷の打渡を守護高師直から命ぜられた同国守護代は薬師寺二郎左衛門尉であり（「安保文書」）、『園太暦』観応二年正月十六日条には師直の武州守護国司代薬師寺某は敵方（直義党）に付いたとあり、『太平記』にも薬師寺次郎左衛門尉公義（入道元可）がしばしば見え、専実元可は「元可法師集」を残した歌人として知られる(20)。しかし永享元年（一四二九）より在職徴証のある薬師寺出雲入道（「多田神社文書」等）以降、同氏は摂津守護代として活動する。摂津には鎌倉末期に既に薬師寺氏があって、嘉暦三年（一三二八）二月日付の薬師寺貞義重申状案に「摂津国輪田庄地頭薬師寺左衛門三郎貞義重重上(言)」とあるが（『九条家文書』二、三四一号(9)）、建武元年には赤松範資が同庄地頭であって、薬師寺氏は「先地頭貞義」と呼ばれており（同、三四一号(7)）、北条方に与して改易されたものと思われる。やがて摂津が細川分国となるのに伴って、この摂津国人薬師寺氏が細川被官となったのであろう。但し薬師寺左衛門三郎貞義と上記の次郎左衛門尉公義との通称・実名の類似する点から、摂津の薬師寺氏が一旦高師直に属し、師直の没落後細川氏に属したという想定も可能であろう。細川氏に属した時期は分明でなく、管見の限りでは、応永六年九月一日備中守護細川満之の奉行または守護代と見られる薬師寺某が備中上原郷の段銭国催促停止を上野某に命じた奉書（『九条家文書』六、一六八七号）が細川被官薬師寺氏の初見である。

清氏は本来清原氏であり、鎌倉幕府では建久五年閏八月八日、図書允清定が志水冠者追福の行事を奉行したのをはじめ（『吾妻鏡』同日条）、一族は奉行人として多くの所見があり、清季氏・満定・教隆などは評定衆となり（「関東評定衆伝」『群書類従』補任部所収）、また満定は引付衆となるなど（『吾妻鏡』建長五年六月五日条・同月二十日条）、その活動がしばしば見られる。室町幕府では、清一族は鎌倉幕府におけるほどの活動は示していないが、応永年間以降、この名字のものが歴代奉行人として散見し、細川氏内奉行の清氏がこの一族であることは間違いないと思われる。

在京して京兆家や守護家に近侍する内奉行のほかに、国奉行なる職掌も見られる。永享八年十一月東寺領丹波国大山庄一井谷百姓等申状に「抑当国出雲宮段銭相懸候国奉行、（内藤豊前入道）守護代御取沙汰之由承候」とあるように（『東寺文書』之二「東寺百合文書」に一六三号）、「国奉行」が任ぜられて、段銭徴収等に従事した。但しこの場合は守護代が兼職したものの如くである。

但し主家細川氏が数家に分れてそれぞれの世襲分国がほぼ固定するとともに、「御内」の家臣もそれぞれ本拠地の縁由等によって京兆家と各庶家に分属しつつ譜代家臣としての傾向を強めたので、相国寺供養に列した頼元郎等の子孫がすべて京兆家近臣としての活動を継続したわけではなかった。例えば庄氏は本節二に触れたように石川氏とともに備中守護家の守護代の地位を世襲したし、また飯尾氏は応永七年（一四〇〇）十一月三日頼連が阿波守護細川義之の旨を受けて同国櫛淵庄内の遵行を佐々木・武田両守護使に命ずる奉書を発給するなど（前節参照）、阿波守護家に仕えて活動し、飯尾彦六衛門尉常房は阿波守護細川成之の重臣となっている。(21)これに対して内藤氏は先に触れたように京兆家に登庸されて、摂津守護代次いで丹波守護代として活動し、長塩氏は応永六年八月細川満元から大覚寺領摂津国鷺島下司職の打渡を命ぜられているのをはじめ（「大覚寺文書」）、摂津守護代としての活動が見られる。また安富・香川の両氏は「細河京兆(満元)内者安富入道(宝城)」（『満済准后日記』応永三十三年十月二十三日条）、「細川(勝元)内者カカウ(香河)」（「経覚私要鈔」応仁元年七月三日条）というように何れも京兆家の近臣として活躍し、傍ら讃岐二宮大水上神社の永享十一年の「二宮記録」の写に「両守護代、香川上野之助(マヽ)・安部(富)筑後守」とあるごとく（『香川叢書』第二）、両氏相並んで讃岐守護代に起用されているのである。

以上のように明徳・応永年間以降の守護大名細川氏の近臣団は、南北朝初期の守護代級武将の系譜を引くものではなく、顕氏系・清氏系の没落と頼之系の発展という主家細川氏の勢力交代に対応して、頼之系細川氏の分国経営に奉仕し、その権力機構に組込まれた国人や幕府奉行人の中から育成されたのであった。初期の守護代級部将の大部分が分国外より来附した武士であり、しかも分国内に権力を拡大しようとする彼等の行動は非法・押妨として糾弾されがちであった。これに対して応永以降の内衆は、応永十五年の清七郎入道の例や同二十九年の内藤八郎の例が示すように請所代官職の獲得を通じて分国内に勢力を及ぼし、しかも後者の場合主君細川満元は領家東寺に圧力を加えて自己の近臣を強引に口入している。ここに守護大名と近臣との間には、南北朝前半の守護と守護代級被官との間におけるよりも、遙かに緊密な結合が成立したことを窺うことができよう。

しかしながらこのような形での近臣団育成が守護大名細川氏の権力をどの程度強化するのに役立ったかは問題であろう。宗家・庶家の主君達を囲繞して在京性を濃くし、内奉行・奏者等として吏僚的性格を深めた内衆が、守護代や段銭奉行として中央から派遣され、請所代官として利権を獲得するという形で分国に臨むことは、在地の国衆以下との間に新たな緊張関係を醸成しないわけには行かなかったであろう。右の応永二十九年の事例においても、満元は在地の競望者を排除して内藤の代官職補任を強行したのであり、当然ここには、かの寛正二年（一四六一）の備中国新見庄土一揆のような烈しい代官排斥運動を惹起する因子が存在していたのである。けれどもその反面、このような権力機構の脆弱性にも拘らず、斯波・畠山等の諸氏と異なり、細川氏の近臣団がなおしばらくは内部分裂を来さず、主家細川氏の支配体制を比較的長く保たせた理由の一つは、近臣団の内部に特に傑出した勢力がなく、近臣層の主家への依存性がかなり強かったためであると思われる。けれども十六世紀初頭にいたり、細川氏近臣団はにわかに烈しい分裂抗争に陥り、その争乱の過程を通じて阿波国人出身の三好氏の擡頭を招くのである。したがって十五世紀後半以降の細川氏の権力機構については、その脆弱性の面をも充分考慮しつつ検討することが必要と考えられる。

註

(1)「御内」「内者」「内奉行」等の称呼の実例は本節二以下に引用するが、軍記の類にも「御内人々」(『明徳記』)、「御内ノ者共」(同書、「応永記」)、「内の者共」(「応仁略記」)、「政元の御内衆」「彦四郎殿の御内衆」「同名・内衆一味して」(「細川両家記」)、「村井長門守(貞勝)内衆」(「立入左京亮入道隆佐記」)等と見え、また「大永四年細川亭御成記」にも「御内衆も年寄衆各罷出畏」とある。なおこのような称呼は鎌倉時代に得宗被官が「御内人」「御内方」等と呼ばれたことにも影響されているであろう。但し一般に被官が主家に近侍することを「御内にほうこうをいたす」と称し、その被官を「御内御祗候人」と称した例は鎌倉時代にも見られ(佐藤進一氏『鎌倉幕府訴訟制度の研究』一〇五頁)、得宗被官に限る称呼ではなかった。

(2) 永原慶二氏前掲書三六一頁参照。なお永原氏は守護大名の「御内」を直臣団と表現しておられるが、陪臣に対する意味の直臣と混同を招く虞れがあるので、本書では近臣団と表現することとする。

(3)『古今著聞集』に、高名の馬乗馬飼である武蔵の住人つづきの平太経家は平家の郎等として頼朝方に捕えられたが、頼朝の面前で悪馬を乗りこなして厩別当に取立てられたという逸話を残し、『吾妻鏡』にはこの都筑平太が文治元年(一一八五)十月、建久元年(一一九〇)十一月、同六年三月の各条に頼朝の随兵として見えるほか、同族の名前が散見する。また内嶋氏・桑原氏は「武蔵七党系図」に記され、『吾妻鏡』にも内嶋五郎・桑原平内盛時等があって、何れも武蔵を本貫とする関東御家人であった。

(4) なお「阿波国古城記」の板西郡分に「佐藤殿　藤原氏」とし、上郡美馬三好郡分に大坂殿・小野殿・新殿の三氏を「都筑」としており、佐藤氏・都筑氏等の末裔は戦国末まで阿波に存続したらしい。

(5)『太平記』三六に頓宮四郎左衛門尉は備前国福岡庄を領し「細河(清氏)ガ手ニ属シテ忠有シ」ものとあるほか、同書一六に建武三年足利方に応じた備前の頓宮一族、同年宮方として活動した同国の頓宮六郎忠氏を記している。のみならず、暦応三年(一三四〇)

八月幕府はさきに頓宮三郎二郎跡と誤認した備前国吉井村地頭職三分一を頓宮肥後三郎左衛門尉義嗣に還付した（「東寺百合文書」サ一―一七）事実がある。なお吉井村が福岡庄内なることは、元弘三年（一三三三）十一月某姓左兵衛尉忠綱請文に「最勝光院領備前国福岡庄内吉井村預所職事」云々とあることからも確認される（「東寺百合文書」せ南朝文書二―二八）。

（6）「市原系図」（『富岡町誌』および『総合学術調査報告阿南』所収米田賀子氏「阿南市富岡城下町の小研究」に引用）。なお降って寛正六年（一四六五）討死した土佐守護代新開之実の画像賛に「新開遠州平之実」とあり、小笠原右京亮源道資の画像賛に「従二本州刺史新開平之実之軍一」云々とあり（希世霊元「村菴小稿」）、小泉宜右氏によって応仁末・文明初の成立と推定されている「見聞諸家紋」（同氏「見聞諸家紋について」『日本史籍論集』下巻所収）にも「平氏新開次郎元実」とあって、細川被官の新開氏が関東御家人土肥氏の一族新開氏と同じ平姓を称したことは明らかである。

（7）細川和氏が暦応二年（一三三九）秋月に創建して夢窓疎石を開山とした補陀寺は、やがて阿波の安国寺となっており（「夢窓国師語録」下年譜、「同語録拾遺」所収阿波州安国補陀寺仏殿梁牌、「細川三将略伝」）、また前述の細川頼有譲状に「一、あハあきつきの三ふん（分）一、ほんりゃう（本領）」とあるから、この秋月に頼春が建武四年（一三三七）居城を築いたという「阿府志」の所伝もかなりの信憑性があると思われる。なお秋月氏の後裔はあまり管見に触れないが、「蠹簡集拾遺」二に引く応安三年（一三七〇）正月の土佐国高岡本郷松尾八幡宮鰐口銘に「秋月大庄（ママ）衛門入道元慶、子息二郎丸」とあるほか、「阿波志」「阿波国城跡記」「阿波国古城旧士伝」などに秋月城主秋月中務大輔や三好宗三の従弟という秋月五郎左衛門光秋の名が伝えられている。

（8）生夷庄は保延三年（一一三七）石清水観音堂領として寄進され、仁安三年（一一六八）道恵法親王から阿闍梨定恵に譲られ、嘉禎三年（一二三七）石清水八幡宮寺権別当教清から修理別当行清に一期分として伝領されたが（『石清水文書』之一田中家文書一七一号・一七五号等）、宝治二年（一二四八）岩松時兼が同庄を妻に譲与し、弘安元年（一二七八）の岩松氏の所領注文にも記載されているから（「正木文書」）、石清水八幡宮は領家職、岩松氏は地頭職を領知したのであろう。

（9）建武四年諸国守護人が寺社国衙領ならびに武家領を軍勢に預置くことの禁令（『中世法制史料集』第二巻追加法一）、翌年諸国守護人が寺社本所領・地頭職等を軍士に預置きあるいは家人に充行うことの禁令（同上追加法二）など。もちろん、暦応三年（一三四〇）土佐守護細川皇海が堅田国貞に恩賞として所領を充行い、且つ兵粮料所を預置いたように（「蠹簡集拾遺」一）、国人に対する被官関係設定を必要とする守護はかかる禁令を必ずしも守らなかった。そこで、貞和二年（一三四六）幕府が曾我時信子息鶴寿丸の土佐国介良庄仲潮田郷は元弘動乱以後当国守護大将より預置かれた地であるという弁明を退けて、領家走湯山密厳院に下地を返付すべしと裁決しているように（「田中教忠氏所蔵文書」）、守護の預置の事実のみでは領知の正当事由と認定されなかったのである。

（10）広田弥九郎は本文に触れる淡路国広田惣領地頭広田時直の一族で、守護細川氏春の被官と認められる。

（11）寒河氏の在地領主としての性格は永原氏前掲『日本封建制成立過程の研究』三四七―三五一頁、真板氏との抗争は同書三六二―三六三頁参照。

（12）康治二年（一一四三）八月の太政官牒案に香東野原郷・香西坂田郷が見え（『平安遺文』六巻二五一九号「安楽寿院古文書」）、香西は本来香川郡西半の謂と思われるが、後には現在の高松市香西町付近のみの地名となった。後世の所伝に香西氏は鳥羽院の代に讃岐守藤原家成が綾郡大領貞室の女を納れて生んだ章隆を祖とするというのはにわかに信じえないとしても（「香西記」所収讃州藤家香西氏略系譜、「阿波国古文書」所収新居圭蔵系図）、香西町は讃岐国府の在った綾歌郡旧府中村の東北約八キロメートルに過ぎず、且つ両地の中間に同族と伝えられる新居・福家両氏の名字の地があり、香西氏が古来の讃岐在庁であったことは事実と思われる。なお「見聞諸家紋」（『群書類従』武家部）に「讃岐藤家左留霊公之孫大野、同羽床（ユカ）ハトコ佐々木本、同新居（ニイノヘ）、同福家（フケ）、同香西（カウセイ）越後守元正、同飯田」として、何れも三蓋松を基調とした類似の家紋を載せている。

（13）なお某年正月十二日海部越前守常民なるものが祇園社執行に同社末社蘇民将来社のことについて書状を送っている（『八坂神社文書』上八〇六号）。この常民も或いは細川被官であろうか。

（14）『吾妻鏡』には建久元年十一月七日頼朝入洛時の随兵に奈良五郎・同弥五郎があるほか奈良氏が散見し、『新編武蔵風土記稿』はこの奈良氏の本拠を武蔵国大里郡奈良に擬定する。

（15）『続群書類従』所収「細川系図」にもこれらの随兵の人名が掲げられているが、その記載は「相国寺供養記」に基づいたものらしく、且つ二、三の誤脱があるので、ここでは「相国寺供養記」に拠った。

（16）佐藤進一氏『増訂鎌倉幕府守護制度の研究』一九八―二〇〇頁参照。

（17）安富民部三郎入道は「建治三年記」正月九日条に、安富大蔵丞は「永仁三年記」五月二日条に、安富右近大夫行長は「石清水八幡宮記録」暦応元年十一月十四日条、『鎌倉市史』史料編「円覚寺文書」一一六号暦応元年正続院雑掌申状事書案、「前田家所蔵文書」宝菩提院文書暦応三年八月十八日室町幕府引付頭人奉書、「南部文書」六貞和三年五月申状等に、安富孫三郎は、「東大寺文書」第二回採訪暦応三年四月十八日東大寺衆徒群議事書（『大日本史料』第六編之六、同年八月二十三日条所引）、「結城文書」一

康永三年三月二十一日引付番文に、安富新三郎は同番文に、安富民部大夫は『教王護国寺文書』巻一、四三五号徳泉寺文書目録所引貞和四年九月八日奉行書下、「田代文書」四観応二年三月申状等にそれぞれ幕府奉行人として見えている。

(18) 伊予出身の細川被官にはこの外に河野久枝氏があり、その複姓により河野氏の支族に違いない。この久枝氏には夙に康安二年七月頼之の使者として河野通盛の許に派せられた久枝掃部助入道や、応安四年三月頼之から伊予国弓削島を預置された河野久枝新蔵人がある(第四章第一節二等参照)。その子孫は京兆家の近臣には見当らないが、『政基公旅引付』文亀三年七月十五日条所載の九条政基が和泉両守護に送った事書(『九条家文書』一、一八一号裏文書第一紙もほぼ同文)に「所職分と号而被二押置一分も、同(永享)四年十月廿一日又被レ進二渡状一畢、宇高安芸入道・久枝蔵人助等に被二下知一之状明鏡也」とあり、また同書永正元年閏三月七日条に「当国下守護代斎藤備後守辞退、仍久枝左京亮自二旧冬比一輔(補)レ之云々」とあって、和泉下守護家の被官となり、さらにその守護代になっている子孫が見出される。

(19) 貞治二年(一三六三)播磨国矢野庄の算用状に「守護内奉行人(赤松則祐)方就二四分壱兵粮一秘計」、「守護内奉行人方へ節料炭代」とあり(『教王護国寺文書』巻一、四五〇号)、赤松氏の場合守護内奉行の名称は既に南北朝中葉に認められる。細川氏においてもおそらく応永以降に限るものではない筈である。

(20) 菊地卓氏「薬師寺公義について」(『国学院雑誌』七一巻三号)。

(21) 後藤捷一氏『飯尾常房攷』。

第二編　足利一門守護斯波氏の成立・発展

第一章　斯波氏の興起と分国の形成

第一節　斯波氏の祖先

一　始祖足利家氏

南北朝時代から室町初期にかけての斯波氏は、足利一門の中でも特に名族として知られた許りでなく、斯波義将は貞治元年（一三六二）から応永五年（一三九八）までの間に前後三回、通算二十年余にわたって管領に在任し、さらに管領義重（義教）・義淳の背後に在って、応永十七年の卒去に至るまで幕府政治に重きをなした。それゆえ、南北朝期ないし室町初期の斯波氏については、部分的には種々の角度からの論及があり、また時代史や地方史にも当時の斯波氏に触れたものが必ずしも少なくない。(1) けれども、斯波氏の動向をその発祥から一貫して追求した論考には、いまだ接しない。そこで第一章では、先ず鎌倉中期における斯波氏の始祖足利家氏の事績を通じて斯波氏の名族と目された所以を明らかにし、次いで南北朝時代初頭から観応擾乱後に至る斯波氏の動向を当主足利（斯波）高経を中心に追って、爾後の守護大名斯波氏の隆替を跡付けるための前提としたい。

南北朝時代の斯波氏が他の足利一門諸氏よりも優越する家格を認められていたことは、少なくとも高経・義将父子には斯波の名字を付して呼んだ同時代史料が見られず、就中高経は尊氏・直義と等しく足利の名字を以て呼ばれた証左が多いことからも推察される。しかしこのような斯波氏の高い家格は、高経の時になってにわかに形成されたものではなく、同じく足利一門の名族吉良氏の家格が鎌倉時代における始祖長氏（足利義氏の長子、泰氏の庶兄）の地位に由来するのと同様、(2)始祖以来の事情に基づいていたと考えられる。

斯波氏の始祖は鎌倉中期の足利泰氏の長子家氏であり、高経がその曽孫に当ることは、『尊卑分脈』を始め斯波氏の家系を掲げる諸系図（「諸家系図纂」『系図纂要』、『続群書類従』本「清和源氏系図」、同「武衛系図」、同「最上系図」、同「山野辺系図」等）に伝えられている許りでなく、文明十三年（一四八一）七月斯波義敏の記した「斯波家譜」の冒頭に「修理大夫高経朝臣被〻申者、御系図共にも如〻見え候、清和天皇より十一代尾張守泰氏の御子拾人也、御連枝之御嫡子家氏と申候、其曽孫にて候」とあって、(3)確実性の高い所伝といえる。

家氏の生母は北条一門の重鎮であった名越氏の祖北条朝時の女と伝えられ（『尊卑分脈』『系図纂要』「武衛系図」等）、安貞年中（一二二七—二九）北条朝時の所領となった越中国西条郷岡成名が弘長二年（一二六二）には家氏の嫡子宗家の所領になっている後述の事実（『朽木文書』第一、一四九号・一五〇号関東裁許状案）からも、名越氏と家氏父子との密接な関係の一端が窺われる。家氏自身も北条時頼の弟為時の女を娶っており（『尊卑分脈』「武衛系図」等）、北条一門と姻戚関係にあった。なお次弟兼氏（顕氏・義顕）も家氏と同腹と伝えられる（『続群書類従』本—下同—「足利系図」）。北条時氏の女すなわち時頼の姉妹を母とする弟利氏（のち頼氏）が足利本宗の家督を継ぎ、家氏は斯波・石橋両氏の祖、兼氏は渋川氏の祖となるが（上記諸系図）、しかし家氏が足利泰氏の長子である上に、北条一門と密接な血縁関係にあったことは、彼を他の足利庶流一族よりも重要な地位に置く結果になったと考えられる。なお泰氏には家氏・兼氏・頼氏のほかに子息が七名、息女が三名あって、子息のうち頼茂・公深・義弁・賢宝・基氏はそれぞれ石塔・一色・上野・小俣・加古の各氏の祖となったと伝えられる（『尊卑分脈』「清和源氏系図」等）。

家氏の名は、『吾妻鏡』寛元三年（一二四五）八月十五日条の鶴岡放生会に臨んだ将軍頼嗣の随兵に「足利三郎家氏」

とあるのを初見として、同書に四十数回記され、弘長三年八月まで十八年間の動静を追うことができる(4)（以下、家氏の動静中特に典拠を示さないものは『吾妻鏡』に拠る）。

家氏が活動期に入った頃の足利氏は「関東宿老」（建長三年十二月七日条）と称せられた祖父義氏を中心として、鎌倉時代における同氏の最盛期を現出していた(5)。現に家氏の初出記事である寛元三年八月十五日の鶴岡八幡宮放生会においても、家氏の父泰氏は将軍頼嗣の後に供奉する五位五十一名のうち、北条政村・同時頼・大仏朝直に次いで四番目に列なり、弟兼氏もこの五位の供奉人中にあり、家氏自身は後陣随兵十騎の先頭を勤めている。また同じ十五日、執権経時は疾病が減気したため、修法を行った法印隆弁に剣・馬および巻絹三十疋を布施として与え、足利義氏入道は桑糸二十疋・呉綿百両を同じく隆弁に贈ったが、『吾妻鏡』は右の経時と義氏の贈物のみを記載し、「此外若狭前司（三浦泰村）・秋田城介（安達義景）等面々被レ賀レ之」と、他は略述に止めている。以上の僅か一日の記事からも、当時の足利一門の幕府における地位が雄族三浦・安達両氏を遙かに凌ぎ、北条一門に准ずる処遇を得ていたことが明らかである。

けれども、これ以後の足利氏の地位は必ずしも安泰でなかった。寛元四年執権経時が卒してその弟時頼が執権になるとまもなく、名越光時の陰謀が露顕したとして光時は伊豆に幽閉され、前将軍頼経は京都に送還された。光時は家氏・兼氏を生んだ泰氏の妻の兄であり、家氏の母方の伯父に当るから、この事件が足利一門に累を及ぼす危険性は極めて大きかった筈である。現にこの陰謀事件に関連して翌宝治元年（一二四七）雄族三浦氏は滅ぼされ、千葉氏の一族秀胤・時常等も討たれた。泰氏が時頼の外甥である利氏を家嫡にしてその意を迎えたのはこの頃であったかも知れない。

さらに建長三年（一二五一）十二月二日、壮年三十六歳の泰氏は突如所領下総国埴生庄で薙髪し、同月七日自由出家の科でこの荘園を没収された。臼井信義氏がこの事件を翌年二月表面化する将軍頼嗣廃止の動きと関係があろうと推測されたのは妥当と思われる(6)。泰氏退隠という犠牲を代償として足利一門はようやくそれ以上の追及を回避しえたと見えて、家氏も建長五年中務大輔を拝任し(7)、その後もしばしば将軍宗尊親王出行の供奉等を勤めていた。彼の供奉人としての所見は建長四年から弘長三年まで十一年間に二十数回に上っている。

この間建長六年十一月には一門の柱石であった義氏入道が卒去し、若年の利氏が一門の惣領となった。利氏は康元元年（一二五六）正月、従来義氏の沙汰していた将軍への椀飯を沙汰し、同年八月時頼の子息時利（のち時輔）の加冠を勤め、まもなく時頼の一字を与えられて頼氏と改名し、翌年格子番に加えられ、やがて治部権大輔に任官、文応元年（一二六〇）廂番衆に列なるというように、伯父時頼の庇護の下で、足利氏の惣領にふさわしい活動を行い、また義氏の三河・上総両国守護職を相伝したと覚しく、正嘉三年（一二五九）には頼氏の上総守護在職が関東御教書（「深堀家伝証文」二）によって確認される。(8)

ところが、家氏の弟、頼氏（利氏）の兄である兼氏（顕氏）が康元元年八月を最後に『吾妻鏡』の記事に現れなくなり、まもなく卒去したと推測される許りでなく、一門の期待を担っていた頼氏も、上杉重房の女の生んだ幼少の嫡子家時を残して弘長二年（一二六二）の頃夭折し（註（5）所掲臼井氏論文参照）、頼氏の庇護者であった前執権時頼も弘長三年十一月卒去した。

泰氏の退隠から僅か十年余りの間に義氏・兼氏・頼氏を次々に喪うという不幸に見舞われた足利一門は、いきおい幕府における活動も低調となるのを免れず、『吾妻鏡』にも家氏のほかは足利（吉良）満氏と畠山泰国・国氏父子が見られるに過ぎなくなる。けれども、この状況はおのずから家氏に、幼少の甥家時を後見して足利一門を代表するという重要な責務を負わせることになった筈である。

これより先正嘉二年八月から弘長元年正月までの間に家氏は検非違使・左衛門尉（左衛門尉は『尊卑分脈』による）となって大夫判官と称せられ、弘長元年正月幕府の鞠始に列なり、同年七月宗尊親王が時頼の最明寺第に臨んだ際には供奉人の筆頭を勤め、弘長三年正月には、蹴鞠堪能のものから選ばれた旬御鞠之奉行の一人となった。同年八月、幕府が来る十月に予定された将軍宗尊親王の上洛に備えて路次供奉人以下の交名を定めたとき、家氏の名は「可レ着二水干一人々」

十四人中、連署北条政村・執権同長時・大仏朝直・名越時章・金沢実時という北条一門の有力者五人の次、同じく北条一門の赤橋業時の前に記載された。この上洛は大風の被害による民庶の労苦という理由で中止になったが、右の交名からも当時の家氏が足利一門を代表し、北条一門に准ずる待遇を受けていたことが判明する。この処遇は家氏が前述のように時頼の弟為時の女を迎えて妻としていたことにもよるであろうが、何れにせよ頼氏の早世に伴い、家氏がこのような有力御家人の地歩を得たことは、その子孫を足利本宗に次ぐ名族として位置づける要因になったと認められる。

家氏の動静は弘長三年八月以降は分明でなく、[9]『吾妻鏡』もまもなく文永三年（一二六六）で終ってしまうが、『尊卑分脈』『系図纂要』「諸家系図纂」「清和源氏系図」等には、『吾妻鏡』に所見のある官名のほか、同書に見られない尾張守を載せており、家氏は後年尾張守を拝任したらしく、子孫の斯波・石橋両氏を『尊卑分脈』が「以二当流両家一或号二尾張一」とするのもそのためであろう。事実家氏の嫡子宗家は足利尾張三郎（前掲『朽木文書』第一、一四九号・一五〇号関東裁許状案）または尾張左近大夫将監（「北条九代記」）と呼ばれ、また高経は尾張守に任ぜられた（後述）。なお同族の石橋和義も『梅松論』に「尾張新右衛門」「尾張親衛」と呼ばれている。これらは何れも家氏の官途に由来すると見做される。なお家氏は晩年出家して蓮阿と号したという（『尊卑分脈』『系図纂要』「足利系図」）。

家氏の卒去の年月は明らかでないが、尾張守拝任や出家という伝承からみて文永五年頃にもなお家氏は存生していたことであろう。そうとすれば、この年の二月二十六日上総御家人深堀太郎に宛てた関東御教書（「深堀家伝証文」一）に見られる上総御家人を率いての京都大番役勤仕にも家氏が関与した蓋然性がある。この御教書は翌年正月一日から六月晦日までの京都大番を「寄二合頭人足利入道（義氏）跡一可二勤仕一」きことを命じたものである。この「足利入道」は故義氏入道正義を指すに違いない。臼井氏はこの大番頭人を勤めたのを泰氏入道と説かれたが、建長三年出家隠退後の泰氏は、足利庄平石に閑居したと覚しく平石殿と呼ばれたと伝えられるのみで（「足利系図」「喜連川判鑑」等）、公務に復した証左が見られない。当時上総守護に在職した足利本宗の当主は家時であるが、家時の発給文書は文永三年四月倉持忠行を陸奥国賀美郡穀積郷地頭代職等に補任した袖判下文を初見とし（「倉持文書」）、文永五年にもなおかなり若年と思われる。それは前述の頼氏夭折の年次からも推察されるところである。そうとすれば、右の御教書が大番頭人として家時の名を記さず「足利入道跡」という表現を採っていることも、大番頭人の任務を若年の当主家時のみではなく、故義氏の子孫たる足利一族によって勤仕すべきものとしたためではなかろうか。当時の義氏の子孫としては家氏が最も重鎮であり、前に触れたように弘長二年にはその嫡子宗家も既に活動期に入っている。それゆえ、この父子が家時の大番頭人勤仕などを扶けて活動したことを想定しうるであろう。

ともあれ家氏はこのような有力御家人であったから、その所領もかなりの規模に及んだと思われる。彼の所領の全貌は明らかでないが、その一斑を窺うことはできる。まず陸奥国斯波郡については、家氏が同郡に下向して高水寺に在城したという伝承がある（『系図纂要』「奥州斯波系図」）[10]。在城はともかく、斯波（紫波）郡と足利氏との関係については、仁治二年（一二四一）同郡東彦部・西彦部二百町が足利譜代の被官である高一族の彦部光朝の所領であったという有力な傍証が存在する[11]（「彦部家譜」所載田数目録）。高氏は光朝の曾祖父に当る惟長が足利義兼に属したらしい（『尊卑分脉』『続群書類従』本「高階系図」）。それに『吾妻鏡』に記す文治五年（一一八九）および同六年の奥州における義兼の軍功に照して、斯波郡はおそらく義兼が勲功の賞として賜った所領であって、それが義氏を経て家氏に相伝されたのであろう。

家氏の嫡子宗家の所領の一つと認められるものに前に触れた越中国西条郷岡成名があるが（詳しくは次項に述べる）、その外、家氏の長子義利は広沢太郎、石橋とも号したと伝えられ、次子貞数は大板二郎と伝えられ（『尊卑分脉』『系図纂要』等）、広沢・石橋・大板という名字の地の存在が窺われることや、宗家が奥州斯波郡と下総国大崎庄とを相続して斯波氏とも大崎氏とも称したという後世の所伝[12]のあることなどから、家氏には斯波郡以外にも数個所の所領があったと推測される。『吾妻鏡』によると、弘長元年七月家氏は在国していたため、同月二十七日の時頼邸での内談に基づき、二十九日の幕府評定において翌月十五日の鶴岡放生会のため家氏を召し上せることとして即日御教書を下し、その結果家氏は放生会当日官人として勤仕している。家氏の滞在していた所領が何処にあったかは明らかでないが、十数日後に迫った放生会のために催促の御教書を下している事実により、それは奥州斯波郡でなく、比較的鎌倉に近い所領であったに違いない。

二　足利宗家と宗氏

家氏の子息としては、右に触れた庶子義利・貞数および嫡子宗家のほかに鎌倉勝国寺住持明覚上人総真が『尊卑分脉』『系図纂要』等に記されている。長子義利の母は『尊卑分脉』や「武衛系図」が家女房とするのに対して『系図纂要』は宗家の母と同じく平為時の女とする。義利は上述の名字と通称のみ伝えられていて官途に与った形跡がなく、その子義博も吉田三郎という通称しか知られないので、おそらく義利の母を家女房とする所伝が正しく、この家系が庶流となったのもそのためであろう。子孫は義博の子石橋和義に至って始めて尊氏の下で勲功を重ね、家名を揚げることとなる。家氏の次子大板二郎貞数は、星名三郎橘守隆なるものの女の所生と伝えられるが、これも母の出自が低いので庶子となったのであろう。

嫡子宗家は、前に触れた『朽木文書』所収正慶元年（一三三二）の関東裁許状案に「足利尾張三郎宗家」とあるので、前掲の諸系図がいずれも家氏の三男に系けているのは正しいと判断される。またこれらの諸系図には宗家の生母を平為時の女と伝えている。そのうち『故実叢書』本「尊卑分脉」は宗家に注して「為時、時頼弟」とするが、鎌倉中期に北条一門で為時と称するものは、時頼の弟遠江守・左衛門佐為時のほかに、北条重時の子息式部丞為時、北条時村の子息左将監為時があり（『尊卑分脉』『続群書類従』本「北条系図」）、一概に断定し難い。しかし宗家は北条一門の女を母とすることとは間違いなく、そのため家督を継承して、従五位下・左近将監に叙任されたものと見られる（「北条九代記」『尊卑分脉』『系図纂要』「武衛系図」等）。なお『系図纂要』には官途尾張守を記すが、これは他に証左がない。

宗家の動静についての知見は多くないが、その確実なものは正慶元年九月二十三日付（『朽木文書』第一、一四九号）と同年十一月二日付（同、一五〇号）の二通の関東裁許状案によって知られる越中国岡成名の領有関係である。この二通の裁許状案は、この岡成名をめぐって佐々木（朽木）義綱の長男時経と岡成景光の子景治・孫友景との間、および時経と松重景朝（景光の兄弟）の子景式との間に行われた相論をそれぞれ裁決したものである。これらの裁許状に引く時経代明祐の訴によると、当名は「足利尾張三郎宗家跡」であったが、佐々木義綱が悪党人を召捕った賞として嘉元二年（一三〇四）拝領したのであるという。そして同じく裁許状には、安貞年中（一二二七―二九）景治・景式等の先祖が遠江守（名越）朝時に寄附して以来、宗家の時まで、地頭が代官職を本主の子孫に宛行って来たという論人の一人景式の申立と、その陳状の具書と思われる弘長二年（一二六二）八月三日宗家が景治・景式の祖父景長に与えた「下　散位清原景長、可レ令二早領知一越中国西条郷内岡成名田畠事、右、守二親父盛景建長二年十二月十七日譲状一、可レ令二領掌一」云々という下文が引用されている。さらに宗家の子息宗氏が幕府の尋問に応じて提出した延慶二年（一三〇九）三月二十九日付の「岡成名父祖領知事、承久兵乱之比、地頭名主大略帰二遠江守朝時一之刻、安貞年中各以二所領一令二寄附一、即可レ補二代官職一之旨、就二望申一安堵訖、所務之次第為治息代々賜二宛文一、済二年貢一畢、宛レ身依レ不二領掌一、不レ帯二証状一」云々という請文の一部も、同じく裁許状に引用されている（一四九号による。一五〇号は要約）。これらによって、岡成名は名越朝時の地頭職領有に由来し、やがて宗氏の所領となったことが知られ、おそらく朝時からその女である家氏の生母を経て、家氏の嫡子宗家の所領となったものと推測される。そして右に掲げた宗家の下文により、彼は父家氏が幕府に勤仕して活動中の弘長二年には既に成人の域に達していたことが確認される。

嘉元三年（一三〇五）四月北条宗方が連署北条時村を襲って滅ぼした事件に関連して、幕府は同年五月二日宗方の命を受けて時村を討った先登の者十二名を処刑した。このとき処刑まで彼等の身柄を預ったのは北条宗宣・同久時等の北条一門と足利貞氏以下の有力御家人であり、尾張左近大夫将監すなわち宗家もその一人として罪人白井胤資を預っており（『北条九代記』）、彼がなお有力御家人の一人として、幕府に出仕して活動していた事実が知られる。したがって『続群書類従』本「最上系図」に宗家を「奥州時被ㇾ討」として、安達泰盛（陸奥入道）の滅ぼされた弘安八年（一二八五）の霜月騒動に際して討たれた如くに記しているのは誤伝に相違ない。但し、前述のように越中国岡成名は嘉元二年朽木義綱に賞賜されたといわれており、宗家の子宗氏は「不ㇾ領掌ㇾ」る状態になっていた。それゆえ岡成名は何等かの理由で宗家から没収されたに違いない。その理由は分明でないが、霜月騒動には足利上総三郎（吉良貞氏か）も非分に誅せられたと伝えられ（『北条九代記』）、また足利氏本宗の当主家時の自害も、小谷俊彦氏はこの騒動に関連すると推測しておられる（『近代足利市史』第一巻、一七五頁）。宗家にも或いはこの騒動に関連して所領の一部を没収されるというような事情があったのかも知れない。

宗家の子として『尊卑分脈』『系図纂要』は家貞・宗氏・義真・得寿丸および女子某の五人を掲げ、式部大夫平時継(13)なるものの女を母とする家貞を嫡子に系け、家貞の嫡子を高経とし、「宗家—家貞—高経」という家系を記している。「清和源氏系図」「諸家系図纂」等も同様である。他方「武衛系図」「最上系図」「山野辺系図」は「宗家—宗氏—高経」とし、宗家の嫡子、すなわち高経の父を宗氏に系けている。そして前掲の関東裁許状によって、足利又三郎宗氏がその父宗家の岡成名領知の次第を幕府に答申している事実が判るので、宗家の嫡子は宗氏であることが確認される。もっとも、『尊卑分脈』が家貞を「本名宗氏」とし、「最上系図」が宗氏を「改家員(貞カ)」としていることもあながち無視し難く、宗氏が家貞と改名したという蓋然性も考えられる。『尊卑分脈』と『系図纂要』に家貞を早世とし、「武衛系図」「山野辺系図」には宗氏を早世とするが、これも、宗氏と家貞が同一人であったためではなかろうか。

前掲関東裁許状案所引の宗氏の請文によって、延慶二年（一三〇九）までに宗家が卒去して宗氏が当主になっていたことが推定される。彼の当主としての事績は殆ど詳かでないが、「武衛系図」に宗氏を「続千載・新千載・新拾遺等之作者」とし、「山野辺系図」にも「歌人」としており、事実源宗氏の和歌は「続後拾遺集」「新千載集」等に撰録されているので、若くして歌人の名を得たことが知られる。しかし官名が伝わらないので、官途に与らない内に元亨三年（一三二三）までに逝去したものとみえる。[14] その遺子が元弘・建武の動乱に際して活躍を開始する高経・家兼の兄弟である。

註

（1）渡辺世祐氏『室町時代史』、臼井信義氏「足利義持の初政と斯波義将」（『駿台史学』四号）、今枝愛真氏「斯波義将の禅林に対する態度」（『歴史地理』八六巻二号、『中世禅宗史の研究』所収）、佐藤進一氏『室町幕府守護制度の研究』（上）若狭・越前・越中の項、秋元信英氏「斯波義重の動向」（『歴史教育』一六巻一二号）、上村喜久子氏「尾張における守護支配」（『清洲町史』第二部第二）、『福井県史』、『三国町史』、『福島県史』、『宮城県史』、『岩手県史』等。

（2）「今川記」（『続群書類従』合戦部所収）「今川家譜」（同上）に、吉良氏の祖長氏は足利義氏の長男であったが、弟泰氏が北条義時の息女の所生であるため足利氏の家督を継ぎ、長氏は庶流になって三州吉良庄西尾に隠居したと伝えている。『吾妻鏡』に長氏（足利五郎）は安貞二年（一二二八）から見え始め（これより先建久六年にも足利五郎が見えるが別人であろう）、翌寛喜元年十二月には上総一宮の奉幣使に立てられている。仁治二年（一二四一）までは足利五郎として記載され、次いで寛元元年（一二四三）には足利大夫判官とあり、五位・検非違使尉になったことが知られ、『尊卑分脈』にも、「使・左衛門尉」とある。さらに同書には上総介の官途が記されており、長氏の嫡子満氏が『吾妻鏡』に足利上総三郎としてしばしば見えることも長氏の上総介拝任を裏付ける。かように長氏が足利泰氏の庶兄とは言え、義氏の長子であるため有力御家人の地位を得て活動したことが、その子孫吉良氏の家格を足利一門の中で高く位置付ける原因となったと推定される。それゆえ、「今川記」に「去により吉良今川の御事とも、公方様より他にことなる御尊敬也」とあるのも、あながち我田引水とはいえない。

（3）内閣文庫所蔵旧浅草文庫本「大雙紙」下巻付載の写による。この家譜は表題を闕き、高経から義健までの斯波氏嫡流の事績と義敏の嫡家相続の次第を述べ、その後に義敏の実父持種の家系と軍功を記し、さらに「先度常徳院（義尚）殿様御方御所さまより」先祖の次第を尋ねられたとき書上げえなかったのが口惜しく、孫三郎義孝（義敏の弟）も同じ心中と思うので「以後のためあらあらしるしのほ」すと述べ、続いて同家の通称および官途の由緒を略叙し、末尾に「文明十三年辛丑七月廿三日」という日付を記して、その奥に「本云此一巻　常徳院殿当家先祖之顯（影カ）像共を御覧して其次第具にしろしめされ度候よし仰出されしを、愚老海津之陳の留守にて委申上さりし事無念の間、女房衆中へ住（注）し申上せて御目にかけし案文なり」と付記したものである。記載者の署名を闕くが、以上の文面から容易に比定できる。「海津之陣」とあるのは、文明十一年斯波義良・義孝らの越前進攻の折、義敏も近江海津まで出陣したのであろう。『大乗院寺社雑事記』同年閏九月六日条には義敏の下国を伝えている。もっとも文明十三年に書いた本文中に時の将軍義尚を院殿号で記すのはありえないことであるが、「常徳院殿様」の五字は、おそらく後人の傍注が転写の際本文に混入したのであろう。なお、旧浅草文庫本「大雙紙」の書体は近世風の御家流であり、この斯波家の由緒に続いて、「注文之次第」として太刀一腰以下の目録と三管領・四職の家名を記し、「高橋左衛門尉光朝（花押影）」とした後に、

此本者高橋豊前守殿ニ御座候を色々訴詔（訟）候而移取候、

和久田藤内衛門尉（花押影）

永録（禄）三庚申八月吉日

という奥書があり、数回の転写を経ていることが知られる。

（4）家氏の通称については、『吾妻鏡』の記載に若干問題がある。すなわち、寛元三年八月十五日の初出から建長三年（一二五一）八月十五日までの六年間は、「足利三郎家氏」が五回、「足利三郎」が六回、「足利太郎家氏」が一回（建長二年正月二日条）記されている。ところが建長四年四月一日の宗尊親王下向の記事からは、すべて「足利太郎（または大郎）家氏」となって同五年正月三日（家氏の中務大輔任官以前）に及ぶ。他方建長四年十一月十一日条を初出として「同（足利）三郎利氏」が現れ、爾後は「足利三郎」がすべて利氏（のち頼氏）の通称となっている（御家人制研究会編『吾妻鏡人名索引』参照）。一回の例外を除いて足利三郎を家氏の通称とするのは将軍頼嗣の紀（第四十一巻まで）であり、将軍宗尊親王の紀（第四十二巻以降）は家氏を足利太郎、利氏を足利三郎として完全に書き分けているので、頼嗣紀には通称と実名との比定に誤りがあると認めざるをえない。その場合、頼嗣紀における足利三郎が果して家氏か或いは利氏かが問題である。上記の『吾妻鏡人名索引』は、「三郎家氏」をすべて「利氏の誤ならむ」とするが、この訂正方法に従うと、若年の利氏が寛元三年から建長三年までの六年間に十一回も活動が見られるのに対して、年長の家氏は建長二年正月に初めて活動を開始し、しかもそれから二年余り影をひそめた後、宗尊親王の下向とともに急に活動が頻出することとなって、家氏と利氏の活動状況はいかにも不均衡な状態となる。家氏の同母弟と伝えられる兼氏（顕氏）が、やはり寛元三年八月十五日条を初見として、将軍頼嗣の紀に活動が六回記載されていることから見ても、この紀における足利三郎をすべて利氏として家氏の事績から除くのは不自然と考えられる。それゆえ頼嗣紀の足利三郎はやはり家氏と見做すべきであると思うが、『新訂増補国史大系』本『吾妻鏡』の校訂が本文に「三郎家氏」とある記事に限って通称を太郎に訂正しているのは

不徹底であり、頼嗣紀に単に「足利三郎」とする記載が利氏を指すという証左は全く存在しない。したがって、本稿では建長三年八月から翌四年四月までの間に家氏は通称を三郎から太郎に改め、次いで利氏が成人して三郎を称したとみて、頼嗣紀の「足利三郎」および「足利三郎家氏」はすべて家氏を指すものと理解しておきたい。

（5）臼井信義氏「尊氏の父祖—頼氏・家時年代考—」（『日本歴史』二五七号）。

（6）問題の下総国埴生庄が、宝治合戦に際して千葉秀胤とともに自刃したその弟時常の相伝の所領であったこと（『吾妻鏡』宝治元年六月七日条）、ならびに泰氏の出家後まもなく十二月二十六日陰謀の廉で捕えられた三名中の一人が千葉頼胤の近親矢作左衛門尉なるものであったことは、下総の在地に反北条の動きが伏在し、泰氏にも嫌疑の及ぶ危険性があったことを想定させる。

（7）『吾妻鏡』は建長五年正月十六日条までは家氏を足利太郎とし、同年八月十五日条以降は中務大輔の官名で記すので、任官はこの間である。

（8）義氏は暦仁元年（一二三八）と建長四年（一二五二）に三河守護在職の確証があり、しかも鎌倉末元弘元年（一三三一）まで足利氏が同国守護として存続しているから（佐藤進一氏『増訂鎌倉幕府守護制度の研究』四八頁および「倉持文書」所収足利氏所領奉行人番文）、頼氏の三河守護相伝が推測される。他方正嘉三年（一二五九）二月の「番頭足利三郎（頼氏）」に随って明年前半の京都大番役を勤仕すべき旨を命じた上総御家人深堀太郎宛関東御教書等（「深堀家伝証文」二、佐藤氏前掲書六七頁参照）によって頼氏の上総守護在職が確認され、さらに本文に記すように、頼氏卒去後の文永五年（一二六八）の関東御教書によって、足利義氏が上総守護であったことを逆推しうる。

（9）家氏は弘長三年八月十三日、翌々日の鶴岡放生会の供奉人中、故障を申立てたため重ねて催促を受けた輩の一人であり、放生会当日は所労と称して退出し、翌日は不参とあって、それ以後『吾妻鏡』には動静が伝えられず、この頃病気勝ちであったようである。なお同書文永三年三月二十九日条には、刑部卿宗教朝臣が蹴鞠の故事を記した勘状を宗尊親王が召覧したとあり、その勘状は、去る文応二年（一二六一）正月の御鞠始の際当職廷尉三名中結城広綱と足利家氏が袴を上括したのを宗教が非難したのに、八月の蹴鞠にも広綱は上括で加わったが、果して数年を経て廷尉三名の吉凶を数代の例証と比べることができるようになったといって、上括の凶兆となった例を列挙したものであったという。この記事から、家氏がその頃何等かの凶事に見舞われたとも想像されるが不分明である。或いは家氏は凶事を免れた方かも知れない。

（10）「奥州斯波系図」に付載する覚書の冒頭に、「一、私先祖足利尾張守家氏、始而奥州斯波郡下向仕、高水寺ニ在城仕候」とあり、この覚書は記載者の祖父詮森が天正十三年（一五八五）没落し、父孫三郎（詮国）は大坂陣のとき伏見まで上った等と述べているので、江戸初期の記述であることが知られ、家氏の斯波下向という伝承が少なくとも中世末以来のものであったことが知られる。

(11) 彦部氏については、豊田武氏「元弘討幕の諸勢力について」（『文化』三一巻一号）、豊田武氏・入間田宣夫氏「東北地方における北条氏の所領」（『日本文化研究所研究報告』別巻七集）参照。

(12) 義利・貞数の名字の地である広沢・石橋・大板の所在は分明でないが、広沢は武蔵国幡羅郡広沢郷（『和名類聚鈔』）または大神宮領上野国広沢御厨（『神鳳鈔』）に擬定することができ、また太田亮氏は石橋を下野国河内郡石橋村に擬している（『姓氏家系大辞典』）。一方家氏・宗家が下総国大崎庄を所領としたという所伝は大槻文彦の記すところであるが（『伊達行朝勤王事歴』一、三七頁）、下総国大崎庄なる庄名は他に管見に触れるものがなく、依拠史料は明らかでない。但し室町中期以降の奥州探題斯波氏が大崎氏を称した事実によっても（『余目氏旧記』）、斯波氏が夙に大崎なる地を所領としたことは首肯してよかろう。

(13) 北条一門の佐介宣房の子に左将監時継があるが（『尊卑分脈』「北条系図」）、足利家貞の外祖父とは時代が合わず官途も異なり、明らかに別人である。『故実叢書』本「尊卑分脈」は家貞の外祖父を平時経に作るが、式部大輔平時継または時経なる人物は管見に触れない。

(14) 「諸家系図纂」および「清和源氏系図」に宗氏を「義継・中務大輔・義佐」とするが、他に所見がなく、この記載は採用し難い。次節に述べるように元亨三年その嫡子高経が弱冠十九歳で既に当主になっている事実からも、宗氏の早世を推定しうる。

第二節　足利（斯波）高経の擡頭

一　鎌倉末および建武政権下の高経

元弘建武の動乱に際会して本宗の足利尊氏に属して活動し、守護家としての斯波氏の初代となるのが足利高経である。高経は貞治六年（一三六七）六十三歳で卒去するので（『師守記』貞治六年七月十三日条裏頭書、「武衛系図」）、逆算して嘉元三年（一三〇五）出生であり、たまたま尊氏と同年齢であることが判明する。通称は孫三郎、母は備前守大江時秀の女と伝えられる（『尊卑分脈』「武衛系図」）。時秀は大江広元の曾孫で、引付衆・評定衆を多年勤め、鎌倉幕府吏僚中の宿老であったから、(1)その女を妻とした足利（斯波）宗氏の門地もかなりのものであるといえよう。しかし高経の祖父宗家まで代々北条一門を外祖父としていたのに比して、鎌倉後期にはもはや北条氏との血縁関係が失われていることは、幕府における家氏流足利氏の勢力がそれ以前よりも低下したことを窺わせる。もっとも北条氏と直接姻戚関係にないことは、上杉氏を母とする尊氏の場合とて同様であった。

弟には家兼（初名時家）があり、子息は家長・氏経・氏頼・義将・義種の五人を数える（『尊卑分脈』『系図纂要』「武衛系図」）。なお「清和源氏系図」「諸家系図纂」は高経の長子、家長の兄として兼頼を記すが、兼頼は家長よりかなり年少であり、(2)したがって、兼頼を家兼の子に系ける『尊卑分脈』『系図纂要』等を採るべきである。

高経の動静は元亨三年（一三二三）の「北条貞時十三年忌供養記」（『鎌倉市史』史料編二「円覚寺文書」）を初見とする。北条高時はこの年亡父貞時の十三回忌に際して円覚寺の法堂以下を造営し、十二月二十六日盛大な仏事を営み、翌二十七日金沢貞顕を始め北条一門・御家人・御内人等百八十二名が高時に進物を贈ったが、その一人「足利孫三郎」がすなわち高経である。このとき進物をした足利一門は「足利殿」と記されている本宗の当主貞氏、「足利上総前司」とある吉良貞義とともに三名であり、高経が貞義とともに足利庶流一族の中で特別の門地を占めていることが明らかである。但し貞氏の進物が銭二百貫文、貞義が砂金百両と白鮫作の大刀一腰であるのに対して、高経のそれは砂金五十両で、一門の長老貞義よりかなり見劣りするが、当時の高経が十九歳の若年で、いまだ官途にも与っていない以上、貞義に比肩しえなかったのはやむをえまい。

このように若年にして、すでに足利一門の中において有力な地位にあった高経が、それから十年を経た元弘三年（一三三三）の六波羅攻めの前後に、尊氏の有力武将として行動したであろうことは推察に難くない。とは言え、高経の当時の動静は、わずかに毛利家本および天正本「太平記」に、尊氏とともに丹波篠村八幡宮に旗上げして六波羅探題攻撃に進発した諸将を列挙した冒頭に「舎弟兵部大輔直義・吉良上総入道省観(貞義)・子息上総三郎満義・尾張弥(孫)三郎高経・渋川次郎義季（下略）」と吉良貞義父子の次に記してある程度にとどまるので、とくに伝承に残るほどの殊功は挙げなかったらしい。

しかし、建武政権の下で、翌建武元年九月に次の如き高経の請文が見出される（「武田健三氏所蔵文書」）。

越前国藤嶋上下郷事、所二下給一任二綸旨一、今月九日沙二汰居山門雑掌定厳於当所一候畢、仍請取状案文進二覧之一、以二此旨一可レ有二御披露一候、恐惶謹言、

建武元年九月十日　　前尾張守高経状

進上　御奉行所

高経は九月九日に打渡を実施して翌日請文を提出しており、越前に在国していることが明瞭である。関連文書は管見に触れないので、この越前国内の山門領渡付という事実のみからは、高経の職掌は越前守護・守護代・目代・上使等のいずれかを断定し難いといえよう。また当時の上申文書における宛所の「御奉行所」は、建武政権の公的機関とは限ら

ず、或いは知行主に属し或いは足利尊氏以下の武将に属する私的な機関を意味することも少なくなかった(3)。それゆえ越前守護は尊氏でその守護代が高経という可能性もないとはいえない。とはいえ、この請文の場合は、後醍醐天皇の綸旨に直接もとづいて打渡を実施したものであるし、書止文言が「恐惶謹言」止メであることからも、やはり高経の職掌は守護であって、この請文は建武政府に提出した守護高経のそれであると思われる。他方、本書の序論にも触れたように、今川範国はこの年十二月遠江守護在職の明証を残している（「秋鹿文書」今川範国（心省）書下）。範国より高い門地に在る高経が越前守護代に過ぎないとすれば両者の地位は甚だ均衡を失していることとなり、この点からも高経の越前守護在職が裏付けられるであろう。

ところで、これよりさき同年三月に正文が作成されたと推定される円覚寺雑掌契智申状の案文(4)（『鎌倉市史』史料編二「円覚寺文書」八〇号）によると、高経在職の半年前の同年三月には新田一族の堀口貞義と思われる「新田左馬権頭」が越前守護であった(5)。それゆえ建武元年三月から同年九月までの間に堀口貞義が守護職を罷免され、代って高経が在国して遵行に当っていることは紛れもない事実であり、それは建武政権における足利・新田両氏の暗闘が足利方の優勢に帰しつつあった例証の一つであったといえる。

周知のように同年六月護良親王・新田義貞等の尊氏襲撃計画は失敗し（『梅松論』）、ついで同年八月雑訴決断所の機構拡張とともに尊氏の伯父上杉憲房や執事高師直等が所衆に加えられた（「建武年間記」）。このような情勢の下で、高経は北陸における新田方の管国の一つを奪い、ここに足利方の拠点を築くという重要な任務を帯びて越前に赴いたものと判断される(6)。なお翌建武二年（一三三五）八月尊氏が高経の長子斯波家長を奥州に発遣したという所伝があり（「南方紀伝」「奥相秘鑑」）、事実同年末、家長は陸奥に挙兵している（後述）。これも一門を分遣して北畠顕家の陸奥支配に対抗させようとしたもので、高経の越前発遣と同様な尊氏の政略・戦略の一環であったに違いない。ことに高経の越前下向は、やがてこの国が斯波氏の最も重要な分国になる端緒を開いたという点で注目に価し、且つ高経と義貞がやがてこの国で激戦を繰り返す前提でもあった。高経がさきに打渡を実施した藤島の地で、四年後の暦応元年（一三三八）閏七月、彼が義貞を敗死せしめるに至ったことも単なる奇縁ではなかった筈である。

なおこの請文によって高経がこれよりさき一旦尾張守を拝任して後、これを上表していることが知られる。尾張守は曾祖父家氏の任ぜられた由緒ある官途であり、高経はおそらく尊氏の推挙によって建武の朝廷から尾張守に任ぜられたのであろう。次に引く「忽那一族軍忠次第」や『梅松論』『太平記』等に高経を尾張守と呼ぶのはこの官途によるもので、正しくは前司とすべきであろう。

さて、建武元年十月北条氏の残党が紀伊国飯盛山に拠って蜂起すると（「元弘日記裏書」）、朝廷はまず楠木正成を飯盛城攻撃に向わせ（「前田家所蔵文書」天龍寺真乗院文書、『高野山文書』之一、三三号）、さらに高経を発向させた。高経が官軍の大将として発向したことは、建武二年二月の湯浅木本宗元申状（『師守記』暦応二年十一月・十二月条紙背文書）に「一通　大将軍足利尾張殿一見状案今度於飯盛城度々軍忠事」とあり、「忽那一族軍忠次第」にも「紀伊国飯森城大将足利尾張守建武元年」とあることによって明らかであり、右の湯浅木本宗元申状およびその具書である同人の軍忠状案により、高経が建武元年十二月ないし翌二年正月初に紀伊に赴いて宗元等を麾下に加え、正月四日・同月二十六日等の戦を経て、同月二十九日叛徒の張本人六十谷定尚なるものを討取ったことが知られる。この紀州発向によって高経の越前経営は中断したけれども、官軍の大将として紀州叛徒鎮定の軍功を収めた高経は、足利一門の名族としての門地に軍事指揮者としての実績を加えることができたのである。

建武二年八月中先代の乱に際し直義救援のため京都を進発した尊氏の軍勢の中に、金勝院本・天文本「太平記」は「足利尾張守高経」を記し（『参考太平記』）、流布本等諸本の『太平記』には同年十一月の官軍との三河矢矧の戦、および翌月の箱根竹ノ下の戦に高経・時家兄弟の名を載せている。高経は、尊氏が建武政権に離反した前後を通じてその部将として行動し、足利勢の一部を率いて尊氏とともに東下・西上したのであろう。

『梅松論』の諸本には、建武三年二月、九州に向って落ち延びる尊氏が播磨室の津で四国および山陽諸国に部将を分遣したとき、高経は長門に大将として派遣されたとし、次いで尊氏が畿内に迫ったとき、五月二十四日夜播磨の大蔵谷で翌日の合戦の手分を行い、全軍を大手・山ノ手・浜ノ手に三分し、大手は直義、浜ノ手は少弐頼尚に統率させ、山ノ手の大将軍は高経と定めて安芸・周防・長門の守護と軍勢を配属したと伝える。現に高経は、「去五月十八日奉レ属二当御手一、押二寄備中国福山城一、致二合戦一之条」云々という建武三年七月日付の天野遠政の軍忠状に証判を加えており（「前田家所蔵文書」天野文書）、足利軍東上の際、一軍の将として合戦した事実が明らかである。また後に康永三年（一三四四）十二月、高経が直義とともに長門一宮忌宮神社に各一首の和歌を奉納したとき、高経は彼の和歌の前書に「当社者、八幡降誕之母后、三幹（韓）征罰之霊神也、爰逗二留当国一而跂二数日参詣一、精二祈懇府一而逢二一天安全一、仍代二蘋蘩一、慭綴二藻詞一而已」と記しており（「忌宮神社文書」）、高経の長門逗留が証明されるので、右の『梅松論』の記事も概ね事実と判断される。すなわち尊氏と同年の、時に三十二歳の高経は、尊氏から弟直義(7)に次ぐ一門の有力者としての地位を与えられ、軍事指揮権の一部を委ねられたのであった。

二　長子斯波家長の活動

足利勢の京都再占領後まもなく、高経は越前に、弟時家は若狭に守護として派遣され、南軍と連戦しながら北国の経略を進めるのであるが、これよりさき建武二年（一三三五）末以来東国において活動していたのは高経の長子弥三郎家長(8)であった。

家長の活動については遠藤巌氏が詳しく検討されており、殊に家長の発給文書の種類および対象地域を分析して、その職掌を「言うならば関東管領または関東執事」とし、後世編纂の史書のみに拠って家長を初代の奥州管領とする通説を斥けられたのは卓見というべきである。(9)但し「陸奥守兼奥州大将軍として奥州北党を糾合していたが、まもなく西上する陸奥守北畠顕家を追いながら奥州を去って鎌倉にはいり」と、家長の陸奥守拝任を陸奥在国の時期と判断され、この陸奥守任命は足利氏が「建武政権下における陸奥国司北畠顕家の奥州支配」を「簒奪するため」であったとされた点は、若干訂正を要するのではあるまいか。当時の上申文書および家長の発給文書に拠る限り、家長が陸奥守を称したのは建武四年四月と認められる。[10] したがって尊氏は建武政権下において顕家に対抗すべき足利方の奥州支配に一門中の名族の子弟である弥三郎家長を起用し、さらに建武四年に至り、鎌倉で幼少の義詮（幼名千寿王）を補佐していた家長を陸奥守に推挙して足利政権の東国支配の補強を計ったと見るべきであろう。

なお建武政権の下で尊氏の所領となった北条泰家の旧領外浜（津軽地方）を建武元年から二年にかけて管理した尾張弾正左衛門尉（「斎藤文書」「南部文書」）を、遠藤氏は家長に擬定しておられるが（『福島県史』一）、家長は建武四年以前には通称の弥三郎で呼ばれ、官途を有していなかったので、弾正左衛門尉は別人であろう。[11] むしろ、高経が足利の名字を称し、斯波とは呼ばれないのに対して、その長子家長が「大将斯波殿」（『相馬文書』二八号 建武三年三月三日相馬光胤着到状）「志和尾張弥三郎殿」「斯波陸奥守殿」（註（2）・（10）所引文書）等と呼称されていることこそ注目すべきであって、この呼称は家長が建武政権下において父祖伝来の所領斯波郡の支配を委ねられて在国した結果であり、彼が奥州、ひいて東国一帯の支配に起用されたのは、この家系の足利一門における家格の高さとともに、父祖以来培った根拠地の存在が考慮されたために外ならないと考えられる。

建武二年末陸奥国府に入り、まもなく北畠顕家を追躡して鎌倉に入った家長は、建武三年から翌年にかけて、駿河・甲斐・相模・下総・安房・常陸・上野・陸奥など東国一帯を対象として軍勢催促・感状授与・恩賞挙進・所領安堵・所領預置・濫妨停止・寺領寄進等の権限を行使し、義詮の執事として活動する傍ら、陸奥には従弟兼頼（幼名竹鶴丸）を軍勢大将、部将氏家道誠をその代官として配置し、さらに部将中賀野義長を増派して、国人の掌握に努めさせ、奥州南軍と対戦させた。しかし建武政権の下で陸奥国府の式評定衆・引付衆ないし郡奉行・検断等に任用された奥州国人層には、なお北畠顕家を支持するものが多く、足利方の奥州支配は容易に進展を見なかった(12)。しかも関東においては、諸国国人が尊氏に属して大挙西上した後で、防備が薄弱であり、家長は建武四年十二月、再度陸奥から鎌倉を衝いた顕家と戦って討死を遂げるに至った（「建武三年以来記」「常楽記」「保暦間記」『太平記』「御的日記」等）。

その後鎌倉では高師冬・上杉憲顕の二人が義詮の執事となり、陸奥には石塔義房が派遣され、彼等によって足利方の関東・奥州支配が推進されることとなるが、家長の敗死に伴い斯波氏による東国経営はしばらく断絶してしまう(13)。これは高経・時家（家兼）兄弟が次に述べるように前年以来越前守護・若狭守護として在国し、新田義貞麾下の南軍と交戦中であり、関東・奥州に戦力を割く余裕がなかったためと思われる。

三　分国越前の平定

高経の越前発向の正確な時期は明らかでないが、『太平記』一七は尊氏の京都再占領直後の建武三年（一三三六）六月から、また『梅松論』は新田義貞の越前下向の同年十月から、それぞれ高経の越前守護としての活動を伝えている。一方、時家の同年七月二十五日の若狭小浜入部を記す「若狭国守護職次第」（以下「守護次第」と略称）、同月二十七日の時家に対する国衙領今富名給付を記す「若狭国税所今富名領主代々次第」（以下「領主次第」と略称）および東寺領若狭国太良庄の遵行を尾張式部丞すなわち時家に命じた同じ二十七日付の御教書（「東寺百合文書」京二七下）により、時家が守護として若狭に入部した時期が同年七月であることが明らかである(14)。同年八月十七日、直義が近江高島郡の朽木義信に下した「新田義貞以下凶徒与党誅伐事、為二大将一被レ差二遣尾張式部大夫時家於若狭国一畢」云々という軍勢催促状（『朽木文書』第一、六号）によって、高経・時家の越前・若狭発遣の目的が知られる。尊氏は京都制圧後まもなく、官軍の立籠る叡山と北国との連絡路を遮断し、義貞の後背地を覆滅するという戦略に基づき、前々年に越前経営の実績を有した高経をいちはやくこの国の守護に起用するとともに、その弟時家（のち家兼）を隣国若狭の守護に補任して下向させたのである。

朽木義信は右の直義の催促を俟たずして八月五日時家に属して着到状を提出し（『朽木家古文書』上、四二九号）、次いで九月十七日には八月二十八日の能登野（若狭三方郡）、九月十四日の矢田部坂（遠敷郡）等における戦闘の軍忠状を時家に呈しており（同四三〇号）、また「守護次第」にも、時家の入部後小浜は一旦官軍の軍大将・国司代・守護代等に占拠されたが、九月四日時家がこれを奪回し、その間に付近の諸郷が焼払われたことが記録されており、時家は敵の激しい抵抗を排除して、若狭最大の港津にして国衙・守護所の所在地である小浜の付近を確保したのである。また越前については『太平記』一七に、高経が北国の道を塞ぎ小笠原貞宗が湖上の舟を留めたので叡山の官軍は飢に苦しんだこと、新田義貞が越前下向に当り高経の塞ぐ七里半越えを避けて木目峠を越えたこと、千葉介貞胤の軍勢が途中で高経の勧誘に応じて降伏したことを伝えており、高経の軍事行動もある程度奏効したらしい。

しかし高経・時家は義貞の越前金崎城下着を阻止できなかったので、事態を重要視した尊氏は東山道・北陸道等の諸国の軍勢を義貞誅伐に動員し、次いで高師泰等に越前発向を命じ、師泰は大軍を率いて翌建武四年正月一日京都を進発した[15]。一方若狭守護職は建武三年十二月時家から佐々木導誉に改替されたが（「守護職次第」）、これもおそらく金崎城攻撃に関連する措置であろう。ともあれ、高師泰以下は四年二月十六日脇屋義助・瓜生保等の金崎城救援を撃退し、三月六日城を陥れて尊良親王・新田義顕等を自刃せしめ、皇太子恒良親王を捕えた。

金崎城の攻略は足利方にとって重要な軍事的勝利であったが、それは師泰以下の増援軍の活躍による点が多大であったから、越前守護の高経が軍功を独占することは不可能であった。高経はこの頃までに右馬頭となり、同年六月十三日、七月十一日にそれぞれ越前国木田庄・山本庄について遵行を命ぜられる等（「前田家所蔵文書」編年雑纂、『鎌倉市史』史料編二「円覚寺文書」一〇八号）、越前守護としての活動を継続しているが、特に顕著な行賞に与った証跡は見られない。しかし時家は伊予守を拝任し、家兼と改名したのみならず、若狭守護に還補しており、勲功が一応評価されたことが窺われる。その伊予守拝任は建武五年四月十四日付の若狭明通寺宛書下の署判（「明通寺文書」）によって、家兼と改名したことは同年五月十一日の明通寺宛巻数返事の署判（同上）によってそれぞれ明らかであり、若狭守護再任は同年五月十九日付幕府引付奉書案の宛所伊予守（「東寺百合文書」せ武家御教書幷達一―二八）によって確認される。

ところで金崎城を脱出した義貞が、国人瓜生保の杣山城に拠って活動を再開すると、南軍は随所に蜂起し、高経・家兼勢を苦戦に追い込んだ。『太平記』一九・二〇によると、幕府は高経・家兼兄弟に北国勢を付けて越前府中（武生）に下したが、加賀国人多数や平泉寺衆徒の過半は義貞に応じて長崎・河合・川口に城郭を構え、暦応元年（一三三八）二月義貞・脇屋義助兄弟は鯖江に高経・家兼を破って府中を占領した。家兼は若狭に退却し、高経は足羽城に立籠ったが、越後の援軍を加えた義貞の攻撃に直面し、義貞が叡山と提携したのに対抗して、多年山門と藤島庄を相論していた平泉寺衆徒に同庄の還付を約束して彼等の支援を得、ようやく窮境を脱したという。(16) 確かに同年四月十五日家兼は若狭の明通寺に「越前国凶徒対治祈禱」を命ずる書下を下している（上記「明通寺文書」）。また五月に足利直義が「越前国凶徒誅伐」を土岐頼貞に命ずる使者を熊谷直経に仰付けた事実も（『熊谷家文書』六〇号）、越前の幕府軍の劣勢を挽回するためであったに違いない。同年五月十一日若狭では家兼とともに石橋和義と掃部助俊氏（姓未詳）が明通寺に巻数返事を与えており（「明通寺文書」）、これも和義等が家兼の援軍として若狭に到った事実を示している。前に触れたように高経・家兼が戦死した家長に代って一族を関東に分遣することなどは到底不可能であった筈である。

越前における戦乱の激化が、元弘・建武の動乱とともに露呈した在地支配体制の矛盾と深く関り合っていたことはいうまでもない。興福寺・春日社領越前国河口坪江庄では、元弘三年（一三三三）六月三国湊で強盗殺害刃傷を働いた悪党として因幡阿闍梨以下二十人の交名が興福寺に注進され（「大乗院記録」建武元年記）、建武元年（一三三四）十二月には同庄坪江郷の名主等が供料以下を抑留し、雑訴決断所牒を無視して濫妨狼藉を行ったとして、決断所から越前国衙に近隣の地頭等を動員して禁圧すべしとの牒が下っており（「大乗院記録」建武応永引付）、続いて翌二年正月には逆に上使・

国司代・守護代およびこれに与力した坪江上郷住人河村新三郎以下十六人が河口庄新郷政所に乱入して年貢・所持物等を奪取したとして、その交名が興福寺に注進された（同上）。この交名に上郷の武里名主岡弥次郎・二王丸名主伊井斎藤五郎・友平名主今村又五郎・牧村名主中村春菊左衛門入道の名が記載されていることは、在地の有力名主層の成長・地侍化を明確に裏書しているが、(17) このような新興の地侍層・有力名主層を体制下に把握し切れなかったのは、興福寺や建武政権のみでなかった。建武四年六月直義は興福寺領越前国木田庄の荘官・百姓等が軍忠を致したのに守護高経は先例に背き彼等に課役を宛て催したという興福寺雑掌の訴えに基づき、高経にその停止を命じており（「前田家所蔵文書」編年雑纂）、高経の分国支配も、忽ち在地の荘官・名主層の課役減免要求と対立し、彼等の反撥を招くに至ったのである。『太平記』の伝える南党の加賀国人や平泉寺衆徒による長崎・河合・河口各庄内の城郭構築なども、幕府・守護体制の形成に抵抗する在地住民の支持によって行われたのであろう。

それゆえ、暦応元年閏七月高経の軍勢が新田義貞を討取った後(18)もなお越前では南軍の果敢な抗戦が続いた。同年八月茂木知政が桃井直信に軍忠状を捧げて、直信の配下として敦賀金崎城に発向し城兵と戦った状況を述べており（「茂木文書」二）、また翌二年五月直義が近江の朽木頼氏に「越前国金崎凶徒退治事、所レ差ニ遣尾張左近大夫将監（足利氏頼）一也」と告げ、佐々木五郎（京極高秀）ならびに浅井・伊香・坂田諸郡の地頭御家人も発向したから、急速に馳せ向うようにと命じているように（『朽木文書』第一、一一号）(19)、越前を席捲した南軍の金崎城再占拠は幕府に一大脅威を与えたのである。当時若狭守護は暦応元年五月家兼から桃井直常に遷り、同年九月大高重成にと、短期間に頻繁な改替を経て、翌二年三月高経、次いでその子氏頼が補任されるが、(20) その背後には、これらの部将を次々と若狭守護にし、越前の戦線に引続き投入した幕府の焦慮が明瞭に看取される。

能登の国人得江頼員が高経および吉見頼隆等に捧げた軍忠状八通（「前田家所蔵文書」得江文書）と、天野遠政代石河頼景が高経に捧げた軍忠状一通（「前田家所蔵文書」天野文書）は、暦応二年三月から同四年七月までの越前における両軍の交戦状況を詳細に示している。これらによると、経峯城（大野郡）・伊部岡城（丹生郡）・木田城（足羽郡）・南江守城（同郡）等に拠る高経麾下の幕府軍は、西方寺城（坂井郡）・鳥羽城（今立郡）・中島城（足羽郡）・浅宇津城（同郡）等に拠る南軍と烈しい攻防戦を繰り返したが、暦応三年能登守護吉見頼隆が越前の戦線に加わった頃からようやく足利方は優勢になり、同年八月幕府軍は金津・上野・千手寺の諸城（ともに坂井郡）を陥れて三国湊の周辺を占領、続いて黒丸城（坂井郡）を陥れ、九月には府中を占拠、余勢を駆って諸城を攻略して脇屋義助を駆逐し、翌月義助の属将畑時能を降した。戦局が一段落するとともに、高経は同年十一月吉見頼隆配下の得江頼員に感状を与え、軍忠を賞して今後の戦功を励ました（「前田家所蔵文書」得江文書）。また翌暦応四年二月二日嶋田平内兵衛尉に袖判書下を与え、東方百姓等の野伏としての軍忠を賞して当年年貢（三分壱を免除し、さらに忠節を抽んずれば重ねて計らうべき旨を下知させた。(21)あたかも暦応四年に入ると南軍は必死の反撃を試み、五月まで両軍の攻防が続いた。しかし六月に幕府軍は敵の牙城杣山城（南条郡）を陥れ、七月二十四日高栖城（鷹ノ巣城、坂井郡）の攻撃を開始している。爾後の戦闘状況を記した軍忠状は管見に触れないが、『太平記』二二によると、美濃に脱れて根尾城に拠った脇屋義助は同年九月土岐頼遠に攻落されて吉野を目指して落ち延び、越前では、高経と高師重を両大将とする大軍が、孤立した鷹ノ巣城を囲んで十月二十二日守将畑時能を討取ったので、「北国ノ宮方気ヲ撓マレテ、頭ヲ差出ス者モ無」くなったと、幕府軍の完勝を伝えている。

しかし以上の経過から見ても、越前南軍の鎮圧は、幕命を受けた桃井・吉見等の諸将や近江・能登等の諸国国人の全面的な協力によって獲得されたものであり、高経固有の軍事力による勝利でなかったことが明らかである。したがって分国越前の平定は、決してそのまま高経がこの分国を権力の基礎として強固に把握したことを意味するものではなかった。また初め家兼の分国となった若狭も、上に触れたように越前における戦乱の推移と関連して他氏に改替された後、暦応二年ようやく高経の子息氏頼の分国となったに過ぎないので、やはり国内の掌握は容易でなかった筈である。暦応三年九月から翌四年二月までの間に高経自身が再び若狭守護となり、弟家兼を同国守護代として、越前・若狭両国を併有した。高経が氏頼に代って自ら若狭守護を兼ねた理由として、佐藤進一氏は氏頼の幼稚という事実を指摘されたが、高経の在職徴証である暦応三年九月十一日付の氏頼宛および同四年二月二十六日付の高経宛幕府奉書（「臨川寺文書」）は、前者は若狭に着岸した加賀国大野庄の年貢を小浜津の問居に検納させ、京都まで警固して運送すべき旨を命じたもの、後者は越前敦賀と若狭小浜津に着岸した同庄年貢を違乱なく沙汰すべき旨を命じたものであり、このような内容から判断すると、高経の両国守護職併有には、氏頼の幼稚という事情のみでなく、北国・京都間の交通ないし流通機構の結節点である両国の港津を一体化して直接把握しようとする高経の意図が伏在した結果のように思われる。

註

（1）時秀は大江広元の次子長井時広の嫡孫で（『尊卑分脈』、『群書類従』所収「大江氏系図」）、宝治元年（一二四七）十一月から将軍家出行の随兵等として見え、建長二年（一二五〇）十二月結番の近習の一人となり、建長六年十二月の五方引付結番に際し新たに引付衆に加えられ、文永二年（一二六五）六月評定衆に登庸された。また正元元年（一二五九）閏十月宮内権大輔、文永八年十一月備前守に任じ、弘安八年（一二八五）入道して西規と号し、なお評定衆に在任している（『吾妻鏡』「関東評定衆伝」）。

（2）家長は建武四年正月の相馬松鶴丸（胤頼）着到目安状には「志和尾張弥三郎殿」と呼ばれているが（『相馬文書』）、同年四月十七日家長挙状案に「陸奥守家長上」と記してあるように（「相馬岡田文書」）、この頃陸奥守になり、しかも既に建武三年正月以来花押を自署した文書がある（「烟田文書」等）。しかるに、兼頼は建武三年三月の相馬長胤軍忠状に「大将軍足利竹鶴殿」とあって、当時幼少であり（「相馬岡田文書」）、暦応二年（一三三九）三月の氏家道誠注進状案に「将又正員式部大夫兼頼年少之間、代官氏家十郎入道道誠所㆘令㆑加㆓判形㆒候㆖也」とあって（『相馬文書』）、家長の討死した建武四年（一三三七）の翌々年においても、なお自ら花押を加えられないほど年少であった。

（3）建武政権下における遵行の一例を挙げると、若狭直阿・季兼父子以下の若狭国太良庄乱妨に対して両使源（本郷）貞泰・藤原貞清は元弘三年十月二十一日の国宣と同二十八日の施行に任せて打渡を実施しようとしたが、彼等は季兼等の抵抗により庄内に立入ることができず、十一月七日および八日その旨の請文をそれぞれ「御奉行所」に提出した。その結果同月十九日若狭守に宛てて綸旨が下り、これを承けて同月二十九日「守護人幷上御使」に相触れて沙汰すべき旨の国宣（洞院公賢の御教書）が若狭目代宛に発せられた（「東寺百合文書」ヱ一〇—二四）。この場合、両使は現実には同国守護村山弥三郎（「若狭国守護職次第」）に属する国人であったとしても、知行主洞院公賢・若狭目代波多野毗沙王丸（「若狭国税所今富名領主代々次第」）を通じて遵行を命ぜられており、したがって「御奉行所」宛の請文も目代を介して洞院家に提出されたものと判断しうる。なお「御奉行所」宛の着到状には、元弘三年五月二十七日の須留田心了着到状（「香宗我部家伝証文」）を始め、尊氏が証判を施した例がしばしば見られ、宛所の「御奉行所」は尊氏の奉行所を指す場合が多い。なお九州では同年六月二日宗像士都丸着到状（「宗像文書」）、同年七月十九日中村栄永着到状（「中村文書」）等のように大友貞宗や少弐貞経に提出されたものも存在する。

（4）この申状案は湯浅宗顕の円覚寺領越前国山本庄押領の停止につき雑訴決断所に牒を下すことを求めたものであり、年月日を闕くが、文中に「任二綸旨・国宣一、如レ元可レ沙二汰付寺家雑掌一旨、雖レ申二守護新田左馬権頭一、可レ申二成牒一旨返答上者」云々とあって、建武元年二月二十六日の綸旨と同月二十八日の国宣を副進しており、且つこの申請の結果同年三月二十四日越前守護宛に雑訴決断所牒が発せられているので、この申状が同年三月中旬頃のものであることは容易に推定できる。

（5）『鎌倉市史』史料編二は、この越前守護新田左馬権頭を新田義貞に比定する。しかしこの頃の義貞の官名としては上野介（「伊達文書」京都大学所蔵）、越後守（「色部文書」）、播磨大介（「正明寺文書」）、治部大輔（「長楽寺文書」）、右衛門佐（「結城文書」等）などが知られるが、左馬権頭は全く例証を欠くし、越前守護になったという証拠も見出しえないので、右の史料編の比定は失考と認められる。『尊卑分脈』には堀口貞義を左馬権頭としており、『福井県史』もこれに拠ったらしく越前守護の新田左馬権頭を堀口貞義に比定している。この方が妥当であろう。

（6）鎌倉時代にも、建治年間（一二七五—七七）の頃、吉良満氏が越前守護に在任していたので（佐藤進一氏『増訂鎌倉幕府守護制度の研究』一〇九—一一〇頁）、足利一門が越前に拠点を有していたことは想像できる。

（7）直義の奉納した和歌の前書にも「先年参詣之時、中懐祈願之趣、玄応太速、冥助掲焉」云々とあり、直義も建武三年春の九州下向の際、やはり長門二宮に参詣したことが知られる。

（8）家長の通称は、註（2）・（10）所掲のように当時の文書によると弥三郎であるから、『尊卑分脈』の孫二郎、「武衛系図」「清和源氏系図」等の三郎は何れも誤りである。

（9）遠藤巌氏前掲論文。

（10）本節註（2）に触れた建武四年正月の相馬松鶴丸着到目安状に、「右、去々年（建武二）為二国司（北畠顕家）誅伐一、志和尾張弥三郎殿府中（陸奥国府）御発向之

時」云々とあり、また年月日闕相馬胤家代恵心申状（「相馬岡田文書」）に「爰胤家亡父相馬五郎胤康、自二最前一参二御方一致二軍忠一、奉レ属二斯波陸奥守殿〔于レ時弥三郎殿〕一、建武三年四月十六日於二相模国片瀬河一打死畢」とあって、建武三年四月ないし建武四年正月の家長は、まだ陸奥守に任ぜられず、弥三郎の通称で呼ばれていたことが明らかである。次に家長自身の発給文書の署判を見ると、建武四年卯月八日付書下（「本間文書」）までは、「源（花押）」「家長（花押）」とするか、または単に花押を施すかの何れかであって、官名を記したものは管見に触れないのに対して、註（2）に引いた同年四月十七日の推挙状に「陸奥守家長上」と記すのを初見として、これ以後は推挙状（「相馬岡田文書」）・寄進状（「大善寺文書」）・感状（「飯野文書」）の署判に何れも陸奥守の官名を記している。それゆえ、在鎌倉の家長が陸奥守拝任を知ったのは建武四年四月八日から同月十七日までの間であり、それ以前は通称弥三郎を以て呼ばれていたと判定される。なお建武四年某月の相馬竹鶴丸および相馬福寿丸の各申状に「去々年〔建武〕二陸奥守殿御発向之時」とし、同じく相馬乙鶴丸（岡田胤家）代妙蓮申状にも同様文言があるのは（「相馬岡田文書」）、申状作成当時の官名で家長を呼んだものであり、貞和二年（一三四六）四月の佐藤性妙申状（「佐藤文書」）に「去建武二年斯波奥州為二当国前宰〔吏カ〕定顕家卿追討一御発向之時」と記すのも、後の官途での呼称に過ぎない。

(11) 遠藤氏は、この擬定に基づき、家長が陸奥国府体制下の重要な一員であったと推測された。しかし建武元年二月の曽我光高申状に「合戦奉行人早河禅門、幷〔工藤中務右衛門尉　尾張弾正左衛門尉〕相共」とあり（「斎藤文書」）、同年十二月十四日の津軽降人交名注進状では安藤又太郎が降人十八名の身柄を預っているのに対し、弾正左衛門尉・中務右衛門尉等は二名宛しか預っていない（「南部文書」一）。これらは尾張弾正左衛門尉が何ら他の国人に優越する地位を占めていないことを示しており、これも家長とは別人と見做すべき徴証となる。

(12)『福島県史』1、中世編第二章、遠藤氏前掲論文参照。

(13) 但し翌暦応元年（一三三八）十月、常陸の烟田時幹が同国東条庄に着岸した北畠親房以下を討つ足利方の軍勢に加わり神宮寺城・阿波城を陥れた旨の軍忠状を軍勢大将に提出したが、その案文の末尾に軍勢大将の証判を「志波殿　承了在判」としている（「烟田文書」）。『大日本史料』第六編之五には、この案文の「志波殿」に「斯波家兼ナルベシ」と傍註するが、家兼は同年五月まで若狭守護に在任し、暦応四年四月には若狭守護代に在任しているので（佐藤進一氏『室町幕府守護制度の研究』上、二一二・二一四頁）、常陸における軍勢大将に比定するのは困難である。おそらくこの「志波殿」は建武三年七月家長が「常陸国凶徒等蜂起」を追討するため発向させた足利少輔三郎（「茂木文書」一）であろう。家長の子（「武衛系図」によれば養子）詮経を『尊卑分脉』には「兵部大輔　孫二郎」とするが、『系図纂要』には「孫三郎　兵部少輔」としており、右の「志波殿」は詮経と思われる。そうとすれば、詮経は父家長敗死の後も暫く常陸に留まり、親房の軍を迎え撃ったと推定されるが、その後の消息は明らかでない。

(14) 当時の若狭守護職については佐藤進一氏前掲書二一二頁以下参照。

(15) 信濃守護代小笠原兼経とその弟経義は、北国に没落した新田義貞を誅伐すべき旨の建武三年十月十二日付の御教書を受けて、市河親宗等を率いて出陣し（「市河文書」三、市河親宗軍忠状）、十月十七日には同じく義貞以下の凶徒誅伐を命ずる直義の御判御教書（「三浦和田文書」三）が越後の三浦和田四郎宛に発せられ、同年十一月三日、在京の佐竹貞義が在国の茂木知貞に宛てた書状（「茂木文書」三）には「新田（義貞）僅小勢にて越前金崎城（に脱カ）よるなる、以二大勢一取巻候」とある。さらに信濃の村上信貞は市河経助等を率いて上洛し、建武四年正月一日高師泰に属して越前に発向し（「市河文書」三、市河経助軍忠状）、薩摩守護島津貞久の子頼久も、国人莫禰・延時・本田・知覧院・井手籠等を率いて同じく金崎城攻撃に向った（「薩藩旧記」前集一三・一四所収軍忠状・感状）。このように尊氏が金崎城攻囲のため諸国から大軍を投入し、次いで発向を命ぜられた高師泰等も諸国の軍勢を率いて金崎城を囲んだことが判るので、『太平記』一七に金崎城攻撃の部将として高経を始め仁木頼章・今川頼貞・荒川詮頼・細川頼春・高師泰・小笠原貞宗・佐々木（塩冶）高貞等を挙げるのも誇張ではあるまい。

(16) 藤島庄が古く平泉寺領であったことは『吾妻鏡』建久元年四月十九日条に載せる内宮役夫工米未済の所々に関する注進状に、「藤嶋保　以二牒状一触二平泉寺一」とあることでも知られ、また山門領であることは「天台座主記」（『続群書類従』所収）に建久六年九月叡山の大乗院において勧学講を始め、越前国藤島庄を以てその用途に宛てたとあること等で確かめられる。おそらく叡山と平泉寺との本末関係から藤島庄は山門領になっていたのであろう。しかし平泉寺衆徒が自立性を強めるにつれて山門との間に同庄をめぐる相論が展開し、先に掲げた建武元年の綸旨に基づく高経の同庄打渡は、平泉寺衆徒の反撥を招いたことと思われる。それゆえ『太平記』のこの問題に関する叙述は真相に近いものと見做すことができよう。

(17) 若狭においても、小浜の後背地にある東寺領太良庄における公文禅勝・法橋実円以下多数の名主による地頭代脇袋彦太郎排斥の運動は有名であり、やはり建武政権下に農民層の広汎な成長を基礎とした有力名主の擡頭が認められる。

(18) 「皇代記」「武家年代記」等には、源高経が義貞を討ったとするのみであるが、『太平記』二〇は義貞が高経の属将細川出羽守・鹿草彦太郎との遭遇戦で流矢に当たり、越中の住人氏家重国（金勝院本・西源院本には光範）に首級を取られたとして、戦況を詳述している。この戦況が事実に近いとすれば、義貞の討死は必ずしも高経の作戦が全面的に成功した結果ではなかったといえよう。

(19)『大日本史料』第六編之五には、この尾張左近大夫将監を石橋和義に比定し「直義、石橋和義ヲシテ越前金崎城ヲ攻メシム」という綱文を立てている。和義は建武三年三月十五日の軍勢催促状の署判では左近大夫将監であったことが知られるが（「越前島津家文書」）、暦応元年五月十一日の同人巻数返事には「尾張左衛門佐殿請取」という明通寺側の端書があり（「明通寺文書」）、既に左衛門佐に転じていたと見られる。これに対して、足利（斯波）氏頼は暦応二年七月十三日付請文の差出者名として「左近将監氏頼」と明記しており（「廬山寺文書」）、また本文に触れた若狭守護在任の事実からみても、同年五月における左近大夫将監は氏頼に比定すべきものと思われる。なお佐々木五郎・同出羽四郎兵衛尉の比定は『史料纂集』本の傍註に従う。

(20) 佐藤氏前掲書二一三頁。なおこのほか暦応三年三月日、藤原光範なるものの次の安堵状がある。

羽賀寺寄進田三反畠一反事

任二将監（氏頼）殿御教書之旨一、不レ可レ有二相違一、可レ令二知行一候、但為二毎日燈油一也、仍状如レ件、

暦応三年三月日　　藤原光範（花押）

（「羽賀寺文書」）

この安堵状は体裁・文言が整わず疑わしいが、本文に触れたように当時氏頼の若狭守護在職が認められるので、氏頼の寄進行為も可能性を認めてよいのではなかろうか。

(21)「三田村文書」（『岡本村史』史料編一二〇号）、河村昭一氏「南北朝期における守護権力構造—斯波氏の被官構成—」(一)（『若越郷土研究』二三巻二号）に紹介。

第三節　観応擾乱前後の斯波氏

一　高経の直義への接近

暦応二年（一三三九）三月までに高経は若狭を自己の分国に加えて——但し一時は子息氏頼が守護に在任——、越前・若狭両国の一括支配を実現したのであるが、早くも康永元年（一三四二）九月、若狭守護には大高重成が再任し（「守護次第」「領主次第」）、早くもここに高経は分国若狭を喪失した。しかも、越前においても暦応四年十月と伝える前述の南軍制圧以後は高経の軍事行動の事績が全く迹を断ち、越前守護在任の徴証すら翌康永元年二月以後は見られなくなる。(1) 康永元年を境として彼が分国越前を喪失したか否かは断定できないにせよ、少なくとも高経の分国支配がこの頃から頗る不振の状態に陥ったことは否めない。次に述べるように高経は直義党の有力者となるが、やがて貞和五年政変の結果直義側近の上杉重能・畠山直宗が越前に配流・殺害された事実により（第四編第一章第二節三参照）、遅くも貞和五年政変までに越前守護職が尊氏党の手中に帰したことは先ず間違いない。

あたかも高経の越前における徴証が皆無となった時期に現れるのは、次のように彼が在京して直義に接近した事実である。すなわち『師守記』康永三年五月十一日条頭書に「今夕□(酉)刻、左兵衛督源直義朝臣、被レ渡二精進□□(屋樋)□(ロカ)東□□(洞院)南角東修理大夫高経宿所一云々、乗車□(浄)衣云々」とあり、同月十七日条に直義が「自二精進屋樋口東洞院一歩行」して新熊野社に参詣したことが記され、且つ同書裏書の「左兵衛督源直義朝臣熊野参詣注文」には、高経が後陣随兵の先頭に記載されている。高経が樋口東洞院の自邸を直義の新熊野社参の精進屋として七日間提供し、社参当日、自ら後陣随兵の先頭となって直義を警固した事実は、彼の在京を示すのみでなく、当時彼がいかに直義と親密な関係に在ったかを語るものに外ならない。第二節一に掲げたように、同年十二月十五日、直義および高経は、嘗て建武三年西走の際長門二宮忌宮社に詣でたことを想起して祭神神功皇后の冥助を奉謝し、法楽和歌を各二首奉納しており（「忌宮神社文書」）、これも両人の親交を裏書している。

北陸では康永三年から貞和四年（一三四八）にかけて幕府軍は南党井上俊清以下の追討に当ったが、(2) 斯波一族はこの追討軍に加わった気配がなく、高経の動静としては僅かに貞和四年八月東寺梵鐘鋳造の資として馬一匹を奉加した程度に過ぎず（「東寺文書」御一─七）、子弟の動静も、弟家兼が康永四年八月吉良貞家・石橋和義とともに正五位下に進んだこと（『園太暦』同月十七日条）、子息氏頼（左近大夫将監）が同月の天龍寺供養に際し尊氏・直義の後陣随兵の先頭を勤めたことが見られるに止まる（同書八月二十九日条、『師守記』同日条、「結城文書」一所収「天龍寺供養日記」、『尊卑分脈』氏頼の項）。

建武・暦応年間における高経・家兼の越前・若狭における顕著な活動に比べて、爾後の活動の低調は頗る不自然な対照をなしている。この間の事情を『太平記』三二には、高経は新田義貞を討って入手した源氏累代の名刀鬼丸・鬼切を尊氏から提出するよう命ぜられたが、焼失と称して同寸の太刀を焼き損じて差出し、尊氏は高経の詐謀を怒って抜群の忠功に報いるに足る恩賞を行わず、高経は事毎に面目を失ったので、彼はやがて直義の謀叛に与し、後には直冬党の京都侵入に合力したのであると説いている。太刀をめぐる逸話には『太平記』の粉飾があろうが、尊氏と隙を生じたことは事実と思われる。越前南軍の鎮圧を自己の勲功として誇った高経は、これを援軍諸将の功績とみる尊氏に疎んぜられたのであろう。そうとすれば畢竟彼の尊氏との疎隔は、越前平定の際に斯波氏がその門地に相応しい軍事的組織力を具えていなかったことに起因するといえる。ここに高経が、尊氏の冷遇によって蒙った不利な立場を、直義への接近を通じて打開しようと努めたのは当然であった。直義と高経との親密な関係は、門地・旧慣を尊重する直義が、一門中でも高い家格にある高経の不遇に同情したことにもよろうが、より重要な契機は、尊氏から斥けられた高経が、積極的に直義に近付いたことにあったに違いない。

二　擾乱と高経の向背

貞和五年八月十二日、高師直による直義排斥の策動に対抗して、直義の三条第に馳せ参じた諸大名の中に、『太平記』三七は「尾張修理大夫高経・子息民部少輔氏経・舎弟左近大夫将監氏頼（ママ）」を数えている。(3) 直義と親密な関係に在った高経が、直義と師直との対立の表面化に伴い、直義党の有力者として行動するに至ったのは何等不思議でない。しかし高経の弟家兼はこの三条第集結の諸将中に見られない許りでなく、師直の強要により直義党が政局担当者から一掃されたのに伴う引付の改組の結果、新たに引付頭人の一人に起用されており（「新田八幡宮文書」）、高経父子と行動を共にせず、むしろ尊氏・師直側に与していたと認められる。(4)

翌観応元年（一三五〇）十月、直義が京都を離脱して挙兵するとともに、両党は遂に交戦状態に入ったが、高経は軍事行動を起さず、去就を明らかにせぬまま在京していた模様である。これは家兼が尊氏党に属していたため一族子弟の結束が妨げられたことにもよるであろうが、分国皆無の状態に在り、ことに旧分国越前が尊氏党の支配下にあるため、軍勢の召集が困難であったことも要因であろう。

越中に挙兵した直義党桃井直常が京都に迫り、両党の京都争奪戦を目睫の間に控えた観応二年正月十日、高経は遂に幕府奉行人二階堂行諲（時綱）・同行珍（行朝）等とともに在京の義詮の許を脱れて、直義の陣する男山に奔った（『園太暦』同日条、「観応二年日次記」同月十一日条）。続いて直義党諸将が尊氏・義詮勢を丹波に駆逐した後、高経は同月十七日吉良満貞・千葉氏胤等とともに入京したが、翌十八日直義は仙洞御所に使を派して「世上定有二狼藉一歟、殊恐存、京中事仰二付高経一、可レ被レ仰二下彼一歟」と奏聞し、高経に洛中の警備を委ねた（『園太暦』同月十七日条・十八日条）。なお十九日には高師直以下が北国に没落せんとしているという情報に基づき、高経は千葉氏胤等とともに千余騎を率いて近江坂本方面に出動して北国路を警戒し、敵の退路遮断に当った（同書同月二十一日条）。直義の行動開始から三ヵ月を経て、直義党優勢の局面で漸くその陣営に加わった高経が、さしたる軍功もないまま早速洛中警備や師直の退路阻止の如き重要任務を直義から委ねられたのは、年来の両人の親密な関係に加えて高経の門地が考慮されたためであろう。

高師直の横死後に再開された同年三月より七月に至る直義主導下の幕政においては、石橋和義が引付頭人に残留した外、新たに畠山国清・桃井直常・石塔頼房・細川顕氏という直義党の有力部将が引付頭人に登庸され（佐藤氏上掲論文）、諸国守護にも、千葉氏胤の伊賀、石塔頼房の伊勢、同義房の伊豆、桃井直常の越中、上野頼兼の丹後、山名時氏の伯耆・出雲、上杉顕能の備後、細川顕氏の讃岐というように、(5)直義党諸将が新任または還補された国々が少なくない。この時期における高経の動静は管見に触れないが、(6)直義党の中でも抜群の門地を有し、直義と頗る親密な関係にある彼が、それまでのような分国皆無の状態のままであったとは考え難い。高経の越前守護復職の確証は翌観応三年（正平七・文和元年、一三五二）四月二日を初見とするが（『園太暦』同日条）、右の状況から推して、高経は直義が幕政を掌握するとともに越前守護職に還補されたと推測して誤りないであろう。

観応二年七月三十日、高経は桃井直常・上杉朝定・山名時氏・畠山国清等と共に直義に随って京都を出奔し（同書同日条）、まもなく越前金ヶ崎城に楯籠った（『園太暦』同年八月六日条）。直義が再挙を計るための根拠地を越前に求めたのは、この国が現に高経の分国に復していたことを前提とすると考えられる。『太平記』三〇には、七月晦日石塔頼房と桃井直常が直義に在京の危険性を説き、北国に下向して木目峠と荒血（愛発）の中山を塞げば、越前の修理大夫高経、加賀の富樫介、能登の吉見、信濃の諏訪下宮大祝が無二の御方故、この国々へは如何なる敵も侵入し難い旨を進言し、直義はこの意見に従って即刻出京したとある。高経が越前に在国しているかのように叙述しているのは『太平記』の麁漏であるが、直義が高経の分国越前の軍事的機能に期待したことはこの所伝にも反映している。

しかるに高経は、同年十月尊氏・直義の和議が決裂し、畠山国清以下が尊氏方に帰参するに及んで（『園太暦』同年十月七日・十一日・二十三日条等)、直義から離れて幕府に帰順した。その幕府方復帰を直接伝える史料は見当らないが、『太平記』三〇に、国清以下多数が幕府に降ったので、桃井直常は越前滞在の危険を直義に進言し、直義はこれを容れて十月八日越前を発し北陸道を経て鎌倉に下ったとしている。直義が越前を去ったのは、この国を分国とする高経の変節に要因があろう。高経が直義との長年の情誼を捨てて幕府に復帰したのは、守護還補後まもない彼が、おそらくこの不利な状況下で越前を固守する自信を持てなかったためであり、ここにも軍事力の弱体が作用しているのではあるまいかと思われる。

かくて幕府に帰順して越前守護職を安堵された高経は、同年十一月から翌正平七年(観応三年)閏二月にかけての尊氏東下、直義急死、南軍京都鎌倉突入というめまぐるしい情勢変化を経て、観応三年三月上旬義詮が近江から京都奪還の作戦行動を起すと、「又自二若狭路一越前守護已下可二攻上一云々」(『園太暦』同年三月十一日条)と伝えられたように、主力の義詮勢に呼応して攻め上り、若狭を制圧した甥直持(家兼の嫡子)とともに、義詮の入京を扶けた。

続く南軍追撃作戦にも斯波氏の軍勢が参加したことは、毛利家本「太平記」(『参考太平記』所収)に、足利高経は八幡の行宮攻撃に際し子息氏経・氏頼および嫡孫詮経を将とする一千騎を将軍(義詮を指すか)に指出し、三月二十四日、幕府はこの三名に七千騎の軍勢を付けて淀川の大渡に向わせ、翌二十五日彼等は渡河戦を敢行して、北畠顕能の率いる南軍を駆逐したとある。この所伝は、天正本「太平記」にもあり、毛利家本とは月日の記載を異にするが、記載内容は大同小異である。この毛利家本・天正本「太平記」の所伝が大筋においては史実に背かないことは、山城国人の狭郷田村信友の同年五月十二日付着到状に「自二去三月廿三日一迄二今月十二日一致二淀大渡警固精誠一同日御入洛之時御供仕候畢」とあって、これに氏経が証判を施している事実によって確認される(「柳瀬所蔵文書」『大日本史料』第六編之一六、正平七年三月二十一日条所収)。すなわち氏経以下の軍事行動は南軍主力の拠る男山の攻略戦に直接参加したものではなかったけれども、敵の側面を圧迫する効果を発揮し、一応所期の目的を達成したと認められる。但し、上掲毛利家本「太平記」等に伝える斯波氏直属軍一千余騎に対し幕命により増強された軍勢七千余騎という兵員数の比率は信用の限りでないが、それにしても右の田村信友のような山城の国人が氏経の麾下に属して行動している事実は、当時の斯波氏による分国越前の国人被官化がなお未熟であって、分国の軍勢のみでは大規模な軍事行動を起すことが困難であった事情を反映していると考えられる。

もっとも斯波氏の軍勢がすべて氏経等に従って大渡に出陣したのではなく、一部は高経に属して在京したと覚しく、『園太暦』同年四月二日条に「越前守護修理権大夫(ママ)」即ち高経は、南軍が三宮（弥仁王、同年八月践祚、後光厳天皇）を捕えるべく京都に潜入したという情報に基づき、四月一日より持明院御所の「南惣門前大蔵卿定親宿所構ニ問所一参ニ候彼御所一之故也宿レ之」したとある。また直持に属して上洛していた若狭勢も若狭守護に復した家兼に属して同じく持明院御所を警固している（「本郷文書」六）。ここに高経の幕府復帰の結果、弟家兼との対立も一応解消したことが分るとともに、彼等がその門地に相応しい洛中警備・御所警衛の任を義詮から命ぜられたことが知られる。

『園太暦』の右の記事は、先に触れたように高経の越前守護再任の初見記事であるが、同年六月五日某人は富弥四郎入道に「東福寺領加賀国熊坂庄年貢事、運ニ送于京都一云々、敦賀津升路次已下、無ニ相違一可ニ通上一之旨、可レ令ニ下知一之状如レ件」という直状を下している（「前田家所蔵文書」東福寺文書）。『大日本史料』第六編之一六当該日条は、この直状を「温故古文抄」によって掲げ、発給者を義詮とするが、原文書の写真版を検するに、花押は義詮のそれではなく、この直状は越前守護の書下と判断される。しかし花押は高経・氏経とも異なる。或いは氏頼であろうか。(7) 嘗て暦応三年（一三四〇）九月幕府は若狭着岸の、また翌年二月越前敦賀・若狭小浜着岸の加賀国大野庄年貢につき、同様の遵行命令をそれぞれ守護氏頼・高経に下しているが、今回は守護から在国守護代と覚しい富弥四郎入道なるものに書下が発給されたのは、東福寺が斯波氏に直接折衝した結果であろう。次に祇園社執行宝寿院顕詮の「社家記録」（『八坂神社記録』上）同年（文和元年）十一月二十九日条に「行ニ安威入道許一、他行、安威次郎左衛門修理大夫(高経)殿代官見参、敦賀事守護許への状取了」

とあり、顕詮は祇園社造営料所敦賀津升米のことにつき、高経の代官安威次郎左衛門と折衝している。この記事からも守護は高経自身でなくその一族なることが窺われる。また安威次郎左衛門は幕府奉行人の一族で高経に属したものらしく、(8)高経の在京代官として分国越前に関する実務を行っていることが分る。

以上のようにようやく高経父子は越前を回復したが、擾乱中の活動にもなお軍事力の強化を果しえない欠陥が看取され、擾乱直後の分国越前の支配にも、在京代官・在国守護代を通じての間接支配という事実が見受けられる。但し尊氏党に属した弟家兼との分争は高経の幕府復帰によって一応の和解に達したと覚しく、あたかも建武三年から暦応初年までと同様、兄弟はそれぞれ越前および若狭を分国として保つこととなったのである。

三　高経の直冬党与同と復帰

分国越前を回復し幕府に帰順した高経は、上述のように観応三年（文和元年）三・四月義詮の南軍駆逐に協力し、持明院御所の警備に当ったにも拘らず、その後文和三年（一三五四）末までの高経は、僅かに上述「社家記録」文和元年十一月二十九日条によって越前守護在職が知られるのみであり、子弟の動静も『太平記』三二に文和二年六月足利直冬党山名時氏・石塔頼房・南軍楠木正儀等の京都侵入に際し、後光厳天皇を奉じて美濃に脱れた義詮に随行した部将の中に「尾張民部少輔（氏経）・舎弟左京権大夫（マヽ）（家兼）・同左近将監（氏頼）」を数えているに過ぎない。(9)

幕府復帰後まもなく高経ないしその子弟の動きがまたも低調となったのは、やはり高経が依然として尊氏ないしその代理者義詮から信任されるに至らなかったためではあるまいか。文和元年六月敦賀津以下に関する義詮の御教書が越前守護である高経を介さずに下っている上記の事実も、高経疎外という幕府主脳部の態度を反映していると見ることができよう。

文和三年、家兼は若狭守護から奥州管領に転じ、嫡子直持以下を伴って陸奥国府に赴任し（第六章第一節参照）、家兼遷任後の若狭守護には、観応擾乱中以来の数々の軍功により尊氏・義詮の信任を得た細川清氏が補任された（第一編第二章第一節参照）。家兼にとっては若狭守護から奥州管領への遷任は、明らかに昇格人事であり名誉であったに違いないが、高経としては、遠隔の奥州に家兼を転出させて細川清氏を後任の若狭守護に据えるというこの人事は、斯波一族の勢力を分散させると同時に斯波一族による越前・若狭両国の併有を再び突き崩すという衝撃的な措置に外ならず、さなきだに尊氏の冷遇に不満を懐いていた高経がここに到って再び叛旗を翻す決意を固めたとしても不思議ではない[10]。

果して同年十二月山名時氏が足利直冬を擁して、またも山陰から京都に迫るや、高経はこれに呼応して分国越前に挙兵し、子息氏頼は越中の桃井直常・直信等とともに北国の軍勢を率いて攻め上り[11]、翌文和四年正月入京し、次いで幕府方の反撃に備えて直常等とともに如意嶽に陣した（「建武三年以来記」正月十六日条・二十二日条、「神護寺交衆任日次第」）。『太平記』三二にはこの時高経自身三千余騎を率いて上洛したと伝え、翌二月上旬東寺を中心として布陣した直冬勢の筆頭に高経の名を記している。また同書三三は二月十五日の洛中合戦に氏頼勢の戦闘を叙し、三月十二日から翌日にかけて幕府軍が直冬党・南党を洛中から駆逐したときの決戦に、直冬党の部将として合戦に臨んだ高経の戦闘指揮を伝えている。『太平記』の伝える以上のような高経・氏頼父子の戦闘行動は確証を得られないが、直冬党および南軍の各本国への撤退を風聞した洞院公賢は『園太暦』同年六月十六日条に「彼是云、南方軍旅大略没落歟、越前守護修理大夫高経帰二本国一、（先京上）一昨日御霊会見物下向云々、虚実不レ知、其外輩桃井又下向之由風聞、或又高経外不レ散云々」と記しており、高経が京都近傍に在陣し、やがて越前に引揚げたことは先ず間違いがなかろう[12]。

ところで、斯波一族中高経・氏頼父子の直冬党与同に加わらなかったのは遠隔地奥州に在る家兼のみではなく、実に高経の嫡子氏経[13]があって、尊氏の陣営に止まっていた。文和四年三月二宮次郎左衛門入道円阿（貞光）は、前年十二月の尊氏退去に供奉してより本年三月十二日の京都合戦に至るまでの軍功を列挙した軍忠状を、斯波氏経と推定される軍勢大将に提出して証判を受けている（「前田家所蔵文書」編年雑纂[14]）。河村昭一氏の最近指摘されたところによると[15]、斯波被官の二宮氏には源姓・藤姓の二氏があって、後年斯波義将の信濃守護代・加賀守護代等として活動するのは源姓二宮氏であり、貞光入道円阿もその同族と覚しい。そして貞光は観応擾乱以来尊氏方として活動していて、直義党であった斯波氏には服属せず、ここに文和三年の高経・氏頼の離反に際しても、幕府方に留まった氏経に属して直冬党と交戦したものと認められるのである。

次に「賢俊僧正日記」同年六月四日条裏書に「民部少輔(氏経)越前守護来臨之、早旦也」とあって、上記の高経の京都近郊よりの退去という風聞に先立って、氏経は尊氏の信任厚い三宝院門跡賢俊を京都の清閑寺に訪れており、この事実からも氏経が父高経・弟氏頼と袂を分かち、幕府の陣営に在って活躍したことは疑問の余地がない。

したがって高経は二宮円阿等を率いる嫡子氏経の反対にも拘らず直冬党に与同して入京したと断定せざるをえず、その行動の軽率と子弟・被官統率の欠陥は掩い難い。もっとも、氏経の賢俊訪問の目的が父高経のために尊氏への取成しを依頼することにあったとすれば、或いは父子が予め挙兵失敗の場合に具えて両陣営に引分れた蓋然性も考えられないではない。けれども当初からそうした予測の下で父子別行動を採ったとすれば、兵力相殺の結果失敗率をむしろ増大する筈であるし、現実に斯波勢が両軍に分れて京都争奪戦を演じた状況からも、右のような蓋然性は乏しいと思われる。

ところで佐藤進一氏は『園太暦』には高経を「越前守護」とし「賢俊僧正日記」には氏経を「越前守護」としている上記の事実に拠って、「これは斯波氏の去就が甚だ曖昧であり、これに対する幕府の対応も微妙なものがあったことを語るものではあるまいか。すなわち高経は幕府に叛旗をかかげながら、その子氏経は幕府方に走り、幕府も高経の守護職を奪って、これを氏経に与えることによって、事実上高経の在職を認めていたのではあるまいか」と説かれたが(16)、守護職はいうまでもなく将軍家から補任されるものである以上、幕府が守護職を氏経に改替しながら、同時に敵方の高経に事実上の守護在職を認めていたというのはやや不可解である。尊氏の厚い敬信を受け幕府と密接な関係を有する賢俊が、直接氏経と面談した上で氏経を「越前守護」と記しているのであるから、その記載は正確度が高い筈である。これに反して前太政大臣洞院公賢はもとより幕府関係者ではなく、『園太暦』文和二年四月二日条に高経の官途修理大夫を「修理権大夫」と誤記していることからも窺われるように、足利一門武将に関して必ずしも正確な知識を有していなかった。したがって公賢は高経の離反に伴って越前守護が氏経に改替された事実を聞知しなかったため、高経を現任の守護と誤認したのではなかろうか。然りとすれば、父子がともに「越前守護」と記されているのは、畢竟右の二つの記録がこの点に関して精度を異にしているために外ならないと考えられる。

但し直冬党の京都制圧が失敗に帰すとともに、氏経が斯波一族のこれ以上の相剋・弱体化を防ぐ意図から、高経の幕府復帰を運動した蓋然性は、上記「賢俊僧正日記」の記事からも推測されないではない。その結果であろうか、翌文和五年（延文元年）正月、高経はまたしても幕府に帰参した。『園太暦』同月九日条に「今日聞、越前守護修理大夫（高経）降参、父子三人相二伴命鶴男（饗庭氏直）一」とその風聞を記している。洞院公賢はここでも高経を「越前守護」として記しているが、これも前年六月十六日条と同じく不確実な認識に基づく記録であるとすれば、この「越前守護修理大夫降参」の際に守護職を安堵されたという佐藤氏の推測には必ずしも左袒しえない。その後暫く越前守護がこの父子の何れであるかを示す文書・記録等は見当らないので、氏経がなおその後も守護に在職していた可能性も否定できないであろう。

ともあれ、高経・氏経父子の何れかが守護職を保ち、越前が斯波氏の分国として維持されたことは誤りないと思われる。高経の帰参が許容され、斯波氏が分国越前を維持しえたのは、氏経が幕府方に留まって尊氏の京都奪回戦に協力したことにも因り、また足利高経の門地が敵方直冬党に利用されるのを不利とした尊氏以下の判断も働いたことであろう。それにしても高経の再度離反・再度復帰という無節操振りは、当時の守護級武将に往々にして見られる弊とはいえ、やはり幕府権力への依存なくしては一族被官の統制をも分国の軍事的支配をも保ちえない斯波氏の弱体性の表明というべきであり、かかる離反と復帰を観応元年以来数年の内に繰り返した高経が、ますます尊氏に疎まれたであろうことは復帰後の高経父子の動静が暫く不明である事実からも想定される。さきに文和三年家兼に代って若狭守護職を獲得した細川清氏は、さらに延文二年（一三五七）六月越前守護職を所望して容れられず、阿波の本領に奔った（『園太暦』同月十六日条。第一編第二章第一節参照）。これは彼が尊氏の高経に対する積年の不信感に乗じて斯波氏の分国を奪取しようと計ったことを示していよう。流石にこの清氏の企図は失敗に帰したとはいえ、高経の憤懣が清氏に向けられたであろうことは推察に難くない。

四　氏経の九州発遣

延文三年四月将軍尊氏は薨逝し、同年十月細川清氏は幕府執事（管領とも称せられる）に就任し、新将軍義詮を輔けて幕府の政務を運営した（第一編第二章第一節参照）。清氏の補佐する幕政が斯波氏の政界における地歩にとって頗る不利なものであったことは、前年の清氏の越前守護競望事件からも察知される。尊氏の歿後も、清氏の執事在任の全期間を通じて、高経自身の動静を示す史料は依然として全く管見に触れない。このことは彼が清氏の運営する幕府政治の下でも、引続き疎外された事実を立証するといえよう。

『太平記』三六には、細川清氏と佐々木（京極）導誉の対立の一因を述べて、富樫介（氏春）の死去したときその子（竹童丸、のち昌家）の幼稚に乗じた導誉は、尾張左衛門佐氏頼を婿として加賀守護職を氏頼に申与えようとしたが、清氏はこれを阻止し富樫介の子に安堵の御教書を申成したとしている。[17]導誉が斯波氏と姻戚関係を結んで清氏に対抗しようとしたことを伝えるこの叙述は、当時の斯波氏の反清氏派としての立場を如実に示している（第一編第二章第二節参照）。

かように、高経・氏頼等は幕府宿老の有力者佐々木導誉と与して清氏に対抗する立場に在ったと見做されるが、それにも拘らず、高経の嫡子氏経は延文五年三月にわかに鎮西管領の要職に補任された。将軍義詮の氏経起用は、義詮が同年三月十四日豊後・筑後・肥後守護大友氏時に「九州凶徒退治事、所レ差二遣左京大夫氏経一也」と告げてこれに協力を命ずる御判御教書を下した事実により確認される（「大友文書」三）。

氏経の起用を発議したのが誰かは明らかでなく、或いは斯波氏を与党としていた佐々木導誉などの進言かとも想像されるが、幕府執事細川清氏がかかる重要人事に参与しなかった筈はなく、当時の清氏と導誉ならびに斯波一族との対立から見ても、氏経発遣の決定は一見奇異の感を免れない。しかし先に直義党に与同しなかった家兼が奥州管領に選ばれたように、氏経は足利高経の嫡子という門地と、高経に与同せず直冬党撃退に尽した実績とにより、鎮西管領とするに相応しいという評価を得たのであろう。

当時の九州においては、周知の如く征西将軍懐良親王を奉ずる菊池武光以下の南軍が勢威を振い、文和四年（一三五五）鎮西管領一色範氏・直氏父子は九州を放棄し、幕府の支配権は地を払う有様であったので、余程周到な準備と大規模な作戦計画を以てしなければ九州回復は不可能の筈であった。(18) 然るに幕府の処置は、氏経の発遣に当って、義詮が少弐・大友両氏の分国および日向を除く四ヵ国二島につき氏経に半済実施権ならびに闕所預置権を委ねたことや（『島津家文書』之一、三一三号貞治元年十月七日義詮御判御教書案）、氏経の補任後約一年を経て漸く康安元年二月義詮御判御教書を以て豊後の田原正曇に氏経の発遣を告げたこと（「入江文書」）等を数えうるに過ぎない。このような幕府当局者の氏経に対する冷淡な態度は、畿内南軍の征討に当り幕府が諸将に命じて大軍を編成し、清氏自ら主将として南河内に進攻した事実（第一編第二章第一節）とあまりにも対照的である。

氏経の京都進発は鎮西管領に補せられてからほぼ一年半を経た康安元年六、七月頃であったが、(19)『太平記』三八にはその進発時の有様を、「左京大夫（氏経）先兵庫ニ下テ四国・中国ノ勢ヲ催シケレ共、付順フ勢モ無リケレバ、サリトテハ道ヨリ非レ可二引返一トテ、僅ニ二百四五十騎ノ勢ニテ、已ニ纜ヲ解ケルニ」云々と述べている。僅か二百四五十騎というのは『太平記』一流の誇張としても、畿内・中国・四国に九州進攻のための基盤を持たない氏経の動員しえた兵力は、極めて少数であったに違いない。氏経のそのような兵力動員の限界は、おそらく当時の斯波氏自身の政治的地歩ならびに軍事的基礎の弱体性だけでなく、清氏以下幕府当局者の斯波氏に対する非協力の結果でもあった。氏経は備後を経て同年十月ようやく豊後に到着したが、[20]当初から九州征討軍の長としての威容を整えられなかった氏経は、やがて僅かに九州在陣一年数ヵ月にして敗退の憂き目を見るに至るのである。

註

（1）佐藤進一氏は高経の越前守護在職の徴証を暦応四年（一三四一）二月まで例示されたが（同氏前掲書、二二六頁）、高経が暦応五年（康永元年）二月二十五日越前の崇禅寺に宛てて「為二当家御祈禱所一、可レ被レ致二精誠一」き旨を命じた書下があるので（「前田家所蔵文書」武家手鑑、上）、彼の越前守護在職の蓋然性は少なくともこの時点まで延長しうる。

（2）康永三年前越中守護井上（普門）俊清は南朝に帰順して挙兵し、やがて能登に侵入、幕府は越中守護桃井直常・能登守護吉見頼隆・氏頼父子等に命じて討伐に当らせ、貞和四年まで両国で戦闘が断続した（「前田家所蔵文書」得江文書・得田文書）。

（3）『太平記』のこの叙述には、例えば爾後の擾乱中を通じて尊氏党として行動した細川頼春のごときをも、この日直義第に集結した諸将に加えているから、列挙した人名は必ずしも正確とは見做せないが、高経父子に関する限り、前後の行動から判断して直義第に赴いた蓋然性を考えてよかろう。

（4）爾後の家兼・直持父子の動静は第五章第一節に述べる。

（5）これらの守護在職の徴証は、①伊賀②伊勢③伊豆④越中については佐藤進一氏前掲書当該国の項参照。⑤丹後の上野頼兼は「三宝院文書」第三回採訪観応二年四月一日幕府引付頭人奉書。⑥伯耆の山名時氏は「八坂神社文書」一同年七月十三日時氏遵行状案。⑦備後の上杉顕能は『山内首藤家文書』五〇五号同年六月八日幕府引付頭人奉書案。⑧讃岐の細川顕氏は「御挙状等執筆引付」同年卯月十七日法印懐雅書状案等が徴証となる。

（6）観応二年四月十九日、伊賀守護千葉介氏胤宛引付頭人奉書案二通（『大日本史料』第六編之一四所掲「東大寺文書」一五）のうち、東大寺領同国南北庄々に関する遵行を命じた一通は「修理大夫御判」とあり、同国山本庄に関する遵行を命じた他の一通は「修理権大夫御判」とあって、差出者名の官途が異なっている。修理大夫はいうまでもなく高経の官途であり、修理権大夫は同年四月十六日に畠山国清が左近将監から転じた官途であるから（『園太暦』同月十七日条）、この二通の奉書案の差出者名は何れかが誤記でなければならない。当時国清は他に二通の引付奉書を発給しているほか、引付頭人としては国清を含む本文に言及した五人が確認され、五番引付制であったと推定されるので、このほかに高経が引付頭人である余地は考えられない。したがって上掲引付奉書案の差出者名の「修理大夫」は「修理権大夫」の誤脱であると判定されるので、この修理大夫を高経の動静に加えることはできない。

(7) すでに日置謙氏編『加能古文書』には、この直状を「東福寺文書」として掲げ、「この文書の花押は何人なりや明らかならず。越前若しくは若狭の守護にあらざるか。或は足利義詮なりとするものあれどもそれと異なり」という按を付している。斯波氏頼の花押は管見に触れないため、未だ直接検討するに至らない。この直状は斯波氏奉行人の書下である蓋然性もなしとしないが一応越前守護の書下に擬定して後考を俟つこととする。

(8) 安威次郎左衛門の実名・経歴等は詳かでないが、当時の幕府奉行人にも安威新左衛門尉資脩（入道性威）、同新左衛門入道性遵があり、次郎左衛門尉はその一族で、高経の被官となった者であろう。

(9) 美濃に奔った義詮はまもなく諸国軍勢を集めて七月下旬京都を奪還するが、この幕府勢には斯波氏分国の国人も加わったと覚しく、『園太暦』同年六月二十九日条には「今日聞、義詮以下得レ勢、参河・遠江・美濃・尾張・若狭・越前軍勢馳参之上、江州又守護五郎左（右）衛門尉（山内信詮）付二着到一集レ勢」とある。もっとも「或説、此風聞皆無二跡形一事也」とあって、洞院公賢の聞知したのは不確実な情報であったが、義詮が同月十七日若狭の本郷貞泰に上洛の軍に馳参ずべき旨の軍勢催促状を発し、入京後八月一日には貞泰の江州における忠を賞する御感御教書を与えているから（『大日本史料』第六編之一八所収記録御用所本「古文書」）、若狭の軍勢については右の軍事行動への参加が確認される。したがって越前の軍勢も参加したと認めてよかろう。けれどもこの軍事行動に関する高経以下斯波一族の動きは全く伝えられていない。

(10) 守護職や所領をめぐる不満が幕府に対する離反の原因となった事例は枚挙に遑ないが、当面の若狭国についても、『太平記』三二に、文和元年の山名一族の離反を山名師氏が若狭国斎所今積（税所今富名）の還付を望んで容れられなかったためとし、事実これより先直義党であった山名時氏は観応二年十月若狭守護職を幕府から罷免され、右の離反後文和二年七月に南朝から同国守護職に補せられている（「守護次第」「領主次第」）、このように若狭守護職の問題はそれのみでも充分に離反の動機となりえたのである。

(11) 当時の北国の情勢の一端を示すものに同年十一月八日若狭の明通寺に甲乙人等の乱妨狼藉を停止した禁制があり、正平九年という南朝年号の使用から、南党ないし直冬党の武将の下したものなることが明らかである（「明通寺文書」上）。発給者の人名は定かでないが、日下に花押のみを施してあり、相当に地位の高い武将に違いない。そこで発給の月日をみると、本文に述べた若狭守護職の斯波家兼から細川清氏への改替の二ヵ月後、北国勢を率いた斯波氏頼の入京の二ヵ月前に当たり、斯波氏の一人就中氏頼が発給者である可能性を想定しうる。彼の花押は只今のところ他に管見に触れないので、断定はできないけれども、この禁制の花押が数年後康安年間の兄氏経および貞治年間の弟義将のそれに類似していることは注目に価しよう。かくてこれを氏頼に比定しうるとすれば、高経・氏頼父子がすでに十一月上旬、直冬党に与同して若狭奪還の軍事行動を進めつつあったといえる。百歩を譲って仮にこの禁制が斯波一族のものでないとしても、当時少なくとも若狭国内に南党・直冬党に呼応する有力武将の軍事行動が展開しつつあったことは否定できない。

(12) なお、直冬党入京後まもなく同年正月二十九日修理大夫某は神護寺々僧中に祈禱巻数を披露した旨の奉書を発給している(「神護寺文書」九)。この奉書の年号は「正平十」の南朝年号であり、発給者が南党ないし直冬党に属することは確かである。修理大夫はいうまでもなく高経の官途と同じであるが、この奉書に施された修理大夫の花押は、従前の高経の花押と全く形状を異にしている。但し高経の花押は、現在のところ前項に触れた貞和四年八月の奉加状以後は管見に触れないので、仮に高経がその後別の花押を用いたとすれば右の奉書の発給者も高経に擬定しえないではないが、今は臆測を控えて後考に俟ちたい。

(13) 高経の長子家長は建武四年討死したため、第二子氏経が嫡子になったと見えて、『師守記』貞治六年七月十三日条には「嫡子左京大夫入道俗名氏経」と明記している。

(14) この軍忠状の証判は、「土持文書」康安元年十一月六日軍勢催促状、「斑島文書」同年十一月二十二日・康安二年二月十二日各軍勢催促状・同年三月二日感状、「大悲王寺文書」同年五月十八日書下等の氏経の花押とほぼ共通する特徴を具えているので、六、七年間の形状変化を考慮すれば、同一人の花押と認めて差支えないと思われる。なお右の軍忠状には「直義御判」という異筆の端裏書があるが、これは直義の歿年を考えずに記した後人のもので、誤りであることはいうまでもない。

(15) 河村昭一氏「南北朝期における守護権力構造—斯波氏の被官構成—」(一)—(三)(『若越郷土研究』二三ノ二—四)。

(16) 佐藤進一氏前掲書二二九頁。

(17) 富樫氏春の死去は康安元年(一三六一)八月を溯ること遠くない時期であり(佐藤氏前掲書二三八頁)、したがって『太平記』に伝えるこの事件も、清氏の失脚した同年九月をあまり溯らない時期のことと推測される。

(18) 例えば後に応安三年(一三七〇)幕府が今川了俊を鎮西管領として発遣する際には、時の管領細川頼之は肥後の国人に所領を宛行い、在京中の豊前・豊後の国人に九州下向を命じ、また了俊を安芸・備後両国守護に補任して両国を兵站基地とするなど、周到な援助策を整えている(第一編第四章第二節)。

(19)　康安元年六月日付島津道鑑代得貴申状写(「島津文書」常陸)に「九州御管領御下向之上者」云々とあり、同年七月二十日付島津資久宛氏経書状写(「薩藩旧記」前集一九)に「為レ鎮西凶徒退治一、可レ令レ発向一也」とあるところから、京都進発の大略の時期が判る。

(20)　氏経は同年九月二十四日備後の浄土寺長老に「凶徒退治」の祈禱を命じ(「浄土寺文書」二)、十月二十八日肥後の阿蘇惟村に「為レ凶徒対治一、去三日下レ着豊後国府中一」の旨を告げて合戦の籌策を依頼しており(『阿蘇文書』之二、阿蘇文書写第七)、備後を経て十月三日豊後府中に着いたことが分かる。それゆえ、備後が氏経の分国として与えられた蓋然性が考えられるが、確証を得ない。

第二章　足利（斯波）高経の幕政運営

第一節　幕政運営の実態と管領制成立の契機

一　義将の執事就任

康安元年（一三六一）の政変、すなわち同年九月二十三日の幕府執事細川清氏追放に足利高経がどれ程関与したかは詳かでない。しかし高経は前述のように越前・若狭の支配をめぐって清氏と鋭く対立していたし、佐々木（京極）導誉が高経の子氏頼を女婿として清氏と加賀守護職をめぐって争ったという『太平記』三六の叙述からも、高経・氏頼父子が導誉を中心とする清氏排斥運動に加担した蓋然性は高いと思われる。[1]とくにこの政変後、越中守護職が清氏の弟頼和から高経の第四子義将に改替された事実は、貞治二年十一月十四日付越中堀江庄内の遵行を命じた幕府引付奉書案の宛所治部大輔（義将）（『八坂神社文書』下、一六五四号）等によって知られ、これは清氏排斥への高経の加担に対する恩補と見倣すことができよう。

果して康安元年政変後、高経父子の活動はにわかに顕著となる。同年十二月、南軍に帰順した清氏が楠木正儀等とともに京都に突入すると、将軍義詮は近江武射寺に逃れるが、まもなく義詮が京都奪還の軍を起すと、高経・氏頼父子は直ちに数千の軍兵を率いてこれに加わった。このことは、『太平記』三七に氏頼が三千余騎の勢で武射寺に馳せ参じたとある許りでなく、次に掲げる青蓮院門跡尊道法親王の「門葉記」康安二年（貞治元年）三月十二日条によって確かめられる。

親王は義詮の腫物平癒祈願のため同月六日から三日間十楽院で冥道供を修したが、「修理大夫入道々朝」すなわち高経は雑掌として修法の沙汰に当り、結願の八日には高経の四男である治部大輔義将が将軍義詮の代官として臨場した。親王は同書の同月六日条から八日条にかけてこれらの次第を記録しているが、さらに同月十二日条に、親王が結願の翌日九日付で高経・義将父子に宛てて認めた書状と父子の同日付の返書とを収録し、続いて次のように付記している。

抑修理大夫入道僧（俗）名高経、旧冬天下皷騒之時、率二数十（千カ）之士卒一馳二参江州一以来、為二家僕之専一・管領之器用一之由、世以謳歌、仍今度祈禱事専執沙汰云々、但其身出家間、以二子息一為二施主代官之儀一、今度臨二斎場一歟、為二後昆之義一、故記二其趣一了、

このように高経は康安元年末の将軍義詮の京都奪還に協力した許りでなく、その軍功によって忽ち幕府における権勢的地位に昇って義詮の「家僕之専一・管領之器用」と謳われ、現に翌二年三月の修法を取仕切り、子息義将を義詮の代官として臨場させるに至ったのである。おそらく高経のこの権勢は単に一回の軍事的貢献のみで獲得されたのでなく、その陰に細川清氏追却の首謀者である佐々木導誉の高経支持が働いていたのであろうが、ともあれ高経の権勢の座への余りにも急激な登場が世人の瞠目を集めたことは「門葉記」の上掲記事から充分窺われる。

「門葉記」の一連の記事は、また高経が既に法躰となり法号道朝を称していることを知らしめる。それとともに(2)、この記事はその子義将の動静に関する初見史料であって、当時僅か十三歳の義将が既に治部大輔に任ぜられており(3)、将軍の代理として法会に臨むまでになっている事実を示している。

こうして父高経の権勢獲得とともに名を顕わした義将は、まもなく同年七月幕府執事に補せられて同月二十三日に出仕し（『鎌倉大日記』『武家年代記』『執事補任次第』）、その日幕府で評定始が執行われた（『愚管記』同日条）。高経の二男氏経

は、夙に長男家長が建武四年関東で討死したため家嫡を継いだと覚しいが、前年以来鎮西管領として九州に在陣中なので、執事の選に洩れたのは止むをえまい。しかし三男氏頼は夙に康永四年（一三四五）八月には尊氏の随兵としての活動が知られ（『園太暦』『師守記』「天龍寺供養記録」等）、貞和五年（一三四九）以来しばしば父高経と行動を共にしているのみならず、上述の如く佐々木導誉の女婿といわれ、また前年末、近江武射寺の義詮の陣営への参加も『太平記』は氏頼の活動として叙述している。この氏頼を差置いて、十三歳の四男義将が幕府執事の要職に上ったのは何故であろうか。(4)

その事情を『太平記』三七には次のように説く。すなわち、人々は今を時めく導誉の女婿である氏頼を執事に補すよう義詮に勧めたので義詮はこれを内諾したが、当腹の三男（四男の誤り）義将を寵愛する高経は、氏頼はその器用でないと申立てたので、義詮は「サラバ当腹ノ三男ヲ面ニ立テ、幼稚ノ程ハ父ノ大夫入道ニ世務ヲ執行サスベシ」と命じて義将を執事に補した。その結果氏頼は不満に堪えず遂に出家遁世するに至ったと。この『太平記』の所伝によると、氏頼の執事就任に反対して四男義将を推したのは高経自身であったこととなる。同年三月義将が既に治部大輔の官途を帯し、高経の沙汰する義詮のための修法に将軍の代官として臨んだ上記の事実からみれば、高経の義将偏愛の結果義将の執事就任となったとする右の『太平記』の説明は概ね真相を衝いていると考えられる。

なお斯波義敏の記した「斯波家譜」（第一章第一節参照）には、高経は義将の管領就任を固辞したが、義詮が当家は直義の例に准じ、他家を執事にするのとは区別すると言ったので領掌したと説き、僧行誉の『壒囊鈔』巻七、施行の項には、高経は執事職を承ったのを再三固辞したが、天下を管領して計うようにと将軍から言われて領掌し、四男義将をこの職に据えたとする。この二つの所伝は『太平記』と異なり、また相互にも異なっているが、高経の固辞という点では共通している。「斯波家譜」が斯波氏の家格の優越性を強調するのは一応もっともな点があるが、『壒囊鈔』は時代を将軍義満の初世とする誤りを犯しており、管領の由来と結びつけたこの書の説明は信じ難い。

またこの二書は、何れも氏頼が執事の選に洩れた事情に全く触れずに、義将の執事就任が氏頼の出家遁世を招いたことを説いており、説明として不完全である。且つ「斯波家譜」が、氏頼の遁世を、当家が「末代には御遠族のたくひに世間之心得成行へ」きことを憂慮したためとするのは、遁世の理由としては綺麗事に過ぎるので、この点も高経の仕打を恨んだためとする『太平記』の方に軍配をあげざるをえない。なお『壒嚢鈔』は、氏頼は当家がこの職になるのは家の瑕瑾と称して遁世したが、内実は高経を恨んだためと説き、家伝と『太平記』を綜合したような説を述べている。ともあれ、氏頼が出家遁世したことは事実と思われ、大鑑禅師の室に入って法衣を授けられ、信其菴主と号し玉田と字したという所伝（『系図纂要』「武衛系図」(5)）および江州山上の菅の寺で円寂したという所伝（『壒嚢鈔』上掲項）を残すのみとなる。なお『太平記』三七には、氏頼の出家とともに郎従二百七十人も皆髻を剪って散り失せたとある。こうして高経は義将偏愛のため、幕政運営の当初から、自己の片腕ともなるべき氏頼を政治の局外に去らせるとともに、氏頼を女婿とする導誉の支持を早くも失った筈である。その結果如何なる事態に立ち至るかは後段に述べることとして、先ず高経の幕政運営の在り方を考察しよう。

二　要職の掌握

幼少の義将を執事とし氏頼を除外して発足した貞治元年（一三六二）七月以降の幕政は、実際に高経が将軍義詮を輔佐して「執務」（「春日神主祐賢記」貞治三年十二月二十一日条）すなわち「世務ヲ執行」う（上掲『太平記』三七）政治であった。義将の執事就任後まもなく、貞治元年八月五日能登守護吉見氏頼は、能登国能登島地頭天野遠政の所領が諏方神左衛門尉に掠取られたので、遠政に安堵の御裁許を与えられたい旨を、「御奉行所」宛と「七条殿」すなわち高経宛との二通の挙状を以て幕府に挙進している（「前田家所蔵文書」天野文書）。また『師守記』同年十月十日条には「今日武家評定始也、修理（足利高経）□大夫入道発二向摂州一之時、被レ渡二東寺一、帰宅以後評定始也、修理大夫入道（義将）執事親父・左衛門佐入道（石橋和義）・佐渡判官入道（佐々木高氏）々々誉・宇津参川入道・波多□野因幡入道（通貞）、、」とあって、高経は後述のように南軍撃退のため摂津に発遣した追討軍を督励したが、帰陣後まもなく評定衆石橋和義・佐々木導誉等とともに義詮親臨の下に評定始を行ったことが知られる。これらは何れも高経が義詮輔佐の第一人者として、公然と政務を掌った事実を明示しているのである。

但し、高経自身の発給文書は管見に触れず、幕府執事として将軍家御教書（執事奉書）・執事施行状に署判を施したのは義将であった。義将のこれらの発給文書は、第一編第四章にも触れたように、貞治五年の政変まで四年間に僅か十二通管見に触れるのみである。内容は下地の安堵・預置の施行、濫妨停止、下地渡付の遵行命令等も見られるが、役夫工米催促の停止を命じた幕府御教書が五通を数える。(6) これらはもとより実際には高経の後見によって発給されたに違いないが、役夫工米停止以外については、発給文書に見る限り活動が頗る低調であるといわざるをえない。義将のこれ以外の動静としては貞治三年三月六日義詮の嫡子で七歳の春王すなわちのちの義満が、初めて乗馬で義将の邸を訪れたことや（『師守記』同日条）、同年九月二十二日から翌々日まで尊道親王が義詮の母二品禅尼（北条登子）の所労平癒のため十楽院で冥道供を修したとき、結願の日に義将が施主代官として臨場し、修法を聴聞したこと（「門葉記」三七、冥道供）などが見られる程度に過ぎない。

これに対して高経は同年開始された幕府新第の造営事業においては、表立って直接経営に当っている。即ち高経は自らこの新第の造営奉行となり、八月十日義詮に随って勅使日野時光とともに敷地の地破に臨み、翌日は義将が臨席して釿始と立柱の儀を執行った（『師守記』同年八月十日・十一日条）。この新第は三条坊門・富小路と万里小路の間四町にわたる広大な敷地を占めており（同書八月十日条、「在盛卿記」永享三年十一月二十六日条所収「武将代々御在所事」）、その寝殿のためには高経の越前の邸宅を解体して移築し、高経の大工が作事を担当したことからも（『師守記』同上十日条）、高経がこの造営事業をいかに熱心に推進したかが分る。翌貞治四年二月十一日義詮は三条坊門の新第に移徙し（「在盛卿記」上掲条）、十七日に新第で的始を行い、斯波氏の被官と思われる朝倉弾正忠が諏訪次郎左衛門尉とともに射手の一番を勤めた（「御的日記」）。

高経は幕府新第の造営に引続いて、自ら三条東洞院と同高倉との間に邸宅を新築し、同年四月十六日上棟、同二十六日早くも移徙した（『師守記』当該月日条）。高経の屋形はそれまでは七条東洞院にあったといわれ（「神明鏡」下）、高経は七条殿と呼ばれているが（『教王護国寺文書』巻一、四七一号東寺事書案。「鵜殿関問答引付」所収貞治五年十月十一日賢重申状案等）、「春日神主祐賢記」の「神木御入洛事」によると、この邸は同年三月五日に一宇残らず焼失したので、高経は三条以北高倉西頬に新邸を造り、子息兄弟も同じ町の内に居を構えたのであった。(7) 自邸の焼失を機会に早速幕府新第の近傍に移ったことからも、高経の幕府政治への関与の深さが窺われよう。

高経のかかる権勢を背景として、義将に続いて幕府の要職に登庸されたのは、高経の五男（末子）義種と嫡孫（氏経の嫡子）義高であった。(8) 義種については、『師守記』貞治元年十月一日条に「今日、宣旨到来、源義種任□□□□（民部少輔）事也□□（日野）時光卿則被ㇾ出二請文一了、件義種、利足（足利）修理大夫入道□□子也、発二向摂州一大将云々、仍去月六日口宣也」として、同年九月六日付の任民部少輔の口宣案を掲げており、摂津発向軍の大将に起用されるとともに、民部少輔を拝任したことが分る。この発向は南軍楠木正儀・和田正武等の摂津進攻に対する追討戦であり、義詮自身九月二十二日から十月二日まで東寺に移陣して追討を督励し（『愚管記』『師守記』）、高経は前に掲げた『師守記』同年十月十日条によると摂津まで発向したものの如くである。義種は十三歳の兄義将よりもさらに幼少の筈であるから、いうまでもなく到底作戦指導能力を具えていないのであって、彼の起用が高経の計らいであることはもとより、追討戦そのものが高経の後見によって行われたと見られる。

この戦はまもなく南軍を摂津から駆逐して終了したが、翌貞治二年正月十四日義種は小侍所として六角御所での幕府的始に執事義将とともに臨んでおり（「御的日記」）、摂津よりの帰還に続いて小侍所頭人になっていることが知られる。さらに貞治四年十二月十四日将軍義詮は義種に御判御教書を下して春日社領山城国葛原新庄返付の遵行を命じ、同月晦日某姓左衛門尉景家が同庄の渡付を実施した旨の打渡状を捧げており、且つその打渡状案には「侍所施行」という端書があって（「東寺百合文書」ホ三六―五五）、義種が侍所頭人兼山城守護に在任していることが確認される。侍所頭人は同年正月二十五日まで土岐直氏の在職が知られるので、(9) 義種の小侍所から侍所への昇任は同年正月から十二月までの間と推定される。次に、貞治五年政変による高経以下の没落を記した「吉田家日次記」貞治五年八月八日条に「侍所民部少輔義種」と明記してあり、政変当日まで義種の侍所在任が認められる。

一方、氏経の嫡子左近将監義高は、貞治二年八月二十四日を初見として多数の引付奉書を発給しており、また『師守記』貞治四年四月二十三日条に「今日於二執事治部大輔（義将）息所一、行二引付一云々、今年初度也、今日彼手許行レ之云々、頭人尾張将監詮将（アキユキ）、修理大夫入道孫（高経）、左京大夫入道子（氏経）」とあり、引付頭人在職が明瞭であるとともに、四年四月までに将軍義詮の偏諱を受けて詮将と改名したことも判る。ところで、この場合高経は単に引付頭人の一人に嫡孫を据えたに止まらず、延文二年（一三五七）七月以来一旦廃絶ないし少なくとも活動停止状態にあった引付方を復置ないし再開したのであった。さきに引付方の活動停止とともに所務沙汰は完全に義詮の親裁に帰し、所務の遵行命令は専ら義詮の御判御教書を以て発給されていた。なお延文五年八月から同年十二月にかけて一旦執事細川清氏は幕府御教書による所務の遵行命令を以てこれに代えて執事の権限拡大を計ったが、翌康安元年清氏を追放した義詮が再び御判御教書を以てし、所務沙汰親裁制に復したことは、第一編第四章第二節第3表A・Cに見る如くである。

義将の執事就任以後も将軍義詮の所務沙汰親裁が続行され、斯波義将署判の発給文書は当初施行状の所見のみに過ぎなかったが（本節註（6）(一)参照）、就任より一年を経た貞治二年七月十八日にいたり先の細川清氏と同じく幕府御教書を以て所務の遵行を当該国守護に命じた例が出現し（同上(二)A①）、執事の権限は再び拡大したかに見えた。ところが同年八月二十四日、先に触れたように斯波義高署判の引付奉書が現れ（『八坂神社文書』下、一九六六号）、爾来義高の引付奉書と並んで翌貞治三年十一月までに吉良満貞・沙弥某・今川範国・佐々木（六角）氏頼の各署判の引付奉書が現れる（第8表参照）。即ち延文二年以来途絶した引付方の活動が貞治二年八月頃再開したことは明らかであり、(10) これとともに執事義将の幕府御教書による所務の遵行命令は再び見られなくなり、所務沙汰に関する執事の権限は極く短期間で引付頭人に移譲されたものと見える。

引付方がこの六年間全く中絶していたか否かは軽々に論断しえないとしても、所務関係の係争事件は引付の審理を経ず、直接評定の座に提起されて将軍の親裁を受ける御前沙汰の方式が専ら採られたものと思われる。例えば康安元年（一三六一）七月四日、修理権大夫すなわち一色範光は、吉井弥三郎跡・同孫太郎跡に宛てて召文を発給し、東寺領備前国福岡庄吉井村の所務ならびに年貢等に関する東寺雑掌の解状および具書を示して、早く参決すべき旨を促しているが（「東寺百合文書」ゐ三二―四〇所収召文案。なお『大日本史料』第六編之二三にこの修理権大夫を吉良貞家に比定するのは誤り）、一色範光は前後に全く引付頭人の所見がなく、これはおそらく引付方の召文ではないと考えられる。また貞治二年閏正月賀茂氏女代快舜が若狭国太良庄預所職に関する御々女の重訴状に対し重陳状を捧げて陳弁している事実は（「東寺百合文書」ッ一―一〇）、訴陳を番えさせる審理方法が当時も所務沙汰について採用されていることを示すが、この相論が引付方で審理されたという証左にはならない。何れにせよ、将軍家御教書（御判御教書または執事奉書）による遵行命令が、引付頭人奉書によるそれに全く代置したのは、引付方の廃絶ないし少なくとも有名無実化を意味し、それは即ち将軍家の所務沙汰親裁権の強化、時としてこれに代行しうる執事の権限の相対的強化を意味するものであったのである。

したがって、貞治二年における引付頭人による遵行命令の復活は、おそらく一旦中絶した引付方の復置であり、百歩譲っても一旦無力化した引付方の権限の復活であった。

足利高経が「管領」になったのに引続いて、翌年引付方の権限の復活が行われ、従来強化されてきた将軍の親裁権に一定の制約が加えられるに至ったことに注目しなければなるまい。また先にも触れたようにこの引付方復活とともに、その直前に一通見られた所務の遵行命令を内容とする執事義将の幕府御教書は全く見出されなくなり、爾後の義将の発給文書は、将軍義詮御判御教書に基づく施行状と役夫工米催促停止を守護に命じた幕府御教書を主とし、その外には寺家に宛てて両使派遣を通達した幕府御教書が一通見られるに過ぎなくなる（註（6）参照）。即ち引付方の復活とともに執事は再び将軍の家宰としての性格を主とし、所務の遵行命令は再び引付方の職権に帰属したことが知られるのである。引付方の機能回復は、反対派の評定衆佐々木導誉・石橋和義に対する抑圧策（後述）と密接な関連を有すると考えられるが、ともあれ高経はここに引付方の権限を再び強化して、執事および評定衆の輔佐によって行われた将軍の親裁権に制約を加え、同時にこの機会に嫡孫義高を引付頭人に起用して、自らその権限を掌握したのであった。義高の年齢は詳かでないが、高経がこの年五十九歳（享年より逆算）であるから、おそらく義高は義将・義種と同様に若年であったと思われる。なお義高の発給した奉書の下限は、貞治五年政変の一ヵ月余り前の同年六月二十四日であり（『八坂神社文書』下、一九六七号）、且つ『師守記』貞治六年七月十三日条裏頭書の高経卒去に関する記事中に「彼子息（氏経）将監（義高）於二京都一引付頭人、相二伴祖父一在二越前城一云々」とあって、彼の在職は政変当日に及んだのである。

ここに貞治二年八月の引付方復置から、貞治五年八月の政変における斯波一族の没落を経て、貞治六年十二月将軍義詮の逝去までの引付頭人の所見を列挙すると第8表の如くであり、これを頭人別・年次別の一覧表に纏めると第9表のようになる。

第8表　引付（内談）頭人所見（自貞治二年八月至貞治六年十一月）

年	頭人	典拠
貞治二	斯波義高（左近将監）	①八月二十四日奉書案、備後小童保の遵行（以下「遵行」を省略）（『八坂神社文書』下、一九六六号）、②同日奉書案、讃岐西大野郷（同書、下、二〇三三号）、③十一月四日奉書、山城上久世庄内（「三鈷寺文書」）、④十一月十四日奉書案、越中堀江庄（『八坂神社文書』下、一六五四号）、⑤十一月十四日奉書案、播磨矢野庄（「東寺百合文書」ル）、⑥十二月二十四日奉書、備前福岡庄吉井村（「東寺文書」楽九之十）
	吉良満貞（左兵衛佐）	十一月四日奉書案、播磨田中庄（「徳禅寺文書」）
	沙弥	十一月四日奉書案、丹後芋野郷半分（「前田家所蔵文書」事林明証三）

貞治三	斯波義高（左近将監）	①六月二十一日奉書上包、備前福岡庄吉井村（『教王護国寺文書』一、四五八号）、②六月二十三日奉書案、尾張大成庄（「東寺執行日記」七月二日条）、③七月四日奉書案、周防美和庄内（「東寺百合文書」ノ）、④九月四日奉書案、越中堀江庄（『八坂神社文書』下、一六五七号）、⑤九月十四日奉書案、備中新見庄（「東寺百合文書」江）、⑥九月十八日奉書案、近江速水・河道両庄（「東寺百合文書」ケ）、⑦十月十四日奉書、備中水内北庄（「前田家所蔵文書」石清水八幡宮文書）、⑧十二月四日奉書、周防美和庄内（「東寺百合文書」ゐ）、⑨十二月十八日奉書案、播磨矢野例名内（「東寺百合文書」ウ）
	吉良満貞（左兵衛佐）	十二月四日奉書、若狭名田庄内（「土御門文書」）
	今川範国（沙弥、心省）	①八月十八日奉書案、越前志比庄（「東寺百合文書」さ）、②九月八日引付（『師守記』同日条）、③十二月十四日奉書案、近江志万郷（「沙弥御判」とのみ記すが、佐々木氏頼宛なので範国と推定、「東寺百合文書」た）、④十二月十八日奉書、播磨広峯社（「八坂神社文書」二）
	佐々木氏頼（沙弥）	①十一月十五日奉書、因幡古海郷（『東福寺文書』之二、四八八号）、②十一月十五日奉書、石見都野郷（「前田家所蔵文書」東福寺文書）
	沙弥	①六月十一日奉書、備中国上原郷（『九条家文書』六、一六五二号）、②九月十五日奉書案、淡路国都志郷内匡吉名（同上六、一七七五号付1）
貞治四	斯波義高（詮将）（左近将監）	①四月二十三日引付（『師守記』同日条）、②九月八日奉書、備中水内庄（『石清水文書』之一、二三一号）、③閏九月三日奉書案、摂津垂水庄（「東寺百合文書」め）、④十月十四日奉書、越後奥山庄内（「色部文書」）、⑤⑥十一月十八日奉書・同日奉書案、備中新見庄（「東寺百合文書」せ、同文書ノ）
	吉良満貞（左兵衛佐）	閏九月四日奉書、参河村松庄（「青蓮院文書」）
	今川範国（沙弥）	①八月二十日奉書案、近江志万郷（前年十二月十四日奉書案と同じく範国と推定、「東寺百合文書」た）、②閏九月二十八日奉書、越前大田庄内（「富岡文書」）
	佐々木氏頼（沙弥）	閏九月五日奉書、尾張富田庄内（「円覚寺文書」一八二号）
貞治五	斯波義高（左近将監）	六月二十四日奉書、備後小童保（『八坂神社文書』下、一九六七号）
	吉良満貞（左兵衛佐）	①五月十四日奉書、丹後則松保（「本郷文書」）、②五月二十四日奉書、参河村松庄（「猪熊信男氏所蔵文書」）、③六月三日奉書案、美濃吉田庄四ヶ郷（「実相院文書」）、④九月二十四日施行状、加賀山下郷内（「猪熊信男氏所蔵文書」）、⑤十二月十四日奉書、参河村松庄（「碓井小三郎氏所蔵文書」）
	今川範国（沙弥）	①十月十四日奉書、播磨矢野庄（「東寺百合文書」京）、②十月二十四日奉書、若狭太良庄（「東寺百合文書」せ）

年	頭人	典拠
	山名時氏（沙弥、道静）	①九月十四日奉書、備後因嶋（「東寺百合文書」オ）、②九月二十四日奉書、備中新見庄（「東寺百合文書」せ）、③十一月十四日奉書案、出雲加加（賀）庄幷持田村（「水無瀬宮文書」）、④十二月三日奉書案、備前福岡庄内吉井村（「東寺百合文書」さ）
	沙弥	十二月十四日奉書案、但馬雀岐庄内（「藤波家文書」）
貞治六	吉良満貞（左兵衛佐）	①六月二十四日引付（『師守記』同日条）、②七月二十八日奉書案、摂津金心院田畠（「左衛門佐判」とあるが、左兵衛佐の誤りと思われる。『八坂神社文書』下、一五〇二号）、③十月十四日奉書、越前泉庄幷小山庄郷々（「前田家所蔵文書」古蹟文徵）、④十月十四日奉書案、越後豊田庄（「東大寺文書」第四回四一）
	山名時氏（沙弥、道静）	①四月十四日奉書、備後小童保（『八坂神社文書』下、一九六九号）、②八月二十八日奉書案、播磨矢野庄例名内（「東寺百合文書」ウ）、③十月十四日奉書案、備前福岡庄内吉井村（「東寺百合文書」さ）、④十月十四日奉書、備中新見庄（「東寺百合文書」ミ）、⑤十月十四日奉書、備後因嶋（「東寺百合文書」マ）
	今川貞世（前伊予守）	①六月九日、父範国に代り引付頭人となる（『師守記』同日条頭書）、②十月十四日奉書、若狭太良庄（「雨森善四郎氏所蔵文書」）、③十一月八日奉書案、若狭太良庄（「東寺百合文書」ミ）
	沙弥	八月二十三日奉書案、造内外宮幷仮殿料伊勢国神領等（「大宮司家古文書」）

以上の内、貞治五年八月政変まで満三年間の分を見ると、引付頭人は義高のほかに上記のように少なくとも吉良満貞・今川範国・佐々木氏頼の在職が知られ、当時の引付方はおそらく五部局制と推定される。それゆえ、義高の背後に在る高経は義高を通じてその一部局のみを掌握したに過ぎず、引付方の全部局を掌握したのではないといえる。けれどもこの三年間における奉書発給数の所見を頭人別に分けると、著しい偏差が認められる。即ち義高が二十例、二十一通に上るのに対し、同じ時期の他の引付頭人は吉良満貞が六通、今川範国が五通、佐々木氏頼が三通、沙弥某（今川範国・佐々木氏頼のものを含む可能性がある）が三通というように、何れも所見が僅少で、それらを全部合せても義高一人の発給した奉書に及ばないのである。これを試みに遵行対象の国別に掲げてみると、第10表の如くになる。

発給対象地域（宛所の大部分は当該国の守護）も、義高は畿内・東海・東山・北陸・山陽・南海の内十二ヵ国に及ぶのに対して、満貞は三河・美濃・若狭・丹後・播磨の五ヵ国、範国は近江・越前・播磨の三ヵ国、氏頼は尾張・因幡・石見の三ヵ国を対象とするに過ぎない。以上はたまたま管見に触れた奉書による数値であるから、そのまま実態を正確に表すものでないにせよ、義高を頭人とする引付方が他の頭人のそれよりも遥かに多数の相論を審理したであろうことは推察に難くない。満貞・範国・氏頼は何れも将軍尊氏時代以来多くの活動が知られる老練な武将であるのに、若年の義高を頭人とする一方の引付にのみこのように訴訟が集中している事実は、畢竟義高の背後に在る高経の権勢を反映しており、したがって高経は引付の一部局のみを掌握しながら実際には所務沙汰の審理・裁決に大きな影響力を及ぼすことができたというべきである。

第9表　引付（内談）頭人一覧　（自貞治二年至貞治六年）

頭人＼年次	貞治二	三	四	五（八月まで）	五（九月以後）	六	計
斯波義高	6（+1）	9	5（+1）	1			21（+2）
吉良満貞	1	1	1	3	2	3（+1）	11（+1）
今川範国（沙弥）		3（+1）	2		2		7（+1）
佐々木氏頼（沙弥）		2	1				3
山名時氏（沙弥）					4	5	9
今川貞世						2（+1）	2（+1）
氏名未詳（沙弥）	1	2			1	1	5
計	8（1）	17（+1）	9（+1）	4（13）	9	11（+2）	58（+5）

（括弧内は記録、他は引付奉書の所見）

以上のように高経は四男義将を執事にして、将軍家の家宰としての実務を掌握したのみでなく、末子義種を初めは小侍所、後には侍所頭人として検断沙汰を握り、嫡孫義高を引付頭人として所務沙汰審理に事実上関与したとみられる。すなわち彼は事実上幕府の要職をほぼ一身に集めたのであり、その地位は単に将軍義詮を輔佐する家宰的地位に止まらず、幕政運営の枢機に参画する新たな「管領」の出現と評価することができよう。但し将軍義詮は高経の「管領」在任時の五年有余の間にも引続き多数の御判御教書を始め袖判下文・御内書を発給しており、それは『大日本史料』第六編之二四―二七による限りでも、次のように多岐にわたっている。

第10表　引付奉書発給数国別一覧（自貞治二年八月至貞治五年八月）

国＼引付頭人	斯波義高	吉良満貞	今川範国	佐々木氏頼	氏名未詳（沙弥）	計
山城	1					1
摂津	1					1
尾張	1			1		2
三河		2				2
近江	1		2			3
美濃		1				1
若狭		1				1
越前			2			2
越中	2					2
越後	1					1
丹後		1			1	2
因幡				1		1
石見				1		1
播磨	2	1	1			4
備前	2					2
備中	5				1	6
備後	2					2
周防	2					2
淡路					1	1
讃岐	1					1
計	21	6	5	3	3	38

(1)　鎮西管領や諸国守護に宛てた守護職等の権限に関するもの（守護職補任、同安堵、闕国宛行の予約、闕所・半済の処置委任等）　六通

(2)　諸国守護・国人等に宛てた軍事統率・所領給付等に関するもの（誘致・私戦禁止・感褒・所領宛行・同安堵・代官職補任等）　十九通

(3)　朝廷に宛てた禁裏御料所返付に関するもの　一通

(4)　住持・祠官等に宛てた当該寺社・寺社領の保護・統制に関するもの（祈禱要請・寺格賦与・諸職補任・寺社領寄進・造営料所設定・寺社領安堵・同返付・諸役免除・神輿帰座等）　三十五通

(5)　鎌倉御所・諸国守護に宛てた春日社造営棟別銭賦課・同催促　三十一通

(6)　鎌倉御所・関東管領・諸国守護・使節等に宛てた所務等の遵行命令（下地交付・押領停止・年貢抑留停止・新関撤去等）　十七通

以上計百九通を数える。将軍自身の発給文書が幕府政治上の殆どあらゆる分野に亙り、その残存数も執事義将の発給文書の十倍に垂んとするという事実は注目に価する。殊に引付方の活動再開後も義詮自ら御判御教書を以て遵行命令を発給し続けたことは、引付方の復置が将軍の所務沙汰親裁権を制約したとはいえ、これに代位するまでには到らなかったことを示している。細川清氏が将軍家御判御教書を停止してこれに代る遵行命令を執事奉書として多数発給し、将軍の親裁権と露わに対立した結果、忽ち讒構に陥って没落したのに対して（第一編第二章第二節参照）、高経の採った将軍の親裁権を直接

犯すことを避け、且つ表面上は執事の権限を一部縮小して引付頭人に権限を分散しながら実際上はその実権の大半を手中に収めるという方法は、より巧妙であった。だが、その半面彼の「管領」としての活動は、従前の将軍親裁権と抵触しない限りでの幕政参与に過ぎなかったともいえるのである。

三　管領と執事

幼少の義将・義種・義高を表面に立てて自ら幕政運営の中心人物となった高経の権力的地位は、当時どのように表現されたであろうか。それを考察するに際して、高経が義将を執事として実務を執るより四ヵ月前に、既に高経を「管領之器用」と記している「門葉記」の前掲記事を先ず想起したい。後世においては、義将の執事就任とともに幕府執事を管領と改称したという俗説が唱えられてきた(11)。しかしながら幕府執事を管領とも呼称したのは、これより先、細川清氏の執事就任時以来の先例が存在することは臼井信義氏が指摘され（同氏「公方と管領」『日本歴史』六〇号）、本書第一編第二章第一節にも敷衍した如くである。ところが一方義将在職時の貞治年間の記録には、「源義将執二事武家一」（『師守記』貞治二年閏正月十七日条）、「執事治部大輔義将」（同書貞治三年三月六日条・同年八月十一日条、「吉田家日次記」貞治五年八月八日条）、「修理大夫入道当時武家執事父」（「後愚昧記」貞治二年七月十日条）、「武門執事治部大輔義将」（「春日神主祐賢記」貞治三年十二月二十一日条）というように、義将の職名を執事と記した事例は多く検出されるが、これを管領と書いた事例は全く見出せない。また『太平記』も上述巻三七の義将就任に関する叙述に「執事職」とし、巻三九神木入洛事付洛中変異事にも同じく高経が義将を「面ニ立テ執事ノ職ニ居」えたと、やはり執事の職名を用いている。

他方、高経については、上掲の「門葉記」以外には高経を「管領」と記した例を文書・記録の上では見出せず、当時の高経には格別正式の職名というべきものは存在しなかったに相違ない。但し『太平記』三九に、当時の高経の地位を「抑此管領職ト申ハ、将軍家ニモ宗トノ一族也ケレバ、誰カハ其職ヲ猜ム人モ可レ有、又関東ノ盛ナリシ世ヲモ見給タリシ人ナレバ、礼儀法度モサスガニ今ノ人ノ様ニハアルマジケレバ」云々と、これを管領職と表現し、続いて高経と導誉の対立を説いて「依レ之道誉(ママ)が欝憤不レ安、(中略)事ニ触此管領天下ノ世務ニ叶マジキ由ヲ将軍家ヘゾ讒シ申ケル」と、高経をやはり管領と呼んでいる。なお「神木入洛記」も、「尾張修理大夫入道々朝ハ、(中略)三男治部大輔義将ヲ面ニ立テ、官(ママ)領職ニ居シ、武家ノ成敗ヲ意ニ任セケル」と、同じく高経の職掌を官(管)領職と呼んでいるが、この文は『太平記』に拠ったものらしく、「居シ」と「居ヱ」で主体と客体の違いになるので、確証とはなし難い。

貞治年間の記録は管見の限り義将の職名を執事と記したもののみで、管領と記した例を見ない上、貞治五年(一三六六)の政変以後数年間の内に成立したと推定される『太平記』[12]は、少なくとも現行諸本には義将の職掌を「執事職」、高経のそれを「管領職」として両者を劃然と区別している。この事実は、おそらく高経の執政当時既にその地位が専ら管領と呼ばれたことを示していると考えられる。

そもそも管領という称呼は第一編第二章第一節にも触れたように、管領するという動詞的用法より起り、所領の管轄権等を表現したが、幕府職制としては、夙に鎮西管領、次いで奥州管領の如く、広汎な地域の政務・軍務を将軍より委任された一門武将の職名に用いられ、康安元年には中国管領の称呼も行われており、これらの管領と称せられる一門武将は、何れもその地方における政治・軍事を統轄する長官としての地位に在った。それゆえ幕府執事細川清氏が武家管領とも呼ばれたのは、前に触れた遵行命令発給の事実からも知られるように、将軍尊氏の晩年以来執事の権限が従来の将軍家の家宰としての執事よりも一段と増大したため、おそらく政務統轄者としてのイメージを伴う管領という称呼が用いられるようになったのであり、やはり清氏就任前後の時期に管領制の萠芽を求めることができる。さらに高経に至っては実際の幕政運営がその手中に帰したので、政務の長官ともいうべきその地位を管領と呼んで、実権を伴わない執事義将と区別し、さらに引付頭人次いで侍所頭人の実権をも一身に集めたその権限を現すため『太平記』の如く「管領職」という称呼さえ用いられるに至ったものに外ならないと思われる。

高柳光寿氏は、管領と執事とは別個の職名であったと主張された（『鎌倉市史』総説編四〇二―四〇三頁）。高柳氏は幕府の管領と執事の別については、細川頼之が応安元年（一三六八）四月には義満の執事であって未だ管領ではなかったというに止まり、(13) 高経・義将父子の時期に溯って言及してはおられないが、鎌倉府については、貞治二年上杉憲顕が関東管領に補せられ、翌貞治三年その子憲春が関東執事になったとして、管領と執事の併存を説かれた。高柳氏が、憲顕を招聘した基氏の書状の冒頭にある「関東管領事」という文言と、後年の上杉能憲の事例とのみを根拠として、関東管領という称呼を憲顕が補せられた正式の職名と見做されたのは些か武断の嫌いがあるが、(14) 憲春については氏の指摘されたように貞治三年十月憲春の発給した施行状を円覚寺黄梅院主義堂周信が「上椙左近将監（執事）（憲春）施行」と記しており、(15) 父が関東管領と称せられその子が関東執事に在職という事実には異論がない。

貞治年間の鎌倉府における上杉憲顕・憲春父子の状態は、同じ時期の幕府における高経・義将父子の状態を彷彿せしめるものがある。関東の場合は憲顕がどれ程憲春の職務を後見したかは明らかでないが、少なくとも父が政務を管轄する「管領」の地位に在り、その子が家宰的な職掌である執事に在職しているという点に関する限り、両者は共通性を具えているというべきである。

ともあれ、子息を執事・侍所頭人・嫡孫を引付頭人として彼等を後見しつつ行った「管領」高経の幕政運営は、幕政運営機関としての制度上の管領ではないが、そのような管領の成立するための重要な前提となったことは事実であり、続いて第一編第四章に述べたように、次の管領細川頼之の在任期間中に幕府制度としての管領制が成立を見るに至ったのである。

四　分国の増加

高経の右のような幕政運営は、これより先僅かに越前一国を分国として保っていた斯波一族にとって、分国拡張のための絶好の機会となった。この際に高経父子が守護職を獲得するのは、従前の分国越前の外越中・若狭および山城であるが、越前・越中・若狭については佐藤進一氏が、山城については羽下徳彦氏がそれぞれ守護の遷替を詳細に考証されているので(16)、ここには政治情勢との関連において必要な限り言及するに止める。

越前守護は観応擾乱中から高経が復職したと覚しく、観応三年（一三五二）四月に高経の在職が知られ（『園太暦』）、文和四年（一三五五）六月には氏経が在職していたが（「賢俊僧正日記」）、文和五年正月の「越前守護修理大夫（高経）降参」（『園太暦』同月九日条）以後、康安元年（一三六一）七月の氏経の鎮西管領としての進発までの間に氏経は越前守護を辞して高経が復職したらしく、後に掲げるように康安二年（貞治元年）九月九日興福寺別当公憲が朝倉宗賢の越前国河口庄内押妨につき高経に申入れており（「御挙状等執筆引付」）、「春日神主祐賢記」貞治三年十二月二十一日条にも高経を「越前守護匠作禅門」と記している。しかし翌貞治四年二月五日の春日社造替料棟別越前・若狭両国分の徴収を命じた将軍義詮御判御教書案（『春日神社文書』第三、本社文書補遺一号）と同年閏九月二十八日の越前国大田庄内等の遵行を命じた幕府引付頭人奉書（「富岡文書」）は、ともに民部少輔宛であり、すなわち義種の越前守護在職を示している。佐藤進一氏は幕府の外部から高経が守護と見做されていた貞治元年ないし同三年の頃にも既に義種が守護であった蓋然性を指摘しておられるが（上掲書越前の項）、何れにしても高経の幕府における権力的地位と義種の幼少という事実から推して、高経がこの分国を事実上自己の支配下に置いていたことは間違いない。

次に越中守護は、建武以来井上俊清の補任、桃井直常への改替、井上俊清の復職といった変遷を経て後、細川清氏の執事就任前後に清氏の弟頼和に改替されたが（第一編第三章第二節参照）、康安元年九月頼和が清氏とともに没落するとまもなく、越中は新たに斯波氏の分国となったらしく、『太平記』三八には、翌康安二年六月頃の越中について「当国ノ守護尾張大夫入道（高経）ノ代官鹿草出羽守」と、高経の在職を伝えている。しかし翌貞治二年十一月十四日および同三年九月四日の越中国堀江庄に関する幕府引付頭人奉書案（『八坂神社文書』下一六五四号・一六五七号）、同四年二月五日の越中国分棟別を命じた将軍義詮御判御教書案（『春日神社文書』第三、本社文書補遺一号）の宛所は何れも治部大輔すなわち義将であって、義将の在職が確認される。『太平記』の記事の正確度は保障の限りでないので、高経が守護職を義将に譲与したか、または当初から義将が守護に補任されたかは何れとも断定できないが、越前の場合と同様、高経が分国支配の実権を握っていたことは疑問の余地がない。

若狭守護は、建武以来斯波・桃井・大高等の諸氏の間でしばしば改替した後、観応擾乱後に高経の弟家兼が復職したが、文和三年（一三五四）家兼の奥州管領への転出に伴って細川清氏が守護となり、康安元年の政変で清氏が没落すると石橋和義がこれにかわった。しかし、和義の在職は二年に満たず、「守護次第」によると、和義は貞治二年八月七日改替されて、高経がその後任となった。若狭を越前と一括して自家の分国とする計画の再三挫折した高経が、幕府運営の衝に就くとともに宿望の実現を計ったことは容易に推測される。但し若狭の場合も、貞治三年九月十七日同国太良荘に関する執事義将奉書案（「東寺百合文書」ミ九一―一五）・同年十二月四日同国名田庄に関する引付頭人奉書（「土御門文書」二）および同四年二月五日越前・若狭両国分棟別を課した上掲将軍義詮御判御教書案の宛所は、何れも民部少輔であって、義種の守護在職が確認され、越前と同じく義種を名義上の守護として高経が実権を握ったことが知られる。

以上のように高経は康安の政変以後幕府に権勢を占めるとともに、早速北陸に分国を拡張することを計り、先ず越中を分国に編入して義将を守護とし、次いで若狭を分国に復して従来の分国越前とともに義種を守護とし、執事や侍所頭人の場合と同じく幼少の子を表面に立てて、この北陸の分国三ヵ国を支配したのである。但し高経は義将・義種等とともに在京し、彼等を後見して幕政を執っている以上、右の分国の統治が高経ないし守護義将・義種自身の在国支配でないことは勿論である。越前においては、貞治四年七月二十五日前信濃守某が二宮孫七に施行状を下して、同国杣山公文職瓜生孫三郎入道跡各半分を前年十月二十五日の御教書に任せて永徳寺雑掌に渡付させており（「佐藤行信氏所蔵文書」一）、前信濃守某が守護代、二宮孫七が又守護代と推定される。越中は、『太平記』三八の上掲個所に高経の代官鹿草出羽守の在国支配を伝えており、この出羽守某は、次に述べる若狭守護代の名字に徴するに、『太平記』二〇に新田義貞と越前で戦った高経の有力部将として伝えられている細川出羽守と同一人であるらしい。若狭は、「守護次第」に守護代完（莞）草上総介某と又守護代安富某が記されており、貞治五年の政変による高経以下の没落から翌年七月の高経病歿までの間に記されたと推定される若狭国太良荘に関する東寺事書案（『教王護国寺文書』巻一、四七一号）に「多良庄預所侍従房（快春）、細河上総介先守護代奉公人之上、今も越前杣山城内通事、無二子細一」とあって、守護義種の下で細川上総介が守護代であった事実を知る。細川上総介は官途の一致から見て、莞草上総介と同一人であろう。このように高経は分国三ヵ国にそれぞれ守護代ないし又守護代を配置し、中でも新たに獲得した越中には有力被官の一人と思われる鹿草（莞草）出羽守を、若狭にはその同族莞草上総介を守護代として、各分国の実務を執らせたのである。第一編第二章に述べたようにこの莞草氏は細川の名字をも称し細川莞草という複姓としても知られ、足利一門細川氏の庶流と認められるが、斯波氏に属するに至った事由は詳かでない。

右の如く高経の分国支配が自身ないし子弟近親の在国による直接支配でなく、有力被官を通じての間接支配に過ぎなかったことは明らかであり、したがって一ヵ国から三ヵ国へという分国の量的拡大は、必ずしも分国に対する斯波氏の支配権力の質的強化を意味しなかった模様である。『太平記』三八に、康安二年（貞治元年）六月頃の北陸の情勢として「越中ニハ、桃井播磨守直常信濃国ヨリ打越テ、旧好ノ兵共ヲ相語フニ、当国ノ守護尾張大夫入道ノ代官鹿草出羽守ガ国ノ成敗ミダリナルニ依テ、国人挙テ是ヲ背ケルニヤ、（中略）桃井驄テ勢ヒニ乗テ国中ヲ押スニ手ニサワル者ナケレバ、加賀国へ発向シテ富樫ヲ責ントテ打出シケル」と、越中国人の多くが守護代鹿草に叛き旧守護桃井直常に属した有様を伝えている。

なお、貞治四年に至って斯波氏の管轄権の及んだ国に山城があり、先に述べたように、貞治四年十二月義種が山城国葛原新庄の遵行につき将軍義詮御判御教書を受けている事実から、義種の守護在職が知られる。山城守護は文和二年以来侍所頭人が兼帯する慣例であったから、(17) 高経は義種を侍所頭人とすることによって、洛中とともに山城一国に管轄権を及ぼすことができたのである。但し、京都を控える山城は古来権門寺社等の勢力が最も根強い上、将軍家のいわば膝下でもあり、且つ侍所頭人の改替は頗る頻繁であった。このように山城国は他の分国とは性質を異にする点が多いので、高経もこの国に政治的・軍事的支配の基礎を築き国人を強固に統制することは不可能に近かったと考えられる。

註

（1）但し、第一編第二章第二節に述べたように、『太平記』三六にいう討手の大将尾張左衛門佐すなわち氏頼は、原則としてその国の守護が追討の大将を承るという当時の慣習から判断して、清氏の没落直後若狭守護に補せられた尾張左衛門佐入道すなわち石橋和義の官途の誤記かと思われる。

（2）文和元年五月には「越前守護修理大夫（高経）降参」（『園太暦』同月九日条）と記されていて、高経はまだ俗躰であったらしい。それゆえ薙髪はそれ以後、本文に述べた康安二年三月までの五年間の何れかの時期に属すると覚しいが、その間の動静が直接管見に触れないので、薙髪の正確な年次は明らかでない。

（3）義将の訓みは一般にヨシマサとするが『壒嚢鈔』巻七、施行の項にはヨシユキという振仮名を施している。他方『師守記』貞治四年四月二十三日条に、義将の甥（氏経の嫡子）詮将（義高）を「尾張将監詮将（アキユキ）」としており、義将もヨシユキという訓みの正しいことが類推される。義将の年齢は応永十七年（一四一〇）六十一歳で卒去した事実（「柳原家記録」一一二儀法記）からの逆算。文明十三年（一四八一）斯波義敏の記した「斯波家譜」（第一章第一節註（3）参照）には義将について「十一の年元服候、公家の儀式にて従五位下治部大輔に任し候」と、元服および叙位任官を十一歳とする。公家の儀式とは堂上家子弟の叙爵に倣ったということであろう。事実とすれば執事となる前々年延文五年（一三五〇）の元服・叙任となるが、右の家譜には続いて「此時始て管領職を被仰付候」云々と、執事になったのも同時の如く記しているので、十一歳の元服・叙位という伝承は必ずしもそのままには信じられない。なお『師守記』貞治二年閏正月十七日条・同二十六日条によると、朝廷では義将の任治部大輔の宣旨が不明として、何時頃の任官かを調査している。これは朝廷における記録の手違いによるものであろうが、その調査結果についての記載が見られないので、叙任の年月日は不明である。

（4）『尊卑分脈』・内閣文庫本『系図纂要』・『続群書類従』本「武衛系図」（後二者はほぼ同一文言）は何れも高経の子を家長・氏

経・氏頼・義将・義種の順に系けており、義将が四男であることは先ず間違いない。内閣文庫本「諸家系図纂」およびこれと同系統の『続群書類従』本「清和源氏系図」は、家長の兄として兼頼を記すが、兼頼は他の諸系図ではすべて家兼の子、直持の弟であり、第一章第二節一に記した如く、家長よりも年少と推定されるので、兼頼を家長の兄に系けるのは系線の継ぎ方の誤りによると思われる。

（5）なお『系図纂要』および「武衛系図」は氏頼について「天下執事職事始依レ被二仰出一後代嘆レ可レ被レ准二仁木細川之類一固辞退、終出家」と、氏頼が後世の家格低下を憂えて自身の執事就任を固辞し出家したという説を記しているが、これは採るに足らない。但し室町時代を通じて斯波氏の人々が、足利一門の中でも仁木・細川ごとき末流とは異なるという強い門閥意識を有していたことは、このような所伝からも充分窺われる。

（6）管見の及んだ貞治元年より同五年に至る執事義将の発給文書は次の如くである。

㈠　幕府執事施行状（五通）

A　当該国守護宛遵行命令（二通）、①闕所渡付（貞治元年十一月六日「大友文書」四）、②競望者排除・下地渡付（貞治二年十一月十日『石清水文書』之六、六五号）

B　両使宛遵行命令（各一通）＝政所料所停止・所職安堵の施行（貞治二年八月十二日「東寺百合文書」マ一―二〇）

C　東寺衆徒中宛通達（一通）＝下地預置（貞治元年十二月二十日「東寺百合文書」ミ一―八）

㈡　幕府御教書（七通）

A　当該国守護宛遵行命令（六通）、①濫妨人排除・下地渡付（貞治二年七月十八日「東寺執行日記」一）、②役夫工米譴責の停止（貞治三年九月十七日「東寺百合文書」ミ九―一五）、③同（同日「東寺百合文書」ヒ一―三一）、④同（貞治四年五月四日『金剛三昧院文書』三一号）、⑤同（貞治四年九月二十二日「円覚寺文書」一八一号）、⑥同（貞治五年正月二十八日「円覚寺文書」一八三号）

B　天龍寺長者宛通達（一通）＝押領停止・下地渡付の両使派遣（貞治三年十月十日「天龍寺重書目録」甲）

（7）「神木入洛記」は春日社人の霊夢などを述べて高経邸の焼失を春日明神の神罰としている。この書には焼失の年月日を貞治四年十月三日と記すが、それでは焼失の月日が本文に述べた新邸造営の事実より後になってしまうので採用に価しない。

（8）義種については本節註（4）参照。義高は本文に掲げた『師守記』貞治四年四月二十三日条、および同書貞治六年七月十三日条裏頭書の「嫡子左京大夫入道俗名氏経（中略）彼子息将監（義高）於二京都一引付一方頭人」という、氏経の子としての明証がある。なお上掲諸系図中「武衛系図」は義高の名を逸しているが、他の系図はやはり何れも氏経の子に系けている。

（9）　羽下徳彦氏前掲「補任沿革」。

（10）　これにより先康安元年政変の翌々月に当る同年十一月十四日、今川範国は同月十日の義詮寄進状に任せて、臨川寺領若狭国耳西郷半分地頭職の渡付を命ずる奉書を若狭国守護石橋和義に下している（「天龍寺文書」二）。この奉書は、もとより引付奉書ではなく、幕府執事ないし管領の施行状と様式・内容とも同一の施行状であり、執事不在職のため範国が施行を代行したものと認められる。次に同じく幕府執事不在職期間内の翌貞治元年卯月二十三日、興福寺法印公憲は別当孝覚の旨を承けて、今川入道すなわち範国に宛てて春日社領摂津国中条牧内に関する雑掌神人包守の申状を挙進している（「御挙状幷御書等執筆引付」）。後者について、川添昭二氏は範国の引付頭人在職を想定されたが（『荘園制と武家社会』所収「遠江・駿河守護今川範国事蹟稿」五四八頁）、引付再開以前なのでやはり執事不在任のため、範国が挙状受理を代行したものと見るべきであろう。範国の当時の職掌は不分明であるが、応安元年の評定衆在任（「花営三代記」）から逆推して評定衆と見做すこともできるのではあるまいか。

なお、「康安弐年十一月十日」付で天龍寺領若狭国岡安名に関する遵行を一色修理権大夫（範光）に命じた沙弥某の引付奉書案が存在する（「天龍寺重書目録」甲）。しかし康安二年は九月二十三日に貞治と改元され、義詮の御判御教書や執事義将の奉書は、その後まもなく貞治の新元号を用いている。且つ、当時の若狭守護は石橋和義であって、一色範光の同国守護在職は貞治五年政変以降である。したがって右の奉書案の康安は応安の誤写であることが容易に判定される。

（11）　例えば「武家名目抄」八、職名には、管領とは本来「事をすへふさぬるいはれにて正しき職名にもあらさりけれハ」云々と管領の称呼の由来をかなり正しく捉えながら、「しかるに斯波義将執事となるに及ひて、其職掌はもとより御家人の所役なるのみならす、執事といふ名の大名一家の老臣と同きを厭て、常に管領と称することゝなれり」と、義将以来専ら管領と称したと説いており、『古事類苑』官位部四四も「斯波義将執事トナルニ及ビテ、執事ト云フ名ノ、大名一家ノ老臣ト同ジキコトヲ嫌ヒテ、専ラ管領ト称スルコト、ナリ、是ニ於テ始テ一定ノ職名トナレリ」と、「武家名目抄」の説をそのまま踏襲している。この種の説は、『尊卑分脈』（脇坂本・前田家一本・内閣文庫本）の義将の項に「第一　自二貞治元一至二同五一　第二　自二康厂元一至二明徳二一　第三　自二明徳四一至二応永五一　此時改二執事一号二管領一」とあり、また本文に掲げた『壒嚢鈔』の執事就任を説いた文中に「其ヨリ以降、御一族ノ職ト成テ管領ト申也」とあることに拠って説をなしたのであろう。大凡義将の執事在職中の南北朝末期ないし応永初年頃を境として管領が正式の職名となったというならば誤りではないが、義将就任の最初からと解釈するのは全く当を得ていない。

(12) 現行本『太平記』の作成年代について、『日本古典文学大系』三四『太平記』の解説には、①高木武氏の建徳元年（応安三年、一三七〇）七月より同二年（応安四年、一三七一）三月の間、②亀田純一郎氏の応安三年七月以後、③平田俊春氏の応安六年（一三七三）九月以前、④釜田喜三郎氏の応安四年（一三七一）八月以後等の諸説を挙げている。諸説が応安三年から同六年の間に集中しているのは注目すべきである。なお、現行の流布本『太平記』の末尾に細川頼之の執事就任と武蔵守拝任（応安元年〈一三六八〉四月）を記し、頼之の政道を称えて「氏族モ是ヲ重ンジ、外様モ彼命ヲ不レ背シテ、中夏無為ノ代ニ成」ったと結んでいるのは、諸将の不満が表面化し頼之が辞意を表明するに至った応安四年五月以後の記述としてはかなり不自然なので、それ以前と見るべきであろう。少なくとも、彼が再度辞意を表明した応安五年九月より前の作成と推測してよいのではあるまいか。

(13) この点については高柳氏の説には必ずしも承服し得ない点があり、『愚管記』貞治六年十一月二十六日条の義詮が前日義満に政務を譲った事実を述べた記事に「以二頼之一相二定管領仁一云々」とあるところからも、頼之の場合は、当初から管領とも称せられたことが確かである。

(14) 康暦元年（一三七九）上杉憲方を関東管領にした時は、将軍義満が鎌倉御所氏満に「関東管領事、可レ被レ仰二付上杉安房入道道合（憲方）一候也」云々という御内書を下しており（『上杉家文書』之一、四六号）、正式に補任した職名と言えるが、憲顕の時に同様であったかどうかは断定できない。

(15) 但し、高柳氏はこの上杉憲春施行状の宛所が加治刑部丞（実規）であり、応安五年九月の上杉能憲奉書（『鎌倉市史』史料編第三「黄梅院文書」一八号）の宛所が安房入道（武蔵守護上杉憲方）であるのを、憲春が執事で能憲が管領という身分の相違によると説かれた。だが、加治実規は施行状の文面にも見えるように両使の一人であり、貞治五年十月の鎌倉御所基氏御判御教書（『上杉家文書』之一、四〇号）も両使の一人渋谷参河入道に宛てられているから、必ずしも宛所が守護か両使かの別によって発給者の身分を推測することはできないと考えられる。

(16) 佐藤進一氏前掲『室町幕府守護制度の研究』上、当該国の項。羽下徳彦氏前掲「補任沿革」。

(17) 羽下氏前掲「補任沿革」。

第二節　権勢動揺と没落

一　鎮西管領氏経の敗退

貞治元年（一三六二）から翌二年にかけて、幼弱な義将・義高を表面に立て、「管領」と呼ばれて事実上幕府政治の運営に携わった高経は、これを機として分国の拡張を実現した。しかし幕府政治の具体的な政策面においては上記の引付制復活等の外には何等新政策を打出した形跡がなく、「建武以来追加」等に収録された幕府法中にも高経の幕政運営時代の法令が全く闕如している（『中世法制史料集』第二巻室町幕府法）。このことは細川清氏の執事在任時代も同様であったには違いないが、反面清氏は河内南軍の大規模な追討を計画し、自ら南河内を進攻してこれを遂行したのに対して（第一編第二章第一節参照）、高経にはそれだけの軍略もなく、僅かに義種以下の諸将を遣して摂津侵入の南軍を駆逐したに止まる。

高経を首班とする幕府のかかる無為無策振りは、九州平定に対する熱意の低さにも現れている。高経の嫡子である鎮西管領氏経が豊後府中に下着したのは、あたかも康安元年の政変による細川清氏の京都追却から旬日の後に当る同年十月三日であった（『阿蘇文書』之二、阿蘇文書写第七、十月二十八日付斯波氏経書状写）。まもなく同年末頃から高経は幕府政治に参与し始めたのであるが、幕府はその後も清氏の執事在任当時と同様、何等積極的な鎮西管領援護策を講ぜず、したがって氏経は殆ど大友氏時の協力のみを頼りとして強大な九州南軍に対抗し、自ら九州諸国国人の誘引に努めなければならなかった(1)。氏経は氏時に擁せられて豊前に進み、弟義将の執事就任の翌月に当る貞治元年八月、一旦豊前の南軍を破ったが（同上第七、八月九日付氏経書状写）、続いて筑前に進出するや菊池武光の率いる南軍主力の反撃を受け、九月二十一日筑前長者原の戦において大敗を喫した（「深江文書」「松浦文書」七『太平記』三八）。

氏経の敗北を知った義詮は、予て氏経が菊池氏を撃つための軍事行動を期待していた阿蘇惟村を、十月十七日肥後守護職に補すとともに（『阿蘇文書』之一、阿蘇家文書上、一七二号）、大友氏時にその旨を告げて、氏時には闕国出来の時に替を宛行うべき旨、ならびに惟村が不忠の行為に出る場合には氏時を肥後守護職に還補すべき旨を保証した（「大友史料」七、四一三号）。氏時は既に同年二月十五日惟村宛に軍勢催促状と同時に避状を発し、肥後守護職および同国菊池武光跡・豊後国日田出羽次郎跡等の避渡を表明していたにも拘らず、幕府は氏経の長者原での敗戦の後になって、漸く菊池氏への対抗勢力として阿蘇惟村を利用するための具体的な方策を実施したのである。しかし阿蘇一族は南北両党に分裂していて、到底惟村は菊池氏以下の南党に敵対し難く、したがって氏経の期待も空しく、惟村は全く肥後守護としての実権を行使することができなかった。(2)

一方氏経は註(1)に掲げたように島津氏にも支援を要請したが、島津貞久（道鑒）は康安元年四月および同二年（貞治元年）六月幕府に申状を提出し、少弐頼尚・大友氏時および畠山直顕には分国中の半済実施権・闕所処分権を認められているのに、島津氏が分国の大隅・薩摩両国にこれらの権限を行使できないのは不当である旨を申立ててこれを要求し、幕府の処置に不満の意を表明した（『島津家文書』之一、三一一号・三一二号）。これに対して義詮は、同年十月十七日氏経に御判御教書を下して、貞久の申す旨には子細なしとしないが、氏経の鎮西下向の際預置権を認めた四ヵ国二島分に含まれるので京都の沙汰に及び難いとして、許否を氏経に一任し、同時に貞久にも御判御教書を下して、その旨を示した（同三一三号）。このように幕府は貞久の予ての希望に対して、やはり氏経の大敗以後になって始めて回答を示し、しかもそれは氏経に判断を任せるという極めて不得要領な回答でしかなかったのである。

幕府のかかる態度は島津氏にとって決して好ましいものでなかった筈である。貞久の嫡子で翌貞治二年四月十日薩摩守護職を譲与された師久が、早速同年五月二日幕府に提出した申状に、師久は去々年（康安元年）九月氏経に合力すべく肥後路に発向したが、薩摩・大隅・肥後の賊徒（南党）に阻まれて親類・若党以下数十人討死・手負という損害を蒙り、それ以後重ねて発向を試みたが、地頭御家人等が催促に応ぜず、敵軍も過半蜂起したので、今以て防戦中であり、弟氏久（貞久から大隅守護職を譲与された）も大隅で敵と対戦中であるという旨を述べている所から見ると（「旧典類聚」一一上、山田聖栄自記所収島津師久申状写）、氏経は遂に島津氏の援軍を得ることができなかったことが判明する。[3]

かくして大友以外の九州諸豪族を殆ど傘下に収め得なかった氏経は、長者原の敗戦の痛手を挽回できず、貞治元年十一月には早くも菊池武光の率いる南軍が大友一族の重要な根拠地豊後国大野庄まで進出し、氏経を擁する大友勢は防戦に追われる状態となった（「志賀文書」三、貞治二年卯月日志賀頼房軍忠状）。この氏経方の頽勢は、義詮および高経の主導する幕府首脳部が九州諸豪族の動向を察知できず、氏経に対して適切な指導と援助を与えなかったことが要因であったに違いない。やがて貞治二年の春幕府に帰順した周防守護大内弘世は、まもなく豊後に発向して氏経を援けたが、上述島津師久の申状写の後段にある「次豊州合戦之事、大内介弘世就㆓渡海㆒、菊池肥後守武光退散之間、御方大慶此堺候之処、無㆓幾程㆒弘世依㆓帰国㆒、鎮西弥及㆓難儀㆒、管領已周防国府御開之間、則進㆓飛脚㆒候畢、随而御上洛之由、預㆓御返事㆒候、驚存候」という文言から察するに、弘世の九州発向は結局氏経の救出作戦に過ぎなかった模様で、[4]ここに氏経は漸く敵の重囲を脱れて九州より撤退し、周防国府を経て帰京の途に就いたのである。

師久申状とたまたま同日の五月二日に義詮が阿蘇惟村と宇都宮経景に下した御感御教書に「氏経下向之後、度々合戦之時、致㆓忠節㆒之由、彼仁所㆓注申㆒也」とあるのも（『阿蘇文書』之一、一七四号、「佐田文書」）、氏経が既に九州を離れたことを窺わしめる。氏経が同月二十四日豊後の田原氏能に対し、戸次直光に同国光一名を避渡したことを賞して「替地事、厳密可㆑有㆓其沙汰㆒、且可㆑令㆑注㆓進申京都㆒」と、京都への注進を約しているのは（「入江文書」）、氏経がまだ帰洛していないことを示す如くであるが、帰京の月日は明らかでない。

なお氏経は翌貞治三年正月十日豊前の宇都宮経景に同国平田宮林合戦の軍忠を賞する感状を下し（「佐田文書」一）、また北朝からは貞治四年八月三日筑前安楽寺領同国柏田庄先雑掌の濫妨停止を命ずる綸旨が氏経に下っており（「大鳥居文書」一）、彼は九州支配の実質を全く喪失して後も、暫くなお形式上は鎮西管領に在任していた。しかしこの綸旨の下った後まもなく、同月二十五日義詮は筑前安楽寺寺務大鳥居法印に「鎮西悪徒退治」のため渋河武蔵守（義行）を発遣する旨の袖判御教書を下し（「西高辻文書」三）、次いで同月二十八日義行は宇都宮経景に鎮西発向を告げて忠節を促しており（「征西大将軍宮譜」九）、遂に氏経は鎮西管領を罷免され、代って渋川義行が補任されたのである。

氏経の政治ないし軍事に関する動静は、爾来跡を断ち、父高経の幕政運営中にも拘らず、彼は全く政治的生命を喪ってしまった。『太平記』三八に、氏経の九州敗退を述べて「高崎城（豊後）ニモ堪ヘズ、浅マシキ体ニテ上洛シ給ヒシガ、面目ナクヤ思ハレケン、尼崎ニテ出家シテ、諸国流浪ノ世捨人ト成ニケリ」とするのは勿論誇張があろうが、『師守記』貞治六年七月十三日条に「後聞」として高経の卒去に関する伝聞を付加えた記事に「嫡子左京大夫入道（俗名、氏経）、遁世、居ニ住嵯峨辺ニ云々」とあって、氏経が出家遁世したことは確実である。氏経の遁世は九州平定の不首尾を恥じたことが動機であったにしても、幕府から目ぼしい援助を与えられなかった不満、ひいては先に述べた氏頼の遁世と同じく、父高経の義将・義種偏愛に対する憤懣が根底をなしたであろうことは充分推察できる。このようにして高経は三男氏頼に続いて嫡子（二男）氏経までも脱俗の境涯に追いやるに至り、ますます自己の骨肉を削ぐ結果を招いたのである。

二　反対気運の胎動と高経の措置

鎮西管領氏経の敗退により幕府の九州制圧の失敗が明らかになったことは、氏経の父である高経の権勢に影響しない筈はなかった。果して貞治二年七月十日の夜半、多数の武士が洛中を馳駆して上下の夢を破り、この騒動は「佐渡判官入道導誉以下大名等」が高経を伐とうと計り、高経もこれに備えたためという風聞が流れた（「後愚昧記」貞治二年七月十日条）。十五日の夜も諸大名の邸に武士が馳せ集まり、殊に「判官入道并左衛門佐入道（石橋和義）（将軍一門若州守護）」は身上のことと称して警戒していると噂された（同書十五日条）。

そもそも細川清氏を逐って高経の幕政進出を援け女婿氏頼を執事に推した導誉にして見れば、高経が氏頼を斥けて義将に執事職を申受けたことは遺憾至極であり、ここに導誉は当然高経に協力する方針を棄て、政敵としての立場に転じたと思われる。高経が義将を執事にしたのは偏愛のためだけでなく、氏頼の背後に在る導誉の影響力を脱れようとしたことにもよろうが、いずれにしても導誉との深刻な対立を招いたのは当然である。両者対立の兆は早くも義将の執事就任後まもなく現れていた。導誉は延文五年（一三六〇）以来摂津守護を兼ねていたが、貞治元年八月南軍が大挙摂津に進攻し、導誉の摂津守護代箕浦次郎左衛門尉が一戦を交えただけで退却すると、幕府は早速摂津守護を導誉から赤松則祐、次いで同光範に改替し、(5) 前述のように高経の子義種を南軍追討の大将として摂津に向わせたのである。それ故、氏経が九州から敗退すると、今度は導誉が高経の責任を糺弾してその打倒を計ろうとしたとしても何等不思議でない。

また石橋和義は、暦応四年（一三四一）以来多年引付頭人に在職、その間官途奉行をも兼ね、(6) 観応擾乱後も引付頭人に留任して、前節に述べたように延文二年まで在職所見があり、また文和三年（一三五四）には導誉・細川清氏等とともに評定衆として幕府評定に列座している宿老であった。しかし細川清氏が権勢を強めるとともに引付頭人の活動は停止し、和義の在職徴証も見出されなくなる。ここに和義は導誉に与して清氏排斥に加担したらしく、前に触れたように清氏の没落とともにその後任の若狭守護に補せられ、また貞治元年十月十日には、高経・導誉とともに幕府評定始に列なった。したがって高経と導誉が対立すると、導誉の与党である和義が、高経の旧分国若狭回復の意図に不安を感じ、導誉の高経打倒計画に同調したことも異とするに足らない。

けれども、右の七月十日および十五日の「後愚昧記」の記事から推すと、高経打倒の機は熟さなかったと覚しく、蜂起は未発に終った。そこで高経は先手を取って導誉・和義等の勢力を抑圧するとともに、自己の権限の強化拡大を計って、打倒計画の再発を防止しようと努めた。まもなく八月七日に和義の若狭守護職を剥奪して若狭を斯波氏の分国に編入した前述の措置は、その最も露骨な現れである。導誉に対しても先に摂津守護職を罷免した幕府は、やがて残る唯一の分国である出雲と、同じく導誉の兼帯していた摂津多田院の管理権をも奪い去った。それは貞治四年五月の上述春日社造替料棟別賦課の義詮御判御教書が、出雲については、宛所が他の諸国のように守護の名字官途を以て記されず、「出雲国守護」宛になっている事実、および後述の如く貞治五年政変による高経父子追放と同時に早速導誉が出雲守護職に還補され、多田院を返付されている事実によって明らかである。

貞治二年八月二十四日以来所見のある前述の引付頭人の権限強化も、将軍親裁権の制限であるとともに、それまで評定衆に列していた導誉と和義を政局から除外し、将軍権力に直結する彼等を排除しようとした処置でもあったに違いない。ここに新たに出現する引付頭人からは導誉と和義は当然除外されて、吉良満貞・今川範国・六角氏頼の三名の宿老とともに高経の嫡孫義高が登場するが、鎌倉時代以来踏襲されてきた慣例から推して、これらの引付頭人は評定衆の兼補と推測しうるので、導誉・和義両名の分国剝奪と同時に両名を評定衆からも除き、新たに嫡孫義高を加えるなどして評定衆の陣容を改編するとともに、評定衆の主要なメンバーを引付頭人に登庸したと見て誤りないものと思われる。

のみならず、侍所頭人の改替も、ほぼ同時に行われている。侍所頭人には導誉の子高秀が延文二年以来在任していたが、貞治二年七月以降翌三年四月までの間に、侍所は土岐直氏に改補されている。(7) この改替も当然導誉の勢力を排除して権力を固めようとした高経の処置の一つであったに相違ない。さらに貞治四年には高経の末子義種が小侍所頭人から侍所頭人に転じたことは前述の通りである。

以上のようにして高経が反対派導誉・和義等の反撥を抑えて幕政における主導権の維持強化に努めていた最中に、幕府に帰参したのは山名時氏父子であった。時氏とその子師義・氏冬・時義等は、多年足利直冬を擁して山陰から山陽の一角に勢力を張り、再三京都を侵して幕府に脅威を与えたが、貞治二年秋幕府に帰順し、氏冬・時義は翌三年三月十六日上洛して「丹州守護職以下」を安堵されるとともに(「後愚昧記」「東寺執行日記」)、時氏は若狭国衙領の税所今富名を賜り、同月二十六日波多津左衛門大夫・篠沢右衛門尉光永という二人の被官を代官として派し、今富名を管理させた（「領主次第」）。時氏父子の安堵された分国は丹波・丹後・因幡・伯耆・美作の五ヵ国に上ったが、(8)そのほか時氏は以前より丹波・丹後に境を接する若狭の支配をも競望し、文和二年（一三五三）直冬方に走った直後南朝方から守護に補任されていたので（「守護次第」「領主次第」）、幕府帰参に際して、若狭守護職の安堵をも要求したのであろう。ここに導誉一派との対立激化という代償を払って若狭兼併の宿望を実現した許りの高経としては、到底この分国を全部山名氏に引渡すことは承諾し得なかったが、丹波以下五ヵ国守護職の安堵とともに今富名の割譲を認めて、山陰の大勢力山名氏と妥協し、導誉一派に対抗しうる与党としてその勢力を利用しようと企図したものと推測される。今富名は若狭国衙の税所職に付随し、鎌倉末期の田積五十五町百歩、三郡にわたって分布し守護所の所在する要港小浜を含む広大な別名であり、その他国内に分布する多数の税所領とともに若狭守護職・税所職を兼ねた北条得宗家所領の中核をなしていた。(9)この税所職および今富名等は建武以降は文字通り守護領として代々の若狭守護に継承され、守護は守護代の外に税所代官を派して国衙機構を掌握し守護領の支配に当らせていたのである（「領主次第」）。それ故高経が税所今富名を山名氏に譲り、山名氏の代官に国衙支配の重要な一部を委ねたことは、当然高経の若狭支配に大きな空洞を生じ、分国若狭全体の支配権を有名無実にする危険性を孕む行為であったと言わなければならない。

三　国人の擡頭と興福寺衆徒の嗷訴

守護が寺社本所領の半済や請所代官職の口入等を通じて、国人層の在地領主としての発展を助成し、彼等を被官化して分国支配の支柱とし、政治・軍事組織の基礎を固めようと計ったことは、当時の守護大名の通例であり、高経父子においてももとより例外ではなかった。

若狭においては、文和四年（一三五五）守護細川清氏によって寺社本所領の半済が強行されたが（第一編第三章第二節参照）、石橋和義の守護在職中の貞治二年閏正月賀茂氏女代快舜が東寺領若狭国太良庄について幕府に捧げた重陳状に「随又当国寺社本所領、悉以四分一済、一国平均之法無二其隠一処、当所半済也、是併為二微忠一乎」云々とあり（『東寺百合文書』ッ一―一〇）、高経父子没落前後の貞治五年東寺雑掌が太良庄につき幕府に訴えた申状の案文に「爰左衛門佐入道殿（石橋和義）当国守護之時、貞治元（天）年始而被レ付二半済給人一之間、細川総州（相）（清氏）之時、又称二前守護沙汰之例一、令レ致二半済一訖」とあり（『東寺文書』之一「東寺百合文書」は一四五号）、同年十一月の同じく太良庄に関する申状案に「七条殿（高経）御管領之時、始而被レ付二半済給人一条（之）間、雖レ歎二申一、依レ不レ被二許容一之条、無力罷過（之処）」とあって（同は一四六号）、石橋和義、さらに高経が半済の実施を踏襲し(10)、領家の反対を認めず、国人の利益を計ったことが窺われる。

越中においても国人層の寺社本所領侵害に関連して、半済の施行されたことが、祇園社領堀江庄の例によって知られる(11)。同庄は惣領方（領家職）・地頭方より成り、鎌倉時代下地中分が行われたが、地頭職も建武中興政府、ついで、足利尊氏より祇園社領として安堵され、さらに文和二年重ねて祇園社は義詮の安堵、尊氏の寄進を受けた。しかし地頭職に対する国人の対捍は止まず、延文二年（一三五七）十一月、時の守護井上俊清の申請により社家の承諾を経て、下地の折半を伴う半済が行われた（『八坂神社文書』下、一六四九号）。けれどもなお伊丹勘解由左衛門尉・須田兵庫入道等は祇園社領の地頭職南北小泉・梅沢・西条・同国上高木村を濫妨して止まないので、同社御師法印顕詮の訴によって幕府は貞治二年十一月引付頭人斯波義高の奉書を守護斯波義将に下し、守護代に下知して伊丹・須田等を退け下地を顕詮代に引渡すよう命じた（同一六五四号）。

一方同じく祇園社領の同庄惣領方においては、鎌倉末期の同庄地頭代土肥氏の一族である土肥中務入道心覚以下が観応擾乱の頃より押妨し、観応三年（一三五二）九月、幕府は心覚等の排除を守護井上俊清に命じたが（『八坂神社記録』下所収「祇園社記」御神領部一二）文和二年以来心覚等は再び下地を押妨して社家雑掌の立入を妨げたので、幕府は延文五年社家雑掌成定の訴により、時の守護細川頼和（御教書案の宛所に「細川右馬助殿」とあるが左馬助の誤り）に命じて重ねて心覚の濫妨を止めさせたが効果なく、貞治三年七月成定はさらに心覚父子の非法を幕府に訴えた（同一六五六号・一六七二号）。その結果引付頭人義高は同年九月四日守護義将に奉書を発して、守護代をして惣領方の半分の下地を雑掌に渡付させるよう通達した（同一六五七号）。かくて惣領方も地頭方と同様半済が採用され、社家と国人土肥氏とで下地を折半する結果となった。

権門寺社の権威を藉りて自己の門閥支配を修飾し補完しつつあった一門守護斯波氏が、同時に新興の国人領主層を統率下に組織して軍事的基礎の脆弱性を脱却しようと計る限り、権門寺社と国人層の何れの要求をも却けることができないという矛盾に逢着したのは当然であり、したがって斯波氏は対立する両者の調停者として振舞い、下地中分を伴う新たな半済という妥協策を採用して、このような矛盾を回避しようと試みたのである。しかし、貞治五年政変で一旦義将が越中守護に復して後の応安三年（一三七〇）五月二十五日、管領細川頼之が義将に御教書を下して、堀江庄内の村々に対する軍勢等の濫妨停止を命じ（同一六七四号）、同じ頃と思われる某年卯月八日義将が弟義種に書状を与えて「祇園社領越中国堀江庄領家地頭両職各半済村々遵行事、先度申下之処、未レ事行レ之由、御師顕詮法印申之」とて、半済の下地を雑掌に渡付すべき旨を命じているところからも（同一六七七号）、社家側の下地がなおも国人等の侵害に曝されており、紛争の完全な解決は殆ど不可能であったことが分る。

斯波氏の最も重要な分国である越前においても、例えば円覚寺領山本庄泉・船津郷が高経の分国統治下に半済された如く（『鎌倉市史』史料編第二、「円覚寺文書」一八五号貞治五年十一月十四日将軍家義詮御判御教書）、寺社領の半済が強行されていた。しかし国人層の寺社領侵害はやはり抑制し得るものでなく、貞治四年閏九月二十八日幕府が越前守護の義種に引付頭人今川範国の奉書を下して、地蔵院領同国大田庄内重高保・二上社等地頭職に関する先度の幕命が未だに実行されないことを難じ、早く軍勢等の違乱を止めるようにと督促しているように（「富岡文書」）、高経主導下の幕府の指令が、当の高経の分国越前においてすら遵奉されないという状態を現出していた。これは国人層の掌握を守護代以下に一任して、専ら幕府内部における権勢拡張に没頭していた高経の、在地国人層に対する統制力の弱体性を表明しているといわざるをえない。

高経が有力国人の寺社領押妨を制止しえなかったことから衆徒の嗷訴を惹き起し、高経の権勢を揺がすに到ったのは、興福寺兼春日社領越前国河口庄の問題であった。河口庄は越前最大の港津三国湊の後背地に位置する荘田一千百余町歩の大荘であり、三国湊を含む荘田六百余町歩の坪江庄（坪江郷）とともに河口坪江庄と総称され、興福寺大乗院門跡が知行権を行使していた。[(12)] このような重要地域にある河口坪江庄に対する守護方国人の侵害は夙に建武二年以来繰り返され（第一章第二節参照）、建武五年（一三三八）六月日「御遂講雑類風記」紙背文書の年月日闕河口庄給主（預所・雑掌）某書状断簡（『北国庄園史料』四五九頁）に「当国目代・守護代等河口濫妨事、以外珍事候哉、昨夕学侶事書以下給候、忩々可㆓申沙汰㆒候、抑坪江郷条、守護施行重々致㆓問答㆒候て、令㆓書直㆒候了、以㆓此便宜㆒欲㆑令㆑進之処、守護代今ハ寺敵ニ成候之上ハ、被㆓下遣㆒候ても不㆑可㆑有㆓正躰㆒候歟、別使節にて可㆑有㆓御下知㆒候歟」云々とある程であった。したがって観応擾乱以降河口坪江庄の押妨はいよいよ激しさを加え、文和三年五月八日大乗院門跡孝覚は義詮に書状を進めて河口庄ならびに坪江庄の打渡を求め、「寺門安否此事候」といって厳密な下知を要請したが（「御挙状等執筆引付」）、押妨の停止は実現しなかった。

この頃から河口庄内の主な押妨者として立現れるのは、次の如く朝倉遠江入道宗賢である（同引付）。

越前国河口庄別納郷之宗賢（朝倉遠江入道）濫妨事、委細以㆓雑掌㆒令㆑申候、忩尋御沙汰候哉、恐々謹言、

（延文五年）九月六日　　御判（孝覚）

坊門殿

追申

南都奉行未㆓承定㆒候之上、非㆑無㆓先規㆒候之間、直献㆓懸状㆒候、

春日社領河口庄雑掌範盛申、大口郷公文職朝倉入道（宗賢）押妨間事、申詞如㆑此、子細見㆑状候歟、急速可㆑有㆓尋御沙汰㆒候哉之由、大乗院前大僧正（孝覚）御房御消息所㆑候也、恐々謹言、

（康安二年）九月九日　　法印公憲

謹上　（足利高経）修理大夫入道殿

「朝倉家系」「日下部系図」等の諸系図および「朝倉始末記」によると、朝倉氏は但馬国養父郡大領・朝来郡大領・少領等を世襲していた但馬の大族日下部氏の裔と伝え、孫右衛門尉広景入道宗性に至り元弘三年足利高氏の丹波篠村における挙兵に馳せ参じ、やがて広景は高経に属して、新田義貞討滅後越前国坂南郡黒丸（三宅黒丸）城に住し、一条家領足羽北庄の代官職を宛行われたという。[13] 広景と同族と思われる朝倉重方が日下部氏を称し、且つ建武三年尊氏に従って軍功を励み、建武四年には尊氏から但馬守護に属して同国に発向するよう命ぜられている事実があり、[14] これは朝倉広景の出自に関する所伝に有力な傍証を提供するものである。

次に越前国黒丸城は『太平記』二〇・二一に暦応年間新田義貞次いで脇屋義助の率いる南軍と戦った際高経の拠った城郭として伝えられるのみならず、暦応三年（一三四〇）八月天野遠政代石河頼景や得江頼員等は南軍の拠った黒丸城を攻略しているので（「前田家所蔵文書」天野文書・得江文書所収軍忠状）、一旦南軍の手に落ちて後足利方が奪回した重要拠点であったことが分り、後世も坂井郡（坂南部）三宅村に城址を残している（『越前国名蹟考』）。また一条家領云々については、同時代の徴証は管見に触れないし、足羽北庄なる庄名も見当らないけれども、建長二年（一二五〇）十一月の九条道家初度惣処分状（『九条家文書』一、五号）に尚侍藤原佺子に譲渡した所領の一つとして越前国足羽御厨があり、後には一条兼良の「桃花蘂葉」（『群書類従』雑部）に記された一条家領に越前国足羽御厨・同別納安居保・安居別納清弘名・次田名があるので、足羽御厨は九条道家から佺子を経て一条家に伝領されたらしく、広景が一条家領の代官となったと

いう所伝もあながち根拠なしとしない。かくて越前国坂井郡・足羽郡内に勢力を張ったと思われる広景は、康永元年（一三四二）足羽郡に弘祥寺を創立して越前出身の名僧別源円旨を請じて開山とし（「東海一漚別集」所収洞春菴別源禅師定光塔銘）、有力豪族に相応しい事績を残すに至った。

次いで、『太平記』三三に文和四年直冬党に与して入京し二月十五日幕府軍と戦った斯波勢に朝倉下野守の活躍を伝え、天正本「太平記」に同年三月十三日の合戦に朝倉遠江守高景・孫三郎氏景父子の勇戦を伝えるように、朝倉氏は軍記に名を残すようになった。それ許りでなく、事実『師守記』貞治元年（一三六二）十月二日条に摂州発向の軍勢が南軍の撤退により上洛した由を記した次に「大夫入道（足利高経）勢朝倉弁佐々木山中判官等、為ニ守護一止レ国云々」とある。なお「御的日記」にも貞治三年正月十四日および同四年二月十七日の幕府的始に朝倉弾正忠、貞治五年正月十七日の幕府的始に朝倉孫太郎が、それぞれ射手の一人として記録されているように、朝倉一族は京畿に進出して活動しているのである。「朝倉家系」「日下部系図」等に、広景は文和元年二月九十八歳で卒し、嫡子弾正左衛門尉・遠江守高景（正景）が文和二年（または延文二年）十二月二日尊氏より勲功の賞として足羽北庄（または足羽庄）預所職を宛行われたとあり、この頃活動したのは高景を中心とする一族であった模様である。(15)

以上のように足利（斯波）高経の権勢を背景として着々と発展しつつあった朝倉氏が、越前の内でも同氏の本拠黒丸城の北方数里に拡がる興福寺兼春日社領河口庄に進出したのは自然の勢いであった。上掲延文五年九月の大乗院門跡孝覚書状によると、河口庄内を押妨したのは朝倉遠江入道宗賢であるが、その後貞治五年（一三六六）十一月の坊官貞舜奉書案によると、春日社造替料所摂津国鵜殿関を乱妨したのは「朝倉入道宗祐」であった（内閣文庫所蔵「応安五年記」）。上記朝倉氏の諸系図に朝倉遠江守高景の法号を徳厳宗祐としているので、遠江入道宗賢と入道宗祐はおそらく同一人で、高景その人であり、彼が法号を初め宗賢と称し、後に宗祐と改めたと推定してよかろう。

高経の分国越前支配が、先に触れたように守護代以下の在地勢力を介しての間接支配に過ぎず、且つ朝倉宗賢（宗祐）

が高経の有力被官として高経の支配体制を支えつつ在地に勢力を振っている以上、大乗院門跡の幕府に対する訴訟や高経に対する直接の要請が少しも実効を現さず、宗賢の押妨が止まなかったのは至極当然であった。かくて興福寺衆徒は遂に貞治三年十二月、嗷訴という古来の常套手段を以て朝廷と幕府に圧力をかけることに決し、同月二十日春日神木を奉じて入京し、翌日神木は長講堂に収められた（「春日神主祐賢記」同月二十一日条、『太平記』三九「神木入洛記」「大乗院日記目録」『大乗院寺社雑事記』寛正二年八月五日条等）。『太平記』三九 神木入洛事付洛中変異事 および「神木入洛記」によると、入京の際衆徒等は高経の七条東洞院の邸前に神木を振捨て、勅使参向して神木を長講堂に入れたのであるという。この嗷訴の理由について「春日神主祐賢記」は「越前守護匠作禅門導（道）朝俗名高経子息于レ時武門執事治部大輔義将、而彼禅（門脱カ）執務也、寺社領無二遵行一之訴也」と高経が寺社領を遵行しなかったためとするに止まるが、『太平記』三九には、嗷訴の原因は高経が越前一国の寺社本所領を半済して家人に分与し、中でも「南都ノ所領河口庄ヲハ一円ニ家中ノ料所ニゾ成シ」たことに在るとしている。また「神木入洛記」もこれとほぼ同一文言で寺訴の理由を説き、「和漢合符」もこの神木入洛を「依三高経押二妨越前河口庄一」としている。したがって嗷訴の主な目的はおそらく朝倉宗賢（宗祐）等による河口庄押妨の排除にあったものと見える。

但し、この嗷訴には外に春日社造替に対する朝廷・幕府の助成を促進する狙いもあった。そこで関白二条良基は神木入洛前日の十二月十九日付で長者宣を興福寺別会五師に下して、当社の造替は幕府が棟別を奏聞したので已に勅許は子細なきこと、但し員数は幕府に尋ねて今明日中に勅裁の下る運びになっている旨を告げ、就いては年内に神木帰座あるよう満寺に触れるようにと命じた（『春日神社文書』一、三一四号）。この造営料に関しては、貞治四年二月五日、将軍義詮が御判御教書を鎌倉御所基氏および山城以下三十七ヵ国の守護に下して、綸旨に基づき春日社造替料諸国棟別十文の賦課を命じたことで（同文書三、本社文書補遺一号）、嗷訴の目的の一つが先ず達成された。

しかし肝腎の寺社領押妨の件が解決を見なかったので、衆徒は神木帰座に応じようとせず、しかも彼等はさらにこの機会を捉えて、幕府がさきに海老名備中入道跡に預置いた春日社領山城国葛原新庄の返還を要求した。そこで義詮は貞治四年十二月十四日に至り、侍所兼山城守護斯波義種に御判御教書を下し、「春日社領山城国葛原新庄事、雖レ預ニ置海老名備中入道跡一、帯ニ神領所見一之上、神木有ニ入洛一、及ニ大訴ニ之間、所レ返ニ付社家一也」と達して、雑掌を下地に沙汰し居えるように命じ、同月晦日侍所の使者某姓左衛門尉景家が下地打渡を実施して幕府に渡状を提出し、ここに葛原新庄の返付は滞りなく実現した（「東寺百合文書」ホ三六―五五）。

このように幕府は興福寺・春日社の要求を大幅に認めたのであるが、肝腎の河口庄については、新興の在地勢力である朝倉宗祐（宗賢）は、容易に興福寺・春日社の権威に屈せず、主君高経の説得にも応じなかった模様で、解決の緒はなかなか開かれなかった。

一方、幕府はこれよりさき興福寺・春日社の要求を容れて河内国鵜殿関を春日社造替料所に指定し、貞治四年正月から造替料足として関年貢毎年五百貫文と神木在京中の日供として毎日一貫五百文（年額約五百四十貫文）を、春日社に支弁することとしたが、その結果この関所の関務（預所職）を請負ったのは、実に外ならぬ河口庄押妨の張本人朝倉宗祐その人であり、宗祐はやがて重阿なる者を代官として実務に当らせた（「鵜殿関問答引付」）。おそらく宗祐は河口庄における一定の譲歩の代償として、主君高経の口入により、関務の請負を興福寺・春日社側に認めさせたのであろう。

ここに到り、興福寺は寺訴が大略目的を達したとして貞治五年五月二十七日神木帰座の用意を末寺に牒し（「東金堂細々要記」同日条）、遂に嗷訴は落着に近付いた。しかしそれでも神木帰座は直ぐには実現せず、七月になって漸く来月帰座と定まり（「吉田家日次記」同年七月十二日条）、七月二十四日、寺家は八方会合の僉議により来る八月十二日を帰座の日限と決定し、二十八日その旨を末寺に触れた（「東金堂細々要記」同年七月二十四日条・二十八日条）。帰座の方針が決まってから日取りが決定するまでに五月下旬からなお二ヵ月を要したのは、次に見るように朝倉宗祐が既に鵜殿関の年貢・日供をも対捍し始めていたためであるらしい。宗祐の契約不履行は高経をして興福寺・春日社に対する面目を失わせ、

「朝倉、自二七条殿(高経)一蒙二御不審一候之間」（上掲引付所収貞治五年十月十一日賢重書状）というように、宗祐は高経から言動を疑われることとなった。

まもなく八月八日に政変が起って高経父子は越前に没落するが（後述）、宗祐は「貞治五年、修理大夫入道道朝已下没落時、不レ立二入国一可レ致二忠功一之由、義詮御内書、同八月九日頂戴、同十一年(月カ)六月(日カ)、当国七ヶ所地頭職被二宛行一旨、瑞山義公(義詮)御内書頂戴」（『続群書類従』本「日下部系図」）。「朝倉家系」もほぼ同内容）と伝えられるように、早速高経から離れて幕府に帰順した。宗祐の幕府への帰順は、次の河口坪江庄や鵜殿関公用銭の件からもそれが事実であることが証明されるが、彼のそうした余りにも早い変り身は、上述の高経よりの「御不審」が単に興福寺との問題のみで蒙ったのではなく、反対派諸将への接近という嫌疑によるものであったことを窺わせる。

主君高経を見捨てて幕府に帰順した宗祐は越前の動乱に乗じてますます強引に河口坪江庄の押領と鵜殿関の料足対捍を推し進め、寺家側をして、

一、坪江庄以下越前押妨者、不レ限二守護方兵粮一、朝倉禅門(高景、宗祐)所二責取一也、坪江下庄・同三国湊・阿古江以下数ヶ所、直放二入使者一、譴二責年貢一冣中也、（中略）

一、当門事、自二九月十四日一度々御問答之処、或十ヶ日、或十二三ヶ日可レ被二相延一之由、代官等及二三四ヶ度一乍二請申一之、雖レ経二三ヶ月一、無二一事之左右一之上者、御問答不レ可レ有二尽期一事、

と言わせたが（上掲引付所収「被レ注二進源忠一目安案」）、結局、これほどの宗祐の押妨に対しても、「不足銭百廿九貫之内、五十貫御判料可二立用一之、三十五貫文朝倉遠江入道所レ進川口庄山荒居郷九月十一月両度月宛可二立用一之、（中略）抑去年院家(孝覚)御沙汰分、（中略）尚所レ残両月分八十余貫、今秋於二越前一所二責取一以二数百貫料足一可二立用一之」（同引付）というように、さしもの興福寺ももはや押妨停止・下地返還の要求を掲げることができず、僅かに関務対捍による未進分を河口坪江庄における宗祐の請負分ないし譴責分を以て振替えるよう交渉するに止まった。寺社領侵害によって主君高経の没

落を事実上促進し、高経の没落にも拘らず牢固として勢力を維持し、寧ろその没落を利用して在地の領有基盤を強化拡大した新興の国人朝倉宗祐が、権力基盤の極めて薄弱な名門足利（斯波）高経といかにも鮮かな対照をなしていることは、もはや何びとの眼にも明らかであろう。

翌貞治六年十月五日、越前守護畠山義深は守護代遊佐次郎に遵行状を下して、去月二十八日の御教書の旨に任せて春日社領越前国泉庄ならびに小山庄郷々の下地を雑掌に渡付するよう命じたが、同月十四日幕府は引付頭人吉良満貞の奉書を以て、重訴状に基づき朝倉遠江入道（宗祐）以下の輩の泉庄ならびに小山庄郷々に対する濫妨を止めるよう義深に命じ、義深はこれを承けて十一月六日再び春日社雑掌への泉庄下地渡付を命じている（「古今采輯」、「前田家所蔵文書」編年雑纂）。これは宗祐の春日社領侵害が河口坪江庄に止まらず、一層多くの庄郷に拡大した事実を示すものに外ならない。この宗祐入道高景こそは、かの応仁の乱を機に主君斯波氏の越前守護職を簒奪する英林朝倉孝景（いわゆる敏景）より四代前の朝倉氏の当主であった。

四　高経父子の没落

高経が興福寺衆徒の嗷訴に直面していた間にも、政敵佐々木導誉等の反対運動はなかなか表面に現れなかった。先に貞治二年七月事を起そうとして成らず、却って高経の権勢を募らせ、幕府における役職と分国とを喪失した導誉以下は、容易に再挙の機会を捉えることができなかったのであろう。しかし導誉は、貞治四年十月十日、出雲安国寺領同国大野庄内の押領人大野頼成を退けるべき旨の書下を豊島左衛門某に下し（「高宮旧記」）、且つ同日摂津多田院に同院内における殺生の禁制を与える（「多田神社文書」二）など、出雲国内および多田院内に私的な支配権を行使している。多田院が導誉から召上げられた時期は明らかでないが、本節二に述べたように出雲守護職の罷免は遅くも貞治四年五月以前と推定されるので、前者もその頃までに召上げられたとみてよいのではあるまいか。そうとすれば導誉の出雲に関する書下はもとより、多田院に対する禁制も幕府の権威に対する挑戦ともいうべき行為と看做さざるをえず、これに対して高経がもはや追討はもとより何等の効果的な禁圧手段をも講じた形跡がないのは、高経の威信失墜を如実に露呈するものであったといえよう。

やがて翌貞治五年七月下旬には、上述のように、来月十二日に神木帰座と決まり、興福寺衆徒の嗷訴は殆ど落着した。ところが神木帰座を四日後に控えた八月八日の深夜、突如将軍義詮は高経の治罰を命じて幕府に軍勢を召集し、使者を高経に遣わして「所詮急可二下向一、不二下向一者可二治罰一」と宣言した。高経は翌九日卯刻、自邸に火を放ち、執事義将・侍所義種・引付頭人義高以下を伴って京都から落ちていった（「吉田家日次記」貞治五年八月八日条）。義詮は討手を遣わすとともに、翌十日豊後の大友氏継に「修理入道々朝（高経）陰謀露顕之間、欲二誅罰一之処、没二落越前国一間、所レ遣二討手一也」と告げて、一族ならびに分国の軍勢に相触れるべき旨を命じた（「大友文書」四）。他の在国守護にも同様の通達を行ったであろう。

高経の没落を記録した吉田兼煕の「吉田家日次記」八月八日条には、続けて「是併神木之神罰也、京都不レ及二触穢一静謐之条、神慮也」と記している。この兼煕の感想は、突然の高経の没落を三年越し春日大明神の威光に逆ったための神罰と見た世人の印象を代表しているであろう。『太平記』三九も高経が身を失ったのは「只春日大明神ノ冥慮ナリト覚エタリ」と述べている。

但し『太平記』三九は高経没落の事情を具体的に説いて、先ず彼が地頭御家人の武家役を五十分の一から二十分の一に増徴したのが人望を失う基になったとし、次に彼が赤松則祐の恨を買った次第や導誉と激しく対立した次第を詳述し(16)、その結果導誉は佐々木の総領六角氏頼、女婿赤松則祐を初めとする諸大名を語らって義詮に高経を讒し、遂に高経誅罰を下命させるのに成功したとしている。高経没落の翌日の八月十日、義詮が導誉に御判御教書を与えて出雲守護職に還補し多田院を返付した事実は（「佐々木文書」二）、高経を義詮に讒訴して、神木帰座により高経の政治勢力が再び安定する直前に彼の追放を実現させた首謀者が導誉であったことを最も雄弁に物語っており、この場合『太平記』の所伝が大筋においては正鵠を射ていることを裏書している。先に導誉と結び執事細川清氏を追い落して権勢の座を占めた高経は、まもなく導誉との対立から遂に清氏と同じく導誉の譏構の対象となり、同じく没落の羽目に陥ったのである。

さて高経父子等追放後、十二日には春日神木帰座が予定通り行われ（「吉田家日次記」「東金堂細々要記」等）、幕府はこの機会に摂津・若狭両国に奉行人を派して寺社本所領返付を実施し、興福寺・東寺等の寺院勢力の歓心を買うように努めた（「後愚昧記」貞治五年八月十八日条、『東寺文書』之二、「東寺百合文書」は一四六号貞治五年十一月日東寺雑掌頼憲（?）申状案）。また政所執事代斎藤季基を斎藤基能入道玄観に改補し、恩賞奉行依田時朝等を罷免する等、奉行人の一部を改替して幕府吏僚に対する高経の影響力を一掃し、同月十九日評定始・引付庭中等を催して、高経追放後の幕政を軌道に乗せた（「後愚昧記」同上条、同月十九日条）。

これとともに義詮は斯波氏の分国三ヵ国を没収して、畠山義深を越前守護に、一色範光を若狭守護に、桃井直信を越中守護に補し（佐藤氏前掲書二三〇・二二〇・二五六頁参照）、且つ、高経が先に勲功の賞として宛行われていた禁裏御料所越前国河北庄は朝廷に返進され、朝廷から改めて三宝院に寄付され（「三宝院文書」第二回採訪九、『醍醐寺文書』之二、五〇号）、斯波家の一族・家人等の所領は闕所として諸人に給付された（『教王護国寺文書』一、四七一号東寺事書案）。

一方、越前に脱れた高経は杣山城（南条郡）に楯籠り（同上事書案、「若狭国守護職次第」）、これに対して幕府は山名氏冬・佐々木氏頼・今川範国等を討手として進発させ、また土岐頼康と吉見氏頼に命じて美濃と能登の軍勢を越前に差向けた（「吉田家日次記」同年九月三日条、「神木御動座度々大乱類聚」）。『太平記』三九には、討手として畠山義深・山名氏冬・佐々木高秀・土岐左馬助・佐々木氏頼・その弟山内信詮・赤松光範・同範顕等の率いる能登・加賀・若狭・越前・美濃・近江の勢七千余騎が発向し、同年十月から高経の杣山城および義将の栗原城（丹生郡）を攻囲したが、容易に攻め落せなかったとある。

しかし杣山城固守も空しく、高経は翌貞治六年（一三六七）七月十三日六十三歳を一期として杣山城に病歿した（『師守記』同日条追記）。かくして高経の幕政掌握も分国拡張も夢と消え、彼の存命中には斯波氏再起の機会は遂に訪れることがなかったのである。

なおここで注目すべきことは、政敵の讒訴が成功して将軍による治罰が発令されるや、清氏にしても高経にしても文字通り一朝にして権力的地位を喪失せざるをえなかった事実である。『太平記』は讒訴の成功を将軍義詮が他人の意見に付き易い性格であったためと説くが、勿論将軍個人の性格にのみ帰すべき問題ではない。当時の、「管領」も鎌倉幕府の執権とは全く異なり、決して将軍権力を全面的に代行する地位でなかったことはいうまでもない。とりわけ、第二節に触れた阿蘇惟時宛の守護職補任、あるいは貞治五年八月三日付土岐頼高宛地頭職安堵（「土岐文書」）ないし同年正月二十三日付大友氏継宛の豊後国人の私戦禁止・鎮西管領下向待機命令（「大友文書」四）が何れも義詮御判御教書を以て発せられているように、将軍権力の中核ともいうべき御家人に対する所領諸職恩給権ならびに軍事的統率権は完全に将軍自身の手中に確保されていたのであり、したがって将軍による追討命令の前には、如何に「管領」と雖も直ちに自焼没落の運命を辿らなければならなかったのである。

但し先に没落した細川清氏が徒らに自滅の道程を辿ったのに対し、高経・義将父子は約一年近く城郭を固守した後、義将は高経の病歿を潮に帰参を許されて越中守護に復し、やがて管領に就任するための第一歩を踏出すこととなる。この義将による権力再建の過程は章を改めて論及するが、このような見通しに立って顧みる時、高経の権力的地位獲得は爾後の斯波氏の発展に取って全く無益ではなく、少なくとも分国の一角を固守しうるだけの軍事力と斯波家当主による幕政運営の実例とを、嗣子義将のために残すことができたというべきであろう。

註

（1）氏経は豊後下着後まもなく康安元年十月十六日薩摩の島津資久宛に豊後来着を告げて協力を要請する軍勢催促状を下したのを

始め（「薩藩旧記」前集一九）、同月二十八日・康安二年八月九日・九月九日等に肥後の阿蘇惟村宛（『阿蘇文書』之二、阿蘇文書写第七）、康安元年十一月六日日向の土持時栄宛（「土持文書」）、同月二十二日・康安二年二月十二日・三月二日・四月十一日肥前の松浦佐志菊寿丸宛（「斑島文書」）というように、九州諸国の大小豪族にしきりに軍勢催促状を発給して協力を求めるとともに、康安二年三月二十五日大隅小次郎に感状を与え（「薩藩旧記」前集二〇）、同年八月二十九日斑島源次郎に闕所を預置き（「斑島文書」）、同日阿蘇惟村に御教書を下して希望の所領の申請を求め、幕府への具申事項があれば挙進すべき旨を述べる等（『阿蘇文書』之二、阿蘇文書写第七）、彼等の意を迎えるように努めている。

（2）当時の肥後守護職をめぐる経緯は山口隼正氏「南北朝期の肥後守護職について―菊地武光まで―」（『東京大学史料編纂所報』六号）に詳しい。なお氏経の惟村に対する期待は註（1）に触れた彼の惟村宛軍勢催促状や御教書からも充分窺われるが、さらに康安二年（貞治元年）十月十五日惟村に与えた返書には、惟村の肥前・肥後の所々における戦功を「頗無比類御軍忠」と激賞し、「忩可注進申京都」と称して一層の期待を寄せていることが分る（『阿蘇文書』之二、阿蘇文書写第七）。

（3）島津氏の大隅・薩摩支配については山口隼正氏「南北朝期の大隅国守護について」（『九州史学』三五・三六・四一号）、同氏「南北朝期の薩摩国守護について」（『史学雑誌』七六編六号）参照。

（4）『太平記』三九には、大内弘世は貞治三年（二年の誤り）春頃から周防・長門両国の安堵を条件として幕府に帰順したところ、厚東駿河守が長門守護罷免を恨んで九州に渡り、菊池氏とともに弘世を攻めようとしたので、弘世は三千余騎を率いて豊後に到り、菊池氏と戦ったが、第二回の交戦に敗れ、降伏して帰国し、次いで上京したとする。この所伝には貞治二年を三年と誤り、厚東左衛門尉義武を観応二年に卒去した駿河守武村と誤るなどの訛伝を含むので、どこまで史実に合致するかは問題があり、弘世が周防・長門両国守護職安堵の交換条件として幕府に対し氏経救出を約した蓋然性も充分考えられよう。畿内南軍や中国直冬党の蜂起に悩まされた幕府は、大内弘世の帰順を機にようやく九州に援軍を派遣しえたのであるが、それにしても遅きに失した援護策であった。

（5）佐藤進一氏前掲書三七頁参照。

（6）同氏前掲「官制体系」四七一頁。

（7）羽下徳彦氏前掲「補任沿革」参照。

（8）例えば、貞治四年二月五日、春日社造営料段銭徴符として諸国守護宛に下した将軍義詮御判御教書の宛所によると、山名時氏は丹波・伯耆両国、その子師義は丹後、氏冬は因幡、時義は美作の各守護である。なお水野恭一郎氏前掲論文参照。

(9) 石井進氏「鎌倉時代「守護領」研究序説」(『日本社会経済史研究』古代中世編)。

(10) 細川清氏が文和四年四月太良庄の地頭領家両職を半済して給人の入部を強行した事実は、第一編第三章第二節に詳述した如くである。本文に引いた貞治五年八月の申状の、石橋和義が初めて半済給人を付け清氏がこれに倣ったという主張は、守護補任の前後を誤っているし、十一月の申状に高経が初めて半済を実施したというのは事実に反することは勿論だが、八月の申状とも撞着している。東寺が極く近年の事実についてこのように誤った申立てをしているのは不可解であるが、或いは同庄の半済が文和四年以来の既定事実であることを認めるのを不利と判断したためかもしれない。

(11) 久保田収氏「祇園社領越中国堀江庄」(『皇学館大学紀要』九輯)参照。

(12) 河口庄十ヶ郷の総田数は弘安十年(一二八七)の「河口庄田地引付」(『北国庄園史料』)によると合計千百六十七町八反二百歩であり、また坪江庄上下両郷の総田数は「河口庄綿両目事」(同上)所収の坪江郷弘安六年検注目録によると六百三町七反三百歩であって、河口坪江庄は田積総計千七百七十一町六反百四十歩という頗る広大な荘園であったことが分る。なお坪江庄の支配機構および庄民の動向等は『三国町史』第三章に詳しい。

(13) 朝倉氏の出自を但馬国養父郡大領・朝来郡少領として但馬に繁延した日下部氏の後裔とすることは「朝倉家系」(国学院大学所蔵「朝倉家系並蒲生家鳥居家分限帳」所収)・諸家系図纂本「朝倉系図」・『続群書類従』本「日下部系図」・同「日下部系図別本」・「朝倉始末記」(『改訂史籍集覧』所収)等が一致して伝えているが、広景以前の歴代は系図により異同があって詳かでない。

(14) 東寺領摂津国垂水庄下司公文両職をめぐる暦応三年(一三四〇)八月日尼証円代朝倉重方重陳状(『東寺文書』之四「東寺百合文書」ぬ二〇号)に「釆女播磨局姪日下部氏今者出家、法名証円代子息孫太郎重方重言上」云々とあり、且つこの重陳状に具書として副進した建武三年七月十二日の同人軍忠状案(同上)に「朝倉孫太郎日下部重方申」として、彼が同年初頭敵の重囲に陥った京都を脱出して防州釜戸(竈戸)関において足利勢に参会して以来、高師泰に属して湊川合戦・京都度々合戦等に軍忠を抽んでた次第を述べてあり、また同じく重方の副進した建武四年九月八日の同人宛尊氏(カ)御判御教書案に「但馬国凶徒誅伐事、所差遣守護也、属彼不日令発向、可致軍忠之状如件」とあって朝倉重方が本姓日下部氏であること、建武三年尊氏の下で軍功に励んだこと、および但馬守護に属して同国に発向するよう命ぜられていることが分る。この重方は朝倉氏関係の系図等には見当らないが、広景と同族であることは間違いない。なお本文に述べた貞治五年の的始の射手朝倉孫太郎は重方の子息ではあるまいか。

（15）但し、上掲「朝倉家系」「日下部系図」「朝倉系図」に、広景の子高景は初め正景と称したが、文和四年二月十五日の合戦（本文所掲）に嫡子孫三郎とともに尊氏に属して南軍と勇戦し、その軍功により尊氏から父子がそれぞれ高および氏の偏諱を賜り、高景・氏景と称したとあるのは、おそらく後世の虚飾であろう。

（16）『太平記』は高経と赤松則祐との対立については、三条御所（幕府の三条第）造営に際し赤松則祐の作事が期日を過ぎたため、高経は新恩の大庄一所を没収して則祐の怨恨を受けたとし、高経と導誉との対立については、五条の橋を構築する奉行となった導誉が京中より棟別を徴収しながら造営を少々延引した際、高経は独力で架橋して導誉に面目を失わせたこと、導誉は貞治五年三月四日の幕府における遊宴の当日、大原野で盛大な花会を催し、これを憤った高経は、導誉が武家役を二年間無沙汰した罰として、近年賜った摂州守護職を改替し且つ旧領多田庄を没収して政所料所としたことを挙げている。以上の多くは傍証を欠くが、三条第造営が高経の責任による事業であったことは事実であり（本文既述）、また摂津守護職および多田庄の改替も、本文に述べたようにそれぞれ確証があるから、『太平記』の所伝は全くの虚構とは言えない。但し、摂津守護職改替の年次は同じく既述のように貞治元年の事実であるから、『太平記』がこれを貞治五年のこととして叙述するのは勿論正確でない。

第三章　斯波義将の分国支配と管領斯波氏の成立

第一節　幕府復帰と第一次管領在任

一　幕府復帰と分国越中支配

貞治五年（一三六六）八月の政変によって幕府執事を罷免され、父高経・弟義種等とともに分国越前に没落した斯波義将は、翌貞治六年七月高経が同国杣山城で病歿すると間もなく、将軍義詮の赦免を受けて幕府に復帰することができた。その経過を伝えているのは『師守記』であり、先ず高経の卒去について、中原師守は同月十六日条にこれを頭書するとともに、卒去当日の十三日条の裏面にも「後聞」として、高経の子息等の動向とともに追記しており、この記載方法から判断すると、高経の病歿の第一報は四日後の十六日に早くも京都に伝えられたものの如くである。次に義将の赦免については、同書八月二日頭書条に「今日自二越□（前）一□（宇脱カ）由新左衛門尉（氏実）上洛、付二清水□（坂）□（堂）□一、是七条入道（高経）入滅之上者、子息等可レ有二免許一之料云々」とあって、高経卒去の報が伝えられてから半月後には既に斯波被官の一人が使者として上洛し、斯波一族赦免の交渉を開始した。次いで、同月三十日条に「伝聞、今日治部大輔義将自二越前一上洛云々、□（宇脱カ）由新左衛門同道之云々」、翌九月一日条に「今日法皇寺長老空昭（照）上人来臨（中略）、長老被レ語云、故修理大夫入道道朝（高経）子息治部大輔義将自二越前一上洛歟云々、依二御免一也」とある。義将の使者由宇新左衛門が一旦帰国して将軍の赦免を伝えた後、義将と共に再び上洛するまで、一ヵ月を要しなかったので、赦免が如何に速かに行われたかが判る。かくて同月四日義将は幕府に参上して義詮に対面し（同書同日条）、次いで越前在陣の幕府軍に、合戦を止めて上洛すべき旨の御教書が発せられ（「後愚昧記」同月十二日条追記）、正式に斯波一族の宥免・帰参が成ったのである。

以上の頗る速かで順調な赦免の経過より見るに、斯波一族の赦免は、将軍義詮ないし幕府宿老諸氏の多くが足利一門の随一というべき斯波氏に復帰の機会を与える方針を採ったために外ならないと考えられる。翻って前年八月の高経・義将以下没落の際においても、幕府方は畠山・山名・六角・今川・土岐・吉見等の有力諸大名の軍勢を討手として攻め下らせたにも拘らず[(1)]、その後の戦況は全く伝えられず、帰参まで約一年間の籠城を斯波一族に釈している。これも幕府側が積極的な斯波氏覆滅の意志を欠いていたためではあるまいか。

但し、義将の復帰が諸大名のすべてに歓迎されたわけではなく、彼等の間に斯波氏の政治力が再び増大するのを警戒する動きのあったことは、第一編第四章に述べた細川頼之の召還・管領就任の経過からも察せられる。また先に斯波の分国であった三ヵ国は貞治五年の政変とともに没収されて、越前は畠山義深、若狭は一色範光、越中は桃井直信に与えられていたが、義将の幕府帰参後もそのまま彼等が在任し、斯波一族は直ぐには何れの守護職にも還補されなかった。これも当時の幕府における斯波氏の立場を示すものに違いない。右の三ヵ国中、越中は同年十一月十八日まで桃井直信の守護在職が確かめられる（「本郷文書」五、桃井修理大夫宛将軍家義詮御教書）。しかし、将軍義詮が薨逝し、幼主義満の下で管領細川頼之の幕政主導が開始されるとまもなく、「花営三代記」応安元年（一三六八）二月二十四日条に「桃井播州禅門(直常)迯二下越中国一云々」と、越中守護桃井直信の兄直常の京都脱出、越中下国が伝えられ、やがて同年八月六日を初見として、義将の越中守護在職が確認されることとなる（『八坂神社記録』下所収「祇園社記」御神領部第一二、同年八月六日付治部大輔（斯波義将）宛幕府御教書案）。この桃井氏の離反・罷免と義将還補の理由を、佐藤進一氏が斯波氏赦免後の幕府政情の変化に求められたことは適切であるが、「あるいは越中守護復帰を狙う斯波氏およびこれに与同する勢力の圧迫が桃井に加えられたためではあるまいか」という氏の推測には、(2)若干の補足が必要であろう。当時の斯波氏ないしその与同勢力である土岐氏・山名氏等は、幕府内の主流を占めておらず（第一編第四章第三節参照）、桃井氏に圧迫を加えて罷免・離反に到らしめるためには、幕府首脳部の協力が不可欠であった筈である。即ち、この越中守護職改替は、管領細川頼之を中心とする幕府首脳部が、斯波氏支持勢力との妥協を計って、桃井氏を再び孤立に追い込んだという事情を想定せざるをえまい。(3)

越中に引揚げた直常が当然反乱を開始したことは、義将の同国守護復職徴証の初見である上記応安元年八月六日の幕府御教書案が、祇園社領の「越中国堀江庄地頭領家両職付之(村々カ)」に対する軍勢等の妨を止むべき旨の遵行命令であることからも窺われる。嘗て貞和年間以来越中を分国とし、観応擾乱以来多年にわたり直義党として越中を中心に活動した桃井氏の軍事力は強固であって、今回の反乱も容易に鎮定されなかった許りか、翌応安二年四月には、直常は能登を侵して吉見左馬助(頼顕カ)、同伊予入道等の軍勢と戦い、さらに直常の子直和は(4)加賀に進んで同国守護富樫竹童丸（昌家）の居城に迫るに至った（「得江文書」吉見氏頼証判応安二年十二月日得江季員軍忠状、「得田文書」同人証判同年十二月日得田章房軍忠状）。

ここに幕府は同年八月義将を桃井追討の主将として発向させ、その有力被官二宮次郎左衛門入道円阿にも「為二道皎(直常)退治一、所レ被レ差二向治部大輔義将一訖、早令二発向一、可レ致二忠節一状、依レ仰執達如レ件」という軍勢催促状を下して義将に協力させた（「松雲公採集遺編類纂」一三五「二宮文書」、応安二年八月十日付管領細川頼之奉将軍家御教書写）。義将と同時に能登守護吉見氏頼も発向し、幕府軍は九月、加賀から越中へ桃井勢を押返して一乗城を攻め落し、十月より松倉城を攻囲し（上掲得江季員軍忠状、得田章房軍忠状、「松雲公採集遺編類纂」一三五所載「得田文書」某人（吉見氏頼ナルベシ）証判応安三年三月日付得田章親軍忠状案写、「松雲公採集遺編類纂」一三五所載「二宮文書」某人（斯波義将ナルベシ）証判応安四年八月日付二宮円阿軍忠状案写）、翌応安三年三月義将および富樫竹童丸等は越中長沢に桃井直和、同伊予守以下と戦って直和を討取り、松倉城の桃井余党を降した（「花営三代記」同月五日・十六日・十八日条）。合戦の一段落とともに義将は一旦帰京したが、翌応安四年七月桃井直常は飛騨国司藤原（姉小路）家綱の援軍を得て再び挙兵したので、義将は同月二十六日再度二宮円阿等を率いて越中に発向し、能登の吉見勢の協力をも得て桃井勢と戦い、八月十三日義将の甥義高は藤原家綱の弟二人以下百余人を捕虜・戦死に至らしめて、遂に桃井勢の叛乱を完全に潰滅させることができた（『八坂神社記録』上所収「社家記録」〈「祇園執行日記」〉応安四年七月二十一日・二十六日条、「花営三代記」同年七月二十二日・二十八日・八月十二日・十三日条、上掲二宮円阿軍忠状案写）。

この桃井勢鎮定によって、義将は斯波氏の幕府における立場を強化することが出来た。殊にこれは、管領細川頼之の弟頼基を主将とする河内南軍追討戦が、参加諸将の反感の結果思わしい戦果を挙げず、停頓していた最中であったから（第一編第四章第四節参照）、義将の北国における戦果はわけても目立つものであったに違いない。これと同時に二度にわたる義将自身の発向によって斯波氏が分国越中を確保した効果も、少なからざるものがあったと考えられる。

『八坂神社記録』上所収「社家記録」応安四年七月一日条に「自二玉堂殿（義将）一被レ下二少輔殿（斯波義種）一御状云」とあり、同書応安五年七月二十六日条に「玉堂殿御文二通（一通少輔殿、一通二宮入道）、又甲斐八郎（佐野教光）進二少輔殿一状一通在レ之」とあって、在京中の義将は弟義種を守護代として在国させ、二宮入道をして義種を輔佐させたことが知られる。この二宮入道は後述の二宮信濃入道であろう。そして某年卯月八日と応安四年（カ）七月十七日に、義将は祇園社領越中国堀江庄内村々半済下地の渡付を督励する書状を義種に宛てて下しているように（「建内文書」一二）、義種を通じて遵行を実施している。また、この書状によって、前述の応安元年八月六日幕府御教書案にいう「軍勢等妨」とは守護段階で実施した半済であることが推定される。

この堀江庄に関する義将の措置を通観すると、まず彼は間もなく祇園社執行顕詮の再三の申入を承諾して、上記の義種宛七月十七日付書状を認めており（「社家記録」同月十日・十六日・十七日条）、幕府御教書を楯とした寺社本所側の要求に従う態度を一応示しているが、事実上は翌応安五年十月三十日条に「一、参二将軍（義満）一、名々見参、堀江事不二道行一、可レ為二何様一哉之由申之処」とあるように遵行は実行されなかった。それ許りでなく、同年十一月一日条に「僧都来、堀江村々甲斐八郎（教光）ニ可二契約一由事、可二申談一云々」とあって、義将は堀江庄内村々を在京被官甲斐八郎の請所として実質支配を強化しようと画策しており、且つ、同月十一日条に「一、堀江南方大力年貢、サイフ（割符）一十貫以二土肥状一上レ之、代官安田房彼状持来、今年事、北堀江、高柳輩者一円管領、大力半済同領知之上、南方幷両度上洛間、年貢無二正躰一云々」とある如く、在地では国人等による寺社本所領侵害が急速に進行しつつあったのである。

なお義将が永和二年（一三七六）五月伊予守すなわち義種に対して、内裏蔵人所燈爐供御人越中国野市金屋鋳物師等の訴を容れて「彼職者被レ停二止諸国守護地頭預所等煩一、勤二仕　勅役一之条、勅裁幷武家御下知施行等分明之処、於レ国二宮入道宛二課公事一之旨歎申候」とてその煩を止めさせており（「東寺百合文書」ゐ永和二年五月十四日付斯波義将書状案）、二宮入道が分国内における公事課役を賦課していることが判る。また遵行の実施については、永和元年十二月二日同国三田社地頭職四分壱の進士自成への下地渡付を命じた斯波義種の遵行状が長田弾正蔵人に宛てられ（「猪熊信男氏所蔵文書」）、且つ由宇又次郎に宛てた同月十二日付の全く同文の遵行状写が存在する（「松雲公採集遺編類纂」一一五「越中国御田神社文書」）。また永和二年七月十一日右の燈爐供御人への公事賦課停止を伝達した某姓左衛門尉宗直の遵行状は、射水郡の分は由宇又次郎に、都波（礪波）郡の分は二宮信濃入道に宛てられており（「松雲公採集遺編類纂」一四一「東寺伝来鋳物師文書」）、同年十一月四日の三田社の渡残等の渡付は由宇又次郎に宛てられている（「猪熊信男氏所蔵文書」）。このように上述の二宮円阿の一族二宮信濃入道某、由宇新左衛門尉の一族由宇又次郎、および長田弾正蔵人なる者が、守護代義種の下で分国越中の支配を分担していたのである。分担の職掌区分については、燈爐供御人の公事の例は射水郡が由宇、礪波郡が二宮という地域区分を示している。三田社の遵行の例も、射水郡と某郡とに渡付すべき下地が跨っているため、由宇と長田との両人にそれぞれ実施命令を下したのではあるまいか。これらの郡単位の分担者が、郡奉行・郡代・郡司などのいかなる名称で呼ばれたかは不明である。[5] しかし、義将が再度にわたり桃井勢鎮定のため下国しただけでなく、弟義種を守護代として越中に在国させ、被官二宮・由宇・長田等をその下に配属して郡単位の支配に当らせるという方法を採用したことは注目すべきであって、これは前に考察した高経の在京守護代と在国守護代とを介した間接的な分国支配に比して、遙かに組織的な分国の直接支配形態であったことは間違いない。おそらく貞治五年政変以後一年間の幕府軍包囲下の越前在陣と再度の越中出陣の体験が、義将をして分国支配強化の必要性を覚らせたのであろう。

二　細川頼之追放と義将の管領就任

以上のようにして義将は分国越中支配を強化したのであるが、永和三年（一三七七）六月この分国で起った紛争は義将と管領細川頼之との対立露呈へと展開した。この事件については第一編第四章第四節にも少しく触れたが、事件を伝える「後愚昧記」同年七月十三日条は次の通りである。「又聞、去月於二越中国一、国人与二守護代一合戦、国人等多被二討取一了、守護方乗レ勝之間、国人等被二討漏一之輩、逃二籠武蔵守所領太田庄一之処、守護勢寄来而、猶討二殺余党輩一、又焼二払庄内一了、仍武蔵守含二忿怒一、与二守護代一為二合戦一、下二遣篠本太田庄代官一了云々、篠本先下二着飛驒国一、相二催軍勢一、可レ越二越中一云々、依二此確執一、可レ及二天下重事一之旨有二巷説等一云々」。守護代斯波義種と国人等の合戦の原因は不明であるが、嘗て桃井氏に従属した国人等の中には斯波氏の支配強化に対する不満が蟠っていて、遂に叛乱を惹起したものと見える。しかし守護代追討の手を脱れた余党が細川頼之の所領太田庄に逃れ、斯波勢が庄内に入って鎮圧したため、事件は予期せぬ方向へと拡大する兆を現したのである。

これ以前には義将・頼之両者の直接の対立は伝えられていないが、斯波与党と目される土岐氏・山名氏等と細川氏との反目は早くから見られるし（第一編第四章参照）、斯波氏が越中一国守護に止まり、多年培った旧分国越前を返付されなかったのは、頼之が斯波氏の勢力回復を警戒したためであろうから、細川・斯波両氏の隠然たる対立は周知の事実であったに違いない。それゆえ、越中国人の叛乱の背後に頼之の工作があったとはいえないまでも、国人余党の太田庄への逃竄は細川方の庇護を受けて討伐を免れようとしたものに相違ないし、斯波勢力の討伐強行と頼之の派兵は、何れも前々から両氏の対立が存在したために事件が拡大・激化の途を辿ったことを示している。

越中の在地での事件はこれ以上は激化しないで収まった模様であるが、京都では八月七日の払暁四条の南から六条辺にかけて大火があると、「未レ聞二慥説一、今夜焼亡以前、下辺鼓動、軍兵等馳走云々」（『後愚昧記』同日条）という風聞が立ち、翌八日にも「今夜又可レ有二騒乱一之由風聞云々、人々推量分ハ、依二越中合戦一、武蔵守（細川頼之）与二越中守護（斯波義将）故大夫入道子（高経）一向背之義也、両方大名等可二見継一之間、可レ及二天下珍事一云々」（同書同日条）と、頼之・義将の対立が大乱に及ぶであろうとする風説が流れた。これは単なる風説に止まったが、翌永和四年十二月、細川頼基を主将とした紀伊南軍追討戦で幕府軍が敗退し、代って将軍義満の派した山名義理・氏清兄弟等が翌永和五年（三月康暦と改元）二月勝利を収め（『愚管記』「後愚昧記」「花営三代記」等）、管領細川頼之の威信が完全に失墜するに及んで、頼之排斥運動は遂に具体化し、その中で義将の行動も明らかになる。

その顛末は凡そ次の如くである。義満は興福寺衆徒の要請により大和国民十市遠康追討のため正月六日土岐頼康を派し、次いで二月十一日、義将・吉見氏頼・一色範光・富樫昌家・赤松義則・土岐康行・佐々木六角勢等を大和に進発させたが（『花営三代記』同日条、『東金堂細々要記』）、同月二十日幕府周辺に軍勢が集まり、諸大名が頼之退治を計ったので頼之は四国に逃れようとして義満の慰留を受けた（『後愚昧記』同日条、『迎陽記』同日条）。義満は美濃に下国した土岐頼康の陰謀露顕と称して二十二日土岐誅罰を発令するとともに、南都発向の軍勢を召還した。義将は召還に応ぜず近江路へ向ったので、義満は越中守護職を畠山基国に改替したが、義将が二十四日入京すると義満は義将を赦免して対面を許した（『愚管記』同月二十二日・二十三日・二十四日条、『迎陽記』二十二日・二十三日・二十五日条、『花営三代記』二十日・二十二日・二十四日条）。

ここに土岐頼康は孤立した如くであるが、京極高秀が東国近江の甲良庄で挙兵して頼康に呼応したため、義満は頼康のほかに高秀をも追討することとして赤松・山名・富樫等を進発させ、六角亀寿丸(のち満高)の軍勢は三月初め甲良庄に押寄せ、高秀は美濃に逃れて頼康と合流した(「後愚昧記」二月二十七日条・三月七日条等)。しかし、やがて土岐・京極追討は中止されることとなり、義満は三月十八日頼康を赦免し(「後愚昧記」三月十九日条、「迎陽記」同日条、「花営三代記」三月十八日条)、高秀の歌道の師でもある前関白准后二条良基の口入によって四月十三日高秀の赦免も行われた(「花営三代記」同日条)。この土岐・京極の赦免は当然義将を始めとする反頼之派諸大名の運動の奏効した結果に相違なく、それは同時に彼らの勝利というべきであった。赦免を受けた土岐・京極両氏の一族は次々と帰京したが、閏四月十三日高秀が入京すると、翌十四日、当の高秀を交えた諸大名は一斉に花の御所を包囲して頼之の追放を義満に強要し、義満はこれを容れて頼之に京都退去を命じ、頼之は即日一族・被官三百余騎とともに京都を退去して四国に下った(「後愚昧記」閏四月十四日条、『愚管記』同日条、「花営三代記」同月十三日条・十四日条)。

これらの経過によって、頼之排撃の烽火を上げたのは土岐頼康であり、続く義満の土岐追討や義将の分国召上げは頼之の進言によるものであるが、義将の帰京、赦免と京極高秀の挙兵によって頼之の計画は破れ、土岐・京極の相次ぐ赦免の結果頼之は失脚に追込まれたことが知られ、したがってこの土岐・京極復帰、頼之追放の実現の蔭には当然義将の画策が大きく働いていたと推定される。但しそもそも紀伊南軍追討に山名兄弟を起用したのは将軍義満であり、さらに義将の赦免を行ったのも、土岐・京極の赦免という決断を下したのも義満自身であることは注目に価する。

かくて、頼之追放より十四日を経た同月二十八日、義満は義将に管領就任を命じ、義将は一応辞退の後、翌五月三日これを領承し、ここにいよいよ義将は将軍義満を補佐する幕閣の首班に上ったのである(『愚管記』同年閏四月二十八日条、「花営三代記」同日条、「後愚昧記」同年五月三日条)。一門守護中でも最高の家格と前執事としての経歴、加えて頼之追放に至るまでの行動によっても、義将の新管領選任は当然の措置であるが、それが義将による義満への強圧の結果というよりも、むしろ有力諸将の輿望を担った義将への義満の下命という色彩が濃いことは、これ以後の幕府政治の性格を考察するためにも看過しえないと思われる。

三　第一次管領在任時の職権活動

義将の第一次の管領在任は康暦元年五月から明徳二年（一三九一）二月に至るまで十二年余に及んでいる。先ずこの間の将軍義満および管領義将の発給文書を、第一編第四章に掲げた管領細川頼之時代のそれと同様に事項別、年代別に分類して両者の職権区分を比較検討する素材とする。

現在までに蒐録しえた当時の義将の発給文書三百四十七通（案文・写を含む）を表示したのが第11表である。(6) 先ず様式の上からは、書状十一通、書下二通、証判四通、奉書三百三十通で、大多数が奉書である。奉書は、管領施行状三十九通、幕府下知状四通以外は幕府御教書であり、発給文書の大部分を幕府御教書が占めることは細川頼之の場合と共通する。

この時期の義将の書状には、表示のように感状、守護職に関する通達、御内書の添状、寺領の安堵、寺領寄進の施行、濫妨停止を命じたもの、課役催促停止を命じたもの、および贈物の礼状がある。書状による感褒二通はともに信濃の有力国人諏訪・市河両氏宛であるが、後述の如く義将は当時信濃守護を兼ねており、守護の権限で発給したことが明らかである。ことに嘉慶二年は五月以来同国の元守護小笠原長基以下の激しい反乱に直面して在国の斯波方将士は苦戦を重ねていた際であったので、特に味方の雄族諏訪氏・市河氏等には書下でなく書状を送って彼等を尊重し、協力を要請する態度を表明したものと推測される。

守護の職権に関する通達の一通は康暦元年七月八日、河野通直を伊予守護に補した義満袖判の補任状に付した同日付の同人宛添状である（「諸家文書纂」所載「河野文書」）。多年細川頼之に抗して南朝方に属していた河野通直が頼之の失脚を聞くや幕府方に帰参したので、幕府はこの伊予守護職補任を行ったものであり、やがて同年九月五日義満は頼之誅罰

第11表　管領斯波義将発給文書一覧（自康暦元年五月至明徳二年二月）○＝証判、（　）＝書状、〔　〕＝書下

事項／年次	軍事統率・栄誉付与等				所領諸職ノ付与・認定等				祈禱関係	寺社ノ権益付与・規制等															
	軍勢催促	豪族ヲ赦免セル旨ノ通告	造営用材ノ海上警固	感褒	守護ノ職権等ニ関スル通達	所領諸職等預置	料所安堵	損亡承認・公事軽減	祈禱要請	義満ノ御内書（寺院返進）ノ添状	座主未補ノ間ノ沙汰仰付	祈願寺ノ指定	寺院法式ノ認定	寺社諸職安堵	寺社領安堵	料所附与・預置	寺領相博ノ安堵	境内地検断権安堵	境内地ノ奉行ノ統轄	寺社・寺社領ノ違乱停止	社役勤仕ノ督励	寺塔造立勧進ノ証判	寄進状・安堵状等ノ案文認定	寺領年貢注文ノ証判	棟別・積銭ノ徴収認定
康暦元	1				(1)					(1)														①	
二	1			1		1									1	1	1								
永徳元													1		2								1		
二		1			1	1									①					1					
三				1								1			1										
至徳元	2					2																			
二					1	1			1						1	1		1	1						
三															(1)					1					1
嘉慶元	2		1	(2)										1	1					1	1	①		①	
二				1							1			1	2										1
康応元								1							2										
明徳元	3			1			1														1				
二																									
小計	9	1	1	4 (2)	2 (1)	5	1	1	1	(1)	1	1	1	2	10 ① (1)	2	1	1	1	3	2	①	1	②	2
総計	9	1	1	6	3	5	1	1	1	1	1	1	1	2	12	2	1	1	1	3	2	1	1	2	2

総計	計	関所等宛	関東管領・鎮西管領・守護・使節・守護代宛遵行命令																				裁決ノ通達		
		年貢米・造営用材ノ津関勘過	年貢米・造営用材ノ津関勘過	役夫工米譴責停止	課役免除・譴責停止	棟別徴収ノ督励	課役勤仕ノ督励	造営要脚棟別ノ徴収	段銭徴収ノ使節仰付	関銭徴収ノ妨害停止・糺明	譴責セル米銭ノ糺返	本堂・本尊等ノ返付	高麗ヲ侵ス悪党(倭寇)ノ停止	使者・被官ノ乱入停止	年貢違乱ノ停止	半済停止・下地渡付	狼藉停止・注進	下地渡付ノ督励	濫妨停止・下地渡付	競望停止・所領等保全	所領返付・料所預置等ノ遵行	宛行・寄進・安堵等ノ施行	訴訟棄捐・権益保証	贈物ノ答謝	公事課役ノ免除・催促停止
23	17 〔2〕 (3) ①	1	1								2				1	1		〔2〕 1	5			4			(1)
33	33			5				1								6	1		8			4			2
25	25				1	1							1			4			11			2	1		
23	20 (2) ①	1	2	2	(1) 2			1		1									5		1	(1)			1
17	17															2		1	10						1
33	32 (1)	2			2		1									1	3		12	1	1	4		(1)	1
32	32	2										1				2			14		1	4	1		
21	20 (1)				1			3				1			1		1		9			1	1		
46	41 (3) ②			1	3				2	1					1	1		(1)	18		2	5			
30	30				1									1	1	1	2	1	13			4			
27	27				2									2	1				16		1	1			1
35	34 (1)				1		1		1							1			12 (1)	3		8			1
2	2																		1			1			
	328 ④ 〔2〕 (11)	6	3	8	13 (1)	1	2	5	3	2	2	2	1	3	5	19	7	3 〔2〕 (1)	134 (1)	4	6	38 (1)	3	(1)	7 (1)
347		6	3	8	14	1	2	5	3	2	2	2	1	3	5	19	7	6	135	4	6	39	3	1	8

を通直に命ずるに至る（「長州河野文書」「花営三代記」）。このような重要な局面に際しての守護職補任であるため、義将が添状を付して特に通直に期待する意を表したものに違いない。今一通備中国新見庄領家職の事を守護人に施行した旨を告げて扶持を要請した「明徳元」（一三九〇）の付年号のある八月二十八日付の書状案がある。現存する案文は宛所を逸しているが、「被レ遣二武州禅門一御内書案」という端書があり、細川頼之宛であったことが知られる。且つ備中守護渋河満頼に宛てて同庄領家職に対する多治部備中四郎次郎の押妨の停止を命じた同日付の義将の奉じた幕府御教書案が存在する（以上、『東寺文書』之五「東寺百合文書」る一三、最勝光院方評定引付）。頼之は夙に義満から赦免を受けたのみならず、明徳元年三月以来備後守護に補任されるとともに山名時熈の追討を命ぜられて中国地方に発向していたので（『細川家文書』中世篇一号　三月十六日付細川頼之自筆書状、「美吉文書」康応二年（明徳元年）三月十八日付将軍家義満軍勢催促状等）、備中所在荘園における遵行の実効力を収めるため頼之に協力を要請したものと思われる。

他方、康暦元年十一月二十四日東福寺を九条家に返進する旨を大閤九条経教に啓達せられたしとする僧禄春屋妙葩宛の義満の御内書に付した「侍者御中」宛の同月二十七日付の添状がある（『九条家文書』一、二六号(2)）。九条経教ならびに妙葩の身分に鑑て義将が添状を認めたものと判断される。次に「至徳三」の付箋のある十一月七日付円勝寺侍者御中宛の書状で、摂津掃部頭入道（能直）跡の安堵が落居したが、中陰のため御判を下され難いので、日数が過ぎれば早速奉行に仰せ合すという旨を告げたものがある（「美吉文書」二）。至徳三年十月二十九日と十一月二十五日に御判御教書が出されているので（『小早川家文書』之二、『毛利家文書』之四、『萩藩閥閲録』八—二）、付箋の年号は誤っているかも知れないが、ともあれ義満が喪中のため特に義将の書状を以て所領安堵の決定を通達したものである。また関東管領上杉憲方に宛てた永徳二年と推定される八月四日付書状があり、これは常陸南郡内の小河常陸前司（益戸篤政）跡を円覚寺ならびに正続院に寄附するよう義満から氏満宛の御書が出された旨を告げて、申沙汰を依頼したものである（『鎌倉市史』史料編第二「円覚寺文書」二五九号）。これは内容は施行であるが、鎌倉府の権限を尊重して御内書の添状の形を採っている。なお北野社領西京の酒麹役催促停止の旨も竹内大僧都宛の書状で発せられている（『北野天満宮史料』古文書）。管見に触れる義将の書状は、このように、何れも管領または守護としての職権活動に伴う公的な意味を有するものであるが、送付相手の地位を尊重した場合、または通達内容が重要性ないし特殊性を帯びる場合に用いられており、第一編第四章に述べた管領頼之の書状の性格と概ね共通するといえよう。

書下二通は康暦元年十一月十日、細河安芸太郎宛に祇園社領越中国堀江庄領家方内本庄西・開発両村の遵行を命じたもの（『八坂神社文書』下一六四三号）と、同年同月二十一日、同人宛に本郷昭覚の所領越中国米田保地頭職の遵行を命じたもの（「本郷文書」一）であって、前者には「度々被レ仰之処、于レ今不二事行一云々」、後者には「先度遵行之処、未二事行一云々」という文言が見られ、共に越中守護の資格で守護代に下した遵行命令である。当時の義将の越中守護としての遵行命令はこれより先同年六月十五日斯波義種に下した「石清水八幡宮領越中国蟹谷庄事、任二去五月廿八日御教書旨一、可レ打二渡下地於雑掌一之状如レ件」という遵行状の案文があり、文面にある御教書即ち同庄の押領人を退けて雑掌に渡付すべき旨を義将（左衛門佐）に命じた将軍義満の御判御教書案も存在する（「加能越古文叢」一九）。事例が僅少なので確言はできないとしても、初度の遵行には正規の遵行状を用い、重施行には書下を以てしたものの如くである。

義将が証判を施した文書四通は、康暦元年十月日付の山城国内鹿王院和尚知行分所領注進状の奥に「惣而被レ成二安堵一上、就二目録一加署矣」として署判を加えたもの（「鹿王院文書」）、永徳二年十二月十五日付の「普明国師管領寺院事」と題する宝幢寺・鹿王院以下の寺院と寺領の目録に、義満の外題安堵とともに義将の裏判を施したもの（同上）、至徳四年五月義堂周信の識した円覚寺黄梅院華厳塔再建の勧進状に、「証明」として義満・氏満とともに義将が花押を据えたもの（「黄梅院文書」）、同年六月天龍寺土貢注文一巻に奥書と証判を加えたもの（「天龍寺文書」）である。この四通の内康暦元年十月の所領注進状は本文の末尾に「右彼所々者、依二公券一当知行雖レ無二相違一、重被レ成二下御判一、為レ備二将来亀鑑一、以注進如レ件」とあり、寺院側よりの依頼に応えた証判であることが判る。他の三通も同様であろう。

第12表　足利義満発給文書一覧（自康暦元年閏四月十五日至明徳二年三月十二日）○＝証判、（　）＝御内書・請文・諷誦文

事項／年次	軍事・栄誉		所領諸職ノ付与・認定等								皇室・公卿宛ノ認定等						祈禱関係				等			
	軍勢催促	感褒	守護職補任	守護職等安堵	守護職ニ対スル綺ノ停止	所領諸職宛行	所領返付	地頭職預置	所領諸職安堵	所領ノ守護不入	皇室ニ敷地寄付	家領・寺領ノ返進・渡付	家領安堵	遵行督励ノ約束	寺庵寄付ノ院宣ノ請文	寺院奉行ノ別当ヲ要請	願文	諷誦文	祈禱ノ要請	参詣延引ノ通告	寺院相続ノ綸旨伝達	寺院返進ノ報告	寺院建立ノ開山ヲ要請	寺格ノ付与
康暦元	1	1	2	① 1		2		1	4	1		1				(1)	1		2			(1)		
二	1	2		2	1				6								1						(1)	1
永徳元					1		1		① 3					(2)					1		(1)			
二									2															
三									5															
至徳元									1															
二	1					1			3								1							(1)
三									6															
嘉慶元									4									(1)						
二						1			3															
康応元									6		1		1											1
明徳元	1	1				3			7			(1)			(1)				2					
年未詳	(1)	(1)																		(1)				
計	4 (1)	4 (1)	2	3 ①	2	7	1	1	50 ①	1	1	1 (1)	1	(2)	(1)	(1)	3	(1)	5	(1)	(1)	(1)	(1)	2 (1)
総計	5	5	2	4	2	7	1	1	51	1	1	2	1	2	1	1	3	1	5	1	1	1	1	3

総計	計	鎌倉御所・鎮西管領・守護宛遵行命									裁許	寺社ノ諸権益ノ付与・認定											
		造営要脚ノ賦課	造営用材ノ徴納	指示セル事項ノ実施	私戦防止ノ遵行	忠節ノ仁ノ訴訟ニツキ指示	寺院乱入狼藉ノ注進	社領ノ神用保全	濫妨停止等ノ下地渡付	宛行・寄進地ノ渡付	所務相論ノ裁決	寺社領ノ諸役免除	寺塔建立勧進ノ証判	寺領年貢注文ノ証判	寺院諸職等ノ訴状ノ証判	寺社領押妨等ノ停止	寺社領安堵	料所預置	寺社領寄進	寺社諸職等ノ安堵	罪科ノ神主ノ罷免	寺社諸職ノ補任	規式・事書遵守ノ督励
35	29②(4)					1			2	3	1				①		(1) 1	1		(1) 2		1	
17	16 (1)																		2				
19	13①(5)						(1)		(1)		1						2		3	1			
10	7①(2)	1						(1)	(1)			1				1	① 2						
9	9																2		1				1
6	5 (1)								1								1			2 (1)			
19	17 (2)										1					2	6 (1)		1	1			
15	15										2	1				1	4		1				
12	11 (1)										1	1				1	1		3				
15	12③											1	①	②		1	3		1			2	
15	15																4		1		1		
30	27 (3)								1 (1)		2	2					3		2	1		2	
9	(9)		(1)	(1)	(1)				(2)								(1)						
	174 (28) ⑦	1	(1)	(1)	(1)	1	(1)	(1)	4 (5)	3	8	6	①	②	①	6	29 (3) ①	1	15	7 (2)	1	5	1
211		1	1	1	1	1	1	1	9	3	8	6	1	2	1	6	33	1	15	9	1	5	1

以上の書状・書下・証判以外の三百二十二通の奉書形式の発給文書の所見は、管領としての職権活動に基づく管領施行状・幕府下知状・幕府御教書である。施行状は義満の宛行・寄進・安堵等に基づくもので、大部分は守護・使節宛であるが、住持宛のものも一通管見に触れる（「海蔵院文書」）。幕府下知状は社領奉行職安堵（『八坂神社文書』下、一四〇一号）、寺院敷地の一円進止（「金蓮寺文書」）、社領田地の課役停止（「東寺百合文書」テ）、寺院造営用材の勘過（『南禅寺文書』上、八三号）を内容とする。また発給文書の大多数を占める幕府御教書は、表示の如く軍事統率、栄誉付与、所領諸職の付与・認定、祈禱要請、寺社の諸権益の付与・認定・規制、所務相論関係の通達、関東管領・鎮西管領・守護・使節宛の遵行命令、関所宛の過所等の諸項目にわたる。それゆえ一見した所では第一編第四章に述べた細川頼之の管領在任時代の前半における管領の職権活動と類似し（同章、第4表A参照）、将軍義満の職権活動開始によって一旦限定された管領の権限が、康暦の政変とともに再び増大したかの如くである。

しかしながら将軍の権限をすべて代行した頼之の前半期とは異なって、義将の第一次管領在任時には、義満の署判文書が多数存在することを看過できない。康暦元年の政変当日の同年閏四月十五日から斯波義将が一旦管領を辞す明徳二年三月までの間に、将軍義満の発給文書は二百十一通ほど管見に触れる。これを事項別・年次別に整理して表示すると第12表のようになる。(7)

以上の内、請文の所見一通は「明徳元」の付箋のある七月八日付で、退蔵庵御寄附の院宣を拝領した旨後小松院に奉答したものである（「前田家所蔵文書」編年雑纂）。次に御内書は公卿の管領する寺院に関する要請や家領等に関する通知であり、当該公卿に対する儀礼上、御内書を以てしたものに相違ない。但し、公卿宛には康応元年六月二十七日付の山科新中納言（教言）宛に山科御影堂領美濃国尼寺庄内得満・久得郷の一円知行を認めた御判御教書も見られるが、これは当時義満が既に前左大臣なので、御内書を以てする必要がなかったためと思われる。しかし「明徳元」の付年号のある卯月十六日付の右大臣久我具通宛に家領河内国大和田庄の渡進を報じたものは御内書であり、相応の礼儀が守られている（以上の典拠は註（7）参照）。他方、当時の義将には公卿宛の発給文書が見られず、このことも逆に義満の公卿宛御内書の役割を示しているといえよう。

僧侶に宛てた御内書には、康暦元年十一月二十四日東福寺を九条家に返付した旨の報知（『九条家文書』一、二六号(1)）、永徳元年四月三日嵯峨金剛院の門派相続を認めた綸旨の添状（「鹿王院文書」）、至徳元年後九月十六日、常在光院住持の安堵（同上）、至徳二年二月二十二日天龍寺領安堵の通達（「天龍寺重書目録」甲）、至徳二年十月二十三日宝幢寺を十刹とした旨の通達などがある。これらは何れも春屋妙葩またはその侍者宛であって、普明国師の国師号を賜った妙葩に対する儀礼として御内書を以てしたものと認められる。このように義満の寺僧宛御内書は直接妙葩に宛てたものを主とするのに対して、義将の寺僧宛書状は、前述した妙葩の侍者を宛所とする添状と円勝寺侍者宛の書状とを見るに過ぎず、義将の書状はいわば副次的機能を有する点に義満との明瞭な差異が認められる。

鎌倉御所・守護宛の御内書には、康暦元年と推定される五月三日付の鎌倉御所氏満に宛てた寄進地渡付の要請(8)（『鎌倉市史』史料編第三「黄梅院文書」二五号）、永徳二年十月十九日伊勢守護土岐頼康に宛てた理性院僧正領同国智積御厨の違乱停止の指示（「口宣綸旨院宣御教書案」）、明徳元年十月十四日同国守護仁木満長に宛てた右の智積御厨の遵行督促（同文書）、および永徳二年三月十日丹波守護山名氏清に宛てた北野社領榎並庄の神用保全の指示（「曼殊院文書」）の如き遵行命令がある。管領細川頼之時代の後半、遵行命令は原則として管領が発給し、特に将軍義満が下す場合は御内書を以てしたので（第一編第四章第三節）、康暦政変後も義満はこの原則から御内書を以て遵行を命じたとも見られる。しかしこの時期にはこの外に将軍義満の御判御教書を以てした遵行命令の所見が九通存在するので、管領義将の職権と対比しつつ後段に考察することとする。

義満の外題安堵・裏封を含む証判は、この時期に第12表の如く七通見られる。守護職以下の所帯譲状の裏封（『上杉家文書』之一、四五号）、所領安堵の申状の袖判（「佐渡志」官員）、住持職以下に関する訴状の証判（『東福寺文書』之一、五五号）、寺領目録の外題安堵（「鹿王院文書」）、寺塔造立勧進の証判（「黄梅院文書」三二号）、寺領土貢注文の袖判（「天龍寺文書」）、寺領年貢勘落注文の証判（「南禅寺文書」）がそれであり、ともに当該武士または寺院よりの申請に基づく証明に違いない。

ところで、これらの御内書・証判等を除いた義満の発給文書は百七十一通の所見があり、その内容は軍事統率、栄誉付与、所領諸職の付与・認定、祈禱関係、寺社の権益の付与・認定・規制、所務関係、鎌倉御所・鎮西管領・守護等に対する遵行命令の各種に亙り、管領斯波義将の発給文書の内容とかなり重複している。それでは両者の間には如何なる権限区分が存在したのであろうか。

先ず軍事統率・感褒関係では、軍勢催促状と感状を義満と義将の両人が発給している。しかし当時の義満の軍勢催促状の所見は、河野通直宛一通、島津伊久宛二通、摂津能連宛一通であって、通直と伊久は守護、能連は将軍家直属の有力御家人である。また、軍勢催促に准ずべきものとして、康暦二年八月六日、伊予守護河野亀王丸（父通直討死の後を相続）に宛てた、地頭御家人・本所領預所沙汰人名主等に守護の催促に従い忠節を致すように相触れよという御判御教書がある（「予章記」、但し義満の花押を逸す）。一方管領義将の幕府御教書による軍勢催促の所見は薩摩・大隅両国の地頭御家人中に宛てて守護に属して軍忠を致すよう命じたものや、信濃の市河、美濃の鷲見、薩摩の渋谷、大隅の禰寝という有力国人層に宛てたもののみである（典拠は註（6）・（7）参照、以下同）。河野氏の一族河野伊豆前司に宛てて造営用材、海上警固を命じた幕府御教書、松田吉信に宛てた宮内彦次郎の支状を斥けて石清水八幡宮日使役を勤仕せしむべしという幕府御教書などもこれに准ずべきものといえる。したがって守護および直勤御家人に対する軍勢催促は義満自身が直接指令し、一般の武士に対するそれは管領頼之時代の後半と同様、管領の発給する幕府御教書を以てしたと判断される。

感状では、管領義将の奉じた幕府御教書は周布兼氏・小代重政・渋谷清敷・草苅備前守にそれぞれ宛てたものが見られる。これに対して義満の御感御教書も河野亀王丸宛、某人（断簡。或いは田原氏能か）宛、平子貞重宛のものがあって、軍勢催促状と異なり守護宛とは限らない。しかし義満の御感御教書の所見は康暦元年五月から康暦二年九月までの間に限られるのに対して、義将のそれは康暦二年七月以後に見出されるので、義満は康暦政変後一旦自身で御感御教書を発給したが、やがて再び感状発給を管領の主管事項に移したものと思われる。

守護・国人等に対する各種権益の付与・認定は、将軍家の支配権の根幹にかかわるだけに、大部分が義満の下文または御判御教書を以て発給されている。これは、第11表と第12表を対比しただけでも明らかである。就中、守護職の補任・安堵、所領諸職の宛行・安堵は悉く義満の御判を以て発給されていることは、管領頼之時代の後半と全く同様である。のみならず守護の被官人の所領を一括して安堵し、分国に対する他の介入を禁止し、直属御家人の所領に守護不入を認める等の守護宛の幕命が、何れも御判御教書を以て行われている事実は、守護の権限に関する裁定を管領の守護統率権から切離して将軍直裁下に置いたことを示しており、将軍義満の親裁権は康暦政変以前よりも強化されたと見るべきであろう。但し義将も上述の守護宛書状二通の外、永徳二年正月十七日関東管領上杉憲方に越後守護（憲方の子房方）を後見すべき旨を命じた幕府御教書（『上杉家文書』之一、一二三号の内）、至徳二年八月五日肥後守護阿蘇惟村に宛てて肥後南郡の輩に関する執中は鎮西管領今川了俊に委ねたことを告げた幕府御教書（『阿蘇文書』之一、二〇一号）を発給している。但し義将の発給した御教書の内容は所領諸職の基本的事項ではなく、あくまでも補助的事項に止まっている。

そのほか所領諸職に関する義将発給の幕府御教書は、第11表に見るように所領諸職の預置、料所の安堵、所領の損亡認定・公事軽減という三項目についてのみ見出される。これは管領頼之の後半期の幕府御教書中所領関係の所見が所領預置一通であったのと大差なく、将軍が自ら正規の所領諸職の宛行・安堵を実施するのに対して副次的な預置や料所安堵が管領の職権に属したことを示している。

祈禱に関する文書の所見も、石清水八幡宮と春日社に納めた義満の願文はすべて義満自身の署判を以てし、祈禱・護持の要請も大部分は御判御教書を以て行われ、義将の奉じた幕府御教書は僅か一通見られるに過ぎない。しかも義満署判のものが松尾社・醍醐寺・東寺という大社寺の神主・高僧に対するものであるのに対し、義将奉書のそれは妙顕寺宛であって、ここにも相手の格式による区別が認められよう。

寺社の権益に関する御教書等では、十刹の寺格の付与、寺内の法式の制定およびその遵守の督励、住持・師職等の補任・還補、本末関係の認定という幕府の基本的な寺社統制に関するもの、ならびに寺社領の寄進・一円知行認定のような寺社領存立の基本に関わるものは、すべて義満の御判をもって発給されている。これに対して管領義将は、寺格では祈願寺の指定、補任に類するものでは座主未補の間社内の沙汰を命ずるという臨時の措置、寄進に准ずるものとしては料所の付与というように、武士の所領諸職のそれと同様、いわば副次的ないし補助的な場合に幕府御教書を発給している。但し、規式の認定、寺僧・神官の諸職および寺社領の安堵、違乱の停止、公事課役の免除等については、御判御教書と幕府御教書とがともに存在し、両者の権限区分は必ずしも明確でない。それゆえ、管領細川頼之の後半期に管領の寺社の権益についての職権活動が閉籠・確執の規制以外には殆ど見られなかったのに比して、康暦政変後の管領斯波義将の寺社の権益に関する権限は明らかに増大している。そもそも頼之は、寺社就中五山叢林に対して直接統制の方針を主としていたのに対して、義将は寺社に対する宥和、就中春屋一派との協調と五山の間接支配の方策で知られている。(9) 義満はこのような義将の対寺社政策を是認し、義満自身の署判文書を以てした最も基本的な寺格付与・寺社諸職補任・寺社領寄進以外の大部分の寺社関係の職権活動については義将の関与を許したのである。

所務の相論については将軍義満と管領義将との権限区分は明確であり、義満は裁許状を発給して相論を親裁するのに対し、(10) 提訴を棄却して論人の所領所職に関する権益を保証する論人宛の通達には管領の奉じた幕府御教書が用いられている。このような幕府御教書は管領頼之後半期のものは見当らず、また全体に文書数が少ないので管領の権限の増大か否かは判定し難いとしても、所務の裁定について管領義将に副次的な機能が認められることは確実である。

遵行命令においては、第11表と第12表の当該項目を対比すれば明瞭な如く、義満の発給文書は僅少であって、大部分が管領義将署判の幕府御教書および管領施行状であり、遵行命令の発給は管領の職権事項に属するという管領頼之の後半期における職権区分が一応踏襲されている。しかしながら、頼之期においては管見に入った義満の遵行命令はいずれも御内書であったが、今度は御内書四通と将軍家御判御教書九通が見られるので、右の職権区分には多少なりとも厳密性が失われたといわざるをえない。但し、この九通中五通までは康暦元年政変直後の発給に係る。即ち(1)康暦元年閏四月二十三日付、今川了俊宛、阿蘇惟村の忠節によりその訴訟を沙汰すべき旨を命ず（『阿蘇文書』之二、一九八号）、(2)同五月二日付伊勢守護土岐頼康宛下文（宛行状）に基づく下地渡付の施行（『氏経日次略記』）、(3)同月六日付、近江守護佐々木亀寿宛、押妨停止・下地渡付の重施行（『美吉文書』二）、(4)同月九日付、同じく佐々木亀寿宛、寄進地渡付の施行（『石清水文書』之六、一五四号）、(5)同月二十八日付、越中守護斯波義将宛、押領停止・下地渡付の施行（『加能越古文叢』一九）である。前述のように義将が管領就任を受諾したのは同年五月三日であったが、『愚管記』同年六月二十五日条に「今日武家評定云々、新管領(義将)始申二行之一云々」とあって、義将の幕閣主宰による評定は六月二十五日が最初であった模様であり、事実その管領としての発給文書も同日付の佐々木亀寿宛施行状（『石清水文書』之六、六八号）を初見とする。それゆえ、管領細川頼之の罷免からこの評定開催までの間は、管領の職権事項をも直裁した義満が御判御教書を以て守護に遵行命令を下したものと判定され、前述の氏満宛同年五月三日付御内書も同様とみられる。

それ以後は、宛行・寄進等の守護宛の施行を御判御教書または御内書を以てした例は皆無となる。濫妨停止・下地渡付についての御判御教書はなお永徳元年七月十六日付の河内守護楠木正儀に宛てた同国大和田庄の遵行命令（『久我家文書』）および至徳元年九月十二日付の鎌倉御所氏満に宛てた醍醐寺領犬懸坊地の遵行命令（『醍醐寺文書』之四、六六七号(二)）のごときものが見られるが、前者には「今度大儀依レ異二于他一、以二各別儀一所レ仰也」とあって、特別の計らいであることを表しており、後者は、一般に遵行命令が「某寺雑掌申」云々とあるのと異なって「醍醐寺報恩院僧正(隆源)申」とあって、雑掌の申請でなく隆源の訴えにより義満が特別に直裁したものであり、宛所も管領奉書ならば関東管領宛であるべき処を鎌倉御所宛にしている。なお御内書を以てした同様の例は、理性院僧正領の遵行を命じた永徳二年十月十九日付・明徳元年十月十四日付（ともに前述）の二通であり、前者には「彼仁(宗助)事、別而抽二祈禱之懇誠一之間、殊難レ去儀候」とて別儀を以て遵行せよとあり、後者には「未レ被レ渡之由歎申候」とて早々遵行すべしとしており、この二通も義満が直接命ずるのが特別の計らいであることを明示している。このほか社家当知行地の神用保全を命じた永徳二年三月十日付御内書（前掲）、賦課による寺塔造営助成を命じた永徳二年五月七日付鎌倉御所氏満宛御判御教書（『鎌倉市史』史料編三「黄梅院文書」二三号）、寺院境内地境界の渡付を命じた侍所頭人赤松義則宛御判御教書（「若王子神社文書」）があり、これらは文面には格別の理由が記載されていないが、何れも一般の遵行命令とはやや内容を異にするものであり、その遵行内容の重要性ないし特殊性に鑑みて義満自ら遵行を命じた例と見てよいであろう。そうとすれば、康暦政変後も、何等かの特別の場合に限り将軍が直接遵行を命ずるという原則はあくまでも貫かれているというべきである。

一方、管見に触れた管領義将のこの時期の関東管領・守護等に下した遵行命令を内容とする幕府御教書・施行状は、第11表に見る如く、内容も多岐に亙るが、その文書数は合計二百七十二通が管見に入り、集録し得たこの時期の彼の発給文書全体の七九％を占める。それは当時の管領の職権活動の中で遵行命令の占める比重が、管領頼之時代のそれ（第一編第四章第4表A参照）に引続いて、極めて大きいことを物語っている。中でも遵行命令中の主要な項目をなす濫妨停止・下地渡付の遵行命令は百三十五通で遵行命令の半ばに上っている。このように遵行命令、わけても濫妨停止・半済停止のそれが多数に上ることは、国人層による寺社本所領、遠隔地所領の侵害が激しく、押妨停止等を求める本所等よりの訴訟の多いためであることは勿論であるが、幕府の訴訟制度上の理由としては引付奉書（引付頭人奉書）の停頓を要因と見ることが出来る。引付内談制は、「花営三代記」康暦元年八月二十五日条に吉良満貞（左兵衛佐入道）と畠山基国（右衛門佐）を頭人とする各一方の開催が記され、同書康暦二年三月二十九日条に、吉良満貞・一色範光（修理大夫入道）、仁木義尹（兵部大輔入道）、畠山基国・土岐頼康（大膳大夫入道）をそれぞれ頭人とする各一方が行われたことが記録されており、康暦政変後もなお有力一門・外様大名を頭人とする五方制引付内談の存続を確認しうる。けれどもこの時期の引付奉書は永徳元年五月十日付沙弥某奉書（安芸国造果保の押妨停止を両使に命じたもの、『小早川家文書』之二、小早川家証文五〇〇号）、永徳二年十二月二十五日付沙弥某奉書（遠江国原田庄内細谷郷年貢の預置停止、宛所脱「東寺百合文書」ヤ一―三五）、至徳二年十二月二十六日付左衛門（マヽ）某奉書写（祇園社燈油料所姉小路室町の地の押妨停止を侍所頭人土岐満員に命じたもの「八坂神社文書」四。なおこの奉書写の花押は斯波義将のそれとは全く異なり、幕府御教書でないことが明瞭）の三例を見るに過ぎない。管領頼之時代の末期に始まる引付奉書の停頓は、管領義将時代にいよいよ明瞭となり、濫妨停止等の遵行命令は殆ど管領の専掌事項となったことは疑いない。なお管領頼之時代以来やや盛んになった幕府奉行人層の活動についても、義将第一次管領期の状況を瞥見すべきであろう。この時期の管見に触れた幕府奉行人の発給文書は、次の第13表の如くである。(11)

奉行人発給文書十六通の中、寺領目録を証明した裏封が一通で、他の大部分は奉書であり、管領細川頼之在任時代のような奉行人の有力国人宛書状は見られず、内容の事項も頼之時代より少ない。但し段銭譴責停止が奉行人奉書の大部分を占め、これは奉行人の発給文書としてほぼ定着した感がある。

奉書発給のほかにも奉行人の活動として、(1)康暦元年十一月二十二日、幕府は南都に六ヵ国の守護を発向させるとともに斎藤基兼・安威詮有を両使として遣わしたこと（「迎陽記」同日条）、(2)同年九月二十六日、諸国大嘗会米の事につき基秀法師・円秀の両名が幕府の使者として朝廷に参向したこと（『九条家文書』二、四三六(3)室町幕府使者申詞案）、(3)至徳元年五月二日、幕府御教書を以て斎藤因幡守・飯尾左衛門大夫（為清ヵ）の両人を祇園社長日神供料所近江国成安保領家職等に対する山中入道以下の押妨停止の使節として発遣したこと（『八坂神社記録』下所収「祇園社記」御神領部第四、同日付幕府御

第13表　幕府奉行人発給文書一覧（自康暦元年五月至明徳二年三月）

事項＼年次		康暦元	二	永徳元	二	三	至徳元	二	三	嘉慶元	二	康応元	明徳元	年未詳	計
寺領関係	寺領目録の裏封					1									1
遵行関係	役夫工米譴責停止												1		1
	段銭・地口譴責停止	1	5	1	2	1			1		1	1		1	14
計		1	5	1	2	2			1		1	1	1	1	16

教書案）等の事例があり、幕府奉行人衆の各方面への使節としての活動が見られる。このような幕府奉行人の活動も、管領頼之時代と概ね共通の傾向であるといえる。

以上の斯波義将第一次管領在任期間における義将自身ならびに将軍義満、さらに幕府奉行人の発給文書等の分析結果を要約すると、先ず将軍と管領との権限区分は次の如くである。将軍は守護に対する軍勢催促、守護職以下の諸職補任、武士に対する所領宛行・安堵、寺社に対する格式付与・寺社領寄進、ならびに所務相論の裁決など、幕府の統治権の中核をなす諸権限を直接掌握しており、管領は遵行命令の発給以下、将軍の諸権限を補助する行政的諸活動を主要な任務としたのであり、管領細川頼之時代の後半における将軍・管領間の権限区分をほぼ踏襲している。但し、守護統率および遵行命令については将軍の権限がやや強化される一方、寺社の諸権益については、管領の権限の増大が認められる。また引付頭人の奉書発給が途絶に近い状態になったのに引換え、管領の遵行命令が頼之時代よりも多くの所見を得ることを指摘しうる。なお頼之時代以来顕著になった幕府奉行人衆の職権活動が引続き行われ、特に段銭譴責停止の奉書発給が奉行人の職掌となっていることも注目に価しよう。要するに応安六年を境として成立した幕府管領制の機能は、康暦の政変による斯波義将の管領就任によっても根本的な改変を見ず、部分的な修正が施されつつ存続したと認められるのである。

註

（1）斯波氏追討の軍勢を、「吉田家日次記」貞治五年九月三日条に「今日予（吉田兼煕）向二武家一、伝聞、道朝禅門打手事、山名中務大輔（氏冬）、幷六角判官入道被二差下一、又被レ仰二土岐大膳大夫入道（頼康）一、被レ向二美濃国軍勢一、又被レ仰二能登国守護吉見（氏頼）一、同被レ向二彼軍勢一云々」と山名・六角・土岐・吉見の軍勢を記すのが最も確実な討手についての記録であるが、「神木御動座度々大乱類聚」には「伐手、山名左京大夫入道（権脱カ、時氏）、佐々木大夫判官入道（氏頼）、心省（今川範国）等罷向云々」とあり、『太平記』（流布本）には「将軍、サラハ討手ヲ下セトテ、畠山尾張守義深、山名中務大輔、佐々木治部大輔高秀（京極）、土岐左馬助（義行、後康行）、佐々木判官入道崇永（氏頼）舎弟山内判官入道崇誉（信詮）、赤松大夫判官（光範）、同兵庫助範顕、能登・加賀・若狭・越前・美濃・近江ノ国勢相トモニ七千余騎、同年十月ヨリ、二ノ城（杣山城、栗屋城）ヲ囲テ、日夜朝暮ニ攻ケレトモ、此城落サルヘシトモ見ヘサリケリ」とあって、畠山・今川・京極・赤松の諸氏も派兵した如くである。中でも畠山義深は、同年十一月を初見として越前国内に関する将軍義詮の遵行命令を受けており、斯波義将に代って同国守護に補せられたことが確実なので（『鎌倉市史』史料編第二「円覚寺文書」一八五号、貞治五年十一月十四日付将軍家義詮御教書案、筑波大学所蔵「北野神社文書」同月二十四日付将軍家義詮御判御教書、等。佐藤進一氏『室町幕府守護制度の研究』上、二三〇・二三一頁）、斯波氏追討の責任を負ったものと推定される。

（2）佐藤進一氏前掲書二五八頁参照。

（3）これより先、桃井直信の越中守護在職の徴証が現れる（「越中古文抄」所載貞治六年二月五日付桃井修理大夫（直信）宛将軍家義詮御判御教書案）のに続いて、同年四月の鎌倉御所基氏の逝去を機に桃井直常は出家し、次いで関東から上洛しており（『師守記』同年五月二十六日条頭書）、直常が先に基氏の庇護下に在ったことは確かである。そして直常が越中に出奔するのに先立って関東管領上杉憲顕は鎌倉御所氏満の名代として義満の家督相続祝賀のため上洛し、応安元年二月八日義満に謁し（「喜連川判鑑」）、武州平一揆蜂起の報を聞いて同年三月二十八日京都を発って鎌倉に帰っている（「鹿苑寺文書」、卯月十日付春屋妙葩書状）。即ち直常が出奔した時は憲顕の在京中であり、或いは頼之と憲顕の間にも桃井兄弟を庇護しないという了解が成立したのではあるまいか。

（4）直和は『尊卑分脈』等の系図は直常の子に系けるが、「花営三代記」応安三年三月五日条には「桃井右馬助直和（桃井播磨入道孫子）」とあり、嫡孫かとも思われる。しかし直常の子については他に伝えるものがなく、右の記事の「孫子」は或いは「嫡子」の誤写かも知れない。

（5）河村昭一氏「南北朝期における守護権力構造―斯波氏の被官構成―」㈡（『若越郷土研究』二三巻三号）は長田弾正蔵人を守護使、由宇又次郎を射水郡の「郡司」とみるが、如何であろうか。

（6）第11表に示した義将の第一次管領在任時の発給文書、典拠は次の通りである。但し発給文書が多数に上るので、事項別に書名等を掲げるに止める。

A　軍事統率・栄誉付与等

(1) 軍勢催促。「禰寝文書」、「土屋家文書」（『鷹陵史学』2所収）、『島津家文書』之一、「市河文書」、「長善寺文書」、『入来院文書』

(2) 豪族を赦免せる旨の通告「禰寝文書」

(3) 造営用材の海上警固。「（改姓築山）河野家之譜」

(4) 感褒。『萩藩閥閲録』一二一ノ一、「小代文書」、「市河文書」、『入来院文書』、「守矢文書」、『萩藩閥閲録』三四

B　所領諸職の付与・認定等

(1) 守護の職権に関する通達。「諸家文書纂」所収「河野文書」、『上杉家文書』之一、『阿蘇文書』之一

(2) 所領諸職預置。「前田家所蔵文書」飯尾文書、「大友家文書」、『小早川家文書』之一、『小早川家文書』之二、「入江文書」

(3) 料所安堵。「東寺百合文書」ホ

(4) 損亡承認・公事軽減。『萩藩閥閲録』一二一ノ一

C　祈禱関係

(1) 祈禱要請。「妙顕寺文書」

D　寺社の権益付与・認定・規制等

(1) 寺院返進の添状。『九条家文書』一

(2) 座主未補の間の沙汰仰付。『八坂神社文書』上

(3) 祈願寺の指定。「永源寺文書」

(4) 寺院法式の認定。「円覚寺文書」

(5) 寺社諸職安堵。『八坂神社文書』下、『八坂神社文書』上

(6) 寺社領安堵。「鹿王院文書」、「東寺百合文書」を、『八坂神社文書』下、「金蓮寺文書」、「天龍寺三会院重書案」、「祇園社記」続録五、「美吉文書」、「勧修寺文書」、「梅宮神社文書」、「海蔵院文書」、「長福寺文書」

(7) 料所付与・預置。「東寺文書」数、「東寺百合文書」い

(8) 寺領相博の安堵。『金沢文庫古文書』第一輯

(9) 境内地の検断権安堵。『東福寺文書』之三

(10) 境内地の奉行の統轄。『八坂神社文書』下

(11) 寺社・寺社領の違乱停止。「安国寺文書」(出雲)、『石清水文書』之六、『大徳寺文書』之一

(12) 社役勤仕の督励。『北野天満宮史料』古文書、「離宮八幡宮文書」

(13) 寺塔造立勧進の証判。「黄梅院文書」

(14) 案文作成の証判。「天龍寺三会院重書案」

(15) 寺領年貢注文の証判。「天龍寺文書」

(16) 段銭・棟別・積銭徴収の認定。「多田神社文書」、「東寺文書」数

(17) 公事課役の免除、催促停止。『北野天満宮史料』古文書、「天龍寺三会院重書案」、「東寺文書」御、「東寺百合文書」ト、「東寺百合文書」オ、「東寺百合文書」ホ、『北野天満宮史料』古記録、「多田神社文書」

(18) 贈物の答謝。

E　所務相論関係

(1) 訴訟棄捐（論人の領有権保証）。「佐々木文書」、「東寺文書」数、「天野文書」

F　守護・使節等宛の遵行命令

(1) 宛行・寄進・安堵等の施行。「加能越古文叢」一九、『石清水文書』之六、「佐々木文書」、『小早川家文書』之二、『上杉家文書』之二、「鹿王院文書」、「大友家文書」、「天龍寺重書目録」、「円覚寺文書」、「吉田文書」、『金沢文庫古文書』第七輯、「東寺百合文書」イ、「東寺文書」書、「成相寺文書」、「祇園社記」二五、『吉川家文書』之一、『八坂神社文書』下、「草野文書」、「東寺百合文書」ヤ、『萩藩閥閲録』八ノ二、『毛利家文書』之四、「吉備温故」、「臨川寺重書案文」、「醍醐寺文書」二一函、「小代文書」、「美吉文書」、「北野神社文書」、『早稲田大学所蔵荻野研究室収集文書』上

(2) 所領返付・料所預置等の遵行。『八坂神社文書』下、「吉田文書」、「入江文書」、「法金剛院文書」、『醍醐寺文書』報恩院文書

(3) 競望停止・所領等保全。『小早川家文書』之二、『北野天満宮史料』古記録、「美吉文書」、「高山寺文書」

(4) 濫妨停止・下地渡付。「五十川正助氏所蔵文書」（『岐阜県史　史料編』古代中世1所収）、「大覚寺文書」、『醍醐寺文書』之四「口宣綸旨院宣御教書案」、「大通寺文書」、「東寺百合文書」い、「多田神社文書」、「前田家所蔵文書」宝菩提院文書、『八坂神社文書』下、「東寺百合文書」に、「久我家文書」、「到津文書」、「祇園社記」続録、「山科家古文書」、「東寺百合文書」ミ、「広隆寺文書」、「水無瀬宮文書」、「地蔵院文書」、「本間文書」、『大徳寺文書』之十二、「東寺百合文書」め、「祇園社記」御神領部、「東寺百合文書」の、「東寺百合文書」イ、「東寺百合文書」ウ、「東寺百合文書」せ、「壬生家文書」隼人保関係文書、「東寺百合文書」り、『三浦家文書』、「佐竹文書」、「厳島文書」、「東寺百合文書」京、「東寺文書」射、「東寺百合文書」ヤ、「東寺百合文書」ゐ、「諸国古文書抄」、『九条家文書』六、「東寺百合文書」ケ、「長福寺文書」、「東寺百合文書」オ、「松雲公採集遺編類纂」南禅寺文書、「東

寺文書」数、「田原文書」、「草野文書」、「前田家蔵書閲覧筆記」、『壬生家文書』一、「東寺百合文書」ア、「東寺百合文書」ホ、「本郷文書」、『後鑑』所収「古文書」、「実相院文書」、「猪熊信男氏所蔵文書」、「前田家所蔵文書」天野文書、「若王子神社文書」、「円覚寺文書」、「前田家所蔵文書」飯尾文書、「安国寺文書」（丹波）、『醍醐寺文書』之三、「東寺百合文書」マ、「生源寺希倹文書」、『朽木家古文書』下、「本郷文書」、「土佐文書」、「佐々木文書」、『葛川明王院史料』、「壬生家文書」壬生家々領関係文書、「東寺百合文書」る、「醍醐寺文書」二一函、「八坂神社文書」三、「天龍寺重書目録」、『小早川家文書』之一、「厳島文書」巻子本（『広島県史』古代中世資料編所収）、『石清水八幡宮史料』第六輯

(5) 下地渡付の督励。「佐々木文書」、『八坂神社文書』下、「本郷文書」、「前田家所蔵文書」飯尾文書、「草野文書」、『醍醐寺文書』之四

(6) 狼藉停止・注進。「臨川寺文書」、『八坂神社文書』下、「祇園社記」御神領部

(7) 半済停止・下地渡付。「東寺百合文書」ミ、「安国寺文書」、「筥崎宮史料」、「西大寺文書」、「海蔵院文書」、「前田家所蔵文書」宝菩提院文書、『壬生家文書』一、『壬生家文書』三、「大宰府天満宮文書」、『九条家文書』二、『九条家文書』六、「長福寺文書」、『大徳寺文書』之一

(8) 年貢違乱の停止。「東寺百合文書」ゐ、『壬生家文書』一、「祇園社記」二三、『壬生家文書』三

(9) 使者・被官の乱入停止。「祇園社記」御神領部、「臨川寺重書案文」

(10) 高麗を侵す悪党（倭寇）の停止。「禰寝文書」

(11) 本堂・本尊等の返付。「前田家所蔵文書」宝菩提院文書、「松雲寺文書」

(12) 譴責せる米銭の返付。「臨川寺重書案文」

(13) 関銭徴収の妨害停止・糺明。『石清水文書』之六、『春日神社文書』第一

(14) 段銭徴収の使節仰付。「多田神社文書」「本郷文書」

(15) 造営要脚棟別の徴収。「相州文書」、「黄梅院文書」、「東寺百合文書」つ、「多田神社文書」

(16) 課役勤仕の督励。『壬生家文書』三、「離宮八幡宮文書」

(17) 棟別徴収の督励。「東寺百合文書」せ

(18) 課役免除・譴責停止。「東寺文書」御、「東寺百合文書」ゐ、「東寺百合文書」り、『九条家文書』六、「円覚寺文書」、「水無瀬宮文書」、「多田神社文書」、「極楽寺文書」、「東寺百合文書」ユ、「佐々木文書」、「東寺百合文書」テ

(19) 役夫工米譴責停止。「東寺百合文書」に、「東寺百合文書」し、「東寺文書」数、『南禅寺文書』上、「本郷文書」、「東寺百合文書」ア、「東寺百合文書」イ、「北条寺文書」

(20) 年貢米・造営用材の津関勘過。『南禅寺文書』上、「臨川寺重書案文」

G　関所・関務衆徒等宛遵行命令

年貢米・造営用材の勘過・関銭譴責停止。「南禅寺文書」、「臨川寺重書案文」、「前田家所蔵文書」東福寺文書

（7）第12表に示した斯波義将第一次管領在任時およびその頃と推測される将軍義満の発給文書の典拠は次の通りである（掲示の方法は註（6）と同様）。

A　軍事統率・栄誉付与

(1) 軍勢催促。「長州河野文書」、「予章記」、『島津家文書』之一、「美吉文書」

(2) 感褒。「草野文書」、「古今消息集」、『三浦家文書』、『後鑑』所載「伊勢家書」、「麻生文書」

B　所領諸職の付与・認定等

(1) 守護職補任。『上杉家文書』之一、「諸家文書纂」所収「河野文書」

(2) 守護職等安堵。『上杉家文書』之一（裏封）、「予陽河野家譜」、「諸家文書纂」所収「河野文書」、「予章記」

(3) 守護職に対する綺の停止。「予章記」、「予陽河野家譜」

(4) 所領諸職宛行。「氏経日次略記」、「大友家文書」、「児玉韞採集文書」所収「原田氏所蔵文書」、「小代文書」、「佐々木文書」、「堀口蘇山氏持参文書」

(5) 所領返付。『萩藩閥閲録』一一八

(6) 地頭職預置。『小早川家文書』之二

(7) 所領諸職安堵。「鹿王院文書」、「東寺百合文書」よ、「佐々木文書」、「入江文書」、「諸家文書纂」所収「河野文書」、「佐渡志官員」、「毛利安田文書」、『吉川家文書』之一、『吉川家文書』之三、「前田家所蔵文書」編年雑纂、「天龍寺文書」、「諸家文書纂」所収「狩野家文書」、「諸家系図纂」所収「佐渡本間系図」、「小笠原文書」、『萩藩閥閲録』七ノ三、「小代文書」、「土岐文書」、「大友家文書」、『萩藩閥閲録』三七ノ一、『毛利家文書』之四、『萩藩閥閲録』一二一ノ一、「松雲公採集遺編類纂」一三六所収「飯尾文書」、『小早川家文書』之一、『小早川家文書』之二、『毛利家文書』之四、『萩藩閥閲録』八ノ二、「美吉文書」、『上杉家文書』之

一、『萩藩閥閲録』五八、「天野毛利譜録」、『萩藩閥閲録』三五、「小代文書」、『萩藩閥閲録』四三、「土岐文書」、「毛利安田文書」、『朽木文書』第一、「瑞岩寺文書」、「遠山文書」、『吉川家文書』之二、「長善寺文書」、「鷲見家譜」、『萩藩閥閲録』一二一ノ四

(8) 所領の守護不入。「美吉文書」

C　院・公卿宛の報知

(1) 皇室に敷地寄付。「法金剛院文書」

(2) 家領・寺領の返進・渡付。「仁和寺文書」、「久我家文書」

(3) 家領安堵。「山科家古文書」

(4) 家領に関する遵行督励の約束。『壬生家文書』一、「久我家文書」

(5) 寺庵寄付の院宣の請文。「前田家所蔵文書」編年雑纂

(6) 寺院奉行の別当を仰付けられたしとの要請。『九条家文書』一

D　祈禱関係

(1) 願文。『石清水文書』之六、「春日権神主師盛記」

(2) 諷誦文。「諷誦願文草案」

(3) 祈禱要請。「松尾神社文書」、『醍醐寺文書』之一、「東寺百合文書」せ、「東寺百合文書」マ、「東寺文書」書

(4) 参詣延引の通告。『東福寺文書』之二

E　寺社の権益の付与・認定等

(1) 寺院相続の綸旨伝達。「鹿王院文書」

(2) 寺院返進の報告。『九条家文書』一

(3) 寺院建立の開山を要請。「鹿王院文書」

(4) 寺格の付与。『東福寺文書』之一、「鹿王院文書」、『壬生家文書』二

(5) 規式・事書遵守の督励。「円覚寺文書」

(6) 寺社諸職の補任。「鹿王院文書」、『米良文書』、「理性院文書」、「錦所談」

(7) 罪科の神主の罷免。『八坂神社文書』下

(8) 寺社諸職等の安堵。「鹿王院文書」、「祇園社記」続録二、「三宝院文書」、「鶴岡八幡宮文書」、「八坂神社文書」二、『石清水文書』之六、「北野神社文書」、「祇園社記」二五

(9) 寺社領寄進。『石清水文書』之六、『南禅寺文書』上、「天龍寺重書目録」、「鹿王院文書」、「寺田文書」、「前田家所蔵文書」東福寺文書、「廃仏眼寺文書」、「安国寺記録」(丹波)、「臨川寺重書案文」、「安国寺文書」(伊予)、『大徳寺文書』之二、『八坂神社文書』下

(10) 料所預置。「理性院文書」

(11) 寺社領安堵。「尊勝院文書」、「鹿王院文書」、「醍醐寺文書」二九函一、『金沢文庫古文書』第一輯、「東寺百合文書」ナ、「永保寺文書」、「永源寺文書」、『大徳寺文書』之一、「東寺文書」楽、「天龍寺重書目録」、「園城寺文書」、『八坂神社文書』下、『阿蘇文書』之二、「海蔵院文書」、「金蓮寺文書」、「長福寺文書」、『南禅寺文書』上、「守矢文書」、「極楽寺文書」、「吉備温故」、『妙興寺文書』、『早稲田大学所蔵荻野研究室収集文書』上、「前田家所蔵文書」武家手鑑、「東寺文書」甲号外、「廬山寺文書」、「天龍寺文書」、「護国寺文書」(摂津)、「北野神社文書」

(12) 寺社領押妨等の停止。『九条家文書』六、「臨川寺重書案文」、『八坂神社文書』下、「若宮八幡宮文書」、「東寺百合文書」せ、「北野神社文書」

(13) 寺院諸職等に関する訴状の証判。『東福寺文書』之一

(14) 寺領年貢注文の証判。「天龍寺文書」、「南禅寺文書」

(15) 寺塔建立勧進の証判。「黄梅院文書」

(16) 寺社領の諸役免除。「鶴岡八幡宮文書」、「極楽寺文書」、「天満神社文書」、『八坂神社文書』下、「東寺文書」、「東寺百合文書」ア

F　裁許下知状

(1) 所務相論の裁決。「天龍寺重書目録」、『石清水文書』之六、「祇園社記」御神領部四、『八坂神社文書』下、『北野天満宮史料』古文書、『大徳寺文書』之一、『北野天満宮史料』古記録

G　鎌倉御所・鎮西管領・守護宛の遵行指令

(1) 宛行・寄進地の渡付。「氏経日次略記」、「黄梅院文書」、『石清水文書』之六

(2) 濫妨停止等の下地渡付。「美吉文書」、「加能越古文叢」、「久我家文書」、「口宣綸旨院宣御教書案」、『醍醐寺文書』之四、「若王

子神社文書」、「三島神社文書」、「理性院文書」

(3) 社領の神用保全。「曼殊院文書」

(4) 寺院に対する乱入狼藉の子細注進。「宇佐到津文書」

(5) 忠節の仁の訴訟に特別の沙汰を指示。『阿蘇文書』之一

(6) 私戦防止の遵行。「志賀文書」

(7) 指示せる事項の実施督励。『上杉家文書』之一

(8) 造営用材の徴納。「常光寺文書」

(9) 造営要脚の賦課。「黄梅院文書」

（8）『鎌倉市史』史料編第三はこの御内書を「コノ文書、年次未ダ詳ナラズ」とするが、黄梅院主義堂周信が記した康暦元年十一月九日付の黄梅院文書目録（「黄梅院文書」二〇号）の追加分に、「一通　一坪一円御吹挙」とあるのがこの御内書を指しており、同じく周信の作成した追加以前の目録はその前年の「永和四年八月初吉」付であるから、この御内書は康暦元年五月と判定される。

（9）今枝愛真氏『中世禅宗史の研究』四六一—四六八頁参照。

（10）なお、この時期に庭中方が復置され、将軍の相論親裁機能が強化したことは、『空華日用工夫略集』永徳二年十一月六日条に「相府令下、天下訴訟不レ達者、許下来二庭中一而自訴上、吾国所謂庭中者是也、人咸善レ之」、翌七日条に「宝篋院（義詮）忌、府君（義満）至、坐未レ定、告（義堂周信）レ余曰、昨日既行二庭中沙汰一矣」とあり、嘉慶元年十二月二十三日の将軍家義満裁許下知状（『大徳寺文書』之一、一九五号）に「右、為二寺領一之条、事旧訖、而号二元清一捧二庭中状一云々、（中略）元清庭中非二沙汰限一」とあることで知られる。

（11）第13表に示した幕府奉行人奉書の典拠は次の通りである。

A　寺社関係（寺領目録の裏封）

永徳三年三月十一日付飯尾左近将監奉書（「永保寺文書」）。

B　遵行関係

(1) 役夫工米譴責停止。明徳元年十月十七日付矢野倫幸・飯尾頼秀連署奉書（「東寺百合文書」キ）

(2) 段銭譴責停止。①飯尾為清・斎藤基兼連署奉書案（「東寺百合文書」ウ）、②左衛門尉某奉書（同ウ）、③左衛門尉某奉書（同ミ）、④布施基連書状案（同ミ）、⑤斎藤秀基書状案（同ミ）、⑥矢野倫幸・安威詮有連署奉書（同の）、⑦飯尾為清奉書案（同ウ）、

⑧松田貞秀・飯尾為清連署奉書案（同み）、⑨松田貞秀書状案（同み）、⑩松田貞秀・斎藤基繁連署奉書（同よ）、⑪松田頼胤・飯尾為清連署奉書（同ほ）、⑫松田貞秀・雅楽備中守連署奉書案（「山科家古文書」）、⑬矢野倫幸・治部左衛門入道連署奉書案（「東寺百合文書」ッ）、⑭飯尾為清・斎藤基兼連署奉書案（同ナ）。

第二節　管領再任と分国の推移

一　管領一旦辞任に至る経緯

管領義将の職掌が基本的には応安六年以後の細川頼之のそれを継承し、あくまで将軍義満の統治権を補助する地位に在ったことは、前節の考察によって確認しえた如くである。また以下に述べるように、管領細川頼之在任期に推進された幕府の行政・裁判機構の整備が康暦の政変後一層充実したことも事実である。

例えば、政所執事は貞治元年（一三六二）以来十七年間在職した二階堂行照（行元）が康暦政変の三ヵ月後に辞任し、代って伊勢貞継が政所執事に新任した（「花営三代記」康暦元年八月二十五日条）。ここに伊勢氏の政所執事世襲の基が開かれたのみならず、これに伴って各種の幕府料所が政所執事の一括管理下に帰属するようになり、且つ政所の雑務沙汰裁判権も朝廷や山門のそれを吸収して強化することとなった[1]。抑義満は貞継の邸で誕生したと伝えられ（「武家年代記」延文三年条裏書）、個人的には義満との親密な関係によって、貞継が政所執事に登庸されたに違いなく、公的には義満を頂点とする幕府権力の強化・充実の一環としてかかる政所機構の拡充が促されたと解される。洛中屋地の裁判権についても、康暦政変後の上記政所執事交代に伴い従前の政所執事二階堂行照を頭人とする地方の設置が認められ（「花営三代記」上掲康暦元年八月二十五日条）、明徳二年（一三九一）四月には、「四条坊門町西頬口五丈余奥八丈」の屋地について訴人東福寺普門寺の本知行と論人姉小路大夫判官の去状に基づき訴人に右の地を渡付すべしとする侍所頭人赤松義則宛の二階堂行照（行元）奉書が発給されており（「前田家所蔵文書」東福寺文書）、上述の雑務沙汰とともに京中裁判権を幕府が専管する体制が確立したことが知られる。(2) このような康暦政変後の一連の幕府機構整備がどれほどまで新管領義将の発議に基づくかは明らかでないとしても、義将が参画して機構整備に努めたことは確かであろう。

なかでも五山叢林に対する政策の変更に関しては義将の意見が投影したと推定すべき充分な理由が存在する。先に管領細川頼之と激しく対立して丹後に退隠していた春屋妙葩は、頼之の失脚、離京の翌日の康暦元年閏四月十五日上洛して天龍寺塔頭雲居庵に入り、同月十九日義満の来訪を受けて金剛院ならびに塔頭以下を還付され、同月二十三日南禅寺住持に還補されて六月二日に入院した（『愚管記』同年閏四月十九日条・二十三日条、「花営三代記」同年閏四月十五日条・六月二日条、「鹿王院文書」同年閏四月十九日付足利義満御内書案）。住持任命までは義将の管領就任以前であるけれども、上洛が政変の翌日である事実は、妙葩が義将以下の諸大名による頼之排斥運動と密接な関係を有していることを何よりも雄弁に物語っている。妙葩は同年十月十日、「天下僧禄禅家事、殊為二仏法紹隆一所レ令レ申也、早可レ有二御存知此趣一候、恐惶敬白」という義満の御内書を以て僧禄に任ぜられ、禅家の人事を管掌することとなり、次いで同年十二月二十八日付を以て、翌年正月朝廷より智覚普明国師の国師号を賜った（「鹿王院文書」、『愚管記』康暦二年正月二十六日条、『続群書類従』伝部所収「宝幢開山知覚(ママ)普明国師行業実録」）。このように妙葩が禅院統轄の権限と禅僧最高の栄誉を与えられ、妙葩を通じて幕府のいわば禅院間接統治が開始されることとなったのは、義将の参画が与って力あるものと見られる。

次いで翌永徳元年（一三八一）十二月、諸山条々法式と題する禅院統制令が発布されるが、この法令は題目および十六ヵ条の条書と、

右条々、以二康永・貞治規式一、重所レ有二其沙汰一也、固守二此法一不レ可二違犯一之状、依レ仰執達如レ件、

永徳元年十二月十二日　左衛門佐(斯波義将)（花押）

という末尾の文言および日付・署判とは別筆であり（『鎌倉市史』史料編第二「円覚寺文書」二五六号）、妙葩の献議による規式が

幕府の名において発令されたものであることを推測せしめる。但し、条書の内容には管領頼之時代の応安年間のそれを踏襲した点が少なくないにも拘らず、殊更康永・貞治の規式に拠ったことを明記し、且つ管領義将の奉じた御教書として発令されたことからも、制定に対する義将の関与が単に形式面に止まらなかったことを察し得るであろう。周知のごとく至徳三年七月十日、幕府は五山座位次第事という事書を発布して京都・鎌倉の五山の順位を確定するが（「円覚寺文書」二九四号）、義将と妙葩の提携等によって行われる禅院統治が、かかる制度面の安定にも寄与したに違いない。なお前節に指摘したように、管領義将は禅院に限らず寺社全般について、寺社領安堵以下各種の御教書発給の機能を将軍義満と相分ち、寺社の権益認定に関する将軍の職権の一部を分担して義満を補佐したことが明らかである。(3)

義将は朝廷との関係では、康暦二年二月五日夜、後円融天皇の御前に召されて一盞を賜り、御礼として料足万疋を進上していることが知られる程度であるが（『愚管記』同月六日条）、義満の永徳元年任内大臣、翌年任左大臣、准后宣下というような急速な官位昇進等について内々画策に与ったであろうことは推測に難くない。

軍勢催促状・感状の発給、所領の預置等に義将の職権活動が及んだことは前節に述べた如くであり、また鎌倉御所足利氏満が某年十二月三日管内武士の当知行安堵を求めた挙状、今川了俊が明徳元年五月六日国人の知行分安堵を求め、某年六月二十五日同じく本領安堵を求めた挙状の宛所が何れも管領義将であることは（「秋元興朝氏所蔵文書」、『吉川家文書』之二、一一一〇号、『萩藩閥閲録』七一、二九号）、彼が前任の管領頼之と同様の推挙受理の権限を有していたことを示している。なお、管見に触れたこの三通は何れも所領安堵に関する推挙である。

このように義将は種々の面で義満を補佐して幕政を遂行しているが、守護職補任・所領諸職宛行・守護に対する軍勢催促のような、将軍を頂点とする封建関係の根幹に関る重要事項は義満が直接下命しており、また所務の訴訟裁決も義満が直裁していて、幕政の主導権は明確に将軍義満自身が掌握していることは前項の考察によっても明らかである。それゆえ補任・宛行・裁決等の重要事項に関しては、義将の意見具申が採用されるか否かは一に義満の判断に係っていたに違いない。

この点は幕府追放後の前管領細川頼之に対する幕府の方策にも現れている。この問題は第一編第五章に述べたが、幕府側就中義将の立場をここに考察してみよう。先ず頼之追放後三ヵ月に満たない康暦元年七月八日、義満は南朝方より帰順した河野通直を伊予守護に補任したが、これには次の如き同日付の義将の書状が添えられていた（「諸家文書纂」所載「河野文書」）。

雖下未二申通一候上、以二便宜一令レ申候、抑伊与(マヽ)国守護職事、申沙汰候、定御自愛候哉、向後連々可二申承一候也、事々期二後信一候、恐々謹言、

七月八日　　(斯波)左衛門佐義将判

謹上　河野讃岐守(通直)殿

これを以て、通直の守護職補任を義満に「申沙汰」したのが義将であったことが明らかである。この申沙汰の目的が頼之圧迫という戦略に在ったことは当然であった。しかし、この外には細川頼元の摂津守護職を渋川長寿王（のち満頼）に改替した程度で、(4)頼之追討命令は容易に発令されず、右の河野通直の伊予守護補任からほぼ二ヵ月を経た九月五日に至り、義満はようやく「武蔵入道常久(細川頼之)事、叛逆既露顕上者、早相二催伊予国軍勢一、可レ令二退治一之条如レ件」という御判御教書を通直に下した（「長州河野文書」、「花営三代記」同日条）。ところがさらに約二ヵ月を経て十一月二日には「伊予国守護職事、応安年中一旦細河右京大夫(頼元)雖レ有二御免一、任二河野通信之例一、被レ成二下安堵一上ハ、当国惣テ不レ可二相綺一之由、所レ被二仰含一也、早可レ令二存知一之状如レ件」という御判御教書が、同じく通直に宛てて発せられた（「予陽河野家譜」）。頼之の養嗣子である弟頼元に対する伊予放棄の説得は、頼之退治という先の御判御教書の立場とすこぶる矛盾するものがある。おそらく義満は義将を中心とする頼之追討の主張を仲々容認しなかったが、政変から約半年近く経たのちにようやく追討令を発して義将の面目を保たせるとともに、他方ではまもなく頼元との交渉を開始して細川氏宥免の条件を提示した

のであり、ここに宿敵細川氏の覆滅を念願する義将と、頼之に対する情誼を棄てない義満との立場の齟齬が認められる。

さらに頼之が十一月六日河野方に先制攻撃を懸けて通直を仆したことを知った幕府は、十二月三日山名時義・同義幸を頼之追討のために進発させたが、時義等は戦備を整えるべく分国備後に下ったに過ぎず（「迎陽記」同年十二月三日条、「花営三代記」同日条）、義将の有力な与党山名氏と雖も、独力で細川氏の基盤である四国に攻入る危険を冒そうとはしなかった。この間に頼之・頼元兄弟は義満の情誼に頼って赦免交渉を進めた結果、康暦二年（一三八〇）十二月、義満は頼元に宛てて赦免を通達するとともに、同月と翌永徳元年三月の両度にわたり同じく頼元に対して通直の遺子亀王丸に伊予守護職を安堵した故これに綺をなすべからざる旨を諭し、頼元はまもなく上洛して同年六月五日義満を自邸に招き感謝の宴を張った。『愚管記』同日条に「今日大樹被レ向二細川右京大夫許一云々、今度上洛之後初度招請云々、管領・山名以下群集、酒宴快然云々、日野兄弟（資康・資教）・中山教□（嗣カ）朝臣等被二相伴一云々」とあるように、義将以下の反細川諸大名も列席し、幕府諸将と細川氏との和解が表明されたのである。

けれども細川追討の主張を撤回せざるを得なかった義将は内心の憤懣を抑え切れず、管領辞任を申出て義満に慰留される始末となった。『愚管記』同年九月十八日条に「伝聞、武家管領事、義将朝臣自二去比一固辞退之処、一昨日大樹（義満）罷向種々問答之間、無レ処二于固辞一、令二領状一云々」とある以上に委しい経過は明らかでないが、同月二十二日義堂周信がこの事につき直接義満と交した問答は意味深長である。即ち、周信が『空華日用工夫略集』同日条に「謁二上府一、府君（義満）出接、（中略）余又賀二管領（義将）復職一、君曰、以二赤心一任レ之、故復領如レ故、余曰、只箇赤心最是緊要也、凡古今君臣相疑、不レ善二始終一者、上下不下以二赤心一相待上故也、殿下果以二赤心一待二天下人一、則無二事不レ済云々、時細川右京大夫（頼元）、命鶴（饗庭氏直）霜臺・山科中将（教藤）等在レ傍聆レ之」と記しているのがそれで、これによれば義将は単に面目失墜を憤ったのみでなく、再び斯波氏が追却される危惧を感じて義満の細川氏赦免の意図を疑ったのではあるまいかと思われる。義満の赤心を以てしたと自称した慰諭によって義将は翻意したけれども、義満の専権と義将の政治力の限界とはもはや明確であったし、義満と義将との信頼関係に早くも埋め尽くせない一つの溝が掘られたこともまた事実であろう。

やがて康応元年（一三八九）三月の義満の厳島詣を標榜した瀬戸内巡歴には、斯波義種が細川頼元・畠山基国・今川了俊・山名満幸・土岐満貞等の諸大名とともに随行したが（『群書類従』紀行部「鹿苑院殿厳嶋詣記」、「伏見宮御記録」所収「鹿苑院殿西国下向記」）、義将は随行者の中に見えず、幕府の留守を預って在京したと認められる。他方、百余艘の船舶・艤装・船員は頼之が提供し、義満はこの巡歴の途次讃岐宇多津に寄港し、厳嶋等へ頼之が随行したのみならず、帰路の宇多津寄港に際して義満は他人を遠ざけて頼之と密談した（「鹿苑院殿厳嶋詣記」）。ここに頼之との緊密な関係を回復した義満は、翌明徳元年三月、山名氏の内訌に介入して、山名氏清・満幸に命じて同時熈・氏之を討たせるとともに頼之を備後守護に起用して時熈・氏之追討に当らせた。義満は他方、嘉慶元年（一三八七）の土岐頼康の死後に起った同康行・満貞兄弟の内訌にも介入し、京極高秀以下をして康行を討たせ、明徳元年閏三月これを没落させた（『後鑑』明徳元年閏三月二十五日条所載「伊勢家書」、「四天王寺記」同月二十七日条）。

再説するまでもなく山名氏・土岐氏は何れも年来の斯波与党であったから、それぞれの内訌に乗じて両氏の勢力削減を計った義満の措置は、同時に義将にとっても重大な打撃であり、就中頼之の起用によって細川氏の勢力を増強したことは義満の露骨な斯波氏疎外に外ならない。ここに至って遂に義将は明徳二年三月十二日管領を辞して分国越前に下向し、それより僅か二旬を経て四月三日義満の招きを受けた頼之が入京し、同月八日頼元が管領に補せられて政務を執行うこととなった（「神護寺交衆任日次第」、「東寺王代記」、「武家年代記」）。室町幕府開創以来これまでの執事ないし管領の罷免が悉く諸将間の露骨な政争の結果であり、反乱ないしクーデターを伴う政権交代であったのに対して、今回は将軍義満自ら義将を辞任に追い込み、一兵をも動かさずして管領交代を実現したのであって、これは将軍の幕政主導権確立の如実な現れに外ならないのである。

二　管領再任とその職権活動

管領細川頼元は明徳二年（一三九一）四月二十日の職始の評定以来、将軍の下で管領の座に就いて評定を行い（「御評定着座次第」）、且つ同年五月九日加賀国有松村地頭職渡付の施行状（「前田家所蔵文書」編年雑纂）を初見とする管領としての発給文書はすべて頼元が署判しているが、右の四月二十日の職始に続いて行われた御前沙汰には頼之が参入して着座し、翌明徳三年正月十一日の評定始に続く御前沙汰も頼之が出仕して執行っており、頼之が義満の政務に直接参画し実質上の管領ともいうべき地位に就いたことは確かである。(5) この頼之・頼元兄弟の参画によって義満は山名一族に対する措置を大きく変更し、周知の如く時熈・氏之を赦免し氏清・満幸を圧迫して氏清等を激発させ、同年末京都を襲った氏清を討滅し満幸を敗走させ、さらに翌明徳三年二月には大内義弘を和泉・紀伊に発向させて山名義理を討ち、これを遁走させた。この明徳の乱においては、細川与党の畠山基国・一色詮範等はもとより、かねて頼之の反対党であった斯波義教・土岐康行・大内義弘等も義満の命に応じて山名方と対戦しており（『明徳記』）、従来の幕政を廻る諸大名の分派抗争がもはや殆ど意味を失い、将軍の勢威が今や揺ぎないものであることが立証された。また、明徳三年正月十一日、鎌倉御所氏満が白河参河七郎（結城満朝）に対して、陸奥・出羽両国の沙汰を委ねられた旨を告げて招致しており（「諸国古文書抄」）、義満はおそらく山名氏清等を迎え撃つ直前に、幕府と対立する危険性を孕んでいた鎌倉府に対して奥羽両国の管轄権を委譲して宥和を計ったことが察知される（本編第五章第二節三参照）。義満の政務・軍務を輔佐して明徳の乱鎮圧に尽した細川頼之は、まもなく同年三月二日卒去したが、義満は明徳の乱勝利の余勢を駆って南朝に和議を申入れ、同年閏十月いわゆる南北両朝合体を実現して事実上南朝を解消し、名実ともに室町幕府の全国統一が成った。

翌明徳四年六月五日、義満は突如管領細川頼元を罷免し、斯波義将を再度（貞治元年の執事就任を加えれば三たび）管領に補任した。この改替については「執事補任次第」に「義将朝臣（斯波左衛門督、号法苑寺）明徳四年六月五日補任、已上三ヶ度、至二応永五年一

第14表　管領細川頼元・管領斯波義将（第二次）発給文書一覧　○＝証判　（　）＝書状　〔　〕＝書下等の直状

管領	事項／年次	軍事	諸所領職認定等		祈禱		寺社ノ権益認定等													所役賦課	商人保護		
		軍勢催促	所領・諸職安堵	所領安堵・競望棄捐	巻数返事	巻数・贈遣等ノ返事	寺院所職安堵	寺院所職ノ口入	寺社領寄進	寺社領安堵	造営料所等設置	造営役賦課ノ認定	守護不入・公事課役免除	訴訟推挙ノ権限認定	社役勤仕ノ督励	寺領地下人ノ煩停止	年貢・課役対捍ノ停止	乱入・狼藉・料木伐採等ノ停止	贈遣等ノ答謝	土倉酒屋役ノ公布	座商人ノ権益侵害ノ停止	寄進・宛行・安堵等ノ施行	九州国人ノ所領安堵
細川頼元	明徳二	3									2		1				1					4	
	三	1							〔1〕				1		1	1		〔1〕				4	
	四						〔1〕											1				1	
	計	4					〔1〕		〔1〕		2		2			1	1	1〔1〕				9	
	総計	4					1		1		2		2		1	1	1	2				9	
斯波義将	明徳四		1	1						2										1		2	
	応永元	1								1			2	1								5	
	二											1						1				5	
	年未詳応永二年以前				（2）	（1）		（1）											（2）				
	三		1							〔1〕			1								1	11	1
	四	2								1 ①							1		（1）		1	2	1
	五												1									2	
	計	3	2	1	（2）	（1）		（1）		4〔1〕①		1	4	1			1	1	（3）	1	2	27	2
	総計	3	2	1	2	1		1		6		1	4	1			1	1	3	1	2	27	2

総計	計	大山崎神人ノ荏胡麻勘過	寺用米ノ被官人宛行停止	段銭・公事課役催促停止	造営段銭・課役賦課	頭役対捍停止・勤仕督励	非法ノ糺明・注進	私戦ノ停止	下地渡付ノ遵行督励	半済停止・一円渡付	濫妨停止・下地渡付	寺社領渡付	寺院返付ノ施行
		九州探題・守護・使節等宛遵行命令											
25	25								1	1	12		
32	22〔9〕	〔1〕	1	1〔1〕		1	1			1	10〔5〕		
3	2〔1〕												
	49〔10〕	〔1〕	1	1〔1〕		1	1		1	2	22〔5〕		
60		1	1	2		1	1		1	2	27		
22	22						2			3	9	1	
23	23			2		2				1	6	1	1
17	16（1）			3	2						4	（1）	
9	（9）							（1）	（2）				
27	26〔1〕			3					1		7		
21	19（1）①			1			1			2	7		
4	4										1		
	110（11）①〔1〕			9	2	2	3	（1）	1（2）	6	34	2（1）	1
123				9	2	2	3	1	3	6	34	3	1

六ケ年」とあり、「室町家御内書案」にも同様の記事がある程度に過ぎず、改補を廻る何等の事情も伝わっていない。しかし、このこと自体が、将軍権力の確立と幕府制度の安定を反映している。すなわち管領の交代はもはや政変の結果ではなく侍所頭人以下のそれと同様完全に将軍の意思によって決定されるものとなったのである。とはいえ、頼元の管領在任僅か満二年余で再び義将に変えた義満の意中を忖度することは必ずしも不可能でなく、敢えて推測すればそれは守護大名細川氏のこれ以上の強大化を防ぐとともに、斯波氏を再び将軍家の忠実な藩屏として育成するにあったのではあるまいか。当時の細川氏は、既に頼之亡き後とは言え、一族の分国は阿波・讃岐・土佐・淡路・摂津・備中・備後および伊予分郡二郡に明徳の乱の賞としての丹波を加えて八ヵ国二郡に上り、畿内から四国・山陽にかけて一連のすこぶる強大な勢力圏を築き上げ（第一編第五章第一節参照）、分国の数においても地域的な纒まりにおいても細川氏に比肩しう

る大名は存在しなかった。それゆえ細川氏の発展に歯止めを掛けるためにも、また諸大名の反感が細川氏に集中して抗争の再燃するのを予防するためにも、管領の交代が必要であったと思われる。その場合、頼元に代って管領として義満を輔佐しうる人材は、家格が高く且つ前管領の経験を有する義将以外には求めえなかった。しかも当時の斯波氏の分国は、後述する如く越前・加賀・信濃の三ヵ国であり、その分国配置は、富樫・小笠原の如き一部の外様守護級大名を除く大多数の大名に軍事的脅威を与えるほどには強大でなかった。そして義満にとっては山名・土岐両氏を抑えた後には、斯波氏を徒らに疎外して置く理由もなく、門地の高い斯波氏は幕府の全国統治にとって充分利用価値のある存在であった。なお義将は応永二年（一三九五）七月二十三日、前月の義満の出家に倣って薙髪したが（「荒暦」〈「柳原家記録」本〉同日条）、翌々二十五日右衛門督に任ぜられ、一条経嗣はこれを「武臣右衛門督未聞事也」と評している（「荒暦」〈岩崎文庫本〉同月二十六日条）。この異例の昇進は当然義満の推挙によるものと思われ、ここからも義満が義将を再び管領とした目的が推察されよう。

今回の義将の管領在任は応永五年閏四月までの五年間であるが、この第二次管領在職期間の発給文書を、先の管領細川頼元のそれとともに第14表として掲げることとする。管見の及んだ細川頼元の管領在職中の発給文書（案文・写を含む、以下同）は、寄進状（直状）一通、禁制（直状）一通、書下八通、管領施行状九通、幕府御教書四十通、幕府下知状一通の計六十通である。[6] 同じく管見に触れた義将の第二次管領在職期の発給文書は、書下（外題安堵）一通、証判一通、書状十一通、管領施行状三十通、幕府御教書七十八通、幕府下知状二通の計百二十三通を数える。[7] 纏めて表示すると第14表の如くになる。

頼元の寄進状は丹波国法善寺沙汰職跡を北野宮に寄進、禁制は丹波国大芋社に甲乙人乱入狼藉を禁止、書下は①讃岐国善通寺奉行等を誕生院法印に安堵、②③多治部次郎四郎の備中国新見庄領家職濫妨を停止、④⑤丹波国佐伯庄代官等の隼人保内押妨を停止、⑥安芸国諸郷保地頭の国衙職押妨を停止、⑦摂津国諸関に大山崎神人荏胡麻を勘過、⑧摂津国段銭の山城国関戸院への賦課を停止したもので、何れも分国内に対する発給文書である。次に、義将の発給文書の内、巻数返事や音信・進物に答謝した書状はいわば全くの私文書に属するが、寺社所職の口入、寺社領渡付、私戦停止等を要請した書状は公的なもので、管領内書とも称すべきものである。但しその中の一通は越前守護代甲斐八郎（佐野将教）に宛てて醍醐寺領牛原以下四郷の打渡を命じたものであり、越前善妙寺の寺領目録に加えた外題安堵とともに越前守護としての資格で発給されている（本節三(イ)越前の項参照）。しかし頼元の場合は守護の資格で分国内に発した書下がかなり見られるのに対して、義将の同様の事例が乏しいのはおそらく偶然でなく、いわば直接経営型と間接経営型とでもいうべき両者の分国経営形態の差異を反映しているといえよう。その他の頼元・義将の管領在任時の発給文書、即ち下知状・施行状・幕府御教書は、何れも幕府管領としての職権活動に基づいて発給したもので、すべて奉書形式を採っている。

そこで前節と同様、同一期間内の義満の発給文書を第15表として掲げ(8)、将軍と管領との職権区分の比較を試みることとする。当時の義満の文書の所見は、疏二通、諷誦文四通、師主書一通、奥書一通、請文二通、御内書二十七通、下知状一通、下文五通、御判御教書（寄進状・安堵状・公帖等を含む）八十九通、計百三十二通が管見に入り、大半が御判御教書である。この期間内に、義満は応永元年（一三九四）十二月将軍職を嫡子義持に譲って太政大臣の極官に上り、翌二年六月出家して法号を道有ついで道義と称し、応永四年の頃からは新造の北山殿に移り住んだが、従来通り署判文書を多数発給しており、他方義持の御判御教書や御内書は義満の在世中は一通も見られないので、義満が依然として政務を完全に掌握し続けていることが明らかである。

それらの義満の発給文書の内、疏は応永三年六月の相国寺仏殿供養および翌七月の同寺山門立柱に際してのもので、相国寺創建に対する義満の熱意を窺わせる。師主書は三宝院門跡満済の受戒に際してのもので、義満が特に満済を猶子として、庇護を加えていたためであった。また、明徳三年八月『体源抄』の羅陵王荒序に加えた奥書は、義満が故豊原信秋より伝授された管絃の秘説を信秋の子量秋に返授したという趣旨のもので、右の師主書とともに個人的な関係によ

第15表　足利義満発給文書一覧（自明徳二年三月十五日至応永五年閏四月八日）（　）＝御内書・請文・諷誦文等

事項／年次	軍事・栄誉等			所領諸職等ノ付与認定						皇室・公家衆ノ権益認定等							祈禱関係					等		
	軍勢催促	感褒	九州探題ノ成敗遵守	守護職補任	守護職安堵	所領諸職宛行	所領諸職返付	所領諸職安堵	所領ノ守護使不入	皇室ノ地位・皇室領ノ請文等	家門・家領等ノ安堵	家領ノ守護使不入	神社造営ノ仰付	社領ノ寺院ヘノ寄進停止	管絃ノ秘説返授	存問・答謝	諷誦・疏	受戒ノ師主書	祈禱要請	修法ノ答謝	祈願寺ノ指定	寺院返進	住持職等仰付	寺社諸職安堵
明徳二								2		(1)		(1)					(1)				1			
三		1				3				(1)					(1)				1					1
四	1	1				1		3				(1)	1								1			
応永元					2	1	2	3			(1)								1			1		
二	(2)			2		(1) 1		4								(1)	(1)		1					2
三							2	1	1		(1)						(3)	(1)						
四						2		1	1	(2)	(1)			1			(1)				1		1	
五								1												(1)			2	1
年未詳			(1)													(1)								
計	1 (2)	2	(1)	2	2	8 (1)	4	15	2	(4)	(3)	(2)	1	1	(1)	(2)	(6)	(1)	3	(1)	3	1	3	4
総計	3	2	1	2	2	9	4	15	2	4	3	2	1	1	1	2	6	1	3	1	3	1	3	4

寺社ノ権益付与・認定										鎌倉御所・守護宛遵行命令					計	総計
寺社領寄進	寺社領安堵	寺院ニ関務安堵	社領ノ違乱停止	造営段銭ノ寄付	正税徴収等ノ認可	諸役免除・守護使不入	仏師ニ地頭職返付	駕輿丁ニ課役免除	寺僧ノ罪科糺明	所領・寺領等ノ渡付	寺領ノ違乱停止	社領ノ課役催促停止	寺領ノ遵行督励	寺僧ノ参暇ヲ免許		
3	2										(1)				8(4)	12
2	3		2												13(2)	15
	2						1		(2)	1					12(3)	15
2	4					1		1							18(1)	19
2	1					1				1					15(5)	20
1	6(1)				2	2									15(6)	21
1	1			1								1			11(4)	15
						1				1(1)					6(2)	8
	(1)	(1)								(1)			1	(1)	1(6)	7
11	19(2)	(1)	2	1	2	5	1	1	(2)	3(2)	(1)	1	1	(1)	99(33)	
11	21	1	2	1	2	5	1	1	2	5	1	1	1	1		132

るものといえる。

請文の一通は明徳二年六月九日に、長講堂領の事を厳密に下知する旨を奉答した文面で北朝の皇室御領を保証したもの、次の一通は明徳三年十一月（十月カ）十三日に、両朝合体後の両統迭立や皇室領の継承のことを約した前内大臣阿野実為宛のもの、三通目は応永四年十一月二十七日に後亀山院の尊号、兵仗辞退を承った旨を奉答した請文で、南朝の事後処理、処遇に関するものである。書状三通は何れも入道尊道親王宛で、応永二年十一月十四日指狩一具贈遣の答謝、応永三年十二月九日山城国東西九条の地の安堵、および応永五年卯月二十九日北山第移徙後の安鎮大法遂行の謝辞であり、二番目のものは案文であるが他は自筆書状で、親王の身分に対し礼を尽したことが明らかである。また公卿に宛てたものには、応永四年十一月二十七日上記の尊号等辞退の請文献進を阿野実為に報じたものの外、明徳二年三月と同四年五月の徳大寺家領の守護使不入、応永元年十二月の万里小路家の寺院管領安堵、応永四年三月の中院家の家門家領安堵があるが、これらは何れも御内書であって、文言も公卿の身分に相応の敬意を示している。これに対して明徳四年十二月治部卿吉田（卜部）兼敦に平野社造営を命じたもの、応永四年三月神祇伯白川資忠に広田社領を寺院に寄せて神事違乱に及ぶのを停止させたもの等は御判御教書であり、それは義満と身分の懸隔しているためであろう（以上の典拠は註（8）の当該項参照）。何れにしても、以上のような天皇・院・親王・公家衆に宛てたものには、管領奉書を以てしたものは全く見られず、朝廷に対する上申と公家衆への下達は義満自ら直状を以てこれに当るという原則が貫かれている。それにしても、皇室・公家衆等に対する義満の署判文書がかなり多数見られるようになったことは、事実上公武の頂点に立つ北山殿としての性格を現しているといえる。

次に軍事統率以下の幕府固有の権限に基づく職権活動では、義満署判の発給文書と管領奉書との両方が見られることは従前と同様である。先ず軍勢催促状では、義満のそれは、伊予守護河野通義宛の明徳四年四月十一日付御判御教書、日向国大将今川氏兼宛の応永二年と推定される八月三日付御内書のほかに、日向国人中宛の同じく八月三日付御内書があり、従来の如き守護級有力豪族に対するもののみではなくなっている。これに対し、管領頼元および義将のものは従前と同様概ね国人層以下を対象としており、就中明徳二年十二月二十七日付の管領頼元のそれは山名氏清等の京都侵攻を防ぐため大山崎の神人・地下人に防戦を命じた下知状である（「離宮八幡宮文書」）。ところが応永四年五月十九日付の義将署判幕府御教書は薩摩守護島津元久宛に、嗷訴の輩に与力せず探題に属して忠節を致すべしと諭したものであって（「薩藩旧記」前集二二）。同年四月二十日三池康親宛のそれと同一文言である（「児玉韞採集文書」五）。発給対象の身分による区別が失われた如くであるが、あるいは幕府と守護・国人との間に九州探題の介在する九州地方の特殊性によるものであろうか。他方感状は明徳三年正月二十日付の関東管領上杉憲方宛と、明徳四年十二月十三日付の大内義弘宛との二通を見るのみである。二通とも御内書であることは、感褒が原則としてはなお管領の職権内容に属するためかとも思われるが、この時期には管領奉書による感褒の所見を欠くので、推測を差控えなければならない。

守護職の補任・安堵以下、武士の所領諸職の宛行・安堵等は従来通り大部分義満の御判御教書を以て発給されている。これは逐一例証を挙げるまでもなく、第14・15表の当該事項の対比によっても明らかである。(9) これに対して当該事項に関する管領発給文書は、僅かに斯波義将奉幕府御教書による所領安堵一例と安堵の施行一例を見るのみで、しかも前者の対象は大和国添上郡内の水田八段であり、義満の御判御教書を発給するまでもないので義将の奉書を以てしたものと思える。後者は肥前の松浦中村越前守(等)に、その所領を安堵するよう御判御教書を以て九州探題に命じたことを告げたものであり、これも探題の職権の介在する九州地方に対する特殊例と見做される。

寺社関係の発給文書も、寄進・安堵以下大部分が義満の御判御教書である。これに対して管領細川頼元のものは、第14表に掲げたように寺社の権益保護等を主としたもの数例を見るに止まり、義将のものもほぼ同様である。但し義将には寺院の結界地や社領等を安堵した幕府御教書が三通と、社領目録の証判一通があって、第一次管領在職時と同様の活動を認めうるが、数量的には激減しており、義将の寺領保護関係の活動が従前に比して頗る低調になった事実を認めざるをえない。

遵行命令では、義満のそれが東国の寺領渡付を鎌倉御所氏満に命じた御判御教書と御内書、醍醐寺理性院領について違乱停止を守護に命じた御内書、丹波篠村八幡領の公事課役を免除した御判御教書などで、概ね特殊の事例であるのに対して、管領奉書(管領施行状・幕府御教書)による遵行命令は頼元・義将とも、寄進・宛行・安堵等の施行や濫妨停止、下地渡付命令、段銭・公事課役等の催促停止命令を始めとして各種の内容にわたり、且つこれらの遵行命令が管領奉書の大半を占めている等は従来と同様であって、守護・使節等に対する遵行命令の発給は主として管領の職権事項に属するという原則がそのまま保たれていることが明らかである。なお濫妨停止の遵行命令は、数量が減少するという現象を示している。後述のように引付奉書の所見も、僅かに管領頼元期に二通、第二次管領義将期に一通を数えるのみなので、これは幕府に対する所務の訴訟自体が減少した結果と考えざるをえない。

最後に、下知状には義満の御判御教書一通、管領頼元の奉書一通、管領義将の奉書二通が見られる。裁許状の形を具えた下知状は管見に触れないが、八幡宮大山崎神人の訴により、摂津守護が関戸院を摂州の内と号して違乱を成すのを止めた袖判下知状は、裁許状と同様の機能を持たせたものであろう。また管領の下知状三通は、二通が同じく大山崎神人に関するもの、一通が周知の土倉酒屋役制定の事書を公布したものであるのは、幕府が座商人や土倉・酒屋を支配下に掌握しつつあることを示している。

以上を要するに、第一節において示した義満署判の文書と管領奉書とに見られる両者の職権区分は、軍勢催促等の面ではやや不明確になったけれども、概していえば細川頼元の管領就任、さらに義将の再任という管領の人事異動や、義満の将軍職辞任、薙髪、北山殿移徙などに殆ど影響されずに保たれていることを確認しえた。最も基本的には義満の署判文書発給開始以来、即ち管領細川頼之時代半ばの幕府制度としての管領制成立以来の管領の職権区分がほぼ継続しているといえる。

なお引付奉書は頼元の管領在職時に三通、義将の第二次管領在職時に一通見られる。即ち、①越後守護上杉朝房に被官人の同国伊井保地頭職押領の停止を命じた明徳二年八月九日付 前陸奥守細川業氏奉書（京都大学所蔵「古文書集」）、②近江守護六角満高に嶋河弥三郎入道の同国押立保年貢押領の停止を命じた左兵衛佐吉良俊氏奉書（表書に「佐々木大夫判官殿　左兵衛佐俊氏」とある。『壬生家文書』三、七〇四号）、③越中守護畠山基国に榎並斎藤九郎の同国黒田・中村両保押妨の停止を命じた明徳三年十二月二十三日付同人奉書（『壬生家文書』一、五八号）、④備後守護細川基之に僧景衍の同国地毗庄内河北村領家職違乱の停止を命じた応永元年九月六日付同人奉書（「桂文書」）がそれである。したがって、細川業氏の引付頭人に復したこと、および吉良俊氏が父満貞の卒去後その職を継いで引付頭人に補任されたことが知られる。しかし引付頭人の職権活動はこれ以外に見られず、活動が極めて低調であることは否めない。

幕府奉行人奉書は第16表のように十五通見出され、従前のように段銭等の催免を主とするが、新たに洛中支配に関するものが現れる。催免関係では(a)賀茂造替要脚若狭国段銭徴収の使節を命じた松田貞秀・雅楽雅経連署奉書（「本郷文書」六）、(b)東寺寄検非違使俸禄の催促を止めた飯尾為清奉書案（「東寺百合文書」ゐ一—一五）、(c)①東寺領山城国内所々の段銭催促を止めた同人奉書案（同ミ四〇—四七）、②東寺領若狭国太良庄の段銭催促を止めた同人（崇輝）奉書（同レ五〇—五三）等があるが、最も多いのは(d)役夫工米催促の停止で、①東寺領丹波国大山庄（『東寺文書』之二「東寺百合文書」に六七号）、②祇園社領備中国武並保（「八坂神社文書」四）、③同讃岐国西大野郷萱原神田（『八坂神社文書』下、二〇四〇号）、④同越中国堀江庄高木村（同一六四五号）、⑤同播磨国土山庄等（同一八七一号）、⑥同摂津国金心寺等（『早稲田大学所蔵荻野研究室収集文書』上、一六三号）、⑦東寺領若狭国太良庄（「東寺百合文書」オ一—二五）、⑧祇園社領備後国小童保（『八坂神社文書』下、一九八三号）が見える。この(d)の内、①・②・③は摂津能秀・飯尾常円・雅楽雅経、④・⑤は能秀・常円・沙弥某、⑥は能秀・沙弥某、⑦・⑧は能秀・沙弥某・左衛門尉某の連署であり、能秀は神宮頭人を兼ねたと推定される。洛中支配に関する奉書は、①四条坊門町西頬の地の渡付を侍所頭人赤松義則に命じた前述の明徳二年卯月二十九日付地方頭人二階堂行照（行元）奉書（「前田家所蔵文書」東福寺文書）、②地券の焼失した七条坊門西洞院の地を僧兼珍に安堵した応永三年十月九日付摂津能秀奉下知状案（「東寺百合文書」ヱ）の二通で、①には「地奉行二階堂山城殿奉書」の付箋が貼付してあり、地方頭人はまた地奉行とも称せられている。

このほか幕府奉行人の活動としては、明徳四年九月十二日飯尾貞之が葛川修験者の四至目安に加銘した旨が「室町家御内書案」に見えること、応永元年三月十一日、松田長治が紀伊国内の所領に所務違乱停止を申請した申状の宛所が伊勢貞長であること（「武家雲箋」）、応永元年八月五日の河内国西琳寺寺領目録（同日付足利義満安堵御判御教書あり）に「御判

第16表　幕府奉行人奉書一覧（自明徳二年四月至応永五年閏四月）

事項 ＼ 年次		明徳二	三	四	応永元	二	三	四	五	計
段銭等催免	段銭徴収ノ指令	1								1
	段銭等催促停止	1		1			1			3
	役夫工米催促停止						7	2		9
洛中支配	洛中屋地ノ遵行			1						1
	洛中屋地ノ安堵						1			1
計		2		2			9	2		15

奉行」飯尾貞之が紙継目毎に裏判を加えていること（「西琳寺文書」）、応永四年二月二十八日松尾社仮殿遷宮に奉行飯尾貞之が祗候したこと（「松尾神社文書」二 遷宮注文）等、かなり多面的な活動が行われている。以上のように引付方の活動の沈滞に引替えて、奉行人衆がかなり活発な活動を展開しているという点でも、南北朝末の幕府機構の在り方が応永初年においても持続しているのである。

なお義将の管領第二次在職時の評定衆には、京極高詮・摂津能秀・問注所長康・波多野通郷の四名が知られるが、守護大名は高詮のみであり、もはや政所執事も評定の座に列席せず、評定の儀式化・形骸化は掩うべくもない（「御評定着座次第」）。幕府法の発布という点でも、この時期には、応永元年八月十六日九州探題を対象として島津伊久・元久の退治ならびに大隅・薩摩両国御家人への軍勢催促と彼等の向背の注進を命じた幕府の事書を見るのみで（「禰寝文書」三）[10]、新たな法令の制定された形跡はない。

しかし管領義将の参画によって行われた義満の地方統治政策については注目すべきものが二つ存在する。その一つは応永二年正月頃、諸国地頭御家人中から百余名を選定し、在国のまま奉公衆に加えて小番の衆としたことである（「禰寝文書」三　京都不審条々）。これは諸国守護の分国内の目ぼしい国人層を将軍の直属下に編入することによって強大化しつつある諸国守護の軍事力に制約を加えるとともに幕府の軍事力の拡充を計ったものであり、殊に九州からは三十余人を選んだことから、不安定な九州統治の強化を重要な目標としたものと判断される。第二は同年閏七月の九州探題今川了俊召還と（「土居寛氏蒐集文書」、「薩藩旧記」前集二二）、翌三年三月までに決定された渋川満頼の探題補任である（「改正原田記附録」上、「武家補任」）。了俊が嘗て細川頼之の与党であり、頼之によって鎮西管領（九州探題）に選任されたのに対し、渋川氏は年来の斯波与党であるのみならず、満頼の亡父義行は義満の母方の従兄弟に当り、且つ満頼は義将の女婿であった。了俊がやがて応永九年記した「難太平記」に、「一、世人の申なるは、了俊九州にはなるゝ事は人二人のたくみに落と云々、大内入道(義弘)探題の大望故と云々、又は渋川を可レ為二探題一ために勘解由小路(斯波義将)方便云々、大敵難義は了俊骨を折、静謐の時になりて、無レ功縁者に申与など利口有と云々」とあるように、この探題改替は主として義将の計らいであった(11)。九州平定に尽力した了俊が罷免を恨むのも無理はないが、強大な島津氏とこれに抵抗する国人層との対戦が続いている南九州は未だ「静謐の時」を迎えておらず、了俊の主張した島津氏追討の強硬方針を以てしては解決が頗る困難であった。事実島津伊久が了俊の罷免を告げた大友親世の書状に答えて、「抑今河殿(了俊)上洛之事承、悦無レ極候」と述べ、島津氏に叛逆する三ヵ国国人等を支援するため今川貞泰を大将として派した了俊を非難し、「被レ成レ背二上意一上洛之事、尤以本望也」と称しているのは、島津氏の立場をよく示している(「薩藩旧記」前集二二、同年八月二十三日付島津伊久書状写)。かくてこの改替の結果島津氏は幕府方に復帰し、また翌応永三年三月、義将は新探題渋川満頼に、了俊に属して参洛した九州地頭御家人の本領新恩の安堵を命ずる幕府御教書を下して彼等を満頼の支配下に編入し(「改正原田記附録」上)、幕府の九州統治はここに了俊による強圧政策から渋川氏を介する宥和政策に転じたのである。

以上、義将の管領としての職権活動は、概ね応安末・永和初年以来の将軍・管領間の権限区分を踏襲し、義満の親裁を輔佐する行政活動の域を越えなかったが、このような親裁輔佐機能を主とする管領制は、将軍家を頂点とする全国統一が成り幕府が守成の時期を迎えようとする際の幕閣の首班にとって、最も適切なものであったというべきであろう。後年瑞渓周鳳はその日録に、義将の義満輔佐に関する次の逸話を記している(「臥雲日件録」寛正四年三月五日条)。

林光院主竺華来、因話ミ法花(苑)寺殿雪渓(義将)久佐ニ鹿苑相公(義満)一、一日聞ニ人蒙レ罪而第宅被レ毀而歎息、入レ府、与ニ相公一対談之次、従容曰、在レ古則遭レ罪人、不ミ必毀ニ其宅一乎、相公曰、何以知レ之、雪渓曰、王(平イ)氏時平判官安(康)頼、自ニ医黄(硫)島謫居一帰来、有ニ和歌一曰、古里簷(フルサトノノキノ)板間苔ムシテ思シホトハ漏ヌ月影、或哉ト云、其旧宅尚存可レ知也、相公由レ是

不レ令レ毀二其宅一云々、歌乃狂言綺語之類、尚能有レ益二於政道一、又麁言細語皆第一義之謂也、

この逸話も義将の歌道の教養とその穏健な言動のみならず、義満が彼の意見に耳を傾けた事実の一端を示している。

応永五年管領を辞して後も、義将は幕府第一の宿老として声望を保ち、特に応永十二年には嫡子義教の管領就任によって一層幕政に対する影響力を強めたと思われる。応永十五年五月六日義満が薨ずると朝廷から義満に太上法皇の号を追贈されようとしたが、昔より例無きこととて義将が申留めたと伝えられ（「東寺執行日記」追録）、また義満の特に寵愛した義嗣への家督相続の議を斥けて義持の継嗣を確定させたのも義将であったといわれる（『椿葉記』）[12]。義将の識見が窺われるとともに、その意見が重んぜられたことが知られ、臼井信義氏の説かれたように、義満の突然の死去に際して、処置宜しきを得て幕府の安泰を保ったのは義将の功であったといえる[13]。

翌応永十六年六月七日、将軍義持は管領斯波義教に代ってその父義将を三度管領に還補し（『教言卿記』同日条）、同月十八日義将は朝鮮国議政府左右丞相に書を贈って、義満の薨逝と義持の嗣立を告げるとともに、海賊の禁圧ならびに海賊の虜掠した朝鮮人の送還を約束し、且つ朝鮮で開板された大蔵経の頒与を求めた（「善隣国宝記」「太宗実録」）。しかし、まもなく同年八月十日には幼少の嫡孫斯波義淳（義教の嫡子）が管領となり（「執事補任次第」）、その発給文書は義教が代判した（「東寺百合文書」オ　同月二十八日付幕府御教書等）。義将が短時日のみ管領に就任したのは、臼井氏の推測されたように、おそらく朝鮮に対する外交上の必要から行われた一時の権儀であろうが、それにしても外交に関しても義将の声望が義持に重んぜられたと見ることができる。なお外交に関しては、永享六年（一四三四）明使来朝の際、将軍義教より謁見の儀につき意見を求められた満済は「唐使御対面儀、如レ被二仰出一、故鹿苑院殿御沙汰事過タル様、其時分内々道将（義将）入道等申候し、愚眼所レ及、又同前候キ」云々と述べている（『満済准后日記』永享六年五月十二日条）。これによって義満の明に対する態度に義将が批判的であったことが知られるので、義持が明との国交を断った事実にも義将の献言が影響したであろうという臼井氏の指摘は正鵠を射たものと思われる。と同時に、幕府政治における義将の態度が実利よりも名

分を重んずる保守的なものであったことも窺われる。そしてこの保守的態後は、次に述べる分国経営の在り方にも現れているのではあるまいか。ともあれ、義将はこのように晩年まで幕政に尽力し、翌応永十七年五月七日、六十一歳の生涯を終えたのである（「柳原家記録」所収「懺法記」、同書所収「懺法部類」、「東院毎日雑々記」等）。

三　斯波氏分国の推移と被官の動向

義将の貞治六年幕府復帰以後、康暦元年（一三七九）の管領就任前までの分国越中経営は第一節一に述べたところであるが、義将の管領（第一次）就任以後、斯波氏は越中に代って越前を分国として回復し、さらに信濃・加賀を加えて三ヵ国を分国とするに至った。のち管領退任後、信濃に代って尾張が分国に加えられる。南北朝末ないし応永初年に至る経過は佐藤進一氏前掲『室町幕府守護制度の研究』（上）の当該諸国の項等を参照しつつ卑見を加え、さらに義将管領退任後における斯波一族の分国を概観し、併せて守護代の動向を検討することにする。

(イ)　越　前

貞治五年斯波氏が一旦没落した後の越前守護には畠山義深が補せられたが、義深は康暦元年正月に卒去し、その嫡子基国が同国守護を継承し、康暦政変間もない同年七月には基国が守護代遊佐次郎左衛門尉宛に遵行状を下している（東大寺図書館所蔵「手鑑」）。しかし、翌々永徳元年六月六日には東寺修理要脚越前国棟別の賦課を命じた斯波義将の守護代宛書下が現れ（「東寺文書」数一〇―一三）、管領義将の越前守護兼帯が知られるに至る。他方越中については康暦元年十一月まで義将の遵行事例があり（「本郷文書」一）、翌康暦二年七月二十三日付の畠山基国に対する幕府御教書案を初見として（『八坂神社文書』下、一六七五号）、基国の越中守護在職が辿れるようになる。佐藤進一氏がこの両国守護の沿革を対比して、義将が建武新政以来の斯波氏の本拠であり且つ越中に比して遙かに政治的軍事的重要性の大きい越前の回復を運動した結果、康暦元年十一月―同二年七月の間に両国守護職の交換を実現したと推定しておられるのは従うべきであろう。(14) 但し氏が「花営三代記」康暦元年八月の記事の「被レ止二出仕一」を引いて、義将が「おそらくは畠山の小過をとらえて事をなしたにちがいない」とされたのは如何であろうか。確かに基国は康暦政変当時細川与党と目されていて、「後愚昧記」の同年閏四月二十一日条に「去夜京中物忩云々、閭巷之説云、畠山(基国)越前守護・富樫(昌家)介加賀守護・一色(範光)若狭守護幷三河守護等可レ被二追討一之故云々、又其外資康・資教等可レ令二罪科一之由、大名土岐等一同云々、実否難レ知者也」とあるように追討対象となるという噂が流れたが、これは虚報であったと見えて、右のように七月には越中守護として幕府の遵行命令を受けているし、八月には引付（内談）頭人としての施行を受けている。この基国の引付頭人在職を記した「花営三代記」の前後の記事は次の通りである。

廿五日康暦元(七廿二)政所内評定始（中略）

一方、康暦元八廿九施行、

左兵衛佐(吉良満貞)入道、当手十始行之

一方、

畠山右衛門佐(基国)、此手十一一始行之、

禅律兼又雖レ被二書出一不レ被レ施、頭人依レ被レ止二出仕一歟、其後於二管領左衛門佐(斯波義将)亭一被二始行一、右筆御前御沙汰奉行人、

侍所、山名民部少輔(義幸)

地方、二階堂中務少輔(行照)入道

この記事によって佐藤氏は畠山が出仕を止められていたと解されたが、「被レ止二出仕一」が禅律方頭人にのみ係る記事であって、一方内談の畠山に関するものでないことは、基国は吉良満貞と共に現に施行を受け十一月一日に内談を実施している点、および禅律・侍所・地方が併列的に記されている点から明らかである。なお基国は翌二年三月にも施行を

受けて六月四日に内談を行っている（同書）。政変によって管領に就任して間もない管領義将の勢力を以てすれば、殊さら畠山の小過を捉えなくても分国の交換は困難でなかったであろう。或いはこの場合基国を亡父義深の跡職の引付頭人に補したことも、分国交換の不利を補う条件にされたかも知れない。(15) ともあれこの交換の結果、越前は斯波氏の分国として確保されることとなり、朝倉氏による簒奪まで約一世紀近く持続するのである。

ところで義将が先に越中守護になって後、弟義種を守護代として在国させて経営に当らせたことは第一節に述べた如くであり、管領就任直後の康暦元年六月十五日にも、なお石清水八幡宮領同国蟹谷庄の下地渡付を命じた遵行状写の宛所が伊予守すなわち義種になっているように（「加能越古文叢」一九）、なお義種が守護代であった。しかるに祇園社領同国堀江庄領家方内西開発両村の下地渡付を命じた同年十一月十日付書下（『八坂神社文書』下、一六四三号）と、本郷昭覚の所領同国米田保地頭職の下地渡付を命じた同月二十一日付書下（「本郷文書」一）の宛所は共に細川安芸太郎であって、六月から十一月までの間に義種は上洛し、代って被官細川安芸太郎を守護代として在国させたことが判る。この守護代はその名字から判断するに、嘗て高経の有力被官として越中で活動した細川（莞草）出羽守および義種の若狭守護代であった細川（莞草）上総介と同族の庶流細川氏の一人に違いない（第二章第一節四参照）。

而して分国交換後は(1)義将の越前守護在職の初見をなす上掲永徳元年六月六日付の書下の宛所が「守護代」となっている。この守護代はこの限りでは人名を特定できないけれども、義将の子弟一族ならばその官途名を、官途がなければ通称を宛所に記した筈であるから、当時の越前守護代は斯波被官の一人であったに違いない。(2)次に、翌々永徳三年七月二十五日付の吉田社領越前国竹屋・鳥羽等半済停止を下達した宮内大輔某の奉書案は、甲斐美濃守宛である（「吉田家日次記」永徳三年七月二十八日条所載）。宮内大輔は当時の斯波一族にはこの官途を帯びるものが見当らないが、吉田兼敦が管領義将邸に赴いてこの奉書を受取っている事から見ても（同記同日条）この奉書の宛所甲斐美濃守はおそらく越前守護代であろう。(3)嘉慶二年五月十四日、春日神領泉庄幷小山庄領家職半済分の渡付を命じた二宮某書状写の宛所は乙部中務入道である（『史料蒐集目録』二九七）。二宮氏は下記信濃の項によっても知られる斯波氏の有力被官であるから、この二宮某は或いは在京守護代であろうか。以上のように義将は折角旧分国越前を回復しながら、管領就任直後までの越中におけるように子弟を在国させることをせず、遵行さえも近臣の奉書または書状を以てしたのであって、これは第一編第四章に述べた管領細川頼之が弟頼有を分国に止めて支配に当らせたのとは頗る対照的である。

次に、醍醐寺領越前国牛原以下四郷の打渡を甲斐八郎に命じた応永二年十一月二十二日付義将書状案（『三宝院文書』六六「表書　甲斐八郎殿　管領(義将)道光」と付記）および応永三年二月日付の越前善妙寺領目録に義将の加えた同年三月二十八日付の外題安堵（『善妙寺文書』）によって、第二次管領在職中もなお義将の越前守護兼帯が知られる。そして、守護代は(1)右の義将書状案の宛所甲斐八郎、(2)越前国坪江下郷内阿古江内出来嶋の違乱停止を求めた応永三年五月二十四日付実乗奉の大乗院門跡孝尋御教書案の宛所甲斐八郎（『坪江郷奉行引付』応永二十一年）および(3)この御教書を受けて狩野新左衛門・下野法眼の両名宛に出来嶋の打渡を命じた将教の施行状案（同上）によって、甲斐八郎将教の在職が知られる。この甲斐八郎という名は、先に応安五年義将の重臣として在京の所見のある甲斐八郎と同名であるが（『八坂神社記録』上「社家記録」。第一節一参照）、「常楽記」応永二年の条に「五月十九日、甲斐八郎頓滅大中風云々、管領(義将)左衛門佐家人、執事云々」とあり、次いで「三宝院文書」九に「越前国大土呂・河北・同国稲津保・越中国東条南北・伊勢国岩田御厨等事、為二教光跡一、佐野甲斐八郎将教可レ領二掌之一状如レ件」という義満の御判御教書案があって、先の甲斐八郎は義将の執事で、実名は佐野教光であること、およびその病歿とともに嫡子佐野将教が家督を相続し、義満から亡父の遺領を安堵されたことが確かめられる。且つこれよりさき明徳三年八月の相国寺供養に斯波義重の随兵[16]を勤めた将教を、「相国寺供養記」に「甲斐八郎藤原将教」と記してあり、藤姓足利氏の一族であった関東御家人佐野氏の末裔と認められる[17]。教光の所領が越前を主として越中・伊勢にも存在するのは、斯波氏に従って越前・越中等に多年活動した結果、義将を通じて恩補されたためであろう。且つ将教の実名は義将の偏諱を受けたものに相違ない。先の永徳年間の越前守護代甲斐美濃守の実名は詳かでないが、教光の歿後まもなくその子将教が越前守護代となっていることから、美濃守は教光の官途名で、越前守護代が斯波家執事甲斐氏の兼帯であった蓋然性も少なくないと思われる。

さて、義将の管領辞任直後の応永五年五月二日、義満は「越前国社庄佐々木五郎左衛門尉跡事、早任二寄附状一、可レ沙二汰付北野御霊社雑掌一之状如レ件」という御判御教書を左衛門佐即ち斯波義教（初名義重、本章では義教に統一記載する）に宛てて下しており（北野神社所蔵「古文書写」）、義将の管領退任と前後して、その嫡子義教（義重）が越前守護職を譲補されたことが判る。義教の在職徴証はあまり多くないが、次のような諸例がある。

(1) 応永十二年十一月二日付斯波義教遵行状案、狩野新左衛門入道・下野法眼宛（越前国坪江・河口両庄役夫工米催促停止の去月十九日御教書の遵行、『大乗院寺社雑事記』長禄四年五月二十六日条）。

(2) 応永十三年閏六月二十一日付甲斐祐徳遵行状[18]（越前国野坂庄櫛河内西福寺領安堵の遵行、『西福寺文書』）。

(3) 応永二十年正月十九日付斯波義教安堵状（越前西福寺領嶋郷内山内兵庫助入道寄進田地を安堵、同文書）。

(4) ①同年三月十日付斯波義教安堵状（越前国野坂庄櫛河内西福寺領を安堵、同文書）、②同年五月四日付甲斐宗徳遵行状（①の遵行、同上）。

このようにして、越前は斯波氏宗家の分国として相伝され、また守護代は(2)・(4)のように引続き甲斐氏が在職して活動していることが知られる。

(ロ) 信　濃

当時の信濃守護の沿革は小林計一郎氏「信濃守護考」(二)（『伊那』昭和三十七年九月号）に詳しく、且つ佐藤進一氏上掲書一九三―一九六頁にもこれを一部補訂して要約されているので、それらによって概要を記すに止める。

この国は建武新政以来、同国の名族小笠原氏が守護となり、文和年間から貞治四年（一三六五）末までの守護は小笠原長基であったが、同年この国は鎌倉府管下に入り、翌貞治五年上杉朝房（翌々応安元年以後関東管領）が守護に補せられて永和三年（一三七七）までその在職が跡付けられる。しかし同年信濃は再び幕府管轄下に入ったと覚しく、爾来上杉氏の在職徴証が見えず、やがて至徳元年（一三八四）から管領義将の弟斯波義種の守護、斯波被官二宮氏泰（式部・信濃守）の守護代在職が現れる（「海蔵院文書」「市河文書」）。けれども一旦入部した氏泰の帰京後、信濃の斯波分国化に反撥した小笠原長基は村上頼国等とともに挙兵して至徳四年氏泰の代理として在国していたその子余一種氏を守護所平芝に襲い、ここに義将は同年六月義種に代って守護を兼ね、守護代氏泰を再入部させ、氏泰は同国国人市河頼房等を率いて激戦ののち小笠原・村上以下を駆逐した。この戦況は市河頼房宛の義種および義将の軍勢催促状・感状、義種の感状および氏泰が証判を加えた頼房の軍忠状等によって跡付けられるが、二宮種氏は同年六月十二日頼房に「上裁落居之間」所領を預置し、氏泰は同年（嘉慶元年）十二月十七日には奉書を以て、翌嘉慶二年（一三八八）八月十九日には書下を以て頼房に料所を預置し（以上「市河文書」、同年十二月二十六日には右衛門蔵人某に田畠在家・屋敷・山野を安堵しており（「今清水文書」）、守護代二宮氏泰（したがってその名代二宮種氏も）は軍事統率権のみならず料所預置権をも委ねられていた。

その後応永四年（一三九七）には二宮越中是随が信濃国高井郡市河弘仙（義房）知行分の山に於て巣鷹を捕えることを禁止する奉書を下しており（「市河文書」四）、守護代は氏泰から同族二宮是随に改替したことが判る。次いで翌応永五年七月二十六日付で斯波義重の諏訪社に対する信濃国筑摩高平村の寄進状案があり（「守矢文書」）、義将は管領（第二次）辞任と前後して上記の越前守護職とともに信濃守護職も嫡子義重に譲与したのではあるまいかと思われる。しかるに同年八月二十四日義満の小笠原長基の嗣子長秀に対する信濃国住吉庄ならびに春近領還付、翌応永六年五月十日の春近領一円宛行によって小笠原氏の復権が確認され（「小笠原文書」一）、果して翌応永七年三月以降、長秀の在職徴証が見られる（「海蔵院文書」二、同年三月十六日付幕府御教書等）。

しかし、同年入部した長秀は村上満信・大文字一揆等の国人に襲撃され、敗れて帰京したため（「市河文書」四、「大塔物語」）、応永八年二月十七日、幕府は再び斯波義将を信濃守護職に補任した。「吉田家日次記」同年二月十八日条に「次向二左衛門佐(斯波義重)一信濃国守護職、自二去々年一小笠原(長秀)拝領了、而国人等不二承諾一度々致二合戦一了、昨日被レ宛二行右衛門督入道(義将)前管領一云々、賀レ之了、先立彼管領也、而去々年被レ辞了、今被二返付一云々」とあるから、守護が一旦小笠原長秀に改替されたのは応永六年であった。また同書同年四月二日条の「次向二飛鳥井中納言入道(雅縁)一暫談二世事一則同道向二嶋田遠江入道常栄一来五日為二守護代一可レ下二向信濃国一之間、為二餞送一也」という記事の如く、今回義将が守護代としたのは二宮氏でなく嶋田常栄であり、同年六月二十五日義将は市河弘仙に信濃国高井郡内・水内郡内等の所領安堵の書下を与えると共に、嶋田遠江入道即ち常栄に書下を下して弘仙の所領高井郡中野西条の押領停止・渡付を遵行させている（「市河文書」四）。しかし信濃が再度義将の分国になったのも束の間で、翌応永九年五月幕府はこの国を料国とし、同月十四日市河弘仙に「信濃国事、就レ被レ成二御料国一為二御代官一先両人依田左衛門大夫季□(秀カ)、飯尾左近将監為□(清)、来六月中可レ令二下向一也」云々という幕府御教書を下し（「市河文書」四）、ここに信濃は再び斯波氏の手を離れ、再度回復することがなかったのである。けれども、後述のように、この頃には尾張が既に斯波氏の分国に加えられているので、義将は国人自立の勢いが強く統治に困難性のある信濃に未練を感じなかったことであろう。果して幕府の信濃代官細川慈忠が応永十年七月入部すると、国人村上満信以下が蜂起して、翌年九月まで戦乱が続き（「市河文書」四）、幕府の直轄を以てしても信濃の支配は容易でなかったのである。

(ハ)　加　賀

加賀は建武以来富樫氏の分国であったが、至徳四年（一三八七）四月富樫介昌家が卒去すると（「常楽記」）、まもなくこの国は斯波氏の分国に編入され、同年六月十五日摂津能秀への同国倉月庄渡付を命ずる管領斯波義将施行状が前修理大夫即ち斯波義種に宛てられたのを初見として（「美吉文書」三）、明徳元年（一三九〇）四月まで義種の在職徴証が続く。翌明徳二年五月九日付の治部大輔即ち斯波義教に加賀国有松村地頭職の小早川実忠への渡付を命じた管領細川頼元施行状によって（「前田家所蔵文書」編年雑纂）、守護職の義教への移動が知られるが、数年ならずして義種が守護に復し、明徳四年七月十日には将軍義満が「守護人修理大夫義種所レ捧二挙状一」によって加賀国押野庄内大乗寺領の当知行安堵の御判御教書を下している（「大乗寺文書」）。

義将が越前に隣接するこの国を自家の分国に加えたのが北陸に支配勢力拡張を計るためであったことは明らかであり、且つ至徳四年六月前述の信濃守護代二宮氏泰の分国発向が、北陸を通り「越州（越後）糸井川」を経て行われていることからも（「市河文書」至徳四年九月日付市川頼房軍忠状）、加賀の獲得は信濃の確保にとっても有利な条件となったと察せられる。もとより富樫昌家の死去に乗じた加賀の獲得を可能にした条件が、義将が義満の信任の下に管領に在任していたことにあるのはいうまでもない。而して義満が斯波義種を守護にして後、一旦義教に改補したが、間もなく義種に還補したのは、当然何れも義将の申請を容れたものであり、嘗て高経の後見下に侍所頭人兼山城守護、越前・若狭両国守護の経歴があり、応安以後も越中守護代・信濃守護として分国支配の経験に富む義種に加賀の支配を委ねることが、この国を確保するため有利と判断した義将の考えによるものであろう。

なお守護代は、明徳二年六月十九日付二宮与（余）一宛に有松村地頭職渡付を命じた某人遵行状案によって（「室町家御内書案」）、二宮与一が義教の下で守護代または又守護代に在職していることが推定される。二宮与一は、上記信濃の項に触れたように、これより先至徳四年義種の信濃守護代二宮氏泰の名代として在国していたその子息種氏である（「市河文書」至徳四年六月九日付斯波義将軍勢催促状に「信濃国事、守護代二宮信濃守子息余一在国之処」云々、同年九月日付市川頼房軍忠状に「右、当国信州凶徒（中略）閏五月廿八日守護所平芝寄来間、属二二宮余一殿御手一」云々、同年六月十二日付種氏署判預状の符箋に「二のミやのよ一殿はん」）。したがって、加賀守護代には信濃在国支配の経験のある二宮氏が起用されたことが判る。

以下、爾後の応永年間における斯波氏の加賀守護在職の例証を簡略に列挙する（『増訂加能古文書』参照）。

(1)　応永二年三月二十一日付斯波義種（修理大夫）安堵状（加賀国祇陀寺に清兼寄進状に任せて同国久武保内田地地頭職を安堵、「祇陀寺文書」[19]）。

(2) 応永五年六月八日付足利義満御判御教書案、修理大夫入道（斯波義種）宛（加賀国若松庄地頭職の渡付、「狩野文書」）。

(3) 応永七年十一月十三日付管領畠山基国施行状、修理大夫入道宛（加賀国倉月庄・同国英田保内気屋村の渡付、「美吉文書」三）。

(4) 応永十年五月二日付管領畠山基国施行状案、修理大夫入道宛（加賀国大野庄の守護使不入、「臨川寺重書案文」乾）。

(5) 応永十年十一月十二日付管領畠山基国施行状、修理大夫入道宛（加賀国得橋郷等の守護使不入、「南禅寺文書」）。

(6) ①応永十三年閏六月十七日付管領斯波義教施行状案、修理大夫入道宛（加賀国萱野保内真野名等の渡付、「祇園社記」御神領部一四）、②同年閏六月二十五日付斯波義種（カ）遵行状案、二宮信濃入道宛（①の遵行、同書御神領部一四）。

(7) ①応永十五年十月十日付幕府御教書案、左衛門佐入道（斯波満種）宛（加賀国大野庄に重ねて守護使入部停止、「臨川寺重書案文」乾）、②同年十一月二十日付斯波満種（カ）遵行状案、二宮信濃入道宛（①の遵行、同書乾）。

(8) 応永二十六（十六カ）年七月四日付斯波満種遵行状案、二宮信濃入道宛（加賀国郡家庄に菅生社造営段米催促停止、「勧修寺家文書」）。

(9) ①応永十六年九月十日付管領斯波義淳施行状案、左衛門佐入道宛（加賀国粟津上下保の渡付、「等持院文書」）、②同年九月十二日付左衛門佐（斯波満種）遵行状案、二宮信濃入道宛（①の遵行、同文書）。

(10) 応永十七年七月二十日付二宮信濃入道宛斯波満種書下写（加賀国郡家庄の沽却地に対する綺の停止、「尾張文書通覧」一）。

(11) ①応永十七年十二月二十六日付将軍家義持御判御教書（加賀国大野庄に白山段米を免除し神人等の狼藉を停止、「天龍寺文書」三）、②同日付管領畠山満家施行状、左衛門佐入道宛（①の施行同文書三）、③応永十八年二月十七日付斯波満種遵行状、二宮信濃入道宛（①・②の遵行同文書三）。

(12) 応永十八年十月二十七日付幕府御教書写、左衛門佐入道宛（加賀国郡家庄内に対する諸方の競望の停止、「勧修寺家文書」二)。

⒀　応永十九年五月三日付斯波満種書下、二宮信濃入道宛（加賀国大野庄に被管人乱入・料足譴責の停止、「臨川寺文書」)。

⒁　応永十九年五月十二日付管領細川満元施行状、左衛門佐入道宛（同庄に守護使入部・庄内住人守護被官化等の停止、同文書)。

以上の⑴―⑹により応永十三年（一四〇六）閏六月まで引続き義種の加賀守護在職、⑺―⒁によって応永十五年十月以降斯波満種の在職が確認され、したがって義種が応永十五年二月三日卒去すると（『教言卿記』同日条)、嫡子満種にその分国が安堵されたことが判る。そして守護代は⑹―⑾・⒀の如く、先に信濃守護代として活動した二宮信濃守氏泰と同一人と見られる二宮信濃入道の応永十三年から同十九年に至る在職事実があって、斯波満種も二宮氏を引続き加賀守護代として分国支配の実績を上げようとしたことが推測される。

ところが応永二十一年六月満種は将軍義持の忌諱に触れ、高野山に逃れて遁世し、代って富樫介満春と義持の近習で寵臣である富樫庶流の満成との二人が加賀の各半国守護に補任され（「寺門事条々聞書」応永二十一年五月二十五日条末尾書入、『満済准后日記』同年六月八日条・九日条等)、ここに二十余年間続いた斯波氏庶流義種・満種の加賀分国支配に終止符が打たれた。これは義将歿後斯波氏の立場がやや弱化したのに乗じて行われた富樫満成等の分国回復の策謀が成功したものと推測される。しかし「近日権威傍若無人」といわれた満成も応永二十五年十一月義持に斥けられ（『看聞御記』『満済准后日記』)、結局富樫氏嫡流が加賀一国を保つこととなった[20]。

㈡　尾　張

この国は観応擾乱以来永らく隣国美濃を本拠とする幕府宿老土岐頼康が守護であったが、嘉慶元年（一三八七）頼康が卒去するとまもなくその子満貞が守護に補せられた。しかし数年ならずして尾張守護は畠山深秋に、さらに今川仲秋にと頻繁に改替されて応永年間を迎え、他方、知多・海東両郡は三河守護一色氏の分郡となった[21]。次いで今川氏兼（讃岐入道法世）の応永五年閏四月在職（『醍醐寺文書』之一、七四号）が知られるが、同年十一月には畠山基国が在職し再び畠山氏分国になっている（「長母寺文書」）。ところが応永七年（一四〇〇）三月になると斯波被官と覚しい藤原重教の遵行、同年四月には斯波氏の重臣甲斐祐徳の奉書発給、同年六月からは斯波義教（義重）の安堵状が出現し（『大徳寺文書』之十二）、尾張が斯波氏の分国になったことが判明する。さらに翌々応永九年十二月には織田常竹他一名が同国妙興寺の寺領目録に証判を加え（『妙興寺文書』）、応永十年八月には守護斯波義教の守護代織田伊勢入道（常松）宛遵行状が現れ（「三宝院文書」三）、これを嚆矢として守護代織田氏およびその一族の動向にも漸次多くの所見が現れる。この応永年間を起点とする尾張守護としての斯波氏ならびに守護代織田氏の動向は、奥野高広氏を始め、上村喜久子氏・新井喜久夫氏・杉村豊氏等の研究が存在するので、[22] ここでは斯波氏がこの国を分国とすることの出来た事情等に言及するに止める。

応永七年は既に義将が管領を辞し畠山基国が義満の信任を得て管領となった翌々年であった。現任の管領基国が畿内にも近い有数の国である尾張を手易く斯波氏に譲ったのは、畠山氏が紀伊を新たに分国に加えたために外ならないであろう。即ち紀伊は前年まで大内義弘の分国であったが、基国自ら堺に出陣して義弘を討った応永の乱の論功行賞で、基国の分国に加えられ、応永七年三月以来紀伊守護としての在職事実が現れる（「随心院文書」、第三編第三章二参照）。それにしても斯波義教が尾張守護になれたのは、幕府最高の宿老として義満の側近に侍するその父義将の力に負うものであったに違いない。そして前述の如く応永六年の内に義教は信濃守護を解任されて信濃は再び小笠原氏の分国となったので、義将・義教父子が機会を求めて信濃に代る広大な分国の獲得を運動したとしても不思議でない。そこで義満は応永の乱による闕国紀伊を畠山に、而して畠山の分国尾張を斯波義教に与えたものと推定される。

このようにして獲得した新たな分国尾張に、斯波氏は従来の同国守護よりも格段と強力な分国支配を展開した。すなわち上村喜久子氏が註（22）所掲論文で詳細に検討されたように、領主三宝院門跡の下で請所契約等により公卿・寺社・武士に分給されていた尾張国衙領に、斯波義教は正税地・一円地を問わずいちはやく織田・甲斐・二宮・斎藤等の被官を給人として彼等を通じて年貢を徴収する体制を設定し、また分国全体に対しても公田段銭を増徴・固定化している。とはいえ、斯波氏の尾張支配は、斯波氏が管領家として常に在京し、幕政に深く関っているため、当初から在京守護代および在国守護代としての織田氏に実務を委ねる傾向が強かった。同じく上村氏の指摘されたように応永十六年六月二日在京守護代織田常松は飯尾清藤と妙興寺との同国中嶋正介跡の下地を廻る相論について、在国守護代（又守護代）織田常竹に「両方子細急可ㇾ有ニ注進一」きことを下達し、次いで「於ㇾ国両方対決処、妙興寺理運之由」の注進に基づき、同年七月二十九日常竹に奉書を下して寺家雑掌に下地を渡付するよう命じている（『妙興寺文書』二四三・二四四号）。このように所務相論の実質上の審理が在国守護代に一任され、しかもその結果に基づく裁決が在京守護代の奉書で処理されている事実を見ても、斯波氏の尾張経営が当初から在京守護代・在国守護代の織田氏を介する二重の間接支配に過ぎず、必ずしも斯波氏自身の権力の在地への浸透をもたらさなかったことが察せられる。(23)

㈭　遠　江

最も後れて斯波氏の分国になるのは遠江である。この国は観応擾乱直後から一貫して今川氏の分国であったが、(24)応永十二年（一四〇五）十一月十九日付の左記の沙弥某奉書案は、宛所が甲斐兵庫助入道・大谷豊前入道の両名となっている（「東寺百合文書」ミ）。

（端裏書）
「加賀嶋書下案」

東寺雑掌申遠江国村櫛庄領家方幷ニ原田庄内細谷郷本家米事、任ニ先度之例一、可ㇾ被ニ沙汰付一之由候也、仍執達如ㇾ件、

応永十二
十一月十九日　　沙弥判

甲斐兵庫助入道殿

大谷豊前入道殿

甲斐氏はいうまでもなく斯波氏の近臣であり、大谷豊前入道はさきに応永七年四月二十六日付甲斐祐徳奉書で、甲斐

右京亮とともに尾張国松板庄内破田郷の違乱を戒められた人物であり（『大徳寺文書』之十二）、斯波被官に相違ない。上掲の遠江村櫛庄に関する奉書の発給者沙弥は、おそらく『大日本史料』第七編之八、当該日条に比定するように時の管領斯波義教であろうが、施行が守護宛でなく、このように斯波被官両氏を以てしているのは、管領義教が遠江守護を兼ねているため、幕府御教書と守護遵行状の発給手続を省略して直接守護使を発遣したものに違いあるまい。翌応永十三年九月十七日には同じ遠江国村櫛庄本家米の渡付を重ねて催促させた細江修理尉入道宛の沙弥某奉書案が見られる（「東寺百合文書」る、最勝光院方評定引付）。細江修理尉入道（ママ）については他に所見を得ないが、おそらく甲斐・大谷両氏と同様斯波被官であろう。

このように斯波義教が応永十二年七月畠山基国に代って管領になると間もなく、遠江が義教の分国と推定されるようになり、前管領義将・管領義教の画策でこの国の斯波分国編入を見たのではあるまいかと思われる。やがて応永十九年八月二十五日には遠江国山香庄内大結・福沢両村地頭職押領停止の遵行を命じた幕府御教書（管領細川満元署判）が右兵衛督入道即ち斯波義教に宛てて出され、応永二十四年十一月十九日にも同じ両村押領停止の重催促の幕府御教書（同じく細川満元署判）が義教に宛てられており（「前田家所蔵文書」天野文書）、爾後引続き遠江は斯波氏の分国として戦国時代に及び、永正年間今川氏親に奪われるまで約一世紀間継続するのである。

室町幕府の安定に対する義将の貢献には少なからぬものがあったが、斯波氏の分国拡大についても彼の働きは大きかった。即ち彼の管領就任後まもなく斯波氏は建武以来の本拠地越前を回復した上、信濃・加賀を分国に加え、さらに第二次管領辞任後は信濃・加賀に代って尾張・遠江を分国とし、ここに越前・尾張・遠江三ヵ国という守護大名斯波氏の世襲分国の成立する基が開かれた。但し二宮・甲斐・織田等の有力被官に各分国の経営を委ねる方式が当初から採用されたことが明らかに看取される。このような斯波氏の間接的な分国支配は、やがて有力被官の擡頭ないし相剋によって斯波氏の権力の基礎が脅かされる要因を醸成することとなるといえよう。しかも最近の河村昭一氏の論考によれば、南北朝期の主要な斯波被官諸氏の内、鎌倉期以来の根本被官と推定されるのは陸奥国紫波郡乙部村を本貫とするとみられる乙部氏を挙げうるに止まり、また分国内の国人の出自と考えられるものも越前出身の斎藤氏や越中出身の可能性のある氏家氏などに過ぎず、分国外に本貫地を有した御家人的性格のものが少なくないと推定され、中でも甲斐氏の如きは応永・永享期を通じて六月中に将軍の来訪を受けるのが恒例であったことが指摘されている(25)。なお応永年間以降の尾張守護代織田氏の出自が越前織田庄の荘官であることは夙に推定されているが(26)、この織田氏を加えても斯波氏分国内を本貫とする被官は寥々たるものであって、細川氏が頼之またはその子弟の多年にわたる在国経営によって、分国内に多くの所領を集積するとともに国人層の中から多数の被官を育成した事実（第一編第五章第二節参照）に比べて、斯波義将およびその子弟の分国経営や被官掌握の在り方が守護権力の分国内浸透という点において頗る不徹底性を残すものであったことは否定しえないのである。

註

（1）桑山浩然氏「室町幕府経済の構造」（『日本経済史大系』2中世）参照。

（2）羽下徳彦氏「室町幕府侍所考」（『中世の窓』一三号、『論集日本歴史』5室町政権所収）。

（3）東寺は同寺末寺珍皇寺を禅院とする計画の中止を訴えた至徳四年五月日付の申状を幕府に提出しているが、その頃の某年十一月二十二日東寺長者道快（但し在任中か否か不詳）は同じ趣旨の書状を義将に宛てて送り、この計画の中止を申沙汰されたいと求めており（『醍醐寺文書』之三、四八七号・四八八号）、このことからも幕府の対寺社政策に義将が深く関っていることが判る。

（4）渋川長寿王（満頼）の父義行は、斯波義将が高経の後見下で執事に在任中の貞治四年（一三六五）八月鎮西管領に起用されたが（「西高辻文書」貞治四年八月二十五日将軍家義詮御判御教書案、「征西大将軍宮譜」九、八月二十八日付渋川義行書状写）、南朝征西将軍府制圧下の九州に一歩も攻め入ることが出来ずして解任され、応安三年（一三七〇）六月管領細川頼之の選定による今川了俊発遣となった。また同年十月には頼之は義行の叔母である二代将軍義詮の正室（義満の継母）渋川幸子の加担する崇光上皇の第一皇子栄仁親王への譲位の運動を抑えて、後光厳天皇の第一皇子緒仁親王（後円融天皇）への譲位に賛同したので（「後光厳院宸記』)、渋川氏は当然頼之に対する反感を懐いた筈であった。しかし義行は永和元年（一三七五）八月に夭折し（『尊卑分脈』、『南方紀伝』)、幼少の嫡子長寿王が家督を嗣いだので、渋川氏はその後の頼之排斥運動に直接参加するには至らなかった。それゆえ、渡辺左近将監の摂津国富島庄下司職押領の停止を命じた康暦元年八月二十七日付義将奉幕府御教書案（「大覚寺文書」一）の宛所を初見とする渋川長寿王の同国守護職在任は、管領義将が渋川氏を与党として育成しようとした結果と見るべきであろう。

（5）拙著『細川頼之』二七六頁参照。

（6）第14表の中、管領細川頼元の発給文書の典拠は次の通りである。

A　軍事関係

軍勢催促。『島津家文書』之一、『壬生家文書』三、「離宮八幡宮文書」、「三刀屋文書」（「諸家文書纂」所収）

B　寺社の権益認定等

(1) 寺院所職安堵。「善通寺文書」

(2) 寺社領寄進。「北野神社文書」（筑波大学所蔵、以下同）

(3) 造営料所等設定。「東寺文書」数、『壬生家文書』二

(4) 守護不入・公事課役免除。「竹生嶋宝厳寺文書」、「勧修寺文書」

(5) 社役勤仕の督励。『北野天満宮史料』古記録

(6) 地下人の煩停止。「三宝院文書」一

(7) 年貢・課役対捍の停止。『春日神社文書』第一

(8) 乱入狼藉・造営料木伐採等の禁止。「土佐文書」、「園城寺文書」

C　九州探題・守護・使節宛の遵行命令

(1) 寄進・宛行・安堵等の施行。「前田家所蔵文書」編年雑纂、「醍醐寺文書」二十一函、「祇園社記」続録、「宗像文書」、『高野山文書』之一、「秋田藩採集文書」五、「美吉文書」

(2) 濫妨停止・下地渡付。「前田家所蔵文書」天野文書、『伊達家文書』之一、「前田家所蔵文書」東福寺文書、「美吉文書」、「前田家所蔵文書」宝菩提院文書、「樺山文書」、『妙興寺文書』、「久我家文書」、「実相院文書」、「法金剛院文書」、『石清水文書』之六、「園城寺文書」、「吉田文書」、『壬生家文書』二、「長善寺文書」、「天龍寺重書目録」、「東寺百合文書」ア、「宝鏡寺文書」、「壬生

家文書」壬生家々領関係文書、「壬生家文書」隼人保関係文書、「桂文書」

(3) 半済停止・一円渡付。『春日神社文書』第一、『島津家文書』之一

(4) 下地渡付の督励。「麻生文書」

(5) 非法糺明・張本人捕進。「美吉文書」

(6) 頭役対捍停止・勤仕督励。「離宮八幡宮文書」

(7) 段銭催促停止。「東寺百合文書」せ、「離宮八幡宮文書」

(8) 寺用米の被官人宛行停止。「東寺文書」数

(9) 大山崎神人の荏胡麻勘過。「離宮八幡宮文書」

(7) 第14表の中、管領斯波義将（第二次在任時）の発給文書の典拠は次の通りである。

A　軍事関係

(1) 軍勢催促。「禰寝氏正統文献雑聚」、「児玉韞採集文書」原田氏所蔵文書、「樺山文書」

B　所領諸職の認定等

(1) 所領諸職安堵。東京大学所蔵「東大寺文書」九、「中村文書」

(2) 所領安堵・競望棄捐。「壬生家文書」壬生家々領関係文書

C　祈禱関係

(1) 巻数返事。「東寺百合文書」せ、「東寺文書」楽

(2) 巻数・贈遣等の返事。「東寺百合文書」オ

D　寺社の権益認定等

(1) 寺院諸職の口入。「東寺百合文書」マ

(2) 寺社領安堵。「長福寺文書」、『葛川明王院史料』、「善妙寺文書」、「厳島文書」巻子本、「厳島文書」御判物帳

(3) 造営役賦課の認定。「祇園社記」雑纂

(4) 守護不入・公事課役免除。「西大寺文書」、「北条寺文書」、「紀氏文書」。なおこの外に「剣神社文書」応永二年八月十八日付幕府御教書（院宣に任せて越前国剣太神宮寺神領等の臨時課役・検断停止）は『大日本史料』第七編之二にも採用して綱文を立て

ているが、文言が整わない上、前月薙髪した義将の署判に実名が用いられている点からも頗る疑わしいので除外する。

(5) 訴訟推挙の権限の認定。「寺門事条々聞書」

(6) 年貢対捍の停止。「古文書纂」一

(7) 殺生・竹木伐採の禁制。「多田神社文書」

(8) 贈遺等に対する答謝。「円覚寺文書」、「東寺百合文書」せ、「東寺百合文書」マ

E　所役の賦課

土倉酒屋役条々の公布。「建武以来追加」

F　商人保護

座商人の権益侵害の停止。『北野天満宮史料』古記録、「離宮八幡宮文書」

G　九州探題・守護・使節等宛遵行命令

(1) 寄進・宛行・安堵等の施行。「雨森善四郎氏所蔵文書」、『早稲田大学所蔵荻野研究室収集文書』、「但馬村岡山名家譜」、「禰寝氏正統文献雑聚」、「宝鏡寺文書」、「永源寺文書」、「前田家所蔵文書」東福寺文書、『高野山文書』之一、「三宝院文書」七、「佐々木文書」、『上杉家文書』之一、「東寺百合文書」ミ、「東寺百合文書」ゐ、「本間文書」、「三宝院文書」一〇、『平賀家文書』、「三宝院文書」三八

(2) 九州国人の所領安堵。「改正原田記附録」、「小鹿島古文書」

(3) 寺院返付の施行。「三宝院文書」三

(4) 寺社領渡付。「賀茂社諸国神戸記」七、「宝鏡寺文書」、「三宝院文書」六六

(5) 濫妨停止・下地渡付。『上杉家文書』之一、「美吉文書」、「前田家所蔵文書」宝菩提院文書、『石清水八幡宮史料』第六輯、「東大寺文書」五（『大日本史料』第七編之一所載）、『八坂神社文書』下、「天龍寺重書目録」、「大橋文書」、「前田家所蔵文書」武家手鑑、『毛利家文書』之四、『八坂神社文書』下、「比牟礼八幡神社文書」、「長福寺文書」、「東京大学所蔵文書」青蓮院文書、「熱田神宮文書」、「三宝院文書」五〇、「三宝院文書」一〇、「泉涌寺文書」、「東寺百合文書」ユ、「厳島文書」御判物帳、「三宝院文書」七、「本郷文書」、「東寺百合文書」オ、「東寺百合文書」レ、「法輪寺文書」

(6) 半済停止・一円渡付。「東寺百合文書」せ、『八坂神社文書』下、「東寺百合文書」る（『東寺文書』之五所収）、『壬生家文書』

三、「東大寺文書」第二回採訪 三

(7) 下地渡付の遵行督励。「祇園社記」御神領部、『八坂神社文書』下、「久我家文書」

(8) 私戦の停止。「入江文書」

(9) 非法の糺明・注進。「随心院文書」、「多田神社文書」

(10) 頭役対捍停止・勤仕督励。「離宮八幡宮文書」

(11) 造営段銭・課役賦課。「祇園社記」雑纂、「東寺百合文書」つ

(12) 段銭・公事課役催促停止。「美吉文書」、『九条家文書』二、「三宝院文書」五五、『高野山文書』之一、「臨川寺重書案文」、「北条寺文書」、「古文書写」、「美吉文書」

(8) 第15表に示した明徳二年三月十五日より応永五年閏四月八日まで即ち細川頼元と斯波義持第二次管領在任時、またはその頃と推定される義満の発給文書は次の如き典拠が管見に入る。

A　軍事統率・栄誉付与

(1) 軍勢催促。「諸家文書纂」七河野文書、「禰寝氏正統文献雑聚」「禰寝文書」

(2) 感褒。『上杉家文書』之一、「古文書」（内閣本）一六

(3) 九州探題の成敗遵守を指令。「詫間文書」

B　所領・諸職等の付与・認定

(1) 守護職補任。「佐々木文書」、『上杉家文書』之一

(2) 守護職安堵。「古文書」（記録御用所本）河野、「大友文書」四

(3) 所領諸職宛行。『萩藩閥閲録』九三、「美吉文書」、「秋田藩採集文書」五、「地蔵院文書」（京都大学所蔵）、「佐々木文書」、「本間文書」

(4) 所領諸職返付。「佐々木文書」、「小笠原文書」

(5) 所領諸職安堵。「白河古事考」、「久下文書」、「諸家文書纂」四、「鳥居大路古文書」、『上杉家文書』之一、『大徳寺文書』之七、『小早川文書』之二、『平賀家文書』、「三宝院文書」九、「佐々木文書」、「改正原田記附録」、『三浦家文書』

(6) 所領の守護使不入。「佐々木文書」、「美吉文書」

C　皇室・公家衆等の権益認定等

(1) 皇室の地位・皇室領に関する請文等。「伏見宮家文書」、「近衛家文書」、「古文書纂」二一

(2) 家門・家領等の安堵。「吉田文書」、「東寺百合文書」ミ、「久我家文書」

(3) 家領の守護使不入。「徳大寺家文書」

(4) 神社造営の仰付。「平野社文書」

(5) 社領の寺院への寄進停止。「祇園社記」御神領部

(6) 管絃の秘説返授。『体源抄』一（三本）

(7) 存問・答謝。「猪熊信男氏所蔵文書」、「保坂潤治氏所蔵文書」

D　祈禱関係

(1) 諷誦・疏。「諷誦願文草案」、「相国寺諸回向幷疏」

(2) 受戒の師主書。「三宝院文書」一八

(3) 祈禱要請。「松尾寺文書」、「芸州福王寺文書」、「龍華秘書」

(4) 修法の答謝。「猪熊信男氏所蔵文書」

(5) 祈願寺指定。「護国寺文書」、「永源寺文書」、「三国地志」九四

E　寺社の権益付与・認定等

(1) 寺院返進。『九条家文書』一

(2) 住持職等仰付。『蔭涼軒日録』文明十七年九月十五日条、「三宝院文書」三八

(3) 寺社諸職安堵。「前田家所蔵文書」宝菩提院文書、「青蓮院文書」、「富岡文書」、「三宝院文書」三八

(4) 寺社領寄進。「祇園社記」続録、『東大寺文書』之三、『石清水文書』之六、『南禅寺文書』上、「北野神社文書」、「但馬村岡山名家譜」、「湖山集」、『高野山文書』之一、「吸江寺文書」、「円覚寺文書」、「室町家御内書案」

(5) 寺社領安堵。『高野山文書』之六、「久我家文書」、「広隆寺文書」、「南狩遺文」、「妙顕寺文書」、「等持院常住記録」、「西琳寺文書」、「多田神社文書」、「賀茂別雷神社文書」、「東福寺文書」（前田家所蔵）、「古証文」、「楓軒文書纂」七九、「稲荷神社文書」、『醍醐寺文書』之一、「永光寺旧記」、「東寺百合文書」ユ、「東寺百合文書」ゐ、『醍醐寺文書』之二、「神護寺文書」、『南禅寺文書』

(6) 寺院に関務を安堵。「尊勝院文書」
(7) 社領違乱停止。「若王子神社文書」、「離宮八幡宮文書」
(8) 造営段銭寄附。『醍醐寺文書』之一
(9) 国衙正税徴収等の認可。『醍醐寺文書』之一
(10) 諸役免除・守護使不入。「天龍寺文書」、『高野山文書』之一、『醍醐寺文書』之一、「紀氏文書」
(11) 仏師に地頭職返付。「雨森善四郎氏所蔵文書」
(12) 駕輿丁に課役免除。『北野天満宮史料』古記録
(13) 寺僧の罪科糺明「神木御動座度々大乱類聚」

F　鎌倉御所・守護宛遵行命令

(1) 所領・寺領等の渡付。「北野神社文書」、「青蓮院文書」、「三宝院文書」三八、『上杉家文書』之一
(2) 寺領の違乱停止。『醍醐寺文書』之四
(3) 社領の課役催促停止。『醍醐寺文書』之一
(4) 寺領の遵行督励。「相州文書」一三
(5) 寺僧の参暇を免許。「円覚寺文書」

(9) 義満の宛行状は明徳三年二月十日付のものはなお従来通り袖判下文を用いているが（『萩藩閥閲録』九三）、爾後はすべて袖判御教書を以てするようになる。即ち、御判御教書が袖判下文の用途を吸収するに至ったのである。

(10) この事書の案文の末尾には「御判」とあり、『大日本史料』第七編之一当該日の項には、これを義満に比定している。しかしこの事書には「不日可レ被レ致二沙汰一候」「可レ被二注申一候」等というやや丁重な文言の用いられていることや、この事書を今川貞世に通達した幕府御教書の案文にも「左衛門佐（斯波義将）御判」とあることによって、上記の「御判」も義将の花押であった蓋然性が強いので、この事書は義満の発給文書には数えないこととする。

(11) 川添昭二氏『今川了俊』二一一―二一四頁。

(12) 但しこれを伝える『椿葉記』には「管領勘（ママ）解由小路左衛門督（義将）入道おしはからひ申て」とある。当時の管領は義将の嫡子義教であったが、義将がその政務を後見していたので、著者貞成親王は義将を管領と錯覚して誤記したのであろう。

(13) 臼井信義氏「足利義持の初政と斯波義将」(『駿台史学』四号)。なお義満歿後、守護層が権限強化をめざし、斯波氏と他氏との軋轢など義持政権の内的矛盾が顕在化して「合議」制の成立を促したという重要な指摘が伊藤喜良氏によって行われている(「義持政権をめぐって——禅秀の乱前後における中央政局の一側面—」『国史談話会雑誌』豊田・石井両先生退官記念号所収)。

(14) 佐藤進一氏前掲書二六一頁。

(15) なお畠山基国は永徳二年(一三八二)閏正月河内国主兼守護の楠木正儀が南朝に復帰するとその追討に派せられ、次いで河内守護に兼補され、ここに至って越前守護から越中守護への転補の不利益を補って余りある分国を得た(第三編第三章第一節参照)。

(16) この相国寺供養に斯波氏は次のように義将の嫡子義重(義教)と義将の甥満種とがそれぞれ郎等六騎を従えて、後陣随兵の一番を勤めた(「相国寺供養記」)。

治部大輔源義重、黒糸鎧、白覆輪、地紅直垂、唐織物、紋桐三本ノ立木、刀太刀金、馬黒、鞍内金々具足、上帯、貫水豹、

張替役　搔副二宮与一源種氏

敷皮役　嶋田平次郎憲国

笠　役　嶋田弥次郎重憲

甲斐八郎藤原将教

由宇新左衛門尉多々良氏実[英イ]

氏家主計允藤原将光

民部少輔源満種、紫糸白覆輪、地青直垂、唐織物、紋桐、刀太刀金、馬黒、白鞍、上帯引、

張替役　搔副二宮与二源種泰

長田左近蔵人藤原将経

斎藤石見守藤原種用

岩井彦左衛門尉藤原教秀

安居孫五郎藤原種氏

二宮七郎藤原種隆

郎等は源姓二宮氏と嶋田氏が各二騎、甲斐・由宇・氏家・長田・斎藤・岩井・安居・藤姓二宮の各氏が一騎ずつで、当時のめぼしい斯波氏近臣諸氏が殆ど加わっている。

(17) 河村昭一氏前掲論文㈢（『若越郷土研究』二三ノ四）。

(18) この遵行状は日下に花押を記すのみであるが、懸紙の端に「応永七年甲斐殿状」とある六月十二日付祐徳書状（『大徳寺文書』之十二）との花押の一致によって発給者が祐徳であることが判る。

(19) 『大日本史料』第七編之二、当該日条には、この修理大夫を富樫昌家として綱文を立てているが、本文に述べたように昌家は夙に至徳四年卒去しており、斯波義種であることはいうまでもない。

(20) 東四柳史明氏「中世加賀・能登の争乱」（『加賀能登の歴史』所収）参照。

(21) 佐藤氏前掲書八五—八七頁、上村喜久子氏「尾張に於ける守護支配」（『清洲町史』）。

(22) 奥野高広氏「初期の織田氏」（『国学院雑誌』六二巻九号、『論集日本歴史』5に再録）・「織田氏の先祖と信長」（『織田信長文書の研究』上）、上村喜久子氏前掲論文、新井喜久夫氏「織田系譜に関する覚書」（『清洲町史』）、杉村豊氏「守護代織田氏の尾張支配」（『国学院大学大学院紀要』五輯）。

(23) 斯波氏は従来の尾張国人層をも給人として認めることにより彼等を被官化し、分国支配の基礎を創出したが、現実にはこれらの国人層は在国守護代織田常竹のもとに掌握されているのであって、斯波氏の被官組織の進展は、織田氏の経営の成果に依存するものであった（斎藤純雄氏「尾張における守護領国制の形成と国衙領」『国史談話会雑誌』一二号）。

(24) 佐藤氏前掲書九五—一〇〇頁、川添昭二氏「遠江・駿河守護今川範国事蹟稿」（『荘園制と武家社会』）。

(25) 河村昭一氏前掲論文㈢。

(26) 田中義成氏『織田時代史』七—八頁。

第四章　奥州管領吉良貞家の動向

第一節　国人層の動向と奥州管領奉書

一　発給文書の概況

室町幕府の奥州統治機関である奥州管領は、南北朝時代のうちに吉良・畠山両管領→吉良一管領→吉良・斯波両管領→斯波一管領という変遷を辿り、吉良氏は南北朝後期に奥州の支配権を喪うが、斯波氏は、南北朝末に奥羽両国が鎌倉府管下に編入された後も、なお奥州探題大崎氏を称して戦国末まで命脈を保ったことが知られている。そこで本章では、康永四年（一三四五）から文和二年（一三五三）まで在任した奥州管領吉良貞家の支配体制を、主にその発給文書を素材として検討し、[1]観応擾乱前後における足利一門吉良氏の奥州支配を追究するとともに、文和三年（一三五一）斯波家兼の入部に始まる斯波氏の奥州支配を理解するための前提としたい。

奥州管領制の成立については、遠藤巌氏が詳細に論述され、南北朝内乱当初の斯波家長はむしろ関東執事というべきであり、次の石塔義房は未だ奥州管領と規定するに足りる権限と機構とを有するに至らず、康永四年登場の畠山国氏・吉良貞家の両者において、初めて奥州諸氏の所領安堵・恩賞等の吹挙権・審査権を賦与され、且つ奉行衆・使節等を組織し、奥州管領府と称すべき行政府を整備したことを指摘された。[2]遠藤氏のこの所論は、発給文書の分類整理に立論の基礎を置いている点で方法論的にも示唆に富むが、主眼が奥州管領制の成立に置かれている関係上、いきおい観応擾乱以後の変遷は考察の主対象とされていない。

しかしながら、擾乱に伴って現出した吉良貞家一管領の奥州支配も、僅か三年に満たない短期間であるとは言え、かなり注目すべき一時期を劃していると思われる。そもそも当初から足利直義党を代表して奥州に入部した貞家は、擾乱が勃発するや、一方の管領畠山国氏を攻めて観応二年（一三五一）二月これを滅ぼし、奥州管領の地位を事実上独占した。次いで同年十一月奥州南軍の急襲を受けて一旦多賀国府を抛棄したが、翌三年（文和元年）三月国府を奪還、続いて南軍を連破し、翌文和二年五月田村郡宇津峯城を陥れて北畠顕信以下を駆逐し、北奥の一角を除く奥州の大半を支配下に収めたのである。にも拘らずこの貞家の活動は決して奥州管領吉良氏の安定をもたらさず、同年末、貞家の動静が跡を絶つと、翌三年石塔義房の子義憲（初名義元）が奥州に攻め入り、その六月貞家の嫡子吉良満家は義憲に敗れて一旦多賀国府より敗走し、さらに同年十一月までに斯波家兼が入部して吉良・斯波両管領期を迎える。のみならずこれ以後吉良氏は分裂・衰退の傾向を強めた結果、吉良氏の奥州関係発給文書は貞治六年（一三六七）を下限として消滅し、吉良氏の奥州支配は全く地を払い、斯波（大崎）一管領の時期となるのである。(3)

このような吉良氏の隆替を概観するとき、われわれは貞家の奥州支配が、その表面上の華やかさにも拘らず何等かの重要な欠陥を内包していたのではあるまいかという疑念を免れない。奥州制圧をほぼ達成したかに見える貞家の活動と爾後の吉良氏の急速な凋落とを統一的に理解するための重要な鍵の一つは、幕府権力を代表して奥州諸氏に臨んだ彼が、果してどの程度まで彼等を奥州管領府の支配権力の許に掌握しえたかという問題の中に潜んでいるのではなかろうか。

そこで、先ず畠山国氏討滅以降三年未満の吉良貞家一管領期（以下、一管領期と略称）と対比するため、それ以前約五ヵ年間にわたる吉良・畠山両管領期（以下両管領期と略称）の発給文書を表示しておきたい。既に遠藤氏の上掲論文には、両管領連署吹挙状五通のほか貞和二―五年に両者が個人名で発給した文書として国氏六通、貞家十三通を数えているが、筆者なりに分類整理した両者の発給文書は次の第17表の通りである。なお様式欄に書状として掲げたのは披露状以外の書状を指すものとする。また国氏の結城親朝に宛てた年闕七月二日付書状（「榊原家文書」）は附箋によれば康永四年（貞和元年）のもので奥州管領発給文書の初見となる。その次は貞家の大河内雅楽助宛康永四年九月二十九日付兵粮料所預ケ

第17表（両管領期）奥州管領発給文書一覧（自康永四年七月至観応二年正月）

A　両管領連署の発給文書

内容	様式：奉書	様式：書下	様式：書状	様式：披露状	様式：与判	計	典拠
(1)恩賞ノ吹挙				2		2	佐藤文書・大悲山文書
(2)所領安堵ノ吹挙				2		2	結城文書・示現寺文書
(3)年貢未進陳弁ノ吹挙				1		1	飯野文書
計	0	0	0	5	0	5	

B　吉良貞家単独の発給文書

内容	様式：奉書	様式：書下	様式：書状	様式：披露状	様式：与判	計	典拠
(1)軍勢催促・警固要請		7				7	飯野文書・相馬文書・有浦文書・秋田藩採集文書・鬼柳文書・結城文書
(2)軍忠状ノ証判					3	3	飯野文書・大国魂神社文書・秋田藩採集文書
(3)感褒		1				1	結城古文書写
(4)禁制		2				2	奥州平泉文書・胆沢八幡宮別当文書
(5)兵粮料所ノ預置		1				1	猿投神社文書
(6)検断奉行ノ預置		1				1	結城文書
(7)恩賞・訴訟ノ吹挙			3	1		4	結城文書・留守文書
(8)所務相論ノ裁決		1				1	鬼柳文書
(9)社領寄進		1				1	飯野文書
(10)神社造営ノ督励		1				1	飯野文書
(11)神社造営ノ棟別認可		1				1	胆沢八幡宮別当文書
計	0	16	3	1	3	23	

C　畠山国氏単独の発給文書

内容	様式 奉書	書下	書状	披露状	与判	計	典拠
(1)軍勢催促		1				1	佐藤文書
(2)軍忠状ノ証判					2	2	白川文書・秋田藩採集文書
(3)通款ヘノ返書			1			1	榊原家文書
(4)恩賞吹挙				1		1	留守文書
(5)検断奉行ノ安堵		1				1	結城文書
(6)社領寄進		1				1	余目文書
計	0	3	1	1	2	7	

状である（『猿投神社文書』）。

B・Cを比べると、少なくとも現存文書に見る限り、ほぼ同一期間内に貞家は国氏の三倍強に相当する二十三通の発給文書を残しているだけでなく、Bには奥州諸氏に対する軍勢催促や幕府への吹挙・注進の事例が際立っていることや、Cに見られない感状・禁制の交付、相論の裁決、造営役の督励が見られる等の特色を有し、それは貞家の活動が国氏に比して、より積極的・多面的であったことを窺わせるに足りる。貞家の幕府引付頭人としての経験(4)が奥州管領としての職権活動に役立ったこともその一因であろう。

吹挙状は何れも幕府執事高師直を宛所とするが、Aの連署吹挙状五通(5)は貞和二年閏九月を上限とし、同四年十一月を下限とするのに対し、B・Cに掲げた両管領の各個人名の吹挙状は、国氏のそれが観応元年五月、貞家のそれが同年七月で、この二通は同じ留守家任の恩賞申請の申状（「留守文書」）を、それぞれ別個に吹挙したものである。このことは幕府における直義党と高師直党との対立激化に伴い、奥州でも両管領の協調が破綻したことを暗示している。しかし結城顕朝父子の所領申請に関する貞和四年三月十六日付の両管領連署吹挙状に引続き、貞家が四月八日に個人名の書状を某人・上杉重能・飯尾貞兼の三名宛に送って、顕朝の代官の上洛を告げ、その所領安堵への取り成しを依頼している事実は（B(6)の「結城文書」(6)）、彼が夙に奥州武士の恩賞要求に敏感に対応し、積極的に恩賞吹挙の職権活動を行っていたことを推知せしめる。多年南党の重鎮であった結城氏に対してだけでなく、例えば和賀郡の豪族和賀氏の庶流鬼柳氏についても、貞家は一族間の所領相論を裁決して、和賀氏の惣領基義にその裁決結果の実施を保証するよう命じている（B

(7)。一方、畠山国氏にも石川板橋高光とその兄千石時光との所領相論を裁決して高光の当知行を認めた事例があるが、やがて観応三年四月に至り貞家が高光の申請によってその係争地の安堵を尊氏に吹挙し、同年八月尊氏袖加判奉書を下していることからも、国氏の裁決は充分な保証には至らなかったと考えられる（「板橋文書」）。ともあれ、以上の二、三の事例からではあるが、貞家が国氏よりも奥州諸氏の掌握に積極的な姿勢を示したことは認めてよいのではあるまいか。擾乱に際して貞家が多数の奥州武士を動員して国氏父子を倒すことができたのも、単に中央における直義党優勢の局面に乗じたためだけではなかったに違いない。

なお、奥州管領府奉行人の活動については第二節に触れるが、例えば奉行人沙弥某と左兵衛尉某が、両管領期から一管領期にかけて引続き多くの奉書に署判を施しており、また貞和二年ないし同五年の奉行人左衛門尉某と観応三年七月の奉行人駿河権守某とが同一人物であることが、何れも花押によって確認される（後掲第20表参照）。一方の管領畠山国氏の滅亡という事件を挟んでその前後に同じ奉行人衆の活動が検出されるのは、彼等がおそらく擾乱以前から貞家側近の吏僚の地位を保っていたためであり、然らずとしても、少なくも国氏とは密接な関係になかったためであると考えられ、それゆえ奉行人衆の組織についても貞家が優位に立っていたと見做してよいであろう。

以上のように両管領期において一方の管領畠山国氏よりも積極的に職権活動を推進してきたと認められる貞家が、国氏討滅を機としてさらに格段の活動を展開したことは、彼の発給文書が爾後の一管領期に、管見の限りでも実に八十一通の多数に上る事実にも表れている。この一管領期の貞家の文書を分類表示した(7)ものが次の第18表である。

これらの文書の発給対象——但し吹挙状では吹挙の、施行状では沙汰付の対象——となった奥州諸氏には、和賀郡の和賀氏とその庶流鬼柳氏、宮城郡の留守・那須両氏、同郡山村城内の人々、亘理郡の武石氏、宇多・行方両郡の相馬氏およびその庶流の岡田・大悲山両氏、磐城郡の伊賀・岩城国魂両氏、田村郡の田村氏、石川郡の石河氏およびその庶流の蒲田・板橋両氏、白川郡の結城氏、岩瀬郡と会津長江庄の長沼氏、会津の佐原氏等があり、社寺にも宮城郡の塩竈社、

第18表　（一管領期）奥州管領吉良貞家発給文書一覧（自観応二年二月至文和二年十二月）

内容	様式 奉書	書下	書状	披露状	与判	計	典拠
(1)軍勢催促・警固要請		8	3			11	結城文書・相馬文書・飯野文書・陸前熊野神社文書・石川文書
(2)軍忠状ノ証判					6	6	鬼柳文書・白川文書・小荒井文書・飯野文書・大国魂神社文書
(3)感褒		3				3	結城文書・鬼柳文書・結城古文書写
(4)禁制		2				2	飯野文書・富塚文書
(5)官途吹挙		2				2	鬼柳文書
(6)恩賞吹挙			1	4		5	鬼柳文書・白川文書・結城文書・相馬文書・飯野文書
(7)所領諸職安堵・同吹挙	10	6		2		18	白川証古文書・鬼柳文書・相馬岡田文書・相馬文書・結城古文書写・大悲山文書・塩釜神社文書・秋田藩採集文書・法用寺文書・白川文書・川辺八幡神社文書・留守文書・板橋文書・長沼文書
(8)所領諸職宛行	12	5				17	朴沢文書・相馬文書・白河証古文書・大国魂神社文書・鬼柳文書・榊原家文書・富塚文書・秋田藩採集文書
(9)下地渡付ノ施行		9				9	秋田藩採集文書・飯野文書・鬼柳文書・大国魂神社文書
(10)社領寄進・同吹挙		4		1		5	飯野文書・川辺八幡神社文書・陸前熊野神社文書・相模文書
(11)祈禱・巻数返事		3				3	飯野文書・川辺八幡神社文書
計	22	42	4	7	6	81	

磐城郡の飯野八幡宮、田村郡の守山社、石川郡の川辺八幡宮、会津大沼郡の法用寺があって、貞家の権限が現実に及んだ範囲は、南党南部氏の勢力圏である岩手・閉伊以北の諸郡を除く奥州の大半にわたっていることが知られる。けれども既に第17表の両管領期においても、A両者連署、B貞家、C国氏の各文書の対象として、右の諸氏中、鬼柳（B）、留守（B・C）、相馬（A・B）、伊賀（B）、岩城国魂（B）、石河（C）、蒲田（C）、結城（A・B・C）の各氏が見られるほか、岩崎郡の岡本氏（B）、信夫郡の佐藤氏（A・C）、会津の三浦氏（A）などがあったし、社寺も胆沢郡の胆沢八幡宮（B）が造営の助成を、平泉の中尊寺（B）と多賀国府の蔵王権現（C）が寄進状を受けていた。それゆえ発給文書数の飛躍

的増大に拘らず、一管領期における支配権の及んだ範囲は、少なくとも外延的には両管領期に比してさほど拡大したといえないのである。

しかしながら第18表を第17表と比較してみると、単に文書数の増加のみに止まらない幾つかの注目すべき変化を認めることができる。すなわち発給文書の内容上からは、奥州諸氏の所領諸職に関する安堵状・宛行状が出現、しかも頻出することや、裁許状の残存しなくなる代りに貞家みずから下地渡付の施行状を発していること、様式上からは右の安堵・宛行の出現に伴って奉書式文書が用いられるようになったこと等がそれである。しかし所領に関する安堵・宛行も下地渡付の施行も、実は一管領期の貞家によって初めて実施されたのではなく、既に建武四年（一三三七）―康永四年（一三四五）に在任した「陸奥国大将」石塔義房・義元父子の発給文書中に認められる。(8)義房は康永元年十月の栗原郡三迫の戦捷を画期として「強引に地域的封建制樹立を志向しはじめ、これに対して奥州武士を先頭とする各層の石塔氏に対する反撥が現れ、足利氏にとって奥州支配の一体化に支障が生じ始めた」と遠藤氏によって評価されている。石塔氏の志向したものを果して地域的封建制と称しうるか、また奥州武士の反撥がどの程度であったかは論議の余地があろうが、ともあれ石塔氏の動向の内に幕府に対する相対的な自立化の傾向が認められることは否定できない。

そうとすれば、当面の一管領期に再び、しかも大量に出現する安堵・宛行の事例は、貞家がここに至って石塔氏と同様ないしそれ以上の自立化志向を示すに至ったことを反映するのであろうか。石塔父子の場合、発給文書二十三通中二十一通までが奉書でなく直状形式を採っていることが指摘されているが（遠藤氏上掲論文）、しかし貞家の場合は安堵状・宛行状三十三通中奉書形式のものが三分の二に上る二十二通を占めており、この事実からも、貞家の志向を必ずしも単純に石塔氏のそれと同様の自立化志向とのみ言い切れないことが予測され、したがってこの時期の発給文書が奥州管領貞家のいかなる志向を反映しているかを、より子細に検討してみることが必要となろう。

二　所領の安堵・宛行と国人層

まず吉良・畠山両管領期における安堵・宛行の状況をみると、結城親朝に「郡々」または郡庄保の検断奉行を安堵し預置いた両管領の書下各一通以外には両管領の安堵状・宛行状が全く現存せず、その半面、奥州武士の恩賞または所領安堵を幕府に申請した両管領の連署吹挙状四通があるほか、のちには個別の吹挙状二通等を残している（上掲第17表）。それゆえ両管領が安堵・預置の権限を行使しえたのは主に建武政権下の郡検断の系譜を引く検断奉行についてであって、奥州諸氏の所領に関しては、吹挙の権限を有するに過ぎなかったと判断される。[9] それゆえ、そもそも幕府が貞家・国氏の両人を同時に奥州管領に補任し、両管領制を採用したことも、両人を相互に牽制させて奥州武士に対する管領の支配権を制約しようとしたためと考えられる。

但し所務の相論については、管領府奉行人連署の召文を以て論文を召喚・審理した事例[10]（「飯野文書」、「大悲山文書」『相馬文書』所収―下同）から知られる審理権のみでなく、貞家が奥州武士一族間の相論を「就二訴陳一召決」した結果、みずから裁許状を下して訴訟を棄捐し、論人の当知行を一族の惣領に保証させた事例（「鬼柳文書」貞和四年十一月日和賀義綱陳状・同年十二月六日吉良貞家裁許状）、ならびに論人の競望を停めて近隣の有力武士に訴人の当知行を保証させた事例（「飯野文書」貞和五年八月三日管領府奉行人連署奉書）があり、これらから推して、一方の管領が単独で濫訴や競望を棄却しうる一定の裁決権を行使したことは否定できない。けれどもこれらの事例の示す審理・裁決権は、あくまでも当知行地の保証を内容とする権限であって、所領それ自体を賦与ないし認定する基本的な権限は奥州管領がこれを独自に行使することはできず、あくまで両管領の吹挙に基づいて幕府から安堵・宛行の御教書を受けるべきものであったに違いない。幕府は両管領の発遣に伴い右のような奥州諸氏の安堵・恩賞に関する規準を定めたものと推測される。但し、管見の限り奥州武士が将軍尊氏から直接所領宛行に与った例も両管領期には一通も見られない。

ところで畠山氏討滅以後の一管領としての貞家は、上掲第18表に見る如く、恩賞・所領安堵に関する吹挙状六通となら んで、所領諸職の安堵状十六通、宛行状十七通、計三十三通を残している。但し神社の禰宜職・田在家と寺院の別当職の安堵状各一通および上記の検断奉行の系譜を引くと思われる陸奥国東海道守護の宛行状一通を含むので、これらを除いた純然たる所領に関するものは安堵状十四通、宛行状十六通、計三十通となる。両管領期の五年間に一通も見られない所領の安堵・宛行状が一管領期の三年未満に三十通を数えることは、史料残存度の偶然性を遥かに越える変化であり、ここに貞家がみずから奥州武士に対して所領安堵・所領宛行を実施するに至ったことが確認される。因みに、勲功地の宛行権を行使しえた幕府の地方統治機関としては夙に鎮西管領があり、鎮西管領一色範氏は建武三年から文和四年まで長期にわたって多数の書下式宛行状を九州諸氏に発給している。(11) したがって、観応二年の畠山氏討滅を期として、奥州管領吉良貞家はようやく鎮西管領に匹敵する恩賞宛行権を獲得したということができよう。

但し貞家の宛行状の初見は観応二年九月二十二日付(「朴沢文書」)であるのに対して、安堵状のそれは国氏討滅の僅かに五日後に過ぎない同年二月二十七日付である(「白河証古文書」)。であるから、この二月の時点では少なくとも所領安堵の開始は幕府から公的に賦与された権限に基づくものではなく、貞家自身の判断によって敢えて実施に踏み切ったものと言わざるをえない。両管領期において既に奥州武士の所領獲得要求への対応に相当の意欲を示していた貞家は、畿内の直義党に呼応して尊氏党の畠山氏を打倒するという軍事行動の成功とともに、早速幕府の規制を無視して軍勢に対する恩賞授与を開始したのである。それゆえおそらく畠山氏打倒の軍事行動そのものの重要な目的の一つがかような規制の打破にあったと判断される。そしてあたかも同じ二月下旬に中央でも直義の優勢裡に講和が成立して幕政が再開されたため、貞家の行動はまもなく直義主導下の幕府に容認されたものと思われる。しかし、奥州に確乎たる権力の基礎をもたず直轄軍組織を欠く奥州管領にとって、軍事力を維持しうる最大の要件が恩賞の授与に裏打ちされた軍勢催促と軍忠の奨励にかかっていたことはいうまでもなく、まして擾乱による幕府勢力の分裂とこれに乗じた北畠顕信以下の奥州南党の活動は、恩賞の多寡によって去就を決定するという在地武士の性格を一段と露わにし、貞家の軍事統制に危険な蔭を落す結果となった。観応二年五月貞家は、羽州の南軍追討戦に従軍した伊賀盛光以下が御番と号して帰国したことを咎めて再度の発向を命じ、「若猶於二不参之輩一者、為レ処二罪科一、載二起請之詞一、可二注申一」きことを厳命しているが（「飯野文書」）、かかる強圧手段に訴えるだけでは軍勢の動員が奏効する筈がなかった。

在地武士の熾烈な恩賞獲得要求は、惣領制の解体が深まり庶子の相対的自立性が高まりつつあったことに原因する極めて根深い現象であった。奥州においても鎌倉末期以来惣領・庶子間の所領をめぐる紛争は烈しく展開していたが(12)、貞和・観応期においては幕府ないし管領府に在地豪族の庶流諸氏内部の紛争が訴えられる事態となっており、例えば、岩崎氏の一族岡本重親は岩崎隆俊跡の勲功地を岩崎隆宗に押領された旨を康永二年（一三四三）幕府に訴えて翌三年勝訴したが、さらに翌貞和二年正月下地渡付を求める申状を幕府に捧げた（「秋田藩採集文書」岡本又太郎元朝家蔵文書）。また和賀氏の庶流鬼柳氏では、嘉元二年（一三〇四）鎌倉幕府の裁許によって一旦決着していた鬼柳郷をめぐる相論が再燃し、貞和四年十二月吉良貞家の裁決によって和賀盛胤の訴訟が棄却され論人鬼柳義綱が勝訴している（「鬼柳文書」）。さらに石川氏の庶流では前節に触れたように千石時光・板橋高光兄弟が石川庄内千石・板橋等の所領をめぐって争い、高光は畠山国氏の裁許を受けた上さらに観応三年貞家にその所領の安堵を訴え、貞家は同年四月高光の当知行安堵を求める吹挙状を幕府執事仁木頼章に宛てて具申している（「板橋文書」）。観応擾乱がこのような一族の内紛を激化させる要素になったことは推察に難くない。観応二年三月安積一族を代表する伊東祐信が田村一族を代表する田村顕基に送って安積一族と田村一族の連携を約した一揆契状は奥州における国人一揆の初見であるが（「富塚文書」）、これもおそらく単に国人層の地域的連合の徴証としてのみ捉えるべきものでなく、擾乱を契機として一族の内部矛盾が激化したため、惣領権の動揺を防止することをねらいとした惣領家が相互に結んだ協約として理解すべきであろう。

貞家の上記安堵状・宛行状、および吹挙状の対象となった奥州武士としては、和賀氏の惣領基義、相馬氏の惣領親胤、伊賀氏の惣領盛光の嫡子光長、白河結城氏の惣領顕朝等のみでなく、和賀庶流の鬼柳義綱・和賀義光・同義勝・宮城庶流余目氏の留守松法師、武石氏の庶流但馬守、相馬庶流の岡田胤家・相馬（大悲山）朝胤、岩城庶流の国魂隆秀、田村庶流の田村参河守、石川庶流の蒲田兼光・同兵庫助・板橋高光、白河結城氏の庶家結城（小峯）朝常、長沼氏の庶家長沼朝実、その他貞家の侍所奉行と推測される山名下野守等があり、そのほか当人の請取状によって知られるものに岩城氏の庶流と推測される白岩千代犬丸があり（「飯野文書」）、伝統的豪族の庶流諸氏が大部分を占めていることが確認される。これは惣領家から分離独立しつつある庶流諸氏の所領を個々に恩給の対象として領有権を公認し、彼等の自立達成を助成することなしには、もはや奥州武士を動員し彼等の軍忠を期待することは不可能となった事実を示すというべきである。なかでもこのことを如実に表明するのは和賀一族の事例である。観応三年十月七日貞家は尊氏袖判の奉書を和賀惣領基義に与えて、和賀郡内の和賀行義跡五分四と出羽国山北山本郡内の諸郷を勲功の賞として宛行ったが、翌文和二年十一月三日に至り、基義が和賀（鬼柳）義綱・同義勝・同義光に宛ててそれぞれ「任₂観応三年十月七日御下文之旨₁、所ᴸ令₂支配₁也」という文言の配分状を以て右の和賀行義跡五分四内の村々・田在家を割宛てるとともに、貞家も同じ十一月三日付の宛行状を義綱・義勝・義光に下して、配分状の記載と同一の村々・在家をそれぞれ宛行っている（「鬼柳文書」）(13)。これは庶流諸氏が惣領の作成した配分状のみではもはや満足せず、奥州管領宛行状の交付を要請した結果に外ならないと考えられる。正に貞家をして国人層に対する所領の安堵・宛行を実施せしめるに至った基底的な原因は、伝統的豪族の庶流諸氏を主とする奥州国人層の擡頭であったというべきである。

三　管領奉書の出現とその意義

吉良貞家一管領期に至って管領の発給文書に生じた変化としては、さきに触れたように、「依ᴸ仰執達如ᴸ件」という書止文言を具えた奉書の様式の出現することをも見逃すことが出来ない。第17表と第18表の対比によっても明らかな如

第19表　吉良貞家安堵状・宛行状・吹挙状一覧（観応二年二月以降）

発給年月 年	月	安堵状 奉書 所領安堵	安堵状 書下 所領安堵	安堵状 書下 社寺諸職安堵	宛行状 奉書 所領宛行	宛行状 書下 所領宛行	宛行状 書下 所領暫定的宛行	宛行状 書下 守護職宛行	吹挙状（披露状）	計
観応二	二		1							1
	四	1								1
	七		1							1
	九	2				1				3
	十	2	1			1	1	1		6
	十一				3					3
	十二			*1	1					2
観応三	四								1	1
	五				*1					1
	七	*1							1	2
	八	*1								1
	十			1	*2				2	5
	十一				*1				1	2
	十二	2	1						1	4
文和二	三				1					1
	四				1		1			2
	六								1	1
	十一	1			2					3
計		10	4	2	12	2	2	1	7	40

（＊印は将軍尊氏の袖加判のあるもの）

く、両管領期の奥州管領発給文書はすべて直状（様式の欄では書下・書状・披露状に区分）と証判のみであって、奉書は一通も残存していないが、吉良一管領期においては直状と証判のほか奉書二十二通が管見に入るのである。しかもこれらの奉書は両管領期から引続き発給されている軍勢催促状・感状・禁制・寄進状等には用いられず、一管領期に新たに出現する安堵状と宛行状に限って見られるので、この奉書の出現は前節に述べた所領安堵・宛行の実施に随伴する変化であることが察知される。ところが、それならば安堵・宛行がすべて奉書によって実施されたかというと、そうではなく、第18表の(7)・(8)両項にも表れているように、現存する安堵状・宛行状は、ともに約三分の二が奉書であり、残りの約三分の一が書下である。

書下と奉書の併存について先ず思い付くことのできるのは、書下が奥州管領の有する闕所処分権に基づくのではあるまいかという予想である。しかしながら、上記の書下様式の安堵状・宛行状の中には闕所分なることを明記したものが皆無であり、却って奉書様式の宛行状の内に闕所分または誰某跡と記載したものが七通存在する事実によって（『相馬文書』「国魂文書」「鬼柳文書」「白川文書」「富塚文書」）、右の予想は否定される。そこで次に立てることのできるのは、書下と奉書との区別が安堵・宛行の客体となる所領諸職の性質に関係するか、または何等かの時間的経過による変化ではなかろうかという予測である。この予測によって貞家一管領期の安堵状十六通、宛行状十七通、計三十三通と吹挙状七通を内容別および発給年月別に整理したものが第19表である。

行論の都合上宛行状から述べると、計十七通の内観応二年十月二十六日付の一通（『相馬文書』）は陸奥国東海道守護職の宛行であって所領宛行ではなく、また同月二十五日付と文和二年四月二十日付の二通（同上）は「本理非落居之間」という条件付の暫定的な所領宛行であるが、これらには何れも書下様式の書止文言を用いている。この三通を除いた十四通が純然たる所領宛行で、これらの中では、最初の観応二年九月二十二日付（「朴沢文書」）と次の同年十月九日付（「相馬文書」）の二通のみが書下であって、それ以後の同年十一月某日付（『相馬文書』）および同月二十五日付（「白河証古文書」）を上限とする十二通はすべて奉書である。これを発給年月を主として表現すると、観応二年十月までの宛行状は内容の如何を問わずすべて書下の様式であるが、翌十一月以降のものは暫定的所領宛行の一通のみが書下であり、純然たる所領宛行はすべて奉書の様式を採っているといえる。つまり宛行状は、特殊なもの一例を除いてすべて観応二年十月―十一月の間に書下から奉書へ移行している。

次に安堵状においては、社寺関係の二通すなわち観応二年十二月二十三日付の祭料田在家と一禰宜職の安堵（「塩釜神社文書」）および同三年十月二十四日付の別当職安堵（「法用寺文書」）はともに書下形式であるが、所領安堵の十四通には観応二年二月二十七日付（「白河証古文書」）から文和元年十二月二十三日付（「留守文書」）に至る四通の書下形式のものと、観応二年卯月七日付（「鬼柳文書」）から文和二年十一月一日付（同上）に至る十通の奉書形式のものとが混在していて、宛行状のように明確な移行の時点は見出せない。けれども、これらの安堵状を宛行状に準じて一応観応二年十月までの発給とそれ以後の発給とに二分してみると、前者では書下三通、奉書五通、後者では書下一通、奉書五通となり、後者に至って大部分が奉書になっていることが認められる。

以上の結果は、検討の対象とすべき文書数が少ないので、必ずしも実態を正確に反映しているという確証はないが、現存する安堵状・宛行状全体について見ても、観応二年二月より十月までは書下七通、奉書五通であるのに対して、同年十一月以降は書下四通、奉書十七通が見出され、奉書の発給が大半を占めるようになったといえよう。

ここに擾乱再発以後の畿内近国の情勢を瞥見すると、八月一日直義が越前に逃れるや、同月三日尊氏は早速白川七郎兵衛尉（結城朝胤か）に凶徒対治を命ずる軍勢催促御教書を送り、同月十五日結城顕朝・同朝常の所領を安堵し、翌十六日にも朝常の当知行地を安堵したように（「結城古文書写」「白河証古文書」）、早くも幕府による奥州武士誘引・懐柔策が開始された。この第二次擾乱においては当初から直義党の劣勢は掩い難かったが、十月に入って畠山国清以下の有力な直義党諸将が幕府に帰順するや、直義はますます劣勢に陥って北国から関東に逃れ、優勢を誇る尊氏は南朝と和議を整えた上で十一月四日直義追討のため京都を進発して関東に向い（『園太暦』「建武三年以来記」等）、十一月二十六日には結城朝常に、遠州懸川（掛川）到着を告げて挙兵を促す等（「結城古文書写」）、擾乱の焦点は東国に移ってきた。その上、奥州南軍が足利方の再分裂に乗じて攻勢に転じたため、ついに貞家は十一月二十一・二十二両日南軍と広瀬川に戦って敗れ、多賀国府を棄てて伊具郡の伊具館に奔り、さらに菊田庄を経て十二月二十三日ようやく岩瀬郡の稲村に落ち付いた（「結城文書」「白川文書」等）。貞家の奉書式宛行状の初見がこの敗戦と時を同じうして観応二年十一月に現れる事実は、このような中央および現地の政治・軍事情勢と密接な関連を有することが想定される。彼が直義党を離れて幕府方に復帰した明証は翌三年二月以降にならなければ得られないとしても、すでに二年十一月の情勢の中で復帰を表明した蓋然性は充分考えられる。(14)

しかし単に奉書の発給のみならば、それ以前にも直義の意思を受ける形で行えた筈であり、現に上述のように彼の安堵状には同年十月までにも奉書様式のもの四通が見られる。それゆえ貞家が所領安堵・宛行に奉書様式を全面的に採用するに至ったことは、国人層統率の必要性と何等かの関連性が存在するのではあるまいか。あたかも同年十月貞家は、これよりさき南朝方が相馬親胤に国宣を下して海道四郡守護を安堵したのに対抗して、親胤に陸奥国東海道守護を宛行い、従来の諸郡検断よりも一層強力な職権を与えたが、なおかつ翌年二月―三月の国府奪還戦に際しては矢継早に三通の軍勢催促状を親胤に下してその不参を難詰し、二通目は「猶以不参者、任下被二仰下一之旨上、為レ有二殊沙汰一、可レ□二進鎌倉一之状如レ件」(注)と結び、三通目では「若猶令二遅々一者、任二御教書一注申者、定可レ有二後悔一」と称し、在鎌倉の将軍尊氏による処罰の脅威を振りかざして参戦を強要しなければならなかった(『相馬文書』)。また貞家の弟貞経も同年(文和元年)十二月和賀義光に対して山村・小曾沼等の南党追討戦への参加を督促し、「若於レ令二遅引一者、准二凶徒一可レ令レ注(注)二進関東一状如レ件」と称して、同じく幕府権力を後楯とした強制的動員を試みている(「鬼柳文書」)。さきに畿内の直義党に呼応して尊氏に背反した貞家が、直義党の衰頽と奥州南軍の蜂起に遭遇すると直ちに幕府方に復帰したばかりでなく、このように事毎に将軍権力への依存を標榜して軍事力の補強を行わなければならなくなったのは、所領獲得要求に応じるだけでは達成しえない国人層掌握の限界によるものであり、奥州に固有の権力基盤を築くに至らない奥州管領の弱体性に原因するものであろう。単なる安堵・宛行の強行によって在地国人層の要求を容れるだけでは、徒らに彼等の自立性を助長するのみで却って管領権力の在地貫徹を困難にし軍事統制の動揺を招くという事実に直面し、ここに貞家は幕府方復帰を表明するとともに再び奥州における将軍の代理者として振舞い始めたのではなかろうか。

彼が観応二年十一月以降奉書様式による安堵・宛行を全面的に採用した事実は、一旦否定した筈の将軍権力への依存を再び甘受して、これを国人層統制の補強に利用しようと試みるに到った結果に外ならないと思われる。もちろん奉書によって将軍権力への従属を示しながらとはいえ、安堵・宛行を実施できることは、恩賞吹挙権のみあって安堵・宛行の権限を全く欠いていた両管領時代に比して、国人層の要求への対応に遥かに有利であったことはいうまでもなく、むしろ先に将軍よりの離反によって事実上獲得した安堵・宛行権を、復帰を機会として幕府に保障させるための巧妙な妥協の結果とも見做しうるものであり、その限りにおいては規制打破の成果が保たれたとみることが可能である。けれども奉書の発給は当然幕府への吹挙を前提とせざるをえず、事実、離反とともに暫く管見に触れなくなっていた貞家の吹挙状が、石川板橋高光の所領安堵を申請した高南宗継宛観応三年卯月十三日付吹挙状（「板橋文書」）を初見として再び出現し、以下幕府執事仁木頼章宛吹挙状六通、計七通が文和二年六月までに次々と現れる事実は（第19表参照）、必ずしも貞家の成功とのみ評価しえない状況を物語っていると考えられる。

註

（1）発給文書の検出には『大日本史料』第六編之九―一八、『福島県史』7古代中世資料、『宮城県史』30史料集1、『岩手県中世文書』上巻・中巻、『世田谷区史料』第二集、『北上市史』第二巻等を利用し、主要な文書については東京大学史料編纂所所蔵影写本・謄写本・写真版等によって文言・署判等を確かめた。なお、遠藤巌氏より康永四年九月二十九日吉良貞家預ケ状（『猿投神社文書』）、畠山国氏証判貞和三年九月日石河蒲田親光軍忠状（「秋田藩採集文書」）、貞和四年卯月二日吉良貞家書下（「胆沢八幡宮別当文書」）、貞和四年卯月十三日吉良貞家禁制（同上）、年闕（貞和四年）八月六日吉良貞家書状（「神田孝平氏所蔵文書」）、以上五通の教示に与った。第17表にこれを加え、謝意を表する。

（2）遠藤巌氏前掲論文（本書序論註(6)所引）参照。なお同論文のほかにも、奥州管領の動向に触れた論考として大塚徳郎氏「鎌倉室町両幕府奥州支配形態の変遷―奥州探題を中心として―」（『地域社会研究』五輯）、豊田武氏「初期の封建制と東北地方」（『東北史の新研究』）、佐々木慶市氏「南北朝の内乱」（『宮城県史』1）、同氏「東国における庄園制解体過程の一断面」（『日本古代・中世史の地方的展開』）、小林宏氏『伊達氏塵芥集の研究』、遠藤巌・小林清治等諸氏執筆『福島県史』1中世編第二章「南北朝の動乱」等がある。

（3）吉良氏の軍事的動向は、註（2）所掲『宮城県史』1、『福島県史』1に詳しい。

（4）康永三年三月の引付番文（「結城文書」一）の二番の筆頭が修理権大夫即ち吉良貞家である。

（5）但しこの五通の下限である貞和四年十一月二日付披露状案は、日下に一本の縦線を施して差出者名を省略しているので、両管領の連署状と断定することはできないが、『大日本史料』第六編之一〇の編者の施した「吉良貞家ナルベシ」という注記も確証をえないので、仮に両管領の連署状と見做して、その項に表示した。

(6)「結城文書」の貞和四年三月十六日付両管領連署吹挙状案は日付と連署・宛所のみで全く文言を欠くが、別に有造館本「結城古文書写」に結城顕朝父子の訴えを取次いだ吹挙状の文言のみがあり、『大日本史料』第六編之一一にはこの両方を掲げて、後者の末尾に「コノ文書ハ或ハ前ノ国氏貞家連署状ノ本文ナランカ」と注記している。後者の「就中今度霊山・埋峯発向之時、顕朝致㆓軍忠㆒」云々という文言に照して、この擬定は妥当と判断される。したがって本文に述べた年欠四月八日付の三通の貞家書状も、内容が右の顕朝父子の訴訟と直接関連している上、同じく「今度霊山・埋峯発向之時」云々の文言があり、同じく貞和四年の発給と推定しうる。

(7)表示のうち様式や年次を推測したものにつきその理由を述べる。まず観応二年十一月某日付宛行状(『相馬文書』)は書止文言が欠損しているが、欠損部分の概略の字数から推しておそらく書下でなく奉書と覚しいので、奉書の欄に入れた。次に、年闕の書状四通があるが、幸にも文言にそれぞれ年次推定の手掛りがある上、貞家の花押は年次による輪廓の変遷がかなり明瞭であるから、各書状の花押を年次の明らかな発給文書の花押と比較してみると、次のように何れもその年次を確定しうる。

(1)結城七郎兵衛尉(朝胤か)宛三月三日付書状(「結城文書」)は「今度合戦之間、凶徒等無㆑程令㆓対治㆒候了」云々という文言から畠山氏討滅直後と推測され、且つ同人宛観応二年三月六日付感状(同文書)と文面に共通点があり花押の形状も一致するので同年三月と確認される。

(2)白河参河守(結城朝常)宛十一月二十五日付書状(同文書)は、伊具館への退却を告げ帰府の意図を述べていることから南軍と広瀬川に戦って敗れた同年十一月のものに違いなく、花押もその前後のものと共通する特徴を具えている。

(3)石川駿河守宛六月二十八日付書状(「石川文書」)は、翌日の渡河戦に参加すべき旨の通達であって、観応三年七月三日に阿武隈川を渡って戦った田村庄内の合戦(「結城文書」吉良貞家吹挙状、「飯野文書」伊賀盛光代光長軍忠状、「小荒井文書」佐原宗連軍忠状)を前にした軍勢催促と推測され、花押も左右の両端が鋭角になっているこの時期の形状に合致する。

(4)幕府奉行人治部宗悟に宛てた五月十二日付書状(「結城文書」)は、結城朝常の恩賞につき重挙状を進めた旨を報じて申沙汰を依頼した内容で、朝常の恩賞を申請した観応三年十月二十九日付吹挙状(同文書)よりも後のものと判断され、花押の形状も左端が鶴嘴状に突出している特徴から文和二年と判定できる。

なお鎌倉法泉寺に宛てた武蔵国内の地頭職寄進状(「相模文書」)は、奥州に関するものではないが、便宜上表示に加えた。

(8)遠藤氏前掲論文参照。

(9) なお『相馬文書』の貞和四年五月十九日岩城郡平窪村の下地渡付のため相馬某・伊東五郎左衛門尉の両名を使節として発遣した奥州管領府奉行人連署施行状には「任二今月十六日御教書之旨一、沙二汰付下地於木内次郎左衛門尉胤有代一、可レ被レ執二進請取状一」云々とあり、文中の「御教書」はこの施行状の三日前の発給なので、将軍家御教書ではなく奥州管領のそれに違いない。この「御教書」は同じく『相馬文書』の観応二年十月二十五日付、および文和二年四月二十日付の宛行状の如き「本理非落居之間」の暫定的宛行であった蓋然性も考えられるが、何れにしても「御教書」自体が現存しないので、ここでは一応考察の対象から除外しておく。

(10) 遠藤氏はこの二例の召文を掲げて、この召喚が「申状に対処して吹挙状をしたためるまでの過程」に行われたとみておられる。しかし本文に述べた裁決の事例から推しても、これらの召喚はおそらく吹挙の過程ではなくして相論の審理手続の一部をなす論人召喚であろう。

(11) 川添昭二氏「鎮西管領考」(下)(『日本歴史』二〇六号)参照。

(12) 豊田武氏「初期の封建制と東北地方」(『東北史の新研究』)参照。

(13) 「鬼柳文書」中に現存する文和二年十一月三日付の文書は、義綱と義勝にそれぞれ宛てた惣領基義の配分状、および義勝と義光に宛てた吉良貞家の宛行状の計四通であって、義光宛の配分状と義綱宛の宛行状は伝わらない。しかし基義の義勝宛配分状に記された下地は「陸奥国和賀郡和賀越前権守行義跡五分四内阿弥嶋半分并小国村内賀木沢田在家」で、貞家の義勝に対する宛行状のそれと全く一致する。且つ義綱宛の配分状は義勝宛の配分状と、また義光宛の宛行状は義勝宛の宛行状と、それぞれ村名・田在家名および宛所の記載を異にする外は、文面も日付も完全に合致する。それゆえ、以上の三名に宛てて同日付の配分状と宛行状が発給されたことを容易に推定しうる。

(14) 同年十二月九日直義が貞家の注申に基づき、相馬親胤に御感御教書を与えているのは(『相馬文書』)、擾乱再発後も貞家が暫く直義党に属していたことを示すが、彼が注申状を発してからそれが関東の直義の許に到達するまでの日数を考慮に入れれば、たとい直義が注申状を披見して直ちに御感御教書を下したと仮定しても、貞家の直義党所属の下限を十二月初旬におく必要はない。一方、同年十二月二十三日付の塩竈社祠官恒高に対する貞家の安堵状には尊氏の袖判が施されているが(「塩釜神社文書」)、これは袖判の申請や記載の時点が明らかでないので、結局貞家の翌観応三年(正平七年)二月二十九日付軍勢催促状に「就二吉野御合体一、野心之輩出来者、可レ加二退治一之由、自二将軍家一度々被二仰下一之間」とあり(『相馬文書』)、同年閏二月七日付軍勢催促状に

「新国司顕信卿対治事、去一日将軍家御教書如レ此」とあり（「飯野文書」）、同年三月十五日尊氏御判御教書に「奥州凶徒対治事、所レ被レ仰二右京大夫一也」とあるのが（『相馬文書』）、貞家の幕府方復帰の事実を示す最初の確証である。しかし、将軍家より度々仰下されたという右の文面からも、復帰が二月末に漸く認められたのでないことは確かである。後のことではあるが、翌観応三年十月および十一月に貞家は、去年十一月二十二日の広瀬川の合戦に結城朝常と相馬親胤がそれぞれ代官を差進めて軍忠を致したとして、両人の恩賞を吹挙しているのも参考になろう（「結城古文書写」『相馬文書』）。

第二節　将軍権力への接近と施行の実態

一　尊氏袖加判文書の出現と消滅

貞家の尊氏方復帰に伴って現れる将軍権力への依存性を最も端的に示しているのは、第19表に＊印を付しておいた七通の将軍家尊氏袖加判文書の存在であって[1]、日下に貞家が署判を施し、袖に尊氏が花押を加えている。これらの文書は、この時期の奥州管領発給文書の特徴の一つに数えることができる。この袖判は安堵状・宛行状に限って見られ、安堵状では観応二年十二月二十三日付（「塩釜神社文書」）・同三年七月二十三日付（「秋田藩採集文書」）・同年八月三日付（「川辺八幡神社文書」）の三通、宛行状では観応三年五月十五日付（「国魂文書」）・同年十月一日付（「鬼柳文書」）・同月七日付（同上）・同年十一月三日付（「榊原家文書」）の四通がそれであり、書止文言の様式からは最初の観応二年十二月二十三日付の一通のみが書下で他の六通はすべて奉書であるが、この初見文書は祭料の在家と禰宜職の安堵状であって、一般の所領安堵状とは若干性質を異にする。

これらの将軍家袖加判文書の発給手続を明らかにするものの一つは、右の内観応三年十月一日付の和賀鬼柳義綱に和賀郡三戸部村を宛行った御教書に翌二日付の貞家の仁木頼章宛吹挙状案が伴っている事実であり(2)（「鬼柳文書」）、これにより貞家の発給した宛行状と吹挙状の二通を、宛行に与った当人が一括して在鎌倉の尊氏の執事頼章に提出し、尊氏が宛行状に袖判を加えて再び当人に交付したものと推測しうる。いま一例はさきに述べた石川板橋高光の所領石河庄内千石・板橋・八幡宮神領下河辺村沢尻等の安堵を願った観応三年卯月十三日付貞家吹挙状（「板橋文書」所収写）およびこれらの村々を安堵した同年八月三日付の尊氏袖加判貞家奉書（「川辺八幡神社文書」）であり、この場合はまず吹挙状による申請が行われ、これが認可されてのちに初めて奉書を作成したものと認められる。このような発給手続の異同は、後者の場合下地が前述のように係争地であったため、まず将軍家の認定を必要としたことによるのであろうが、要するに何れの場合でも、奥州諸氏が尊氏の袖判御教書を受けるためには原則として貞家の吹挙状を要したことは確かである。

ところでこれらの袖加判御教書は第19表に見る如く、貞家一管領期の全般ではなく観応二年十二月下旬から翌三年（文和元年）十一月までの一年未満のみに現れ、しかもこの期間内における現存する貞家の安堵状・宛行状は、僅かに観応三年十月の法用寺別当職安堵状一通を除くすべてが尊氏袖加判御教書である。貞家が発給してから尊氏が袖判を加えるまでにある程度の日数を要したことは当然であり(3)、初見文書の観応二年十二月二十三日付安堵状に尊氏が袖判を加えたのは、少なくとも彼が直義を降して鎌倉に入った正平七年（観応三年）正月上旬以後のことに相違ない。したがって尊氏袖加判の出現は、最大の敵対者直義を圧倒した尊氏の権威の誇示であり、同時に奥州管領の将軍権力への従属性を最も明瞭に表現するものであった。

なお、社領の寄進においても、観応三年七月八日付の下河辺八幡宮に会津河沼郡佐野村を寄せた貞家の寄進状（「川辺八幡神社文書」所収案文）には、同時にこの寄進を報じて「就レ其、可レ預ニ公方御寄進一之旨、神主石川板橋掃部助高光申之候」と述べて中沙汰を依頼した同日付の仁木頼章宛貞家披露状の写（「白河古事考」）があり、さらに同八幡宮に同じく佐野村を寄せた同月二十八日付の尊氏の寄進状（「川辺八幡神社文書」）が存在するので、上記の期間には安堵・宛行のみでなく寄進行為についても将軍家による権威付けが要求され、奥州管領の寄進状とともにその吹挙による尊氏の寄進状が発給されたことが知られる。もっとも右の下河辺八幡宮の場合、神主石川板橋高光は前にも触れたように豪族石川氏の庶流で貞家に属して軍功を重ねた武士であり、彼はこの寄進と前後して貞家の吹挙により所領安堵にも与っているから、この寄進も単なる社領興行の目的に止まらず、国人層掌握の企図を含んでいたに違いない。

以上のような尊氏が袖判を加えた貞家の安堵状・宛行状およびこれに准ずべき二重の寄進状の発給は、貞家がその発給に直接携わっている以上、なお奥州諸氏に対する奥州管領の安堵・宛行等の権限が保たれていることを示すものではあるが、直状による安堵・宛行を敢てした一管領期の当初数ヵ月から見れば、その権限が著しい制限を余儀なくされるに至ったことが明らかである。

しかも鎌倉入部以後の尊氏は、奥州諸氏に対する直接の働きかけを次第に強めていった。尊氏は入部の四ヵ月後に当る観応三月に相馬親胤に対し貞家に属して奥州凶徒退治に尽すべき旨を命じ、結城朝常に対し貞家と協議して新国司すなわち北畠顕信を誅伐すべき旨を促しているとはいえ（『相馬文書』「結城文書」）、同年正月に岡本弥二郎・同三郎四郎に下した軍勢催促の御教書（「秋田藩採集文書」）、三月和賀義勝に与えた御感御教書（「鬼柳文書」）、翌月諏訪左近蔵人・長沼安芸五郎左衛門尉等に下した軍勢催促の御教書（「真山文書」「長沼文書」）、同年十月伊達左近将監に与えた御感御教書（「伊達文書」）のごときは、何れも彼等の奥州における軍忠を促し或いはこれを賞しながら貞家の活動に全く触れておらず、奥州管領の存在を事実上無視したにも等しい文言となっている。中でも右の内、和賀氏および伊達氏宛の御感御教書には、それぞれ「爰於二奥州一致二忠節一云々、尤以神妙也」「奥州佐々河合戦之時、父討死云々、尤以神妙也」とあって、彼等の方からも奥州管領を経ず直接尊氏のもとに軍忠を注申したことを窺わせる。また上に述べた貞家の吹挙状の文面からも、それぞれ当該の奥州武士が尊氏の御教書による安堵・宛行・寄進を希望した結果それらが発給されたことが知られる。

このような尊氏と奥州武士との結び付きの緊密化は、前年八月の擾乱再発以来尊氏の工作が積極的に行われた結城氏において最も顕著であった。(4) 結城顕朝に対する同年（文和元年）十二月の替地陸奥国田村庄闕所ならびに出羽国小田島庄の宛行、および翌文和二年四月の陸奥国信夫庄余部地頭職宛行のごときは、ともに尊氏の袖判のみを据えた下文で発給され(5)（「白川文書」）、しかも後者については執事仁木頼章が直接奥州武士長沼淡路守・石河孫太郎の両名に施行状を発給し、彼等を使節として下地渡付を実施させている（「長沼文書」）。次節に述べるように奥州管領は下地渡付のために施行状を発給して使節を発遣する権限を有していたのであるが、この場合所領の宛行はもとよりその施行についても、奥州管領の職権の関与する余地は片鱗すらも認められない状態となっているのである。結城朝常に対しても、尊氏は文和二年四月二十日、二十二日、五月二十日と、引続き三通の御感御教書を与えて宇津峯合戦の戦功を賞し（「結城小峯文書」「結城古文書写」）、六月十七日には畿内南軍の蜂起による京都の危急を告げて朝常を招致した（「結城小峯文書」）。且つ四月二十六日尊氏側近の須賀清秀が朝常に与えた返書によって、朝常が直接鎌倉に代官を進め、宇津峯合戦の戦況を上申して上記の同月二十二日付の御感御教書を受けた事実が知られる（同上）。

尊氏が南朝方と気脈を通じるおそれのある白河・小峯両結城氏の影響力を頗る重視し、特別の処遇を与えて懐柔に努めたことにはそれなりの理由があるとしても、所領についても軍事行動についても結城一族を貞家の権限から完全に独立した将軍直属の武将として遇し、彼等もまたそのように振舞っているのは、奥州全域の管轄を幕府から認められている筈の奥州管領貞家にとってみれば、甚だしい屈辱であったに違いない。しかも南奥の有力豪族結城氏に止まらず、上述のように奥州中部の伊達氏や北部の和賀氏等の庶流一族である中小国人層にまで尊氏に直属しようとする動きが拡まりつつあった模様である。それ故、観応三年（文和元年）十一月三日付尊氏袖加判奉書を下限として、爾後の貞家の在任最後の一年有余には彼の発給する安堵状・宛行状に再び尊氏の袖判が見られなくなるのは、南軍を宇津峯に追い詰めて、自己の軍事力への自信を回復した貞家が、奥州武士に対する統制を強め、将軍権力に対する相対的自立性を再び強化しようと試みるにいたった結果であろう。同年十二月に貞家の書下形式の所領安堵状が再び現れることもおそらく偶然ではあるまい。

二 下地渡付の施行をめぐって

尊氏袖加判の管領奉書の消滅とほぼ時期を同じくする観応三年（文和元年）十一月初旬を初見として、貞家の書下を以てする下地渡付命令が出現する事実にも着目する必要がある。但しこの種の下地渡付命令はそれまでは奥州管領府奉行人の発給した連署奉書を以て実施されているので、ここではまず奉行人の発給文書を整理し、彼等の活動状況に触れた上で考察を進めることとしたい。彼等の発給文書を両管領期と一管領期とに分けて類別したものが第20表である。なおB(4)・(5)の駿河権守はAに頻出する左衛門尉と花押が一致するが、他方A(3)の沙弥は他の文書の沙弥と花押を異にし、B(3)の下野守・左衛門尉の両名も他の下野守および左衛門尉と花押が全く異なるので、花押の異なるものを別人とすると、発給文書を残した奉行人の総数は八名となる。

現存する両管領期および一管領期の奉行人発給文書は合せて十七通に過ぎないので、この両時期における彼等の活動状況を詳細に跡付けることはできないけれども、第20表からは少なくとも次の諸点を明らかにしうる。即ち、両管領期における奉行人の職掌としては下地渡付の施行、年貢・公事等の督促、相論の処理などのごとき所務関係の諸事項のみが知られ、且つそれらの事項を通達するための連署奉書のみを残している。これに対して、次の一管領期になると、所務関係の職掌内容は主として下地渡付の施行に集中する反面、新たに軍事指揮ないし検断関係の活動が出現し、これに伴って少数ながらも奉行人一名署判の奉書や書状が現れる。また人的構成の面でも、所務関係の事項は従来の両管領期以来の奉行人が引続き担当しているのに対し、検断関係には新たに貞家の侍所奉行山名下野守と推定される下野守某等が登場してくる。(6) これは遠藤氏の推測されたように、所務に従事する奉行と検断に従事する奉行とが畠山・吉良両氏の

第20表　奥州管領府奉行人発給文書一覧（自貞和二年至文和二年）

A　吉良・畠山両管領期

内容	様式			計	差出者名	典拠
	連署奉書	個人名の奉書	書状			
(1)年貢公事ノ催促	4			4	沙弥・左衛門尉	飯野文書・秋田藩採集文書
(2)社役難渋ノ停止	1			1	沙弥・左衛門尉	飯野文書
(3)論人召喚ノ召文	2			2	沙弥・左衛門尉、散位・沙弥	飯野文書・大悲山文書
(4)競望停止ニツキ知行安堵	1			1	沙弥・左衛門尉	飯野文書
(5)下地渡付ノ施行	1			1	沙弥・左衛門尉	相馬文書
計	9	0	0	9		

B　吉良貞家一管領期

内容	様式			計	差出者名	典拠
	連署奉書	個人名の奉書	書状			
(1)軍勢催促		1		1	下野守	飯野文書
(2)検断職安堵		1		1	下野守	飯野文書
(3)禁制	2			2	左衛門尉・下野守	大国魂神社文書
(4)下地渡付ノ施行	3			3	沙弥・駿河権守、沙弥・左兵衛尉	飯野文書・白川文書
(5)施行状発給等ノ通達			1	1	駿河権守光□	飯野文書
計	5	2	1	8		

下では分離しつつあったことを示す蓋然性があるが、この分離が確認できるのは吉良貞家一管領期になってからのことである。

ところで、一管領期になると、下地渡付を命ずる奉書の発給が所務関係の奉行人の活動として存続すると同時に、これと併行して本節の冒頭に触れた貞家自身の発給する下地渡付命令が現れる。すなわちこれらの下地渡付命令は何れも正当な領有権を認められた者に下地を渡付するために発遣する二名の使節宛に発した通達であるが、その通達方法に〃奥州管領→奉行人→両使〃という従来の方法とともに、〃奥州管領→両使〃という、奉行人を経ない新たな方法が加わるのである。第21表に示すように、奉行人連署奉書によって下地渡付を命じた事例は両管領期の貞和四年五月十九日付(『相馬文書』)を初見とし、以下両管領期に三例、通計四例(四通)を残すのみであるのに対して、貞家の書下によるそれは、観応三年十一月四日付を初見として、翌文和二年十二月四日付までの六例(九通)が知られ、一管領期の最後の一年余りにのみ集中的に出現する。

両管領期にわずかに一例を数えるのみであった下地渡付命令が、一管領期には九例に急増している事実は、施行状の性質自体から推しても先に縷述した所領安堵状・所領宛行状の頻発にともなう現象であることが察せられよう。けれども管領の書下を以てする下地渡付命令が貞家一管領期の最後の一年有余にのみ集中的に出現し、奉行人奉書によるそれよりもはるかに高い比率を占めるにいたった理由は、それだけでは明らかにならない。そこで次に個々の具体例を挙げて下地渡付手続の実情を探ってみたい。その場合、安堵状・宛行状等を承けて下地渡付を施行した事例と、押領停止のための遵行命令として下地渡付を命じた事例とは自ら性質を異にするので、この二種類に大別して述べる。

第21表　下地渡付の施行状発給事例一覧(自貞和四年至文和二年)

発給年月		奥州管領府奉行人連署奉書		奥州管領吉良貞家書下	
年	月	初度の施行	重施行	初度の施行	重施行
貞和四	五	1			
観応三(文和元)	七		1		
	十一				1
	十二				1
文和二	二			2	
	四	1			
	八		1		1
	十二			1	
計		2	2	3	3

第一類　安堵・宛行等の施行としての下地渡付命令の事例

(A)　岩城郡平窪村(長江左衛門尉当知行分を除く)は、貞和四年五月十六日に奥州管領の発給した「御教書」に基づき、同月十九日奥州管領府奉行人左衛門尉・沙弥某が相馬某・伊東五郎左衛門尉の両名に連署奉書（『相馬文書』）を下して、下地を木内胤有に渡付することを命じた。

（B）　岩城郡国魂村内の国魂隆直跡地頭職は、観応三年五月十五日付尊氏袖加判貞家奉書（「国魂文書」）を以て岩城国魂隆秀に勲功の賞として宛行われ、翌文和二年十二月四日貞家は伊東右京亮・佐竹弥次郎（小河義雄）の両名に書下（同文書）を下して、先年収公の地の国魂村半分を隆秀に渡付するよう命じ、翌文和三年二月四日使節の佐竹小河義雄は国魂村内の隆直跡・同女子分闕所を「御教書之旨」に任せて隆秀に打渡した（同文書、源義雄渡状）。

（C）　岩城郡片寄村内検校入道田在家は、観応三年七月二十三日付尊氏袖加判貞家奉書（「秋田藩採集文書」四「小瀬・赤坂家蔵文書」）を以て石河蒲田兼光に安堵され、翌文和二年二月十九日貞家は岩崎土佐権守・田村能登守の両名に書下（同文書）を下して「関東御下文之旨」に任せて右の田在家を兼光に渡付することを命じた。

（D）　和賀郡三戸部村は、前項に触れたように観応三年十月二日付の仁木頼章宛貞家吹挙状（「鬼柳文書」）に基づき、前日付の尊氏袖加判貞家奉書（同文書）を以て和賀鬼柳義綱に勲功の賞として宛行われ、翌文和二年二月二十二日貞家は山下壱岐守・穂貫禰子兵庫助の両名に書下（同文書）を下し、「御下文之旨」に任せて同村の下地を義綱に渡付することを命じた。

（E）　大掾沢田平次跡の宮城郡南目村は、文和二年卯月十二日付の貞家奉書（上掲「小瀬・赤坂家蔵文書」）を以て石河蒲田兼光に勲功の賞として宛行われ、同月二十七日管領府奉行人沙弥某・左兵衛尉某は連署奉書（「白川文書」）を都芸（都筑か）山城権守・桜井左衛門尉秀経の両名に下し、「御教書之旨」に任せて南目村の下地を兼光の代官に渡付することを命じ、同年七月二十五日右の両使はこの「御施行旨」に任せて下地打渡を実施した（上掲「小瀬・赤坂家蔵文書」所収桜井秀経渡状）。

第二類　押領停止のため再三の施行を実施した事例

(F)　岩城郡矢河子村地頭職は、貞家が貞和三年八月一日付寄進状(「飯野文書」)によって同郡好島庄の飯野八幡宮に寄進したものであり、観応二年十二月七日には貞家は軍勢甲乙人の同村に対する濫妨狼藉を停止する禁制(同文書)を与えて飯野八幡宮の権益を保護したが、翌観応三年七月二十日に至り管領府奉行人沙弥某・駿河権守某は田村能登左近将監・糟屋九郎左衛門尉の両名に連署奉書(同文書)を下し、同村地頭職に対する岩崎(村上)隆久の去年冬以来の押領を退けて八幡宮神主伊賀盛光に下地を渡付すべしという旨を伝え、同時に右の奉行人の一人駿河権守は盛光に返書(同文書)を送って、矢河子村の施行を申成したこと等を告げた。上記の禁制のみでは村上隆久の押妨を防ぐことができず、盛光が奥州管領府に訴訟を提起した結果この施行が下ったと察知される。しかるに隆久は施行を叙用せず押領を続けたので、同年(文和元年)十二月十五日、貞家は田村能登守(先の能登左近将監と同一人か)・糟屋九郎左衛門尉の両名に書下(同文書)を下して、再び隆久を退けて八幡宮神主に下地を渡付するよう命じた。それでもなお隆久は押領を止めないため、貞家は翌文和二年八月二日伊東右京亮・木内民部大夫の両名に重ねて書下(同文書)を下し、隆久の綺を止めて下地を社家に渡付することを命じた。

(G)　甘美(賀美)郡青塚郷・中新田郷・大池郷等は、観応三年十一月四日の貞家施行状写(「秋田藩採集文書」四「小瀬・赤坂家蔵文書」)によると、これより先「将軍家御下文・同御教書」に基づき今河入道(範国)に下地渡付が命ぜられたが当給人と号する輩がこれを叙用しなかったとある。賀美郡は鎌倉時代以来足利氏の所領であったから(「倉持文書」足利氏御領奉行番文)、右の郷々は夙に今川氏の所領となっていたが、相次ぐ動乱のため不知行となったのが問題の発端であろう。そこで右の観応三年十一月四日、貞家は石河蒲田兼光・伊達内谷民部少輔の両名に書下を下し、押領人等を退け「御下文之旨」に任せて下地を今河入道の代官に渡付すべきことを命じた。

(H)　上記(E)の宮城郡南目村は、文和二年七月の下地打渡ののちまもなく本主大掾沢田平次が遵行の地に立還って押領したため、兼光の訴訟により同年八月二十九日上記奉行人両名は連書奉書を国分淡路守・高部屋四郎右衛門尉の両名に下し、本主の押領を退けて下地を兼光の代官に渡付するよう命じた（「白川文書」）。しかし翌文和三年十二月二十日兼光は新任の奥州管領斯波家兼から改めて南目村を預置されている（同文書斯波家兼預ヶ状）。それゆえ再度の施行にも拘らず大掾沢田氏の抵抗は容易に止まなかったと判断される。

まず第一類の五件を通観すると、（A）の奉行人奉書は奥州管領の「御教書」を承け、（B）（C）（D）（E）の貞家書下は何れも貞家の奉書（このうち（B）（C）（D）の三例は尊氏袖加判）による安堵または宛行を承けて実施されている。且つ（C）（D）の施行状に「関東御下文」「御下文」とあるのがそれぞれ尊氏袖加判貞家奉書を指し、（E）の奉書に「御教書」というのが貞家の奉書様式の宛行状を指すことは明瞭である。この現在知りうる五件に拠る限り、幕府執事の施行状を承けて奥州管領が下地渡付を施行した例は存在せず、奥州管領は自身の発給した安堵状・宛行状（但し奉書形式）に基づいて下地渡付の施行を命ずる権限を有していることは疑問の余地がない。諸国守護の場合は周知のように、原則として将軍家の安堵・宛行と下地沙汰付の間に幕府執事の施行→守護の遵行―守護代・守護使等の遵行という発給手続上の系列すなわち幕府法にいう「次第沙汰」が存在する。これに対して、鎮西管領一色範氏は自己の発給した所領宛行状に基づいて直接施行状を発給しており、奥州管領はこの点でも鎮西管領と同等の権限を有していたというべきである。且つ（A）の例が貞和四年であることに徴して、この権限は貞家一管領期に始まるものでなく、吉良・畠山両管領期以来のものであることが認められる。なお遠藤氏の指摘するように[(7)]、奥州管領の施行に、幕府が守護を介さず直接下地渡付を実施する際の方法に倣った両使派遣の方法が採られている。同様の両使を派遣して行う下地渡付は夙にやはり建武年間以来鎮西管領によって用いられており[(8)]、この点でも奥州管領は鎮西管領と同格であった。

しかし施行について重要なことはそのような権限の問題だけでなく、管領府から両使を命ぜられた武士は有力豪族の庶流諸氏を主とする在地国人層が大部分を占めているという事実も看過できない。それは安堵・宛行と引換えに奥州管領貞家が彼等に期待したものが単に戦場における軍忠のみではなく、管領の支配権浸透を実現するための使命にもあったことを示している。但し、このような使命を担う使節の大部分が自立性を強めつつあった在地国人層であり、管領貞家と彼等との支配関係に前述のような矛盾が含まれている以上、どれ程忠実な任務遂行を彼等に期待しえたかは問題であろう。

ところで、(B)(C)(D)の三件では将軍家の下文と見做されている尊氏袖加判の管領貞家奉書に基づいて貞家自身が書下式施行状を発給しているのに対して、この袖加判の出現以前に属する(A)ならびに袖加判の消滅以後に属する(E)では、ともに奥州管領の「御教書」を承けて管領府奉行人が連署施行状を下しており、この事実によって次の二つの発給の方式の抽出が可能である。すなわち、

(1)　将軍家の発給文書による安堵・宛行→奥州管領書下による施行

(2)　奥州管領の発給文書による安堵・宛行→奥州管領府奉行人連署奉書による施行

この二方式には発給者の意志を実施するためにその代理者ないし補佐者が施行するという発給手続上の整合関係が保たれており、したがって貞家の書下様式の施行状発給は尊氏袖加判安堵状・宛行状の出現に対応する措置であったという解釈が一応成立するであろう。

しかしながら第二類として示した押領排除の遵行手続は、必ずしも安堵・宛行の施行と同様ではない。例えば(F)は最初の遵行命令が奉行人奉書で発せられながら、第二回・第三回には管領貞家の書下が用いられている。また(G)の場合は初度の施行状の形式は不明であるが、第二回は同じく貞家の書下である。元来かかる下地渡付命令を無視した押領に対する排除命令は、康永二年四月十一日の幕府法「違二背御下知御教書幷奉書等一不レ渡二付下地一輩事」(「建武以来追加」『中世法制史料集』第二巻室町幕府法第二部追加法九条)を法的根拠とし、上述のような安堵・宛行の御教書等を承けた施行とは一応別個の範疇に属する事項である。ことに観応三年八月幕府は半済の実施に関連して、この種の「遵行難渋」の訴が激増したのに対処するため、寺社本所領について重施行の手続を定め(同上五七条五項)、さらに同年(文和元年)十一

月同じく寺社本所領の遵行に関する法令において、初度の施行は今後とも御教書を以てするが重催促は五方引付より発給する奉書すなわち引付頭人奉書を以てする旨を規定しており(同上六三条二項)、事実、当時幕府が諸国守護宛にそのような重催促を行って押領排除の遵行を督促した事例は枚挙に遑ない。(9) ところが奥州管領の場合は、幕府から重催促を受けた事例は見当らず、少なくとも現存する(F)(G)(H)の三例は何れも管領府が直接領主の訴に基づいて再度、使節に押領の停止と下地の再渡付を命じたものである。例証が乏しいので断定はできないけれども、少なくとも現在知りうる例証による限り、押領停止の遵行についても奥州管領の権限は諸国守護よりも大であったことを認めてよいと思われる。

しかし、奥州管領府の遵行命令が在地にどれだけ貫徹し、どれほどの効果を発揮したかはこれと別問題であり、鎮西管領一色氏の所領宛行が在地武士の頑強な抵抗に遭ってしばしば下地打渡を阻まれたのと同様、一管領期における奥州管領吉良貞家の安堵宛行政策も、在地武士の根強い反撥を受けて再三押領排除の遵行命令を必要としたことは上記第二種の諸例に見る通りである。その場合(F)の岩崎村上氏および(H)の大掾沢田氏はそれぞれ鎌倉期以来の有力豪族岩崎氏および大掾氏の庶流一族であり、(G)の当給人と号する輩もおそらく同様の中小国人層であろう。この前後には第三節に述べた一族内の対立のほかに、宇多庄をめぐる相馬氏と結城氏の対立や、好島庄における預所伊賀氏と村々地頭岩城一族との抗争等によって知られるように、在地の実質支配をめぐる奥州諸氏の相剋は激烈であった。ことに惣領制の解体に伴って簇出しつつあった中小国人層にとって、所領の存否が自己の命運に直結する「一所懸命」の問題であったことはいうまでもない。

国人層に対する管領貞家の安堵宛行政策は、前にも触れたように、それを推進すればするほど惣領制の解体と中小国人層の分立を助長したが、このことは畢竟彼等の相剋と実力行使による抵抗とを激化する結果を招かざるをえなかった。再三押領排除を命じた遵行命令が貞家一管領期の、しかも観応三年以後に集中しているのはこのことを雄弁に物語っている。しかも当の抵抗者・遵行違背者自体が権力の支柱として育成すべき中小国人層であったことは、当然その排除を不充分なものとした筈である。現に(F)の場合、管領府の再三の遵行命令を無視して下地押領を続けていた村上隆久は、初めの二回の施行状には三郎左衛門尉、第三回の施行状には隠岐守とあって、再度にわたる遵行命令の無視にも拘らず、彼は隠岐守の受領名を賜っていることが知られる。奥州諸氏の官途・受領が奥州管領の吹挙を要したことは第18表に掲げた「鬼柳文書」の二例によっても明らかであり、したがって管領貞家は自分の寄進地に対する隆久の押妨と再三の遵行違背を承知しながら、一方で彼の軍功に報いるため幕府に官途昇進を挙申したと判定されるのであって、この一事を以てしても管領権力による国人層の制圧がいかに不徹底きわまるものであり、遵行命令の実施がいかに困難であったかを推察することができよう。そうとすれば、第二度・第三度の遵行命令として管領貞家の直状が発給されていることは、貞家みずから遵行を命ずることによって、施行違背に対する直裁権を強化し、自ら使節を督励して遵行の効果を強めようと試みたためではあるまいか。

もちろん一方に文和二年においても重施行を奉行人奉書で下した(H)の例があるので、貞家一管領期の間に奉行人奉書による施行が消滅したわけではない。けれども、管見の限り、貞家没後の管領府奉行人連署奉書は僅かに管領斯波家兼の安堵状を承けた連署奉書二通を残すのみであり(「留守文書」)、それ以後は奉行人奉書が見られなくなり、同時に管領府奉行人の活動そのものが史料の上から全く姿を消してしまうのである。したがって貞家が書下様式の遵行命令を発したのは、奥州管領が属僚の職権活動を縮小して奥州国人層の掌握を強化しようと計った結果であり、これも畢竟奥州国人層の相剋と彼等の奥州管領支配に対する反撥という在地情勢の所産といわざるをえないであろう。そうとすれば、これらの書下を以てする遵行命令が観応三年末以降集中的に出現するのは、やはり吉良一管領期の後半になると、奥州国人層の反撥を押え、彼等に対する統制力を強化することが一段と必要になったためと見るべきであろう。

以上に縷説した奥州管領貞家の動向を通観すると、貞家が観応擾乱前後の極めて流動的な情勢の中で、国人層の所領獲得要求に即応して彼等の掌握に努めつつ奥州支配の維持拡大を志向したことは確かであり、その限りでは彼の企図を決して否定的にのみ捉えることはできず、むしろ奥州南軍の覆滅という戦果は国人層に臨んだ彼の企図の適確さに負うところが大であることを認めなければならない。しかし、それにも拘らず、惣領制の解体に伴う中小国人層の分立・相剋は彼等の要求を容れようとした安堵・宛行政策によっても決して克服できず、むしろ貞家の安堵・宛行政策が却って国人層の分立を助長し彼等の相剋を激化するという矛盾を招いたこともまた事実であった。そのため貞家は一旦背反した将軍の権威に再び依存して国人支配の補強を試みながら、次には将軍権力の国人層に対する影響力を弱めようと計り、またさきには管領府の機構を整備して奉行人の職権活動を拡充しながら、続いて彼等の職権活動を縮小して管領自身の直裁権強化を計るなど、短期間のうちに一貫性を欠く統治方針を敢てして支配権の維持に汲々としなければならなかったのである。貞家卒去以後における奥州管領の動向については章を改めて追究するが、少なくとも貞家の懸命な画策によって抑えられていた管領府支配の動揺が、彼の卒去を機会として拡大する危険性のあったことは充分推測しうるであろう。

三　吉良貞経の発給文書について

貞家一管領期、とくに観応三年（文和元年）・文和二年の両年には、彼の弟吉良貞経の発給文書が現れるので、以下に少し触れておきたい。まずそれらの文書十一通(10)を貞家のそれに倣って分類したものが第22表である。

これらの貞経の文書は、軍勢催促状、着到状・軍忠状の証判、感状が全体のほぼ半ばを占め、軍事指揮権の発動が最も目立っている半面、兄貞家の発給文書の中では高い比率を占めている安堵・宛行、下地渡付の施行、押領停止の遵行命令が貞経の場合全く欠如しており、貞経は所領恩給・所務沙汰・使節遵行等の権限を委ねられていないことが察知される。また残存する貞経の文書は様式上はすべて直状と証判であって、管領府奉行人の発給文書において大部分を占める奉書を貞経は一通も残していないので、彼の職権は、逐一管領の指示を受けて活動した奉行衆の職権とは全く性格を異にし、主に軍事指揮権を委ねられたものと判定できる。

このような発給文書の性格によって認められる貞経の軍事指揮者的性格は、軍勢催促状や配下の奥州武士の軍忠状・着到状から辿れる彼の軍事活動に相応しいものであった。貞経の活動の初見は観応三年閏二月末から三月中旬にかけて、名取郡から南軍の占拠する多賀国府に攻め寄せてこれを奪還した軍事行動であり（「白川文書」石河蒲田兼光軍忠状）、続いて彼は四月に気仙郡の南軍に攻撃を加え（「多田文書」吉良貞経軍勢催促状）、翌文和二年正月には宮城・黒川両郡の諸城を陥れて南部一族の一部を降すとともに他の南党を駆逐し（「鬼柳文書」吉良貞経軍勢催促状・和賀義綱代野田六郎左衛門尉軍忠状）、その後同年四月末までに宮城郡の那須氏等を率いて宇津峯城攻撃に参加した（「結城古文書写」那須資宿代大塩宗広着到状）。すなわち貞経は国府奪還作戦を指揮し、これに成功すると国府の所在する宮城郡とその隣接諸郡に布陣する南軍の掃蕩戦を行って、貞家自ら率いる幕府軍主力による奥州南軍本拠地の覆滅作戦を遥かに支援し、その目的を達成するとともに貞家指揮下の主力に合流して南軍の牙城宇津峯城を攻略したのであり、これと同時に彼の動静は次章第二節に述べる延文五年（一三六〇）の発給文書まで、しばらく管見に入らなくなるのである。

第22表　吉良貞経発給文書一覧（自観応三年至文和二年）

内容	様式					計	典拠
	奉書	書下	書状	披露状	与判		
(1)軍勢催促		2				2	鬼柳文書・多田文書
(2)着到状・軍忠状ノ証判					2	2	結城古文書写・鬼柳文書
(3)感褒		1				1	鬼柳文書
(4)訴訟ノ吹挙				3		3	大国魂神社文書・鬼柳文書
(5)社領寄進		1				1	陸前熊野神社文書
(6)社蔵古文書ノ正校					2	2	塩釜神社文書
計	0	4	0	3	4	11	

要するに当時の貞経の活動は、国府周辺諸郡における作戦行動を兄貞家から全面的に委ねられた軍事指揮者としての活動であり、したがって第22表の(5)・(6)に示した名取郡の熊野堂に対する寄進状の発給および宮城郡の塩竈社の社領を保証した社蔵古文書の正校も、作戦地域内の社寺保護策の現れであっ

て、必ずしも所与の軍事指揮権から全く逸脱した行為ではなかったといえよう。

それならば彼が奥州武士の訴訟に関する吹挙状三通を残しているのは何故であろうか。これらの吹挙状の内一通は観応三年と覚しい年闕卯月十二日付で凡海入道某宛に岩城国魂行泰代子息隆泰の本領訴訟に対する配慮の取次ぎを要請したもの（「大国魂神社文書」。年次推定の根拠は註(10)参照）、他の二通は文和二年二月三十日付で凡海入道と稗貫禰子兵庫助にそれぞれ宛てて和賀義綱の軍忠を証明して同人の訴訟に対する配慮の取次ぎを要請したものである（「鬼柳文書」）。国魂氏に関する吹挙は軍忠について言及していないが、やはり和賀義綱と同じく貞経の作戦行動に参加して活動したため、吹挙に与ったものと思われる。

和賀氏に関する吹挙状の宛所の一人稗貫（薭貫）禰子兵庫助は、本節二に挙げた下地渡付の（D）例に見る通り同月二十二日に貞家から義綱の勲功地三戸部村の遵行を命ぜられた両使の一人であって、貞経の吹挙がこの施行と密接な関係を有することは容易に推定できる。いま一人の凡海入道なる人物については右の二通の吹挙状以外に所見を得ない。しかし第一に凡海入道に宛てた貞経の披露要請は南奥岩城郡の国魂氏に関する訴訟と北奥和賀郡の和賀氏に関する訴訟とにわたっていて、一地域に限定されていない。また第二にこれらの凡海入道宛吹挙状には、宛所の上に薭貫禰子兵庫助宛のものには見られない「進上」の語句が記されている。この二点から推して、この人物は薭貫氏のような下地打渡の使節ではなくて所務関係に携わる管領府奉行人の一人と判断される。要するに貞経の吹挙は、彼の配下に属して上述の作戦行動に従った奥州武士のために、彼等の奥州管領府に対する所領の安堵・宛行ないし施行の実施等の要望を仲介したものに過ぎず、したがって貞経が恩賞や所務に関する権限を奥州武士に対して行使しえたことを意味するものではなく、むしろ逆に軍事指揮以外の権限を委ねられていなかった証左に外ならないといえる。

但し、このような吹挙を契機として貞経と特定の奥州武士との間に単なる臨時の軍事的統率に止まらない、より緊密な服属関係の生じる可能性が存在したことは否定できないであろう。第一節三に引用したように、文和元年十二月貞経が和賀義光に対し恐喝にも似た言辞を弄して参戦を督促している事実は彼の国人層動員力の限界を示しているには違いないが、半面このことからも彼が配下の国人層に特定の恩顧を施して所領を基礎とする服属関係に組入れる必要性を感じたであろうことは察知できる。しかもこの参戦督促に際して、国人の誅罰を将軍家に注進しうる権限を仄めかしていることも、おそらく単なる恫喝ではなく、彼が情勢次第では幕府権力に直結して奥州国人層に臨みうる可能性を秘めていた事実の現れであろう。そうとすれば、たとい貞経が当面管領貞家の軍事指揮権の忠実な代行者の地位に止まっていたとしても、奥州支配の中心地である多賀国府周辺およびそれ以北の作戦行動を全面的に貞経に委ねてかちえた管領貞家の南軍覆滅戦の勝利が、必ずしもそのまま奥州全域の諸氏に対する貞家の支配力強化をもたらさなかったとしても不思議ではあるまい。

註

（1）相田二郎氏は袖加判奉書の内、武家奉書としては源頼朝・北条義時・足利家時の袖加判を例示した次に「降つて足利幕府に於ける将軍家の文書にはかゝるものは無いが、室町時代地方に於ける守護大名の間には、かゝる書式の奉書を出してゐるものがある」と説いて戦国期の北畠・大内・赤松・毛利の各氏の例を挙げている（『日本の古文書』上、四六七頁）。けれども将軍尊氏袖加判の文書として、本文に挙げた奥州管領書下一通・同奉書六通のほかに、鎮西管領一色範氏の作成した宛行状として、観応二年三月十三日付（『相良家文書』）・同三年四月二十五日付（『島津家文書』）・文和三年十一月二十四日付（「麻生古証文古書類写」）・同四年四月三日付二通（『相良家文書』）等を数えることができる。奥州管領の安堵状・宛行状に尊氏の袖加判が出現したことは、夙に南朝方の北畠顕家・顕信が袖加判様式の鎮守府大将軍御教書・陸奥国宣を発給していることに触発されたとも見られなくはないが、むしろ右の一色範氏の例が貞氏の例よりもやや早く出現するところから、少なくとも直接には鎮西管領の事例に倣ったと推測してよいであろう。

（2）一日付の御教書の方は、和賀鬼柳義綱に宛てて「陸奥国和賀郡内三戸部村□（事）、為二勲功之賞一所二宛行一也」云々とした吉良貞家署判・尊氏袖判の奉書であり、二日付の貞家署判吹挙状案は義綱が多年軍忠を致し、就中宮方蜂起のため多賀国府に馳せ上り軍功を抽でた旨を証言するとともに、「依レ為二由緒之地一、以二当国和賀郡内三戸部村一、公方御計之程宛行候之処、可レ申二与御下文一之旨、令ニ言上一候」云々とて、貞家の行った暫定的な所領宛行を当人の希望により「御下文」による正式の宛行に変更することを吹挙したものである。この二通が直接の関連文書であることはいうまでもないが、後者にいう「公方御計之程」の宛行とは尊氏が袖判を加える以前の奉書による宛行を指し、「御下文」とは、この奉書に尊氏が袖判を加えて成立する将軍家御教書を指すものと判断される。

（3）本文に述べる下河辺八幡宮に対する貞家の寄進状・吹挙状と尊氏の寄進状との日付に二十日間の差があることは、袖判御教書にも貞家の作成と尊氏の加判との間にもほぼ同様の日数を要したことを推測させる。

（4）尊氏は前述した前年八月の結城氏宛の軍勢催促・所領当知行地安堵、十一月の軍勢催促等のほか、十二月には駿河国手越宿より側近の奥州武士岡本良円を「東国御使節」として派し、良円は翌春の頃小山・宇都宮・佐竹等の諸氏を廻ってのち白河を訪れて結城顕朝より請文を徴取し、その旨を軍忠状に記している（「秋田藩採集文書、岡本又太郎元朝家蔵文書」）。

（5）なお、日下に「判」と記した写のみを伝える文和二年正月二十日付の同じく顕朝宛奥州白河・石川以下八郡検断職安堵状も（伊達家本「結城文書」）、差出者の官途名記載がないので、おそらく『大日本史料』第六編之一七に「尊氏ナルベシ」と推定するように、尊氏の花押のみによる御判御教書と認めてよいであろう。

（6）観応三年四月二十三日付および同年五月十一日付の岩城郡国魂村内国魂行泰知行分に対する濫妨を止めた禁制（「大国魂神社文書」）に左衛門尉某と連署している下野守と、翌文和二年正月十三日付の伊賀盛光宛検断職安堵状および同年二月二日付の同人宛軍勢催促状（「飯野文書」）に署名する下野守とは、花押の形状を全く異にするので、同一人とは断定し難い。しかし少なくとも前者は遠藤巌氏が前掲論文の中で想定されたように、貞家の「侍所御奉行山名野州」（「小荒井文書」文和二年五月日佐原宗連軍忠状）と同一人と見做しうる。但し遠藤氏は上記禁制における下野守の署判を「特徴ある山名一族の花押」と判定して、この点を根拠とされたが、花押の類似性のみでなく、康安元年（一三六一）十二月に至って山名下野守が上記禁制の対象地である大国魂村に鎮座する大国魂社の神主としての資格で貞家の子息吉良治家から公事免許の書下（「大国魂神社文書」）を受けている事実も、論拠とすることができよう。なお遠藤氏は上記の禁制に下野守と連署する左衛門尉を、「花押の照合より、石塔義房の在任中より陸奥で一方大将として軍事指揮を行なっていた吉良治家」と断定した上で、「治家も以前の行動より考えれば山名下野守と同じ侍所奉行であったと考えられ」云々という推論を行っているが、筆者の照合したところでは、氏の挙げられた康永三年六月の着到状二通の証判（「大国魂神社文書」「大悲山文書」）には、治家の花押と推測すべき証拠は存在しないし、これらは上記禁制の左衛門尉の花押とも全く異なっている。治家の確実な花押は、上に触れた康安元年十二月の書下を初見とするが、この治家の花押も、右の左衛門尉の花押とやや類似するに止まり、両者を同一人と判定できるほどの一致点は認められないので、治家の侍所としての活動を想定することは困難と思われる。

（7）吉良・畠山両管領期における両使の初見は、貞和二年七月二十二日付管領府奉行人連署奉書によって、好島庄内村々地頭・領所等に飯野八幡宮の社役を督促するための使節を命ぜられた相馬親胤・加治丹左衛門尉の両名である（「飯野文書」）。これ以前には、建武四年八月の使節中賀野義長（同文書）、暦応五年六月の使節加治十郎五郎（同文書）等の如く一名の使節を派遣した例が多いが、暦応二年三月佐竹勝義・法眼（佐竹）行慶が連署打渡状を記しているように（「大国魂神社文書」）、両使を派遣した例証もあるので、両使発遣を両管領期とそれ以前を区別する徴証とすることはできない。但し施行の際に必ず両使を任命するに到ったのは吉良一管領期になって現れる特色であるといえる。ところで右の貞和二年七月および(A)〜(G)に挙げた施行状に両使として現れる十六氏を見ると、相馬・伊東・田村・石河蒲田・伊達内谷・佐竹小河・岩崎・薭貫禰子・国分の九氏は何れも奥州の著名な豪族の一族であり、しかもその大半は庶流諸氏と推定される。且つ(E)の木内民部太夫は(A)の下地渡付に与った木内胤有と同族であり、(E)の糟屋九郎左衛門尉は貞和五年八月に同じ好島庄内の競望停止の押書を捧げた糟屋宗久（「飯野文書」）と同族で、やはり奥州の在地に所領を有する国人層であるらしい。それゆえ遠藤氏の指摘されたような奥州武士と畠山・吉良両氏の属僚とを「相使」として派遣した事例よりも、むしろ(A)の相馬・伊東・(B)の伊東・佐竹小河、(C)の岩崎・田村、(E)の田村・糟屋および伊東・木内、(F)の石河蒲田・伊達内谷という組合せのように、奥州武士を相互に「相使」とした事例の方が一般的だったのではあるまいか。

（8）鎮西管領一色氏の権限・職権活動等は川添昭二氏前掲論文参照。

（9）諸国守護が幕府の指令を俟たずして押妨停止を行いうるいわゆる使節遵行権を有することは貞和二年十二月十三日の幕府法（上掲追加法二七条・三一条）によって明らかな周知の事実であり、かつ、領家の要請を直接守護が受けて押領停止を命ずる書下を発給した事例も存在するが（例えば「祇園社記」御神領部所収観応三年九月二十七日付赤松則祐書下）、かかる事例は観応擾乱直後ではまだ特殊なケースであって、やはり幕府から遵行を命ぜられる事例が通例と認められる。

（10）貞経の発給文書は延文五年（一三六〇）と貞治六年（一三六七）に再び現れるが、これらは当然第22表の対象外である。但し、彼の文書には卯月十二日付挙状一通（「大国魂神社文書」）と年月日闕正校案文の証判二通（「塩釜神社文書」）の計三通の年闕文書があり、これらはほぼ観応・文和年間の発給と認めて第22表に加えた。その推定の根拠は左の如くである。まず挙状については、貞経の署判に左近将監の官途名が記されていて、これは正平七年（観応三年）三月の感状（「鬼柳文書」）および同年四月の軍勢催促状（「多田文書」）の署判の官途と同一であって、同年（文和元年）十二月の軍勢催促状（「鬼柳文書」）以降延文五年までの署判における官途宮内大輔とは異なるから、右の挙状は貞経の職権活動開始後まもない観応三年四月の発給と推測しうる。次に正校証判二通は、宮内大輔の官途を記していて、この限りでは発給年次が観応三年四月以後であることを知るに止まるが、貞経の花押は観応・文和年間と延文・貞治年間とではその形状を異にしていて、右の証判は観応・文和期のそれに該当するので、ほぼその頃のものと認めることができる。

第五章　奥州管領斯波氏の展開

第一節　斯波家兼の奥州管領就任

一　家兼入部直前の奥州情勢

奥州管領吉良貞家は文和二年（一三五三）末以来動静を絶ち、卒去したと判断される。且つ、この卒去に乗じたもののごとく翌文和三年五月、さきに貞家に仆された管領畠山国氏の遺子平石丸（のち国詮）と吉良・畠山両管領以前の奥州総大将石塔義房の子息義憲（初名義元）がそれぞれ奥州国人の一部に対して工作を開始し、ことに義憲は翌六月多賀国府を占拠して、貞家の嫡子吉良満家の奥州支配に打撃を与えた。そしてこの年の十一月までに奥州に新たに入部したのが奥州管領斯波氏の祖となる斯波家兼であり、この家兼の奥州下向が吉良氏から斯波氏への奥州管領交代の起点となるのである。

家兼は入部後二年に満たずして卒去するが、その嫡子斯波直持が奥州管領職を継承して活動し、その職権活動は貞治六年（一三六七）まで発給文書によって跡付けられ、次いで直持の嫡子詮持の職権活動が現れて明徳二年（一三九一）に及んでおり、斯波氏が奥州管領として定着したことを示す。これに対して一方の奥州管領吉良氏は、満家の叔父吉良貞経と満家の弟吉良治家との叔姪および同じく吉良一族と覚しい中務少輔某の活動が散見する状態に陥ったのみならず、貞治六年治家は将軍義詮の治罰の対象となり、続いて奥州における吉良一族の活動は跡を絶つこととなるのである(1)。

但し、吉良氏衰頽の基本的な原因が、前章に触れたような奥州国人層自立化の進展にあったとすれば、当然斯波氏の国人層掌握にも少なからぬ障碍が存在した筈であり、したがって斯波氏の奥州定着を以て、直ちにその奥州経営の強化・発展と見做すことはできないであろう。あたかも吉良氏の奥州における活動の消滅と時を同じくして、貞治六年新たに石橋棟義が奥州に入部し、至徳三年（一三八六）まで活動を継続し、その間極めて僅少ながらその父石橋和義、ならびに畠山国詮も足跡を残しており、これは吉良氏に代った斯波氏も、奥州国人層に対する支配権力の樹立が容易でなかったことを如実に物語っている。

ところで、本章の対象とする南北朝中・末期における奥州管領ないし足利一門諸氏の奥州に残した発給文書は、前章に見た吉良貞家一管領期に比して遙かに少なく、しかも漸減の傾向を見せており、そのこと自体が重要な問題を含んでいるには違いないが、史料的制約のため事実認定にかなりの困難を伴うことも否定できない。それゆえ本章では、特に基礎的な諸条件の判定に慎重を期した上で、考察を進めることとしたい。

まず文和三年に発給文書を奥州に残した足利一門諸氏としては吉良中務大輔満家(2)、畠山国詮の幼名と推測される平石丸(3)、石塔修理大夫義憲（初名義元）、さらに斯波左京権大夫家兼の四名がにわかに出現し、複雑な情勢の展開を予測させる。そこでまず彼らの発給文書を内容上と様式上から分類して表示すると第23表のようになる。吉良満家は翌々延文元年（一三五六）まで、斯波家兼は翌文和四年（一三五五）まで発給文書を残すので、あわせて表示する。また延文元年には家兼の嫡子斯波治部大輔直持（のち左京権大夫・左京大夫）の発給文書がすでに二通出現するので、これをも加える。要するに、この第23表は文和三年から延文元年まで三年間の足利一門諸氏の奥州における管見の及んだ現存発給文書のトータルである。

第23表の諸氏のうち、畠山平石丸は僅かに白河参河守すなわち結城朝常に宛てた五月二十二日付書状一通を残すに過

第23表　奥州関係足利一門諸氏発給文書一覧（自文和三年至延文元年）

A　（文和三年）畠山平石丸発給文書

内容	様式 奉書	様式 書下	様式 書状	計	典拠
(1)同心要請			1	1	結城文書
計	0	0	1	1	

B　（文和三年）石塔義憲発給文書

内容	様式 奉書	様式 書下	様式 書状	計	典拠
(1)軍勢催促		1		1	真山文書
(2)官途吹挙		1		1	多田文書
(3)所領預置		1		1	相馬文書
(4)所領安堵	1	1		2	相馬文書・相馬岡田文書
(5)社領寄進		2		2	飯野文書
計	1	6	0	7	

C　吉良満家発給文書（自文和三年至延文元年）

内容	様式 奉書	様式 書下	様式 書状	計	典拠
(1)軍勢催促		1		1	鬼柳文書
(2)所領安堵	1	1		2	伊達家文書・飯野文書
(3)所領宛行	2	1		3	鬼柳文書・結城文書
(4)諸公事免除		1		1	陸前熊野神社文書
計	3	4	0	7	

D　斯波家兼・同奉行人発給文書（自文和三年至文和四年）

内容	様式 奉書	様式 書下	様式 書状	様式 奉行人奉書	計	典拠
(1)所領預置		1			1	白川文書
(2)所領返付		1		2	3	留守文書
(3)祈禱要請		1			1	塩釜神社文書
計	0	3	0	2	5	

E　斯波直持発給文書（延文元年）

内容	様式 奉書	様式 書下	様式 書状	計	典拠
(1)押領停止		1		1	留守文書
(2)奉加		1		1	塩釜神社文書
計	0	2	0	2	

F　以上諸氏発給文書内容別一覧

人名＼内容	軍勢催促	同心要請	官途吹挙	所領安堵	所領預置	所領宛行	所領返付	押領停止	諸公事免除	祈禱要請	社領寄進	奉加	計
畠山平石丸		1											1
石塔義憲	1		1	2	1						2		7
吉良満家	1			2		3			1				7
斯波家兼					1		1			1			3
同奉行人							2						2
斯波直持								1				1	2
計	2	1	1	4	2	3	3	1	1	1	2	1	22

ぎない。その趣旨は、従来は格別のことなく且つ幼少のため音信しなかったが、今後は屢申し通ずるゆえ同心されたい。聊か代官をして申させる。心事は後信を期すというもので、結城氏側で記した「自二畠山一状当国管領事被レ仰云々 文和三・六・三」という端書が付してある（「結城文書」（伊勢））。平石丸は貞家の卒去、さらに石塔義憲の奥州進出をみた機会に、奥州管領への復権運動を企図して、南奥白河郡の雄族小峯結城氏の反応を打診したものとみられる。しかし幼少の平石丸は到底奥州諸氏を動かすに足りず、その企図を実行に移すまでの軍事力を持つにいたらなかったことがこの書状の文面からも窺われよう。

これにたいして、石塔義憲の奥州再進出は吉良氏にとって直接の脅威となった。義憲はかつて南北朝初期暦応・康永年間に、父の奥州総大将石塔義房（入道義慶）を扶けて奥州に活発な軍事行動を展開していた[4]。やがて父義房は奥州総大将罷免を不満としたためか、関東に移って有力な直義党として活動したため、観応擾乱後は幕府権力から完全に排除され、その子頼房（義憲の弟）は南軍に投じて美濃・畿内等を転戦するにいたった[5]。義憲の擾乱前後における動静は不分明であり、『尊卑分脈』に彼を「与レ父令レ敵別二両陣一合戦」とするのが事実とすれば尊氏党に属していたこととなるが、尊氏党としての行動も管見に触れず、いずれにしても頗る振わない立場にあったものであろう。それゆえ義憲の奥州再進出は、一家の存亡を賭して活路を往年の勢力基盤である奥州に求めたものに外ならなかった。彼のこの再挙に際しての発給文書の初見である岩城郡飯野八幡宮にたいする文和三年五月十八日の寄進状、さらに同年六月七日の寄進状（「飯野文書」）に、それぞれ「為二天下泰平・家門繁昌一」、「為二凶徒対治・所願成就・天下泰平・家門繁昌一」とあることからも、家運挽回の意図が推測されよう。

五月十八日付の寄進状は、社領同郡今新田村を押領する者のあるのを不当として元の如く寄付するというものであり、かつて父義房が暦応五年（一三四二）四月に安堵した地の再寄進であった。六月七日付の方はそのような文言はないが、やはり事実上義房が康永三年（一三四四）四月に寄進した同郡中平窪村三田彦四郎入道跡の再寄進であった。好島庄（岩城郡内）西方預所兼飯野八幡宮神主の伊賀盛光には、義元（義憲）自身も康永三年四月、軍勢催促状を下しており（同上）、同月の義房の寄進状に「為下対二治凶徒一・天下太平・家門繁昌上」とあるけれども、当然伊賀一族を配下に掌握するねらいが含まれていた筈である。義憲が奥州再進出にあって、同庄内村々地頭岩城一族の押領によって不知行化していたこれらの安堵・寄進地を再寄進した直接の目的も、当然伊賀氏の再掌握にあったに違いない。(6)

また義憲は、再進出後まもなく六月一日、行方郡の豪族相馬氏の惣領胤頼に竹城保を安堵するとともに、黒河郡南迫を兵粮料所として預置いてこれを一族中に配分させ（『相馬文書』）、同月六日には、その庶流相馬岡田胤家に竹城保内波多谷村を安堵した（「相馬岡田文書」）。この両氏も往年の義房・義元の配下にあって、夙に建武四年（一三三七）二月胤頼の父相馬親胤が義房に軍忠状を捧げて証判を受け、相馬岡田胤康が建武五年四月義房から岩崎郡内の所領を勲功の賞として安堵されているのを初めとして、義房の暦応元年十一月の胤家宛感状、暦応三年七月の親胤宛軍勢催促状、義元の親胤宛康永二年七月より翌三年十二月にいたる八通の軍勢催促状の示すように、相馬氏・相馬岡田氏はかつて石塔父子と緊密な関係があった（同上両文書）。それゆえ今回の義憲の両氏への所領安堵・預置の目的もおのずと明らかである。

かくて義憲は磐城郡・行方郡などのいわゆる陸奥東海道の方面で、一応の軍勢糾合が可能になったとみえて、飯野八幡宮への最初の寄進から一ヵ月にして、文和三年六月二十日、早くも多賀国府に迫り、二日間の合戦に勝利を得て吉良満家を駆逐し、府中を占拠した。註(2)に触れた同月二十四日付和賀常陸介宛吉良満家軍勢催促状（「鬼柳文書」）に「石塔左衛門佐義憲、相二語野心之輩并凶徒等一、寄二来府中一之間、今月廿日、廿一日、致二散々合戦一之処、依二御方無勢一、引二退伊達宮内少輔楯一畢、仍近日打立、可レ令レ発二向府中一也」云々とあり、満家がここに野心の輩と呼んだのは吉良氏に離反した国人層、凶徒と称したのは前年五月の宇津峯城失陥後各地に逼塞していた南軍側の国人層であろう。よって義憲の一旦の成功は、旧南軍を誘引したほか、かつての配下国人層などに、往年の統率関係を利用し、寄進・安堵・預置を行って彼らの所領要求を容れることを通じて、その一部を麾下に収めることができたためと見られる。彼の上記の寄進状と預ヶ状は直状であり、安堵状も岡田胤家宛のものは直状であるけれども、相馬胤頼宛のものは奉書形式を用いており、おそらく義憲は幕府から行賞権を委任されたかのように粧って奥州国人層に臨んだものと思われる。

しかし義憲は極めて短期間しか国府を保持しえなかった模様である。それは爾後の彼と吉良満家の発給文書の対比から推測できる。義憲の発給文書は、それ以後僅かに二通管見に触れるに過ぎず、しかも一通は国府占拠直後の同月二十七日に玉造郡の国人諏訪二郎三郎に奥州凶徒対治のため発向した旨を告げ、本領安堵を予約して従属を促した軍勢催促状であり(「真山文書」)、彼が直ちに吉良氏側の反撃を予想して軍勢の補強につとめた有様を察せしめる。いま一通は、前々年の観応三年（一三五二）までは南軍に属していた和賀郡の国人多田左近将監(7)にたいして、出羽守の所望を京都に挙申すべき旨を告げた文和三年閏十月四日の官途挙状であり(「多田文書」)、義憲が北奥の旧南軍の一部を傘下に入れることによって吉良氏側に対抗しようと計った状態を示している。そうしてこの後、義憲は杳として消息を絶つのである。

他方、吉良満家は、上に触れた同年六月二十四日の軍勢催促状を初見として、同年のうちに四通、翌文和四年（一三五五）に一通、延文元年（一三五六）に二通の発給文書を残している。ここに文和三年のものを検討すると、最初の軍勢催促状は、府中より西南方伊達郡の伊達宮内少輔の館に逃れた満家が、早くも敗北から三日後に、陸中和賀郡和賀氏の惣領和賀常陸介にたいして、近く府中奪還戦に進発すべき旨を告げ庶子等を率いて出動せよと命じた直状であって、満家の受けた打撃が決定的なものではなく、直ちに府中挾撃の作戦を立てて反撃の態勢に移りえたことを察せしめる。その次の発給文書は、翌七月十六日、右の和賀常陸介に甘美（賀美）郡大池郷半分（後家分を除く）を、その一族和賀平内左衛門尉に同郡名切屋郷半分を、それぞれ勲功の賞として与えた二通の宛行状であり(「鬼柳文書」)、この行賞実施の事実は、おそらく満家が敗退後一ヵ月に満たない七月半ばまでに、多賀国府を奪還して義憲を駆逐したであろうことを推測せしめる。さらに義憲が上記閏十月の多田氏にたいする官途挙申の約束を最後として史上から全く姿を消すのに反して、満家は翌十一月九日、結城朝常に会津蜷河庄半分を「公方恩賞申沙汰之程」という条件で宛行っており(「結城文書」)、彼の行賞権はたとい暫定的なものとしてではあれ南奥の雄族結城氏にまで及ぼされているのであって、その奥州支配はもはや一応安定した状態に入っているとみてよいであろう。

満家の反撃奏効の理由は充分明白ではないが、一つにはその父吉良貞家の奥州国人層服属政策の効果が考えられよう。例えば現に上述の伊賀盛光は、その子息光長が観応擾乱勃発以来貞家に属して活動し、盛光自身、貞家から正平六年（一三五一）十一月、岩城郡内の留守美作二郎闕所地を好島（飯野）八幡宮に寄進を受け、文和二年正月、奥州東海道検断職を安堵されていた（『飯野文書』）。相馬胤頼も観応三年貞家による田村庄・宇津峯の南軍攻撃に軍忠を励み、親胤は貞家から同年七月通路警固を命ぜられ、同年十一月には、幕府にたいする恩賞の吹挙を受けている（『相馬文書』）。それゆえ彼らはいかに義憲から安堵・預置などの利を以て誘われたにしても、敢て義憲と運命を共にするような危険を犯してまで吉良氏に背反することを必要としなかったに違いなく、少なくとも現存史料による限り、伊賀氏や相馬氏が義憲に従属して満家に背いた形跡は全く存在しない。おそらく義憲の働きかけに応じたのは、貞家より非法押領停止等の処分を受けてその遵行に抵抗していたような一部の中小国人層を主としたのではなかろうか(8)。

ともあれ満家が、比較的短日月のうちに義憲を没落させることができたことは疑いなく、翌文和四年三月には名取郡熊野堂に同郡南方神領分の諸公事を免除し（『陸前熊野神社文書』）、延文元年六月、伊達長門入道（政長カ）に伊達郡桑折郷を安堵し（『伊達家文書』）、同年十月、前述岩城郡の伊賀盛光に本領・当知行地を安堵しており（『飯野文書』）、残存する発給文書数は乏しいものの、ともかくもかなり広汎な地域の有力国人や社寺にたいして奥州管領たるに相応しい行賞権・安堵権および公事免除権を行使するようになっている。

二　家兼の前歴と奥州入部

吉良満家が一応自力で鬼柳氏などの国人層を糾合して反撃し石塔義憲を駆逐しえたとすれば、将軍尊氏が斯波家兼を発遣した理由は何であろうか。従来の説では、例えば『福島県史』1六〇六頁の説明のように、義憲が満家を駆逐したので、尊氏は奥州支配の強化を計って急遽家兼を派したとするが、後述するように家兼は文和三年九月に細川清氏が若狭守護として同国に入部する以前の同国守護と認められ、その奥州管領への転任の正確な時期は不明としても、少なくとも家兼の奥州における発給文書の初見は、吉良満家の結城朝常にたいする上述の宛行状の日付の前日に当る同年十一月八日付の書下であって（「塩釜神社文書」）、尊氏が満家の危急を聞いたために家兼の発遣を決定したか否かは必ずしも自明でない。また何故家兼が奥州管領の任に選ばれたかは、従来の説明ではやや漠然としており、同書同頁には、彼が斯波家長の叔父、兼頼の父として奥州と縁の深かったこととともに、彼自身の若狭守護としての業績および幕府引付頭人としての実績が挙げられているけれども、次に述べるように若狭守護としての在任期間は決して「建武以後貞和まで」というような長期にわたるものではなく、まして引付頭人在任は僅か二年半ほどであって、業績を云々するに足らず、「吉良貞家と同様の政治的手腕」という同書の説明は必ずしも的確でない。

建武三年から観応二年までの家兼の動静は第一章に触れたが、以下に家兼の前歴を少しく振返って、その奥州発遣にいたる事情をより具体的に検討したい。

家兼は建武三年（一三三六）七月尊氏から若狭に発遣され、若狭守護として兄の越前守護足利（斯波）高経を扶けて越前・若狭の南軍と連戦したが、同年一旦守護を罷め、翌年五月再任、さらに翌々建武五年五月再び罷免、次の暦応二年（一三三九）には高経の嫡子氏頼が若狭守護となり、やがて翌三年九月までに高経が若狭守護を兼任し、家兼はその守護代になったと推定される。守護を罷めてより三年内外の間に当該国の守護代になったとすれば、その処遇は芳しいものでなく、家兼の胸中に兄高経への不満が兆したとしても不思議ではない。そのためか、高経がやがて尊氏に疎まれ、分国若狭、さらに越前をも喪失し、直義に近づいて観応擾乱の勃発とともに直義党の有力者として行動するのにたいして、家兼は全く高経に同調した形跡がない。のみならず、家兼は康永四年（一三四五）八月の臨時除目で正五位下に昇進したのはともかく(9)(『園太暦』同年八月十七日条)、貞和五年(一三四九)八月の政変による直義党排除に伴う引付方の改組に際して三番引付頭人となり(「新田八幡宮文書」三)、観応元年(一三五一)九月二十四日付の引付奉書を残していて(「広峯文書(書陵部本)」)、尊氏・師直党の一人として幕政に参加するにいたったことが明らかである。しかし、第一次の擾乱を経て、観応二年三月直義の優勢裡に幕政が再開されると、引付頭人は主に直義党をもって占められ、家兼は頭人の地位を失った。そのころ高経は越前守護に再任されたと覚しいので、両党に引分れた高経・家兼兄弟の浮沈はまさに対照的であった。

形勢が再び逆転した同年八月、高経は桃井直常・山名時氏らとともに直義を擁して越前に奔ったが、一方家兼は翌九月、若狭の明通寺に軍勢甲乙人の狼藉を戒める禁制を与えており(「明通寺文書」(10))、それまでの彼の経歴に照して、この若狭進出は直義党の北陸制圧を牽制し、若狭を幕府方に確保するため尊氏から発遣されたものと判断される。但しこの時の家兼には若狭守護としての明証はなく、「若狭国守護職次第」によれば同年十月大高重成が同国守護になったが、十一月に重成の代官は直義方の地頭御家人によって追出されたという。もっともその十月、直義は越前を離れて鎌倉に移り、これと前後して高経は幕府方に帰順し、越前守護職を保ったとみられるので、高経・家兼兄弟の両党分属はここに一応解消した模様である。

翌正平七年(観応三年・一三五二)に入り尊氏の鎌倉制圧、直義の横死、畿内南軍の京都突入等を経てまもなく、家兼の嫡子直持の軍事行動が管見に入る。一旦近江に逃れ、ついで京都を奪還した足利義詮が、その直後の三月二十四日と同月二十八日に、若狭国人本郷貞泰に与えた「於二若州一致レ忠之由、治部大輔直持所二注申一也、尤以神妙、弥可レ抽二軍忠一之状如レ件」「注進状披見了、忠賞之至尤以神妙、守護下向之事、所レ被レ仰也、弥可レ抽二戦功一之状如レ件」という二通の御感御教書(「古証文」「本郷文書」)、および右の貞泰が、「守護方御子息治部大輔殿(直持)」に属して若狭で軍忠を致したのち、三月十七日その京都への発向に従軍し、義詮の東山の陣に参候して京都奪還戦に参加、さらに持明院御所の警固に当った旨を述べて、家兼の証判を受けた同年五月十八日付軍忠状（「本郷文書」六）がそれである。ここに直持の若狭から京都にかけての軍事行動が明瞭に跡付けられるが、それとともに注目すべきものは、右の義詮御感御教書の「守護下向之事」云々と本郷貞泰軍忠状の「守護方御子息」云々の文言、および家兼の証判という事実であり、これらの事実によって家兼の若狭守護在任が確認されることである。佐藤進一氏は、当時の家兼の同国守護在職の徴証として、家兼に若狭太良荘に関する遵行を命じた同年六月十日と八月八日の義詮御教書（「東寺百合文書」せ）、若狭国富荘の遵行を命じた同年八月二十一日の義詮御教書案（『壬生家文書』二、三二八号）の三通を挙げておられるが[11]、上掲三月二十四日および二十八日の義詮御感御教書と五月十八日の本郷貞泰軍忠状によって、在職徴証の上限は少なくとも三月中旬まで溯らせることができる。且つ第一章第三節に述べたように、高経も三月上旬から中旬にかけて越前より若狭路を経て京都奪還戦に参加し、さらに四月一日から持明院御所警固の責任者となっているので、ここに高経・家兼兄弟は久方ぶりに再び連携を保つようになったこと、および分国もそれぞれ越前と若狭という建武三年ないし五年頃と同一の配置になったことが知られる。なお直持には、同年六月明通寺衆徒中に与えた天下泰平の祈禱を命ずる書下があり（「明通寺文書」上）、彼は再び父家兼の名代として若狭に在国したものとみえる。

家兼の動静は上記の観応三年八月二十一日付義詮御教書以後二年余り不明であるが、文和三年（一三五四）九月には細川清氏が若狭守護として一旦守護所のある小浜に入部し、守護領の税所今富名に給人を付けてまもなく帰京しており（「若狭国守護職次第」「若狭国税所今富名領主代々次第」「紀氏系図裏書」）、家兼は既に同国守護を離任していることが知られる。而して同年十一月八日には、先に触れたように家兼は塩竈社祠春日新大夫（恒高）に「天下安全・凶徒対治祈禱」を命ずる書下を与えていて、彼は既に奥州に下向し多賀国府に着任しているものと推測される[12]。細川清氏は擾乱勃発以来尊氏および義詮の側近部将として勇戦し、同年八月には引付頭人に登庸された人物であったのにたいして（第一編第二章第一節参照）、家兼は門地は清氏よりも高く、しかも同じく擾乱前後を通じて一貫して尊氏・義詮に属したとはいうものの、軍功においては上述のように嫡子直持の若狭から京都への軍事行動などが知られるに過ぎず、清氏の活動に一籌を輸したことは否めない。

そこで尊氏としては、少なくとも吉良氏と同格の門地を有しかつ奥州に関係の深い斯波一族の一人であり、しかも高経と異なり忠実な尊氏党の一人であった家兼を奥州に派遣することは、たといその軍事的・政治的実績がさほど目覚しいものでなかったとしても、吉良氏の奥州支配を一面補強、一面牽制し、幕府の奥州統治を強化するために役立つと判断したのであろう。しかもそれと同時に、他方では家兼転出後の若狭を信任厚い細川清氏の分国とすることを通じて、斯波一族による越前・若狭両国支配の一角を再び突き崩し、高経の越前支配を牽制することが目論まれたものと考えられる。かつ、この若狭守護職改替の背後には、第一編第二章第二節に説いたような、旧直義党の高経と尊氏党の細川清氏との暗闘がひそんでいたことであろう。

但し、家兼の奥州への転出と清氏の若狭守護補任という人事が決定した時期などの細部は分明でないけれども、清氏の若狭下向が引付頭人就任の翌月であり、おそらく守護になって間もなくの入部とみられるし、一方家兼の塩竈社への祈禱要請もその文言などからおそらく多賀国府入部後間もない頃のものと推測されるので、少なくとも家兼の着任が前述した吉良満家の国府奪還・義憲駆逐より後であることは間違いあるまい。したがって、よしんば尊氏の家兼発遣という構想が石塔義憲の国府襲撃を機会として具体化したとしても、満家の国府回復にも拘らず敢て家兼の発遣が強行されたとすれば、それが幕府による奥州統治の強化と斯波氏の勢力分散という一石二鳥の方策であったがために外ならないと思われる。

なお、家兼が発遣に当り奥州管領に補任されたことを直接立証しうる同時代史料は触目せず、塩竈社への家兼自身の右の書下が「天下安全・凶徒対治」という主に軍事的任務の完遂を祈らせたものであり、後述の文和四年六月の金成三郎四郎宛義詮軍勢催促状も「陸奥国凶徒退治」を家兼に属して行うよう命じたものであって、奥州総大将ともいうべき軍事指揮権が確認されるに止まる。彼を奥州管領と記したものは、僅かに『尊卑分脈』に彼を「奥州管領」とし、『系図纂要』に「延元元年陸奥管領下向」(ママ)という年次を誤まった上に誤写したと思われる記述がある程度に過ぎない。けれども吉良・斯波両氏は相並んで、それぞれの始祖長氏・家氏以来鎌倉時代を通じて足利の名字を称した家柄であり、他の足利庶流と異なって本宗足利氏に次ぐ名門であった(『吾妻鏡』、「円覚寺文書」所収「北条貞時十三年忌供養記」等、本書序論参照)。それゆえ吉良貞家の奥州管領職を継いだ吉良満家が現存する奥州に、尊氏が家兼を単なる軍事指揮権のみを有する総大将として発遣したとは考え難い。また第23表Dに掲げたように、僅か一例ずつとはいえ、家兼は国人にたいして所領の預置と返付を書下をもって行い、その返付のために奉行人連署施行状をもって使節を遣している。このような家兼の行政的権限の行使は石塔義憲のような恣意的な行為ではなく、幕府より委ねられた職権に基づくものとみられるから、この点からも家兼は軍事権とともに一定の行政権をも委ねられている奥州管領と認められる。さらに、やや降って貞治六年(一三六七)四月、時の将軍義詮が吉良治家誅罰への協力を結城顕朝に命じた御判御教書に「両管領加二談合一可レ致二合戦一之旨、重成二御教書一了」とあり(「白川文書」)、その両管領の一方は家兼の嫡子直持に相違ないので、遡って家兼が既に両管領の一方であったと推定することが可能である。

三　家兼の支配機構設定

家兼は、奥州管領に転じた翌々年の延文元年(一三五六)六月十三日に四十九歳で卒去したと伝えられており(『尊卑分脈』)、管領在任は二年に満たない程の短期間であるし、奥州におけるその発給文書も第23表Dに掲げたように上述の塩竈社への書下のほかに国人にたいする所領預置・返付の書下が各一通で、その返付の施行である奉行人奉書二通を加えても計五通残存するに過ぎず、彼の奥州支配の性格ないしその成果を知悉することは困難である。けれども子細に検討すれば、これらの発給文書から或る程度までは家兼の対国人政策を窺うことができる。

その一通は石河蒲田兼光に宮城郡南目村大掾沢田平次跡を預置いた文和三年十一月二十日付の預ヶ状である（「白川文書」（陸前））。石河蒲田氏は南奥石川郡を本拠とする石河氏の庶流であり、兼光は建武二年以来足利方に属して畿内・奥州等を転戦し、奥州管領吉良貞家からもしばしば所領安堵・宛行を受けたのみならず、[13]観応三年十一月には今川範国の所領賀美郡青塚郷等にたいする押領人排除・下地渡付を貞家から命ぜられた両使の一人になっている（「秋田藩採集文書」小瀬・赤坂家蔵文書）。且つこの南目村も貞家から文和二年（一三五三）四月、勲功の賞として宛行われ、同年七月下地打渡が実施されたが、同村の本主大掾沢田平次は立還って押領したので、兼光の訴により翌八月本主の押領停止を命ずる再度の施行状が発給されている（前章第二節参照）。したがって家兼が同村を改めて兼光に預置いたのは、兼光が貞家から得た領有権の再確認であった。預置の直接の事情は詳かでないが、察するところ、家兼は従来の行がかりを断ち切って家兼自身の権限で兼光の既得権を保証するために、安堵ないし重施行の形式を採らず、預置の形式を用いて、兼光との間に一種の恩給関係を設定したものと思われる。

家兼のいま一通の発給文書は、留守参河松法師（のち持家）に宮城郡余目郷内の村々と南宮庄内・二迫栗原郷内の田在家を「御教書」の旨に任せて返付した文和四年四月十五日付の書下である（「留守文書」一）。留守氏は源頼朝から陸奥留守職に補せられた伊沢家景の子孫であり、観応擾乱に際し余目系の留守家任・但馬権守某らは畠山国氏に党して吉良貞家方に捕えられ（「鬼柳文書」和賀義光軍忠状・和賀義勝代野田盛綱軍忠状）、一旦没落したが、文和元年十二月、貞家は家任の子息である松法師に、右の余目郷内・南宮庄内・二迫栗原郷内の所々と黒河郡南迫七ヵ村を、「相伝当知行之上、致二忠節一」という理由で安堵した（「留守文書」一）。この安堵はかつて幕府権力と国衙機構との結節点ともいうべき地位にあった留守氏（余目氏）の再興を許して、同氏を被官化し、その国衙機構にたいする影響力を利用する目的で行われたものに違いない。とすれば、家兼がこの貞家の方法を踏襲したのは、留守氏を吉良氏から引離して自己の被官化し、その伝統的勢力を利用するためであったと考えられる。なお、家兼の返付からは黒河郡南迫の部分が省かれているが、これは前節に述べた如く前年六月石塔義憲が相馬胤頼に兵粮料所として預置いた地であった。家兼は、それが叛逆者石塔氏よりの賦与であっても、大族相馬氏の既得権としてこれを尊重する方針を採って、松法師への返付から除外したのであろう。

以上のように、現存する二通の書下を通じて窺われる家兼の所領政策の一斑は、一見吉良貞家のそれの踏襲に過ぎないかのごとくである。しかしながら家兼の新任は決して奥州管領の改替ではなくして、貞家の管領職を世襲した管領吉良満家の現存する奥州への一方の管領としての入部であったことを看過することはできず、この角度よりみれば、家兼の所領預置・返付は頗る重要な意図を含むものであったことが知られる。すなわちそれらは奥州管領権力のもとで重要な軍事的あるいは行政的機能を発揮する筈の石河蒲田氏・留守氏のごとき有力国人と吉良氏との従来の服属関係を遮断して、彼らを新たに斯波氏自身の統制下に再組織するための恩給関係の設定だったのである。なお家兼が祈禱を命じた塩竈社および石河蒲田・留守両氏への預置・安堵の対象地は、ともに国府（管領府）周辺の宮城郡内にあり、満家の発給文書の対象が前述のように北は賀美郡内から南は岩城郡内および会津蜷河庄にわたるのとは対照的である。もちろん僅少な残存史料から断定することは危険であるが、少なくとも入部後間もない家兼が管領府周辺の宮城郡内を重要視し、まず膝下を固める方針を採ったことは認めてよいであろう。

さらに、家兼の留守松法師宛返付状には、これを承けた同月二十七日付の奉行人左近将監某・藤原某の連署施行状が存在する。前章第二節に述べたように、貞家は奉行人連署施行状のほかに直接書下形式の施行状を多く発給するようになっていたが、家兼はむしろ本来の発給手続を採用したものといえよう。ともあれ、家兼の奉行人両名は、実名は明らかでないが、吉良貞家時代の管領府奉行人中にはその名が見られず新たに出現する人々であるから、家兼はおそらく吉良氏とは別個の新たな奉行人を採用したのであろう。且つ下地渡付のため派遣された両使も、従来の使節中には同族の見出されない大掾下総守・東福地刑部左衛門尉の二名の国人である。(14) 奥州土着の国人を遵行の使節に採用することは、吉良貞家も盛んに行った方針であったが、家兼は貞家の使節発遣におけるかかる方針を踏襲しつつも、貞家時代とは別個の国人を使節とすることによって、管領斯波氏自身の支配の末端機構を創出したものと認められる。

以上を通観すると、家兼は比較的短期間のうちに、従来吉良氏の被官化しつつあった管領府出仕の国人層の一部を、預置・安堵によっていちはやく自己の被官化するよう試み、かつ新たな奉行人・使節の採用によって自己の系列下に入る吏僚機構の編成に着手し、吉良満家と拮抗する支配機構の設定に一応成功したものと判断される。あたかも家兼の奥州におけるかかる活動が開始されてまもなく、その兄高経は尊氏の疎外・圧迫にたいする不満から、文和三年十二月足利直冬・山名時氏の畿内侵攻に呼応して再び幕府に背き、分国越前で子息氏頼以下を伴って挙兵し、越中の桃井勢とともに翌四年正月入京したが、まもなく敗れて同年六月越前に退去し、文和五年正月またも幕府に帰順した（第二章参照）。しかし一貫した尊氏党であり、且つ若狭一国守護から奥州管領への昇格に与った家兼には高経に同調すべき何等の理由もなく、事実彼は全く高経の背反に応じた形跡がない。のみならず、文和四年六月二十七日義詮が岩崎郡の国人金成三郎四郎（岡本隆弘）に「陸奥国凶徒退治事、属二左京権大夫（斯波家兼）手一、可レ抽二忠節一之状如レ件」という軍勢催促状（御判御教書）を下していることは（「秋田藩採集文書」岡本又太郎元朝家蔵文書一）、高経背反の期間内にも、家兼が引続き奥州における幕府権力のうち少なくとも軍事権を代表し、幕府の支援を受けていることを証するに足りる。しかも義詮のこの軍勢催促状が、一方の管領吉良満家に全く触れず、その存在を黙殺していることも注目に価しよう[15]。かかる幕府の満家疎外と家兼支援が、家兼の奥州支配を有利に展開させる一因となったことは推測に難くない。

なお、家兼の卒去したと伝えられる延文元年六月を挟んで、同年二月十五日と十月二十二日にその嫡子直持の発給文書が存在する。直持は本節二に詳述したように、既に観応三年に若狭から京都にかけての軍事行動が知られるが、彼はおそらく家兼に伴って奥州に下向し、その奥州支配を扶けたのであろう。右の延文元年二月二十五日付発給文書は、塩竈社造営に際しての馬一疋の奉加状であり（「塩釜神社文書」）、家兼の奥州支配への彼の協力の一端を示すものと思われる。

また同年十月二十二日付のものは、大掾下総守に宛てて、氏家彦十郎とともにかの宮城郡余目郷内諸村と南宮庄内田在家にたいする八幡介（景朝）の押領[16]を停止して下地を留守参河松法師代道即に渡付するように命じた書下であって（「留守文書」一）、既に直持が父の跡を継いで奥州管領に在任している事実の徴証となる。かつこの書下は、直持が家兼の方針を承けて家兼の起用した大掾下総守を引続き使節に任じ、在庁級国人の抵抗を排除して留守氏の保護につとめた状態を示すとともに、使節の一人として氏家彦十郎を起用したことをも明らかにしている。氏家氏は下野国氏家を本貫とする関東御家人の一族であるが、建武四年（一三三七）家兼の次子（直持の弟）兼頼（当時は幼名竹鶴丸）の代官として相馬氏・相馬岡田氏等を率いて奥州南軍と対戦したのは氏家十郎入道道誠であり（第一章第二節参照）、また『太平記』二〇には、越前藤島の戦に新田義貞の首級を取ったのは越中国住人氏家重国（前田家本は越前国住人とし、金勝院本・西源院本・天正本は実名を光範とする）であったと伝えている。このように氏家氏は斯波氏の有力被官であり、彦十郎某はその一人として、家兼・直持父子に従って奥州に移ったものに違いない。延文六年（一三六一）七月の同じく余目郷以下の遵行使節の一人に氏家伊賀守（彦十郎の官途名か別人かは不明）が見える（「留守文書」一）。奥州にも因縁のある有力被官氏家氏が家兼・直持父子に従って入部し、奥州土着の国人と並んで遵行使節に起用されていることは、斯波氏の奥州支配展開に有力な槓杆の機能を果したことと思われる。要するに直持は、家兼の卒去後まもなく奥州管領職を継承し、ほぼ家兼の方針に倣って斯波氏に直結する管領府機構の基礎固めを推進したと判定されるのである。彼の延文元年における右の発給文書二通が、家兼のそれと同じく宮城郡を対象としていることもその現れであろう。

註

（1）『福島県史』1、中世編六〇五―六〇七頁参照。

（2）同人の発給文書は、文和三年六・七月には「源」、同年十一月以降は「中務大輔」として署判を施したものを残すに止まるが、中務大輔という官途の高さ、および本文に触れるように同年六月二十四日付和賀常陸介宛軍勢催促状（「鬼柳文書」）に、石塔義憲に府中を攻撃されて伊達氏の栖(館)に退いた旨を述べている点からも吉良貞家の後継者であることは疑いなく、『尊卑分脈』に「奥刕一方管領　中務大輔　従五下　吉良三郎」(『系図纂要』も同様)と伝える吉良満家に比定しうる。

(3) 本文に引く五月二十二日付平石丸書状(「結城文書」)には「幼少之間不レ能二判形一」とあるが、端書によって平石丸が畠山氏であることおよび奥州管領を競望していることが知られる。他方、畠山国詮は後年僅かに「修理大夫」と署判した至徳元年(一三八四)六月十五日付安堵状の写(「川辺八幡神社文書」)を残すのみであるが、次節三に掲げるように明徳二年(一三九一)管領細川頼元署判の幕府御教書に「陸奥国賀美郡事、畠山修理大夫国詮分郡也」とあって(『伊達家文書』之二)、国詮の官途修理大夫が確認される。『尊卑分脈』脇坂本・前田家本・内閣本(『新訂増補国史大系』本による)には国詮を「奥州探題修理大夫　畠山二郎」とするのみであるが、『系図纂要』には「大石丸　二郎　宮内少輔　修理大夫　探題」としているので、この大石丸を平石丸の誤伝とみて、平石丸を国詮の幼名に擬定してよいであろう。

(4) 『尊卑分脈』『系図纂要』等には、石塔義基の実名としてはもと義元と称したことを、官途としては左馬助を記すのみであるが、「石塔左衛門佐義憲」(註(1)所引吉良満家軍勢催促状)が往年の左馬助義元と同一人であることは『相馬文書』「飯野文書」等の左馬助(義元)と左衛門佐(義憲)との花押の一致によって疑問の余地がない。

(5) 義房は観応元年十二月足利光王(基氏)を高師直党から奪還して関東における直義党の勝因をなし、直義から伊豆守護に還補され、他方その子頼房はこれよりさき同じく直義党として伊勢守護となり、畿内を転戦し、尊氏の拠る書写山攻撃の先鋒となり、直義のもとで引付頭人となった(佐藤進一氏『室町幕府守護制度の研究』(上)伊豆・伊勢の項等参照)。さらに第二次擾乱の末期、正平六年十二月には、義房・頼房(右馬頭)父子は尊氏軍の駿河進出に抗戦して今川範氏の陣に攻め寄せている(「伊達文書」駿河、伊達景宗軍忠状)。その後の義房の消息は『太平記』三〇に、薩埵山合戦の際子息右馬頭(頼房)とともに尊氏方に降ったとし、同書三一に、武蔵野合戦に当って義房は新田義興・義宗に内応しようとしたが右馬頭の反対により果さなかったとするのみで判然としないが、爾後の衰退は想像されよう。頼房がまもなく吉良満貞とともに南軍に属して美濃・摂津等を転戦し、文和二年六月には直冬党山名時氏と呼応して京都を侵すというような行動をもって知られるのも(『園太暦』「古今消息集」九など)、幕府権力から排除された石塔氏の反撃に外ならなかった。

(6) 佐々木慶市氏「東国における庄園制解体過程の一断面—陸奥国好島庄西方預所伊賀氏の場合—」(『日本古代・中世史の地方的展開』所収)等に詳かなように、伊賀盛光およびその一族・代官は建武三年(一三三六)以来足利方として陸奥国内および常陸・

下野等に転戦して軍忠を励むとともに、暦応四年（一三四一）以来盛光は好島庄西方を石清水八幡宮領とし、鎌倉時代には実質上関東御領であった同庄西方を、実質上室町幕府料所として、同庄地頭の岩城一族に対抗しつつその地位と所領の保持を計っていた。

（7）文和二年五月の石河蒲田兼光軍忠状（「白川文書」一）に、観応三年三月吉良貞経以下の府中（多賀）城奪還戦に際し「宮方大将中院殿、多田大夫将監等」が府中城の尻攻（後詰）のために寄せ来ったとあり、多田将監は北奥方面の南軍の有力部将の一人であったことが知られる。

（8）奥州管領吉良貞家の遵行に根強く抵抗した中小国人層の存在は、第四章第二節参照。

（9）この除目では石橋和義・吉良貞家も同じく正五位下に進んでおり、貞家はやがて直義党に属することが明らかであるから、この昇進をもって家兼の立場を推測することはできない。

（10）この明通寺への禁制には発給者の官途等を欠き、日下に花押のみ記してあって、「尾張治部大輔殿」すなわち家兼の嫡子直持なる旨の異筆端書があるが、『大日本史料』第六編之一五はこの発給者を高経に比定して「斯波高経、若狭明通寺ニ兵士衆庶ノ濫妨狼藉スルヲ停ム」という綱文を立てている。しかるに東大史料編纂所蔵の影写本についてみるに、この花押は直持でも高経でもなく、「本郷文書」等に見られる他の家兼の花押と一致するので、発給者は家兼であることが確認される。

（11）佐藤氏前掲書二一七頁。

（12）塩竈社は周知のように夙に奥州一宮として国衙と関係深く、第五章に述べた如く奥州管領吉良貞家も北畠顕信以下の南軍に国府を追われて岩瀬郡稲村館に落ち延びた当日の観応二年十二月二十三日、同社右一﨟新大夫恒高に祭料田在家を安堵して祈禱の精誠を命じ、尊氏もこれに袖判を据えているし、貞家の弟吉良貞経も観応三年以後文和年間頃までの某年、同社の文治・建久年間の下文案二通に「正校候了」として証判を施しており（「塩釜神社文書」）、家兼の入部以前にも奥州管領と同社との間にはかなり密接な関係があった。

（13）石河蒲田兼光は既に建武二年（一三三五）尊氏から石河庄内本知行分を勲功の賞として宛行われ、暦応元年（一三三八）直義の軍勢催促に応じて畿内各地を転戦、やがて本拠地に帰って康永二年（一三四三）石塔義元から石河庄内若松城警固の功を賞せられ、ついで吉良貞家に従属して奥州南軍と連戦し、貞家から観応三年＝文和元年（一三五一）岩城郡片寄村内の田在家や、本領蒲田村・同村内在家などを安堵され、さらに翌年本文に述べた宮城郡南目村を宛行われたのである（「白川文書」「秋田藩採集文書」

等。『福島県史』1六六八—六七二頁参照)。

(14) 大掾氏は陸奥大掾を世襲した有力在庁であり、河内四頭とよばれる河内七郡の有力地頭級領主四氏中の一氏であって(『宮城県史』1二三一頁参照)、吉良貞家の遵行に根強く抵抗した前述の大掾沢田平次もその庶流一族に相違ない。また東福地氏はおそらく桃生郡福地村を本拠とした福地氏の一族であり、後には「余目氏旧記」にもその名字が見出され、奥州斯波氏の後身大崎氏の被官化している。

(15) なお延文元年十月十七日付の満家の伊賀盛光宛安堵状(「飯野文書」)には宛所を「伊賀三郎左衛門尉殿」としているが、実は前年の文和四年二月尊氏が盛光に与えた袖判御感御教書には既に「伊賀備前守殿」とし、且つ同年七月の口宣案によって盛光は正式に備前守に任ぜられている(「飯野文書」)。盛光は上記のように預所として支配する好島庄西方を石清水八幡宮領とし、実質上幕府御料所としてその地位と所領の確保を計っていたので(註(6)所掲佐々木慶市氏論文三〇六頁)、盛光の官途昇進も、あるいは奥州管領府を経ず直接幕府に申請して吹挙されたものかも知れない。しかしそれにしても、奥州一方管領たる満家が管下国人の官途昇進の事実を知らず、それ以前の呼称で安堵状を発給していることは、彼の幕府からの疎外と国人掌握の薄弱さとを示すものというべきである。

(16) 八幡介は介を称する事実からも、大掾氏と同様の有力在庁であることが察せられる。そして余目郷以下の本主としての領有権を主張したものらしく、こののち延文六年(一三六一)七月にも、直持は八幡介が同郷以下の遵行を叙用しないのを不当として、重ねて下地打渡の両使を派しており(「留守文書」一)、その頑強な抵抗が知られる。なお相馬胤頼にたいする直持の貞治二年(一三六三)七月十一日付宛行状に「為二八幡介景朝跡之替一」云々とあって、その実名がわかる。

第二節　吉良氏の衰退と斯波氏の奥州支配定着

一　吉良一族の分裂・衰退

斯波家兼が奥州下向後まもなく歿してその嫡子直持が一方の管領を継ぎ、吉良満家・斯波直持の両管領併立となった

第24表　奥州関係足利一門諸氏発給文書年次別一覧（自文和3年至貞治6年）

発給者＼年次	文和三(一三五四)	四(一三五五)	延文元(一三五六)	二(一三五七)	三(一三五八)	四(一三五九)	五(一三六〇)	康安元(一三六一)	貞治元(一三六二)	二(一三六三)	三(一三六四)	四(一三六五)	五(一三六六)	六(一三六七)	計
吉良満家(源・中務大輔)	6月24日 4通	1	10.17 2												7通
吉良貞経(宮内大輔・右京大夫)							4.28 2							8.11 1	3
吉良治家(兵部大輔・散位)								12.15 1		(12.25) 1			12.9 1		3
中務少輔(吉良持家カ)											8.3 8.11 2				2
兵部大輔某														4.28 2	2
散位某														9.21 1	1
斯波家兼(左京権大夫)	11.8 2	4.15 1													3
同上奉行人連署(左近将監某・藤原某)		4.27 2													2
斯波直持(治部大輔・散位・左京権大夫・左京大夫)			2.25 10.22 2					2.18 3	1	4	5	3	4	9.3 2	(年欠3とも)27
畠山平石丸	5.22 1														1
石塔義憲(左衛門佐)	5.18 7	閏10.4													7
石橋棟義(散位)														7.12 2	2
計	14	4	4				2	4	1	5	7	3	5	8	(年欠3とも)60
備考		六月二十七日、義詮軍勢催促状、(金成三郎四郎を家兼に配属)	六月十三日、家兼卒去、八月六日、斯波兼頼出羽入部と伝う	六月八日、出羽の地に関する石橋和義の引付奉書										四月五日、義詮軍勢催促状、(治家退治への協力を結城顕朝に命ず)	

註 (1) 同一人の発給文書が同一年内または2年以上続いて存在する場合は└─┘，中断する場合は└…┘とし，それぞれの上限と下限には発給の月日を付記する。なお本表の対象以前または以後の年代に存在（奥州関係以外を含む）する場合は，…… をもって表す。

(2) 斯波家兼の奉行人連署奉書を併記し，合計数に加える。

(3) 斯波直持の年欠文書3通を合計数に加える。

第25表　奥州関係足利一門諸氏発給文書項目別一覧（自康安元年至貞治六年）

A　斯波直持発給文書（延文元年の二通を除き年闕三通を加える）

内容＼様式	奉書	書下	書状	計	典拠
(1)国人招致・軍勢催促		1	1	2	留守文書・結城文書
(2)禁制		1		1	飯野文書
(3)官途吹挙		1		1	相馬岡田文書
(4)所領諸職安堵	1	4		5	相馬文書・飯野文書・留守文書・白河証古文書
(5)所領諸職宛行	1	1		2	相馬文書
(6)公事免除		1		1	岩城文書
(7)年貢帖絹催促		6		6	飯野文書
(8)論人召喚		1		1	飯野文書
(9)所務相論裁決		1		1	飯野文書
(10)濫妨停止・下地渡付		3		3	留守文書・飯野文書
(11)祈禱要請・巻数返事		1	1	2	塩釜神社文書・飯野文書
計	2	21	2	25	

B　吉良貞経発給文書

内容＼様式	奉書	書下願文	書状	計	典拠
(1)所領宛行		1		1	鬼柳文書
(2)社領寄進		1		1	塩釜神社文書
(3)願文		1		1	塩釜神社文書
計	0	3	0	3	

C　吉良治家発給文書

内容＼様式	奉書	書下	書状	計	典拠
(1)所領安堵		1		1	大国魂神社文書
(2)年貢納付確約		1		1	大伴文書
(3)年貢免除		1		1	大国魂神社文書
計	0	3	0	3	

D　中務少輔（吉良持家カ）発給文書

内容＼様式	奉書	書下	書状	計	典拠
(1)感褒		1		1	相馬岡田文書
(2)官途吹挙		1		1	相馬岡田文書
計	0	2	0	2	

E　兵部大輔某発給文書

内容＼様式	奉書	書下	書状	計	典拠
(1)所領安堵	2			2	相馬文書
計	2	0	0	2	

F　散位某発給文書

内容＼様式	奉書	書下	書状	計	典拠
(1)所領安堵	1			1	相馬岡田文書
計	1	0	0	1	

G　以上諸氏発給文書通覧

人名＼内容	国人招致・軍勢催促	禁制	感褒	官途吹挙	所領諸職安堵	所領諸職宛行	年貢納付確約	年貢免除	公事免除	年貢帖絹催促	論人召喚	所務相論裁決	濫妨停止・下地渡付	社領寄進	願文	祈禱要請・巻数返事	計
斯波直持	2	1		1	5	2			1	6	1	1	3			2	25
吉良貞経						1								1	1		3
吉良治家					1		1	1									3
中務少輔（持家カ）			1	1													2
兵部大輔某					2												2
散位某					1												1
計	2	1	1	2	9	3	1	1	1	6	1	1	3	1	1	2	36

ことは前節に触れた如くである。やがて延文二年（一三五七）から三―四年間両氏の動静は一旦不明となるが、その後も斯波氏では依然として直持が健在で康安元年（一三六一）から貞治六年（一三六七）まで七年間にわたり活動を跡付けうる。ところが吉良氏では満家はもはや現れず、少なくとも貞経・治家および確証はないが官途の類似から満家の子息持家ではあるまいかと思われる中務少輔某の三名がそれぞれ極めて少数の発給文書を残す状態となり、吉良氏は分裂・衰退の様相を濃くした揚句、貞治六年の貞経および吉良一族かと思われる兵部大輔某・散位某の発給文書を最後に奥州から姿を消すことになる。史料的制約は少なくないが、本節ではこの吉良氏の分裂・衰退と斯波氏の安定の原因をなるべく探り出そうと試みた。まず第24表には、そのような状況を通観するため、斯波家兼父子の入部した文和三年（一三五四）から吉良氏の奥州に残した発給文書の下限の貞治六年（一三六七）まで十四年間について、足利一門諸氏の奥州に残した文書で管見の及んだものを、年次毎に表示した。また第25表には、これらの中、前節までに掲げたものを除くこれらの諸氏（但し石橋棟義については第三節に譲る）の発給文書を事項別に表示し、それぞれの出典を掲げた。

当時の奥州における吉良一族諸氏の文書は余りにも僅少で、人名比定すら困難なものがあるが、一応それらの検討を通じて吉良一族の動向を推測して見よう。

吉良貞経は、先に観応擾乱直後の正平七年（一三五二）から翌文和二年（一三五三）にかけて兄高経を扶けて主として軍事面に活動したが（第四章第二節三参照）、その後六年間の空白を置いて延文五年（一三六〇）に至ってようやく二通の文書を残す。それは塩竈大明神に納めた同年四月二十八日付の願文と寄進状各一通である（「塩釜神社文書」）。この願文および寄進状の花押は文和年間の彼の花押と全く異なるが、署判の官途名が文和二年のそれと同じく宮内大輔であるのみならず、次に掲げるようにそれぞれ文中に実名を記していて、貞経の発給文書であることは疑問の余地が無く、途中で花押を変えたことが判明する。願文は塩竈大明神に立願して、鳥居造立・社頭造営・釜一口奉鋳・神馬奉引・大般若経一部心経十万巻読誦・御神楽勤仕を行うべきことを記した後に「右意趣者、天長地久御願円満、殊源貞経息災安穏、心中祈願令㆓決定成就㆒給者、奉㆓則課㆒故也」としたものであり、寄進状の方は陸奥国竹城保〈付除㆓仏神領等㆒〉を塩竈大明神に寄せ、「右意趣者、天長地久御願円満、殊源貞経心中祈願決定成就故、奉㆓寄進㆒之状如㆑件」と述べている。これほど大掛りな立願と重要な国衙領の寄進であるから、彼の「心中祈願」は余程重要な願望であったに違いなく、察するところ敵対者を排除して奥州管領に就任することを願ったものではあるまいか。それというのも、彼の甥で奥州管領の満家は既に消息を絶っていて夭折したらしく、且つこの貞経の立願・寄進の翌年から満家の弟（後述）吉良治家の文書が見られるのである。『系図纂要』「諸家系図纂」等に拠れば満家の子に持家があるが、その活動はまだ現れず、持家幼少のため満家の叔父貞経と満家の弟治家とが吉良氏の実権を廻って対立したことが想定されよう。

治家の発給文書の初見は康安元年（一三六一）十二月二十五日の大国魂神主山名下野守に宛てた書下写である（1）（「楓軒文書纂」七三）。二通目は貞治二年十二月二十五日付で、鎌倉（鶴岡）八幡宮武氏（内）宮に「任㆓文和二年十月十五日亡父貞家寄進状之旨㆒」せて、上総国小林郷半分の年貢から毎年五石を鎌倉に運送すべき旨を同社神主（大伴時国）に告げた書下であり、奥州に直接関係する内容の文書ではない（2）（『鎌倉市史』史料編第一「大伴文書」）。けれども文中に「亡父貞家」とあるのは注目すべく、これによって貞家・治家が父子関係にある事実が判明し、『系図纂要』「諸家系図纂」等が貞家と治家との間に治氏の一代を置くのは誤りであることが判る。(3) 同時に、治家がこの時期になって亡父貞家の遺志に従って鶴岡八幡宮武内宮への年貢納入を確約したのは、彼が亡父の後継者を以て自任し、兄満家の後を襲って奥州管領に補せられるよう競望したことを示すものの如くである。

ところで、治家の発給文書の初見である上記康安元年十二月の書下は、岩城郡大国魂社神主山名下野守の申請を容れて同郡平窪・矢野目両村ならびに国魂村内神主知行分の国衙正税以下の年貢を免除したものであるが、この山名下野守は、これより先、観応三年（一三五二）十一月三日貞家から勲功の地の替として黒河郡大神村・亘理郡武熊村等を宛行われて尊氏の袖判を受け（「榊原家文書」）、文和二年五月には、貞家の宇津峯攻略に当り侍所奉行を勤めた人物であり（「小荒井文書」吉良貞家証判佐原宗連軍忠状）、且つ前章に触れた遠藤巌氏の推測の如く、観応三年四月および五月、国魂村内の国魂行泰知行分に軍勢甲乙人の乱入を戒めた禁制に連署した奉行人の一人である下野守も同一人の蓋然性がある（「大国魂神社文書」）。治家はさらに貞治五年（一三六六）十二月九日国魂新左衛門尉に岩城郡国魂村地頭職を安堵した（同文書）。国魂氏は右のように貞家から禁制を与えられただけではなく、貞家に属して軍事行動に参加し、被官関係を結んでいた（同文書）。したがって治家の山名氏に対する年貢免除や国魂氏に対する所領安堵は、父貞家の築いた吉良氏と奥州国人層との被官関係を復活し、自己の下に奥州管領府体制を再建しようとする試みの一部であったに違いない。

ところが、貞治六年四月に至り将軍義詮は陸奥白川結城氏の惣領の結城顕朝に宛てて、次の御判御教書を下して吉良治家退治への参加を命じており、治家は奥州管領に就任していないばかりか、却って、幕府の追討対象とされているのである（「白川文書」）。

小田常陸前司時綱家人等、同二心吉良兵部大輔治家一、打二入高野郡一之由、尾張式部大夫宗義注進畢、奥州重事之時分、先二私確執一之条、偏為レ妨二治家退治一歟、仍可レ加二同罪誅伐一之旨、所レ仰二宗義一也、爰治家打二入名取郡一之由、有二其聞一之間、両管領加二談合一、可レ致二合戦一之旨、重成二御教書一了、宗義若打二越奥方一者、不レ拘二時綱従類之悪

行一、令二同道一、可レ抽二戦功一、治家治罰之後、彼輩等誅戮、有二何子細一哉、殊廻二遠慮一、可レ令二籌策一之状如レ件、

貞治六年四月五日　（義詮）（花押）

結城大膳大夫殿（顕朝）

この御判御教書を、上述の吉良治家の発給文書と併せて考察すると、次の情勢が推定できる。①治家の自立の動きを幕府は叛乱と判定して奥州両管領に追討を命じていたが、治家は北進して名取郡に侵入し多賀国府を脅かすに至ったため、幕府は両管領の治家退治を督励したこと。②一方常陸小田氏の家人等の蜂起に対して、幕府は石橋棟義（宗義）を発遣して鎮圧に当らせていたが、小田氏家人等は治家に呼応して奥州南境を越えて高野郡に侵入したこと。③以上の結果、幕府は治家追討を第一義と判断し、棟義に対して奥州に進攻し奥州両管領と呼応して治家を挾撃するよう命じ、白川の結城顕朝にも小田氏家人等の鎮圧よりも治家治罰を優先させ、棟義の新たな治家誅罰の軍事行動に参戦することを命じたことがそれである。

それでは、幕府が治家追討を命じた両管領とは誰であろうか。一方の管領が斯波直持であることは、前節に述べた家兼・直持父子発遣以来の動向からも明白である。問題は今一方の管領であるが、先ずこれが石橋棟義ではありえないことは、幕府が先に両管領に治家退治を命じ、次いで常陸に在陣する棟義を新たに治家追討のため奥州に向わせた事実によって確認される。したがって一方の管領は治家以外の吉良一族中の一人でなければならないが、そのような吉良一族は、上記の吉良貞経または第24・25表に掲げた中務少輔某・兵部大輔某・散位某の何れかであると考えられる。

貞経は上記の塩竈社に対する願文・寄進状の後再び暫く動静が不明となるが、あたかも奥州管領をめぐる戦乱が再燃した貞治六年に至り、彼の発給文書が一通現れる。それは和賀鬼柳常陸入道に長岡郡内小野郷を与えた宛行状写であって、日下に右京大夫の署判が記されている（「鬼柳文書」）。現存する写の書体は拙劣であり、花押影も粗雑であるけれども、この花押影は上述延文五年の願文・寄進状の花押と共通する特色を具えており、発給者右京大夫が貞経であること

はほぼ疑問の余地がない。そこで①貞経が延文五年以後貞治六年までの間に、嘗て兄貞家の官途であった右京大夫を称している点、②先の願文・寄進状が国府と密接な関係のある塩竈社に対するものである点、③治家とは対照的に多賀国府の北方、それもさして遠隔地でない長岡郡内の地の宛行を実施している点、④その宛行を受けた和賀鬼柳常陸入道は、第一節一に述べたように先に文和三年六月管領吉良満家の軍勢催促を受けて軍功を挙げ、翌月恩賞地の宛行に与っている点(その頃は未だ入道せず常陸介を称す)、以上の四点によって、吉良貞経は、満家の勢力圏を継承して幕府から奥州管領に補任されたものと見做すことが一応可能であろう。とは言え、当時の貞経に関する史料は乏しく、彼を奥州管領と断定するに足りるほどの積極的な証左は存在しない。

中務少輔の発給文書は貞治三年（一三六四）八月三日・同月十一日の二通で、前者は相馬常陸五郎即ち相馬岡田胤重に宛てて官途宮内大輔挙申を告げた吹挙状、後者は相馬宮内大輔即ち胤重に宛てて羽州発向従軍の忠節を賞した感状である(「相馬岡田文書」)。この官途吹挙状と感状を収載した『大日本史料』第六編之二六、貞治三年七月二十六日条には、発給者中務少輔を吉良満家に比定して綱文を立てている。しかし第一節註（1）および本節註（3）に述べた如く前述文和三年ないし延文元年の中務大輔が吉良満家に外ならない以上、その動静が絶えてから八年後に出現する中務少輔が別人であることは論を俟たない。他方同年七月二十六日斯波直持は同じく相馬胤重に宮内丞ならびに叙爵（従五位下に叙位）の所望を挙申した旨の吹挙状を与えており(「相馬岡田文書」)、察するところ中務少輔の胤重に対する官途吹挙は、これに対抗して宮内大輔という高い官途を与え、胤重を自己の配下として確保しようと計ったものと見られる。中務少輔の奥州管領斯波直持に対するかような対抗意識、および奥州国人に対する同様な官途挙申の権限行使は、中務少輔が一方の奥州管領ないしその後継者であることを裏書するものの如くであり、また相馬岡田氏を従えての出羽発向という軍事行動もそれに相応しいように思われる。もしもそうとすればこの中務少輔は『系図纂要』および「諸家系図纂」に見える吉良満家の子息持家に擬することが出来るのではあるまいか。とはいえ、これらの系図に記す持家の官途は左京大夫のみで中務少輔の所見が無いので、あくまで臆測の域を出るものではない。

兵部大輔某の発給文書は貞治六年卯月二十八日付の相馬讃岐守（胤頼）宛安堵状二通であり、一通は相馬氏の惣領胤頼に陸奥国宇多郡（または宇多庄か。「宇多」の下の文字一部欠失）内の領有と配分を認めたもの、今一通は高城（竹城）保内の相馬一族等の知行分を安堵したものである（『相馬文書』）。また、散位某の発給文書は同年九月二十一日付の相馬宮内大輔（胤重）宛安堵状で、竹城保内の畠等（文字一部欠失）を安堵したものである（「相馬岡田文書」）。当時初め兵部大輔、後に散位と称したものは治家であって、彼は康安元年十二月・貞治二年十二月の二通の書下には兵部大輔と署判し、貞治五年十二月の安堵状には散位治家と署判していて、この三通の花押は一致する。治家の花押は前年の貞治五年までのものと後年の永和二年（一三七六）のもの（『鎌倉市史』史料編第一「大伴文書」）とでは形状を異にするが、この貞治六年の兵部大輔と散位との花押はその何れとも異なり、相互にも異なっている。追討を受けた身であるから、治家が僅か数ヵ月の短期間内に再び兵部大輔を称し、さらに再び散位を称したということはありうるとしても、この短期間内に二度までも花押を変更したとは想定し難く、貞治六年の兵部大輔と散位は治家とは別人と見做さざるをえない。しかしこの兵部大輔と散位は、奉書形式とはいえ奥州の名門相馬氏に所領安堵を行っている以上、幕府権力を代表することを標榜する武将であることはほぼ間違いない。且つ兵部大輔某は治家と同じ官途を称しているから、治家の後継者を以て自認する吉良一族の蓋然性がある。

以上の考察によって、吉良氏は満家の死後、その叔父貞経、弟治家および満家の嫡子持家と覚しい中務少輔の少なくとも三名が分立し、さらにその同族と思われる兵部大輔某、散位某なるものも自立し、一族が極めて深刻な分裂・内訌状態に陥ったことが推測される。彼等の内、治家が幕府から追討の対象になったのに対して、奥州一方管領として幕府から認められたのは中務少輔（持家か）または貞経であろう。とはいえ中務少輔は官途吹挙状・感状各一通、当時の貞経は願文・寄進状・宛行状各一通を残すに過ぎず、どちらも殆ど奥州管領としての機能を発揮しえない程に衰退しているといわざるをえない。

果して、吉良氏の奥州における動静はこの後完全に跡を断つに至った。「余目氏旧記」に「吉良殿ハ大崎御いせ(威勢)いたる間、弓矢ヲすて、是も安達郡へのほり、しほの松卅三郷計持給ふ」というのは、年代も個人名も不明であるが、吉良氏が内訌の結果奥州国人層の支持を失い、斯波氏（後に大崎氏を称す）に対抗しえずに凋落したことを物語る所伝に相違ない。ともあれ、貞経・持家等の消息は以上の貞治六年を最後に全く消滅し、それより九年を経た永和二年（一三七六）正月二十九日の治家の鶴岡八幡宮に対する武蔵国世田谷郷内上絃巻半分の寄進状およびその渡付を被官中条新兵衛入道に命じた書下を初見として（『鎌倉市史』史料編第一所収「鶴岡八幡宮文書」四〇号、同書所収「大伴文書」三一五号）、吉良氏（蒔田氏）は武蔵の一角における小領主に移行するのである。

なお推測を加えるならば、吉良治家が幕府から叛逆と目された背後には、幕府と鎌倉府との対立が伏在したのではなかろうかと思われる。将軍義詮と鎌倉御所基氏とは年来不和であったが、貞治五年八月、義詮は管領斯波高経・執事斯波義将父子を放逐すると間もなく、八幡宮に書を納めて兄弟の和親を誓った（『空華日用工夫略集』貞治六年六月十一日条）。これは政変に乗じて鎌倉府が離反することを恐れたためであろう。この義詮・基氏間の対立と和解の状況に照してみると、奥州吉良氏の内訌は、貞経が幕府に結び、治家が鎌倉府の後援を仰ぐという形を取っていたことが想定される。治家が鶴岡八幡宮の摂社に願文を納めたことも彼の鎌倉府との関係を示すものに違いない。そこで貞治六年四月基氏が幼少の嫡子氏満を残して逝去したのを好機として義詮は治家の行動を叛逆として追討命令を発し、且つ常陸小田氏の内訌に乗じ、石橋棟義を派して関東に軍事的干渉を加え、さらに奥州吉良氏の分裂に乗じて吉良治家追討を命じたものと思われる。且つ第一編第四章に触れたように義詮は当時宿老佐々木導誉を鎌倉府執事に補して下向させている。これらは一連の鎌倉府に対する干渉政策、東国に対する幕府勢力浸透政策として捉えるべきである。したがって、奥州における支配権を喪失した治家がやがて関東に移ったのは、年来の鎌倉府の庇護に頼った結果と見られる。

それにしても、先に奥州管領吉良貞家が一方の管領畠山氏を仆し南朝勢力を圧倒してほぼ奥州全域支配に成功したかに見えるのに、その歿後の吉良氏が急速な衰退の一路を辿り、一族分裂の揚句没落し去った基本的な原因は何であろうか。おそらくそれは貞家とその嗣子満家の相次ぐ逝去によって促された吉良氏自体の惣領制的結合の解体に在ったであろう。その上一方の管領としての斯波氏入部によって、もともと貞家の時代から自立化の傾向を強めていた奥州国人層の多くは、相剋する吉良氏を見捨てて斯波氏の傘下に属し、劣勢に陥った吉良一族は遂に内訌を克服しえないまま衰退し去ったものと思われる。貞家の発給文書が百通を越えるのに対して、その後の吉良一族のそれが激減しているのも、発給文書に実効性をともなわない吉良氏が、大半の奥州諸氏からもはや何等の期待をも寄せられなくなった結果と見てよいであろう。幕府による石橋棟義の奥州発遣は、この吉良氏の凋落に止めを刺す効果を加えたものであったといえよう。

二　奥州管領斯波直持の活動

前節の末尾に述べたように、文和三年（一三五四）父家兼とともに奥州に下向したと思われる直持は、翌々延文元年家兼卒去の後を承けて奥州一方管領としての活動を開始したが、その後四年間一旦動静が捉えられなくなる。しかし延文六年（一三六一）から貞治六年（一三六七）までは連年職権活動が発給文書によって跡付けられ、上掲の第24・25表にも明らかなように、その連続した、且つ多くの事項にわたる職権活動は、吉良氏の分裂・衰微と対照的な斯波氏の安定性を示している。

以下、前節に述べた延文元年の二例も含めて、直持の活動状況を検討すると、概ね次の如くである。先ず現存の発給文書中には純然たる軍勢催促状は見当らないが、奥州国人統率に関するものとして、某年正月二十五日、留守余目（参河）松法師（のち持家）に対して、「可レ被レ仰之旨候、急速可レ被二参候一也、恐々謹言」と通達した書状と（「留守文書」）、某年十一月十二日、結城朝常に対して、「内々承候、名取北方内本知行地事、今度猶其方被レ致二忠節一候者、不レ可レ有二子細一候、一向憑存候也」と告げた書下がある（「結城文書」）。余目氏に対しては既に家兼がその国衙機構・管領府機構における地位を重要視して松法師の所領を返付したこと、および直持も延文元年十月松法師の所領に対する八幡介（景朝）の押領の停止を命じ、延文六年七月再度これを命じたことは前節に挙げた如くである。さらに貞治三年十一月には、直持が松法師の所領宮城郡内余目保ならびに岩切以下六ヶ村等地頭職を「云二相伝一云二軍忠一、異二于他一者也」と述べて安堵した事実からも（「留守文書」）、直持が彼の忠勤に如何に期待を寄せ、被官関係の強化に如何に心を配っているかが窺われる。右の年闕書状の「可レ被レ仰之旨」とは何事か明らかでないけれども、この書状もまた、未だ幼名を称する余目氏当主に対する直持の信任の厚さを示すものと見られる。

他方、結城氏は周知の如く奥州南境の雄族であって、朝常の兄顕朝に対する上掲の義詮御判御教書によっても知られるように、しばしば将軍の直命を受け、奥州管領府に対しては相当に強い自立性を保つ大名であった。直持の朝常に対する書下は、朝常の名取郡内本領地安堵の依頼に応え、これを容れる代償として軍事的奉仕を求めたものであって、両者の関係は留守氏の場合よりも遥かに稀薄である。とは言え、名族結城氏に対する所領安堵は、それが管領府に比較的近い名取郡内の所領に限られているにしても、一応結城氏が管領斯波氏の支配に服することを意味し、他の奥州諸氏に対しても斯波氏の勢威を示す上で少なからぬ効果があったと考えられる。顕朝に対しても直持は貞治五年十二月二十三日、陸奥国高野郡を「京都御左右之間」即ち幕府による安堵の発令までの間を限って、安堵した（「楓軒文書纂」九二所収「白河証古文書」）。続いて義詮が翌六年二月十九日に高野郡安堵の御判御教書を下したから（「白川文書」）、直持の安堵の限時的効力は極めて短期間継続したに過ぎないが、結城氏本宗の当主に安堵を与えたという事実の効果は、直ちに消滅するものではなかった筈である。

安堵・宛行・官途挙申について最も目立っているのは相馬氏に対するそれである。即ち(1)康安二年十月（二日ヵ）、相馬胤頼に東海道検断職を安堵。(2)貞治二年七月十一日、胤頼に宮城郡国分寺郷半分地頭職を、八幡介景朝跡の替として宛行う。(3)同年八月十五日、再び胤頼に陸奥国東海道検断職を安堵（以上『相馬文書』）。(4)貞治三年七月二十六日、相馬岡田胤重に宮内丞ならびに叙爵の挙進を通達（「相馬岡田文書」）。(5)貞治六年正月二十五日、胤頼に勲功の賞として名取郡南方坪沼郷・堀内郷内を宛行う（『相馬文書』）、という五例が見える。奥州管領府の検断職は建武政権下の陸奥国府の郡検断制を継承したものであり、この郡検断が主に平時における在地の刑事警察機能を担当し、その強制執行力を通じて陸奥国府の中小武士掌握に有効性を発揮したことは、遠藤巌氏によって明らかにされている(5)。相馬氏の検断職も建武政権下の陸奥国府が国宣を以て相馬重胤（胤頼の祖父）を行方郡奉行ならびに行方郡検断に補任したのに由来し、正平六年（観応二年）には先ず南朝の国守北畠顕信が親胤（胤頼の父）に海道四郡守護を安堵し、続いて吉良貞家が彼に陸奥国東海道守護を宛行い、相馬氏の軍事警察権は一段と拡大強化したのであった（『相馬文書』）。直持の胤頼に対する東海道検断職安堵はいわばその踏襲であるが、その狙いが数郡にわたる刑事警察機能を委ねた相馬氏を通じて、斯波氏自身の権力強化を計ることにあったことは言うまでもない。また胤頼に対する替の地頭職宛行ならびに恩賞地宛行も、従来吉良氏との間に軍事的奉仕と所領恩給とによって結ばれていた相馬氏を、斯波氏自身の被官に編入する目的を主としたことは当然であろう。相馬氏庶家の岡田氏に対する官途吹挙も、当人の申請に基づくものであったにしても、一種の恩賞としての効果は少なからぬものがあった筈である。これらの相馬氏に対する直持の工作に直面して、吉良一族と覚しい兵部大輔某も胤頼の一族に対する所領配分権等を安堵し、中務少輔某も岡田胤重の官途を挙進してはいるが、吉良氏側の断続的な措置は、直持の一貫した工作に到底対抗し難く、相馬氏を斯波氏支持に傾斜させたであろうと推測される。

直持の安堵状には、今一通貞治二年十月十三日、飯野八幡宮領岩城郡中平窪・矢河子村等を安堵し且つ神主伊賀盛光の所務を保証したものがあり（「飯野文書」）、これも従来は吉良氏の支配下に在った同社、および吉良氏に軍事的奉仕をも行っていた伊賀氏を、斯波氏支配下に収めるための措置であったに違いない。さらに、同社ないし伊賀氏関係の直持の発給文書には、他に所務相論の裁決と、年貢帖絹納入の督促との二種が存在する。所務の裁決は、八幡宮領好島庄預所を兼ねる神主伊賀盛光と、岩城氏庶流で同庄内地頭の一人である好島新兵衛尉との、好島西庄内好島田・浦田・打引を廻る相論に関するものであって、召文・裁許状・施行状の三通が現存し、何れも直持署判の文書であるので、この三通に拠って直持の所務沙汰ないし検断沙汰に関する権限を窺うことが出来る。

先ず審理・裁決等の経過を辿ると、盛光の訴訟を受理した直持は、貞治三年四月二十八日、召文を論人好島新兵衛尉に下して管領府への参決を命じた。而るに其後盛光は新兵衛尉が六月一日神領に打入り、放火の狼藉に及んだ旨を訴えたので、直持は岩城氏惣領岩城隆教に命じて犯行の実否を注進させ、隆教は八月二日請文を提出して、新兵衛尉の狼藉は事実である旨を証言した。そこで直持は十二月二十六日盛光勝訴の裁許状を下して、先に新兵衛尉に与えた御教書（安堵状ヵ）を召返し、改めて下地を相伝の神領として安堵し、続いて同月二十九日、岩城隆教に施行状を下し、盛光の当該社領領有を保証させたのである（「飯野文書」）。これによって、直持は自ら論人召喚・訴訟審理はもとより、裁決・遵行に至るまですべて権限を直接行使しており、所務沙汰に関するその権限が強大であることを示している。

もっともその判決の理由は、「雖レ帯二御下文御教書一、不レ稟二遵行一、限(猥)令二入部一者、召二置其地一、注二申京都一、可レ奇(棄)二捐後訴一之旨、被レ定レ法訖」というにあり、「縦雖レ有二其理一、稟二次第之遵行一、可レ遂二入部一歟、無二左右一自由乱入、不レ遁二其咎一」という事にあった。この判決文が「被レ定レ法訖」と称して根拠にしている法とは、貞和二年十二月十三日制定の「諸国狼藉条々」の第二条（『中世法制史料集』第二巻「室町幕府法」追加法二七条）(6)、即ち所謂使節遵行権の規定を指す模様であり、したがって直持は諸国守護と同等の乱入者排除と下地渡付の権限を行使したに過ぎないかの如くである。しかしながら直持は将軍家の裁許状に類似する内容の直状を以て判決権を行使し、且つ論人から御教書召返という既得権剝奪をも行っているので、管領斯波氏は、諸国守護の有する遵行権のみでなく、審理権、さらに判決権をも幕府から委任されていたと認められる。なお相論の裁決に限らず、直持の発給文書は第24表に見る如く大多数が直状であって、その行政的権限もまた諸国守護のそれよりも遥かに強大であることが看取される。即ち当時の奥州管領が、宛行・安堵・遵行命令等を、幕府に注進してその指令を仰ぐことなしに、独自の委任された権限として行使できたことが明らかである。もっとも、上に述べた吉良貞経等三名も同様に書下を発給しているが、それは正規の管領であると否とを問わず、彼等が奥州管領を以て自任していたためであろう。

但し直持が現実にどれほどの支配力を在地国人層の上に及ぼしたかは、これと別問題である。例えば右の所務相論裁決において、勝訴した伊賀氏の所領に対する保証を敗訴した好島氏の惣領家に当る岩城氏に依頼せざるをえなかった事実は、好島庄預所伊賀氏の庄内における実権の薄弱性を示すとともに、奥州管領斯波氏の中小国人層に対する強制力の限界をも暗示している。この限界をより一層露呈しているのは、好島庄内の地頭等に対する年貢帖絹代銭四百五十貫文の催促である。その経過は佐々木慶市氏の要約された如くであって、(7)直持は貞治四年七月より翌五年五月まで六回にわたり伊賀盛光を通じて納入を督促し、対捍の地頭等の交名を幕府に注進し所帯所領を没収するとまで称して迫ったが全く効果が無かった。これは佐々木氏の指摘された地頭の封建領主化・荘園制的秩序否定および預所支配の解体を示すと同時に、また奥州管領の在地領主層掌握の薄弱さをも意味すると思われる。それゆえ斯波家兼・直持父子が管領府膝下の留守氏のみでなく、行方郡の相馬氏、磐城郡の伊賀氏・岩城氏、岩崎郡の岩崎氏、石川郡の石川氏、(8)白河郡の結城氏というように、管領府周辺と南奥州との目ぼしい豪族を一応支配下に編入することが出来たのは、多分に一方の管領吉良氏の内訌によって漁夫の利を得たためであって、管領府体制自体が衰退期を迎えつつあったことは掩い難いと考えられる。奥州入部以後の家兼・直持父子の署判文書にしても第24表に見る如く十四年間に合計三十通の所見を得るに過ぎない。殊に奉行人奉書に至っては家兼のそれが二通見られるのみで、直持時代のものは管見に触れず、次の斯波詮持時代に再び二通を見る（後述）。管領府奉行人の活動がこのように低調であることは管領府機構の衰微を物語るものに外ならないのである。

なお直持の弟に斯波兼頼があるが、彼は父家兼の歿後まもなく、延文元年八月六日出羽国最上郡に下向して山形を居城とし、最上氏の祖となったと伝えられる（『寛永諸家系図伝』『系図纂要』「最上物語」等）。兼頼の発給文書は南北朝初期、部将氏家道誠に守られて奥州に活動した幼時のものを除き、一通も見られないので、彼の出羽経営の動向を確かめる手掛りは乏しい。しかし僅かに二通ではあるが兼頼に関係のある文書を挙げることができる。

その一通は貞治三年九月十一日沙弥真季なる者が相馬胤頼に宛てた「出羽国下大山庄内添山郷□　□庄内門田、飯沢前□　□事、八月十七日任二御教書之(旨脱)一、大泉下野守相友(共)、相馬讃岐守代下地渡付候畢、仍状如レ件」という打渡状である（『相馬文書』）。文中の「御教書」は管見に入らないが、兼頼の管轄する出羽国内の下地に関するものであることはいうまでもない。のみならず、文中に使節の一人として大泉下野守が見えるが、嘗て兼頼（幼名竹鶴丸）の代官氏家道誠証判の建武三年（一三三六）三月の相馬光胤軍忠状に「侍所大泉平九郎」が見え、大泉氏は夙に兼頼に依頼して活動していた斯波被官である。それゆえ、大泉下野守は嘗ての大泉平九郎の同族であることは確かであって、大泉氏を使節の一人として出羽国内に実施したこの貞治三年の打渡は兼頼の遵行命令を受けた下地渡付と見るべきであろう。

今一通は次の室町幕府御教書である（『鎌倉市史』史料編第二「円覚寺文書」二四六号）。(9)

円覚寺領出羽国北寒河江庄内吉田・堀口・三曹司・両所・窪目等五ヶ郷諸役免除事、所レ被レ下二官苻(符)宣一也、可レ被二存知一之状、依レ仰執達如レ件、

永和三年十二月廿四日　　武蔵守(細川頼之)（花押）

斯波修理権大夫(兼頼)殿

この幕府御教書は、文面に明らかなように円覚寺が出羽国内の寺領に対する諸役免除を朝廷から認められたことの通達であって、幕府からこのような幕府御教書を受けていることは、兼頼が守護に匹敵する公的な職権を幕府から認められている事実を証するものである。出羽は陸奥とともに守護が置かれず、永らく奥州管領管轄下に在ったが、当時兼頼は

私的に赴いたのでなく出羽一国を管轄する職掌を有したことが判る。その職名が当時何と呼ばれたか明らかでないが、後の羽州探題の前身であり、おそらく奥州管領に倣って羽州管領と称したのではなかろうか。彼が出羽の管轄を委ねられた理由を伝えるものはないが、正平十三年（延文三年）八月三十日南朝の陸奥国司鎮守府将軍北畠顕信は、出羽一宮に同国由利郡小石郷乙友村を寄進して「天下興復、別而陸奥出羽両国静謐」を祈願しており（「大物忌神社文書」）、兼頼の出羽入部の伝えられる年はその三年前なので、おそらく顕信麾下の南党を鎮圧することが重要な目的であったことと思われる。

三　南北朝末期の奥州情勢と斯波詮持

あたかも吉良氏の奥州における動静の絶えた貞治六年には、斯波直持の消息も不明となるが、やがて五年後の応安五年（一三七二）その嫡子斯波詮持の発給文書が出現し、ここに斯波氏は吉良氏を駆逐して唯一の奥州管領としての地位を保ったとみられる。ところが一方では貞治六年奥州に発向した石橋棟義が引続き奥州に在って活動するのみならず、その父石橋和義も奥州に発給文書を残し、また畠山国詮も再び片鱗を現す。斯波詮持の動静は応永五年（一三九八）まで辿れるが、(10) 彼の発給文書は応永元年（一三九四）七月を下限とし、その間明徳三年（一三九二）正月陸奥・出羽両国の幕府管轄下から鎌倉府治下への移管という奥州統治に取って頗る重要な変化が起る。そこで、この間の上記斯波・石橋・畠山三氏の発給文書を第26表・27表として掲げた上で、この南北朝末期の奥州支配を廻る情勢を考察することにする。なお第27表には第25表より除いた貞治六年の石橋棟義の発給文書二通を加える。

次の第26表を一見しても明瞭なように、当時奥州に在住した足利一門諸氏の管見に触れた署判文書（写を含む）は、僅かに二十五通で、第27表の如くこれに貞治六年の石橋棟義署判の文書二通と応安四年および同六年の管領府奉行人奉書と覚しいもの二通を加えても二十数年もの間に二十九通が管見に入るに過ぎない。中でも奥州管領斯波詮持の署判文

（一三八〇）二	（一三八一）永徳元	（一三八二）二	（一三八三）三	（一三八四）至徳元	（一三八五）二	（一三八六）三	（一三八七）嘉慶元	（一三八八）二	（一三八九）康応元	（一三九〇）明徳元	（一三九一）二	（一三九二）三	（一三九三）四	（一三九四）応永元	計
			1					1			1			7.1 1	(年欠1とも) 9通
	8.17 1														(年欠1とも) 3
				1		12.2 2									(年欠2とも) 12
				6.15 1							→				1
	1		1	2		2		1			1			1	(年欠4とも) 25
六月三日、一切経奥書に棟義を当国大将とす											六月二十七日、幕府御教書（畠山国詮分郡を斯波詮持の抑留するを停止）	正月十一日、足利氏満軍勢催促状（奥羽両国を管轄）			

第26表　奥州関係足利一門諸氏発給文書年次別一覧（自応安元年至応永元年）

発給者＼年次	応安元(一三六八)	二(一三六九)	三(一三七〇)	四(一三七一)	五(一三七二)	六(一三七三)	七(一三七四)	永和元(一三七五)	二(一三七六)	三(一三七七)	四(一三七八)	康暦元(一三七九)
斯波詮持（左衛門佐，左京権大夫，左京大夫）					12.2 2通	1		1				
石橋和義（沙弥）			8.22 1									
石橋棟義（散位，陸奥守，前陸奥守）			1					2	1		3	
畠山国詮（修理大夫）												
計			2		2	1		3	1		3	
備考	棟義、前年七月十二日と九月二十一日の文書あり			十月十三日、管領府奉行人奉書	十二月十一日、管領府使節打渡状	五月二日、管領府奉行人奉書				十二月二十四日、幕府御教書(斯波兼頼宛)		五月二十九日、一切経奥書に、石橋氏執事大内伊勢守広光あり

第27表　奥州関係足利一門諸氏発給文書項目別一覧（自応安元年至応永元年）

A　斯波詮持発給文書

内容／様式	奉書	書下	書状	計	典拠
(1)官途吹挙		1		1	秋田藩採集文書
(2)所領相論裁決		1		1	白河証古文書
(3)所領宛行	2	1		3	相馬文書・秋田藩採集文書・鬼柳文書
(4)所領安堵	2			2	白川文書・留守文書
(5)所領返付	1			1	相馬文書
(6)諸公事不勤仕了承			1	1	川辺八幡神社文書
計	5	3	1	9	

B　石橋和義発給文書

内容／様式	奉書	書下	書状	計	典拠
(1)所領宛行予告			1	1	相馬文書
(2)所領安堵	2			2	和賀稗貫両家記録・相馬文書
計	2	0	1	3	

C　石橋棟義発給文書（貞和六年の二通を加える）

内容／様式	奉書	書下	書状	計	典拠
(1)願文		1		1	陸前熊野神社文書
(2)軍勢催促		1		1	留守文書
(3)禁制		1		1	陸前熊野神社文書
(4)所領安堵	6			6	阿保文書・相馬岡田文書・和賀稗貫両家記録・岩城文書・秋田藩採集文書・陸前熊野神社文書
(5)所領預置	1	2		3	和賀稗貫両家記録・相馬文書
(6)施行ノ通達			1	1	鬼柳文書
(7)依頼事項承諾			1	1	鬼柳文書
計	7	5	2	14	

D　畠山国詮発給文書

内容／様式	奉書	書下	書状	計	典拠
(1)所領安堵		1		1	川辺八幡神社文書
計	0	1	0	1	

E　奥州管領府奉行人発給文書

内容／様式	奉書	書下	書状	計	典拠
(1)所領安堵	1			1	相馬文書
(2)下地渡付	1			1	鬼柳文書
計	2	0	0	2	

F　以上諸氏発給文書通覧

内容＼人名	斯波詮持	石橋和義	石橋棟義	畠山国詮	管領府奉行人	計
願文			1			1
警固督励			1			1
禁制			1			1
官途吹挙	1					1
所領相論裁決	1					1
所領宛行	3					3
所領宛行予告		1				1
所領安堵	2	2	6	1	1	12
所領返付	1					1
所領預置			3			3
施行ノ通達			1			1
下地渡付ノ遵行					1	1
諸公事不勤仕了承	1					1
依頼事項承諾			1			1
計	9	3	14	1	2	29

書は僅々九通という乏しさであり、その内容も第27表Aに見る如く、官途の吹挙と所領の宛行・安堵・返付等に過ぎず、軍事指揮関係の文書の所見は皆無であり、また所務関係の文書も明徳五（応永元）年にいたり所領の相論を裁定した書下一通を見るのみで、その職権活動が頗る低調なことが看取される。しかも父直持の署判文書が大部分書下であったのと異なり、詮持のそれは過半が奉書形式であって、将軍権力への依存性を窺わせることも特徴的である。しかし一応これらの吹挙・裁決・宛行・安堵等の宛所により詮持の傘下に如何なる豪族が属していたかを窺うことが出来よう（典拠は第27表A参照）。

(1)　官途吹挙。永徳三年八月十五日、岡本助太郎に淡路守の所望を挙申した旨を通達。

(2)　所領相論裁決。明徳五年七月一日、大寺道悦（光義）と竹貫光貞の相論する石川郡吉村を代々□（の譲カ）に任せて道悦に領掌せしむ。

(3)　所領宛行。①応安六年九月十八日、相馬胤弘に竹城保内畑谷村（カ）を同所長田郷の替として宛行う。②応安八年四月一日、葛西周防三郎に下伊沢内志牛・那須河両郷を宛行う。③明徳二年三月六日、和賀伊賀入道に江刺郡内会佐利（相去）郷を勲功の賞として宛行う。

(4)　所領安堵。①応安五年十二月十七日、赤坂賀尾に石川庄内蒲田村を安堵。②嘉慶二年十一月十四日、留守参河次郎（家持、『解説中世留守家文書』三八号、大石直正氏解説参照）の所領を亡父持家譲状に任せて安堵。

(5)　所領返付。応安五年十二月二日、相馬憲胤に高城保内赤沼郷を返付（この返付を留守新左衛門尉と共に実施した沙弥清光の同月十一日付打渡状も存在する『相馬文書』)。

(6)　諸公事不勤仕了承。（年闕）八月三十日、板橋若狭守に、石河庄八幡宮神領は往古より諸公事を勤めざることは寺家代官に子細を申すべく、当方に於ては此旨を心得べきことを返書す（斯波満持か）。

詮持からこれらの署判文書を受けた人々を本拠地と共に挙げると白川郡の赤坂氏、石川郡の大寺氏・板橋氏、信夫郡の岡本氏、行方郡の相馬氏、宮城郡の留守氏、胆沢郡を中心とする葛西氏、和賀郡の和賀氏となり、南は白川郡から北は和賀郡におよぶ広汎な地域の諸氏が奥州管領斯波氏の支配下にあり、しかも恩賞に与って斯波氏と封建関係で結ばれているように見受けられ、安堵・宛行等の対象となった郷村も多賀国府周辺の宮城郡内のみでなく南は石川郡から北は胆沢郡・江刺郡にまで点在している。これらの武士の多くは有力豪族の庶流または在地の中小国人層であって、屈指の奥州大名の惣領家は見られないが、それにしても詮持は、没落し去った吉良氏に代って奥州の広汎な地域にわたる諸氏に支持され、被官関係を設定しているように見える。にも拘らず詮持の活動が意外に低調であり、且つ軍事指揮関係や濫妨停止・年貢催促等の発給文書を残さないのは一見不可解である。

したがって先ず吉良氏没落の直前から奥州に姿を現した石橋氏の動向を顧慮する必要があろう。前述のように貞治六年の石橋棟義の奥州下向は将軍義詮から吉良治家追討を命ぜられて常陸から進出したものであり、奥州一方管領としての下向ではなかった。しかし棟義は同年七月十二日結城朝常に石河庄内泉郷等の地を安堵する奉書を与えて味方の結集に努め（「阿保文書」)、朝常と長沼宗秀は、棟義の注進に基づいて同月二十七日の石河庄行方野における戦功を賞する同年八月二十五日付御感御教書を義詮から賜っており（「結城小峯文書」「皆川文書」)、将軍の権威を背景とした棟義が結城氏・長沼氏等[11]の協力を得て吉良治家方を破ったことが判る。その後の棟義の軍事行動は辿り難いが、同年九月二十一日相馬岡田胤重に多賀国府近隣の竹城保内の地を安堵しており（「相馬岡田文書」)、爾後も奥州に留まって活動している事実によって、棟義は治家の駆逐に成功したことが知られる。

そもそも石橋氏は斯波氏と同族で、棟義の父和義は斯波高経の再従兄弟に当るという足利一門中の名族であった（『尊卑分脈』『系図纂要』）。また和義は評定衆・引付頭人・若狭守護等を歴任した幕府宿老の一人であったのみならず（本編第二章第二節二参照）、陸奥国安達郡塩松（四本松）を所領の一つとしており（『相馬文書』年闕十二月十一日付足利尊氏御内書[12]）、以前から奥州に拠点があった。それゆえ棟義が義詮によって常陸からさらに奥州に発遣されたのは奥州諸氏を糾合しうる有力一門武将と認められたためであり、彼は治家駆逐後も幕府の奥州諸氏に対する軍事的支配の代表者として奥州に在留したに違いない。

こうして奥州に本拠を移した棟義は、その後も永和二年（一三七六）十月九日余部持家に「村岡城警固事、勤原（厚カ）致ニ其沙汰ニ候者、可レ有ニ忠賞ニ状如レ件」という軍勢催促状を下して警固を督励し（「留守文書」）、翌永和四年七月二十二日名取郡熊野新宮寺文殊堂（熊野堂）に軍勢甲乙人の乱入狼藉を戒める禁制を与えたように（「陸前熊野神社文書」）、奥州管領斯波詮持が軍事関係の文書を残さないのと対照的に、軍事指揮権に基づく発給文書を残している。また彼が永徳四年（一三八四）五月十九日同じく名取郡熊野堂に納めた願文も「□（右意趣者国之カ）事、心中祈願しやうしゆにて、早退レ敵、々をなさん（欲）とほんする輩ニ、其わつらいをかけ給へし、さらんにおいてハ、国□（さカ）ためて所存のことく静謐たるへし」云々とて、御社造営・年々一七日参籠・神領一所寄進を誓ったものであって、敵徒退治・国内静謐を祈念したこの願文も、一国の軍事指揮者に相応しい内容である（同文書）。

それゆえ、小林清治氏が康暦二年（一三八〇）六月三日付の名取郡熊野堂の一切経奥書に「当国大将石橋殿源棟儀（ママ）」とあることを指摘して、「おそらく石橋氏は終始、管領大崎氏に対する「大将」の地位を持続したものとみられる」と推測されたのは首肯すべき見解と考えられる[13]。但し石橋棟義入部の前々年に当る貞治四年（一三六五）十二月岩崎郡禅福寺領の国衙正税譴責停止を実施した某姓舜秀の打渡状に「被レ成ニ将軍家御免御教書幷当大将御方御施行ニ之上者」云々とある「当大将」はもとより棟義ではなく、岩崎郡を含む南奥に支配権を及ぼしていた時の奥州管領斯波直持を指すと見られるので（「禅福寺文書」）、「当国大将」の呼称のみでなく、その職権内容も検討しなければなるまい。[14] 就中第27表に示したように、棟義の発給文書の所見の大半は所領の付与・認定に関するものであり、且つその父和義の所領宛行・安堵に関する署判文書の所見も存在し、共に奥州管領としての権限行使を裏付けるかの如くに見受けられるから、その検討が一層必要となる。そこで上記の斯波詮持の場合と対比するために、先ず石橋父子のこれに対応する事例を同様の方法で挙げよう。

棟義には次の諸例が見られる（前に触れた貞治六年のものも含める。出典は第27表C参照）。

(1) 所領安堵。①貞治六年七月十二日、結城朝常に石河庄内泉郷高田・北炭釜・佐宇里等を勲功の賞として安堵。②同年九月二十一日、相馬岡田胤重に竹城保内畠□を安堵。③応安三年十月八日鬼柳式部太夫（マヽ）に和賀郡黒岩郷内和賀左近将監跡を譲状の旨に任せて安堵。④応安八年正月二十三日、岩崎宮内少輔（岩城氏の一族）に岩城郡小泉村内豊前弾正忠入道跡を文和元年十二月三日の「将軍家（尊氏）御判」に任せて安堵。⑤永和四年正月十六日、石河蒲田兼光に本領当知行地を安堵。⑥同年十月九日、熊野堂衆徒中に「領知」を安堵（但し文書前欠のため「領知」の内容は不明）。

(2) 所領預置。①永和二年十二月三日、鬼柳伊賀守に三迫内細河村を兵粮料所として預置。②至徳三年七月十二日、相馬憲胤に長世保内大迫郷を預置。③同年十二月二日、同人に名取郡南方増田郷内下村の大内新左衛門尉知行分を兵粮料所として預置。

(3) 施行の通達。某年六月十一日、鬼柳某にその申す旨を披露した結果施行を受け且つ上方（幕府）より御書を給った旨を通達。

(4) 依頼事項承諾。某年九月七日、鬼柳常陸入道にその依頼を了承せる旨を返書。

次に当時の和義の署判文書は次の三例の所見がある（第27表B参照）。

(1)　所領安堵。①応安三年八月二十二日、鬼柳式部太夫(ママ)に本領当知行地を安堵。②永徳元年八月十七日、相馬憲胤に行方郡内小谷木村・女波村・福岡村・矢河原村半分を由緒の由につき安堵。

(2)　所領宛行の通達。某年九月六日、相馬憲胤に竹城保は既に別人に宛行われたため、替地として他に闕所出来せずば東根（安達郡）内戸野郷を沙汰有るべき旨を通達。

以上の中、安堵状は棟義も和義もすべて「依レ仰執達如レ件」という奉書形式の書止文言を用いているが、斯波詮持の安堵状二通も同じく奉書形式なので、この点では三人の権限に何の径庭も認められない。寧ろ残存文書数の上からは石橋父子の方が所領安堵の権限を遙かに多く行使していると考えられる。けれども所領宛行については、和義の(2)の事例、即ち書状による替地宛行の予告が見られるに止まり、斯波詮持の宛行状三通、所領返付の奉書一通ならびに相論裁決・所領安堵の書下一通に相当するものを石橋父子は残していない。そしてあたかもこれに代るかのように棟義による所領預置が三例見え、しかも預ヶ状三例中二例は兵粮料所として預置する旨を明記しており、且つその二例中一例（上記(2)の③）は奉書ではなく直状である。以上現存する少数の事例による考察ではあるが、棟義は奥州における軍事指揮権とともに兵粮料所預置権と所領安堵の奉書発給権を委ねられていたが、相論裁決ならびに所領宛行は奥州管領斯波氏のみの権限事項であって棟義には与えられていなかったと判定して誤りないと思われる。即ち棟義の職権は狭義の軍事指揮権のみに止まらず、麾下国人層に対する兵粮料所預置権と所領安堵権を伴っていたとはいえ、それらは矢張りあくまでも国大将として認められた権限であって、奥州管領の権限ではなかったと推定しうるのである。

なお和義の発給文書は上記のように極めて例証が乏しいが、安堵と替地宛行の予告との例が見られる。先に幕府管領斯波高経と対立して評定衆・引付頭人・若狭守護の職を奪われた和義は（上記第二章第二節二参照）、おそらくそのまま退隠したと見えて、高経・義将父子の追放された貞治五年政変以後も公職に復した形跡が窺われない。しかし嫡子棟義の陸奥国大将としての活動に石橋家再興の望みを見出した彼は、奥州に下向して棟義を後見し、嘗ての幕府宿老としての経歴と名声とを利用して国人の所領要求の幕府への挙申に当り、棟義の職権活動を援けたものと認められる。

さらに和義・棟義父子が所領安堵・料所預置等によって支配下に掌握した奥州諸氏には白川郡の小峯結城氏、石川郡の石河蒲田氏、岩崎郡の岩崎氏、行方郡の相馬氏・相馬岡田氏、和賀郡の鬼柳氏、および名取郡の熊野堂衆徒が数えられ、これに棟義が軍功を注申した会津郡の長沼氏、城中警固を命じた留守氏を加えると、南党の南部氏の勢力下にある閉伊郡・岩手郡以北を除く奥州全域に分布している。しかも先に吉良貞経に属していた北奥の鬼柳氏等のみでなく、斯波直持に一応従属していた南奥の結城・岩崎・相馬等の諸氏も石橋氏への服属に傾いていることが看取される。前述した斯波詮持の活動停滞の一因は、詮持に必ずしも劣らない家格と軍事統率権を有する石橋父子が、奥州諸氏の所領に保障を与えうる存在として、彼等の多くに迎えられたことにあろう。

なお第27表Eに掲げたように、奉行人奉書が二通見られる。一通は応安四年（一三七一）十月十三日、和賀郡黒岩郷の和賀経義跡を「御下文之旨」に任せて稗貫下総守と共に黒岩五郎代に渡付すべき旨を、鬼柳常陸入道に命じた沙弥某の施行状であり（「鬼柳文書」）、他の一通は同六年五月二日、相馬胤弘に高城保内長田郷を「御判之旨」に任せて安堵した左衛門尉持継署判の安堵状である（『相馬文書』）。この二通は誰の命を奉じたものかが直接には明らかではないが、安堵状の方は、前掲のようにその後間もなく応安六年九月、詮持が同じ高城保内の畑谷村（カ）をこの長田郷の替として胤弘に宛行っている点から、詮持の命を承けた管領府奉行人の奉書であることはほぼ確実といえる。なお左衛門尉持継の実名も、留守持家と同じく斯波直持または詮持の偏諱を受けた蓋然性が少なくないので、斯波氏直属の奉行人と考えてよいであろう。次に沙弥某施行状も、使節の一人鬼柳常陸入道が先に貞治四年八月斯波直持から所領宛行を受けている点から（「鬼柳文書」）、斯波詮持の旨を承けた奉書と認めてよさそうである。但し、石橋棟義が応安三年十月鬼柳式部大夫に同じ黒岩郷内の和賀左近将監跡を安堵し、某年六月鬼柳某に施行の下った旨を通知し、某年九月には当の鬼柳常陸入道の依頼に返書を与えているように、当時の鬼柳氏は棟義と緊密な関係を結ぶに至っているので、この鬼柳常陸入道宛沙弥某施行状は、管領府奉行人奉書でなく石橋氏直属被官の奉書である可能性も考えられないではない。因みに当時石橋和義も署判に沙弥と記すが、この施行状の沙弥某の花押は和義のそれとは全く異なる。なお名取郡熊野文殊堂一切経の永和五年五月二十九日付権律師定範の奥書に「奥州石橋殿御執事大内伊勢守広光被レ登二仙道一」とあって（『名取新宮寺一切経調査報告書』一三九頁）、石橋氏がその家格・地位に相応しい家政処理機関を具えていたことを窺わせる。

ところが、このように奥州管領斯波氏を凌駕する実勢力を築いたかに見える石橋父子は、棟義の奥州入部から二十年後の至徳三年（一三八六）十二月二日付の相馬憲胤宛棟義預ヶ状（上掲）を最後に発給文書が管見から失われる。それからさらに約四十年を経た『満済准后日記』正長元年（一四二八）十月二日条に、「今日奥篠河殿、并伊達・蘆名・白河・懸田・河俣・塩松（石橋）也、以上六人被レ遣二御内書一、伊勢守（伊勢貞国）書レ之了、佐々河殿御書許ハ御自筆也」とあるように、石橋氏はその所領安達郡塩松（前述）に在って塩松氏と呼ばれ、伊達・芦名・白河結城等の諸氏と同列の、しかも六氏中の末尾に記されるに過ぎない程度の在地の一大名として漸く命脈を保つに過ぎなくなるのである。石橋氏の急速な没落の理由を伝えた史料は全く見られないが、所領宛行を伴う奥州管領としての権限を持たない石橋氏は、奥州諸氏の支持を繋ぎ留めるに足りる力を保ち難かったのではあるまいか。

他方、石橋棟義の発給文書が杜絶して後も、斯波詮持の活動は継続していた。しかし詮持の活動も低調であることは、現存する発給文書数からも推察に難くなく、わけても家兼・直持時代まではなお行われた押妨停止・年貢催促等の遵行命令が全く見られなくなる。それゆえ陸奥国大将石橋氏の没落や奥州管領斯波氏の職権活動の不活発化を齎した根底にあるものは、畢竟既に豊田武氏の指摘されているような有力武士の惣領家の分割相続制から嫡子単独相続制への転換による領有権集中化、有力豪族中心の一揆契約による近隣武士服属化等に見られる地域的封建制の進展であったに違いない。[15]

奥州有力豪族の惣領家が地域的紛争の処理能力を具えるようになったことは、次の岩城氏や伊達氏の例によっても明らかである。即ち、岩城氏においては先に貞治三年（一三六四）前述の如く惣領岩城隆教が斯波直持から好島庄預所伊賀氏と岩城庶流好島氏との相論について、好島氏による侵害の事実認定や勝訴者伊賀氏の所領保護を命ぜられていたが、応安三年（一三七〇）になると隆教の嫡子岩城隆泰は自ら右の両氏の係争に直接介入して伊賀光政をして好島隆吉への田在家譲渡を承諾させ、同六年には同じく伊賀氏と岩城庶流白土氏との紛争に「籌策」を加えて、光政から白土氏に田在家を渡付させている（「飯野文書」）。このように岩城氏は今や奥州管領斯波氏による旧来の荘園制的権益維持の方針を完全に覆して、庶流諸氏の所領拡大を支援し、彼等の支持による独自の地域的支配の展開を目指すに至ったのである。

また伊達氏は、永和二年（一三七六）八月宗遠が小沢伊賀守と、翌三年十月政宗が余目持家と一揆契約を結んで提携し、領域外の国人を支持勢力として牽引する動きを示す（『伊達家文書』之一、三一・三三号）。特に管領府膝下の余目氏との盟約の如きは奥州管領斯波氏の支配機構に直接楔を打込み、奥州管領権力の脆弱性を促進する作用をなしたと思われる。しかもこの二通の一揆契状が単に「可下見継被二見継一申上」という全般的な提携のみでなく、「公方之事」即ち幕府権力・奥州管領権力への対応と「所務相論以下私確執」とについての協議・協力を誓約している事実は、奥州管領の軍事統率権・所務相論裁定権等が形骸化して、周囲の国人の盟主となった有力大名の掌中に軍事的動員や地域的紛争処理の実権が移行したことを如実に物語っている。さらに伊達宗遠が康暦二年（一三八〇）十月八日、石田右京亮に出羽国置民（賜）郡長井庄内の田在家等を配分し（『伊達正統世次考』所収「石田文書」）、伊達政宗（兵部権少輔、のちの大膳大夫）が嘉慶二年（一三八八）七月四日、国分彦四郎入道に同庄萩生郷内四十九貫八百四十八文の地を配分しているように(16)（「国分文書」）、有力大名は領域内の地を傘下の国人層に配分するに至った。国人層の知行の保証・配分等の実権が有力大名の掌握に帰していったことが、奥州管領斯波氏の安堵・宛行等の機能を急速に喪失させる結果を招いたのは当然である。

但し、斯波氏が急速な没落を免れた要因は、詮持自身が所領宛行・安堵等によって近隣の中小国人層の一部を支配下に収めて、自らも奥州の一部に集中的な領域支配の形成を目指しはじめたことにあると思われる。しかしながらこのような領域支配への動きは、幕府の奥州統治の方針に添わないものであった。幕府が明徳二年（一三九一）次の幕府御教書によって詮持の企図を押えようとしたことも、そのような詮持の行動が一因であろう（『伊達家文書』之一、三三号）。

陸奥国賀美郡事、畠山修理大夫国詮分郡也、而左京大夫（斯波詮持）抑留云々、緈絶二常篇一歟、同黒河郡者、国詮恩賞之地也、同前、早伊達大膳大夫（政宗）相共、莅二彼所一、可レ被レ沙二汰付国詮代一、就二彼左右一為レ有二沙汰一、可レ被二注申一之状、依レ仰執達如レ件、

明徳二年六月廿七日　右京大夫（細川頼元）（花押）

葛西陸奥守（満良カ）殿

畠山国詮は嘗ての奥州一方管領畠山国氏の遺子で、幼名平石丸を称した文和三年（一三五四）五月結城氏に同心を促して奥州支配への意欲を示したことは、本章の冒頭に述べた如くである。国詮の動静はその後久しく不明であったが、至徳元年（一三八四）六月十五日、石川氏の支族石川板橋左京亮に、石河庄八幡宮神領河辺村・急当村・沢尻村ならびに会津河沼郡内佐野村等を安堵する旨の安堵状を下し、漸く二通目の発給文書を残している（「川辺八幡神社文書」）。彼は奥州管領斯波氏の勢力動揺によって奥州管領に補せられる可能性を見出し、石川板橋氏等の被官化を計ったのであろう。上掲の明徳二年六月の幕府御教書も、単に国詮が不知行化した両郡の回復を目指したためだけでなく、斯波氏に対抗する機会を得ようとして幕府に働きかけた結果ではあるまいか。幕府では同年三月管領斯波義将が辞職し、四月に細川頼元が兄頼之の後見の下で管領に就任した許りであった。したがって幕府が国詮の訴を容れて詮持の侵害停止を命じたことは、幕府管領が詮持の同族である斯波義将から、後者と対立する細川氏に交代したためでもあると思われる。他方、幕府が奥州の雄族伊達・葛西両氏に詮持の侵害停止を命じたことは、これら有力豪族の上述のような領域支配の実力が幕府にも認識されるに至った事実を示すものに外ならないであろう。

さらに同年末ないし翌年（一三九二）正月に至り、奥州管領斯波氏の地位に劃期的な影響を与える変化が起る。それ

は次に掲げる鎌倉御所氏満の軍勢催促状によって知られる奥羽両国の幕府治下から鎌倉府治下への移管であった（「結城小峯文書」）。

陸奥・出羽両国事、可レ致二沙汰一之由、所レ被二仰下一也、早速可二馳参一之状如レ件、

明徳三年正月十一日　（足利氏満）（花押）

（結城満朝）白河参河七郎（殿）□

この移管の理由として、嘗て渡辺世祐氏は、小山氏退治のためとする「余目氏旧記」の所伝を排して、先に相含む所のあった鎌倉御所氏満と将軍義満との関係が義堂周信等の尽力によってやや円滑となったことと、奥羽諸氏が私闘を事とし、幕命を承けて彼等を指揮するに足りる者が奥羽になかったことを挙げられたが(17)、今一つ重要な理由として、前年十二月山名氏清・同満幸等の叛乱に直面した幕府が、氏満の予ての希望を容れて鎌倉府を懐柔し、腹背に敵を受ける危険を避けようとしたことを考慮すべきであろう。氏満の上掲御教書が明徳三年正月十一日付であることと、幕府からの奥羽移管の通達が鎌倉府に達するまでの日数等を考慮すると、おそらく幕府の移管決定は前年十二月下旬の山名氏清・満幸等が洛外に迫る直前の頃であった可能性が大であると思われる。

ともあれこの奥羽両国の鎌倉府管轄下への編入によって、将軍に直属し幕府権力を代表して奥州を統轄するという従来の奥州管領の任務は変更を余儀なくされ、爾後の斯波氏は奥羽の諸大名とともに鎌倉御所の支配下に立つこととなり、やがて鎌倉府治下の奥州における一個の大名への道を辿るようになるのである。

但し、応永初年における奥州斯波氏の動向については渡部正俊氏の最近の研究に適切な人名比定等が行われているが(18)、なお注目すべきものがあるので若干付言して置きたい。

応永六年（一三九九）周知のように鎌倉御所満兼は二弟満直・満貞を奥州に派し、その結果奥州斯波氏の権限は一層低下したと考えられるが、詮持と嫡子満持の活動はなおその前後にかけて多少なりとも窺うことができる。その活動を

示す満持の発給文書は、渡部氏の掲げられたように、次の七通が知られる。

(1) 応永二年卯月晦日付、伊賀孫三郎(光隆)宛刑部大輔官途吹挙状(「飯野文書」)。

(2) 同年九月二十六日付、蒲田民部少輔宛刑部大輔安堵状(「白川文書」)。

(3) 同年十月七日付、伊賀式部大夫(光隆)宛刑部大輔感状(「飯野文書」)。

(4) 応永八年九月二十四日付、藤井(上遠野)孫四郎宛左京大夫施行状(「上遠野文書」)。

(5) (同年)九月二十四日付、藤井孫四郎宛左京大夫満持書状写(「上遠野文書」)。

(6) 応永十四年卯月二十八日付、南部二郎(光経)宛左京大夫官途吹挙状(「南部文書」)。

(7) (年闕)三月十八日付、板橋若狭守宛満持書状(「板橋文書」)。

以上七通の内、(2)は庄司(田村清包)・仁木某等退治に際し佐々河(篠川)城を固守した戦功を賞して当知行等を安堵したもの、(3)は田村退治に参陣して九月二十六日安武熊(阿武隈)河の戦、同二十七日唐久野原の戦に自身大刀打に及んだ戦功を賞したもので、共に小山若犬丸を擁した田村清包以下の叛乱の鎮圧に関する発給文書である。渡辺世祐氏はこの二通を掲げて、発給者刑部大輔を明徳元年奥州探題になった宇都宮氏広であると説かれ、[19] また『大日本史料』第七編之二、応永二年九月二十六日条も、この文書の署判に「宇都宮氏広カ」という傍註を付しているが、渡部正俊氏の指摘されたように、(1)・(2)・(3)の刑部大輔の花押、(4)・(6)の左京大夫の花押、(7)の「満持」と記した署判の花押はすべて一致し、刑部大輔・左京大夫は何れも満持であって、応永二年の小山若犬丸・田村清包等の追討に活動したのは宇都宮氏広ではなく、斯波満持であったことが判明する。

ところで、右の満持の発給文書に拠る限り、彼の官途が刑部大輔から左京大夫に進んだのは(3)の応永二年十月から(4)の応永八年九月の間となるが、その年次をより狭めうるものに、応永四年五月二十二日付鎌倉御所氏満御教書写(『相馬文書』)と応永五年十二月二十五日付鎌倉府執事上杉朝宗施行状(「神田孝平氏所蔵文書」)の二通がある。即ち前者は左京大夫に宛てて陸奥国小野保名主国井若狭守以下の退治を命じたものであり、後者は左京大夫入道に宛てて、同日付の鎌倉御所満兼の寄進状（『鎌倉市史』史料編第一「鶴岡八幡宮文書」、五四号）に基づき陸奥国石河庄内石河大寺安芸入道（道悦）跡を鶴岡八幡宮寺雑掌に代官をして渡付せしめるよう命じたものであり、この二通によって応永四年の左京大夫および翌年の左京大夫入道は、渡部氏の比定されたようになお斯波詮持であることが確認される。そこで、この事実を前記(4)と対照することによって、応永五年十二月以後同八年九月までの間に詮持が卒してその嫡子である刑部大輔満持が、直持・詮持と二代続いた左京大夫の官途を襲ったことが判明するのである。

ところで「余目氏旧記」には、詮持の卒去が決して尋常の死でなかったことを物語るとともに、その死の年次を一層確定しうると思われる所伝が存在する。即ち、足利満直・満貞の奥州下向後、伊達大膳大夫政宗は、所領一郡を公領として満直等に献上すべしという鎌倉府の命に抗して京都に通じたため、追討されて逃れたと伝え、そのとき「大崎殿」は逃れ切れずして仙道の大越（田村庄内）で自刃したが、その子で四代目の積灯寺は在国したため難を免れ、孫の向上院は家臣に擁せられて危地を脱したとするのがこれである。この事件が応永七年の事実であることは、夙に渡辺世祐氏の指摘されたように、(20)応永七年三月八日付の結城参河七郎宛足利満貞軍勢催促状（「結城文書」）に「伊達大膳大夫入道円孝（政宗）、葦名次郎左衛門尉満盛等、隠謀事依二露顕一、已迯下之上者、不日所レ可レ被レ加二退治一也」云々とあることで知られる。もっとも渡辺氏は自刃した「大崎殿」を詮持の嫡孫大崎満詮に比定されたが、これが詮持であることは上述の詮持卒去と満持継承の年代推定によっても明瞭に推定しうる。『系図纂要』に詮持を「応永七年九ノ七於二田村領大越一討死」とするのも、ほぼ正しい所伝を採用したものと思われる。また上記の「余目氏旧記」に記す四代目積灯寺とは、家兼より四代目の満持に違いない。したがって孫の向上院とあるのは詮持の嫡孫、満持の嫡子である満詮に比定できる。

それでは、詮持が伊達政宗・芦名満盛等とともに鎌倉方に抗して挙兵したのは何故であろうか。先に奥羽両国が幕府から鎌倉府に移管された当初は、奥州管領斯波詮持が従来通りの権限を管内に行使し、鎌倉御所氏満もこの斯波氏の奥州管領としての権限を尊重して、鎌倉府の奥州支配を原則としては奥州管領を通じての間接支配に止め、また詮持もこのような氏満の方針に応えて、嫡子満持をして小山若犬丸・田村氏以下の追討に協力させたことが、前掲の明徳五年の詮持書下、応永二年の満持安堵状・官途吹挙状・感状、ならびに同四年の氏満御教書写、同五年の上杉朝宗施行状を綜合して判断される。ところが氏満が応永五年十一月に卒去すると、次の鎌倉御所となったその嫡子満兼は、周知のように翌六年春二弟満直・満貞を奥州に派して鎌倉府の奥州支配の強化を計った。これは詮持の地位に脅威を与え、奥州管領の否定にも連なるものであったため、詮持は満直・満貞の入部に強く反撥し、応永の乱の勃発を機として露呈した幕府と鎌倉府との深刻な敵対関係に乗じて遙かに幕府の後援を頼みとし(21)、同じく満直等の入部に反撥した自立性の強い雄族伊達氏・芦名氏等に擁せられて挙兵したものと認められる(22)。しかし応永の乱後まもなく満兼は謝罪を表明して幕府と和解したので、詮持および伊達・芦名等の挙兵は失敗し、詮持は敗死の非運に見舞われたものと察せられる。

　ところが、一方「喜連川判鑑」(『続群書類従』系図部)応永七年条には、「九月八日、斯波左近(京)大夫持詮(詮持)、於二奥州一宇都宮氏広父子ヲ誅シ、首級ヲ鎌倉ニ持参ス、於二侍所一実検、持詮ニハ宇都宮が一跡ヲ被レ下」とあり、「鎌倉大日記」「鎌倉九代後記」等にも同様の記事を載せていて、「余目氏旧記」等の記す所と全く矛盾している。「喜連川判鑑」等が詮持を持詮と記すところからもその記事の不正確であることが窺われ、また宇都宮氏広なる人物の事績は渡部氏前掲論文にも指摘するように文書の上には全く現れず、頗る疑わしい。それゆえ、仮に詮持の宇都宮氏広誅殺という事件が存在したとしても、「喜連川判鑑」「鎌倉大日記」等の諸書は、年次を誤って応永六年以前の事件をここに記したのであろう。

　詮持の歿後、その嫡子満持が奥州斯波氏を継いで左京大夫の官途を称することができたのは、鎌倉御所満兼が幕府との和解の建前からも、また奥州諸豪族懐柔の必要性からも、より以上の強圧を奥州斯波氏に加えることを避けたためであろう。しかし爾後の満持の動静を窺うに足りる年次の知られる史料は、前掲(4)・(5)の応永八年の施行状・感状と前掲(6)の応永十四年の官途吹挙状の計三通に過ぎない(23)。しかも(4)・(5)二通の宛所が磐城郡上遠野の藤井氏であるのに対して、

(6)のそれが北奥の雄族南部氏であることは、南奥諸氏の鎌倉府帰属によって斯波氏が南奥に対する支配力を完全に喪失し、北奥諸氏の一部に擁せられる存在に過ぎなくなる状態を暗示すると思われる。[24]

さらに斯波氏の支配力を直接脅したのは雄族伊達氏の一層の充実・発展であり、例えば伊達政宗は先の敗戦より二年後の応永九年にも再び叛いて関東管領上杉氏憲の率いる鎌倉勢を迎え撃ったのち同年九月ついに降ったが（「結城文書」二、足利満貞軍勢催促状、『鎌倉市史』史料編第一「大庭文書」三五一号鎌倉御所満兼御教書、「鎌倉大草紙」「鎌倉大日記」「喜連川判鑑」等）、その十一月には、国分河内入道に苅田郡平沢郷北方を越後入道宣久と談合して沙汰すべしという安堵状を下し（「国分文書」）、応永十三年七月には名取熊野堂衆徒に三ヵ条の袖判事書を下し（「陸前熊野神社文書」）、早くも敗戦の痛手を回復して発展の途を辿りつつあったことが窺われる。

かくて奥州国人層の自立・統合の趨勢の中で斯波氏はもはや多賀国府をも保つことができず、鎌倉時代以来の足利氏所領であった賀美郡に志田・玉造・栗原・遠田の諸郡を加えたいわゆる大崎五郡を概ね勢力圏とする地域的領主に転化して大崎氏を称し、奥州探題を自称しつつ戦国期まで僅かに命脈を保つこととなる。しかも伊達稙宗が大永三年（一五二三）の頃将軍義晴から陸奥守護職に補任され、その子晴宗が天文末・弘治初年の交（一五五〇年代半頃）将軍義輝から奥州探題職に補任されるに至り、奥州斯波氏の末裔大崎氏は、ついに名目上の奥州探題の称号さえも完全に伊達氏に奪われてしまうのである。

註

（1）康永三年（一三四四）石塔義元以下の宇津峯攻撃に参加した相馬朝胤ならびに岩城国魂行泰の着到状（「大悲山文書」「大国魂文書」）に証判を施した某人を『福島県史』7「古代中世資料」は、吉良治家に比定している。これはどのような根拠に基づくかを知らないが、この証判は後の治家の花押の何れとも異なる許りでなく、年次も、吉良貞家の奥州下向の前年なので、この比定には従い難い。よって本文の如く康安元年十二月を彼の活動の初見とする。

（2）この書下は貞治五年十二月九日付散位治家安堵状と花押が一致し、治家のそれであることに間違いない。それゆえ『鎌倉市史』史料編第一、三一二号および『改訂新編相州古文書』にこの書下を吉良満家のそれに比定するのは誤りで『世田谷区史料』第二集の治家に比定するのに従うべきである。

（3）吉良治氏なる人物は確実性のある史料には全く現れないが本文所掲の系図には満家と同じく中務大輔としている。そこで仮に文和三年より延文元年まで出現する中務大輔を吉良満家でなく治氏であったとすると、奥州管領の満家は貞治三年八月に二通の発給文書を残すのみの中務少輔に擬定せざるをえなくなるが、若し然りとすれば貞家の嫡子満家の兄弟で、しかも系図では甥に系けている治家が、康安元年以来既に中務少輔（従五位上相当）より官位相当の一級高い兵部大輔（正五位下相当）の官途に与っているという矛盾が生じる。したがって前節に記した中務大輔は、やはり満家に外ならず、治氏の存在は疑問とせざるをえない。

（4）この中務大輔官途吹挙状の宛所相馬常陸五郎を、『大日本史料』第六編之二六、七月二十六日条は相馬胤家に比定し、『福島県史』7「古代中世資料」もこれに倣っているが、それは誤りであって、胤家は前年八月、五郎胤重に譲状四通を与えて所領を譲与しているし、既に文和三年六月の石塔義憲安堵状等によって受領名常陸守が知られ（「相馬岡田文書」）、したがって右の吹挙状の相馬常陸五郎は常陸守胤家の子五郎胤重に外ならないことが明らかである。

（5）遠藤巌氏「建武政権下の陸奥国府に関する一考察」（『日本古代・中世史の地方的展開』）二八四―二八五頁。

（6）この「諸国狼藉条々」第二条は、

一、乱二入他人所領一、致二非分押領一輩事、

不レ帯二補任裁判公験一、不レ待二使節之遵行一、無二左右一致二乱入狼藉一之条、造意之企太以無道也、（中略）縦雖下不レ遣二奉書一、未上及二喧嘩一、先馳二向其場一、可レ注二進子細一之旨、可レ仰二守護人一焉、

という条項であるが、なお観応三年九月十八日制定の幕府法中の、

一、合戦咎事

帯二御下文施行一輩、尤可レ相二待使節遵行一之処、恣乱二入所々一之間、本主依二支申一、多及二合戦一之由、有二其聞一、甚不レ可レ然、自今以後者、不レ論二理非一、至二故戦之輩一者、悉可レ収二公所帯一（下略）（同上六〇条）

という故戦の咎の条項も、論人の領有権剝奪の理由とされたかも知れない。

（7）佐々木慶市氏「東国における庄園制解体過程の一断面」（『日本古代・中世史の地方的展開』三一三頁。

(8) 貞治六年九月三日、直持は石川駿河守・冨部某（外記ヵ）の両名を使節として、岩城郡内の地（河中子ヵ）を岩崎泰隆に渡付させている（「飯野文書」）。その施行状には押妨停止の文言を含まないので、直持の泰隆に対する宛行の施行であろうと思われる。また使節の一人冨部氏は、建武政権の窪所衆の中に冨部大舎人頭（『梅松論』）、康永三年の引付番文（「結城文書」）等に冨部周防守（親信）のあるように、建武新政期から南北朝初期に見える奉行人層の家柄であった。しかし他の一人石川氏は石川郡の豪族で、同族の石川蒲田兼光は吉良貞家から所領安堵を受け、使節にも起用されている（第四章第二節参照）。それゆえ石川駿河守は直持に属してその被官化した土着の奥州国人の一人と見られる。

(9)『鎌倉市史』史料編はこの幕府御教書の宛所斯波修理権大夫を斯波義種に擬定している。しかし義種の官途は貞治元年民部少輔に任ぜられ（第二章第一節参照）、永和・康暦年間には伊予守、後には修理大夫であることが確かめられるが（第三章第一節一、第二節三参照）、修理権大夫という官途は管見に触れない。それだけでなく、永和年間には越中守護代として在国していることが確かであって（第三章第一節一参照）、羽州管領を兼ねている筈はありえない。一方、兼頼は『尊卑分脉』「寛永諸家系図伝」『系図纂要』等に何れも修理大夫とし、修理権大夫の官途は見えないけれども、本文に述べたように出羽に入部した所伝があり、山形を本拠とする最上氏の祖となるのであるから、兼頼に比定すべきことは論を俟たない。なお最上家よりの書上に基づいて作成されたと見られる「寛永諸家系図伝」の最上氏の項に兼頼の卒去を康暦元年（一三七九）としており、その前々年の永和三年（一三七七）はなお存命中ということになり、この点も何等矛盾がない。

(10) 渡部正俊氏「篠川・稲村御所をめぐる歴史の展開」(上)（『福島史学研究』復刊二二号）。

(11) 長沼氏は下野の小山氏の支族で同国長沼を本領とする関東御家人であったが、正安元年（一二九九）十二月の将軍家政所下文（「園城寺文書」）等によって知られるように鎌倉時代以来会津の長江庄を所領として陸奥に進出していた豪族である。

(12) この将軍尊氏の御内書は、

（付箋）「尊氏卿御判　斯波左衛門佐和義（法名心勝）」

左衛門佐入道心勝申、陸奥国安達東根内塩松合戦事、高倉上総介同一族等押㆓寄当所㆒、及㆓合戦㆒云々、尤招㆓重科㆒歟、所詮令㆑合㆓力心勝代㆒、可㆑退㆓彼等㆒也、

十二月十一日　（足利尊氏）（花押）

相馬出羽守（親胤）殿

というもので、尊氏親ら相馬親胤に石橋和義の代官への扶援を命じていることから、おそらく尊氏関東滞在中のもの、したがって文和元年（一三五二）十二月の御内書と推測される。ともあれ、塩松を和義の所領とは明記していないが、その代官がここに置かれている以上、和義が塩松を所領としていたことは間違いない。なおこの文書の付箋は後人のものであろうが、和義に斯波の名字を冠していることは、石橋氏が斯波氏の庶流である以上強ち誤りとまではいえない。

（13）『福島県史』1、六九九頁。

（14）なお、鎮西管領（鎮西探題）が鎮西大将軍・鎮西大将とも呼ばれ（川添昭二氏前掲「鎮西管領考」㊤）、また「中国凶徒退治」に発遣された細川頼之が当時「中国管領」とも「御大将」「中国大将」とも呼ばれた例（拙著『細川頼之』六二頁参照）等からも、広域軍事・行政権を委ねられた幕府の地方統轄者としての管領は、軍事面に即して大将とも称せられているので、単に大将の呼称のみから職権内容を推測する事は避けなければなるまい。

（15）豊田武氏前掲「初期の封建制と東北地方」参照。

（16）本文に挙げた「国分文書」所収伊達政宗（兵部権少輔）配分状の貫高記載の点等につき、小林清治氏に教示を乞うたところ、①一連の「国分文書」は文書群として信憑性があるとみられる。②貫高記載は問題ではあるが、分銭貫高記載は元亨元年四月の年貢結解状（「斎藤文書」）等にも見えるので、戦国大名的貫高制と別個のものとすれば難点はなかろう。③康暦二年十月八日伊達宗遠配分状（本文所引）の存在によって伊達氏の置賜郡支配は既に進められていたと見てよい。④上記政宗配分状の花押は『伊達行朝勤王事歴』巻一冒頭の伊達歴代花押表中に「伊達伯蔵文書」として同一のものを掲げている。要旨以上のような詳細な御説明を頂いた。記して謝意を表する。

（17）この奥羽移管について「余目氏旧記」は、「一、小山御退治有べきニ付て、鎌倉殿へ京都より両国ヲ渡可レ進候間、鎌倉殿の御代官入候て、山形殿ハ出羽守護にて御座候、大崎は奥州の探題にて御座候、何も不レ可レ有ニ相違ニ可レ被レ守之由、京都より御掟候間、両国探題守護諸外様在鎌倉をす」と伝えている。これについて渡辺世祐氏は前掲書二一四―二一五頁に、「余目氏旧記は之（筆者註―奥羽両国移管）を小山退治の結果なりとせり、鎌倉府が単に小山氏の乱を平定せるために義満がこの沙汰を出したりとすれば余りに行賞晩し、若犬丸の自殺せしは至徳三年にして男体山城破れしは嘉慶二年なり、而して其後三年を経たる明徳三年にこの行賞ありとすれば時期余りに晩れたり、これ必ず他に理由なからざるべからず」と説かれた。しかしこれは渡辺氏の失考であり、現に氏自身同書に小山若犬丸の叛乱の経過を詳述して、至徳三年一旦没落した若犬丸が、嘉慶元年常陸の男体山城に挙兵、城陥って又磐城田村郡の田村氏に頼り、応永二年再挙を謀った経過を詳述しておられる（同書二〇二―二一六頁）。且つ「余目氏旧記」の説く移管の理由は、行賞でなく追討計画を意味するから、その所伝は決して事実に反するとは言えない。けれども単に小山退治のためというのでは理由が余りにも薄弱であり、必ず他に理由あるべしという点では渡辺氏の指摘は妥当である。

(18)　渡部正俊氏前掲論文。

(19)　渡辺世祐氏前掲書二〇四・二〇五頁。

(20)　同書二三三・二三四頁。

(21)　満兼の武蔵府中出陣とあたかも同日の応永六年十一月二十一日、義満は陸奥磐城郡の藤井四郎（上遠野政朝）に「関東事々実者、為二御方一致二忠節一者、可レ抽賞一之状如レ件」という切紙の袖判御教書を下しており（「上遠野文書」）、幕府が秘かに奥州武士に工作を施して鎌倉府の背後を衝く準備を進めたことが窺われる。

(22)　渡部氏は満直等の下向地が南奥の篠川・稲村であって多賀国府でなかった理由として、国府の機能喪失を推測されているが（同氏前掲論文）、むしろ直接には斯波氏・伊達氏等の反撥という事情が考慮されたと見るべきであろう。

(23)　渡部氏は応永三十年九月二十四日付の左京大夫宛足利義持御教書案（「足利将軍御内書幷奉書留」）をも斯波満持関係文書に数えておられるが（前掲論文）、応永三十年の左京大夫が満持かその嫡子満詮かは断定し難いと思われる。

(24)　鎌倉御所満兼が、結城三河七郎に応永八年正月、同九年二月それぞれ奥州凶徒退治、奥州における奉公を賞したこと（「結城文書」伊勢）、足利満貞が同人に応永七年九月当知行人を安堵し、九年三月岩崎郡内の地を宛行い（同上）、結城満朝（白河兵衛入道）に七年四月白河庄・高野郡・宇多庄・石川庄内の当知行地を安堵し（「白川文書」）、石川掃部助に九年十二月当知行地を安堵したこと（「川辺八幡神社文書」）、関東管領上杉朝宗が同十一年十月上遠野政朝に菊田庄上遠野郷半分を預置いたこと（「上遠野文書」）等は、何れも南奥諸氏に対する鎌倉府ないしその奥州における代表者足利満貞の積極的な帰属工作を示している。かの応永十一年七月の「応二上意一同心可レ致二忠節一」きことや「於レ私大小事申談、可レ罷二立用一」きことを誓約した仙道諸氏小峯・伊東・須賀川・稲村・佐々河（篠川）等二十名の環状誓書写（いわゆる傘連判状、「白河証古文書」）は、南奥就中仙道諸氏の地域的連合を示すと同時に、満貞・満直兄弟の彼等に対する帰属工作の成果でもあったと見られる。なお満貞は遠く和賀郡の和賀下総入道に対しても、応永七年四月、和賀郡総領職および物領分所々を安堵して戦功を促し、同年七月にも凶徒退治を命じているが（「鬼柳文書」）、これは斯波氏・伊達氏等の背後を脅そうとした戦略の表れであって、北奥諸氏の鎌倉方帰属を意味するものではない。

第三編　足利一門守護畠山氏の成立・発展

第一章　源姓畠山氏の興起

第一節　鎌倉時代の源姓畠山氏

一　源姓畠山氏の創始

足利一門畠山氏の南北朝時代における動向については、夙に渡辺世祐氏が畠山国清の関東執事就任とその没落に触れ、日高重孝氏が畠山直顕の日向・大隅における軍事行動を説き、近年では佐藤進一氏が諸国守護沿革考証の一部として高国・国清・義深・国熙・基国・深秋に論及され、山口隼正氏が九州諸国守護研究の一環として直顕の職権活動等を対象とされ、遠藤巌氏が奥州管領制成立史の観点から国氏について論述され(1)、筆者も第一編第一—三章等で国清に、第二編第四章において国氏に論及した。けれども未だ当時の畠山一族の動向を全面的に扱った研究を見ないので、本編では管領畠山氏の成立に至る事情を対象とし、先ず本章においては鎌倉時代における源姓畠山氏創始の事情と関東御家人としての地歩を考察して爾後の同氏の活動の前提を探るとともに、南北朝初期に登場する高国・直顕・直宗等の動向を検討して、守護大名畠山氏研究の第一段階としたい。

守護大名畠山氏の始祖は鎌倉初期の足利氏当主義兼の子義純と伝えられるが、義純については拠るべき同時代史料がないのみならず、『吾妻鏡』にも記載を欠き、僅かに『尊卑分脈』以下の諸系図等(2)の所伝によって消息の一斑を窺いうるに過ぎない。したがって義純の経歴がどれほど正確かは保証し難いが、一応『尊卑分脈』によってその経歴を辿ると、ほぼ次の如くになる。義純は義兼の長子で足利太郎と称したが、遊女の所生で家督を継げず、北条時政の女を母とする弟三郎義氏が足利氏の本宗を継ぎ、義純は出て畠山氏を称した。なおいま一人の弟二郎義助は承久三年宇治川の戦に討死し、その遺子義胤は祖父義兼の養子となって桃井氏の祖となる。義純は北条時政の女を娶り、従五位下遠江守に叙任し、承元四年十月三十五歳で卒去した。(3) その子に太郎時兼・次郎時朝・三郎泰国があり、この三子のうち北条時政の女を母とする三男泰国が畠山氏を相続し、長子時兼は岩松氏を称し次子時朝は田中氏の祖となったというのである。

他方、「鎌倉大草紙」(『群書類従』合戦部所収)には、禅秀の乱に加担して刑死した岩松満純(天用)の祖先を説いて、「彼が先祖は足利義兼二男岩松二郎義純、畠山重忠の妻女幷跡式を給、始源家にて畠山と号す。義純の二男岩松五郎経兼」云々と叙している。この記事は義純を義兼の二男としたり、義純と経兼の間に時兼の一代を脱したりしている点に不審を残すが、義純が畠山重忠の妻を娶り遺領を賜って畠山と号したというのは、『尊卑分脈』に見られない源姓畠山氏の家名の由来を説く伝承である。この重忠の妻が泰国の生母である北条時政の女に外ならないであろう。

そこで以上の所伝に『吾妻鏡』によって知られる義兼の経歴等を勘案すると、次のような推測が可能となろう。義純は上記の享年から逆算すると安元二年(一一七六)の出生であり、父義兼が頼朝の計らいで北条時政の女を娶った養和元年(一一八一、『吾妻鏡』同年二月一日条)には七歳、異母弟義氏の生れた文治五年(一一八九、『尊卑分脈』等に記す義氏の享年より逆算)には十四歳、父義兼卒去の正治元年(一一九九、『尊卑分脈』等による)には二十四歳であって、生母が卑賤のため家嫡になる可能性のない義純は、父義兼の従兄弟新田義兼の女に入夫して時兼・時朝の二子を儲けた模様である。(4) しかし元久二年(一二〇五)に北条時政による平姓畠山氏族滅の行われたのち、おそらく政子・義時は妹の一人である重忠後家の境遇を憐れみ、義純をこの妹に配して畠山氏の名跡を継がせたものと見える。この再婚の年月は明らかでないが、承元四年(一二一〇)五月十四日、幕府は重忠後家の所領に対する改易の沙汰を止めてこの所領を安堵しており

（『吾妻鏡』同日条）、ここに畠山氏の家名再興が確定したのであるから、婚嫁もおそらくその前後であろう。但し既に重忠誅戮後まもなく、幕府は政子の計らいとして重忠余党の所領を勲功の輩に賜っているので（同書元久二年七月八日条）、畠山一族の遺領も多く他氏に配分されたと覚しく、この度安堵された重忠後家の所領はさして大規模なものではなかったと考えられる。後述する建長二年（一二五〇）の閑院内裏造営における義純の嫡子泰国の所課が築地二本に過ぎないこともこれを裏付けるものといえよう。

何故義純が重忠後家の再嫁の相手に選ばれたかは分明でないが、敢て臆測すれば、幼少にして足利氏の家督を継いだ北条氏所生の義氏に比して遙かに年長でありながら不遇の立場にあった義純に対して、義時・政子等が、畠山氏の名跡相続という名誉を与えてその不満を宥めるとともに、彼を北条氏の姻戚に加えることによって北条氏への協力を期待したのではあるまいか。(5) 諸系図に伝える義純の官途遠江守が北条時政のそれと同じであるのも、彼に対する優遇策の表れに相違あるまい。

右の重忠後家に対する幕府の所領安堵から半年も経ずして義純は卒去するが、義純と重忠後家との間に生れた三男泰国（或いは遺腹の子か）が畠山氏を相続し、その異母兄時兼・時朝は母方の新田氏の所領である新田荘内岩松郷・田中郷を本領として岩松・田中の両氏を起すのである。以上の経過から察するに、義純の動静が『吾妻鏡』に全く記載されていないのは、永らく不遇の地位にあった彼がようやく源姓畠山氏の創始によって一定の処遇を得ると間もなく卒去したためと推測される。

二　泰国・国氏父子の動静

義純の嫡子泰国および泰国の嫡子国氏（のち時国と改名か）の二人については、『吾妻鏡』に活動の一斑が現れている。その嚆矢は同書嘉禎三年（一二三七）四月十九日条（以下、本節に年月日のみ記して出典を記さないものは同書に拠る）およよび仁治二年（一二四一）正月一日条の同じく畠山三郎であって、その頃は国氏がまだ活動期に達していないと考えられるので、右の畠山三郎は泰国と見られる。(6) 次は寛元二年（一二四四）六月十三日条以降「上野前司泰国」、同年八月十五日条以降「上野三郎国氏」の実名記載が現れ、引続き泰国は弘長三年（一二六三）八月八日条まで二十二例（右の推定二例を加える）、国氏は同年八月十五日条まで二十七例見出され、(7) 父子相並んで二十余年にわたる動静が跡付けられる。この内国氏の記載は常に畠山上野三郎または上野三郎とあって単に畠山三郎と記したものは一例もなく、前記の二例の畠山三郎が泰国であって国氏ではないことを裏付けている。

そこで泰国は仁治二年正月までは未だ官途を帯せず、その後寛元二年六月までの二年半ほどの間に一旦上野介となり引続き辞官して上野前司を称したと見られ、したがって『尊卑分脈』等に官途上総介を記すのは誤りと認められる。また泰国の名は足利泰氏・宇都宮泰綱・同泰親・千葉泰胤・同泰秀・三浦泰村・河越泰重等と同様、北条泰時の偏諱を受けたものに相違なく、この点からも彼が有数の関東御家人としての待遇を得ていることが窺われる。この父子の活動が『吾妻鏡』に出現する時期は、足利一門が義氏・泰氏父子を中心として鎌倉時代における最盛期を迎えた頃であり、(8) かつての足利義兼に代る足利一門の記載は義氏とその長子長氏のみであったのに対して、嘉禎二年より義氏の嫡子泰氏、寛元三年より泰氏の長子家氏・次子兼氏（顕氏）というように、一門の主要人物が次々と記載対象に上るようになる。泰国・国氏父子が相次いで同書に登場するのも、主としてかかる足利一門隆昌の反映に外ならないと思われる。

しかし、同書に見られるこの父子の活動は、将軍家および時としてその家族の随兵・供奉人としての随行、将軍の近習としての日常の奉仕・身辺警固、足利一門の一員としての将軍家に対する儀礼的奉仕、および関東御家人としての造営役負担に限られている。(9) 鎌倉中期における将軍家が現実の幕府政治には殆ど影響力をもちえない象徴的な存在であっただけに、このような将軍家に対する近侍・奉仕を主とする畠山氏の地位が、得宗家を中心に運営される幕府の統治機構からは縁遠いものであって、それは、意識的に幕府政治への参与を回避した足利本宗の方針に畠山氏もまた倣ったことを窺わせる。

御家人役の負担という点では足利氏と畠山氏は別個の所課を配分されていた。それは建長二年（一二五〇）三月の閑院内裏造営の雑掌として、足利一門は、義氏の小御所、畠山泰国の築地二本、細川宮内丞の裏築地一本のみ記載されていることから察せられる。すなわち一門の大部分が義氏を雑掌とする小御所の造営を分担したとみられるのに対して、畠山・細川の両氏の当主は比較的小規模ながらも独立の御家人役の負担責任者であって、このことはこの両氏が足利本宗の惣領制的統制から一応自立した別個の御家人としての地位を認められていたことを意味すると思われる。しかしながら、義氏の沙汰した垸飯等にさいして泰国、ついで国氏が引出物献進を行って協力していることなどを見れば（註(9)所載）、畠山氏はやはり広義の足利一門として、足利氏本宗と緊密な連携を保って本宗を支持する立場にあったのである。

一方、儀礼面に現れる畠山氏の家格は、御家人中有数であり、例えば泰国の初出記事である寛元二年六月十三日条の将軍頼嗣御行始の場合、彼は先陣随兵の三番として将軍の車の直前を名越時章・金沢実時とともに三騎相並んで随行しており、北条氏庶流一門の当主と同格という序列にあることが知られる。また建長二年十二月二十七日条の近習結番は、その交名の冒頭に「次第不同」とあるけれども、四番を除く五ケ番の各十六人中、筆頭から三人まではいずれも北条一門が占め、その六番の四人目に畠山国氏が記されている。そして四番は筆頭が足利泰氏、次が畠山泰国であって、三人目は泰氏の長子家氏である。このような供奉の際の順位や近習結番交名の記載順から判断するに、泰国の御家人中における序列の高さは、足利氏本宗の北条一門に準ずる家格と、名族畠山氏の名跡を継承し且つ母系が北条氏であるという泰国自身の固有の家格という二重の意味での格付けに由来することが推定される。

ところで、第二編第一章に触れたように、建長年間から弘長年間までの約十年間に、足利氏は泰氏の退隠、義氏の卒去、兼氏・頼氏の夭折が相次ぎ、頼氏の遺子家時のほかには、その伯父家氏、足利（吉良）満氏および畠山泰国・国氏父子のみが『吾妻鏡』の記載対象となるに過ぎなくなり、足利一門の繁栄は下降線を辿るようになるが、彼等の中で最も長老というべき泰国は、一門内での比重が相対的に高まった筈である。しかし泰国は健康が勝れなくなった模様で、康元元年（一二五六）七月には鶴岡放生会供奉人を辞退し、弘長元年（一二六一）七月にも、所労が軽減すれば放生会供奉人を勤めるべき旨を申立て、同三年八月には同じく放生会供奉人に点ぜられながら在国しているため催促を受けている。一方国氏の随兵・供奉人等としての勤仕はますます頻繁となり、ことに弘長三年には七例の記載を『吾妻鏡』に止めている。但し頻出する事例のうち、正嘉二年六月三日条と弘長三年正月二十三日条は、所労・鹿食のため勤仕に支障がある旨を申請した記事であるが、この二例を除いても国氏の勤仕は数多く見られる。即ち泰国は晩年には事実上退隠に近い状態となり、主として国氏が幕府における勤仕を行っていたことが判る。

弘長三年より以後は『吾妻鏡』の記事が簡略になり、しかもまもなく同書は断絶するので、泰国・国氏父子の動静は再び不分明となる。以下系図によると、国氏の実名を時国とする系図（『尊卑分脈』「畠山系図河内」「両畠山系図」等）と、国氏と時国の実名を併記する系図（『系図纂要』「清和源氏系図」『寛政重修諸家譜』等）とがあり、弘長三年以降に国氏は時国と改名したらしい。また『吾妻鏡』は彼を終始上野三郎の通称で記して官途を記載しないが、多くの系図に式部丞・阿波守としており、事実とすれば同じく弘長三年以後官途に与ったこととなる。

国氏の弟として義生・盛氏・康成・義直の四名が『尊卑分脈』等に記載されており、中でも義生は、平資時（北条時房の子）の女を母とし、美濃国仲北庄ならびに鶉田郷の地頭となったと伝えられる。且つこれらの系図によると、国氏（時国）の子孫には国清・義深兄弟、高国・国氏父子が現れるのに対して、義生の子孫からは、同じく南北朝初期に顕著な活動をする直顕や直宗を出しているので、義生は本貫を美濃国内に移して有力な畠山氏庶流を起したものと推察される。

とはいえ、鎌倉後期の畠山氏については系図以外の史料は管見に触れず、この時期における畠山一族の動向は窺い難い。足利一門中でも吉良・斯波の両氏は、第二編第一章第一節に触れた如く、「鎌倉年代記裏書」や「北条九代記」に僅かながらも所見があり、殊に元亨三年（一三二三）の「北条貞時十三年忌供養記」には北条高時に貞時供養の進物を贈った人々の中に、足利本宗の当主貞氏とともに吉良貞義と斯波高経が名を列ねている。しかるに、この北条貞時供養の記録にも畠山氏の動静は全く記載されていない。吉良・斯波の両氏と同格ならば当然記録された筈の畠山氏が記されなかったことは決して偶然でなく、先に足利本宗の近親であり且つ得宗家の姻戚であるという条件によってかちえた畠山氏の地位が、世代の経過につれて相対的に低下した結果と見て差支えないであろう。

註

（1）渡辺世祐氏前掲書、喜田貞吉氏・日高重孝氏編『日向国史』、佐藤進一氏前掲書、山口隼正氏「南北朝期の日向国守護について」・「南北朝期の大隅国守護について」（本書序論所引）、同氏「前期室町幕府による日向国「料国」化」（『日本歴史』三二九号）、遠藤巌氏執筆『福島県史』1中世編第二章五八一―五九七頁、同氏前掲論文。

（2）義純ないしそれ以下の畠山氏の家系を掲げる主な系図には『尊卑分脈』清和源氏（『新訂増補国史大系』本第三編）、「清和源氏系図」（『続群書類従』系図部）、「足利系図」（同上）、「二本松系図」（同上）、「畠山系図河内」（同上、「諸家系図纂」）、「両畠山系図」（同上両書）、『系図纂要』清和源氏一二（複刻本第一〇冊）、『寛政重修諸家譜』巻第九八（新訂本第二）、「畠山記」（内閣文庫蔵）所収「畠山家譜」等があり、「積達古館弁」一、西安達郡二本松霧ケ城の項（『大日本史料』第六編之一四、観応二年二月十二日条に〔参考〕として所引）にも義純以下高国・国氏等の略伝がある。これらの系図等の記載には多少の異同があるが、史料の性格上確証を得難い場合が多いので、必要な限り引用するに止める。

（3）義純の卒去の年月日は、承元四年十月七日とする系図と同月十七日とする系図の両種があるが、享年の三十五歳は『尊卑分脈』をはじめ多くの系図に記載されている。ただ「畠山記」所載家譜は「享年三十有七」とするけれども、ここでは一応三十五歳説に従っておく。

（4）『系図纂要』清和源氏一二の岩松時兼の譜は、彼を義純の三男とし、その母を新田義兼の嫡女来王御前とするが、「らいわう御前」は新田義重の子、義兼の弟に当る世良田義季の幼名と推定されるので（尾崎喜左雄氏「長楽寺文書研究、新田義重譲状の「らいわうこせん」『群馬文化』六三・六四・六五号)、『系図纂要』の右の記事は不正確である。しかし時兼が新田氏の所領の一部を相続したことは「正木文書」所収の数通の譲状によって確証されるので、時兼の母系が新田氏であることは間違いない。

(5) やがて義氏の長子で吉良氏の祖となる長氏、泰氏の長子で斯波・石橋両氏の祖となる家氏、泰氏の次子で桃井氏の祖となる兼氏も、それぞれ北条氏所生の異母弟が足利氏の嫡家を継ぐのに対して、当人は何れも幕府の儀礼等において北条一門に准ずるような優遇を受けていることが『吾妻鏡』の記載から窺われる(第二編第一章第一節参照)。義純に対する北条氏の処遇は、これらの有力足利庶流一族の始祖に対する処遇の先蹤をなしたものといえる。

(6) この二例の畠山三郎はともに実名の記載を欠くが、前者は将軍頼経が足利義氏邸に臨んだ際の一御馬献進、後者は義氏の沙汰した同将軍への垸飯の際の五御馬献進の役であって、上に推測した泰国出生の年次より察するに、泰国は嘉禎三年にはおそらく二十七、八歳、仁治四年にもなお三十一、二歳ほどであって、その長子国氏は未だ成人の域に達していないと思われるので、この二例は泰国の活動と認めるべきであろう。

(7) 御家人制研究会編『吾妻鏡人名索引』参照。

(8) 臼井信義氏前掲「尊氏の父祖―頼氏・家時年代考―」参照。

(9) 泰国の記事は(1)将軍頼嗣・同宗尊親王の鶴岡放生会以下社寺や有力御家人邸への出行の随兵・供奉人(寛元二年六月十三日条より弘長三年八月八日条にいたる十六例)、(2)将軍頼嗣の近習結番に際しその一員として記載(建長二年十二月二十七日条の一例)、(3)閑院内裏造営に際し築地二本の所課(建長二年三月一日条の一例)、(4)足利義氏の将軍頼経・同頼嗣饗応に際し引出物の献進(註(6)の二例の御馬献進と宝治二年閏十二月十一日条の将軍頼嗣の義氏邸への方違に羽櫃献進の計三例)、(5)北条時頼沙汰の将軍宗尊親王への垸飯献上に際し列座(康元元年正月一日条の一例)の諸例となっている。一方国氏の記事は、(1)将軍頼嗣・同宗尊親王の同じく出行の随兵・供奉人(寛元二年八月十五日条より弘長三年八月十五日条にいたる十八例)、(2)将軍頼嗣の弟乙若および前将軍頼経室の出行の供奉人(建長三年正月一日条・同月五日条の二例)、(3)上記の近習結番に際してその一員として記載(泰国の(2)と同日条の一例)、(4)足利義氏沙汰の将軍頼嗣・同宗尊親王への垸飯に際し引出物の御馬献進(建長二年正月二日条より同六年正月二日条にいたる四例)、(5)北条時頼沙汰の垸飯に際し列座(正嘉二年正月一日条と弘長三年正月一日条の二例)、以上の諸例である。

第二節 南北朝初期における国清以外の一族の動向

一 高国・国氏父子と貞康

鎌倉後期はもとより、鎌倉幕府の滅亡、建武政権の成立という一大変動期に際してもなお畠山一族の動静は窺いえないが、尊氏の建武政権離反の前後からは畠山高国・国清・直顕等の活動が現れ、やがて康永年間には国氏（高国の嫡子）や直宗も活動期に入る。南北朝内乱の勃発は、畠山一族にとって地歩挽回のための好機であったに相違ない。そのうち国清の活躍は最も顕者なので第二章に詳述することとし、本節では主に高国・直顕・直宗等の動向を検討する。

天正本「太平記」一三に建武二年（一三三五）八月、中先代の乱を鎮定するため京都を発した尊氏に従う主な軍勢を列挙し、その中に「畠山上野介高国」（金勝院本は重国とするが誤り）を数えており、次に『梅松論』に同年十二月末の足利軍京都攻撃の際の手分を「勢多ハ下御所（直義）、副将軍ハ越後守（高）師泰、淀ハ畠山上総介、芋洗ハ吉見三河守（頼隆）、宇治ハ将軍御発向アルヘシト云々」（京大本による。天理本・流布本も同様）と伝える。この畠山上総介はおそらく上野介の誤りで高国を指すのであろう。事実は、建武三年七月日付天野遠政（遠江国御家人）軍忠状に「去正月七日蒙レ仰下可レ罷二向宇治一之由上、即属二于当御手一、自二七日一至二十一日一、於二宇治橋上一昼夜抽二軍忠一次第」云々とあって高国がこれに証判を施しており（前田家本「天野文書」）、高国は尊氏の有力部将として宇治の合戦に参加している。

高国は『尊卑分脈』以下の系図等が国氏（時国）の子、しかも多くは長子に系けているが、『吾妻鏡』における国氏の記事の下限弘長三年（一二六三）から彼の活動の初出する建武二年までには六十年以上の開きがあり、しかも『尊卑分脈』『系図纂要』に伝える高国の享年から逆算すると、(1) その出生は嘉元三年（一三〇五）となる。したがって両人を父子とみることは殆ど不可能で、この間に少なくとも一代、おそらく二代の欠落があるに違いない。しかし、ともあれ高国は『尊卑分脈』以下に官途上野介を記すのみならず、延元二年（建武四年）七月の南党加藤定有軍忠状に「朝敵人畠山上野入道・同小松次郎（直泰）」（「南狩遺文」一）、康永元年（一三四二）十二月の「天龍寺造営記録」に「畠山上野入道」とあって、嘗ての泰国と同じく上野介を官途としたことが確実である。他方後述の如く建武二年末に討死したと覚しい阿波式部大夫入道家国の嫡子で阿波次郎と号した国清が、建武三年五月以来同じく尊氏の部将として顕著な活動に入るので（第二章第一節参照）、家国・国清父子と高国とは何れが畠山一族の惣領であったか判定し難いが、由緒ある上野介の官途を襲った点から見る限り、高国の方が嫡家ではなかろうかと思われる。何れにせよ、かかる嫡庶関係の不明瞭化は、畠山一族の惣領制的結合が鎌倉末までに殆ど解体しつつあったためと判断される。

なお一族の一人に畠山上野孫太郎貞康があり、貞康は建武二年十一月十日、直義より勲功の賞として信濃国市村八郎左衛門入道跡を宛行われ（「帰源院文書」）、島津貞久証判建武三年三月日付島津道慶（山田宗久）軍忠状に、同年正月二十七日より三十日にいたる道慶の洛中における戦闘を叙して「畠山小松孫太郎（貞康）見知畢」とし（「薩藩旧記」前集一一）、貞康がまず中先代の乱に軍功をあげて所領を宛行われ、次いで尊氏・直義に属して上洛して京中合戦に検知人の役をつとめていることが知られる。この貞康は、系図には多く鎌倉時代の国氏（時国）の弟康成の孫に系けているけれども[2]、高国の上野入道、およびその子直泰とみられる小松次郎（上掲加藤定有軍忠状）との称呼の類似より、上野孫太郎または小松孫太郎と称せられる貞康は高国の近親と推測される。但し、貞康はやがて上総介の官途を受け（『尊卑分脈』等）、観応三年（一三五二）四月三日付岡八郎入道宛義詮御判御教書案に「於二山崎一致二忠節一之由、畠山上総介（貞康）所二注申一也」云々とあって（「南狩遺文」三）、同年三月下旬義詮が八幡の南朝の行宮を攻めたときその一翼として山崎に戦った部将の一人であった。当時は高国の滅亡後であり、一方国清は尊氏に随って関東に、直顕は直冬党として南九州に在ったから、貞康は他の同族と全く別個に活動しており、これも惣領制解体の結果とみられる。その後の貞康の動静は管見に触れない。

さて、建武三年六月足利方の京都再占領とともに、高国は山城御家人小枝道忍等を率いて同年九月頃まで京都周辺の南軍駆逐に当り（「保坂潤治氏所蔵文書」一、畠山高国証判建武三年九月十二日小枝道忍軍忠状）、続いて伊勢守護に補任されて同国に発向し、本間四郎左衛門尉等を率いて翌建武四年四月から七月頃まで多気郡・度会郡等を転戦して南軍を圧迫した（「本間文書」建武四年四月十日畠山高国感状（二通）、同年八月十四日同人兵粮宛行状、「南狩遺文」二所収上掲南党加藤定有軍忠状等）。国清が和泉・紀伊守護に補せられて発向したのと並んで（第二章第一節参照）、高国が同じく南軍圧迫の重要な一翼を担う伊勢守護に起用されたのは、軍功のみでなく名門畠山氏の嫡流という門地が条件となったに違いない。しかし高国の在職は二年に満たず、(3)暦応元年（一三三八）九月頃までに、高師秋が伊勢守護となって入部した。

高国の伊勢守護罷免の理由は明確ではないが、同年（南朝延元三年）正月長駆美濃に進攻した北畠顕家の率いる奥州南軍が同月末伊勢に転じ、二月に同国雲津川・櫛田川等に高師直・師泰以下の幕府軍と戦い、続いて伊賀を経て南都を衝いており（「諸家文書」三所収「三刀屋文書」、「楓軒文書纂」七二所収「合編白川石川文書」）、また同年閏七月、南朝は北畠顕信を鎮守府将軍とし、北畠親房等とともに義良親王・宗良親王を奉じて、九月初伊勢大湊を解纜したが、颱風のため四散して義良親王・顕信等は伊勢に還り、親房は常陸に、宗良親王は遠江に着岸するという周知の事件があった（『神皇正統記』「新葉和歌集」「結城文書」等）。高国の伊勢守護解任は、おそらくこれらの南朝方の軍事行動を阻止しえなかった責任を問われたのであろう。(4)

その後高国は、康永元年（一三四二）十月造営中の天龍寺に勅使が差遣され尊氏・直義が臨場して綱引・禄引が執行われた際、木工長七人に賜る餝馬七疋中の一疋を贈進しているが（「天龍寺造営記録」）、その外には暫く動静が伝わらず、不遇のまま在京したものとみえる。しかし康永四年（十月二十一日貞和と改元、一三四五）嫡子国氏は奥州一方管領に補任され、高国も国氏と共に多賀国府に赴いた。この高国の奥州下向を示すのは、「砂巌記」（「柳原家記録」八九）所収「雑日記抜萃」の次の記事である。

「高国（傍註）　正五位下阿波守時国長子、為二奥州探題上野介一、所レ詠歌在二風雅集一」

○畠山上野入道、為二奥州下向一参二武衛（直義）一之時、被レ下之、武衛自筆案、

往年戦場軍旅之艱苦、船中馬上之心労、千般万回不レ可二勝計一、今当二安楽之時一、莫レ忘二其事一矣、

ミナ人ノウカリシ方ヲワスレスハ

望ノウヱノノソミアラメヤ

これによって高国が奥州下向に当って直義の許を訪れ、直義の慰諭を受けたことが知られる。

従来、この際の奥州両管領補任は、直義党の吉良貞家と師直党の畠山国氏とを共に起用したもので両党の妥協人事であると説かれている(5)。右の高国の直義訪問記事を見れば、これは一抹の疑念なしとしないが、慥かにさきに高国の後任の伊勢守護となった高師秋は、両党抗争期に入るや高一族の中では殆ど唯一の直義党として活動する人物であり(6)、事実既に康永元年七月頃には伊勢守護を師直党の仁木義長に改替されているので高国が師秋に奪われた守護職の回復を望んで康永元年以前から師直党に加担していった可能性は否定できまい。しかしながら、右の高国の直義訪問は単に出発時の儀礼的訪問として看過することができないようである。即ち高国は必ずしも師直党一辺倒でなく、直義に対しても何らかの運動を行っていたのではなかろうか。直義の和歌およびその前書は、これに対して、国氏の奥州管領への抜擢を認めたのは高国の往年の戦功によるものゆえ、過分の望みを捨てて奥州に下向して欲しいという希望の表明とみてよいであろう。

ともあれ、奥州に下向した高国は直義の和歌前書にいうような「安楽之時」を永く保つことはできなかった。奥州両管領の協調は、幕府における直義党と師直党との対立の激化につれて破綻し、しかも高国・国氏父子は国人層の把握等において吉良貞家より劣勢に立った模様である（第二編第四章第一節参照）。かくて観応擾乱が勃発すると、高国・国氏父子は直義党の吉良貞家に岩切城を攻囲されて、観応二年（一三五一）二月十二日直属被官および味方の国人百余人ととも

に自害するにいたったのである（有造館本「結城古文書写」坤、「建武三年以来記」）。そもそも高国父子は僅かに高国が建武年間に尊氏の部将としての軍事活動と伊勢守護としての経験を有したのみで、暦応初年以来七年間にわたり父子とも全く分国を有せず、しかも紀伊守護として分国経営を一応進めていた同族国清との間にも、何等政治的ないし軍事的連携の形跡が認められない。もっともこの分国皆無や同族との連携欠如という点では吉良貞家も同様であった。とはいえ、貞家は暦応三年（一三四〇）からおそらく康永四年の奥州転出にいたるまで、引続き幕府引付頭人として幕府の司法・行政的機能に深く関与していたのに対し、高国父子はそのような経歴をも欠いていて、幕府権力を代表して奥州国人層を組織する上で貞家よりも不利な前提条件を負っており、それが貞家との抗争に敗れて滅亡の非運を招く一因となったのではあるまいか。

このの ち国氏の遺子平石丸は、第二編第五章に触れたように文和三年再興を志して結城朝常に働きかけ、やがて成人して国詮と称し、至徳元年（一三八四）石河板橋左京亮に安堵状を下しているが、明徳二年（一三九一）には分郡の賀美・黒川両郡を時の奥州管領斯波詮持に押領されており、幕府がその停止を伊達・葛西両氏に命じた程であって、さらにその子孫は戦国時代には僅かに安達郡二本松を居城とする一領主に過ぎなくなるのである。

二　直　顕

建武三年（一三三六）三月多々良浜の合戦に菊池一族を破った尊氏は、同月二十日豊後の佐伯山城権守（惟賢カ）に、同月二十八日同国の佐伯備前権守（惟仲カ）および日向の土持宣栄に、それぞれ肝付八郎兼重以下の凶徒誅伐のため畠山修理亮七郎（義顕、のち直顕と改名、本稿では直顕に統一して記す）を差遣した旨を告げてその催促に従うべき旨を命ずる軍勢催促状を下し（「鎮西古文書編年録」所収「佐伯氏文書」、「古今消息集」六、「垂水氏旧蔵伊東文書」）、傍ら同月二十六日島津一族と薩摩・大隅両国の国人に対して、同じく肝付兼重以下誅伐のため島津貞久を差遣すゆえこれに属すべきことを命じて（「薩藩旧記」前集一三）、宮方の肝付氏等に対する挟撃を策した。この発遣が直顕の活動の初見である。尊氏は既に西下の途次、一門諸将を山陽道諸国・四国等に分遣しているが、多々良浜の戦勝後は、直顕の発遣と前後して上野頼兼を筑後に（「近藤文書」「来島文書」「龍造寺文書」「武雄神社文書」）、仁木義長を肥前に（「斑島文書」）、一色範氏を肥後に（「小代文書」「詫磨文書」）、同頼行を豊後に（「野上文書」）、それぞれ進発させて敵軍追討に当らせており、直顕の発遣もこれらと並ぶ足利一門国大将分遣の一環であった。(7)

但し、直顕による追討の対象となった肝付兼重は大隅の在庁級国人で、前年十二月以来日向の伊東祐広等とともに宮方として挙兵し、足利方に党した土持宣栄・伊東祐持等と日向国国富庄・島津庄日向方穆佐院等において交戦していたが、国富庄は北条泰家、島津庄日向方は赤橋守時（尊氏の室北条登子の兄）の旧領で、何れも尊氏の拝領した建武政権よりの恩賞地であり、合せて公田面積が国内総田数の過半を占めるという重要地域であったから、兼重・祐広等の抗戦は足利氏の所領支配に対する在地勢力の抵抗を意味し、したがって直顕の発遣は足利氏所領の確保という特殊な任務を伴っていた。直顕は泰国の子義生の曾孫と伝えられ、(8)畠山氏庶流の出身であるが、第一節の末尾に触れたように初代の義生以来美濃に本拠を移した自立性の高い家系であったらしく、直顕の国大将への起用もここに一因が求められよう。

以下、直顕の動向を概観すると、彼は日向・大隅を中心に豊後・薩摩・肥後の国人層にまで軍勢催促状・感状等を下して南九州一帯にわたり軍事指揮権を行使するとともに、とくに日向・大隅両国を対象とした安堵・宛行・預置によって国人層の掌握に努め、早く建武末年から暦応初年にかけて伊東祐広・肝付兼重等を降し、さらに国人層組織化・被官化を推進した。よって少なくとも日向・大隅両国の国大将であったが、鎮西管領一色範氏等からは指令を受けた形跡がない。且つ暦応三年（一三四〇）八月―同四年七月の間に義顕から直顕と改名しており、直義の庇護を得て尊氏に直結する鎮西管領一色範氏に対抗したと推定される。大隅守護は元弘三年（一三三三）以来島津貞久であったのに対し、日向守護は建武政権下に島津貞久、尊氏のもとで細川頼春・大友氏泰を経て再び島津貞久と短期間ずつ改替した模様であ

り、そこで直顕はおそらく直義の後楯の下に、康永四年（一三四五）日向守護に補任された。(9)

したがって幕府における直義党と師直党の内訌が激化し、直義の派した「長門探題」足利直冬が（「建武三年以来記」）、養父直義を支持して尊氏に離反すると、まもなく観応元年（一三五〇）八月直顕は直冬党として挙兵し、尊氏・一色氏と結ぶ島津・大友両氏と抗争するにいたったのは当然の帰結であった。しかも大隅では島津氏の支配に対する禰寝氏以下の在庁級国人層の根深い反感が蟠っていたので、直顕とその子宗泰は彼等の支持を受けて大隅国内に勢力を拡げ、同国の南党楡井頼仲等を討ち、島津氏を一時は南軍に加担せざるをえなくさせた。こうして南九州における擾乱は南北朝中期に持越されたが、幕府はやがて直顕の日向守護職を解任し、代って一色範親を日向守護・大将として派した。日向国内で早くから土持氏が、後には伊東氏等が直顕に背いて幕府方に帰属したため、直冬党の衰頽とともに直顕は支配基盤を喪失して急速に凋落し、延文五年（一三六〇）大隅守護島津氏久と盟約を結ぶにいたり、ついに応安五年（一三七二）五月新任の鎮西管領（九州探題）今川了俊への合力を最後に動静を絶つのである。

三　頼継と直宗

『師守記』康永三年（一三四四）五月十七日条に同日行われた直義の新熊野社参詣の次第を記し、その供奉人を列挙した中に、浄衣を着して供奉した十三名中の二人目に「御剣畠山丹波守」を、さらに供奉人二十七人中の九人目に「畠山大蔵少輔」を載せ、また同日条裏書「左兵衛督源直義朝臣熊野参詣注文」には、当日の役人の筆頭に同じく「御剣畠山丹波守」を記載している。畠山丹波守は直顕の兄に当る頼継または頼綱に比定しうる。『尊卑分脈』と『系図纂要』には「頼継丹後守」、「両畠山系図」には「頼綱丹波守」としており、実名は何れが正しいか判定し難いが、一応前二者の頼継に従っておく。但し受領名は丹後守とする前二者は丹波守の誤写と認めうる。ともあれ彼は供奉の順位および御剣役を勤めた事実から、直義側近中の有力人物と判断される。

この後その活動はしばらく管見に入らないが、観応二年（一三五一）十月十八日備後守護岩松頼宥が同国の長井貞頼に宛てた書状に「山内亦三郎以下凶徒并上椙三郎代等、打ニ入当領内一合戦之由承候、合力可レ申候処ニ、畠山丹波守(頼継)・宮平太郎以下又寄ニ来当城一候間、不ニ馳参一候」とあり、同月二十二日の同じく頼宥の書状に「畠山丹波守今日廿一日(マヽ)まてハ不ニ寄来一候、就レ其備中国難儀之由、庄四郎左衛門以下同心申給候間、明日可ニ罷越一候、相構当城信敷庄御こらへ候て、可レ有レ御ニ待帰国一候」とあって（『萩藩閥閲録』八ノ二）、畠山頼継は観応擾乱に際し直冬党として行動し、尊氏の派した備後守護岩松頼宥以下と国内で対戦していることが確認される。したがって頼継は貞和五年（一三四九）四月直義の養子直冬が中国地方に発遣されるとこれに随伴して備後に下向し、観応元年直冬の離反・挙兵とともにこれを扶けて尊氏党と交戦したものと推定され、それは生粋の直義側近出身に相応しい行動であるといえる。なお、その後の頼継の動静は不明であり、おそらく直冬とともに没落したものと思われる。

康永三年頼継とともに直義の供奉人となっている畠山大蔵少輔は直宗である。彼は頼継・直顕兄弟の長兄宗国の子と伝えられ（『尊卑分脈』『系図纂要』）、右の記事により叔父頼継と同じく直義に近侍したことが確認される。彼の平素の活動はこの供奉以外は判らないが、実名の直宗は直義の偏諱を賜ったものと覚しく、直義の信任厚い近臣になったと察せられる。貞和五年直義・師直両党の対立が発火点に達すると、直義側近中の師直排斥運動の中心人物の一人として登場するのが、この大蔵少輔直宗である。

まず『園太暦』貞和五年閏六月二日条に、直義の三条坊門第付辺が物忩であり、まもなく直義・師直の対立により兵火が起るべく、これは直義が禅僧妙吉の中沙汰を信じた結果であるという巷説を記していて、同月十五日の師直の執事職罷免・所帯召放（「建武三年以来記」）にいたる経過の一端が窺われる。次いで同年八月政変当日の同書および『師守記』の記事によって、反撃に出た師直の第一の要求が重能・直宗・妙吉等の誅戮にあったことが知られる。すなわち『園太暦』同年八月十四日条には、同日クーデターを起して幕府を包囲した師直が「所詮上椙伊豆守(重能)・畠山大蔵少輔(直宗)・僧妙吉・奉行人斎藤左衛門大夫利康・、、（ママ）修理進（飯尾宏昭）入道五人召給之、可レ散レ欝之旨」を申立てたとし、『師守記』同日条にも同じく師直の要求を「是上椙伊豆守重能・畠山大蔵少輔已下讒臣輩、可レ賜之由申之云々」と伝えている。そして尊氏のこれに対する対応を『園太暦』同日条に「其後評定、上椙・畠山事、早可レ被二配流一、賜二敵人一事且無レ例歟、妙吉ハ逐電云々、奉行人両人事可レ任レ意云々」とし、且つ直義の政道口入停止と関東の義詮の招致を決定したので師直は囲みを解いた旨を伝え、『師守記』同日条にも「酉刻許武士等分散、是上椙并畠山等、明日可レ被二配流一治定間、武州（高師直）暫閣二所存一云々」とし、翌十五日条に、同日朝の重能の越前配流を記して、「去比武蔵守（師直）召二放執事一籠居、此事一向上椙豆州讒申之間、武州・越州（高師泰）等如レ此致二沙汰一云々、可レ管二領天下一歟」としている。そこで『太平記』二六・二七に、上杉重能・畠山直宗が直義の尊信する妙吉侍者と結んで師直・師泰兄弟誅殺を直義に勧めた結果、直義は粟飯原下総守（清胤）・斎藤五郎左衛門入道等数名と師直を誅する密議を行ったが、粟飯原・斎藤が変心して師直に内通したので、師直は河内在陣中の師泰の軍勢を上洛させ、幕府を囲んで讒者の張本を賜りたしと強請し、尊氏は止むなく直義の政道口入を止め上杉・畠山を遠流に処すことを認めたため、師直は囲みを解いたと述べているのも、かなり真相に近いといえよう。

こうして直宗は重能とともに直ちに師直党の分国である越前に護送され、[10]やがて殺害された。殺害の事情を『太平記』二七には師直が密かに討手を差向け、越前守護代八木光勝をして両人を討たせたとしている。その月日は、『太平記』流布本、「大乗院日記目録」（『大乗院寺社雑事記』一二所収）は八月二十四日とし、「東寺王代記」は十月某日とし、「常楽記」は重能の討たれたのを十二月二十日とし、「両畠山系図」等は直宗を十二月二十三日自害とし、南都本「太平記」（『参考太平記』所引）は両人の殺害を十二月二十四日とし、所伝は区々であるが、『園太暦』同年十二月六日条に、重能・直宗が越前の配所より百騎許りで逃れたのを同国足羽庄に追い入れたという伝聞記事があるので、十二月とする所伝がほぼ正しいと思われる。直宗がこのようにあえない最期を遂げたのは、彼が直義の権勢と上杉重能の地歩に全面的に依存し、独自の政治的・軍事的基礎を全く欠如していたためであろう。彼の叔父直顕が上述のように同じく直義党であったにせよ、南九州で在国経営に当っている直顕に直宗救援の不可能なことはいうまでもない。直宗の同調した上杉重能は建武政権下以来伊豆の国務を帯し、貞和二年には同国守護を兼ね（佐藤進一氏前掲書、一一六―一一九頁）、また康永三年以来幕府の一方内談頭人であった（同氏上掲「室町幕府開創期の官制体系」四五七・四六九・四七〇頁）。しかしこのように東国に一応の支配基盤を有していた重能すら、師直のクーデターにより尊氏はもとより窮境に陥った直義からも見放されると、師直党に抵抗する遑もなく忽ち捕えられ、配所からの逃亡にも失敗して討たれたのであり、当然直宗もこれと運命を共にせざるをえなかったのである。

以上の、嫡流の高国・国氏父子およびその近親と覚しい貞康、庶流の直顕・頼継・直宗の動向を通観すると、嫡流は尊氏党、庶流は直義・直冬党という一応の区分は可能であるにしても、それは嫡流・庶流間の直接の対立に基づくものではなくして、個々に自己の立場と状況判断に従って行動した結果であり、しかも彼等は或いは観応擾乱の発端において、或いはその過程において、またはその余波の中で、敗死または没落の運命を辿るのである。これは結局畠山氏の惣領制的な同族結合が鎌倉末までに殆ど解体していたにも拘らず、彼等がその門地によって尊氏または直義に登庸されて京・畿内周辺・奥州・九州等に孤立分散的に活動したため、激烈な動乱を乗り切るに足りるだけの実力を具えるに至らなかったためであろうと思われる。

註

（1）高国が観応二年（一三五一）二月嫡子の奥州管領国氏とともに討死した時の年齢を、『尊卑分脉』および『系図纂要』は四十七歳とする。康永四年（一三四五）国氏の奥州下向に彼が同行したこと、また国氏の遺子平石丸（のち国詮）が文和三年（一三五四）五月自家の再興を計って結城朝常に協力を要請した書状に「幼少之間不二申承一候」「幼少之間不レ能二判形一候」とあることにより（「結城文書」伊勢）、高国の子国氏は若年にして幼少の子平石丸を残して討死したことが推定され、したがって高国の享年四十七歳もまた肯定しうると思われる。

（2）『尊卑分脉』『系図纂要』「両畠山系図」は康成の通称を畠山四郎、成家のそれを畠山弥三郎または畠山四郎とし、且つ成家の佐渡配流を伝えているが、詳細は不明である。ともあれこの康成・成家二代には上野介の官途が見られず、これらの系図による限りでは泰国の庶流の曾孫に当る貞康が上野孫太郎の通称で呼ばれた理由は不可解となる。なお「清和源氏系図」は貞康を前節に触れた義生の子に系けるが、これは年代が合わず、もちろん誤りと認められる。

（3）高国の伊勢守護としての在職活動は、小島鉦作氏「北畠親房の軍事的活動と神道研鑽」（『増補北畠親房公の研究』七八―七九頁）、佐藤進一氏前掲書六四―六七頁参照。

（4）駿河・伊豆両国の初代守護石塔義房も建武五年正月の北畠顕家軍西進を阻止しえなかった責任により罷免されたと覚しく、まもなく駿河は北畠軍阻止に殊功のあった今川範国が、伊豆は同国国守上杉重能がそれぞれ新守護に補任されている（佐藤進一氏前掲書一〇三―一〇四・一一八頁）。伊勢の場合も同様の事情が充分推測できよう。

（5）遠藤巌氏前掲「奥州管領おぼえ書き」。

（6）笠松宏至氏「一通の文書の歴史」（『神奈川県史研究』一八号）参照。

（7）以下直顕の軍事的動向は喜田貞吉・日高重孝両氏編『日向国史』上巻第五編に詳しく、また守護職の変遷・在地情勢等は山口隼正氏「南北朝期の日向国守護について」(上)（『豊日史学』三四巻二号）、「南北朝期の大隅国守護について」(上)・(中)（『九州史学』三五・三六号）、「前期室町幕府による日向国「料国」化」（『日本歴史』三二九号）等に論述されているので、ここでは概観に止める。

（8）直顕の父兄を掲げる系図には異同があり、『尊卑分脈』が頼継・直顕兄弟を義生の孫宗義の子に系けるのに対し、『系図纂要』「両畠山系図」は彼等を義方の子すなわち宗義の弟に系けている。なお「両畠山系図」は頼継を頼綱、直顕を直頼とするが、ともに転写の際の誤記であろう。そこで直顕が修理亮七郎と呼ばれ、次いで修理亮の官途を受けた事実に拠るに、義方は三郎太郎（『尊卑分脈』『系図纂要』）、または三郎（「両畠山系図」）の通称のみで官途が伝わらないのに対し、宗義は修理亮（『尊卑分脈』「両畠山系図」。なお『系図纂要』には修理大夫とするが、鎌倉後期の畠山氏庶流としては官途が高すぎるように思われる）と伝えられるので、直顕は宗義の子と見倣してよいであろう。

（9）直顕の兄頼継・甥直宗の両人は、本文に述べるように康永三年（一三四四）直義の近臣として現れ、直宗はやがて高師直排斥運動の主謀者の一人として配流・殺害される。それゆえ、直顕の日向守護になるのに際して、直義の側近に侍した兄国継・甥直宗が直顕のために仲介したことは推測しうる。しかしもとよりこれはあくまで推測に止まり、具体的な証左は見られない。

（10）『園太暦』貞和五年八月十五日条には、師直の訴えた輩の内、上杉重能と吉良貞家を越前に、畠山直宗と上杉朝定を信濃に配流し途中で害するらしいという、かなり誤った伝聞記事を載せ、『師守記』同日条には重能の越前配流のみを記して直宗に触れていない。しかし高師直が自ら同月二十八日に某人に宛てた書状に、重能・直宗両人の配流を報じており（「猪熊信男氏所蔵文書」、もとの宛所を擦り消して細川刑部大輔（頼春）宛に改めてあり、本来の宛所は不明。拙著『細川頼之』四〇頁参照）、さらに、本文に述べた『園太暦』同年十二月六日条の記事があって、両人の越前配流は確実である。なお『太平記』二七は両人の配所を越前国江守庄と伝えている。

第二章　畠山国清の動向と分国の消長

第一節　分国の形成と観応擾乱時の動向

一　活動開始と和泉進出

畠山高国と相並ぶ嫡流の国清は、その観応擾乱における直義党有力武将としての活動、関東執事として東国勢を率いての畿内南軍追討戦、その失脚・没落等が『太平記』にも伝えられているが、彼の擡頭と没落の過程は渡辺世祐氏前掲書、佐藤進一氏前掲書等に部分的に触れられている程度に止まるので、本章では国清の政治・軍事活動をなるべく詳細に辿るとともに、分国の変遷や国人層掌握等との関連において彼の擡頭と没落との原因を能う限り追究したい。なお彼の弟義深はまもなく赦免を受けて幕府に復帰し、その子基国は周知のように応永五年（一三九八）幕府管領に登庸されて畠山氏が幕府政治の重鎮となる基礎を固めるので、国清の動向はかかる守護大名畠山氏発展の前史という意味からも看過しえないものがあると思われる。まず国清の活動開始の状況から述べる。

中先代の乱が尊氏によって鎮定されてから一ヵ月に満たない建武二年（一三三五）九月十六日、右京亮某は書下をもって真下藤四郎なるものに使節を命じ、「上野国一宮内那波□田畠在家等」を「阿波式部□□（大夫カ）入道西蓮女源氏」の申請に任せて同人に渡付せしめている（「武州文書」一六）。

武蔵国男衾郡本多村（現大里郡川本村本田）教念寺所蔵の「畠山系図」（同文書一六）によれば、[1]阿波式部大夫入道西蓮は国清の父家国に比定しうる。「両畠山系図」にも家国の法名を西蓮としている。一方、京大本および流布本『梅松論』には、尊氏軍西上途中の建武二年十二月十三日の伊豆国府合戦に畠山安房入道の討死を伝えている。当時の畠山一族には安房守ないし安房入道の所見がなく、他方家国の活動はこれ以外全く管見に入らないので、『梅松論』の伝える安房入道は阿波式部大夫入道家国を指すものと推測される。降って応安三年（一三七〇）九月二日、国清の弟国凞は拝領地伊豆国中嶋郷地頭職半分を「且為二天下安全之御祈禱一、且為二忘(亡)魂西蓮(家国)幷道誓(国清)之菩提一」として同国吉祥寺に寄進した（「北条寺文書」）。国凞が非運の死を遂げた兄国清の菩提とともに亡父家国の菩提を弔うため寺領を設けているのは、家国の戦歿を追憶したためではあるまいか。

ところで、『太平記』一四には建武二年十一月、官軍の東下を要撃するため鎌倉を進発した直義の麾下軍勢の中に畠山左京大夫(マヽ)国清・同宮内少輔を数え、同書一五には翌建武三年正月二十七日に洛中で官軍と交戦した足利方の部将を上杉伊豆守(重能)・畠山修理大夫・足利尾張守(斯波高経)とし、同書一六の同年三月多々良浜合戦の開始に当り直義に従って香椎宮より出撃した軍勢中に畠山阿波守国清を挙げていて、国清が尊氏・直義に直属する部将として屢次の戦に励んだことが窺われる。但し国清は後述するように建武四年初頭までは畠山阿波次郎と称し、未だ官途を受けていなかったのに、『太平記』が彼に左京大夫（左近大夫将監の誤り）・修理大夫（正しくは修理権大夫）・阿波守といういずれも後の官途を、しかも区々にかつ一部誤って冠しているのは、正確な人名呼称に意を用いることのない同書の性質によるとしても、一つには国清の活動が特に喧伝されるまでに至らなかったためであるかも知れない。ともあれ国清は建武二年末の西上途中で討死した父家国に代って有力部将の一人としての軍事行動を開始した如くである。

九州を発した尊氏・直義勢が畿内に迫りつつあり、湊川の戦を数日後に控えていた建武三年五月十九日、国清は和泉国人日根野道悟（盛治）に、同国長滝庄を軍忠の賞として一円に預置くとともに、さらに恩賞を予約している（「日根文書」乾）、これは国清の発給文書の初見であり、上記の『太平記』の所伝の如く彼が尊氏・直義に属して西上・九州下向等の軍事行動に従ったことを裏付けるとともに、畿内再進攻に先立って既に和泉国人を統率している事実によって、彼の和泉方面への進出が予定されていたことも推測できる。佐藤進一氏はこの所領預置と恩賞予約を国清の和泉守護在職の一徴証と見倣されたが、(2)これは他の畿内近国守護の在職徴証が、建武政権下の守護職を安堵した場合以外はすべて同年後半以降に現出するのに比して、些か早すぎるように思われる。内乱初期における所領預置は必ずしも守護固有の権限でなく、日向の例のように国大将もこれを実施した場合があり、(3)国清も同年五月の時点ではまだ国大将だったのではなかろうか。

足利方の京都制圧の翌月に当る同年七月十日、国清は和泉国日根郡籾井城に軍事行動を起して同月十六日より十九日まで官軍と戦い（「日根文書」乾、国清証判同年七月日付日根野道悟軍忠状）、同年九月から十月にかけても同国の官軍と連戦し（「淡輪文書」国清証判同年十月十三日付淡輪重氏軍忠状、「和田文書」二 延元二年（建武四年）三月日付南党岸和田治氏軍忠状）、傍ら十月七日には紀伊の粉河寺方衆に軍忠の賞として紀伊国志野庄一円と和泉国長滝庄領家職を預置いており（「粉河寺文書」国清預ヶ状写）、この七月以降の事例は守護としての在国活動であろう。かくて翌建武四年四月一日、尊氏の執事高師直は前日付の尊氏寄進状に基づき和泉国信達庄の紀伊国伝法院雑掌への渡付を命ずる施行状を国清（畠山左近大夫将監）宛に下し、国清の和泉守護在職の明証を残している（「報恩寺文書」三）。

二　紀伊守護としての活動

国清は和泉進攻とほぼ同時に紀伊守護にも補任されたと覚しく、彼は建武三年九月十七日上記の日根野道悟に、翌十月九日日根野兵衛太郎に、それぞれ軍忠の賞として紀伊国東弘庄地頭職并領家一円、同国日高郡富安地頭職を預置くとともに今後の軍忠に対する恩賞挙申を予約し（「日根文書」乾）、傍ら十月二日紀伊粉河寺方衆に軍勢催促状を下し、且つ上述のように同月七日同じく方衆に紀伊・和泉両国内の所領を預置き（「粉河寺文書」）[4]、同月十七日には紀伊の芋畑白鬚党に軍勢催促状を下している（「佐々木文書」）。次いで翌建武四年正月二日には直義が紀伊国人志富田兵衛太郎と同国粉河寺行人（方衆）に軍勢催促状を下して「廃帝（後醍醐天皇）御二坐河内国一之間、凶徒可レ令レ内二通于紀州一之由有二其聞一、早属二畠山阿波次郎（国清）一、不日馳向、且構二要害一差二塞道々一、且可レ誅二伐凶徒一之状如レ件」と命じており（「志富田文書」「御池坊文書」）、国清が紀伊に進攻して南軍の連絡遮断の重要な作戦に当っていることが判る。且つ和泉国内には前年十月を下限として国清の軍事行動の所見がなくなるので、この間に彼は和泉から紀伊に軍事行動の主力を移したことが推定される。そして、この国清の紀伊進攻の後を承けて和泉に進出するのが前年十二月以来河内守護在職の知られる細川顕氏であり、先ずその部将（のち和泉守護代）都筑次郎左衛門は国清の紀伊進攻の後を承けて和泉に進出し、建武四年正月十四日同国日根庄において紀伊の南党と交戦している（第一編第一章第二節参照）。

かくて国清の和泉守護在職徴証は上記の同年四月一日付高師直施行状が下限となり、代って同月十日からは細川顕氏の在職徴証が現れ（同上参照）、国清は次に述べるように専ら紀伊守護在職の事績を残すこととなる。この国清から顕氏への和泉守護職改替は、上掲同年正月二日付直義軍勢催促状にも表れているようなこの方面の情勢変化に基づくものであり、後醍醐天皇の脱出によって力を得た南党の活動に対して、幕府が国清の和泉守護兼任を解いて紀伊守護として活動に専念させ、その後任には河内守護の細川顕氏を兼任させて、戦線の整理と統治区域の改編を行ったためと推測される。なお国清は右の直義の軍勢催促状に「畠山阿波次郎」、南党岸和田治氏の同年（延元二年）三月日付軍忠状に「足利一族阿房（ママ）次郎国清」とあるが、同年（建武四年）四月一日付高師直施行状の宛所「畠山左近将監殿」を初見として、左近将監の拝任が知られる（依拠史料名は何れも前掲）。

国清の紀伊守護在職は、その後観応二年（一三五一）五月まで引続き確認され、在職活動の内容はA軍勢催促、B感褒、C所領の預置・安堵、D兵粮料所・兵粮米の解除、E下地渡付の遵行、F国人の当知行につき幕府に請文提出、G

論人の請文執進、H殺害狼藉の注進、I私闘の禁圧の諸例を数え、軍事指揮権・所領預置権・兵粮催免権・使節遵行権等にわたる多面的な活動が認められる。[5]とくに軍勢催促には殆ど恩賞申請予約文言を付記していること、国人・方衆の軍忠に対して速かに所領預置を以て報いていることなど、国人層の所領要求に応えつつ彼等の掌握に努めた状況が看取される。[6]他方寺社領に対しては、国人の濫妨停止の遵行を実施しているだけでなく、兵粮料所設定の解除や兵粮米催徴の中止など、寺社領保護政策に注意が払われている。また国清は建武四年三月某姓元也と連署奉書を発給している大和左近蔵人光富を、紀伊守護代とし、光富は同年八月および十月に国清の遵行状を承けて下地渡付を実施している（註(5)C(5)・E(1)・(2)参照。同年八月二十九日の国清請文に「守護代光富注進状」と明記）。しかし大和光富は同族五郎左衛門尉等とともに地蔵院領長尾郷内濫妨の廉で訴えられ、暦応二年（一三三九）十月その濫妨停止が幕府から国清に命ぜられ、十二月国清はその実施を幕府に報告した（同E(4)）。光富はこのような不当行為のためか、やがて守護代を罷免されたと覚しく、国清の有力被官の一人である椙原（杉原）周防守某（『太平記』三五に河内守護代として杉原周防入道、同書三六の国清没落の叙述に「畠山ヵ方ニ遊佐・神保・斎藤・杉原」とある）が貞和三年（一三四七）正月には白髪党に料所宛行の奉書を下していて（同C(6)）、この杉原某が守護代になったことが推定される。

このように国清の紀伊守護としての在職徴証はほぼ連続して跡付けられるが、この間あたかも国清の紀伊守護在職を否定するかのごとき事例が三例あらわれる。その一は建武五年（一三三八）閏七月十日幕府執事高師直が細川皇海（三位阿闍梨）に施行状を下して紀伊国保田庄地頭職を貴志浄宗に渡付すべき旨を命じたこと（『御前文書』）、その二は暦応三年七月十日小俣覚助が泰地一族に書下状をあたえて紀伊国山田庄を兵粮料所として宛行い軍忠をうながしたこと（『米良文書』三、一〇四九号）、その三は康永四年（一三四五）七月九日高師直が藤並彦五郎入道に施行状を下し、康永元年七月七日御下文に任せて紀伊国楠見郷地頭職（赤橋）守時跡を湯浅八郎左衛門入道とともに兵庫頭入道明意代に渡付すべき旨を命じたことである（『野田文書』）。国清の紀伊守護在職中にもかかわらず、[7]これらの事例があらわれるのは何故であろうか。

先ず細川皇海については、第一編第一章に述べたように、建武四年四月紀伊国大将として南軍追討に発向し、五月初にかけて仁儀庄の南党を駆逐し、この作戦に従軍した和泉国人日根野道悟・同盛貞の軍忠状に証判を与えたこと、暦応元年十月には皇海の注申に基づき直義が海三郎四郎の紀州における軍忠を賞したこと等から、紀伊南軍の活発な抗戦の継続した建武末年から暦応初年には、幕府が南軍追討を守護の国清にのみ委ねず、細川皇海を増派して追討に当らせた事実が知られる。しかも軍忠状の証判や感褒の注申のみでなく、上記の遵行の事例が存在する以上、皇海は保田庄の所在する在田郡、およびおそらく仁儀庄の所在する海部郡等の分郡守護であった公算が大であると考えられる。

小俣覚助（『尊卑分脉』等によれば足利泰氏の子小俣賢宝（または玄宝）の第四子）には、細川皇海におけるような国大将ないし分郡守護としての証左を見出しえないが、同じく紀伊に増派されたものではなかろうか。覚助の宛行状を受けた泰地一族は紀伊の牟婁郡内を本拠とする熊野海賊であり、それより四ヵ月前の暦応三年三月幕府執事高師直は泰地・塩崎一族の申請を容れて幕府御教書を下し、周防国竈門関より摂津国尼崎に至る西国運送船・廻船等を警固して櫓別銭百文を兵粮料足として徴収することを認可しており（『米良文書』三、一〇四八号）、足利方に属して瀬戸内海域に進出し、広汎な海上活動を行っていた。覚助の兵粮料所宛行もかかる海上活動に報いるものであったと考えられる。但し註（5）A(5)に掲げたように、貞和三年（一三四七）十月には国清が泰地一族に軍勢催促を行っており、その頃には国清の分国内制圧がようやく牟婁郡方面にも及ぶようになったのであろう。

第三例の幕府からの両使発遣による楠見郷の下地渡付は、三年前の康永元年の下文の遵行である点から、先の二例とは異なり、守護である国清の遵行遅怠の結果と推測される。問題の内容はやや異なるが註（5）Hに挙げた侍所より国清への国人の殺害狼藉の注進命令にも、前回の幕命に国清が応じないため重ねて命じたものであった。楠見郷渡付の場合も、おそらく国清が論人の当知行人を庇護して施行に応じないため、幕府は在地国人湯浅・藤並両氏を使節として遵行に当らせたものに相違ない。

ところで国清は在職中常に分国紀伊に在国していたとは限らなかった模様で、暦応元年九月二十二日には園城寺雑掌の訴により同寺領に対する国清の濫妨停止を命ずる光厳上皇の院宣が下り、これを承けて幕府は同月二十五日引付頭人摂津親秀の奉書を近江守護佐々木氏頼に下して、濫妨の真偽を糾し事実ならば停止すべき旨を命じており（「東寺百合文書」キ一六―二七）、国清の近江における寺領押妨の事例が現れる。同年閏七月新田義貞戦死後も越前南軍は果敢な反撃を行って金崎城を占領したため、幕府は桃井直信以下を急派し、翌年五月には近江の国人をも多数越前に発向させている（第二編第一章第二節参照）。したがって国清も紀伊南軍鎮圧の一段落に伴い越前の敵に備えて近江に転身を命ぜられていたのであろう。

しかし貞和三年六月にいたり、南党の熊野海賊以下が長駆薩摩に進攻し、次いで楠木正行の率いる河内・和泉の南軍が蜂起した。幕府は紀伊守護の国清と河内・和泉守護の細川顕氏を南軍追討に発向させ、八月九日伊予の河野一族等を国清に、近江の朽木頼氏や和泉の田代一族等を顕氏に属させた（「徴古雑抄」山城六、『朽木文書』第一、一四号、「田代文書」）。顕氏は正行以下の南軍のため九月河内に、十一月摂津に連敗して京都に退却し、代って高師泰が河内・和泉両国守護に補任されて高師直とともに発向し、翌貞和四年正月師直勢は河内四条畷に正行を仆し、つづいて吉野を侵し行宮を焼くという戦果を収めた（第一編第一章第三節参照）。この間紀伊における南朝方の動静は、貞和三年八月十日楠木正行が隅田庄の幕府方を襲ったことや（「和田文書」常陸、正平七年六月日付南党和田助氏軍忠状）、貞和四年正月後村上天皇が師直等の吉野侵攻を避けて一旦紀伊の阿弖川入道の城に遷幸されたこと（「醍醐地蔵院日記」正平三年（貞和四年）正月三十日条、『阿蘇文書』之二、阿蘇文書写第四、同年二月六日後村上天皇綸旨写）が知られるが、国清の活動は、上記貞和三年十月の泰地一族への軍勢催促のほか、同年三月・十二月の歓喜寺の兵粮・要害人夫免除（註（5）D(4)）から一端が窺われるのみであり、彼は主戦場の河内方面の戦闘を分国紀伊において側面から援護した程度に過ぎなかったと認められるのである。

次いで貞和四年四月、直義は光厳上皇の院宣を申受けて養子直冬を「紀州大将軍」として紀伊の南軍追討に発遣することとし、同年六月にかけて陸奥から九州に至る多数諸氏に軍勢催促状を発し、直冬は五月二十八日先ず東寺に発向し、六月十八日紀伊へ進発した(「宇野文書」、「土佐国蠹簡集竹頭」、「改正原田記附録」、「大友文書」三、「安積文書」、『園太暦』同年五月二十八日条、「東寺百合文書」ム学衆方細々引付、貞和四年「醍醐地蔵院日記」六月十八日条、「前田家蔵書閲覧筆記」所収「宝積寺文書」)。これは高師直等の河内・吉野の戦果に対抗するため直義が計画したものに違いない。直冬は八月八・九両日紀伊南軍と激戦を交え、九月四日阿瀬河城を攻略して日高郡に進出し、同月二十八日帰京の途に就いた(「集古文書」二四 足利直冬証判同年十月付佐佐友行軍忠状写、「醍醐地蔵院日記」同年八月八日・九日条、「鶴岡社務記録」坤同年九月二十二日条)。この直冬の紀伊出動に国清がどれほど参与したか分明でないが、九月五日に国清は同国鞆淵庄百姓等の服属を賞する感状を発給している以外には顕著な活動が認められず(註(5)B)、残存史料の多寡から一概に論じえないとしても、せいぜい側面的ないし消極的な協力を行うに止まった模様である。「紀州大将軍」直冬の発遣は当然紀伊守護たる国清の軍事統率権を侵害ないし弱体化するものであり、国清にとって決して歓迎すべき事態ではなかった。

しかし国清は、次節に述べるように観応元年(一三五〇)十一月の直義挙兵とともに直義に加担して活動し、註(5)A(6)・C(7)にみるように直義主導下に再開された幕政においても紀伊守護職を維持したが、その後の同国守護についてはしばらく管見に触れなくなるので、おそらく国清は同年七月末直義の北国落に同行するとともに紀伊守護を罷免されたものと思われる。

三　観応擾乱への対処

貞和五年(一三四九)八月政変の前後に、国清は河内に進出した。これは彼が証判を施した観応二年(一三五一)四月日付和泉国人田代了賢の軍忠状に「右、東条之凶徒等為二御対治一、御大将(畠山国清)去貞和五年八月、自二河州石河一御発向之時、了賢奉レ属二御手一、於二御陣一日夜之御用心致二忠節一訖」云々とあり（「田代文書」四）、かつ同年（月日闕）の了賢の目安状案に、「其後同年(貞和三年)十一月給二御教書一、令レ発二向河州一、於二古□(市カ)石川一構二要害一、昼夜之警固無二片時之隙一、而自二貞和五年八月一奉レ属二畠山左近将監殿手一、弥専二軍忠一」云々とあること（同文書四）で確認される。これ以前の河内・和泉両国守護は、上に触れたように貞和三年十一月の細川顕氏敗退に代って両国に進出した高師泰であったから、佐藤進一氏も指摘されたように、国清は従来の紀伊守護職の外、高師泰に代って河内・和泉両国守護を兼ねたと推測される(8)。

但し佐藤氏はこの改替の理由を、同月十五日の政変が高師直の完全な勝利に至らず、十日後に直義が執政に復して直義・師直の協調下に幕政が再出発した事実を根拠に、「この時点で和泉の守護が高師泰から直義党の畠山国清に代っていることは、（中略）政変のもたらした直義・師直両党の妥協関係から生まれた人事であると言えるのではないか。」と論ぜられたが、実はこの時点で国清が直義党であったという証拠は全く存在しない。師泰が南軍と連戦していた河内を去って上洛したのは八月九日であり（『後鑑』巻三四所収「集古文書」同年八月十一日付森本為時等軍忠状写、柳原家本「園太暦目録」甲同年八月九日条）、したがって国清の河内・和泉への進出はおらく八月二十五日の両党妥協の結果ではなく、師直が同月十四日のクーデターを準備するため師泰を帰洛させたのに伴う移動であったと認められる(9)。且つ仮に幕府による両国守護改替の決定が二十五日の両党妥協後の人事であったとしても、国清が直義党とするならば、師直・師泰が軍事的重要度の高い両分国を何等の代償もなく易々と敵方の国清に譲ることなどは、特に緊迫した両党対立の状況下において想定し難く、この点から判断しても当時国清はむしろ師直党と目されていたからこそ師泰に代って両国の支配を委ねられたと推測せざるをえない。したがって『太平記』二七に、師直が師泰に使を派して直義等の師直打倒の陰謀を告げたので、師泰は紀伊守護の国清に河内石川城の守備を委ねて直ちに帰京したとし、かつ同書二九に、翌観応元年十一月の直義挙兵に関連して、それまでの国清を「無二将軍方」と表現しているのは、ほぼ事実を伝えたものと判断しうる。

国清が師直方に党した理由は判然としないが、少なくとも彼が前述した直義の直冬紀伊発遣に反撥して積極的に師直党に加担したことは慥かであろう。

観応元年七月国清は被官神保二郎左衛門尉、和泉国人淡輪助重等をして同国神於寺で南軍を駆逐させており（「淡輪文書」坤、国清証判同年八月日付淡輪助重軍忠状）、また同年九月興福寺別当孝覚の旨を奉じた懐雅法印が同寺領和泉国谷川庄地頭勝田浄照の同庄押領を排除するよう国清に要請しており（「御挙状等執筆引付」）彼の河内・和泉守護としての活動の一端が窺われる。ところがまもなく同年十月二十六日、尊氏・師直等が直冬討伐のため西下する直前に直義が京都から大和に逃れて、十一月三日師直・師泰誅伐の御教書を発すると（「田代文書」四、「小佐治文書」等）、国清は即日「御教書所レ被二成下一也」云々という奉書形式の軍勢催促状を和泉の南党和田助家に下して直義方への帰順・参戦を促し（「和田文書」二）、次いで同月二十一日直義を河内石川城の陣中に迎え入れた（『園太暦』同年十一月二十三日条、「田代文書」四 観応二年四月日付田代了賢軍忠状）。

彼が直義に与した理由を『太平記』三九は、直義が南朝と合体すると、大和・河内・和泉・紀伊の宮方をはじめ洛中辺土の武士が多く直義の許に参集したので、無二の将軍方であった国清も馳せ参じたと説く。国清の呼応は直義の挙兵と同時であるのにたいして、直義の南朝帰順は当初からの計画であったとしても、その風聞が京都に達したのは十一月下旬であり、南朝が正式に帰順を承認したのは十二月中旬であるから（『園太暦』同年十一月二十三日条、「観応二年日次記」所収正平五年十二月十三日付後村上天皇綸旨案）、この場合は『太平記』の説明は正確でない。直義の挙兵に国清が即日呼応した事実は、当然両者のあいだに事前の打合せがあり、直義が彼の内応を計算に入れて出京・挙兵したことを推定せしめる。

直義を自陣に迎え入れた国清は、和泉井山城の警固を国人田代了賢（基綱）・淡輪助重等に、紀伊春日山城の警固を同国の貴志按察房等に命じておいて（「田代文書」四、「淡輪文書」、「御前文書」）、十二月二十一日直義を擁し石川城を発して天王寺に進み、翌観応二年正月、配下の摂津国人伊丹宗義等をして摂津神崎に同国守護代河江円道等を破らせ、次いで直義を山城八幡に在陣させ、北国より入京した桃井直常・斯波高経等とともに尊氏の入京を阻止し、丹波を経て播磨にしりぞいた尊氏軍を四国より攻めのぼった細川顕氏等と呼応して圧迫し、二月十七日石塔頼房・小笠原政長等とともに摂津打出浜に尊氏軍を大いに破り、ついに同月二十日尊氏をして直義に和議を申入れさせるにいたった(「北河原森本文書」坤伊丹宗義軍忠状、「田代文書」四 田代了賢軍忠状・田代顕綱軍忠状、『阿蘇文書』五 観応二年二月十九日足利直義御教書、「観応二年日次記」、『園太暦』等)。この一連の国清の軍事行動には和泉の田代了賢とその嫡孫顕綱、摂津の伊丹宗義のような分国内外の畿内国人層が参加しているが、了賢・顕綱の軍忠状には国清の直属被官と思われる神保二(次)郎左衛門尉・土屋五郎左衛門尉・二宮左衛門太郎・成田九郎五郎入道が合戦の見知人として記されており、国清―直属被官―畿内国人層という一応の指揮監督の系列が窺われる。

同年三月再開された直義主導下の幕府では、直義のために殊勲のあった国清は桃井直常・石塔頼房・細川顕氏とともに引付頭人に新任され(「二尊院文書」「桂文書」一「東大寺文書」第一回採訪五各所収引付奉書・引付奉書案)四月十六日の祭除目で官途は修理権大夫に、五月二十九日の臨時除目で直常・頼房・高師秋とともに従五位上に昇進し、弟義深・清義も右の祭除目で従五位下に叙し、それぞれ尾張守・左近将監に任ぜられた(『園太暦』同年四月十六日条・六月一日条)。

同年七月三十日の直義の北国落にも、国清兄弟は斯波高経・桃井直常・山名時氏・上杉朝定等とともに同行し(「観応二年日次記」同日条)、その結果紀伊・河内・和泉の守護職を没収されたと覚しく、河内守護は高師泰の子師秀が、和泉守護は再び細川顕氏が補任され、紀伊守護の所見も上に触れたように暫く不明となる。ところが尊氏・直義両党が近江で交戦したのち、尊氏党の優勢裡に和議が進められ、十月二日尊氏・直義兄弟は近江の興福寺で対面したが、その十日、国清はさきに尊氏に帰順して和談の使として直義の許へ派せられていた細川顕氏とともに、和睦の事を随分媒介したが成就せず面目なしと称して上洛し、出家しようとして尊氏に制止された(『園太暦』同月四日条・十一日条等、第一編第一章第三節参照)。直義党諸将の間でも和平派が大勢を占めた模様であり、[10]国清が帰順すると他の将士も相次いで多数幕府に降ったため、直義はまもなく越前を去って関東に下った(「奈良文書」同年十一月十一日付直義御判御教書、「鶴岡社務記録」同月十五日条等)。

したがって今回の直義党離脱は国清のみではないが、とくに彼の場合は前年十一月の直義党への寝返りと今回の幕府復帰という二度の変節をいちはやく行ったわけであって、これは情勢を素早く読み取って他の諸将に魁けて変節するという頗る無節操な彼の機会主義的処世術の現れに外ならない。しかし彼の帰順の効果は尊氏に高く評価され、復帰後まもない十月十八日、彼は尊氏によって正五位下への一級昇叙の推挙に与り(『大日本史料』第六編之一五同日条所載「三宝院文書」)、翌十一月四日新任の幕府執事仁木頼章、その弟義長、南宗継、千葉氏胤、武田信武等とともに尊氏に随って直義追討のため関東に向った(『園太暦』同日条)。尊氏軍は防戦する直義方を十二月駿河薩埵山等に、翌正平七年(観応三年、一三五二)正月箱根早河尻に破り、直義を降して鎌倉に入り、翌二月直義を殺害する。この間の国清の活躍は詳かでないけれども、『太平記』三〇によれば、薩埵山の合戦に臨んだ尊氏の属将中に「畠山阿波守国清兄弟(ママ)四人」があり、また早河尻の戦勝後尊氏は国清と仁木頼章・義長兄弟を伊豆に派して直義を迎え取り、直義は降人として鎌倉に帰ったとあって、国清は直義を非運の最期に追い込むのに力を藉した如くである。

同年閏二月の南党・旧直義党とのいわゆる武蔵野合戦に、国清は今川範国・武田信武等とともに尊氏を護って武蔵に出撃、金井原・小手指原に連戦してついに敵軍を駆逐、つづいて新田義興・脇屋義治等が相模河村城にこもると国清は三月十五日発向してこれを攻めた(「古証文」二　畠山国清証判観応三年三月十六日三富元胤軍忠状写等)。[11]河村城の陥落は『太平記』三二に翌年春とあるだけで、詳細は不明だが、ともあれ尊氏の関東下向とともに国清の活動も関東に移ったのである。

けれども国清が再度の変節を敢てし、続いて東下したことは、彼に従属していた国人層の動向に微妙な変化を及ぼした。元来、畿内周辺の国人層は一般に守護・国大将等の交代毎に新任の守護・大将の軍勢催促に応じて恩賞の推挙に与ろうとする傾向が強かったが、和泉の田代・日根野・淡輪等の諸氏もその例に洩れず、国清のみならず細川顕氏・高師泰というその時々の守護に属して軍忠状を提出し、恩賞推挙・所領預置等に与ることが多く（「田代文書」「日根文書」「淡輪文書」）、特定の部将との被官関係を維持していなかった。貞和五年八月国清が再び和泉守護になると、田代了賢・同顕綱・淡輪助重・日根野時盛はそれぞれ国清に属して軍忠に努めたが（田代・淡輪両氏については上文参照、日根野氏については下文註（12）参照）、擾乱の展開とともに三氏の行動は次のように区々となる。

すなわち、淡輪助重は正平五年（観応元年）末南朝より軍勢催促を受け、やがて楠木正儀に属して正平六年（観応二年）七月以来和泉国内を転戦し、翌七年閏二月には正儀の配下として京都に侵攻した（「淡輪文書」乾）。田代顕綱は国清の配下として観応二年七月の直義北国落に随従したが、国清の尊氏方帰参には従わず、そのまま直義にしたがって関東に下り、十一月二十四日直義から「自二京都一至二関東一令レ供奉一之条神妙」という御感御教書を与えられ、十二月十六日勲功の賞として「和泉国大鳥庄内下条地頭職田代左京亮跡」を宛行われ、同月十八日一族田代次郎四郎とともに基氏からも感状を与えられた（「田代文書」四）。しかし顕綱は尊氏の東下後ただちに帰順して上洛し、細川顕氏に属したとみえて、観応三年三月顕氏の注申により、義詮から二月二十日の合戦および江州供奉の軍忠を賞する御感御教書を受け、本知行地を安堵された（「田代文書」五）。一方、国清に属して東下したと認められるのは日根野時盛であるが、時盛は文和二年（一三五三）七月末の尊氏帰洛に供奉して上洛し、同年八月十六日その軍忠を在関東の国清から推挙されるとともに翌日、国清の所領と覚しい尾張国柏井庄下条内一所を宛行われており（「日根文書」乾）[12]、結局ここにいたって国清の恩顧を蒙りながらもその統率下をはなれ、やがて細川清氏に属して翌文和四年三月に、前年十二月以来の南軍直冬党との京都争奪戦における戦功を申請した田代顕綱と同文の軍忠状を清氏に提出してその証判を受けている（「日根文書」乾、「田代文書」五）。

このように淡輪氏はいちはやく畿内南軍に属し、田代氏は直義党として東下したのち畿内の幕軍に属し、国清とともに東下した日根野氏も結局尊氏に供奉して畿内に去ったのである。しかも多年分国として保った紀伊の国人層の中にも、少なくとも残存史料による限り国清とともに関東に遷った形跡のある者を見出すことができない。したがって和泉・河内はもとより紀伊の国人層さえも国清に対する従属関係は極めて薄弱であって、国清は関東に本拠を移すとともに、それまで培った畿内近国の基盤からは殆ど絶縁状態になったといえる。したがって彼はこれより関東においてなるべく権力の中枢に近く位置しつつ、新たな支配基盤の形成に努めなければならなかったことと思われる。

註

（1）

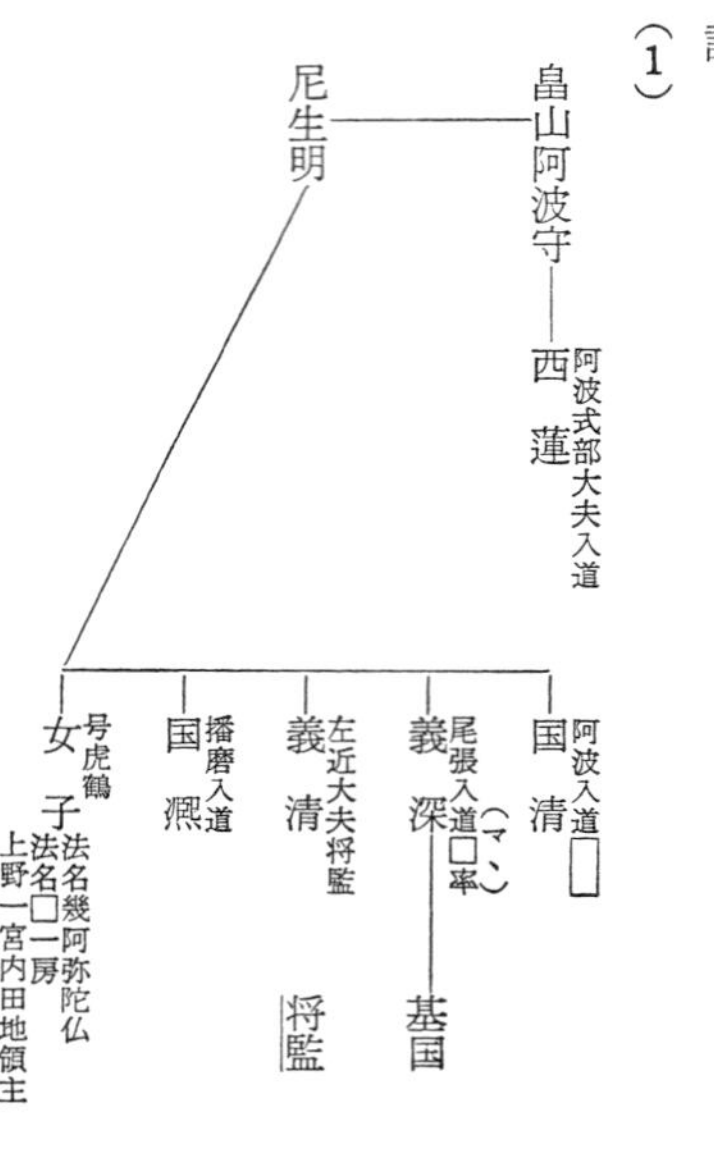

この教念寺所蔵系図の作成年代は未詳であり、左近大夫将監清義（「神田孝平氏所蔵文書」二 延文二年八月二十一日付足利基氏寄進状案）を義清とするという誤りをふくみ、また女子の「号虎鶴、法名幾阿弥陀仏」は国凞の童名・法号（『続群書類従』本「両畠山系図」）が混入した疑いもあるが、記載内容からみて現存する最古の畠山系図の写と思われる。尼生明と女子とを結ぶ斜線はおそらく伝領関係を意味し、畠山阿波守の妻である尼生明が女子（孫子か）に上野一宮内の地を譲与したことを示すもので、この

系図にいう本田道場即ち教念寺にこの女子がその一部を寄進した結果この系図が作成されたのであろう。問題は畠山阿波守の実名比定で、これが家国の父貞国であるとすると、『尊卑分脉』以下の系図では家国を民部丞、民部少輔、式部大夫、式部少輔などとして阿波守とするものが見られないので決定し難いが、教念寺所蔵系図が貞国の一代を脱して阿波守国氏（時国）を西蓮の父の如く記したのか、家国が父の官途を襲って阿波守になったのを『尊卑分脉』以下が脱しているかの何れかであろう。

（2）佐藤進一氏前掲書一四―一五頁。

（3）山口隼正氏前掲「南北朝期の日向守護について」(上)。

（4）『大日本史料』第六編之三、延元元年十月二日条にはこの粉河寺方衆宛の軍勢催促状写と預ケ状写を掲げて国清の軍勢催促・預置として綱文を立てながらも「本条ノ文書ハ、稍疑フベキモノアリト雖ドモ、姑ク之ヲ収録ス」と付記している。しかし、これは方衆に対する和泉国長滝庄領家職預置が上述同年五月の日根野道悟に対する同庄一円預置と抵触するという問題はあるが、軍陣の間誤って同一所領を二者に重複して預置・宛行等をすることはありうるし、この預ケ状の文言は、同じく本文に述べた同月九日付日根野兵衛太郎宛預ケ状のそれと固有名詞以外全く同文であることからも、疑いを挟む余地は少ないと判断される。

（5）国清の紀伊守護としての事例は次のように多数検証される。

A　軍勢催促　(1)建武三年十月二日畠山国清軍勢催促状、粉河寺方衆宛、軍忠に対し恩賞を申請すべきことを約す（「粉河寺文書」）。(2)同年十月十七日同人軍勢催促状案、芋畑白鬚（党カ）等中宛、同上を約す（「佐々木文書」）。(3)建武四年正月二日足利直義軍勢催促御教書、志富田兵衛太郎宛、畠山国清に属して要害を構え南党を討たしむ（「志富田文書」）。(4)暦応四年閏四月二十一日畠山国清軍勢催促状写、花薗侍従房宛、吉野熊野の通路を塞がしめ、抽賞の申請を約す（高野山史編纂所編『高野山文書』一〇巻「脇家文書」一八四号）。(5)貞和三年十月二十九日同人軍勢催促状写、泰治（地）一族宛、殊功あらば抽賞すべきことを約す（『米良文書』三、一〇五〇号）。(6)観応元年十二月七日同人書下状、貴志按察房宛、紀伊国春日山城を警固せしむ（「御前文書」）。

B　感褒　貞和四年九月五日畠山国清感状写、上田井佐藤太郎宛、鞆淵百姓等の御方に参るを賞す（『和歌山県史』中世史料一、「鞆淵八幡神社文書」二〇号）。鞆淵庄はもと石清水八幡宮領で建武元年より高野山領に編入され、貞和三―四年には、荘内支配を強化しようとした下司鞆淵景孝に対して荘民が激しい武力闘争を展開していた（拙稿「紀伊国鞆淵庄における郷村制形成過程」『国史学』五二号参照）。なお上田井（こうだい）は現在の那賀郡打田町内の紀ノ川北岸にある字名であり、佐藤太郎はこの地の土豪と思われ、降って室町中期某年（寛正三年ヵ）九月五日付隅田孫左衛門尉宛畠山国信書状写に「宇智郡上田井佐藤次跡（宇野庄三分一）」とあり

(高野山史編纂所編『高野山文書』一〇巻「隅田家文書」一二三号)、後には同族が大和国宇智郡に進出したことが知られる。そこでこの感状写は鞆淵庄民が守護畠山方に属した荘外の土豪と結んで下司景孝に対抗したことを示すものと推定される。

C　所領預置・安堵　(1)建武三年九月十七日畠山国清奉書、日根野左衛門尉入道(盛治、道悟)宛、紀伊国東弘庄地頭職を預置く(「日根文書」乾)。(2)同年十月七日同人奉書、粉河寺方衆宛、紀伊国志野庄一円幷和泉国長滝庄領家職を預置く(「粉河寺文書」)。(3)同年十月九日同人奉書、日根野兵衛太郎宛、紀州日高郡富安地頭職を預置く(「日根文書」乾)。(4)建武四年二月三日同人(カ)袖判書下状写、白鬚(党)等宛、紀伊国池田庄内今畑を安堵し、同国三宅内武成名を宛行う―存疑―(「佐々木文書」)。(5)同年三月七日(大和左近蔵人)光富・某姓元也連署奉書、粉河寺弁法橋宛(ママ)、紀伊国三上庄大野郷内禅林寺免田を安堵す(「禅林寺文書」二)。(6)貞和三年正月相原周防守奉書案、白鬚等宛、紀伊国三宅内武之成名を料所として知行せしむ(「佐々木文書」)。(7)観応二年五月二十日畠山国清書下、藤代社神官等宛、紀伊国藤代郷を藤代王子社壇造営料として預置く(「鈴木文書」)。

D　兵粮料所・兵粮米の免除　(1)建武五年七月十日(大和左近蔵人)平光富奉書、歓喜寺方丈宛、同寺領紀伊国和佐庄内下村・南村領家職を兵粮料所とせるを停止す(「歓喜寺文書」三)。(2)同年後七月十四日畠山国清兵粮米安堵書下、高野山衆徒宛、高野山領の兵粮米を停止す(『高野山文書』之一、五〇八号)。(3)貞和三年三月二十七日同人書下案、兵粮・城中要害人夫と号して歓喜寺に煩を成すを禁ず(「歓喜寺文書」三)。(4)同年十二月二十七日同人禁制、同上の煩を禁ず(同文書三)。

E　幕命の遵行による下地渡付　(1)建武四年七月十一日引付頭人細川和氏奉書案、畠山上野左近大夫将監(国清、以下同)宛。同年八月十八日畠山国清遵行状、大和左近蔵人(光富)宛。同年同月二十二日平光富打渡状案。同年同月二十八日平光富請文、奉行雅楽民部太夫(ママ)(信重)宛。同年同月二十九日畠山国清請文。紀伊国和佐庄内下南両村並接待料田等に対する同国御家人相賀島経澄の濫妨を停止し該地を歓喜寺雑掌に渡付す(「歓喜寺文書」三)。(2)同年九月二十六日将軍家尊氏袖判下文、紀伊国岡崎庄下司職半分彦次郎入道跡を栗栖犬楠丸に宛行う(「湯橋文書」)、同日幕府執事高師直施行状案、畠山左近大夫将監宛(「栗栖文書」)、同年十月五日畠山国清遵行状、大和左近蔵人(光富)宛、該地を渡付せしむ(「湯橋文書」)。(3)同年十一月二十五日幕府執事高師直施行状写、畠山左近大夫将監宛、将軍家寄進状に任せて紀伊国三上庄内重禰・坂井・本渡郷等地頭職を粉河寺雑掌に渡付せしむ(「南狩遺文」一)。(4)暦応二年十二月二十七日畠山国清請文、同年十月二十八日幕府奉書の旨に任せて、大和左近蔵人(光富)、同五郎左衛門尉等の地蔵院領紀伊国長尾郷内田地に対する濫妨を鎮め、下地を雑掌に渡付す(「根岸文書」二)。(5)康永四年八月二十二日幕府執事高師直奉将軍家尊氏御教書、畠山左近大夫将監宛、紀伊国和佐庄内南村地頭山東範家跡を料所として小倉十郎に預置くに

つき該地を同人に渡付せしむ（「歓喜寺文書」三）。

F　国人の当知行につき請文提出　康永元年十二月二日畠山国清請文、同年七月十日の「御奉書」に答申して、栗栖国実の紀伊国松島村松門名当知行の事実なる旨を証す（「栗栖文書」）。

G　論人の請文執進　康永三年六月五日畠山国清請文、仁和寺宝蓮院領紀伊国西桝（椒）庄公文海大空の訴状に基づき、同庄内薬師堂号西福寺別当職弁田畠等に関する論人和佐実村の請文を執進む（「西福寺文書」）。

H　殺害狼藉の注進　康永四年八月二十日侍所頭人山名時氏奉書案、畠山左近大夫将監宛、紀伊国御家人栗栖国実の重訴状に基づき、貴志御房丸等の殺害狼藉の状況を重ねて注進せしむ（「南狩遺文」二）。

I　私闘の禁止　(1)暦応二年六月二日足利直義御判御教書、畠山左近大夫将監宛、高野山本寺衆徒と伝法院寺僧と合戦に及ばんとするを鎮めしむ（『高野山文書』之二、五〇九号）。(2)康永四年二月十八日畠山国清書下状案、粉河寺衆徒宛、丹生屋村と名手庄との用水相論により合戦に及ばんとするを止めて幕府の裁決を仰がしむ（『高野山文書』之四、三八九号）。

なお観応三年卯月十六日、左衛門尉豊政は紀伊国和佐荘内南村を同国歓喜寺に修理料足として寄進する旨の奉書を下しており（「歓喜寺文書」四）、『大日本史料』第六編之一六、同日条には寄進者を国清に擬定して綱文を立てているが、何等確証を得ないので本稿では国清の活動から除いておく。

（6）なお註（5）Fに挙げた国清の請文に先立って、紀伊国人紀時綱・橋本頼長・六十谷浄妙・小倉兼綱・和佐定宗がそれぞれ同年五月二日の幕府の諮問に答えて栗栖国実の証文紛失・松門名当知行の事実なる旨の請文を提出しており、彼等が国清の配下にあることを窺わせる。

（7）この第一例は註（5）D(1)の一ヵ月後、D(2)の四日前であり、この間のみ細川皇海が紀伊守護であるとは見做せない。第二例はE(4)の七ヵ月後、A(4)の十ヵ月前であるが、この一年半未満の間に小俣覚助に守護職が一旦移って再び国清が還補されるというような事由は見出せない。第三例はH(2)の五ヵ月後、Gの前月であり、同じくこの半年間のみ守護不在職とみるべき理由がない。したがってこの三例とも国清が連続して紀伊守護在職中と判定される。

（8）佐藤進一氏前掲書六・二二頁。

（9）天正本『太平記』には右の八月のクーデターに際して師直の屋形に馳せ加わった人々の中に国清を挙げているが、国清は本文に述べた如く河内に移陣した際であり、師直のクーデターに直接参加している筈がない。なお流布本『太平記』はこの師直第集合の人々の中に畠山宮内少輔国頼なる名を記す。この人物については本文上掲のように同書一四に、建武二年十一月直義に従って鎌倉を発した人々の中に、国清とともに掲げているけれども、畠山氏関係の系図には見当らないので、国清との関係は明らかでない。

(10) 天正本『太平記』には、細川顕氏・畠山国清は直義に和睦を勧めて尊氏との対面を実現したが、桃井直常が独り和義に反対したため纒まらず、細川・畠山は立腹して手勢を率い尊氏方に帰参したとある。事実『園太暦』同年九月二十四日条に「今日彼是云、将軍兄弟和睦説、桃井刑部大輔(直常)申破也、将軍已可レ赴二戦場一之旨治定云々」とあって、直義に随行した諸将の内桃井直常以外は大半が和平に傾いたことが窺われる。

(11) 文面から同じく観応三年三月作成と推定される某人証判波多野景高代子息経貞軍忠状案には、経貞が「侍所御手」に属して鎌倉より供奉し小手指原合戦に忠節を致してのち今月（三月）十二日懐島（相模国高座郡）より御供したとあり（「雲頂庵文書」乾）、これを掲げた『大日本史料』第六編之一六、正平七年閏二月十八日条一九六頁には証判を「畠山国清ヵ」とし、『鎌倉市史』史料編第二、『神奈川県史』資料編3もこれに倣っている。もしもこの擬定が正しければ国清は在鎌倉の尊氏の下で侍所に在任していたこととなるが、証判を国清のそれとする根拠はあきらかでなく、本文に触れた三富元胤軍忠状からの類推に過ぎない模様である。

(12) この国清の推挙状は「日根野次郎(時盛)申訴訟事、自二宸初一(致脱カ)忠之仁候上、今度為二御共一上洛候、次和泉国為二槌丸城主一、致二軍忠一候訖、被レ経二別儀御沙汰一、施二面目一之様、可レ有二申御沙汰一候、以二此旨一可レ有二御披露一候、恐惶謹言」という文言で、宛所は幕府の奉行である。佐藤進一氏はこの推挙を「守護としての職務活動の徴証」と見做し、それまでの和泉守護細川業氏から国清への交代を同年の南軍蜂起と結付けて「幕府側の軍事情勢が極度に悪化した結果」とし、「畠山国清は上掲史料で、この年五月頃陥落した和泉槌丸城(園太暦五月廿三日条)における日根野氏の軍忠を挙達しているから、国清の補任は五月以前であろう」とされた（同氏前掲書二〇―二一、二三―二四頁）。しかし、国清は、本文に述べたように観応二年末の東下以来尊氏に随伴して関東に在り、この年七月二日には関東執事としての在職活動を行っているのであって、その間に一旦上洛して畿内における軍事活動に参加する余地は認められず、したがって幕府が軍事情勢の悪化に対応して国清を和泉守護にするという想定は意味をなさない。また日根野時盛は、この推挙状によってこの年七月末の尊氏上洛に随従したことが知られるから、槌丸城(日根野氏の本拠地和泉日根庄内)主としての軍忠というのは同年五月のことではありえない。建武三年に国清が日根野道悟・同兵衛太郎に軍忠の賞として和泉・紀伊の地を預置き、宛行った事実（第一節参照）に照して、時盛も「自二最初一忠之仁」としてしばしば国清の麾下として軍功を積んだと思われ、国清の和泉守護再任期間の観応元年から二年にかけて本拠地の槌丸城主として活動してのち、国清に従って観応二年末東下し、失陥した本拠地を奪還すべく尊氏に従って西帰したのであろう。以上を要するに国清の挙状はさきに観応元年・同二年の和泉守護在任中における和泉国人日根野時盛の軍忠を証して幕府に推挙したものに過ぎず、それゆえ文和二年五月—八月の間国清和泉守護在職とする佐藤氏の推測は成立しえないと思われる。

第二節　関東執事在任と没落

一　関東執事と伊豆・武蔵守護就任

関東下向後の国清には、先ず伊豆守護、次いで関東執事、さらに武蔵守護としての活動が確認される。

伊豆守護の在職は、河村城発向後まもない観応三年三月二十六日に国清が「御寄進状□(并カ)施行」を承けて鎌倉法泉寺領伊豆国狩野庄熊坂村の下地渡付を、守護代と認められる遊佐勘解由左衛門尉に命じた書下（「相模文書」）によって確認され、これ以前の伊豆守護が直義の補任または安堵した石塔義房、次いで直義が私的に補任したらしい上杉能憲であった点から、尊氏が上述の関東下向の際に国清を補任したと推定される。且つ、降って延文六年（康安元年、一三六一）六月一日近年闕所地として人給にした伊豆国郡宅郷を三島社社家に返付する旨等を定めた国清の書下および同月二十五日足利基氏が国清の注申に任せてこの闕所地を三島社に寄せた寄進状（「三島神社文書」）により、国清が貞和年間の上杉重能と同様、守護職と吏務職（国務）を兼帯したこと、および康安元年十一月の失脚（後述）までこの両職を維持したことが推定される。(1)

国清の関東執事就任は周知のように尊氏の帰洛に伴う措置であった。すなわち文和二年六月九日の南軍と直冬党の京都突入、十三日の義詮の美濃下着の報を聞いた尊氏は、国清を基氏の執事に補した上で、七月二十八日基氏とともに北関東の南党蜂起に備えて武蔵入間川に発向させ、翌二十九日仁木頼章以下を率いて鎌倉を発し、上洛の途に就いたのである（「鶴岡社務記録」「神明鏡」等）。この国清の関東執事就任の月日を、「喜連川判鑑」は単に「文和二、七月」とし、「鎌倉九代後記」は「文和二年七月十日」とするが、鶴岡八幡宮領相模国戸田郷内淵辺源五郎跡の同宮供僧重弁代への渡付を相模守護河越直重に命じた同年七月二日付施行状写の発給者名には「修理(権脱)大夫」とあって（「鶴岡等覚相承両院蔵文書」）、既に七月初には関東執事としての活動を開始しているのである。なお彼の官途は、同年八月十六日日根野時盛の軍忠を証した上掲推挙状の署判にはなお「修理権大夫国清」とするが（「日根文書」乾）、永和四年（一三七八）八月義堂周信筆の黄梅院文書目録に「一通　文和四年四月十三日　畠山阿州(執事)施行」とあり（『鎌倉市史』史料編第三「黄梅院文書」二〇号）、延文元年十二月三日付足利基氏寄進状に「右、任二阿波守国清申請旨一」とあるように（「武州文書」一六）、執事就任後数ヵ月の内に阿波守に転じたのである。

関東執事としての職権活動の所見は多くないが、右の黄梅院文書目録のほか、延文三年尊氏の六七忌に当る六月十二日右大臣近衛道嗣が関東の基氏および国清に書状を送って弔意を表したこと（『愚管記』同日条）、某年十月義詮が鎌倉法花堂別当職の地蔵院僧正の安堵を基氏と国清に命じ某年二月にもこれを国清に命じたこと（「前田家所蔵文書」宝菩提院文書）等は国清の関東執事在職の徴証となる。なお右の『愚管記』の記事に道嗣が「畠山修理権大夫入道」とし、その条に掲げる道嗣自身の書状案の宛所に「入道修理権大夫殿」とするのは官途を誤っているけれども国清の入道を伝える初見であり、国清は尊氏の薨去を悼んで入道したものとみえる。さらにその法号道誓は延文五年三月十二日付軍勢催促状の署判（「和田文書」常陸）等で確認される。

武蔵守護の在職徴証は延文二年十二月二十二日に基氏が御判御教書を下して、鶴岡八幡宮領武蔵国金曾木彦三郎・市谷孫四郎等跡に対する江戸淡路守の押領停止を命じた事例を残すのみである（『鎌倉市史』史料編第一「鶴岡八幡宮文書」三一号）。この御判御教書は、これを収載した『鎌倉市史』史料編第一にも、宛所の「阿波守殿」の後に「コノ文書、宛所ヲ欠ク、イマ東京大学史料編纂所架蔵ノ相州文書ニヨリテ、コレヲ補フ」と注記してあるごとく、原文書に宛所を欠失していて一抹の不安を残すが、暦応年間以来の武蔵守護は高師冬・高師直・上杉憲顕・仁木頼章であり、師直と頼章は尊氏の執事、師冬と憲顕は関東執事であるから、佐藤進一氏の説く如く、頼章が尊氏に随って西帰した文和二年七月に頼章から国清への武蔵守護改補を想定することは一応妥当であろう(2)。

但し、文和三年（一三五四）十一月十八日鎌倉府引付頭人と推定される二階堂成藤（前安芸守、『尊卑分脈』に「安木守三川守従五下」云々とある）が、武蔵国鴨志田郷内比企弥太郎跡に関する久下千代松丸の重訴状により論人恩田左近将監の参決を命ずる引付奉書を使節村岡藤内兵衛入道に下している（「榊原家所蔵文書」乾）。この相論は前年七月二十三日尊氏が千代松丸に「武蔵国所領田畠在家」を安堵したこと（同文書乾）に関連しているであろうが、武蔵国大里郡村岡を本拠とする在地国人と覚しい村岡入道に論人召喚の使節を命じた理由は詳かでない。守護を関東執事の国清が兼職しているため守護宛の発給を避けたとすれば受命者は守護代で事足りる筈であるが、前述紀伊の初代守護代大和氏は出自不明としても後の同国守護代相原氏と伊豆守護代遊佐氏はともに畠山氏の根本被官であるところから推して、在地国人村岡氏の守護代への起用は蓋然性が乏しいように思われる。とすれば、康安元年（一三六一）国清の失脚後貞治五年（一三六六）まで両使が下地渡付の遵行に当り守護不設置と見做されるように、仁木頼章と国清との間にも守護の置かれない期間があって、鎌倉府が直接使節を任命して遵行に当らせたのであり、この例の場合論人召喚であるから両使でなく単一の使節を派したのであるとみてよいのではないか。すなわち国清の武蔵守護兼任は文和三年十一月より以後である可能性が少なくないのである。

なお鎌倉御所基氏は延文元年十二月三日、国清の申請により「武蔵国男衾郡本田郷□壱方幷小泉郷地頭職」を本田郷の教念寺に寄付し（「武州文書」一六）、翌二年八月二十一日には国清の三人の弟畠山尾張守義深・同左近大夫将監清義・同式部大夫国煕の申請により「武蔵国万吉郷岩松治部大輔跡」を伊豆の吉祥寺に寄付している（「神田孝平氏所蔵文書」二）。武蔵国男衾郡本田郷は同郡畠山郷に隣接し、平姓畠山氏の本貫畠山庄内であったと思われ、畠山家国（西蓮）の女すなわち国清の姉妹と推定される女子が右の教念寺に所領を寄進していることからも知られるように（第一節註（1））、同郷は国清にとって縁故の深い地であり、おそらく平姓畠山氏より継承した祖先以来の本領の一部であったと推測される。この本田郷等を彼が改めて基氏に申請して基氏の名によって同寺に寄進したのは、彼が武蔵守護を兼ねた機会に実施したものと見てよいであろう。翌年の義深等による武蔵の万吉郷の伊豆吉祥寺への寄進申請も、同様に兄国清が伊豆・武蔵両国守護を兼ねている機会に行ったものに違いあるまい。

そこで畠山氏の武蔵におけるこれら所領の存在に徴するに、翻って尊氏が関東発向に国清等兄弟を随伴させ、帰京に際して彼を関東執事として基氏の補佐に当らせることにしたのは、単に国清の足利一門有力武将としての地歩によるだけでなく、武蔵出身の名族であり現に国内に所領を有することなど(3)、関東との縁故の深さを考慮したことも一因であろう。

国清の関東執事在任中の事件の一つに新田義興謀殺があるが、この著名な事件は文書・記録には伝えるものがない。国清がこれに関与したというのも『太平記』三三に、義興の武蔵潜入を聞知した国清が竹沢右京亮・江戸遠江守・同下野守等をして義興を武蔵矢口渡に謀殺させた顛末を詳述する外は、「桜雲記」中に「正平十三年北京延文三年十月、鎌倉管領基氏及執事畠山国清入道道誓、計テ新田義興ヲ殺ス、其外新田ノ一族、所々ニ於テ悉ク平ク」とする程度に過ぎず、義興横死の年月日も延文三年九月十九日（「神明鏡」）、同年十月十日（『太平記』三三）、延文四年（一三五九）十月十日（「大乗院日記目録」）、同年十月十三日（『系図纂要』）等区々である。しかしこれ以後しばらく東国南軍の挙兵が伝えられなくなることからも、基氏・国清主導下の鎌倉府による南軍余党鎮定が奏効したのは事実と思われる。

二　畿内再進出

延文三年十月新将軍義詮が細川清氏を幕府執事とし、次いで畿内南軍の征討を計ると、基氏もこれに協力して翌四年二月武蔵の高麗経澄・同五郎左衛門尉・別苻行覚・金子忠親、相模の波多野景高等に「南方凶徒退治事、将軍家所レ有ニ御発向一也、早令ニ参洛一、可レ致ニ忠節一之状如レ件」という軍勢催促状を下して上洛を促し、同年九月にも下野の茂木賢安および右の金子忠親等に重ねて参洛を命じた（「町田文書」「別苻文書」『萩藩閥閲録』八〇「雲頂庵文書」「茂木文書」）。これらの関東勢を率いて上洛したのが国清であって、彼は同年十月数万騎の大軍を随えて鎌倉を進発し（「武家雲箋」豊田幹家軍忠状写、「楓軒文書纂」四四所収「烟田文書」一　鹿島烟田時幹軍忠目安状写等）、十一月六日入京して義詮に謁し、十二月二十三日摂津尼崎に発向した義詮に続いて翌日京都を発し、細川清氏とともに南軍追討戦を開始した（『園太暦』『愚管記』等）。国清のこの上洛・参戦を『太平記』三四に、彼自ら基氏に進言した結果とするのは事実かどうか不明としても、彼がこの機会に畿内における基盤の再建と関東における支配権の増強という一石二鳥の効果を求めて積極的にこの作戦に参加したことは充分考えられる(4)。

かくて国清は同月二十五日河内に進んで南軍と四条村に戦い（『園太暦』同月二十四日条・二十七日条）翌延文五年（一三六〇）三月、前年まで六年間後村上天皇の行在所であった金剛寺に乱入して、大門・持仏堂・坊舎等を焼払い（「金剛寺聖教類奥書集」）龍山・平石等の諸城を攻め（前掲鹿島烟田時幹軍忠目安状写）、四月三日弟義深とともに紀伊に進攻し、南軍の高野山に築いた城郭を攻めて閏四月十日これを陥れ、引続き有田・湯浅・石垣等の諸城を陥れ、義深はさらに五月一日より牟婁郡の富田庄まで進んで南党を駆逐した（「歓喜寺文書」四　延文五年四月九日畠山義深禁制、「北河原森本文書」畠山国清証判同年五月日伊丹森本基長軍忠状、「雨森善四郎所蔵文書」乾　同年閏四月九日将軍家義詮御感御教書、「小山文書」乾　同年五月七日畠山義深感状・同年六月一日畠山義深宛行状、『太平記』三四）。一方細川清氏は四月に河内竜泉城・平石城等を攻略し、五月八日ついに楠木正儀の拠る赤坂城を陥れた（『愚管記』「田代文書」「末吉文書」「大乗院日記目録」等）。

この南軍追討作戦に当り、国清は河内守護に補任されて杉原周防入道を守護代にしたと推定される（『石清水文書』之一、一九三号延文五年七月十六日沙弥（相原某）打渡状、「三浦文書」同日同人打渡状、『太平記』三五）。この河内守護代杉原周防入道は第二節に述べた貞和三年の紀伊守護代杉原周防守と同一人に違いないので、杉原入道が伊丹森本基長軍忠状に今年（延文五年）四月十一日の高野山の合戦の見知人として記されていること（前掲「北河原森本文書」）と併せて判断すると、杉原入道は河内守護代のみならず再び紀伊守護代になった蓋然性があり、したがって国清の紀伊守護再任が一応想定される。もっとも、同年閏四月九日将軍義詮が「去月十一日紀州合戦之時、殞レ命候由、畠山入道道誓所ニ注申一也」云々という武蔵国人別苻幸実の討死を賞する御感御教書をその遺族に与えたように（前掲「雨森善四郎所蔵文書」）、当時国清は紀伊における軍忠挙申の権限を行使しているとはいえ、紀伊守護としての直接の明証は見られない。これに対して弟義深は、同年四月九日名草郡の歓喜寺に軍勢甲乙人の狼藉を戒める禁制を下し（「歓喜寺文書」四）、五月七日には紀州牟婁郡の国人久木八郎に平（平石ヵ）城合戦の戦功を賞する感状を与え、六月一日には同人に富田庄（同郡所在）内白河東地頭領家沙汰人等跡を料所として宛行っており（「小山文書」）、むしろ義深が紀伊守護らしい徴証を残している。とはいえ、この義深の感状と宛行状はともに奉書形式なので、牟婁郡方面に分遣された義深が正守護の名代として発給したとも見做すことができ、そうとすれば守護はやはり国清に外ならないこととなる。

いま一つ、和泉についても国清の権限行使が見られる。すなわち同年三月十日、国清は和泉の和田一族に「被レ参ニ御方一者、所領事不レ可レ有ニ子細一候也、恐々謹言」という書状を与えるとともに（「和田文書」常陸）、和田蔵人（助氏）に和泉国信太神主職を安堵しており（「和田文書」三）、この所領安堵の予約と神主職安堵による限り、国清は同年三月現在和泉守護在職と認められる。しかるに翌四月二十八日から同年七月十四日にかけて、さきにも延文元年まで同国守護の在職徴証のある細川業氏（清氏の実弟）による所領安堵・恩給予約を伴う軍勢催促、軍忠状の証判、所領の預置・宛行および寺領安堵の事例が頻出し、業氏の和泉守護還補が確認される（第一編第三章第一節二参照）。

そこで以上の河内・和泉・紀伊の徴証を綜合すると、概ね次のように想定できよう。関東の大軍を率いて上洛した国清は、延文四年十二月の南方発向に当り河内・和泉両国守護に補任されたが、翌五年四月の紀伊進攻に際して和泉守護職を前守護細川業氏と交代した代りに紀伊守護に再任され、河内・紀伊両国守護として軍事行動を続行したと推定され、且つ分国紀伊の作戦の一部は義深が軍勢大将として分担し、遠く牟婁郡方面まで進出して、守護国清の権限を代行したものと見られる。

なお某年十二月十一日義詮は赤松氏範に御内書を下して「石清水八幡宮領摂津国中島内淡路庄事、為二往代社領一神用重色之地也、畠山尾張守（義深）当嶋管領之時、雖二敵陣一相支、無レ煩之処、今度及二違乱一候（之）、社家所二歎申一也、以二別儀一、可レ避二渡善法寺法眼一也」と命じている（『石清水文書』之六、菊大路文書一二八号）。文面からは義深の摂津中島管領の時期は明確でないが、尾張守拝任以後とすれば、この南軍追討戦を機として領有した蓋然性が考えられ、そうとすれば淀川河口の三角洲で、戦略上の要地でもある摂津中島の義深による領有は、紀伊方面への進攻作戦にとって後方基地として役立ったことを想定せしめる。且つ、この摂津国内の領有は、上に触れた伊丹森本基長のごとき摂津国人の一部が国清に従属して戦うためにも有利な条件となったことであろう。

但し、国清と麾下国人層との関係は決して強固な従属関係でなく、多分に便宜的であり、うつろい易いものであった。南軍追討戦に当り常陸の鹿島烟田時幹、武蔵の別苻幸実等の関東勢のほか摂津の伊丹森本基長等は国清に属し、紀伊の久木八郎・湯川光種・同刑部大夫等は新たに義深に属したが（上掲軍忠状・御感御教書等、および「湯川文書」康安元年四月七日将軍家義詮御感御教書）、和泉の田代顕綱・和田助氏、摂津の瓦林嶋田基忠は細川業氏が和泉守護になると業氏に属して河内・和泉に戦ってその証判を受けているのみならず、関東勢の中でも下野の豊田幹家は下総の結城駿河守とともに閏四月から五月にかけて河内の平石城・東条城に戦っており、国清の麾下を離れて細川氏の麾下に入ったものの如くである（「田代文書」五 延文五年六月日付田代顕綱軍忠状、「和田文書」常陸 同月日付和田助氏軍忠状、「末吉文書」同月日付瓦林嶋田基忠軍忠状、以上細川業氏証判。「武家雲箋」証判脱豊田幹家軍忠状写）。また国清の麾下にあった上記の鹿島烟田時幹は鹿島社の頭役を口実に途中で帰国している（上掲同人軍忠目安状）。

河内・紀伊の南軍をいちおう駆逐して追討戦を一段落させた国清および細川清氏以下は尼崎に在陣していた義詮を擁して五月下旬帰洛したが、細川清氏等は七月六日ふたたび河内の南軍を討つと称して京都を進発し、途中から帰洛して仁木義長を襲い、義長は同月十八日分国伊勢に奔った。この仁木義長追放の首謀者を『太平記』三五に畠山国清と説くが、彼には義長とのあいだに何等の利害関係も認められず、実は義長と分国・所領などをめぐって烈しく相剋していた細川清氏・土岐頼康・佐々木氏頼等の謀議によるものと判断されることは、第一編第二章に説いたごとくであり、事件をつたえる『愚管記』も同年七月六日条に「相模守清氏朝臣、今日進二発河州一云々、相伴官軍済々焉云々」、同月十九日条に「今朝武将（義詮）相二具相模守以下輩一、還二住本宅一云々」というように、清氏の動きを記しながら国清の名を挙げていない。

しかるに、折角河内・紀伊をふたたび分国に加えた国清は、この仁木義長追放事件後まもなく、同年八月四日頃京都を発って鎌倉に帰還した（『太平記』三五、「大乗院日記目録」同日条）。この東帰を『太平記』三五には仁木放逐のため幕軍が引返したので大和・和泉・紀伊の宮方が蜂起し、今度の乱は畠山の所行と評判されたため、国清は将軍に暇をも申さず密かに逃下ったとするが、彼が仁木放逐の中心人物でない以上、この説明は信じがたい。同書三六には東国勢が長期の在陣に堪え兼ねて畠山に暇を乞わず大略本国に下ったとあり、そのような事情の結果とも考えられよう。少なくとも関東と畿内近国との双方に分国を形成して支配基盤を強化しようとする彼の試みにすこぶる無理のあったことは確かである。

三　没落とその原因

果して、東帰より一年余にして康安元年（一三六一）十一月国清は突然失脚して分国伊豆に奔る。同年九月二十三日京都では幕府執事細川清氏が失脚して分国若狭に逃れるが、この政変を知った鎌倉御所基氏は十月八日軍勢催促の御教書を中村弥次郎等に下して参洛を命じていて（「集古文書」六三）、まだ膝下の事変を予測していない。しかし十一月二十六日に至り基氏は「畠山阿波入道（道誓、国清）以下輩、令レ下二国伊豆国一、構二城槨一云々、不日馳向、可レ加二退治一之状如レ件」という御判御教書を相模の波多野高道、武蔵の安保泰規等に下し（「雲頂庵文書」乾、「安保文書」）、同月二十八日には天下静謐の祈禱を鎌倉の覚園寺、上野の長楽寺等に命じており（「覚園寺文書」「長楽寺文書」四）、国清の失脚・離反が十一月下旬に起ったことを知らしめる。それゆえ『太平記』三六に関東の政変を伝える飛脚が幕府に到った日を十一月十三日とするのは誤っており、「鎌倉大日記」に十一月二十三日に国清が基氏の勘気を蒙って鎌倉を出奔したと伝える方がおそらく正確に近いであろう。

弟義深以下を伴って分国伊豆に籠った国清は、神余城・三戸城等に拠って激しく抵抗したが、基氏は翌康安二年（九月に貞治と改元、一三六二）二月岩松直国に御教書を下し白旗一揆、上野国藤家一揆、和田宮内少輔等を率いて神余城に発向させたのを始め、多くの将士を動員して攻撃を強化し、その結果三戸城は四月十四日陥り、五月二十四日には畠山方の逆襲が岩松勢に押えられ、結局九月までに諸城がすべて陥落した（「正木文書」一、康安二年二月二十一日付関東御所基氏御教書写・五月二十八日付同基氏書状写、「続常陸遺文」同年九月日付中村定行軍忠状写、「雲頂庵文書」同年十一月二十五日付波多野高道軍忠著到状案）。将軍義詮が上杉憲顕（法号道昌）に下した年闕九月十五日付自筆返書の「修理大夫（マヽ）（畠山国清）入道没落事承候了、不レ可レ有二退治程一候哉、委旨被レ仰二専使一候也、謹言」という文言からも（『上杉家文書』）[5]、九月上旬頃には国清が没落したことが確認される。

それ以後の国清の消息には確実な所見がないが、『太平記』三八の所伝では、伊豆修禅寺に楯籠って兵粮も尽きた国清兄弟は、箱根在陣の基氏から帰参を勧告され、国清は禅僧となり義深は伊豆守護職に還補されて九月十日降参したが、兄弟は基氏の謀殺計画を聞知して逐電し、国清は密かに大和宇智郡に到り南朝に帰順しようとして許されず、南都・山城辺を流浪して程なく卒去したとする。なお「喜連川判鑑」「鎌倉大日記」等にも簡略な記事があるが、ほぼ右の『太平記』の外に出ない。卒去の年も、康安二年（「両畠山系図」『系図纂要』等）、或いは貞治三年（「畠山家記」）とあって、定かでない。ともあれ、弟義深はやがて幕府より赦免を受け、貞治五年（一三六六）の政変とともに越前守護に補任されるが、国清は生きてこの自家再興を見ることができなかった。なお第一節に掲げたように、弟国凞は応安三年（一三七〇）九月伊豆の拝領地の一部を亡父家国と亡兄国清の菩提のため、予て国清存命中から兄弟等が厚い外護を加えていた同国吉祥寺に寄進している。(6)

ところで、国清の失脚・没落の事情を『太平記』三六は、国清に暇を乞わず本国に帰った上洛軍将士の所領を彼が没収して彼等の弁明を容れなかったため、彼等は国清の罷免を要求して基氏に嗷訴し、基氏は彼等の支持を失うことを恐れ、国清の非を責めて追放したと説く。上洛軍将士の所領没収の確証は見当らないが、国清は失脚の約半年前の延文六年（康安元年）六月一日、近年闕所として人給にした伊豆国郡宅郷内南部遠江守（政長）跡・同弥三郎跡・郡宅御名田・佐介上野介跡・田代左京亮跡・町女子跡を三島社に返付し、(7)基氏に要請して同月二十五日改めて基氏の名で寄進しており（「三島神社文書」）、この際一旦配分を受けた人々に替地を支給しなかったとすれば、それらの給人等の不満を招いたに違いない。

国清の上洛以前の例としては、延文二年八月、岩松治部大輔（治部少輔直国カ）跡である武蔵国万吉郷の伊豆吉祥寺への寄進がある。武蔵国春原庄内万吉郷は岩松時兼が貞応三年（一二二四）正月祖母新田尼から上野国新田庄内屋敷ならびに岩松郷とともに譲与されたのに由来する岩松氏嫡家の重代相伝の本領であり（「正木文書」新田尼譲状等）、この本領の没収は岩松氏にとっては存亡にも関る重大事であったに違いない。上述のように康安二年二月岩松直国が基氏から国清追討を命ぜられ、五月二十四日の勇戦に対して同月二十八日御感御教書を与えられたこと、さらに国清の降伏に先立って同年八月十一日基氏から本知行分を還補され、翌貞治二年（一三六三）五月二十八日国清に与同した安保泰規の所領武蔵国榛沢郡滝瀬郷内下手墓村を宛行われていることは（「正木文書」）、国清によって重代の所領を没収された岩松氏が国清を倒して家運を挽回するためにいかに力を尽したかを察知せしめる。

また基氏は康安二年二月二十二日高師秋の弟師業に下野国足利庄内大窪郷を還付し、同年四月二十九日同庄内生河郷を高尾張五郎（師業の子師満か）に宛行っている（「高文書」）。この両郷はさきに尊氏が関東下向後まもなく正平七年（観応三年）二月六日他の所領の替として師業に宛行った地の一部であって（「永井直哉文書」）、国清の失脚とともに基氏がこれを師業父子に返付していることは、国清の関東執事在任時に一旦没収された所領であることを意味し、国清が高師業父子と対立し彼等に圧迫を加えたことを推定させる。

関東執事としての国清には諸大名ないし国人層に対する所領預置・安堵・宛行等の事例が、前節に挙げた和泉国人日根野時盛への尾張国柏井庄内宛行の一例を除いて全く見当らず、むしろ右のように所領没収の事例のみ目立つのは、前述の如く畿内近国国人層の掌握にも大きな限界があり、権力の基礎の不安であった国清が、関東における支配権維持のために強権を発動して、岩松氏や高氏のような有力豪族との対立を深めたことを示すものに外ならないと思われる。しかしこの場合、看過しえないのは、岩松直国がかつて直義に与し観応二年（一三五一）七月二日直義から本知行地を安堵されていること（「正木文書」一）、また高師業も有数の直義党高師秋の弟であって、師秋の嫡子師有とともに旧直義党に属していたという事実であり、したがって国清と彼等の対立は直義を裏切った国清に対する旧直義党の反感と国清の弾圧という政治的抗争を基軸とするものであったと見られることである。果して国清の伊豆出奔ののち、師有は関東執事に補任されて基氏を補佐し、康安二年四月二十五日基氏が国清の所領であった「伊豆国矢田郷々司職幷御名田畠山阿波入道跡」

を三島社に寄進すると、即日師有は施行状を伊豆の新守護高坂兵部大輔に下して下地を渡付させている（「三島神社文書」乾）。

さらに、この旧直義党の動きに関連して注目されるのは、上掲の義詮自筆書状によって知られる上杉憲顕と義詮の関係であり、即ち康安二年（貞治元年）九月憲顕が国清の没落をいちはやく義詮に告げ、義詮がこれに手厚く応えた事実である。憲顕はかつて東国における直義党の中心人物であり、その後も越後を中心に幕府方に抗していた(8)。それゆえ憲顕と義詮との交渉は決して尋常な関係でなく、既に憲顕が義詮から帰順を承認されていた結果に違いないのである。幕府では同年七月旧直義党斯波高経が管領となり、その子義将が執事に就任しており、このような幕府における旧直義党の復権が憲顕の復帰を容易にしたに違いない。かくて同年（貞治元年）十一月までに憲顕は越後守護に復し、翌貞治二年（一三六三）三月の基氏の慫慂により越後より鎌倉に到って関東管領に就任、同年末までに上野守護にも再任した。且つ右の慫慂を行った有名な基氏自筆書状（『上杉家文書』之一、三四号）の「此事多年念願事候間、此時就レ願大慶候」という文言によって、基氏が夙に憲顕招聘を志していたことが知られる。以上によって推測すれば、基氏は幕府における細川清氏追放を機会に、旧直義党諸将を中心とする国清排斥運動を利用して国清追放を断行し、旧直義党の高師有を執事に補任し、且つ幕府における旧直義党の復権に乗じて上杉憲顕の復帰、ついで関東管領就任を実現したといえる。

要するに国清は、基氏を推しつつ秘かに政治勢力の回復と上杉憲顕の復帰を準備した関東旧直義党諸将の反撃の前に敗れ去ったのである。これに対して国清をあくまで支持した武士として『太平記』に見えるのは、同書三六に国清の伊豆への退去に同行して小田原宿で土肥掃部助の夜襲を駆逐した被官として「遊佐・神保・斎藤・杉原」を数えてあり、また同書三八に国清が一旦降参して後、基氏による誅戮の危険を告げた被官として稲生平次を挙げ、国清の逃亡を扶けて遂に自刃した被官として遊佐入道性阿を挙げてあるのに過ぎない。この内遊佐・神保・杉原の諸氏は国清の守護代や合戦の見知人などとしての所見があり(9)、おそらく前代以来の根本被官と思われる。国清が失脚後約十ヵ月にわたる抗戦を行えたのは、彼等の忠誠に負うところが少なくなかったであろう。その外にも武蔵の安保泰規等が伊豆に楯籠った国清に同意した罪科により所領を没収された事実があり（「正木文書」一　貞治三年六月十一日付某書状案）[10]、安保氏は武蔵を本貫とし畠山氏と深い縁故があったため味方したものと思われる。しかし、千葉氏・武田氏等の東国の旧尊氏党諸大名が国清に同調した形跡は存在しないし、上杉憲顕に代って上野・越後両国守護になっていた宇都宮氏綱すら国清の抗戦には与同せず、憲顕の復帰に伴い、越後守護を罷免されて始めて重臣芳賀禅可等が鎌倉府に反抗したため基氏の追討を蒙った（「額田小野崎文書」貞治二年八月十八日付基氏軍勢催促状、『太平記』三九等）。

このように、国清は殆ど孤立して敗れ去ったのであって、彼の政治力・軍事力の限界がここに明確に露呈しているといわなければならない。彼は機会主義的な行動によって一旦は権勢を強めたかの如くであっても、その再度の変節によって獲ち得た権勢は結局旧直義党諸将から排撃される原因となり、同時に尊氏党諸将の中にも支援者を得られない結果を招いた。且つ関東に転出しながらなお畿内南軍追討戦の副将となるという二兎を追う如き行動は、結局東国にも畿内周辺にも確実な支配基盤を築くことを妨げ、何れの地域においても鞏固な被官関係によって国人層を掌握し軍事力の基礎を固めることを不可能にしたのである。さらに彼が弟義深以外に彼を支持する近親を持たなかったことも重要な弱点であり、これは前章に述べた他の畠山一族の諸将と共通の事情、即ち一族が個々に行動して一族としての連携を闕くという状況によるものであった。

註

（1）佐藤進一氏前掲書一一八—一二二頁参照。

（2）同書一三六頁。

（3）当時の関東における畠山一族の活動として、国清の関東執事就任より約半年前の文和二年（一三五三）正月十九日、畠山兵衛蔵人代小野助俊なるものが、前年十二月三十日の「御下文幷御教書」に任せて御方局代に上総国三直郷氏家範能跡を打渡した事例がある（「黄梅院文書」乾）。御下文・御教書は現存しないが在鎌倉の尊氏のそれであろう。上総守護は尊氏の関東発向に随伴した千葉氏胤（上記『園太暦』観応二年十一月四日条）が観応三年六月以来在職徴証を残し、現に右の三直郷に関する下文・御教書の九日前に当る同年（文和元年）十二月二十日にも尊氏から同国武射郡小松村の遵行を命ぜられていて（佐藤氏上掲書一四七—一四八頁）、国清ないし畠山一族の上総守護在職の余地は全く考えられない。一方畠山兵衛蔵人某はこの他には文書記録はもとより系図にも所見がないが、畠山氏庶流の一人であろう。とはいえ、いやしくも足利一門畠山氏の名字を称する以上、外様守護千葉氏の被官と見るのは困難であろう。それゆえこの上総国三直郷の遵行は、詳細は不明であるにしても、守護千葉氏胤に遵行を命ずることを不都合とする何等かの事情があって、尊氏が畠山庶流一族の兵衛蔵人を以て実施させたものと推測される。

（4）『太平記』三四には、尊氏薨逝後、人皆義詮と基氏の不和を危ぶんだので、国清は自ら東国勢を率いて上洛し南方へ発向して義詮の疑を散じたいと申出て基氏の同意を得たとし、且つ彼は「上ニ公儀ヲ借テ、下ニ私ノ権威ヲ貪ラント思ヘル心」があるため諸大名に厚賞を予約して誘ったので、東八箇国の大名小名悉くその催促に応じたとする。この叙述に国清の私欲を説くのは、その失脚・没落の叙述への伏線とも見られるが、元来関東に多少の所領があるにしても、長年畿内周辺に活動していて関東における勢力基盤の乏しかった彼としては、関東南軍覆滅後も関東執事として諸豪族に優越する地位を維持するため、何等かの打開策を必要としたことは事実であろう。

（5）この年閏九月十五日付義詮自筆書状を、『大日本古文書』家わけ第一二「上杉家文書」之一、三二号には康安元年に比定し、『神奈川県史』資料編3、四三八三号もこれに倣っているが、本文に述べたように国清の失脚・離反は同年十一月下旬の事実であって、同年十月にも未だその兆が全く窺われない以上、義詮の右の書状を康安元年九月と見ることはできない。本文所掲の康安二年九月日付中村定行軍忠状写に「至二于今月所々城于（ママ）没落之期一、所レ抽二軍忠一也」とあるところからも、義詮書状の「没落」というものも国清方の伊豆の諸城がすべて陥って国清等の遁走したことを意味するものに相違なく、したがって義詮書状の年次は康安二年（貞治元年）に系けるべきものである。

（6）本節一にも掲げたように延文二年八月二十一日、義深・清義・国煕兄弟の申請によって基氏は武蔵万吉郷を吉祥寺に寄せた。また某年十二月十四日国清の嫡子義清は建長寺宝珠庵主に「吉祥寺事、可レ為二諸山列一之由、被レ成二御教書一候歟、殊目出相存候、恐惶敬白」という書状を送っている（「相模文書」）。

（7）南部政長は建武年間より貞和年間まで終始北畠顕家・顕信に属して活動し尊氏よりの再三の帰順勧告に応じなかった奥州北部の南党であり、佐介上野介は北条一門佐介氏の一族で北条氏とともに滅亡したか、またはその余党とみられる。しかし観応二年二月伊豆守護石塔義房は三嶋宮神主盛実代光頼の申請を容れて、前目代のとき人給とした郡宅郷内御名田九丁八反大の三島社への返付を守護代に命じており（「三島神社文書」乾）、したがって本文に掲げた闕所とし人給にしたというのは観応擾乱直前ないし擾乱前半の事実であったこと、および直義党石塔義房による返付は極く部分的で且つ殆ど履行されなかったことが推測される。

（8）　上杉憲顕はかの貞和五年の政変で配流・討滅された上杉重能の兄であり（『尊卑分脈』等）、母は基氏の乳母であったと伝える（「鎌倉大草紙」）。憲顕は建武・暦応年間以来上野・越後両国守護、暦応三年関東執事となり、年少の基氏が鎌倉に下るとこれを補佐し、観応擾乱が起るや直ちに直義に呼応して東国の直義党を勝利に導き、やがて直義を鎌倉に迎え入れて尊氏軍に抗し、直義の死後一旦新田義興等と連携し、さらに旧分国越後に在って抗戦を続け、延文四、五年には越中に侵攻して幕府方と交戦した（渡辺世祐氏前掲書六三・一〇九・一六四・一八〇頁、佐藤氏前掲書一九六―一九八、二六五―二六九頁等参照）。

（9）　本文にも触れた如く、観応三年（一三五二）に伊豆守護代、延文五年（一三六〇）に国清の執事として遊佐勘解由左衛門尉（「相模文書」『太平記』三四）、観応元年七月の和泉神於寺合戦における見知人、同年十二月以後の畿内所々の合戦における見知人の筆頭として神保二（次）郎左衛門尉（「淡輪文書」「田代文書」四）、貞和三年（一三四七）の紀伊守護代、延文五年の河内守護代および紀伊高野合戦の見知人として椙原周防守＝周防入道（「佐々木文書」『石清水文書』之一「北河原森本文書」『太平記』三五）が見える。遊佐氏は出羽国飽海郡遊佐郷（『和名類聚抄』）を名字の地とし、神保氏はおそらく上野国内を本貫とし（「佐々木文書」二一 文和二年十二月十七日の義詮御教書案に同国多胡庄濫妨の輩として神保太郎左衛門尉等が見える）、杉原氏は伊勢平氏の末裔らしい（『尊卑分脈』）。何れも畠山被官になった経緯は不明であるが、国清の分国出身の国人ではない模様である。

（10）　この書状案は日下に「瑞泉寺殿基氏御判」と記すが、基氏の処置に敬語を用いる等、文言は全く基氏のそれではない。但し本文上掲の岩松直国に対する安保信濃入道跡下手墓村宛行（「正木文書」一　貞治二年五月二十八日付足利基氏御教書写）によって、右の書状案の内容は肯定しうる。なお基氏は同年五月十六日「武蔵国榛沢郡人見郷内安保余五郎跡、同国秩父郡白鳥郷内青木彦四郎入道□（跡）」を鎌倉の右大将家法華堂に寄せており（「相州文書」一四）、この安保余五郎・青木彦四郎入道も、同じく国清与同の人々であろう。但し、安保泰規は同年十二月二十二日基氏から本領の武蔵国賀美郡安保郷と児玉郡宮内郷を還付されており（「安保文書」）、まもなく赦免を受けたことが判る。

第三章　畠山基国の活動と管領畠山氏の成立

第一節　畠山義深の復帰と基国の擡頭

一　義深の幕府復帰と越前守護在任

畠山国清の失脚によって一旦滅亡に瀕した畠山氏嫡流は、その弟義深の赦免を端緒として再び守護大名の地位に復した許りでなく、義深の子基国に至って幕府管領兼越中・能登・河内・紀伊四ヵ国守護にまで発展し、爾後の畠山氏が三職（いわゆる三管領）の一として幕府に重きをなすための基礎を築くに至った。この義深・基国父子就中後者の活動は、独り畠山氏の発展史にとって重要であるのみでなく、南北朝末期ないし室町初期の幕府政治および幕府機構の性格を探るためにも看過しえないものがあると思われる。そこで以下、この父子の動向を辿りつつ、畠山氏の分国再建・拡大の方法と幕府政権への参与の在り方を追究しよう。

貞治元年（一三六二）九月兄国清とともに鎌倉御所基氏に降服し続いて逐電するまでの畠山義深の動向は、前章において国清のそれとともに言及したが、簡単に再説すると次の如くである。

義深の動静は、第一次の観応擾乱が直義党の勝利に帰した後、観応二年（一三五〇）四月十六日の除目で、従五位下に叙せられ尾張守に任ぜられたのを初見とする。「常楽記」の記す享年（康暦元年）から逆算すると、彼は元弘元年（一三三一）の出生であり、観応二年には二十歳であって、正に活動期に入った頃と認められる。なお、前章に述べた如くこの除目で、兄国清は修理権大夫に任ぜられ、弟清義も従五位下、左近将監に叙任されている。義深の軍事活動の初見は、文和四年の南軍京都侵入に際し、義深が弟義凞（国凞）とともに鎌倉御所基氏の命を受けて武蔵平一揆・白旗一揆等を率いて上洛し、東寺合戦に加わって戦功あり、南軍駆逐ののち下国したと伝えられることである(1)（「源威集」）。なお延文二年（一三五七）八月二十一日基氏が義深・清義・国凞兄弟の申請により、岩松治部大輔跡の武蔵国万吉郷を伊豆吉祥寺に寄せたのは、義深以下の兄弟が関東に在住して兄国清を扶けたことを窺わしめる（第二章第二節一参照）。

延文四年十二月、国清が将軍義詮の下で河内・紀伊の南軍追討戦を行ったとき、義深もこれに参加して、翌延文五年四月国清とともに紀伊に進み、同九月九日名草郡歓喜寺務に禁制を下し、五月七日久木八郎に感状を与え、六月一日同人に富岡庄内を料所として宛行い、国清の権限を代行して活動した（第二章第二節二参照）。まもなく義深は国清とともに鎌倉に帰着したとみえて、『太平記』三六・三八の所伝によれば翌康安元年（一三六一）十一月の国清失脚の時、義深は国清とともに楯籠り、翌貞治元年九月、義深には伊豆守護職が還補され、彼は国清とともに降参したが、基氏による謀殺を恐れ逐電したとあり（第二章第二節三）、なお同書三八には、義深はこの時結城中務大輔（直光）を憑み、時衆の藤沢道場に送られて死を免れたとある。

その後義深は数年ならずして幕府に復帰を許される。その経緯を「畠山記」には、藤沢道場の上人を通じて春屋妙葩を語らい将軍義詮に歎願した結果赦免を受け、貞治三年二月二十八日上洛し、越中守護職を拝任したとするが、この経過には何等の傍証もなく、越中守護に補任されたというのも事実に反するのでこの記事は甚だ疑わしい。将軍義詮が国清・義深等の追放に積極的に関与していなかったため、義詮と基氏との隙に乗じて義詮の赦免をかちえた蓋然性も考えられないではないが、復帰後の初見史料が次のように貞治五年六月なので、同年四月の基氏の逝去を機として義詮の赦免を申受けたという推測も成立しうる。

ともあれ、貞治五年六月九日の「摂津国中島内善源寺地頭職事、任二御寄進状之旨一、所レ去二渡多田院御崩(廟カ)雑掌一状如レ件」という義深の避状が幕府復帰後の義深の動静の初見である（「多田神社文書」二）。文中の御寄進状とはおそらく「摂津国善源寺東方地頭職諏方三郎左衛門尉跡」を多田院に寄せた建武四年七月二十五日付の足利尊氏の寄進状を指すのであろう。摂津中島は上述のようにかねてより義深の管領の地であったため、多田院から右の地頭職の押妨停止を幕府に訴えられており、義深は幕府復帰の結果、この避状を作成してこの地頭職を多田院に返還したものと思われるが、何れにせよこの避状は貞治五年六月には既に義深が幕府に復帰していた事実を明示するとともに、再び摂津中島の領有を認められたことを窺わせるに足りる。

次いで同年八月の政変で足利高経以下の斯波一族が越前に没落すると義深はその追討を命ぜられて越前に向った。『太平記』三九に追討軍の筆頭に「畠山尾張守義深」を記し、同書天正本に「此時以二義深一為二越前守護一」とするのみならず、義深の越前守護在職の徴証が同年十一月十四日を初見として現れ、彼が越前守護に補任されて斯波追討の責任者となったことを裏付けている。(2) 義深は同年十月十二日深沼兵庫允なるものに「参二御方一、被レ致二忠節一者、本知行之地、不レ可レ有二相違一之状如レ件」という軍勢催促状を下しており（「佐藤文書」）、『太平記』の右の件りに、義深以下の追討軍が十月より杣山・栗屋の二城を囲んだとある記事の概ね正確なことが知られる。

その在職徴証は佐藤進一氏が詳細に掲げておられるように永和四年（一三七八）七月二日に及び、康暦元年（一三七九）正月十二日の卒去時まで在職していたと認められる。(3) 但し、義深の守護在職中にも拘らず、幕府が両使を派して実施した遵行の事例が一例見られる。即ち貞治六年三月五日将軍義詮は御判御教書を幕府奉行人雅楽左近入道（道観）・雑賀縫殿允の両名に下して禁裏御料所越前国河北庄は本来は御室（仁和寺）の管領下にあったが、勲功の賞として斯波高経に宛行ってのち、今度没官して公家に進じた以上、御室の競望を止めて一円三宝院僧正（光済）の雑掌に渡付すべき旨を命じ、同年四月七日右の両名は同庄の下地を一円三宝院雑掌に渡付した旨の打渡状を作成している（「三宝院文書」第一回採訪三）。この河北庄は同年正月二十日の綸旨を以て光済に知行せしめたものであり（同文書第二回採訪九）、義詮が同庄の遵行を守護畠山義深に命じないで、奉行人両名を使節として打渡を行わせたのは、(1)禁裏御料所であること、(2)尊氏以来将軍家の尊崇した光済が、綸旨によって賜った地であること、および(3)同庄が本来寺格の高い仁和寺領であり、しかも仁和寺の主張を却けなければならないこと、という格別重要な事があって、この渡付を守護に委ねず直接将軍自身の手で実施するという形を選んだためと判断される。

しかるに右の打渡状の日付と前後して、某姓常心・長清の両人は遊佐勘解由左衛門尉（国重）に連署奉書を下して同庄下地の三宝院に対する一円渡付を命じ、同月九日国重は打渡状を作成し、続いて同月十三日には某姓浄超が「任二今月十日御書下之旨一」せて河北庄の下地を三宝院雑掌に一円渡付した旨の打渡状を進めている（「三宝院文書」第二回採訪九）。遊佐勘解由左衛門尉国重はいうまでもなく有力な畠山氏の近臣遊佐氏の一族であり、殊に彼は観応三年国清の下で伊豆守護代在職が知られるので（「相模文書」観応三年三月二十六日畠山国清書下）、義深の復帰・越中守護就任にともない、越前守護代として再び起用されたものと認められる。したがって常心・長清の両人はおそらく守護畠山義深の奉行人であろうし、某姓浄超の打渡状の文面の「御書下」も守護畠山義深のそれに違いない。とすれば、幕府による直接の遵行と相前後して、義深も二度にわたり遵行を実施させ、しかも初度の遵行の結果を待たずに引続き書下を下して遵行を督励したものの如く、そのため同一下地に対する打渡が幕府の両使によるそれを含めて前後三回に及ぶという結果を来したものと認められる。これは、光済が将軍義詮に働きかけると同時に義深にも別個に折衝して下地渡付を依頼したことによると推測しうる。

しかも応安四年（一三七一）に至り、再び河北庄に関する遵行の事例が現れる。即ち、三宝院僧正光済に宛てて越前国河北庄半分を知行せしめた同年六月一日付後光厳上皇の院宣が下ると、管領細川頼之は同月五日付で「新所越前国河北庄半分」の下地に三宝院雑掌を沙汰し居うべき旨の幕府御教書を雑賀縫殿允入道・斎藤刑部左衛門入道の両名に下すともに、翌七月二日、光済に「越前国河北庄半分号河合事」の院宣の趣に一見を加えた旨の書状を光済に差出した。さらに右の雑賀・斎藤の両使と推定される連阿（蓮阿か）・道成の両人は同月八日和泉七郎兵衛尉・小部新兵衛尉に去月五日の御教書に基づく「料所越前国河合庄号河北御品田半分」の下地に三宝院雑掌を沙汰し居えるようにとの連署施行状を下している（以上「三宝院文書」第二回採訪九）。先の貞治六年の遵行命令は河北庄の一円渡付を命じたものであったことに照して、その後何等かの事情で同庄半分が幕府料所に編入され、これに対して三宝院は先に在位中の貞治六年に綸旨を以て光済に河北庄を知行せしめた後光厳院に知行の確保を訴え、その結果右の院宣以下による料所取消し、三宝院への渡付の処置が行われたものと推定される。そしてこの場合も、前回と同様に重要な問題であること、および今回は幕府料所の撤回という処置であるために、やはり守護の義深を介さず、奉行人を両使とした幕府自身による渡付が実施されたものと見られる。

義深の幕府復帰後の事績は、以上の越前守護としての在職活動を主としており、その外には、応安四年六月河内南軍追討のために幕府軍が発向した時、三手に分れて淀河を渡河した軍勢の内、中瀬の釜野渡に向った諸将として「畠禅（義深）、一禅（一色範光）、侍所（佐々木高秀）、土岐（頼康カ）」と見える程度に過ぎず（「花営三代記」）、政治的にも軍事的にも格別顕著な働きを残していない。しかし斯波氏の旧分国越前を分国とする義深は幕府を廻る細川・斯波両派の相剋の激化につれて、勢い管領細川頼之の与党としての行動を採らざるをえなかったと考えられる。「花営三代記」永和元年三月二十七日条に、将軍義満の石清水参詣の際の役人を「御幣　畠山兵部少輔、御剣　畠山左近大夫将監、御調度　佐々木青地六郎左衛門尉、御沓　千秋左近将監」と記してあり、畠山一族の幕府儀礼面での活動が見られる。但し兵部少輔・左近大夫将監の実名は明確でないが、後者は清義の子で『尊卑分脈』に父と同じく左近将監とする貞清に比定できよう。前者は該当する人名が管見に触れないので憶測を控えて後考を俟ちたい。

さらに同書永和二年三月九日条には「侍所沙汰始、于レ時畠山右衛門佐基国」とあって、義深の嫡子基国の侍所頭人起用が知られる。且つ同書同年五月十二日条、将軍義満の佐女牛新八幡宮への社参始の供奉人は「細川武蔵守(頼之)于時管領、今川上総介(泰範)于時小侍所、佐々木大膳大夫(京極高秀)、山城三郎左衛門尉、侍所畠山右衛門(基国)(佐脱カ)」とあり、当時今川・京極の両氏はともに有力な細川派であったから、畠山氏の党派的立場もまた類推しうるであろう。一旦没落を経験して、支配力の基礎が充分でなく、しかも斯波氏の最も主要な旧分国を自己の唯一の分国とする義深としては、両派対立について慎重な態度を採らざるをえず、子息基国の背後に特に表立った幕府内での活動を抑制していたのであろうが、嫡子基国の侍所起用によっても、義深父子の幕府における立場が親細川的であったことを想定しうるのではなかろうか(4)。

なお、右のように貞治六年四月には遊佐勘解由左衛門尉国重が越前守護代と覚しいが、同年十月五日付の義深遵行状写(「史料蒐集目録」二九七、保井芳太郎氏)および同年十一月六日付の義深遵行状(「古今采輯」)の宛所に拠って守護代は遊佐次郎に交代したことが推定される。国重と次郎とはおそらく父子の関係ではあるまいか。基国が守護職を継承してまもなく、康暦元年七月十一日に発した遵行状の宛所遊佐次郎左衛門尉もおそらく遊佐次郎と同一人で引き続き守護代に在職したものに違いない。なお「花営三代記」応安元年四月の条に「八日、畠山尾州禅門下二向越前一」とあって、義深が一旦分国に赴いていることが知られる。下向の理由は明らかでないが、守護代以下に一任するのみでなく義深自ら分国支配に当ったことが察せられる。

義深の弟国凞も義深と共に赦免を受けたことは、応安三年九月二日に伊豆の吉祥寺に拝領地伊豆国中嶋郷半分を寄せた国凞の寄進状案、およびこの寄進地に基づき与えた安堵状を紛失したという同寺の申請により再度この地を安堵した応安四年七月二日付の幕府御教書(管領細川頼之奉)案によって知られる(「北条寺文書」)。やがて康暦二年九月七日付幕府御教書(管領斯波義将奉)案写は「畠山入道」に宛てて、佐渡国梅津保付浦河保渋谷平三跡地頭職に対する本主等の押妨を退けて下地を本間泰直に渡付するよう命じており(「佐渡本間遺文桜井家文書」)、翌永徳元年十二月十四日付幕府御教書(同人奉)は重ねて同地頭職の泰直への渡付を「畠山播磨入道」に命じている(「本間文書」)。この二通の御教書中、後者の宛所畠山播磨入道が国凞であって、この御教書が彼の永徳元年十二月佐渡守護在職の徴証なることは、佐藤氏の指摘されたところである。(5) さすれば、前者は宛所「畠山入道」が尾張入道義深の歿後で義深に非ざることは明白であり、且つ翌年のそれと同一の地の遵行命令であることからも当然国凞に比定される。即ち国凞の佐渡守護在職徴証は少なくとも康暦二年九月まで遡らせることが出来る。

二　基国の擡頭と分国拡大

基国は、彼の卒去当日の『教言卿記』応永十三年（一四〇六）正月十七日条を始め『尊卑分脈』「大乗院日記目録」に記す享年五十五歳から逆算すると、その出生は文和元年（一三五二）であった。弟には深秋（或いは満国）がある。(6)

基国の若年の活動を伝えるものとしては、「喜連川判鑑」足利氏満の項に「庚戌(応永三年)三、正月、新田ノ残党武蔵・上野ノ間ニ出張、上杉弾正朝房・畠山左(右)衛門佐基国ヲ差向ラル、二月九日、本田ニ著陣、馬淵・中村敗北シテ、信州ニ落下リ、又蜂起ス、上杉・畠山信州ニ向フ、敵退散ノ間、四月中旬、鎌倉ニ帰ル」とある。『空華日用工夫略集』の同年三月十五日条に「上杉中書(朝宗)請、為二先考古岩淳居士(憲藤)三十三忌一拈香、蓋中書自二信州陣一辨供」とあって上杉朝房の弟朝宗の信濃在陣が判り、したがって朝房の出陣も事実であろう。基国については確証を得ないが、武蔵本田は畠山氏の本領の一部と推定されるので（第二章第二節一参照）、基国の軍事行動の蓋然性は否定しえない。(7)

但し、基国の活動の確実な所見は、上述永和二年（一三七六）三月ないし五月における侍所頭人としての在職活動を嚆矢とする。当時基国は既に二十五歳で、官途も右衛門佐を帯しており、父義深の後見を受けずとも、充分に侍所頭人としての職権活動をなしえたものとみられる。但し、その起用が、おそらく親細川派としての父義深の立場に基づくものであったであろうことは上述の如くである。

康暦の政変に当り、基国は何等の行動にも出なかった模様である。それは、政変の気運の熟しつつあった康暦元年正月に父義深が卒去したためでもあろうが、主として情勢の不利を見抜いて行動を抑えた結果であろう。しかし政変直後、基国を始め富樫昌家・一色範光の三名が追討を受けるらしいという風評の立ったことからも（「後愚昧記」康暦元年閏四月二十一日条）、政変時における基国の困難な立場が窺われる。

しかし基国はこの政変によって失脚しなかった許りか、寧ろ次のように政変後その幕府内における地歩を強めることとなる。即ち、第二編第三章第二節三に掲げた「花営三代記」同年八月二十五日条によって知られるように、基国は一方引付頭人に登庸されて同年十一月一日引付内談を始め行っており、さらに同書の翌康暦二年の記事によって二年六月にも引付内談を行ったことが知られる。なお康暦元年七月二十五日の将軍義満の右大将拝賀に際して、布衣・馬打にて参列した十二名の一番目は一色範光、二番目が基国、三番目が今川泰範であり、四番目以下に吉見等の足利一門以外の大名が列なり（「花営三代記」、なお『朽木家古文書』下、六四七号、足利義満右大将拝賀随兵交名では今川の前に楠木が入っている）、その後に管領斯波義将が騎馬十騎を従えて殿りを勤めている。このように将軍出行の際にも基国は一色・今川の両氏とともに、依然として将軍家重臣としての立場を保持したのである。これは、政変後の幕府首脳が、細川氏以外の諸大名には殆ど処分を行わず、畠山・今川・一色の如き従来親細川的であった大名にも宥和方針を以て臨んだことによると考えられる。但し分国については、第二編第三章第二節に述べた如く、父義深の分国の譲補により越前守護となっていた基国は、康暦元年十一月から翌二年七月までの間に斯波義将と越前・越中を交換して、越中守護に転じ(8)、従来の分国よりも遠隔で、政治的・軍事的に不利な基盤に立つこととなった。

しかし基国はこの不利を補って余りある新たな分国を、それより一、二年の内に獲得することとなった。それは、永徳二年（一三八二）閏正月河内守護楠木正儀が南朝に復帰した時、基国が楠木追討に派せられて河内守護に補せられた事実である。佐藤進一氏はこの基国の河内発遣・守護新補の証左として「永徳壬戌歳（二年）（中略）、大檀那右金吾源公滋定南服、遂拝二本州刺史一」という懶室の祝万春住河内布金山永興の序（「懶室漫稿」巻七）を挙げられ、さらに今谷明氏は基国が土屋次郎宛に「河内国守護職事、被二仰付一候之間、近日可二進発一候」云々と告げて麾下に参加するよう求めた年闕二月三日付書状（前掲「土屋家文書」）を挙げて補任時期を推定された。(9) なお基国の河内発向を証するものとして、彼の次の軍勢催促状がある（「堀本文書」）。

参二御方一致二忠節一者、本知行不レ可レ有二相違一之状如レ件、

永徳二年三月五日　　　右衛門佐（畠山基国）（花押）

山城大膳助（国宣）殿

河内はいうまでもなく楠木氏の本拠地があり、且つ楠木正儀は応安二年（一三六九）幕府に帰順してからも十数年間河内守護に在任していた。康暦二年の和泉橋本正督敗死、紀伊南軍敗北等により畿内南軍は衰えたとはいえ、正儀の南朝方復帰は、幕府方にも少なからぬ影響を与えた筈である。したがって基国がその追討の任に選ばれたのは、河内が先に一時期、基国の伯父国清の分国であったという事情も考慮されたではあろうが、基国の軍事的手腕が期待されたことにもよるのではあるまいか。河内南軍追討の経過は明らかでないが、南軍の反撃や幕府軍増派等の記事が見出されないところからも、基国の新分国河内制圧は比較的容易に達成されたものの如くであり、それは基国の幕府における評価を高める一因となったであろうし、また畿内に分国を得たことは、彼の幕府における地歩にも従来に比して遙かに有利な条件を付与することとなったに違いない。(10)

河内守護補任とともに、基国の勢力上昇を如実に示すのは、能登守護への新補である。当時の能登守護についても佐藤氏が詳細に考証され、吉見氏頼の在職が康暦元年（一三七九）四月まで推測されるが永徳三年（一三八三）には氏頼は既に罷免されていると覚しいこと、および基国の在職は明徳二年（一三九一）十二月まで溯ることを明らかにされたが、(11) なお守護未詳の期間がかなり残されている。したがって康暦政変後まもなく、少なくとも永徳三年までに罷免された吉見の後に、直ちに基国が補任されたか否かは明らかでないし、補任の理由も不明である。けれども、至徳四年（一三八

七）富樫昌家の卒去に乗じて加賀が斯波氏の分国に編入された事実に見る如く（第二編第三章第二節三参照）、斯波義将は管領在任中、北陸における自家の分国拡大を計りつつあったので、能登を畠山氏の分国として与えることに容易く賛同したとは考え難い。よって、この補任はおそらく斯波氏の勢力拡大を制約する試みとして将軍義満によって計られたものであり、したがってその時期も、斯波義将第一次管領在任の末期か或いは明徳二年の細川頼之後見下の管領細川頼元在任の頃ではあるまいか。ともあれ、基国は越中に隣接する能登をも分国として獲得し、河内とともに三ヵ国守護を一身で兼ね、本節一に述べた叔父国熙の佐渡守護在職と併せると康暦―明徳の間に畠山氏は四ヵ国守護へと発展したのである。

ところで「鹿苑院殿厳島詣記」には、康応元年（一三八九）三月、義満の厳島詣に際して、義満の御座舟に同乗した人人として「修理大夫（斯波義種）・右京大夫（細川頼元）・日野弁（資国）・畠山左近大夫将監（貞清カ）・同七郎・今川修理亮・真下・古山十郎（満藤）」を挙げ、各の舟で随行した人々を「畠山右衛門佐（基国）・山名播磨守（満幸）・細川淡路守（満春）・土岐伊予守（満貞）・探題伊予入道（今川貞世）・今川越後入道（頼春）・伊勢右衛門入道・曾我美濃入道（満助）・朝倉因幡守・若王寺別当・古山珠阿・松寿丸・士（坂）仏、かやうの人々也」としている。この記事に記入された大名の順序は必ずしも何等かの序列に従ったものではないにせよ、基国が各の舟での随行者の筆頭に記されていること、および義満と同船した随行者の中に畠山一族二名の在ることは、当時の畠山氏が既に幕府内に有力な地歩を築くに至ったことを裏書しているといえよう。なお康応二年三月十八日将軍義満が摂津国護久寺に寄進状（実質上は安堵状）を下し、「右、任㆓元真寄進㆒、可㆑被㆑成㆓安堵㆒之由、畠山右衛門佐基国所㆓執申㆒也」として、同国散在田地を安堵しており（「護国寺文書」）、畠山氏分国外の寺領安堵について基国が仲介の労を執っている事実が知られる。これも基国の幕府における権勢、就中義満の寵臣としての地位を物語るものに外ならないと思われる。

明徳二年の内野合戦において、基国が細川頼之と軍を連ね、山名満幸勢を迎え撃って勇戦したことは『明徳記』に委しく、且つ基国が証判を施した明徳三年正月日付得田章長軍忠状（「得田文書」）に「右者（明徳）二十二月、為㆓山名陸奥守（氏清）・同播磨守（満幸）以下凶徒一、被レ責二上京都一間、属二大将畠山右衛門佐殿（基国）御手一、内野合戦随分致二忠節一了、此等次第御見知上者、下二賜御証判一、為レ備二向後亀鏡一、仍恐々言上如レ件」とあることからも基国の陣頭指揮が窺われる。かくて、明徳三年正月の論功行賞で、基国には山名の分国の内山城が与えられ（『明徳記』「大乗院日記目録」等）、さらに同年八月十七日の相国寺供養に基国は侍所として現れ（「相国寺供養記」）、山城守護と侍所頭人との両職を兼帯したことが知られる。(12)この基国の山城守護在職の徴証は明徳五年二月まで確認され、その後侍所は同年九月までに佐々木高詮に、山城守護は同年八月までに結城満藤に交替した。(13)この改替は、侍所も山城守護もともに一ヵ年ないし三ヵ年程の短期間で遷替するのを例としていたので、今回もその例を追ったと考えられるにしても、殊に前年六月細川頼元に代って再び斯波義将が管領に就任したことは注目すべきである。当時、幕政の主導権は将軍義満が掌握し、守護職の決定権も当然義満にあったとしても、管領の意向が無視されたとは思われないから、この改替に畠山氏の勢力拡大を警戒する義将の意図が影響したことを想定してよいであろう。

なお、尾張守護は明徳二年八月まで在職の認められる土岐満貞に代って、明徳三年六月には畠山伊予守即ち深秋（満国）の在職事実が現れるが、明徳五年二月までに早くも今川仲秋に改替している。(14)この深秋の尾張守護在職の期間も、基国の侍所在職期間とほぼ一致している。後任の守護今川仲秋は細川与党と見られるから、一概には言えないとしても、やはり管領の交代が深秋の罷免にも影響しているのではあるまいか。

さて、基国の侍所在任期間内の明徳三年八月二十八日に将軍義満、公卿以下臨場の下に挙行された盛儀は相国寺供養であり、侍所基国の郎等数百人が総門・脇門・左右番屋等を警固し、且つ基国が子息尾張守満家と郎等三十騎を従えて路次の行列の先頭を進んだ。「相国寺供養記」に記すこの畠山氏郎等三十騎は次の面々であった。

遊佐河内守国長紫糸、馬黒、・遊佐豊後守助国濃浅黄糸、馬黒、・斎藤次郎基則赤糸、栗毛駮（イ糟毛）・隅田彦次郎家朝萠黄糸、馬鴾毛駮、・遊佐孫太郎基光赤糸、栗毛駮、・古山次郎胤貞紫糸、鹿毛、・神保宗三郎国久浅黄糸、鹿毛駮、・飯尾善六清政浅黄糸、黒駮、・遊佐五郎家国赤糸、黒、・門真小三郎国康紫糸、河原毛、・三宅四郎家村赤糸、栗毛、・三宅次郎慶明白糸、鴾毛、・誉田孫次郎練貫威、鴾毛、・酒勾次郎国頼紅梅威、佐目、・斎藤彦五郎利久浅黄糸、栗毛、・斎藤四郎国家浅黄糸、栗毛、・槇島次郎左衛門尉光基萠黄糸、鹿毛、・槇島三郎光貞萠黄糸、鴾毛、・杉原五郎貞平白糸、鹿毛駮(イ河原毛)、・井口彦五郎奉忠浅黄糸、鴾毛、・斎藤次郎左衛門尉利宗白糸、鹿毛、・佐脇孫五郎久隆浅黄糸、鴾毛(イ鹿毛)、・椎名次郎長胤浅黄糸、鴾毛、・吹田孫太郎国道浅黄糸、鹿毛、・斎藤孫左衛門(イ秀)利房浅黄糸、鴾毛、・松田孫左衛門尉秀久黒糸、鴾毛、・稲生平左衛門尉基宗浅黄糸、栗毛駮、・和田太郎正友白糸、黒駮、・神保肥前守氏久浅黄糸、佐目、・神保四郎左衛門尉国氏浅黄糸、黒、

この騎馬の郎等は主に畠山氏の近臣から選ばれた人々であろうが、その名字は、斎藤氏五騎、遊佐氏四騎、神保氏三騎、三宅・槇島の二氏が各二騎、隅田・古山・飯尾・門真・誉田・酒勾・杉原・井口・佐脇・椎名・吹田・松田・稲生・和田の十四氏が各一騎であり、第一編第五章第三節三に述べた如く、同じ相国寺供養に列した管領細川頼元の郎等二十三騎が小笠原氏の二騎を除きすべて各氏一騎より成るのとはかなり様相を異にしている。

もとより随兵の騎数が直ちに近臣間の実勢力を示すものではないとしても、やはり畠山氏近臣団中においては、遊佐・神保・斎藤の如きかつて国清の下で守護代等として活動した家柄の人々が依然として大きな比重を占めている事実を窺わせる。『明徳記』の内野合戦の件りに「河内国ノ守護代遊佐河内守」とあるのみならず、明徳四年十一月二日付で河内国伊香賀郷地頭職の押妨停止・下地渡付の遵行を命じた畠山基国書下状が遊佐河内守に宛てられ、河内守はこれを承けて同日付で草部左衛門次郎入道に遵行状を下しており（「猪熊信男氏所蔵文書」一）、右の随兵の筆頭に記されている遊佐河内守国長は当時の河内守護代であることが判明する。第四節一に詳述するように、彼はやがて遊佐河内入道長護と称し、河内・越中両国守護代を兼ねて活動する。また基国の随兵の二番目に見える遊佐豊後守助国は、応永七年以降所見のある紀伊守護代遊佐豊後入道と同一人に違いないし、随兵の殿りより二人目の神保肥前守氏久は、応永三年に能登守護代としての徴証の現れる神保肥前入道に擬定できる。以上のように遊佐氏・神保氏の中には、わけても基国の守護代として分国支配の実務を担っていたものが見出される。なお、基国の随兵中に一騎見える杉原氏は、前章に述べ

た如く遊佐・神保・斎藤氏とともにかつて国清の有力な被官であったし、同じく稲生氏も『太平記』三八に見える国清の被官稲生平次の一族に違いない。このように、国清時代の畠山被官諸氏の家系の人々が国清没落の苦境を切抜けて基国の下に結集し、近臣として基国を支えて活動していることが判明する。

他方随兵の内椎名・井口両氏は畠山氏の分国越中を本貫とする豪族であり、門真・誉田・和田の三氏は同じく畠山分国河内に本拠地があり、かつ槇島氏の山城出身、吹田氏の摂津出身、隅田氏の紀伊出身というように河内に近接する地の出自と見られる人々も存在する。(15)このように畠山氏近臣中に、分国越中・河内の国人と、河内に隣接する地域の国人が少なくないことも看過できない。当時の基国の分国経営の詳細は窺い難いが、(16)彼が分国越中・河内を中心とする国人層の被官化に努めた成果をこの随兵の構成にも指摘しうるのである。中でも誉田氏は久我家領内賀茂田等の下地に綺をなさざる旨を約した明徳三年三月二十四日付久我殿御政所宛前三川（ママ）守書状の端裏書に「誉田三河守」とあり（「久我家文書」）、東寺領久世上下庄の守護役免除を約した明徳三年霜月十一日付高井某宛忠康書状案の署判に「守護代誉田」と傍書してあることから（「東寺百合文書」を一四上）、誉田三河守忠康が基国の下で当時山城守護代に起用されていることが知られる。以上のごとく、基国が苦節を共にした譜代的な畠山被官を重用するとともに、分国内の新附の国人層をも守護代以下に起用して彼等の支持を獲ち得たところに、畠山氏分国の拡大、ひいては幕府における地歩強化の要因があったと見做される。

註

（1）若狭の明通寺に軍勢・甲乙人等の濫妨狼藉を戒めた観応二年九月日付の日下に花押のみを記した某人禁制があり（「明通寺文書」）、『越前若狭古文書選』は発給者を畠山義深に比定している。また、『大日本史料』第六編之一五にはこれを斯波高経とする。しかし、この花押が斯波家兼のそれであることは第二編第五章第一節註（10）に述べた如くである。

（2）佐藤氏前掲書二三〇頁。

（3）同書二三一―二三二頁。義深の越前守護在職徴証の大部分は、国人による寺社領等押妨停止の遵行であるが、その内、畠山尾張守即ち義深宛貞治六年十月十四日付幕府引付奉書は、春日社領越前国泉庄ならびに小山庄郷々に対する朝倉遠江入道（宗賢）以下の輩の濫妨を重ねて停めたものであり（「前田家所蔵文書」編年雑纂）、同月十七日付「尾張守義深」の請文は、仁和寺観喜寿院領越前国真柄庄に対する去月十三日御教書の遵行が、朝倉遠江入道の預状ありと号して深町備後守・真柄左衛門大夫等が支え申すため実施不能の由を申立てたものであって（「保坂潤治氏所蔵文書」一）、第二編第二章第二節三に述べた朝倉宗賢の越前在地における寺社領押妨等による勢力拡大が、畠山義深の下に於いても依然続いていたことを知らしめる。殊に右の義深の請文によって、宗賢が押妨した寺領内を国人等に預置くという私的な給恩を施して、彼等を支配下に組み入れつつあったことが窺われる点で注目に価する。

（4）もっとも、この前後の侍所頭人は、応安三年から同五年までの佐々木（京極）高秀、同六年から永和元年三月までの細川頼元等の在職の後、永和元年四月に山名弾正少弼（満幸カ）が在職し、而して次の基国の後には永和三年に山名氏清、同四年三月に今川泰範、同年十一月以後は山名義幸の在職が知られ（羽下徳彦氏前掲「室町幕府侍所頭人付山城守護補任沿革考証稿」）、ほぼ一年前後の短期間の交代である。この内山名氏は有力な斯波派であるから（第一編第四章第三節等参照）、一概に論ずることはできないが、この山名・畠山・山名・今川・山名という侍所の交代は、既に管領細川頼之の幕政主導権が低下し将軍義満の指導力が発揮され始めた中での一種の両派均衡人事であった如くであり、そうとすれば、やはり畠山氏は今川氏と並んで細川派の陣営に属したとみて差支えないと思われる。

（5）佐藤氏前掲書二七五―二七六頁。

（6）基国の弟として、『尊卑分脈』は「伊与守深秋」一人を挙げるが、同書脇坂本・前田家所蔵一本・内閣文庫本は、これに「或満国」と傍註し（『新訂増補国史大系』本に拠る）、『系図纂要』は「満国一ニ深秋」とし、「石垣左京大夫从（従）五下」と傍註する。おそらく、初名深秋、のち義満の偏諱を受けて満国と改名したとみてよかろう。なお「両畠山系図」（『続群書類従』系図部）は基国の弟として「持深伊予守」と「満国石垣左京大夫」を掲げているが持深は深秋の誤りと思われるし、満国を別に記すことも疑問で採用し難い。

（7）「鎌倉大日記」「鎌倉九代後記」等は、応安三年二月十五日義満の弟満詮が武州本田に著陣したが同年十月十三日帰陣し、上杉朝房と畠山基国が本田より信州に向ったという記事を載せている。満詮の関東発遣が仮に事実とすれば、基国もこれに随って東下したと見ることが可能ではあるが、南軍残党蜂起鎮定のためにわざわざ足利満詮が京都から発向するということは余りにも不自然であり、『大日本史料』第六編之三一の「満詮ノ関東下向ノコト詳カナラス、姑ク疑ヲ存ス」という按に従うべきである。且つ「鎌倉大日記」が朝房を「霜臺禅」と法躰称号で記し、基国には「得（徳）元」と法号を記しており、「鎌倉九代後記」も基国を「畠山右衛門佐基国入道得（徳）元」とし、遙か後年に入道する基国を法号で記すという誤りを犯していることも記載内容に対する信憑性を疑わせる。このように不審な点も少なくないが、畠山氏と本田郷との密接な関係による限り、若年の基国が父義深の名代として関東に在住し、畠山氏の本領本田郷を基地とする作戦行動に参加したことは想定してよいであろう。なお、某年八月六日将軍義満は関東管領上杉憲方（安房入道道合）に、「畠山右衛門佐基国所領総州（上総）伊南庄」の遵行を命ずる御内書を下しており（『上杉家文書』之一、五四号）、基国の所領が上総にも存在したことが知られる。

（８）明徳三年までの基国の越中守護としての在職徴証は佐藤氏前掲書二六一—二六二頁に列挙されているので、重複を避け、『富山県史』（史料編Ⅱ中世）に収載された至徳四年と明徳四年の二例を左に補っておくに止める。

(1) 至徳四年八月六日付幕府御教書案（管領斯波義将奉）、畠山右衛門佐（基国）宛、越中国岩蔵地頭職の押領人を退け進士政行に渡付せしむ（『後鑑』巻九二、当該日条所収「古文書」）。

(2) 明徳四年七月二十二日付幕府御教書案（管領斯波義将奉）、同人宛、越中国寒江・倉垣両庄を一円鴨社禰宜祐有に渡付せしむ。「賀茂社諸国神戸記」七）。

（９）佐藤氏前掲書一一頁。今谷明氏「室町時代の河内守護」（『大阪府の歴史』七号）。

（10）至徳四年五月から明徳四年十一月に至る基国の河内守護在職徴証は、佐藤氏前掲書一一一—一一二頁参照。なお河内の仏眼寺に軍勢甲乙人の乱入狼藉を戒めた至徳四年閏五月四日付の基国の禁制も、その河内における軍事活動に伴う発給文書である。

（11）佐藤氏前掲書二四七—二四九頁。

（12）基国の前任の侍所としては赤松義則の在職が明徳二年九月まで確かめられる（羽下氏前掲論文）。そして『明徳記』の内野合戦の戦端開始の叙述に、「サラバ陣々ヘ此ノ暁ヲ治定ノ合戦ト相触ヨトテ、畠山右衛門佐（基国）承テ陣々ヘ被レ触ケレバ、諸軍勢ハ皆々打立テ」とあって、基国が管領より諸陣への命令伝達を行っていることを伝えているので、基国の侍所頭人就任は、明徳の乱の直前頃ではあるまいかと考えられるが、史料の性格上、断定し難い。

（13）羽下氏前掲論文参照。

（14）佐藤氏前掲書八五—八六頁参照。

（15）これらの諸氏の出自を瞥見すると次の如くである。

(イ)井口氏。『源平盛衰記』三〇に藤原利仁将軍の三男より起ったという越中の井口氏を伝え、越中国礪波郡井口を本貫とする旧族であるから、基国の随兵井口彦五郎奉忠はその子孫と思われる。

(ロ)椎名氏。『太平記』三に越中で活動した宮方の勇将椎名孫八入道がある。椎名氏はもと千葉氏の一族で千葉常胤の弟胤光を祖とすると伝え（『系図纂要』平氏四等）、基国の随兵椎名次郎長胤も胤の通字から見て、その末流であろう。

(ハ)門真氏。河内国茨田郡に門真があり、基国の随兵門真小三郎国康はこの地を本拠とする国人で畠山被官となったものと見られる。

(ニ)誉田氏。河内国古市郡の誉田八幡宮は著名な神社であり、誉田庄の荘名も見られるので（「西琳寺文書」）、この地が基国の随兵誉田孫次郎の本貫に違いない。

(ホ)和田氏。和泉国大鳥郡和田郷（『和名類聚抄』の訓は爾木多）を本貫とし、楠木正成吹挙状写（「和田文書」常陸）に「和泉国みきたのすりのすけ助家」とあるが、正成の弟和田七郎正氏（『尊卑分脈』）以下は河内を本拠とし、『太平記』にも「和田・楠」と併称して頻出する。基国の随兵和田太郎正友は、その通字からも、この和田氏の一族で、幕府方に帰順し畠山氏に属したものと推定される。

(ヘ)槇島氏。山城国久世郡に槇島（真木島）村があるので、基国の随兵槇島次郎左衛門尉光基・三郎光貞の両人は、ここを本拠とする国人と思われる。

(ト)吹田氏。摂津国島下郡に吹田庄（『醍醐寺雑事記』『春日神社文書』等）があり、ほぼ現在の吹田市の地域で、淀川を隔てて河内に接している。基国の随兵吹田孫太郎国道はこの地出身で畠山被官となったものに相違ない。

(チ)隅田氏。紀伊国伊都郡の隅田庄は有名な隅田党（隅田一族）の本拠地である。紀伊は先に永年にわたり畠山国清の分国であったし、また隅田庄は河内に隣接しているので、基国の随兵に隅田彦次郎家朝のあることも当然と思われる。

（16）河内については、内野合戦直後の明徳三年正月十八日、楠木正勝以下の南軍が千剣破城に畠山基国と戦って敗れ、吉野に逃れたことが伝えられており（「渡辺系図」「梶川系図」「南方紀伝」等）、事実とすれば基国が内野合戦勝利後、直ちに分国河内の南軍根拠地覆滅に力を注いだことを示し、彼の分国経営に対する意欲を窺わしめるものといえる。

第二節　基国の管領就任と職権活動

一　管領就任の事情

暦応年間から明徳年間までの十余年間における基国の地歩上昇と分国拡大とは瞠目すべきものがあり、彼の政治的手腕の並々ならないことを窺わせるが、さらに内野合戦における勇戦や相国寺供養における侍所としての警固は、一層彼の幕府における声望を高め、将軍義満の信任を強める結果となったと思われる。応永元年（一三九四）七月興福寺の幕府への要請により大和の小夫宗清を討伐するため基国が赤松義則・一色詮範とともに大和に発向し、一戦をも交えずして宗清を自焼・逐電させたことは（「小夫宗清発向奉行下向引付」）[1]、さらに名声を加える要素となったであろう。同年九月十一日、義満の日吉社参詣に随行した「外様大名四人(マヽ)」として、細川頼元・畠山基国・京極高詮・六角満高・結城満藤が見えているのも（「日吉社室町殿御社参記」）、前管領細川頼元等と伍す有力な将軍側近の大名としての基国の地位を暗示している。なお、応永二年六月義満の出家に倣い公卿・諸大名等が多数出家したとき基国も薙髪したに相違なく、応永三年三月二十二日の書下案に「徳元在判」とあるのを初見として（「得田文書」）、法躰が確認される。

「荒暦」応永三年八月十五日条・二十二日条によると、山城守護結城満藤が義満の勘気を蒙って逐電し、義満は畠山を山城守護に再任しようとしたが、畠山は辞退したとある。この事実によっても、義満の基国に対する寵愛の深さが窺われるが、基国がこの恩顧を固辞したのは何故であろうか。同書同年七月十二日・十三日・十七日条および八月十五日条によると、結城満藤の追放は、彼が仁木惣領（満長ヵ）からその庶兄土橋なる者への伊勢守護職改補を申沙汰したため仁木惣領は騒擾を計ったので、諸大名が満藤の行為を過分至極として一揆し、連署して満藤の処罰を義満に要請した結果であった。それゆえ基国の辞退は、満藤の前任守護である彼が再任した場合、今度は彼に諸大名の嫉視と反感が集中する恐れの多いことを慮ったためであろう。このようにして幕府における地歩を高めた基国は、応永五年閏四月の斯波義将管領辞任に伴い、管領に補任された。(2) 義将の辞職の月日は、「東寺王代記」の同年の条に「閏四月廿三日、勘解由小路殿管領辞退」とあるが、管領義将の施行状が同年閏四月十日まで見られ（「三宝院文書」三八、上相中務少輔入道〈朝宗、関東管領〉宛施行状案、伊豆山密厳院別当職・関東寺領の三宝院雑掌への渡付）、義満の御判御教書による遵行命令が同月十八日から所見のあることにより（その初見は同文書七、細川右京大夫〈満元、讃岐守護〉宛御判御教書案、讃岐国陶保内三職等の押妨停止・一円渡付）、義将の辞任は同月十一日から十七日までの間にあることが確認される。「東寺王代記」の記す四月二十三日は、或いは辞任を義満が正式に承認した日付でもあろうか。

義将辞任の理由については全く伝えるものがない。(3) 既に管領の改替は、南北朝末期のそれのように諸大名の管領排斥や将軍・管領間の意見対立等の如き幕府機構運営上の障碍を除去するために行われるものではなくなり、単に管領自身の個人的事情等による辞意表明を義満が容れた結果に過ぎなくなったのであり、それは畢竟義満の専制的支配権とこれを補佐する管領の機能とが確立したために外ならないと考えられる。但し、義将の辞意表明が、義満の北山第移徙と関係があったであろうことは推測しうるであろう。『兼宣公記』応永五年四月四日条に「家君(広橋仲光、曇寂)御参北山殿」とあって伝奏広橋仲光が北山第に赴いており、また第二編第三章第二節に触れた如く、同年四月二十二日義満はこの新第に仁和寺門跡入道尊道親王を請じて安鎮法を修しており（「門葉記」七〇、門主行状三「尊道親王行状」、「猪熊信男氏所蔵文書」一等）、なお「在盛卿記」（『大日本史料』第七編之三、応永五年四月二十二月条所引）に「武将代々御在所事」として「鹿苑院殿(応永)同五年四月、令二移徙一給、此度山荘之儀、非二式之移徙之礼一」とあり、四月に北山第移住が成ったものと見える。おそらく義将はこれを一つの区切りとして、多年在任の管領職の辞任を申出て、義満の容れる所となったのではあるまいか。

さて、基国が管領に補任された月日については、「東寺王代記」は「六月廿日、畠山(基国)任二管領一」とし、「執事補任次第」は「畠山左(右)衛門佐基国（尾張守義深息、法名徳元号長禅寺）応永五年八月五日補任至同十二年、八ヶ年」としていて、所伝は一致せず、他に「南方紀伝」の五月八日、「春の夜の夢」の十一月というような所伝がある。しかし「迎陽記」の同年八月四日条に「今日管領畠山右衛門佐入道(基国)出仕、御前評定始云云、騎替十人召具、輿簾上レ之、先々不レ然、今日上意如レ此云々」としてこの評定始に出仕した評定衆六人の名等を記し、「御評定着座次第」も「同(応永)五年八月四日、職始」として「迎陽記」に拠ったことを明記しつつ右と同様の記事を載せており、「執事補任次第」の八月五日説の誤りであることが判る。したがって十一月とするのは論外である。且つ管見の限り、諸国守護宛の遵行命令は、上記の応永五年閏四月十八日から同年八月二十一日までの間は義満の御判御教書を以て実施されており(4)、畠山基国の幕府御教書は九月十八日付案文を初見とする（『九条家文書』六、一七八六号(1)）。それゆえ、基国の職権活動開始は職始の御前評定よりやや遅れて八月下旬以降にあったと見られる。とすれば、基国が管領に補せられたのは、職始の八月四日よりさして遡らない時期と推測される。但し註（4）に示した義満による施行の例は六月中旬までに集中し、基国の管領職始以後における義満の施行は綸旨の施行一通に止まる。それゆえ「東寺王代記」の六月二十日補任説が最も妥当性があるものの如くである。ともあれ義将の辞任と基国の就任との間に少なくとも約二ヵ月間の管領不在期間のあったことは間違いない。

当時の管領は、嘗て細川清氏の延文三年（一三五八）執事（管領とも称す）補任以来細川・斯波両氏が交互に就任して四十年を閲しており、この慣例を追うとすれば今回は細川宗家の当主を以てする順序であった。しかし前管領細川頼元は前年の応永四年五月七日に卒去し（「不二遺稿」上讃、「諸寺過去帳」中、「武家年代記」中、『続群書類従』本「細川系図」、『系図纂要』清和源氏一四等）、その家督を継いだ細川満元は応永五年にはなお弱冠二十一歳に過ぎず（右の系図類の享年より逆算）、未だ管領としての実務を担うに足りる年齢に達していなかった。一方、基国は今や足利一門中の有力大名であり、義満の寵臣である上、年齢も四十七歳の壮年であり（本章第一節二の生歿年参照）、義満は彼が自己の補佐と幕政運営の任に相応しいと判断したのであろう。しかし、畠山氏を管領に補すことはいうまでもなく新例を開くものであった。

義将の辞任から基国の新任までに少なくとも二ヵ月を要したことは、新管領決定に至るまでの義満の熟慮と受諾に当っての基国の慎重な態度の現れであろう。とは言え、基国がこれまでに義満の信任によって、一ヵ国守護から三、四ヵ国守護という南北朝末ないし応永初年としては他に類例を見ない飛躍的な分国増大を実現した事実からも、細川氏宗家当主の若年という機会に基国を管領に起用したことは義満の単なる思い付きではなく、少なくとも或る程度の長期的展望を持った義満の政策の結果であったと見てよいのではあるまいか。

義満がこの年に三職七頭を定めたという如き後世の俗説が取るに足らないことはいうまでもないとしても、基国の管領就任が従来の管領の斯波・細川二氏交代から畠山氏を加えた三氏よりの選任という、より安定性のある慣行の第一歩となり、三職または三管領とよばれる新たな家格の成立する発端をなし(5)、義満の薨去後成立する重臣会議体制の一つの先鞭をなしたと思われる。したがって義満による基国起用には、単に寵臣の起用という個人的な恩顧のみでなく、斯波・細川両氏と鼎立しうる一門守護の育成という政策上の意図を認めるべきであろう。

二　幕政参与と職権活動

管領に起用された基国は、応永十二年（一四〇五）七月まで満七年在任することとなった。その間に彼は応永六年十一月大内義弘追討の幕府の主将として堺に発向し翌十二月義弘を討ち取る大功を収めた。この合戦において基国が自ら合戦に臨んだことは「堺記」『応永記』に記されているのみでなく、十二月十日付小笠原長秀宛義満御内書に「それのて(手)もくわんれい(管領)の入かいせい(替勢)になられ候ハヽ、よく候へく候、たゝしそれもくわんれいのたんかう(談合)候へく候也」とあること（「小笠原文書」一）、応永六年十二月付能登国人得田章光の軍忠状案に「今年六年十一月八日御所(義満)東寺御出間、同十三日東寺御陣馳参、同十四日奉二御所八幡御出供奉一、属二大将御官(管)領御手一、在々所々御陣取御共仕、同廿九日、於二界(堺)城一御合戦時、致二忠節一、被レ疵二ヶ所一、同十二月廿一日御合戦間、致二随分戦功一畢」とあること（「得田文書」一）等によって明らかで

第28表　管領畠山基国発給文書一覧（自応永五年九月至応永十二年七月）　（　）＝書状、〔　〕＝書下、○＝証判

事項＼年次	軍事統率等						所領ノ認定		祈禱	寺社ノ権益認定・規制																
	軍勢催促	発向・私戦ノ停止	軍忠状ノ証判	軍勢等乱入ノ禁制（下知状）	感褒	料国編入・代官派遣ノ通達	所領安堵	所領安堵ノ施行（当人宛）	巻数返事	住持職補任（公帖）	寺領安堵	寺領返付	寺領安堵ノ添状	寺領安堵ノ施行	裁許下知状ノ施行	寺領目録等ノ証明	寺領ノ違乱停止	造営料諸関過書停止ノ施行	段銭賦課ニヨル修理等助成	段銭難渋ノ停止	頭役・祭礼ノ督励	役夫工米ノ催促停止	公事等ノ催促停止	守護請ノ通達	寺領安堵ノ要請	闕所分付与・所領安堵ノ添状
応永五											〔1〕								1							
六	2		①	1									(1)	1					1	1						
七	1 (2)				(1)		〔1〕		(1)			〔1〕														
八					1																				(1)	(2)
九	1					1					〔1〕				1		2 〔1〕					〔2〕		1		
一〇		2								1						①	1				2					
一一	1	1			2			1								1		1								
一二																										
年未詳									(1)														(1)			
計	(2) 5	3	①	1	(1) 3	1	〔1〕	1	(2)	1	〔2〕	〔1〕	(1)	1	1	① 1	〔1〕 3	1	2	1	2	〔2〕	(1)	1	(1)	(2)
総計	7	3	1	1	4	1	1	1	2	1	2	1	1	1	1	2	4	1	2	1	2	2	1	1	1	2

総計	計	関務徒衆宛	官田惣・所宛	関東管領・守護・興福寺・使節等宛遵行命令																							
		寺領年貢ノ煩停止・勘過	係争地ノ当知行実否糺明	率分関ノ安堵	諸公事催促停止	守護使不入・同施行	橋梁修理要木ノ採取	論人ノ支証徴収・召喚	所務相論ニツキ注申要請	相論裁決マデノ所務保留等	寄進取消・下地返付	御教書召返・所務保全	支証棄破・所務保全	年貢対捍者ノ改替・処罰	堺相論裁決・係争地渡付	半済停止・一円渡付	競望停止・知行安堵	公事抑留停止	用水等ノ異議停止	罪責糺明・下地渡付	遵行督励・下地渡付	濫妨停止・下地渡付	皇族・寺僧所領ノ渡付	預置地ノ渡付	裁許下知状ノ施行	分国内寺領安堵	安堵・宛行・寄進等ノ施行
9	8 (1)				1													1				2					3
30	28 (1) ①				2					2					1				1			4					12
44	33 (7) (4)				3	(1)		(1)				1		1			1		(1)			15 (2)		1			10
23	20 (3)				1	2						1	1			5				1	1	5					2
22	17 (5)				2 (1)	1															1	2	1		1		3
23	19 (3) ①		1			2			(1)							1			2	1		4 (2)		1			1
28	28	1			1		1	2		1	1						1					9	1	1			2
6	6			1	1			1													1	2					
4	(1) (3)								(1)																	(1)	
	159 (11) ② (17)	1	1	1	11 (1)	5 (1)	1	3 (1)	(2)	3	1	2	1	1	1	6	2	1	3 (1)	2	3	43 (4)	2	3	1	(1)	33
189		1	1	1	12	6	1	4	2	3	1	2	1	1	1	6	2	1	4	2	3	47	2	3	1	1	33

ある。かくて基国は次項に述べるように旧大内氏分国の内、紀伊を自己の分国に加え、一層その地歩を固めるに至った。

第28表は基国の職権活動を一覧するため、第一編・第二編に掲げた管領細川頼之・斯波義将等の発給文書の分類と同様の方法で基国の管領在任時の発給文書を分類・表示したものである。(6) なお基国の管領辞任は応永十二年七月であり（「東寺百合文書」京所載同年七月四日付幕府御教書が在職徴証の下限。『教言卿記』同月二十七日条の「去廿五日、管領左兵衛督入道(斯波義教)に治定云々」が後任の管領の初見）、卒去は翌十三年五月十七日である（『教言卿記』同月条、「東寺王代記」同日条）。

管見に触れた管領基国の発給文書百八十九通の内訳は、書状十一通、書下十六通、証判二通、下知状（禁制）一通、管領施行状四十七通、幕府御教書百十二通であり、やはり従来の管領の発給文書と同様、幕府御教書と施行状が大部分を占めている。発給文書の内容は表示の如く軍事統率関係、寺社の権益関係、遵行関係、分国支配関係にわたっており、職権内容も大綱において従来の管領のそれと同様であることが判る。

書状は、主に軍勢催促や感褒の一部と、安堵の要請・添状に見られる。軍勢催促および感褒の内で基国の書状を以てしたのは、応永七年のものと推定される益田兼世宛の三通であって、(1)大内五郎（満世）に幕府が長州の二郡を与えたことを告げ、大内弘茂と諸事談合すべき旨を要請した七月十三日付の書状案（「益田家什書」九）、(2)兼世の籌策により大内満世が当国に馳せ参じたことを賞し、大内弘茂と談合すべき旨を要請した八月十一日付書状案(同書三)、(3)両国（周防・長門）対治のため弘茂・満世に同心して忠節を致すべき旨の義満の内意を伝えた十二月六日付奉書案（同上）の三通である。同年七月二日、基国は兼世に幕府御教書を下して周防・長門両国対治のため大内介弘茂を差遣す旨を告げて、弘茂の手に属して忠節を致すべしと命じ、続いて同月六日義満の御判御教書を兼世に下し、弘茂への合力と大内満世来属のための籌策を命じている(同書三所収幕府御教書案・足利義満御判御教書案)。堺城陥落の際幕府に降った大内弘茂を周防・長門両国守護として分国に派し、抗戦を続ける大内盛見（義弘の弟、弘茂の兄）を追討しようと計った幕府が、大内氏旧分国石見の豪族益田氏の動向を重視し、盛見追討への協力を督励したことは縷言を俟たないが、その際、正規の軍勢催促を幕府御教書と御判御教書を以て行った後は、管領基国が親しく要請し激励し褒賞するという形を採って再三工作を施したことが判るのである。

他方、基国の書状には関東管領ないし上野守護の上杉氏に宛てたものが三通ある。それは(1)「上椙殿」(関東管領上杉朝宗カ)に宛てて武州本田道場(教念寺)領上野一宮の安堵を鎌倉御所満兼に申沙汰するよう依頼した、応永八年と推定される年闕二月十六日付書状の写(「武州文書」一六)、(2)上杉安房入道即ち上野守護上杉憲定に宛てて、同国寮米保地頭職の事を義満に披露した結果、御書を下された旨を報じた応永八年(付年号による)四月十九日付御内書添状(『上杉家文書』之一、七四号)、(3)同じく憲定に宛てて、上野国闕所分に就き憲定の依頼を義満に披露した結果、御判を出された旨を報じた同年(付年号による)七月二日付の御判御教書添状(同文書之一、七六号)である。これらはそれぞれ直接の関連文書として、(1)には同年五月二日付足利満兼寄進状案、(2)には同年四月十三日付義満御内書、(3)には同年六月二十六日付義満御判御教書があり、したがって管領基国は関東に関する所領安堵等について満兼による発令を上杉氏に依頼し、一方上杉氏よりの依頼を義満に取次ぐという職務を帯び、それらの活動に伴って書状を発給していることが判る。これは鎌倉府管領下の特殊性と上杉氏の家格尊重とに基づくものであろう。

基国の書状には能登の惣持寺方丈に宛てて、先に対面して依頼された寺領安堵の御判が出された旨を告げた応永六年(付年号による)七月二十三日付御判御教書添状(「総持寺文書」乾)、同国永光寺執事に宛てて諸事催促停止を下知した旨を報じた年未詳九月十八日付のもの(「永光寺旧記」)があり、分国内の格式ある寺院に対しても基国は相応の礼儀を以て対している。なお大徳寺如意庵領尾張国松枝庄内破田郷領家職を安堵した尾張守護代遊佐豊後入道(助国)宛九月二十二日付書状は、応永五、六年頃のもので、尾張守護としての資格で発した分国に関する遵行命令と認められる(『大徳寺文書』之十二、三一〇七号)。これを書下でなく書状を以てしたのは、直接大徳寺の依頼を承けた私的な処置のためではなかろうか。

第29表　足利義満発給文書一覧（自応永五年閏四月十八日至応永十五年五月六日(歿)）　（ ）＝御内書・奥書・願文・諷誦文等、○＝証判

事項／年次	軍事統率関係						守護・国人ノ権益付与・認定等										朝廷・公家衆ノ権益認定等						祈禱関係				
	軍勢催促	籌策要請	倭寇禁圧	私戦停止	軍勢等乱入ノ禁制	感褒	守護職補任	守護職安堵	闕所分付与	所領宛行	料国・料所預置	所領安堵	所領返付	諸公事免除・守護使不入	特産物進献ヲ要請	進物・特産物進献ニ答書	家門・家領等ノ安堵	料所宛行	料所等安堵	左京職領ノ混領停止	出家ノ理由ヲ推問	楽曲伝授ノ奥書	願文	祭文・諷誦文	祈禱要請	祈禱ノ謝辞	祈願寺・諸山ノ指定
応永五										1		1	2	1												(1)	1
六	(1) 9	(1) 1			1	(1) 3	1			2	1	1	1			(2)	1				(1)		(1)		10		1
七	(1) 2					1	3			2	1	4		1													3
八									1	2		4		1										(1)			
九			1							1		1		2													2
一〇	1											1		1			2			1				(1)			1
一一				1		1		1			1							(1)						(1)			
一二(七月マデ)	1											1															
一二(八月ヨリ)												1															
一三											1	3					2		1								
一四										1		1															
一五												1										(1)					1
年未詳										2					(2)	(1)											
計	13 (2)	1 (1)	1	1	1	5 (1)	4	1	1	11	4	19	3	6	(2)	(3)	5	(1)	1	1	(1)	(1)	(1)	(3)	10	(1)	9
総計	15	2	1	1	1	6	4	1	1	11	4	19	3	6	2	3	5	1	1	1	1	1	1	3	10	1	9

総計	計	遵行命令					裁許	寺社ノ権益付与・認定等																			
		安堵棄破・社領返付	濫妨停止・所務保全	寺院興行・寺領渡付	宛行・安堵・寄進ノ施行	綸旨ノ施行	相論裁決（下知状）	来訪ノ謝辞・進物等	寺領目録ニ証判	寄進状ニ証判	塔所新造ノ停止	祭礼遂行ノ督励	造営要脚諸関過書停止	造営要脚段米徴収ノ督励	諸公事免除・守護使不入	寺院管領ノ国衙正税対捍等ノ停止	料足寄進	寺社領返付	訴訟棄捐・寺領等安堵	寺社領安堵	寺領預置	塔所ノ敷地宛行	寺僧ニ知行宛行	寺社領寄進	社僧ノ格式ヲ認定	寺社諸職等安堵	寺社諸職等宛行
25	23（1）①		2	1	4	1				①	1	1			1				1	4				1			
57	47（8）②		3		1		1		①	①					1			1		3				3		（1）1	1
28	27（1）	1													1			1	1	3	1	1		1			
16	14（2）				（1）		1												1	2				1		1	
10	10														1					1						1	
13	11（2）													（1）	1	1				2							
9	7（2）												1													2	
3	3														1												
4	3（1）																			2			（1）				
12	12																			2				3			
4	4												1							1							
3	2（1）																										
27	3（24）							（18）									（1）			（1）			（1）		1		
	166（42）③	1	5	1	5（1）	1	2	（18）	①	②	1	1	2	（1）	6	1	（1）	2	3	20（1）	1	1	（2）	9	1	5（1）	1
211		1	5	1	6	1	2	18	1	2	1	1	2	1	6	1	1	2	3	21	1	1	2	9	1	6	1

書下は、⑴紀伊国人に対する所領安堵（「佐々木文書」）、⑵尾張・紀伊の寺院に対する寺領安堵・寺領返付または役夫工米催促停止（「長母寺文書」「施無畏寺文書」「粉河寺文書」「禅林寺文書」『醍醐寺文書』之一、高野山編『高野山文書』「勧学院文書」）、⑶山城・河内・紀伊・能登の各守護代に宛てた濫妨停止・論人の召喚・相論の証拠文書注申・守護使不入等の指令（『壬生家文書』三、七二〇号。「東寺百合文書」せ、武家御教書幷達六五―九七、「桂文書」一、『石清水文書』之六、二二三号、『高野山文書』之一、三四〇号、「随心院文書」坤「紀氏文書」「永光寺旧記」）に限られている。これらは何れも基国の分国内に関する事例であり、それ以外の事例は全く管見に触れない。他方、義満の御判御教書を承けて分国の守護代に下した施行は、その旨を明記し、管領施行状の体裁を採っている（「相州文書」六、『醍醐寺文書』之一、一四四号、「総持寺文書」）。したがって書下は、管領としての職権活動には用いなかったのみならず、守護としての職権活動の内、幕命の遵行ではなく守護独自の権限を行使する場合に限って用いたことが判明する。なお、当時の基国の証判は応永の乱における戦功を申請した能登国人得田章光の軍忠状に加えたもの一例を残すに過ぎないが（「得田文書」）、これも分国の国人統率の事例と見做される。

ところで、これらの守護としての職権活動を除く基国の発給文書、即ち幕府御教書・管領施行状および前述の書状の大部分は、彼の管領としての活動を示すものであるから、前将軍義満および将軍義持と管領基国との権限区分を明らかにする必要がある。しかし将軍義持が出座し管領以下の列座する室町殿の評定は形式的ないし二次的なものであり、義満が主宰し同じく管領以下の列する北山殿の御前沙汰が実質的なものであり、政治運営・政策決定は北山殿で義満によって行われたことは、伊藤喜良氏が指摘された如くである。[7] しかも二次的にせよ室町殿の評定で具体的な政務の審議された形跡は見出し難い。将軍義持は応永七年十二月判始を執行っているにも拘らず（「御評定着座次第」「足利家官位記」等）、義持の署判文書は義満の在世中は遂に一通も管見に入らず、当時の幕政が完全に義満の主導下に運営されている事実を如実に裏付けている。そこで、管領斯波義将の辞任以降の管見に触れた義満の発給文書を第29表に示して、[8] 基国との職権区分を比較することとする。但しこの表の下段には、義満の薨逝した応永十五年までと、年次が詳かでないがほぼこの年代と思われる義満の発給文書を便宜加えておく。この第29表の内、応永十二年七月の分までを第28表と対比すると、軍事統率に関しては軍勢催促、合戦停止の指令、感褒等が義満と管領基国との両者から発給されていて、明確な権限区分を認め難い。けれども、先ず軍勢催促状の大半を占める応永の乱前後に際してのそれは、大部分が義満御判御教書であって、基国の奉じた軍勢催促状は、小野庄沙汰人に長坂越警固を命じた応永六年十一月一日付幕府御教書、毛利広世宛の恩賞予約文書を付した同月二日付幕府御教書写、および益田兼世に宛てて大内介弘茂に同心すべき旨等を命じた応永七年七月二日付幕府御教書と七月十三日付・十二月六日付書状の案文（典拠は註（6）A）を見る程度に過ぎず、概して副次的な性質を帯びているといえる。その後の軍勢催促も義満の御判御教書が、応永九年八月島津伊久に倭寇の治罰を命じたもの（『島津家文書』之一、二七二号）、応永十年四月毛利光房に大内介弘茂に同心して大内盛見を治罰せよと命じたもの（『毛利家文書』之一、二三号）、応永十二年五月阿蘇大宮司惟村に探題渋川満頼に属して菊池武朝を治罰せよと命じたもの（『阿蘇文書』之一、二二三号）を見るのに対し、基国署判の軍勢催促は、応永九年四月と応永十一年八月佐田親景に宛てて探題渋川満頼に属して忠節を致すべしと命じた二通の幕府御教書が見られるに止まる（「佐田文書」二）。以上を要するに軍事統率権の根幹をなす軍勢催促は原則として前将軍義満が直接権限を発動し、管領基国のそれは補助的機能を主としたと見て差支えあるまい。

一方私的な合戦の停止を命じた御教書については、義満の御判御教書が島津元久に宛てて、島津氏一名字内の合戦を制止し、島津伊久との和睦を命じたものであるのに対して（「山田聖栄自記」）、基国の奉じた幕府御教書を以てしたものは、興福寺六方衆、大和国人等の多武峯・宇多郡発向を制止したものと（「寺門事条々聞書」）、大和の衆徒・国民の合戦停止につき両使発遣を興福寺に通達したものである（「寺院細々引付」四）。守護級豪族の紛争調停等には義満の御判御教書を以てし、興福寺管下の大和の衆徒・国民等の紛争という特殊ケースへの対処には幕府御教書を以てしたものかと思われる。

感褒については、応永六年十二月義満が上杉憲定宛に無為の申沙汰即ち満兼の離反を阻止したことを賞する自筆書状を送っているのは（『上杉家文書』之一、六八号）鎌倉府の動向という特に重要な情勢に基づくに違いないが、同月、佐波一族中、曾我祐明・本郷詮泰、さらに応永七年十月信濃の市河興仙にそれぞれ義満は御判御教書を下して戦功を賞しており（『萩藩閥閲録』三七ノ一、「佐竹文書」五乾、「本郷文書」六、「市河文書」四）、基国のそれは上記の応永七年と推定される八月十一日付の益田兼世宛書状を見るに過ぎない。これは応永の乱に当り中小国人等にまで義満御判御教書を以て軍勢催促を行ったことに対応する処置であろう。しかしその後は、応永十一年十一月阿蘇社前大宮司惟政宛に御方に参り忠節を致したことを賞したのを見るのみで（『阿蘇文書』之一、二二二号）、上記の応永七年と推定される年闕八月十一日付、応永八年七月の草苅満継宛、応永十一年九月の毛利福原広世宛、同年十一月の吉川経見宛の感状は何れも基国署判の幕府御教書である（『萩藩閥閲録』三四、「福原家文書」一、『吉川家文書』之一、二五四号）。軍勢催促と異なり、感褒は非常の場合や特に重要なもの以外は管領の職権事項に属し、幕府御教書を以てするのを通例としたのではあるまいか。

守護および国人等に宛てた彼等の所領・所職等に関する御教書は、第28表・第29表を対比すれば直ちに明らかな如く、大部分が義満の御判御教書であって、管領基国署判の御教書・施行状は、応永九年五月市河興仙宛に信濃国の料国編入と代官依田某・飯尾某の派遣を告げた御教書と（「市河文書」四）、応永十一年七月佐竹宣尚に丹波国報恩寺・桑田寺栗作地頭職、同国拝師庄領家職半済・同大門村等を同月二十四日の安堵に任せて領知すべしと通達した施行状（「秋田藩採集文書」五）の各一通を見るのみである。したがって、守護・国人の所領・所職等に関する権益の付与・認定は、すべて義満の直裁事項に属し、管領基国の職権はそれの通達ないし施行に止まっていることが明白である。

皇族・公卿宛の文書には、管領の発したものは見出せず、管見の限りすべて義満自ら発している。この中、皇族に対するものは専ら青蓮院門跡入道尊道親王およびその侍童宛であり、親王の譲与した所職の安堵一通の外は法会の謝辞、参会・進物の報知を主としており、何れも書状である。公卿に対しては前関白二条師嗣に出家の理由を推問した書状一通を除き九条満教に対する家門ならびに家門管領寺院の安堵、参議高倉永行宛の鳥羽安楽寿院俗別当職ならびに三ヵ庄の子息永藤への譲与の安堵、大納言坊城俊任宛の左京職領山城国蓑塚田の梶原田への混領停止が何れも御判御教書で発給されており、これは准三后・前太政大臣としての義満の地位によるものであって、単に前将軍であるのみでなく、公武の頂点に立つともいうべき北山殿義満の職権の高さを如実に表明している(以上の典拠は註（6）・（8）参照)。これに対して基国の皇族・公卿に対する発給文書を見ないのは、朝廷ないし王朝勢力に対する折衝は幕府管領の職権事項に属さなかったためと考えられ、これはおそらく万里小路嗣房・日野重光・広橋仲光等の伝奏が義満に近侍し、公武の間の申次等に活動した事実（伊藤喜良氏前掲論文参照）と表裏の関係をなしていると思われる。

寺社に対する発給文書では、応永の乱勃発時の祈禱要請が専ら義満の御判御教書で発令されていることは、あたかも軍勢催促に御判御教書を以てしたのと同様の非常事態への対応措置であろうが、平時においても、祈願寺や諸山の指定という寺格賦与はもとより、寺僧・社家等への諸職宛行・安堵・寺社領の寄進・預置・返付・守護使不入等はすべて義満の御判御教書で発給され、管領基国署判の幕府御教書は寺領に関しては僅かに寺領安堵の当該寺院宛施行、寺領文書の校正案文の効力証明、寺領の用水に対する違乱停止の通達、寺領を守護請所として認定した旨の通達のような補助的ないし副次的機能のものを見るのみである。もっとも基国の署判による禅宗寺院の住持職の公帖の案文が一通見られるけれども、これは基国の分国越中に所在する金剛寺住持についてのものであって、分国内宛であるけれども幕府の統制に服する禅院という建て前上、基国は書下を以てせず幕府御教書形式の公帖を発したものと思われ、一種の特例というべきである。なお修理要脚段銭賦課の認定には基国が幕府御教書を発給しているけれども、段銭・段米または関銭賦課の督励や祭礼遂行の督励等は、時には義満の御判御教書、時には基国の幕府御教書を以てしており、この点については明瞭な職権区分を設けず、発給に至るまでの事情等によって適時義満または基国が発したものと認められる（以上の典拠は註(6)・(8)参照)。要するに寺社および寺社領に対しては、あたかも守護・国人に対すると同様に、基本的な権利関係・領有関係はあくまで義満が直接付与・認定する事項であって、管領基国の職権活動は主として補助的・副次的なものであったといえる。

所務相論裁決の事例は僅少であり、義満署判の裁許下知状が二通（但し一通は案文）管見に入るに止まる。即ち加賀国笠間保領家年貢を廻る石清水八幡宮と北野社との相論を裁決し、北野社をして毎年年貢千疋を八幡宮に納付せしめることとした応永六年七月二十五日付裁許状案（「北野神社文書」）と、東寺領山城国植松東庄拾町余地頭職に関する松尾社神主ならびに最福寺の訴訟を棄破して、東寺の知行を保全せしめた応永八年十月二十八日付裁許状（「東寺文書」千字文、天之往）がそれである。したがって、所務相論裁決を将軍義満の直裁事項とした応安末年ないし永和初年以降の権限区分（第一編第四章第三節第4表、第二編第三章第一節第11・12表参照）が、そのまま前将軍義満の権限として保たれたことが明らかである。

関東管領・諸国守護および大和守護に相当する興福寺等に宛てた各種の遵行命令は、表示のように大多数が管領基国署判の幕府御教書または管領施行状であり、ここにも従来の管領の職権事項が継承されていることは多言を要さない。一方、第29表の如く、この時期には義満の御判御教書を以て発給した遵行命令は従来よりも多く所見がある。しかし管見に触れた十四通中、八通が応永五年閏四月より同年八月までに集中していて、管領未補ないし就任直後には、本来ならば幕府御教書または管領施行状を以て発給すべき遵行命令を義満自ら実施したものと判断される。(9) しかし管領基国の職権活動開始後も、次のように応永六年に四通、同七年に一通の御判御教書、同八年に一通の御内書による義満の遵行命令が見えるのは注意を要する。

(1)応永六年四月三日付御判御教書案、北畠大納言入道（伊勢国司北畠顕泰）宛、伊勢国棚橋大神宮法楽寺領同国河田散在等に対する神人ならびに愛洲一族等の押妨を停止し、三宝院雑掌に渡付せしむ（『醍醐寺文書』之四、八一五号）。

(2)同年四月九日付御判御教書案、左馬頭（鎌倉御所足利満兼）宛、伊豆山密厳院別当職・同関東寺領等の三宝院への渡

付を去年申付くるも事行かざるにより、重ねて渡付せしむ（「三宝院文書」三八。なお文中の「去年」云々とは同文書三八、応永五年閏四月八日付足利氏満宛御判御教書案を指す）。

(3)同年六月二十日付御判御教書、仁木兵部少輔（伊勢守護仁木義員）宛、伊勢国棚橋法楽寺領同国桑名神戸等に先度申付くるも事行かざるにより、重ねて押領人を退け三宝院門跡雑掌に渡付せしむ（『醍醐寺文書』之一、七五号）。

(4)同年十一月二十四日付御判御教書、土岐美濃入道（美濃守護土岐頼益）宛、美濃国多芸庄内多芸嶋郷等に「嶋［　］」を止め、土岐明智頼篤に渡付せしむ（「土岐文書」）。

(5)応永七年四月二十八日付御判御教書、細川右京大夫（讃岐守護細川満元）宛、讃岐国本山庄公文職につき戸嶋三郎入道本知行の証文を出帯せざるため、旧冬軍陣に於いて同人に給せし安堵状を召返し同職を石清水八幡宮雑掌に渡付せしむ（『石清水文書』之六、菊大路家文書一三二号）。

(6)「応永八年」（附箋による）四月十三日付御内書、上杉安房入道（上野守護上杉憲定）宛、上野国寮米保地頭職を、別儀を以て左兵衛佐入道常珎に渡付せしむ（『上杉家文書』之一、七三号）。

以上の内(1)・(2)・(3)は醍醐寺三宝院門跡領の知行を保証するための処置であり、現に応永六年三月二十二日義満は三宝院門跡満済に同門跡領ならびに管領の所職・敷地・寺領等安堵の御判御教書を与えている（『醍醐寺文書』之一、五九号）。満済は義満の猶子と伝えられ（「東寺王代記」応永二年十二月一日条、「諸門跡譜」「三宝院列祖次第」）、応永二年十二月京都法身院に移住したとき義満が同道し（「東寺王代記」同日条）、また応永七年には満済が北山殿に住坊を建立している事実からも（「東寺百合文書」ヮ四、鎮守僧職評定引付、応永七年七月十九日条）、義満と満済との格別親密な関係が知られる。したがって右の(1)・(2)・(3)は義満が満済を特に庇護するため御判御教書を以て下した遵行命令と判断される。また(4)は欠損文字があって内容が不分明であるが、あたかも管領基国が大内義弘を攻撃して堺に在陣中で幕府御教書を発給しえないため、義満自ら遵行命令を発したものと思われる。(5)は、論人の安堵状召返しを伴う訴人の所務保全の遵行命令であるが、第28表に掲げた如く、同様の御教書召返しを伴う遵行命令に管領基国発給の幕府御教書を以てしたものが応永七年十二月五日付（「京都御所東山御文庫記録」甲六八）と、応永八年十一月九日付（「三宝院文書」四一）との二通見えるので、御教書回収のために敢て御判御教書を発給する必要はなかったことが判る。おそらく(5)は石清水八幡宮よりの特別の要請に応えたものであろう。(6)は鎌倉府管下の上野国に関する事例であるが、前述の如く同年四月十九日付の同じく上杉憲定に宛てた管領基国の添状によって、憲定が寮米保地頭職の安堵を基国を通じて義満に要請した結果この御内書が発給されたことが判り、この御内書の文面にも「以二別儀一遵行候者、可レ為二本意一候也」と格別の計いであることが記されている。

以上を要するに、遵行命令は幕府御教書を以て発給するというのはあくまでも原則に止まり、特別の事由が存在するときは義満が御判御教書または御内書を以てすることを何等妨げなかったことが知られる。元来管領の遵行命令権は、御判御教書ないし管領施行状の「依レ仰執達如レ件」という書止文言にも表れている如く、本来将軍（または前将軍義満）に帰属している権限の執行権に過ぎない以上、前将軍義満が随時遵行命令を発する権限を有していたことは当然であった。とは言え、北山殿移徙までは遵行命令権の行使をほぼ全面的に管領に委ね、特別な場合に御内書を以てこれを自ら行使するに止まっていた義満が、移徙以後は御判御教書を以て遵行命令権を直接行使する事例を少数ながらも現すに至ったことは、義満の親裁権の強化を反映しているというべきであろう。

しかしながら第28表の如く管見に触れた管領基国の遵行命令発給の事例は、その在職中の満七年間に関東管領・諸国守護および大和国内の遵行権を有する興福寺に宛てたものが百二十五通、これに和泉国の惣管田所宛と山門の関務衆徒宛のもの各一通を加えると百二十七通もの多数に上っており、依然としてこの種の遵行命令が管領の職権活動の大部分を占めている事実が認められる。遵行命令の内容は基国の場合に於ても安堵・宛行・寄進・裁決等の施行や、濫妨停止・下地渡付ないし所務保全命令が大半をなしていることは従前の管領の場合と共通しているが、年貢対捍者の改替並びに処罰を命じたもの、堺相論の係争地の訴人への渡付を命じたもの、論人の支証を棄破し或いは寄進・安堵等を取消して訴人の所務保全を命じたもの等の如く、義満の発給すべき裁許状を省略して所務相論裁決の結果を管領から守護宛に告げて遵行を命じた幕府御教書が五通管見に触れる。また相論裁決に至るまでの仮処分として係争地を守護に保管させ、或いは訴人に仮に渡付せしめた幕府御教書が五通、論人をして支証を提出せしめ或いは陳述のため論人を召喚せしめた幕府御教書が三通見られる（第28表参照、典拠は註（6）参照）。従来もこの種の御教書は必ずしも皆無ではなく、例えば所務相論の裁定に裁許状を発給せず、管領が幕府御教書を以て通達した例は、既に斯波義将の第一次管領在任時にも見出されるにせよ（第二編第三章第一節三参照）、管領基国の就任以前は、この種の所見が少数であったことは否定できない。管領基国在任期に至ってこの種の事例が頻出するようになったのは、所務に関する裁判手続きの簡略化が一層進んだこととと深く関る現象であろう。例えば引付頭人奉書は南北朝後期の管領制成立以後も断続的に少数例検出されたが、前述の斯波義将第二次管領在任時の応永元年九月六日付吉良俊氏奉書（「桂文書」）を最後として管見に触れなくなり、基国の管領在任時には遂に一通の所見も存在しなくなる。これは引付制が全く活動を停止し形骸化した証左に外ならない。かかる引付制の形骸化は、必然的に所務相論審理に対する管領の関与を強め、従来の如き裁決結果の遵行命令のみでなく、支証提出命令・論人召喚、ないし係争地の仮処分等までも管領の奉ずる幕府御教書を以て実施される状態を生ずる要因となったものと見て誤りないであろう。

第30表　幕府奉行人発給文書一覧（自応永五年五月至応永十二年七月）

事項＼年次		応永五	六	七	八	九	一〇	一一	一二	計
公卿宛	公事納入催促			1						1
寺社宛	社家所職安堵	1								1
	訴訟棄破・下地渡付ノ施行					1				1
	洛中地口銭催促停止			1		1				2
守護代・造宮使宛	未進年貢究済				1					1
	公事（十分一）催促停止	1								1
	役夫工米催促停止		1				1			2
	使節等ノ関渡勘過	2								2
計		4	1	2	1	2	1	0	0	11

なお管領基国の在任期には、引付奉書の消滅に引換

え、幕府奉行人の活動がやや顕著になる。先ず当該時期の奉行人奉書・同案文（政所執事等との連署状を含む）の所見を第30表として掲げることにする。(10)

この時期の幕府奉行人発給文書の所見はすべて奉書であり、書状は見られない。これらの奉書の宛所は公卿の政所・寺社・守護代・造宮使等に及んでおり、内容的には社家の所職の安堵、訴訟棄破、下地渡付命令、年貢・公事の督促、諸公事（地口・十分一・役夫工米）催促停止、使節等の過所の各分野にわたっている。これを第一編第四章第三節第5表D、第二編第三章第一節第13表、同第二節第16表に示した従来の奉行人発給文書と比較すると、数量的にはせいぜい従来と同程度であるが、従来は奉行人の奉書発行の範囲が次第に限定されて南北朝末ないし応永初年には段銭就中役夫工米催促停止を主とする状態になっていたのに対して、管領畠山基国在職時には一転してその範囲が拡大して、年貢・公事関係はもとより、所職安堵・所務相論等に関する事項にも及ぶようになったことが窺われる。但し彼等の職権と管領基国のそれとの間に明確な権限区分は認められず、例えば諸公事・段銭等の催促停止は寧ろ主として管領発給の幕府御教書を以てする場合が多くなっている。このように、奉行人の職権活動拡大は決して管領の職権活動を狭める形を採らず、いわば後者を補助する形で実現しているのである。

註

（1）この引付は興福寺の発向奉行都維那泰清の同年七月二十六日に記したものであり、「一、小夫宗清、当国衆徒国民分ニテ発向セハ、一弓可レ射之由雖二用意一、武家軍勢下向間、兼日ニ住屋焼払逐電了、仍凶徒退散之上者、発向無レ詮候、自二衆徒両門跡三方一被レ立二検使一、大軍発向事可レ被レ止之由、自二畠山方一頻雖二申入一、衆徒モ当門跡モ、何様可レ有二御発向一之由被レ仰之間、畠山（基国）モ赤松（義則）モ又一色（詮範）モ、三人共以二自身一ハ不二罷立一、南都ニアリナカラ、手者少々罷向了、畠山福住口、赤松釜口、飯丸越、一色笠越、如レ此三方ェ手ヲ分畢」云々とある。この記事によって、基国が南都に進駐した幕府軍の主将格であったことが察せられ、且つ無用の進軍を避けようとした彼の穏当な情勢判断も窺われる。なお同記に「福住ロニ罷向武家之勢、畠山代官遊佐」が興福寺の坊人八田宗禅の在所を陣に取ろうとして八田と争ったという記事があり、遊佐氏の一人が基国の代官として活動していることが知られる。

（2） なお「御的日記」（『続群書類従』武家部）応永五年正月十七日には、日付の下に「執事畠山右衛門佐基国、法名徳元」とあって、基国が同年の幕府的始を主宰した如くである。しかし同書の日下に「執事」として記す人名は、他の例はすべて時の管領であり、且つ大抵はその管領任時の初年度にのみこの註記が見える。然るに基国の場合管領就任は右の的始より約半年後であって、他の諸例から推すとこの記事は不審であり、おそらく翌六年正月十七日条の記事を転写の間に五年の条に誤記したのではあるまいかと思われる。

（3） これより先明徳四年（一三九三）六月の管領細川頼元辞任・斯波義将再任に就いても、改替の事情を直接伝える文書・記録等は見出せないが、『明徳記』には、明徳三年三月細川頼之が臨終に際して、当職は頼元短慮蒙昧にして其器に当らぬ故然るべく沙汰せられたき旨を義満に進言したとある。この所伝の実否は不明であるとしても、頼元を後見して義満の幕政を輔佐していた頼之の卒去という事態が、翌年の管領頼元辞任の要因となったであろうことは推測に難くない。これに対して今回の義将の管領辞任には、そのような事由をも全く欠いており、且つ第二編第四章の末尾に触れたように義将は辞任後も長年月にわたり幕府の宿老として義満の政務にしばしば参画しているので、義満の忌諱に触れての辞任でないことも勿論である。

（4） 管領施行状・幕府御教書に代るべき当時の足利義満御判御教書としては、次の諸例を挙げうる。

⑴応永五年閏四月十八日付御判御教書案。細川右京大夫（満元）宛、醍醐寺報恩院領讃岐国陶保内等の押妨停止・一円渡付（「三宝院文書」七）。⑵同年閏四月二十三日付御判御教書案。北畠大納言入道（顕泰）宛、伊勢国棚橋太神宮法楽寺を興行のため寺領等を悉く三宝院に渡付（『醍醐寺文書』之四）。⑶同年閏四月二十八日付御判御教書。今河讃岐入道（仲秋）宛、尾張国千代氏名内重枝次郎丸渡残の押領停止、三宝院への下地渡付（『醍醐寺文書』之一）。⑷同年五月二日付御判御教書写。左衛門佐（斯波義重）宛、越前国社庄を寄附状に任せて北野御霊社に渡付（北野神社所蔵「古文書写」坤）。⑸同年五月六日付御判御教書案。細河右京大夫宛、祇園社領丹波国波々伯部保并金丸名半分の渡付（『八坂神社文書』下）。⑹同年六月八日付御判御教書。修理大夫入道（斯波義種）宛、狩野茂重の所領加賀国若松庄地頭職備後彦太郎跡の渡付（京都大学所蔵「狩野文書」）。⑺同年六月十一日付御判御教書案。佐々木備中守（六角満高）宛、近江国伊香中庄を安堵に任せて佐々木浄高（京極高詮）代に渡付（同庄を浄高に返付する旨の同日付御判御教書案があり、安堵とはこの返付を指す。「佐々木文書」三）。⑻同年八月二十一日付御判御教書。細河九郎（頼長）宛、備後国河北庄を綸旨に任せて刑部卿土御門有世卿雑掌に渡付（「土御門文書」一）。

以上の内⑴・⑵・⑶・⑸・⑹は、管領在職中ならば一般に幕府御教書を以て、また⑷・⑺・⑻は同じく一般に管領施行状を以てすべき内容の遵行命令であることは論を俟たない。

（5）三職という呼称は、『臥雲日件録』長禄四年（一四六〇）閏九月十六日条に「武衛(斯波)・畠山・細川、此三家謂二之三職一」とあるのを始め、「永享以来御番帳」に「永享比ヨリ至二文正一三職」として斯波義淳・畠山満家・細川持之を挙げ、「長禄二年以来申次記」に「三職」として細川勝元・斯波義敏・畠山義就を挙げていることからも、ほぼ室町中期には普遍化した呼称と見られる。また三管領という呼称は「文安年中御番帳」、「応仁記」一、「足利季世記」四 等に散見し、室町中期から末期にかけて次第に一般化したものの如くである。この三職または三管領という家格の呼称は、幕府の職制や儀礼の範を義満時代に求めるという意識が幕府関係者の間に強まった結果成立したものであろう。それゆえ、例えば「南方紀伝」坤に「此年(応永五年)義満公定二武家三職七頭一、准二朝廷五摂家七清花(華)一」などと、義満が応永五年に三職の制を定めたように記すのも、三職の由来を管領畠山基国の就任と結び付けた作為に過ぎないといえる。

（6）第28表に掲げた畠山基国の管領在任時の発給文書の典拠を次に列挙する。

A　軍事統率等

(1)軍勢催促＝『壬生家文書』三、『萩藩閥閲録』八ノ二、「益田家什書」、「佐田文書」。(2)発向・私戦の停止＝「寺門事条々聞書」、「寺院細々引付」。(3)軍忠状の証判＝「得田文書」。(4)軍勢等乱入の禁制＝「歓喜寺文書」。(5)感褒＝「益田家什書」、『萩藩閥閲録』三四、「福原家文書」、『吉川家文書』之一。(6)料国編入・代官派遣の通達＝「市河文書」。

B　所領の認定

(1)所領安堵＝「佐々木文書」（紀伊）。(2)所領安堵の施行＝「秋田藩採集文書」五。

C　祈　禱

巻数返事＝「東寺百合文書」ニ、「東寺文書」楽。

D　寺社の権益認定・規制

(1)住持職補任（公帖）＝「永源師檀紀年録」。(2)寺領安堵＝「長母寺文書」、「施無畏寺文書」。(3)寺領返付＝「粉河寺文書」。(4)寺領安堵の添状＝「総持寺文書」。(5)寺領安堵の施行＝「六孫王神社文書」。(6)裁許下知状の施行＝「東寺文書」数。(7)寺領目録等の証明＝(『南禅寺文書』上)「臨川寺重書案文」。(8)寺領違乱停止・所務保全＝「多田神社文書」、「禅林寺文書」、「東大寺文書」五、「天龍寺文書」。(9)造営料諸関過書停止の 施行＝『春日神社文書』。(10)段銭賦課による 修理要脚助成＝『醍醐寺文書』之一、「東寺百合文書」い。(11)段銭難渋の排除＝『東寺文書』之一「東寺百合文書」ユ。(12)頭役・祭礼の督励＝『石清水文書』之四、『北野天満宮史料』

古記録。⒀役夫工米の催促停止＝『醍醐寺文書』之一、「勧学院文書」（高野山史編纂所編『高野山文書』二）。⒁公事等の催促停止＝「永光寺旧記」。⒂守護請の通達＝『高野山文書』之一。

E　関東管領・守護・興福寺・使節等宛遵行命令

⑴寺領安堵の要請＝「武州文書」五・一六。⑵闕所分付与・所領安堵の添状＝『上杉家文書』之一。⑶安堵・宛行・寄進の施行＝「楞厳寺文書」、「佐々木文書」、「東寺百合文書」せ・そ、『醍醐寺文書』之一・四、「三宝院文書」四一・五二・三八、「総持寺文書」、「東寺文書」数、「大通寺文書」、「蒲生文書」、「本郷文書」、「天龍寺文書」、『細川家文書』（中世篇）、『石清水文書』之六、「美吉文書」、「久米田寺文書」、「秋田藩採集文書」五、「雲龍院旧記」、「壬生家文書」壬生家領関係文書、『萩藩閥閲録』一二一ノ二、「寺門事条々聞書」、「烏丸家文書」、「宗像文書」。⑷分国内寺領安堵＝『大徳寺文書』之十二、三一〇七号。⑸裁許下知状の施行＝「東寺百合文書」せ。⑹預置地渡付＝「伏見宮御記録」元二六坤、「美吉文書」、『小早川家文書』之一。⑺皇族・寺僧所領の渡付＝「宝鏡寺文書」、「古今令旨」。⑻濫妨停止・下地渡付＝『九条家文書』六、『東大寺文書』之八、「美吉文書」、「大覚寺文書」、『九条家文書』二、「東寺百合文書」ホ・ツ・ネ・せ・め、「前田家所蔵文書」東福寺文書、『八坂神社文書』下、『醍醐寺文書』之一、「海蔵院文書」、「前田家所蔵文書」宝菩提院文書、「高山寺文書」、『石清水文書』之六、「作陽誌」、「青蓮院文書」、「飯尾文書」、「古文書雑纂」三、『小早川家文書』之二、『高野山文書』之一、「鰐淵寺文書」、「門主伝」（『華頂要略』九）、「永源寺文書」、「臨川寺重書案文」、「東寺文書」数、「石清水八幡宮記録」一、「地蔵院文書」（京都大学所蔵）、「壬生家文書」壬生家領関係文書、『壬生家文書』三、「前田家所蔵文書」武家手鑑、「京都御所東山御文庫記録」甲六六・甲六八、「勧修寺文書」三、「東院毎日雑々記」別記、「前田家所蔵文書」石清水八幡宮文書、「古文書集」（京都大学所蔵）八。⑼遵行督励・下地渡付＝「本郷文書」、「壬生家文書」壬生家領関係文書。⑽罪責糺明・下地渡付＝「進士文書」、「東寺百合文書」マ。⑾用水等の異儀停止＝「佐々木文書」、『高野山文書』之一、『九条家文書』六、「広橋家記録」。⑿公事抑留停止＝「山中文書」。⒀競望停止・知行安堵＝「鷲見家譜」、「秋田藩採集文書」五。⒁半済停止・一円渡付＝「鰐淵寺文書」、「安国寺文書」（丹波）、『春日神社文書』一。⒂堺相論裁決係争地渡付＝「美吉文書」。⒃年貢対捍者の改替・処罰＝『東大寺文書』之七。⒄支証棄破・所務保全＝「室町家御内書案」。⒅御教書召返・所務保全＝「京都御所東山御文庫記録」甲六八、「三宝院文書」四一。⒆寄進取消・下地返付＝「佐々木文書」。⒇相論裁決までの所務保留と仮の下地渡付＝「古文書」（『後鑑』所載）、「東寺百合文書」ト、「京都御所東山御文庫記録」甲六八。(21)所務相論につき注進要請＝「桂文書」。(22)論人の支証徴収・召喚＝「随心院文書」、「永田正雄氏所蔵文書」、「福原家文書」、『東寺文書』之一「東寺百合文書」い。(23)橋梁修理用

木の採取＝「東寺百合文書」め。㉔守護使不入の施行「紀氏文書」、『九条家文書』六、「佐々木文書」、「臨川寺重書案文」、『南禅寺文書』。㉕諸公事催促停止＝「相州文書」六、『壬生家文書』一、「東寺百合文書」ヤ・せ、『醍醐寺文書』之一、「前田家所蔵文書」東福寺文書、『石清水文書』之六、「秋田藩採集文書」五、『九条家文書』六、「永光寺旧記」、『南禅寺文書』上。㉖率分関の安堵＝『教言卿記』。

F　和泉国惣官田所宛注申命令

係争地の当知行実否糺明＝「淡輪文書」。

G　山門関務衆徒宛遵行命令

寺領年貢の煩停止・勘過＝「天龍寺文書」。

（7）伊藤喜良氏「応永初期における王朝勢力の動向」（『日本歴史』三〇七号）。

（8）第29表に掲げた義満の発給文書の典拠を列挙しておく。

A　軍事統率関係

(1)軍勢催促＝「福原家文書」、『島津家文書』之一、「田代文書」、『萩藩閥閲録』三七ノ一、「上遠野文書」、『熊谷家文書』、「小笠原文書」、『小早川家文書』之一、「本郷文書」、『上杉家文書』之一、「益田家什書」三、『毛利家文書』之一・四、『阿蘇文書』之一。(2)籌策要請＝『上杉家文書』之一、「福原家文書」。(3)倭寇禁圧＝『島津家文書』之一。(4)私戦停止＝「山田聖栄自記」。(5)軍勢等乱入の禁制＝「長福寺文書」。(6)感褒＝『上杉家文書』之一、『萩藩閥閲録』三七ノ一、「本郷文書」、「佐竹文書」、「市河文書」、『阿蘇文書』之一。

B　守護・国人の権益付与・認定等

(1)守護職補任＝「佐々木文書」、「古証文」、「永源師檀紀年録」。(2)守護職安堵＝『島津家文書』之一。(3)闕所分付与＝『上杉家文書』之一。(4)所領宛行＝『上杉家文書』之一、「小笠原文書」、「佐々木文書」、「狩野文書」（「諸家文書纂」所収）、『大徳寺文書』之七、「秋田藩採集文書」五、「前田家所蔵文書」古券書、「細川文書」（長門）、『醍醐寺文書』之一、「黒田太久馬氏所蔵文書」。(5)料国・料所預置＝「佐々木文書」、「薩藩旧記」前集二三、『小早川家文書』之一。(6)所領安堵＝「湯川文書」、「本郷文書」六、『小早川家文書』之一・二、『細川家文書』（中世篇）、『上杉家文書』之一、「久我家文書」、「秋元興朝氏所蔵文書」、「小代文書」、「市河文書」、「真壁文書」、『萩藩閥閲録』一二一ノ二、「細川文書」（長門）、「小鹿島古文書」、「頓宮文書」、「尾張文書通覧」一。(7)所領返付＝

「佐々木文書」、「小笠原文書」、「足利将軍代々下知状」。⑻諸公事免除・守護使不入＝「佐々木文書」三、「小笠原文書」一、『上杉家文書』之一。⑼特産物の貢献を要請＝『島津家文書』之一。⑽進物に答書＝『細川家文書』中世篇、『島津家文書』之一。

C　朝廷・公家衆の権益認定等

⑴家門・家領等の安堵＝「安楽寿院文書」、『九条家文書』一・六、「大友家文書」四。⑵料所宛行＝「烏丸家文書」。⑶料所等安堵＝「土御門家記録」。⑷左京職領の混領停止＝「京都御所東山御文庫記録」甲六八。⑸出家の理由を推問＝「迎陽記」応永六年四月二十二日条。⑹楽曲伝授の奥書＝『教言卿記』応永十五年三月九日条。

D　祈禱関係

⑴願文＝「普光寺文書」。⑵祭文・諷誦文＝「諸祭文故実抄」一二、「諷誦願文草案」。⑶祈禱要請＝「八坂神社文書」三、『醍醐寺文書』之二、「水無瀬宮文書」三、「清和院文書」、「長福寺文書」、『大徳寺文書』之一、「廬山寺文書」、「石清水八幡宮記録」一、「神護寺文書」、『壬生家文書』二。⑷祈禱の謝辞＝「青蓮院文書」。

E　寺社の権益付与・認定等

⑴祈願寺・諸山の指定＝「妙心寺文書」、「総持寺文書」（能登）、「法金剛院文書」、「宏徳寺旧記」、「清水寺文書」、「東妙寺文書」、「正観寺文書」、「前田家所蔵文書」南禅寺慈聖院文書。⑵寺社諸職等宛行＝「前田家所蔵文書」宝菩提院文書。⑶寺社諸職等安堵＝『醍醐寺文書』之一、「青蓮院文書」、「八坂神社文書」三、「一乗院文書」、「曼殊院文書」。⑷社僧の格式を認定＝「八坂神社文書」三。⑸寺社領寄進＝「吸江寺文書」、「総持寺文書」（三河）、「大通寺文書」、「金蓮寺文書」、『石清水文書』之六、「等持院常住記録」、『大乗院寺社雑事記』康正三年九月十五日条。⑹寺僧に知行宛行＝「宇多郡奉行引付」、「三宝院文書」六九。⑺塔所の敷地宛行＝「宝鏡寺文書」。⑻寺社領預置＝「山本秋太郎氏所蔵手鑑」。⑼寺社領安堵＝『阿蘇文書』之一、「楞厳寺文書」、「六孫王神社文書」、「森川文書」、『醍醐寺文書』之一・四、「若宮八幡宮文書」、「大通寺文書」、「実相院文書」、「若王子神社文書」一、「東寺百合文書」そ、「神護寺文書」、「法観寺文書」、「東大寺文書」七、「青蓮院文書」、「蠹簡集残編」三、『松尾大社史料集』文書篇一、「等持院常住記録」、「廬山寺文書」、「新編会津風土記」三、「東寺造営文書符案」。⑽訴訟棄捐・寺領等安堵＝『平賀家文書』、「寿寧院文書」（東京大学所蔵）、「久米田寺文書」。⑾社領返付＝「東寺文書」数、「天龍寺文書」。⑿料足寄進＝「前田家所蔵文書」編年雑纂。⒀寺院管領の国衙正税対捍等の停止＝『醍醐寺文書』之一。⒁諸公事免除・守護使不入＝「西大寺文書」六、「天龍寺文書目録」、『東福寺文書』之二、「天龍寺文書」、『南禅寺文書』上、『八坂神社文書』下。⒂造営要脚段米徴収の督励＝「寺門事条々聞書」。⒃造営要

脚諸関過書停止＝『春日神社文書』一。⒄祭礼遂行の督励＝『北野天満宮史料』古記録。⒅塔所新造の停止＝「円覚寺文書」。⒆寄進状の証判＝「東寺文書」書・五常。⒇寺領目録に証判＝「大報恩寺文書」。㉑来訪の謝辞・進物等＝「青蓮院文書」、「天城文書」、「猪熊信男氏所蔵文書」一、「岩井武俊氏所蔵文書」。

F　裁　許

相論裁決（下知状）＝『北野天満宮史料』古記録、「東寺文書」千字文。

G　遵行命令（鎌倉御所・関東管領・守護・伊勢国司等宛）

⑴綸旨の施行＝「土御門文書」。⑵宛行・安堵・寄進の施行＝「北野神社文書」、『八坂神社文書』下、「狩野文書」、「佐々木文書」、「三宝院文書」三八、『上杉家文書』之一、『石清水文書』之六。⑶寺院興行・寺領渡付＝『醍醐寺文書』之四。⑷濫妨停止・所務保全＝「三宝院文書」七。『醍醐寺文書』之一・四、「土岐文書」。⑸安堵棄破・社領返付＝『石清水文書』之六。

⑼　他にこの管領未補期間内の応永五年六月十五日付で摂津守護の細川右京大夫満元に宛てた御教書案（九条家領摂津国輪田庄の地頭請所を年々無沙汰により停止）があり、これは直状であるにも拘らず日下に「沙弥判」とある（『九条家文書』二、三四八号）。おそらく義満の御判御教書の案文で、「沙弥」は衍とみるべきであろうが、断定しえないので除外することとする。

⑽　第30表に示した奉行人発給文書（奉書・奉書案）の典拠は次の如くである。

A　摂政家政所宛通達

公事納入の催促＝「応永七」三月二日付斎藤玄輔奉書案、三条家政所宛、丹波国野口元（庄ヵ）役の東寺精進（生身）供料納入を促す（「東寺百合文書」モ一〇―二一）。

B　寺社宛、権益保護・規制等

⑴社家所職安堵＝「応永五」五月二十五日付社家奉行飯尾崇輝奉書案、北野貞富院法眼宛、北野社年預職を譲状に任せて堀川為弘に安堵せしむ（『北野天満宮史料』古記録）。⑵社領下地渡付＝「応永九」二月二十八日付斎藤玄輔奉書案、鴨社前社務宛、鴨社領越中国寒江・倉垣両庄に関する前禰宜祐詞の訴訟を棄捐し、雑掌に渡付せしむ（「賀茂社諸国神戸記」七）。⑶地口銭催促停止＝①（応永七年）四月八日付斎藤玄輔奉書、鴨社雑掌宛、東寺領洛中散在所々に鴨社地口銭の催促を止めしむ（「東寺文書」観智院二）、②「応永九」五月十二日付飯尾浄称奉書案、妙法院庁宛、東寺領洛中散在に新日吉社造営料足地口の催促を止めしむ（「東寺百合文書」ル二五―二九）。

C　守護代・造宮使等宛、遵行命令

(1)年貢究済＝応永八年三月十日付伊勢貞行（政所執事）・藤原某連署奉書案、甲斐美濃入道（祐徳、斯波家執事兼越前守護代）宛、斎藤蔵人入道の給物なる徒部郷（越前国今立郡）の年貢を長井兵庫入道の未進するを止め、重ねてこれを究済せしむ（「古文書集」二）。(2)公事催促停止＝応永五年九月二日付飯尾貞之・（飯尾ヵ）左近将監連署奉書案、宛所欠損（播磨守護代宛ヵ）、九条大閤（経家）家領播磨国田原庄・安田庄・蔭山庄に当年十分壱の催促を止めしむ（『九条家文書』二、四四二号）。(3)役夫工米催促停止＝①応永六年九月二十八日付摂津能秀・沙弥某・松田詮秀連署奉書案、造宮使宛、東寺領若狭国太良庄に外宮役夫工米の譴責を止めしむ（「東寺百合文書」ナ一一一四）、②「応永十」五月二十日付飯尾浄称・中沢行称連署奉書案、小笠原三川(河)入道（長春、若狭守護代）宛、右の太良庄に理非糺明まで役夫工米の催促を止めしむ（「東寺百合文書」キ三九―五四）。(4)勘過＝①応永五年十二月十一日付左衛門尉源某・左衛門尉清原某連署奉書（下知状）案、宛所闕、関東下向の幕府使節佐竹和泉入道に関渡勘過并に山中兵士宿送を沙汰せしむ（「佐竹文書」）、②同年月日右両人連署奉書（下知状）案、宛所闕、佐竹和泉入道の使者の関東上下に関渡を勘過し、人馬の員数は代官の判形を以て勘過せしむ（同文書）。

なお彼等の奉書発給以外の活動の内顕著なものとしては、管領基国発給の応永十一年七月三十日付興福寺松林院法印宛幕府御教書案に「筒井与二脇田一并箸尾一確執事、先止二合戦之儀一、可レ経二穏便之訴訟一之旨、以二両使一（斎藤美乃入道聖信、飯尾新左衛門尉清国、）被二仰遣一者也」云々とある如く合戦停止を命ずる使節として発遣されたことや（「寺院細々引付」）、同年十月、東寺より満済を介して東寺奉行斎藤上野入道玄輔が寺家の諸事を申沙汰せぬため先例の如く両奉行とされたいと訴えたので幕府は相奉行として飯尾大和入道浄称を補任したこと（「東寺百合文書」く廿一ロ方評定引付、応永十一年八月十一日・九月二十一日・十月十日条）などが挙げられる。

第三節　伝奏の活動と義満政権

一　伝奏奉書と管領奉書の権限区分

応永初年から顕著になったものに、義満の旨を承けた伝奏の活動がある。そもそも応永元年（一三九四）将軍職を嫡子義持に譲って一旦太政大臣の極官に上り、次いで翌年これを辞して入道し、北山殿として引続き政務を執った足利義満の支配権が、武家政権の支配者としてのそれまでの将軍の権限を超えたものであることはいうまでもない。俗界の官職・地位を超越した出家という立場に立って、在任中と同等ないしより一層強大な権力を振うという支配のあり方は、周知のように藤原道長・平清盛等に先蹤のある伝統的な方法であった。しかし義満の場合は、各種の儀礼を法皇に擬した事実や、妻日野康子を後小松天皇の准母として女院号宣下を受けさせた事実からも窺われるように[1]、観念的な権威としては摂関家や平氏政権よりもむしろ院政のそれを模したものであった。義満の権力的地位が、管領制の成立、守護・国人統制の強化、将軍直属軍の整備、朝廷の公事課役催免権・二本所間相論裁決権・京中警察権等の幕府への委譲に見られるような幕府権力の強化・確立を基礎として成立したことは明らかであるが[2]、なお追究を要するのは、そのようにして成立した北山殿義満の法皇的権威を支えた権力機構の実体である。

この実体究明のための重要な手掛りとなるものが、永島福太郎氏の指摘され、伊藤喜良氏の追究された義満政権下における伝奏の機能である[3]。殊に伊藤氏は、鎌倉時代以来上皇から補任されて朝廷と幕府・寺社間の申次を任務とした伝奏の公卿が、応永年間義満の吏僚化し、義満の「仰」を奉じた御教書、即ち伝奏奉書を発給するに至ったと説かれた。さらに富田正弘氏は、主に公武の祈禱に関する伝奏奉書を素材として伝奏の活動を分析された[4]。本節には以上三氏の驥尾に付して当時の伝奏の権限と機能を考察し、とくに前節までの研究によって確かめた管領の権限との対比を通じて、義満政権の権力機構の一端を探ることとする。

義満の意向を承けた伝奏奉書は既に南北朝末期にも属目しうるが、[5]応永初年以降顕著になり、第31表に掲げたように義満の薨逝までの応永年間前半に六十通ほど管見に触れる。[6]それらは朝廷・公家衆と京・畿内の有力寺社に関するものに限られるが、表示のように祈禱・祭礼、家領安堵、寺社領返付・安堵、濫妨停止、相論裁定、検断関係、造営段銭・段米・関銭の究済等に及んでおり、義満政権の公家・寺社、就中後者に対する支配が伝奏を通じて実施される新たな系統によって行われるようになったことを知らしめる。とはいえ、他方これと併行して義満の御判御教書、管領奉書（管領施行状・幕府御教書）、幕府奉行人奉書のごとき従来の系統による発給文書が、武士に対してはもちろん、寺社に対しても依然として発給されているので、この両系統の発給文書がいかなる権限区分に基づいて発せられたかを検討する必要がある。

伊藤喜良氏は、註（3）所掲論文（以下引用は該論文による）において、応永十年（一四〇三）十月興福寺の衆徒・国民と多武峰衆徒との合戦を義満が制止した際に管領畠山基国の奉じた御教書と伝奏広橋仲光（法号曇寂）の奉じた御教書との両者が発給された事実を挙げて、「両者の関係は不明である」が、将軍義教期の永享元年（一四二九）七月の事例から推して「南都に対する将軍の命は伝奏をしてなさしむるのが一般的であったと考えられる。とするならば、先の管領による御教書は特別なものだったろうと推定する。」と説かれた。しかし管領畠山基国の在任期間である応永五年六月—応永十二年七月の七年間に、伝奏広橋仲光の南都に関する奉書二十四通を見るのに対し、[7]基国の南都に関する施行状・幕府御教書もこれに半ばする十二通の所見を得るので、両者の関係はいま少し追究が可能と思われる。そこで伝奏奉書と管領奉書との異同を検出するため、やや煩雑ではあるが両者の内容を逐一以下に掲げてみる。

第31表　伝奏奉書一覧（自応永元年至応永十四年）（＊＝義満袖判）

区分	事項＼年次	応永元	2	3	4	5	6	7	8	9	10	11	12	年未詳(12年迄)	13	14	計	発給者	発給対象	典拠
朝廷公家衆関係　祈禱・権益認定等	祈禱要請											1					1	広橋兼宣	土御門有世	「兼宣公記」
朝廷公家衆関係　祈禱・権益認定等	新造内裏祭料ノ下行									1							1	坊城俊任	幕府奉行人	「吉田家日次記」
朝廷公家衆関係　祈禱・権益認定等	家領安堵					1											1	日野重光	松木宗量	「口宣綸旨院宣御教書案」
朝廷公家衆関係　祈禱・権益認定等	公家衆ノ昇叙															1	1	日野重光	蔵人弁	「教言卿記」
関係　祈禱祭礼	祈禱要請						1＊			1		2			2		6	広橋仲光(曇寂)・広橋兼宣・日野重光	廬山寺・東寺・聖護院・土御門有世・興福寺・春日社	「廬山寺文書」「東寺百合文書」ホ「兼宣公記」「東寺百合文書」セ「春日社臨時御神楽之記」
関係　祈禱祭礼	祈禱ノ結番要請								1								1	広橋仲光	東寺	「廿一口方評定引付」
関係　祈禱祭礼	触穢ニヨリ祭礼延引									1							1	広橋仲光	北野社	「北野社旧記」
関係　祈禱祭礼	祈禱料所宛行		1														1	万里小路嗣房	興福寺一乗院	「略安宝集」
関係　祈禱祭礼	田楽頭人助成ノ下行									1							1	広橋仲光	興福寺唐院	「春日神社文書」
関係　祈禱祭礼	法会料足ノ支弁			1								1					2	万里小路嗣房・広橋仲光	延暦寺・興福寺唐院	「山門大講堂供養記」「春日神社文書」
関係　益認定・規制	寺院諸職安堵									1＊							1	広橋仲光	興福寺一乗院	「一乗院文書」
関係　益認定・規制	寺社領返付			1	2												3	万里小路嗣房	東寺・祇園社	「東寺百合文書」ゐ「祇園社記」
関係　益認定・規制	寺領・寺僧所領安堵										2		2		1, 1＊	1	7	広橋仲光・日野重光・広橋兼宣	興福寺一乗院・興福寺修南院・廬山寺・興福寺東院	「一乗院文書」「廬山寺文書」「東院毎日雑々記」
関係　益認定・規制	寺僧ニ年貢宛行														1		1	日野重光	興福寺一乗院	「東院毎日雑々記」
関係　益認定・規制	舞人ノ扶持ヲ指示														3		3	日野重光	興福寺一乗院	「教言卿記」
関係　益認定・規制	寺僧ヲ僕従トスルヲ禁止											1					1	広橋仲光	興福寺大乗院	「寺院細々引付」
関係　益認定・規制	寺領・神主職ノ濫妨停止	1	1					1					1		1		5	万里小路嗣房・広橋仲光・日野重光	興福寺一乗院・興福寺別当・興福寺東北院	「一乗院文書」「寺門事条々聞書」「東院毎日雑々記」「教言卿記」

区分		事項																計	奉者	宛所	出典
寺社	権	訴訟ノ棄捐・吹挙ノ棄破									3					1		4	坊城俊任・日野重光	蔵人右少弁・幕府奉行人・興福寺寺務	「賀茂社諸国神戸記」「一乗院文書」
		庄官ニ与ヘシ御教書ノ返進													1			1	広橋仲光	幕府奉行人	「春日神社文書」
		相論裁定ヲ寺家ニ一任													1			1	広橋仲光	興福寺一乗院	「春日神社文書」
	検断・私戦停止等	奈良市中警衛・放火群盗禁断							1									1	広橋仲光	興福寺別当	「寺門事条々聞書」
		雑務検断ノ相論ヲ停止							2									2	広橋仲光	興福寺別当	「寺門事条々聞書」
		東大寺郷ニ興福寺ノ検断ヲ停止								1								1	広橋仲光	興福寺別当	「古記部類」応永年中寺社之事
		興福寺衆徒ノ発向停止										1						1	広橋仲光	興福寺大乗院	「寺門事条々聞書」
		多武峰衆徒ノ入部・悪行停止										3						3	広橋仲光	興福寺大乗院・幕府奉行人	「寺門事条々聞書」
		十市・箸尾与同ノ党類ノ赦免														1		1	日野重光	興福寺一乗院	「東院毎日雑々記」
	段銭・段米・関銭	造営要脚段米ノ流用停止							1									1	広橋仲光	興福寺別当	「春日神社文書」
		段銭・段米未進分ノ究済			3				1	1								5	万里小路嗣房・広橋仲光	延暦寺・興福寺別当	「山門大講堂供養記」「寺門事条々聞書」
		関銭未進分ノ究済										1						1	広橋仲光	興福寺一乗院	「寺門事条々聞書」
		寺社造営ノ間ノ過書停止											1					1	広橋仲光	興福寺一乗院	「春日神社文書」
計			1	2	5	2	1	1	6	3	8	7	6	3	2	11	2	60			

I　南都伝奏広橋仲光奉書案の事例

a　祭礼・法会に関するもの

①「応永九」七月二十五日付、唐院方丈宛、若宮祭田楽頭人に寺門より二千疋助成せしむ(『春日神社文書』第一、七号)。

②(応永十一年)九月五日付、唐院方丈宛、維摩会講師の訪万二千疋を土打段米料足を以て支弁せしむ(同六号)。

b　寺僧の権益・身分に関するもの

①応永九年九月日付、義満袖判、宛所欠、良乗法橋をして憲乗法眼の譲与に任せて一乗院門跡後見職・佐保田庄々務を安堵せしむ（「一乗院文書」一六）。②応永十年四月十一日付、宛所欠、良乗法橋をして故憲乗法眼御恩地等を安堵せしめたることを存知せしむ（同上）。③（同年）四月十一日付、東院僧都（光暁）宛、一乗院門跡をして右の御恩地等安堵の御教書を下さしむ（同上）。④（応永十一年）五月二十六日付、大乗院（孝円）宛、岸田実円の内山禅衆慶忍を僕従と称して進退し非分の課役を懸くることを停止し、慶忍をして寺家の交衆としての務を専らにせしむ（「寺院細々引付」四）。

c　寺領・境内等に関するもの

①応永七年八月三十日付、興福寺別当僧正（実恵）宛、当寺領上総国周西・天羽等に国衙雑掌の違乱するを停止し、寺家の管領を全うせしむ（「寺門事条々聞書」）。②（年未詳）八月十一日付、幕府奉行人飯尾美濃入道（貞之）宛、平田庄の田数につき去春庄官に下せる御教書を返進すべき旨の御教書を成さしむ（『春日神社文書』第一、五八〇号）。③（年未詳）三月五日付、一乗院（良兼）宛、幄屋上葺・南大門東脇門橋等に関する学侶と好継との相論を先規・傍例により裁定せしむ（同一号）。④（応永十二年）五月三十日付、東院（光暁）宛、良懃・英芸等の奉行する宇智郡山荘以下を改動せざらしむ（「東院毎日雑々記」）。⑤（同年）八月十日付、宛所欠、有世卿（土御門）の遺跡を泰嗣の相続するを安堵し、一乗院門跡をして同門跡分を計らはしむ（同書）。

d　検断に関するもの

①（応永七年）五月二十一日付、興福寺別当僧正（実恵）宛、当所（奈良市中）を厳密に警衛し、放火・群盗等を禁圧せしむ（「寺門事条々聞書」）。②（同年）六月十一日付、同人宛、学侶六方と衆徒との雑務検断についての相論を停止し、先例を守らしむ（同上）。③（同年）七月四日付、同人宛、右の相論を停止すべき旨を官符衆徒に下知せしむ（同上）。④応永八年十一月九日付、同人宛、東大寺寺辺七郷内を興福寺より検断することを停止せしむ（「古記部類」春、応永年中寺社之事）。

e　私戦停止に関するもの

①（応永十年）九月二十八日付、大乗院（孝円）宛、多武峰衆徒に宇多郡入部を止め穏かに訴訟を経べき旨を命ぜしことを、寺門をして存知せしむ（「寺門事条々聞書」）。②（同年）十月三日戌刻付、同人宛、多武峰に発向せる寺門若輩をして合戦を止め穏かに訴訟を経しむ（同上）。③（同年）十月八日付、幕府奉行人飯尾美濃入道（貞之）宛、多武峰衆徒の寺院放火・城郭構築等の濫悪制止の御教書を成さしむ（同上）。④（同年）十月八日付書状案、大乗院（孝円）宛、多武峰衆徒の悪行につきての六方衆の事書を披露すべき旨、および今朝この奉書（右の③）を成されし旨を告ぐ（同上）。

f　段銭・段米に関するもの

①（応永七年）九月十二日付、興福寺別当僧正（実恵）宛、寺社（興福寺・春日社）造営要脚の国中段米を若宮祭礼田楽頭新助成等に流用することを停止せしむ（「寺門事条々聞書」、又は『春日神社文書』第一、二号）。②（同年）十一月十五日付、同人宛、大和国吉田庄下司龍田藤市丸をして同庄土打段米の抑留を停止し今月中に未済分を究済せしむ（「寺門事条々聞書」）。③（応永八年）後正月二十六日付、同人宛、去々年当寺供養の大和国中重段銭究済のため未済の所々に両使を下すにつき、先度相副へし国民十三人を再び南都に召集せしむ（同上）。

g　関務に関するもの

①（応永十年）十月三日付、一乗院（良兼）宛、摂津国渡部・兵庫・小泉等の関銭無沙汰の分を今月上旬中に究済せしむ（「寺門事条々聞書」）。②（応永十一年）三月二十九日付、同人宛、摂津国兵庫・河上等諸関の過書（過所）を寺社造畢までの間停止し、修造費に充当せしむ（『春日神社文書』第一、二四五号）。

以上のように南都に関する伝奏広橋仲光の奉書はかなり多岐に亙っているが、それらは何れも直接興福寺ないしその寺僧の領有権・収益権または検断権に関係のある事項であるという共通性が見出される。

これに対して、南都に関する管領施行状・幕府御教書（案文を含む）は次の如くである。

Ⅱ　管領畠山基国施行状

a　寺院・寺領安堵の施行

①応永六年二月二十一日付、慈恩院僧都（兼覚）宛、一乗院家（良昭）をして去る三日の安堵に任せて大和国弘福寺ならびに同寺領を東寺僧侶等に渡付せしむ（「東寺百合文書」せ　武家御教書并達二九―六四）。②応永十年六月二十三日付、宛所脱、大乗院家（孝円）をして、去月十一日の安堵に任せて大和国宇多郡上中富庄・同国平尾庄ならびに宿院佐保殿領を多武峰妙楽寺雑掌に渡付せしむ（「寺門事条々聞書」）。

b　過書停止の施行

応永十一年五月二十五日付、興福寺別当僧正（孝円）宛、寺社造営料所兵庫・河上諸関をして去月二十一日御書に任せて国料舟并に過書を止めしめ、且つ問丸・船頭等をして諸権門の商買物を積載せざる旨の告文を捧げしむ（『春日神社文書』第一、二四四号）。

Ⅲ　管領畠山基国奉幕府御教書

a　濫妨停止の遵行命令

①応永五年十一月三日付、興福寺衆徒中宛、手掻越前房実快の東大寺領大和国河上庄内水田八段の押妨を停止し、下地を同寺雑掌に渡付せしむ（『東大寺文書』之八、七〇一号）。②応永六年七月二十日付、慈恩院僧都（兼覚）宛、大和国弘福寺ならびに同寺領渡付の施行（Ⅱa①）を叙用せざる同寺住僧等を追放し、同寺と寺領を東寺僧侶に渡付せしむ（「東寺百合文書」ホ一―二〇）。③応永七年七月二十二日付、少納言得業宛、東大寺領大和国窪庄年貢を年々対捍せる預所順英を改替し罪科に処せしむ（『東大寺文書』之七、四四二号）。④応永十一年九月二十八日付、東院僧都（光暁）宛、一乗院家をして小田原寺領大和国狭河庄南北に北院ならびに牛飼竹一の立帰り違乱するを止め、下地を同寺雑掌に渡付せしむ（「東院毎日雑々記」四別記）。

b　犯科人召喚の遵行命令

①応永十年六月三日付、松林院法印（実雅）宛、東寺領大和国河原城下司の罪責を糺明するため同人を召喚し、下地を東寺雑掌に渡付せしむ（「東寺百合文書」マ一八）。②応永十二年六月二十四日付、同人宛、右の河原城下司を悪党与同の訴に基づき参洛せしむ（『東寺文書』之一「東寺百合文書」い二〇号）。

c　私戦停止の遵行命令

①応永十年十月二日、東林院大納言僧都宛、大乗院家（孝円）をして興福寺六方衆等の多武峰発向を停止せしむ（「寺門事条条聞書」）。②同年十月五日付、大和国人中宛、多武峰ならびに宇多郡への発向を停止し退去せしむ（同上）。③応永十一年七月三十日付、松林院法印宛、衆徒筒井と国民脇田・箸尾との合戦停止のため両使を発遣せる旨を告げ、大乗院家（孝円）をしてこれに使節を副へしむ（「寺院細々引付」四）。

以上のように南都に関する管領畠山基国の発給文書は、Ⅱ寺院・寺領安堵および過書停止の施行状とⅢ濫妨停止・犯科人召喚・私戦停止の幕府御教書よりなり、諸国守護に対する遵行命令と共通する管領の実施命令である。鎌倉・室町時代を通じて大和国には守護が置かれず、興福寺が大和守護職の権限を主張し、幕府もこれを公認したことは、夙に永島福太郎氏の論証された如くであり、(8)以上の基国の発給文書は、何れも大和守護としての興福寺ないしその配下としての衆徒・国民に対する幕命に外ならない。わけてもⅡa（寺院・寺領安堵の施行）・Ⅲa（濫妨停止）Ⅲb（犯科人召喚）は、興福寺およびその寺領・寺僧等に関する事項ではなく、大和国内の東寺領・多武峰妙楽寺領・東大寺領および小田原寺領に関する事項であって、これらの事項については管領の施行状または幕府御教書のみが発給されたと覚しく、伝奏奉書の所見は存在しない。したがって、大和守護としての資格における興福寺に対する義満政権の遵行命令は原則として伝奏の関与すべき事項でなく、諸国守護に対する遵行命令と同様に、管領が通達の権限を有していたと判定される。そこで興福寺とその寺僧の権益に関する義満政権の認可・裁定等を通達することは南都伝奏の職権事項に属し、大和守護としての興福寺に対する実施命令は管領の管掌に属するという、伝奏と管領との職権内容の相異を推定することができる。

二　伝奏の機能に現れた義満政権の性格

それでは、過書停止（Ｉｇ②とⅡｂ）、私戦停止（Ｉｅ①～③とⅢｃ①・②）のように、伝奏と管領との発給文書が併存する場合にはいかなる権限区分が認められるか。上記の推定からの論理的帰結は、これらの場合は興福寺の権益に関る事項であると同時に大和守護としての興福寺の職権に関る事項でもあることとなるが、果して事実はどうであったか。

過書停止の例では、対象とする諸関は摂津国内にあって、地域的には大和国に属さないが、興福寺の収入源であるのみならず同寺の管轄下に属する海関・河関なので、大和守護の職権事項に準じて興福寺宛の管領奉書が発給されたのであろう。ところで、この場合は次の(A)・(B)・(C)の三種類の発給文書が見られる。

(A)　伝奏広橋仲光奉書案（上記Ｉｇ②）

摂津国兵庫河上等諸関過書事、寺社造畢之間、堅所レ被二停止一也、存二其旨一、可レ専二修造一之由、可レ有二御下知一之由、
可レ申之旨候也、誠恐謹言、

（応永十一年）三月廿九日　（広橋仲光）曇寂奉

（良兼）一乗院殿

(B)　足利義満御判御教書案（『春日神社文書』第一、二一七号）

寺社造営要脚兵庫河上諸関事、止二国料幷過書一畢、若於二年貢舟一、雖レ為二少事一、有二商買物混合之儀一者、一円点二定
其舟一、可レ寄二春日造営一状如レ件、

応永十一年四月廿一日　（義満）御判

（孝円）興福寺別当僧正御房

(C)　管領畠山基国施行状（Ⅱb①）

寺社造営料兵庫河上諸関舟除二御所丸、御座丸、八幡丸、御判船一事、早任二去月廿一日御書之旨一、可レ被レ止二国料舟并過書一、次於二問丸船頭等一者、不レ積二加諸権門舟商買物一之由、可レ捧二告文一之旨、可レ被二相触一之由、所レ被二仰下一也、仍執達如レ件、

応永十一年五月廿五日　　沙弥（花押）（畠山基国）

興福寺別当僧正御房

この過書停止に関する(A)・(B)・(C)の間には、それぞれ二十日余ないし一ヵ月余の間隔があること、および(B)には商品混載の年貢船からは積載物を没収するという規定、(C)には幕府料船を除外するという規定、ならびに諸権門の年貢船には商品を混載しない旨の誓約書を問丸・船頭から徴収するという規定が付加されていることによって、(A)の発給後に諸権門および幕府内部から年貢船・幕府料船除外の要請が出されて、興福寺の権益との調整が計られたものと推測される。但し(A)・(B)・(C)の三通の文書がそれぞれ様式を異にしていることは、おそらく発給手続上の順序を追ったためであって、先ず権益認定の旨を示す義満の内意が(A)を以て南都伝奏から申請者の一乗院門跡に伝えられ、次に義満自ら(B)を以て正規の権益認定を興福寺に下し、さらに(B)を承けた管領の実施命令として(C)が発給されたと解されるのである。

そこで、次には私戦停止に関する発給文書を、発給手続に留意しながら検討しよう。この場合、伝奏と管領との発給文書の案文がともに伝存するのは応永十年の事例であるが、これを分析するためには、同じく私戦停止を義満政権が命じた翌応永十一年の事例が参考となる。この十一年の事例は、発給文書の所見はⅢC③の幕府御教書案一通のみであるが、この案文を掲げる「寺院細々引付」の次の記事によって、幕府御教書に先立って伝奏奉書の発給された事実が知られる。

（応永十一年）八月一日、天晴

一武家使者斎藤美濃入道聖信、飯尾新左衛門尉清国、参上、（中略）

両使申云、筒井与二脇田以下一合戦事以外候、先止二合戦一、穏可レ仰二御成敗一之旨、為二制禁一被レ下二両使一候、御門跡ヨリ同奉行人ヲ被レ副、可レ有二御炳誡一云々、則京都御教書進レ之、

筒井与二脇田幷箸尾一確執事、先止二合戦之儀一、可レ経二穏便之訴訟一之旨、以二両使（斎藤美乃入道聖信、飯尾新左衛門尉清国）一被二仰遣一者也、同被レ相二副使節一、可レ被レ加二御下知一之旨、可レ被レ申二入大乗院家（孝円）一之由、所レ被二仰下一也、仍執達如レ件、

応永十一年七月卅日　沙弥（畠山基国）判

松林院法印御房

御返事云、誡彼合戦以外興盛、付二惣別一御驚歎之処、上使下向殊目出候、就中可レ被レ副二使節一間事、尤不レ可レ有二子細一候之処、彼合戦、先日北小路大納言重光（日野）、内々奉書到来之時、箸尾以下可二引退一之旨雖レ申二領状一、筒井尚依レ申二子細一、合戦于レ今不二静謐一候、筒井事ハ一乗院房人候之間、以二当門跡使者一加二制禁一之条、非レ無二斟酌一候、当方房人及二異儀一之体候者、可レ被レ下二使者一候、先令二下向一、厳密可二炳誡一之由被レ仰了、両使退出了、今日やかて下二向彼陣一云々、（下略）

このように衆徒筒井と国民脇田・箸尾との私戦に当り、義満は取敢えず伝奏日野重光の奉書を以て制止の内意を興福寺に伝えたが、当事者の一方の筒井が停戦を諾ぜず、調停は成功しなかった。そこで義満政権は正規の幕府制度上の手続を経て両使を発遣するとともに、管領畠山基国の署判になる幕府御教書を以てこれを大乗院門跡孝円に告げて協力を命じた。これに対して孝円は筒井が一乗院方の房人であるという理由で大乗院の使者を副えることを拒んだため、両使はそのまま筒井の陣に赴いたのである。なお同じく「寺院細々引付」の同月六日条によると、両使は筒井を説得し、両軍撤退に成功している。この事件は確かに興福寺支配下の衆徒・国民に関する問題であると同時に、大和守護としての興福寺の任務である治安ないし軍事に関る事項であるから、伝奏奉書と幕府御教書とがともに発給される条件に叶っている。しかし、この事例によっていま一つ判明するのは、先ず伝奏奉書が義満の内意伝達に用いられ、然る後に正規の

手続を履んだ幕府御教書が発給されて使節発遣が行われたことであり、この順序には上記の過書停止の事例とも手続上共通する点が見られるのである。

そこで、以上の知見に基づき、伊藤氏の言及された応永十年の衆徒・国民と多武峰衆徒との合戦に関する義満政権の措置を考察してみる。この合戦は、同年五月多武峰妙楽寺が義満から大和国宇多郡上中富庄・同国平尾庄・宿院佐保殿領の安堵を申受けたのに対して、興福寺の六方衆が反対して多武峰衆徒の宇多郡入部を阻止しようとし、多武峰衆徒は入部を強行しようとしたことによって起ったものであるが(「寺門事条々聞書」)、これに対する義満政権の措置は、時間的経過に従って次の三段に分けることができる。先ず同年九月二十八日、義満は伝奏広橋仲光の奉書(Ｉｅ①)を大乗院門跡孝円に下して、多武峰衆徒に撤退命令を下したことを告げ、続いて三日後の十二月二日には管領畠山基国が幕府御教書(Ⅲｃ①)を下して、孝円に六方衆の多武峰発向を制止し、義満の裁定を仰がせるよう命じた。ここまでを第一段とすると、この措置は両使発遣を伴わないものの、順序・手続において上に述べた翌年の私戦停止の措置と共通する。

しかし、右の幕府御教書(Ⅲｃ①)が南都に達したときは既に六方衆が進発した後であったらしく、この進発を知った義満は翌三日夜再び伝奏仲光の奉書(Ｉｅ②)を孝円に下して停戦を命ずる内意を六方衆に伝えさせ、次いで翌々五日管領基国は大和国人等に宛てて幕府御教書(Ⅲｃ②)を下して彼等の参戦を制止した。この第二段の伝奏奉書が日付の下に戌刻という時刻まで書き加えているのは、この措置が急遽行われたことを示しており、また今回の幕府御教書が「大和国人中」宛になっているのは、衆徒・国民の中に六方衆に与同する動きがあったために違いない。ともあれこの第二段の措置も第一段のそれと同じく、取敢えず伝奏奉書による義満の内意伝達、次に幕府御教書による正規の遵行命令という原則に拠っているといえる。ここに六方衆は、直ちに撤退はしなかったけれども、上裁を仰ぐ態度を示して多武峰衆徒の狼藉を訴える事書を提出した。そこで義満の意向を受けた仲光は、十月八日多武峰衆徒の濫悪を制止する御教書を下すべき旨の伝奏奉書(Ｉｅ③)を幕府奉行人飯尾貞之に交付し、且つその旨を書状(Ｉｅ④)を以て大乗院門跡に伝えた。これが第三段であり、この第三段の幕府御教書は伝わらないが、発令の順序は第一段・第二段と全く同様であるばかりでなく、伝奏広橋仲光が義満の裁定に直接参画し、その裁定結果を幕府機関に伝達して幕府御教書発給の手続を取らせているという事実が判明する。

なお多武峰衆徒は同月十二日土打段米の皆済、押妨寺領の避進、平尾・上中富庄・宿院佐保殿の抛棄を誓約する請文を興福寺に提出して降服し、翌日六方衆は帰寺して事件は解決したが（「寺門事条々聞書」）、このように紛争が興福寺側の全面的勝利に終ったのは、単に多武峰衆徒が六方衆以下興福寺側の武力に抗しえなかったためだけでなく、義満政権が双方に停戦を命じて双方の主張を対等に取扱おうとした当初の方針を捨てて、興福寺側の主張を容れ多武峰衆徒を断罪する方針に転じたので、後者が抗争を断念したためでもあったとみられる。何れにせよこの義満政権の方針転換の陰に、義満に近侍して興福寺の利益のために仲介の労を執る南都伝奏広橋仲光の働きを認めることは困難でなかろう。なお、翌々応永十二年八月義満は御内書を以て興福寺の宇多郡一円管領を追認している（「宇多郡奉行引付」）。

以上の検討によって、先に述べた南都伝奏と管領との権限区分のみでなく、さらに両者の機能の差異が明らかになったと思われる。即ち前者は南都に関する義満の意思決定に参画し、その意思を興福寺の当局者に直接伝達するとともに、必要に応じて幕府機関にもこれを伝達して遵行命令の発給を促す機能を有するのに対して、後者はあくまでも幕府機関を代表して正規の遵行命令を発給する機能を主としていた。したがって、たとえ管領の職権に関連する事項であっても、義満の意思を私的にもしくは緊急に示す必要のある場合には伝奏奉書が発給されたが、それは管領の発給する施行状や幕府御教書に代置しうるものではなかった。即ち将軍の守護・国人統率権、紛争裁定権等に基づく法的強制力を伴う遵行命令としては、やはり幕府機関における正規の発給手続を経た管領施行状・幕府御教書等を必要としたのである。このような伝奏の機能の限界は、伝奏が公家・寺社勢力の支配者としての北山殿義満に近侍するに至った廷臣であって、本来の将軍権力の行使者としての義満に従属する幕府機構の構成員ではなかったために外ならないと思われる。

南都について推定しえた以上のような伝奏の機能が、南都以外についても認められるか否かを判定するため、次にはやはり伊藤氏の着目された鴨社に関する伝奏坊城俊任の活動に触れることとする（「賀茂社諸国神戸記」七）。

(A)　伝奏坊城俊任奉書案

鴨社領越中国寒江庄事、申入之処、所ㇾ被ㇾ棄二捐祐詞県主訴訟一也、存二其旨一、殊可ㇾ専二神事一之由、可ㇾ被ㇾ下二御教書於禰宜祐有卿一旨、被二仰下一候也、謹言、

（応永九）
二月廿五日　（坊城）俊任

（葉室定顕）
蔵人右少弁殿

(B)　同人奉書案

鴨社領越中国倉垣庄事、申入之処、所ㇾ被ㇾ棄二捐祐詞県主訴訟一也、存二其旨一、殊可ㇾ専二日供幷神事一之由、可ㇾ被ㇾ下二御教書於禰宜祐有卿一之旨、被二仰下一候也、謹言、

応永元(九)
二月廿五日　俊任

蔵人右少弁殿

(C)　同人奉書案

鴨禰宜祐有卿申社領越中国寒江・倉垣両庄事、申入之処、所ㇾ被ㇾ棄二捐祐詞県主訴訟一也、不ㇾ可ㇾ及ㇾ被二申沙汰一之由、被二仰下一候也、謹言、

応永九
二月廿五日　伝奏坊城大納言殿也、俊任

武家奉行也、（玄輔）
斎藤上野入道殿

(D)　蔵人右少弁葉室定顕奉書案

当社領越中国寒江庄事、申入之処、所ㇾ被ㇾ棄二捐祐詞県主訴訟一也、存二其旨一、殊可ㇾ被ㇾ専二神事一之由、被二仰下一候

也、仍執達如レ件、

応永九
二月廿五日　　　　　　　　　右少弁定顕

鴨禰宜三位殿(祐有)

(E)　室町幕府奉行人斎藤玄輔書状案

鴨社前禰宜祐詞申越中国寒江・倉垣両庄事、訴(マヽ)申候雑掌忩々可レ被レ渡候、恐惶謹言、

応永九
二月廿八日　　　　　　　　　斎藤上野入道
　　　　　　　　　　　　　　　　玄輔在判

鴨前社務殿

鴨社領寒江・倉垣両庄に関する同社前禰宜祐詞の訴訟を棄捐するという義満の裁定を、伝奏坊城俊任が蔵人右少弁葉室定顕と幕府奉行人斎藤玄輔にそれぞれ奉書を以て伝達し、その結果定顕の奉書と玄輔の書状がそれぞれ鴨社に対して発給されたと解せられることは、伊藤氏の指摘の通りであるが、問題はこのような手続の行われた理由である。

この両庄は先に明徳四年（一三九三）七月、大納言日野資教が奉行して鴨社の社務に付けられ、その遵行が幕府御教書を以て越中守護畠山基国に命ぜられ、さらに応永二年三月には寒江庄を別納として分領せしめるという蔵人発給の奉書――右の(D)と同じく仰の主体を明示しない綸旨の様式のもの――が禰宜祐有に下っていて（「賀茂社古代庄園御厨」「賀茂社諸国神戸記」七）、既にそのような措置の背後には義満の意思が深く関っていたことと思われる。それにしても、第一に天皇に近侍して宮中の事務に携わり綸旨の発給等に当る職事が、表面上は後小松天皇の綸旨の形を採りながら内実は義満の旨を承けた奉書(D)（即ち(A)にいう「御教書」）を発給していることは、おそらく本来ならば勅裁を要する鴨社内部の事項に関する相論を義満が裁決したためであって、これは伝統的な王朝の支配機構をそのまま公家衆・寺社支配に利用した義満政権の在り方を如実に示している。第二に幕府奉行人の書状(E)が併用されているのは、義満がいかに朝廷の権

限を接収し、法皇的権威を発揮したとしても、彼の本来の立脚基盤が幕府機構にある以上、その裁決はやはり幕府機関による所定の発給手続を経て始めて幕府法上の有効性をもちえたためであると考えられる。そして第三に、義満が伝奏坊城俊任をして(A)・(B)および(C)のように公武双方の機関にその意思を伝達させている事実は、伝奏が義満に従属してもなお朝廷と幕府・寺社との連絡に当る公卿としての本来の性格を喪失せず、幕府機構内の職掌には転化していないことを表明するといえよう。

義満政権の成立に伴う伝奏の北山殿に対する奉仕が室町殿義教の時期まで保たれ、しかも義満の場合将軍職辞任前後から顕著になった伝奏奉書が、義持期・義教期には彼等の将軍在職中も盛んに発給されていることは、伊藤喜良・富田正弘両氏がともに指摘された如くである。(9) 但し、義持期・義教期における伝奏の活動を瞥見すると、応永二十一年（一四一四）前将軍義持が多武峰衆徒と国民沢某との私戦を制止するに際して、先ず伝奏広橋兼宣の奉書を以て南都に公人を急派し、次いで両使を発遣し、さらにこの合戦に参加した衆徒・国民の召喚を管領細川満元発給の幕府御教書を以て命じた事例（『興福寺日次記』）、或いは永享元年（一四二九）将軍義教が豊田中房と井戸某との私戦の制止に当って、伝奏万里小路時房の意見を容れ、先ず時房の奉書を興福寺に下し、次いで彼を管領畠山満家のもとに赴かせて南都へ使節を発遣させた事例（『建内記』）のように、伝奏奉書と幕府御教書の発給順序ないし手続が、北山時代のそれを踏襲していることは見逃せない。

室町時代における伝奏の任務は、伊藤・富田両氏もそれぞれの観点から説いておられるが、(10) 少なくともここに検討した限りでは、当時の伝奏は公家衆・寺社より北山殿または室町殿への上申事項の申次に当るとともに、当該事項に関する北山殿または室町殿の意思決定に参画し、その結果を直接当事者たる公家衆・寺社に伝達して実施を促し、また必要に応じてこれを朝廷・幕府の機関に伝達して発令させることを任務としていた。すなわち北山殿・室町殿に対する伝奏の従属関係は、あくまでも後者の所轄事項に関する限りでの奉仕に止まり、武家の支配機構における従属関係とは性格を異にするものであったと判断される。したがって室町政権を「公武統一政権」と規定し、室町殿の公家支配を「旧来の公家政権の目的と機構をそのまま利用した公家政権の丸抱え的な、伝奏と伝奏奉書による「院政」的な支配」（註(4)所掲『中世日本の歴史像』所収論文）と見做し、「足利義満以来公武統一政権の政務を執る室町殿が、伝奏をその支配下におくことによって、旧来の公家政治制度をそのままその支配機構の中にとり加えるようになる」（同上所掲『歴史公論』四巻一二号所収論文）とみる富田氏の主張には、伝奏の機能に対する、またひいては室町殿の公家支配に対する過大評価の傾きがあるのではあるまいか。「院政」的という用語が一応比喩的なものであるとしても、院庁・院司の如き独自の機関と院庁下文の如き独自の発給文書を具えた院政と、単に伝奏と伝奏奉書を以て公家・寺社に臨む北山殿・室町殿の公家支配とは同日に論じ難いのである。

果して、応永・永享年間を通じて継続した伝奏の将軍家への奉仕は、嘉吉の変以後急速にその事例が乏しくなるばかりでなく、伝奏が天皇の意思を奉じて室町殿ないし東山殿と交渉する事例が現れることは注目に価する。例えば文明十年（一四七八）から翌十一年にかけて、伝奏勧修寺教秀・広橋兼顕の両名は土御門天皇の勅命を受けて禁裏御料所の年貢無沙汰等につき、しばしば足利義政夫妻に申入れを行っている（「兼顕卿記」）。また延徳元年（一四八九）の鴨社の神体・造営・社領等をめぐる相論は、(11) 土御門天皇がこれを勅裁して鴨社伝奏甘露寺親長の奉書を以て同社禰宜を梨木信祐から同祐宣に改替し、さらに信祐の還補を求める義政の執奏を退けるため、天皇は勧修寺教秀と甘露寺親長の両名の伝奏を義政のもとに遣された（『親長卿記』、「京都御所東山御文庫記録」甲九一三・乙三三）。このように伝奏が室町殿への全面的な奉仕から離れて、勅命を受けて活動するに至った事実は、国家的な祈禱の主宰権が義満期から義教期にかけてほぼ室町殿の独占に帰したが、義政期に公家単独の祈禱が復活し、義澄期に至って祈禱の主宰権は再び公家の手に帰したかの観を呈するという、富田氏上掲『中世日本の歴史像』所収論文に指摘された現象とも揆を一にするものといえよう。

本節においては、伝奏の北山殿・室町殿に対する奉仕が義満期から義教期にかけての一時的な現象に終り、永続性をもたなかった理由を詳しく追究する遑はないが、そもそも義満政権による公家・寺社勢力の支配は、前者による後者の強圧の結果としてのみ捉えることはできず、守護・国人等による公家領・寺社領侵害の激化を将軍権力に依存して防止しようとする公家・寺社側の将軍権力への期待という面をも見逃すことができない。義満期から義教期にかけてしばしば見られる大和における私戦に対する幕府権力の介入も、衆徒・国民・郷民等の自立化の進展による寺家の統制力低下を将軍権力に依存して補強しようとした興福寺が紛争の制止をしきりに幕府に訴えたことに多分に原因があった。[12]伝奏はこのような公家・寺社勢力の代表者として北山殿・室町殿に近侍したのであって、伊藤氏の挙げられた、公家衆が伝奏を通じて義満に対し家領回復・段銭免除・官位昇進等を運動した諸例も、まさにその証左である。

とはいえ、将軍家の公家・寺社勢力擁護は、当然強大な将軍権力の裏付けによってのみ実効性を発揮しうるものであった。義教期以降、将軍権力が直轄軍と直属吏僚とを立脚基盤として存立の基礎を縮小し、[13]さらに将軍義政の初世、幕府が大和の衆徒・国民の闕所地を幕府料所に編入して興福寺の反撥を買ったように[14]（『大乗院寺社雑事記』康正三年二月八日条・同年六月二十日条等）、将軍権力が公家・寺社勢力の犠牲において自己の存立基盤の補強を試みるに至って、公家・寺社の将軍権力への期待は急速に失われた。ここに伝奏も室町殿に専ら奉仕する態度を捨て、本来の廷臣としての活動に専念せざるをえなくなったのである。

このような見通しに立って将軍権力の実体を追究することにより、法皇的権威を以て自己を粉飾した義満といえども、伝奏を支配機構の中に充分編入しえなかった理由が一層明らかになるのではあるまいか。

註

（1）臼井信義氏『足利義満』一〇〇―一〇五頁、一六五―一六六頁。

（2）佐藤進一氏「室町幕府論」（前『岩波講座日本歴史』中世(三)）、拙稿「南北朝内乱」（『岩波講座日本歴史』中世(二)）。

（3）永島福太郎氏「足利将軍家の南都巡礼」（『大和文化研究』一〇巻一一号）、伊藤喜良氏「応永初期における王朝勢力の動向―

伝奏を中心として—」（『日本歴史』三〇七号）。

（4）富田正弘氏「中世東寺の祈禱文書について—古文書体系論と宗教文書—」（『古文書研究』一一号）、「室町時代における祈禱と公武統一政権」（『中世日本の歴史像』所収）、「中世公家政治文書の再検討」③「奉書」—伝奏奉書（『歴史公論』四巻一一号）。

（5）例えば至徳二年（一三八五）八月三十日付、権右中弁宛の伝奏権大納言万里小路嗣房奉書案は、義満の春日社参に対する満寺の懇志を感褒する旨を興福寺に伝達させたものであり、この奉書案を記した「春日権神主師盛記」同日条にはこれに「室町殿御教書案」という端書を付している。したがって、義満の意思を受けた伝奏奉書が彼の辞官・出家以後に始まるとみるのは誤りである。

（6）伝奏が義満の意向を承けて発給した直状形式の書状六通を含む。他に北山第参仕を公卿・殿上人に命じた蔵人・弁官の奉書などが存在するが、これらは伝奏奉書と異なるので、表示に加えない。

（7）広橋仲光の奉書の初見は応永六年十一月十五日付義満袖判奉書案（「廬山寺文書」）、下限は本文に引く応永十一年九月五日付奉書（「春日神社文書」六）であるが、その後も伝奏としての活動は応永十二年八月十日まで辿られ（「東院毎日雑々記」別記所収広橋仲光書状案）、その伝奏在職期間は畠山基国の管領在職期間とほぼ前後している。仲光はまもなく病臥して同年九月二十八日義満の来臨を受け、たまたま基国の卒去の翌月に当る翌十三年二月十二日に薨じた（『教言卿記』）。なお、仲光の奉書は南都関係のものが大部分であるが、上記の廬山寺関係を初め、東寺関係（「東寺百合文書」せ「廿一口方評定引付」）、北野社関係（「北野社旧記」）の事例もあり、仲光は南都のみの伝奏ではなかった。

（8）永島福太郎氏「大和守護職考」（『歴史地理』六八巻四号）、『奈良文化の伝流』（畝傍史学叢書）。

（9）伊藤・富田両氏の各前掲論文参照。

（10）伊藤氏は前掲論文において「室町期における寺社伝奏は、自らの管轄内のことにおいて、将軍と幕府奉行人との間の意志伝達に介在している」と説き、また富田氏は「伝奏の真の任務は、「諸奏事」を、公武に申次し、公武の仰を執達するところにあった」（註（4）所掲『中世日本の歴史像』所収論文）とし、ともに当時の伝奏の性格がほぼ的確に把えられている。

（11）この相論の経緯は下村效氏「賀茂御祖社領美濃国梅原荘—鴨社社務領の性格と請負代官制—」（『日本歴史』三五八号）に詳しい。

（12）その明白な一例として、上記応永二十一年の私戦の際における、学侶集会の事書（「興福寺日次記」）を掲げておく。

興福寺学侶衆徒群議曰、

多武峯寺・沢合戦事、上使依二厳密之炳誡一、昨日廿三日、両方悉令二退散一、速属二静謐一之条、一寺一国之大慶、喜悦無レ極、凡当国事、国人動任二雅意一致二合戦一、及二天下之重事一、寺門難儀之条、誠而有レ余、向後事堅被レ停二止私合戦一、於二相論之題目一者、為二京都之御沙汰一、有二御成敗一者、可レ為二寺社安全、一国無為之上計一之旨、群議如レ斯、

応永廿一年五月　日

(13) 田沼睦氏「室町幕府・守護・国人」(『岩波講座日本歴史』中世三)。

(14) 百瀬今朝雄氏「応仁・文明の乱」(『岩波講座日本歴史』中世三)。

第四節　分国支配の状況

一　分国越中・能登・河内の維持

南北朝末明徳年間までの畠山氏の分国については第一節に述べたので、本節においては爾後応永初年より応永十三年(一四〇六)正月基国の卒去時にいたるまでの分国の状況を対象とし、その内応永以前から引続き維持した越中・能登・河内の三国を本項で、その他の分国を次項で取扱うこととする。

(イ)　越　中

第一節においては、康暦二年(一三八〇)に始まる基国の在職徴証を明徳四年(一三九三)まで辿ったが、応永年間にも左の如き徴証が管見に入る。

(1) 応永三年十月二十五日付幕府御教書。畠山右衛門佐入道(基国)宛、遍智院領越中国太海郷の押領人を退け、三宝院雑掌に渡付せしむ(「三宝院文書」五〇)。

（2）応永三年十月二十八日付幕府奉行人連署奉書。守護（畠山基国）宛、祇園社領越中国堀江庄高木村に役夫工米催促を停止せしむ（「建内文書」一二）。
（3）応永三年十二月三日付畠山基国遵行状。遊佐河内入道（長護）宛、右の高木村役夫工米催促停止の施行（同一二）。
（4）応永五年十二月十七日付畠山基国遵行状。遊佐河内入道宛、東岩蔵寺領越中国富山郷に「去年五月二日御判御教書」の旨に任せて諸公事・守護役以下の催促を停止せしむ（「相州文書」六）。
（付1）応永十一年八月三日付遊佐長護施行状。藤代次郎兵衛尉宛、越中国下与河保半分を「去月廿九日御施行」の旨に任せて佐竹常盛（義盛）代に渡付せしむ（「佐竹文書」一乾）。

これらの徴証は何れも押領停止・公事催促停止等の遵行関係の事項であるが、応永以前には氏名の明らかでなかった越中守護代は、徴証（3）・（4）・（付1）によって応永三年以降遊佐河内入道長護の在職が確認される。この守護代遊佐長護は、前節二に述べた如く、明徳二年から同四年にかけて河内守護代に在職し、且つ明徳三年八月の相国寺供養に際して基国の郎等の先頭に列した遊佐河内守国長と同一人と推定される。なお彼は以下の(ハ)に述べるように応永年間に入っても引続き河内守護代を兼ねているので、在京を原則としたと見られる。したがって（付1）に見える藤代次郎兵衛尉は越中在国の又守護代であろう。なお遊佐河内守が河内入道となった時期は明徳四年十一月から応永三年十二月までの間にあるので、義満の出家に伴う基国の薙髪に倣い、国長も入道して法号長護を称したものと思われる。

(ロ)　能　登

遅くも明徳二年までに基国が能登守護に兼補された事実は前節二に触れたが、応永年間に入ると次の如く多くの徴証に接する。

（1）（応永三年）三月二十二日付徳元（畠山基国）書下案。神保肥前入道宛、得田勘解由左衛門入道（章光）の本知行分に御料所の儀を止めて、同人に知行せしむ（「得田文書」、年次はこの案文の付紙に記すのみならず、次の（付1）・（付2）

により確認しうる)。

(付1)　応永三年三月二十九日付沙弥(神保肥前入道)遵行状案。神保太郎左衛門入道宛・野辺弥太郎宛各一通、得田勘解由左衛門入道の本知行分を「今月廿二日之御書」の旨に任せて打渡さしむ(同文書)。

(付2)　応永三年三月二十九日付沙弥(神保太郎左衛門入道)打渡状案。得田勘解由左衛門入道宛、高畠庄内小柴村一分地頭職惣領分を「今月廿九日肥前入道状」の旨に任せて渡付す(同文書)。

(付3)　応永三年卯月四日付小野某(野辺弥太郎)打渡状案。得田勘解由左衛門入道宛、同人本知行分得田之内半分・同代田村内一分地頭職・土田庄内上村地頭職半分を「三月廿九日任二御奉書旨一」せて打渡す(同文書)。

(付4)　応永四年十一月十日付神保太郎左衛門基久遵行状案。野辺勘解由入道宛、得田勘解由左衛門入道章光の所領能登国得田保内壱分地頭職・白野田庄名田・高畠庄内小柴村壱分地頭職・土田庄内上村壱分地頭職を「去十一月九日御施行」の旨に任せて同人に打渡さしむ(同文書)。

(2)　応永五年三月二十三日付畠山基国遵行状案。神保孫次郎宛、能登国永光寺領同国若部保幷散在分を「御施行」の旨に任せて寺家雑掌に渡付せしむ(「永光寺文書」、この案文は日下に「判」とあるのみであるが、「能登国大守畠山修理太夫(ママ)長禅寺(基国)殿之判」という後人の奥書があり、且つ次の徴証(3)に照して差出者を基国に比定しうる。なお同文書に当該地を永光寺に安堵せしめた応永三年七月六日付足利義満御判御教書案を収めるが、管領斯波義将の施行状ないしその案文は伝存しない)。

(3)　応永六年七月二十三日付畠山基国遵行状。神保孫次郎宛、能登国惣持寺敷地山林田畠等を「去月十七日安堵」に任せて渡付せしむ(「総持寺文書」、なお同文書に同寺を祈願寺として当該地を安堵せしめた応永六年六月十七日付足利義満御教書がある)。

(4)　(応永六年)七月二十三日付徳元(畠山基国)書状。惣持寺方丈宛、面拝を以て申承れる当寺領安堵の御判を出されしため、これを代官の僧に渡せし旨を報ず(同文書、年次は徴証(3)に拠る)。

（５）応永六年十二月日付能登国得田章光軍忠状に畠山基国証判（「得田文書」、軍忠状は章光の同年十一月十三日義満の東寺の陣に馳参じ「大将御官(管)領(基国)」の手に属して同月二十九日の堺城合戦ならびに十二月二十一日の合戦に戦功を致せる旨を述べしもの）。

（６）応永九年六月二十三日付畠山基国書下案。神保肥前守宛、能登国永光寺領に諸公事並に守護役等の催促を停止せしむ（「永光寺旧記」、奥に「能州大守畠山長禅寺殿(基国)」とある）。

（７）（応永九年ヵ）九月十八日付徳元（畠山基国）書状案。永光寺御執事宛、能登国永光寺領に諸事の催促を停止すべき旨を下知せしことを報じ、委細を三宅筑前入道をして申さしむ（「永光寺旧記」、年次は徴証（６）に拠る）。

（付５）（応永十二年）五月二十二日付相国寺僧都聞（周三）奉書に神保肥前入道裏封（「総持寺文書」坤、奉書は相国寺領能登国櫛比御厨内惣持寺領に段銭催促を停止せしもの）。

分国能登の徴証も大部分遵行関係の事例であるが、徴証（１）および（６）のように基国が幕命の遵行としてでなく守護としての固有の権限により書下を下して、或いは幕府料所の停止と国人の知行分安堵を実施し、或いは寺領に諸公事・守護役の催促を停めた例の見られることは、彼がこの分国の経営を積極的に推進しつつあった事実を示すものとして注目に価する。就中徴証（１）は、能登を分国に加えてから数年を経ずして、未だ管領に就任する以前であった基国が在地国人層掌握の意図を明瞭に現した事例であり、この国人得田章光が徴証（５）の如く応永の乱に際して基国の麾下に直属して戦闘した事実は、かかる新附の国人層被官化政策の成果に外ならないと思われる。また徴証（６）は永光寺領の如き特殊例を除き分国全般に基国が守護役を賦課した事実を裏書しており、彼が幕府管領として必要とした諸経費が分国内の庄郷に課した守護役によって賄われていたことを推知せしめる。

ところで、基国の能登支配を直接支えて実務を担当した直属被官としては神保・野辺の両氏が見られ、就中神保一族の活動が顕著である。これを上記徴証によって整理すると次の如くである。

(a)応永三年三月・同年四月（徴証（１）・（付１）・（付２）・（付３））

基国→神保肥前入道→神保太郎左衛門入道
　　　　　　　　　→野辺弥太郎

(b)応永四年十一月（徴証（付4））

（基国）……→神保太郎左衛門基久→野辺勘解由入道

(c)応永五年三月・応永六年七月（徴証（2）・（3））

基国→神保孫次郎

(d)応永九年六月（徴証（6））

基国→神保肥前守

(e)応永十二年五月（徴証（付5））

（基国）……→神保肥前入道

この(a)—(e)の内基国の遵行状および書下状の宛所によって能登守護代と推定されるのは(a)の神保肥前入道、(c)の神保孫次郎、(d)の神保肥前守である。(a)の神保肥前入道は明徳三年の相国寺供養における基国の随兵神保肥前守氏久と父子関係にあるか、または同一人であろう。(e)の肥前入道も(d)の肥前守と別人か、または同一人が薙髪して肥前入道を称したのか即断し難いが、ともあれ能登守護代は概ね神保肥前守を称する家系の世襲と認めて然るべきである。さらに徴証（1）の基国の書下状案の日付と（付1）の神保肥前入道遵行状案の日付とに七日の間隔があるのに対して、（付2）の打渡状案は（付1）の遵行状案と同日付であるから、守護代は能登に在国していたことが推定できる。それ以後は明らかでないが、能登守護代神保氏は在国を原則としたと見て差支えあるまい。

神保一族にはなお(a)の守護使の一人神保太郎左衛門入道と(b)の神保太郎左衛門基久がある。この二名も官途が共通するから父子であろう。『大日本史料』第七編之二、応永三年三月二十九日条にはこの太郎左衛門入道を基久に比定して綱文を立てているが、(a)・(b)の年次を見れば、還俗の如き事情を想定しない限り両者を同一人とは見做しえない。太郎左衛門入道父子の肥前守系と親縁関係は詳かでないが、少なくとも基久は野辺勘解由入道に、前日付の施行を承けて下地打渡を命じている事実に照して、基久は守護代とともに在国して守護を補助した又代であろうと判断される。[1] なお(a)の野辺弥太郎、(b)の野辺勘解由入道の二名は何れも下地打渡の守護使であるが、それぞれ守護代およびおそらく又代から発遣されているので、在国の畠山被官と思われる。

(ハ) 河　内

永徳二年（一三八二）以来基国の分国となった河内について、応永初年以降の彼の在職徴証は次の（1）—（4）の如く管領在任末期の応永十二年六月まで見出されるので、応永十三年正月の卒去時まで引続き守護に在任したと認められる。

（1）応永三年十一月二十六日付畠山基国書下。当寺（金剛寺）衆徒等宛、河内国金剛寺西座衆を建久の置文と弘和の請文に任せて安堵せしむ（『金剛寺文書』二〇一号）。

（2）応永四年七月十一日付畠山基国施行状。遊佐河内入道（長護）宛、河内国西氷野庄地頭職を「被二仰出一之旨」に任せて「彼御代官」（義満の息女景愛寺恵照の代官）に渡付せしむ（「宝鏡寺文書」四、該地頭職宛行の足利義満消息—同日付—あり）。

（付1）応永四年七月十二日付遊佐長護遵行状。草部主計允宛、右の西氷野庄地頭職を「今月十一日御施行」の旨に任せて渡付せしむ（同文書四）。

（3）応永七年四月二日付畠山基国書下。遊佐河内入道宛、菅久範の石清水八幡宮領河内国野供御田内押領を停止し、雑掌に渡付せしむ（『石清水文書』之六、菊大路家文書二二三号）。

（付2）応永九年三月五日付遊佐長護送状。宛所闕、八幡宮に祈禱供料二百貫文を送進す（「前田家所蔵文書」宝菩提院文書三)。

(4) 応永十二年六月十一日付幕府御教書案(日下に「徳元管領在判」とあり)。遊佐河内入道宛、内蔵寮河内国葛葉率分を安堵せしめ、且つ商買物以外に違乱せざらしむ(『教言卿記』同年六月十七日条)。

(付3) 応永十二年六月十八日付遊佐長護遵行状案。菱木掃部助宛、右の葛葉率分を「今月十一日御教書」の旨に任せて渡付せしむ(同書同年六月十八日条)。

(付4) (応永十二年) 十月二日付遊佐長護書状。[2] 五智院御坊中宛、宿願成就せば一所申沙汰し且つ同院を御祈禱所となすべき旨を約し、祈禱の精誠を致さしむ(『観心寺文書』一二八号、年次は押紙による)。

このように河内に関する基国の発給文書には、義満の旨を奉じた遵行命令(徴証(2)・(4))の外、書下状(徴証(1)・(3))が見られる。遵行命令の内、徴証(2)は義満の宛行を即日施行したものであり、未だ管領就任前の基国が、おそらく管領斯波義将の施行状を俟たずに義満の旨を直接守護代に伝えていると判断され、ここに義満の寵臣としての基国の特殊な地位を窺うことができよう。書下状の内、徴証(1)は寺僧に対する所職安堵、徴証(3)は守護代宛の社領押領停止命令であるが、これらを基国が御教書の遵行としてでなく、守護としての権限で独自に発給していることは、能登におけると同様に、彼の分国支配強化の意図を察知せしめる。

基国の河内経営を輔けた河内守護代は、上記(イ)にも言及したように、明徳二年以来の在職徴証のある遊佐国長入道長護が引きつづき在職している。長護の遵行状には、基国の施行状の翌日付のもの(付1)と、基国の奉じた御教書の七日後の日付のもの(付3)とが見られる。河内は京都に近接しているので、この日付のみからは守護代長護の在京・在国の別を明らかにしがたいが前述のごとく彼は越中守護代を兼ねているから、原則としては在京して基国に近侍したのであろう。長護が河内の観心寺五智院に自己の宿願達成の暁には基国に申請して所領一所の寄進と同院を畠山氏の祈禱所とすることを予約している事実からも、彼の河内に対する関与の深さと畠山氏近臣の中での勢力の大きさとが察知される。

長護（国長）の河内に下した遵行状の宛所は、さきに明徳四年には草部左衛門次郎入道であったが（第一節参照）、応永四年には草部主計允、応永十二年には菱木掃部助となっている（付1・付3）。草部主計允は左衛門次郎入道の同族であり、おそらく父子関係ではあるまいか。また応永七年四月二日付基国書下（徴証（3））には「尋下之処、如草部主計入道宝盛請文起請之詞載之者、至彼伍拾町者、為野御供田内之条申之上者」云々とあって、草部主計入道宝盛が基国の命を受けて石清水領の訴訟に関する実否の調査報告を行っている。この宝盛は応永四年の草部主計允とおそらく同一人であろう。河内守護代長護の遵行を受けたこれらの人々は常時河内に在国する又守護代と判定され、草部左衛門次郎入道から同主計允（入道宝盛）へと継承してのち、応永七年以後同十二年までに菱木掃部助が代って又守護代となったものと認められる。(3)

二　旧畠山分国紀伊の回復その他

基国は管領就任とほぼ同時に尾張守護となったと覚しく、次いで紀伊守護に移り、また晩年一時山城守護を兼ねた。本項ではこれらの分国についての徴証を挙げて後、分国全般につき少しく付言したい。

(イ)　尾　張

この国の守護には明徳三年六月に畠山深秋の在職が認められるが、同五年二月までに今川仲秋に改替し（第一節二参照）、応永五年閏四月まで仲秋の在職が跡付けられる（『醍醐寺文書』之一、七四号、足利義満御判御教書が下限）。しかし応永五年十一月には次の徴証（1）によって基国の守護在職が推測され、また年次不明ではあるが、同じく基国の在職を推測せしめる徴証（2）も見られる。

（1）　応永五年十一月十六日付畠山基国書下。当寺（長母寺）住持宛、尾張国長母寺領狩津庄内田地六町二段余を安堵せしむ（「長母寺文書」）。

（２）年未詳九月二十二日付畠山基国（徳元）書状。遊佐豊後入道宛、紫野（大徳寺）如意庵をして（尾張国）松枝庄内破田郷領家職を安堵せしむ（『大徳寺文書』之十二、三一〇七号）。

この両徴証により、基国は管領就任後まもなく尾張守護を兼補し、遊佐豊後入道を守護代としてこの分国の支配を開始したことが知られる。守護代遊佐豊後入道は、かの相国寺供養の際の基国の随兵の一人遊佐豊後守助国と同一人であろう。しかるに基国の尾張支配の証左はこれ以外に見当らず、応永七年四月以降斯波義教（義重）の尾張守護在職の明証が多数出現する。それゆえ、第二編第三章第二節三(ニ)に説いた如く、応永の乱の論功行賞により基国が紀伊を分国に加えるとともに尾張は斯波氏の分国となったものと推定され、ここに畠山氏の尾張支配は再び短期間で終った。

(ロ)　紀　伊

明徳の乱後紀伊守護は大内義弘が兼補されていたが、応永の乱後は次の如き基国の守護在職徴証ならびに関連史料が管見に入り、基国がこの国を分国に加えたことが知られる。但しその代りに尾張を斯波義教に譲ったことは上述の通りである。嘗て建武四年（一三三七）以来観応二年（一三五一）まで畠山国清の分国であった紀伊は、ここに約五十年を経て再び畠山氏の分国となったのである。

（１）応永六年十二月八日付畠山基国禁制（奉書形式の下知状）。紀伊国歓喜寺に軍勢甲乙人の乱入狼藉を禁ず（「歓喜寺文書」）。

（２）応永七年三月十五日付畠山基国遵行状案。遊佐豊後入道（助国）宛、大伝法院領に「去応永三年七月廿三日御下知」の旨に任せて諸公事・国役・守護使入部を停止せしむ（『醍醐寺文書』之一、一四四号(三)端裏書に「守護管領畠山殿徳元」云々とあり）。

（３）応永七年四月二日付畠山基国書下。遊佐豊後入道宛、随心院領紀伊国井上本・新両庄押領の件を陳弁するため粉河寺々僧を参洛せしむ（「随心院文書」坤）。

（4）応永七年四月二十八日付畠山基国書下。遊佐豊後入道宛、紀伊国日前・国懸両社領を守護不入地とす（「紀氏文書」）。

（付1）応永七年四月日付沙弥妙通（中村兵庫助入道）奉書案。白鬚一党中宛、白鬚一党の知行分を先例に任せて安堵せしむ（「佐々木文書」）。

（付2）応永七年卯月日付禅林寺年預土貢注進状の端裏書に「畠山殿御代官いなはとののちうしん事書　応永七年卯月五日上之」とあり（高野山史編纂所編『高野山文書』一一、「禅林寺文書」七八号）。

（付3）応永七年五月十日付沙弥某書下（写ヵ）。施無畏寺衆僧宛、紀州在田郡湯浅庄須原村内施無畏寺領を当知行の旨に任せて安堵せしむ（「施無畏寺文書」高野山史編纂所編『高野山文書』二〇号にこの沙弥某を畠山基国に比定するが、花押は基国のそれと全く異なる）。

（付4）応永七年六月日付長瀬蔵人言弥奉書。利生護国寺長老宛、隅田庄内利生護国寺領の勘料を「遊佐方下知」により免除す（『和歌山県史』中世史料一「護国寺文書」一一号）。

（5）応永七年八月二十三日付沙弥（畠山基国なるべし）書下案。白鬚一党中宛、紀伊国三毛内武成名を相伝に任せて安堵せしむ（「佐々木文書」）。

（6）応永七年十月十七日付畠山基国書下。遊佐豊後入道宛、石清水八幡宮領紀伊国衣奈庄を、大判事代官を退け社家雑掌に渡付せしむ（『石清水文書』之六、菊大路家文書三三〇号）。

（付5）（応永七年）十月二十一日付某（数□）添状。遊佐豊後入道宛、石清水八幡宮領衣奈庄を社家に渡付すべき旨を仰出されしにより、「御教書」を成され下地を善法寺（宋清）代官に渡付せしむ（同上、菊大路家文書七三号）。

（7）応永七年十一月十四日付沙弥（畠山基国なるべし）書下写。宛所脱、紀伊国粉河寺領重禰郷五分壱を返付し寺家をして安堵せしむ（『和歌山県史』中世史料一「粉河文書」一三号二）。

（8）　応永七年十二月五日付畠山基国書下。宛所闕、高野領紀伊国荒河庄内山採用につき田仲庄沙汰人百姓等の申立を斥け元の如く停止せしむ（『高野山文書』之二、三四〇号）。

（付6）（応永八（七カ）年）十二月九日付某（数□）添状。遊佐豊後入道宛、高野領荒河庄内山に田仲庄百姓等の入用停止の「御下知」を成下されしにつき、成敗せしむ（同文書之二、六九二号、年次は追筆）。

（付7）（応永七年）十二月二十一日付宣顕書状、神代民部丞宛、荒河山に「御教書」の旨に任せて田中庄よりの違乱を止め、若し猶煩を成さば罪科に処せしむ（同文書之二、三四一号）。

（付8）　応永七年十二月二十三日付浄安請文。宛所闕、荒河庄内山採用に「今月五日被二仰下一之旨」に任せて田仲庄沙汰人百姓の違乱を停止す（同文書之二、三四二号）。

（付9）　応永八年正月十一日付沙弥浄安書下案。宛所闕、紀伊国大野郷内幡河禅林寺別当職下地等を当知行の旨に任せて寺家をして安堵せしむ（高野山史編纂所編『高野山文書』一一、「禅林寺文書」六六号）。

（付10）　応永九年四月四日付畠山基国奉行人長潮（朝カ）・秀朝連署奉書案。遊佐民部丞（家久）宛、粉河寺領三ケ郷坂井・重禰・本渡各四分壱を当知行に任せて、元の如く行人方に渡付せしむ（『和歌山県史』中世史料一「粉河寺御池坊文書」二号ト）。

（付11）（応永九年）四月二十一日付遊佐家久遵行状案。中村兵庫助入道（妙通）宛、右の三ケ郷各四分壱の下地を「今月四日御奉書」の旨に任せて行人方に渡付せしむ（同文書二号チ）。

（付12）　応永九年四月二十一日付妙通（中村兵庫助入道）打渡状案。志津河左近将監宛、右の三ケ郷各四分壱を「被二仰出一之旨」に任せて行人方に打渡す（同文書二号リ）。

（9）　応永九年六月二十九日付畠山基国書下案。当寺（大伝法院）衆徒中宛、紀伊国大伝法院領七箇庄幷に直河庄等の役夫工米催促を先例に任せて停止せしむ（『醍醐寺文書』之一、一四四号㈣、発給者の基国なることは端裏書による）。

（10）応永九年七月四日付畠山基国書下。当寺（禅林寺）寺僧中宛、紀伊国大野郷幡川禅林寺別当職につきての蓮上院律師仙杲の異議を斥け、当知行の旨に任せて安堵せしむ（高野山史編纂所編『高野山文書』一一、「禅林寺文書」六七号）。

（11）応永九年十一月二十四日付畠山基国書下。施無畏寺衆徒中宛、施無畏寺領玖町六段六十歩を、支証紛失につき重ねて宛行う（同一一、「施無畏寺文書」一九号）。

（12）応永九年十二月八日沙弥（畠山基国なるべし）書下案。当山（高野山）衆徒中宛、紀伊国高野山領の役夫工米催促を先例に任せて停止せしむ（高野山史編纂所編『高野山文書』二「勧学院文書」二七号）。

（13）応永十年二月十三日、吉田兼敦、管領畠山基国を訪い、「亀甲事、自紀州召上之先規也、相構可被下知之旨」を請う（「吉田家日次記」同日条）。

（14）応永十年十月二十六日、義満の粉河寺参詣に先立ち、管領畠山基国、「依為紀州守護、為御饗応」紀伊に下向す（「吉田家日次記」同年十一月二日条）。

紀伊に関しては、以上のように応永六年末より同九年末までに基国の発給文書または基国の発給と推定される文書が、案文・写を含めて十二通に上り、且つ応永十年には彼が紀伊守護である事実を示す記録に二回接する外、彼の旨を承けた奉書等も尠くない。

基国の紀伊に下した文書（管領施行状・幕府御教書を除く）の初見である禁制（徴証（1））は、彼が紀伊守護に既に在職していたという事実を明示するものではないとしても、堺の大内義弘軍攻囲の傍ら、基国の配下軍勢の一部が紀伊に進出していた事実を示すことは勿論であり、この進出が紀伊守護としての基国の命による軍事行動であった可能性は充分想定されよう。但し確実な在職徴証の初見が徴証（2）の遵行状であることはいうまでもない。ところで、右の禁制と遵行状各一通以外の紀伊に下した爾後の基国署判文書（推定を含む）十通は、すべて奉書でなく書下であることは注目される。これらの書下の内容は、国人の所領安堵（徴証（5））、寺領返付・安堵（徴証（7）・（11））、守護不入認可（徴証

（4））、役夫工米催促停止（徴証（9）・（12））、論人召喚（徴証（3））、寺社領違乱停止（徴証（6）・（8））、寺院所職異議停止（徴証（10））の諸事項、即ち本来幕府の権限に属する行政・裁判権の重要事項を基国が守護としての資格に於いて分国紀伊に行使していることを示しており、この新たな分国の経営に対する彼の熱意の並々ならぬことを裏書している。

紀伊守護代としては、徴証（2）・（3）・（4）・（6）および（付6）・（付8）によって遊佐豊後入道の応永七年三月から同年十二月までの在職が確認され、先に尾張守護代であった遊佐豊後入道（助国）が初代の紀伊守護代に転じたことを明らかにしうる。次に応永七年十二月二十三日付の沙弥浄安の請文（付8）が同月五日付の基国の書下（徴証（8））に対する実施報告であること、およびこの書下に伴う同月九日付の某人の添状（付8）が遊佐豊後入道（助国）宛であることにより、浄安は助国の法号と推定される。翌応永八年正月、浄安が書下状を以て分国内の禅林寺に寺領を安堵した事実（付9）も、守護代としての活動と見做される。しかし次の（付10）・（付11）により、翌応永九年四月までに紀伊守護代は遊佐民部丞家久に交代したことが判る。豊後入道（助国・浄安）と家久との関係は不明であるが、或いは父子ではあるまいか。

基国の紀伊支配に携わっている被官としては、前掲のように他に中村兵庫助入道妙通、「いなは」某、長瀬蔵人言弥、某（某姓「数□」）、某姓宣顕、某姓長潮（朝カ）、某姓秀朝等がある。某姓「数□」は、基国の書下状に守護代宛の添状（付5・付6）を副えており、また長潮・秀朝は守護代宛の連署奉書（付10）を発給しているので、何れも基国に近侍した畠山氏奉行人と推定される。他方中村妙通は奉書発給（付1）の外、守護代の遵行を承けて下地打渡に当っている点により（付11・付12）、長瀬言弥は同じく守護代の下知を承けて寺領の勘料免除に当っている点により（付4）、ともに守護代の指揮下にある在国の畠山被官と認められる。なお長瀬言弥は、応永十年六月十八日付で重禰郷刀禰名内下地壱段の公事銭百文を別所願成寺に寄進した「重禰郷当給人長瀬蔵人入道」（『紀伊続風土記』附録五）とおそらく同一人であろう。「畠山殿御代官いなはとの」（付2）は他に所見を得ないが、守護代はもとより又代とも見做し難く、おそらく禅林寺の所在する名草郡の郡代かまたは大野郷の請所代官の如き者であろう。また宣顕なる人物は応永七年十二月に「御奉書」を承けて神代民部丞に遵行を命じているので（付7）、一見守護代または少なくとも又守護代の如くである。しかし宣顕は前年すなわち応永六年の十一月十六日にその前日付の大内義弘の小山八郎に対する宛行状に任せて、紀州印南本郷地頭職の下地打渡を三隅入道なる者に命ずる遵行状を下しており（「小山文書」）、応永の乱の最中まで義弘の被官であった事実が判る。それゆえ宣顕は大内弘茂とともに幕府軍に降り、引続き畠山被官となって紀伊支配の任務を分担したものと思われる。かかる経歴より見れば、宣顕は守護代でないことは勿論、又代とも見做しがたく、おそらく畠山氏奉行人の一人らしく、基国が従来の大内被官の一部をこのように分国紀伊経営のために起用していることが推定される。

(ハ) 山　城

基国は先に明徳の乱の軍功により明徳三年正月侍所兼山城守護となって応永元年まで在任したが（前節二参照）、その後山城守護は結城満藤に代り、京極高詮を経て、満藤が再任して応永九年二月まで在職が辿られる。その後に基国は再度山城守護を兼ねるに至った。この経過は羽下徳彦氏の前掲論文に跡付けられている。羽下氏は基国再任の徴証として応永十年十一月十八日付畠山基国書下を挙げられたが、今谷明氏の指摘された徴証を併せて左に掲げることとする。[補註1]

（1）　応永九年七月十一日付（遊佐）美作守遵行状。氷室兵庫入道宛、石清水八幡宮領山城国美豆・河口二ケ郷の加地子盛増を「去月十七日御施行」の旨に任せて社家雑掌に渡付せしむ（『石清水文書』之三、一一八〇号）。

（付1）　応永九年十月二十一日付赤江宣政奉書。石川雅楽入道（善勝）・飯田隼人佐[佑]（時弘）宛、東寺八幡宮領久世庄久世里廿六坪参段に東寺の訴訟を却下し、高井祐尊に渡付せしむ（「東寺百合文書」レ一―一二）。

（付2）　応永九年十月二十三日付石川善勝・飯田時弘連署打渡状。高井法眼（祐尊）宛、右の久世里内参段を渡付す（同文書レ五〇―五三）。

（2）①応永十年閏十月十一日付畠山基国書下。遊佐美作守宛、主殿寮領山城国紀伊郡散在寮田に甲乙人等の押妨を止め、所務を全うせしむ（『壬生家文書』三、七二〇号）。②同年十一月十日付遊佐美作守遵行状。氷室兵庫入道宛、右の散在寮田の遵行（同三、七一八号）。

（3）応永十年十一月十五日付畠山基国書下。遊佐美作守宛、東寺雑掌と鳥羽安楽寿院西御塔禅衆との山城国拝師田六段の相論につき、寄進の由緒并に知行の年紀を尋ねて注申せしむ（「桂文書」一）。

（4）①応永十年十一月十八日付畠山基国書下。遊佐美作守宛、東寺領山城国拝師庄内田地五段半に主殿寮官の知行を退けて、雑掌の所務を全うせしむ（「東寺百合文書」せ　武家御教書并達六五―九七）。②同年十二月十一日付遊佐美作守遵行状。氷室兵庫入道宛、右の拝師庄内五段半の遵行（「東寺百合文書」み一―一五）。

徴証（1）の遵行状の発給者美作守が徴証（2）以下によって基国の山城守護代遊佐美作守であることは明白である。したがって基国の山城守護兼補が、結城満藤の在職徴証の下限である応永九年二月十日（「東寺百合文書」せ　武家御教書并達二九―六四、同日付幕府御教書）から、右の「御施行」の日付である同年六月十七日までの間に在ることが判る。一方、基国の在職の下限は、徴証（4）の守護代遊佐美作守遵行状の日付である応永十年十二月十一日まで辿られ、その後は応永十一年七月十八日以降、高師英（土佐入道祥全）の山城守護在職が知られる（「鎮守八幡宮供僧評定引付」同日条）。このように、基国は管領在任中最小限一年半の間の山城守護兼任が確認されるのである。

基国の下で山城の遵行に当った被官としては、右記の守護代遊佐美作守の外に、同人の遵行状（徴証（1）・（2）・（4））の宛所である氷室兵庫入道、および係争地の下地打渡を命ずる奉書を石川善勝・飯田時弘の両使に下している赤江宣政（付1）が見られる。(4)　而して以上の遵行の系列から判断すると、氷室兵庫入道はおそらく又代であり、赤江宣政は畠山氏奉行人の一人ではあるまいか。(補註2)

以上本節に述べた応永以後の分国を通観するに、基国は従来の分国越中・能登・河内を引続き支配する傍ら、管領就任とともに尾張を分国に加え、次いで応永の乱を機として尾張の代りにかつて伯父国清の分国であった紀伊を分国とし、合せて四ヵ国守護職を一身に兼ね、且つ短期間ながら山城守護をも兼任したのである。かかる分国の確保ならびに拡大が義満の側近武将ないし管領としての権勢に基づくことは当然であろうが、彼が先には分国越中に接する能登を獲得し、後には尾張を放棄してまで河内と連なる紀伊を分国に加えた事実には、分国配置に対する周当な計画性が看取される。

但し、基国が同族の起用に意を用いず、分国を一身に独占したことは否定できない。基国の擡頭した時は既に他の畠山一族の人々は大部分没落し去っていたとは言え、南北朝末期にはなお叔父国熈の佐渡守護在任、弟深秋の尾張守護在任が認められ、また国清の嫡子である従兄弟義清も現存していた。しかるに深秋は明徳五年までに罷免されて後は動静が明らかでなく、(5) 前述のように応永五年同国守護を兼ねたのは基国自身であった。また、国熈は永徳二年十二月の佐渡守護在任以後は管見に触れず、応永二年七月には上野氏が佐渡守護に在任しており（「荒暦」同年七月十三日条）、国熈の家系は全く振わなくなったことが察せられる。応永九年六月吉田社に白剣を納めた畠山播磨次郎は国熈の子満熈であろうが（「吉田家日次記」同月八日条）、同人にはもはや全く守護在職の徴証はない。

他方畠山義清入道祐寿は、応永十年十一月北山第惣社の神用を北山居住の輩より徴収して吉田兼敦にこれを下行する役を奉行し（「吉田家日次記」同年十一月十六・十八・二十二・二十五日条）、義満に近侍していた。しかるに義清は応永十二年六月にわかに発狂して異様な風躰で北山第に推参したため、紀州の所領に追放され、その子息も北山から京中へ追われて、宿所は闕所とされた（『教言卿記』同年六月六・十三日条）。義清は国清の嫡子であり、本来なら畠山宗家の正嫡の筈であるが、現実には北山第に勤仕する在京御家人の一人に過ぎず、もとより分国皆無であった。義清は従兄弟基国の遙かに下風に立つ不満・屈辱が昂じて狂気に立至ったのであろうか。何れにせよ義清父子の放逐によって基国父子以外の畠山一族は殆ど没落し去り、僅かに高国の子孫である奥州二本松の畠山氏を残すのみとなったのである。しかし基国の分国独占と一族の没落には、一族の紛争を未然に防ぐという利点が考えられるにしても、同族数家の支持勢力を擁している細川氏に比して政治・軍事上の不利を免れなかった筈である。

他方、基国は譜代の有力な近臣の活用を怠らず、遊佐長護を越中・河内両国守護代とし、遊佐助国（浄安）を尾張、次いで紀伊守護代とし、神保肥前守（氏久か）を能登守護代としたように、常に遊佐・神保両氏を守護代として分国経営に当らせた。但しこの両氏に分国支配を一任することはなく、自身の書下状や奉行人奉書を発給して分国内の国人・寺社等の掌握に努め、また遊佐・神保以外の被官をも奉行人等に採用した。とは言え、それらの措置は遊佐・神保両氏の畠山氏分国内における勢力扶植を防止するに足らず、早くも基国在世中から彼等による証判・書下の発給が認められ、守護代世襲の徴候も看取される。

基国の嫡子満家は、応永の乱以前に義満の意に背いて退けられたまま赦されず[(6)]、そのため次子満慶が家督を継ぎ、基国の卒去とともに一旦分国四ヵ国を継承した。しかし義満の薨ずるに及び満家は畠山宗家の当主となって越中・河内・紀伊三ヵ国守護と大和国宇智郡の分郡守護とを兼ね[(7)]、将軍義持の下で両度まで管領となり、満慶は能登一国守護となって兄満家に協力し[(8)]、ともに子孫相承けて戦国末期まで一応命脈を保った。かかる畠山氏の世襲分国制と畠山宗家のいわゆる三管領の一としての家格が、主として基国の築いた幕閣における地歩と彼の分国経営の成果に負うものであったことは、もはや多言を要さないであろう。且つ、遊佐氏・神保氏等の活動に徴して、分国の速かな安定には、基国以来の有力被官重用が大いに寄与したことと思われる。しかしこの重用が遊佐・神保両氏の実力の増強を助長し、やがて室町中期には畠山満家の嫡子持国の下で早くも畠山氏の宗家が近臣遊佐長直・神保越中守等による家督廃立の陰謀を端緒とした深刻な内訌に陥る結果を招いたこともまた看過しえないのである。

註

（1）神保基久を能登守護代と仮定すると、第一にその前後の肥前入道と孫次郎との在職徴証に照して基久の在職期間は最大限応永三年四月以後応永五年三月以前の二年未満に過ぎなくなり、第二に基久の遵行状は前日の施行を承けているので、これを基国の施行と想定すると守護代基久も在京と見做さざるをえなくなる。以上の二点から推して、基久はおそらく守護代ではなく又代であると思われる。

（2）今谷明氏は遊佐河内入道長護の長護を実名とし、この十月二日付長護書状の貼紙「遊佐明叟」によって、明叟をその法名とされる（第一節註(9)所掲今谷氏論文）。しかし、越中の項に述べたように実名は国長と推定される。かつ長護卒去時の仲方円伊の法語に「前河州太守明窓護公老居士」（「仲方和尚語録」）とあることからも、法名が長護で道号は明窓と称したことが明らかである。

（3）今谷氏は草部左衛門次郎入道と菱木掃部助を「郡代・奉行人」の項に記しておられるが（同上論文）、両者の出現する年代の開きと、本文に述べた如く守護代遊佐国長（入道長護）が河内・越中両国守護代を兼ねて在京していると認められることから、草部左衛門次郎入道、同主計充（入道宝盛）、菱木掃部助は、順次又守護代を継承したとみる方が自然と思われる。なお菱木掃部助は応永十四年十月までに入道し、法号を盛阿と称したことは、同氏の指摘される如くである。

（4）赤江は越前国坂井郡に遠く奈良時代以来西大寺領赤江庄があり（「西大寺資財流記帳」〈宝亀十一年十二月二十五日付〉、「西大寺文書」建久二年五月十九日付西大寺領諸国荘園注進状）、降って「北越軍記」に永正二年（一五〇五）長尾為景が越中国岩瀬の城主赤江出雲守久次を討取ったという所伝がある（『姓氏家系大辞典』赤江氏の項参照）。それゆえ赤江氏は越前出身の豪族で、畠山被官となって越中に本拠を移したものと推測される。

（5）『尊卑分脉』脇坂本・前田家一本・内閣文庫本（『新訂増補国史大系』本による）には、深秋の子として満慶を記している。もしも事実ならば基国の次子満慶（『尊卑分脉』以下の諸系図、満則に作る）は甥で養子ということになるが、『系図纂要』「両畠山系図」等には右の記載がなく、満国（深秋）の子として持秋を記すのみであり、その他にも満慶を養子とするような所伝には接しないので、おそらく『尊卑分脉』脇坂本等の右の記載は誤りであろう。

（6）満家は応永六年正月五日従五位上に昇叙しているから（「歴名土代」『群書類従』雑部所収）、彼が義満の忌憚に触れたのはそれ以後同年冬の応永の乱までの間に起った事件である。

（7）今谷明氏前掲「室町時代の河内守護」。

（8）米原正義氏執筆『七尾市史』一九一頁、同氏『戦国武士と文芸の研究』五一―五二頁参照。

（補註1）今谷明氏「増訂室町幕府侍所頭人並山城守護付所司代・守護代・郡代補任沿革考証稿」(中)（『京都市史編さん通信』七二号）。

（補註2）今谷氏は氷室兵庫入道を郡代とされ、赤江宣政と石川・飯田両人を畠山基国被官人の明徴なしとされるが、如何であろうか。

結　論

本書においては、各編ごとに細川・斯波・畠山各氏の発展過程を個別に追究し、三氏がそれぞれ分国数ヵ国を世襲する有力守護となり、且つ各氏の宗家が室町幕府の管領となり三職（三管領）と総称されるようになる原因を個々に探ってきた。これらの三氏の発展にはそれぞれ特殊の要因が存在し、必ずしも単純に比較し難い点が存在するけれども、努めて三氏を対比しつつ本書の考察結果を簡単に要約して、一応の結論としたい。

一　細川・斯波・畠山三氏の出自と分国形成の端緒

細川・斯波・畠山の三氏はともに足利一門の守護家であるが、鎌倉時代の家格にはかなりの懸隔が存在した。鎌倉中期足利泰氏の長子家氏に始まる斯波氏は、吉良氏とともに足利庶流一門の中で最も高い家格を保持し、また鎌倉初期足利義兼の長子義純と北条時政の女である畠山重忠後家との再婚によって創始された源姓畠山氏はほぼ斯波氏に次ぐ家格を有したが、平安末期に本宗から分出した足利義清を遠祖とする細川氏は、多くの末流諸氏の一つに過ぎなかった。このような家格の高下は所領の規模、ひいては惣領制の存続程度にも影響し、斯波氏は陸奥国志和郡を本領とする同氏のほかに石橋氏が完全に分出し、畠山氏は武蔵に本領を有する嫡流のほか美濃に分出した有力な庶流があったのに対して、細川氏は本宗足利氏の守護国三河の狭小な一郷を本領とし、庶流も同国額田・幡豆両郡以外に分出の形迹がなく、鎌倉末期まで惣領制的規制が或程度存続したと思われる。

元弘・建武の動乱が勃発するとともに、三氏の主要な人々は他の足利一門・譜第諸将に伍して軍功に励み、尊氏の幕府開創に伴い、守護・国大将などとして将軍権力の一翼を担いつつ分国支配の展開に努めるが、その成否は必ずしも前代における家格の高下に見合うものではなかった。

分国形成に最も成功したのは、むしろ家格の低い細川氏であり、南北朝初期に既に四国を中心として畿内・山陽の一角に亙る八ヵ国、すなわち讃岐・土佐・河内・和泉・阿波・備後・伊予・淡路の諸国を兄弟・従兄弟四名で分有し、後年の細川氏分国の原型を成立させる。地域的に集中するこのような分国圏の獲得に成功した要因としては、第一に、建武年間の細川氏はなお従兄弟和氏・顕氏を各家長とする二家の連合体ともいうべき連携を残し、一族を挙げて四国略定・畿内進出等を実行した事実に表れている同族結合の存続、第二に、彼らの派遣された四国には伊予の河野氏の外には有力な在地豪族が存在せず、国人層糾合が比較的容易であったという地域的条件、第三に、和氏・顕氏・頼春ら主要一族が元弘以来尊氏・直義の側近部将として全面的に奉仕して厚い信任を得たことからも知られる将軍権力に対する求心性などを挙げることができる。

ところが斯波氏の場合は、分国が僅かに高経・家兼兄弟の越前・若狭二ヵ国で、しかも若狭は早く喪失し、越前の支配も事績が殆ど伝わらない状態に陥る。南北朝初期の斯波一族は当主高経の子息・弟・甥という近親のみから成っていた上、新田義貞・北畠顕家に対抗しうる名門として南軍勢力の強固な北国・東国に分遣されたことは、かえって一族の発展に阻止的要素となった。すなわち東国では高経の長子家長の戦死とともに斯波氏の分国形成は頓挫し、北国でも高経は相次ぐ幕府の援軍のもとでようやく南軍を制圧したが、結局尊氏の不信を招き分国の維持すら困難となった。

畠山氏は嫡流・庶流の数家が分立したまま尊氏の名門起用の方針によって諸国に分遣された。すなわち嫡流には国清と高国・国氏父子との両家があり、有力庶家に直顕・直宗らがあったが、国清は紀伊守護となり、高国は一旦伊勢守護、のち国氏は奥州一方管領となり、直顕は日向国大将、のち同国守護となり、直宗は直義に近臣として仕えた。このように細川氏の場合とは対照的に、畠山一族は同族としての何らの連携のないまま奥州から九州に至る各地に孤立・分散的に活動することとなったので、集中的な分国形成は望むべくもなかったのである。

二 観応擾乱と三氏

足利一門・譜第諸氏が尊氏党・直義党の両陣営に分属して戦うに至った観応擾乱は、当然細川・斯波・畠山の各氏にも大きな影響を与えた。

細川氏では、分国の成立に伴い従兄弟間の連携は稀薄化してむしろ競合関係に移行し、その中で和氏の歿後最も優越した地位を占めたのは顕氏であった。彼は四ヵ国守護のほか二回にわたり侍所頭人となり、引付衆をも兼ねたが、貞和三年分国河内・和泉に蜂起した楠木正行以下の南軍に敗れ、この両国と土佐を高師泰・定信に改補され、直義と結んで観応擾乱に臨んだ。他方頼春とその嫡子頼之、甥清氏（和氏の子）等は尊氏党として擾乱を迎えたので、同族相搏つ危険性を帯びた。しかし顕氏は宿敵高師直・師泰らが仆れると尊氏・義詮父子に接近を計り、第二次の擾乱には直義を見捨てて、西国における将軍代理としての義詮に属して引付頭人となり、一族の分争は回避された。頼春は義詮の下で侍所頭人兼引付頭人となって顕氏に比肩する地歩を得たが、まもなく南軍の京都突入を禦いで討死を遂げ、続いて顕氏は男山の南軍駆逐の主将としての軍功を最後に病歿したので、細川一族の主体は次の世代に移った。

あたかも次の世代は擾乱中ないし擾乱直後から活動を開始していたが、顕氏の嫡子繁氏は讃岐・土佐、顕氏の養子（和氏の実子と伝える）業氏は和泉、頼春の嫡子頼之は阿波・伊予、師氏（擾乱前に卒去）の嫡子氏春は淡路と、それぞれ亡父の分国ないし旧分国を継承して守護となり、早くも世襲分国形成の第一段階を印した。これは主として頼春・顕氏らの軍功・勤功が尊氏・義詮に評価された結果であろう。その中で和氏の遺子清氏のみは継承すべき分国を欠いていたが、擾乱以来の一身の軍功を以て頭角を現して伊賀守護となり、ついで若狭守護に転じ引付頭人に起用され、やがて将軍義詮の下で幕府執事に補せられるに至った。

斯波氏でも尊氏に冷遇された当主高経は細川顕氏と同様に直義党となったが、擾乱時における彼の行動は精彩を欠き、直義の挙兵より三ヵ月を経て直義党優勢の局面でようやく直義の陣営に加わった程であった。弟家兼が尊氏党に属しており、細川氏以上に近親分裂の危機が深刻であったこともその一因であろう。次いで第二次の擾乱に、高経は始め直義に随って分国越前に逃れたにも拘らず、直義を見捨てて尊氏に帰順し、越前守護職を安堵され、また終始尊氏党であった家兼は若狭守護に還補し、久々に斯波氏は越前・若狭両国併有という当初の分国配置に復した。しかしこの若狭併有はまたしても永続せず、家兼の奥州管領への転出とともに細川清氏が後任の若狭守護となるに及び、高経は足利直冬党に呼応して再び尊氏に叛いたが、今回は嫡子氏経さえも幕府方に止まって高経に同調せず、高経は直冬党の京都占拠が失敗するとまたも幕府に帰順した。

高経のかかる無節操・無定見な行動は彼の一族の長としての、また将帥としての力量不足を露呈しているが、行動の不徹底性にはまた政治力・軍事力の基礎となるべき分国掌握の脆弱性が多分に影響していると判断される。それにも拘らずやがて彼が細川清氏没落後、幕府「管領」に選ばれたのは、清氏と多年対立したことや佐々木導誉の推挙などにもよろうが、やはり主として家格の高さ、ないし足利一門の長老としての地位によると見られる。

畠山氏は一族分立のまま尊氏・直義両党の相剋を迎え、先ず擾乱に先立って直義側近の直宗が高師直に亡ぼされ、次に擾乱当初尊氏党の高国・国氏父子が直義党の奥州一方管領吉良貞家に仆され、他方日向の畠山直顕は直冬党として多年鎮西管領方就中島津氏と抗争した末、衰亡の道程を辿った。このようにして孤立・分散した畠山一族が多く没落した中で、国清のみは巧妙に行動して危機を克服した。すなわち国清は擾乱前には高師直に与同して河内・和泉両国守護を兼ね、従来の紀伊とともに三ヵ国を分国としたが、擾乱勃発とともに直義党に豹変して直義を分国河内に迎えて挙兵し、さらに第二次擾乱当初、いちはやく尊氏に帰参するという再度の変節を敢てして頽勢を挽回し、尊氏に随って東下して直義を攻め降し、関東執事兼伊豆・武蔵両国守護に補せられた。

以上の内、細川顕氏・斯波高経・畠山国清の三者は、何れも第一次擾乱中は直義党として行動しながら、第二次擾乱に際し尊氏に帰順して分国を保った点で揆を一にしている。とはいえ細川氏は顕氏のみでなく一貫して尊氏党であった頼春の事績も大きく、四国の国人層より養成した多数の忠実な被官を支柱とする安定した分国支配の成果が次代に引継がれたのに対して、斯波氏と畠山氏の解決すべき課題は遥かに大きかった。すなわち斯波氏は家兼による奥州支配の発足を別とすれば、分国はまたしても越前一国に過ぎなくなり、若狭確保という高経の宿願は容易に達成されなかった。また畠山氏は国清の子弟以外はほぼ没落し去った上、国清自身も従来の畿内周辺の分国およびその国人層と遮断され、代って関東に新たな支配の基礎を扶植しつつ東国豪族を統率する必要に迫られたのである。

三　三氏の隆替と管領就任

細川氏の分国支配が三氏中最も安定しているとはいえ、清氏の場合は、観応擾乱後の政治・軍事情勢を利して急速に擡頭し、新附の分国を獲得したものの、権力の基礎を固めない内に要職に就いたという点で、むしろ畠山国清に類似している。しかも彼らはそれぞれ幕府および鎌倉府における急速な権力強化をもくろんだため、政敵の策動により追放されて、分国に落延びての抵抗も空しくついに滅亡するという、同様の悲劇的結末を招いた。これは分国経営の成否、なかんずく国人層掌握の強弱が幕府における政治的地位の安定度と表裏の関係にあることを表明するものであろう。

この点、清氏の没落後に将軍義詮によって幕府「管領」に起用された斯波高経も、原則的には決して例外でなかった。高経は若年の子息義将・同義種・孫義高をそれぞれ幕府執事・侍所頭人・引付頭人として彼らを後見しつつ幕政の枢機に参画したが、その過程で既に京極導誉らの宿老と対立したのみならず、最も頼みとすべき子息氏経・氏頼が相ついで隠遁するに至った。彼はまた越中・若狭両国の分国編入を強行して、北陸における斯波分国拡大の宿望を実現したけれども、その支配は在京・在国守護代を介する間接支配であり、国人層を充分掌握できず、とくに朝倉宗祐の興福寺領越前国河口庄押妨のごときは興福寺衆徒の嗷訴を招き、政敵京極導誉らに乗ぜられて高経の失脚する誘因となった。

以上の如く畠山国清・細川清氏・斯波高経は、それぞれ関東執事・幕府執事・幕府「管領」として、鎌倉府または幕府の権力的地位に上りながら、何れも権力基盤である分国支配の脆弱性ないし権力支柱としての一族被官の掌握不充分のゆえに、あえなく没落したという点で頗る類似している。但し、彼らの没落はそのまま各氏の衰亡を意味せず、やがて一族・近親の中に、再び擡頭して分国支配を再建するのみならず、将軍義満時代に何れも管領となり、爾後各氏が管領家として存続するための中興の業をなす人物を出すという点でも、三氏は共通している。とはいえ、この功業をなしたのが細川氏の場合は清氏の従兄弟頼之、畠山氏は国清の甥基国、斯波氏は高経の子息義将であり、それぞれの従兄弟、伯父甥、父子という親疎関係にも現れているように、三氏の再興ないし管領への登庸の過程には若干の相違点が見受けられる。

細川頼之は尊氏の晩年中国管領に起用され、直冬党と安芸に戦って漸次これを圧迫するとともに、備前・備中・備後・安芸の四ヵ国における軍勢催促・感褒・恩賞挙申はもとより、所務沙汰審理・使節遵行・所領預置・寺社領安堵等の権限を行使し、その傍ら分国阿波・伊予をも経営するとともに、従兄弟繁氏が夭折した後はその分国讃岐に進出して国人層の被官化や所領の拡大を推進し、さらに、四国に落延びた清氏を讃岐に迎撃して仆すという殊功を成した。大内・山名両氏が幕府方に復帰し直冬が没落した結果、頼之は中国管領を解任されたが、分国は讃岐・土佐を併せて四国全域に拡大し、且つ清氏追討への協力を拒んだ河野氏を討ち、四国全域の一括支配を達成した。義詮が頼之を召還した目的は自己のもとで幕府執事とするために在り、頼之が幼主義満補佐・幕政主宰の重任を帯びたのは義詮の病臥・逝去という突発事態の結果であった。とはいえ中国発遣以来十年以上に及ぶ中国・四国での多面的な軍事行動と地方統治の成果が、彼の幕政担当の主要な前提ないし基礎をなしたことは疑いない。

頼之は清氏と同族とはいいながら、少なくとも直接には別個の基礎に立ち、清氏の権勢をも分国支配をも全く継承せず、むしろ清氏覆滅の功を有する。ところが斯波・畠山両氏の場合は、追討の対象となった当主の歿後まもなく、その近親が赦免を受けて幕府に帰参し守護に補せられた点で相互に共通し、細川氏の場合とは大いに異なる。

斯波氏の場合、高経追討の際に義詮は有力大名数氏の軍勢を送りながら積極的な攻撃を行わず、やがて高経の病歿とともに嫡子義将以下を赦免して彼らの上洛を実現したし、管領に就任した細川頼之も、幕府帰順後間もない桃井氏の越中守護職を罷免して義将を越中守護に復した。ここに幕府首脳部が名族斯波氏の断絶を好まず、努めて存続を計ったことを察知しうる。しかし義将自身の行動も積極的であり、彼は二回にわたり分国越中に発向し、桃井直常らの反乱を鎮圧して潰滅的打撃を与え、次いで弟義種を守護代として在国させ、二宮・由宇らの有力被官を郡単位に配置して分国支配の強化に努めた。さらに帰参後十年余を経てもなお越中一国守護に過ぎなかった義将は、管領細川頼之との対立を深め、反細川派諸大名の中心となって頼之排斥の挙を起し、康暦の政変に成功して将軍義満から管領に補せられた。これは彼の積極的な行動もさることながら、足利一門中最高の家格と前執事としてのその経歴が頼之に代るべき幕閣の首班に相応しいと諸大名からも認められ、義満もこのような義将の声望の活用を計ったことが要因に違いない。

畠山氏の場合、義深の幕府帰参の事情は詳かでないが、将軍義詮が彼を越前守護に補して斯波高経追討の主将とした事実によって、やはり幕府が名門畠山氏の存続を方針としたことが証せられる。義深はやがて康暦の政変直前に歿して嫡子基国が越前守護を継ぎ、次いで管領斯波義将との間で越前・越中の相博というやや不利な分国交換を行った。しかし基国は将軍義満の寵を蒙り、楠木正儀追討の主将として河内守護となり、吉見氏の没落に代って能登守護に補され、南北朝末年までに三ヵ国守護を兼ね、次いで一時は侍所頭人と山城守護をも兼ねた。このように目覚ましい勢力拡大を経た基国は、斯波義将の管領再度辞任の後を受けて北山殿義満により管領に挙げられて畠山氏の管領就任の例を開いた。この基国任用の前提に彼の名族としての家格、三ヵ国守護としての実勢力、明徳の乱における軍功等があったことはいうまでもないが、直接の条件としては北山殿義満の政略的意図が加わったことを否定できない。すなわち義満は寵臣基国の抜擢により一層専権を強めるとともに、将軍義詮の初世以来四十年にわたる細川・斯波両氏交代という幕府執事ないし幕府管領任用の慣行を破って重臣間の均衡を強め、室町政権の一層の安定を期したと推測される。

三氏の管領登庸の最大の要件を一言でいえば、細川頼之は地方鎮定の軍功、斯波義将は門閥的地位、畠山基国は義満の寵幸となるが、これはそれぞれ彼らの登庸された時代の室町政権の安定度ないし将軍権力の進展度の反映でもあったのである。

四　管領制の成立と管領の地位

行賞権のみを親裁したといわれる観応擾乱以前の将軍尊氏に属した執事高師直と、主従制的支配権・統治権的支配権をともに親裁したとされる擾乱後の尊氏・義詮に属した執事仁木頼章との発給文書を比較すると、後者は数量的にも種類の上でも遙かに少なく、執事の権限が擾乱を境として頗る縮小されたことを知らしめる。そしてこの縮小された執事の権限は義詮の将軍在職時の執事細川清氏・斯波義将にもほぼ踏襲された。端的にいえば、将軍ないしその代理者の幕政親裁こそ執事の権限縮小の基本的な原因であったと見做される。このことは、さきに師直が執事固有の権限によって発給した施行以下の多岐にわたる遵行命令と、引付頭人を兼ねて発給した濫妨停止の遵行命令を、その後は主として義詮自身が御教書を以て発給している事実が、最も雄弁に物語っている。すなわち将軍親裁権の強化は、執事の立場を弱めこそすれ、決して強める作用をしなかったのである。

この弱体化した執事の立場の強化を策して将軍の所務沙汰親裁権を侵した細川清氏が忽ち失脚したのは、将軍と執事との権限の対立している事実、および執事の立場の弱さを示すものである。執事義将の後見と引付方の復置という、より巧妙な方法で将軍親裁権の制約を試みた「管領」斯波高経が、従来の執事とは性格を異にしており、将軍の政務の分担者であったことは否定しえない。けれども執事の権限が著しく制限されたままであり、また引付方を介しての所務沙汰審理権への介入も部分的であった。それに第一、この「管領」の地位は幕府制度上の職掌でなく、したがって幕府諸機関の総轄者としての権限は不充分であり、制度的地位は不明確であった。

そもそも将軍と守護・国人との間に在って将軍の意思の伝達ないし将軍の裁決の実施命令を基本的職掌とする執事の立場は、親裁権を強化し守護・国人の直接掌握によって将軍権力の再建・強化を計った観応擾乱後の将軍の立場と相容れない面があり、両者の権限関係は競合ないし対立を免れないという矛盾を孕んでいた。この矛盾を、より高い次元から止揚するための方途は、幼将軍義満の親裁権行使の代理者として、義詮の親裁権を全面的に継承した管領細川頼之の登場を契機として開かれたのである。この際における頼之の地位は、将軍権力を事実上行使する地位と従来の執事の地位とを兼ねた、いわば鎌倉幕府の執権にも比すべき地位であったが、もちろん執権のような将軍権力の簒奪者ではなく、将軍の幼時という限定された期間における地位として義詮より遺嘱を受けたものであった。そこで頼之は、諸大名の反撥に対処する必要性もあって、将軍義満の成人とともに将軍の親裁権とこれを補佐して幕政を運営する管領の権限とを新たな立場から再分割し、主として所領諸職の補任・宛行・寄進・安堵など封建関係の根幹に関る権益の付与・認定権とこれらの権益についての相論の裁決権を将軍の親裁下に移した。他方、評定衆中の守護級大名を減員して吏僚層を増員するという人員構成の変更を実施して評定における管領の発言力を増大し、同時に引付方の機能を形骸化して所務沙汰審理を総轄するとともに、諸国守護・使節等に対する遵行命令を管領自身の権限として確保したのである。わけても将軍と諸国守護との関係について、将軍―守護、将軍―執事―守護、将軍―引付頭人―守護、将軍―侍所頭人―守護というように多岐に分れていた命令系統が、この管領の地位の成立とともに将軍―管領―守護の系統にほぼ統一されたことは注目すべきであって、室町幕府の全国的な支配権力強化にとって少なからぬ意義を有したこの命令系統の統一を、管領制成立の指標と理解して誤りないものと考えられる。

康暦元年の政変によって管領の座を占めた斯波義将の場合は、軍事統率権の一部や寺社領安堵・訴訟棄却など、前任者の頼之よりも職権事項がやや拡大したが、守護・使節等に対する遵行命令を職権事項の中心とすることなど、主要な点で頼之のそれを踏襲しており、将軍・管領間の権限区分も大同小異である。この権限区分は、義満の将軍職上表、入道の後も基本的には変更がなく、北山殿義満と管領畠山基国との間にも認められる。なお義満の将軍辞任前後からは、伝奏の公卿が義満に全面的に奉仕し、公家衆と有力寺社に関する付随的ないし緊急の事項について伝奏奉書を発給するに至った。しかしそれにも拘らず義満と管領との権限区分は基本的にそのまま継続しており、正規の補任・寄進・宛行等はあくまで義満の御判御教書を以て、また正規の遵行命令は管領署判の幕府御教書を以て発給されている。このことは、公家の支配機構を傘下に収め公武両政権の上に君臨した北山殿義満も、その支配権力が本質的には依然として管領制を基本とする幕府機構を通じて発揮される権力であったことを表明するものに外ならない。

五　三氏の分国経営進展とその成果

頼之・義将・基国の管領在任は細川・斯波・畠山各氏の分国経営にとって新たな拡充の契機となるが、その分国の展開にはそれぞれ若干の特色がある。

頼之は管領在任中に摂津（但し赤松氏・楠木氏などの分郡を除く）を養嗣子頼元の分国とした。他方伊勢を自身の、紀伊を一族業秀の分国としたが、この両国は軍事的蹉跌の結果抛棄せざるをえなかった。また失脚後は赦免・復帰の代償として新居・宇麻二郡を除く伊予の大半を河野氏に敢て譲渡した。しかし頼之は多年四国に在住して直接分国を経営し、やがて山名氏追討に起用されて備後と備中半国とを分国に加え、さらに管領に就任した頼元を後見して明徳の乱に臨み、丹波を頼元の分国に加えた。ここに細川氏の分国は地域的には四国のほか再び畿内周辺と山陽の一角に拡大し、家系の上ではさきに従兄弟から再従兄弟へと分散していたのが頼之とその近親に集中するに至った。なお明徳三年の頼之卒去の頃から備中は全域が細川氏の分国となるが、やがて備後に代って和泉が加わる。こうして細川氏は頼之の直系である宗家の京兆家が摂津・丹波・讃岐・土佐の四ヵ国守護を兼ねて三職（三管領）に列し、頼之の末弟満之に始まる備中守護家、甥義之に始まる阿波守護家、甥頼長に始まる和泉上守護家、甥にして養子の基之に始まる和泉下守護家、頼之の叔父師氏を始祖とする淡路守護家が、宗家を中心として連合しつつ幕府に確乎とした勢力を築いたのである。

この細川氏のような宗家・庶家の守護の連合体制を全く欠如するのが斯波氏である。斯波義将は管領就任後まもなく畠山基国との分国交換により旧分国越前を再び領有し、さらに数年の内に信濃を自身の、加賀を弟義種の分国に加え、斯波氏の分国は三ヵ国になり、幕府に占める地歩の高さと分国の基礎の脆弱という不均衡はようやく一応是正された。応永の乱後まもなく信濃は結局幕府料国となって斯波氏の手を離れるが、これと相前後して尾張が、さらにその数年後には遠江がともに義将の嫡子義重（のち義教）の分国となり、義重は義将から譲補された越前とともに一人で三ヵ国守護を兼ねた。しかし義種の分国加賀は応永十五年義種の卒去に伴いその嫡子満種が継いだが、やがて将軍義持は富樫氏にこの国を還付したため、斯波氏の庶家は分国を喪失し、ここにようやく斯波氏は宗家のみが越前・尾張・遠江三ヵ国守護を世襲しつつ三職の筆頭を占める形に落着いた。なお観応擾乱後まもなく奥州に下った家兼・直持父子に始まる庶家の斯波氏は、奥州一方管領吉良氏を圧倒して奥州管領職を独占し、その子孫は奥州探題を称する大崎氏となり、また直持の弟兼頼の子孫は羽州探題を称する最上氏となるが、この両氏は奥州国人層の自立化、両国の鎌倉府治下編入等の結果、奥羽の一隅を保つ大名に過ぎなくなるのみならず、夙に宗家の斯波氏とは政治的にも軍事的にも殆ど無関係の存在になっていたのである。

畠山基国の場合は分国増加の時期も分国の数も斯波氏に類似しているが、世襲分国を欠く点も庶家の分国の乏しい点も、基国の管領在任時まではむしろ斯波氏以上であった。すなわち分国は父義深より継承後まもなく越前から越中に移り、やがて河内・能登の二国を加えて三ヵ国守護となり、さらに管領就任とほぼ同時に尾張を分国に加える。次いで応永の乱の結果紀伊を分国に加えて尾張を斯波義重に譲り、一人で四ヵ国守護を兼ねた。庶流の分国は早く康暦・永徳年間に基国の叔父国凞の佐渡守護在職が知られるのみで、その後は基国の在世中には庶流の守護家は見られず、基国の卒去と義満の薨逝によって、ようやく畠山氏の分国は満家の越中・河内・紀伊三ヵ国とその弟満慶の能登とに分割され、三ヵ国を世襲分国とする管領家と能登一国を世襲分国とする庶家とが提携しつつ幕府に地歩を占める状態が始まるのである。

分国内における所領の形成については、細川氏の場合、頼春・頼之・頼有ら父子兄弟が多年分国に在住して経営した成果とみるべき多数の所領が、讃岐・阿波両国を主として分布していることが、頼有の譲状等によって確認される。斯波・畠山両氏については、これと比較するに足りる史料が管見に触れず、所領の実体は詳かでないが、守護自身の長期にわたる在国支配も見られず、世襲分国形成の時期も遅れた両氏は、おそらく細川氏のような集中度の高い所領構成には容易に達しなかったことと思われる。

最後に被官登用の在り方に触れると、細川氏は分国内外、就中讃岐・阿波両国を主として四国から多数の内衆を養成している。また彼らの中から守護代を採用するについても、讃岐はおそらく地域別に二分して香川・安富両氏を両守護代とし、土佐には庶流細川氏（当初は在京か）と新開氏とを在職させ、摂津には長塩・奈良・庄・内藤・十河などの諸氏を比較的短期間で次々と交代させ、丹波にも小笠原・庶流細川・香西・内藤の諸氏を逐次任用しており、分国の在地支配を特定の一氏に委ねることによって生ずる弊害を避けようとする細川宗家の方針が明瞭に看取できる。これに対して斯波氏においては越前出身の織田氏以外には分国内に出自を有する確証のある近臣は見出し難い。また守護代は越前が甲斐（佐野）氏、信濃・加賀がともに源姓二宮氏、尾張が守護代・又守護代とも織田氏というように、国ごとに特定の一氏を世襲的に守護代ないし又守護代としており、しかも尾張の場合などは又守護代織田氏が寺領目録に証判を加えた例のみならず所務相論の審理・対決を実施した例もあって、当初から頗る重要な権限を委ねられていることが知られる。畠山氏の場合は遊佐・神保・杉原など国清時代以来の譜第的な有力被官の活動が見られるほか、分国内やその隣国から養成されたと認めうる近臣も少なくない。しかし彼らのうち守護代への起用が知られるのは、短期間山城守護代となった河内出身の誉田氏を見るに過ぎない。守護代の任用は、当初から越中・河内・紀伊の三国は遊佐氏、能登は神保氏に固定しており、且つ彼らの直状や証判による分国内寺領安堵のように重要な権限行使の事例が存在する。しかしその半面、基国の直状を以て遵行命令等を下した事例も多く、この点は分国経営を守護代以下に大部分委ねた斯波氏と異なり、国人・寺社等に対する守護権力浸透の意図が察知される。

ところで、管領の地位は、細川・斯波両氏が多年角逐ののち、義満の北山時代、畠山基国の登庸により初めて三氏交代の例となったが、この三氏交代は三十数年しか続かず、将軍義教期に早くも斯波氏の凋落が始まり、将軍義政期には細川勝元が畠山氏の内訌を助長しつつ主導権を握り、さらに細川政元は幕府の実権を握って将軍を廃立し、京兆専制と呼ばれるような専制化を行うのである。このような斯波・畠山両氏の相次ぐ凋落・内訌と細川氏の実権掌握は、室町政権とそれを支える守護権力の変質の問題として捉えるべきであるが、本書において追究した三氏の分国支配体制の差異の中に既に要因が存在したことは否定しえない。蓋し数家の守護家よりなる同族連合と分国内外から養成された均衡を保つ近臣団とに支えられるに至った細川宗家の分国支配は、庶流守護が皆無または一家に過ぎず近臣団内部の優劣の甚だしい斯波・畠山両氏のそれに比して、遙かに強力且つ安定したものであったと認められるのである。

成稿一覧

（既発表論文はいずれも本書収録に際し補訂）

第一編

第一章……「守護大名細川氏の興起」その一・二・三（『国学院雑誌』六七巻七・八・九号、昭和四一年七・八・九月）

第二章……「細川清氏の擡頭」（『国学院雑誌』六九巻七号、昭和四三年七月）、「細川清氏の没落」（『国学院雑誌』七〇巻八号、昭和四四年八月）

第三章……「文和・延文年間における細川一族の分国」一・二（『国学院雑誌』六九巻一二号・七〇巻一号、昭和四三年一二月・四四年一月）

第四章第一節……「細川頼之の擡頭」（『国学院雑誌』七一巻三号、昭和四五年三月）

第四章第二節・第三節……「室町幕府管領制の成立について——執事・管領の権限を中心として——」（『国史学』一〇六号、昭和五三年一〇月）

第四章第四節……新稿

第五章第一節・第二節一・二……新稿

第五章第二節三……「守護大名細川氏の動向」（『歴史教育』一六巻一二号、昭和四三年一二月）（部分）

第五章第三節……「守護大名細川氏における内衆の成立」（『国史学』七七号、昭和四三年一〇月）

第二編

第三編

自　跋

足利一門守護の研究に着手してから二十年、ようやくここに本書を刊行することとなった。この研究はもともと、数ある足利一門諸氏のうちどうして細川・斯波・畠山の三氏のみがいわゆる三管領の地歩を築いたのかという、素朴な疑問から出発したものである。そして、この疑問を少しずつでも解きほぐすことが幕府・守護体制といわれる室町政権の性格を解明する一助になろうと考えて、まず細川氏の研究をと思い立ったのは、大学院修士課程在学中のことであった。もっとも、私の大学院入学はかなりの晩学である。戦時下の繰上げ卒業によって学窓から兵営に移り、満洲派遣・シベリア抑留というコースを辿った私は、幸にも復員後まもなく高校教師の職を得て、勤務の傍らかつての卒業論文のテーマをもとに荘園史関係の論文を二編ほど発表して、研究者の端くれに列なった。だが、その私に一つの衝撃を与えたのは渡辺澄夫氏の『畿内庄園の基礎構造』(昭和三十一年吉川弘文館刊)であった。この先学の大著は、その一部に私の説も引用されているとはいえ、ここには私の目指していた実証的な荘園研究の方法が既にほぼ実現されているではないか。今後自分なりの研究を進めるつもりでも、畢竟この労作の後塵を拝することになろうと、少くとも当時の私には思われたのである。

もちろん史学研究の分野は広大であり、進路は必ずや打開できるであろう。しかしそのためには再び学窓に戻って基礎的な習練を積んで出直すべきだと感じた私が、母校国学院大学の大学院に入学して学部在学中以来の恩師岩橋小彌太・藤井貞文両先生の指導を仰いだのは、もはや三十代も後半の昭和三十三年の春であった。当時の学界では守護大名の個別研究はまだ緒についたばかりだったので、まず最も大物の細川氏に取組むことに決めて、昭和三十五年から二年がかりで修士論文を作成した。本書第一編の構想は、この修士論文が基礎になっている。教諭としての本務の傍ら大学院で研究するための時間を私に与えて温かく見守って下さった当時の麻布高等学校の故細川潤一郎校長を始め先輩・同僚諸氏の恩恵は忘れることができない。

そののち逐次発表した細川・斯波・畠山三氏関係の論文十数編を全面的に改稿するとともに、若干の章節を付け加えて、昭和五十二年学位請求論文として国学院大学に提出した。それにさらに多少の補訂を施したものが本書である。本書は上記三氏の動向を南北朝時代を中心として考察し、いわゆる三管領の出揃った北山殿義満期まで辿ったものであって、三管領成立史ともいうべき内容をもっている。題名に三管領の呼称を避けたのは、この呼称が少くとも足利義政期以降に現れる一種の俗称であることにもよるが、むしろ主な理由は、幕府管領としての三氏の隆替は足利一門守護としての分国支配の成否にもとづいて解明しなければならないと考えたことにある。

ともあれ、ここに本書を成すことができたのは、何よりもまず岩橋小彌太・藤井貞文両先生の学恩によるものである。その時々の興味に引かれ勝ちになる不敏の私に、身を以て学問の道の厳しさを示して本題に立向わせて下さったのも、母校国学院大学の史学科に奉職する機会を与えて頂いたのも、両先生である。また岩橋先生の校訂された『園太暦』と藤井先生の校訂された『師守記』の両書は、いうまでもなく南北朝時代の記録の双璧であり、本文には書名引用の体例に倣って両先生の尊名を掲げなかったけれども、座右に備えて最も多く引用した記録であって、この点についても両先生の学恩は鴻大である。

岩橋先生には学位取得を御報告して悦んで頂いたが、一昨年季冬長逝せられ、拙い本書を手にして頂くという予ての願いが永久に叶わなくなったことは痛恨の極みである。謹んで先生の霊前に一本を献じたい。

藤井先生は学位論文審査の主査を引受けて下さった上に、珠玉の序文を賜って本書の巻頭に光彩を添えて下さった。深謝の至りである。また大学院在学中以来の恩師で学位論文の副査をして頂いた桑田忠親・奥野高広の両先生、夙に謦咳に接して親しく御指導に与ってきた豊田武先生等の諸先生の学恩、鈴木敬三・林陸朗・米原正義の各教授を始め史学科の先輩・同僚諸氏の知遇と激励、その他数多くの史学研究者の方々の御示教も感謝に堪えない。中でも東京大学史料編纂所の辻彦三郎・黒川高明両氏には史料閲覧のため多年にわたり非常に多くの便宜を計って頂いた。史料閲覧には、また同所を始め国学院大学図書館・尊経閣文庫・宮内庁書陵部・国立公文書館内閣文庫・京都大学古文書室・永青文庫等の諸機関や多くの社寺の方々の御厚意に与った。

本書作成のために種々の準備作業やカード作成・原稿浄書・索引作成・校正などの面倒な仕事を進んで分担して下さった野口武司・菊地卓・湯山賢一・上保隆夫・東四柳史明・田島光男・岡崎裕子・笠井識子・中野達平・木村修・斎藤薫等の中堅・新進の学友諸君の恩恵も計り知れない。また吉川弘文館の社長吉川圭三氏および出版部の方々に一方ならぬお世話になった。併せて厚く御礼申し上げる。なお本書は昭和五十四年度文部省科学研究費補助金（研究成果刊行費）を受けて刊行するものである。

昭和五十五年庚申元旦

小　川　　信

本書所載の研究に対して、図らずも昭和五十六年度日本学士院賞を受賞することを得た。これはもとより身に余る光栄であり、偏に恩師諸先生および多数の先学・同学・知友諸氏の学恩の賜にほかならない。更めて心からなる感謝をささげる次第である。

ここに吉川圭三氏の御厚意により本書を重版する機会に恵まれたので、誤植等の訂正のほかにも若干の字句を補訂するとともに、第一編第一章・同第二章第一節・第三編第三章の各余白に補註を付記し、また索引は全面的に組み替えて正確を期した。野口・湯山・中野・木村・斎藤の諸君と吉川弘文館製作部の御協力を深謝する。

（昭和五十六年十二月一日）

解説

林　譲

本書の著者小川信先生の履歴や人となりに関しては、紙幅の都合上、以下の記事に譲り、ここでは本書に関してのみ触れることにする。湯山賢一氏「小川信先生追悼記事（弔辞）」（『国史学』一八五号、二〇〇四年一一月、以下西暦下二桁で表記する）、岡野友彦氏「『山名宗全と細川勝元』を読む」（読みなおす日本史『山名宗全と細川勝元』、吉川弘文館、一三年一一月）、「小川信先生略年譜」「小川信先生著作目録」（小川信先生の古希記念論集を刊行する会編『日本中世政治社会の研究』、続群書類従刊行会、九一年三月）。

先生は、國學院大学学部繰上卒業、応召、抑留を経て、五八年五月に私立麻布高等学校教諭と同時に同大学院修士課程に進学された。三七歳であった。六五年三月、博士課程の単位を取得され、同年四月、國學院大学文学部兼任講師となり、翌々年四月には専任講師となられた。その頃から、「守護大名細川氏の興起（その一〜その三）」（『國學院雑誌』六七巻七〜九号、六六年七〜九月）や初めての単著『山名宗全と細川勝元』（人物往来社、六六年七月）を始めとして、陸続として、先ず細川氏、次いで斯波氏、最後に畠山氏関係の論文を発表されている。これらの十数編の論文を全面的に改稿し若干の章節を付加し『初期室町幕府における一門守護の研究―管領制成立課程を中心に―』として纏められ、七七年に学位請求論文として國學院大学に提出し、同年五月、文学博士の学位を授与される（乙文第四四号）。さらに、多少の補訂を施したものが本書『足利一門守護発展史の研究』（吉川弘文館、八〇年二月）である。序論・結論と三編一三章から成る本論に索引四〇頁を付した総計八二四頁に及ぶ大著である。八一年六月一〇日、第七一回日本学士院賞を受賞された。

本書は刊行当初より注目を集め、永原慶二氏が「佐藤進一氏の一連の研究とならび、かつそれを承けて更に前進した室町幕府体制史に関する画期的研究」と評し（『日本歴史』三八九号、八〇年一〇月、一〇九頁）、奥野高廣氏が、若干の問題点を指摘しながらも「幕政参与の最も重要な形態の管領制について、その成立時期、職権内容に新しい知見を加えた。（中略）本書は南北朝期から室町初期にかけての政治史研究に関して、田中義成博士以下数多い研究を補完する役割を果し、一つの規準を構築した」と詳細に紹介された（『国史学』一一五号、八一年一二月、五三頁）。さらに『史学雑誌』九〇巻五号　回顧と展望一九八〇年の歴史学界「中世一」で「今後鎌倉・南北朝期研究の必読文献となるであろう」（羽下徳彦氏稿、七〇頁）、「同四」で「南北朝・室町期の研究のみならず中世史全体においても最も注目すべき成果（中略）であり、同氏が二〇年来追究されてきた足利一門の細川・斯波・畠山に関する膨大な、かつ詳細な研究がここに書として集成された。徹底した史料蒐集により、三氏の出自、分国の形成、その運営、守護、管領への就任等々について詳述されている。管領制をはじめとした精緻な室町幕府制度史のみならず、南北朝・室町期の政治史研究としても特筆すべきものであり、室町幕府を研究するうえで座右の書となることは疑いない」（伊藤喜良氏稿、八四頁）と高く評価されている。

一方、桑山浩然氏は「守護の職務とは何か、もしくはどのような職務を持つ者を守護と規定するか」「ある人の署名する文書の有無を直ちに権限の有無に連らねて結論することは唯一の解答ではない」などの疑問を呈された（『國學院雑誌』八二巻四号、八一年四月、一〇七～八頁）。これを受けて、石井進氏は「（桑山）氏はここで「驚異的ともいえる史料蒐集作業に支えられ」た「文書の大量観察」の方法に対し、「ある人の署名する文書の有無を直ちに権限の有無に連らねて結論」はできないこと、文書の発給は「意思の表明」であっても直ちにその実現を意味はしないこと等々の根本的な疑問を提起されている。それが小川氏の大著に対する妥当な書評であったかどうかは別として、大量操作による分析方法においても、古文書学の核心ともいうべき機能論の検討がおろそかにされてはならないことは自明であろう」(『史学雑誌』九一巻五号　回顧と展望一九八一年の歴史学界「中世二」、八一頁)と述べられた。

広く公開されている日本学士院賞授賞審査要旨において、「守護の権限上の説明についてやや説明に不十分なところがある」と指摘しつつ、「こうして三氏についてそれぞれ足利一門内における家格と地歩を考え、元弘・建武の動乱、足利氏の幕府開創、観応擾乱、南軍との攻戦および義満時代の経過において、三氏の政治的・軍事的動向とそれに関連して守護としての分国支配の成否のほどを明らかにした。また執事・引付方・幕府奉行人等の職権について論及し、特に観応擾乱以後に、三氏がそれぞれ管領となり幕政に参画するにいたる事情を追究し、同時に従来必ずしも明確でなかった幕府初期の管領制の成立過程や職権内容、また将軍と管領の権限区分につきこれを究明して、室町幕府体制史研究上に大きな成果をあげたといえる」と授賞理由を述べている(https://www.japan-acad.go.jp/japanese/activities/jyusho/071to080.html　二一～二二頁)。

これらのように、本書の特長の一つに史料の博捜に基づく実証があるが、その点について、先ず指摘すべきは、自治体史編纂の隆盛に伴う刊本の利用ではなく、東京大学史料編纂所編『大日本史料』第六・七編の積極的・批判的利用があり、それとともに、同所架蔵『影写本』を重視し活用されたことである。多少の便宜があったと想像できるとはいえ、本館玄関入って左の行燈部屋の閲覧室における影写本閲覧は、現在とは異なり、敷居が高かったと聞く。インターネットやデータベースが全く存在していない時代、高校教員にして大学院生という環境を考えれば、相当厳しい研究状況であったろうことは想像に難くない。さらに、本書の価値を一層高めているのは、詳細な索引である。その作成には、氏が常勤教員として卒業論文指導を担当されるようになってからの教え子第一世代ともいうべき方々が協力している。自治体史の板碑調査などに一緒に従事した世代である。

それでは、本書は、その後の当該研究分野に、どのような影響を与えたのであろうか。新装版として復刊されることと、それ自体が現在の研究へ大きな影響を与え続けていることの何よりの証拠であるが、具体的にはどのような評価が与えられているであろうか。もとより、その課題について言及し得る能力があるわけではなく、論評を加えることで本書の価値を減ずることを懼れるものであるが、気の付いた範囲で触れておこう。

管領制成立を軸とする南北朝政治史・制度史に関しては、幕府裁判組織の変遷を詳細にたどる上で、先行研究として本書を引用し評価する山家浩樹氏「室町幕府訴訟機関の将軍親裁化」(『史学雑誌』九四編一二号、八五年一二月)がある。命令系統の確立過程・引付方の衰退過程を明らかにしたと本書を評価する亀田俊和氏は「貞治六年(一三六七)の細川頼之の補佐役就任を管領制度成立の画期とする小川信氏の見解」を妥当とする(『室町幕府管領施行システムの研究』、思文閣出版、一三年二月、二八六頁)。また吉田賢司氏は「高経は執事邸で義高の引付を開催しつつも、執事でなく引付を介して訴訟審理の活性化を図っており」「引付も永和年間(一三七五―七九)に定期的な式日開催が放棄される」と本書を典拠として叙述する(「室町幕府論」、『岩波講座日本歴史』中世三、岩波書店、一四年八月、一三・一八頁)。山田徹氏も「今川・山名両人の引付頭人の徴証として」本書を参照する(「室町大名のライフサイクル」、細川涼一氏編『生・成長・老い・死』、竹林舎、一六年三月、九五頁)。同氏の「南北朝後期における室町幕府政治史の再検討(上)(中)(下)」(『文化学年報』六六～六八号三月、一七年～一九年三月)は、佐藤進一氏による「斯波派」と「細川派」との党派抗争と康暦の政変以後に将軍足利義満が権力を確立していく見解を検討したものであるが、小川氏が「この政変の画期性を強調したこと」などで「康暦の政変を画期とみる見方は定説化していく」とし(〈上〉六九頁)、斯波義将の政治的力量を評価する見方に対し「管領制の成立という論点に関連して進められた小川信の分析を踏まえておく必要がある」として「あくまで将軍義満を補助する存在と」した点を評価する（〈下〉二四八頁）。最新の研究においても、執事から管領へと進む幕府制度史研究の典拠となっている。

さらに「細川同族連合体制」に関する研究を発展させた今谷明氏『室町幕府解体過程の研究』（岩波書店、八五年一〇月）、『守護領国支配機構の研究』（法政大学出版局、八六年一二月）について批判するなかで、末柄豊氏は、小川説を「この同族連合体制なる論点は、斯波・畠山両氏に対する詳細な研究を前提としているだけに強い説得力を有している」が、確立については詳細に論じているものの、維持継続については推測するのみであるとして、備中守護家と京兆家などに関して綿密・丹念な見直し作業を行っている（「細川氏の同族連合体制の解体と畿内領国化」、石井進氏編『中世の法と政治』、吉川弘文館、九二年七月、一四五頁）。

管領細川氏権力の内部基盤である内衆の研究に、横尾國和氏による一連の研究があり（例えば、「明応の政変と細川氏内衆上原元秀」、『日本歴史』四二七号、八三年一二月）、南北朝時代やそれ以降の時代を含め、三氏以外の一門や外様衆の研究については、すでに、高橋修氏の先駆的研究「応仁の乱前の一色氏に就いて」（前掲『日本中世政治社会の研究』）がある。近年では、本書の影響を受け「足利氏御一家考」（佐藤博信氏編『関東足利氏と東国社会』、岩田書院、一二年三月）などの「足利一家」論の研究を進める谷口雄太氏が、本書について「足利一門研究の金字塔ともいえるもので、現在においてもその成果は計り知れないものがある」と高く評価し、特に重要な点として、「①数多く存在する足利一門の中でも、（中略）細川・畠山・斯波の三氏（三管領）につき、圧倒的な実証によって研究の基礎を構築したこと」「②三管領の分析という徹底した権力論的アプローチによって、幕府・将軍支配の一端を解明したこと」「③南北朝期（とりわけ、十四世紀後半）の武家政治史を、いわゆる「細川派」と「斯波派」の対立構図で説明し、それを通説化したこと」をあげ、この三点に注目して、以降の三管領研究の展開を眺望している（「【三管領の研究史】研究対象は、細川・畠山・斯波氏だけでいいのか?」」、日本史史料研究会監修・亀田俊和氏編著『初期室町幕府研究の最前線―ここまでわかった南北朝期の幕府体制―』、歴史新書y077、洋泉社、一八年六月）。

いま、同論稿に導かれいくつかの研究を紹介すると、川岡勉氏『室町幕府と守護権力』（吉川弘文館、〇二年七月）は「足利政権にとって、外様守護をどのように位置づけるかは、一門守護の配置と並ぶ大きな課題であったと思われる。一門守護と外様守護の変遷についても、小川氏が以下のように簡潔に整理をおこなっている」とし（三九頁）、弓倉弘年氏『中世後期畿内近国守護の研究』（清文堂、〇六年一二月）は「時期的にも方法論的にも小川氏の研究を継承することをめざし、管領家畠山氏の家系や分国支配について、検討し」ている（二頁）。古野貢氏『中世後期細川氏の権力構造』（吉川弘文館、〇八年一二月）は「小川・今谷両氏の研究によって、細川氏権力は、南北朝期以降、同族連合体制を形成してこれを維持してきたが、戦国期段階に至ってこの体制が変質し、畿内政権化する過程で、幕府内において専制化を進めていった」という通説的理解の典拠に位置付けている（一三頁）。斯波氏に関しては、木下聡氏編著『管領斯波氏』（戎光祥出版、一五年二月）収録の同氏「総論　斯波氏の動向と系譜」において「まず斯波氏そのものを取り上げたものとしては、鎌倉～南北朝期の斯波氏の政治動向を詳細に解き明かした小川信氏の一連の研究があり、現在でもまず参照されるべき基本的文献である」とされる（七頁）。

このように、本書はそれぞれの研究の基礎・出発点と位置付けられているのである。それだけにとどまらず、本書には、今後さらに深化・展開する論点が包摂されているように思われる。例えば、奥野氏が指摘した「年次もなく、年代が推定できない」『善通寺文書』の二月廿七日付頼春書状は（五三頁）、東京大学史料編纂所編『花押かがみ』南北朝時代二の三五六五号細川頼春（二）によれば、少なくとも貞和三年（一三四七）六月一四日以前と推定できる。

また、本書の一六九頁に細川頼之自身の奉書による遵行の事例として挙げられている史料の出典は「三尊院文書」ではなく「浄土寺文書」である。データベースによる網羅的な検索、デジタル画像の公開、花押・筆跡・紙質などの形態論的研究の進展など、先生が進められた時期とは比較にならない研究環境が整ってきており、単なる「大量操作による分析方法」ではない「機能論の検討」が、より一層可能となっているのである。本書が持つ豊富な内容は、この環境に基づく丁寧な見直し作業により、新たな論点や豊饒な成果を生み出すに違いない。

以上で拙い解説を終える。本来ならば、学統を継ぐ然るべき方々が執筆すべきであり、受講生の末席に連なるとはいえ、研究上何ら業績のないものが関わることは、いかにも迂闊・不遜である。にもかかわらず、解説の依頼を引き受けたのは、長年勤務した東京大学史料編纂所において、『花押かがみ』南北朝時代の編纂・出版に従事し、本書から多大な恩恵を受けたからにほかならない。著者ならびに本書を繙く読者に寛恕を乞う次第である。

〈二〇一九年八月〉

（はやし　ゆずる・東京大学名誉教授）

に責任をもつ人である／人件費係数を活用する／給料も人件費係数もバランスよく上げていく

2　経営コストと人件費計画

給料は上げるが人件費総額は下げる発想／具体的な目標は人をやる気にさせる／人を増やさないで仕事を増やす発想

3　定期昇給とベースアップ

賃上げの仕組み／定期昇給の意味／ベースアップの意味／定昇とベアを区別して運用していないと、いざというときに手が打てない／社長は一年先、三年先の賃上げを決める人である

4　人件費計画の実証作業

現在の人件費を分析する／要員についての実証／パート化を検討する／増員計画を固める／五年先までの給料を実証する／人件費係数を上げる／パートの人件費増を実証する／社長の社員に対するポリシーのかたまり／運営基本計画と実証結果の差を考える

もくじ

れながら、町工場の時代から一〇年計画を立てつづけて、おかげさまでどうにか一部上場企業に育った。一方、小売、卸、建設などさまざまな業種の若手経営者に長期計画を指導してきて、その中から上場規模の優秀会社が輩出してきた。不遜を覚悟で言わせてもらえば、わたしの長期計画のノウハウは、経理や会計の専門家にではなく、現役の社長にとって、優れて実践的なものと自負している。

今回ご縁があって、日本経営合理化協会の牟田學理事長からの強いご要請で、本書が生まれた。題して「野望と先見の社長学」とした。

だれのためでもない、社長が自らの夢と野望を実現させるために、本書の内容を実践していただければ、これに優る幸いはない。

平成六年一月吉日

佐藤 誠一

※本書は、一九九四年に出版した「野望と先見の社長学」の新装版である。

専門家も口をそろえて言う。

わたしは学者じゃないので難しい理屈はよく分からない。しかし一〇年前も二〇年前も三〇年前も、日本は一大転換期を迎えていたような気がする。マスコミは「大変な時代となった」と当時も騒ぎ、事業家はいやおうなしの対応をせまられてきた。

考えてみれば、経済の仕組みは生き物そのもので、常に変わっており、その変化に対応しながら、事業を続けていくことが社長の宿命なのである。見えない未来をなんとしてでも見極めて、決断して手を打つことが社長の仕事なのだ。目先の変化にいちいち驚いてオタオタしていては務まらない。泣き言をいってられない、言い訳無用の仕事である。

社長業は、厳しくて難しい仕事だが、しかし、これほどやり甲斐のあるわくわくする仕事もないのではないか。目を吊り上げていつもハラハラしながら経営を続けるのか、生まれ変わっても社長人生を選ぶほどに生き甲斐のある経営を続けるかは、一に長期計画を持つか持たぬかに、かかっているのだ。

さて本書では、五年先、一〇年先まで繁栄できる長期計画の立て方をテーマに、わたしの全体験を包み隠さず公開した。

社員六名、掘っ建て小屋の工場で事業をスタートして以来、「零細企業の分際で」と笑わ

そこで社長の夢や野望の裏づけ作業が必要となる。

夢や野望という形のないものを、どういう方法で経営計画の中に組み入れるか。実は多くの社長が、自分の野望の計画化ノウハウをご存じないために、いたずらに号令をかけたり気を揉むばかりで、なかなかよい手が打てずにいる。

その方法を一口で言うと、野望を数字におきかえることである。

経営に限らず、この世の中は「数字の約束ごと」がつきものなのだ。数字だから見える、読める、ということがある。数値にしてみてはじめて、社長の欲をコントロールできる手掛かりがつかめる。社長の野望という形のないものを、数字におきかえる過程で、数字は「経営の生きた知恵」となり、社長の野望はいつしか洗練されて、「先見の明」となるのだ。

逆のことも言えよう。

会社の数字は、社長の意図・方針を明確に反映していなければならない。

たまたま帳簿にいくらよい数字が並んでいたとしても、それが社長の考え方を明確に数値化した結果でなければ、先見の明にはつながらないということである。偶然よかったということで、状況が変化すれば、またまた夜も寝つけないことになる。

このごろ、「日本経済は一大転換期を迎えて先の見通しがつかない時代だ」、とマスコミも

はじめに

社長にとって「事業の将来を的確に読むこと」ほど大切な仕事はない。

しかし、すべての社長が、その「先見の明」に恵まれているわけではないから難しい。

真夜中に突然、寝床から起きあがり、事業の見通しをあれこれ考えて朝まで寝つけない、というような経験は、社長なら二度や三度はおもちのはずである。

それでは、どうすれば先の見通しがつくようになるかといえば、事業の〝長期計画〟を立ててみる以外にはない、とわたしは確信している。

長期計画なしに先見の明なし、と断じてよい。

「社長という仕事を選んだ以上、俺の人生でこれだけはやり遂げたい」。まず、さまざまな夢や野望をはっきりと絵に描いてみることだ。三年先、五年先、一〇年先の自分の事業の理想像を思いめぐらし、精一杯欲ばることが大切だ。たとえ他人に言ったら笑われるようなことでもかまわない。それが事業推進のエネルギー源なのだから。

しかしそれだけなら、絵に描いた餅、である。なんとしても夢を実現しなければならない。

社長の野望は、
数字と実証に裏付けられた
長期経営計画によって
先見の明となる

野望と先見の社長学

佐藤誠一 著

日本経営合理化協会

著者略歴

一九二〇年　東京市に生まれる
一九四二年　國學院大学文学部史学科卒業
一九六五年　國學院大学大学院博士課程単位取得
國學院大学文学部講師、助教授、教授を歴任
二〇〇四年　没

主要著書

『山名宗全と細川勝元』(人物往来社、一九六六年。のち吉川弘文館、二〇一三年)
『細川頼之』(人物叢書、吉川弘文館、一九七二年)
『中世古文書の世界』(編、吉川弘文館、一九九一年)

足利一門守護発展史の研究〈新装版〉

一九八〇年(昭和五十五)二月二十五日　第一版第一刷発行
二〇一九年(令和　元　)十月　一　日　新装版第一刷発行

著　者　小川(おがわ)　信(まこと)

発行者　吉川道郎

発行所　株式会社　吉川弘文館
郵便番号一一三―〇〇三三
東京都文京区本郷七丁目二番八号
電話〇三―三八一三―九一五一〈代表〉
振替口座〇〇一〇〇―五―二四四番
http://www.yoshikawa-k.co.jp/

印刷＝株式会社 精興社
製本＝誠製本株式会社

ISBN978-4-642-02959-9

索　　引

<凡　例>

1. 件名索引は，幕府機構・守護制度に関係の深い件名を主とする。
2. 人名索引は，守護とその一族・被官・国人を主としたものと，研究者名とに限る。
3. 史料名索引には，叢書・県市町村史誌等の書名は，原則として採録しない。

件　　名

あ　行

か　行

さ　行

た　行

な　行

は　行

ま　行

ら　行

人　　名

1. 守護・被官・国人等

あ

う

え

お

か

こ

さ

し

す

せ

そ

た

ち

つ

て

と

な

に

ね

の

は

ま

み

む

め

も

や

ゆ

よ

る

わ

2.　研究者名

あ　行

か　行

さ　行

た　行

な　行

は　行

ま　行

や　行

わ　行

史　料　名

あ

い

う

え

お

く

け

こ

さ

し

す

せ

そ

た

ち

つ

て

と

な

に

ぬ

ね

の

は

ひ

ふ

へ

ほ

わ

第十章　夢を実現させる社長の条件

巻末付表

創業者が残してくれたもの　～復刻に寄せて　　佐藤肇

装丁　美柑和俊

第一章

社長の最大の役割

社長の抱く夢や野望を、多くの人間の協力で実現させていくためには、その大前提として、社長が周りから尊敬される存在でなければならない。尊敬のないところに真の協力関係は生まれない。

そのために最も大切なことは、社長という仕事に課せられた世の中の役割を確実に果たすことである。立派な社長として尊敬されるのは、社長にしかできない役割を、自らのビジョンをもってやり抜くからである。

そして社長のさまざまな役割の中で、最も重要なものは、事業の将来を見通して、さらなる発展の方向づけをすることと、その方向づけの実践である。これができなければ、企業の永続的な繁栄はない。

長期計画は、このような社長の役割意識と社長の野望や夢がむすびついた、社長自身の人生設計でもあるのだ。ここが、事務や経理の担当がつくる長期計画と根本的に異なる点である。

1　経営者の誇りと恥

社長は誇り高い存在でなければならない

誤解を恐れずにあえて言うが、「社長は偉い」と、自他共に認めるようでないといけない。多くの人から「あなたがいるからわれわれの幸福がある」「あなたのおかげで快適に過ごせる」と尊敬され畏敬されてはじめて、社長といえるのだ。そして協力も得られるのだ。

社長とは、それだけ誇り高い、立派な存在でなければならないと、わたしは思う。

ところが、「俺はエライ」と自負している社長のうちで、他人から見て「あの社長は立派だ。偉い人物だ」と認められるような社長が何人いるだろうか。

ここで統計的にはいささか乱暴な計算をしてみよう。

総務庁の平成三年調査によると、現在の日本の法人の数は、おおよそ一五六万社とされている。もちろん、それらの会社には休眠会社や社員のいない会社も含まれるが、それでも全国に一〇〇万人以上の社長がいることになる。さらに、どの会社にも経営者と言われる人が三、四人くらいはいると考えられる。すると、現在の日本には、経営者と呼ばれる人達が五〇〇万人もいることになる。

一方、日本の人口はおよそ一億二〇〇〇万人で、その半分は高齢者と未成年者だから、会社経営者となると半分の六〇〇〇万人の人達が対象となる。また、最近では女性の経営者も多いようだが、基本的には男性が多い、ということから考えると、そのまた半分の三〇〇〇万人しか経営者の対象はいないということになる。つまり極論を言えば、現在の日本では、およそ三〇人に一人が社長で、六人に一人が経営者ということになるのである。女性経営者におしかりを受けては困るので、経営者の対象を五〇〇〇万人としても、五〇人に一人が社長で、一〇人に一人が経営者ということになる。

そうなると、仮に、人込みの中で「社長！」と声をかけると、何人もの人達が振り返るほど、珍しくも何ともない職業なのだ。どこかのバーで社長の数を数えたら、ホステスより多かった、という笑えない話もある。希少価値で言うなら、いまわたしの地元の静岡にいる芸者さんは、わずか一二人で、社長などよりはるかに貴重な存在である。

これは、先代の社長が話してくれたことだが、昔、新橋の花柳界で「社長」といえば、日本郵船の社長ただ一人で、あとの社長は「イーさん」「ハーさん」「ウーさん」呼ばわりだったそうである。

大正の終わりから昭和の初期、日本で最も華やかな仕事で、お国のためになる仕事をしていたのが、日本郵船であった。当時の三菱重工のトップですら「社長」と呼んでもらえなかったという。

初代社長はわたしに、この話を通して、社会的に重要な役割を果たすような社長であれば、おのずと周囲から尊敬の念を抱かれ、だれからも「社長」と呼ばれるようになる、ということを教えてくれたと思っている。

社長が社長としての役割を果たして、周囲がそれを認めたときこそ、「社長は偉い」ということになるのだ。つまり役割意識に欠けている社長は、社長とは名ばかりの、しがない存在なのである。

会社の利益より高い車に乗って

若い経営者を指導していて、よくこんな乱暴な話をすることがある。

「利益を出していない経営者は、舗装の立派な表通りを歩く資格がない。でこぼこ道の裏通りをそっと歩いてほしい」と。

なぜなら、表通りの舗装は、どこでも税金でできている。表通りを大威張りで歩けるのは、それ相応の税金を納めているからだ。税金も払えない社長は、舗装も十分でない裏通りを歩くべきではないか。もしそれが嫌だったり悔しかったら、何がなんでも会社経営で大きな利益を出して、相応の税金を払い、大通りを大手を振って歩けるようになればいい。それが社長としての根性であり、誇りであり、「社長の地域社会への役割」なのである。

ところが現実はどうだろう。

会社の社会的責任がどうだこうだと言っている同じ口から、法人税は高いだの、不公平だのと言って、税金をできるだけ払わない工夫に血道を上げている社長も多いようだ。こういう社長に限って、自分の車にはおかねを惜しまないものだ。

実際には利益が五〇〇万円程度の経営で、七〇〇〇万円も一〇〇〇万円もする高級自動車を乗り回している社長が少なくないのである。だれがこんな社長を尊敬することができるのであろう。それでもって「自分は偉い」と思っているのだからどうにもならない。まして赤字会社のトップが派手な外車に乗っていたら、せめて自分の乗っている自動車と同額の利益ぐらい出してみろ、と言ってやりたいと思う。

そんなものにおかねを使うくらいなら、もっと社員の給料を上げたほうがまだよい。

社員からみて、「うちの社長はわれわれのことをよく考えてくれているな」という声が出てくるような努力をしたほうが、どれほど偉いかと思う。そして、そう言われるようになってはじめて、経営者が、「社員に対する役割」を果たしていると言えるのである。

何が社長の役割か

ズバリ申しあげて、社員に尊敬されていない社長ほど惨（みじ）めな存在はない。

部下に号令をかけても面従腹背（めんじゅうふくはい）、さっぱり意にそった動きにならない。絶えずどこかでカゲ口を言われているようで、自分の会社なのに居心地が悪い。社長自身は「こんなに一生懸命に事業をやっているのに、社員はなぜ分かってくれないのか」と悩み、毎日毎日、つらいつらい社長業を続けなければならない。

しかし、どうして尊敬されないのか、理由は簡単なことである。

その社長が、社長としての役割を、社員に対して全く果たしていないからである。

たとえば、社長の報酬が会社の利益より高い会社がある。

社長報酬が二〇〇〇万円で、会社の利益が一〇〇〇万円、というような会社である。実際のところ、このような例は案外多いようである。しかし多くの社員に安月給で我慢してもらい、関係者に無理を言って、ようやくあげた利益より、社長一人の取り分の方が多くて当然、というのは何かおかしい、変だ、と感じないのでは困る。社長として恥ずかしいことだ、と考えるべきではないだろうか。

このように考えてみると、社長は、企業経営に関わるすべてに、その役割をきっちり果たさなければならないのである。会社が日本にあれば、日本という国に対しての役割、事業をしている地域に対しての役割、販売店・金融機関・外注などの協力会社に対しての役割、社員に対しての役割、株主に対しての役割などのそれぞれの役割を果たしてこそ、社長は偉い存在となるのだ。

念のため申しあげるが、ここで偉いとか、立派といっても、社長の体面、格好のつけ方について述べているのではない。大事なことは、社長に課せられたこのような役割を果たすことが、自らの成功人生につながる、ということなのである。

言い換えれば、社長の役割意識に欠けた経営は、つかの間の繁栄はあっても、長い繁栄とはなりにくい、ということである。

事業の目先の採算に気をとられ、なんぼ儲かったか損したかだけで明け暮れてしまう社長が少なくないように思える。もちろん、これもまた事業経営のひとつのあり方には違いないし、創業時代には、目先の採算なくして事業の継続が考えられないのも確かだ。

しかし、もしわが社を、三年先に今よりもっと素晴らしい会社に、五年先、一〇年先には

さらに内容の濃いよいものに育てたいと願うなら、社長の役割意識というものを大事に大事

に考えて、正面から受け止めてもらいたいのである。

社長業を一生の仕事として選んだ以上、

社長の役割意識は、

「何のために会社を経営するのか」

「だれのために儲けるのか」

その根本のいきかたを決定するものであることを、まず心の底に刻んでおいてほしい。

2　一地方小売店の社長の野望

単車に乗り換えて業績急伸

D社の社長は、地元一番の酒類販売事業を、先代である父親から譲られ張り切っていた。「酒の小売は、旧態依然として進歩がない。わたしが引き継いだ以上、近代的な事業に生まれ変わらせてみせる」と。

ところが先代から引き継いで二年ほどたって、業績がふるわなくなってきたのである。困ってわたしのところに相談にみえた。

「いろいろ考えられる手を打ってきたつもりだが、マーケットが狭いのでこれ以上よくならない。おやじの事業はおやじの代で終わり、わたしはわたしで、別の成長事業を手掛けようと思うのだが」ということであったと思う。いろいろ本人にうかがって、こうアドバイスした。

「あなたは、いま赤字すれすれのご商売で、外車に乗り、マーケティングだ成長事業進出だとおっしゃる。しかしあなたがやるべきことは、今すぐ外車を売りはらい、前垂れ（まえだれ）をつけて自転車かせいぜい単車に乗って、お得意先へ配達に出掛けることだ。

それをなかなかできないのは、社員に〝社長〟と呼ばせているからだ。社長ではなく〝若旦那〟と呼ばせろ。社長では格好が悪いことも、若旦那ならできるはずだ。自転車で配達するようになったら、またいらっしゃい。その先の相談に喜んでのりましょう」と。

D社長は、期するところがあったのだろう、わたしのアドバイスどおりのことを実行した。そして社長が自分で配達に出てみると、今まで見えなかったことが見えてきた。ある古くからの料亭では、「若社長が顔を出したから言うが、ウチのほしい銘柄の酒をいくら頼んでも入れてくれない。先代のときは、一緒に試飲してこれはすぐ入れようと、話が早かったのに」との苦言である。その原因は自分の出した指令にあった。社長に就任してすぐに、商品在庫の合理化と称して、品数を大幅に削ったのだ。それを、お客の要望を無視して表面の数字だけでやってしまった。当時、幹部から反対の声があがったが、それは旧(ふる)い考え方だと一蹴(いっしゅう)してしまった。お客がいないのではない、お祭り経営で、お客を減らしていたことに気づいたのであった。一事が万事で、社員にも、仕入れ先にも、銀行にも、自分の思いつきを指示していただけではないのか、と大反省である。もし若旦那でなく社長のままでいたら、とゾッとしたという。

社長が若旦那となって、まず変わったのは社員であった。はっきり言ってウチの二代目には困ったものだ、といった態度から一転し、頼もしいリーダーとして受け入れ、活気がみなぎってきたのだ。業績はしだいに好転してきた。得意先からも、社長自ら配達する姿をみて、新しいお客を紹介してくれたり、今まで得られなかった他社の動向や売れ筋を教えてくれるところまで出てきたのである。マーケットは狭くても、お客が増え、売上利益がどんどん上がってきたのだ。

再び訪ねてきたD社長の顔つきは前とは違っていた。

「若旦那と社長の意味がこんなに違うとは、正直思ってもみなかった。社長の役割、というものを軽く考えていました。わたしには社長というのは一〇年早かったと恥じています。当面、若旦那業を精一杯務めますが、早く卒業して、本物の社長になるためにご指導ください」と。

そこには、社長の役割意識に目覚めた真摯（しんし）な姿があった。その後D社長は、年商一〇億円を目指す立派な経営者になっているのである。

E建設の業種転換

通称〝佐藤塾〟という勉強会がある。わたしが塾頭をつとめ、地元静岡市の熱心な若手経営者が集まって、長期計画を実践する会である。

E建設の専務が佐藤塾に入ってきた当時、彼の会社は年商五億円であった。専務の父親が社長で、失礼ながら旧い（ふるい）タイプの土建屋さんに典型の、毎晩、料亭で酒を飲みながら談合で仕事をとることが社長業と思い込んでいるような方であった。

息子のE専務は、なんとかこの旧い体質を打破したいと思っているが、おやじも頑固で、「経験不足のおまえに何が分かるというのか」と取り合ってくれない。時には親子ゲンカまでいくが、いつも腕力でねじ伏せられてしまう。頑固おやじに対抗するには、とにかく実績をつくらなくては、と悶々（もんもん）とする毎日が続いていた。あるときの勉強会で、わたしは、次のようにアドバイスした。

「いきなりゼネコンを目指しても、なれるわけがない。そうかといって、社内に設計部門だけおいて、あとは下請けをどう安く叩くかというのでは、ピンハネ屋だ。どうだろう、何か製造する、ものを造る、ということを考えては」と。ピンハネ屋とは、ひどいことを言ったものだ。それというのも、わたしを慕（した）ってくれて本当に真剣に勉強しているE専務に、わたしも本音から忠告したかったからである。まるで若いときのわたしをみる思いであった。

「体質を一新するために、自分のところでものを造る仕事をやれ」というテーマを、専務は考えて考えて、考え抜いた。あれはどうか、これはどうか、とわたしのところに持ち込むが、パッとしたものがなかなか見つからない日々が続いた。

頑固社長は、「そんなものがあれば、ワシがとっくに手掛けている。バカなことを考えていないで、お前もゼネコンの接待の勉強でもやれ」と白い目である。

しかし専務はあきらめなかった。そして遂に手掛かりをつかんだのである。旧来の工法では、冬場になると作業現場でコンクリートを流し込むと凍ってしまって仕事にならない。だから、オフとオンのシーズン差が極端でもしょうがないというのが業界の常識であった。そこで、コンクリートの柱を工場で造る仕事を考えついたのである。いわゆるプレコンの製造は、今では珍しいことではないが、当時大手でもようやく着手したころで、しかも地方ではだれも考えていなかった。

結論から言うと、これが大成功し、急激にE建設の体質を変えていったのだ。もちろん成功するまでにはさまざまな苦労も紆余曲折もあった。しかし、季節変動を解消し、設計部と工場が一体となってプレコンの規格統一を図るなどして、付加価値が飛躍的に向上し、もはや談合によるピンハネ屋などと呼ばれるいわれのない事業へと脱皮したのであった。さしもの頑固おやじも、息子の実績には兜を脱がざるをえなかった。やがてE専務は、父親の後を継いで社長に就任、プレコンによるアパートの建設の大手として、全国に商圏を広げ、会社をさらに大きく伸ばしていった。

現在のE建設は、売上高六〇〇億円を超え、毎年発表される申告所得ランキングで、ついにわたしの会社を追い抜いたのであるから、まさに「出藍の誉れ」というべきであろう。

自社ブランド開発で飛躍した食品問屋Y社

Y社は、現在売上三〇〇億円をあげる優良な食品問屋である。

ところがY社が佐藤塾に入った当時は、地元の老舗ではあるが、売上三〇億円の典型的な地方問屋にすぎなかった。しかも食品の問屋さんは数が多すぎて、「利益を減らしてもシェアをとる」ような過当競争が当たり前で、とにかく儲からない会社であった。

Y社長は、なんとかして儲かるようにしたい、と真剣であったが、過当競争に翻弄されて、突破口を見いだしかねていたのである。

わたしのアドバイスは次のようなものであった。

「ヨソから仕入れることばかり考えていてはだめだ。君の会社にとって、一番大事なことは、ヨソで売っていなくて、収益率の高い商品をもつことだ。それには自主開発商品を造ることだ。自前の商品をもたずに、この競争に飲み込まれていては、いずれ体力を消耗して、どこかに吸収される運命だぞ。将来のことを考えたら、とにかく考えてばかりいないで一度やってみることだ。何かないだろうか、ぐらいじゃ社長ではない。何がなんでも高収益商品の柱を築くんだと腹をくくれ。そうすれば執念が生まれてくる」と。

当時の地方問屋が、自社ブランド商品を開発することなど考えられない時代であったから、Y社長も当座は「そんな無茶な」という顔であったが、佐藤塾で経営数字を徹底的に鍛えられてもいたから、「このままでは近い将来、Y社は吸収合併で消滅する」というわたしの指摘が、単なる脅しではないことも分かっていた。

地方問屋としてふさわしい物は何か、Y社長の懸命な商品探しが始まった。その詳細は省くが、試行錯誤のすえ、土地の食材を活かして、弱小な問屋でも売れそうということで、わさびの入った振りかけということに決まった。

ようやく発売にこぎつけたY社の自主ブランド商品は、社長の不安をよそに注文殺到であった。利益率がこれまでの五倍ある新商品は、一年目にして売上一億円の大ヒットとなった。この新商品による一億円の売上は、従来商品五億円に匹敵する利益を稼いでくれたのであった。これを契機に、Y社の快進撃が始まり、今日の基礎を築いたのである。

Y社長が、今は思い出話として、「あのとき塾頭に、老舗もなにも、吸収されて無くなってしまうと脅されなければ踏み切れなかった。先を見通して手を打つことが社長の最重要な仕事だ、とやっとこのごろ分かるようになってきた」と、しみじみと語るのである。

家電量販店P社の野望

わたしも向こう意気の強さでは、人に負けないと思っていたが、P社の社長の鼻息には太刀打ちできなかった。P社長がわたしの塾に入りたいと訪ねてきたときのことである。

「先生、わたしは上場するために今の事業をやっている。上場の仕方を教えてほしい」と、いきなりのことだ。聞いてみると、地方で家電の量販店をやっており、親の代からの資産にものをいわせて、繁華街の中心部の適地を買いまくっているという。そこに自前の店を建てて、チェーン展開をして資産を増やし、売上を増やし上場させよう、という夢をとうとうと語ってくれた。

聞けば聞くほど、「ああ、これは昔の資産家のやり口そのままだな」と思われた。そこで、「あなたは大きな勘違いをしている。今のやり方だったら、せいぜいローカルの有力家電小売店、というのがせいぜいのところだ。将来もし本当に上場させたければ、借地・借家政策に切り替えることだ。そうでないと店を増やせなくなってしまう。店をムリに増やすと資金でつまずくことになる」と申しあげたのを覚えている。

社長の野望とその達成手段がちぐはぐなのだ。他人のわたしにすぐ分かるのに、本人は一向に気がついていなかったのである。

それからというもの、このP社長を塾に入れて鍛えに鍛えた。事業にとって資金力とはどういうものか、お金の回し方とは、会社の財務体質とはというように、事業資産の運用ノウハウはもちろんのこと、いかに効率よく多店舗展開をするか、同じ資金で幾通りものシミュレーションをやらせた。さらに、当時ようやく出はじめたロードサイド店の情報、それによる立地条件の変化など、異業種の仲間とも活発な情報交換のすえ、借地・借家でいくことに切り替え、五年間の長期計画で多店舗展開を実施していったのである。

現在P社は、店舗数一〇〇、売上四〇〇億円の規模に順調に発展し、念願の店頭上場を果たしたのである。

Jスポーツ社長の夢と現実

佐藤塾に入りたいと、J社長が訪ねてきた。

「今やっているスポーツ用品の小売事業を、わたしの代で何としても、売上一〇〇億円企業にし、上場させたい。それも店頭からではなくていきなり二部上場したい。佐藤塾の生徒に知人がいるが、しっかりと事業を伸ばしている。ぜひ仲間に入れてほしい」と。

Jさんは、当時、年商四〇億円の一地方スポーツ用品小売店の社長であったが、成長業界にいて毎年売上を三〇から五〇％も伸ばしていたから、大まじめである。そこで聞いてみた。

「年商一〇〇億円と上場を目指すというのは実に頼もしいが、今のご商売を上場するメリットは何ですか」と。

「それは、男として事業を興(おこ)し会社をつくった以上、一〇〇億の会社は区切りになるし、上場してはじめてたいしたものだと世間が認めてくれるのではないですか。一緒に創業した仲間だって、人生を賭けた甲斐があるっていうものです。それと、先生笑わないでください。本音を言うと、大金をつかんでみたい。創業者利潤を二〇～三〇億円はとりたい。大金持ちになって、好きなことを思う存分できるようになりたい」。素直になかなか欲張りなことを言う。そこで、こうたずねた。

「君の意気込みは買うが、上場するといっても、上場の条件は調べたのかな」

「いや、まだそんな先のことは具体的に考えたことがありません、夢みたいなものですから」

二部に上場するには一〇億円程度の利益を出すことが必要だ。当時、J社の利益は一億五〇〇〇万円ぐらいであったと思う。いきなり上場を現実的な目標とは考えられないのだろう。しかし、本当に心の底から上場を願うのなら、それではいけない。

「君はまだ若い。上場はまだまだ遠い先のことだと考えている。しかし、あっという間に社長人生は過ぎていくものだ。君の四〇代、五〇代、六〇代に、どう人生を過ごしているのか、君の理想の姿を思い浮かべてみなさい。その姿に少しでも近づくように、いま何ができるかを考えて確実に手を打つ、これが大事なことだ。

これから一〇年もたたないうちに五〇歳になる。あっという間に六〇歳になる。上場の準備を今から始めても早すぎるということはない。大金持ちになりたいという欲も否定することはない。大金を実際に動かすようになったら、あなたのお金についての考え方も変わってくるだろう。だからといって、今の素朴な動機を消すこともない。

本当に成し遂げたいことを、たとえば年商一〇〇億円でも、上場でも、心の底に強く強く念ずることだ。そして、長期にわたる実行計画を練って、少しでも前に進める。社長というものは、したたかでしつこい存在でないとだめだ。ただ念仏みたいに口先だけで唱えていても、前には絶対に進めないよ。わたしの塾で仲間が一生懸命にやっていることは、要は、社長としての**自分の夢の長期にわたる実現計画**なんだ」と。

J社長は、まず「年商一〇〇億円企業の実現」を目標に定めて、わたしの指導する長期計画の手順に沿って、その実現計画を練り始めた。すると、すぐに壁にぶち当たってしまったのだ。「先生、今のままでは、五年どころか一〇年たっても一〇〇億円にいきっこない。やはりスポーツの地方小売では無理なのだろうか」と、自分の夢と現実とのギャップに気がついて、まるで青菜に塩の状態であった。

これでいいのである。夢の実現の第一歩は、「現実を知る」ことなのだ。

創業してから無我夢中で事業を伸ばしてきて、「さあ、次は一〇〇億円企業だ」と野望を膨らませる。このエネルギーが大前提にないといけない。無鉄砲でもやんちゃでもかまわない。しかし、実現するためには、現状との差に社長が自分で気づかないと、とんでもない間違った方向に走りかねないのである。

これまでさまざまな会社の面倒をみてきて思うことは、社長は自分の会社の現実を意外なほどご存じない、ということである。

勉強会などで、ご参加の社長の夢と現実の差をつめていくと、「このままでは倒産してしまうことになる」とか、「業種転換しないと生き残れない」などと改めて驚かれる方が少なくないのだ。

さて、現実との差の大きさに気づいたJ社長が、次の打つ手を見つけるまでの詳細は省くが、「高収益商品の柱」を輸入に求めて、組み立てプールの輸入施工で売上を大きく伸ばすまでは、決して平坦な道ではなかった。現在は売上一五〇億円近くに達して、一〇〇億円を目指すという大きな夢を実現させ、次の大目標である上場準備に着々と向かっている。

「借金を返すだけ」の事業

D精機は、年商二〇億円、社員約一〇〇人の平均的な中小メーカーである。

当初は機械工具を造っていたが、四、五年前からOA機器の製造を始め、ここ数年、売上を順調に伸ばしてきた。D社長とは、業界も近いせいか、いろいろな会合で顔を合わせることも多く、彼が関西、わたしが東海と地域は違うが、気安く声を掛け合う仲であった。

ある会合で、D社長がいつになく真剣な顔で、次のようなことを言ってきた。

「佐藤さん、あなたの塾の生徒にしてくれないだろうか。このところ売上が順調に伸びているのにもかかわらず、利益が前年を割るようになってきた。その原因がよく分からなくて困っている。いっぺん俺の会社もみてほしい」と。

後日、D社長に経営資料をもってきてもらい検討してみたところ、なるほど売上は毎年一一％から一三％伸ばしているにもかかわらず、利益は逆に毎年一〇％から一五％落ち込んでいる。当然その分、経費が年々増えているが、特に、いわゆる金融費用の膨（ふく）らみが目立つ。ピンときてD社長にたずねてみた。

「Dさん、銀行におだてられて、要りもしない土地かなんか買ったんじゃないの」と聞くと、「実はそうなんだ。工場も手狭になってそろそろ建て直そうかと考えていたときに、ぴったりの用地を斡旋（あっせん）してくれて、金融の条件もよかったので、思い切って新工場を建てたんだ」と言う。長年の友人としてわたしは率直に、利益低下の直接の原因が分不相応の借金にあること、今後も利益回復の大きな足かせになることを説明して、「これから一〇年間は、借金を返すだけ、銀行のためにだけ、汗水垂（た）らして仕事をすることになるなあ」と申しあげた。

世の中の社長のなかには、長期の計画なしで大胆な決定をする方が少なくないが、うまくいけば先見の明だが、下手すると命取りになる大博打を打っているという自覚がないようにみえる。その意味で、D精機の例は、中小企業によくみられる典型的なパターンかもしれない。

そこで本書では、このD精機を長期計画作成のモデル会社としてとりあげて、実務の説明をしていこうと思う。(もちろん友人の会社でもあり、数値的には若干変えさせていただく)

その前に、本項をまとめておくことにしたい。

これまで、社長の役割と社長の夢や野望の接点について、六人の社長のケースを簡単にご紹介させていただいた。

言いたかったことは、会社が発展するかどうか、社長人生で成功するかどうかは、まず社長が自らの役割を自覚したうえで、長期の見通しで良いものを伸ばし悪いものから手を引く、つまり会社の将来がよくなるように方向を決定することが、社長の一番大切な役割、ということなのである。このことは業種・業態の違いや規模の大小には一切関係がない、ということを読者に知っておいていただきたかったからである。

考えてみれば、社長の役割について、また社長の夢の実現の方法について、わたしは、多くの先達から教えていただいたが、わたしの事業実践の中でもいやというほど知らされたことでもあった。

実はこの体験があるからこそ、現役の社長業をこなしながら、経営コンサルタントめいたことをやらせていただいているわけである。

そこで、次項以下で、これまでのわたしの町工場から株式上場までの実経験をかいつまんで述べてみよう。

3　零細企業の一〇年計画

総勢六人、一二坪の工場で創業

現在のスター精密は、一九四七年、わたしが二〇歳のときに産声(うぶごえ)をあげた。

そのきっかけは一通の手紙からであった。

当時、三菱重工にいたわたしは、知人の鈴木良一氏から「こんど静岡で仕事を始めたいが、佐藤君、三菱をやめて手伝ってくれないか」という手紙をいただいた。鈴木氏は、現在のシチズン時計の創業役員で、戦争中、同社が軍需部門に進出することに反対して退社、故郷の静岡に帰っていて終戦を迎えたのであった。わたしといえば、戦後の三菱重工が軍需産業から撤退したこともあり、ナベやカマを作っているような惨(みじ)めな状況であった。しかも東大卒や京大卒のエリートがごろごろしていて、わたしのような中卒は、機械の歯車どころかネジ一本にもならないような寂しさをつくづく味わっていたころであったから、一も二もなく、鈴木氏の申し出に飛びついたのである。

どんな事業を始めるのかと意気込むわたしに、これからの製造業のあり方として鈴木氏は次の三つの提言をした。

一つは、これからは材料をたくさん使う仕事はだめだ。日本は資源がないために戦争に負けたのだから、これからは材料の要らないような仕事をやるべきだ。

二つ目は、静岡という土地で仕事をする以上、お客さんは東京や名古屋や大阪中心だから、輸送コストのかからない仕事を選ぶべきだ。

三つ目は、当時、それまで抑圧されていた労働運動が一挙に吹き出していたことを踏まえて、これからは人を大勢使う仕事はだめだ、人を使わない仕事を考えないと大変だ、ということであった。

そこでわたしは、若さにまかせてあらゆる縁故を訪ね、さまざまな工場を見学し、この三条件に合う仕事を一生懸命に探し歩いた。しかし、なかなか思うようなものが見つからない。材料が少なくて輸送コストのかからないものというのは、小さなものと分かりきっているのだが、人を使わなくてすむというところでひっかかってしまう。カメラも時計も、当時は人海戦術で、女の子がずらっと並んで組み立てている仕事ばかりであった。

たまたま時計メーカーの工場を見学していて、奥の方の工場へいくと、今でいう自動旋盤(せんばん)が一〇〇台くらい並んで、数人の作業者が管理しながら小さな部品を作っていた。ああ、これだ、こういう小さな部品を自動的に加工する仕事だ、これなら三条件を満たす、ということで、早速、鈴木氏に報告した。

ところが鈴木氏はいい顔をしない。あとで分かったことだが、用意されていた資金は当時の金で五〇万円、自動旋盤の機械は一台二七万円もして、しかも最低限の規模でも五台は必要であったから、金が足りなかったのだ。あれこれ議論を重ねて、結局、五〇万円を担保に銀行から借り、中古の機械を譲ってもらって、間口三間、奥行四間、一二坪の木造平屋の建物を工場にして、とにもかくにもスタートしたのであった。工場を建てる材木も、少しでも安くあげるためにわたしが自転車にリヤカーをつけて、山の製材所から直接運んだものである。

三年後の一九五〇年、鈴木良一氏を初代社長に、わたしも発起人となって、株式会社スター製作所を設立、総勢六人の文字どおり零細企業の誕生となった。

自社の機械は自分で作れ

仕事は順調であった。当時の千代田光学（現コニカミノルタ）が最初のお客となってくれた。納品した部品は精度もよく納期も確実と好評で、注文が殺到してとてもさばき切れないほどであった。もっと機械を入れたかったが購入資金がなかなか貯まらない。夜もろくに寝ないでがむしゃらに仕事をした。そんなわたしをみて、友人がこう忠告してくれた。

「佐藤、どんなに一生懸命稼いでも、税務署がもっていってしまうから、儲けをためて機械を増やして会社を大きくするというのは、君の理想論にすぎない。ほどほどにしておかないと体を壊してしまうぞ」と。

そんな中、始めて五年くらいたったころだと思うが、鈴木社長が工場にやってきた。

「この資金で工作機械を買ってきて、自社で使う自動旋盤を自分で作りなさい」と、一〇万円のお金をわたしにくれた。

当時、旋盤一台が一〇万円はした時代の話である。それを一〇万円ですべて賄（まかな）えというのだ。ところがわたしも若かったせいか、素直に「はい」というわけで、中古機械屋さんを回って、真っ赤に焼けた旋盤とかフライス盤を四台買ってきて、工作機械作りを何とかスタートさせてしまったのである。

昼間、自動旋盤で部品の加工をやりながら、合間を見ては、フライス盤のサビ落としをしたり修繕をして使えるようにして、苦心に苦心を重ねて、一年がかりで一台の自動旋盤を仕上げたことを今でもはっきり記憶している。一台できると二台目は半年かからない。一台二台と自動旋盤を増やして、徐々に増産態勢を整えていった。

以来、スターの精密部品加工部門の設備は、自分のところですべて賄うことになったのである。そしてこのことは、現在の業績を大きく支える工作機械部門のルーツとなったのだから、何でも苦労はしてみるものだ。

下請けからの脱皮

自動旋盤の自製増設をしながら、部品下請けの仕事は順風満帆であった。社員も二〇人を超えるころであったと思う。鈴木社長がやってきて言うのには、

「佐藤君、これからは部品の下請けの時代じゃない。下請けをやっている限り会社は大きく成長しないよ。下請けをやめて何か考えなさい」

いくら仕事が順調といっても、吹けば飛ぶような小さな部品下請け工場である。お客様から図面をもらってきて、指示された値段で希望する精度のものを希望する納期に納めていくという完全な下請け仕事、それでもようやく息のつける状態になったというのに、いったい社長はどういうつもりなんだと、けげんな顔のわたしをみて、

「何もスターブランドの商品を作れ、ということじゃないんだ。小は小なりに大企業と対

等につきあう道があるはずだ。たとえネジ一本でもいいから、大企業ができない値段で、大企業に劣らない精度のものを作れば、大企業のほうから頭を下げて買いにくるはずだ。そういうものを手掛けなさい」との指示である。

そのためには、まず作るものを決めなければならない。何がいいのか、いろいろな方面に相談して、あれこれ考えても考えても、絞り切れない。これまで先方の指定した品物を作るだけでよかったのだから、自分で商品を探すということがこれほど難しいものだとは、思ってもみなかったのである。

あるとき、ぎゅうぎゅうづめの電車を降りる際に、腕時計のゼンマイを巻く心棒が引っ掛かって折れてしまうことが多い、この心棒の消耗が一番激しいという話をうかがって、そうか、これでいこうということになった。早速、自分なりに専用機を設計して、サンプルを作って時計メーカーに「こういうもんができたんですが、ご下命いただけませんか」と持ち歩いたのである。

このとき思い知らされたのは、零細下請けメーカーの開発部品などだれも見向きもしない、ということであった。本当に鼻の先で笑われて、ろくに話も聞いてもらえない状態であった。しょうがないから時計の修理屋さんに、一グロスとか二グロスおいてもらう、という情けない結果に終わっていた。

事業の成功には運というものを無視できない、とわたしは思っている。後でこのことは、まとめて触れるが、このとき、わたしに大きな運が訪れた。東洋時計（現オリエント時計）からの引き合いである。大きなストライキが発生し、部品の製造がとまってしまった。部品のサンプルを持って至急会社にきてほしい、ということで喜び勇んで持ち込んだ。部品を見た工場長は、意外に精度がいいじゃないか、これなら足りない分を入れてほしい、と臨時ながら採用が決まったのである。一、二カ月してストライキが収まっても、「ストの時にスターに助けてもらって、それだけでおしまいではかわいそうだ。少しでもいいから買ってあげなさい」ということで、正式に採用されることになったのである。

そうなるとウソも方便、シチズンさんへ行きセイコーさんへ行って、東洋時計さんのゼンマイを巻く心棒はウチの製品を全面的に採用してくれました、と売り込んだ。それなら検討してみよう、安いのに精度はいい、ということになって、大きな道が開けてきたのである。

それ以降三〇年たって、国産腕時計の七〇％は、スターの心棒を使っていただいている。それで味をしめ時計のネジに目をつけて、専門工場をつくり、同じような考え方でいろいろやってきて、これも現在、日本の七〇％のシェアを頂戴している。

鈴木社長が指示した、脱下請けを目指し、ネジ一本でもいいから、言いかたは失礼だが、大企業が頭を下げて買いにきてくれるものを作ることが実現したのである。

現在この精密部品部門は年間約一〇〇億円、これで営業マンは一人もいない。お客様から三カ月前に注文書をいただいて、支払いは郵便送金、となれば、営業マンはいらないことになるわけだ。それというのも、大企業がどう逆立ちしてもできないような値段で、大企業に劣らない品質のものを作る態勢があるからだ。

鈴木社長が、創業間もなくのころから口癖のように、「佐藤君、原価というものは材料費まで下がる。人件費だ金利だと経費はほかにもかかるが、とことん突き詰めれば、ものの原価は材料費まで下がる、これは製造に携わる者の執念だ。この気持ちがなかったら製造業をやめろ」と話してくれた。ネジは一個三五銭、高いものでも一円である。それでいて、材料を削ったり焼き入れしたり、頭をぴかぴかに磨いたり、数を勘定したり、そういう品物なのだ。これを徹底的に合理化して、コストダウンにコストダウンを重ねて、創業から一度も値上げせずに、やってきたわけである。

いまネジの工場は、完全無人化である。土曜も日曜も、深夜も、人気のない工場で機械が黙々とネジを作っている。原価が限りなく材料費に近づいているわけである。

中小企業の世界進出

会社を設立して一〇年ほどたったころだと思う。また鈴木社長が突飛なことを言いだした。「佐藤君、これからの製造業は輸出しなければだめだ。日本の国内のお客さんだけを相手にしていたんでは伸びない。輸出を考えろ」と。

社長の言わんとすることは、分からないではないが、社員だれ一人英語の分かるものなどいない。それに、脱下請けの宿題に一生懸命のころだ、そのうち考えますということで、適当に返事をしておいた。当時は池田内閣の所得倍増論で、作ればいくらでも国内で売れた時代である。中小メーカーで海外輸出を考えているところなど、わたしの周りには見当たらなかった。ところが社長は、わたしの顔を見れば、「おい、輸出のほうはどうなった」「佐藤君、輸出の準備はできたか」と、しつこかった。

あまりにうるさく言われるので、工作機械の中でもごく簡単な単能機と、時計やカメラの部品を英文のカタログにして、それを持って、少数のスタッフと世界一周の旅にでかけたのが、一九六二年のことであった。なんとそのときに、イギリスの会社がその単能機の工作機械を一台買ってくれたのだ。翌年には中国、フランス、翌々年には香港と輸出先が確実に増えていき、現在では、七〇〇億円の売上のうち七〇%を輸出で占めるまでになったのである。

その間、世界八カ所に一〇〇％出資の販売会社を設立し、直販態勢とサービス態勢を整え、海外に生産拠点も持って、円高デメリットをヘッジするなどして、国内ではあまり儲からなくても、輸出で利益をあげる会社となっている。

それというのも、当時まだ輸出というものに関心の薄かった時代から、いち早く輸出を志向して、手を打ってきたからではないか。鈴木社長の人並みはずれた先見の明のおかげだと、つくづく感じ入るしかない。

社長は「会社の方向づけ」をする人である

最初の輸出ができて三年後の一九六五年に、頼りにしていた鈴木社長が逝去された。

実は鈴木社長がもともとご病弱であったことや、本業として時計の卸業をされていたことから、スターの方は非常勤の社長であった。わたしは専務という肩書で、月に一度か二度出社する社長の指示で会社を動かしていたわけである。

だから、社長が重い病気に伏したとき、いよいよオレが社長をやらなければならないか、と心中、覚悟するところがあった。

ところがお葬式のときになって、鈴木社長との思い出を走馬灯のように思い出しているうちに、はっと気がついた。
「俺が社長の役割を果たすには、まだまだ力足らずだ」と。
この会社を始めるとき、材料がいらない、輸送コストがかからない、人がいらない、という三つの条件をだして、その後の事業の基本方向を決定づけたのは社長であった。零細企業が事業を始めるときに、これからの日本は、これからの製造業は、地域のハンディは、というような見地から仕事を始めた経営者が何人いただろうか。わたしは社長のこの具体的な方向づけがあったからこそ、自動旋盤による精密部品加工という事業を見つけることができたのであった。

その後も、社長が会社にたまに顔を出すと、まだ零細企業の段階から、自社で使う機械は自社で一番効率よく作れ、これからは脱下請けだ、中小企業の生きる道は専門化だ、輸出化だと、いち早く会社の進むべき方向を見抜いて、まだ何も気づいていないわたしに、そのつど的確な方針を示してくれた。

確かにわたしは、スターの社員と資金の力を最大有効に結集して、社長の出した方針を実現することには長けていたと思う。社員も三〇〇人を超え、肩書は専務ながら社長と変わらぬ仕事をこなしてきたと、多少の自負もあった。しかし、わたしに鈴木社長のような高い次元からの事業決定ができるだろうか。鈴木社長は非常勤ではあったが、社長としての一番大事な役割を決して外さなかった。それは、会社を発展させるための、「**会社の方向づけ**」を的確に指示してくれたことである。

結局、先代社長のお葬式の夜まで、わたしは「**社長の最大の役割が何か**」という肝心なことについて、まるきり考えていなかったことに気がついたのであった。

事業経営にとって、一番大事なことは、会社の方向づけなのだ。社長の仕事として、会社の方向づけほど大事なものはない。わたしは、専務の仕事では合格点かもしれないが、社長の最大の仕事では零点だ、と思い知ったのだ。そうなると、スターにとってわたしが社長に就くことは間違いだ、よくない、だれか社長にふさわしい人をよそからお迎えしようと決心した。

そこで、資本の関係もあったシチズン時計の山田社長にご相談したわけである。

「半年に一度でいいから、わが社に来ていただいて、われわれの経営の方向づけが間違っていないかだけをチェックしていただきたいのです。うちの社長を引き受けていただけませんでしょうか。お金の心配のようなことは一切ご迷惑をかけませんから」

最初はけんもほろろに断られた。当たり前である。かたや大会社の社長、われわれは、その部品屋にすぎない。三顧の礼、というが十顧も二十顧もして、「いまスターに必要なことは、将来に対する方向づけだが、わたしにその能力がない。一言でもよいのでアドバイスいただきたい」とお願いした。

とうとう山田社長が根負けされ、「君に自信がつくまで、年二回、中間と本決算の役員会に出席するだけだよ」という約束で、わが社の社長就任をお受けいただいたのである。

業種転換しないとつぶれる

「おい、スターはこのままいくとつぶれるぞ」

山田社長が就任して二回目の役員会のときである。社長から「つぶれるぞ」と、いきなりの話だ。当時、利益が一億円以上でていて、地元の合理化モデル工場の第一号に指定され、少なくとも「つぶれるぞ」などと言われる覚えはなかった。

「これからはエレクトロニクスの時代だ。時計の業界も例外じゃない。将来は、時間を針じゃなくて数字で直接知る時代になる。歯車やネジなんかなくなってしまうんだ。ネジや心棒の部品やその工作機械なんか時代遅れになってしまうんだぞ。早く業種転換しなさい」とアドバイスされても、仕事は順調だし、実のところピンとこなかったのである。

ところが半年後の役員会でも、

「佐藤さん、業種転換の案はできましたか」

「いや、まだできてませんが」

「急ぎなさいよ、本当に大変なことになりますよ。ほかのことは、どうでもいいんだ」

と、山田社長は、今にでも商売がだめになる、というようである。


本当のところ、何をやっていいか分からなかった。山田社長はシチズンという大会社のトップでもあるから、われわれの知りえない世界の最新情報も、いち早くつかむことができる。そのうえでのアドバイスなのだから、何とかしたいのだが、動きようがなかったのだ。


もやもやとして気のはれない毎日が続いていたある日、会社の運命を決定するような電話が、自宅にかかってきた。

「佐藤さんのお宅ですか、シャープの佐々木と申します。お宅の会社はなにか小さなものを非常に安く作るということで定評がある会社だ、とお聞きしたんです。ぜひ工場を見せていただけませんか」


日本ではじめて電卓を開発され、シャープ技術陣の総帥（そうすい）であった佐々木専務（当時）からの電話であった。日曜日の午後であったが、これから工場を見学したい、というのである。

わたしに何か感ずるところがあったのであろうか、どうぞどうぞ、ということで静岡駅に出迎え、工場へご案内した。社員はだれもいなかったが、無人工場で時計のネジを加工しているところを見ていただいたのである。

「ネジというものは、旋盤で何ミクロンという精度で削って、焼き入れ焼き戻しをして、ネジの頭をダイヤモンドの粉で顔が映るぐらいに磨くんです。そして錆びないようにメッキをかける。それを一グロスなり一ダースずつ袋に入れて納める。それで一個三五銭から、一番複雑な大きいもので一円なんですよ。それでもやっていけるように、このように徹底して合理化してきたんです」。時計業界でずっと飯を食ってきたわたしは、シャープといえばだれも知らない人のいない大会社の専務であっても、他業界の人という気楽さもあったから、どうです、すごいでしょうと、多少自慢めいて説明したのだ。

同じものを倍に売れる世界がある

佐々木専務は目を丸くされて、「ミクロンの精度のものを、これだけの工程をかけて、一個三五銭とは、とても信じられない安さだ。よくやっていけますね」と驚かれた。

「信じられない安さだ」と聞いて、今度はわたしが目を丸くした。

精密業界では、ネジ一本三五銭を、「信じられない安さ」と言われたことはただの一度もなかった。まだ高い、あと五厘、せめて二厘下げろと。一銭下げろじゃない、厘の単位の細かな値引き交渉を毎年のように続けてきたのだ。創業以来、一度も値上げしないでやってきた、と前に述べたが、値上げしようにもできなかったというのが本当のところだった。それでも儲かる会社にしたのだから、まんざらでもないと思っていたのだ。

ところが家電業界からみると、これだけの精度の部品が三五銭とは、信じられない安さだという。この大きな差は、一体どういうことだろう。頭から水をぶっかけられた気がしたのである。

「おれは精密技術を、なんで精密業界にだけ売っていたのだろう。よそには同じものを倍にも売れる世界があるかもしれない」と、よその業界の人に工場を見てもらって、はじめて教えられたのだ。わたしはこの佐々木専務との出会いの日を忘れることができない。わが社の現在を築く、大きな、強い運をもたらしたからである。これも山田社長の将来を見通した「方向づけ」があったからこそ、と思う。

「わが社の技術を、エレクトロニクス業界に売ったらどうか」

山田社長の宿題であった、業種転換の糸口がようやく見えてきたのであった。

早速、シャープの技術のスタッフに工場を見てもらい、「何か利用できる技術がありましたら、何でもご下命ください」とお願いした。同時に、地元にある日立製作所の工場にも売り込みにいった。すると、世界一小さいテープレコーダーの共同開発、ビデオデッキのローターシャフトの共同開発というように、次々に引き合いが出てきたのである。

ところが当時のスターには電気の技術屋が一人もいない。ネジの加工一本でやってきたのだから当たり前だ。

そこで佐々木専務の豊富な人脈にすがって、一人、二人とご紹介いただいて、エレクトロニクスと機械の結合、メカトロニクスに対応できる態勢を整えていった。折からベンチャーブームで、大企業の優秀な技術屋さんがスピンオフして研究所を創設する例が多かったことも幸いした。われわれが独立に協力して、そのかわり若い社員を四、五人ずつ出向させてもらい、鍛えてもらった。こうして急速にスターの体質を変えていったのである。

そこから、以前のスターでは想像もつかない新しい分野の商品が、続々と登場するようになった。世界最小のテープレコーダー、世界初のポータブルプリンターつき電卓、トランジスター回路を使ったマイクロブザー等である。そうなると時計部門でも、世界最小の超小型クロックムーブメントを開発、海外専門紙にもとりあげられ、ヒット商品となった。どれも一個何銭、何円どころか、一〇〇〇倍、一万倍で売れるものだ。

そして一九八〇年代に入って、とうとうわが社の新しい孝行息子が生まれた。このころはパソコン時代の幕開けであった。かねてから着手していたパソコン用のプリンターの生産販売を開始するや売れに売れて、電子部門の売上を前年の四〇％も押し上げ、全社の五〇％を超えたのである。翌年も対前年三一％増の大ヒット商品となり、現在、メカトロニクス分野の売上が全社の七〇％を占める主力となったのである。

その後山田社長には、何だかんだといいながら結局、六年間社長を続けていただき、一九八一年にわたしに引き継がれることになった。いつのまにか社員も一〇〇〇人を超え、一九八一年に名古屋証券取引所に上場、一九九〇年には東京証券取引所第一部に上場して、今日に至っている。

長々とわたしの経験を述べてきた。

ここでわたしが読者にお伝えしたいことは、ご推察いただけると思う。

社長にとって最大の役割は、会社の方向づけにある、この一点なのだ。

会社は永続的に繁栄しなければならない。そのためには社長という仕事に課せられた役割意識の重要さもこの章のはじめに述べてきた。

その社長の役割としてとりわけ重要なものが、「会社を発展させるための将来の方向づけ」であることを、徹底してご理解いただきたいのである。

零細企業の一〇年計画

ここで別の観点から、わたしの体験をまとめてみたい。

それは、本書のテーマである「長期計画」への取り組み、ということである。二人の素晴らしい社長から、**社長の方向づけの「計画的な実践」**ということも徹底して教えられたのであった。

戦後間もなくの特殊事情があったとはいえ、大会社で中卒技術者の限界を感じて、「思う存分、伸び伸びと好きなことをやってみたい」という極めて素朴な、野望とはいえない動機から創業に参画し、無我夢中で仕事をしてきたことは前にも触れたとおりである。

先代の社長も二代目の社長も、「これからかくあるべき」と長期の方針を出すと、社長の手帳に「何日の何時の役員会で、わたしの指示に佐藤君はこう返事した」とメモをして、その後会うたびに、あのときの話はどう進展しているか、どんな手を打っているのか、と聞いてくるのであった。

わたしがいい加減な返事でもしようものなら、「何を言っているか、君はこうこう返事しているではないか」と、言い逃れができない。まだ二〇代のころから、五年先、一〇年先の漠然（ばくぜん）としたテーマ（当時のわたしには、何がなんだか分からないようなものであった）を指示されて、やいのやいのと、せかされるわけだ。中卒で何の知識もないわたしである、目先の仕事をこなすだけでも精一杯、先のことなどどうでもよいじゃないか、社長もイジが悪いよというのが、当初の正直な気持ちであった。

ところが社長は手をゆるめてくれないのである。

「まだ佐藤君は分かっていない。目先の利益も大事だが、将来の利益の方がもっと大切なのだ。君はまだ若いが四〇歳、五〇歳になって会社が落ち目になったら、何のために事業を続けたのかということになってしまう。一〇年先の目標をしっかり見据（す）えて、いま何をやるかということでないとだめだ」と。

もちろん、当時のわたしにだって将来の夢も野望もあった。将来ボロ会社にするために頑張るバカはいない。見様見真似（みようみまね）で、三年先、五年先、一〇年先の目標を設定して、計画的に実践するクセを、しだいに身につけていったのである。

町工場の、**零細企業の一〇年計画**は、こうして生まれたわけである。

当初は、よく分からないままに長期の目標を設定されて、いまの会社の資金力とか人材とか販売力でどう実現していくか、盲点はないか、しゃにむに実践していくうちに見えなかったものが見えてくる。実践のスピードもあがり、いつしか目標をクリアしていたことに気がつくのであった。

もしこの長期目標がなかったら、旧来の仕事をこつこつ続けるだけしかなく、「何でこのごろは儲からなくなったのか、うまくいかないのか」と、落ち目の商売に今ごろになって、がっくりきていただろう。将来の経営目標を決めて今の商売を何とかそれに近づけることこそ、おれの仕事だ、と自覚するようになったわけである。

社長から、次の大きな方向づけが出されるたびに、一〇年計画に新たな修正がなされる。これの繰り返しを年々行っていくうちに、いつしか「今度は社長がこう言ってくるに違いない」とおおかたの予測がつくようになった。「どう手を打っていけば五年後、一〇年後も繁盛しているのか」を考えることが、習い性となっていた。

そうすると、お得意先の方と雑談していても、相手のちょっとした一言が耳に残るようになった。新聞に目を通していても、よその業界のニュースも気になる。町の雑踏の中でも、飲み屋のカウンターでも、今までは目にも耳にも入ってこなかったもの、一般の庶民やエリートの暮らしぶりや流行や話題も気になった。海外との取引が増えるにしたがって、国内だけでなくよその国の気になる情報も、どんどん耳に入るようになっていった。わたしの中の事業や商売のアンテナが次第に感度の強い、広範なものに強化されていったようだ。

試行錯誤の繰り返しの過程で、やがて一〇年先は想像つかなくても、二〜三年先ぐらいならどう動くのか予測できるようになっていたのである。つまり、できの良くないワタシにも、少しは先の見通しがつくようになっていた。

社長は長期のソロバンで考える

わたしが社長になってからの最初の方向づけは、電子クロックからの撤退であった。電子クロックはプリンターが出る前の花形商品で、電子機器部門の主力を占めていた。ところが、クロックという商品は、将来は日本ではなくて、もっと賃金の安い国でやる仕事になる、という情報が入った。

わたしは直感的に撤退すべきだと判断した。もちろんその裏づけ調査もやったが、判断に迷いはなかった。そして早い時期に余裕をもって時間をかけて撤退したから、債務は残らなかったのである。大体、撤退となると、最後にデッドストックが残って、投げ売りで大きな損が出るものだ。ところが最後に残った金型まで台湾に売って利益を出すというように、結果としては実に手際のよいことになった。

もちろん売上は大幅に減少した。実のところ、一九八四年をピークに五年間減りつづけたのだ。これは創業以来初めてのことであった。しかし売上の長期減少は経営計画に織り込み済みのことであった。万全の準備をして、意図的に時間をかけて撤退したからだ。次のプリンターを主力にすえて、衰退商品はたとえ比重が高くても、いや比重が高いからこそ思い切った切り捨てをやる、と腹に決めていたので、「スターは一体どうなっているんだ」という雑音も気にしないようにした。五年後、一〇年後の高収益態勢実現のためには、何としても商品構造を切り替える、これは信念というより、もはや執念といってよかった。

それというのも、将来を見越して、自分の仕事の中でこれから悪くなっていくものを捨て、良くなっていくものを育てるという経営原則を、二人の社長から徹底して教え込まれていた賜物(たまもの)である。

このように、スターはこの四〇数年の間、一本調子で伸びてきたわけでは、決してない。円高で揺すぶられ、パソコン不況でやられと、業績の変動の繰り返しであった。現在だって、一ドル一〇〇円の嵐が吹いている。

しかし業績が落ちたときに、必ず長期計画を手直しする。そして落ちた原因をどうカバーするかという長期プランを立てれば、一、二年で、どんなに悪くても四、五年で必ず回復している。だめなものはだめだから思い切る。いいものはどんなことをしてでも伸ばす。それも目先の採算ではなく、長期の採算でやる。この点が大事ではなかろうか。

何事も長期のソロバンで考えることができるようになると、経営はあまり難しくない、というのが不遜(ふそん)であれば、要らない不安がない、ということになる。

一〇年計画を立てはじめたころは、周りの経営者から、「一年先のことも分からないのに「数字や理屈で経営できれば苦労はない」と、笑われたものである。なにしろ社員一〇人、二〇人の会社のころである。まして工場の油にまみれた若僧のやることだ。笑われて当然であったかもしれない。

しかしながらスターの歩みを後から振り返ると、おおよそ一〇年ごとに大きな転換期を迎え、それを長期のソロバンで乗り越えて、育っていったように思うのである。

社長は、一年のうちで数回しか顔を出さないが、会社の将来への大きな方針を出す。専務のわたしがその実行計画を考えて実践した、この社長と専務のコンビネーションは、また、会社の仕組みとして、**社長と専務の分業態勢の確立**、ということでもあった。

4　社長の仕事と専務の仕事

立派な社長と立派な専務

企業経営というものは、方向づけが決まれば、それでよいというものではない。その方向づけをどうやって具体的に実現していくかという計画・執行の二つがそろっていないとだめである。

ただ方向づけしただけで、ちょうちん上げて騒いでいるのでは、〝お祭り〟に終わってしまう。経営というものは、〝お祭り〟であっては絶対にならないのだ。

どの社長にお会いしても、「俺の会社を一〇年後に上場させる」、「国際化に対応して三年後にアメリカに支店、五年後にはヨーロッパにも支店をつくる」とか「これからの情報化時代に先駆けて、マルチメディア関連に進出して、五年後には一〇億円の利益を稼ぐ」というような長期構想を皆さんおもちになっている。その構想やよし、である。

ところが、本当にできるかという理論的な裏づけがされたものは、実に少ないのである。まことに失礼ながら、それらは、ただ社長の願望だけ述べたものや、もしそのまま実行すると、たちまち資金ショートするようなものがほとんどなのだ。まさに絵に描いた餅にすぎない〝お祭り構想〟なのである。

社長の人生をかけた野望や夢を、単なるお祭り構想に終わらせていいわけがない、と思うのである。だから、お祭り構想を耳にすると、つい毒づいてしまう。

実は、わたしは日本全国の青年会議所から嫌われものになっているらしい。

なぜかというと、「青年会議所はお祭りの組合だ」とあちこちで悪口を言っているからだ。確かに青年会議所のメンバーの方々の発想そのものはすばらしい。頭も柔らかいし、知識の吸収力も旺盛だ。しかし、実行力がおよそない。

お祭りのプランだけを立てて、実行は人任せの印象がどうしても強く残ってしまうのだ。〝お祭り〟だけでは経営にならない。それでつい言わずもがなの悪口を言ってしまうことになる。

社長の本当の仕事は、五年に一度か、一〇年に一度、確かな方向づけを出せばよい。しかし、その方向づけにそって、実現計画を練り、執行管理していく責任者が企業経営にはどうしても必要なのである。これは経営の原則といってよい。

自社の人材、販売力、資金力、商圏などを活用して、どうやって社長の出した方向づけを効率的に、無駄なく実現していくか。その具体的な手の打ち方について検討してみなければならない。

設備は現状のままでいけるのか、売上が増えていけば運転資金が増える。銀行から借り入れると金利が増えるが対応できるか、さまざまな観点から経営計画を練りに練って、チェックして、時には方向是正をしながら執行管理する部門がなくては、企業経営は成り立たない。

通常、その執行部の責任者が専務や常務である。言い換えれば、**よい会社には立派な社長とともに立派な専務・常務が必要なのだ**。わたしの場合は、良い社長に恵まれてはいたが、実行責任者としてわたしが良い専務になるよう鍛えられたと言えなくはない。

ところが、大企業ならいざ知らず、一般の会社で、立派な社長も専務もそろっているところなど、実際にはあまりお目にかかれない。

社長の意図を確実に実現してくれるような専務は、どこの会社でもノドから手が出るほどほしい。しかし、そんな都合のいい人材など、中小の会社にはいない、というのが現実なのである。

午前は社長の仕事、午後は専務の仕事を兼務

優秀な専務など当面望めない。とすれば、社長一人でやる以外にない。いないからやらない、できないでは済まされないのである。企業経営に逃げ道は絶対にないのだ。

逃げ道がない以上、もし一人で二役こなさなければならないとしたら、社長の仕事を午前中やって、午後は専務の仕事をこなすことである。あるいは一週間のうち一日だけ社長の仕事をやり、六日は専務の仕事をやるのである。

つまり意図的に社長の頭と専務の頭の切り替えをやるのだ。

「そんな器用なことはできない」というのは逃げ口上である。論より証拠、わたしが関わっている佐藤塾の若手経営者も、最初のうちは悲鳴を上げていたが、しだいに頭の切り替えが上手になって、一人二役が板についてくる。

現在の時点で、もし優秀な専務役がいなければ、当面、社長は、単にユメを語るだけでなく、計画・実行の人としてユメの実現策を逃げないで考え抜くことが肝心なのだ。

そして、両方の仕事に強くなる秘訣は、何といっても長期計画の実践である。

社長として将来の会社の方向を定め、次に専務として、その実行プランもまた社長が練る

のだ。そして一週間のうち六日は専務業に徹する。このように一人二役で長期計画を実践していくことは、思わぬ波及効果をもたらしてくれる。

まず当然ながら、「お祭り経営」を脱することができる。

また社長の野望とか夢が、実行プランを立てて実践することによって、より実現に近づくとともに、その過程で社長の視野が広がり、先見力が養われ、長期のソロバンに強くなっていく。

一方、専務業を兼務でこなしていくうちに、目先の確実なソロバンに強くなり、事業推進の手腕が養われ、部下の指導・育成にも長けてくる。

社長が専務の仕事を兼務することによって、自分では気づかないうちに、社長と専務のそれぞれの仕事のポイントに習熟してくるようになるのだ。

こうなると社長に、はっきりとした方向づけと具体的な実現策があるから、部下への指示の仕方もフォローも、これまでとはまるで違ってくる。やがて部下の中から優秀な専務候補がいつの間にか育ってくるのである。ここに、念願であった優秀な社長と優秀な専務がそろってくることになる。中小の会社では、このような取り組み方が案外大事なのではないか。

ある勉強会で、この「社長の仕事と専務の仕事」の話をしていたところ、

「専務の仕事は、わたしにもこなす自信がある。しかし先を見通して会社の方向づけをする社長の肝心な仕事には自信がもてない。どうしたらよいか」と、現役の社長さんからのご質問である。わたしは、

「とにかく、このスター式の長期計画を立てて、実践してみることですよ。社長さんの夢がどのようなものかお聞きしていないのでわたしには分からないが、漠然（ばくぜん）としていてもいいから、それを実現させるために長期の実行計画をとりあえず作ってみることです。

それを人の面から、お金の面から、設備の面から検討していくと、ザーッとチェックしただけで、今の仕事だけでは夢の実現ができないというように、会社の方向づけの重要ヒントがいくつも出てきます。そのように私の長期計画は手順を組んでいるんです。そして目先のソロバンでなく長期のソロバンでわが社を見直してみるだけで、手掛かりがいくつも発見できるものです。

そのうえで社長の能力不足を補うブレーンを外部に求めることも考える。

世の中には、自分より先見性に優れた人が大勢いる。同業の人、学者や専門家や経営コンサルタント、こういう方をブレーンとして求めるのも一つの解決策です。わたしだって、居酒屋で一杯飲ませてくれたら、喜んでお手伝いします。しかし、まず長期計画を立ててから

ですよ」と、お答えした。

とにかく、ごちゃごちゃ言い訳しないで、長期計画を実践することである。最初から完璧なものを、と力むからいけない。だれの会社でもない。自分の会社のことなのだ。自分の会社の将来をどうしたいか、ということはだれにでも描けるはずだ。

それをあらゆる経営の問題から突っ込んでみて、大ざっぱでもいいから、わが社にとって一番いいやり方を見つけて、実現可能なものにまで煮詰めたときに、はじめてそれが長期経営計画といえるのである。絵に描いた餅ではないものを作って実践してみることからすべてが始まるのだ。

そのうちに社長業が楽しくて楽しくてたまらないものになるはずだ。こんなにやり甲斐のある仕事はない、生まれ変わってもまた社長をやりたい、とおっしゃるようになる。

まさにこのような社長人生をおくっていただくことを念じて、長期計画の具体的な手順と計画化の私なりの実践ノウハウを本書にまとめたのである。

長期計画は、社長という仕事を天職とするものにとって、実は、自分自身の人生設計にほかならないのである。

第二章
経営の本質

事業経営を、いくらのお金を使っていくら儲けたか、という最も単純な形で考えてみると、経営の本質が見えてくる。

結論からいうと、事業経営の本質は付加価値の分配にあり、と社長は考えるべきである。会社の利益が、売上から経費を差し引いて得られるという考え方は、経理のものであって社長の考え方ではない。社長は、売上ではなくて、付加価値を中心にして経営を考えなければならない。

高付加価値経営こそ、これからの経営の主眼である。いかに高い付加価値を生み出すか、そしてその生み出した付加価値を、一〇の部門に、どうバランスよく分配するかが、経営の要諦となるのである。

1　社長業は楽しく簡単でなければならない

事業経営を難しいものにしてはいけない

「社長業というのは全く割りの合わない商売だ」と言う経営者がいる。

一般の人々からは、社長になればおかねが自由になり、立派な車に乗って威張っていられるといったように、羨望(せんぼう)の念をもって見られがちだが、実際に社長業にたずさわってみれば、割りが合う仕事じゃないと感じることが結構あるものだ。

たとえば、社長は社員に給料を支払わなければならない。これは立場上当然のことだが、ただ自分としては精一杯、一生懸命給料を支払ったつもりでいても、「ケチな社長だ」「ベースアップが少ない」などと文句を言われたりする。次の主力事業は何か、夜中に目がさえて寝床であれこれ考え、まんじりともしなかったことを部下に黙って、彼らの言うことを聞いていると、ある幹部は昨夜はゴルフの衛星中継を見たから寝不足だ、またある幹部は接待で遅くなって寝不足だなどと能天気なことを言っている。俺だって、たまには君たちのように気楽な立場に回りたい、まったく社長なんて割りに合わない仕事だと。

だが、一方で、社長ぐらい楽しくてわくわくする仕事はない、と思ったことのない社長もまた、いないはずだ。

事業経営の最高責任者である社長にとって、時には、やり甲斐があってこれほど楽しい仕事はないと感じてみたり、時には、逆に割りの合わない厳しい仕事だと感じたり、だれでもこの両面をもっているのが現実であろう。わたしとて例外ではない。

しかし、どうせ社長業をやるなら、楽しくてわくわくする時間が多いほうがいいに決まっている。諸々(もろもろ)の割りの合わなさを超越して社長業に徹し、自分の夢を実現できたら、それに越したことはないだろう。

そのためには次の二つのことが重要だ。

一つは、社長の役割をきちっと果たすことである。前章で述べたような社長としての本来の役割を全うするとき、本物のプライドもやり甲斐も生まれ、社長業ほど楽しく素晴らしい職業はないと感じられるようになってくる。社長業とはそういうものだ。また、そういうものでなければならない。

もう一つは、事業の経営を難しく考えないことだ。社長業とか経営というものはさほど難しいものではない、経営は簡単なのだと考えるべきだ。

自分のことで言えば、わたしは旧制の中学校しか出ていない。しかも卒業成績は下から数えたほうが早く、五五人中の四二番であった。たばこを吸って停学になったこともある。要するにわたしは、頭もよくなかったし、まじめな学生でもなかった。そのわたしが現在、海外にある一五の会社を含めて連結で八〇〇億円の売上、社員三〇〇〇人の会社の社長をまがりなりにも務めている。

わたしがこういうことを書くのは、何も自慢したいためではなく、わたしのように中学しか出ていない人間にでも事業経営ができるということ、したがって経営とはそれほど難しいものではないということを言いたいだけなのだ。

たとえば経営の数字は、小学生以上の算数を使うことはまずない。足し算、引き算、掛け算、割り算のみである。横文字にからきし弱くても、専門の通訳がいるから海外との取引にも差し障（さわ）りがない。

要するに、経営とは決して難しいものではない。また、難しいものにしてはならない。

そのことをまず頭にいれておいていただきたいのである。

必ずやり切る

私事で恐縮だが、自分の経験を述べさせていただくと、わたしは家庭の事情から、中学を卒業するとすぐ就職した。

生まれたのは東京だが、就職したのは名古屋の三菱重工である。まだ戦争中のことで、お国のために飛行機の一機でもつくりたいという健気な気持ちがあったからだ。そこでの勤務経験から、わたしはひとつの貴重な人生観を獲得したと思っている。

わたしは現場の工員になるつもりで三菱重工に入ったのだが、配属されたのは三菱重工の名古屋発動機研究所というところであった。戦争中の混乱した状況のなかで、三菱は何を間違えたのか、中卒のわたしを研究所と名のつく部署に配属したのである。

赴任してみると、そこでの仕事は実際に大変であった。毎日、難しい計算ばかりさせられる。頭のいい人はそれを高等数学でどんどん解いていくのだが、中学出のわたしは初等数学しか知らない。そこでわたしは初等数学でそれを解いていく。たとえば、積分というのは掛け算の繰り返しだし、微分は割り算の繰り返しである。初等数学でそれを解いていくには根気しかない。頭のいい人は夕方になると計算の答えをまとめた報告書を提出して帰ってしまうが、わたしはそれができないから残業をする。それでも間に合わないときは、寮に持ち帰って必死に計算をして答えを出す。そういう毎日であった。

三年間そういう生活をした後、わたしは名古屋から静岡へ転勤を命じられた。転勤するときは、新たな任地へ自分で履歴書を持って行く。その履歴書をこれまでの上司であった課長に見せると、課長は驚いたような顔をしてわたしに言った。

「なんだ、君は中卒だったのか。知らなかった。君はずいぶん頑張ったんだなぁ」

中卒のわたしを課長は大卒だと思っていたのである。

こういった経験のなかから、わたしは貴重な教訓を得た。

「頭が悪くても、明日の朝までに頭のいい人と同じ答えを出せれば、人生には優勝劣敗（ゆうしょうれっぱい）がない」という教訓である。これは、わたしの人生観のひとつとなっていった。

ここに実は経営のひとつのポイントがある、とわたしは思っている。

頭が悪くてもかまわない。ただし翌朝までには必ず答えを出す。自分の寝る時間を削ってでも翌朝までに答えを出すことができれば、前の日に答えを出した人と結果は同じことになる。これは経営を簡単にするうえですばらしい救いになることではなかろうか。

言い換えれば、経営は結果だ、とはよく言われることだが、どんなことがあっても結果を出す、そのための根性、執念が経営者には必要なのだ。

経営の定石

これは人から聞いた話だが、幕末の蘭学者、高野長英に関してひとつのエピソードが残されている。

高野長英は大変な執念の人であった。勉強も人一倍した。何事につけ人に負けてはいられない。医者としての腕前でも、長英はだれにも負けなかったそうだ。

長英は、医学を長崎のシーボルトの塾で学んでいた。伊東玄朴や大槻俊斎などと一緒であった。彼がそこで学んだのは、医学だけではない。オランダ語を学び、ヨーロッパの事情を学び、自然科学や兵学、さらには国家のことを学び、日本の将来をどうするかということも考え、そのための勉強会もつくっていた。

その勉強会での話である。ある日この会で、こういう申し合わせをみんなでした。

「きょうの勉強会では日本語はいっさい使わないことにしよう。オランダ語だけを使う。日本語を使った者からは罰金を取る」

しかし、そうは言っても、つい一言くらいは日本語を使ってしまうものだ。討論に熱中してくると、うっかり日本語が飛び出し、慌てて口を手で押さえても間に合わない。こうして、とうとう高野長英をのぞいてみんなが罰金を取られてしまった。残ったのは長英ただ一人であったという。

そうなると、他の者はくやしいから、何とか長英に日本語をしゃべらせようと、意地になっていろいろ仕掛けるのだが、長英はそれに乗らず、そのまま会は終わってしまった。

勉強会の部屋は二階にあった。散会となり、「では失礼……」とオランダ語で言って長英が二階から降りかけようとしたときである。ちょうど後ろに立っていた伊東玄朴が長英の背中をどんと突いてみた。そんなときはだれでも日本語を発してしまうものである。だが、長英は、だだ、だだ、だっ、と階段を落ちていったかと思うと、次の瞬間、大声で、

「ゲバールレイキ！」

と叫んだそうだ。「あぶないっ！」という意味のオランダ語であった。

これは、高野長英がいかに執念の人であったかを物語るエピソードだが、わたしは、こういった執念こそが経営者には必要だと思うのである。

社長には大きな責任がある。社長としてやるべき事柄は、どんなことがあってもやり遂げなければならない。明日の朝までに答えを出さなければならなかったら、徹夜してでも答えを出す。これは、経営者としては当然の行為であろう。経営の基本にこれがなければならない。言ってみれば、これは経営の定石のひとつなのである。

経営には定石というものがある。経営を簡単にするためには、経営の定石を守ることだ。定石を無視した奇妙な手法で企業が伸びたためしはまずない。たとえあったとしても、それは一時の繁栄をもたらすだけだ。

こういった定石を一つひとつ積み上げていくことは、大変地味だが、経営を難しいものにしない要諦だと思う。

長期計画は経営を簡単にする

前章で述べたことだが、わたしが仕えた初代社長と先代社長から教えられたさまざまなことを思い起こすと、そこに数々の経営の定石があることを、改めて感じ入るのである。

これからの日本における製造業はどうあるべきかという高い次元から事業決定をし、これからは脱下請けだ、輸出が必要だ、これからはエレクトロニクスの時代だといったように、絶えず時代の流れを読みながら会社の将来を方向づけすることこそ社長の一番大事な役割であること、会社には、方向づけする人と、具体的に効率的にそれを実現する人の両方が必要なこと、事業の永続繁栄は、悪くなっていくものを捨て、良くなっていくものを育てること等など、珠玉（しゅぎょく）のような経営の定石をたたき込まれたのであった。

なかでも「**事業経営は長期で考えよ**」という定石は、経営を簡単なものにする一番のポイントとなったと思うのである。

実は本書で長期計画をつくっていく手順そのものも、極めて地道な定石の積み上げなのである。漠然とした社長の夢とか野望というようなものを整理して、経営ビジョンにまでまとめたり、具体的な社長方針として決定するには、数字の約束ごとと経営の定石による検証が必要なのだ。経営の定石にそって長期計画をつくると、見えない未来が数字でわかりやすく見えてくる。経営の決断が下しやすくなり、明快な指示も与えられるようになる。要するに経営が簡単になってくるのである。

長期計画の前提となる定石のいくつかはすでに述べたとおりだが、さらに二つの重要な定石について、次にまとめて触れておきたい。

一つは、経営の本質は何かということであり、もう一つは、付加価値経営のすすめについてである。どちらも、わたしの長期経営ノウハウの前提をなす基本的な考え方なのである。

2　事業経営の本質は何か

経営の原点

どれだけのお金を調達し、そのお金を使ってどれだけの利益を生み出していくか、というのが、最もシンプルなかたちでとらえた経営の定義であろう。

何のために会社を経営するのか、何を目的に利益を上げるのか、などといったことを抜きにして考えれば、これがどの企業にも共通した経営の原点ということになる。定義とか原点ということばが妥当でないなら、最もシンプルな経営の姿と言い換えてもいい。

社長としての第一の仕事は、この事実、すなわち自社にどれだけの資金調達力があり、その資金を使って現実にどれだけの利益を生み出しているのかをしっかりと把握することだ。そういう現状の把握なしに長期計画も何もありえない。

まず自分が立っている足元を見る。それが社長としての第一の仕事だ。しかる後に自分が進むべき地平線の彼方(かなた)を見る。長期計画はそこから生まれる。自分の足元だけを見ていたら経営はその場かぎりの利益の追求に陥るだろうし、地平線の彼方だけを見ていたら、計画は単なるお祭り計画に終わってしまうだろう。

自社の資金調達力は、バランスシートを見ればよく分かる。

バランスシートの見方については第三章で詳述するので、ここではくわしく触れないが、ただ、バランスシートの右側が「**資金の調達**」をあらわし、左側がその「**使途**」をあらわしているということ、またそういうとらえ方をするのが社長としてのバランスシートの見方なのだということだけは、ここでよく覚えておいていただきたい。

どちら側が貸方で、どちら側が借方かといった見方は、経理としてのバランスシートの見方であって、社長としての見方ではない。社長にとって重要なのは、どれだけの資金を調達し、それをどう使って、どれだけの利益を上げたかという事実の把握なのだ。

バランスシートの右側の記載項目は、次章で説明するように、自分のお金、すなわち資本金、今までの利益の貯金、あるいは金融力、信用力などをあらわしている。したがって、その記載項目の一番下に記してあるトータルの数値、いわゆる「総資本」という言葉は、自社の資金調達力を示しているのだ。

さて、この総資本で、損益計算書に記してある「税引前利益」を割ってみていただきたい。こうして出てきた数値を「**総資本利益率**」という。この数値が、実は自社の現状を見るうえで非常に重要な意味をもっているのである。

総資本利益率五％以下の会社

計算の結果、総資本利益率が五％以下という数値が出たらどうだろうか。よく考えてみていただきたい。

不況などで極端に低くなる時期もあるが、金利は通常五～六％である。これはいうまでもなくその時代によって上下するわけで、時には一〇％にまで上がったり三～四％に下がったりと変動する。平均すれば金利はこれからは五％とみるのが妥当なところだろう。ここが大事なところだ。総資本利益率が五％以下ということは、事業の利回りが金利以下ということなのである。たとえは悪いが、家庭の主婦でもヘソクリを銀行にもって行けば金利は稼げる。ましてや事業というものは、会社という看板を背負い、土地や工場を使い、大勢の人を使い、資本家や多くの人の協力を得て行うのである。その結果が総資本利益率五％以下だとしたら、その経営者の能力は家庭の主婦以下といって過言ではなく、経営者として恥ずかしいことである。事業を展開する意味がどこにあるといえるだろうか。

仮に、バランスシートの右側の項目をトータルして三〇億円あったとしよう。そのお金を持って銀行に駆け込み、大口定期にして預け入れれば、その日から黙っていても相当の金利がつく。金利五%とすれば年間一億五〇〇〇万円の利息を間違いなく貰(もら)える。ということは、総資本利益率が金利以下すなわち税引前利益が一億五〇〇〇万円以下ならば、事業をやめ、何もしないで寝ていても、その事業の稼ぐ利益額を銀行が、ありがとうございますと礼を言って払ってくれるのだ。お金を銀行に預けておいたほうがましだということになろう。

総資本利益率が銀行金利以上でなければ、事業経営の意味がないのだ。企業として大威張りで存在するのは恥ずかしいと、考えなければならない。これはどの業種・業界にかかわりなく、およそ企業と名のつくすべての企業に共通した経営の原点である。

経営に逃げ道はない。

不況だ、好況だ、儲かる、儲からないと抽象的なことを言っている暇に、まず自分の会社のバランスシートから、総資本利益率を弾(はじ)き出してみることだ。もしもそれが銀行金利に満たなければ、社長業をやめて、銀行に資金を預けた方がいい。簡単といえばこれが最も簡単な経営法ではないだろうか。

総資本利益率五%というのは、企業としての存在価値と、社長の経営力が問われるひとつの大事なチェックポイントなのである。

利益は引き算でなく足し算で考える

利益というものをもう少し別の角度から眺めてみよう。

企業経営とは、何らかの営業活動を通じて売上を発生させ、利益を生み出していくことである。これは、どの会社でもそうだ。だが、利益を生み出すまでのプロセスを考えてみれば分かるように、そのすべてを企業一社で成し遂げることはできない。

たとえばメーカーでも、製品のすべてを自社だけでつくることは、現在では不可能である。材料は他社から仕入れてこなければならない。そして専門の加工業者や下請け工場の協力を得て、はじめて製品が出来上がっていく。また、それを販売する場合には、何らかの流通機構の協力を得なければならない。

このように、外部からのいろいろな協力によって、はじめて売上が発生し、利益が生まれ、企業というものが成り立っていく。言い換えれば、外部からの協力を得ながら、企業内で資本と労働が協力し、利益を生み出していくというのが企業経営なのである。

要するに、利益は経営者と社員が一体となり、外部のさまざまな協力を得て生み出されていく。ということは、利益は足し算でとらえていく必要があるということだ。

だが、一般には、損益計算書を見てもわかるように、利益は引き算で求められるのが通念となっている。まず最初に売上高があって、それから売上原価を引いて売上総利益が出てくる。さらに売上総利益から営業経費を引いて仮営業利益が出、そこから事業税を引いて営業利益となる。営業利益から営業外損益を引いたのが経常利益であり、経常利益から特別損益を引いたのが税引前利益で、そこから納税充当金を引いて当期純利益となる。そして最後に役員賞与と配当金を引いたのが内部留保である。

このように一番上に売上高があるということは、「はじめに売上高ありき」という発想にほかならない。売上高を基準にしてすべてを考える。これが実は、これからの企業経営にとって大いなる弊害となっていくのである。第一に、ここからは後に述べるような分配の発想が生まれてこない。分配の発想なくして長期計画はありえないのだ。

利益を引き算ではなく、足し算で求める発想がここから生まれてくる。そのためには、利益を次項で述べるような付加価値という概念でとらえていくのが本当だろう。付加価値経営こそが、これから求められる経営の本質なのである。

3　付加価値経営のすすめ

付加価値とは

「付加価値」ということばは、何となく耳慣れないと感じられる経営者もおられると思うが、要は、企業が自ら生み出した価値ということで、大ざっぱにいえば「売上総利益」と同じものとお考えいただいてもいい。

例えば、売上一億円で仕入れ原価六〇〇〇万円、売上総利益四〇〇〇万円とすると、一億円は見せかけの金額、よその力を六〇〇〇万円借りてきて一億円となっているだけで、正味の売上という語弊があるが、四〇〇〇万円こそが企業が稼ぎ出した付加価値だということである。

付加価値と似たものに、いま述べた「売上総利益」をはじめ、「粗利益」や「加工高」といったさまざまなことばがある。また付加価値の算出法には日銀方式と中小企業庁方式の二通りがあるなどの点で、一般の社長にはもうひとつ馴染(なじ)めないことばになっているのかもしれないが、本書は会計や経理の専門書ではないので、これらをひっくるめて「付加価値」ということばを使わせていただくことにしたい。

事業経営の目的は、この付加価値を生み出していくことである。もう少し詳しくいえば、経営者と社員が一体となり、外部のさまざまな力を借りて財貨やサービスをつくり出し、付加価値を生み出していくことだ。そのためには、まず日本という国、東京に企業があるなら東京という地域の協力を得なければならない。また働いてくれる人達、資金の提供者、金融機関の協力も必要であろうし、事業遂行のためには適正な経費や、設備更新のための適正な減価償却費も必要だ。こういった多くの協力者たちをいかにうまくコーディネートして成果を上げるか、オーケストラの指揮者のように、いかに全体のハーモニーを築き上げ、力を発揮させていくか、そのためにこれらの協力者たちに対し、生み出した付加価値をいかにバランスよく分配していくか、こそが経営の本質なのである。つまり付加価値とは**「会社をささえる関係者に分配されるべき金額」**ともいえよう。

第一図は、いわゆる損益計算での売上総利益とわたしのいう付加価値を比べたものだ。社長として考えるべきなのはアミ掛けの部分である。損益計算では、この部分が「差し引かれるもの」であり、付加価値からみると、利益を含めて「分配されるもの」なのである。社長は、この**アミ掛け部分を経費ではなく、分配先としてとらえるべき**だ。引き算でなく足し算、

第一図

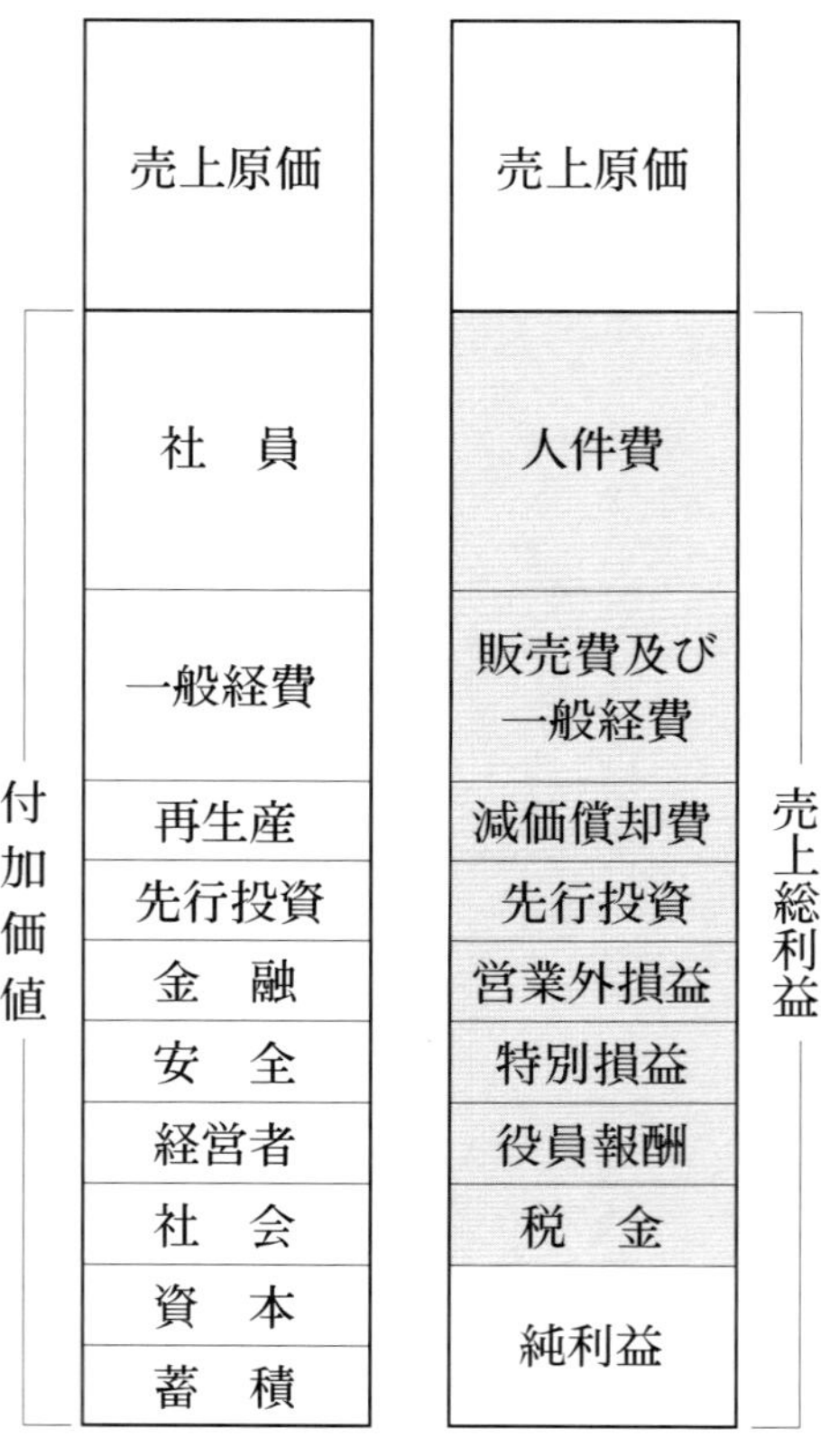

と主張するゆえんである。

極論すれば、「**経営は分配である**」と言い換えてもいい。なぜそうなのか。もう少し具体的に説明していこう。

付加価値の配分

第二図は、わたしの「付加価値の配分」の考え方を図に表したものだ。

わたしは、樹齢何百年の名木を見るたびに、自分の事業もこのすばらしい樹のように育てたいと思う。枝振りといい、しっかり大地に根を張っている様子といい、大きな嵐がきても倒れることなく何百年と成長し続ける見事な大木と、わが社を重ね合わせて考えるのだ。

つまりこの図は、自分の事業の長期繁栄を大木に見立てて、付加価値の配分との関係を示している。

先に、経営の本質は分配だ、と申しあげた。さまざまな協力者に、いかにバランスよく生み出した付加価値を配分するか、を決定するためには、そこに社長の将来構想に基づく配分ポリシーがなければならないのである。

第二図でいえば、どの枝を伸ばして幹とするか、どの枝を摘めるかは、社長がこの木をどのように育てたいのかというイメージをはっきりさせないと、小枝の剪定ができないということである。そこでわたしは、育てるべき枝、つまり付加価値を配分する先を次の一〇の要素に分けている。

さて**第二図**をみてみよう。まず「**社員配分**」の枝がある。企業は、生み出した付加価値を

第二図　付加価値の配分

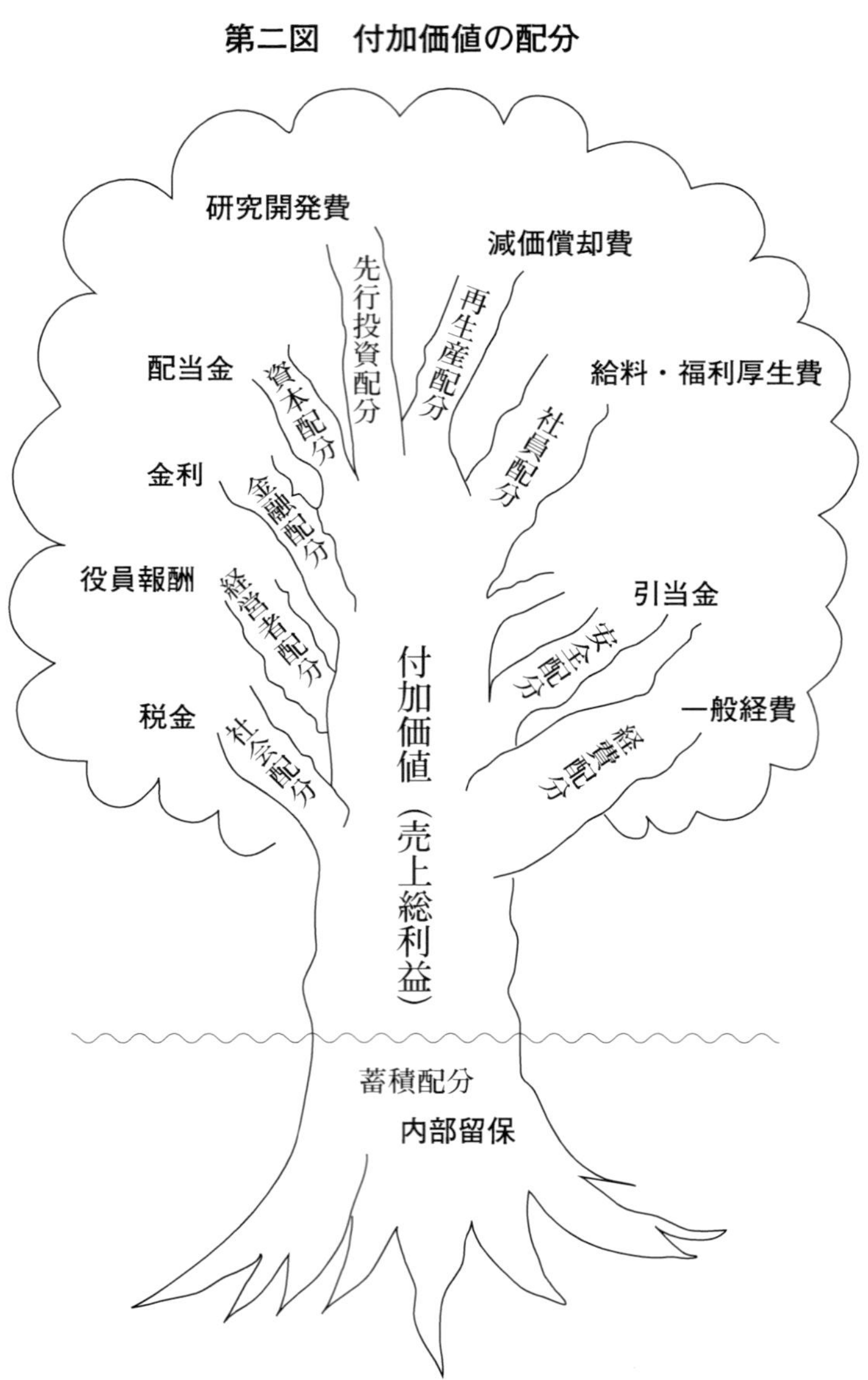
研究開発費
先行投資配分
減価償却費
再生産配分
配当金
資本配分
給料・福利厚生費
社員配分
金利
金融配分
役員報酬
経営者配分
引当金
安全配分
税金
社会配分
一般経費
経費配分
付加価値（売上総利益）
蓄積配分
内部留保

給料とか賞与というかたちでまず社員に分配しなければならない。これが社員に対する経営の役割である。

また、いたずらに経費を詰め、節約しろと言うだけでは仕事は進まない。無駄な経費を使えとは言わないが、適正な経費に対しては生み出した付加価値の一部を分配する必要がある。これが「**経費配分**」の枝である。

「**再生産配分**」の枝というのは、ことばとしては耳慣れないかもしれないが、いわゆる減価償却費と考えていただければいい。機械は使えば使うほど陳腐化していく。一〇年も使えば当然新品に入れ替えていかなければならない。減価償却費は税法にも認められているが、次の再生産に対する準備という意味で、あえて「再生産配分」としたわけである。

「**先行投資配分**」の枝は、研究開発費、新製品の開発費、新業種の調査費用などを指す。企業は現在の目の前の仕事だけをするのではない。将来の果実を得るための投資も必要である。それを怠っていたら、次の時代の発展はないだろう。したがって、企業規模に応じ、何かしらの枠(わく)を設けて常に投資しつづけていなければならない。多い少ないは別として、これは絶対に必要である。そのための配分がこの先行投資配分だ。

次が「**金融配分**」の枝である。二、三の特殊なケースを除けば、事業には金融機関からの借金はつきものだろう。そうである以上、金融機関に対して金利というかたちでの配分を考えるのは当然のことである。お金を借りたままで金利を払わないというのでは、金融機関からの協力は得られないし、結果的に会社は運営していけなくなる。付加価値の生産どころではなくなってこよう。しかしその配分には限度があるであろう。

「**安全配分**」の枝もある。企業というのは、いつ何が起きるか分からない。不幸にしてお客様が倒産し、不渡りを食う可能性もないとはいえないだろう。そういうことに対し、たとえば貸倒引当金を準備するなどして、常に安全を考慮に入れながら事業を進めていかなければならない。あるいはまだ耐用年数に達していない機械などの固定資産を売って、新しい近代的な設備に置き換える必要もあろう。それがなければ設備の近代化はできないわけだが、そのときに発生する赤字も覚悟していなければならない。決算上でいう特別損益勘定とか固定資産の売却損益に該当するものだ。また在庫品の評価減も必要であろう。それを準備しておく。これが安全配分である。

「**社会配分**」の枝というのは、要するに税金のことだ。わたしの会社でいえば、日本という国、あるいは静岡県とか静岡市という地域の協力に対し、地方税、事業税、法人税といったかたちで、生み出した付加価値の中から常に何％かの配分を考えていかなければならない。

われわれは日本という国があるから、あるいは静岡市という地域のおかげで仕事ができているのである。それに対する配分を考えるのは経営者としての当然の義務だろう。第一章で、税金をろくに払わない経営者は大きな顔をして表通りを歩くなと書いたのは、この社会配分をすることが経営者としての大きな役割のひとつであるということを言いたかったからである。

「資本配分」の枝とは、会社に資本を提供してくれる人、つまり資本家に対する配分だ。だれもボランティアで会社にお金を出してくれる人はいないだろう。会社としても資本家の協力は絶対に必要である。したがって、資本家に対する配分は配当または無償増資という方法で常に考えていなければならない。これが資本配分である。

「経営者配分」の枝もある。本章の冒頭に経営者の仕事は割りに合わないと書いたが、たしかに経営者には経営者としての大変な仕事があり、苦労があるわけで、無報酬ではとてもやってはいられない。当然、経営者として調和のとれた配分を受ける正当な権利がある。

そして一〇番目の配分先が**「蓄積配分」**である。大木の根っことなる部分である。

企業としての貯蓄は、それぞれの家庭生活を考えてみれば分かりやすいだろう。大概の家庭では、給料が入ると、それをいちいち封筒に入れて分けるかどうかは分からないが、今月の食費はいくら、教育費はいくら、保険料はいくら、ローンの返済はいくら、自分たちの小遣いはいくらといったように分けるはずである。そして、せめて最小限度、将来に対する蓄えとして貯金を考える。

企業も同じだ。金額やパーセンテージの多寡(たか)は別として、将来の予期せぬことに備えて蓄積というものを常に考え、それに対する配分を心掛けておかなければならない。

以上の一〇本の枝が、企業が生み出した付加価値の配分先である。

会社によっては、これらに加えて「教育」の枝も別に必要だとする意見もあり、会社によっては他の枝を加えてもよいと思う。ただ、わたしはこれらの一〇本の枝で十分と考えているし、本書もそれにそって説明していくつもりだ。

さて若木のうちは、どの枝を伸ばすと大木になるのか、しだいに大きく育ってくると、どの枝を幹として、堂々たる名木に育てるのか、すべて社長が、長期的な視野から自分の配分ポリシーをもって意識して決定することなのである。経営という大木は根の栄養だけでなく、枝先から吸収する自然のエネルギーの二つにより、素晴らしい大木にもなるものである。

自分の事業がそこそこの規模のうちから、社長が意図して配分というものを考えておかないと、たとえば経営者配分の幹だけがグロテスクなまでに育って、あとは小枝ばかりの変てこな雑木で終わってしまうことになりかねない。あるいは蓄積配分がなくて、見かけは立派な大木でも、ちょっとした嵐にひとたまりもなく倒れてしまうかもしれない。大木に育てることは一朝一夕にはできないことなのである。

社長の役割意識こそキメ手

さて、生み出した付加価値をこのように「社員配分」から「蓄積配分」まですべて配分してしまうと、結局残りはゼロになるということにお気づきだと思われる。どんなに儲かっている企業でも、たとえ一〇〇億円の付加価値を生み出していようと、残りはゼロになる。すべてを配分してしまうのだから、残りがゼロになるのは当然といえば当然なのだが、実はここに大きな意味があるということをわたしは言いたいのである。

これら一〇の配分先は、お互いに一方を増やすとその分他方が減る、いわゆるゼロサムの関係にある。しかもどの配分先ひとつとっても、もし協力が得られなければ付加価値を思うように造成できない。それぞれの付加価値造成の役割に対して「正当な配分」が行われてこそ、協力が得られる関係にあるということである。つまり配分の方針次第で、会社は良くも悪くもなるのだ。

要するに、**企業の究極的な目的は利益を出すことではなく、生み出された付加価値をどう配分するかということにある。**それが経営である。先に「経営は分配である」と書いたのは、このことをいう。**社長は「付加価値を正しく分配できる人」でなければならない。**それぞれ立場の相違はあれ、一〇の配分先がそれなりに満足する配分をすることが経営者の役割なのだ。

この役割を果たしたときに、はじめて社長は立派な経営者だといわれ、尊敬される。それが経営の一番の原点なのではなかろうか。

たとえば、社員配分を少なくし、経営者配分だけを多くしたら、そういう経営者は労働者から決して尊敬されるはずがない。あるいは、減価償却費を減らし、その分で利益を上げたと誇っているような引き算型の経営者がいたら、経営者として風上にも置けない経営者だと言っても言いすぎにはならないだろう。

経理的な発想でいくと、一〇の配分先の大部分は「経費」である。経費というものは、すべて安上がりがいいに決まっているし、経費を値切って、払い渋るのも、利益をできるだけ多くしたいからである。だが、社長は経理の担当者ではない。社長は、配分すべきものを削るといった引き算の発想で利益を考えるべきではないのだ。

事業の発展は、みんなで力を出し合って、いかに高い付加価値を求めるか、そしてそれを達成して、すべての付加価値をいかにバランスよく配分し、次の発展につなげるかにかかっている。

それぞれの協力によって高い付加価値を生み出し、それを明日の意欲につながるように、それぞれに不満なく配分することで、翌年にはさらに大きな付加価値を生み出していく。その繰り返しが、小さな木を立派な大木に育て上げていくのだ。そのためのモチベーションを起こし、付加価値をどんどん高めていくように協力者たちをコーディネートしていくのが社長の仕事である。社長の仕事はそれ以外にない。

そうなると、社長にそういう役割意識があるかどうかがキメ手となる。社長の役割意識なくして、以上のような付加価値の配分は考えられない。役割を意識しない社長は、利益を引き算で考え、次元の低い目先の損得計算に陥ってしまうことになるだろう。

一個五〇〇円のミカン

前項で、総資本利益率が銀行金利以下なら経営をやめてしまえ、と乱暴なことを申しあげた。では、銀行金利以上ならどんな儲けでもいいのか、要するに儲かるなら何でもいいのかといえば、そうではない。

付加価値は多ければ多いほどいいに決まっている。しかし長く多く続けるには、会社の内部だけをみていても叶わないことなのだ。付加価値というものを考える場合に、社長として確認しておきたいもうひとつの重要な視点が、別にある。付加価値をもたらしてくれる**お客やマーケットの存在**である。

いわゆる悪徳商法で、消費者をだまして不当な暴利をむさぼるような極端な話をここで取り上げるつもりはない。すぐに馬脚を現し、瞬時の大儲けに終わる論外のものだから。

ここで学者まがいの価値論を展開するだけの知識もないが、お客やマーケットに提供する価値についても、社長には長期的な展望がいるように思うのである。

たとえば、ミカンのシーズンではない時期に温室ミカンをつくり、その時期にはめったに手に入らない貴重品として果物屋さんの店頭をにぎわしている現象がある。シーズンには一山一〇〇円のミカンが温室物の出だしは一個五〇〇円もするという。真夏にミカンなら真冬にはスイカもあるという。季節外れに出荷するには、手間暇かけて、冷房に暖房にコストがかかるから高くなるというのである。わたしがいう付加価値とは、こういうものを指すのではない。

そもそも企業が生み出す高付加価値とは、社会的にも高い意義をもっていなければならない。ミカンが一個五〇〇円というのは、社会的な価値という点からみて、まっとうとはいえないように思うのである。

バブルの時代には、このような商品が日本にはあふれていた。一着三〇万円も四〇万円もするスーツを含め、高価な商品が出回った。米を研げない主婦を対象に、研ぐ必要がないという価値を付加した高い米まで販売された。

こんな話を聞いたことがある。新婚の夫婦がいて、ある朝、若い主婦がはじめてみそ汁をつくった。そのみそ汁の味に対して、旦那が一言いった。

「このみそ汁、ちょっと辛いね」、「あら失礼……」若い主婦はそう言って、いきなりみそ汁に砂糖を入れたという。

こんな話があるくらいだから、米を研げない主婦はたしかに増えているにちがいない。しかし、だからといって研ぐ必要のない米を高く販売するということに、どれだけの社会的な意義があるというのだろうか。価値観の違いというだけではすまないだろう。

こういった商品は、すべてバブルの発想から生まれた商品である、というのが言いすぎなら、利益というものをその時々の好・不況という短期的な視野のなかでとらえた、その場の思いつき商品にすぎないような気がする。

実はわたしも、そのような商品やサービスに似たものをかつては手掛けたことがないわけではない。一時期は結構な儲けを稼いでくれたこともあるが、すぐにだめになってしまう。事業の骨や肉とはならないで、コブにしかならないのだ。当初はうけに入っていても、後で痛い思いをして手術で血を流して切り取ることになる。かえって本体の成長を阻害する要因となった苦い思いがあるのだ。

わたしのいう付加価値とはそういう商品をつくることではない。これまで述べてきたことからも明らかなように、それは決して短期的な視点ではとらえることのできないものだ。五年、一〇年という長期的な視野でとらえ、商品やサービスとしてマーケットに提供し、はじめて高い付加価値をいただく。それを長期にわたって計画的に配分して、より高い付加価値を追求していく。それが経営者の仕事であり、社長の長期計画だと言いたいのである。

経費は売上基準から付加価値基準へ

経営分析の本などに、「売上高対人件費比率」とか「売上高対支払利息比率」という用語が広く使われているようである。

そのためでもないだろうが、経理部門や会計士の先生方の多くは、「わが社の売上に対して人件費は何％、一般経費は何％、金融費は何％だ」と、売上高を基準にしてあれこれ経費について考える傾向がある。しかし、これからの企業経営を考えると、社長にとってこのような売上高基準は、百害あって一利なし、と決めつけたいほど、経営の実務で何の意味もなさないのである。

社長は、すべてのものの考え方の基準を、今後は**「付加価値に対して何％」**というように、変えていただきたい。付加価値で何事も経営判断することだ。要するに、付加価値というものを基準にして経費を考えるようにしないと経営が成り立たなくなるのである。実は、ここに現在、付加価値経営が必要になってきたもうひとつの背景があるといっていい。

これから、世界中が低成長時代に入っていくことは否定できない事実だろう。たとえば冷戦の解消という問題を契機に軍需産業が減る一方になるということを考えただけでも、それは理解できることだ。あるいは過去五年間、ヨーロッパ各国はＥＣ統合後の経済的な発言力を高めようと、自国の経済力を無視したような高度成長の道を歩んできたわけだが、統合が実現された今、その反動が起きてきている。このように、世界中が低成長時代に入ってきていることは事実であり、日本もその例外ではない。

高度成長時代にあっては、付加価値より売上高に目がいっていても、経営の方針を大きく誤ることは少なかったかもしれない。しかし世の中が低成長時代になると、売上増イコール付加価値増の関係が成り立たなくなる。企業が生み出す付加価値率というものが全体的に下がってくるからだ。ということは、これからの時代は、付加価値をたくさんとれるということを前提に自社の長期の経営を考える状況にはないということなのだ。かつてのように売上を伸ばし続けることは至難の業である。一方で、たとえば、外注費などというものは、今後下がると都合よく考えないほうがいい。原材料、部品代……大体すべてが少しずつでも年々上がっていく。売価もインフレで同じ率だけ上がってくれれば問題はないが、それができないとすると、付加価値は下がってくることになる。これまでは「積極経営」ともて囃（はや）された手法が、一転して「放漫経営」と非難されかねない時代に入っている。

もちろん、付加価値そのものを増やしていく工夫が大切なことはいうまでもない。儲けの大きい新たなヒット商品を次々に手掛けることができたり、生産の合理化に成功して効率が改善されれば、売上増イコール付加価値増が成り立つ道理だ。

しかし、付加価値を増やすということがだんだん困難になってくるという前提で長期計画を考えていったほうが、計画の破綻（はたん）がないのも道理である。

付加価値が次第に下がってくるのだから、売上に対する経費を何%とやっていたら、そのうち利益が出なくなってくる。社長が経費を考えるときは、すべて付加価値に対して何%というように頭を切り替えてもらいたいと書いたのは、ひとつはそのためである。

以上、本章においては、付加価値経営の考え方を中心に、経営の本質について述べてきた。若干耳慣れないことばや、説明不足の部分があると思うが、わたしの考えるところの中核は、読者の皆さんにご理解いただけたものとして、いよいよ長期計画の具体的な作成に入っていくことにする。その第一手順は、自社の現状の正確な把握である。

未来は過去の延長線上にあるのだ。そこで、自社の現状をどう把握し、そこから自らの会社の未来をどう読み取るか。それが次章のテーマということになる。

第三章
未来を計画するために
わが社の実態をつかむ

「未来は過去の延長線上にある」という考え方で、自社の過去の数字をみると、将来の姿が予測できる。もしそれが社長の野望とはほど遠いものであれば、そのギャップを埋めていかなければならない。

この現実と理想のギャップをまず知ることこそ長期経営計画の出発点でなければならないのだ。

自社の実態を具体的に知る手掛かりは、過去のバランスシートに集約されている。すなわち儲かる体質か、いざというときに万全の体質か、バランスシートを経理的にではなく、あくまで社長として読みこなす必要がある。自社の現実を正確に知れば知るほど、長期計画の具体的な課題が、社長の目に明確に見えてくるようになるのだ。

1　社長としてわが社の体質を把握する

過去の数字が語るもの

「未来は過去の延長上にある」。これは長期計画作成の出発点となる重要な考え方である。自社の将来を計画するときに、これまでの企業体質を切り離して考えることはできない。将来の経営は、過去の体質の延長上にプラス・マイナスのアルファが加味された姿に必ずなっていくのだ。もし社長に明確な体質改善の意識と対応がなければ、将来その範囲を超えるような変化は、到底、期待できないのである。

これまで低迷しつづけてきたような会社が、明日からでもすぐ高収益を上げられる会社に変身したいと願っても、無理なものは無理なのである。実績を上げつづける会社にしたかったら、過去の数字を検証して改善すべきポイントを発見し、時間をかけてそれを修正していくしかない。過去の数字を分析することは、会社の体質を知るためにこそ必要なのである。

だが、現実には「過ぎ去ったことは考えても仕方がない」として、過去にはあまり目を向けたがらない経営者が多い。視線は、むしろ目先の損得にばかり向けられる。

おそらく、そのひとつのあらわれだろう。一般に損益計算書に関心のある経営者は多いが、バランスシート（貸借対照表）に関心を示す経営者はそう多くない。一〇〇人の経営者に会って、損益計算書とバランスシートのどちらが大事か、どちらに関心をもっているかと聞いてみれば、おそらく九〇人の経営者が損益計算書と答えるのではないだろうか。要するに、たいていの経営者は、「いくら儲かったか」「経費はどれだけかかったか」といった目先の損得が気になり、すぐ損益計算書に目がいくものなのである。人情としてそれも理解できないわけではないが、しかしよく考えてみていただきたい。

損益計算書というのは、わずか一年間の経営の結果をあらわしたものにすぎない。つまり、この一年間でどれだけ儲けたか、あるいは損したかを示しているのが損益計算書である。しかし、たとえば世の中の景気が悪くなると、原則的に利益は減っていくものだ。景気が回復すれば、それはすぐもとへ戻る。このような簡単に変わりやすい数値が損益計算書の数値なのである。

また、時と場合によっては損が出てもいいケースすらある。その損が将来のために意義のあるものなら、意図的に損を出すこともありえよう。要するに、経営にとっては目先の損得が問題なのではない。わずか一年間の損益など、決して無視していいとはいわないが、社長はそんなことでいちいち一喜一憂する必要はないのだ。

これに対して、バランスシートというのは、会社創業以来の累積の結果をあらわしたものである。いってみれば、創業以来一〇年も二〇年もかけて蓄積してきた会社の力量、会社が現在有している体力のすべてを示しているのがバランスシートなのである。そこには、**事業の歴史と社長の折々の判断が、良いも悪いも含めて、すべて凝縮されたかたちであらわされている。**要するに、会社の体質、体力、もっといえば社長の性格、経営のやり方そのものが、バランスシートには示されているのだといっていい。ここが大事なところだ。長年にわたってできあがった体質は、一朝一夕には変わらない。また、体力も急にはつかないものである。

社長としてのバランスシート二つの押さえどころ

自社の体質・体力を知ることなく長期計画をつくっても意味がない。

前章までに、わたしは「長期計画は企業の実態、現状を把握することから始まる」と述べた。企業の現在の体質が、良い状態なのか悪い状態なのか、問題点はどこにあるのかなどを知ることが、長期計画作成の第一の基本なのだ。

ところが、多くの社長はこの肝心の実態を正確にとらえていない。

たとえば、周囲を少し見回してみただけでも、将来の経営を非常に難しくするような資金の調達を不用意にしている会社が意外に多いのが目につく。社長に方針がないために必要以上の在庫を抱えて、事業の収益力を大きくマイナスさせているのに気づいていないとか、資金が固定化されすぎて、万一のときにどうなるのか心配になるバランスシートにお目にかかるのは珍しくない。こういう経営体質は絶対に直していかなければならないのだが、肝心の社長が気づいていないのでは何をかいわんやということになる。目先の利益を増やすことよりもはるかに大事なことだ。

そこで社長として、過去のバランスシートから次の二つのポイントだけは、ぜひとも確実に押さえておいていただきたい。

一つは、前にもふれたとおり、わが社は儲かる体質なのか、儲からない体質なのか、その要因は何か、「**わが社の収益をあげる実力**」を社長として正確に知ることである。

もう一つは、万一のときにどの程度の抵抗力があるか、わずかの不渡りをくらってもおかしくなるような虚弱体質なのか、ちょっとのことでは動じない体質なのか、「**わが社の安全性**」についても、その実態を社長として正確に押さえておかなければならない。

この収益性と安全性の二つのポイントが、将来の計画策定の前提となるのだ。

もちろん、会社の体質は、いま述べたようにそう簡単に直るものではない。ある程度の時間も必要だろう。だが、直した体質は、それ以後の会社の確実な発展のベースになっていく。そのためには、バランスシートを先の二つのポイントからよくしていかなければならないのである。

繰り返していう。将来は過去の延長上にある。現在は過去の鑑だ。それが軌道修正を加えられつつ将来へと引き継がれていく。現在のマイナスは直ちに明日プラスに転化できない。それは必ずどこかに無理が出る。車は急激に曲がれないし、急ハンドルは事故のもとだ。長い歴史の中でつくられてきたマイナスは、一定の時間をかけて修正していくしかないのである。社長として最も大切な仕事のひとつは、将来に向けて計画的に企業の収益性と安全性の二つの体質を具体的に改善していくことだ。バランスシートは、その根拠となる重要なツールなのである。

バランスシートの右側には何が書いてあるか

バランスシートは、見るものではなく読むものである。では、バランスシートには何が書かれているだろうか。

わたしは、率直にいって経理も何も分からない人間である。今でもよく笑われるのだが、バランスシートのどちら側が貸方でどちら側が借方か、時々間違えてしまうほどだ。だが、実はそれでもいいのである。第二章で述べたように、社長は、どちらが貸方でどちらが借方かというような目でバランスシートを見る必要はない。それは経理の見方である。社長は経理マンではない。社長に必要なのは、経理ではなくマネジメントなのである。

したがって、社長は右側、左側という見方で十分なのだ。

第三図　バランスシートの読み方

（資金の使途）	（資金の調達）
（資　産）	（負　債）
流動資産	流動負債
固定資産	固定負債
投　　資	諸引当金
	（資　本）
	資 本 金
	諸積立金
	当期利益

さてバランスシートの右側は「負債並びに資本の部」である。大きく「流動負債」「固定負債」「諸引当金」「資本」の四つに分けられ、さらに、「流動負債」は支払手形、買掛金、短期借入金、未払法人税等、「固定負債」は長期借入金、長期預り金等、「資本」は資本金、諸積立金、当期利益といったように、それぞれの細かい科目が記載されている。そして最後にそれらの合

計がある。これがバランスシートの一般的なフォームだろう（**第三図**）。では、以上の勘定科目は、それぞれ一体何を意味しているだろうか。一応念のため、各勘定科目の簡単な説明をしておこう。

まず「**買掛金**」である。物の決済というのは、現金で行われるのが本来のあり方だ。物を買う以上、現金を支払って買うというのが取引の基本である。だが、経済の規模がこれだけ大きくなり、会社の商い高が増えてくると、いちいち現金を持って物を買いに行くわけにはいかない。そこで、月末一本にまとめて請求書を出してもらい、そのときに一括して支払うという形態をとるわけだが、こうして発生したのが買掛金である。分かりやすく言えば、一カ月分の仕入れの合計残高ということになろう。もちろんこれは、こちらに会社としての信用があっての話だ。いつつぶれるか分からないような会社に買掛金で物を売るなどということは、まずありえない。信用があるからこそ買掛金で売ってくれるのである。したがって、信用のないところに買掛金は絶対に発生しない。

次に「**支払手形**」である。買った一ヵ月分を月末にすべて支払えばいいのだが、相手からすれば、「今後さらに取引を続けたいし、買ってもらう量も多くしたい。したがって支払いは現金ではなく、三カ月もしくは六カ月の手形で結構」ということになる。これが支払手形だ。もちろんこれも信用がなければ発生しない。三カ月先、六カ月先に必ず支払ってくれるという信用があればこそ、手形でも物を売ってくれるわけである。

次の「**短期借入金**」というのは、文字どおり銀行から短期間借りるお金のことだ。銀行の預金を多少担保に入れることはあるが、これもやはり信用がなければ発生しない。

「**長期借入金**」も同様で、固定資産を担保に入れるとはいえ、やはり信用がベースにあってはじめて発生するものである。

次に「**引当金**」だが、一般企業で多いのは、貸倒引当金だろう。売掛債権、売掛金、お客への貸しなどについては、いつ何があるか分からない。万が一の場合に備え、危険負担を見て、その残高に対し、利益の一部から税法上何％かの引当金を立てていいというものだ。利益の一部を税法上損金として認めるというものだから、結局は利益の一種、利益の変形なのである。その他、退職給与引当金や賞与引当金などもあるが、引当金はすべて利益の変形と見ていい。たとえば、退職給与引当金というのは、いますぐ払う必要はないけれども、退職者が出た場合の用意として、税法上、利益の中から要支給額の三五％は毎期引当金に立てていいというもので、結局は利益の変形、利益の一部繰り延べなのである。

次の「**資本金**」は、言うまでもなく自分のお金である。

「諸積立金」は、今まで何十年も経営してきて上げた利益の残り、すなわち貯金である。
「当期利益」は、文字どおり利益である。

以上が、バランスシートの右側に書かれているそれぞれの勘定科目の意味である。

社長流のバランスシートにつくりかえる

ここで、以上の勘定科目をトータルした合計とは一体何かということを考えてみていただきたい。すでにお気づきのように、バランスシートの「負債並びに資本の部」、すなわちバランスシートの右側は、その会社がもっている自分のお金、貯金、利益、それと信用の累計であり、結局は、これだけの資金を使って会社経営ができるという「資金の調達力」をあらわしたものなのである。いわば、これまで何十年もかけて蓄積してきた会社の現時点における体力をあらわしているといっていい。これがバランスシートの右側である。

このように、バランスシートの右側は資金の調達力をあらわしたものだが、それだけではない。さらに、どういうところから資金を調達しているか、自分のお金なのか、銀行から借りてきているお金なのか、信用によって仕入れ先から買掛金として調達しているお金なのかといった、いわばお金の調達先をもあらわしている。買掛金、支払手形というのは信用調達であり、短期借入金、長期借入金、割引手形は金融調達である。引当金が引当調達で、資本金や積立金は自己調達だ。企業の資金調達は結局この四つしかない。それを示しているのがバランスシートの右側である。

(会社によっては、引当金がバランスシートの右側ではなく左側に書いてあるケースもある。左側の流動資産の下のほうに貸倒引当金がマイナスで出ているケースだ。これは流動資産の売掛債権という科目から何%かを貸倒引当金として引いているわけだが、引くのはどちらかというと間違いなのである。たとえば、売掛金が一〇億あるとすると、三〇〇〇万円引き当てていいというのが貸倒引当金だが、必ず三〇〇〇万円貸倒れが発生するとは限らない。いざという時のためにプールしておく資金である。したがって、総資本を見る場合はこれを右側に移して、足して見なければならない。つまり、このケースでは右へ移したような気持ちで見る。そのほうがマネジメントする立場としては見やす

第四図　四つの資金調達

(信用調達)	・買掛金 ・支払手形
(金融調達)	・短期借入金 ・長期借入金 ・割引手形
(引当調達)	・引当金
(自己調達)	・資本金 ・各種積立金

い。

社長としてバランスシートを見る場合は、引き算をやめて右側に移して見たほうが全体の資金の調達がよく分かるのである。）

バランスシートの右側を見る場合、社長にとって必要なのは、買掛金とか支払手形といった細かな科目ではない。必要なのは、どこから資金を調達しているかという調達先、すなわち信用調達、金融調達、引当調達、自己調達の四つと、その合計である。

そうだとしたら、この四つの要素をベースにしてバランスシートを単純なフォーマットにつくりかえ、社長として読みやすいバランスシートにしておけば便利である（**第四図**）。経営者としてのバランスシートを自分でつくってみるのである。そして、四つのそれぞれの構成比が何％か、それが年度別にどう変わってきているかといったことが分かるような資料にしておく。それを見ながら、資金の調達先が正しいか、あるいは経営の内容が良くなったか悪くなったか、どのような手を打っていったらいいのかを常に考えられるようにしておく。これが経営者としてのバランスシートである。このように、知恵を絞って自分が使いやすいバランスシートにつくり直しておけば、バランスシートのもっている意味がよく分かるし、経営者としての発想も浮かんでくるようになるものなのである。

バランスシートの左側には何が書いてあるか

次にバランスシートの左側を見てみよう。

バランスシートの左側は「資産の部」となっており、大きく「流動資産」「固定資産」「投資」の三つがある。「**流動資産**」には現預金、売掛金、受取手形、棚卸在庫等があり、さらに棚卸の中には製品在庫、仕掛品在庫、原材料、その他に仮払金など、諸々の科目が入っている。また、「**固定資産**」には有形固定資産と無形固定資産があり、有形固定資産には土地、建物、設備などが、無形固定資産には借地権、電話の加入権などが入っている。そしてその下に「**投資**」があり、合計がある。大体これがバランスシートの左側の基本的なかたちだろう。

問題は、これらの勘定科目が一体何をあらわしているかということだ。

それは、バランスシートの右側で調達した資金をどのように使っているかという「資金の使い道」をあらわしている。つまり調達した資金を、売掛金や手形などの流動資産で持っているとか、固定資産で持っている、あるいは投資勘定で持っているといったように、調達したお金の使い道をあらわしているのがバランスシートの左側なのである。

つまり、バランスシートの右側には資金の調達が書いてあるのに対し、左側にはその調達した資金の使い道が書いてある。だからバランスシートは右側の合計と左側の合計が合っているのであって、合わなければ困るのだ。

このことは同時に、バランスシートの左側の数字を小さくすれば、右側の数字も小さくなるということを示していよう。バランスシートの左側を有効に減らせば、右側の資金調達も減ってくる。売掛金を減らせばそれだけ資金調達は減ってくるし、在庫を減らせばその分資金調達がいらなくなる。

要するに、バランスシートの左側をいかにして少なくしていくかということが、企業をスリム化し、贅肉（ぜいにく）を落とし、身軽な体質にしていく一番大きな要因となるのである。本来、企業経営というものは、どれだけのお金を投資して、いくらの収益を上げるかということにかかっている。そのためには、バランスシートの左側の資産内容をよく見て、無駄な要素を削り、スリム化をはかって、金利のかかる金融調達を減らす。それで自然と利益は上がっていく。

さてバランスシートの構成が分かったところで、先ほど述べた収益性と安全性の自社の実態のとらえ方について、もう少し詳しく説明する。

2　高収益体質を築く視点

事業の収益性をチェックする

総資本利益率が銀行金利以下なら事業をやる意味がない、これは、製造業、流通業を問わず、どの企業にも共通する経営の原点であると、前章で申しあげた。

総資本利益率とは、前章で述べたように、バランスシートの右側の合計額で税引前利益を割った数値、つまり「調達したお金を使っていかに利益を上げたか」という企業の収益性・事業の効率を判断する指標である。

この総資本利益率は、

$$（総資本利益率）=\frac{（税引前利益）}{（総資本）}=\frac{（税引前利益）}{（売上高）}\times\frac{（売上高）}{（総資本）}$$

という算式であらわすことができる。

税引前利益を売上高で割ると「**税引前利益率**」となり、売上高を総資本で割ると「**総資本回転率**」となる。

用語はなにやら専門的だが、要するに「利幅が大きいほど、また調達した資金を効率よく使うほど儲かる」、つまり総資本利益率がよくなるということである。利幅が大きくて、しかも資金が効率よく回っているとき、会社は一番儲かるということだ。ここまでなら経理の知識にすぎない。そこで、社長は次のように総資本利益率をとらえないといけない。

まず商売の利幅を増やすということを考えてみよう。

次の主力事業や商品を追加する

もしこれまでと同じ商品やサービス、マーケットのままで、将来も商売を続けるというのであれば、競争のなかで利幅を増やすことは至難の業だ。まあ不可能に近いのではないか。

結局、長期にわたって利幅を減らさずに、利益率を高く維持しようとすれば、これまでより利幅のとれる新しい商品を見つけるか、利幅がどんどん減少する商品を切るか、あるいは少しでも高い値段で売れる新しいマーケットを開拓するしかないのだ。

そこで、これまで何度も強調してきたことであるが、「高付加価値を目指して将来の方向づけをする」ことが大事になることは言うまでもない。時の流れを読んで良くなるものを増やし、悪くなるものを除く、この当たり前のことが最も重要で、しかも難しい。

商品、サービス、マーケットの絶え間のない強化によって、次の主力となる事業や商品を追加し、新たな成長マーケットへ進出することは、事業のまさに原点だ。もちろん衰退業界にあっては大胆なまでの業種転換も必要となることがある。高付加価値のとれるものを求めて、あらゆるツテを使い、試行錯誤を重ね、何としてでも売上を伸ばす策を講じ、利幅を広げる商品やマーケットを開拓しなければ、会社の将来はないのである。数字の操作ではどうにもならないことなのだ。このことは、前章までにもいろいろな実例を挙げて説明したとおりである。社長の最大の役割が会社の方向づけにあると強調したゆえんだ。

もちろん多くの読者にとって、このことは十分に心得ているはずであろう。しかし、そうそう簡単にうまくいくことではない。利幅のとれるものが容易に見つかることを前提に、長期計画を立てるわけにはいかないのだ。**新たな方向づけが功を奏して大幅な利益率の改善を実際に見るまでは、利幅すなわち粗利率は年々減っていくものと考えるべきである。**もし予想していたより早く利幅のとれる商品やマーケットが手に入れば、そのときに改めて、さらにその分大きく儲かるような計画を立て直すべきである。それが現実的な考え方だ。

従来のままでは利幅が減っていくから、何としてでも利幅のとれる方向づけに知恵を絞り、手を打って、同時に、これからは利幅は必ず減るものとして実現可能な計画を立てる。

それが社長としてのとるべき姿勢だ。

そうなると、総資本の回転率を上げることが、儲かる体質づくりの重要な実務の着眼点ということになる。

資本の効率をチェックする

調達資金の効率つまり「**総資本回転率**」は、売上高を分子に、総資本を分母に算出される。ということは、売上を増やすか総資本を減らすことに目をつけることだ。

好況のときに売上高を増やすことは、どの会社でもそう困難なことではない。しかし売上高が伸びるにつれて、どうしても総資本が膨張する傾向がある。資金の無駄づかいが増えてくるものなのだ。たとえば意味のない在庫や甘い見通しの投資、必要以上の現金・預金などの存在が、総資本を水ぶくれ状態にしてしまうのだ。

好況があれば必ず不況が続くのが、世の習いである。不況になると、売上高を伸ばすことが難しい。結局、総資本がスリムな会社は不況抵抗力があるが、水ぶくれ会社は大変だ。平成のバブル崩壊にみるまでもない。かつて何度も好況の終わり、不況の始まりには、「放漫経営による業績悪化」が言われてきたのである。大体、平成バブルの弊害だって、土地や株式の暴騰と暴落にあるわけではない。ほかならぬ人間の頭をバブルにしてしまったことが問題なのである。

分母の総資本が大きくなれば効率は悪くなる、分母が小さくなれば良くなる。経営とは、たったこれだけの単純な仕組みで、良くも悪くも決まってしまうものなのである。

そこでまず、ここ五年間における自社の総資本利益率の推移を見てみることだ。

五年間の数値を並べてみて、もし売上高が増加傾向にもかかわらず、総資本利益率が下がってきているようなら、残念ながら社長の頭の中が、かなりバブルに冒(おか)されていた証拠である。必要のない無駄なお金をいかに借りたか、あるいは借りさせられたかということだ。

銀行の言うままに、いい気になってお金を借り、正しい使い方をせずに資金調達ばかり増やしてしまったら、どういうことになるだろうか。企業の実態以上に資金の調達を増やせば、支払利息が増加してしまい、利益率や売上高が上がらないかぎり、総資本利益率が下がるのは当たり前なのである。

つまり総資本利益率を確実に上げるには、無駄なお金の使い道をやめることだ。分母である総資本の贅肉（ぜいにく）落としをすることが一番簡単な方法なのである。

要は、バランスシートの左側、調達資金の使途をよく検討して、無駄な要素を削っていくことである。

もし、この五年間、銀行金利にも満たない総資本利益率が続いている会社があれば、まず、今出ている税引前利益を、今の銀行金利で割ってみればいい。算出された数値が、銀行金利並みの利益を出すための総資本のあるべき姿だということである。

たとえば、総資本五〇億円、税引前利益が一億円の会社があるとする。この場合、総資本利益率は二％である。仮に銀行金利を四％とすれば、一億円を〇・〇四で割って得られた数字、すなわち二五億円の総資本であれば一億円の利益で四％に回るということだ。つまり利益造成に直接役立っていない二五億円ものお金、無駄な資本があるということになる。社長にとって大事なことは、この**実態を一刻も早く知る**ことである。

恐らくこの会社の社長は、自分の会社が構造的に儲からない体質になっていることを知って、愕然（がくぜん）とするに違いない。しかし、あるべき総資本のターゲットが見えてくれば、社長としての方針も出すことができよう。

「いままで経理の担当長や顧問の会計士の先生が折にふれて、オレの金の使い方に文句を言っていたが、こんなに大変なことだったのか」。バランスシートの左側を見て、売掛金の回収、在庫の圧縮、効率悪い投資の整理などの資金の無駄づかいのチェックをするにしても、切実感が違うのだ。このようにして具体的に自分の会社の実態をとらえて手を打つことが大事なのだ。これが、社長としてのバランスシートの読み方なのである。

借金して儲ける時代の終わり

会社を儲からない体質にしている元凶は、特に中小企業にとって営業外損益の**金融費**だろう。そう考えて間違いない。

金融費がいかに利益の上昇にブレーキをかけているかを知るには、売上に対する金融費の割合ではなく、付加価値に対する金融費の割合を考えてみるといい。仮に付加価値率が三〇%で、売上に対する金融費の割合が三%だとすると、付加価値に対する金融費の割合は、一〇%にもなる。ことに商社などになると売上高が大きい割に付加価値は小さいから、この差はもっと極端なものになる。うっかりすると、人件費よりも金融費のほうが多い会社すらあるくらいだ。こういう体質はバランスシートを直さないかぎり変わらない。

バランスシートの左側の無駄遣いはそのまま、右側の資金の無駄な調達につながっていることが多い。つまり余計な借金をして儲けを減らしていないかどうか、社長は正確にチェックする必要があるのだ。

繰り返し述べるが、総資本を減らすことが利益率を高める一番確実な方法だ。もし儲からない体質となっている会社があれば、この総資本に対して金利を払わなければならないお金がどのくらい占めているのか、を把握しておかなければならない。そのために必要な数値が、

「有利子負債の比率」である。

総資本の中では、短期借入金、長期借入金、社債、割引手形の四つが金利を支払うお金である。したがって、この四つを足して総資本で割れば、資金調達のうち金利を払うお金が何％あるかという数値が出てくる。これが有利子負債比率だ。この指標も覚えておくと、社長のポリシー策定の幅が広がる。

仮に有利子負債の比率が三〇％と出たらどうだろう。その会社は危険水域に入っているといっていい。五〇％なら瀕死（ひんし）の重傷だ。おそらく今後、銀行に借金を返すだけのために、あくせく仕事をしなければならないだろう。会社は、金利を払うために仕事をするわけではないし、銀行のために仕事をするわけでもない。当たり前のことである。ところが世の中の好・不況のはざまで、必ず五年も一〇年も金利を払うためにだけ仕事をする会社が後を絶たな

い。そのような会社の社長は、「強気が裏目に出た」と言い訳するのが常であるが、バランスシートをしっかり読み込んでおけば防げたことも多いのではないだろうか。

かつての高度成長時代には、「借金も実力のうち」と、借金によって手を広げ、事業を拡大していくことこそ、事業発展の定石のようにいわれていたときがあった。大幅なインフレが続くことを前提にすれば、借りたときの一億円は返済時には実質四〇〇〇～五〇〇〇万円、借金して設備したり土地を購入しておけば、高い金利を払っても十分に元が取れると多くの経営者が考えていた。おまけに、必ず利益が出ていれば利子は経費処理できるから、借金しなければ損だ、とまで公言する経営者も少なくなかった。しかしこれからはどうだろうか。

五年先、一〇年先の計画を立てるうえで、従来のような借金しなければ損だ、という考え方は捨てなければならないと思うのである。これからは社長としてバランスシートの要点をはっきりつかんで、資金を効率よく回すことが一層大事になってくるはずだ。自分の失敗を、インフレ経済が帳消しにしてくれることを期待してはいけないのだ。

バランスシートの左側の無駄な要素を減らせば、右側の資金調達もそれだけ減らせる。減らせるなら利息のかかるお金から早く減らした方が得である。こんな簡単な理屈はないだろう。経営とは決して難しいものではないということだ。利益はこうすることでも確実に増えていく。経営では、この「確実に」というところが肝心なのだ。

3　不測の事態にも絶対につぶれない体質

安全性とはどういうことか

会社を儲かる体質にするために、資金の効率面からバランスシートをどうみるべきか説明してきた。しかし、これだけでは片手落ちだ。

資金の無駄づかいを徹底して省き、これ以上ないというほど効率よく回したとしても、何か事件が起きたときに会社がつぶれては元も子もない。社長は効率のいい経営をすると同時に、不測の事態が起きても会社をつぶさないということを考えておかないといけないのだ。

バランスシートが会社の体質をあらわしているものだとすれば、そこには効率的な体質と同時に、安全な体質もあらわれるようにしていく必要がある。

どんなことがあってもつぶれない体質。これが会社にとっての安全性を端的に表現したことばだ。会社をどんなことがあってもつぶれない体質にするというのも、社長の大事な仕事のひとつなのである。

あってはならないことであるが、信頼していた得意先から予測もしていなかった不渡りを食ったとしよう。企業の体質が問われるのは、そんなときだ。自分がその立場になって考えてみていただきたい。

小さい手形ならまだいいとして、これが大きい手形だったら大変である。自分も仕入れ先に支払手形を切っており、もう今月にはそれを落とさなければならない。落とさなかったら、今度はこちらが倒産してしまう。「困った」と、ただ頭を抱えている場合ではない。迅速（じんそく）に何らかの手を打っていく必要がある。

常識的にいって、こういう場合にまずやることは、手元にあるお金をかき集めて支払いに充てることだ。しかし全額、現金がそろうことはまずありえない。そこで手元にあるだけの現金を持って、支払手形を切っている仕入れ先へ駆け込んで行き、

「実は、受取手形が不渡りになってしまいました。今月末、御社宛の手形を切っているんですが、ここに今うちにある現預金を全部持ってきました。申し訳ないんですけれど、これを内金として受け取っていただき、今月は一度ジャンプしていただけませんでしょうか。どうか取り立てに出さないでください」

とお願いする。そして、

「うちには今これだけの売掛債権があります。これを一生懸命回収し、来月には手形の決済に回すように努力します。それでも足りないときは、今うちにある在庫を処分します。処分して、御社に切った手形については決してご迷惑をかけないよう決済します」

と約束する。これが定石である。これ以外の方法はないだろう。

つまり会社がいざというときに安全性が高いかどうかは、**手元にすぐにお金になるものがどれだけあるか**ということにつきるわけだ。

「流動」の意味

会社が安全な体質なのかどうかをつかむ一番の指標は、「**流動比率**」である。

もちろん読者の皆さんにとって、流動比率などは基礎も基礎、常識だとされる方も多いと思う。しかしこの「流動」が何を意味するか、単なる用語の知識としてではなく社長の実務として正確に知っておく必要があろう。そこで念のため説明しておこう。

どこの会社のバランスシートにも、流動資産とか流動負債ということばが出ているが、「流動」とは、一年以内という意味である。したがって、流動資産とは一年以内に回収される資産、流動負債とは一年以内に決済する負債をいう。社長は、これを頭にたたき込んで、バランスシートの仕訳を正しくつかんでおくことが大事だ。

もう少し詳しくいえば、流動資産とは、現預金、売掛債権、在庫、その他で、一年以内に回収される資産であり、同じように流動負債とは、買掛債務、短期借入金、未払法人税、その他で、一年以内に決済しなければならない負債をいう。

商売というのは、ただ物を売っていればいいというわけではない。売ったお金を回収しなければ商売は成り立たない。この売掛金の回収にはどんなに長くても一年ということは通常ありえない。また、商売には物を仕入れるという仕事もある。仕入れた以上はお金を支払わなければならない。それを一年以上の支払いということは原則的にありえない。さらに、仕入れるだけ仕入れて、一向に売れず、在庫を山積みにしておくようでは何のための商売か分からない。したがって、在庫も最長一年以内で回転させることは常識である。

一年以上の在庫を持って商売ができるなどということは、そもそも考えられない。在庫は粗利に対して何カ月分という発想で持つべきだ。粗利率がどんどん減ってくる中で、売上や仕入れに対して何カ月分の在庫を持つなどということをやっていたら、その会社は黒字倒産してしまうだろう。粗利率が減ってきたら在庫も減らす。わたしに言わせれば、適正在庫は、業種・業態を問わず粗利に対して四カ月分である（なぜ四カ月なのかは、第八章で詳しくふれる）。

ともあれ、流動という意味をこのように一年以内と考えるのが、取引のひとつの約束ごとである。それをしっかりと把握しておく。

社長は経理マンではないのだから、それ以上余分なことは深く追求する必要はない。むしろ、このようなポイントを確実に押さえておくことが、やがて不測の事態にもゆるがない企業の安全な体質づくりに結びついていくのである。

さて、安全性の分析に話をもどそう。

安全性をはかる三つの指標

経営分析の本などでは、企業の安全性を分析する指標として、この流動比率のほかにも**当座比率**、**現金比率**という指標もよく出てくる。

これらの三つの指標は、それぞれ次の式であらわされる。

$$①\ \text{（流動比率）}＝\frac{\text{（流動資産）}}{\text{（流動負債）}}＝125\%\text{以上}$$

$$②\ \text{（当座比率）}＝\frac{\text{（流動資産）}－\text{（棚卸在庫）}}{\text{（流動負債）}}＝70\%\text{以上}$$

$$③\ \text{（現金比率）}＝\frac{\text{（現預金）}}{\text{（流動負債）}}＝30\%\text{以上}$$

①②③の数値がそれぞれ何を意味するか、分かりやすくするために、もう少し具体的に話を進めてみよう。

資金が詰まるような不渡りを食らった場合、先に述べたように、とりあえず現預金を持って、支払手形を発行した仕入れ先へ真っ先にお願いに行かなければならない。それが常識である。その場合、負債の一割に相当する現預金を持って行き、残りはすべてジャンプしてほしいと依頼したら、はたして相手は承諾してくれるだろうか。まず無理だろう。それで納得してくれるようなら、相手はよほど人のいい経営者である。

では、負債額に対して何％の現預金なら聞き入れてくれるだろうか。常識的にいって、それは三〇％である。これなら、相手が鬼でない限り、願いを聞いてくれるはずである。

だが、話はそれで終わらない。

「分かりました。一応考えましょう。でも、三〇％はいいんだけど、あとの残りはどうするつもりです?」

相手は必ずこう聞いてくるに決まっている。

要するに、残りの決済をどうするかという問題だ。そこでどうするか。棚卸在庫を処分するには若干時間がかかる。したがって、現預金の次には、流動資産から棚卸在庫を除いた分を決済に充てなければならない。売掛債権、受取手形、仮払金、前渡金などがそれだが、これらは比較的楽に現金化して回収できる。そこで、こうお願いするのである。

「残りは、あと一ヵ月お待ちください。売掛債権がありますので、それを一生懸命回収し、現金にするなり手形にするなりしてお持ちします。あるいはほかの受取手形を銀行で割り引いてもらい、現金化してお持ちします。それで何とかひとつお願いします」

それに対して、「でもねえ……」と、相手は必ず突っ込んでくるはずである。

「でもねえ、一体あといくらくらい入れてくれるんですか?」

その入れ方によっては考えてもいい、というわけだが、これはもっともな話なのである。では、一体どのくらい入れたら相手は納得してくれるだろうか。もちろん、一〇〇%完済に越したことはない。だが、事情が事情である。したがって、今日返済した現預金を加えて七〇%なら、これまた相手が鬼でない限り、これまでの長いつき合いを考慮に入れ、願いを聞き入れてくれるはずである。むろん、残りは在庫を処分して全額返済するという確約があればの話だ。

さて、ここで先に挙げた安全性分析の三つの数値を思い出していただきたい。現金比率三〇%以上、当座比率七〇%以上、流動比率一二五%以上、この三つの数値は、以上に書いたような話を背景にして生まれた現実的な数値であり、経営の定石をあらわす数値なのである。

社長は経営分析数値をどうとらえるべきか

まず現金比率だが、**「現金比率＝三〇%以上」**というのは、早い話が、手形のジャンプを依頼するに当たって、とりあえず負債額の三〇%以上の現金を持って行けば相手が納得してくれるだろうという数値である。要するに、流動負債に対して、少なくても常時三〇%以上の現預金を持っていないと企業経営は安全ではない、ということを示す数値であり、企業の安全性を見るうえでの重要な指標となる数値なのである。

次に当座比率である。仕入れ先に対し、とりあえず負債額の三〇％の現金を渡し、残りの支払いを一時待ってもらった。だが、それだけでは相手は納得しない。そこで売掛金などを回収し、支払うお金が負債額の七〇％以上に達すれば、相手が了承してくれるだろうというのが、「**当座比率＝七〇％以上**」の意味である。

つまり、流動負債に対し、流動資産から棚卸在庫を引いた残りが、常時七〇％以上ないと企業経営は安全とはいえない。七〇％以上というのは、そのバロメーターとなる数値である。

では、「**流動比率＝一二五％以上**」というのは、どういう意味だろうか。

流動比率とは、流動負債で流動資産を割ったものだ。流動資産には当然、棚卸在庫も含まれる。この棚卸が往々にしてくせものなのである。要するに、棚卸には評価が伴う。たとえば、ある会社が不渡手形を発行して倒産しそうになった。在庫品を処分するとなると、世の中は冷たいもので、いい機会だから叩いて買い取ろうという気持ちが人には起きる。それが普通であって、かわいそうだから高く買ってやろうなどという人は、まずいない。そうなると在庫が仮に一億円あっても、いざ処分する時には一億円では売れないのである。在庫は、そのように評価される。流動資産にはそういう在庫も入っているわけだから、それを流動負債で割った流動比率は、必ず一〇〇％以上なければならない。できれば一二五％以上が望ましい、というのが「流動比率＝一二五％以上」の意味である。それ以下では、企業の体質は安全とはいえない。

以上に述べてきた安全性分析における三つの指標、すなわち現金比率、当座比率、流動比率が、なぜ大事かお分かりいただけたと思う。

長期計画の二大テーマ

会社の体質を、儲かる体質に方向づけ、同時に絶対につぶれない体質に育てる。経営はバランス、というのも大事な定石である。

要するに社長は、常にバランスシートから、わが社の体質を正しくつかみ、実態が効率のいい経営となるように、なおかつ同時に、万全の健康な体質となるように、必要な手を逐次打っていかなければならない。そのためには、これまでに述べた指標のうちで、少なくとも「総資本利益率」と「流動比率」の二つだけは、常時、わが社の実際の数値を社長の頭に入れておく必要がある。

社長だけのために書かれた手づくりの実務書

出版物のご案内

日本経営合理化協会　出版局

つまり、

・総資本利益率は絶対に市中金利以上

・流動比率が一二五％以上

という具体的な数値目標に対して、自社の現実との落差こそ、長期計画の基本テーマとなるものなのだ。

さらに必要な指標といえば、総資本利益率と流動比率に加えて、当座比率、現金比率の二つだけである。それ以外は必要がない。あとの細かい計算は経理に任せておけばいい。バランスシートに目をやったとき、大まかな暗算でいいから、これらの指標がたちどころにパッと数字で出てくるようにしておくことが大事なのだ。過去の数字を読みながら、現在のわが社の実態を数字の約束ごとから客観的にとらえて、どこを改善すべきか、何を伸ばすべきか、その明確な根拠を頭にしっかりたたき込むことが必要なのである。それが長期計画を地についた、社長自身の支えとなってくれるものとする急所といえよう。

4　モデル会社D精機のケーススタディ

D精機の実態

ケーススタディのモデル会社D精機に、ここでいよいよご登場願うことにしよう。

本書の第一章で説明したとおり、D精機は、従業員約一〇〇名、年商二〇億円を上げるOA機器メーカーである。典型的な中小企業といっていい。

第1表の数字は、D精機の過去三年間の実績だが、ここにこの会社の特徴がよくあらわれている。

まず、売上高を見てみよう。三年前が一五億九三〇〇万円、二年前が一七億八五〇〇万円、直前期が二〇億五五〇〇万円である。つまり、D精機の売上はこの三年間、比較的順調に伸びてきているといっていい。

だが、表の下のほうに出ている税引前利益を見ていただけばお分かりのように、三年前が一億八一〇〇万円、二年前が一億四八〇〇万円、直前期が一億三六〇〇万円と、利益の下降傾向が顕著にあらわれている。これがこの会社の第一の特徴といえよう。

第１表　Ｄ精機の損益計算書

（単位：百万円）

項　目		直前３期		直前２期		直前期	
売上高		1,593		1,785		2,055	
売上原価		637		741		872	
	%		60.0		58.5		57.6
売上総利益		956	100.0	1,044	100.0	1,183	100.0
営業経費	人件費	335	35.0	392	37.5	476	40.2
	先行投資	57	6.0	71	6.8	90	7.6
	償却費	48	5.0	47	4.5	46	3.9
	一般経費	178	18.6	218	20.9	251	21.2
	役員報酬	52	5.4	55	5.3	60	5.1
	計	670	70.1	783	75.0	923	78.0
仮営業利益		286	29.9	261	25.0	260	22.0
事業税引当		-20	-2.1	-19	-1.8	-18	-1.5
営業利益		266	27.8	242	23.2	242	20.5
営業外損益		-57	-6.0	-73	-7.0	-95	-8.0
経常利益		209	21.9	169	16.2	147	12.4
特別損益		-28	-2.9	-21	-2.0	-11	-0.9
税引前利益		181	18.9	148	14.2	136	11.5
納税充当金		-94	-9.8	-74	-7.1	-68	-5.7
当期純利益		87	9.1	74	7.1	68	5.7
益金処分	役員賞与						
	配当金	-4	-0.4	-4	-0.4	-4	-0.3
	計	-4	-0.4	-4	-0.4	-4	-0.3
差引内部留保		83	8.7	70	6.7	64	5.4

※小数点以下の数値は、切り上げ・切り捨てによる誤差を含んでいる。

このままでは、利益が一億円を割るのは時間の問題である。どこに問題があるのか、根本的にメスを入れ、会社を健全な体質に変革していきたいというのが、D精機の社長が長期計画を立てるにいたった動機である。

売上が順調に伸びているのに、なぜ利益が減っているのか。まず、その原因を探ってみなければならない。

第一に言えるのは、経費のかかりすぎである。人件費を見てみよう。三年前が三億三五〇〇万円、二年前が三億九二〇〇万円、直前期が四億七六〇〇万円と、大幅に増加している。売上総利益に対する割合で見ても、三五％から三七・五％、四〇・二％という増え方だ。絶対額が多いかどうかは別として、分配比率が増えているのだから、労働者にとっては、これは喜ぶべき分配であったと思う。売上が順調に増えているということから多少気が緩み、人を増やし、賃金をアップし、人件費を安易に増加してきたのだろう。実は、これがバブルの影響を受けた平均的な企業の姿なのである。

先行投資も、五七〇〇万円から七一〇〇万円、九〇〇〇万円へと増加している。ＯＡ機器のメーカーだから研究開発が盛んになるのは分かるが、会社の規模からいって開発投資に分不相応なお金を注ぎ込んできた事実は否定できないだろう。

だが、減価償却費は、四八〇〇万円が四七〇〇万円、四六〇〇万円へ、パーセンテージで見ても、五％から四・五％、三・九％へと減少してきている。製造業にとって、償却費が減って利益が出ても、決して喜ぶべき現象ではない。

一般経費はどうか。ここにもバブルの影響があらわれ、一億七八〇〇万円から二億一八〇〇万円、二億五一〇〇万円へ、配分比率も一八・六％が二〇・九％、二一・二％へ増加。使いほうだいという結果が出ている。

役員報酬も、五二〇〇万円、五五〇〇万円、六〇〇〇万円と増えているが、パーセンテージで見ると、これは減ってきている。

以上の営業経費をトータルで見ると、三年前が六億七〇〇〇万円、二年前が七億八三〇〇万円、直前期が九億二三〇〇万円となっており、パーセンテージで見ても、七〇・一％、七五％、七八％と、著しく増えてきている。これがD精機の利益を圧縮するひとつの要因になっているということは、簡単にお分かりいただけよう。

当然ながら、営業利益が二億六六〇〇万円から二億四二〇〇万円へ、率にすると二七・八％が二三・二％、二〇・五％へと低下してきている。

これにさらに追い打ちをかけているのが、営業外損益の金融費である。三年前に六％であったものが、七％に増え、さらに八％に増えている。これも利益を圧縮している大きな要因になっていることは間違いない。銀行からの必要以上の借り入れが原因だが、その意味では、この会社も、売上は伸びていても、無駄づかいをあちこちでしていて利益が上がらなくなってきた、いわゆるバブルの影響を受けた典型的な会社のひとつといっていい。

以上が、**第1表**からみたD精機の大まかな実態である。このように過去の実績を時系列に並べてみることから現状認識はスタートする。

改善すべきポイントは何か

そこで今度は、**第2表**のバランスシートを見ていただきたい。

「資本の部」の合計、二四億九一〇〇万円がD精機の総資本である。したがって、**第1表**に出ている税引前利益の一億三六〇〇万円をこの総資本で割った数値、すなわち五・五％がD精機の総資本利益率ということになる。

総資本利益率が五・五％というのは、かろうじて合格というところだろう。だが、今見てきたような利益の下降傾向をそのまま延長していったら、総資本利益率が市中金利以下の会社になるのは時間の問題である。

第２表　D精機のバランスシート（直前期）

（単位：百万円）

資産の部		負債並びに資本の部	
流動資産	1,653	流動負債	325
現預金	229	買掛債務	230
手元預金	（　43　）	短期借入金	0
運用預金	（　186　）	未払法人税	42
有価証券	（　0　）	その他	53
売掛債権	801	固定負債	994
棚卸在庫	603	長期借入金	994
その他	20	預り金	0
固定資産	788	諸引当金	20
土地	105	資本	1,152
その他	683	資本金	35
	0	諸積立金	1,049
投資	50	当期利益	68
合計	2,491	合計	2,491

とはいえ、今のところ総資本利益率は何とかなっている。問題は流動比率だ。**第2表**で算出するとこれが五〇九％である。前項でも書いたように、流動比率は一二五％以上が望ましい。しかし多ければいいというものでもない。五〇九％ではあまりにも多すぎる。異常な数字といっていい。すなわち無駄が多すぎる。

また、当座比率を計算してみると、三二三％となっている。常識的に当座比率は七〇％以上が望ましい。それも先に述べたとおりだ。それが三二三％というのだから、やはり常識から外れた数値といえよう。

現金比率は、三〇％以上あればおおむね合格点なのだが、この表から算出してみると七〇％である。これもやはり多すぎる。

こういう常識を外れた数字になるというのは、社長が安全にポイントを置きすぎただけではない。おそらくバランスシートを経営者の目で読まなかったからだ。ひょっとするとバランスシートの読み方を知らなかったのではないか、と疑われても弁解できないだろう。いかにバランスシートに無駄があるか、一目瞭然である。一度でもバランスシートを社長として読んでいれば、こんな数字は発生しないはずなのだ。

D精機の下降気味の業績を上昇に向かわせるには、損益計算書を直すよりも、バランスシートの内容を改善していくことだ。そのほうがはるかに利益が出る会社になるだろう。

まず、流動比率が五〇九%というのは、いかにも常識を外れている。常識を外れた安全性は、逆に無駄が多いということだ。すなわち流動資産のスリム化を検討し、その分資金の調達を減少させれば、それは即、利益の向上になる。たとえば流動比率を一二五%とすれば、流動負債は一三億二〇〇〇万円あってもよい。その分借入金を減らすと、この会社は無借金経営となり、何をしなくとも金利が四〇〇〇~五〇〇〇万円減少し、その分利益が増加する。結論から言えば、この会社は銀行から資金を導入する必要が全然なかったのだ。こんな簡単なことを社長が気づいていない。社長としてのバランスシートの押さえ方に関心をもたずに、いつのまにか儲ける体質を悪くしてしまったのである。したがって、この無駄をなくすことによって体質転換を図っていくこと。それがD精機を立ち直らせるために、最も即効的でなおかつ確実な対策ということになろう。そういう点を目玉としてこれから長期計画を立てていけば、D精機の体質改善は比較的容易ではなかろうか。**第2表**のバランスシートは、そのことを教えてくれているのである。

第四章
五年先までの経営ビジョンを設定する

社長の抱く夢や野望が大きければ大きいほど、将来の可能性は果てしなく広がっていく。

しかし社長が設定する「経営ビジョン」は、実現可能な裏づけをもった「計算された未来」を描くものでなければならない。

そのためには、社長の漠然とした夢や野望を、社長の役割意識と数字の約束ごとによって冷静に整理する必要がある。

本章の核心である「付加価値配分目標計画」は、社長の夢を数字に移し替え、実現可能な経営ビジョンを設定するためになくてはならない重要な資料である。この計画によってはじめて、夢と現実との間で最大限の可能性を追求することができるようになるのだ。

1　五年後、一〇年後にどういう会社にしたいか

気楽に社長の夢を描いてみる

わたしは、「経営ビジョン」とは「**計算された未来構想**」でなければならないと考えている。

「計算された」という意味は、実現の可能性をあらゆる角度から数字でチェックされているということだ。単なる社長の夢や野望の段階では、「経営ビジョン」とは呼べないのである。そこで、社長の野望や夢というものと「経営ビジョン」とのつながりについて考えてみよう。

五年後、一〇年後に自分の会社をどういう会社にしたいか、経営者として自分がどのような状況にいたいのか、将来のことを一度も考えたことのない社長は一人としていないはずだ。

どの社長にも、言葉や文章ではっきりと表現できなくても、夢のような何らかの将来構想がある。しかしそれらの大部分は、他人には話せないような個人的な願望であったり、もし話しても笑われてしまうようなホラとしか言いようのない途方もない野望であったり、理屈

では整理できない漠然（ばくぜん）としたものも含まれていて、頭の中に混在しているのが現実であろう。それで一向にかまわない。漠然とした夢であっていいのだ。

長期計画を立てるに当たって、まず最初に重要なのは、この社長の漠然とした野望や夢の存在なのだ。

長期計画の経営ビジョンは、社長の野望や夢があってはじめて生まれてくるものなのである。ところが、いざ自分の野望や夢を、具体的に経営ビジョンとして文章や数字で表現しようとすると、難行苦行（なんぎょうくぎょう）してしまう社長が多い。それは、次の二つの勘違いを思わず犯してしまうからである。

ひとつは、いわゆる「経営ビジョン」を考えるときに、自分の夢と重ね合わせて本音で考えずに、どうしても会社としてどうあるべきか建前論で考えてしまうことだ。

大事なことは、「社長として俺はこうしたい」という、社長個人の本音を見つめることだ。あくまで個人として、自分の将来、会社や商売の行く末を自分としてはどうしたいのか、思うように描いてみることが肝心なのである。会社としてどうだこうだというのは、会社のスタッフが考えることであって、社長の発想ではない。スタートから自分の本音を無視して、いくらきれいごとを考えても、本気で突っ込んだものが生まれてくるわけがない。社長があくまで本音で、自分の人生をかけても悔いのない野望や夢を思い描き、自分の人生についてもう一度深く考えてみることからスタートすべきなのだ。

自由勝手に自分の人生の夢を描くのだから、楽しくないはずはない。経営とは本来楽しくなければならない。難行苦行になってはいけないのである。

二つ目の勘違いは、最初から完全な経営ビジョンを作文しようとすることである。まず気楽に考えてみることだ。どこかに矛盾があってもかまわない。あとで現実と照らし合わせながら本当にできるかできないかチェックしていけばよいことだ。まずは自分の夢を描くだけなら気楽に取り組めるだろう。

自分の夢を思い切り描いてみる。その後で、前章までに説明してきた「社長の役割意識」と「数字の約束ごと」から実際にやれるかどうかを検証していくのだ。夢と現実の間で試行錯誤する。そこから社長の具体的な「経営ビジョン」が生まれてくるものだ。この手順を忘れてはいけない。いきなりスタートから、見様見真似で借り物のビジョンを作文することはないのである。

ともあれ、長期計画は決して難しいものではない。簡単にできて楽しいものだということを前提に、自分の夢をまず大ざっぱに計画に移し替えてみることだ。問題点があれば、また考え直していく。長期計画は、何も一度つくったら終わりというものではない。肩を張らずに気楽に取り組んでいくことが実に大事なのである。

社長の野望を現状からチェックする

将来は過去の延長線上にあると述べたが、読者の皆さんは筆者の真意をくみ取っていただいていると思う。

社長が野望を思い切り膨(ふく)らませることは確かに大事なスタートである。しかし、お祭りのプランを立てることは大事だが、それをどのように実行していくかという裏づけが必要なのだ。何か新規の事業に転換するということでもない限り、過去の実績から極端に掛け離れたような急激な変化は起きえない。

つまり長期計画のスタートは、気楽に社長の野望を膨らませることであるが、次には、過去に培(つちか)ってきた体質との落差を知ることが大事である。そこから漠然とした野望や夢を実現に近づける「社長の決意」や具体的な「社長の経営方針」が生まれてくるのだ。ここが重要なところである。

だが、一般には、現実を無視して夢ばかり膨らませ、そのギャップを埋めるどころか、逆にその差をどんどん広げている社長が少なくない。なかには「一〇年後にわが社は〇〇の販売で日本一となる」と、その文句は勇ましいかぎりだが、肝心の根拠は売上対前年比一五〇％を続ける売上計画だけ、という構想を実際に見せられたことがある。ところがその会社の現状は、住宅用資材の一地方代理店であり、薄利のうえに借金体質で儲けを金利に食われて、総資本利益率が一％あるかどうかの経営なのであった。これでもし一五〇％もの売上増を実行していったらたちまち運転資金に詰まるはずだ。こういう夢は野望といわず無謀（むぼう）という。数字が並んでいても、つじつま合わせにもなっていない。なまじ具体的な数字になっているだけに、かえって周囲は白けるだけだ。現状との差を痛いほど認識するならいざ知らず、これでは立ててもあまり意味がない計画といわなければならない。

社長は、現実と夢の間で最大限の可能性を追求していく人でなければならない。

長期計画を立てるときは、社長個人としての夢を描きながら、同時に過去三年間の数字を横に見て、「具体的な経営ビジョン」につくり上げていく。つまり社長の夢は、数字の約束ごとによるコントロールが必要なのだ。実践の場で、自分の会社にどういう特徴をもたせ、どのように生き抜いていくかということを、夢と現実の体質とを見比べながら試行錯誤しつつ考えることが、非常に重要な意味をもってくるのである。

何度も書くように、過去の体質の延長上にこれからの経営がある。現実の会社の体質と体力の実態をつかみ、どう舵取りして修正していくかというのが経営というものだ。過去の数字を左目で見ながら、右手で将来の数字を書いていく必要がそこにある。そのときに、あまりに非現実的な数字を記入していけば、あとで必ず実現不可能という答えが出てくるはずだ。かといって、逆に消極的になるのも問題である。あまり過去の数字にこだわりすぎていると、消極的なビジョンしか生まれなくなり、結局は何も変わらない旧態依然とした会社になってしまうだろう。それが、経営ビジョンを固める前に、思い切り夢を膨らませる必要があるゆえんだ。

社長の考えを数字にする

社長は、自分の考えを数値化するクセをつけるべきである。

このことは第十章でもまとめて述べることだが、長期計画を策定するうえでの大前提なのである。

改めて言うまでもないことだが、社長は人一倍ロマンチストでなければならない。そうでなければ大失敗の可能性もある事業を、自分の人生を賭けて、新たに興したり経営を続けたりできるものではない。それに社長は人一倍人情家だ。そうでなければ、生まれも育ちも違う多くの人を率いていけない。人並み以上に人間の情緒というものを大事にしているのが、社長と言ってよいだろう。

一方、数字は人間の情緒と対極にあるものだ。理屈の世界で実に客観的である。数字の約束ごとはドライで、情の入り込む隙間もないようである。だからこそ、溢れるような社長の情も整理してくれる。社長の情緒を冷静にコントロールしてくれるものが数字なのである。つまり人並み以上の情緒に溢れているからこそ、社長には人並み以上の冷静な数字のコントロールもまた必要なのである。経営はバランス、と申しあげたが、社長の頭の中で、夢と数字とのバランスこそ一番大事かもしれない。

社長は自分のロマンや夢を数値化する、言い換えれば、経営の数字に社長の意思を込めることが必要なのである。**社長は会社の数字を意図的に創り出す人**でなければならないということだ。

事業の経営には数字の約束ごとがつきものである。ところが幸いなことに、用いられる数字はそう難しいものではない。小学生の知識で十分ときている。それでいて、商売の長い歴史の中で培った経験則から、社長にとって非常に重要な決断の根拠となるものだ。数字は、社長の考え方を明快に整理してくれる実に便利な道具なのである。

事業経営を簡単にするには経営の定石を踏まえることだと、申しあげた。そして多くの**経営の定石は、数値化することによってより客観的な判断材料となる。**

たとえば、「もっともっと儲かる会社にしたい」というのであれば、総資本利益率を社長がつかんでいないといけない。「いざというときにビクともしない会社に育てたい」というのであれば、社長が自社の流動比率を具体的につかんでいないと、単なる寝言ということになる。

社長の野望と役割意識

社長の野望をコントロールするもうひとつの大事な要素は、「役割意識」である。

これまでに説明してきたように、社長の役割は、第一に「将来の方向づけ」であり、第二に「関係者への付加価値の分配」にあった。社長という仕事を選んだ以上、自分の野望や夢は、この社長の役割と切っても切れない不即不離の関係にある。

気軽に、思う存分膨らませた社長の野望を少しでも実現に近づけるためには、その方向へ会社を大きく向けていかなければならない。

同時に、実現に向けて協力してくれる相手にも、成果を分配してさらに実現に向けて協力を得ていかなければならない。社員への分配をどうするか、再生産への配分はどうか等など、結果として、周りから立派な社長だと言われるような役割を果たすことが必須だ。立派だから尊敬され、尊敬されるから協力してくれる。それが最善の経営なのだ。

社長は、分配を通して自分の夢を実現させる人でもあるのだ。そうでなければ、自分の肝心な夢を実現することは叶わない。

自社の現実と夢のギャップをつかみ、さらにこの「役割意識」から社長の野望を数値的に整理していくうちに、これだという経営ビジョンがしだいに見えてくるはずである。自分の夢を実現するための社長の覚悟、ポリシーが社長自身の中に固まってくるのである。

実は、次項でとりあげる「**付加価値配分目標計画**」は、これまでに説明してきた**社長の野望や夢を、明確な「経営ビジョン」に移し替える翻訳機**（ほんやく）のようなものなのである。

2　付加価値配分目標計画

社長の野望の青写真

ここで、**第３表「付加価値配分目標計画」**を見ていただきたい。

一見、付加価値の配分先を記した単なる一枚の表にすぎない。だが、これが実は、長期計画を立てていくうえで非常に重要な役割を果たしていく表になるのである。

この一枚の表に、社長の野望と役割が表現されることになるからだ。

「付加価値配分比率」をどこから引き出してくるかなどについては後に述べるとして、社長はまず、わが社の**過去三期**の付加価値配分比率をこの表に記入する。そして、記入したそれらの数値を見ながら、次に社長としての自分の夢を数字にして書き入れていくようになっている。社長としての将来の夢を数字にあらわすのが長期計画である。五年計画であれば五年後の、一〇年計画であれば一〇年後の夢を描く。たとえば五年計画というのは、五年間の計画を立てることではない。結果としてそうなるとしても、目的は五年後に自分の会社をどうしたいかという社長としての夢を描くことなのである。途中のプロセスは後の問題だ。

第3表　付加価値配分目標計画（社長方針）

（単位：%）

	項　目	直前3期	直前2期	直前期	初年度	2年度	3年度	4年度	5年度
付加価値配分	社員配分								
	経費配分								
	再生産配分								
	先行投資配分								
	金融配分								
	安全配分								
	社会配分								
	資本配分								
	経営者配分								
	蓄積配分								
	合計								

したがって、表にはまず、社長の五年後の夢を数字で書き入れていく。しかる後に、夢と現状とのギャップを五年間でどう埋めていくかを考え、これも数字にして残りの空欄に書き入れていく。ということであれば、記入されたこれらの数字には、どの数字にも社長の夢、社長の意思、社長の考え方、社長の役割意識が反映されていなければならない。ここが重要なのである。

こうして社長の長期経営ビジョンが数値化され、この一枚の表に集約されていく。単なる一枚の表にすぎないと思われたこの「付加価値配分目標計画」のひな型が、社長の夢を凝縮（ぎょうしゅく）した数値で埋められていくことによって、社長の野望の青写真となり、つまりは社長の基本方針そのものと化し、長期計画の大事な土台となっていくのである。

社長の役割意識を明確にもつ

社長の役割というものを、ここでもう一度繰り返す。根源のことだからしつこく何回も確認しておきたいのだ。

事業は社長一人で成り立っているわけではない。社長と社員が一体となり、外部のさまざまな協力を得ながら付加価値を生み出していくというのが企業経営である。

生み出された付加価値は、付加価値造成に携わった人々や機関等にバランスよく配分されていかなければならない。それを考え、実行していくのが社長である。言い換えれば、多くの協力者たちをいかにうまくコーディネートして付加価値を上げていくか、そうして生み出された付加価値をいかにバランスよく、それぞれが満足するように配分していくかというのが社長の役割である。この役割を果たしてこそ、はじめて社長は立派な経営者として認められ、尊敬されるようになる。そこに経営の原点があり、本質がある。

付加価値の配分先をここでは表に示す一〇としているわけだが、社長の野望の実現は、この一〇の配分先にいかに配分決定していくかにかかっていよう。第二章でもふれたように、配分の方針次第で、会社は良くも悪くもなるからだ。

したがって社長は、鮮明な役割意識を抱くことだ。同時に、付加価値の分配にこそ経営の本質があるということに関し、十分に理解を深めておく必要がある。そのうえで、この「付加価値配分目標計画」の表に社長の基本方針を数字で書き入れていく。

長期計画を立てるに当たっては、これが非常に重要なポイントだといわなければならない。**分配の哲学のないところに長期計画はありえない**のである。

一〇の配分先

付加価値の一〇の配分先については、すでに第二章において大木の枝を例に説明したとおりだが、これ以後の記述をわかりやすくするために、簡単に説明しておきたい。

まず「社員配分」だが、これは給料とか賞与とか福利厚生費というかたちで社員に配分する付加価値の一部で、一般にいう人件費である。

次の「経費配分」は、営業に必然的に伴う固定費・変動費等の経費に対する配分で、損益計算書の一般経費に相当する。

三番目の「再生産配分」は、いわゆる減価償却費だ。損耗し、陳腐(ちんぷ)化する設備・機械などを入れ替え、再生産に備えるための経費配分である。

四番目が「先行投資配分」である。研究開発費や新業種へ向けての調査費用など、将来の仕事に対する投資を指す。

次の「金融配分」は、金融機関に支払う金利への配分である。損益計算書でいう営業外損益だ。

六番目は「安全配分」である。企業は、受取手形が不渡りになるなどの不測の事態に対し、貸倒引当金を準備するなどして常に安全を心掛けていなければならない。また固定資産を売

第五図　P/L と分配先の関係

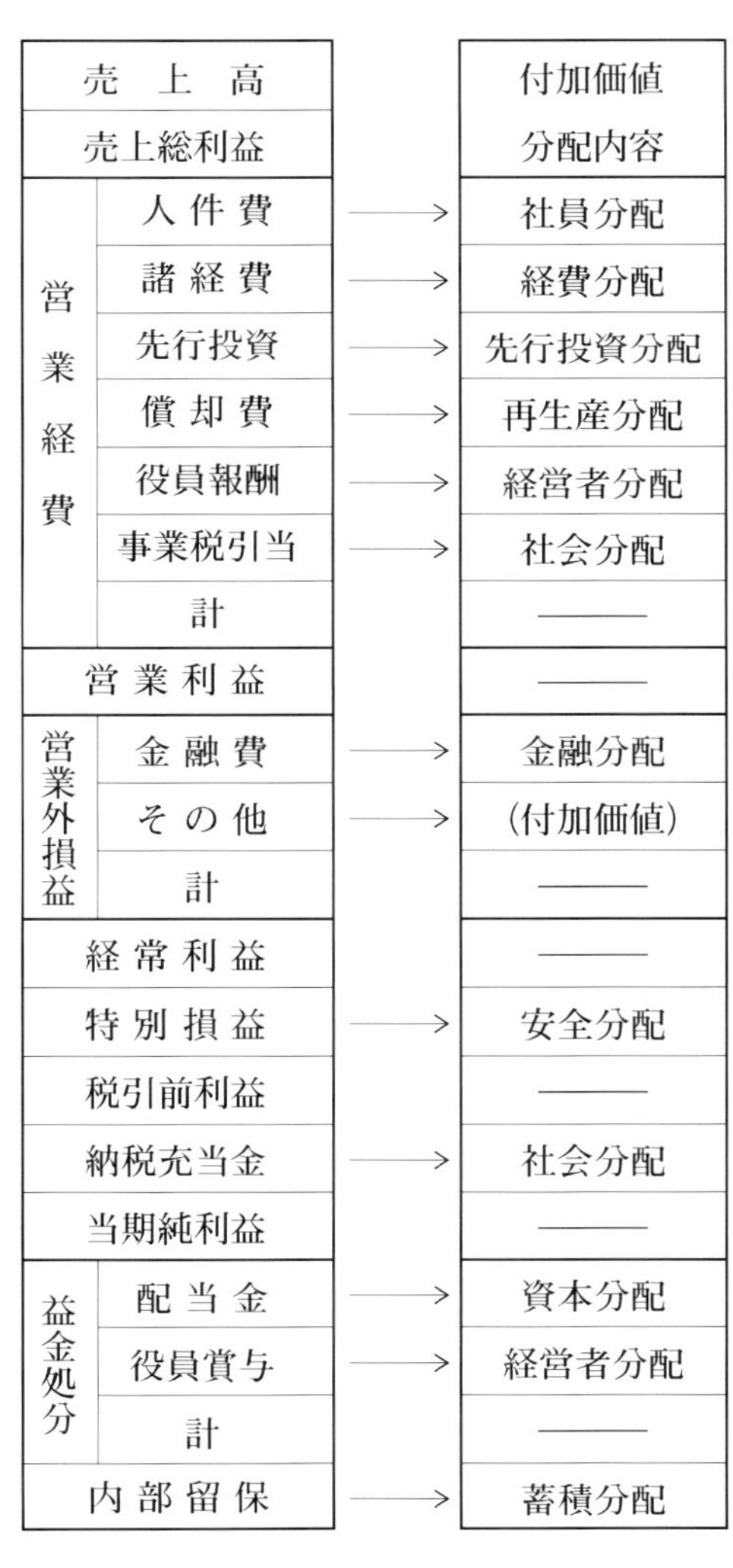

	売上高		付加価値
	売上総利益		分配内容
営業経費	人件費	→	社員分配
	諸経費	→	経費分配
	先行投資	→	先行投資分配
	償却費	→	再生産分配
	役員報酬	→	経営者分配
	事業税引当	→	社会分配
	計		―――
	営業利益		―――
営業外損益	金融費	→	金融分配
	その他	→	(付加価値)
	計		―――
	経常利益		―――
	特別損益	→	安全分配
	税引前利益		―――
	納税充当金	→	社会分配
	当期純利益		―――
益金処分	配当金	→	資本分配
	役員賞与	→	経営者分配
	計		―――
	内部留保	→	蓄積分配

却した場合に赤字が発生することもあり、不良棚卸資産の除去損等に対する備えも必要だ。これへの配分が安全配分で、決算上の特別損益や資産の売却損益に相当する。

次の「社会配分」というのは、要するに地方税、事業税、法人税などの税金に対する配分である。

八番目が「資本配分」だ。会社への資本の提供者、すなわち資本家への配分で、決算上の配当金に相当する。

九番目に「経営者配分」がある。いわゆる役員報酬・賞与だ。

最後の一〇番目が「蓄積配分」である。企業の将来に備えて蓄えておく貯金への配分で、損益計算書の差引内部留保に当たる。

以上が、付加価値の一〇の配分先である。

こうして見てくると、一〇の配分先が、損益計算書の勘定科目と重なっているということに気づかれよう。実際にそのとおりで、一〇の配分先を裏返せば、**第五図**に示すように損益計算書になるのである。

（注）営業外損益の内で金融費用以外のその他の金額は、配分実績を求める際に付加価値に加算または減算して修正する必要がある。そうしないと付加価値の配分比率が合計で一〇〇％にならないからである。

損益計算書に分配の発想があるか

だが、ここで改めて強調しておかなければならない重要なポイントがある。「経営は分配である」という思想がなければ、付加価値配分計画は決して生まれないということである。

これに対して、損益計算書はどうだろうか。まず頭に売上高があり、いろいろな勘定科目を差し引いていって最後に内部留保が残る。分配の発想はどこにもない。つまり、損益計算書からは、社長の長期経営発想は生まれないのである。

ところが多くの社長は、損益計算書の発想で経常利益を大事にして、利益はいくら出るか、利益は配当するべきか内部留保にまわすべきか、税金に取られるくらいなら一部を社員に賞与として還元すべきか、あるいは自分の取り分をいくらにするか、といった年度単位の考えに終始しがちである。

これに対して、付加価値経営に目覚めた社長は、あえて決算書のことばを使えば、人件費はもとより、一般経費、減価償却費、支払利息、各種の引当金、税金等々について、五年先、一〇年先までの配分を社長の役割として考えていく。これこそが経営というものだろう。わたしが付加価値配分にこだわる理由がここにある。

たしかに付加価値の配分先は、結果として損益計算書の勘定科目と重なっていく。だが、それは最初に損益計算書をつくったからそうなったのではない。社長のポリシーは、付加価値の配分計画を作成する中で発揮される。こうして社長の夢やポリシーを込めて作成した配分計画が、結果として自動的に会社の損益計算書になっていく。そのプロセスが大事なのである。

もう一度繰り返そう。いきなり損益計算書の発想で利益計画をつくるのは、経理の仕事であって、社長の仕事ではない。社長は自分の役割を果たすために、まず付加価値の分配を考える。分配に対するポリシーを発揮すると、それが自動的に売上計画や利益計画になっていく。これがわたしのいう付加価値経営の基本的な考え方である。

それはいわば**「目標損益計算書」**を、**社長の役割意識で作成する**ともいえよう。ここに社長がつくる長期計画の最大のポイントがあるといっていい。

では、付加価値配分目標計画は実際にどのように作成していくのだろうか。

付加価値配分目標計画の立て方

社長が計画作成に当たって最初にやるべきことは、まず会社の過去の実績を数字で知ることだ。

①過去三期分の配分実績を記入する

まず、自社の損益計算書の中から付加価値の一〇の配分先に相当する科目を探し出し、そこに書かれている数字の比率を計算し、過去三期分にわたって**第3表**の該当する欄に書き入れていく。こうすることで直前3期、直前2期、直前期と、過去三期分の付加価値の配分比率の実績がはっきり社長の目に見えるかたちになっていくのである。

「金融配分が思ったより急に増えている」、「安全配分を無視していたな」、「蓄積配分を大事にしすぎて、再生産配分にその分のしわ寄せがきてしまった」等というように、過去の比率を一見するだけで、損益計算書から読み取ることができなかった過去の経営手法の欠点に改めて気づくに違いない。それらの一つひとつの気づきが、将来の打つ手をより実現性の高いものへと磨いていくのである。

経営というものは、短所が分かれば時間をかけても直していく、長所は積極的に伸ばしていく。ただそれだけの連続であり、決して難しいものではない。一番困ることは、長所にも短所にも気がつかないことなのだ。

②五年後の配分目標を仮設定する

次に社長は、表に書き入れられた過去三期分の数値をにらみながら、**五年後の各配分について**社長としてのとりあえずの方針を決め、ラフでもいいから、それを数字にして表の「五年度」という欄に書き入れていく。

たとえば、もっと社員に厚くしたいという方針に決めたら、社員配分比率を高くしたり、何とか借金体質を改善しようという方針を立てたら、金融配分への比率を低くしていくといったように、社長のポリシーを反映させながら、**意図的に配分比率を設定してみる**のである。これらの意図的な設定は、事務や経理の担当には考えも及ばない領域なのだ。会社の中で、社長にしかできないことなのである。実現可能かどうかは、後で検討すればいい。この段階では、とにかく社長の五年後の夢を大ざっぱでいいから数字に直して書き入れてみることだ。

ただし、夢とはいえ、実務家としての社長が描く夢であるからには、あまりにも現実離れした数字でも困る。実現可能な夢を描くというのが、社長としての夢の描き方というものだろう。そのためにこそ過去三期分の配分比率を書き入れたのである。したがって、過去の数字とよく相談しながら社長の夢を書き入れていく。

こうして、社長のポリシーが具体的なビジョンとして数字に翻訳され、表の「五年度」の欄に書き入れられていくわけだが、これで作業が終わったわけではない。空欄のままになっている「初年度」から「四年度」までの欄を数字で埋めていく仕事がまだ残っている。

③初年度から四年度までの配分目標を仮設定する

五年後の社長の方針を決めれば、あとは現状の数字とのギャップを、案分して割り振っていくだけでいい。この作業は簡単だ。

たとえば、金融配分への比率が現状で一〇%として、これを五年後には二%まで下げていきたいという方針であれば、差の八％を五年分で割った一・六％ずつ、初年度から下げていくのである。そうすると、初年度八・四％、二年度六・八％、三年度五・二％、四年度三・六％となり、五年度には目標の二％になっていく。これだけの作業である。

もちろん、必ず均等に一・六％ずつ下げていかなくてもいい。年度によって多少の増減が出てくる場合もあろう。そのへんは社長の勘で決めていく。ラフでいいのだ。

これでとにかく、現状をふまえ五年後の夢を描き、その夢と現実を結んでいくことによって、各年度のそれぞれの配分率が決まり、五年後の社長の夢の実現までにどのようなプロセスをふまえていくかというターゲットが決まったことになる。社長の野望の青写真は、これで一応描けたことになるわけだ。

実際にこのとおり実現できるかどうかは、この段階ではまだわからない。これを第五章以下で説明する**「運営基本計画」**に落とし、人の面、設備の面、資金の面から実現性をチェックする必要がある。

その実際については、第五章以下で詳しく説明することにして、次に、モデル会社二社のケーススタディをとおして、付加価値配分目標計画の立て方を、もっと実務的に突っ込んで説明しておこう。

3　《ケーススタディ1》D精機の付加価値配分目標計画

利益が下がってきた原因

D精機については、すでに第三章において過去三期分の決算書を分析してみた。その結果分かったのが、次のような現状の問題点である。

① 売上が順調に伸びているにもかかわらず、税引前利益がしだいに下がり、このままでは、三年前に一億八〇〇〇万円あった税引前利益は遠からず一億円を割ってしまうだろう。それは時間の問題である。

② 売上が伸びているという安心感にバブル経済の影響が加わり、人件費を大幅に上げてきた。

③ 分不相応な先行投資がなされてきた。

④ それに対して、大事な設備投資を怠ってきた。

⑤ 使い放題を許す放漫経営によって一般経費がどんどん増大してきた。

⑥　銀行から言われるままに土地投資を目的とした資金を借り入れ、営業外損益の金融費を増やしてしまった。

以上がD精機の現時点における問題点である。要するに、バブル経済の影響から放漫体質が身につき、第一に営業経費を増大させ、第二に金融費を増やしてきたことが、利益を圧迫し、D精機を現在の低収益会社に陥れた大きな要因であった。

D精機の決算書から過去三期分の配分比率を拾い出し、書き入れたのが**第４表**である。D社長は、過去の経営を反省した結果、以下の諸点を長期計画のテーマとし、その夢を**第４表**に書き入れていくことにした。

①　五年後に高収益会社を築く。

②　社員はこれからも優遇していきたい。

③　バブル時代の放漫経営を修正する。そのために、特に一般経費を徹底的に見直していく。

④　どんな環境にもつぶれない会社にするため、無借金経営を目指したい。

これが社長の基本的な考え方である。D社長は、この基本方針をどのような数字に直して**第４表**に書き入れただろうか。

第４表　付加価値配分目標計画（社長方針）

（単位：％）

項目		直前３期	直前２期	直前期	初年度	２年度	３年度	４年度	５年度
付加価値配分	社員配分	35.0	37.5	40.2					
	経費配分	18.6	20.9	21.2					
	再生産配分	5.0	4.5	3.9					
	先行投資配分	6.0	6.8	7.6					
	金融配分	6.0	7.0	8.0					
	安全配分	2.9	2.0	0.9					
	社会配分	11.9	8.9	7.2					
	資本配分	0.4	0.4	0.3					
	経営者配分	5.4	5.3	5.1					
	蓄積配分	8.7	6.7	5.4					
	合計	99.9	100.0	99.8					

配分についての社長方針

第5表は、Ｄ社長が自分の五年後の夢を数字にして書き入れたものだ。まず社員配分を見てみよう。過去の数字は、直前3期から直前期まで、三五％↓三七・五％↓四〇・二％と上がってきている。利益は社員配分が三五％の時に一番上がっていた。とすれば、会社を高収益体質にしたかったら、これを何とか過去において一番利益の出たときの三五％ぐらいで収めたい。ただし、これでは社員配分は下がることになり、単純に考えれば社員を優遇していくという社長としての基本ポリシーに反することになろう。だが、配分率を下げても給料の絶対額を上げていけば問題はないはずだ。たとえば、仮に直前期の一人当たりの給料が四〇万円だとしたら、五年後に五〇万円に上げて分配率を下げていく。それなら働く人にとっても喜ばしい話ではなかろうか。そのためには会社が生み出す付加価値を上げていくしかない。そこでＤ社長は、付加価値をそこまで高めていくという固い決意を胸に、五年後の社員配分を三五％と書き入れたのである。

次に経費配分を見ていただきたい。経費配分も人件費と同じように、過去三年間、一八・六％↓二〇・九％↓二一・二％と異常に増えてきている。これについては、今後徹底的に経費を切り詰めて節減し、バブル体質から一日も早く脱却したい、したがって五年後には何と

第５表　付加価値配分目標計画（社長方針）

（単位：％）

項目		直前３期	直前２期	直前期	初年度	２年度	３年度	４年度	５年度
付加価値配分	社員配分	35.0	37.5	40.2					35.0
	経費配分	18.6	20.9	21.2					15.0
	再生産配分	5.0	4.5	3.9					7.0
	先行投資配分	6.0	6.8	7.6					7.0
	金融配分	6.0	7.0	8.0					0.0
	安全配分	2.9	2.0	0.9					2.0
	社会配分	11.9	8.9	7.2					15.0
	資本配分	0.4	0.4	0.3					0.5
	経営者配分	5.4	5.3	5.1					4.0
	蓄積配分	8.7	6.7	5.4					14.5
	合計	99.9	100.0	99.8					100.0

か経費配分を一五％までもっていきたい、というのが経費に関する放漫ぶりを反省したD社長の基本方針だ。経費のような一方的に出ていくお金に関しては、使い方の優先順位を決めるなどして、きめ細かく管理する必要があろう。そして節減に節減を重ね、減らした分を他の有効な分野に回すことが再建計画のノウハウではなかろうか、とD社長は考えたのである。もちろん、これには相当な努力がいるだろう。実行するのはきついけれども、全体のバランスを見れば、何とか一五％の範囲内に抑えるよう経費削減ができないものだろうか。これが、五年後の経費配分を一五％としたD社長の考えであった。

では、次の再生産配分はどうか。これは、逆に過去三年間、五％→四・五％→三・九％と減ってきている。要するにこの三年間、設備投資をほとんどしていないということだ。製造業であるからには、設備投資をして生産性を上げていくという姿勢が大事だろう。また、製造業には製造業としてのひとつの常識というものがある。再生産配分が三・九％以下というのは製造業としては非常識だ。できれば一〇％の配分が理想的だが、これはD精機の現状からして無理だろう。ただどうしても、このへんで設備というものを見直し、人手をあまり使わず、設備によって生産性を上げていく方向へ転換していかなければならない。とすれば、減価償却費はせめて七％ぐらいまでもっていく必要がある。これが五年後の再生産配分を七％とした理由である。

次に、先行投資配分を見てみよう。過去三期は、六％→六・八％→七・六％と伸びてきている。だが、会社の現状を考えれば、今後このままの延長線上で伸ばしつづけていくことは難しい。ただし、いかに会社の状態が苦しくても、先行投資への手を緩めていれば会社の将来の繁栄は望めなくなるだろう。したがって、先行投資は苦しくてもつづけていくべきだが、全体のバランスからいけば、先行投資だけを一本調子で上げていくわけにはいかない。そこで、会社の状況と身の程を考え、一応現状とほぼ同じ七％程度の先行投資をつづけていきたい、ということから書き入れたのが、七％という数字である。

五年後の無借金会社を目指して配分目標を設定する

次は、金融配分である。過去三期は六％→七％→八％と上昇しており、これが利益を圧迫している要因となっていることが容易に読み取れよう。ここで一三三頁のバランスシートをもう一度見直していただきたい。流動比率が五〇九％という非常識な数字になっているが、その大きな原因が、D精機の借入金が短期借入金ではなく長期借入金であること、それが約一〇億円にも達しているという点にあることは歴然としている。つまり、金融費が大幅に増えている主な要因は、借入が増えていると同時に、高い金利のお金を借りているということだ。そこで、何とかこれを返済し、無借金経営にしたいというのがD社長の夢になったのである。ということであれば、できるかできないかはともかくとして、金融配分を五年後にゼロにしたい。これは社長でなければできない大英断であろう。五年後の金融配分〇%という数字は、そういう社長の夢を表現した数字である。

次の安全配分はどうだろうか。これは過去三期、二・九%→二・〇%→〇・九%と大幅に減少している。利益が薄くなっていることがこれへの配分を少なくしてきた原因だが、製造業の場合は、これは問題だろう。たとえば、一〇〇個の製品のオーダーをもらったときに、一〇〇個分の材料で完璧に一〇〇個の製品ができるということはありえない。最低一%分のロスは見ておくべきだろう。そういうロス化する分も経費として準備しておかなければならない。あるいは、機械は日進月歩する。普通の工作機械であれば一二年で償却するものを、まだ償却期間がこない内に新しい機械と入れ替えなければならなくなることもあろう。そのとき出る売却損にも備えておかなければならない。製造業の場合は、そういうことへの備えが二%というのが常識だ。逆に二%を大きく超えれば管理状態が放漫ということになるし、それ以下の備えでは少なすぎる。やはり二%というのが常識的な数字であろうということから、Ｄ社長は五年後の安全配分を二％としたわけである。

低下しているといえば、次の社会配分も、過去三期において一一・九％↓八・九％↓七・二％と下がってきている。これは意識して下げたわけではなく、利益が減ってきたことによって必然的に下がってきたわけだが、最低でも過去の利益を上回る会社にしたいということであれば、一番利益の出ていた時期の社会配分である一一・九％を上回る税金は覚悟しなければならないだろう。そこでＤ社長としては、舗装した表通りを堂々と歩きたいという夢を描きつつ、一五％という数字をここに書き入れてみたわけである。ただし税金というものは実際に税金計算をしてみるまではよく分からない。したがってこの数字を導き出したのは、はっきりいって社長としての勘である。もっとも、現在の税率からみて蓄積配分を若干上回る配分は必要となる。

次の資本配分も、過去三期は〇・四％↓〇・四％↓〇・三％と推移してきているが、これからも積極的な資本の参加を求めて設備投資などを増やしていこうと思えば、従来の数字に少しでも上乗せした配分にしていきたい。その思いが表に書き入れた〇・五％という数字になったわけである。

また、次の経営者配分については、五・四％↓五・三％↓五・一％というように過去三年間は低下してきている。常識的にいえば、中小企業の場合、五・一％というのが経営者配分としては妥当な線だろう。D社長は、利益の出る会社にしたいということから、絶対額を増やしながらパーセンテージは下げていきたいという考えに立ち、五年先は四・〇％ぐらいにしてみたいと一応設定してみた。

そして最後に、これまで書き入れてきた付加価値配分比率の合計を、全体の一〇〇％から引いた残りが蓄積配分ということになる。それが一四・五％という数字だ。

これまで述べてきた配分の比率については、会社の業種や企業の規模によって相当の変化がある。製造業なのか商社なのか流通業なのか、あるいは人を大勢使う会社なのか人を使わないですむ会社なのか、設備をたくさん使う会社なのか使わない会社なのか、会社によってかなり異なってこよう。

ただ、どの会社にも共通しているのがこの蓄積配分である。第二章でも指摘したように、これは家庭における貯金を考えてみれば分かりやすい。もちろん収入の多い人と少ない人とでは若干の差はあるだろうが、将来に備えて貯金をするというのであれば、私生活においては、だいたい年収の一〇％というのが常識的なアベレージではなかろうか。

企業も同じだ。それほど常識から外れたことはありえない。将来に対する備えとして、できれば一〇％ぐらいの貯蓄は毎年していきたい。これが企業として考えるべき最低の蓄積配分ということになろう。

そこで、自分の会社を標準以上のいい会社にするためには、蓄積配分を少なくとも一二％、あるいは一五％にしたい。D社長は、いろいろ試行錯誤しながらそう考えていたわけだが、五年後の蓄積配分が一四・五％というのは、そういう意味では一応妥当な数字といえるだろう。それに、この表には出ていないが、過去の一時期においてD精機は、一〇％の蓄積配分をした実績をもつ会社なのだ。そういう実績からいっても、一四・五％というのは、やや高めとはいえ、希望としては決して常識を外れた数字ではない。一気に二〇％とか三〇％にもっていこうというのであれば問題だが、そうではない。そこで訂正することなく、蓄積配分を一四・五％としたわけである。

こうしてD社長が五年後に目標とする付加価値配分比率はすべて書き入れられ、その合計が一〇〇％となったわけである。

五年間の付加価値配分目標計画をつくる

D社長の五年後の夢は、以上のように一応数値化できた。あとは、この五年後の数字を現実と結びつけていく作業が残っている。この場合、方法はいろいろあるだろうが、将来は過去の延長上にあるという事実だけは無視できない。たとえば社員配分にしろ、現在の四〇・二％を急激に初年度から三五％にすることは不可能だ。そこで四〇・二％を毎年少しずつ減らして、五年後の三五％にもっていく。

こうしてすべての数字を書き入れて出来上がったのが、一七二頁の**第6表**「**付加価値配分目標計画（社長方針）**」である。

最初に一四九頁に掲げた空欄の**第3表**が、**第6表**のように数字ですべて埋められたということは、年度ごとの付加価値配分率を徐々に改善しつつ、五年後の夢を実現していくという、社長としてのポリシーがすべて表現されたということだ。

これがそのまま実現できるかどうかは、この段階ではまだ分からない。後でふれる実証作業が必要である。

しかし、自分の会社をどのように改善していきたいかという社長のビジョン、社長のポリシーが、このように数字で表現されたということがこの段階では大事なのである。

第６表　付加価値配分目標計画（社長方針）

（単位：％）

項目		直前３期	直前２期	直前期	初年度	２年度	３年度	４年度	５年度
付加価値配分	社員配分	35.0	37.5	40.2	39.0	38.0	37.0	36.0	35.0
	経費配分	18.6	20.9	21.2	20.0	18.5	17.0	16.0	15.0
	再生産配分	5.0	4.5	3.9	6.5	6.5	6.5	7.0	7.0
	先行投資配分	6.0	6.8	7.6	7.0	7.0	7.0	7.0	7.0
	金融配分	6.0	7.0	8.0	6.0	4.0	3.0	1.5	0.0
	安全配分	2.9	2.0	0.9	2.0	2.0	2.0	2.0	2.0
	社会配分	11.9	8.9	7.2	9.0	11.0	12.0	13.5	15.0
	資本配分	0.4	0.4	0.3	0.3	0.4	0.4	0.4	0.5
	経営者配分	5.4	5.3	5.1	4.8	4.6	4.4	4.2	4.0
	蓄積配分	8.7	6.7	5.4	5.4	8.0	10.7	12.4	14.5
	合計	99.9	100.0	99.8	100.0	100.0	100.0	100.0	100.0

4 《ケーススタディ2》Ｊスポーツの付加価値配分目標計画

五年後に株価一五〇〇円以上の上場企業を目指す

Ｊスポーツは、本書の第一章に登場したスポーツ用品小売店である。社長はまだ四〇代と若く、五年後には会社を売上一〇〇億円規模、株価が一五〇〇円以上の上場企業にしたい、しかも店頭上場ではなく二部上場を目指し、それが実現した暁には、新しいレジャーのあり方を追求した新規事業を展開していきたいという、遠大な夢を抱いている経営者だ。

まず、Ｊスポーツの現状を箇条書きにして簡単に紹介しておこう。

① 売上は過去三年間順調に伸びつづけ、三年前に三九億四六〇〇万円であった年商が現在は五七億円に上がっている。

② 人件費、先行投資、償却費は、過去三年間パーセンテージが上下しつつ金額が増えつづけ、一般経費と役員報酬は、パーセンテージが下がりながら金額が増えている。一般経費の上昇は、土地や店舗のリース料の値上がりが主な原因である。

③ 経常利益も増え、現在は三億二八五九万円である。

第７表　Ｊスポーツの付加価値配分目標計画

（単位：％）

項目		直前３期	直前２期	直前期	初年度	２年度	３年度	４年度	５年度
付加価値配分	社員配分	28.1	26.9	28.9					
	経費配分	36.3	29.3	26.8					
	再生産配分	5.4	5.7	5.2					
	先行投資配分	10.6	9.7	11.1					
	金融配分	3.6	3.7	4.9					
	安全配分	0.1	0.1	5.8					
	社会配分	7.5	12.2	6.8					
	資本配分	——	0.2	——					
	経営者配分	3.5	2.9	2.8					
	蓄積配分	4.9	9.2	7.6					
	合計	100.0	99.9	99.9					

④　税引前利益は、三年前に比べれば増えているものの、二年前に比べるとかなり落ちている。店舗の賃借料の高騰が原因だろう。

⑤　営業外損益の金融費は増えてきているが、パーセンテージからいって、さほど問題ではない。

⑥　内部留保は現在七・六％で、どちらかといえば低めである。

以上が、Ｊスポーツの現状の概略だが、過去三年間の付加価値配分比率をまとめると、**第7表**のようになる。

Ｊ社長は、この過去の数字をにらみつつ、自分の夢をどのように具体化してこの表に書き入れていくだろうか。その前に、遠大な夢を実現していくに当たって、Ｊ社長がどのような基本ビジョンを長期計画の目標として頭に描いたか、それをまず紹介しておかなければならないだろう。

Ｊ社長の五大経営ビジョン

五年後に株価一五〇〇円以上の上場企業にし、新規事業を展開していきたいというのがＪ社長の夢だと書いたが、二部上場を果たすためには、常識的にいって一〇億円以上の利益が必要だろう。少なくともそのくらいの利益は欲しい。したがって、第一にＪ社長は、五年後に一〇億円の利益を出すことを基本目標に据えたのである。

一〇億円の利益を出す以上、社員の生活も向上させていきたい。Ｊスポーツは、社員のモチベーションが非常によく、一致団結して仕事をしてきた会社だが、その割には、ボーナスなども人に発表できるほど多くは支給していなかった会社である。そこでこれからは、社員がプライドをもてるような高い給料を出し、生活水準を向上させていきたい。Ｊ社長は、これを第二の基本目標としたわけである。

第三に、上場後に展開する事業の準備をこの五年の間にしておきたい。日本人の余暇時間の増加に伴い、新しいかたちのレジャーが必ず生まれてくるはずだ。それへの対応が、自分のこれまでの商売の延長上にある新規事業と結びついていく。その準備の一環として、今から用地なども確保しておきたい。それには上場を果たしてファイナンスしたお金を充てればいい、というのがＪ社長の第三の基本方針となった。

これまでのように土地や店舗のリース料を支払っていくというやり方では、お金を支払うだけで何も残らない。自分の土地に自分で建物を建てれば、減価償却という手法で内部留保が取れる。したがって、そういうかたちの併用もしていきたいという思いも、用地確保の発想に拍車をかけたのだろう。

さらに、利益が多く、決してつぶれることのない健全な会社にしたい。経営者としてはだれしも願う方針だが、これがJ社長の第四の基本ビジョンとなった。

そして最後に、上場に際しては創業者利益をたくさん得たい。できれば三〇～四〇億円は欲しい、という夢を基本方針に据えたのである。

以上にあげた五つが、長期計画を立てるに当たってのJ社長の基本ビジョンである。考えようによっては、どれも虫のいい願いばかりだ。だが、社長の夢は、これでいいのである。長期計画には、虫がよかろうと悪かろうと、こういう夢を描くことがまず大事である。それが社長の強い意思であれば、それを明確に意思表示する。社長の仕事は、将来こういう会社にしたいという明確な意思をもつことだといっていい。一番困るのは、意思も何も表明しない社長なのである。

五年後の付加価値配分目標計画を設定する

以上の基本ビジョンを、五年後の数字に直して書き入れたのが**第８表**の「五年度」の欄の太字である。

第８表　Ｊスポーツの付加価値配分目標計画

（単位：％）

項目		直前３期	直前２期	直前期	初年度	２年度	３年度	４年度	５年度
付加価値配分	社員配分	28.1	26.9	28.9	29.0	29.0	28.5	28.5	28.5
	経費配分	36.3	29.3	26.8	26.5	26.0	25.0	23.5	22.5
	再生産配分	5.4	5.7	5.2	5.0	5.0	5.0	5.0	5.0
	先行投資配分	10.6	9.7	11.1	11.0	11.0	10.5	10.0	10.0
	金融配分	3.6	3.7	4.9	5.0	5.0	5.0	4.5	4.0
	安全配分	0.1	0.1	5.8	5.0	4.0	3.0	2.0	2.0
	社会配分	7.5	12.2	6.8	8.5	9.0	10.5	12.5	13.5
	資本配分	——	0.2	——	——	——	0.5	1.5	2.0
	経営者配分	3.5	2.9	2.8	2.5	2.5	2.5	2.5	2.5
	蓄積配分	4.9	9.2	7.6	7.5	8.5	9.5	10.0	10.0
	合計	100.0	99.9	99.9	100.0	100.0	100.0	100.0	100.0

Ｊ社長が基本方針としてまずあげたのは、一〇億円という利益だが、五年後の経常利益一〇億円というのはどういうことだろうか。

直前期にＪスポーツが上げた経常利益は、先に書いたように三億二八五九万円である。これを五年後に一〇億円にしたいというのがＪ社長の基本方針だ。そのためには、毎年どのくらいずつ利益を増やしていったらいいのだろうか。単純に計算してみると、それは、二五％である。毎年二五％ずつ経常利益を増やしていけば、五年後のそれは一〇億二八〇万円になる。これをまず頭に入れておいていただきたい。

Ｊ社長が**第８表**の「五年後」の欄に、最初に書き入れたのは蓄積配分の一〇％という数字である。蓄積配分の過去三年間をみると、四・九％→九・二％→七・六％と推移しているが、二年前に九・二％という実績をあげているのであるから、一〇％というのはそれほど大きな夢ではない。蓄積配分一〇％というのは、世間的にみても常識的な数値だ。

ここで蓄積配分を一〇％とすると、一般論からいって、税金が大体一三〜一四％になるのが普通である。もちろん資本配分をどのくらいにしての蓄積配分かでも多少変わってくるが、勘として一三〜一四％ぐらいになるだろうということで、社会配分は一応一三・五％と書き入れてみた。

次に書き入れたのが資本配分の二％という数字である。

資本金が一〇～二〇億円ぐらいの会社の実例でみると、資本配分は付加価値に対して大体一～二％というのが一般的なところだろう。一〇〇億円の付加価値をあげている会社は、おおむね一～二億円の配当をする。ウエイトとしてはそれほど重いものではない。こういったことが資本配分を二％とした根拠である。

次は安全配分だ。過去三期の配分比率をみると、〇・一％→〇・一％→五・八％となっており、直前期が異常に増えている。友人と始めた共同事業を放棄したために特別損益が発生したのが主な原因である。したがってこれは特殊なケースで、この数字にあまり引きずられる必要はない。ただどの会社にも内容をよく調べれば、不良資産があるものだ。Ｊスポーツのような小売業では、在庫が問題だ。仕入れたものが全部売れれば苦労はない。売れ残りは半値にしても売れないこともある。このような不良在庫、つまり棚卸資産の評価損に備えておくものが特別損益だ。あるいはＯＡ機器をまだ償却年数に達していないうちに処分して、新しい機器と入れ替えることもあろう。その場合に発生する雑損にも備えておかなければならない。

では安全配分が多ければよいかというと、そうではない。五％とか六％というのでは、逆に管理の杜撰(ずさん)さを証明しているようなものだ。中小企業の場合には一般的にいって、付加価値の二%をこれに配分するというのが常識である。そこでJ社長はこの配分を常識的な二%としてみたのである。

次にJ社長は社員配分を考えた。社員の生活向上を目指すというのがJ社長の基本方針である。したがって、これを下げるわけにはいかない。上げてやりたいのは山々だが、現状では上げるわけにもいかない。せめて現状維持とすれば、今後付加価値を上げることによって、人件費の総額を増やすことは可能だ。そこで、過去三期の実績、二八・一%→二六・九%→二八・九%という数字を眺めながら、五年後の配分目標を二八・五%と書き入れてみた。

積極展開のための配分目標設定

次は再生産配分である。これは二つの点を考慮して五%と記入した。

これまでのようにリース料を支払って店舗を増やしていく方法から、自分の土地に自前の店舗を建設していく方法に切り替えていくなら、当然建物の減価償却費が増えていく、というのが第一点。もう一点は経常利益と付加価値の関係からである。五年後に一〇億円の経常利益を目指すということは、現在三億三〇〇〇万円の経常利益を三倍にするということだ。

経常利益が三倍になれば、付加価値もほぼ三倍になっているのが普通である。

付加価値が五倍になって経常利益が三倍であれば、経費を放漫に使った結果であり、逆に付加価値が二倍になって経常利益が三倍であれば、経費を切り詰めた結果である。したがって、付加価値も約三倍になっていくと仮定すれば、その中での五%という再生産配分は、製造業ならともかく、流通業としては決して少ない数字ではない。増えていく減価償却費に対応するには、このくらいの配分比率が必要だろうということから設定したのが、この五%という数値である。

次に経費配分だが、過去三年、リース関連の費用がかかるといいながらも、三六・三%→二九・三%→二六・八%と下がってきており、この傾向からみて二二・五%まで下げていくことが可能であろうと考え、一応これを二二・五%とした。

先行投資配分はどうか。会社の将来を考えると非常に大事な配分先である。先にも述べたように、業種にかかわらず付加価値のできれば一〇%はほしい。Jスポーツの場合は、過去の配分実績をみれば一一%程度でも可能なのだが、ほかの配分をにらみながら五年度の配分目標をとりあえず一〇%としてみた。

次の金融配分も重要である。上場後の新規事業の準備として、今から用地を確保しておきたいというのがＪ社長の基本ビジョンだ。そのためには、会社経営を不健全にするような野放図な借り入れ方はよくないが、あくまでも健全経営ということを条件に、銀行から相当の借り入れが必要になる。その場合、一般に金利負担の限度額は、付加価値に対して六％というのが基準となろう。それが、常識である。

ところで、いかなる場合にもつぶれない健全な会社にしたいというのも、Ｊ社長の基本ビジョンのひとつである。

とすれば、金融配分は二％以下でなければならない。だが一方では、土地購入のための資金を借り入れる必要もある。その折衷（せっちゅう）案として考え出されたのが、四％という数値である。流通業としては少し高い配分比率であるが、以上の諸条件を考えればまあ妥当なところかもしれない。そしてその借入金は上場のファイナンスによって十分返済できる。

さて、これまで記入してきた九つの配分比率、すなわち蓄積配分一〇％、社会配分一三・五％、資本配分二％、安全配分二％、社員配分二八・五％、再生産配分五％、経費配分二二・五％、先行投資配分一〇％、金融配分四％を、全体の付加価値一〇〇％から差し引くと残りが二・五％となる。これが経営者配分である。

経営者配分の実績をみると、これまで三・五％↓二・九％↓二・八％と推移してきており、五年後の二・五%は、今後付加価値が増えていく中での二・五%ならば、決して悪い数値ではない。むしろ妥当なところだろう。このように五年後の一〇の配分目標が、とりあえず設定できたわけである。

この五年後の数値をもとに、計画の初年度から四年度まで平均的に推移するように配分比率を割り振り、現在と目標年度を数字で結びつけたのが**第8表**である。これまでの説明でお分かりのように、すべて社長の勘と夢で作った表である。スタートはこれで良いのだ。

以上、製造業と流通業の二社のケーススタディを通して、付加価値配分目標計画の実際の作り方を説明した。これで本章の中心である「付加価値配分目標計画」が、読者により具体的に、身近に感じていただけたであろうか。すなわち、

①社長としての夢を描く
②社長としての確固たる役割意識をもつ
③社長としての明確なビジョンを想定する
④過去・現在の実態をにらみながら、社長のビジョンを配分目標として数値化する

という一連の実務の流れを、いま一度確認していただきたい。

そして**第3表**（一四九頁）を用いて、自社の付加価値配分目標計画を、ぜひ社長自らの手で作成していただきたい。肩に力を入れず、とにかく気楽に数字を入れてみることから長期計画は始まる。

第五章

五年先までの利益計画の立て方

付加価値配分目標計画を通して打ち出された社長の方針は、具体的な金額目標として「運営基本計画」にまとめられる。

ここにはじめて、長期売上高計画や長期利益計画などの、一般に見慣れた様式が登場してくる。しかし表示されたすべての数字が社長のビジョン反映の結果であることこそ、極めて大事な立案ポイントなのである。

そして「運営基本計画」の実現性を高めるために、売上高を「成長係数」を用いて予測し、付加価値の比率が年々減ることを前提に、各科目の絶対額を算出することが、計画達成の実務ポイントとなる。

1　長期利益計画を立てる

運営基本計画

第9表は、わたしが「**運営基本計画**」と呼んでいる表である。

ご覧いただいてお分かりのように、この表の様式は一般的な利益計画と大体同じである。したがって、一見するなり、「こんな表なら、わが社でもとっくに作っている」とおっしゃる読者も多いに違いない。損益計算書の項目をそのまま引き移して作った様式なのだから、それもそのはずで、項目だけを見れば、典型的な従来の利益計画とどこが違うということになろう。

では、なぜ「運営基本計画」として、これを他の一般の利益計画と区別するかといえば、賢明な読者は、前章までの説明ですぐにお察しいただけよう。

そこに明らかに経営発想の違いがあるからだ。社長は、いきなり「売上計画」や「利益計画」から入ってはいけない。その前の段階で、まず「付加価値配分目標計画」を作成しなければならない。何度も説明したように、社長としての自分の役割を果たすために、付加価値

基本計画

(単位：　円)

初年度	2年度	3年度	4年度	5年度
100.0	100.0	100.0	100.0	100.0

第9表　運営

項目		直前3期	直前2期	直前期
売上高				
売上原価				
売上総利益	%	100.0	100.0	100.0
営業経費	人件費			
	先行投資			
	償却費			
	一般経費			
	役員報酬			
	計			
営業利益				
営業外損益				
経常利益				
特別損益				
税引前利益				
納税充当金				
当期純利益				
益金処分	役員賞与			
	配当金			
	計			
差引内部留保				

の配分を考え、社長としてのポリシーを「付加価値配分目標計画」として固めることが前提なのである。

もっとも付加価値配分目標の数値は、あくまでも構成比であって、この段階では社長のポリシーを比率であらわしただけである。しかもそれが実現可能かどうかは、付加価値の配分比率だけでは分からない。そこでその比率をもとにして、運営基本計画の営業利益、事業税引当、営業外損益、特別損益、差引内部留保などの各項目欄を具体的な金額目標にして記入しなければならない。

そのためには、将来の売上高と付加価値率の推移を予測して、付加価値がどうなるのかを算出しなければならない。これから五年先、一〇年先までの年度別付加価値の額が決まれば、それに比率を掛けることによって、自動的に各科目の金額目標が容易に設定できることになる。そうすることで、運営基本計画に書き入れられた数字はすべて、社長の役割意識やポリシーを反映した数字ということになっていく。

つまりこの手順こそが、長期計画成功の重要なノウハウのひとつといえる。そこに経理のつくる計画と社長がつくる計画との根本的な違いが出てこよう。これが運営基本計画と呼んで、従来の利益計画と区別する最大の理由だ。

すなわち「運営基本計画」作成の手順としては、
①五年先までの売上高推移を予測し、
②付加価値（売上総利益）の推移を予測し、
③それに配分目標比率を掛け、各科目の金額を算出していくことになる。

五年後の売上高を決める成長係数とは

これから五年先までの売上高をどのように設定すればよいだろうか。

来年度の売上高を設定するくらいはだれにでもできよう。しかし、五年後、ましてや一〇年後の売上高ともなると、時間距離が遠すぎて、鉢巻きをして鉛筆をなめながらいくら将来の計算をしても、それは机上の空論に終わりかねない。

結局、過去の自社の伸び率の延長線上に設定するというのが大方であろう。しかし自社の過去の実績がはたして妥当なものであったか、自社の数字だけを眺めていても判断がつかない。初年度一％の違いは、五年後には金額にするととんでもない大きな差額となっていく。

そこでわたしが提案したいのが、企業の「**成長係数**」の把握なのである。

企業の成長係数は、次の計算式で得られる。

$$企業の成長係数 = \frac{（企業の売上の伸び）}{（ＧＤＰの伸び）} \times 100（\%）$$

つまり成長係数は、世の中の平均的な成長に比べて自社の成長がどの程度の伸び率か、を示している。もし係数が一〇〇％以下であれば、自社の経営戦略や戦術の悪さで機会損失しているか、あるいは会社が斜陽化していることを示しているということだ。

（注）ＧＤＰはＧＮＰ（国民総生産）から、海外の利子・配当金・仕送りなどを差し引いたもの。経済の国際化に伴い、決算対策の国際間の資金移動などからＧＮＰでは実態とズレるため、一九九三年より経済企画庁はＧＤＰ中心に発表している。

日本全国を相手にして商売をしている会社なら、日本のＧＤＰ（国内総生産）の伸びを分母に置く。また、たとえば関東だけ、あるいは北海道だけといったように、ある限られたエリアだけをテリトリーとしている会社なら、そのエリアのＧＤＰの伸びを分母に置く。それに対して会社の売上の伸びが何％かというのが、自社の成長係数である。これをぜひ把握していただきたい。

ＧＤＰの伸びは、県庁や市役所、あるいは銀行へ行けば教えてくれる。もちろん、ここで必要なＧＤＰの伸びは、名目成長率であって実質成長率ではない。当然、そのときのインフレ率が加味される。売上にそれが反映することはいうまでもない。名目成長率が必要なのはそのためだ。

ここで、成長係数のもつ意味をもう少し具体的に考えてみたい。仮に今、福岡県だけを相手に商売をしている会社があるとしよう。福岡県のＧＤＰの伸びが名目五％で、会社の売上の伸びが一〇％だとすれば、式からもお分かりのように、この会社の成長係数は二〇〇％ということになる。つまり、売上の伸び率が福岡県のＧＤＰの伸びの二倍だということだ。ということは、もし今後、福岡県の経済成長率が毎年六％の伸びで推移すると予測できれば、その二倍だから、この会社の売上高は毎年一二％の伸び率で推移していくことは夢ではないだろう。少なくともそれが可能だということを意味している。これが、この会社の将来の売上高を設定する根拠となるはずだ。

先に第二章でわたしは、「総資本利益率が市中金利以下では企業としての存在価値が問われる」と書いたが、同様に成長係数もまた、企業の存在意義を考えるうえでのひとつの判断基準となろう。売上の伸びがＧＤＰの伸び以下だとしたら、それは平均以下ということだ。

ＧＤＰが仮に七％伸びれば、売上も七％伸びて普通である。それ以下ではおかしい。したがって、もしそれ以下なら、「だれが経営しても平均してそのくらい伸びているときに、わが社がそれ以下というのでは恥ずかしい。事業が斜陽化してきた。何とかこれを変えていこう」という発想が経営者としては生まれてこなければならない。そういう発想が経営者には必要なのだ。

もちろん、何度も述べるように、将来の数字は過去の数字の延長上にある。したがって、仮にこれまでの成長係数が九五％だとしても、それを恥と意識するあまり、一気にこれを一五〇％に押し上げようなどと軽く考えないほうがいい。そう考えるのではなく、来年はこれを五％伸ばしていき、再来年はさらに五％伸ばしていこう、といったように考える。このように時間をかけて改善していくというのが現実の経営というものだろう。

会社の成長係数は、以上のようなとらえ方をするのである。大ざっぱなとらえ方だが、これが長期計画には欠かせないのだ。こうして会社の成長係数を把握したら、次にそれを基準にして今後五年間の売上高を算出し、その数字を運営基本計画に書き入れていく。売上高が決まれば、次の手順は付加価値（売上総利益）の算出である。

付加価値率は年々下がるものと心得ておく

付加価値率（売上総利益率）を予測する実務ポイントは、年々下がる可能性が高いということを前提に計画することである。

まず、ご自分の会社の付加価値率を過去三年間にわたってチェックしてみていただきたい。三年間の付加価値率の推移を見て、もしこれが上がっていたら、むしろ稀（まれ）な会社といったほうがいいだろう。一般には、売上の拡大に伴って年々少しずつ下がってきているのが普通なのである。

あるいは、極端に付加価値率が上がったり、逆に極端に下がったりしている会社もあるかもしれない。そういう場合は、必ず社長の心に思い当たる大きな原因があるはずだ。そうした大きな原因がなければ、急激な変化は起こりえないというのが経営の原則である。

自社の過去を振り返ってみれば、たとえばある商品が大ヒットして、売上や利益を急激に押し上げた、あるいは大口契約がようやくまとまって量産効果がでて利益率が改善されたといったような、ラッキーな経験をおもちの社長は多いと思う。同じようなことが、将来にも起こるかもしれない。たとえば三年後に新規事業が当たって、売上や利益が飛躍的に伸びる。そういうことも十分に考えられよう。世の中には、このような幸運なケースが少なくはない。

だが、そういう幸運は、必ず訪れてくるという保証は何もない。訪れてくるかもしれないが、訪れてこないかもしれない。むしろ訪れてこない確率のほうが高いだろう。だとしたら、幸運を当てにしたような甘い計画は立てるべきではない。

第四章でも述べたことだが、そもそも長期計画というものは、何かの場合の危険率を見込み、内輪に抑えておくべきものなのだ。ある程度低めに抑えた計画を立て、実行に移した段階で計画以上の結果が出たら、それこそ儲けものというのが、実務家としての社長が考えるべき計画であり、経営の鉄則なのである。

そうでなくても、これからは売上の伸びも利益の伸びもあまり期待できない時代に入ると覚悟すべきだ。

したがって、今後五年間の売上総利益率を予測する場合も、付加価値率は若干下がる傾向にあるということを考慮に入れ、その伸び率をやや低めに抑えて想定したほうがいい。それが経営の定石というものであり、今では大方の了解事項なのではなかろうか。

もちろん、だからといって伸び率を抑えすぎ、付加価値率をどんどん下げていったら、今度は会社の経営が成り立たなくなってしまう。社長としては、多少のジレンマを感じつつ、過去の数字と相談しながら、伸び率の低下を最小限度に抑えるよう工夫しなければならないだろう。

こうして想定された売上総利益率（付加価値率）を、運営基本計画の該当欄に記入していく。売上高と売上総利益率さえ決まれば、売上総利益の算出は簡単だ。売上総利益率を、先に算出した売上高に掛ければ、売上総利益が出る。そこで各年度ごとに売上総利益を弾き出し、これを売上総利益の項目欄に書き入れていく。また、売上高から売上総利益を引けば売上原価が出る。これも各年度ごとに計算して書き入れていく。これで運営基本計画の上欄の三つの項目が、すべて必要な数字で埋められたわけである。

各科目の絶対額を算出する

次に、付加価値配分目標計画に書き入れた配分比率を転記する。

そして売上総利益に配分比率を掛けると、自動的に各科目の絶対額が算出できることになる。それらの数値を運営基本計画の該当科目欄にすべて転記していく。

たとえば五年度の売上総利益が一〇億円で、人件費への配分比率が三五％であれば、一〇億円×〇・三五＝三億五〇〇〇万円がその年度の人件費であるというように、自動的に算出されていく。

ここではじめて、**社長の配分のポリシーが具体的な金額となる**のだ。

この三億五〇〇〇万円という人件費は、現状から五年後には多分このくらいになるだろうといった、あやふやな判断から弾き出された金額ではない。社員への配分を三五％にするという、配分に対する社長のポリシーが先にあり、その基本方針から結果として三億五〇〇〇万円という金額が導き出されてきた。これが大事なのである。

付加価値配分の過去三年間の比率は、損益計算書から拾い上げた。その数字をにらみながら今後五年間の配分比率を決め、付加価値配分目標計画を立てた。そこに書き入れられた今後五年間の配分比率を、今度は損益計算書の項目を並べてつくった運営基本計画の表に落とし込んでいく。

ご面倒でも、もう一度**第五図**（一五三頁）をご覧いただきたい。最初は、この図の矢印の方向を、図の矢印のように左から右へ向けて過去三年間の数字を引き入れてきた。今度は矢印の方向を逆に右から左へ向けて今後五年間の数字を落とし込んでいく。こうすることで、配分に対する社長のポリシーが確実に投影された運営基本計画ができていくのだということを、ここで改めてご確認いただきたい。

要するに、社長のポリシー、ビジョンを最初に明確に打ち出すことが重要なのだ。一つひとつの数字は、最終的に決定した数字と比べれば、まだラフであるかもしれないし、おぼろげであるかもしれない。それでいいのである。だが、数字の一つひとつはたとえまだラフであっても、すべての数字にわたって自分のポリシーが反映されているということが重要なのである。ラフでもいいから、付加価値造成にかかわる科目の配分に一つも落ちがない。これが大事なのだ。

ところで配分比率を転記していくうえで一つだけ問題なのは、社会配分である。社会配分とは、いうまでもなく税金への配分だが、税金には事業税のように経費として認められる税金と、地方税や法人税のように益金から支払う税金の二種類がある。したがって、これを転記するときは、事業税引当の欄と納税充当金の欄の二つに分けて記入しなければならないわけだが、問題はその分け方だ。

もちろん、これには方法がある。各都道府県によって税率が若干異なっているので、一概にはいえないのだが、大体全国を平均してみた場合、税金の合計を一〇〇％とすると、事業税がほぼ二〇～二五％、地方税と法人税でほぼ七五～八〇％となっている。したがって、二種類の税金をその比率で分ければ、おおむね間違いはない。つまり、仮に社会配分が一〇％だとしたら、そのうちの二〇％、すなわち二％を事業税に、残りの八％を納税充当金に回し、その数字をそれぞれの項目欄に仮に書き入れていくのである。

何通りもつくってみる

付加価値配分の絶対額を書き入れれば、長期計画の運営基本計画はほぼできたことになる。残りの空欄は単純な足し算と引き算で埋めていけばいい。それで一通り完成である。

少なくともこの段階までは、長期計画は考えていたよりもはるかに簡単だということが、ご理解いただけたのではなかろうか。

はじめて長期計画に取り組む場合は、付加価値の配分に社長のポリシーをいかに反映させていくかということで、考えの整理に多少時間をとられるかもしれない。だが、ほかならぬ自分の野望の実現と自分の会社の将来がかかった問題だ。そのくらいの時間を割いても、どうということはないだろう。むしろ、夢を描くことに時間を費やすのだから、社長にとって、これは楽しい時間といっていい。

大ざっぱでいいから、社長として、とりあえず将来へ向けての経営ビジョンをまとめてみることだ。そして、付加価値配分の目標を数字にしてみる。今書いたように、初心者は多少これに時間がかかるかもしれないが、それでも半日もあれば十分だろう。

このとき、計算はすべて社長自らが電卓を片手にやっていただきたい。実際に電卓をたたいていくと、数字のもつ意味が脳裏に響いてくるからだ。ほんのわずかなパーセントの違いが、絶対額に直した場合にどれだけの差になって出てくるかを直接肌で感じることは、経営者としては極めて大事だ。他人の計算した結果としての数字を見るのではなく、自分で電卓をたたき、次々に弾き出されてくる数字を実際に目にすると、社長の頭に意外なほど事業の臨場感を与えるものである。

最初は多少の苦労をしながらでも、一通りつくってみると、次はもっと短時間で計画が立てられるようになる。慣れてくれば、二〇分くらいでできるようになるだろう。最善の長期計画を立案していくには、さまざまなケースを想定し、条件を変えた計画を面倒がらずに何通りもつくってみることだ。

たとえば、最初に社員配分を三五％と決めてみたが、現状をよく考えれば三七％のほうが妥当なのではないか、と考え直すこともあろう。そのときは社員配分を三七％にした計画をつくってみる。あるいは、安全を考えて売上総利益を少し下げすぎたと思ったら、修正した計画を考えてみる。何通りもの計画をシミュレーションしてみることが、後に計画の実現性をチェックする段階で生きてくるのである。

2　《ケーススタディ１》Ｄ精機の運営基本計画

五年先までの売上高の決め方

ここで、第四章につづき、Ｄ精機をモデルにケーススタディを行っておきたい。

Ｄ精機のここ数年の付加価値低下傾向に歯止めをかけて、しかも無借金会社にし、高収益会社に転じたい、というのが長期計画を立てるに当たってのＤ社長の大きなテーマであった。そこでＤ社長は、今後五年先までの売上高をどう設定したのであろうか。

過去三期の売上高だけを見れば、直前三期の一五億九三〇〇万円が直前二期に一七億八五〇〇万円に上がって約一二％の伸び率を示し、それが直前期には二〇億五五〇〇万円に増えて約一五％の伸び率を示している。Ｄ精機は、規模は小さいが日本全国を相手に商売をしている会社だ。日本のＧＤＰの伸びは実質約三％。それにインフレ率約二・五％を掛けた六％弱（1.03×1.025≒1.0558）が日本経済の名目成長率だから、成長係数で見れば、Ｄ精機は二五〇％ぐらいの会社ということになる。

だが、これまでと同じような売上の伸び率をわが社は維持していけるだろうか、Ｄ社長はまずこう考えた。成長係数もこれまでは二五〇%ぐらいで推移してきたが、それをそのまま維持していけるだろうか。それに日本の経済は、これからいよいよ低成長になり、GDPの伸び率も六%が限度と見るのが常識となっている。したがって、今後の売上の伸び率を考える場合、成長係数を二〇〇%ぐらいに見ておいたほうが無難なのではなかろうか、とD社長は考えたのである。

わたしは、D社長のこの判断は正解だと思う。先にも述べたように、経営計画では、売上も利益もある程度低めに抑えておくというのが定石なのだ。

D精機の場合、日本のGDPの伸びが六%で、想定した会社の成長係数が二〇〇%だから、今後の売上の伸び率は一二%ということになる。売上の伸び率一二%というのは、決して低い数値ではない。D精機が非常にいい商品を扱っているということを考慮に入れなければ、弾き出せない数値である。だが、それを考慮に入れれば、一二%という伸び率は、一応妥当な数値と考えていいだろう。そこでD社長は、まず直前期の売上高である二〇億五五〇〇万円に一一二%を掛けた二三億二〇〇〇万円を初年度の売上目標として据えてみた。さらにこの初年度の売上高に一一二%を掛けて二年度の売上高を、同様にして五年度までの売上高を算出していった。**第10表**の売上高の欄がそれである。

運営基本計画

（単位：百万円）

初年度		2年度		3年度		4年度		5年度	
2,302		2,578		2,887		3,233		3,621	
988		1,119		1,267		1,435		1,626	
	57.1		56.6		56.1		55.6		55.1
1,314	100.0	1,459	100.0	1,620	100.0	1,798	100.0	1,995	100.0
512	39.0	554	38.0	599	37.0	647	36.0	698	35.0
92	7.0	102	7.0	113	7.0	126	7.0	140	7.0
85	6.5	95	6.5	105	6.5	126	7.0	140	7.0
263	20.0	270	18.5	275	17.0	288	16.0	299	15.0
63	4.8	67	4.6	71	4.4	76	4.2	80	4.0
1,015	77.2	1,088	74.6	1,163	71.8	1,263	70.2	1,357	68.0
299	22.8	371	25.4	457	28.2	535	29.8	638	32.0
-24	-1.8	-32	-2.2	-39	-2.4	-49	-2.7	-60	-3.0
275	20.9	339	23.2	418	25.8	486	27.0	578	29.0
-79	-6.0	-58	-4.0	-49	-3.0	-27	-1.5		0.0
196	14.9	281	19.3	369	22.8	459	25.5	578	29.0
-26	-2.0	-29	-2.0	-32	-2.0	-36	-2.0	-40	-2.0
170	12.9	252	17.3	337	20.8	423	23.5	538	27.0
-95	-7.2	-128	-8.8	-156	-9.6	-194	-10.8	-239	-12.0
75	5.7	124	8.5	181	11.2	229	12.7	299	15.0
-4	-0.3	-6	-0.4	-6	-0.4	-7	-0.4	-10	-0.5
-4	-0.3	-6	-0.4	-6	-0.4	-7	-0.4	-10	-0.5
71	5.4	118	8.0	175	10.7	222	12.4	289	14.5

第10表　D精機の

項目		直前3期		直前2期		直前期	
売上高		1,593		1,785		2,055	
売上原価		637		741		872	
	%		60.0		58.5		57.6
売上総利益		956	100.0	1,044	100.0	1,183	100.0
営業経費	人件費	335	35.0	392	37.5	476	40.2
	先行投資	57	6.0	71	6.8	90	7.6
	償却費	48	5.0	47	4.5	46	3.9
	一般経費	178	18.6	218	20.9	251	21.2
	役員報酬	52	5.4	55	5.3	60	5.1
	計	670	70.1	783	75.0	923	78.0
仮営業利益		286	29.9	261	25.0	260	22.0
事業税引当		-20	-2.1	-19	-1.8	-18	-1.5
営業利益		266	27.8	242	23.2	242	20.5
営業外損益		-57	-6.0	-73	-7.0	-95	-8.0
経常利益		209	21.9	169	16.2	147	12.4
特別損益		-28	-2.9	-21	-2.0	-11	-0.9
税引前利益		181	18.9	148	14.2	136	11.5
納税充当金		-94	-9.8	-74	-7.1	-68	-5.7
当期純利益		87	9.1	74	7.1	68	5.7
益金処分	役員賞与						
	配当金	-4	-0.4	-4	-0.4	-4	-0.3
	計	-4	-0.4	-4	-0.4	-4	-0.3
差引内部留保		83	8.7	70	6.7	64	5.4

※小数点以下の数値は、切り上げ・切り捨てによる誤差を含んでいるが、
実務上、差し支えないことである。

五年先までの売上総利益の決め方

次は売上総利益の予測である。Ｄ精機の場合、過去三年間の傾向を見ると、売上総利益率の低下が目立つ。直前三期に六〇％あった売上総利益率が、直前二期には五八・五％となり、一・五％下がっている。それが直前期にくると五七・六％となって、さらに〇・九％下がっているのである。売上の拡大に伴って売上総利益率がどんどん下がる傾向にあることは否定できない事実だ。

外注費や改良部品の単価が高騰している反面、売上単価が低下してきているなどの理由があげられるが、そういう要素を含めて考えれば、今後高い売上総利益率を想定することは非常に危険だということが、**第10表**からも読み取れよう。

そうかといって、これまでの傾向に従ってそのまま売上総利益率を下げていったら、先にも指摘したように会社経営は成り立たない。粗利率の低下傾向をどのへんで抑えるか、それが問題である。

そこで、Ｄ社長は決断した。売上総利益率の低下はやむをえない。だが、この低下を最小限度に食い止めよう。これまでは毎年一・五％、〇・九％と下がってきたが、こんな下がり方では会社経営は不可能だ。したがって、製造関係も営業関係もともに全員で努力し、毎年の売上総利益率の低下を何とか〇・五％以内にとどめるようにしたいと。経営者にとっては、こういう決断が非常に重要だろう。

第10表の売上総利益は、こうして算出されたものだ。すなわち、まず初年度の粗利率を、直前期の粗利率五七・六％から〇・五％下げて五七・一％にし、二年度の粗利率はさらにそれより〇・五％下げて五六・六％にする。こうして五年度までの粗利率を決め、それぞれの粗利率を各年度の売上高に掛けて算出していった。

後は、前項で説明したやり方で、各年度の売上総利益にその年度の各配分目標数値を掛け、それぞれの絶対額を計算して、それを書き入れていく。

この運営基本計画に書き入れられた数字には、すべてＤ社長の夢やポリシーが投影されている。特に五年度の「営業外損益」の欄をご覧いただきたい。金利支払いゼロ、無借金の方針はここに明示されている。しかも売上は直前期の一・七六倍、利益率を二・五％落としているのに、税引前利益は直前期の約四倍となっている。確実に高収益会社へ変身する計画となったわけだ。

ただし、この数字どおりに計画が実現していくかどうかは、現段階ではまだ分からない。それには、次章以降で行う「実証作業」を経なければならないわけだが、その説明に入る前に、もう一社、Ｊスポーツのケーススタディも行っておこう。

3　《ケーススタディ2》Ｊスポーツの運営基本計画

経常利益から売上総利益を出す

第四章において、五年後にＪスポーツを株価一五〇〇円以上の上場企業にし、さらに新規事業を展開していくのがＪ社長の夢だと紹介したが、それに向けてＪ社長が第一にあげた基本方針は、五年後の経常利益を一〇億円にするというものであった。

Ｊスポーツの直前期における経常利益は、三億二八五九万円である。これを五年後に一〇億円にするには、毎年二五％ずつ経常利益を増やしていけばいい。毎年二五％ずつ増えるということは、前期に対して一二五％になるということだ。したがって、直前期の三億二八五九万円に一二五％を掛ければ初年度の経常利益が出る。さらにそれに一二五％を掛ければ二年度の経常利益が出る。そうして計算していくと、五年後には約一〇億二八〇万円の経常利益になるのである。

さて、ここで**第11表**の左側にある項目欄をご覧いただきたい。経常利益から特別損益を引くと税引前利益になり、税引前利益から納税充当金を引くと当期純利益になり、さらに当期純利益から配当金を引くと差引内部留保になる。これを逆のプロセスで見てみよう。差引内部留保に配当金を足すと当期純利益になり、当期純利益に納税充当金を足すと税引前利益になり、さらに税引前利益に特別損益を足すと経常利益になる。つまり、すでにお分かりのように、経常利益というのは、特別損益と納税充当金と配当金、それに差引内部留保の四つを足したものなのである。

付加価値配分の項目でいうと、特別損益は安全配分に相当し、納税充当金は社会配分に、配当金は資本配分に、差引内部留保は蓄積配分に相当する。ということは、安全配分、社会配分、資本配分、蓄積配分の四つの配分比率を足せば経常利益率が出るということだ。

Ｊスポーツの付加価値配分目標については、すでに第四章において設定済みである。その中から右にあげた四つの配分比率を引き出し、年度別に四つの数値を足していけば、各年度の経常利益率は容易に導き出せよう。そこで**第8表**から該当する数字を拾い出して計算すると、Ｊスポーツの初年度の経常利益率は、安全配分五・〇％＋社会配分八・五％＋資本配分〇％＋蓄積配分七・五％＝二一・〇％となり、同様にして二年度の経常利益率は二一・五％、

の運営基本計画

（単位：千円）

初年度		2年度		3年度		4年度		5年度	
6,985,000		8,684,000		10,115,000		11,645,000		14,023,000	
5,030,000		6,296,000		7,384,000		8,559,000		10,377,000	
	28.0		27.5		27.0		26.5		26.0
1,956,000	100.0	2,388,000	100.0	2,731,000	100.0	3,086,000	100.0	3,646,000	100.0
567,240	29.0		29.0		28.5		28.5		28.5
215,160	11.0		11.0		10.5		10.0		10.0
97,800	5.0		5.0		5.0		5.0		5.0
518,340	26.5		26.0		25.0		23.5		22.5
48,900	2.5		2.5		2.5		2.5		2.5
1,447,440	74.0		73.5		71.5		69.5		68.5
508,560	26.0		26.5		28.5		30.5		31.5
-97,800	-5.0		-5.0		-5.0		-4.5		-4.0
410,760	21.0	513,430	21.5	641,790	23.5	802,240	26.0	1,002,800	27.5
-97,800	-5.0		-4.0		-3.0		-2.0		-2.0
312,960	16.0		17.5		20.5		24.0		25.5
-166,260	-8.5		-9.0		10.5		-12.5		-13.5
146,700	7.5		8.5		10.5		11.5		12.0
					-0.5		-1.5		-2.0
					-0.5		-1.5		-2.0
146,700	7.5		8.5		9.5		10.0		10.0

第11表　Ｊスポーツ

項目		直前３期		直前２期		直前期	
売上高		3,946,307		4,962,631		5,706,764	
売上原価		2,799,402		3,520,838		4,078,864	
%			29.1		29.1		28.5
売上総利益		1,146,905	100.0	1,441,793	100.0	1,627,900	100.0
営業経費	人件費	322,157	28.1	387,441	26.9	470,718	28.9
	先行投資	121,792	10.6	139,514	9.7	181,474	11.1
	償却費	62,432	5.4	82,237	5.7	85,129	5.2
	一般経費	416,147	36.3	422,936	29.3	435,587	26.8
	役員報酬	40,060	3.5	42,057	2.9	45,988	2.8
	計	962,588	83.9	1,074,185	74.5	1,218,896	74.9
営業利益		184,317	16.1	367,608	25.5	409,004	25.1
営業外損益		-41,118	-3.6	-53,911	-3.7	-80,415	-4.9
経常利益		143,199	12.5	313,697	21.8	328,589	20.2
特別損益		-843	-0.1	-1,953	-0.1	-94,083	-5.8
税引前利益		142,356	12.4	311,744	21.6	234,506	14.4
納税充当金		-86,063	-7.5	-175,613	-12.2	-110,554	-6.8
当期純利益		56,293	4.9	136,131	9.4	123,952	7.6
益金処分	役員賞与						
	配当金			-2,800	-0.2		
	計			-2,800	-0.2		
差引内部留保		56,293	4.9	133,331	9.2	123,952	7.6

※小数点以下の数値は、切り上げ・切り捨てによる誤差を含んでいるが、実務上、差し支えないことである。

三年度二三・五％、四年度二六％、五年度二七・五％ということになる。

ここまですめば、目標とすべき売上総利益が容易に算出できるのである。

五年後の経常利益を一〇億円にするには毎年二五％ずつ経常利益を増やしていけばいいと書いた。それで計算すると、Ｊスポーツの初年度の経常利益は、直前期の経常利益三億二八五九万円に一二五％を掛けた四億一〇七四万円と出る。これが初年度の売上総利益に対する経常利益率の二一・〇％に相当する金額であることは、いうまでもない。ということは、四億一〇七四万円を二一・〇％で割れば、売上総利益が出るということだ。すなわち、四億一〇七四万円÷〇・二一＝一九億五六〇〇万円が初年度の売上総利益ということになる。同様の計算をしていけば、五年度までの売上総利益がすべて導き出せるわけである。

Ｊスポーツの粗利を検討する

次に売上高を決めなければならない。

Ｊスポーツのような商社にとっては、仕入れ価格に対する売価、つまり仕入れ価格にどのくらいの利益をのせて売るかが、非常に重要である。言い換えれば、売上に対する粗利率だ。Ｊスポーツの場合、過去三年間の推移を見ると、直前三期が二九・一％、直前二期が二九・一%、直前期が二八・五%と、粗利率が非常に高い。ただし、問題は今後である。J社長が思い描いているようなペースで商売を拡大していった場合、はたしてこれまでのような三〇%近い粗利率をそのまま維持していけるだろうか。一般的にいって、これは並大抵のことではなかろう。

売上総利益、すなわち付加価値もこれからは相当に増えていくはずだ。今計算したように、初年度の目標が一九億五六〇〇万円である。これが五年後にはどうなるか、回り道になるが少し計算してみよう。直前期の経常利益が三億二八五九万円である。これを毎年二五%ずつ増やしていくわけだから、五年後の経常利益は、三億二八五九万円に一二五%を五回掛けた金額になる。つまり三億二八五九万円×一・二五の五乗＝一〇億二八〇〇万円が五年後の経常利益である。ところで、五年後の経常利益率は、今書いたように二七・五%である。ということは、五年後の付加価値のうちの二七・五%が一〇億二八〇〇万円だということだ。したがって一〇億二八〇〇万円を〇・二七五で割れば五年後の付加価値が出る。答えは約三六億四六〇〇万円である（一〇万円台以下は調整）。

このように、初年度に一九億五六〇〇万円を目標にしていた付加価値が、五年後には三六億四六〇〇万円と、約二倍の規模にふくれあがるのである。これほど事業を伸ばしていったら、粗利率は下がっていくのが普通だ。同じような利益率を維持していくのは非常に難しい。たしかにこれまでＪスポーツは、今見たように粗利率をほぼ一様に保ちながら、売上も三九億円から五七億円へと大幅に伸ばしてきた。業界そのものが若く、需要がまだ伸び盛りであるうえに、社長の仕入れ感覚が非常にいいなど、いくつかの好条件が重なったからだ。だが、これからはどうだろうか。規模が拡大するにつれて少しずつ粗利率が減っていくというのが大方のコンセンサスである。社長としては、そのへんの安全を見て、やはり粗利率を減らしていくほうが間違いないところだろう。

だが、Ｊ社長はこれまでのような粗利率を絶対維持したいと主張する。わたしは内輪に抑えたほうがいいという。そこで、二九・一％→二九・一％→二八・五％と推移してきたこれまでの実績を受け、初年度を二八・〇％とし、毎年〇・五％ずつ減らしていって、最終年度の粗利率を結局二六％にしようということに折衷案がまとまったわけである。

粗利額と粗利率が決まれば、売上高が決まる。たとえば、初年度の粗利の目標は一九億五六〇〇万円で、それが売上に対して二八％というのだから、一九億五六〇〇万円÷〇・二八＝六九億八五七〇万円が初年度の売上目標ということになる。こうして各年度の売上目標が決まり、結局、最終年度の目標額は一四〇億二三〇〇万円と決定したのである。

売上高も決まり、売上総利益も決まった。売上高から売上総利益を引けば売上原価も出る。これで運営目標計画の上の三行がすべて埋まった。後は第四章で設定した付加価値配分率をこれに転記し、その絶対額を算出していくだけだ。「五年後に経常利益を一〇億円にしたい」という社長の夢の実現計画が、これで一応かたちだけはできたことになる。一〇億円の経常利益を出すためには、どれだけの売上高と粗利が必要か、どういう経費の使い方をすればそれが実現できるか、仮にこうすれば実現できるかもしれないというひとつの案が、これで一応できたということだ。

第11表は、これまで説明してきた計算の過程を示している。**太字**は経常利益から必要売上総利益を算出し、必要売上高を求めた過程を示しているわけだ。ところで計算上の都合で端数を調整するために、初年度の売上総利益一九億五六〇〇万円を配分していくと、基準となった経常利益四億一〇七六万円と二万円の差が出てくる。売上約七〇億円、経常利益四億円の事業なのだからこの差は無視して問題はないのだが、数字を若干操作して表の整合性をもたせたものが、**第12表**である。

結果として毎年二〇％の売上を増やさなければならない。これは決して容易な数値ではないが、社長はどんなことがあってもやり遂げる決心をした。これが社長の夢であり野望なの

の運営基本計画

（単位：千円）

初年度		２年度		３年度		４年度		５年度	
6,985,000		8,684,000		10,115,000		11,645,000		14,023,000	
5,030,000		6,296,000		7,384,000		8,559,000		10,377,000	
	28.0		27.5		27.0		26.5		26.0
1,956,000	100.0	2,388,000	100.0	2,731,000	100.0	3,086,000	100.0	3,646,000	100.0
567,530	29.0	691,940	29.0	778,620	28.5	879,225	28.5	1,039,395	28.5
215,270	11.0	262,460	11.0	286,860	10.5	308,500	10.0	364,700	10.0
97,850	5.0	119,300	5.0	136,600	5.0	154,250	5.0	182,350	5.0
518,605	26.5	620,360	26.0	683,000	25.0	724,975	23.5	820,575	22.5
48,925	2.5	59,650	2.5	68,300	2.5	77,125	2.5	91,175	2.5
1,448,180	74.0	1,753,710	73.5	1,953,380	71.5	2,144,075	69.5	2,498,195	68.5
507,820	26.0	634,290	26.5	777,620	28.5	941,925	30.5	1,147,805	31.5
-97,850	-5.0	-119,300	-5.0	-136,600	-5.0	-138,825	-4.5	-145,880	-4.0
409,970	21.0	514,990	21.5	641,000	23.5	803,000	26.0	1,001,925	27.5
-97,850	-5.0	-95,440	-4.0	-81,960	-3.0	-61,700	-2.0	-72,940	-2.0
312,120	16.0	419,550	17.5	559,060	20.5	741,400	24.0	928,985	25.5
-166,345	-8.5	-214,740	-9.0	-286,860	-10.5	-385,625	-12.5	-492,345	-13.5
145,775	7.5	204,810	8.5	272,200	10.5	355,775	11.5	436,640	12.0
				-13,660	-0.5	-46,275	-1.5	-72,940	-2.0
				-13,660	-0.5	-46,275	-1.5	-72,940	-2.0
148,775	7.5	204,810	8.5	258,540	9.5	309,500	10.0	363,700	10.0

第12表　Jスポーツ

項目		直前3期		直前2期		直前期	
売上高		3,946,307		4,962,631		5,706,764	
売上原価		2,799,402		3,520,838		4,078,864	
%			29.1		29.1		28.5
売上総利益		1,146,905	100.0	1,441,793	100.0	1,627,900	100.0
営業経費	人件費	322,157	28.1	387,441	26.9	470,718	28.9
	先行投資	121,792	10.6	139,514	9.7	181,474	11.1
	償却費	62,432	5.4	82,237	5.7	85,129	5.2
	一般経費	416,147	36.3	422,936	29.3	435,587	26.8
	役員報酬	40,060	3.5	42,057	2.9	45,988	2.8
	計	962,588	83.9	1,074,185	74.5	1,218,896	74.9
営業利益		184,317	16.1	367,608	25.5	409,004	25.1
営業外損益		-41,118	-3.6	-53,911	-3.7	-80,415	-4.9
経常利益		143,199	12.5	313,697	21.8	328,589	20.2
特別損益		-843	-0.1	-1,953	-0.1	-94,083	-5.8
税引前利益		142,356	12.4	311,744	21.6	234,506	14.4
納税充当金		-86,063	-7.5	-175,613	-12.2	-110,554	-6.8
当期純利益		56,293	4.9	136,131	9.4	123,952	7.6
益金処分	役員賞与						
	配当金			-2,800	-0.2		
	計			-2,800	-0.2		
差引内部留保		56,293	4.9	133,331	9.2	123,952	7.6

※小数点以下の数値は、切り上げ・切り捨てによる誤差を含んでいるが、実務上、差し支えないことである。

だ。

ここで重ねて強調しておこう。運営基本計画には、社長の経営ビジョンが集約されなければならない。ビジョンから掛け離れた計画をつくっても全く意味がない。したがって、どうすればビジョンを最もいいかたちで表現できるか、いろいろ工夫が必要だろう。それには、気楽に、いく通りも運営基本計画をつくってみることだ。さまざまな視点からいく通りもつくってみて、その中から一番いいものを選べばいい。一つだけつくってそれを実行に移すというのは、絶対にだめだ。

社長は、自分の野望を実現するために計画を立てる。計画を立て、一つひとつ数字を検討していくと、改めて自社の強みや弱みが浮き彫りにされてくる。社長はそれを把握することが大事だ。どうすればもっと長所が伸ばせるか、どのようにして弱点を克服していくか、それも計画の中に織りまぜられていく。

はたして社長の野望は実現できるか。次はいよいよその実現性のチェックに入る。この段階でも、経理や事務のスタッフでは考えられない、社長らしい発想がいたるところで必要になるだろう。

4　運営基本計画の実証作業と手順

基本計画の実現性をチェックする

社長の夢の実現計画が、運営基本計画という形に一応まとめられたら、次にその実現の可能性を、経営の三要素である「ひと」「もの」「かね」の面からチェックしていかなければならない。

人件費の裏づけ、設備投資の裏づけ、運転資金の裏づけ、金融計画の裏づけなどをチェックせず、五年後の売上や利益を設定しても、それだけではまだ本当の意味での長期計画とはいわない。絵に描いた餅が、ちょっぴりリアリティを帯(お)びてきたといったところだろうか。

これを本物に近づけるには、社長自らが、いろいろな側面から計画の実現性をチェックしてみることだ。そうすることによって、社長の夢や野望がさらに磨かれ、より具体性を帯び、一層明確な確固たる経営ビジョンとなっていく。

たとえば「ひと」の面から見ても、社員が満足してやる気を出してくれるような給料や賞与を支給していけるか、社長がデカい顔のできる分配になっているか、他の付加価値配分先とのバランスはどうか、その他、人員の問題、働く環境の問題、人材育成の問題など、チェックしなければならないポイントはたくさんある。

「もの」の面からいっても、将来の業績拡大に向け、設備投資を活発にしたり新たな店舗展開を図ったりしていくのに、この分配で本当にやれるのか、在庫計画はこれでいいのか、資金への影響はどうなのかなどをチェックしなければならない。

さらに「かね」の面からいえば、自己資金でどれだけやれるか、資金はショートしないか、資金調達をどうするか、融資を受けた場合、会社の収益性や安全性にどう影響するか、税金への備えはどうかなど、チェックするべき点は多い。

ほかならぬ自分の事業の基本計画である。部分的にではなく全体的に、ポイントをついて的確に、複雑でなく単純に、基本計画の実現性をチェックしていく。それを社長自らの手でチェックすることが重要なのだ。

そのために用いるのが、次に述べる①~⑦の計画作成に必要な七つの表である。社長は、これらの表を用い、手順に沿って基本計画の実現性を検証していくのである。これをわたしは「**実証作業**」と呼んでいる。

実証作業の具体的な手順

第六図をご覧いただきたい。**長期計画作成の手順**を示した図だが、この図のうち実証作業の手順を示した部分だけを箇条書きにしてまとめると、次の①～⑦のようになる。実証作業は、この手順を踏んでいかなければならない。

①人件費計画――運営基本計画の中で、配分のパーセンテージの最も高いのが人件費である。しかも一人当たりの人件費は今後確実に増えつづける。これが狂えば長期計画そのものが狂ってしまうほどの最重要項目だ。五年後も現在のパーセンテージで収まるのか収まらないのか。収めるとしたら新規採用を含めた要員体制をどうするのか。給与水準は社員に対して社長としての役割を果たしたといえるものになっているかどうか。まず「ひと」の面から検証する。

②設備投資計画――社長の経営ビジョンを実現させるためには、設備の拡充にも前向きに取り組まなければならない。だが資金には限界がある。経営の安全面も考慮に入れながら、もっと生産性が高く効率のいい設備に重点

を移していく必要があるが、それをどのくらいの範囲に収めるか。「かね」と「もの」の両面から検証を加える。

③運転資金計画

基本計画を実行に移していくには、そのための運転資金が要る。いわゆる「資金繰り」だが、それは十分か。短期の資金計画を検証する必要がある。それには、売掛金の回収、買掛債務の支払い、手持ち資金、在庫などについての定石を社長は把握していなければならない。

④税　金　計　画

税金計算には守らなければならないいくつかのルールがある。社長は大体これを勘に頼りがちだ。基本計画の数値どおりになるかどうか、資金面の補足的なチェックだが、これは経理の担当者にやらせてもいいだろう。

⑤資金運用計画

資金をいかに有効に使うかというのが資金運用計画である。それには、バランスシートの右側（資金の調達）と左側（資金の使途）の調和が、無駄なくうまく取れていなければならない。それがどうなっているかの実証作業が必要だ。これにも社長として知っていなければならない経営の定石がある。

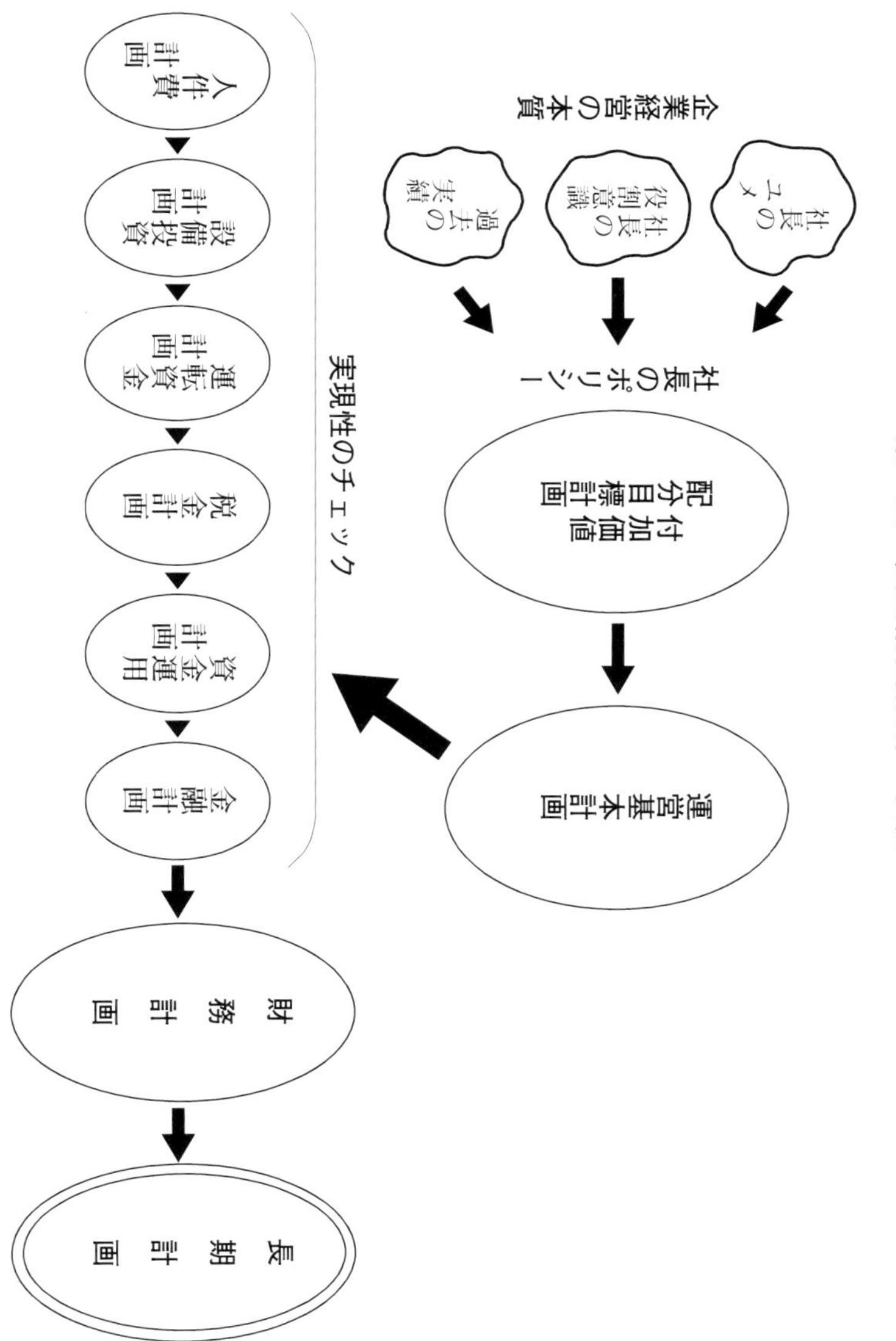

第六図　長期計画作成の手順

⑥金融計画——必要な資金は金融機関から調達しなければならないこともある。その場合の金利に対する対策は万全か。借入増加に対する固定預金は大丈夫か。野望だけで突っ走ると、多くはここでつまずき、とんでもない結果を招くことになる。バブル時代の教訓を生かし、十分なチェックが必要だ。

⑦財務計画——以上の実証作業を経て、その結果を一枚のバランスシートにまとめたのがこの財務計画である。ここまできて、社長の経営ビジョンは具体的な資金の裏づけを得ることになる。

以上が、実証作業の具体的な手順である。作業の各段階で用いるそれぞれの表が、実証作業を経て七枚の資料になる。この七枚の資料ができて、はじめて会社としての長期計画となるわけである。

簡単な加減乗除の計算だけでできる仕組み

はじめて取り組まれる人には、これらの一連の実証作業が一見、いかにも難しそうに見え、億劫（おっくう）で面倒な作業に思われるかもしれない。

だが、どうだろうか。たとえばわたしは、先にも述べたように、旧制の中学校しか出ていない。バランスシートのどちらが貸方で借方なのか、今もって分からない人間である。そのわたしにさえ簡単にできるのだ。社長は経理でも会計士でもないのだから、専門知識は必要ない。必要なのは、経営の定石と、電卓を使った加減乗除の計算能力ぐらいだろう。だが、それで十分なのである。今述べた七枚の資料にしても、それだけの能力さえあれば十分に実証作業ができるように様式が整えられている。仕組みも簡単だ。

それでも、数字を見るとジンマシンが出るくらい計算が苦手だとおっしゃるなら、税金計算や金利計算などは一部、経理の担当者に手伝ってもらってもいい。

だが、基本はあくまでも自分で実証することである。コンピュータも使うべきではない。社長の野望をより具体化していくには、電卓を片手に数字を弾き出していくことだ。それは決して時代遅れなのではない。さまざまな経営判断を加えることによって微妙に変化していく数字を、自分の目で確かめていく。そのことによって、経理や事務の人間には分からない経営発想の偏（かたよ）りや隘路（あいろ）、あるいは新たなビジョンの発展が眼前に浮かんで見えてくる。次の経営判断や対応策は、そこから生まれてくるのだ。

こうして生まれた新たな判断や対応策は、以前のそれよりも確実に次元の高いものとなっている。それが大事なのである。

それでは次章から実証作業について具体的に取り上げていこう。

第六章 長期人件費計画の立て方

社長として社員への役割を果たすために、社員の生活向上を計画的に実現していかなければならない。ところで高賃金・高処遇の保証は、年々経営コストを確実に押し上げる要因となる面も併せ持っている。

社長は、社員の幸福と会社の業績向上の両方を、バランスよく達成させなければならないのである。

その決め手は長期的な人件費計画の立て方にある。

まず長期の人件費計画を、前章で検討した運営基本計画に基づいて五年先まで実証してみることだ。そのとき社長として大切なことは、「給料の世間水準」からだけでなく、「人件費係数」という視点から、自社の発展と社員の幸福を同時に考えていくことである。

1　社員の幸福と人件費計画

社員に大きい顔のできる給料を払えるか

運営基本計画のなかで、一番ウエイトの高いものは「人件費」だ。これが狂うと計画はまるまる狂ってくる。

ことに給料と賞与は、社員の生活が直接かかっているものだけに、社員の関心も一際高いものである。その生活向上を考えれば、毎年給料のベースアップをすることは、社長の当然の責任である。また将来の事業を拡大していくには増員も考えなければならない。

そこで、まず人件費が社長の方針どおりにいくかどうかをチェックしてみなければならない。

先のD精機の例でいえば、社長は五年後に全付加価値の三五％を人件費に配分するとしたが、五年後、D精機の人件費は三五％、六億九八〇〇万円で本当に収まるのかどうか。その実証をやってみないと、タダの数字のお遊びになってしまう。

ここで大事なことは、五年後に予定通り六億九八〇〇万円のワク内に収まったからといって、「ああ俺の計画は正しいんだ」とは、決していえないということだ。

ワク内に単に収まったから妥当だ、という判断は、事務や経理部門のもので、社長の考え方ではない。

収まったとしてもそのときの給与水準は、よその会社に比べてどうなのか。社長として社員に大きい顔のできるような額を出せるのか、ということが検討されていなければ、とても社長の長期計画とはいえないのである。

社長のつくる長期計画は、この六億九八〇〇万円の人件費で、

・目標の売上高を達成して、

・目標の付加価値をあげ、なおかつ、

・給与レベルが高いものでなければならない。

もらう方の社員の立場からは、「ウチの社長は、俺たちのことも十分に考えてくれるなあ」「いい会社で働いているなあ」と満足してくれるような人件費計画をつくって、はじめて社長の長期計画である。

そうでないと尊敬される社長にはなれない。この辺のところが大事なポイントである。

社長は社員の生活向上に責任をもつ人である

「おたくの会社は、社員の待遇もいいし素晴らしい経営をされている」と言われて、腹を立てる社長はいない。

大昔ならいざ知らず、今の時代に、社員を安月給でこき使って、利益が増えたと喜ぶ社長は、ほとんどいないはずだ。社員の待遇を今よりもっと良くしてやりたいと、よほどのヘソ曲がりな社長でない限り、だれもが思っている。

ところが現実には、「思うような利益が上がらないから、社員には申し訳ないが、ほどほどの給料で我慢してもらっている。まあ貧乏会社にはロクな社員しか集まりませんがね」などと嘆かれる社長も少なくない。しかしこれは逆にいえば、自分は一人前の経営者なんだが、社員が半人前だから利益が上がらない、だから冷遇もやむをえない、という言い訳である。

これでは社長としての、社員への役割意識はゼロであって、社員どころか外部の人にまでバカにされても仕方ない。本書のはじめに、社員から尊敬されない社長ほど惨（みじ）めな存在はない、と申しあげたが、お気の毒に、とうなずくしかないのだ。

社長は、社員の生活向上について、責任をもたなければならない。

こう申しあげると、「社員の生活向上について責任をもたない経営者など、今時いませんよ」

と多くの経営者から反論がでてきそうだ。実際あるセミナーで、結構な年配の方から次のような抗議が寄せられた。

「十分な給料を払ってやりたいのは山々だが、出したくても出せないから、ここにきて勉強している。社員には、儲かったらうんと上げてやるからな、悪いようにはしないからな、と常々言い聞かせています。責任逃れはしていない。それもこれも一緒に、無能経営者呼ばわりしないでほしい」と。

伺ってみると、事業を続けて二〇年以上のベテラン社長であった。創業間もなくのころならともかく、二〇年間も「悪いようにしない」と言い続けて、「良くなっていない」とすれば、いくら責任逃れをしていないと言ってもだめである。社長として社員に対する役割を果たしていない、と言わざるをえない。単に情緒的に「悪いようにしない」と言っているだけで、具体的に良くしなければ、社長の役割を果たせないのである。

人件費係数を活用する

社員の生活向上という観点から、「**人件費係数**」という〃指数〃があることを、社長は必ず知っておいてほしい。

人件費係数というのは、社員の待遇改善を実現するために、非常に大事な数字なのだ。どの会社でも人件費の内訳は、給与・賞与・退職引当金・福利厚生費というのが基本だろうと思う。給与を年間一二カ月として、たとえば賞与が年五カ月、退職引当金が一・七カ月、福利厚生費は年に一度くらい旅行にいき、年に一度作業服を支給するぐらいのことをやると大体給与の一五％、一・八カ月ぐらいになる。

人件費係数というのは、これらをすべて加えた月数のことである。

この場合、12＋5＋1.7＋1.8＝20.5が、人件費係数ということになる。

社員の待遇改善を図るということは、ただ単に月額の給与を上げるだけじゃだめなのだ。賞与も上がる、退職金の拠出率もできるだけ上げて、老後にゆとりと誇りのある生活を保障してやりたい、福利厚生も、社員が楽しむクラブ活動ぐらいは充実させてやりたい、というならば、この係数を上げていく必要がある。

人件費係数を年々上げていくことが、「悪いようにしない」という社長の言葉の、具体的な裏づけなのだ。

もちろん、社員の待遇に対して、どこにアクセントをおくか、どこにポイントをおくかは、社長が方針として決めればよいことである。しかし、いずれにしても、この人件費係数が下がっていくようでは、社員に対する社長の役割を果たせないのである。

給料も人件費係数もバランスよく上げていく

「うちは人件費係数がうんと低いが、社員にはびっくりするくらいの高給を出している。その話が当てはまらない会社だ」と、ある勉強会で異議を申し立てる社長さんがいた。

「わたしのところでは、賞与なんて不安定要素だから、年四・五カ月分の賞与をやめて一二等分して全部基本給に加えて、支給している。だから月額の給与はヨソよりうんと高くて、社員に喜ばれているが、係数でいうとその四・五カ月がなくなるから大幅に下がってしまう。おかしいではないか」というような疑問であった。

人件費係数は、それぞれの会社の事情によって、社長が決めればよいことである。社員構成の違い、たとえば女性の多い会社では、ただ賞与を上げるだけではなく、お稽古事などに会社が補助を出してあげた方が喜ばれる場合には、福利厚生の比率を高める。男ばかりであったら、いっそ福利厚生はやめてしまって、とにかく給料と賞与でいく、というように、社長がベストな行き方を決めることである。たとえ人件費係数が高くても、肝心の給料が不当に安い、というケースも考えられるから、単純に一八は低くて、二〇なら合格ということではない。世間水準の給料を前提に、あえていえば、人件費係数が二〇前後であればそこそこの数字といってよいだろう。ここで大事なことは、係数の絶対値が高いか低いかではなくて、給料ベースを上げ、同時に、人件費係数も上げていかなければ、社員の生活向上につながらないということなのだ。

そこで、まず自社のここ数年の人件費係数をはじき出してみていただきたい。どのような傾向を示しているだろうか。給料ベースを世間並以上に上げていて、なおかつ人件費係数も上昇していれば、社員の幸福を考えて確実に手を打っている会社といえよう。当初の人件費係数が低くてもかまわない。そこに社長の方針を入れて、係数の経過をみることが重要なのである。

給料ベースは当然に上げていく。なおかつ、人件費係数も上げていく。社員の生活向上は給料だけではない。給料と会社全体の人件費係数の両方を、調和よく上げていって、はじめて、「うちの社長はよく面倒をみてくれる。ありがたい」「わが社は、社員のことを大事にしてくれる。やり甲斐がある」ということになるのである。

2　経営コストと人件費計画

給料は上げるが人件費総額は下げる発想

一ドル一〇〇円時代、日本の賃金水準はおそらく世界一となったろう。日本の会社全体をマクロ的に見れば、これ以上賃金をあげる余力を失っているかのように思える。世界一の賃金のために国際競争力を失ってしまった、という悲鳴があちこちからきこえてきそうだ。

しかし、それは評論家の言うことで、われわれ実務家の言うべきことではないのではないか。個々の会社のトップが、社員に向かって、もう今年から賃上げはできないよ、いやならヨソ、何なら賃上げの期待できる外国へ行って働いてほしいなどと言えるものだろうか。前項で検討してきたように、社長の役割として、社員の生活向上の中心である給料は何としても上げていかなければならないのだ。第一それができなければ、社長は自分の報酬だって将来上げていくことができないではないか。

ではどうすればよいのか。

人事や賃金の担当長なら、困った、弱ったですむかもしれないが、社長はそういうわけにはいかない。何としても、給料を上げても経営に影響のない方策を考える、知恵を絞るしかない。そこで社長には、ある意味では単純な、しかも過去のやり方にこだわらない発想が必要となってくる。

そのひとつの発想は、極端に言えば、社員個々の給料は上げるが、会社の人件費は総額で下がるような方策を考えられないか、ということだ。もし一〇〇人の社員でやっている仕事を、半分の五〇人で同じようにできる仕組みを考えることができたら、倍の給料を払っても人件費は変わらないことになる。このように単純に考えてみることである。そこから打つ手が見えてくることがあるのだ。

言うまでもないが、これはたとえ話であって、実際に人を減らしてタコ足経営をやることを勧めているわけではない。将来の仕事増に対する増員を正社員ではなくパートなどで賄い、人件費総額はそこそこに抑えて、なお個々の社員の給料をしっかりと上げることのできる仕組みの考え方を言っているのだ（この具体的なやり方については、実例と数字があった方が説明しやすいので、「4　人件費計画の実証作業」の項でまた詳しく述べることにする）。

具体的な目標は人をやる気にさせる

別の考え方もできる。いまの一〇〇人がもし、三割、四割効率のよい仕事のできる仕組みを考えたら、人件費総額を増やしても、業績を伸ばしていくことは可能だ。

次のようなおもしろい話を聞いたことがある。

かつてハワイで清掃局員のストライキがあり、ワイキキのきれいな街がゴミだらけになったことがある。清掃局員の言い分は、人手不足なのに安月給でこんな重労働はやってられない、大幅増員と大幅昇給を要求する、といったことであったらしい。そこで当時の日系知事さんが、「担当の地区のゴミを集め終わったら、就業時間内でも帰宅してよろしい」とやったら、何と、街中のゴミはほとんど午前中か、遅くても二時、三時には収集されてしまったという。局員は約束どおり、時間前に帰宅して、大半が次のアルバイト先に向かったというのである。

お役目で嫌々やる仕事は、本人もつらいだろうし、能率も上がるはずがない。しかし、もし自分の会社でも、このような部門があれば大変だ。ところが、何の動機づけも教育もせずに、旧態依然の配置をしておいて、「今の若い者はどうもやる気がない」「怒るとすぐ辞める」などと、やる気のない社員を嘆く声は少なくないようだ。いわゆる〝新人類〟といわれだして久しいが、なにも若い人だけではない。無気力な中堅社員、窓際社員といった存在に悩む会社が、意外に多いようである。もしこれらの人々が本気でやる気を出したら、人件費増以上の付加価値を会社にもたらしてくれることは確実だ。

わたしどもの会社でも、毎年三〇人ほどの〝新人類〟の新卒を採用している。その過程で気のつくことであるが、確かに、新人類と呼ばれている今の若い人達は、昔の若者と比べて、自分から何かを進んでやるということが少ないようだ。指示がないと気がつかない、動かない、という傾向が確かにあるかもしれない。学校の教育も家庭のしつけも甘やかされて、物質的にも恵まれ、あまりハングリーな気持ちになったことがないのか、良くいえば総じておっとりとしている。

しかし、目標をはっきり決めてやれば、本当に感心するくらいよくやるのも、新人類なのだ。はっきりした目標を設定して、その目標に彼らが納得したときには、信じられないような熱意をみせてくれるものである。そして彼らが納得できる目標設定のカギとなるものは、社長の将来に対する考え方であり、夢であり、それらを具体的な目標に設定した〝長期計画〟なのである。

つまりいま実証しようとしている長期計画それ自体が、人件費の重要な解決策なのである。

人を増やさないで仕事を増やす発想

いま時短が叫ばれ、年間労働時間一八〇〇時間を目指せといわれている。仕事が増えたらその分を残業で、とはいかない時代である。そうかといって、仕事の増えた分だけ人を増やしてはいられない。当たり前である。

もともとスターという会社は、人を多く使わないでもすむ事業という発想からスタートしたこと、仕事が増えても人を極力増やさないように工場を無人化していったことは、第二章で詳しく触れたところだ。ここで、無人化工場を考えたもうひとつの動機について補足しておこう。

わたしの会社では完全週休二日制を一九六六年に実施しているから、わが国でも最も早い例ではないだろうか。社内の機械化もすすみ、週休二日制を導入した当初のことである。「どうも社員が暇を持て余しているようです」というのである。世の中の会社は土曜日も出て働いているのに休んでいるのはもったいない、週休二日でなくていい、土曜日も働いて給料を稼ぎたい、という反応が出てきたのには驚いたものである。

よそよりかなり上の給料をもらっている社員から「土曜日も出て、給料を稼ぎたい」という声があるということを聞いて、わたしは「親の心、子知らずだなあ。しかし人間の欲なんてキリがないから、うちの社員の反応も当然かもしれない。考えてみれば、土曜日だけでなく日曜休日に工場を遊ばせずに動かしたら、もっと稼げるなあ」と思ったのだから、わたしが一番欲張りといえよう。「それでは、社員が土曜日に出て稼ぐ分を、会社が稼ぐように考えたらいい」と発想を切り替えてみたのである。「土曜日に出ることはない。土曜日の分も余分に給料をもらったらいいじゃないか」、つまり人間が働くことはない、機械に稼がせたらいい、と。そこで掲げたテーマは、「六三時間無人」というものであった。

どういうことかというと、金曜日の午後五時から月曜日の午前八時までが六三時間、この間を無人で工場を運営しようというものであった。もし機械が無人で稼働してくれれば、週休二日なんて関係ない。休みの日も機械が稼いでくれるのだから、今よりもっと給料も上げられる。土曜日は心置きなく休めるじゃないか、ということで「六三時間無人」を合言葉に、完全無人化工場をつくり上げていった。

現在、作業者は午後五時に帰宅してしまう。あとは機械が土曜日と日曜日、真夜中も明け方も二四時間、黙々と作りつづけている。この態勢は、単にコストダウンだけの目的ではなく、社員の生活向上という目的と、表裏一体のものであったからこそ、実現したのだと思っている。

3　定期昇給とベースアップ

ある。

賃上げの仕組み

人件費計画の実証作業に入る前に、もうひとつ、読者に整理しておいてもらいたいことがある。

それは、賃上げの仕組みについてである。

毎年春闘が終わると、たとえば中小企業は四・二%、大企業は三・七%というような賃上げ率が発表される。あれは一体どういう意味なのか、意外にははっきりしたことをとらえていない社長をお見受けする。

給料を上げる、あるいは、上がるというときに、いわゆる賃上げのほかに、定期昇給、ベースアップという用語が使われている。この定期昇給とベースアップは、まるきり性格の違うものなのだが、なんとなく曖昧(あいまい)な理解ですませている社長が多いようである。そのような細かなことは、担当長に任せてある、というわけだ。

しかし、人件費の実証作業をするうえで、賃上げの仕組みについて一応のことを知っておかないと、計画のあちこちで矛盾を生じかねない。実はわたしも適当に理解していて、あとで専門家から教えていただいたクチである。何でももっと早くに知っておかなかったのか、というような次第で、これから述べるようなことは、読者諸氏には常識かもしれない。そのような方は、本項をとばして次の「実証作業」に移っていただきたい。

さて、賃上げは、定期昇給とベースアップと手当の増額からなる。しかし手当の増額も賃上げの一部であるが、これはあくまで補足的なものであるから、中心となるものは定期昇給とベースアップの二つである。

定期昇給の意味

定期昇給は、一年たったらいくら昇給すると、会社の制度としてあらかじめ決めておいて、毎年四月に、会社の業績が良い悪いに関係なく、決められた昇給を実施するものである。

会社がたとえ赤字であっても、定期的に昇給するから定期昇給というわけである。したがって、定期昇給は、春闘の交渉で決められるものではなくて、経営者の責任で上げなければならない性格のものなのだ。

一年たったら昇給する根拠は、その一年間に本人が仕事に習熟してより業績を上げるであろう、という考え方が中心である。他にも、本人の励みになるからとか、年を重ねるごとに生活費がかさむから等などの説もあるが、会社の業績にかかわらず昇給を保証するからには、一番の根拠を本人の能力の向上におくべきではないかと思う。

ということになれば、おみこしを担いで業績を上げた社員とおみこしにぶら下がっていた社員に、同額の昇給を定期的に保証していては、実力社員のやる気を損なってしまう。そこで、昇給に能力主義を何らかの形で反映させる工夫が必要なのだ（もっとも、その専門的なやり方は、本項の趣旨ではないので省かせていただく）。

この定期昇給の額は、一般に若い社員の多い会社で所定内賃金の約二・五％、平均年齢の高い会社で二・一％ぐらいといわれている。そうすると年四％の賃上げ率とすれば、残り一・五から一・九％が、何で上がるのかといえば、それがベースアップなのである。

ベースアップの意味

ベースアップとは、物価上昇にあわせて、賃金の実質目減りを防ぐために昇給するもので、会社の懐（ふところ）具合と相談しながら実施していくものである。

したがって、その金額の決定に当たっては、会社の懐具合と社員の懐具合のかねあいが問

第七図　ベースアップと定期昇給の区別

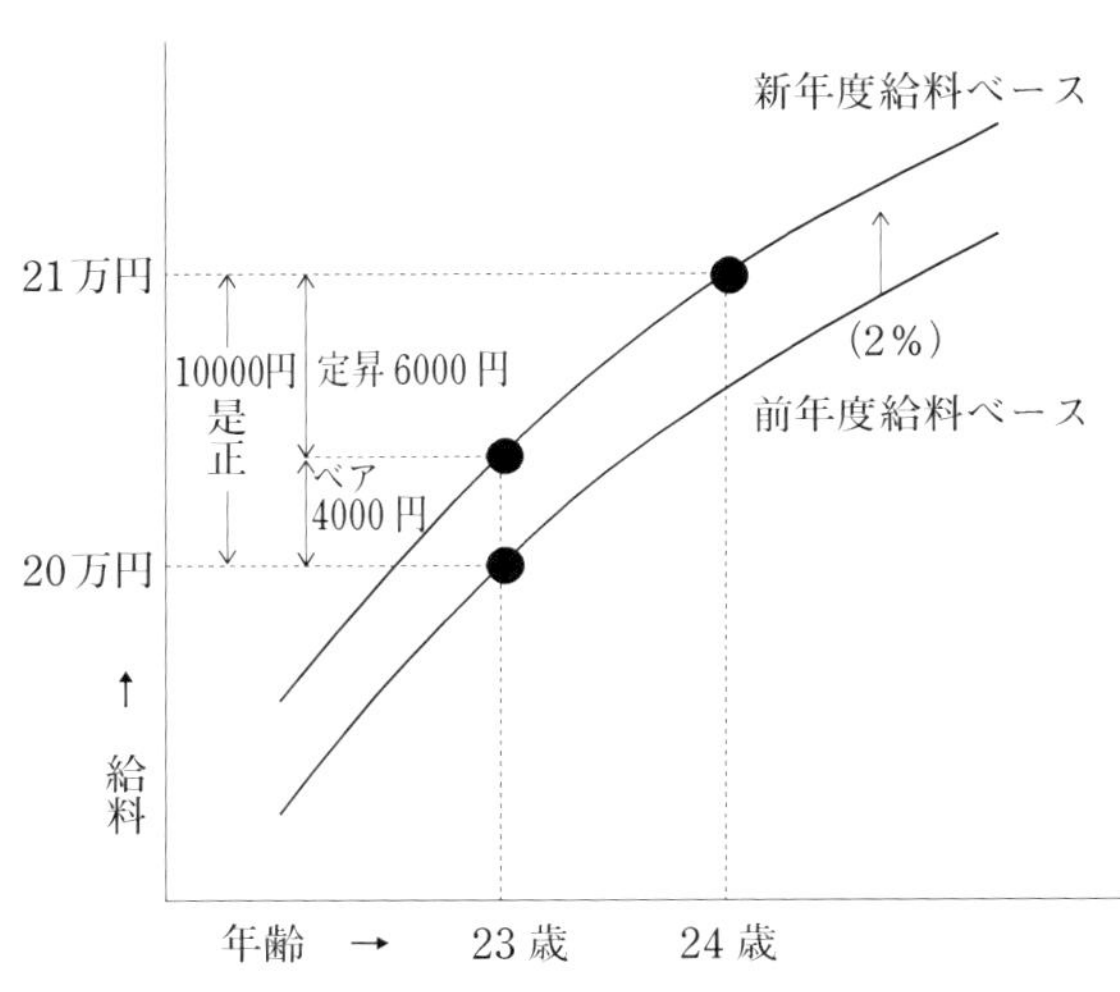

題となるから、労使交渉で折り合うところを決めるということになるわけである。**第七図**は、このベースアップと定期昇給の関係を示したものである。

いま仮に月給二〇万円の営業マンのA社員に一万円の賃上げを実施したとする。この会社では、Aさんが営業の仕事を平均的にこなした場合は、六〇〇〇円の昇給をさせると制度で決めていたとする。ということは、残り四〇〇〇円がベースアップで上がったことになる。

これをパーセントでいうと、賃上げ額は五・〇%、うち三・〇%が定期昇給分、二・〇%がベースアップ分で上がったわけである。図でいえば、斜めに上がるのが定期昇給、上に上がるのがベースアップとも見える。定期昇給分の賃上げは、どんなことがあっても会社で決めたルールで実施して、そのうえで会社に賃上げ余力が残されていれば、ベースアップで上げる。これがわが国の賃上げの基本原則なのである。

定昇とベアを区別して運用していないと、いざというときに手が打てない

このように定期昇給とベースアップは、全く異なる根拠で決まるものであるから、これをちゃんと区別して運用しておかないと、いろいろ不都合が生じてくる。

第八図　成績別の給料ベース

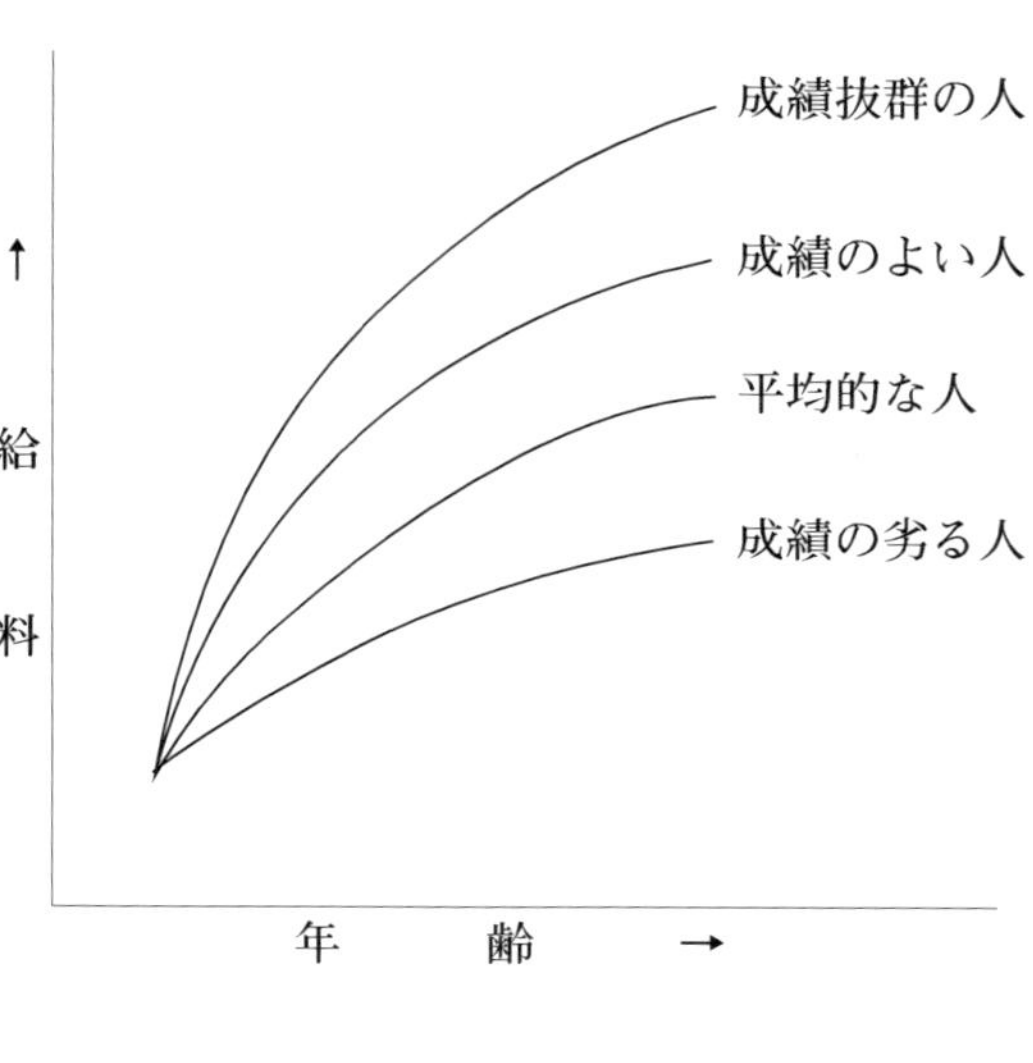

まず能力主義で個々の給料を決める手続きが大変だ。

先の例でいえば、営業マンのA君と同年齢、入社年度も同じB君がいたとする。

B君はまあまあの実績で、A君に比べてはっきり差がある、というようなケースは、現場でよくあるはずだ。その場合でも、もし昇給額を、よくやったものは六〇〇〇円、まあまあは四五〇〇円と制度であらかじめ決めておけば、B君の賃上げ額は、ベア分

の四〇〇〇円を加えた八五〇〇円となり、だれもが納得のいく決め方が簡単にできることになる。そのためには、**第八図**のような成績別の昇給制度を企業として当然用意していなければならない。

これを、定昇もベアも一緒に考えて、総額の凸凹だけを金額調整していると、あちらを立てればこちらが立たず、大変な作業になってしまうものだ。

ところで不況期の春闘では、新聞などに「定昇のみ、ベアなし回答」という記事が出ることがある。会社の業績が極端に落ち込み、先行きの見通しも悪いということになると、ベースアップの余力がほとんどない、定昇は何とか手当てしても、ベアを無理にやると会社の体質を急速に悪化させるというような状況に陥って、やむなく労使で協議してベアはゼロで妥結してもらう、という意味である。

極端な例でいうと、赤字続きで支払い能力に問題が出たような場合、経営者としては考えたくないことであるが、緊急手段として賃上げではなくて賃下げという措置を選ぶこともありうる。それでも定期昇給は実施しなければならない。どういうことかといえば、たとえば定昇で六〇〇〇円上げて、ベースダウンで八〇〇〇円下げる。結局二〇〇〇円賃下げ、を実施したことになるわけだ。詳しくは省くが、こうしないと結果として社内でのバランスがくずれるからである。このような実務の対応も、賃上げの仕組みを知っておかないと、いざというときに判断に迷うことになってしまうのだ。

社長は一年先、三年先の賃上げを決める人である

ここで社長に確認しておいていただきたいのは、両者の違いだけではない。それだけなら人事担当の仕事にすぎない（もちろん社長としては、自分の会社の中に定期昇給のルールをまずつくっておく必要がある。細かな仕組みは、担当や専門家に任せるとしても、能力主義の昇給の仕組みだけは確認しておくことは必要だ）。

社長にとって一番大事なことは、賃上げによって社員の生活向上を図ることである。つまり物価上昇を下回るようなベースアップ率では、社員の生活水準が低下するから、少なくとも物価上昇率を上回るベースアップ率と、これに加えて定期昇給、これが経営者として最低の義務と考えるべきである。

数値でいうと、定期昇給で二・五％、ベースアップで一・五％程度とみて、四・〇％ぐらいの賃上げというものは、今後、景気がどうであろうと最低出していくんだ、という覚悟が必要なのである。

さらに自分の会社の賃金水準がヨソよりかなり低いようであれば、その是正を図るのも、経営者の義務であり役割である。その場合、ベースアップを思い切って五％とか八％（賃上げ率としてはそれぞれ約七・五％、一〇・五％前後になる）実施してやらなければ、いつまでたっても、よそより低いままということになる。今後の会社の収益状況や賃金原資に大きな問題がなければ、ベースアップの率を、世間のベースアップ率に横並びさせることはないのだ。世間水準ばかりを気にするのは担当の仕事であって、社長であってはいけないのだ。

しかし、これは社長に相当の覚悟と準備のいることである。

毎年、春闘のころになると、「佐藤さんのところでは、いくらにするの、何％にしたの」と聞いてくる経営者が必ずいらっしゃる。

業績好調であれば、ベースアップを物価上昇以上にはずんで、「いい会社に勤めたものだ」と社員から言われたいのは山々だけれども、その分の固定コスト増を考えるとためらってしまう、というのが賃上げ額決定のときの社長共通の悩みかもしれない。

わたしは、「うちでは来年の賃上げをすでに決めてある。いつの賃上げの話なの？」と聞き返すことにしている。はっきりいって嫌みだ。しかし社長たるもの、その年になって今年の賃金はいくら上げるか、その都度エンピツをなめているようでは落第といっていいのではないか。社員への役割を意識したら、少なくても一年前に翌年度のインフレ率を予測して、経営者の義務としてのミニマム昇給額を推定すべきである。そして三年先、五年先までの給料の処遇について、具体的な案をもっていてほしい。

社長に限らず経営者というのは、賃金が上がるということにアレルギーがあるようだ。わたしとて、意味のない上昇は大嫌いだ。しかし社員を大事にすると言っている一方で、賃上げというたびに、ゾッとしていては、社員は救われないではないか。

社長の社員への役割意識、これがあるなしで、覚悟の仕方、準備の仕方が徹底的に違うと思う。

その意味でも、次の項で述べる「人件費計画の実証作業」が、社長の実務として、多くのことを示唆してくれるはずである。

4　人件費計画の実証作業

現在の人件費を分析する

第13表は、モデル会社であるD精機の人件費計画である。この計画で、まず直前期の人件費について、ざっと分析してみよう。

直前期の人員がどうなっているかというと、正社員九八人、臨時パートが六人、合計一〇四人の会社である。正社員の平均賃金はおよそ二六万円、この会社の男女比率や年齢構成が分からないので、世間水準との正しい比較はできないが、男性社員が三〇数万円、女性社員が二〇万円弱ぐらいの給料だろう。ＯＡ機器の組み立てだからおそらく平均年齢も若くて、男女比も半々といったところだろうから、まあまあの水準ではないだろうか。

人件費係数をみると、一八・三六である。この表には出てこないが、賞与は年間四カ月しか出していない。福利厚生はほとんどやっていない会社である。この数値からみて、お座なりの福利厚生ですましている状況だ。

パートをみると、時給六〇〇円から七〇〇円で、一人月九万七〇〇〇円といったところで

人件費計画

（単位：千円）

２年度		３年度		４年度		５年度	
人員	給　与	人員	給　与	人員	給　与	人員	給　与
98	28,450	98	30,015	98	31,666	98	33,408
1	190	1	200	1	211	1	223
1	187	1	197	1	208	1	219
		1	194	1	205	1	216
				1	202	1	213
						1	210
2	377	3	591	4	826	5	1,081
100	28,827	101	30,606	102	32,492	103	34,489
	19.16		19.56		19.96		20.40
	552,325		598,653		645,540		703,576
6	618	6	637	6	656	6	676
2	208	2	216	2	225	2	234
2	206	2	214	2	223	2	232
		2	212	2	220	2	229
				2	218	2	227
						2	224
4	414	6	642	8	886	10	1,146
10	1,032	12	1,279	14	1,542	16	1,822
	13.78		14.47		15.17		16.00
	14,224		18,507		23,392		29,152
110	566,549	113	617,160	116	671,932	119	732,728

第 13 表　D精機の

区分	項目		直前期		初年度	
			人員	給与	人員	給与
正社員	既存人員		98	25,561	98	26,967
	増員計画	初年度			1	180
		2年度				
		3年度				
		4年度				
		5年度				
		計			1	180
	合計		98	25,561	99	27,147
	人件費係数			18.36		18.76
	年間人件費			469,185		509,278
臨時雇用者	既存人員		6	583	6	600
	増員計画	初年度			2	200
		2年度				
		3年度				
		4年度				
		5年度				
		計			2	200
	合計		6	583	8	800
	人件費係数			12.37		13.07
	年間人件費			7,213		10,456
年間総人件費			104	476,398	107	519,734

注）正社員の給与是正は 率 5.5％
　　臨時雇用者の給与是正は 率 3％

あろう。そして人件費係数が一二・三七であるから、ほとんど何もしていない。賞与もないし保険にも入っていない。何かちょこっと〇・三七カ月分だけやっている。これらを合わせて、年間四億七六三九万八〇〇〇円というのが、この会社の人件費の内容である。

さて、問題はこれから五年間、運営基本計画が計画どおりいくのかどうか、人件費について具体的に検証してみようというわけである。

要員についての実証

もう一度、ここでD精機の運用基本計画の前提条件を、復習してみよう。

・付加価値の社員への配分比率は、現在の三五％を五年後も維持する
・付加価値は毎年〇・五％下がるものとする
・なおかつ五年後に税引前利益を五億三八〇〇万円あげる
・そのためには毎年売上を一二％伸ばす

というものであった。思い出していただいたであろうか。（本書の二〇四頁）

さて、現在の人員を増やさずに、毎年一二％の売上を伸ばすことが可能であろうか。この条件をただ単に理屈のうえで考えてみると、

①前年より一二%以上多く売れるヒット商品を、毎年必ず開発する
②前年より単価を毎年一二%上げて、個数は維持していく
③毎年、前年の一二%増の残業でこなす

というようなことが挙げられよう。

しかしどれも現実的ではない。②や③にいたっては、毎年繰り返していけば、五年後に約八割の値上げとか八割の残業増となるわけで、考えるまでもないことだ。①は、事業経営の本来の大切なポイントであって、人員を増やさないためのものではない。まして毎年ヒット商品が見つかることを前提にして、人件費の計画を組むことはできない相談だ。

一部を外注に回す、設備を更新して生産性を上げるということもあるが、外注に回せば付加価値率がぐーんと下がってしまうし、設備を入れれば金利負担が増えてやはり利益が下がってしまう。

そうすると、常識で考えて、毎年一二%アップの売上を続けていくためには、人は若干ずつでも増やしていくと考えるのが妥当だ。しかし、なるべく最小限の人員増に抑えなければなるまい。計画としては、毎年三人の増員が妥当なところとしてみた。

この会社の社長は、「俺のところでは、九八人の正社員に対して六人しかパートがいない。

もうちょっとパートが多くてもいいのではないか。仕事の内容を検討して、単純化、標準化してパートで十分な仕事を増やし、人員増はパートを中心に対応していこう」と考えた。

パート化を検討する

実際のところ、パートの人件費は正社員の二分の一以下に下がるのではないだろうか。わたしの会社の例では、かつてピーク時に女子社員が二一三人いたものを、漸次(ぜんじ)パート化していって、五年後に九六人にまで減らしていったことがある。その分、もののコストがぐーんと下がり、付加価値の増加分を人や設備に再配分して会社の勢いをさらに増した経験がある。

今わたしどもでは、経理部門でもパートの方に活躍してもらっている。「よく経理をパートに任せられますね」と驚く方もいるが、このごろでは経理部門そっくり外注化を検討する大会社もある時代だ。要は、パート活用の仕組みづくりの問題ではなかろうか。今はパートにも正社員ほどではないにしてもボーナスを支払っている。パートの人件費係数は一八は超えているのではないかと思う。それでもパート切り替えによる、付加価値増の波及効果は、業種業態にかかわらず、十分検討するに値するものだ。

ヨソでこういう話をすると、「それはおたくのような細かい商品だから女性パートでいけるんだ。うちみたいな何トンもの大きいものを作っているとパート化なんて、とてもとても」とすぐに反論である。

今わたしのところでは、中国の大連に六九〇トンのインジェクションを動かしている工場がある。そこの作業者は全員女性だ。これまでは危険で重くて男でもつらかった、五トンから一〇トンもある金型の変更を女性がやっている。それは女性でもできるようにと、クレーンやテーブルを工夫して、機械の力で重くて大きいものでも操作できるようにしてあるからだ。作業者はネジをしめるだけだ。もちろん日本ではなくて中国の話だが、よその国だから男でもつらい仕事を女性にやらせているわけではない。仕事を単純化し、作業環境を変えていく。そうすることによって、これまでの常識ではパート化が考えられなかったものが、パートでできてしまうのだ。要するに社長の執念の問題なのである。

増員計画を固める

しかしすべての増員をパートというわけにもいかない。

この会社の社長は、こうも考えた。

「ただし増員をすべてパートにしてしまうと、今年九八番目の社員は、五年たっても九八番目ということになってしまう。いつまでも新入社員が入ってこないと、この社員も辞めかねない。社員の構成もいびつになってしまうから、毎年一人は新卒を採用しよう。パートは毎年二人採用していこう」と。

このような方針決定は、社長がやらないとできないものである。なぜなら、この増員計画はかなり厳しいものだからである。**第13表**をもう一度ご覧いただきたい。

増員計画は各年度正社員一人、パート二人の採用で、五年後の要員は正社員一〇三人、パートが一六人、計一一九人ということになる。これで一一億八三〇〇万円の付加価値を一九億九五〇〇万円に約七〇%増やそうというわけだ。それを約一五%の増員でやろう、それもパートを増やしてやろうと。なにしろ労働生産性で五〇%近く上げようというのだから、社長の社員に対する相当強引な要請である。

そうする以上、年間四カ月のボーナスでやれと言ってもやってくれっこない。会社も待遇を思い切って改善しなければ、いくら一五%の増員だ、と計算してみても数字のうえのことで終わってしまうのである。

五年先までの給料を実証する

まず社員にとって一番大事な給料を上げていかなければならない。

以下、**第13表**をご覧になりながら読んでいただきたい。

①既存社員の五年先の給料を予測する

定期昇給分の三％は当然として、今後の物価上昇をどうみていくか、これを決めなければ五年先までの賃上げ率が決まらない。この会社は、賃金水準だけはまあまあであるから、今後の賃上げも世間並みに準じていけば、給料の水準がヨソに劣るということにはならないわけだ。

では、五年先までの物価上昇がどうなるか、これははっきりいって、だれにも正確に分からないのではないか。ただ、世界中、歴史が始まってから今日まで、物価は上がりつづけてきたことだけは確かだ。これからも不況などの影響で一時的な停滞はあっても、上がりつづけることは間違いない。

ただ当面の五年間だけでみると、経済成長率二〜三％、物価上昇率一・五％とみておけばそう大きな狂いはないように思う。運営基本計画もこのような成長率を前提に計算してみたわけだから、賃上げ率も三プラス一・五で、四・五％が最低線とみていいだろう。しかしこれだけでは、世間並みの水準を維持していくだけのことである。人事や経理の人の計算ならこれでよいが、社長としての考え方ではない。

人をあまり増やさずに売上を大幅に増やしてほしい、労働生産性を五年後に倍にしてほしいと社員に強要しておいて、これでは社員のやる気は生まれまい。そこで社員にモチベーションを与えるためにも、思い切ってもう一％上乗せしてみよう、このように考えて、賃上げ率五・五％で五年間の給料をシミュレーションしてみる。

結果だけ申しあげると、五年先の、今いる社員の給料合計はおよそ月に三三四〇万円になる（**第13表**の右上、既存人員の給与の欄参照）。

②増員社員の給料を予測する

さて、毎年一人採用していく新卒の給料の推移はどうか。

初年度は大卒の初任給水準を一八万円とし、二年度以降の初任給は世間のベースアップ率（ここでは物価上昇率と同じと仮定する）一・五％を乗じたら、計画上の初任給は単純に計算できる。すなわち、180,000 × 1.015 = 182,700、端数を切り上げて一八万三〇〇〇円が、二年度目の初任給額になる。

しかしどこの会社でも、優秀な人材がほしい。特にエレクトロニクスに強い技術系となれば、単に物価上昇分の初任給是正でよいものだろうか。やはり少しでもよい人材を採りたいから、さらに四〇〇〇円加えて二年度目は一八万七〇〇〇円、同じく三年度目は一九万四〇〇〇円、以降三〇〇〇～四〇〇〇円ずつ物価上昇分に上乗せしていって、五年後の新卒者の初任給を二一万円としてみる。社長のやる計算であるから端数まで細かいものは必要ないが、あくまで自分で予測して、計算してみることが大事だ。

そうすると、これらの増員分の給料について翌年からの賃上げを五・五％で実施していくと、五年後には、五人の増員で月に約一〇八万円必要となることが分かる。結局、正社員の給料は月に三四四九万円ほどになると、試算できたわけである。

人件費係数を上げる

この会社の賞与は、いま年間四カ月だが、社員に無理を強いるには、ちょっと少ないように思う。

そこでこの会社の社長は、優秀な会社では大体五～五・五カ月の賞与を保証されているのだから、五年後には年間少なくても六カ月を保証してやろう、と英断した。福利厚生もまだまだ不十分だが、まずは給料と賞与を世間並み以上に出せるように、賞与一点に絞っていこうと。

人件費係数は、一八・三六だから、五年後の係数を思い切って二一・〇上乗せし、さらに福利厚生の追加を、端数の〇・〇四だけ考えて二〇・四〇としてみた。そこで二年度目は〇・四カ月、三年度目も〇・四カ月というように人件費係数を上げていって、五年後に無理なく二〇・四〇になるよう割り振ってみた。

このような手順を踏んで、五年後の正社員の年間人件費総額は七億三五七万六〇〇〇円と弾き出されたわけである。この七億円強は、**社長のビジョンが数値になったものなのだ。単なる計算の結果ではない**。ここのところが一番大事なことである。

なお五年後の正社員の総数は、この五年間に退職者がでないものとして一〇三人としたが、皆さんの会社では、あらかじめ見込まれるならその計算もしておけば、より確かな計画になる。しかし中途退職者が多い会社もあるから、社長の計画としてはそこまで精密な計算が必要なわけではない。退職者が途中で出れば、その分採用枠が空くぐらいのラフなものでよいように思う。

パートの人件費増を実証する

同じような手順で、パートの人件費についても検証してみる。

パートは原則的に定期昇給がない。しかしベースアップはある。パートのベアについて、それほど細かいことは知らないが、どうも毎年三％程度は上がっているようだ。地域によって相当に差があると思うが、たとえば時給六〇〇円が相場でも、翌年は六二〇円出さないといい人が集まらないのではないだろうか。バブル経済のころは一〇％上げても思うように集まらないという状況もあったらしいが、不況期には逆に、ベースダウンしても集まる。

女性の就業率がついに五〇％を超えたが、その主な要因は家庭の主婦が積極的にパートに行きだしたからといわれている。したがって、今後のパート市場が極端な供給不足になることは考えられない。以上のような見通しのもとに、この会社では、パートのベアを毎年三％ずつ実施するとした。

そこで既存パート六人を毎年三％、初年度から二人ずつ追加していって、これも毎年三％のベアをやるという計算をしてみると、五年後は総員一六人で月一八二万円となる。

そしてこのパートについても、人件費係数のアップを考えていく。

直前期の一二・三七という数字は、せいぜい使い回しのユニホームを用意しているといったところであろう。ほとんど何もしていないということだ。これはおそらく労働基準法違反すれすれのところでパートを使っているようだ。これではいけない。

継続的に雇用していれば、法律上からも有給休暇や社会保険の問題が出るし、賞与についても少しは考えるべきだ。いまパートにも賞与を出す会社が増えているのだから、パートの定着ややる気を考えて、係数を五年後に一六・〇にもっていこうと、この社長は方針を決めた。方針さえ決まると、あとの数字化は簡単である。

そして目標年度に一六となるように、初年度から適当に割り振ってみたのが、**第13表**の下の欄だ。こうしてパートの年間人件費が二九一五万円と弾き出されたわけである。

社長の社員に対するポリシーのかたまり

これまでのような手順で、この会社の人件費は、

初年度　一〇七人で、五億一九七三万四〇〇〇円

二年度　一一〇人　　五億六六五四万九〇〇〇円

三年度　一一三人　　六億一七一六万円

四年度　一一六人　　六億七一九三万二〇〇〇円

五年度　一一九人　　七億三二七二万八〇〇〇円

という数字になる。

そしてこの人件費の推移に、社長のポリシーをすべて入れたことになる。

これから五年間の物価上昇率を見込み、それを上回る社員の生活の向上原資を見込み、経営コストの判断も入れてパート切り替えの方針も見込み、将来の幹部候補生になり得る有能な人材の採用戦略も入れた。しかもそのすべての人員に喜んでもらい、しかもやる気を出してもらうよう、人件費係数の是正も見込んでいる。

つまりこの計画は、社長の社員に対するポリシーのかたまり、なのである。

社長は、自分の夢や野望を、数字に込める人なのだ。計画の数字は、単なる計算ではなくて、「自分のところのかわいい社員の生活の根幹にかかわることだから、少なくてもこれだけは実施する」というポリシーの具体的な表現でなければならない。

これを労務担当者にやらせるようでは、社長失格である。前項までに繰り返し繰り返し述べてきたように、事務の担当や経理の担当が計算してきた数字は、社長の数字と根本的に違うのである。社長みずから、この表を完成させることによって、社長としての役割のうち何十%かは、果たしたことになるのだ。

運営基本計画と実証結果の差を考える

さて当初の基本計画の数字を実証してみた結果、どうであったか。

五年後の総人件費は七億三二七二万八〇〇〇円と実証された。つまり当初の、付加価値の三五％を配分して六億九八〇〇万円という数字には、とても収まらない。三五％の配分でやれるだろう、ということで運営の基本計画を立ててみた。しかし、実際に人件費の推移を実証してみたら、七億三〇〇〇万円以上かかってしまう。それも一人当たり労働生産性を五〇％上げ、毎年三人の増員のうち二人はパートにして、この結果である。絵に描いた餅であったわけだ。

この差を社長はどう考えるべきか。ここがまた大事なところである。

結論から申しあげると、合わなかったからといってがっかりすることはない。これでいいのである。ぴったり合うわけがないのだ。

ここに生じた差は、実は、社長の漠然とした野望や夢と、現実との差といってもよいだろう。

逆にいえば、世の社長の多くは、ご自身の野望や夢を膨らませることには熱心でも、それを実現させる手段については無頓着である。無頓着というのが言いすぎであれば、ご自身のこと、自分の会社のことが見えていない、分かっていないとでも言おうか。その結果、実証作業をすると、**これまで見えていなかったわが社の体質が見えはじめ、社員に対して打つべき手を打っていなかったことに気づく**のである。人件費について、自分のポリシーをきっちり反映していくと七億円以上必要なんだと、一刻も早く、だれよりも早く気がつくべきなのである。こういうやり方が、会社の実態をより正確につかまえることにつながる。

この実証作業をはじめて体験する社長は、ご自身の考え方の整理と自社の「ひと」の面からみた体質の把握に、それなりの時間と労力を要するかもしれない。しかし一度コツをつかんだら、一通りの計算に三〇分もあれば十分である。そして運営基本計画と人件費計画の差について、いろいろ試行錯誤を繰り返していけばよいことだ。

結果として、この試行錯誤が、社員に対する社長の実務ノウハウとなるのだ。

さて、結果として合わなかった、ということが先にいってどういうことになるか、論を進めることにしよう。

第七章
長期設備計画の立て方

運営基本計画に記された付加価値を達成するためには、陳腐化する設備を絶えず更新していく必要がある。しかしながら設備資金は、一時に高額の投資となり、しかも回収には長期を要する。

そこで社長として長期設備計画を立てるには、特別な場合を除き、「設備投資額は原則として、その期の減価償却費と同額」という定石を踏まえて、設備の生産性が上がるように大枠を押さえて計画していくことが大事だ。

そのうえで、過去の固定資産の償却率が一定する傾向を根拠に、計画上の償却費が当初の方針で賄えるかどうかを実証していくことが、社長としての視点であり、実務の要点である。

1　設備投資の定石と設備効率のチェック法

社長としての減価償却のとらえ方

固定資産投資と減価償却は、たとえば製造業でいうと、一般には付加価値配分の一〇％前後の比重を占めているのが普通である。項目としては、人件費、変動費に次いで比率が大きい。しかも、設備資金というのは、一部ずつ徐々に回収されるものであり、その全額を回収するには相当の長期間を要するのが通例である。それだけに、社長としても慎重が期される重要項目なのだ。

いうまでもないことだが、設備というものは年を経るごとに陳腐(ちんぷ)化していく。したがって、今後、より一層生産性を上げていくためには、時代の変化に伴い、仮に製造業なら最新の効率的な設備・機械に切り替えていかなければならないし、流通サービス業なら最適な店舗や内装設備を更新していかなければならないだろう。だが、それにはかなりの資金が要るし、そのうえ、その資金には限度というものがある。

そこで問題となるのが、減価償却のとらえ方なのだが、ここでも、会計の専門家や経理の見方とは違った、社長としての視点がどうしても必要になるのだ。

たとえば、建物の減価償却は、鉄筋なら六五年償却で年間償却率三・五％、機械の場合は一二年償却で年間償却率一七・五％といったように、税法で定める減価償却率にやたら詳しい社長は結構多い。だが、そういったことは、償却年数表を見れば簡単に分かることだ。

ところが、自分の会社で平均して償却年数何年の設備投資をしているかを聞かれて、答えられる経営者はほとんど皆無に近い。実は、これこそが、設備投資をするに当たり、経営者にとって最も重要な指数となる数字なのである。そういう大事な部分を社長は把握（はあく）していなければならない。

また、五年計画を立てるとなれば、五年先の減価償却費を出さなければならないわけだが、五年後に建てる建物や入れる機械が具体的に決まらない限りそれが出せないというのでは、社長は務まらない。第一、五年後にどんな機械を購入するか、どんな設備にするかなどということは、いかに社長といえども分かるはずはないのである。したがって、そんなことは知らなくても、五年後の設備投資の枠だけは、社長として決めておかなければならない。そこが肝心のところである。

要するに社長は、償却年数表を見れば分かるような、個別の償却率などについて、いちいち覚えておく必要などないということだ。何でもいたずらに詳しければいいというものでもないだろう。

もちろん、だからといって、頓着（とんちゃく）なく経理や会計士の先生にお任せというのでも困る。後先を考えずに乱暴な投資をやってのけ、あとで経理担当者を嘆かせるような社長に、こういうタイプが多い。これも非常に危険だ。大事なことは、

①今後五年間の設備投資の枠はいくらなのか

②償却年数は平均どのくらいなのか（平均償却率は何％か）

ということを把握しておくことである。そういう大きなつかみ方が、社長として設備投資計画を立てる際には絶対的に必要なことなのだ。

減価償却率は毎年ほぼ一定する傾向にある

では、五年後の設備投資の枠は何を基準に決めていったらいいのだろうか。

読者ご自身の会社の、過去三年なり五年なりの設備投資の内容と償却率をぜひ調べてみていただきたい。投資の内容と償却率が、毎年あまり変わっていないという面白い傾向にお気づきになるはずだ。

ある年は機械を入れ替えたり、ある年は測定器や冶工具を入れたりといったように、年度ごとに設備投資の金額が異なっていても、設備投資の構成比率はおおむね一定しており、したがって償却率だけは「へえー」と感心するくらい似たような数字が並ぶものなのである。不思議な現象だが、やはり経営には社長の性格が反映されるものなのだろう。要するに、**社長が代わらない限り、あるいは業種転換をしない限り、投資の内容は変わらず、相対的に償却率はあまり変わらない**ものなのだ。

ここが社長の目のつけどころである。つまり、過去三年なり五年なりの投資の内容と償却率を調べ、それを基準に五年後の償却率を設定する。社長としてつかむ償却率は、これでいいのである。また、これでなければつかめない。

したがって、五年後の設備投資を考える場合、「三年度は何と何に投資するから償却率は何%になり、四年度は建物にいくら、機械にいくら投資するから平均何%の償却率になる。そして五年度は……」といったように、設備ごとに細かく考える必要は全くない。過去の償却率がほぼ一定しているのだから、それが社長にとっては償却率のマスター数字になるのだ。

仮に過去の償却率を計算してみて、大体一五%と算出されたとしよう。五億円の設備投資なら七五〇〇万円の減価償却となる。そういうとらえ方が大事だ。そうすると、五年後の減価償却の枠が決まっているわけだから、それに収まるように設備投資の枠も簡単に押さえることができるわけである。

こういうマスター数字を把握しておくと、長期の設備計画の可能性を実証する場合、非常に便利だ。その意味でも、ご自分の会社の償却率をぜひ出してみていただきたい。

減価償却の定石

設備投資計画を立てるには、次のような定石を知っておくことも必要である。

すなわち、「**設備投資額は、その期の減価償却費と同額にする**」という定石である。これは定石であって法律ではないのだから、必ずしも守る必要はないわけだが、社長として忘れてはいけないことだ。

もっとも専門家の中には、これを「償却費以内」としている先生もいる。わたしは「イコール減価償却費」と指導しているが、いずれにせよ、設備投資額を減価償却費と同額または減価償却費の範囲内に抑えるというのは、経営のひとつの基本なのである。

いうまでもないことだが、なぜそうなのかといえば、減価償却で減った分を投資で増やしていくのだから、プラス・マイナス・ゼロとなり、常に安定した状態を保てるからだ。減価償却費の範囲を逸脱すれば、その分どこからか新たに資金を調達してこなければならない。ただし誤解されると困るのは、これはあくまで通常の設備投資の場合であって、建物など回収に時間のかかる投資の場合は別だ。償却に数十年を要するような投資には、それ相応の長期借入金をもってきて、これは別勘定にして運営するわけである。

ところで、後先をあまり考えようとせず、減価償却が二億円のところに五億円の設備投資をしたりする社長がいるとしよう。経理の責任者や会計士がいくら無茶だと制止しても、「そんな消極的な発想で事業を伸ばせるか！」と、聞くものではない。よく見かける社長のタイプだ。乱暴といえば乱暴だが、一方、この社長の言うことにも一理ないわけではない。

特に、積極経営を推し進めていこうとしている創業間もないような会社なら、敢えて定石を破り、減価償却を上回る思い切った投資をしていかなかったら、いつまでたっても発展できず、結局零細のまま終わってしまうことになるだろう。

したがって、「投資額イコール減価償却費」というのは、あくまでも原則であって、絶対にイコールでなければならないということではない。積極的に事業を展開していかなければならないときは、減価償却費を上回る投資もありうる。もちろん、これは長期計画の裏づけがあっての話だ。

しかし、定石は、やはり定石である。経営者は常にこれを頭の中に入れておかなければならない。バブル時代に甘い投資をし、今になって放漫経営のつけに泣いている会社が少なくないのは、定石を無視した結果だろう。したがって、減価償却費を上回る投資をするときは、かつての反省の上に立ち、本当にそれが可能なのかどうか、次章で検討する「資金運用計画」とも十分に相談しながら決めていくことが必要なのである。

すぐお金を稼ぐ投資とそうでない投資

設備投資計画の実現性をチェックする場合、社長としては、もうひとつ次のような視点も必要になってくる。

先に、個別の減価償却率の違いは細かく知る必要がない、と書いたこととちょっと矛盾するかもしれないが、**償却年数の長い設備への投資と短い設備への投資とを区別し、状況によって使い分けていかなければならない**、という視点である。

たとえば、短期間に収益性の優れた会社にしたかったら、建物やマザーマシンのような償却年数の長いものへの投資は当面やめ、利益増大にすぐにでも貢献でき、しかも償却年数の短い設備、すなわち新製品開発のための金型とか合理化機械のような即効性のある設備に投資の重点を置く、というように使い分けていくのである。

投資をそのように使い分けていくからには、計画作成のうえでもそれを区別しておいたほうがいい。償却率というのは、設備によって大変な違いがある。たとえば、一般機械設備だと償却年数一〇～一二年で、年間の償却率が定率法でおおむね二〇%ぐらい、工具・金型のようなものであれば償却年数が二～三年からせいぜい五年、年間償却率が五〇%ぐらいである。二〇%と五〇%では大変な違いだ。さらに建物などになると、鉄筋では償却年数が六五年、鉄骨で二五年、したがって償却率も九～二一・五%である。したがって、それらをひとつにまとめて投資金額を出そうとしても、第一に償却の計算ができない。

そこで、もちろん個別に細かく分ける必要はないが、製造業なら建物と一般設備と工具・金型、流通サービス業なら建物と一般設備と什器備品といったように、大まかでいいから三つぐらいに分け、投資枠を配分して見ていくことが、設備投資計画を立てるうえでの大事な手法のひとつとなるのである。

これらの具体的な方法等については、あとでケーススタディを通してもう少し詳しく見ていくことにする。

ところで、社長として設備投資計画をチェックするうえで、これまでに述べてきたこととは別の重要な視点がある。

労働装備率と設備生産性

前章でも述べたように、少ない人数でいかに生産性を高めていくか、一人当たりどのくらいの付加価値を生み出しているか、というのが労働生産性である。これは最も重要な指数だ。

では、この労働生産性を設備の面からチェックしてみたら、どうなるだろうか。

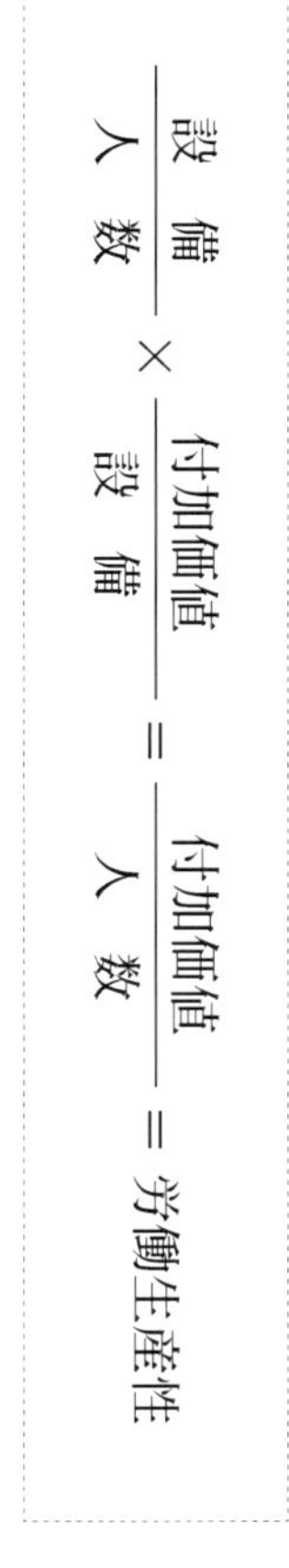

$$\frac{設　備}{人　数} \times \frac{付加価値}{設　備} = \frac{付加価値}{人　数} = 労働生産性$$

右の式は、労働生産性を設備面から検討する場合の式である。

人数分の設備というのは、設備の残高を社員の数で割ったものだ。社員一人当たり何円の設備を持っているかをあらわすもので、これを専門的に「**労働装備率**」という。

労働生産性を上げるには、一つはこの労働装備率を上げることだ。

社員がどれだけの設備を装備しているか、装備率の高いほうが生産性の向上に役立つことは、いうまでもない。戦争をするのに、兵隊がピストルだけを持って戦争をするのと、戦車やロケット砲などで重装備して戦争をするのとでは、重装備したほうが勝つに決まっている。したがって、この面からのチェックがまず重要だろう。

もう一つ、設備分の付加価値というのは、売上総利益を設備の残高で割ったもので、これを「**設備生産性**」という。

設備一円当たりどのくらいの付加価値を上げるかの指数となるものだ。いくら高い優秀な設備を誇っても、無駄な設備では困る。実際に稼働しなければ何もならない。ましてや、これからいよいよ低成長が予測されるなかで、無駄な設備を入れられたら利益の足かせになってしまうだけだ。したがって、社長としては、「設備生産性は少なくても何%のものにせよ」といったように、設備について生産性の枠を設定することが非常に重要になってくる。これが、設備投資をするに当たって最も大事な社長としてのポイントである。

たとえば、工場長らの責任者から「こういう旋盤を入れたい」といった設備投資の要求が出たり、具体的な設備更新の稟議(りんぎ)が出された場合、当然社長は、どういう目的でどれだけの効果がある機械なのかという説明を受けると思う。そのとき、自分が考えているより設備生産性の高い設備であれば、社長は黙ってメクラ判を押せばいいし、それ以下なら社長として一言いわなければならないのである。

　このように、設備投資についても社長としてのポリシーを明確に出すことが大事なのだ。機械の一つひとつについての細かな指示は、担当の部長が出すことで、社長はそこまでやる必要はない。ただし、設備生産性の総体については、社長としての頑とした枠を出す。これが非常に重要なのである。

　以上のことを読者の頭に入れていただいて、モデル会社の設備投資計画の実証作業に入ることにしよう。

2　D精機の「固定資産投資及び償却計画」を実証する

敢えて定石を破る

設備投資については、資金に限度があるとはいえ、ある程度積極的にやるという方針を打ち出さない限り、高収益会社にするという社長の基本方針はとても達成できないだろう。

D社長としても、それは十分に理解しているのである。はたしてどの程度の投資が可能だろうか。今度は運営基本計画で打ち出した方針どおりにいくだろうか。これを具体的に検証してみなければならない。

第14表はD精機の「固定資産投資及び償却計画」である。

既存資産の部の初年度の期首残高六億八三〇〇万円は、**第2表**「D精機のバランスシート」から転記したものだ。さらにD精機の直前期の固定資産は七億八八〇〇万円、そのうち土地が一億五〇〇万円、その他が六億八三〇〇万円となっている。土地は償却できないから、その他の六億八三〇〇万円がD精機の償却資産というわけである。

この六億八三〇〇万円という償却資産は、今後五年間でどれだけの償却費を発生させるだ

第 14 表　D精機の固定資産投資及び償却計画

(単位：百万円)

投資額		金額	償却率	項目	初年度	2年度	3年度	4年度	5年度	計
既存資産				期首残高	683	615	572	543	519	
				償却費	68	43	29	24	23	187
初年度	一般設備	40	20.0%	期首残高	40	36	29	23	18	
				償却費	4	7	6	5	4	26
	工具・金型	40	65.0%	期首残高	40	27	9	3	1	
				償却費	13	18	6	2	1	40
	計	80		償却費	17	25	12	7	5	66
2年度	一般設備	50	20.0%	期首残高		50	45	36	29	
				償却費		5	9	7	6	27
	工具・金型	50	65.0%	期首残高		50	34	12	4	
				償却費		16	22	8	3	49
	計	100		償却費		21	31	15	9	76
3年度	一般設備	60	20.0%	期首残高			60	54	43	
				償却費			6	11	9	26
	工具・金型	60	65.0%	期首残高			60	40	14	
				償却費			20	26	9	55
	計	120		償却費			26	37	18	81
4年度	一般設備	70	20.0%	期首残高				70	63	
				償却費				7	13	20
	工具・金型	70	65.0%	期首残高				70	47	
				償却費				23	31	54
	計	140		償却費				30	44	74
5年度	一般設備	80	20.0%	期首残高					80	
				償却費					8	8
	工具・金型	80	65.0%	期首残高					80	
				償却費					26	26
	計	160		償却費					34	34
合　計		600		償却費	85	89	98	113	133	518

検討	項目	初年度	2年度	3年度	4年度	5年度
検　討	期 首 残 高	683	678	689	711	738
	投　資　額	80	100	120	140	160
	償　却　高	-85	-89	-98	-113	-133
	期 末 残 高	678	689	711	738	765
	平 均 残 高	681	684	700	725	752
	設備生産性	193%	213%	231%	248%	265%
	労働装備率	6.5	6.3	6.3	6.3	6.4

ろうか。**第14表**の既存資産の償却費の欄に書き入れられた数字がそれである。すなわち初年度の六八〇〇万円から五年度の二三〇〇万円までの合計一億八七〇〇万円が、新たな投資を一銭もしなくても、今後五年間で発生するD精機の減価償却費なのである。

「設備投資額はその年の減価償却費と同額にする」という定石があることは、先にも述べたとおりだ。とすれば、**第14表**に書かれた数字が、D精機の今後五年間の設備投資額の総枠ということになろう。だが、はたしてそれでいいのだろうか。

ここで、第五章で作成したD精機の運営基本計画（**第10表**）を振り返ってみよう。これを見れば、D社長は、初年度の八五〇〇万円から五年度の一億四〇〇〇万円まで、大まかな減価償却の方針を出している。D社長の気持ちからすれば、これは当然の数字だろう。設備投資額も当然このくらいあっていい。それにD精機の流動比率は五〇九％という常識を外れた数値になっている。どういうわけか資金だけは余っているのだ。

だとすれば、定石の枠を少し破り、減価償却費を一～二割超えた資金を設備投資に回すべきではなかろうか。当然そういう判断が生まれてくるべきなのである。そうでなければ、人件費計画で実証されたような、人数もあまり増やせないような状態のなかでは、目標の付加価値はとうてい達成できないだろう。

投資枠を大きく二つに分ける

D社長の基本方針でもうひとつ重要なのは、今後五年間で無借金会社にするという点である。この基本方針に従えば、設備投資も当然償却年数のかかるものはやりたくない。最も投資効果の早い、即効的に付加価値増大に結びつく、それでいて償却率の高いもの、すなわち新製品開発のための金型とか合理化機械に投資し、収益の改善を目指したい、というのが社長の本意であるはずだ。

逆にいえば、償却期間の長い建物にはいっさい投資しない。建物が狭くなったら、どこか近所の借家を借りてもいい。建物に対する投資は五年間禁止する。土地もいっさい買わない。このくらいの覚悟はあって当然なのである。

本来、設備投資計画を立てる場合、先にも書いたように、勘定科目を三つぐらいに分けて資料を作成するべきだろう。一般設備や工具・金型、建物など、投資対象によって償却率が大きく異なるからだ。ところが、ここに掲げた**第14表**は、勘定科目を償却率二〇%の「一般設備」と、償却率六五%の「工具・金型」の二つにしか分けていない。

もちろんこれには、D社長の「建物には五年間投資しない」という基本方針が反映されている。つまり、建物の科目はここでは必要ないわけで、あえて三つに分けることもなかったためである。

固定資産投資及び償却計画を実証する

以上の二つを前置きにして、いよいよ実証作業に入ることにしよう。

第一の前置きは、償却費を一〜二割上回るくらいの積極的な投資をする、というD社長の決断である。そこで大体見当をつけ、初年度の一般設備に四〇〇〇万円、工具・金型にも四〇〇〇万円を配分してみる。計八〇〇〇万円の設備投資をすると、仮に設定してみたわけである。

ところで、四〇〇〇万円の一般設備は、年間償却率二〇%だから、八〇〇万円の償却費が発生すると考えられがちだ。だが、それは期首にすべて投資した場合に八〇〇万円の償却費が発生するのであって、投資は期の前半で行うかもしれないし、後半で行うかもしれない。したがって、長期計画では初年度の場合、期の中央で投資したことにするのである。つまり、期の中央で投資するのだから、八〇〇万円の償却費を二で割らなければならない。そこで計算すると、四〇〇〇万円×〇・二÷二＝四〇〇万円で、四〇〇万円の償却費が発生することになるのである。

初年度の工具・金型設備の場合も、四〇〇〇万円に対して六五％の償却率だから、同じように、四〇〇〇万円×〇・六五÷二＝一三〇〇万円となり、一三〇〇万円の償却費が発生することになる。

以上の二つの償却費に、既存資産の初年度の償却費、六八〇〇万円を足してみよう。四〇〇万円＋一三〇〇万円＋六八〇〇万円で、合計八五〇〇万円となる。これが初年度に発生する償却費の合計金額である。

さて、ここで「おめでとう」と言わなければならない。運営基本計画でD社長が設定した償却費の初年度の予定額八五〇〇万円と、これがピタリと一致したのである。つまり、一般設備と工具・金型設備で計八〇〇〇万円の設備投資をしても、予算の枠からはみ出ないということが、これで見事に実証されたのだ。

そうすると、二年度目は、売上も増えていくことだし、もう少し設備投資額を増やしてもいいという発想が当然生まれてくる。そこで二年度以降の分として設定した金額が、**第14表**の左側に書き入れた数字である。つまり、二年目が一般設備、工具・金型がともに五〇〇〇万円ずつで、計一億円。三年目がともに六〇〇〇万円ずつで計一億二〇〇〇万円。四年目が七〇〇〇万円ずつで計一億四〇〇〇万円。そして五年目を計一億六〇〇〇万円とし、今後五年間の投資総額を計六億円と設定してみたわけである。ここで重要なことは、一般設備と工具・金型の投資比率を、各々五〇%ずつと設定したことである。ここに社長としてのポリシーがある。

ここで、表の右側の欄への数字の記入の仕方を簡単に説明しておかなければならないだろう。たとえば、初年度の一般設備の二年度目における償却費は、(40－4)×0.2＝7.2で、四捨五入して七となる。また、初年度の工具・金型の二年度目における償却費は、(40－13)×0.65＝17.55で、四捨五入して一八となる。同様にして、すべての年度の償却費を計算し、出た数字を各欄に記入していけばよい。数字の単位はすべて百万円である。

さて、設備投資額を表の左側に書いたような金額に設定した場合、減価償却費は各年度ごとにどのくらいになり、その合計はどのくらいになるだろうか。**第14表**の下の合計欄を見ていただきたい。

合計六億円の投資額に対して、減価償却費は五年間で合計五億一八〇〇万円となり、投資額が償却費をほぼ二割近く上回っている。これが現在、D社長として考える積極的な設備投資案の数字による表現ということになろう。

これを実証してみて、これでは生産性が上がらないということが分かれば、再度考え直さなければならないが、ともあれ、「設備投資は減価償却の範囲内で」という定石を考慮に入れつつ、それよりもやや上回る積極的な投資に踏み切ろうというD社長の思いが、こういう数字となって出てきたわけである。

それでは、先に作成した運営基本計画の償却費の欄と見くらべてみよう。

運営基本計画では五年度の減価償却費に一億四〇〇〇万円の枠を設定している。これに対して五年度のそれが一億三三〇〇万円になった。どうだろうか。D社長の設定した枠にほぼ近い。ということは、非常にうまくいったのである。

一億四〇〇〇万円の償却でやるという案をつくり、それを一般設備にこのくらい、工具・金型設備にこのくらいというように、勘定科目別に枠を設けるところまで社長自らが踏み込んで計算してみた結果、一億三三〇〇万円でいけると実証されたのだから、これは一〇〇点満点に近い。社長として大いに自信をもっていい数字といえよう。

設備生産性の枠を決める

しかし、これで終わったわけではない。設備生産性の問題がまだ残っている。先に述べたように、売上総利益を設備の残高で割ると、設備一円当たりどのくらい利益を生み出せるかという、ひとつの指標となる数値が出てくるわけだが、これが設備生産性だ。設備投資に欠かせない最も重要な問題のひとつである。

第14表の別欄「検討」という欄の下から二行目を見ていただきたい。初年度の一九三％から五年度の二六五％まで、設備生産性を計算した結果が書き入れてある。意味はお分かりいただけるだろうと思う。

たとえば五年度の二六五％というのは、「五年後は、設備一円当たり二円六五銭の利益をあげるような設備にする」ということだ。設備投資を考える場合、これをはっきり示すことが非常に重要なのである。

設備投資について、社長方針として出すべき要素は、これで揃ったことになる。

もう一度整理してみよう。

①設備投資額は、初年度八〇〇〇万円、二年度一億円、三年度一億二〇〇〇万円、四年度一億四〇〇〇万円、五年度一億六〇〇〇万円、五年間で合計六億円とする。

②その内容として、土地・建物に対する投資は、この五年間は禁止する。なるべく即効性のある、新製品開発のための金型・工具、もしくは一般設備の合理化機械に重点を置く。

③設備全体の効率としては、五年後には少なくても生産性二六五％、設備一円について二円六五銭を稼げるような設備投資を目標にする。

以上が、設備に対する社長としての具体的なポリシーである。これが実証作業を通じて出てきたということだ。このポリシーを実践に移せば、会社の体質強化策の一つが成功する。少なくても設備に関しては、社長の出した最初の夢が実現できるということが、これで実証されたわけである。

3　Ｊスポーツの「固定資産投資及び償却計画」を実証する

一坪当たり粗利から必要設備を計算する

前にも述べたとおり、Ｊスポーツは五年後に店頭上場を期する超積極経営の会社である。したがって、この会社の設備投資は償却費と同額という定石を著しく逸脱した極端な例である。しかし、それもまた結構である。なぜなら社長は過去の数値を大切にし、かつ社長のポ

第15表　Ｊスポーツの固定資産投資及び償却計画

（単位：千円）

投資額		償却率	項　目	初年度	２年度	３年度	４年度	５年度
既存資産		19.0％	期首残高	368,786	298,717	241,961	195,988	158,750
			償却費	70,069	56,756	45,973	37,238	30,163
初年度	200,000		期首残高	200,000	181,000	146,610	118,754	96,191
			償却費	19,000	34,390	27,856	22,563	18,276
2年度	200,000		期首残高		200,000	181,000	146,610	118,754
			償却費		19,000	34,390	27,856	22,563
3年度	250,000		期首残高			250,000	226,250	183,262
			償却費			23,750	42,988	34,820
4年度	250,000		期首残高				250,000	226,250
			償却費				23,750	42,988
5年度	300,000		期首残高					300,000
			償却費					28,500
合計	1,200,000		期首残高					
			償却費	89,069	110,146	131,969	154,395	177,310

リシーを明確にしている。無原則に定石を逸脱させているわけではないからである。長期計画において、最も大切なことは、社長のポリシーの確立とその実証なのである。

さて**第15表**は、Ｊスポーツの「固定資産投資及び償却計画」である。前項で検討してきたＤ精機の**第14表**と様式が違っているのにお気づきと思う。

ご承知のようにＪスポーツは小売業である。売り場がなければ商売ができない。小売業における設備の中心は、店舗や倉庫などの建物であり、償却の長いものが中心となる。陳列台をはじめとする内装設備もあるが、こちらのほうは、流行に合わせてしょっちゅう新しいものに変えていかなければならない（用地も重要であるが、ここでは償却資産を対象とするので、土地は別の資金で扱うことになる）。

五年先までの売上増大には建物の増設拡充と内装の変更が必須であるが、各年度の設備投資をどの程度に見積もったらいいのであろうか。Ｊ社長の基本方針は、従来の店舗リースや借地から自前の土地と建物をもって、減価償却という手法で内部留保をためて上場に備えるというものであったことは、一七六頁で述べたとおりだ。Ｊスポーツの付加価値（売上総利益）を**第12表**の運営基本計画どおり上げていくためには、設備投資がいくら必要なのだろうか。はたして再生産配分五％で賄えるのであろうか。

ところで小売業における設備の生産性は、**売り場一坪当たりの粗利**（売上総利益）がいくらかということで判断する。そこで直前期のＪスポーツの売り場面積を別の資料から調べると約一九三〇坪、これで売上総利益一六億二八〇〇万円を稼いでいた。ということは、坪当たり八四万三〇〇〇円だ。

小売業における生産性を上げるには、この坪当たり粗利を年々上げていくということである。そのためには、当然ながら売れ筋商品を逃さないように絶えず商品の入れ替えをやり、宣伝に工夫をこらし、店内の効果的なＰＯＰ配置、店員の教育などあらゆることをやって、販促に当たる。Ｊ社長はこれで年五％の生産性を上げていこうと方針を出した。

そうすると、坪当たり粗利は、初年度目標が八八万五〇〇〇円、二年度は九二万九〇〇〇円、三年度は九七万五〇〇〇円、四年度は一〇二万四〇〇〇円、五年度は一〇七万五〇〇〇円となる。

一方、初年度の目標粗利（売上総利益）は、**第12表**をみれば一九億五六〇〇万円と計画しているから、初年度の坪当たり生産性で割ると、二二一〇坪の売り場が必要ということになるわけである。同様に、二年度は二三億八八〇〇万円の目標粗利を稼ぐために、坪当たり九二万九〇〇〇円として二五七〇坪必要ということになる。そして三年度は二八〇〇坪、四

第 16 表　J スポーツの店舗増設検討表

	直前期	初年度	2 年度	3 年度	4 年度	5 年度
売上総利益（百万円）	1,628	1,956	2,388	2,731	3,086	3,646
坪当り 売上総利益（千円）	843	885	929	975	1,024	1,075
必要売場面積（坪）	1,930	2,210	2,570	2,800	3,000	3,400
増設売場面積（坪）	——	280	360	230	200	400
坪当り 建設コスト（千円）	——	700	740	780	820	850
増設見積（百万円）	——	196	266	179	164	340

減価償却費（千円）	85,129	97,850	119,300	136,600	154,250	182,350

年度は三〇〇〇坪、五年度は三四〇〇坪というように店舗を拡大していかない限り、この運営基本計画は成り立たないということが分かる。

そうすると店舗の増設は**第16表**のように、初年度が約二八〇坪、二年度が三六〇坪、三年度は二三〇坪、四年度が二〇〇坪、五年度が四〇〇坪必要ということになるわけである。社長が減価償却の方針をいくらに設定していようと、これだけの売り場面積拡大がない限り、計画は絵に描いた餅なのだ。

店舗増設に資金がいくらかかるか

店舗の建築相場は、大ざっぱにいって坪七〇万円かかるという（平成五年水準）。お金をかければキリのないことだが、倉庫のような建物に簡単な内装をして陳列台とかデザインボードを入れて、平屋建、一部二階に事務所をおいて、というような店舗で大体このぐらいで設備できる。

そこで今後の増設コストの上昇をみて、J社長は二年度は坪当たり七四万円、三年度七八万円、四年度八二万円、五年度八五万円と見積もった。妥当な線であろう。結局、店舗増設のための予算見積は、初年度一億九六〇〇万円、二年度二億六六〇〇万円、三年度一億七九〇〇万円というように、**第16表**のように五年間で合計一一億四五〇〇万円の資金が必要と算出されたわけである。

さて増設面積について、三六〇坪とか二八〇坪などという計算上の数値どおりに設計しても、現実にはあまり意味があるとはいえない。社長はそんな細かい数字にこだわらず、計算上の増設見積を眺めながら大体の投資めどを押さえるくらいでよいのだ。そこでJ社長と相談しながら、初年度と二年度は三〇〇坪にしておいて、足りない分を、三年度に振り向け、さらに投資金額をきれいな数字にしておいたほうがやりやすいから、初年度は二億一〇〇〇万円であるが二億円に、二年度も二億円、足りない分は三年度に二億五〇〇〇万円というように見積もっていった。結局、五年間で計一一億円の投資枠を設定してみたのだ。

それらの数字を記入していったのが**第15表**の左側「投資額」の欄である。

過去の償却率から一九％と設定する

以上で新規設備投資の枠が設定された。では減価償却はどのように推移するのであろうか。それを実証してみることにしよう。

ここで、社長が代わらない限り固定資産の償却率は変わらない傾向がある、と先に述べたことを思い出していただきたい。このことは一度、読者の会社でも試算していただければご納得いただけるはずだが、Ｊスポーツの過去のデータを分析してみると、直前三期が一八・一％、直前二期が一八・二％、直前期で一九％であった（紙面の都合で細かな計算は省く）。あるときは建物、あるときはＰＯＳ、あるときは店舗内装の大幅改装というように、償却率の異なる設備投資をしているはずなのにこの結果である。つまり社長は投資項目別の償却率を細かく押さえる必要がないのである。社長としてつかむ数字は、これが大事なのだ。そこでＪ社長は今後の償却率を、固めに一九％としてみた。

次に、既存資産の償却費の算出である。直前期の固定資産の残高は三億六八七八万六〇〇〇円であった。初年度の期首残高に、この数値を転記し、その一九％、七〇〇六万九〇〇〇円が償却費となる。二年度は期首残高と償却費の差額、二億九八七一万七〇〇〇円が期首残高となり五六七五万六〇〇〇円の償却費となるわけである（**第15表**の上欄参照）。

それでは新規投資分はどうなるのか。さきほど初年度二億円と設定したが、年度のいつの時期に実施するのかで償却率は違ってくる。年度の冒頭に実施するなら丸々一九％の償却であるが、年度末なら二％にもならない。そこで年度の真ん中で実施すると考え、償却の対象を半分の一億円とするのである。つまり初年度の投資額は、期首残高二億円、償却費は一九〇〇万円と記入するわけだ。二年度は償却費との差額一億八一〇〇万円が残高となり、こんどは丸々償却の対象となるから一九%の三四三九万円が償却費として記入されることになるわけだ。これに既存資産の償却分五六七五万六〇〇〇円、二年度の新規投資二億円に対応した償却費一九〇〇万円を加えたものが二年度の償却費総額となる。同様の単純な計算を繰り返して出来上がったのが、**第15表**にほかならない。

さてJ社長の「減価償却に付加価値の五%を配分する」という当初の方針はどうであったろうか。**第16表**の別欄にある数字は、運営基本計画から転記したものであるが、社長の示した枠内に、各年度の償却費が見事に収まっていることが分かるだろう。J社長の五%という数値はなかなか的を射ていたことが、これで実証されたわけである。

しかしここで大きな問題は、この五年間の減価償却費の累計と比べて、投資額が著しく上回っていることである。このことの可否については、次章に述べる資金運用表の手法によって完全にチェックされることは言うまでもない。

第八章
必要資金をチェックする

付加価値配分目標計画からスタートした長期計画作成は、おかねの面から実現性をチェックする「運転資金計画」をもって実証作業を一通り終えることになる。

次に、一連の実証作業によって発見された計画案のズレを修正し、運営基本計画の最終案をまとめる。その資金の運用計画から財務計画をまとめると、長期計画が完成することになる。

ところで、運営基本計画は年度ごとの「目標とする損益計算書」であり、財務計画は年度ごとの「目標とするバランスシート」なのである。

つまり社長は、長期計画の実践を通して、自らの野望と役割意識を運営基本計画に反映させることによって、望ましい損益計算書とバランスシートを手に入れることができるのだ。五年先、一〇年先まで繁栄できる長期計画とは、このようなものでなければならない。

1　社長としての運転資金計画の立て方

社長は資金繰りに四つの方針を出せ

いよいよ「おかね」の面から、運営基本計画の実現性を検討する段階に入る。

言うまでもないことだが、資本主義の世の中では、すべての事業活動が「おかね」を通じてバランスシートに集約されてくる。内容の良い健全なバランスシートは、良い経営の結果であり、問題のある不健全なバランスシートは、悪い経営の結果なのである。本書の第三章で説明したように、「おかね」の使い方にも社長の明確なポリシーがないと、バランスシートがいつの間にか不健全なものになっていても、社長がいつまでもそれに気づかないということになる。

そこで「わが社のバランスシートは将来どうあるべきか」を想定して、「運営基本計画」について長期にわたる「資金の効率的な運用」と、短期の「効率的な運転資金」の二つの面から、その実現性を大きく見ていくことが必要だ。

まず運転資金である。多くの創業社長にとって、運転資金の資金繰りは、いやおうなしの実務であったはずである。創業当初はだれでも乏しい資金のやり繰りに追われる毎日だ。仕入れ代金の支払いはできるだけ待ってもらい、売ったものの回収は現金支払いとなるように頼み込み、わずかの預金で融資を受け、見様見真似(みようみまね)、必死の資金繰りをやって、なんとか商売を大きくしてきた、そんな体験を残らずおもちのはずである。ところが、商売や事業が大きくなってくると、このような創業社長でも、まして、二代目社長ならなおさら「勘定合って銭(ぜに)足らず」という実に単純な理屈が、社長の視野に入らなくなってしまうことがある。

どんどん仕入れたが思うようにさばけず、在庫の山を築き、ソロバンを入れてみると、必要な「おかね」がいつの間にか不要な「もの」に変わっていて、資金に詰まってくる、というような例は決して珍しくない。あるいは物を売っても回収にルーズで、しかし仕入れたものにはしっかり律義に支払う。このせちがらい世の中に、そんなおうような会社があるかといえば、実は地方の名門企業といわれているところに案外多いものである。このような会社も資金繰りに余計なおかねを借りて、余計な金利を払って収益体質を悪くしているのに気がついていない。これでは三年先、五年先の繁栄どころではない。ザルで水をすくっているようなものだ。

そこで社長は、長期計画の運転資金が効率よく回るように、次の四つに社長の方針をはっきりと打ち出すべきである。

①わが社の売掛債権の適正回収率
②わが社の適正在庫
③わが社の手元現金の適正額
④わが社の買掛債務の適正支払率

の四つである。

以下、順を追ってそのポイントを説明していこう。

売掛債権回収率の社長としての見方

売ったものをすべておかねにする、これなら問題はない、理想的である。ところが現実には、そうはいかない。

バランスシートの左側、つまり資金の使途を示している欄の「流動資産」には、売掛債権（受取手形と売掛金）、現金預金、棚卸資産の項目がある。ほとんどの会社は、この三つで流動資産の大体九割を占めているはずだ。このうちの売掛債権が期末にゼロであれば、期首に残っていた分と当期の分を全部回収できたことになる。

つまり当期回収率は、次の式で算出される。

$$当期回収率=\frac{（当期回収高）}{（期首売掛債権）＋（当期売上高）}\times 100$$

回収率一〇〇％とは売掛債権残高ゼロということである。しかし残念ながら、売掛債権ゼロというバランスシートにお目にかかったことはない。どうしても期末に回収もれが残る。もしこの回収もれが期首残高より増えていれば、それだけバランスシートの右側の資金の調達が増え、結局、金融のための金利が増えることにつながる。

「資産勘定の増加は、いつも金利に結びつけて考える」、これが社長としてのバランスシート把握の大事なところである。つまり売掛債権の回収率が悪くなると、その分、付加価値配分のうちで「金融配分」の比率が増える、というようなとらえ方を、社長ならしてほしいのである。

このことを、モデル会社D精機のケースで具体的に検証することにしたい。

第17表は、D精機の運転資金計画の一部（過去の実績を決算書の該当欄から転記したもの）

である。まず、この表の直前期の売掛債権の回収についてチェックしよう。
期首の売掛債権（直前二期の回収残）が六億一五〇〇万円、それに当期の売上高二〇億五五〇〇万円を加えた二六億七〇〇〇万円が、回収の対象額であった。ところが当期に回収できたのは一八億六九〇〇万円で、期末に売掛債権が八億一〇〇万円残ってしまった。つまり回収率は七〇％だ。

さて過去の回収率をみると、直前三期は七八％、直前二期は七二％と年を追って悪化しているのが分かる。D社長は、回収率が七八％から七二％に落ちたときに、すぐにアクションを起こすべきであったのに、起こさなかった。その結果、直前期に回収率がさらに落ちて七〇％になってしまったのだ。D社長の怠慢以外の何物でもない。なぜなら、金利が八〇〇万円以上、余計に増える勘定になるからである。

もし回収率七八％なら、二六億七〇〇〇万円の八％、二億一三六〇万円がさらに回収できていたことになるはずだ。ところが八％分バランスシートの左側の資産増加となって、その分だけ右側の資金調達が増えてしまった。「すべて資産増加は金利にむすびつける」といったが、仮に金利四％とすると、八五四万円も余計に負担していることになるのだ。

ぜひこのように読者の会社の売掛債権もチェックしてほしいのである。

運転資金計画

（単位：百万円）

初年度	2年度	3年度	4年度	5年度
72.0	75.0	75.0	75.0	75.0
5.0	4.0	4.0	4.0	4.0
25％	25％	25％	25％	25％
75.0	72.0	72.0	72.0	72.0

第 17 表　D精機の

<table>
<tr><th>区分</th><th colspan="3">項　目</th><th colspan="2">直前３期</th><th colspan="2">直前２期</th><th colspan="2">直前期</th></tr>
<tr><td rowspan="18">所要運転資金</td><td rowspan="7">売掛債権</td><td colspan="2">期首売掛債権</td><td colspan="2">275</td><td colspan="2">411</td><td colspan="2">615</td></tr>
<tr><td colspan="2">当期売上高</td><td colspan="2">1,593</td><td colspan="2">1,785</td><td colspan="2">2,055</td></tr>
<tr><td colspan="2">回収対象額</td><td colspan="2">1,868</td><td colspan="2">2,196</td><td colspan="2">2,670</td></tr>
<tr><td colspan="2">当期回収率（%）</td><td colspan="2">78.0</td><td colspan="2">72.0</td><td colspan="2">70.0</td></tr>
<tr><td colspan="2">当期回収高</td><td colspan="2">1,457</td><td colspan="2">1,581</td><td colspan="2">1,869</td></tr>
<tr><td colspan="2">期末売掛債権</td><td colspan="2">411</td><td colspan="2">615</td><td colspan="2">801</td></tr>
<tr><td colspan="2">増　減</td><td colspan="2">136</td><td colspan="2">204</td><td colspan="2">186</td></tr>
<tr><td rowspan="5">棚卸在庫</td><td colspan="2">期首在庫</td><td colspan="2">400</td><td colspan="2">440</td><td colspan="2">505</td></tr>
<tr><td colspan="2">月間付加価値</td><td colspan="2">80</td><td colspan="2">87</td><td colspan="2">99</td></tr>
<tr><td colspan="2">回転率（月）</td><td colspan="2">5.5</td><td colspan="2">5.8</td><td colspan="2">6.09</td></tr>
<tr><td colspan="2">期末在庫</td><td colspan="2">440</td><td colspan="2">505</td><td colspan="2">603</td></tr>
<tr><td colspan="2">増　減</td><td colspan="2">40</td><td colspan="2">65</td><td colspan="2">98</td></tr>
<tr><td rowspan="5">現預金</td><td colspan="2">期首現預金</td><td colspan="2"></td><td colspan="2">33</td><td colspan="2">37</td></tr>
<tr><td colspan="2">平均月商高</td><td colspan="2">133</td><td colspan="2">149</td><td colspan="2">171</td></tr>
<tr><td colspan="2">目標在高</td><td>25%</td><td>33</td><td>25%</td><td>37</td><td>25%</td><td>43</td></tr>
<tr><td colspan="2">期末現預金</td><td colspan="2">33</td><td colspan="2">37</td><td colspan="2">43</td></tr>
<tr><td colspan="2">増　減</td><td colspan="2">33</td><td colspan="2">4</td><td colspan="2">6</td></tr>
<tr><td colspan="3">増減合計</td><td colspan="2">209</td><td colspan="2">273</td><td colspan="2">290</td></tr>
<tr><td rowspan="9">調達運転資金</td><td rowspan="9">買掛債務</td><td colspan="2">期首買掛債務</td><td colspan="2">111</td><td colspan="2">246</td><td colspan="2">236</td></tr>
<tr><td rowspan="3">当期仕入高</td><td>売上原価</td><td colspan="2">637</td><td colspan="2">741</td><td colspan="2">872</td></tr>
<tr><td>経　費</td><td colspan="2">89</td><td colspan="2">109</td><td colspan="2">126</td></tr>
<tr><td>計</td><td colspan="2">726</td><td colspan="2">850</td><td colspan="2">998</td></tr>
<tr><td colspan="2">当期支払対象額</td><td colspan="2">837</td><td colspan="2">1,096</td><td colspan="2">1,234</td></tr>
<tr><td colspan="2">当期支払率（%）</td><td colspan="2">70.6</td><td colspan="2">78.5</td><td colspan="2">81.4</td></tr>
<tr><td colspan="2">当期支払額</td><td colspan="2">591</td><td colspan="2">860</td><td colspan="2">1,004</td></tr>
<tr><td colspan="2">期末買掛債務</td><td colspan="2">246</td><td colspan="2">236</td><td colspan="2">230</td></tr>
<tr><td colspan="2">増　減</td><td colspan="2">135</td><td colspan="2">-10</td><td colspan="2">-6</td></tr>
<tr><td colspan="4">差引所要運転資金</td><td colspan="2">74</td><td colspan="2">283</td><td colspan="2">296</td></tr>
</table>

棚卸在庫の適正度をチェックする

自社の在庫が多いか適正かというとき、「年商の何カ月」とか「仕入高の何カ月」という見方をしている会社が多い。これは大きな間違いだと言いたい。

もし付加価値率がどんどん減っているような状況で、年商の何カ月というような管理をしていると、そのうち黒字倒産ということになりかねないのだ。

経理や会計の解説書などに、在庫基準として「商品回転率」を挙げているが、これは年商を基準にしていて、付加価値を基準としていないのは困ったものだ。付加価値率が減ると金利への配分比率が増えるから、その分どこかの配分を削らなければならない。つまり付加価値率が減ったら、在庫を減らし金利を減らすようにするのが社長としての考え方ではないだろうか。すべて効率というものは付加価値中心に考えるのが正しい。したがって在庫回転率は、次の式から求めるべきである。

$$在庫回転率=\frac{(期末棚卸在庫)}{(月間付加価値)}\ (月)$$

$$月間付加価値=\frac{(売上総利益)}{12カ月}$$

さてモデル会社D精機の場合は、どうであろうか。

第17表の「棚卸在庫」の欄を見ると、直前期六億三〇〇万円の在庫があった。この期の付加価値（売上総利益）は、**第1表**（一一九頁）を見ていただければお分かりのように、一一億八三〇〇万円であった。つまり月間付加価値は九九〇〇万円だから、六億三〇〇万円の在庫は、付加価値に対して六・〇九カ月ということになるわけだ。

同じように計算していくと、直前三期は五・五カ月、直前二期は五・八カ月であったことが分かる。D精機の付加価値率は過去三年間減りつづけているにもかかわらず、在庫は増えつづけ、回転率を落としている。無駄な在庫を増やし、その分余計な資金負担があるということだ。社長がこの事実に気がつかないと、運転資金がいくらあっても足りないことになる。

適正在庫は付加価値の四カ月

わたしが主宰する経営塾では、「在庫というものは、業種業態、規模の如何（いかん）を問わず、付加価値の四カ月が適正だ」と指導している。

製造業も流通業もサービス業もすべて、付加価値の四カ月が適正在庫というと、「そんな乱暴な」という声が必ず上がる。

実はわたしは、静岡で一九社の監査役を引き受けている。それらの会社は、製造業、加工業、流通業はもちろん、印刷業、リース会社までまさにさまざまな業種だ。最初に提案したときには、みんな異口同音に「そんなことは無理だ」と言っていたものである。そこで各社の付加価値に対する在庫の割合を計算させてみた。すると不思議なことに在庫の多い会社は、業種にかかわらず付加価値の六〜七カ月と同じような数値がでてきたのだ。さらに在庫を一カ月減らすと金利がいくら減るかを計算してもらい、せめて〇・五カ月減らしてみよう、きみのところは一カ月は簡単に減らせる、というように各社個別にしつこく指導しつづけた結果、時間はかかったが、面倒をみている一九社はすべて、四カ月にまで減らすことができたのだ。もっとも四カ月以下にすることは、非常に難しい。商売本体に影響がでてしまうからである。

読者の皆さんも、一度だまされたと思って、ぜひ挑戦していただきたい。「余分な資産の減少は余分な金利の減少」なのだ。社長に決意があれば、苦労はしても必ず四カ月にいつしか収まってくるのである。D精機の場合は、直前第三期が五・五カ月なのだから、何としてでも四カ月にしなければならないし、また十分可能なことである。

手元現金はいくらあればよいか

手元に無駄な現金を置いて借金するぐらいばかなことはないだろう。

ところが、手元現預金がどのくらいあればよいか、はっきりとした方針をもっている会社は、案外少ないものだ。

本書の第三章で、「現金比率は三〇％以上」と述べたが、これは企業の安全性を分析するうえでの指標であった。つまり万一のためには、流動資産の中でも最も早く「おかね」になる現金・預金が流動負債の三割以上ほしいということであった。ここで同じことを繰り返したいのではない。

「会社のお札に二色の色を塗れ」ということを言いたいのである。どういうことかというと、金利を稼がなくてもいいお札と、たとえ一日でもいいから金利を稼がなければならないお札に、会社の現預金を色分けして管理せよということである。わたしは、バランスシートの現金・預金の中で金利を稼がなくてもいいものは、「手元現預金」として区別しているほどだ。

普段、何のために現金を会社に置いてあるのかを、お考えいただきたい。大体まとまって現金が大きくでる日は、せいぜい月に三日程度ではないだろうか。給料が日払いなんて会社は皆無だろう。手形を毎日落としている会社だってない。公共料金も事務消耗品も月払いだ。出張旅費交通費ですら、新幹線は回数券支給の会社が増えてきた。接待も月払いが多い。会社で毎日現金を用意しておく必要のあるものといえば、接待雑費と少額の交通費程度ではなかろうか。

このことは、小売業やサービス業などのいわゆる日銭商売の場合に、特に注意すべきである。R社というある地方のレストランチェーンであったことである。R社の社長は、売上が現金で支払いは掛け、という有利な条件で、一〇日分も二週間分もの現金を当座に入れたままで、無頓着な会社であった。そこでわたしは、「手元現金はせめて一週間分にしなさい、わたしの会社では一日分でも十分なんだから」と社長に申しあげたことがある。

「先生それは無理だ、メーカーとウチの商売とは違うんです。先生も言うことが細かい」となかなか言うことを聞かなかった。しかし年商四〇億円を超えるようになって、「一週間で一億円になる、五〇〇万円の金利をみすみす捨てていたのか」と、遅まきながら気づいたのであった。当座預金には金利がつかないことすら忘れている経営者が、世間には案外多いものである。

金利を稼がなくてもいいおかねは、たとえば、「手元現預金または当座預金は月商の何日分とする」とか、「当座預金は五〇〇〇万円を限度とする」というように、社長として明確なルールを決めることである。これを経理の担当者に任せっぱなしにしていると、小まめに口座を移し替える面倒を、えてして省きがちとなる。運転資金については、このようなきめ細かいルールも案外大事である。それは同時に、経理担当者の躾（しつけ）にもつながることなのだ。

回収率と支払率の差に注意する

買掛債務については、基本的には売掛債権の考え方の逆である。支払率が低ければ低いほど資金調達が少なくてすむことになる。だからといって、支払いが悪ければ、相手が物を売ってくれなくなるだけだ。当たり前のことである。

そこで社長としては、買掛債務の支払いについて次のことに注意することが肝心だ。「もし支払率が一〇〇％なら、回収率も一〇〇％が条件」、ということである。もし回収率が八〇％や七〇％のままで、支払いだけはきっちり全額というのでは、必ず資金が詰まってくるからである。資金繰りからいえば、支払率は回収率より原則的に低めでないといけない理屈だ。

特に商社のように、たとえば一〇％とか一五％というような売上総利益率の低い業種の場合は、回収率より支払率がよかったら、売上増に応じて運転資金がどんどん膨らんでくる。

そこで支払率の高い会社は、まず回収率を上げることが大事だ。それでも回収率より上回るようなら、支払率を下げる交渉も考えないといけない。しかしこれはうっかりやると、「何だ、あの会社は危ないのか」ということになりかねないから、長期にわたって、徐々にでないとできない相談である。

ここでモデル会社D精機の例をみてみよう。

第17表の「調達運転資金」の欄をご覧いただきたい。直前期をみると買掛債務（買掛金と支払手形）が二億三六〇〇万円、これに当期の原材料仕入れが八億七二〇〇万円、一般経費のうち買掛の対象となる経費が一億二六〇〇万円、都合一二億三四〇〇万円が当期支払対象額であった。そして決済したのが期末買掛債務二億三〇〇〇万円との差、一〇億四〇〇万円で、支払率八一・四％となっている。

ここでD精機の回収率をもう一度確認していただきたい。七〇％である。ところが支払いは八一・四％というのだから、資金繰りは苦しくなる一方である。これは社長の放漫という以外に言葉がない。

しかも直前三期をみると、回収は七八％で支払いは七〇・六％であった。これなら商売が大きくなっても資金繰りに困らない会社であったのだ。ところが直前二期に支払いを七八・五％にしている。なぜ急に数字が変わったのかD社長に確かめた。案の定、銀行さんのアドバイスで、わざわざ、支払い条件をよくしたのである。「社長さん、支払いを短くしてその分値引きなさい、いくらでも有利な条件で融資をするから」と銀行に言われたとおりのことをやってしまったのだ。確かに支払いを短くした当初は値引くかもしれないが、すぐに何だかんだといって、元に戻してしまうのが商売の常道である。その結果はどうかといえば、売上総利益率の三年連続の低下となって、大失敗である。

ここで回収率と支払率の別な読み方をしてみよう。回収率七〇％とはどういう意味なのであろうか。七〇％の回収で八億一〇〇万円残っている。直前期の売上は二〇億五五〇〇万円だ。八億一〇〇万円が売上の何カ月分かというと、

$$801 \div 2055 \times 12 = 4.7$$

つまり回収できなかった売掛債権が四・七カ月あったということは、売上が発生してから五カ月、締め日から大ざっぱにいって四カ月、一二〇日の手形をもらっているということを意味しているのだ。

では支払いの方はどうか。同じように計算してみると、

$230 \div 1234 \times 12 = 2.24$

大ざっぱにいって、締め日から一ヵ月ちょっとで支払っていることになる。払う方は一ヵ月、貰う方が四ヵ月の手形では、資金が詰まってくるのも当たり前である。ところがD社長はこのことに気がついていなかったから、経理にも別段注文をつけていなかったのである。これを放漫経営という。このような失敗は、何もD社長だけではない。案外にいろいろな会社で似たり寄ったりの放漫経営を繰り返しているのは、社長としてバランスシートを読みこなしていないということなのだろう。

さて、回収率がよくて、支払率が低ければそれでいいのかといえば、そうともいえない。小売業がその典型だが、特に美容院、飲食店など、日銭で現金が入って、支払いは月払い、手形もあるというような商売の陥りやすい間違いがある。それは、売上が増えれば増えるほど、流動負債が増えて、流動比率を悪くしてしまうことである。この場合は、流動比率一二五％以上というのが大事な指標となることは前に説明したとおりである。つまりすべてほどほどが大事なのだ。

D精機の五年先までの運転資金計画

過去三年間の運転資金の推移をみて、D社長はこれまでにいくら無駄な資金を使ってきたかを計算してみた。

もし売上の回収に見合った支払いにすることが可能であれば、直前期の支払対象額一二億三四〇〇万円の一一・四％（81.4％－70.0％）、一億四〇〇〇万円を翌期に繰り越すことになる。それだけ調達資金が減り、金利が減るわけである。

また売掛債権・在庫・現預金を合わせた運転資金の増加が、直前期に二億九〇〇〇万円となっており、買掛で調達した資金がマイナス六〇〇万円だから、合わせて二億九六〇〇万円の運転資金が追加で必要であったということである。もし支払率を回収率程度にできれば、それだけで運転資金増の約半分が必要なかったことになる。

このことは、バランスシートでいえば、流動負債を意図的に増やすことである。当然、流動比率が悪くなる方向だ。しかし、D精機の流動比率は五〇九％であったことを覚えていただいていると思う。資金余裕が度を超えてありすぎる会社なのだ。この会社の場合は、買掛債務を少しばかり増やしたところで企業の健全度には何も影響しないことが明らかなのだから、D社長は営業担当長に売掛債権の回収改善を指示するとともに、資材の担当長にも支払い条件の改善を強く、具体的に指示することが大事なのだ。これが社長の仕事というものである。

このような検討を加えて、D社長はこれから五年間の運転資金計画を立てていった。

まず売掛債権の回収率の改善である。**第17表**の右側を見ていただきたい。

七〇％、つまり締め日から四カ月の回収は、悪くも良くもない。しかし過去に七八％という年もあったのだから、五年後に七五％とし、初年度は一挙にというわけにもいかないから七二％とし、一年余裕をみて二年度から七五％としてみた。

次に棚卸在庫である。先に述べたように、付加価値の四カ月が適正在庫目標である。しかし直前期の六カ月を、急に四カ月に落とすことも非現実的だ。そこで、初年度を五カ月、二年度から四カ月としてみた。

手元現預金は、直前期の二五％、つまり一週間分は、月商高を考えるとそれほど多いわけでもない。そこで、そのまま横ばいで推移させることとした。

問題は支払率の改善である。こんな甘い支払いでは資金繰りがたまったものではない。早急に良くしたい、なおかつ、回収より支払いを悪くできればもっとよい。だからといって、支払いを急に悪くすることも非現実的だ。変な信用不安でも発生したらことである。しかし急がなければならない。そこでD社長は、五年後の回収率を七五％にするのだから、支払率の目標を七二％において、初年度は七五％、二年度から七二％としてみた。

次に**第18表**を見ていただきたい。初年度の運転資金を計算すると、二〇〇〇万円の増加運転資金が必要となる。

（注）　計算の手順は、売掛債権の欄でいえば、前期の期末売掛債権を当期の期首売掛債権にもってきて、当期の売上高を運営基本計画から転記、先ほど設定した回収率を掛けると回収高が出、回収残高が期末売掛債権となる。別に難しくも何ともない単純な加減乗除である。ぜひ社長ご自身の手でやっていただきたい。

さて同様の計算を繰り返して、二年度はマイナス六三〇〇万円、三年度は一億三三〇〇万円、四年度は一億七二〇〇万円、五年度は一億九七〇〇万円の増加運転資金がないと、この計画は成り立たないということが明らかになった。

一方、運転資金の調達は、信用調達つまり買掛債務での調達もできる。ここで支払率の改善が生きてくるのだ。初年度二〇〇〇万円の必要増加運転資金であるが、買掛債務の調達によって一億七〇〇万円、したがって、運転資金はマイナス八七〇〇万円となるわけである。

資金計画 (完成計画表)

(単位：百万円)

初年度	2年度	3年度	4年度	5年度
801	869	862	937	1,042
2,302	2,578	2,887	3,233	3,621
3,103	3,447	3,749	4,170	4,663
72.0	75.0	75.0	75.0	75.0
2,234	2,585	2,812	3,128	3,497
869	862	937	1,042	1,166
68	-7	75	105	124
603	550	488	540	600
110	122	135	150	166
5.0	4.0	4.0	4.0	4.0
550	488	540	600	664
-53	-62	52	60	64
43	48	54	60	67
192	215	241	269	302
25% 48	25% 54	25% 60	25% 67	25% 76
48	54	60	67	76
5	6	6	7	9
20	-63	133	172	197
230	337	445	518	587
988	1,119	1,267	1,435	1,626
132	135	138	144	150
1,120	1,254	1,405	1,579	1,776
1,350	1,591	1,850	2,097	2,363
75.0	72.0	72.0	72.0	72.0
1,013	1,146	1,332	1,510	1,701
337	445	518	587	662
107	108	73	69	75
-87	-171	60	103	122

第18表　D精機の運転

区分		項　目	直前３期	直前２期	直前期
所要運転資金	売掛債権	期首売掛債権	275	411	615
		当期売上高	1,593	1,785	2,055
		回収対象額	1,868	2,196	2,670
		当期回収率（%）	78.0	72.0	70.0
		当期回収高	1,457	1,581	1,869
		期末売掛債権	411	615	801
		増　　減	136	204	186
	棚卸在庫	期首在庫	400	440	505
		月間付加価値	80	87	99
		回転率（月）	5.5	5.8	6.09
		期末在庫	440	505	603
		増　　減	40	65	98
	現預金	期首現預金		33	37
		平均月商高	133	149	171
		目標在高	25％　33	25％　37	25％　43
		期末現預金	33	37	43
		増　　減	33	4	6
	増減合計		209	273	290
調達運転資金	買掛債務	期首買掛債務	111	246	236
		当期仕入高　売上原価	637	741	872
		当期仕入高　経　　費	89	109	126
		当期仕入高　計	726	850	998
		当期支払対象額	837	1,096	1,234
		当期支払率（%）	70.6	78.5	81.4
		当期支払額	591	860	1,004
		期末買掛債務	246	236	230
		増　　減	135	-10	-6
差引所要運転資金			74	283	296

マイナスということは運転資金が余るということだ。同様に二年度は買掛調達で一億八〇〇万円、都合一億七一〇〇万円の余裕資金が出ることになる。こういうときは、銀行に借金を返す絶好のチャンスなのである。

しかし三年度になると、増加運転資金として一億三三〇〇万円必要となるのに対して、買掛債務での調達が七三〇〇万円、ということは、その差額六〇〇〇万円の資金を支度しておかなければ計画が達成できないことになる。

同様に、四年度は一億三〇〇〇万円、五年度は一億二二〇〇万円の追加資金がないと、この運営基本計画が成り立たないということが分かる。

こうして**第10表**の「運営基本計画」の資金の裏づけをしたものが、**第18表「D精機の運転資金計画」**である。社長としての長期計画の実現性チェックは以上で十分だ。年商一〇億円であろうと一〇〇億円であろうと、これまでに説明してきた「人件費計画」「設備投資計画」そしてこの「運転資金計画」の三つでことは足りるのである。

もちろん、細かな点で他にも実証しなければならないことはいくらでもあろう。しかし社長の長期計画というのは、「ひと・もの・かね」の一番肝心のところは漏らさず実際にできるのかどうかチェックして、あとは大ざっぱにラフにまとめることが大事なのである。

2　運営基本計画を修正する

当初の計画とのズレを修正する

本書の前半では、「付加価値配分目標計画」に社長のビジョンを気軽に入れて「運営基本計画」に落とし、社長の夢を数字にしてみた。そして、その運営基本計画を基に、人件費・設備投資・運転資金の実現性を見てきたわけである。

読者の会社の運営基本計画でもそうだろうと思うが、実地にこれらの実証作業を行ってみれば、ある計画は人件費に矛盾を生じ、ある計画は設備でつまずき、あるいは資金が収まらなかったりというように、どうしても計画とのズレが出てくるものだ。もとより、最初からぴたりと収まる計画を期待するほうが無理なのである。そこで、生じたズレは当然のごとく修正していかなければならない。

モデル会社Ｄ精機のケースでいえば、人件費計画と設備投資計画の数字に変更が必要であった。人件費と償却費の数字が変わったのだから、利益も違ってくる。当然、運転資金計画も違ってくる。そこで、当初の運営基本計画（**第10表**）の修正が必要となる。

基本計画（修正計算資料）

（単位：百万円）

第二次修正		第三次修正		第四次修正		第五次修正		第六次修正	
2,302		2,302		2,302		2,302		2,302	
988		988		988		988		988	
	57.1		57.1		57.1		57.1		57.1
1,314	100.0	1,314	100.0	1,314	100.0	1,314	100.0	1,314	100.0
520	39.6	520	39.6	520	39.6	520	39.6	520	39.6
92	7.0	92	7.0	92	7.0	92	7.0	92	7.0
85	6.5	85	6.5	85	6.5	85	6.5	85	6.5
263	20.0	263	20.0	263	20.0	263	20.0	263	20.0
63	4.8	63	4.8	63	4.8	63	4.8	63	4.8
1,023	77.9	1,023	77.9	1,023	77.9	1,023	77.9	1,023	77.9
291	22.1	291	22.1	291	22.1	291	22.1	291	22.1
-22	-1.7	-22	-1.7	-26	-2.0	-26	-2.0	-26	-2.0
269	20.5	269	20.5	265	20.2	265	20.2	265	20.2
-79	-6.0	-51	-3.9	-51	-3.9	-50	-3.8	-50	-3.8
190	14.5	218	16.6	214	16.3	215	16.4	215	16.4
-26	-2.0	-26	-2.0	-26	-2.0	-26	-2.0	-26	-2.0
164	12.5	192	14.6	188	14.3	189	14.4	189	14.4
-84	-6.4	-84	-6.4	-98	-7.5	-98	-7.5	-99	-7.5
80	6.1	108	8.2	90	6.8	91	6.9	90	6.8
0	0.0	0	0.0	0	0.0	0	0.0	0	0.0
-4	-0.3	-4	-0.3	-4	-0.3	-4	-0.3	-4	-0.3
-4	-0.3	-4	-0.3	-4	-0.3	-4	-0.3	-4	-0.3
76	5.8	104	7.9	86	6.5	87	6.6	86	6.5

左による税金修正　　　　　　　　　左による税金修正　　　　　　　　　左による税金修正

左による営業外修正　　　　　　　　　左による営業外修正

第19表　D精機の運営

項目		直前期		目標		第一次修正	
売上高		2,055		2,302		2,302	
売上原価		872		988		988	
%			57.6		57.1		57.1
売上総利益		1,183	100.0	1,314	100.0	1,314	100.0
営業経費	人件費	476	40.2	512	39.0	520	39.6
	先行投資	90	7.6	92	7.0	92	7.0
	償却費	46	3.9	85	6.5	85	6.5
	一般経費	251	21.2	263	20.0	263	20.0
	役員報酬	60	5.1	63	4.8	63	4.8
	計	923	78.0	1,015	77.2	1,023	77.9
仮営業利益		260	22.0	299	22.8	291	22.1
事業税引当		-18	-1.5	-24	-1.8	-24	-1.8
営業利益		242	20.5	275	20.9	267	20.3
営業外損益		-95	-8.0	-79	-6.0	-79	-6.0
経常利益		147	12.4	196	14.9	188	14.3
特別損益		-11	-0.9	-26	-2.0	-26	-2.0
税引前利益		136	11.5	170	12.9	162	12.3
納税充当金		-68	-5.7	-95	-7.2	-95	-7.2
当期純利益		68	5.7	75	5.7	67	5.1
益金処分	役員賞与	0	0.0	0	0.0	0	0.0
	配当金	-4	-0.3	-4	-0.3	-4	-0.3
	計	-4	-0.3	-4	-0.3	-4	-0.3
差引内部留保		64	5.4	71	5.4	63	4.8

人件費修正
償却費修正

第19表は、これらの数値修正のための様式である。これを用いて、まず初年度の修正をやってみよう（第一次修正）。

人件費は、当初五億一二〇〇万円であったものが、五億二〇〇〇万円必要となった。したがって、この数字は修正しなければならない。減価償却費は、たまたま当初の計画数値八五〇〇万円どおりであった。

その他の、たとえば、先行投資や一般経費については、当初の数字でやるんだ、と社長が決めればいいことだから、はじめから実証の必要はない。役員報酬も、オレは六三〇〇万円しかとらないといえば、それで済んでしまうことだ。

そうすると、当初一〇億一五〇〇万円の営業経費は、人件費で増加分の八〇〇万円増えることになる。当然利益が八〇〇万円減り、事業税引当前の利益（仮営業利益）は二億九一〇〇万円となる。したがって、税引前利益も一億六二〇〇万円になる、ということが計算できる。

利益が変わると税金額が変わってくることになる。さらに、税金が変われば資金繰りも変わり、資金繰りが変わることによって、金融費用も変わってくる。そこで、税金と金利についても修正を加えていかなければならないわけだが、まず税金から見ていくことにしよう。

税金面からの実証作業

社長のポリシーを入れようにも、入れようのないのが税金の計算である。しかも細かい。だから本来、本項でとりあげる実証作業は経理に任せておいてよい仕事だ。

しかし社長が運営基本方針を出したとき、全く見当外れな税金計算をしておいて、利益はこれだけ出るはずだなどといって、「だから素人は困る」などというのもまずい話である。そこで、実際は経理の担当に指示するにしても、社長として最低限これだけは知っておいていただきたい税金の計算法について、実証作業に入る前にあえて説明しておくことにしよう。

一つは、税金は当期の税引前利益に直接かかるわけではない、という点についてである。先に第五章で、税金には経費として認められる事業税と、認められない地方税・法人税等の二種類があると述べたが、当期の経費として認められるのは、実は当期の事業税ではなく、前期の事業税なのである。

税務署は、当期の税引前利益のうち、当期に立てた事業税引当金は経費として認めてくれない。つまり、当期の事業税引当金は課税の対象になる。いわゆる課税利益に含まれるわけである。課税利益に含まれるのだから、これは税引前利益に加算して考えなければならない。

一方、前期事業税は当期の経費として認められるのだから、これを当期税引前利益から差し引く必要がある。したがって、当期の課税利益は、当期税引前利益に当期事業税引当金を足し、そこから前期事業税引当金（実際には事業税支払額なので若干異なる）を引いた金額ということになる。これが当期の課税利益である。このルールをまず頭に入れておいていただきたい。

あとは、この課税利益に対して、先にも述べたように事業税が約一三％、法人税・地方税等の納税充当金が約五〇％になる、ということを最低限の知識としてもっているだけでいい。厳密にいえば、事業税も地方税もその地方によって違うし、法人税も同族会社と非同族会社とでは異なってくる。さらに同族も、同族の非同族と同族の同族に区別され、扱いが違ってくる。それに、社内留保の額によっても税金は変わってくるし、また接待費の超過額はすべて課税の対象になるなど、いろいろ細かい課税のルールがあり、経理サイドからいえば今あげた最低限の知識だけでは正確ということにはならないが、社長はそこまで知る必要はない。

・当期税引前利益に当期事業税引当金を足し、そこから前期事業税引当金を引いた金額が課税利益である

・それに対する事業税が約一三％、地方税・法人税等の納税充当金が五〇％

というルールを知っているだけで、社長の税金計算の知識としては十分だろう。

（注）　もう一つ、予定納税として前年度の納税額の半分を翌年の下期に納めるという税金の納め方に関するルールがあるが、これについては後に「資金運用計画」を検討するときに説明することにしたい。

D精機の税金はどう変わるか

では、D精機の初年度の税金はどのように修正されるだろうか。

人件費計画を実証した結果、人件費が運営基本計画で当初設定した額よりも八〇〇万円オーバーすることは、すでに分かっている。その結果、仮営業利益が八〇〇万円減って、当初の二億九九〇〇万円が二億九一〇〇万円になった。営業利益も目標の二億七五〇〇万円が、やはり八〇〇万円減って二億六七〇〇万円になった。経常利益、税引前利益、当期純利益、差引内部留保も、すべて目標より八〇〇万円減ることになったわけである。

利益が変われば税金も変わる。D精機の初年度の税引前利益は、当初の目標の一億七〇〇〇万円が八〇〇万円減って一億六二〇〇万円に変わった。一方、D精機では当初、初年度の事業税を二四〇〇万円、納税充当金を九五〇〇万円と設定している。この一億六二〇〇万円に変わった税引前利益に対して、事業税は当初引き当てた二四〇〇万円のままでいいのかどうか、あるいは納税充当金は九五〇〇万円のままでいいのかどうか、実証していかなければならない。**第19表**では、税金は当初引き当てたままの数字になっているが、これを修正していく必要がある。

まず事業税から見てみよう。課税利益は、今ご説明したように、当期の税引前利益プラス当期の事業税引当金マイナス前期の事業税引当金である。事業税はこの課税利益に対して約一三%だ。そうすると、D精機の場合はどうなるだろうか。

第20表「第一次試算」の欄を見ていただきたい。初年度の事業税を一応二四〇〇万円と設定したが、税引前利益は一億六二〇〇万円に変わっている。また、D精機の直前期の事業税は一八〇〇万円であった。これは確定している。したがって、D精機の初年度の課税利益は、税引前利益一億六二〇〇万円に初年度予定の事業税二四〇〇万円をプラスし、直前期の事業税一八〇〇万円を引いた一億六八〇〇万円となる。これに対する事業税を、D精機の場合は一三・二%としてみた。最高一三・二%という事業税を適用している府県が多いからである。そうすると、一億六八〇〇万円×〇・一三二＝二二〇〇万円がD精機の初年度の事業税ということになる。当初二四〇〇万円を予定していた事業税が二二〇〇万円で済むことになったわけだ。

第20表　D精機の税金関係計画（修正計算資料）

（単位：百万円）

項目		直前2期	直前期	第一次試算	第二次試算	第三次試算		
税金引当計算	税引前利益			162	192	189		
	当期事業税引当			24	22	26		
	前期事業税引当			-18	-18	-18		
	当期課税利益			168	196	197		
	当期事業税	19	18	13.2%　22	26	26		
	当期法人税他	74	68	50.0%　84	98	99		
	合　計	93	86	106	124	125		
支払額	予定納税	57	47	43	43	43		
	確定納税		36	39	39	39		
	合　計	57	83	82	82	82		
未払法人税	前期残高							
	当期引当額							
	当期支払額							
	期末残高							
増　減								

また、納税充当金は、課税利益の五〇％である。したがってD精機の初年度の納税充当金は、一億六八〇〇万円の五〇％で、八四〇〇万円ということになる。これも当初予定していた九五〇〇万円が、八四〇〇万円で済むということが分かったのである。

こうして、事業税と納税充当金で合計一億六〇〇万円と計算された（**第20表**第一次試算）。これに従って運営基本計画を修正していかなければならないのだが、ともあれ、当初二四〇〇万円を予想していた事業税が実は二二〇〇万円で済むこと、また九五〇〇万円と思っていた納税充当金も八四〇〇万円で済むことが、こういった修正を加えることで、とりあえず明確になったわけである。

（注）税金が変われば、当然また利益も変わってくる。利益が変われば、それにつれて資金繰りが変わり、再び税金も変わる。その繰り返しだ。そこで税金に関しては、二〜三回同じようにして修正を繰り返していかなければならない。これが**第20表**の第一次、第二次、第三次というように欄を別に設けてある理由だ。

なお、どこまで修正を繰り返すかは、改めて述べることにしたい。

3　資金運用計画でお金の流れをチェックする

損益計算書とバランスシートをつなぐもの

第21表は、Ｄ精機の「資金運用計画」である。

今後五年間、運営基本計画で毎年どのようにお金が動いていくか、各年度の資金の流れを一覧表にしたものだ。この計画ができなければ、資金の裏づけができず、せっかくの長期計画も絵に描いた餅になってしまう。それほど重要な表である。

一見すると、固定資金運用とか運転資金運用といった難しそうなことばが出ていたりして、経理や会計士でないと分からない、社長には不要の専門的な表に思われるかもしれないが、実はさにあらず。この表は、社長の夢の実現プロセスを資金面から具体的に示すものなのだ。したがって、難しそうなことばの表現にこだわらず、またとらわれず、気楽に見ていただきたい。

表の一番上に「当期税引前利益」の欄がある。会社経営というのは、売上を発生させて売上総利益、すなわち付加価値を生む。そこからさまざまな経費を差し引いていくと、当期税

第21表　D精機の資金運用計画（修正計算資料）

（単位：百万円）

区分		項目	第一次試算	第二次試算			
固定資金運用	資金の源泉	当期税引前利益	164	188			
		資金支出のない経費	133	137			
		減価償却費	85	85			
		事業税引当	22	26			
		引当金導入	26	26			
		増資	0	0			
		長期借入金増加	-199	-199			
		増資預り金増加	0	0			
		合計	98	126			
	資金の使途	税金支払	82	82			
		配当金支払	4	4			
		固定資産投資	80	80			
		投資増加	0	0			
		小計	166	166			
		固定資金余裕	-68	-40			
		合計	98	126			
運転資金運用	資金の源泉	固定資金余裕	-68	-40			
		買掛債務増加	107	107			
		短期借入金増加	0	0			
		その他負債増加	0	0			
		合計	39	67			
	資金の使途	売掛債権増加	68	68			
		棚卸在庫増加	-53	-53			
		その他資産増加	0	0			
		手元現預金増加	5	5			
		小計	20	20			
		運用預金増加	19	47			
		合計	39	67			

引前利益が残る。これが運用資金の一つの源になる。なぜ純利益でないのかと言えば、税金の支払い時期がずれてくるので税引前利益の数値をつかうのである。表の一番上にこの欄があるのはそのためである。

ところが、経費には実際にお金を支払わない経費もある。たとえば「減価償却費」である。減価償却費というのは、別にどこに支払うというものではない。将来、設備が陳腐化していくことに備えて引き当てを立てるというだけの、いわば資金支出のない経費である。事業税もそうだ。先に述べたように、当期の事業税引当は翌期支払えばいいものだから、これも資金の支出のない経費である。また、将来の安全のために社長として毎年二％ぐらいの配分を考えようということから立てられる引当金もある。引当金導入というのがそれだ。これも実際にお金を支払うわけではない。将来何が起こるか分からないことへの引当金として予算に組み入れたものである。

これらは経費として落としているけれども、実際に資金は支出されていない。要するに、税引前利益と、この資金支出のない経費の二つを足したものが、資金の一番大事な源になるわけである。これを資金の源泉というのはそういう意味だ。その他、増資も、長期借入金も、必要に応じて当然資金となる。したがって、これらの四つが、この一年間の資金繰りの源泉になるわけである。

結果として、この表に書かれている数字が、会社としての一年間のお金の動きを大きく示すことになる。書かれている事柄は非常に経理的な事項のようだが、難しいことは何もない。当期税引前利益をまず書き入れ、それに資金の支出のない経費を足し、増資をするか長期借入金を増やすかどうかを決め、それらの金額のトータルが、その年度の資金の源泉の合計になる。それをまず頭に入れておいていただきたい（どういう場合に増資や長期借入金を増やすかについては後でふれる）。

一方、資金の使途として、一つは税金の支払いがあるが、これは先に簡単な計算をして出した数値をここに書き入れ、それに配当金や固定資産投資で決められた金額を入れると資金の使途の小計が出る。資金の源泉と資金の使途は同額にならなければならない。そこでこれを同額にすると、固定資金の余裕がいくらになるかが分かる。

この「固定資金余裕」が、今度は運転資金運用のための資金の源泉の一つになる。そこで、社長として決めた運転資金の増加があといくらいるのか、あるいはそれに対して買掛債務の増加がいくら図れるのか、ここでも資金の源泉と資金の使途のバランスを合わせていくと、金利を稼ぐ運用預金増加の金額が出てくる。

こうして一枚の表に数字を集約してみると、まるで川の流れを鳥瞰（ちょうかん）するごとく、一年間の資金の動きが見えてくるのだ。

ここで大事なことは、資金の源泉と資金の使途の両方のバランスが合うことである。それが経理の計算の基本といっていい。固定資金運用の場合でも運転資金運用の場合でも、資金の源泉と資金の使途の合計の数字が合うことが経理の鉄則なのである。

こうして見てくると分かるように、この**第21表**はバランスシート上の変化を示している。一年間の事業活動の結果、期首と期末でバランスシートがどう変わるかを示すものだ。運営基本計画に沿ってお金がどう動いていくかを一覧にした表が、結局は、このようにバランスシートの変化となってあらわれる。ということは、資金運用計画こそ、運営基本計画という目標損益計算書とバランスシートをつなぐ、大事なパイプの役割を果たすものだということができよう。

この「パイプ役」ということが理解できれば、運転資金運用はバランスシートの流動資産と流動負債の変化を予知させ、固定資金運用は固定資産・投資と固定負債・引当金・資本の変化に結びつくことが容易に理解願えると思う。すなわち原則として、固定資金の余裕がマイナスということは、流動比率の低下につながるということだ。だから固定資金の余裕がマイナスにならないように増資や長期借入金の導入を考えるべきなのである。

バランスシートには、これまでの会社の歴史や社長の経営判断のすべてが数字で鏡のごとく反映されている。同時にそれは、現在の会社の体質や体力のすべてをあらわしている。そのことは、本書ですでに何度も強調したことだが、こうして運営基本計画とバランスシートがつながることによって、さらに社長の将来の夢もまた、バランスシートに集約されていくことになる。

これまでの作業を振り返ってみれば、社長の夢の実現に向けて、利益計画を立てる前にまず付加価値配分目標をつくり、利益の配分に対する社長のポリシーを設定した。そしてそれを基に、損益計算書の形式で運営基本計画を作成した。さらにその実現性を実証しつつ、資金運用計画を立てる段階まで到達した。この資金運用計画は、これからの作業を通して運営基本計画をバランスシートにつないでいくものなのである。

資金運用計画によって、会社全体の資金の流れを大きくつかむことは、社長にとっては非常に重要なことだ。

以上のことを踏まえ、次にD精機の資金運用計画について見ていくことにしよう。

D精機の資金運用計画

①固定資金の源泉

先に、人件費が八〇〇万円増えたことによって、当初一億七〇〇〇万円を予定していたD精機の初年度の税引前利益が一億六二〇〇万円に減ったと書いた（**第19表**）。それを基に事業税の修正を行った結果、同表の第二次修正のとおり、二四〇〇万円と設定していた事業税が二二〇〇万円に変わった。事業税が予定より二〇〇万円減ったのだから、その分今度は税引前利益が二〇〇万円増えることになる。つまり運営基本計画の第一次修正で一億六二〇〇万円になった初年度の税引前利益は、第二次修正により一億六四〇〇万円に再び修正されなければならない。この数字を**第21表**資金運用計画の「第一次試算」当期税引前利益の欄にまず書き入れるわけである。

資金支出のない経費も運営基本計画の数字をここにもってくればいい。すなわち減価償却費は八五〇〇万円、事業税引当は二二〇〇万円、引当金導入は運営基本計画の特別損益に相当するもので二六〇〇万円、計一億三三〇〇万円が当期の資金支出のない経費ということになる。

長期借入金増加は、五年後に無借金会社にするという社長の基本方針を受けて、五年間で全額返済を目標に、バランスシートにある現在の長期借入金九億九四〇〇万円を五で割った一億九九〇〇万円を年間の返済額とする。

増資預り金増加は、予定がないからゼロである。

結局、当期税引前利益が一億六四〇〇万円、資金支出のない経費が一億三三〇〇万円、長期借入金増加がマイナス一億九九〇〇万円で、この三つの数字を足した九八〇〇万円が、D精機の初年度における固定資金源泉の合計額ということになる。

次に、その使途について検討してみよう。

②固定資金の使途

税金の支払いについては、さきほどの**第20表**「税金関係計画」を見ていただきたい。先にも少し触れたように、税金の支払いには、確定納税のほかに予定納税という方法がある。今期どのくらい利益が出るか分からないので、前年の実績に応じてその二分の一を予定納税しておき、決算が決まってからその差額を支払うというのが税金の支払い方法なのである。

D精機の直前期の税金は、事業税一八〇〇万円、納税充当金六八〇〇万円で、計八六〇〇万円である。その二分の一の四三〇〇万円はすでに予定納税として支払っている。これに対して直前期八六〇〇万円であり、予定納税として直前期に四七〇〇万円納めているので、三九〇〇万円を確定納税している。したがって、この三九〇〇万円と予定納税四三〇〇万円の合計、八二〇〇万円を確定申告として納めることになる。そこでこの八二〇〇万円という数字を固定資金の使途の税金支払いの欄に記入する。

ただし、この税金計算については、その仕組みだけを社長が理解しておき、あとは経理に指示してやらせればいいことである。

引き続いて**第21表**に戻る。

次の配当金支払いは、支払いが翌期に一年ずれるので、運営基本計画の直前期の数字四〇〇〇万円を転記する。

固定資産投資は、設備投資計画から八〇〇〇万円を転記する。

投資増加は、D精機ではこれをしないのでゼロである。

以上で、固定資金の使途の欄の小計が一億六六〇〇万円と出る。

ただし、資金の源泉の合計と資金の使途の合計は一致しなければならない。そのためには、固定資金余裕という欄を設け、両者の差額をこの欄に入れておくのである。D精機の場合、第一次試算では初年度の源泉の合計が九八〇〇万円だから、資金の使途の合計も九八〇〇万円にするには、固定資金余裕をマイナス六八〇〇万円とする必要がある。これで両者の合計額がぴたりと合致することになるわけだ。

③運転資金の源泉

固定資金運用から出た固定資金余裕のマイナス六八〇〇万円をまずここに転記する。

買掛債務増加は、運転資金計画で計算した初年度の買掛債務増減の数値一億七〇〇〇万円を書き入れる。

次の短期借入金増加もその他負債増加も、増減なしでゼロだ。

ここで大事なのは、固定資金余裕のマイナス六八〇〇万円である。前述のとおり、固定資金余裕というのは、これがマイナスであれば、税金などを支払って資金が足りなくなり、運転資金に食い込んだという意味であり、逆にプラスなら、運転資金にそれだけ回す余裕があるという意味だ。したがって、当然これは常にプラスであることが理想的なのだが、会社というものはなかなかそうはいかない。そうはいかないのだが、これを放っておけば、結局運転資金を確保するために借金をしなければならなくなり、バランスシートの安全度がぐらついてくる。そこで、一〜二年はマイナスでも仕方がないとして、三年目にはこの体質から脱却し、三年間の累計でプラスになるようにすることが大事なのである。これが、社長がこの数字を見る場合の一番のポイントだろう。

④運転資金の使途

売掛債権増加も棚卸在庫増加も手元現預金増加も、運転資金計画から数字を転記する。売掛債権増加は六八〇〇万円、棚卸在庫増加はマイナス五三〇〇万円、その他資産増加はゼロ、手元現預金増加が五〇〇万円で、小計二〇〇〇万円。これを運転資金の源泉の合計三九〇〇万円から引けば、自動的に運用預金増加の一九〇〇万円という数字が出てくる。金融費計画には、この数字が大事なのだ。この数字が出ないと金融費計画ができない。つまり、これで金融費計画を検討する根拠ができたわけである。

以上がＤ精機の資金運用計画である。

資金運用計画は、経理の人だけがやる特殊な仕事に見えるが、実はそうでないことがご理解いただけたと思う。もう一度繰り返せば、当期税引前利益は運営基本計画から転記するだけであった。減価償却費も運営基本計画から転記する。事業税引当金は税金計算の数字をもってくる。引当金導入も運営計画から数字を転記する。長期借入金増加の数字だけは社長のポリシーを入れる。税金の支払いは税金計算の数字をただ転記するだけだ。配当金の支払いは運営基本計画の前年度の数字を転記する。固定資産の投資は設備投資計画から転記する。買掛債務の増加は運転資金計画の数字を転記する。売掛債権の増加も棚卸在庫の増加も運転資金計画から数字をもってくる。手元現預金増加も同じだ。いわゆる資金運用計画というのは、これまでの既存の数字をただ転記して、足し算と引き算を行えば、自動的に出来上がるものなのである。一見難しそうに見えても、実は極めて簡単な、だれにでもできる計算で作成できるものだということが十分ご理解いただけたのではなかろうか。

では、運用預金増加の一九〇〇万円が、はたして金融費計画にどれだけの影響を及ぼすか、受取利息にどれだけの変化をもたらすかを次にチェックしてみよう。

金融費は、支払利息と受取利息からなっている。ここで**第22表**を見ていただきたい。

支払利息とは、短期借入金、手形の割引、それに長期借入金に対して支払われる利息のことだ。大きな会社になると、社債などその他のいろいろな対象があるが、一般にはこれらに対して発生する利息が支払利息である。

一方、預金をすることによって受け取る利息もある。この支払利息と受取利息との差額が金融費である。そう考えていただいて間違いなかろう。

支払利息は、期首と期末の借入金の平均残高に金利を掛けて算出する。つまり、期首における借入金の残高と期末における借入金の残高を足して二で割り、それに金利を掛けたものが支払利息の額ということになる。

これに対して、受取利息はどのようにして発生するだろうか。会社が銀行からお金を借り入れれば、見返り預金を要求されるのが普通である。表面的にはそういうことが否定されてはいても、銀行も商売であるからには、当然のごとくに見返り預金を要求してくる。どのくらい要求されるかは、銀行によってまちまちだが、たとえば短期借入金の場合は、常識的にいって、三〇％ぐらいだろう。パーセンテージが比較的高いのは、一般的に短期借入金には担保を入れないのが原則だからだ。

手形割引の場合は、相手側が発行した手形という裏づけがあり、短期借入金ほどではないが、それでも二〇％ぐらいの見返り預金を要求されよう。つまり、借入金に対して二〇％ぐらいの預金をしないと手形は割り引いてもらえない。

では長期借入金の場合はどうだろうか。五年とか七年、あるいは一〇年という長い期間で返済していくのが長期借入金である。したがって、銀行はこれに対しては必ず担保の見返りを要求する。たとえば土地、建物、あるいは機械設備が担保物件となるわけだが、それを担保に入れたうえに、なおかつ預金も要求される。常識的にいって、それは借入金の一五％ぐらいだろう。

こうして預金したお金が受取利息を発生させる。その受取利息を支払利息から差し引いた金額が金融費ということになるわけである。

この程度のことは、読者の皆さんは当然ご存じのことだろう。

では利益の変更によって、金融費がどう変わるのであろうか。はたして金融費は、当初の金額で済むのか。その実証をしなければならないわけだが、それには資金繰りの全体、資金運用の全体を見て、借入金と預金の関係などをチェックしていく必要がある。

金融費計画

第22表は、金融費計画の立て方のモデルである。

この表には、D精機の長期借入金残高が期首に九億九四〇〇万円あることになっているが、この数字はバランスシートから転記したものだ。

資金運用計画でも明らかにしたように、この長期借入金を五年間で無借金にしようというD社長のポリシーから、これを毎年一億九九〇〇万円ずつ返済することにしたので、期末の残高は七億九五〇〇万円になる。

期首の残高九億九四〇〇万円と期末の残高七億九五〇〇万円を足して二で割った

八億九五〇〇万円が平均の残高だ。仮に支払利息の金利を六・五％と考え、これを平均の残高に掛けると、初年度は五八〇〇万円の支払利息が必要だということになる。

また、七億九五〇〇万円の長期借入金が期末に残るので、先にも述べたように、銀行に対する見返り預金をどうしても入れなければならない。仮にそれを長期借入金の一五％とすると、一億一九〇〇万円（期末残高七億九五〇〇万円の一五％）の預金が必要ということになる。この数字をまずチェックしておく。

一方、資金運用計画で検証した結果、初年度において一九〇〇万円の運用預金が浮くことが実証されたわけだが、バランスシートから、この会社の直前期の運用預金の合計が一億八六〇〇万円であることも分かっている。したがって、一億八六〇〇万円に一九〇〇万円を足した二億五〇〇万円が、D精機の期末の運用預金のすべての合計ということになる。この二億五〇〇万円から、見返り預金として銀行に預ける一億一九〇〇万円を差し引いた八六〇〇万円がD精機の自由にできる運用預金である。

では、一億一九〇〇万円と八六〇〇万円を足した合計二億五〇〇万円に対する金利は、どのくらいになるだろうか。受取利息の現在の金利水準を仮に三・五％とすると、それは七〇〇万円となる。これがD精機の受取利息である。こうして、五八〇〇万円の支払利息か

第22表　D精機の金融費計画（修正試算資料）

（単位：百万円）

区分	項	目	第一次試算		第二次試算							
支払利息	短期借入金	期首残高										
		増　減										
		期末残高										
		平均残高										
		支払利息										
	手形割引金	期首残高										
		増　減										
		期末残高										
		平均残高										
		支払利息										
	長期借入金	期首残高		994		994						
		増　減		-199		-199						
		期末残高		795		795						
		平均残高		895		895						
		支払利息	6.5%	58	6.5%	58						
	支払利息合計			58		58						
受取利息	借入見返り預金	短期借入期末残										
		同上見返り預金										
		手形割引期末残										
		同上見返り預金										
		長期借入期末残		795		795						
		同上見返り預金	15%	119	15%	119						
		計		119		119						
	運用預金			86		114						
	合　計			205		233						
	受取利息計		3.5%	7	3.5%	8						
正味金融費用				51		50						

ら七〇〇万円の受取利息を差し引いた五一〇〇万円が、この年のD精機の正味の金融費用ということが計算できたわけである。

ここで、補足的に少し説明しておかなければならないことがある。D精機の場合は運用預金が少額だから問題はないのだが、もしこの金額規模が大きくなった場合は、受取利息の計算は期末残高による計算ではなく、借入金の計算と同じように、期首の残高と期末の残高を足して二で割り、平均の預金の残高を出して、それに金利を掛けるといったようなきめ細かな計算の仕方が必要になるだろうということだ。さほど大きな規模の預金がなければ、もちろんD精機のような期末残高による単純な方法でもかまわないが、とりあえずそれだけは記憶にとどめておいていただいたほうがいいだろう。

さて、一九〇〇万円の運用預金が生じた結果、D精機の金融費は、当初七九〇〇万円で予算化していたのが、五一〇〇万円でいいという答えが出た。したがって、この数字を運営基本計画の営業外損益の欄に転記すると、当然、経常利益も税引前利益も当期純利益も変わってくる。そこでまずこれを直していかなければならない。もう一度修正作業が必要になってきたわけだ。

修正計算

いま述べたように、営業外損益すなわち金融費は、ほとんど社長の勘で七九〇〇万円と予定していた。それが五一〇〇万円で済むと確定されたのである。

したがって、運営基本計画では、営業外損益の欄以下が変わってくる（**第19表**第三次修正）。経常利益が一億九〇〇〇万円から二億一八〇〇万円に、税引前利益が一億六四〇〇万円から一億九二〇〇万円に、当期純利益が八〇〇〇万円から一億八〇〇万円に、そして差引内部留保が七六〇〇万円から一億四〇〇万円に変わってくる。

ここで問題なのは、税引前利益だ。現在、運営基本計画には税引前利益が一億六四〇〇万円のままになっているが、前回の税金計算は、それ以前の一億六二〇〇万円の税引前利益を前提に行っている。ところが、金融費が変わった結果、税引前利益は一億六四〇〇万円から、さらに一億九二〇〇万円に大幅に変わってしまった。そもそもの前提が変わったのだから、税金も変わらざるをえないだろう。はたしてどうなのか。改めて税金の計算をしなおす作業が必要になってきたのである（**第20表**第二次修正）。

そこで、税引前利益一億九二〇〇万円を基にもう一度税金計算をしてみると、この一億九二〇〇万円に当期の事業税引当金二二〇〇万円を足し、直前期の事業税引当金一八〇〇万円を引いた一億九六〇〇万円が、当期の課税利益ということになる。事業税の税率を仮に一三・二%とすると、一億九六〇〇万円に対する事業税額は二六〇〇万円だ。また法人税等の税率を五〇%と仮定すると、納税充当金は九八〇〇万円となる。二二〇〇万円と思った事業税が二六〇〇万円に増え、八四〇〇万円を予定した納税充当金が九八〇〇万円に増えたのである。事業税と納税充当金の合計で、前回一億六〇〇〇万円だったものが、一億二四〇〇万円に増えたのだ。そうなると、この新たな数字を基に、運営基本計画をさらに修正する必要がまた出てきたことになる。

そこで、事業税を二六〇〇万円、納税充当金を九八〇〇万円に修正すると、営業利益が二億六九〇〇万円から二億六五〇〇万円に、経常利益が二億一八〇〇万円から二億一四〇〇万円に、そして税引前利益も一億九二〇〇万円が一億八八〇〇万円に変わっていく（**第19表第四次修正**）。

そうすると、税引前利益が一億九二〇〇万円から一億八八〇〇万円に変わったのだから、当然、資金運用計画の数字も変わるかもしれない。したがって今度は、この数字を基にさらに資金運用計画をチェックする必要が出てきたことになるわけだ。

このへんまでくると、特にはじめて長期計画に取り組む社長は、さすがにいい加減うんざりしてくる。気持ちは分からないわけではない。長期計画の勉強会をやっていても、このへんにさしかかると、たいていの生徒は退屈してしまう。「何でこんな経理のやる細かい仕事をしなければならないのか」と、鉛筆を投げ出して「もうやめた」となる生徒が多い。それくらい細かい作業に感じられるのだろう。だが、実際は全く単純な計算を繰り返すだけなのである。第二章でわたしは、執念が社長の条件のひとつだと書いたが、こんな計算の繰り返しには執念というほどのものも要らない。少しの我慢は必要だが、電卓片手にほんの数分の我慢だ。要領を覚えてしまえば実に簡単で、楽しくさえなる。

要するに、繰り返しに少しは耐えてみることだろう。

税引前利益が変われば資金繰りが変わり、運用預金の残高が変わる。そうなると金融費計画が変わり、正味の金融費用が変わる。この繰り返しだ。この手順に何とか慣れていただきたいものである。

さて、資金運用計画のチェックにもどろう（**第21表**第二次試算）。

当期税引前利益は、前回一億六四〇〇万円だったものが一億八八〇〇万円に変わった。減価償却費は変わらないが、前回二二〇〇万円だった事業税は二六〇〇万円に変わっている。したがって、資金支出のない経費の合計は、一億三三〇〇万円が一億三七〇〇万円に変わった。長期借入金増加は変わらないから、固定資金の源泉の合計は、二八〇〇万円増えて、九八〇〇万円から一億二六〇〇万円に変わったことになる。

次に固定資金の使途だが、税金支払は前年度の税金を支払うわけだから、当期の利益がどう変わろうとこれは変わらない。配当金も同じことがいえる。設備投資についても社長のポリシーが変わらない限り変わらない。したがって、固定資金の使途の小計一億六六〇〇万円も変わらない。ただ、資金の源泉の合計が一億二六〇〇万円に変わったことから、資金の使途の合計も一億二六〇〇万円に変わらなければならない。

その結果、六八〇〇万円のマイナスであった固定資金余裕が、四〇〇〇万円のマイナスで落ち着くことになったわけである。

運転資金は、固定資金余裕をマイナス四〇〇〇万円に直す以外は、買掛債務の増加も売掛債権の増加も、あるいは棚卸在庫の増加も手元現預金増加も、すべて変わらない。したがって、固定資金余裕が変わった分だけ運用預金が増え、一九〇〇万円から四七〇〇万円に変わることになる。

そうなると、当然、受取利息の額も変わっていく。ということは、次に金融費計画を修正する作業が必要になってくるということだ（**第22表**第二次試算）。

そこで今度は、金融費計画を見てみよう。金融費計画では、五八〇〇万円という支払利息は変わらない。変わるのは、今書いたように受取利息の額である。一九〇〇万円だった運用預金が四七〇〇万円に増えたからだ。運用預金が二八〇〇万円増えたのだから、二億五〇〇万円であった運用預金の合計が、二億三三〇〇万円に変わることになる。もちろん、見返り預金は変わらない。見返り預金以外の運用預金、これまで八六〇〇万円だと思っていた運用預金が、一億一四〇〇万円に変わるのである。結果として、これまで七〇〇万円しか入らないと思っていた受取利息が八〇〇万円になるわけだ。したがって、支払利息の五八〇〇万円から受取利息の八〇〇万円を引いた五〇〇〇万円が正味の金融費ということになる。これまで五一〇〇万円と思っていた正味の金融費は、実は五〇〇〇万円で済むという結果になったわけである。

このように金融費計画の数字が変わってくれれば、当然**第19表**「運営基本計画」の数字も変わってくる。五一〇〇万円のマイナスだと思っていた営業外損益が、五〇〇〇万円のマイナスで済むということになれば、その分、経常利益も税引前利益も変わってくるからだ。ちなみに税引前利益は、一億八八〇〇万円から一億八九〇〇万円に変わる（第五次修正）。そうなると、それを基にもう一度、資金運用計画を修正し、税金や金融費もチェックし、修正を加えていかなければならないわけだが、こうして修正を繰り返した結果、最終的にできた初年度の運営基本計画が**第23表**ということになる。

修正計算のめどは百万単位

第24表は、同様の修正作業を二年度、三年度と繰り返して、五年間の運営基本計画を完成させたものである。

何度も述べるように、非常にわずらわしい作業のように感じられるかもしれないが、実は単純な計算の繰り返しなのだ。慣れれば一つの計画が二〇分くらいで作成できるようになるだろう。一つの数字を修正することによって、あちこちに影響が生じ、いくつもの数字を修正しなければならなくなるのは事実である。Aを修正するとBがゆがむ。Bのゆがみを直すと今度はAにズレが生じる。そういったことはあろう。だが、もとより絶対ということはありえない。修正を繰り返すことによって完成度の高いものに近づいていく。そういうプロセスが、こういう作業では非常に大事なことなのだ。

合宿の勉強会で、ある社長から疑問を投げかけられたことがある。

「先生、どこまで修正を繰り返すのですか。理屈からいって、修正は限りなくづづくこと

基本計画（修正計算資料）

（単位：百万円）

初年度		修正値							
2,302		2,302							
988		988							
	57.1		57.1						
1,314	100.0	1,314	100.0						
512	39.0	520	39.6						
92	7.0	92	7.0						
85	6.5	85	6.5						
263	20.0	263	20.0						
63	4.8	63	4.8						
1,015	77.2	1,023	77.9						
299	22.8	291	22.1						
-24	-1.8	-26	-2.0						
275	20.9	265	20.2						
-79	-6.0	-50	-3.8						
196	14.9	215	16.4						
-26	-2.0	-26	-2.0						
170	12.9	189	14.4						
-95	-7.2	-99	-7.5						
75	5.7	90	6.8						
-4	-0.3	-4	-0.3						
-4	-0.3	-4	-0.3						
71	5.4	86	6.5						

第23表　D精機の運営

項目		直前3期		直前2期		直前期	
売上高		1,593		1,785		2,055	
売上原価		637		741		872	
	%		60.6		58.5		57.6
売上総利益		956	100.0	1,044	100.0	1,183	100.0
営業経費	人件費	335	35.0	392	37.5	476	40.2
	先行投資	57	6.0	71	6.8	90	7.6
	償却費	48	5.0	47	4.5	46	3.9
	一般経費	178	18.6	218	20.9	251	21.2
	役員報酬	52	5.4	55	5.3	60	5.1
	計	670	70.1	783	75.0	923	78.0
仮営業利益		286	29.9	261	25.0	260	22.0
事業税引当		-20	-2.1	-19	-1.8	-18	-1.5
営業利益		266	27.8	242	23.2	242	20.5
営業外損益		-57	-6.0	-73	-7.0	-95	-8.0
経常利益		209	21.9	169	16.2	147	12.4
特別損益		-28	-2.9	-21	-2.0	-11	-0.9
税引前利益		181	18.9	148	14.2	136	11.5
納税充当金		-94	-9.8	-74	-7.1	-68	-5.7
当期純利益		87	9.1	74	7.1	68	5.7
益金処分	役員賞与						
	配当金	-4	-0.4	-4	-0.4	-4	-0.3
	計	-4	-0.4	-4	-0.4	-4	-0.3
差引内部留保		83	8.7	70	6.7	64	5.4

基本計画（完成計画表）

（単位：百万円）

初年度		2年度		3年度		4年度		5年度	
2,302		2,578		2,887		3,233		3,621	
988		1,119		1,267		1,435		1,626	
	57.1		56.6		56.1		55.6		55.1
1,314	100.0	1,459	100.0	1,620	100.0	1,798	100.0	1,995	100.0
520	39.6	567	38.9	617	38.1	672	37.4	733	36.7
92	7.0	102	7.0	113	7.0	126	7.0	140	7.0
85	6.5	89	6.1	98	6.0	113	6.3	133	6.7
263	20.0	270	18.5	275	17.0	288	16.0	299	15.0
63	4.8	67	4.6	71	4.4	76	4.2	80	4.0
1,023	77.9	1,095	75.1	1,174	72.5	1,275	70.9	1,385	69.4
291	22.1	364	24.9	446	27.5	523	29.1	610	30.6
-26	-2.0	-37	-2.5	-47	-2.9	-57	-3.2	-68	-3.4
265	20.2	327	22.4	399	24.6	466	25.9	542	27.2
-50	-3.8	-32	-2.2	-21	-1.3	-11	-0.6	1	0.1
215	16.4	295	20.2	378	23.3	455	25.3	543	27.2
-26	-2.0	-29	-2.0	-32	-2.0	-36	-2.0	-40	-2.0
189	14.4	266	18.2	346	21.4	419	23.3	503	25.2
-99	-7.5	-139	-9.5	-178	-11.0	-215	-12.0	-259	-13.0
90	6.8	127	8.7	168	10.4	204	11.3	244	12.2
-4	-0.3	-7	-0.5	-7	-0.4	-7	-0.4	-7	-0.4
-4	-0.3	-7	-0.5	-7	-0.4	-7	-0.4	-7	-0.4
86	6.5	120	8.2	161	9.9	197	11.0	237	11.9

第24表　D精機の運営

項目		直前3期		直前2期		直前期	
売上高		1,593		1,785		2,055	
売上原価		637		741		872	
%			60.6		58.5		57.6
売上総利益		956	100.0	1,044	100.0	1,183	100.0
営業経費	人件費	335	35.0	392	37.5	476	40.2
	先行投資	57	6.0	71	6.8	90	7.6
	償却費	48	5.0	47	4.5	46	3.9
	一般経費	178	18.6	218	20.9	251	21.2
	役員報酬	52	5.4	55	5.3	60	5.1
	計	670	70.1	783	75.0	923	78.0
仮営業利益		286	29.9	261	25.0	260	22.0
事業税引当		-20	-2.1	-19	-1.8	-18	-1.5
営業利益		266	27.8	242	23.2	242	20.5
営業外損益		-57	-6.0	-73	-7.0	-95	-8.0
経常利益		209	21.9	169	16.2	147	12.4
特別損益		-28	-2.9	-21	-2.0	-11	-0.9
税引前利益		181	18.9	148	14.2	136	11.5
納税充当金		-94	-9.8	-74	-7.1	-68	-5.7
当期純利益		87	9.1	74	7.1	68	5.7
益金処分	役員賞与						
	配当金	-4	-0.4	-4	-0.4	-4	-0.3
	計	-4	-0.4	-4	-0.4	-4	-0.3
差引内部留保		83	8.7	70	6.7	64	5.4

になりませんか。いくら精密に細かくやっても、元の数字が気楽に設定されたものなので、矛盾を感じるんですが」

「そのとおり」

と、わたしは答えた。理論的には、繰り返すたびに数値が変わるから誤差がゼロになることはない。だからといって、修正を加えないと、とんでもない数字のズレが生じることもある。現実にそういうケースが多い。大事な資金にかかわる問題だけに、あらゆる角度から納得のいく数字に修正するべきだ。面倒だといってルーズにしておくと、結局絵に描いた餅に終わってしまいかねない。わたしの過去の体験からいえば、会社の年商規模にもよるが、上三桁か百万円単位で数字が変わらないレベルまで繰り返すべきである。

こういう繰り返し作業は、率直にいって事務の人間の仕事である。一連の修正計算や税金計算、金利計算自体に、社長としての創造的な意味はない。したがって、一応のことが分かったら、「あとはこの原則で、基本計画を修正しておくように」と、経理部門に指示すれば済むことだ。それでいいと思う。

ともあれ修正作業を繰り返していった結果、各計画が巻末の**第25表**「人件費計画」、**第26**

表「固定資産投資及び償却計画」、第27表「資金運用計画」、第28表「税金関係計画」、第29表「金融費計画」の完成表となるわけである。

なお第30表は、長期計画のスタートとなった「付加価値配分目標計画」の完成表である。実証の結果、当初の社長の目標とは若干異なったが、社長の夢みた高収益会社への体質改善が実現できる長期計画は完成されたのである。

4　財務計画にまとめる

財務計画は目標バランスシート

資金運用計画が、今後お金をどう使うかという、いわばバランスシートの調達資金と使途の流れを集約的にあらわしたものであることは、読者にもご理解いただけたと思う。

結局、この資金運用計画をつくることによって、目標損益計算書とでもいうべき運営基本計画が、しっかりとした資金の裏づけを得たことになるわけである。これによって、将来のバランスシートも自動的に決まってしまうことになる。

長期計画というのは、五年計画であれば、最終的には五年後のバランスシートをどう築くかということに連動していなければならないのである。言い換えれば、五年後のバランスシートが設計できて、はじめて本物の長期計画といえる。

バランスシートの重要性については、本書でも再三強調してきた。バランスシートの体質がよくなったのかどうか、経営としてはそれが重要である。利益は出たがバランスシートがよくないというのでは、優れた経営とはいえない。利益が出、なおかつバランスシートがよくなり、会社が効率のいい会社に生まれ変わる。ここにこそ長期計画の意義があるのだ。

本書の各所で述べたとおり、長期計画は利益計画だけではない。企業の体質を強くしていくには、社長の意思、社長の戦略として将来のバランスシートをどうつくり上げていくかにかかっていよう。その意味で長期計画の行き着くところは、五年後のバランスシートに示された数値を最終目標とする「財務計画」なのだ。

社長の夢や野望が五年後の財務計画にどのように反映されているか、これが長期計画の重要なところだろう。

財務計画というと、はなから難しいと決めつけて、アレルギーを起こすほど毛嫌いする社長も多い。だが、ここまで作業を進めてきた社長にとっては、それは実に簡単なことだ。

D精機の例で説明していこう。

社長の希望どおり無借金会社に

第31表「D精機の財務計画」を見ていただきたい。

この表は、**第24表**「運営基本計画」と、**第27表**「資金運用計画」から必要数値を転記してまとめたものである。

財務計画（完成計画表）

（単位：百万円）

2年度		3年度		4年度		5年度	
81	1,802	69	1,871	98	1,969	159	2,128
150	432	-58	374	-67	307	-29	278
6	54	6	60	7	67	9	76
144	378	-64	314	-74	240	-38	202
0	0	0	0	0	0	0	0
-7	862	75	937	105	1,042	124	1,166
-62	488	52	540	60	600	64	664
0	20	0	20	0	20	0	20
11	794	22	816	27	843	27	870
0	105	0	105	0	105	0	105
100 -89	689	120 -98	711	140 -113	738	160 -133	765
0	50	0	50	0	50	0	50
92	2,646	91	2,737	125	2,862	186	3,048
139	614	97	711	91	802	107	909
108	445	73	518	69	587	75	662
0	0	0	0	0	0	0	0
31	116	24	140	22	162	32	194
0	53	0	53	0	53	0	53
-199	596	-199	397	-199	198	-198	0
-199	596	-199	397	-199	198	-198	0
0	0	0	0	0	0	0	0
29	75	32	107	36	143	40	183
123	1,361	161	1,522	197	1,719	237	1,956
0	35	0	35	0	35	0	35
86	1,199	120	1,319	161	1,480	197	1,677
37	127	41	168	36	204	40	244
92	2,646	91	2,737	125	2,862	186	3,048

10.1％	12.6％	14.6％	16.5％
0.97回	1.05回	1.13回	1.19回
10.3％	12.0％	13.0％	13.9％
293％	263％	246％	234％
214％	187％	171％	161％
70％	53％	38％	30％

第31表　D精機の

区分	項目	直前期	初年度	
資産の部	流　動　資　産	1,653	68	1,721
	現　預　金	229	53	282
	手元預金	(　43　)	5	48
	運用預金	(　186　)	48	234
	有価証券	(　0　)	0	0
	売掛債権	801	68	869
	棚卸在庫	603	-53	550
	その他	20	0	20
	固　定　資　産	788	-5	783
	土　地	105	0	105
	その他	683	80	678
		0	-85	
	投　　資	50	0	50
	合　　計	2,491	63	2,554
負債並びに資本の部	流　動　負　債	325	150	475
	買掛債務	230	107	337
	短期借入金	0	0	0
	未払法人税	42	43	85
	その他	53	0	53
	固　定　負　債	994	-199	795
	長期借入金	994	-199	795
	預り金	0	0	0
	諸　引　当　金	20	26	46
	資　　本	1,152	86	1,238
	資本金	35	0	35
	諸積立金	1,049	64	1,113
	当期利益	68	22	90
	合　　計	2,491	63	2,554

区分	項目	直前期	初年度
検討	総資本利益率	5.5%	7.4%
	総資本回転率	0.82回	0.90回
	税引前利益率	6.6%	8.2%
	流動比率	509%	362%
	当座比率	323%	247%
	現金比率	70%	59%

たとえば、初年度の前の枠にある数字は、資金運用による増減をあらわす数字であり、後ろの枠にある数字は、直前期のバランスシートの数字に前の枠の数字を足したり引いたりしたものだ。すでに実証した数字を書き入れて簡単な足し算、引き算をするだけだから、ほんの数分でできる。

では、**第31表**の上のほうから見てみよう。まず手元預金だが、直前期が四三〇〇万円、これに五〇〇万円足して四八〇〇万円ということである。これは資金運用計画の手元現預金増加の欄にある五という数字を転記し、直前期の数字に足しただけのことだ。二年度は六とあるからそれを転記すればいい。転記作業だけだ。

運用預金は、資金運用計画から四八〇〇万円を転記し、直前期の一億八六〇〇万円に足して二億三四〇〇万円となる。売掛債権は、資金運用計画の六八〇〇万円を転記し、直前期の八億一〇〇万円に足して八億六九〇〇万円。在庫は五三〇〇万円減って五億五〇〇〇万円になる。買掛債務も直前期の二億三〇〇〇万円に一億七〇〇〇万円増やして三億三七〇〇万円。

未払法人税は、期末の納税引当金で、これが八五〇〇万円。長期借入金は一億九九〇〇万円を引いて七億九五〇〇万円になる。この欄を横にずうっと見てみよう。毎年一億九九〇〇万円ずつ支払っていくと、五年目にゼロになっている。

社長の方針どおり、五年後には**無借金経営**になるわけだ。

このように、ただ数字を転記し、単純な計算をするだけで財務計画は自動的にできてしまう。実に簡単なものだということがご理解いただけたと思う。

この表の下の検討という欄にある総資本利益率の五年後を見ていただきたい。一六・五％になっている。直前期は五・五％であった。もう少しで市中金利以下になりかねない総資本利益率にあえいでいたD精機が、計画を着実に実行していくことによって、五年後には総資本利益率一六・五％という、まれに見る立派な企業として生まれ変わることができるのである。

一方、流動比率の五年後を見ると、二三四％である。流動比率は一二五％以上あればいいというのが会社の安全度を見る定石である。二三四％というのは、まだ安全すぎて、資金の使い方に無駄が多いということだ。だが、直前期の流動比率五〇九％という常識はずれな数字から見れば、かなり改善されていることは間違いない。

D精機は**五年後に、現在と比べて三倍以上の収益力のあるすぐれた無借金会社になる。**それは、まさに実現可能な夢である。それが、こうして長期計画を立てることによって実証されたということだ。

約束された望ましい未来を見る

これまで、わたしたちは、付加価値配分目標計画からスタートして、とうとう財務計画を作成するところまできた。

これだけの検証と実証のなかで社長の夢や野望を数字で裏づけ、最後に五年後のバランスシートをつくるところまできたのである。これが要するに長期計画なのだ。

ここまで書いてきて、今わたしは、フランスの詩人、ジャック・プレヴェールの次のような有名な詩を思い出す。

三本のマッチ　一本ずつ擦(す)る　夜のなか
はじめのはきみの顔をいちどきに見るため
つぎのはきみの目をみるため
最後のはきみのくちびるを見るため
残りのくらやみは今のすべてを想い出すため
きみを抱きしめながら

（小笠原豊樹・訳）

無骨なわたしの柄には不釣り合いかもしれないが、なかなか素敵な詩だと思う。この詩の表現にあやかっていえば、長期計画をつくるのに、われわれはこれまで何本のマッチを擦ったことになろうか。

まず将来への夢を抱きつつ、一本目のマッチを擦って会社の過去を見た。二本目のマッチで会社の現在を見た。そして計画を立て、さらに何本かのマッチを擦って計画の細部を点検した。今われわれは、マッチが消えた暗闇の中でも、会社の過去から将来にわたるすべてをある程度思い描くことができる。

本物の長期計画に近づいてきたのである。不確実な未来が確実性をしだいに増してくる。社長の目に、計算された未来、約束された望ましい未来が、暗闇の中に見えてくるようになるのである。

第九章 長期経営計画を実践する

長期計画の実践には、「好循環サイクル」が不可欠である。

そのためには部門長に実現可能な目標を示し、しかも目標を必ず達成するように指導し、達成した充実感を与えることが肝心だ。

人はだれでも一つの目標を達成すると次の目標に挑戦する意欲がわいてくる。目標達成から新たな目標設定までのサイクルが、全社挙げて絶えず螺旋型に上昇しつづけることが大事なのである。

この好循環をつくりだす過程で、社員の能力がおのずから高まり、同時に、社長自身の先見能力や経営手腕が飛躍的に磨かれて、予期しなかった事態への素早い対応や、より次元の高い事業目標に挑戦することが可能となるのだ。

長期計画の実践を通して、社長の抱いていた素朴な野望や夢は、計算された未来と確かな先見力となって、社長人生を甲斐のある楽しいものにする。

1　全社推進態勢のとり方

笛吹けど踊らず

当たり前のことだが、社長一人で仕事はできない。
社長の意図を十分に飲み込んで結果を出してくれる幹部がいて、はじめて仕事ができる。社長の夢が叶（かな）うのである。

そこで社長のリーダーシップ、統率（とうそつ）力が改めて問われることになる。いまもって徳川家康の本がロングセラーを続け、書店の一コーナーが、人材活用のノウハウ書で必ず占められているのをみても、世の中の経営者がいかに人の使い方に悩んでいるか、苦労しているか、うかがえるのである。それだけ人の上に立つ人は、部下の「笛吹けど踊らず」という態度に苦労しているようだ。

「どいつもこいつも自分が何をすべきかまるで分かっていない、わが社にはろくな幹部がいない」、「やかましく指示しているのに、俺の思うように動いてくれない」と嘆かれる社長がいる。それも決して少なくないようだ。

一方で部下は、「社長の言うことがくるくる変わる、まさに朝令暮改、思いつきであれやれ、これやればかり」、反論しようものなら「企業環境は日々変わっているんだ、経営は学校の勉強とは違う」と怒られる。しだいに意見を言う者はいなくなり、では、社長の指示命令が通るのかといえば、「どうせ明日は逆のことを言う」と聞き流されてしまう。

肝心の目標設定にしても、「目標はあらかじめゲタをはかせて指示してくるから、こちらもそのつもりで対処する、まともに受けている者はいない」、「目標の半分しか達成できずにがっかりしていたが、社長はいくらの目標でもよかったような口ぶりでさらに気持ちが落ち込んでしまった」というような例が、実際にわたしの耳に入ってくるのだ。

これでは業績を思うように伸ばせないのも当然ではないか。いくら人材活用の本や人心収攬の本を読んで知識だけ頭に入れても、社長の指示が場当たり的では、社員は思うように踊ってくれないのである。

社長の経営ビジョンなくして全社一丸態勢なし

では部下を白けさせないで、全社一丸となって仕事をする態勢を、どうつくるか。

それは、社長が自らの確固たる経営ビジョンを示し、実現可能な未来を具体的に示すしかないのだ。

ところが社長と社員のコミュニケーションについて、勘違いしている人が多いのには、驚いてしまう。いわく、「酒飲んで裸のつき合いをすれば、部下もついてきてくれる」、いわく「膝突(ひざ)き合わせて、言いたいことを言い合う」。前にも述べたが、「俺に任せろ悪いようにはしない、黙ってついて来い」等など、社長の人間的魅力だけで社員を引っ張っていく行き方は、二、三人の個人企業ならこれでもいいかもしれない。しかし人を何十人、何百人と使って仕事をする場合は、これだけではだめなのだ。

創業時代には酒を一緒に飲んで語り合う、これでも人はついてきた。しかし人も増え、事業も大きくなった今は違う、というのが大方ではないか。「どうだ、たまに酒でも飲んで腹割って話そう」と社長が誘っても、今の若い人は一緒に飲むのはおつき合い、お義理で仕様がなくということが多いのではないだろうか。なかには、誘った社長の目の前で「ちょっと女房に聞いてみます」と、その場で電話して「えっ、もう食事用意してるの、じゃ帰るわ」、「社長すいません、今晩は失礼します」というような極端な話も、このごろでは珍しくない時代だ。このような旧来のやり方では、部下の動機づけには、もはやマイナスにしか働かないと知るべきだ。

飲み食いでコミュニケーションを図るのではなくて、部下の仕事を成功させるように、的確な方針を出し、一緒に達成法を考え、場合によってはよその部門から協力者を連れてきて、「こいつのこの仕事をアドバイスしてやってくれ」と調整もして、何としても目標を達成するように指導して、その人が成功したときに、はじめて本当に尊敬される上司となる。目標を与えただけで、フォローもしないでいくら飲み食いしても、今の人は動いてくれないのである。第一、それほど社長は暇ではない。

では、すべての社員が白けないでやる気を出してくれるような「的確な方針」は、どこから生まれるのかといえば、社長のつくった長期計画以外にないのである。

運営基本計画は、単なる利益計画ではない。すべての数字には社長の夢やビジョンが込められている。将来の社員の処遇についての具体的な方針、発展するための設備投資への方針、どんなことがあってもつぶれないための資金への方針を検討し、売上目標も過去の実績と市場性を踏まえて設定した、これらを全部含んだ計画である。

社長の熱い思いを、冷静に数値化した「実現可能な夢」が語られているのだ。

これらをワンセットにした社長の長期計画こそ、全社員の心の底まで届く強烈な動機づけとなるものである。

各部門長への指示の出し方

さあ、これまで検討してきた長期計画を、いよいよ実行に移す段階である。どの数字にも社長の意思が込められている。さまざまな角度から検討され、社長としてもこれ以上は、あとは実践あるのみ、という煮詰めた計画ができた。

ここで、モデル会社であるＤ精機の社長になったつもりで、各部門長にどう指示するか、お考えいただきたい。

まず営業部長を呼んで何と言うか？

「営業部長、今後五年間、何とか一二％増の売上計画をつくってくれ」

「社長、一二％はきつい、主力の○○が伸び悩みですし」、社長の気楽な夢をいきなり売上や利益計画にした、水増しの数字にばかり慣れた幹部なら、当初は検討もしないで消極的な返事をするものである。

「ちょっと待てよ、関西地区の全体の伸びはこうで、うちはこうだ。一二％の根拠はこうだ。ヤマ勘で決めたわけじゃないんだ。できないと決めつけないで考えてみてくれ」

社長には、この売上をやってくれなければ、社員の生活向上も、先行投資も、安全投資もすべて狂ってくるという思いがある。単なる損益計算で出した売上目標とは違う。説得力が違うのだ。指示された幹部のほうでも、これならやり方によっては、実現可能かもしれない、と考えてくれるはずだ。営業部長に、自分のもっている全商品別に、あれは二〇%いけるがこっちは五%がいいとこか、というように営業品目別に、あるいは営業拠点別に売上一二%増の具体的な計画を練らせる。これは営業幹部の仕事だ、社長の仕事ではない。

実現可能な一二%という目標設定は、営業部長のレベルで真剣にその実現計画を考えてもらうために、十分に具体的なのである。

多くの会社では、目標設定もそれを実現する商品別販売計画、得意先別販売計画、これらのすべてを営業部長にやらせる。部長は課長に、課長は担当者に、来期はいくら売れるか、下からの積み上げ方式だ。でてきた目標は、必ず、社長の期待を下回るものだ。上も上なら、下も下で、どうせ折衝（せっしょう）で上乗せされるのだからと、マイナスのゲタをはかせて提出してくるからである。もちろんこれがぎりぎりの数字だ、ということを説明するもっともらしい理由つきである。これでは大切な売上計画に、社長のビジョンを入れることなど不可能ではないか。売上の目標設定は、社長がやることなのだ。

製造部長には、前期五七%の粗利であったが、今期は最低でも五六・五%になるように考えてほしい、今後とにかく粗利が〇・五%より落ちないように、外注製作、買い入れ部品、生産計画を一つひとつ検討してほしい。これからは人を増やして増産する時代ではない、六億円の設備枠をあげるから、社員を増やさないでパートでできるような仕組みを考えてほしい、というように具体的に指示を出す。

経理部長には、五年後に無借金会社にするぞ、そのためにはお金の裏づけはこう考えている、専門家として俺をしっかりフォローしてほしい、資金の運用についても、お札に色をつけろと勉強してきた、うちではこれだけ資金が遊んでいるが、当座預金はこれだけにして、残りを一日でもいいから金利を稼がせるように計画してほしい、と。

総務部長には、うちはこれからパートを増やしていく、パートの待遇、パートの採用が新しいテーマだ、当面新卒一名、パート二名ということで、採用計画を考えてほしい、なぜなら五年後は社員の給料をこのぐらい上げて、賞与もこれだけ出せるようにしたいんだ、と。

これらは、会社の各部門への具体的な社長方針であり、目標設定だ。なぜその数値でなければならないか、社長は幹部から質問があれば、「それはな、こうこうだから」と説得できる。もはや聞き流してすます部下はいない。全社を挙げて、社長の夢の実現へ走りだすことになるのである。そうなるように、この長期計画はつくられているのだ。

2　発展への好循環サイクルをつくる

達成感が人材を育てる

人間というものは一つの目標を達成すると、必ず次の目標にチャレンジする意欲がわいてくるものだ。達成感を味わった部下は、必ず前よりももっと高い目標を目指してくれる。それが必ず会社というものを大きくしていく確実な原動力となるのである。

もう一点、達成感がその人の能力を大きく育てる、ということが重要だ。**第九図**は、社長の目標設定と達成のために必要なチェック、助言、協力によって目標を達成して、次のより高い目標に挑戦する、わたしのいう「**好循環サイクル**」の図である。

経営の本ではよく「ＰＬＡＮ（企画）ＤＯ（実行）ＣＨＥＣＫ（審査）」が仕事を進める原則であるとされているが、わたしにいわせれば、企画したものはどんなことがあっても実行させ達成させる、達成させるためには途中でチェックし、助言・協力をし、達成感を味わわせる。つまり、「達成することによる能力の向上」の要素を縦軸に加える。Ｐ↓Ｄ↓Ｃの流れに、さらに縦軸に、達成したことによる能力の向上と、さらに質の高い目標の設定とい

第九図　長期計画実践の好循環サイクル

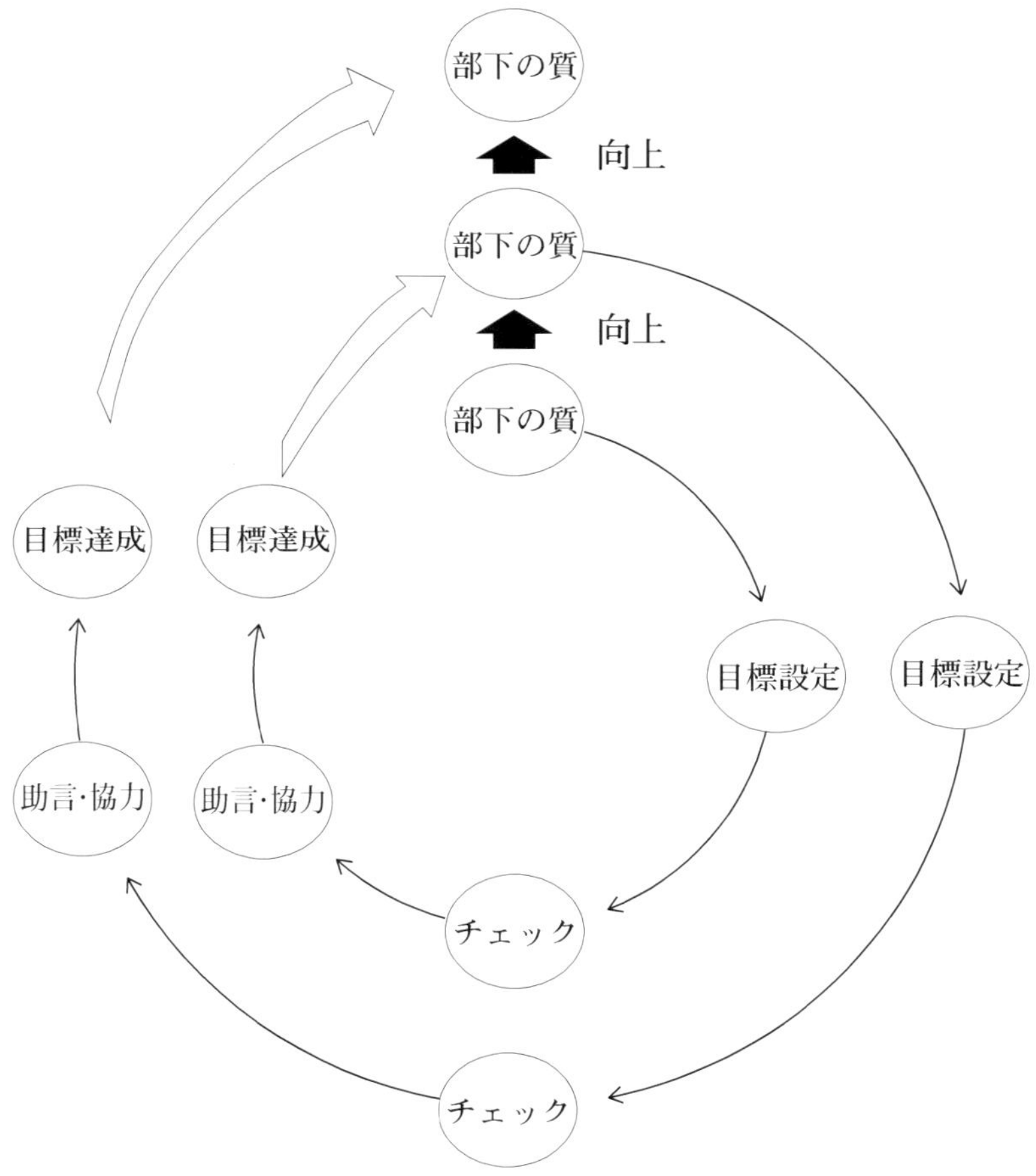

う螺旋(らせん)型のサイクルこそ本当だと思う。

長期計画の実践を通じて、達成感が人材を育てるということは、非常に大事なポイントである。

社長は「好循環サイクル」をつくる人である

もはや形だけの社長の権力で引っ張る時代ではない。

企業成長の秘訣のひとつは、能力の向上とより高い目標設定という螺旋(らせん)型に上っていく「好循環サイクル」を、いかに社長が社内につくりだしていくかということである。

そのためには、部下への目標設定も実現可能なものでないといけない。

いつも未達、未達の連続では、部下が目標に挑戦する意欲を、わざわざそぎ落としているようなものだ。過去の実績からみて考えられないような目標を掲げて、部下に実現しそうもない高すぎる目標を設定することは、「社長の出す数値は信頼できない」としつけているに等しい。しかも社員は自信を失い、能力の向上どころではない「悪循環サイクル」となりかねない。

わたしが、経理や事務の人がつくる長期計画ではなくて、あくまで「社長の長期計画」にこだわる理由のひとつがこの点にもあるわけだ。

社長の長期計画は、このように螺旋型に社員の能力を引っ張り上げる役目も果たす。本物の社長のリーダーシップというものは、こうあるべきではないだろうか。

これは佐藤塾のメンバーの会社の一つ、建材卸のT産業であったことである。

佐藤塾に入る前のT社長は、よくいえば事業欲旺盛(おうせい)で、世の中で流行(はや)っていると聞くとすぐ、自分の会社で手掛けてみるような人であった。ビデオショップが儲かると聞くと、すぐにビデオショップを始める。モーテルだ居酒屋だと、まさに手当たり次第に近い。わたしの嫌う「事業のコブ」ばかり増やすタイプだった。

当然、塾に入った当時のT産業の長期計画は超流動的である。一つの計画を立てたかというちに、新しい事業が追加される。売上計画はあってないようなものだ。T社長の頭のなかでは、独特のソロバンがあるのだろう。いわゆる商売の勘がいい人とでもいうのか、設備投資も金融も計画とは裏腹なことを平気で実行して、それで利益はしっかり出していた。だから自分の行き方が悪いとは思っていなかったのである。

ところが社員がついてこないのだ。せっかく軌道に乗って、これから儲かるような状況になると、社員の使い込みが発覚したり、突然辞めたり、一向に事業の柱に育たない。

かつてT社長と創業を共にした専務が困り果てて、わたしのところに相談にみえた。「先生、社長の事業の勘は動物的で素晴らしいけれど、このごろはとてもついていけない。新しい事業の柱を育てるためといいながら、次々と手を出すので人のやり繰りも大変だ。社内がいつもざわついていて、採用してもすぐ辞めてしまう。社員も疲れきっている。どうしたらいいか」と言うのである。

「専務さん、わたしの指導不足であなたをこんなに悩まして申し訳ない。幸い、本業のほうはあなたがしっかり見てくれているから順調なようだ。T社長も勉強したばかりでまだ身についていないが、わたしも特訓するから、もうちょっと専務さんも頑張っていてほしい」と慰めるしかなかった。

塾頭と威張っていても、塾生の会社であって、わたしの会社ではない。T社長の会社なのである。残念ではあるが、指導の限界というものがある。折しもバブルによる好況に入ろうとしている時期でもあったため、T社長は相当に自重しているつもりでも、香港のマンションで知人が何億と儲けたというような話を耳にすると、もうジッとしていられないのだ。結局、社員の出入りの激しさが落ち着くには、バブルの崩壊を待たなければならなかった。

T社長がやってきて言うには、「先生が、思いつきの冒険と計算された冒険はまるきり違うものだ、と耳にタコができるくらい言われていた意味がようやく分かりました。先生から見ればデタラメな計画でも、それでもあったから、早め早めに手が打てて、どうやら最悪の事態にはならなかった。大儲けもしたけれど大損もした、ソロバンでは差し引きゼロ。ところが仲間は思いつきの冒険は避けて、同じ期間に比べものにならない大きな利益を確実にだしている。骨身に染みて分かりました。性分だからこれからも冒険はやり続けますが、もう少しマシな冒険をします」と。

会社を大きく育てるには、「大きくなるような方向づけ」こそ、社長の最大の役割だ、とはじめに述べた。しかしその方向づけは、五年とか一〇年に一度の、次元の高いものでなければならない。毎年、一年に何度もというのでは、方向づけとは言えないのである。事業を軌道に乗せるのに三年はかかる。一年やそこらで結果のでるようなものは、もし首尾よくいっても、事業のコブにしかならないものだ。五年、一〇年たつとそれらのコブが、企業の健全性に害をもたらすようになるのだ。

全社一丸態勢をつくるためには、社長に、落ち着いた骨太の長期ビジョンが不可欠である。それを基に、実現可能な枠を部下に示し、指示してチェックし達成させ、部下の能力を引っ張り上げて次の目標にチャレンジさせる。**会社全体の能力を一回り大きくしていくのが、社**

長の本物の統率力といえよう。

社長は「好循環サイクル」をつくりだす人でなければならないのだ。

ところで、この過程は、同時に、社長自身の経営能力の育成プロセスでもある。

社長の能力の好循環サイクル

事業を育て、会社を大きく育てる過程で、社長の能力も、それにふさわしく伸ばしていかなければならない。社長自身の「好循環サイクル」が必要なのである。

先のT社長に限らず、事業を興（おこ）した人は、生まれついての商才やしつこさや交渉力や統率力など、どれか一点でも人並み以上に優れたものをもっていたからこそ、今日を築いたといえる。

社長に必要な能力や要素については次の章でまとめて述べるが、ここで**第十図**をご覧いただきたい。

自分の会社の将来を考えない社長は一人としていない。

長期計画をもたない段階では、社長としての将来の野望や夢が剝（む）き出しのままで、頭のなかに、胸の中に入っている。社長とて、一人の人間であるから、他人に言ったら笑われるような物欲や名誉欲や権力欲のかたまりだ。むしろ、それらが人一倍強いから社長をやっているともいえなくはない。それらの、社長自身でも正体をとらえられないような、曖昧模糊とした野望とか夢というものをエネルギーとして、激務をこなしているはずだ。しかし剝き出しのままの野望や夢は、時として社長自身を悩まし、あるいは不安にさせ、眠れない夜をもたらすのである。

はじめて長期計画に取り組む社長は、例外なく、自分の個人的な野望の整理整頓を迫られることになるのだ。（**第十図**の螺旋のはじまりの部分）

社長の役割を意識して、付加価値の配分目標を設定するときに、社長のビジョンを数字に表現しなければならない。繰り返し述べてきたが、このときに社長はわが社の現状と自分の夢の落差に気がつくことになる。わが社の「ひと・もの・かね」から実現性をチェックし、最終の目標を設定するまでに、自分自身にもはっきりしなかった野望のうち、何が最も大事で何がどうでもいいものかが、おぼろげながら見えてくるはずだ。

はじめての目標設定は、実証作業をやってはいても、何らかの見込み違いもまた必ず発生する。計画どおりにはなかなかいかないものである。ここで大事なことは、「何としても目標を達成する執念」である。あれだけ実現性をチェックして立てた目標だ。何が不都合で狂っ

第十図　長期経営計画と社長の能力

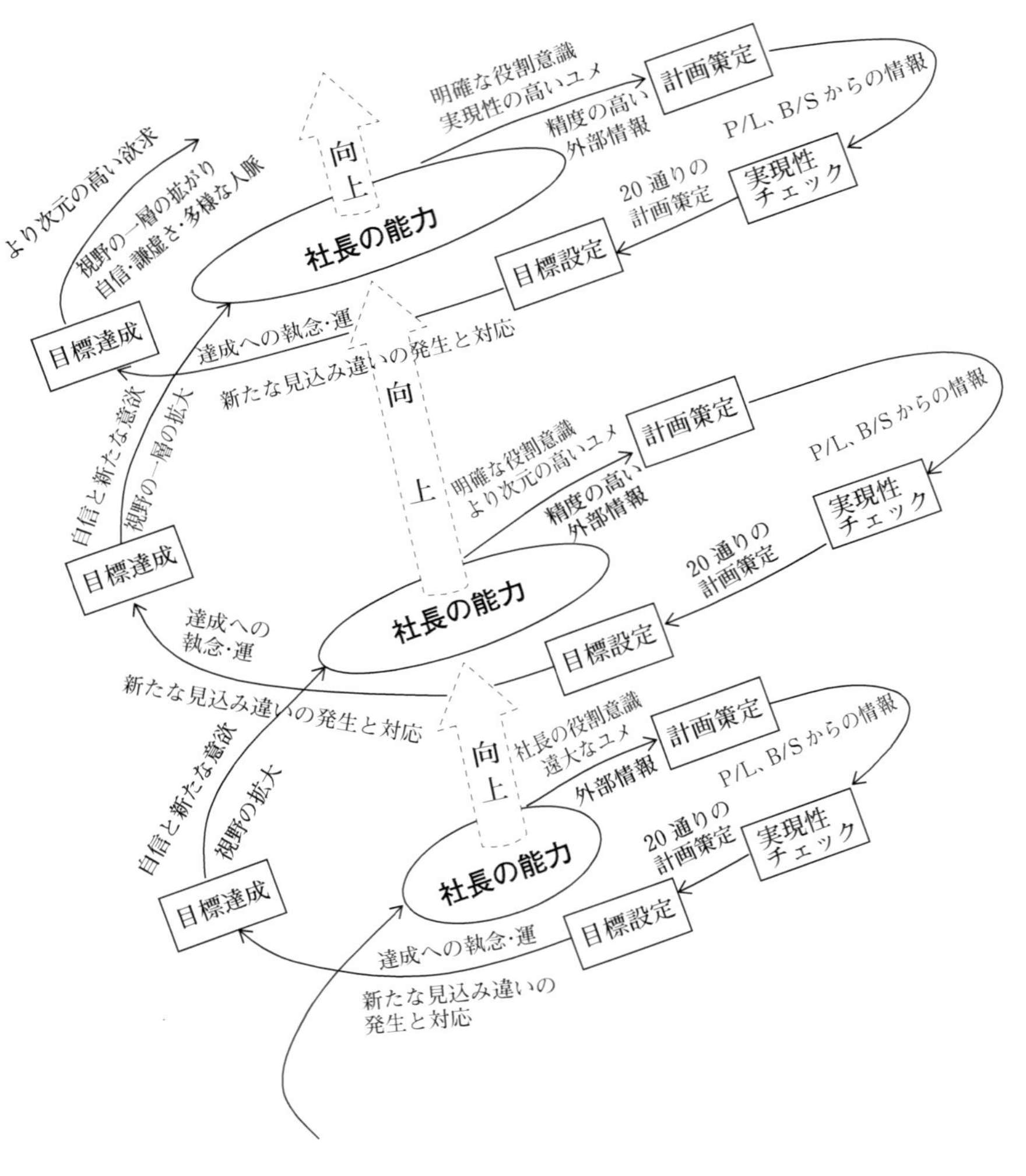

たのか、当初の想定した条件との誤差を見つけて対処する。そのためには社内だけではない、社外にも協力者を求める。そして目標を達成したときに、達成感が社長に自信と新たな意欲をもたらす。その結果、社長の能力は、当初より一段と向上するのである。

次の計画策定の段階では、社長の役割意識も当初より強いものとなっている。社長の野望も、一段次元の高いものへと昇華している。実証作業もよりポイントをついたものとなって、実現性の確率も高くなる。そのうえで設定した新たな目標は、社長の達成への執念もより強く、しつこいものとなるはずだ。それでもなお思惑は外れることもある。新たな見込み違いが発生することも当然ある。しかしすぐに手が打てる、適切な対応策を考えられるような能力が、いつの間にか社長に備わっているはずである。

実は、長期計画実践の一番の効果は、このような**社長自身の能力の「好循環サイクル」を自からつくりだす**ことにある。

野望が先見に変わるとき

洗練されない、剝（む）き出しの個人的な野望や欲は、社長の役割意識と数字の約束ごとで磨かれ、どうなるかさっぱり見当のつかない未来から、計算できる未来へと変わるのである。

社長の事業や会社をみる視野がしだいに広がり、内部から、また外部からの情報の精度も上がる。全社を挙げて、より次元の高い野望に挑戦することが可能となる。統率力も経営手腕も、当初とは比べものにならないほど強化されることになるのである。

そうなると不思議なもので、つかむ運も、協力者も数が増えて大きくなるものである。いつしか周りから尊敬される存在となっているのだ。先見性のある、夢のある素晴らしい社長だと評価されるようになる。社長の能力の好循環サイクルをつくりだす、これは、社員の能力を引っ張り上げることと同じように重要である。

佐藤塾の仲間の成長ぶりをみてきて、念願の店頭上場を果たすもの、わたしの会社より多い利益を申告するものなどが輩出してくると、本当にわがことのようにうれしいものだ。入塾当時の様子は、本書の冒頭でも紹介したように、やり手の経営者となる素質はうかがえたものの、あまりにやんちゃで粗削（あらけず）りすぎたり、頭でっかちであったり、性急にすぎたり、優柔不断であったりと、失礼だがよくぞここまで成長したなと、感慨深いものがある。

もちろんわたしもそうであるが、塾の仲間は全員、社長という仕事が楽しくて楽しくてたまらないと思っている。こんなやり甲斐のある仕事は、社長業以外には考えられない。生まれ変わってもまた、社長業をやりたいと思っているに違いない。これこそ、長期計画を実践していく本当の効果ではないだろうか。

次に、これらの仲間の会社の中から、読者が自分で長期計画をまとめるご参考に、その後の長期計画の最新事例を、三社ご紹介して、本章のまとめとしよう。

3　一〇年先までの繁栄を見つめて——優秀三社の事例

E建設が売上六〇〇億円を達成した中期三年計画

実務のまとめとして、ここで本書に登場した会社の中から優秀な三社を選んで、その後の計画づくりの一端をご紹介しておこう。実在の会社だから、数字について多少の修正を加えさせていただいたが、読者の勉強に不都合がないのでご了承いただきたい。

さてE建設は、申告所得でわたしの会社を追い抜いたと、本書の第一章にご紹介した会社である。

順調に事業を伸ばしてきたE建設の社長は、いわゆるバブル経済にさしかかって、「どうも異常だ、このままの状態が永久に続くわけはない。急上昇したものは必ず急降下する、長期計画を練り直そう」と判断した。当時は、どんなお粗末な経営でも利益の出る、未曾有の好況に日本中が沸いているようなころであった。

「異常な人手不足と資材の高騰で建設コストが上がっている。これはブームが過ぎれば相場も下がるだろうが、それまで待てない。短期間でコストダウン策を真剣に考えないと、いずれ利益率にもろに響いてくるだろう。また土地の取引規制が予想され、建設需要の首都圏集中傾向など経営環境は厳しくなる」。E社長の経営環境判断に、浮わついた要素は一切なかった。「先生から、悪くなって当たり前、良くなったら儲けものと徹底的に教えられましたからね」と実に冷静であった。その結果まとめられた中期三年計画の骨子は、次のようなものとなった。

（運営基本方針）

①現在の付加価値分配率はほぼ理想的なので、今後三年間は、現在の分配率を維持していくこと。なお将来の変動に備え、蓄積分配率は一四％、二〇億円を確保する。

②付加価値率を下げない。そのため有望な○○住宅の増産によりコストダウンを図り、現在より毎年一％ずつ増やし目標年度に二三％とする。

③首都圏拡販を強化するが、人員については、現状人員の配転で吸収する。

④設備投資は、この三年間に土地二〇億円、その他四五億円の枠を設定、再生産配分比率は、五％を目標とする。
⑤運転資金増加は、金融調達に依存せず、買掛債務と前受金の増加で調達する。
⑥目標年度の売上を六二〇億円とし、売上の五〇％を首都圏売上とする。

実に手堅い計画である。**第32表**は、運営基本計画であるが、実績を見ていただくとお分かりのように、バブルが崩壊しても、当初の目標どおりの数値を達成して、内部留保も二〇億円を超えているのだ。見事なまでの先見経営である。

第33表は初年度と目標年度の実績とを比較したバランスシートであるが、資金面での方針も見事に守られており、よその会社が多額の借金負担に大慌(あわ)てしていた背景を考えると、E社長の経営の充実ぶりがよく分かるのではないか。

食品問屋Y社の大型スーパー進出への対応計画

Y社も第一章に、「自社ブランド開発で飛躍した問屋」として紹介した会社だ。

その後、Y社にとって将来を大きく左右する事態が発生した。

第 32 表　E 建設の運営基本計画

(単位：百万円)

	項　目		直前期		3年度目標		3年度実績	
損益計算書	売上高		53,094		62,000		65,241	
	売上総利益	%	10,942	20.6 100.0	14,260	23.0 100.0	14,924	22.9 100.0
	営業経費	人件費	5,365	49.0	6,987	49.0	7,204	48.3
		諸経費	946	8.6	1,283	9.0	1,330	8.9
		償却費	539	4.9	713	5.0	664	4.4
		先行投資	10	0.1	71	0.5	33	0.2
		役員報酬	104	1.0	104	0.7	110	0.7
		計	6,964	63.6	9,158	64.2	9,341	62.6
	仮営業利益		3,978	36.4	5,102	35.8	5,583	37.4
	事業税引当		-457	-4.2	-599	-4.2	-650	-4.4
	営業利益		3,521	32.2	4,503	31.6	4,933	33.1
	金融費用		-25	-0.2	0	0.0	-23	-0.2
	経常利益		3,496	32.0	4,503	31.6	4,910	32.9
	特別損益		-100	-0.9	-143	-1.0	-86	-0.6
	税引前利益		3,396	31.0	4,360	30.6	4,824	32.3
	納税充当金		-1,733	-15.8	-2,182	-15.3	-2,600	-17.4
	当期純利益		1,663	15.2	2,178	15.3	2,224	14.9
	益金処分	配当金	-102	-0.9	-143	-1.0	-130	-0.9
		役員賞与	-25	-0.2	-35	-0.2	-30	-0.2
		計	-127	-1.2	-178	-1.2	-160	-1.1
	差引内部留保		1,536	14.0	2,000	14.0	2,064	13.8

※小数点以下の数字は、切り上げ・切り捨てによる誤差を含んでいる。

第32表(2)　E建設の付加価値分配目標計画

（単位：百万円）

		項　目	直前期		３年度目標		３年度実績	
付加価値分配資料		売　上　高	53,094		62,000		65,241	
		%		20.6		23.0		22.9
		売上総利益	10,942	100.0	14,260	100.0	14,924	100.0
	分配内容	社員分配	5,365	49.0	6,987	49.0	7,204	48.3
		経費分配	946	8.6	1,283	9.0	1,330	8.9
		再生産分配	539	4.9	713	5.0	664	4.4
		先行投資分配	10	0.1	71	0.5	33	0.2
		金融分配	25	0.2	0	0.0	23	0.2
		安全分配	100	0.9	143	1.0	86	0.6
		社会分配	2,190	20.0	2,781	19.5	3,250	21.8
		資本分配	102	0.9	143	1.0	130	0.9
		経営者分配	129	1.2	139	0.9	140	0.9
		蓄積分配	1,536	14.0	2,000	14.0	2,064	13.8
		計	10,942	99.8	14,260	99.9	14,924	100.0

第33表　E建設の貸借対照表

（単位：百万円）

区分	項目	直前期	3年度実績
資産の部	流動資産	(30,714)	(53,026)
	現預金	7,578	11,745
	有価証券	781	808
	売掛債権	10,721	11,199
	在庫	8,753	24,685
	その他	2,881	4,589
	固定資産	(5,299)	(9,982)
	土地	3,908	6,071
	建物	1,031	2,524
	その他	360	1,387
	投　資	(1,567)	(3,392)
	投資有価証券	647	1,643
	その他	920	1,749
	合　計	37,580	66,400
負債並びに資本の部	流動負債	(28,264)	(46,524)
	買掛債務	11,150	14,110
	短期借入金	5,306	5,090
	未払税金	1,638	2,134
	前受金	8,272	24,001
	賞与引当金	407	595
	その他	1,491	594
	固定負債	(274)	(4,424)
	社債	0	2,864
	長期借入金	3	911
	退職引当金	271	649
	その他	0	0
	諸引当金	(63)	(80)
	資　本	(8,979)	(15,372)
	資本金	528	1,000
	諸積立金	6,788	12,148
	当期利益	1,663	2,224
	合　計	37,580	66,400

日本有数の大型スーパーが進出してきたことによって、地元の食品問屋の淘汰整理が加速化してきたのだ。たび重なる、利益を度外視した目玉商品提供の要請、先方主導の配送要求などで、売上総利益率が目に見えて低下しだしたのだ。

Y社長は必死で対応策を練った。利益率を改善するには、ヨソが手掛けていない商品を見つけなければ競争にならない。経費も新しい発想で思い切って合理化しなければ、再び淘汰（とうた）される側に回りかねない。そこで、これまでの長期計画を全面的に見直し、新たな五年計画として、次のような運営基本方針を出した。

（運営基本方針）

①売上の伸びをＧＤＰの伸び率と同一に修正する。

②競争力を強化するため、取扱商品の差別化を、自社ブランド商品中心に進める。

③売上総利益率は、目標年度に八％とし、商品の差別化と仕入れ方法の改善で対応する。

④労働分配率は四三％とし、業務内容を詳細に洗い直し、男女の業務区分を明確にし、あわせて、パートタイマー、中高年層の積極活用を図る。

⑤経費はすべてゼロ予算からの積み上げ方式とし、経費分配比二八％を目標とする。

⑥運転資金増加は、買掛債務の増加で調達し、金融調達はしない。

基本計画

（単位：百万円）

〈2年度〉		〈3年度〉		〈4年度〉		〈5年度〉	
26,644		27,756				30,000	
	7.4		7.5				8.1
1,959	100.0	2,076	100.0			2,439	100.0
892	45.5	974	46.9			1,049	43.0
563	28.7	606	29.2			683	28.0
83	4.2	88	4.2			110	4.5
0	0.0	0	0.0			0	0.0
0	0.0	0	0.0			0	0.0
1,538	78.5	1,668	80.3			1,842	75.5
421	21.5	408	19.7			597	24.5
-52	-2.7	-46	-2.2	略		-73	-3.0
369	18.8	362	17.4			524	21.5
-10	-0.5	-6	-0.3			0	0.0
359	18.3	356	17.1			524	21.5
-1	-0.1	-2	-0.1			-24	-1.0
358	18.3	354	17.1			500	20.5
-180	-9.2	-174	-8.4			-244	-10.0
178	9.1	180	8.7			256	10.5
-9	-0.5	-9	-0.4			-12	-0.5
0	0.0	0	0.0			0	0.0
-9	-0.5	-9	-0.4			-12	-0.5
169	8.6	171	8.2			244	10.0

第34表　Y社の運営

		項　目	直前期		〈初年度〉	
損益計算書		売　上　高	23,795		24,989	
		%		6.2		6.9
		売上総利益	1,481	100.0	1,712	100.0
	営業経費	人件費	735	49.6	810	47.3
		諸経費	545	36.8	549	32.1
		償却費	68	4.6	90	5.3
		先行投資	0	0.0	0	0.0
		役員報酬	0	0.0	0	0.0
		計	1,348	91.0	1,449	84.6
		仮営業利益	133	9.0	263	15.4
		事業税引当	-11	-0.7	-26	-1.5
		営業利益	122	8.2	237	13.8
		金融費用	-17	-1.1	-31	-1.8
		経常利益	105	7.1	206	12.0
		特別損益	-27	-1.8	-2	-0.1
		税引前利益	78	5.3	204	11.9
		納税充当金	-42	-2.8	-100	-5.8
		当期純利益	36	2.4	104	6.1
	益金処分	配当金	-9	-0.6	-9	-0.5
		役員賞与	0	0.0	0	0.0
		計	-9	-0.6	-9	-0.5
		差引内部留保	27	1.8	95	5.5

※小数点以下の数値は、切り上げ・切り捨てによる誤差を含んでいる。

分配目標計画

（単位：百万円）

〈２年度〉		〈３年度〉		〈４年度〉		〈５年度〉	
26,644		27,756				30,000	
	7.4		7.5				8.1
1,959	100.0	2,076	100.0			2,439	100.0
892	45.5	974	46.9			1,049	43.0
563	28.7	606	29.2			683	28.0
83	4.2	88	4.2			110	4.5
0	0.0	0	0.0	略		0	0.0
10	0.5	6	0.3			0	0.0
1	0.1	2	0.1			24	1.0
232	11.9	220	10.6			317	13.0
9	0.5	9	0.4			12	0.5
0	0.0	0	0.0			0	0.0
169	8.6	171	8.2			244	10.0
1,959	100.0	2,076	99.9			2,439	100.0

第34表(2)　Y社の付加価値

	項　目		直前期		〈初年度〉	
付加価値分配資料	売　上　高		23,795		24,989	
	売上総利益	%	1,481	6.2 100.0	1,712	6.9 100.0
	分配内容	社員分配	735	49.6	810	47.3
		経費分配	545	36.8	549	32.1
		再生産分配	68	4.6	90	5.3
		先行投資分配	0	0.0	0	0.0
		金融分配	17	1.1	31	1.8
		安全分配	27	1.8	2	0.1
		社会分配	53	3.5	126	7.3
		資本分配	9	0.6	9	0.5
		経営者分配	0	0.0	0	0.0
		蓄積分配	27	1.8	95	5.5
		計	1,481	99.8	1,712	99.9

※小数点以下の数値は、切り上げ・切り捨てによる誤差を含んでいる。

⑦予定していた配送センターの建設資金は、財務内容の改善によって生み出した自己資金をもって行うことを、原則とする。
⑧目標年度に金融費用をゼロとする。
⑨期末にデッドストック、スロームーブ、陳腐化固定資産の除去に常に留意し、目標年度の安全分配比率を一%とする。
⑩目標年度の税引前利益五億円、蓄積配分比率一〇%を達成する。

Y社長は、**第34表**の新たな五年計画を幹部に示してそのポイントを説明した。売上計画も旧来より低く設定したが、それで経費が前と同じでは会社が成り立たない。人は増やさず、一般経費は思い切って削り、これまでの長期計画の大幅な方針変更であったが、幹部の受け止め方は前向きであった。「分かりました。社長、やるしかありませんね」と。幹部も社員もたくましく育っていたのである。

やがて商品の開発部門から、若いスタッフがこんな面白いものを見つけてきたんだが、社員の奥さんが出してきたアイデアなんだがと、次々に有望な企画が上がってきた。その中から選んでいくつかをテスト的に商品化して発売してみると、行けそうなものが二、三商品出てきたのであった。仕入れ部門も、経理も人事も、担当長が社長の出したギリギリの数値目標をよく理解して、達成に邁進（まいしん）したのだ。その結果、決して楽ではなかったが、売上三〇〇億円、売上総利益二四億円、売上総利益率八％、仮営業利益は六億円近くとなり、これまた見事に目標を達成したのであった。

Ｙ社長がしみじみと語ってくれたことだが、「うちの社員には足を向けて寝られません。ヨソの会社が消費不況で軒並み赤字だと騒いでいる厳しい環境のなかで、経費を大幅に削って、よく当初の目標を達成してくれたと思う。それにも増してうれしいのは、この計画を達成して、社員が一回りも二回りも成長したことです。これからも決して楽観できる情勢ではありませんが、もっともっといい会社にしていけるような気がします」と。

社員の成長を喜ぶＹ社長の顔は、以前よりさらに頼もしく生き生きとしていた。

店頭上場を目指す直前のＰ社中期三年計画

家電量販店のＰ社も、本書の冒頭で出てきた会社である。

店舗展開を借地・借家中心戦略に切り替えて、極めて順調に事業を伸ばしていた。社長の最大の夢である店頭公開も視野に入ってくるだけの規模になっていたころのことだ。社長に迷いが出てきたのである。折からの土地高騰で、もし店舗を借地でなく自社物件でもっていれば、と死んだ子のとしを数えるような気になったのだ。

わたしは、「P社長、何を考えているんだ。君の最大の夢は上場だろ。家電量販店にとって、今が明暗を分ける大事なときだ。不動産投機にうつつを抜かしている場合じゃないだろ。単なる一時の金儲けを選ぶのか、上場を選ぶのか」と決めつけたのだ。もちろん当時のP社長が、投機で一時の儲けを考えたわけではない。どちらが有利か、やはり自前の土地と建物なのだろうか、と社長の方針に迷いが出ている。今は一挙に店舗を増やして打って出るときなのに、またぞろ自前の土地と店では出店ペースがダウンしてしまうと思ったので、強く言ったのであった。

そこで改めて、店頭上場を具体的に目指す中期三年計画をつくったのであった。その骨子は次のようなものであった。

（運営基本方針）

①これから三年間の売上目標は、GDP比一五〇％を最低目標とし積極展開を図る。

②そのため積極的店舗展開をし、目標年度に一〇〇店舗とする。資金の有効活用を図るために、自前の店舗と借家店舗の両用を基本とする。

③売上総利益率は、絶対に現状の二六・三%を下回らないように仕入れ対策を行う。
④人員は、パートタイマーの活用を図り、社員分配比率が四五%以下になるように努力する。
⑤借家店舗の増加を配慮し、現状二八・五%の経費分配比率は三〇%を許容目標とする。
⑥企業イメージアップの特別広告費、及び新業態研究開発のために、現状一%の先行投資配分比率を五%に上げる。
⑦資金調達の区分を明確にし、運転資金は短期、設備及び固定投資については長期によって調達し、財務の健全化を損なわないように留意する。
⑧金融分配比率は上限六%とする。それ以上の資金調達は自己資金で行う。
⑨最終年度の利益目標は一〇億円、かつ蓄積配分比率を四%とする。
⑩以上を着実に実行することによって、計画期間内に店頭上場を果たす。

つまり、三年以内に店頭上場する、そのためには多店舗展開を急いで目標年度には一〇〇店舗とし、売上を直前期の四〇%増四〇〇億円、という思い切った積極策を立てたのだ。

事業を大きく伸ばすチャンスというものは、そう何度も訪れるものではない。これまでの

第35表　P社の運営基本計画

（単位：百万円）

	項　目		直前期		3年度実績		3年度目標	
損益計算書	売上高		28,562		37,900		40,000	
		%		26.3		26.7		27.5
	売上総利益		7,501	100.0	10,132	100.0	11,000	100.0
	営業経費	人件費	3,893	51.9	4,548	44.9	4,840	44.0
		諸経費	2,138	28.5	2,928	28.9	3,190	29.0
		償却費	112	1.5	253	2.5	275	2.5
		先行投資	75	1.0	507	5.0	550	5.0
		役員報酬	150	2.0	152	1.5	154	1.4
		計	6,368	84.9	8,388	82.8	9,009	81.9
	仮営業利益		1,133	15.1	1,744	17.2	1,991	18.1
	事業税引当		-97	-1.3	-125	-1.2	-110	-1.0
	営業利益		1,036	13.8	1,619	16.0	1,881	17.1
	金融費用		-282	-3.8	-460	-4.5	-660	-6.0
	経常利益		754	10.1	1,159	11.4	1,221	11.1
	特別損益		-195	-2.6	-202	-2.0	-221	-2.0
	税引前利益		559	7.5	957	9.4	1,000	9.1
	納税充当金		-386	-5.1	-498	-4.96	-495	-4.5
	当期純利益		173	2.3	459	4.5	505	4.6
	益金処分	配当金	-19	-0.3	-58	-0.6	-55	-0.5
		役員賞与	0	0.0	-15	-0.1	-11	-0.1
		計	-19	-0.3	-73	-0.7	-66	-0.6
	差引内部留保		154	2.1	386	3.8	439	4.0

※小数点以下の数値は、切り上げ・切り捨てによる誤差を含んでいる。

第 35 表 (2)　P 社の付加価値分配目標計画

（単位：百万円）

	項　目		直前期		3年度実績		3年度目標	
付加価値分配資料	売　上　高		28,562		37,900		40,000	
	%			26.3		26.7		27.5
	売上総利益		7,501	100.0	10,132	100.0	11,000	100.0
	分配内容	社員分配	3,893	51.9	4,548	44.9	4,840	44.0
		経費分配	2,138	28.5	2,928	28.9	3,190	29.0
		再生産分配	112	1.5	253	2.5	275	2.5
		先行投資分配	75	1.0	507	5.0	550	5.0
		金融分配	282	3.8	460	4.5	660	6.0
		安全分配	195	2.6	202	2.0	221	2.0
		社会分配	483	6.4	623	6.1	605	5.5
		資本分配	19	0.3	58	0.6	55	0.5
		経営者分配	150	2.0	167	1.6	165	1.5
		蓄積分配	154	2.1	386	3.8	439	4.0
		計	7,501	100.1	10,132	99.9	11,000	100.0

第36表　P社の貸借対照表

(単位：百万円)

区分	項　　目	直前期	3年度実績
資産の部	流動資産	(　9,711　)	(　10,122　)
	現預金	3,998	1,781
	有価証券	263	640
	売掛債権	822	1,125
	在庫	4,351	6,124
	その他	277	452
	固定資産	(　1,454　)	(　3,755　)
	土地	65	1,487
	建物	845	1,641
	その他	544	627
	投　　資	(　2,509　)	(　4,246　)
	敷金	2,055	3,381
	その他	454	865
	合　　計	13,674	18,123
負債並びに資本の部	流動負債	(　6,798　)	(　9,112　)
	買掛債務	1,630	2,229
	短期借入金	4,036	5,501
	未払税金	234	367
	前受金	54	42
	賞与引当金	292	316
	その他	552	657
	固定負債	(　3,436　)	(　2,667　)
	社債	945	673
	長期借入金	2,123	1,479
	退職引当金	355	449
	その他	13	66
	諸引当金	(　9　)	(　12　)
	資　　本	(　3,431　)	(　6,332　)
	資本金	513	1,469
	諸積立金	2,745	4,404
	当期利益	173	459
	合　　計	13,674	18,123

長期計画実践の過程で、会社の体質も強くなり、社長の経営手腕も幹部の能力も次第しだいに磨かれ、満を持している状況とみたからである。その結果はどうであったか。

第35表、第36表は、三年後の目標と実績を比較したものであるが、売上高は五％及ばなかったものの、経常利益で念願の一〇億円を超え、しかも金融配分目標を五％以内に抑える財務方針をはじめ、その他の方針もほぼ当初の計画どおり達成することができたのであった。

かくて、上場するという社長の長年の夢が、ついに実現したのであった。上場の日は、P社長はもちろんわたしも感無量、まさに社長業冥利に尽きる一日であった。しかしこの感慨もつかの間の話で、すぐに次の計画が待っている。

事業は生き物であり、環境は刻一刻と変わり、絶頂のときがあれば、どん底のときも必ず訪れる。その真っ只中で事業をやりつづけるためには、長期計画こそ社長の一番頼りになる武器となるに違いない。そのことを、繰り返し繰り返しここまで述べてきたわけである。

ところで、事業経営について、あるいは社長業について、わたしはこうも考えている。長期計画を持つか持たないかは、社長の人生に月とスッポンほどの差をもたらすと信じているが、事業の永続的な繁栄は、それだけでは十分ではない、と。そこで、会社を事業を、永続的に発展させる社長の条件とはなにか、次の章で触れておくことにしたい。

第十章
夢を実現させる社長の条件

社長としての役割意識と付加価値配分の戦略的な目標設定は、長期計画の実践を通して、発展する未来と尊敬される社長という二つの成果をもたらす。

しかしながら、一〇年先までの繁栄を確実なものとするためには、冷静で合理的な数字の約束ごとだけではなく、人間的な魅力や運や執念といった、極めて人間くさい要素も決して無視できないと思うのである。

これまで四〇数年の経営人生にあって、わたしが長期計画とともに大事にしてきた社長心得をあげ、読者の参考としたい。

1　世の中に対する役割を自覚せよ

本章で、わたしが常日ごろから大事にしている考え方について触れておきたい。これから述べることが、すべての会社にあるいはすべての経営者に普遍のものとして、正しいかどうか本当は分からない。しかし四〇数年間会社を経営してきて、またさまざまな業種業態数十社の経営の面倒をみてきて、「社長としてこういうことが肝心だな、大切だな」とつくづく感じ、自戒として心掛けてきたことだけを挙げてみる。

いってみれば、長期計画を企画推進していくうえで、自らの夢を実現させる、社長として忘れてはいけない「基本心得」である。

そのまず第一は、何といっても「社長の役割を自覚せよ」ということである。

このことは、本書に一貫して流れる最重要な課題であって、改めてここで付け加えることはない。きれいごとでもなんでもなく、商売を可能とさせてくれる社会に対して、社員に対して、株主に対して、金融機関に対して、一体どんな役割を果たしていくべきなのか、これは会社を経営するうえでの絶対条件と言ってもよいのではないだろうか。

逆に、社長としての役割を果たしていないと、会社の利益追求を迷わずにはできないということだ。

何のために儲けるのか、何のために事業を継続させていくのかは、結局、社長の役割意識なしには、説明がつかないものなのである。

2 世の中の流れを読むこと

世の中の流れを的確に読み取って、将来の大きな方向づけをすることが、社長の最も大事な役割だ、と本書で何度も強調してきた。

「更なる発展のためには、どのような事業をやるべきか」、これは会社の将来を決める最も肝心な要素である。そのためには社長の先見力が必要となるのは当然のことだ。これから良くなるものを手掛け、悪くなるものを捨てる。これほど単純で明快な経営の定石はない。しかし単純だから簡単かといえば、社長にとっても一番難しい仕事なのである。

わたしが物心ついた時代の花形産業といえば、製糸産業や石炭産業であり、製粉・精糖産業も元気であった。しかし今や昔日の面影はない。わたしが事業を始めた時代から、家電や自動車が脚光を浴びつつあった。しかし、現在この業界に飛び込んで、将来事業を大きく伸ばす余地が市場に残されているのであろうか。世の中の流れは、常に、確実に動いており、その流れの見極めが会社の将来を決するのである。

ところが、世の中の流れを百パーセント読み切れる経営者なんているのだろうか。日本には、百万人以上の経営者がいるのだから、きっと何人かは例外的に、天才的な先見力に恵まれた方もいらっしゃるかもしれない。しかし大方の経営者が、先の見通しに悩み迷いつつ経営しているというのが現実ではないか。

だからこそ、経済学者だけではなく経済評論家という職業が成り立つのだ。経営者には案外、占いとか気学のようなものにこだわる方も多い。それだけ先を的確に読むことは難しい。

一度の大儲けに終わることなく会社を永続的に発展させるためには、五年、一〇年の期間で事業を眺めて、世の中の流れに合うように方向を修正していかなければならない。天才的な先見力を持ち合わせていない大方の社長にとって、そのための最も確実な方法は何かといえば、手前みそになるが、社長の立てる長期計画、と思うのである。

では、それで十分かというと、そうではない。

長期計画の企画段階で、あるいは実践段階で、これまでに本書で説明する機会のなかった大事な要素が抜けているのだ。それらをまとめて、次から述べてみる。

3　イヤな情報こそ大切にせよ

世の中の流れを見極めるうえで、案外に大事なポイントとなるにもかかわらず、多くの社長が苦手なことは、「不利な情報、耳障りな情報」を大事にすることではないだろうか。

大体、社長はお山の大将だから、嫌な話は嫌、聞きたくない話をわざわざするな、ということになりやすい。

たとえば、どこかの勉強会で有名な評論家が、「これから食料品の小売店数は半減してしまう」と言っているのを関係業界の社長が聞くと、「何を評論家が無責任なことを言うか、俺の業界はそんなことにはならない」と聞く耳をもたない。得意先に行って「お宅の品揃えは最近マンネリだ、これこれを加えたらどうか」と言われると、口では有難いご指摘で、ぜひ前向きに検討しますと言っておきながら、実際は「本当にうるさいお客だ、意地が悪いよ」

とつい、むかっ腹を立ててしまう。

「嫌なことを聞いたり見たりするのは嫌だ」という目で物事を見ると、本当の姿が見えてこない。これは大変なことだ。

実は、わたしだって、嫌なことを聞かされて気分がよいわけはない。人間ならだれでもそうだろう。前にも触れたことであるが、かつて、結構利益をだしてまんざらでもないなあ、と思っていた時代に、二代目の非常勤社長から「君の会社はこのままではつぶれる運命だ」と言われ、正直言って、大いにムカッときた。今考えると傲慢不遜もいいとこだが、「大会社の社長だからといって、わたしの会社をそんなにバカにしなくてもいいじゃないか、言うに事欠いてつぶれるとは何だ」と、当初はその真意を考えようともしなかった。しかし、その嫌な話が、わが社の一大事業転換のきっかけとなったのだ。

最近も嫌な情報がどんどん耳に入ってくる。たとえばアメリカのコンピュータ業界では、国内の生産拠点を次々に閉鎖して、台湾に移しはじめたというのだ。これまでも台湾で生産しているメーカーがあるにはあったが、すべてマイナーのものであった。それがＩＢＭとかコンパックという一流どころの参画である。もし今後の長期戦略の中で、パソコンはもうアメリカでつくる産業ではないという、高い次元から海外政策を展開するのであれば、日本としても、国内で生産していては合わなくなるのも目前、という嫌な嫌な情報である。世の中の流れが変われば手の打ち方も変えざるをえない。いやがおうでも、台湾に出かけて、嫌な実情をこの目で確かめなければならない。楽しい仕事ではないが、勇気をもって聞けば聞くほど、見れば見るほど、困ったことに嫌な情報の真実味が増してくる。対応策を考えざるをえなくなり、計画の修正がなされることになる。それが、多少の先見性につながるのではないかと思う。

嫌な情報こそ大事にできるかどうかは、社長が将来を的確に読むために欠かせない心得のひとつなのだ。「嫌な情報の中で、わが社はどうやって生きていくか、ということを考える勇気がなかったら経営者は務まらない」と、ぜひ心得ていただきたいのである。

4 矛盾(むじゅん)したことを同時に頭に入れることを習慣づけよ

社長は、会社のトップに立つ人なのだから、成せば成る、世の中にできないことは絶対ないという自信がないと、人を引っ張っていけない。

ところが一方、世の中だれがどうやっても、できないことはできない、ということがあるのも真実だ。この二つのまるきり反対のことを、同時に頭に入れて矛盾を感じない、これは経営者にとって大事な心得だと思う。

絶対にできる、と言っておきながら、できないものはできないとも言う。実際の経営は、このような裏腹な言葉の繰り返しの中にあるのではないだろうか。

必ずできると社長自身が思い込まなければ、部下にやれと命令できない。しかし経過をみていて、これは危ないとみて、撤退だと指示できなければ、経営はできない。これは微妙で難しい問題なのだが、社長なら何となくつかんでいただけることだろう。

生真面目（きまじめ）さを大事とする一方で、不真面目でないと発想の幅が広がらないとも言う。何事も迅速（じんそく）に対応しなさいと言っている一方で、拙速（せっそく）はよくない、なぜもっとじっくり煮詰めてから実行に移さなかったのだと注意する。ときには情け容赦のない鬼となり、ときには慈悲にあふれた仏となる。鬼も仏も両方とも頭のなかに共存させていないと、社長の仕事は務まらないのだ。

社長のロマンを理詰めで数値化した長期計画を実践するうえで、当初の目的を十分に達成するためには、矛盾したことを同時に頭に入れて矛盾を感じない、この発想が必要である。

5　運を大切に、そして運は準備をしなければつかめない

先代の社長が、運についてこんな話をしてくれたことがある。

「佐藤君、君は運という生き物を見たことがあるかね、運というのは四つ足の動物なんだが」。もちろんどんな恰好をしているのか知らなかった。わたしが二十代前半、創業間もなくのころではなかったかと思う。

「運というのはな、頭がツルツルで、前髪に一握りの毛が生えているんだ。だから捕まえようと思うと、真っ正面からでないとだめなんだ。来たなと思って脇や後ろから捕まえようとしても、ツルッと逃げられてしまう。前髪しかつかむところがないんだ。だから目の前に来てからつかもうとしても遅い。運というのはあらかじめ捕まえる準備をしていないと逃げられてしまうものだ。

運はだれの前にも現れているんだが、準備をしていない人には捕まえられないんだ。あっと気がついたときには通り過ぎてしまう。運を追いかけるだけに終わって、一生ご縁がない

ことになる。

経営における運というのも同じで、準備しておかなければつかめないよ。このことはよく覚えておきなさい」と。

わたしは先代の社長から経営についてのさまざまな奥深い話をしてもらったが、この運の話も忘れられない。そもそも先代社長との出会いにしても、シャープの佐々木氏との出会いにしても、強い運に恵まれていなければ考えられないようなものだ。

本書で、社長が自らの夢を数値化し、計画的に実現するノウハウを、心を込めて説いてきたつもりである。運という不確実なものを一切排除して、言い換えれば、運というものに左右されずに、運が良かろうが悪かろうが、会社を必然的に発展させる方法が長期計画のノウハウなのだと、読者の皆さんに披露してきたわけである。

しかし同時に、それでも成功するためには運というものが必要だ、と申しあげたい。

運を逃がさないための準備が長期計画、と言えなくはない。

本当のところ、経営においては運が七分、努力が三分ではないかと思うのだ。つまり長期計画の役割は三分、あとの七分は運に恵まれるかどうかによると言いたい。

「努力が七分、運が三分の間違いじゃありませんか」、外部の勉強会でこの話をすると必ずこんな質問が出る。

「運が七分、努力が三分です。わたしは運命論者なんだ」と答えるのが常だ。

「それでは運任せの経営になりませんか」という意地悪な質問には、

「努力が三分であってゼロではない。ただそれだけ運を大事にしなさい、と言いたいんですよ」と答えるようにしている。


運が良かったなという気持ちでいると、せっかく捕まえた運を百パーセント生かそうという気になるものだ。ところが、運に恵まれたから成功したと見える人が、自分では、これは運が良かったからではない、おれの実力で成功したんだ、と錯覚する人もなかにはいる。こういう人は、せっかくの運を大事にしない。運を粗雑に扱って、二度とおまえのそばには近づかないぞ、と運から見放されるようなことをして平気だ。

経営の世界では、人との偶然の出会いが大きな事業との出会いに通じたり、思わぬ機会に運命的な商品に出会ったりということがある。確かに最終的に事業を手掛ける折衝や事前のテストや商品化の過程では、本人の努力や才能がなければ今日の成功はなかったかもしれない。しかし、その原点は何だったのか、まで考えてほしい。たとえば「Aさんに聞いてみるといいよ」というアドバイスがあったから、この事業にたどり着いた。Aさんと会って聞いた話からこの事業の発想を思いついたのは確かにわたしだ。しかし、あのときAさんを紹介してくれた人がいて、はじめてこの仕事はできたという面を考えれば、世の中運七分としか考えられないではないか。

つまり、運に感謝する気持ちが本当に大切ではないだろうか。言い換えれば、社長は自分の成功に常に謙虚であれ、ということだ。

なにかに成功したら、それは自分の力だけではない、さまざまな協力者が運を運んでくれたのだ、そのお陰で成功できた、と謙虚に感謝するということが大事だと思うのである。

運を大事にすることは、社長の謙虚さにつながる。これは社長の心得として大事なことだ。

経営における成功は自分の力だと思い上がると、ツキは逃げてしまうものである。

6　社風こそ社長自らつくるもの

社風は社長がつくる。積極的で伸びやかな社風も、なにか暗くて何事にも後ろ向きな社風も、すべて、社長がつくりだしているのだ。この自覚は大事なことである。

部下は社長の一挙手一投足を見ている。よその会社に電話して、部下の方が社長と同じような話し方をするのに驚くことがある。皆さんもご経験のはずだ。社長のちょっとしたしぐさや話し方の癖までまねるのが、部下なのである。

同族企業では多い例だが、なにもしない社長の奥さんに、朝から夜遅くまで一生懸命働いてくれる人の何倍もの金額を給料として出す、個人のお歳暮を会社の費用でとか、子供の車を会社の経費で、という公私混同の例は枚挙にいとまがないほどだ。

極端な例では、社長の家族が契約デパートへ行って日用品や食料品から衣服、宝飾品に至るまで好きなものをツケで買って、会社が商品券の形でその経費を落とすということが実際にあったのには驚いてしまう。その会社で働く社員は哀れというべきだろう。

これがそのまま社風になったらとんでもないことになる。社長がやるならわたしもオレもで、あそこはちょっと問題だね、などと得意先や仕入れ先の噂になるようでは、まさに先行きが思いやられる。こんな会社では、いくら社長が経営ビジョンを発表しても、白けきった社員の本当の協力は得られない。結局、社長のわがまま勝手の面倒見は真っ平ごめんということになりかねない。

もし読者の会社の社風がすばらしいと、外部からの評判であれば、社長は今の行き方を自信をもって、進めていただきたい。しかし、ちょっと気になるような評判を耳にするようなことがあったら、その原因は社長自らがおつくりになっていると自覚してほしいものだ。

さらに、前章で述べたように、長期計画による好循環サイクルが社風となることこそ、会社の長期繁栄の要点であると、心得てほしいものである。

7　ギブ&テイクを常に心掛けよ

事業の将来の方向づけをするうえで、できるだけ社長のもとに入ってくる情報の量と精度を高める必要がある。

そのためには、人とのつき合いの幅を広げることが特に大事だ。大企業のように、自前で研究機関や調査機関をもって、優秀な専門家を擁（よう）しているところなら、次の方向づけは自分のところでも可能だろう。しかし一般の会社で簡単にできることではない。

わたしの今日までを振り返ってみて、自分の力で事業発想を思いついたことはほとんどなくて、たいていは他人から得た情報やアドバイスが一番大きかったのだ。業界の内外を問わず、できるだけ多くの人と会って交流することが、事業決定のキメ手だと思うのである。

そこで、経営上の人間関係はギブ＆テイク、という原則を忘れてはいけない。

「人間関係がギブ＆テイクとは、打算的で特殊な意見だ」と、眉をしかめる向きもいるだろう。人と人との関係は、ギブ＆テイクというような打算で動いてはいけない、損だ得だで判断することではないと。まことにもってきれいで立派な主張だと思う。

ところが現実の世の中は、テイク、テイク、手前勝手な風潮に満ちているのではないだろうか。事業の世界でも、社長がテイク＆テイク、お客様にも、関係先にも、社員にも要求ばかりでは、永続的な事業の繁栄は望めない。

わたしがここで強調したいのは、社長は、何事もまず相手にギブしてからテイクを考えるようにせよ、ということだ。

このごろ異業種交流の会が盛んなようだ。ところがギブするものが何もなくて、テイクだけの動機で参加したところで何もテイクできない。異業種の交流も単なるお遊びに終わってしまいかねないのだ。

まだ若い血気盛んな方に多い傾向だが、テイク、テイクだけの経営者がいらっしゃる。あの人と会うのはテイクするため、この人と会うのもテイクするため、こんな発想ではよい情報をテイクできるチャンスは永遠に訪れてこないものだ。

経営はボランティア活動ではない。テイクしようと思ったら、何かギブするものをつくってから考える。どうしても欲しいものをテイクしたい、しかし自分のところで先方にギブできるものがない、それならギブできる自分の友人を紹介してでも、少しでもギブできることを考えるくらいの覚悟が必要だ。要するに相手の喜ぶことを何としてでも実施してから、何かを期待する。そういう姿勢が社長に必要なのである。

中小規模の会社では、集まる情報の量も質も限られることになる。それだけに将来を決める一番大きな要素は、人とのつき合いの幅にあるといってよい。だからといって、単なる遊び仲間をいくら増やしてもだめだ。やはり経営上のギブ&テイクの関係になる人との交流を増やすことが、肝心である。

これは何も事業展開のための情報源の広げ方だけの問題ではない。会社の死命を握るお客についての社長の姿勢、会社の姿勢にもそのまま当てはまることである。

お客に、儲けさせてください、お金をください、とだけお願いにいく人はいないはずだ。うちの商品は使うとこんな効用があります、次のようなメリットがあります、こんなに便利なサービスですと、こちらからギブできるものをまず示さなければ商売が始まらない。ちょっとベテランの営業なら、いきなり商品を売り込んでも相手は目を向けてくれない、まずは相手が関心ある情報を提供したり、困っていることを無償で解決したりして信頼関係を築いてから、と言うだろう。

考えてみれば、社員についても言えることだ。うんと儲かったら給料を弾むと言うのと、給料をコレだけ上げていこうと思う、ついては売上をいくらに上げ費用をコレだけ抑えるように頑張ってくれと言うのと、どちらが社員のやる気につながるだろうか。言うまでもないことだ。

まさにギブしてからテイクを期待する。この原則は、**事業の基本的なあり方を決定する**ほど大事なものなのである。

8　自分の失敗をさらけ出す勇気をもて

会社の中で一番大きな失敗をするのが、社長である。

社長が会社の将来の方向づけを間違えたら、部下がどれだけ頑張っても取り返しがつかない。日々の社長の判断でも完全無欠ですむわけがない。失敗の繰り返しをやるのが現実の経営だ。

ところが、多くの社長は、自分の失敗を認めたくない。社長は完全無欠だと装いたい。そうでないと部下に示しがつかない、と考えている。これは大きな間違いだと思う。

社長は、自分の失敗をさらけ出す勇気をもつべきである。

自分の欠点や失敗を隠さない大らかな人物は、多くの人を引きつける魅力があるとは、よく物の本に指摘されているとおりである。人の上に立つためには、このようなざっくばらんな人間的魅力も、統率の要素として確かに必要だ。

しかし、失敗をさらけ出すことには、別の大切な効用があることを忘れてはいけない。

もし社長が自分の失敗をさらけ出さないでおいて、部下の失敗をとがめると、部下が新しい仕事、失敗する可能性のある仕事に挑戦する意欲を失ってしまう。無難な仕事だけを選ぶようになってしまうのだ。

したがって、社長はたとえ小さな失敗でも、俺としたことがこんなばかばかしいことをやってしまった、ドジを踏んでしまったよ、と平気で部下にさらけ出す勇気が必要なのだ。

そうすると、部下が安心して難しいことに挑戦してくれる。この次は同じ失敗は繰り返しません、任せておいてくださいと、失敗を乗り越えて成長してくれることになる。

9　自分の考えを常に数値化する習慣をもて

社長が自分の考えを数値化する習慣は、次の二点で、特に重要だ。

一つは、社長の経営方針を全社員に正しく理解させるということであり、一つは社長の経営思考・経営能力の強化ということである。

「考え」というものは、説明の仕方によって、また聞き方によって、相手の解釈の仕方に大きな幅がでるものである。言葉の使い方、強調の仕方、考えを述べるタイミングを間違えると、自分の考えを相手に十分に理解してもらえないことが多い。ところが数字はドライだ。数字だけでは社長の考えや体温が感じられない。しかし相手によって解釈が分かれるということがない。百は百、千はあくまで千である。そこで社長の考えを数字に込めて、全社員に徹底を図るのである。

「売上を上げるように一生懸命頑張ってくれ。俺も頑張る」というような方針と、「売上は一二％増とする」という方針の差は、説明するまでもないだろう。

社長の経営能力の強化については本書の第九章で取りあげたとおりだ。長期計画を立てて経営していくと、おのずから、社長の考えを常に数値化する習慣ができあがってくることになる。数値化することによって、社長の迷いが整理され、対応策の手掛かりが生まれ、ときには事業転換の契機となる。このことについても、読者の皆さんに多くの説明は必要としないだろう。

10　即座に結論を出す習慣をつけよ

社長の優柔不断は百害あって一利なし、である。

経営の現場では、緊急に結論を出さなければならないことも起こる。このときに社長が優柔不断であると、部下としても対応の仕様がない。大きく発展するチャンスをみすみす逃してしまったり、小さな損害でくい止められずに大きな損失を招いたりしてしまうものだ。

緊急を要する対応でもすぐには態度を決められないのだから、会社の将来の方向づけや、部下から持ち込まれるさまざまな相談や提案には、慎重も慎重、よく考えておくと言ってそのままほったらかし、ということになりやすい。催促されても、もうちょっと待てと言うばかり。これでは無気力な会社になってしまう。せっかく訪れたチャンスにも乗れない。

社長は、即座に結論を出す習慣をつけなければならないのだ。

優柔不断の原因は、単に社長の本来の性格のためというだけではない。会長・専務との複雑な力関係、あるいは親会社・子会社との力関係などさまざまな要素があるようだ。

しかし一番の原因は、社長自身どう決めたらよいのか分からない、という当たり前のことだ。あとはすべて、言い訳にすぎない。父親の会長が頑固でなかなか首をたてに振らない、弟の専務が工場の責任者だからこの件は俺の一存では、親会社が何と言うか等、すべて自分でどうすべきか判断できない言い訳である。

日ごろから考えていないから分からないのだ。うろたえてしまうのである。

毎日の実務のうえで、大きいことや細かいことや、何が起こるか分からない。それらに即座に結論を出すためには、日ごろから考えていないと判断がつかない。結論が出せないのだ。もちろん社長はテレビや電話の人生相談の先生ではないのだから、いちいち細かいことにまで当意即妙の名答を出す必要はない。経営の大きな判断を間違えなければいいのだ。

長期計画こそ、社長が即決できる最も有力なよりどころである。もし社長が自分で長期計画を立て、運営していれば、何も困ることはない。判断の基準は社長の頭にしっかりと用意されているからである。ピントの外れた対応をするわけがないのである。

11　問題の本質をつかめ

これは改めて読者の皆さんに説明をする必要もないことかもしれない。

社長の周りには、毎日毎日、実にさまざまな出来ごとが起こる。個人的なことから会社の内部のこと、外部のこと、業界のこと、地域のこと、社長に課せられた本当の役割を果たせば果たすほど多忙となり、大勢の協力者にかつがれた御神輿（おみこし）にいやがおうでも乗らざるをえなくなる。そのただ中で、問題の本質を見抜く目が曇るのではないか、と自戒の念を込めてここに一項目として挙げている次第だ。

長期計画での行動基準・判断基準だけではなお不十分で、社長自身の物事をみる目の強化、洞察力の絶え間ない養成が必要だ。

そのためには死ぬまで勉強だと思っている。自分の経営領域の外にも、好奇心のそそられる、思わずのめり込みそうなさまざまな考え方や手法や生活や文化などがあるはずだ。わたしのなかの世界は、それらに比べれば、何と狭い、小さなものだろうか。限られた視野から群盲象を撫でるようなことにならないように、少しずつでもわたしの視野を広めていこうと努めているわけである。

12 信念より執念をもて

わたしは「信念」という言葉よりも「執念」という言葉の方を大事にしている。

広辞苑によると、信念とは「ある教理や思想などを固く信じて動かない心」、執念は「思い込んで動かぬ一念、執着して離れぬ心」とある。日本人は、どちらかというと信念という言葉は好きだが、執念という言葉は、執念深いというように否定的に使うようだ。

たしかに信念はきれいな言葉である。信念をもつことは決して悪いことではない。しかしわたしに言わせれば、信念は変わるものだ。自分が尊敬している人や偉い人から説得されると変わってしまうものである。

ところが、執念というのはお化けになっても変えない、変わらないものなのだ。

企業経営には、たとえお化けになってもやり遂げるという、どろどろした執念こそ大事なのである。信念ではきれいすぎて頼りない。

わたしは経営会議の席上で幹部に対して、「何がなんでもこの目標は達成してもらいたい。泥棒してでも詐欺をやってでも達成するんだ。警察には俺が行く」と言ったことがある。同席していた真面目な監査役がびっくりして、「社長、いくらなんでも経営会議で泥棒でも詐欺でもやれ、とはあんまりだ」と、言葉どおりに受け取って、真顔のクレームである。しかし長年わたしと仕事を共にしてきた幹部は、「これは社長本気だな、どんなことがあっても達成しなければ」と感じとってくれたのだ。信念程度では、泥棒、詐欺は口にできない。理屈もはるか及ばない執念というものが社長には必要なのだ。

ただし、執念だけでは危ない。矛盾したことを同時に頭にいれて、しかも矛盾を感じない、これと執念の二つの組み合わせができないと、ただの頑固者となりかねない。

この二つの組み合わせに長けること、すなわち、一方で思い込んだら一念、あらゆる妥協を許さずやり抜く心と、柔軟な対応でここは引く、休んだ後にまた進むということも同時にできることが大事だ。これは口で言うほど簡単ではない。しかし社長には、このような老練でしたたかな対応もまた必須のものである。

社長が執念を燃やしつづけ、しかも老練な対応ができるには、社長の溢(あふ)れるような野望を究極のひとつに絞り込むことではないかと思う。

大欲のために小欲を捨てるということである。あれもこれもやりたい、社長の抱く幅の広い、奥の深い野望（ロマンでも夢でも言い方は違うが同じものだ）の中から、絞りに絞って、これひとつ達成できたら本望だ、というものを自分で整理してつかむことである。

長期計画を立て、実践するプロセスは、社長の漠然とした野望の絞り込みでもあるのだ。そして一段と次元の高い野望に絞り込んだとき、社長は前にも増してしたたかに成長する。そうなれば他の望みは人に譲れるのだ。他は柔軟に対応し、譲るべきは譲っても、しかしこの一点は何がなんでもやり抜くという本当の執念も生まれてくるように思うのである。

悔いのない社長人生を送るには、このような考え方が案外大事ではないかと、日ごろから心掛けているわけである。

巻末付表

人件費計画 （完成計画表）

（単位：千円）

2年度		3年度		4年度		5年度	
人員	給　与	人員	給　与	人員	給　与	人員	給　与
98	28,450	98	30,015	98	31,666	98	33,408
1	190	1	200	1	211	1	223
1	187	1	197	1	208	1	219
		1	194	1	205	1	216
				1	202	1	213
						1	210
2	377	3	591	4	826	5	1,081
100	28,827	101	30,606	102	32,492	103	34,489
	19.16		19.56		19.96		20.40
	552,325		598,653		648,540		703,576
6	618	6	637	6	656	6	676
2	208	2	216	2	225	2	234
2	206	2	214	2	223	2	232
		2	212	2	220	2	229
				2	218	2	227
						2	224
4	414	6	642	8	886	10	1,146
10	1,032	12	1,279	14	1,542	16	1,822
	13.78		14.47		15.17		16.00
	14,224		18,507		23,392		29,152
110	566,549	113	617,160	116	671,932	119	732,728

第25表　D精機の

区分	項目		直前期 人員	直前期 給与	初年度 人員	初年度 給与
正社員	既存人員		98	25,561	98	26,967
	増員計画	初年度			1	180
		2年度				
		3年度				
		4年度				
		5年度				
		計			1	180
	合計		98	25,561	99	27,147
	人件費係数			18.36		18.76
	年間人件費			469,185		509,278
臨時雇用者	既存人員		6	583	6	600
	増員計画	初年度			2	200
		2年度				
		3年度				
		4年度				
		5年度				
		計			2	200
	合計		6	583	8	800
	人件費係数			12.37		13.07
	年間人件費			7,213		10,456
年間総人件費			104	476,398	107	519,734

注）正社員の給与是正は 率5.5％
　　臨時雇用者の給与是正は 率3％

及び償却計画（完成計画表）

（単位：百万円）

２年度	３年度	４年度	５年度	計
615	572	543	519	
43	29	24	23	187
36	29	23	18	
7	6	5	4	26
27	9	3	1	
18	6	2	1	40
25	12	7	5	66
50	45	36	29	
5	9	7	6	27
50	34	12	4	
16	22	8	3	49
21	31	15	9	76
	60	54	43	
	6	11	9	26
	60	40	14	
	20	26	9	55
	26	37	18	81
		70	63	
		7	13	20
		70	47	
		23	31	54
		30	44	74
			80	
			8	8
			80	
			26	26
			34	34
89	98	113	133	518

678	689	711	738
100	120	140	160
-89	-98	-113	-133
689	711	738	765
684	700	725	752
213％	231％	248％	265％
6.3	6.3	6.3	6.4

第 26 表　D精機の固定資産投資

<table>
<tr><th colspan="2">投　資　額</th><th>金　額</th><th>償却率</th><th>項　目</th><th>初年度</th></tr>
<tr><td colspan="2" rowspan="2">既存資産</td><td rowspan="2"></td><td rowspan="2"></td><td>期首残高</td><td>683</td></tr>
<tr><td>償却費</td><td>68</td></tr>
<tr><td rowspan="5">初年度</td><td rowspan="2">一般設備</td><td rowspan="2">40</td><td rowspan="2">20.0％</td><td>期首残高</td><td>40</td></tr>
<tr><td>償却費</td><td>4</td></tr>
<tr><td rowspan="2">工具・金型</td><td rowspan="2">40</td><td rowspan="2">65.0%</td><td>期首残高</td><td>40</td></tr>
<tr><td>償却費</td><td>13</td></tr>
<tr><td>計</td><td>80</td><td></td><td>償却費</td><td>17</td></tr>
<tr><td rowspan="5">2年度</td><td rowspan="2">一般設備</td><td rowspan="2">50</td><td rowspan="2">20.0％</td><td>期首残高</td><td></td></tr>
<tr><td>償却費</td><td></td></tr>
<tr><td rowspan="2">工具・金型</td><td rowspan="2">50</td><td rowspan="2">65.0%</td><td>期首残高</td><td></td></tr>
<tr><td>償却費</td><td></td></tr>
<tr><td>計</td><td>100</td><td></td><td>償却費</td><td></td></tr>
<tr><td rowspan="5">3年度</td><td rowspan="2">一般設備</td><td rowspan="2">60</td><td rowspan="2">20.0％</td><td>期首残高</td><td></td></tr>
<tr><td>償却費</td><td></td></tr>
<tr><td rowspan="2">工具・金型</td><td rowspan="2">60</td><td rowspan="2">65.0%</td><td>期首残高</td><td></td></tr>
<tr><td>償却費</td><td></td></tr>
<tr><td>計</td><td>120</td><td></td><td>償却費</td><td></td></tr>
<tr><td rowspan="5">4年度</td><td rowspan="2">一般設備</td><td rowspan="2">70</td><td rowspan="2">20.0％</td><td>期首残高</td><td></td></tr>
<tr><td>償却費</td><td></td></tr>
<tr><td rowspan="2">工具・金型</td><td rowspan="2">70</td><td rowspan="2">65.0%</td><td>期首残高</td><td></td></tr>
<tr><td>償却費</td><td></td></tr>
<tr><td>計</td><td>140</td><td></td><td>償却費</td><td></td></tr>
<tr><td rowspan="5">5年度</td><td rowspan="2">一般設備</td><td rowspan="2">80</td><td rowspan="2">20.0％</td><td>期首残高</td><td></td></tr>
<tr><td>償却費</td><td></td></tr>
<tr><td rowspan="2">工具・金型</td><td rowspan="2">80</td><td rowspan="2">65.0%</td><td>期首残高</td><td></td></tr>
<tr><td>償却費</td><td></td></tr>
<tr><td>計</td><td>160</td><td></td><td>償却費</td><td></td></tr>
<tr><td colspan="2">合　　計</td><td>600</td><td></td><td>償却費</td><td>85</td></tr>
</table>

検　討		
	期首残高	683
	投　資　額	80
	償　却　高	-85
	期末残高	678
	平均残高	681
	設備生産性	193％
	労働装備額	6.5

第27表　D精機の資金運用計画（完成計画表）

（単位：百万円）

区分		項目	初年度	2年度	3年度	4年度	5年度
固定資金運用	資金の源泉	当期税引前利益	189	266	346	419	503
		資金支出のない経費	137	155	177	206	241
		減価償却費	85	89	98	113	133
		事業税引当	26	37	47	57	68
		引当金導入	26	29	32	36	40
		増資	0	0	0	0	0
		長期借入金増加	-199	-199	-199	-199	-198
		増資預り金増加	0	0	0	0	0
		合計	127	222	324	426	546
	資金の使途	税金支払	82	145	201	250	295
		配当金支払	4	4	7	7	7
		固定資産投資	80	100	120	140	160
		投資増加	0	0	0	0	0
		小計	166	249	328	397	462
		固定資金余裕	-39	-27	-4	29	84
		合計	127	222	324	426	546
運転資金運用	資金の源泉	固定資金余裕	-39	-27	-4	29	84
		買掛債務増加	107	108	73	69	75
		短期借入金増加	0	0	0	0	0
		その他負債増加	0	0	0	0	0
		合計	68	81	69	98	159
	資金の使途	売掛債権増加	68	-7	75	105	124
		棚卸在庫増加	-53	-62	52	60	64
		その他資産増加	0	0	0	0	0
		手元現預金増加	5	6	6	7	9
		小計	20	-63	133	172	197
		運用預金増加	48	144	-64	-74	-38
		合計	68	81	69	98	159

第28表　D精機の税金関係計画（完成計画表）

（単位：百万円）

項　目		直前2期		直前期		初年度		2年度		3年度		4年度		5年度	
税金引当計算	税引前利益						189		266		346		419		503
	当期事業税引当						26		37		47		57		68
	前期事業税引当						-18		-26		-37		-47		-57
	当期課税利益						197		277		356		429		514
	当期事業税					13.2%	26	13.2%	37	13.2%	47	13.2%	57	13.2%	68
	当期法人税他					50.0%	99	50.0%	139	50.0%	178	50.0%	215	50.0%	257
	合　計						125		176		225		272		325
支払額	予定納税		57		47		43		63		88		113		136
	確定納税			36		39		82		113		137		159	
	合　計		57		83		82		145		201		250		295
未払法人税	前期残高						42		85		116		140		162
	当期引当額						125		176		225		272		325
	当期支払額						-82		-145		-201		-250		-295
	期末残高						85		116		140		162		192
増　減							43		31		24		22		30

計画（完成計画表）

（単位：百万円）

3年度		4年度		5年度	
	596		397		198
	-199		-199		-198
	397		198		
	497		298		99
6.5%	32	6.5%	19	6.5%	6
	32		19		6
30%		30%		30%	
20%		20%		20%	
	397		198		
15%	60	15%	30	15%	0
	60		30		0
	254		210		202
	314		240		202
3.5%	11	3.5%	8	3.5%	7
	21		11		-1

第29表　D精機の金融費

区分	項目		初年度		2年度	
支払利息	短期借入金	期首残高				
		増減				
		期末残高				
		平均残高				
		支払利息				
	手形割引金	期首残高				
		増減				
		期末残高				
		平均残高				
		支払利息				
	長期借入金	期首残高		994		795
		増減		-199		-199
		期末残高		795		596
		平均残高		895		696
		支払利息	6.5%	58	6.5%	45
	支払利息合計			58		45
受取利息	借入見返り預金	短期借入期末残				
		同上見返り預金	30%		30%	
		手形割引期末残				
		同上見返り預金	20%		20%	
		長期借入期末残		795		596
		同上見返り預金	15%	119	15%	89
		計		119		89
	運用預金			115		289
	合計			234		378
	受取利息計		3.5%	8	3.5%	13
正味金融費用				50		32

第 30 表　D精機の付加価値配分目標計画（完成計画表）

（単位：％）

項目		直前３期	直前２期	直前期	初年度	２年度	３年度	４年度	５年度	目標値
付加価値配分	社員配分	35.0	37.5	40.2	39.6	38.9	38.1	37.4	36.7	35.0
	経費配分	18.6	20.9	21.2	20.0	18.5	17.0	16.0	15.0	15.0
	再生産配分	5.0	4.5	3.9	6.5	6.1	6.0	6.3	6.7	7.0
	先行投資配分	6.0	6.8	7.6	7.0	7.0	7.0	7.0	7.0	7.0
	金融配分	6.0	7.0	8.0	3.8	2.2	1.3	0.6	-0.1	0
	安全配分	2.9	2.0	0.9	2.0	2.0	2.0	2.0	2.0	2.0
	社会配分	11.9	8.9	7.2	9.5	12.0	13.9	15.2	16.4	15.0
	資本配分	0.4	0.4	0.3	0.3	0.5	0.4	0.4	0.4	0.5
	経営者配分	5.4	5.3	5.1	4.8	4.6	4.4	4.2	4.0	4.0
	蓄積配分	8.7	6.7	5.4	6.5	8.2	9.9	11.0	11.9	14.5
	合　計	99.9	100.0	99.8	100.0	100.0	100.0	100.1	100.0	100.0

創業者が残してくれたもの　〜復刻に寄せて

このたびの復刻新装版出版にあたって本書を読み返し、あらためて、父・佐藤誠一の残したものの普遍性に驚いた。

本書に記されている内容には、「時代遅れの考えだな」とか「これからの経営にはそぐわない」と感じるところが何一つない。それどころか、今のような極めて先行き不透明な時代にこそ、親父の編み出した経営法はその威力を発揮すると、私自身がスター精密を経営する中で実感している。

私は大学卒業してすぐにスター精密に入社した。当時は売上２５億円の典型的な中小企業だったが、親父の手足となって会社を育て、２００９年からは8年の任期で社長を務めた。現在は会長として、バトンを渡したばかりの社長のバックアップに就いている。

この間、幾度もの試練を経験したが、すべて親父から受け継いだ経営法に徹することで乗り越えてきた。

記憶に新しいのは、２００８年のリーマンショックに端を発した世界的な不況だ。アメリカの一民間企業の倒産を、当初は専門家でさえ「対岸の火事だ」とタカをくっていたが、金融不安はあっという間に世界中に飛び火した。

かくいうわが社も、わずか2か月で主力の工作機器部門の受注が8割減った。結局、翌年度の決算は売上が3分の1に激減し、８５億円の大赤字である。

しかし、現預金は6億円減っただけ。翌年には黒字に回復。もちろん従業員のリストラはなし。それどころか、日本経済新聞社による『２００８年の冬の賞与支給額ランキング』は、任天堂に次いで2位だった。ちなみに、わが社には3年売上がゼロでも従業員に今と同じ給料を3年払い続けられるだけの体力がある。

どうしてこんなことができるのか、本書を読まれた方ならご理解いただけると思うが、私は当時、「作るな、売るな」で在庫と売掛金を徹底的に減らして、その分の８９億円を現金化したのである。

会社はキャッシュがあれば何とでもなる。むしろ売れない時に無理に売上を伸ばそうとすると値引きせざるを得ないから、景気が戻った後に価格を戻せない。在庫も売掛金も増える。結果、利益率が減って、キャッシュが減って、最悪は倒産だ。

事実、２００８年は上場企業の倒産が戦後最多となった。増収増益を続け、過去最高益を出した大手不動産建設会社が、突然の不況と融資の厳格化によって資金ショートを起こして倒産するというニュースが世間を騒がせたが、スター精密はこの危機を、ＢＳ（バランスシート）を徹底的にスリムにすることで乗り切った。

先が読めない危機はまだある。２０１６年には、英国のＥＵ離脱の決定があった。海外の売上比率が８５％以上、うち欧州の売上は３０％強を占めるスター精密にとって、影響は必至である。

しかし、離脱後の英国、ユーロ経済圏がどうなっていくかという話だから、リーマンショック以上に先は読めない。こういう状況のなかでいろいろな人に日本企業への影響を聞いたところ、一番多かった意見は「売上は1割減る」だった。そこで私は、2割減るとみて長期計画を作り直した。

本書が述べているとおり、トップがすべきことは「先を読む」ことと「決める」ことである。とりあえず静観する経営者もいるだろうが、その時になってからでは遅い。「そんなに落ちないかな、どうかな」と考えていては後手に回ってしまうからだ。

しかも、先が読めないのだから最悪を想定して、それでも大丈夫なように計画を立てる。これは親父から経営法を受け継いだ私が、いまの経営環境に合わせてとくに徹していることだが、計画は「良い」「普通」「悪い」の３つの場合を想定している。

たとえば、市況と自社が身を置く業界と、その中での自社のいまの状況を考え合わせて、売上が年率２％の伸びで5年間推移した場合をＡパターン、このまま現状維持で伸び率ゼロ推移をＢパターン、それと、売上がマイナス２％推移で落ちていく悪いパターンのＣというように、「良い場合」、「普通の場合」、「悪い場合」の３つを想定するのだ。

ここで非常に重要なのが、悪いパターンを、それも最悪の状況を想定することだ。非常に嫌なことだが、これが最も重要である。英国のＥＵ離脱の件でいえば、離脱が撤回されるとかＥＵが譲歩するとかいった可能性は一切考えず、売上が何割減るか、ユーロとポンドがいくら下がるか、円高の影響はどのくらいか、すべて最悪を想定して計画を立てるのだ。

なぜかといえば、最悪を想定して具体的な数字でシミュレーションすると、それでも乗り切るためには何をしなければならないかが真に迫って見えてくるからだ。パターンCの売上の伸び率がマイナス2％になった時を例にすれば、第一に経費の多くを占める人件費の総額の増大を抑制する。まず「人を増やさない」、そして「労務構成にも手をつける」と、考えが巡るようになる。

大事なことは具体的な数字で先を見通していると、状況が変わったら、「あ、これでは利益が減ってしまうから、何をすればいいだろう」と考えられることだ。そして、いくら経費を詰めなければいけないから、人件費はいくらに、そうすると労務構成はこう変えよう、少ない人数でより生産性を高めるには設備投資はこうしよう…等々、具体的な数字をともなった先の見通しができる。それが社長の先見性につながるのである。

結局、会社が潰れる時というのは、想定外の事態に打つ手がなかったということだろう。だから、悪い場合、普通、良い場合の３つを考えておけば、すべての事態はこのレンジに収まるのだから、想定外のことが起こりようがないのである。

ほかにも、かつてわが社はフィンランドの世界的企業ノキアへ、携帯電話の部品を年間８０億円売るトップサプライヤーだったが、ノキアの携帯電話事業からの撤退にともない、８０億円の売上が3年でゼロになったこともある。

メーカーの宿命ではあるのだが、技術のトレンドというのは非常に先が読みづらく、主力の事業や商品がわずか数年でまったく利益を出さなくなることも珍しくない。だからこそ社長自身が「先行投資」に充てる予算を毎年きっちりと付加価値の中から分配し、社員に積極的に使わせる。「今年は利益が出なかったから来年は先行投資をしない」「今年は利益が出たから先行投資する」では絶対にダメである。

なぜなら、先行投資を怠っていたら次の時代の発展はないからだ。だから、目の前の仕事だけでなく、将来の果実を得るために常に投資し続ける。とくに現代日本はモノ余りの成熟社会であり、新しい価値を生み出さなければ売れない時代である。ゆえに、企業は他社との差別化を図り、新しいイノベーションを起こさなければならない。そして、大事なことは、それを実行する原資は「現業の儲け」であるということだ。「差別化が大事、イノベーションが大事、先行投資が大事」は、本屋に並ぶ多くのビジネス書に書かれている。しかし、その原資をどうやって確保するか、イノベーションの実現のために資金の裏づけをどうするか、その具体策が明確に述べられている本は、本書以外、あまり多くはないように思う。

いずれにせよ、これからの経営環境は決して楽観できるものではない。我々が身を置く日本にしても、ますます少子高齢化が進む。そうすると、国民一人あたりの社会保障費の増大を賄(まかな)うために、所得税や消費税が上がり、手取り所得が減るからますます消費は減退する。加えて、世界一高い法人税もおそらくは下がらない。

こういう厳しい経営環境において、我々経営者がまずやることは、無駄を省くことだ。そのために先を読み、儲かるものを育て、儲からないものは早めに見極めて捨てる。在庫や売掛金を減らす。ムリに売上を伸ばさずにキャッシュを大事にする。従業員を安易に増やさず、少ない人数で多く分けるための方策を考える。

せっかく社員が汗水たらして稼いでくれた稼ぎを銀行の金利支払いに費やさないために、安易な借入はしない。できれば、設備投資は減価償却費の範囲以内で自前でやる。

そうやって稼いだ儲けを、給与・賞与・福利厚生費というカタチで社員へ、配当として資本家へ、税金として国や地域へ。さらには将来の儲けのための先行投資や、減価償却費や、何かあった時の蓄えや、経営者自身の報酬へと正当に配分し、次の発展につなげる。

この経営法は決して派手ではない。しかし執念をもってやり続けることで、会社を絶対に潰さず、着実に成長発展させていける。これは本書を遺した親父の願いであり、社長を継いだ私の願いでもあり、さらには、会社を経営するすべての経営者の願いでもあると思う。

そのために、どうか本書を大いに活用し、そして実践し、会社をさらに良くしていってほしい。もし「自分にはまだ5年先を厳しく見通す目が養われていない。ひとりで計画書をつくり会社を正しい方向に導く自信がない」と思われる方は、私が塾頭を務める長期計画作成セミナーにご参加いただきたい。

このセミナーは、親父が多忙な社長業の合間をぬって中小企業の経営者に計画書づくりを指導していたものを私が引き継ぎ、２０１８年で５６期を数えている。ゆえに初参加の会社はもちろんのこと、幹部と一緒に１０年以上参加している方もおられるから、構（かま）えず安心して来てほしい。

毎年欠かさず来られる社長は一様に、「私が間違った長期計画を立てたら、会社が間違った方向に行ってしまう。年に一度、佐藤先生に客観的なアドバイスをもらい、同じ立場の塾生たちからは、勇気と元気をもらえる。毎年この機会が、自分にとって非常に貴重なものとなっています」とおっしゃる。

確かに、日本広しといえども東証一部上場企業の現役経営者が直接指導にあたるセミナーというのは希少であろうから、自社のさらなる発展のために、大いにご活用いただきたい。

また、佐藤式の経営法を書籍でさらに勉強したいという方には、次の３冊をおすすめする。

一冊は、親父から受け継いだ長期経営計画づくりを、根本的な考え方はそのままに、目安となる経営指標などを、現役の経営者である私が時代に合わせて変えて解説した『佐藤式 先読み経営』。

一冊は、バブル期以降の厳しい時代に経営のバトンを渡された私が、膨大な佐藤式経営の定石の中で、とくに徹底して実践しているものだけを厳選した『社長が絶対に守るべき経営の定石５０項』。

最後の一冊は、これから激化する人手不足と賃金高騰に対応するための『社員の給料は上げるが総人件費は増やさない経営』(すべて日本経営合理化協会刊)。

いずれにせよ、会社を良くするも悪くするも社長次第。この激動の時代に、佐藤誠一の遺したものが、一社でも多くの中小企業が生き残り、さらなる繁栄を築かれる一助となれば、私としても望外の喜びである。

二〇一八年九月吉日

スター精密　代表取締役会長

佐藤　肇

■長期経営計画作成セミナーおよび書籍へのお問合わせ

日本経営合理化協会　東京都千代田区内神田一—三—三
（電話）０３—３２９３—００４１
（ホームページ）https://www.jmca.jp/

著者／佐藤誠一氏について

「社長の仕事は事業の将来を的確に読むこと」と断じ、常に一〇年先まで繁栄できる独自の長期計画を創案。社長の夢や野望を確実に実現させる計画化ノウハウは、四〇数年に及ぶ経営体験に裏づけられ、他に類を見ない実践的なものである。

一九四七年、初代社長より経営のすべてを任され、弱冠二〇歳で創業、自ら企図した長期計画を信じ、執念をもって実行しつづけ、東証一部上場企業を築き上げる。社長業の激務の傍ら、若手経営者六〇余人からなる「佐藤塾」を主宰、製造・流通・サービス・建設・印刷業……さまざまな業種業態の企業に、その長期計画ノウハウを直接指導、株式上場を果たす会社や高収益会社をつぎつぎに輩出。その経営手腕と魅力的な人柄に、多くの経営者が氏を信奉、私淑していたが、一九九七年急逝。

前スター精密㈱相談役。一九二七年東京都生まれ。

●最小の人件費で最大の利益をあげる

社員の給料は上げるが総人件費は増やさない経営

佐藤　肇　著

本文444頁／A5判　定価9，800円(税別)

固定費としての人件費は抑え、社員個々の給料は上げる画期的な「佐藤式人件費コントロール」のノウハウ。メーカー、卸、小売、通販、建設など、さまざまな業種業態の会社の事例をまじえて分かりやすく解説した書。

「人件費を抜本的に革新する書」

ファナック社長　稲葉善治氏

●絶対に会社をつぶさない《十の鉄則》

先読み経営

佐藤　肇　著

本文448頁／A5判　定価15，000円(税別)

不況に左右されず、着実に成長する経営法を初公開。5年で無借金になる「資金運用」「設備投資と減価償却」「運転資金の錬金術」など、現役経営者ならではの実践論に裏打ちされた、本物の経営実務書。長期経営計画 実習シート集を巻末に付録。

「金融機関に信頼を得るために」

スタジオアリス会長　本村昌次氏

※推薦者のお役職は推薦文をいただいた当時のものです。

●長期繁栄を築く経営の打ち手《五十項》

社長が絶対に守るべき経営の定石

佐藤　肇　著

本文416頁／A5判　定価9,800円（税別）

わずか2年で売上7割減、85億円の大赤字に直面するも、人員削減、給与カット一切なしに翌年見事、V字回復…どんな環境下でも会社と社員を守り抜く鉄人社長が打った「経営の定石」を50項に集約した《経営虎の巻》。

序　今なぜ経営の定石が重要なのか／（1）最も基本的な定石
（2）会社の方向づけのための定石／（3）収益向上への定石
（4）人件費の定石／（5）設備投資の定石／（6）先行投資の定石
（7）運転資金の定石／（8）銀行取引の定石～（11）日常運営の定石
全50項

「混迷を乗り切る原理原則」

スズキ　会長兼社長　鈴木修　氏

経営の危機というのは、25年周期で訪れる。どんな環境下でも会社を発展させ続けるために、社長は常に正しい判断を下さなければならない。その原理原則をまとめたものが本書だ。社長必携としてお薦めする。

※推薦者のお役職は推薦文をいただいた当時のものです。

野望と先見の社長学（新装版）

定価：本体　九、八〇〇円（税別）

一九九四年　二月　十四日　初　版発行
一九九八年　八月二十六日　十　版発行
二〇一八年　九月二十五日　新装版初版発行
二〇二一年　一月二十四日　新装版三版発行

著　者　佐藤誠一
発行者　牟田太陽
発行所　日本経営合理化協会出版局
東京都千代田区内神田一－三－三
〒一〇一－〇〇四七
電話　〇三－三二九三－〇〇四一（代）

装　丁　美柑和俊
印　刷　大日本印刷
製　本　大日本印刷

ISBN978－4－89101－403－2　C2034